Handbuch Drogen in sozial- und kulturwissenschaftlicher Perspektive

Robert Feustel · Henning Schmidt-Semisch
Ulrich Bröckling
(Hrsg.)

Handbuch Drogen in sozial- und kulturwissenschaftlicher Perspektive

Hrsg.
Robert Feustel Ulrich Bröckling
Friedrich-Schiller-Universität Jena Albert-Ludwigs-Universität Freiburg
Jena, Deutschland Freiburg im Breisgau, Deutschland

Henning Schmidt-Semisch
Universität Bremen
Bremen, Deutschland

ISBN 978-3-658-22137-9   ISBN 978-3-658-22138-6 (eBook)
https://doi.org/10.1007/978-3-658-22138-6

Die Deutsche Nationalbibliothek verzeichnet diese Publikation in der Deutschen Nationalbibliografie; detaillierte bibliografische Daten sind im Internet über http://dnb.d-nb.de abrufbar.

Springer VS
© Springer Fachmedien Wiesbaden GmbH, ein Teil von Springer Nature 2019
Das Werk einschließlich aller seiner Teile ist urheberrechtlich geschützt. Jede Verwertung, die nicht ausdrücklich vom Urheberrechtsgesetz zugelassen ist, bedarf der vorherigen Zustimmung des Verlags. Das gilt insbesondere für Vervielfältigungen, Bearbeitungen, Übersetzungen, Mikroverfilmungen und die Einspeicherung und Verarbeitung in elektronischen Systemen.
Die Wiedergabe von Gebrauchsnamen, Handelsnamen, Warenbezeichnungen usw. in diesem Werk berechtigt auch ohne besondere Kennzeichnung nicht zu der Annahme, dass solche Namen im Sinne der Warenzeichen- und Markenschutz-Gesetzgebung als frei zu betrachten wären und daher von jedermann benutzt werden dürften.
Der Verlag, die Autoren und die Herausgeber gehen davon aus, dass die Angaben und Informationen in diesem Werk zum Zeitpunkt der Veröffentlichung vollständig und korrekt sind. Weder der Verlag noch die Autoren oder die Herausgeber übernehmen, ausdrücklich oder implizit, Gewähr für den Inhalt des Werkes, etwaige Fehler oder Äußerungen. Der Verlag bleibt im Hinblick auf geografische Zuordnungen und Gebietsbezeichnungen in veröffentlichten Karten und Institutionsadressen neutral.

Verantwortlich im Verlag: Cori Antonia Mackrodt

Springer VS ist ein Imprint der eingetragenen Gesellschaft Springer Fachmedien Wiesbaden GmbH und ist ein Teil von Springer Nature
Die Anschrift der Gesellschaft ist: Abraham-Lincoln-Str. 46, 65189 Wiesbaden, Germany

Inhaltsverzeichnis

Autorinnen und Autoren XI

Drogen in sozial- und kulturwissenschaftlicher Perspektive 1
Eine Einleitung
Robert Feustel, Henning Schmidt-Semisch und Ulrich Bröckling

Teil I Kulturgeschichtliche Zugänge zu Drogen und Rausch

Drogen in vormodernen Gesellschaften 15
Andy Reymann

Kleine Soziologie des Rauschs 27
Aldo Legnaro

Ein Trick der Vernunft 41
Die doppelte Kulturgeschichte des Rauschs
Robert Feustel

Die ‚Kokain-Welle' im Deutschland der 1920er-Jahre 57
Oder: Wie Kokain zum Problem wurde
Annika Hoffmann

Nationalsozialismus in Pillenform: Der Aufstieg des Stimulanzmittels Pervitin im „Dritten Reich" 71
Vom Einsatz des Medikaments als Element totaler Mobilmachung zum direkten Zugriff auf die Körper der Soldaten
Norman Ohler

„The cure is biochemical" 81
Drogen und die Arbeit am Selbst in den sozialutopischen 1950er- und 1960er-Jahren
Jeannie Moser

Wechselwirkungen und Grenzziehungen zwischen halluzinogenen Drogen und psychoaktiven Medikamenten in der Nachkriegszeit 93
Magaly Tornay

Drogen als Selbstoptimierung 105
Techno, Kreativität und der neue Geist des Kapitalismus
Robert Feustel

Teil II Drogen und Sucht

Soziologie der Sucht und ihrer Geschichte 119
Burkhard Kastenbutt

„Sucht" und „Nüchternheit" 131
Zur Kultur- und Ideengeschichte der Moderne
Frank Nolte

„Sucht" 143
Zur Pathologisierung und Medikalisierung von Alltagsverhalten
Henning Schmidt-Semisch

Subjekt – Substanz – Gesellschaft 159
Sucht nach 1945
Jakob Tanner

Kontrollierter Drogenkonsum 173
Ein prekäres Paradigma?
Birgitta Kolte und Henning Schmidt-Semisch

Teil III Theorie der Drogen: Soziologische und kulturwissenschaftliche Perspektiven

Kollektive Efferveszenz, Kollektiv- und Subjektwerden 195
Soziologie der Drogen in und mit der Perspektive Durkheims
Heike Delitz

Becoming a Marihuana User 209
Symbolischer Interaktionismus
Dagmar Danko

Falsche Unmittelbarkeit 223
Kritische Theorie der Drogen
Arnold Schmieder

Drogen in der Perspektive der Cultural Studies 237
Bernd Dollinger

Drogen im Netz der Systeme 249
Matthias Leanza

Die Droge als Aktant 263
Akteur-Netzwerk-Theorie
Lars Gertenbach

Wissenssoziologische Drogenforschung 279
Michael Schetsche und Ina Schmied-Knittel

Drogen und Gewalt 293
Eine vielschichtige und unbeständige Verbindung
Ferdinand Sutterlüty

Drogen und Geschlecht 307
Irmgard Vogt

Drogen 327
Stadt- und raumsoziologische Perspektiven
Jan Wehrheim

Neuroenhancement 341
Diffusionen zwischen Drogen und Medikament
Greta Wagner

Drogen-Literatur 353
Das experimentalisierte Selbst und seine Schreibweisen
Jeannie Moser

Zur Rechtstheorie der Drogenprohibition 367
Christine Graebsch

Teil IV Drogenmärkte und Prohibition

Kokain als Türöffner 383
Zur Entstehung des globalen Drogenproblems aus der asiatischen Opiumfrage
Sebastian Scheerer

Drogenpolitik und ihre (nicht-intendierten) Effekte 401
Die Praxis der globalen Prohibition und des „War on Drugs"
Eva Herschinger

Drogen, Staat und Gesellschaft in der Bundespublik Deutschland, in Großbritannien und den USA zwischen den 1960er- und 1990er-Jahren 417
Klaus Weinhauer

Kleinhandel, Kleinsthandel und Social Supply auf dem Schwarzmarkt für illegale Drogen 433
Aktuelle Forschungsergebnisse und ihre kriminalsoziologischen und drogenpolitischen Implikationen
Bernd Werse und Gerrit Kamphausen

Vom „ehrbaren Kaufmann" zum „gewissenlosen Dealer" 455
Zum Wandel der moralischen Bewertung des Drogenhandels in der Geschichte des 19. und 20. Jahrhunderts
Holger Mach und Sebastian Scheerer

Digitalisierung von illegalen Märkten 477
Folgen, Grenzen und Perspektiven
Meropi Tzanetakis

Teil V Ethnografische Streifzüge

Ethnographie des Dealens 495
Sandra Bucerius

Freizeitgebrauch von LSD und Psilocybin-Pilzen 511
Eine qualitative Studie
Susanna Prepeliczay

Alltagsorganisation und Nutzung offener Drogenarbeit 531
Rebekka Streck

Jugend und Alkoholkonsum 547
Sibylle Walter, John Litau und Gabriele Stumpp

Ayahuasca-Tourismus in Südamerika 555
Tom John Wolff

Crackdealer in East Harlem 577
Widerstand und Selbstzerstörung unter amerikanischer Apartheid
Philippe Bourgois

Konsumverhalten und Kontrollstrategien von Crackkonsument_innen 593
Susann Hößelbarth

Frauen in Drogenszenen 611
Spezifika ihrer Lebenssituation
Christiane Bernard

Teil VI Klassische Beiträge zur Drogenforschung

Wie man Marihuana-Benutzer wird 629
Howard Becker

Pharmakos: Der Sündenbock 643
Die Entdeckung der Drogensucht
Thomas S. Szasz

Die Rhetorik der Droge 659
Jacques Derrida

Talking About the Flow 681
Drugs, Borders, and the Discourse of Drug Control
Paul Gootenberg

Weise Pharma-Greise 707
Paul Parin

Autorinnen und Autoren

Howard S. Becker, Prof. em. Dr., Soziologe und Jazzpianist, University of Washington Seattle

Christiane Bernard, Dr., Landeskoordinierungsstelle Frauen und Sucht Nordrhein-Westfalen

Philippe Bourgois, Prof. Dr., Departments of Psychiatry Center for Social Medicine, Los Angeles (USA)

Ulrich Bröckling, Prof. Dr., Albert-Ludwigs-Universität Freiburg, Institut für Soziologie

Sandra Bucerius, Prof. Dr., University of Alberta, Kanada, Faculty of Arts, Department of Sociology

Jacques Derrida, Prof. Dr. (1930–2004), Philosoph

Dagmar Danko, Dr., European Sociological Association, Executive Coordinator, General Secretary, Paris

Heike Delitz, PD Dr., Otto-Friedrich-Universität Bamberg, Institut für Soziologie

Bernd Dollinger, Prof. Dr., Universität Siegen, Department Erziehungswissenschaft – Psychologie Sozialpädagogik und Sozialarbeit

Robert Feustel, Dr., Friedrich-Schiller-Universität Jena, Institut für Soziologie, Arbeitsbereich Wissenssoziologie und Gesellschaftsanalyse

Lars Gertenbach, Dr., Universität Kassel, Fachbereich Gesellschaftswissenschaften, Fachgebiet Soziologische Theorie

Paul Gootenberg, Prof. Dr., State University of New York, Department of History

Christine Graebsch, Prof. Dr., Fachhochschule Dortmund, Angewandte Sozialwissenschaften

Eva Herschinger, Dr. habil., Leibniz-Institut Hessische Stiftung Friedens- und Konfliktforschung (HSFK) Peace Research Institute Frankfurt (PRIF)

Henner Hess, Prof. em. Dr., Goethe Universität Frankfurt, Direktor und Mitbegründer des Centre for Drug Research

Anika Hoffmann, Dr., Volkshochschule Hamburg

Susann Hößelbarth, Prof. Dr., Hochschule Coburg, Fakultät für Soziale Arbeit und Gesundheit

Gerrit Kamphausen, Dr., Goethe-Universität Frankfurt am Main, Center for Drug Research

Burkhard Kastenbutt, Dr., Universität Osnabrück, Kultur- und Sozialwissenschaften

Birgitta Kolte, Dr., Sozialwissenschaftlerin, selbstständig tätig, Kreta

Matthias Leanza, Dr., Universität Basel, Institut für Soziologie

Aldo Legnaro, Dr., freier Sozialwissenschaftler

John Litau, Dipl.-Päd., Goethe-Universität Frankfurt am Main, Sozialpädagogische Forschungsstelle „Bildung und Bewältigung im Lebenslauf"

Holger Mach, Diplom-Kriminologe

Jeannie Moser, Dr., TU Berlin, Institut für Philosophie, Literatur-, Wissenschafts- und Technikgeschichte

Frank Nolte, Dr., Weinhändler und Lehrbeauftragter der Universität Bremen

Norman Ohler, Schriftsteller

Paul Parin (1916–2009), Psychoanalytiker, Ethnologe und Schriftsteller

Susanna Prepeliczay, Dr., Institut für Public Heath und Pflegeforschung, Abteilung 6: Gesundheit & Gesellschaft, Universität Bremen

Andy Reymann, Dr., Goethe-Universität Frankfurt am Main, Institut für Archäologische Wissenschaften

Sebastian Scheerer, Prof. em. Dr., Universität Hamburg, Institut für Sicherheits- und Präventionsforschung

Michael Schetsche, apl. Prof. Dr., Soziologe und Politikwissenschaftler, Institut für Grenzgebiete der Psychologie und Psychohygiene Freiburg

Ina Schmied-Knittel, Dr., Institut für Grenzgebiete der Psychologie und Psychohygiene (Freiburg im Breisgau)

Henning Schmidt-Semisch, Prof. Dr., Institut für Public Heath und Pflegeforschung, Abteilung 6: Gesundheit & Gesellschaft, Universität Bremen

Arnold Schmieder, apl. Prof. Dr., im Ruhestand, Universität Osnabrück, Fachbereich Sozialwissenschaften

Rebekka Streck, Dr., Diplomsozialpädagogin, Diplomsozialwissenschaftlerin, Alice Salomon Hochschule Berlin, Sozialarbeiterin bei ZIK zuhause im Kiez gGmbH in Berlin

Gabriele Stumpp, Dr., Eberhard-Karls-Universität Tübingen, Institut für Erziehungswissenschaft

Ferdinand Sutterlüty, Prof. Dr., Goethe-Universität Frankfurt am Main, Fachbereich Gesellschaftswissenschaften, Institut für Soziologie

Thomas Szasz (1920–2012), Psychiater und Psychoanalytiker

Jakob Tanner, Prof. em. Dr., Universität Zürich, Forschungsstelle für Sozial- und Wirtschaftsgeschichte

Magaly Tornay, Dr., ETH Zürich, Institut für Geschichte

Meropi Tzanetakis, Dr., Universität Wien, Institut für Strafrecht und Kriminologie

Irmgard Vogt, Prof. em. Dr., Fachhochschule Frankfurt/M.

Greta Wagner, Dr., Goethe-Universität Frankfurt am Main, Exzellenzcluster „Normative Ordnungen"

Sibylle Walter, Dipl. Päd., Eberhard-Karls-Universität Tübingen, Institut für Erziehungswissenschaft

Jan Wehrheim, Prof. Dr., Universität Duisburg-Essen, Fakultät für Bildungswissenschaften, Bereich Soziologie

Klaus Weinhauer, Prof. Dr., Universität Bielefeld, Abteilung Geschichte

Bernd Werse, Dr., Goethe-Universität Frankfurt am Main, Centre for Drug Research

Tom John Wolff, Dipl.-Psych., Psychologischer Psychotherapeut in freier Praxis in Lima (Peru) und Doktorand am Institut für Public Heath und Pflegeforschung, Abteilung 6: Gesundheit & Gesellschaft, der Universität Bremen

Drogen in sozial- und kulturwissenschaftlicher Perspektive

Eine Einleitung

Robert Feustel, Henning Schmidt-Semisch und Ulrich Bröckling

Das Thema Drogen provoziert. Gleich ob in den Wissenschaften, in der Politik, in den Medien oder in privaten Gesprächen, wenn es um Drogen geht, steigt der Erregungspegel. Meist werden ihre Gefahren dramatisch beschworen, weit seltener wird ihr Genuss- und Erkenntnispotential gefeiert, nur gleichgültig steht ihnen fast niemand gegenüber. Die Spannbreite der Debatten ist riesig: Sie reicht von Helmut Kohls Vision einer Gesellschaft, „die Rausch einmal genauso ächtet wie Kannibalismus" (zitiert in Baumgärtner 1997, S. 9), also vom Phantasma einer drogenfreien Welt, bis zu Ronald K. Siegels „viertem Trieb", also der Vorstellung, das Bedürfnis nach dem von Drogen hervorgerufenen Rausch sei genauso natürlich und selbstverständlich wie Hunger oder Durst (Siegel 2000). Drogen werden assoziiert mit politischer und sexueller Befreiung, mit religiösen Erfahrungen und vergleichbaren Transzendenzerlebnissen, vor allem aber mit Junkie-Elend, Spritzen auf dem Kinderspielplatz, enthemmter Gewalt und organisierter Kriminalität. Schon das Wort Drogen ist assoziativ überladen: Rausch, Sucht, Gefahr und die schiefe Bahn des sozialen Abstiegs haften ebenso unmittelbar an ihm wie romantische Vorstellungen von Grenzüberschreitung und Genuss ohne Arbeit.

Diese assoziative Aufladung ist nicht verwunderlich, denn wie Jay (2011, S. 9) vermerkt: „Keine Gesellschaft dieser Welt kommt ohne Drogen aus." Schon immer haben Menschen bewusstseinsverändernde Substanzen zu sich genommen, haben Tabak, Haschisch oder Opium geraucht, Alkohol, Kaffee und Tee getrunken, Betel, Qat, Kräuter- oder Kokablätter gekaut, sich mit Hexensalben eingerieben, Kokain und Tabak geschnupft, Pilze und Tabletten geschluckt oder schließlich Heroin, Morphium oder Kokain gespritzt. Komplementär dazu existiert ein breites Wissen, wie man auch ohne die Einnahme psychoaktiver Substanzen „körpereigene Drogen" (Zehentbauer 2013) durch Körperpraktiken (z. B. Tanzen, Fasten, Atmen) aktivieren kann.

Insofern ist es nur folgerichtig, dass sich die Sozial- und Kulturwissenschaften auf vielfältige Weise mit Fragen des Drogengebrauchs, mit ihrer Produktion und Distribution (etwa Hess 2015), mit Rauscherfahrungen (Legnaro 1982; Feustel 2013) und Suchtphänomenen (Scheerer 1995) beschäftigt haben. Die Praktiken des Konsums wurden historisch (Schivelbusch 1990) oder kulturvergleichend (Völger und Welck 1982) untersucht, Prozesse der Medikalisierung (Szasz 1980) und Kriminalisierung (Quensel 1980) ebenso analysiert wie biographische Konsummuster und subjektive Sinnwelten (Korte 2007). Drogen wurden in kulturhistorischer (Kappeler 1991; Sandgruber 1986), juristischer (Scheerer 1982) oder sozialarbeiterischer (Dollinger 2003) Perspektive verhandelt; ihr Gebrauch wurde in die Geschichte des Konsums, der sakralen Überschreitung oder der Devianz eingeordnet. Bei all dem überlagerten sich Faszination und Dämonisierung, allerdings waren die Kontroll- und Regulierungsimpulse meist stärker als das Interesse an der Erkundung von *altered states of mind*.

Auch wenn archäologische Funde den Konsum bewusstseinsverändernder Stoffe bereits in Steinzeitkulturen belegen, beginnt die politische Problematisierung psychotroper Substanzen, ihrer Effekte und der dazugehörigen Praktiken erst in der frühen Neuzeit: So war es zu Beginn des 17. Jahrhunderts dem türkischen Sultan Murad IV. unerträglich, dass die Tabak- (und Kaffee-)Häuser nicht nur Orte des Tabak- und Kaffeegenusses, sondern zugleich Zentren öffentlicher Diskussion und mithin Orte der Kritik und Opposition geworden waren. Aus diesem Grund ließ er 1633 alle Tabakhäuser niederreißen und belegte das Tabakrauchen mit der Todesstrafe. Bei der Fahndung bediente er sich moderner Methoden, etwa der verdeckten Ermittlung und des Scheinkaufs. So berichtete ein westlicher Beobachter mit Gespür für orientalisierende Gruseleffekte: „Er gieng selber verkleideter weise an die Oerter/ davon man ihm sagte, dass daselbst Toback verkauffet würde/ und wenn er endlich nach Anerbietung etlicher Ducaten und Verheissung, es keinem Menschen zu offenbahren, ein Stück Toback bekommen hatte/ so zuckte er Augenblicks seinen Sebel, und schlug dem Verkauffer so gleich den Kopff hinweg" (J.G.H. 1719, S. 161). Die Vermögen der Hingerichteten fielen an den Sultan. Das Rauchverbot erfüllte gleich mehrere Funktionen: Man kriminalisierte eine Verhaltensweise, die massenhaft verbreitet war und von der viele auch nicht mehr lassen wollten, und gewann damit zugleich die Möglichkeit, durch differentielle Sanktionierung im Rahmen – oder unter dem Vorwand – der Drogenkontrolle ganz andere Ziele von politischer Repression bis zur persönlichen Bereicherung zu verfolgen. Das Rauchen allerdings dämmten auch die zahlreichen Todesurteile nicht wirklich ein, zumal Klima und Boden für den Tabakanbau sehr günstig waren, was die Eigenproduktion immer mehr ansteigen ließ. Zudem waren die Verbote der damaligen Zeit ohnehin meist zeitlich begrenzt: Im Fall des türkischen Tabakverbots kam 1648 mit Mohamed IV. ein Sultan auf den Thron, der selbst rauchte und das Verbot rasch aufhob (ausführlicher Hess et al. 2004, S. 25ff.).

Der moderne Drogendiskurs, der im 20. Jahrhundert schließlich zum dauerhaften globalen Verbot zahlreicher Drogen führen sollte (Nadelman 1990), gewann jedoch erst im ausgehenden 18. Jahrhundert an Fahrt und brachte mit der Trias *Drogen*, *Rausch* und *Sucht* jene Kategorien hervor, die bis heute die Debatte konturieren. Die Kurzfassung des immer noch diskursprägenden Narrativs klingt etwa so: Drogen erzeugen einen Rausch, und sie werden zu genau diesem Zweck konsumiert. Die Berauschung ist zu schön, um nicht beständig wiederholt zu werden. Dieser Wiederholungszwang führt unweigerlich zur Sucht, einer Abhängigkeit, die sich körperlich und mental zeigt, den Süchtigen auszehrt und aus dem Gesellschaftsgefüge katapultiert.

Zwar ist unstrittig, dass alle drei Aspekte irgendwie miteinander zu tun haben können. Genauer besehen eröffnet sich allerdings ein heterogenes Feld, das einer detaillierten Analyse bedarf. So ist bereits die Frage danach, was genau Drogen sind, weder im historischen Längsschnitt noch im kulturellen Vergleich klar zu beantworten (vgl. Vogt und Scheerer 1989, S. 5ff.). Eine Minimaldefinition könnte vom Begriff „psychoaktive Substanz" ausgehen, der sich auf Stoffe bezieht, welche die Wahrnehmung und das Erleben auf irgendeine Weise verändern (vgl. Von Heyden et al. 2017, S. 4). Der Begriff der psychoaktiven Substanz schließt zwar auch Medikamente oder Bestandteile von Nahrungsmitteln und Gewürzen ein, die psychoaktive Wirkungen zeitigen können, zugleich aber ist er offen genug, um weitere Differenzierungen zu erlauben. Unterscheiden lassen sich z. B. die Zwecke der Einnahme, wobei von den Konsumierenden ganz unterschiedliche Erwartungen an die psychoaktiven Substanzen herangetragen werden: Eine Person kann etwa glauben, dass ein Rumgrog nach einem kalten Winterspaziergang dazu beiträgt, eine Erkältung zu vermeiden. Zu diesem Zweck eingenommen, wäre der Rumgrog ein vorbeugendes Hausmittel. Denselben Rumgrog kann man aber auch als Genussmittel bezeichnen, wenn er mit Lust am Geschmack sowie aufgrund seiner wohlig-wärmenden Wirkung getrunken wird. Trinkt man den Rumgrog in geselliger Runde und wegen dessen berauschender Wirkung, so stellt die Substanz – in diesem Zusammenhang und zu diesem Zweck konsumiert – am ehesten ein Rauschmittel dar. Setzt nach etlichen Gläsern Rumgrog eine toxische Wirkung ein, entspricht das Getränk möglicherweise einem Rauschgift.

Es ist also nicht das alkoholische Getränk an sich, das *eine* immer gleiche Wirkung erzeugt, sondern es sind die Konsumierenden, die ihre disparaten Wirkungserwartungen an die Substanz herantragen. Ähnliches gilt auch für alle anderen Substanzen. So gibt es etwa keinen chemischen Unterschied zwischen dem Morphium, das an Schmerzen leidenden Patientinnen und Patienten im Krankenhaus appliziert wird, und jenem Morphium, welches sich ein Opiat-Liebhaber aus anderen Gründen zuhause injiziert. Die Motive und subjektiven Bedeutungen der Einnahme sind allerdings verschieden und damit auch die erhofften und die tatsächlich eintretenden Wirkungen des Konsums: Ob eine Substanz also als Medikament oder als Genussmittel wirkt, hängt nicht in erster Linie und schon gar nicht allein am Stoff selbst, sondern folgt subjektiven Erwartungen und diskursiven Differenzierungsprozessen.

Folgt man einem solchen Verständnis von Drogen und differenziert zwischen psychoaktiver Substanz und zweckbestimmten Mitteln, so ergeben sich daraus zwei Konsequenzen: Zum einen sind Drogen nicht aus sich heraus Heil-, Genuss- oder Rauschmittel bzw. Rauschgifte, sondern sie werden dazu durch gesellschaftliche Definitionen und spezifische Zweckbestimmungen der Konsumierenden gemacht. Zum anderen gibt es weder gefährliche noch ungefährliche, weder harte noch weiche Drogen, sondern nur gefährliche oder weniger gefährliche, harte oder weiche Konsumformen. Diese bestimmen sich durch Art der Einnahme, Dosis, Häufigkeit usw. In unserer Alkoholkultur etwa, die den Alkoholgehalt der verschiedenen Getränke in der Größe der entsprechenden Gläser reflektiert, wäre dann ein Schnapskonsum aus Maßkrügen eine extrem harte, ein Bierkonsum aus Schnaps-Gläsern hingegen eine sehr weiche Konsumform.

Ein solches Verständnis psychoaktiver Substanzen erleichtert es, sich auf Drogen in einer nicht von vornherein wertenden Weise zu beziehen, ohne einige – also alle illegalen – pauschal zu verteufeln und andere – die legalen – unhinterfragt in positivem Licht erscheinen zu lassen. Es ermöglicht eine Perspektive auf Drogenkonsum, die nicht nur die Droge selbst in den Blick nimmt, sondern vor allem die Konsumierenden sowie die sie umgebende Kultur.

In der Drogenforschung wurden diese drei Aspekte mit den Schlagwörtern „Drug, Set und Setting" umschrieben (Zinberg 1984): Die Droge selbst (Drug) bewirkt eine metabolisch begründete Veränderung, deren konkrete Ausprägung oder Bedeutung von den individuellen Dispositionen der Konsumierenden (Set) sowie den situativen und kulturellen Umgebungsvariablen (Setting) abhängt. Um Drogenkonsum zu verstehen und kulturwissenschaftlich bzw. soziologisch einordnen zu können, sind alle drei Elemente wesentlich, wobei das Setting wiederum unterschiedlich weit gefasst werden kann: Es bezieht sich einerseits auf die konkreten Konsumkontexte (auf Partys, zu Hause, allein oder in Gruppen etc.), die einen wichtigen Einfluss auf die Effekte des Konsums ausüben; andererseits ist es wissensgeschichtlich sinnvoll, das Setting weiter zu fassen und nach den kulturellen Rahmungen zu fragen, die bestimmte Erfahrungswelten überhaupt erst möglich gemacht haben. Es wäre beispielsweise vor der Erfindung des Wahnsinns in moderner Gestalt (Foucault 1973) nicht möglich gewesen, Drogenerfahrungen als ein Irresein auf Zeit oder als Modellpsychose zu verhandeln, wie dies seit Mitte des 19. Jahrhunderts wiederholt getan wurde (Moreau de Tours 1973 [1845]; Beringer 1927). So betrachtet, muss schließlich „in Rechnung gestellt werden, dass das Setting die beiden anderen Variablen umschließt und in ihren Bedeutungen bedingt: Bedeutungszuweisungen mit Blick auf Drug und Set sind nur vor dem Hintergrund der jeweiligen Kultur (also des Settings) denkbar. Diese Kulturgebundenheit betrifft den Konsum und seine Wirkungen, aber auch die ‚Sucht'" (Schmidt-Semisch und Dollinger 2018, S. 35).

Auch Sucht und Abhängigkeit entpuppen sich vor diesem Hintergrund als Erklärungskonzepte (Herwig-Lempp 1994), die von diskursiven oder kulturellen Bedingungen geprägt sind: „Mit dem Begriff der Sucht", fasst Claudia Wiesemann (2000) die Historizität ihres Gegenstands zusammen, „wurde der gesunde, normale äußerlich unauffällige Körper für den medizinischen Blick erschlossen. [...] Damit verlagerte sich das Interesse an den Wirkungen von Opium und Alkohol weg von den offensichtlichen Zeichen des Rausches und der Vergiftung hin zu den heimlichen Zeichen der Gewöhnung und Abhängigkeit" (ebd., S. 126). Einige Beiträge des vorliegenden Handbuchs diskutieren die kultur-, sozial- und wissensgeschichtlichen Kontexte, die ein Denken in Kategorien von Sucht und Abhängigkeit erst möglich machen.

Weil Drogen und ihre Effekte individuell und kollektiv, privat und politisch, medizinisch und philosophisch umkämpft sind, weil sie an den diffusen Grenzen von Individuum und Gesellschaft, subjektivem Erleben und diskursiver Ordnung situiert sind und diese

Grenzen fortwährend überschreiten, verschieben oder verwischen, verlangt ihre soziologische und kulturwissenschaftliche Untersuchung nach *boundary work* (Lamont und Molnár 2002; Abbott 1995). Das zeigt sich exemplarisch im Verhältnis zwischen Drogenrausch und den Schwierigkeiten, diesen sprachlich zu fassen: Drogenkonsum produziert idiosynkratische und deshalb schwerlich kommunizierbare Erfahrungen und zugleich das Bedürfnis, genau diese mitzuteilen, was zu eher holprigen Versuchen führt, die häufig ihr eigenes Ungenügen mitthematisieren. Die unbedingte Individualität des Rauschs kollidiert mit der Notwendigkeit intersubjektiver Verständigung, wenn es darum geht, darüber zu sprechen. Dabei ist Rausch ein Containerbegriff, der so Verschiedenes umfasst wie Beschleunigungserfahrungen und die Suggestion erhöhter Leistungsfähigkeit etwa nach dem Konsum von Kokain oder Amphetaminen, Gefühle der Ruhe und Entspannung, gesteigerte und verzerrte sensorische Wahrnehmungen bis hin zu restlos entrückten Erlebnissen oder heftigen kognitiven Dissonanzen durch LSD.[1]

Ebenso zwiespältig erscheinen Drogenkonsum und Rausch im Hinblick auf das Verhältnis von Individuum und Gesellschaft: Einerseits gehört die intentionale Berauschung in den Bereich individueller Freiheitsrechte,[2] andererseits gelten zumindest bestimmte Berauschungspraktiken als politisch bedrohlich, weil sie das Arbeitsethos untergraben und damit das Gesellschaftsgefüge als Ganzes gefährden. Schließlich kreuzen Drogen und Rausch immer wieder die historisch variable Grenze von Kultur und Natur (Sarasin 2003): Neurophysiologische Reaktionen, die unmittelbar mit der Individualität der Konsumierenden in Wechselwirkung stehen, werden sprachlich oder diskursiv eingeordnet, verallgemeinert und kategorisiert. Die Geschichte des Wissens zeigt, dass das nicht zu leugnende biochemische Substrat von Drogenwirkungen sehr unterschiedlich symbolisiert, also in kommunizierbares Wissen transferiert wurde. Kurz: Drogenkonsum und Rausch als neurophysiologischer Effekt, individuelle Erfahrung, soziales Geschehen oder politisches Problem bewegen sich beständig innerhalb des Dreiecks von Natur, Subjekt und Gesellschaft.

Die Beiträge des vorliegenden Bands kartographieren das soziologische und kulturwissenschaftliche Feld in Bezug auf Drogen und die mit ihnen verbundenen sozialen, gesellschaftlichen und politischen Praktiken. Die Sozial- und Kulturwissenschaften liefern zwar vielfältige Theorien und empirische Analysen. Häufig, aus unserer Sicht zu häufig jedoch beschäftigten sie sich mit Praktiken des Drogengebrauchs unter der Perspektive der Devianz. Wenn es um Drogen geht, wechselt man ins Register der Soziologie abweichenden Verhaltens. Drogen erscheinen als gefährlich oder riskant, Analysen ihres Gebrauchs

---

[1] Zu genaueren Differenzierung von Rausch, Trance und Ekstase siehe u. a. Schetsche et al. 2016.

[2] „Nevertheless, when there is not a certainty, but only a danger of mischief, no one but the person himself can judge of the sufficiency of the motive which may prompt him to incur the risk: in this case, therefore, (unless he is a child, or delirious, or in some state of excitement or absorption incompatible with the full use of the reflecting faculty) he ought, I conceive, to be only warned of the danger; not forcibly prevented from exposing himself to it." (Mill 1869, V.5).

sollen Wege zu Prävention und Therapie aufzeigen. Kriminologische Arbeiten verknüpfen Drogenkonsum und Delinquenz, psychologische Ansätze fragen nach den individuellen Bedingungen und Folgen des Konsums, der als Ausdruck einer individuellen oder sozialen Problemkonstellation gefasst wird, die durch psychoaktive Stoffe verdrängt oder umschifft werden sollen (etwa Hurrelmann 2000). Wenn schließlich das Thema Drogen medizinisch erschlossen wird, stehen selbstredend physiologische Aspekte im Vordergrund, wobei auch hier fast immer implizit und explizit individuelle und soziale Drogen*probleme* vorausgesetzt werden. Drogenkonsum gilt als Pathologie, das Paradigma der Abstinenz ist nach wie vor tonangebend.

Das vorliegende Handbuch entzieht sich diesen Engführungen und präsentiert unterschiedliche soziologische und kulturwissenschaftliche Zugänge zu Drogen, Drogenkonsum und -handel, zu Rausch, Sucht und deren Historizität, ohne von vornherein jenen problemfixierten Blick einzunehmen, den der US-amerikanische Soziologe David Matza (1973, S. 22) die „Präventionsperspektive" genannt hat. Weil diese ausschließlich von dem Ziel geleitet ist, die zu untersuchenden Phänomene zum Verschwinden zu bringen, verstellt sie sich die Möglichkeit, diese zu verstehen. „Nur mit der Perspektive des Verstehens", hält Matza dagegen, „können die Struktur der sozialen Verhaltensmuster und die vielfältigen Nuancen menschlichen Eingehens auf diese Muster erfaßt und analysiert werden. Ohne Verstehen und Einfühlung können wir vielleicht die offen zutage liegenden Fakten in Bezug auf ein bestimmtes Phänomen sammeln und die darauf gerichteten Maßnahmen kritisieren, aber es wird uns nicht gelingen, in zureichender Tiefe seinen Sinn für die beteiligten Subjekte und seine Stellung im gesamtgesellschaftlichen Zusammenhang zu betrachten." In diesem Sinne steht im Fokus des vorliegenden Bandes die Reflexion jener sozialen und kulturellen Bedingungen, welche die Gleichsetzung von Drogengebrauch und individuellen und oder sozialen Problemen stetig (re-)produzieren. Drogengebrauch wird – statt nur als abweichendes Verhalten zu gelten – als eine kulturelle Praxis verstanden, die mit disparaten Deutungsmustern verbunden ist und auf heterogene Weise gesellschaftliche Wirkung entfaltet. Im Gegensatz zu juristischen, medizinischen oder sozialarbeiterischen Zugängen, die ihrem Anspruch nach rechtlich-sanktionierendes, therapeutisches oder beratend-unterstützendes Handeln begründen und anleiten sollen, zielen die hier versammelten sozial- und kulturwissenschaftlichen Beiträge zuallererst darauf, jene sozialen, kulturellen und wissensgeschichtlichen Bedingungen zu analysieren, die ein spezifisch modernes Sprechen über Drogen und ihren Konsum erst ermöglichen. Dazu gehört an prominenter Stelle auch die Frage, woher die Idee der Prohibition bestimmter Substanzen stammt, welchen politischen Rationalitäten sie folgt, was sie ins Rollen gebracht hat und bis heute aufrecht erhält.

Das Handbuch liefert auf der einen Seite einen – zweifellos unvollständigen – Überblick über die vielfältigen sozial- und kulturwissenschaftlichen Forschungen zu Drogenproduktion, -handel und -konsum, es thematisiert Gebrauchsweisen und Bedeutungszuschreibungen und diskutiert rechtliche wie politische Regulierungen. Auf der anderen Seite befragen die Beiträge unterschiedliche sozial- und kulturwissenschaftliche Schulen und Arbeitsfelder darauf, welche Forschungsfragen, theoretische Rahmungen und Erkenntnisse diese für das Verständnis von Drogen und ihres Gebrauchs bereitstellen.

Statt die eingeschliffene Verkettung von Droge und Problem fortzuschreiben, richtet sich das Augenmerk auf die Problematisierungsweisen, also auf die sozialen und kulturellen Praktiken, über die Drogen und Rausch auf unterschiedliche Weise zu einem sozialen und gesellschaftlichen Problem gemacht wurden und werden (Foucault 2005b). Das erfordert über gegenwartsbezogene Analysen hinaus eine historische und kulturvergleichende Perspektive, die deutlich macht, dass Drogen nicht immer auf dieselbe Weise verstanden und eingeordnet, also zum Problem individueller Lebensführung und gesellschaftlicher Ordnung gemacht wurden, wie es heute der Fall ist. Vielmehr haben sich insbesondere im 19. und 20. Jahrhunderts die sozialen und kulturellen Voraussetzungen und Betrachtungsweisen grundsätzlich verschoben: „Without the basis of a science of human behaviour", schreibt Carol Smart (1984, S. 33), „there is no possibility of defining certain behaviours as socially harmful or even social at all. The rise of such conceptualizations [Drogensucht] therefore depended upon the development of certain forms of knowledge or, to put it conversely, as knowledge creates its own object of knowledge the identification of behaviours as social problems or even the ability to differentiate criminal harm or individual harm, is a product of a specific form of knowledge."[3]

Entledigt man sich der verengenden Zwangskoppelung von Droge und Problem, zeigt sich ein heterogenes und komplexes Bild. „Die Drogen bilden", schreibt Michel Foucault (2005a, S. 913) auf diesen Umstand hinweisend, „einen Teil unserer Kultur. Genauso wie es gute und schlechte Musik gibt, gibt es gute und schlechte Drogen. Und daher können wir, genauso wenig wie wir sagen können, wir seien ‚gegen' Musik, nicht sagen, wir seien ‚gegen' Drogen." Es bedeutet indes genauso wenig, *für* Drogen zu sein, sondern gleichermaßen dämonisierende wie romantisierende Wertungen zurückzustellen, sich Pathologisierungen und Kriminalisierungen ebenso zu verweigern wie einem normalisierenden Blick. Auf diese Weise ist es vielleicht möglich, zu genaueren Einsichten über Drogen, Rausch und Sucht zu gelangen.

Zum Aufbau des Handbuchs

Der Band wird eröffnet mit Beiträgen zur Kulturgeschichte der Drogen und des Rauschs (Kapitel I), welche die dann folgenden soziologischen und kulturwissenschaftlichen Einordnungs- oder Deutungsversuche historisch rahmen. Der Bogen spannt sich von Frühformen menschlicher Vergesellschaftung bis zur Gegenwart.

Landläufig gilt: Wer über Drogen spricht, darf von Sucht nicht schweigen. Diese diskursive Selbstverständlichkeit bedarf einer doppelten Einordnung oder Relativierung. Einerseits führen nur einige Drogen unter bestimmten Konsumvoraussetzungen zu Verhaltensweisen, die üblicherweise Sucht genannt werden und ohne Zweifel für Individuum und Gesellschaft problematisch sein können. Andererseits ist das Konzept Sucht ver-

---

3 Ähnlich argumentieren Osborne (1998, S. 261), McDonald (1994). Zum Suchtthema aus anthropologischer Perspektive Schuller und Kleber (1993).

gleichsweise jung und taucht erst im 18. Jahrhundert auf. Auch frühere Zeiten kannten problematische Formen des Drogenkonsums, aber weder den Begriff noch das Phänomen der Sucht. Der zweite Abschnitt (Kapitel II) beschäftigt sich aus verschiedenen Perspektiven mit Pathologisierungen des Drogengebrauchs als Sucht und rekonstruiert so ein zentrales Element der diskursiven Kopplung von Droge und Problem.

Der daran anschließende, im Hinblick auf die Zahl der Beiträge umfangreichste Abschnitt (Kapitel III) stellt unterschiedliche soziologische und kulturwissenschaftliche Zugänge vor, die für die theoretische Erschließung von Drogen und ihrem Gebrauch fruchtbar gemacht wurden oder gemacht werden können. In diesem Sinne diskutiert werden unter anderem Durkheims Theorie des Sakralen, die Cultural Studies, die Systemtheorie und die Actor Network Theory, aber auch Wissenssoziologie und Kritische Theorie sowie raum- bzw. stadtsoziologische Arbeiten. Deutlich wird in der Gegenüberstellung, dass nicht alle theoretischen Schulen oder Teildisziplinen sich explizit mit dem Thema Drogen beschäftigt haben. Die Leerstellen sind unübersehbar. Einige der hier zusammengestellten Beiträge haben insofern explorativen Charakter und fragen, wie die jeweiligen theoretischen Werkzeuge genutzt werden könnten, um künftige Forschungen anzuleiten.

Kapitel IV schwenkt zu Fragen der politischen Ökonomie der Drogen über, also zu den komplexen Verhältnissen von Drogen, Staaten und Märkten. Weil zumindest die jüngere Vergangenheit von Verbotsszenarien dominiert ist – angefangen bei der Apothekenpflicht für Opiate und Haschischprodukte 1868 (Berridge 1987) bis zum „War on Drugs" –, fokussieren die Beiträge in erster Linie die Geschichte der Prohibition. Analysiert werden die langen Linien und unterschiedlichen Skalierungen des Handels, die Grenzen und Nebeneffekte des „Kriegs gegen die Drogen" bis hin zu aktuellen Veränderungen des Drogenhandels durch neue Distributionswege im sogenannten Darknet. Eine nicht ganz neue, aber wesentliche Erkenntnis der vorgestellten Forschungsergebnisse lautet: Das Verbot von Drogen und die Kriminalisierung ihres Konsums haben vor allem Probleme produziert, statt welche zu lösen.

Drogen irritieren szientifische Rationalitäts- und Ordnungsansprüche. Die subjektiven Wahrnehmungen und Erlebnisse, die im Zusammenhang mit dem Gebrauch von Drogen gemacht werden, lassen sich nur schwer in einer sachlich reflektierenden Sprache ausdrücken. Die Alterität von Rauscherfahrungen beeinträchtigt die Möglichkeit, über sie zu sprechen; zumindest in den Grenzen einer auf intersubjektive Nachvollziehbarkeit und methodische Überprüfbarkeit abzielenden wissenschaftlichen Argumentation. Das verlangt nach Darstellungsformen, die sich weder ins Literarische zurückziehen, noch ihren Gegenstand gewaltsam rationalisieren. John Law (2010) plädiert in seinem Aufsatz *Making a Mass with Method* für ein möglichst offenes Vorgehen, das sich ins Feld begibt, den Akteuren folgt und das Gespräch mit ihnen sucht, statt um jeden Preis zu systematisieren und „Dinge, die nicht wirklich passen", kurzerhand auszuklammern (ebd., S. 159). Kapitel V greift diese Forderung auf und präsentiert ausgewählte ethnographische Streifzüge. Auch diese kommen nicht ohne Verallgemeinerungen aus, sie konzentrieren sich aber auf dichte Beschreibungen und Interviewstudien, welche subjektive Sinnwelten rekonstruieren und die bisweilen verstörende Fremdheit der Erfahrungs- und Lebenswelten von Drogenkonsumentinnen und -konsumenten kenntlich machen, statt sie in vorgefertigte Schubladen einzusortieren.

Abgerundet wird der Band durch eine Reihe von klassischen Texten zur sozial- und kulturwissenschaftlichen Drogenforschung. Die Auswahl konzentriert sich auf Beiträge, die auf verschiedene Weise dem grundlegenden Impuls des Bandes folgen, die vermeintlichen Selbstverständlichkeiten des Sprechens über Drogen – etwa die Autonomie der physiologischen Drogenwirkung, die Existenz von Sucht, die Gegenüberstellung von Droge und Nicht-Droge oder das Ideal eines drogenfreien Lebens – zu problematisieren.

Obwohl der vorliegende Band das Wort Handbuch im Titel führt, ist er weit davon entfernt, sämtliche Aspekte sozial- und kulturwissenschaftlicher Drogenforschung aufzugreifen. Dass Vollständigkeit weder angestrebt war noch erreicht wurde, hat verschiedene Gründe: Zum einen ist die Beschäftigung mit Drogen und ihrem Gebrauch trotz einer Vielzahl von Einzelstudien kein prominentes Forschungsfeld, was dazu führt, dass so gut wie keine systematischen Gesamtdarstellungen existieren, auf die ein Handbuch hätte aufbauen können. Zum anderen hat der fragmentarische Zuschnitt mit der notorischen Unverfügbarkeit des Gegenstands selbst zu tun: Was kulturell bzw. kulturgeschichtlich und sozial an die Grenzen des Verstandes führt (und möglicherweise darüber hinaus), lässt sich schwerlich akademisch einhegen. Zudem enthüllt die Beschäftigung mit Drogen mehr als andere Themen die „Unerbittlichkeit der Historizität" (Brieler 1998), die gleichsam permanenten Verschiebungen also, die den Forschungsgegenstand genauso wie das Forschungsfeld dezentrieren. Einzelne durchaus wichtige Themen sind aus anderen Gründen leider auf der Strecke geblieben. Nicht für alle ursprünglich vorgesehenen Beiträge haben wir Autorinnen oder Autoren gefunden. Einige der Leerstellen seien benannt: So fehlt eine zeitsoziologische Analyse, was bedauerlich ist, weil die wahrgenommene Veränderung des Raum-Zeit-Gefüges seit dem 19. Jahrhundert ein beständig wiederkehrender Topos von theoretischen und literarischen Rauscherzählungen ist, die mit den Beschleunigungstendenzen im digitalen Kapitalismus noch einmal an Bedeutung gewonnen hat. Mehr Aufmerksamkeit hätten auch rechtssoziologische Fragen verdient. Dasselbe gilt für eine an Foucault geschulte Untersuchung zum Verhältnis von Macht und Wissen oder Biopolitik in Bezug auf Drogen oder für Analysen klassen- und milieuspezifischer Distinktionsmechanismen im Hinblick auf Drogenkonsum im Gefolge Pierre Bourdieus oder Ansätze, eine Entscheidung für oder gegen den Konsum von Drogen mit Theorien der rationalen Wahl zu erklären. Unterbelichtet bleibt schließlich der Zusammenhang von Rassismus und Kriminalisierung des Drogenkonsums. Insgesamt hätte das vorliegende Handbuch noch umfangreicher ausfallen können, als es ohnehin schon ist.

An einem Projekt dieses Umfanges haben viele Personen Anteil: Wir bedanken uns vor allem bei den Autoren und Autorinnen, die uns ihre Beiträge zur Verfügung gestellt und deren Geduld wir mit unseren Überarbeitungswünschen strapaziert haben. Besonderer Dank gilt zudem Wibke Liebhart, die alle Texte sorgfältig lektoriert, Fabienne Schnepf, die sie formal vereinheitlicht hat, sowie Cori Mackrodt vom Springer-Verlag, die das Vorhaben angeregt und mit großem Engagement bis zur Drucklegung begleitet hat.

Trotz intensiver Recherche war es leider nicht möglich, die Rechteinhaber der Texte von Paul Parin *Weise Pharma-Greise* und Thomas S. Szasz *Pharmakos oder Sündenbock: Die Entdeckung der Drogensucht* ausfindig zu machen. Wir bitten darum, sich im Falle entsprechender Ansprüche an den Verlag zu wenden.

Literatur

Abbott, A. 1995. Things of Boundaries. *Social Research* 62(4): 857–882.
Baumgärtner, T. 1997. Abhängigkeit und das Problem ihrer Akzeptanz. *Akzeptanz* 1: 8–15.
Beringer, K. 1927. *Der Meskalinrausch. Seine Geschichte und Erscheinungsweise.* Berlin.
Berridge, V. 1987. *Opium and the People. Opiat Use and Drug Control Policy in Nineteenth and Early Twentieth Century England.* London.
Brieler, U. 1998. *Die Unerbittlichkeit der Historizität. Foucault als Historiker.* Köln.
Dollinger, B. 2003. *Drogen im sozialen Kontext: Zur gegenwärtigen Konstruktion abweichenden Verhaltens. Bamberger Beiträge zur Sozialpädagogik & Familienforschung.* Augsburg.
Dollinger, B., H. Schmidt-Semisch. 2018. Sozialwissenschaftliche Perspektiven auf Drogen und Sucht. In *Handbuch Psychoaktive Substanzen*, hrsg. v. M. Heyden, H. Jungaberle, T. Majić, 33–40. Wiesbaden.
Feustel, R. 2013. *Grenzgänge. Kulturen des Rauschs seit der Renaissance.* München.
Foucault, M. 1973. *Wahnsinn und Gesellschaft: Eine Geschichte des Wahns im Zeitalter der Vernunft.* Frankfurt/Main.
Foucault, M. 2005a. Michel Foucault, ein Interview: Sex, Macht und die Politik der Identität. In ders.: *Schriften. In vier Bänden. Dits et Ecrits*, hrsg. v. D. Defert, F. Ewald, Bd. IV. 1980–1988, 909–924. Frankfurt/Main.
Foucault M. 2005b. Polemik, Politik und Problematisierung. In ders.: *Schriften. In vier Bänden. Dits et Ecrits*, hrsg. v. D. Defert, F. Ewald, Bd. IV. 1980–1988, 724–734. Frankfurt/Main.
Hengartner, T., C. Merki. 2001. *Genussmittel. Eine Kulturgeschichte.* Frankfurt/Main, Leipzig.
Herwig-Lempp, J. 1994. *Von der Sucht zur Selbstbestimmung. Drogenkonsumenten als Subjekte.* Dortmund.
Hess, H. 2015. Repression oder Legalisierung? Vom desorganisierten Verbrechen zum organisierten Drogenmarkt. In *Die Erfindung des Verbrechens*, hrsg. v. H. Hess, 261–289. Wiesbaden.
Hess, H., B. Kolte, H. Schmidt-Semisch. 2004. *Kontrolliertes Rauchen. Tabakkonsum zwischen Verbot und Vergnügen.* Freiburg.
Von Heyden, M., H. Jungaberle, T. Majić. (Hrsg.). 2018. *Handbuch Psychoaktive Substanzen.* Wiesbaden.
Hurrelmann, K. 2000. *Gesundheitssoziologie. Eine Einführung in sozialwissenschaftliche Theorien von Krankheitsprävention und Gesundheitsförderung.* Weinheim, München.
Jay, M. 2011. *Emperors of Dreams: Drugs in the Nineteenth Century.* Cambridgeshire.
J.G.H. 1975 [1719]. *Das beliebte und gelobte Kräutlein Toback oder Allerhand auserlesene historischen Merckwürdigkeiten vom Ursprung / Beschaffenheit / Würckung, sonderbaren Nutzen, Gebrauch und Missbrauch des Tobacks, aus Berühmter Männer Schrifften gesammlet, und allen seinen Liebhabern zur ergötzenden Vergnügung und Zeitvertreib mitgetheilet von J.G.H., Chemnitz.* Leipzig.
Kappeler, M. 1991. *Drogen und Kolonialismus: Zur Ideologiegeschichte des Drogenkonsums.* Berlin.
Korte, S. 2007. *Rauschkonstruktionen: Eine qualitative Interviewstudie zur Konstruktion von Drogenrauschwirklichkeit.* Wiesbaden.

Lamont, M., V. Molnár. 2002. The Study of Boundaries in the Social Sciences. *Annual Review of Sociology* 28: 167–195.
Law, J. 2010. Methodische Welten durcheinanderbringen. In *Zwischen Sprachspiel und Methode. Perspektiven der Diskursanalyse*, hrsg. v. R. Feustel, M. Schochow, 147–168. Bielefeld.
Matza, D. 1973. *Abweichendes Verhalten*. Heidelberg.
McDonald, M. 1994. Introduction – A Social Anthropological View of Gender, Drink and Drugs. In *Gender, Drink and Drugs*, hrsg. v. M. McDonald, 1–31. Oxford
Mill, J. S. 1869. *On Liberty. Library of Economics and Liberty*. http://www.econlib.org/library/Mill/mlLbty5.html. Zugegriffen: 23. April 2018.
Moreau de Tours, J. J. 1973 [1845]. *Hashish and Mental Illness*. New York.
Nadelman, E. 1990. Global Prohibition Regimes. The Evolution of Norms in International Society. *International Organization* 44: 479–526.
Osborne T. 1998. Medicine and Ideology. *Economy and Society* 27(2/3): 259–273.
Quensel, S. 1982. *Drogenelend*. Frankfurt/Main.
Rheinberger, J. H. 2006. *Experimentalsysteme und epistemische Dinge: Eine Geschichte der Proteinsynthese im Reagenzglas*. Frankfurt/Main.
Sandgruber, R. 1986. *Bittersüße Genüsse. Kulturgeschichte der Genußmittel*. Wien, Köln, Graz.
Sarasin P. 2003. Vom Realen reden? Fragmente einer Körpergeschichte der Moderne. In *Geschichtswissenschaft und Diskursanalyse*, hrsg. v. P. Sarrasin, 122–149. Frankfurt/Main.
Scheerer, S. 1982. *Die Genese der Betäubungsmittelgesetze in der Bundesrepublik Deutschland und in den Niederlanden*. Göttingen.
Scheerer, S. 1995. *Rororo special: Sucht*. Reinbek/Hamburg.
Schetsche, M., R. Schmidt. (Hrsg.). 2016. *Rausch, Trance, Ekstase. Zur Kultur psychischer Ausnahmezustände*. Bielefeld.
Schivelbusch, W. 1990. *Das Paradies, der Geschmack und die Vernunft. Eine Geschichte der Genußmittel*. Frankfurt/Main.
Schuller, A., J. A. Kleber. (Hrsg.). 1993. *Gier. Zur Anthropologie der Sucht*. Göttingen.
Siegel, R. K. 2000. *RauschDrogen. Sehnsucht nach dem künstlichen Paradies*. Reinbek/Hamburg.
Smart C. 1984. Social Policy and Drug Addiction: A Critical Study of Policy Development. *British Journal of Addiction* 79: 31–39.
Szasz, T. 1980. *Das Ritual der Drogen*. Frankfurt/Main.
Wiesemann, C. 2000. *Die heimliche Krankheit: Eine Geschichte des Suchtbegriffs*. Stuttgart.
Zehentbauer, J. 2013. *Körpereigene Drogen – Garantiert ohne Nebenwirkung*. Ostfildern.
Zinberg, N. E. 1984. *Drug, Set, and Setting: The Basis for Controlled Intoxicant Use*. New Haven (CT).

Teil I

Kulturgeschichtliche Zugänge zu Drogen und Rausch

Drogen in vormodernen Gesellschaften

Andy Reymann

Zusammenfassung

Die Sanktionierung von bewusstseinsverändernden Substanzen ist ein relativ neues Phänomen. Tatsächlich zeigen archäologische Quellen, dass die Nutzung dieser als „Drogen" oder „Rauschmittel" bezeichneten Stoffe sehr weit in der Menschheitsgeschichte zurückdatiert werden kann. Sowohl archäologische als auch ethnologische Belege deuten darauf hin, dass in vormodernen Gesellschaften zwar oft keine prinzipielle Sanktionierung vorlag, dass aber durchaus Reglementierungen existierten, welche die Nutzung entsprechender Stoffe auf spezielle Anlässe, Gelegenheiten oder Nutzergruppen einschränkten. Daher kann für diese Substanzen von einer grundsätzlich anderen sozialen Rolle ausgegangen werden als in den modernen, „westlichen" Nationen.

Schlüsselbegriffe: Drogen, Gesellschaft, Archäologie, Ethnologie

1 Einleitung und Begriffsbestimmung

Soziologische Antworten auf die Frage nach der gesellschaftlichen Rolle von Drogen heben vor allem auf eine Kontextualisierung der Nutzung und Wertstellung psychotroper Substanzen und der damit verbundenen Akteure ab. Dabei wird jedoch oft außer Acht gelassen, dass die meisten als „Drogen" bezeichneten Stoffe eine eigenständige historische Entwicklung durchlebt haben, die sich gerade bei den organischen Substanzen in ihrer Zugehörigkeit zur Klasse der seit langem bekannten „Kulturpflanzen" äußert.

Tatsächlich reicht die Tradition der Verwendung von Drogen weit in die menschliche Zivilisationsgeschichte zurück, wobei auch hier zum Teil deutliche Differenzierungen vorliegen. Der folgende Beitrag steckt daher einen groben Rahmen ab, in dem die Nutzung und Verwendung von Drogen in vormodernen, nicht-staatlichen Gesellschaften schlaglichtartig beleuchtet werden soll.

Einer solchen, auf einigen wenigen Beispielen aufbauenden Vorstellung müssen jedoch zunächst einige Definitionen vorangestellt werden. So ist zunächst zu klären, was überhaupt mit „vormodernen" Gesellschaften gemeint ist – ließe sich doch prinzipiell die breite Masse archäologischer Kulturkomplexe und aus der Warte des Primitivismus auch zahlreiches ethnologisches Material darunter subsumieren. Unter vormodernen oder traditionellen Gesellschaften werden daher im Folgenden „Lager- und Dorfgemeinschaften in wild- und feldbeuterischen, agrarischen und hirtennomadischen Kulturen verstanden, die zum Zeitpunkt ihrer Erforschung noch nicht oder nur kaum in Berührung mit den neuzeitlichen Industriezivilisationen gekommen waren. Ihr Leben verlief strikt im Rahmen der altüberlieferten Traditionen (daher der Terminus ‚traditionelle Gesellschaft'), die durch das Beispiel der Vorfahren (Ahnen) geheiligt und durch die Schöpfung sanktioniert waren und darum als unantastbar galten" (Müller 1997, S. 10).

Auch wenn diese Definition somit das ethnologische Material zumindest auf Gesellschaften vor einem Kontakt mit den Industrienationen beschränkt, hilft der Begriff für die Bestimmung archäologischer Beispiele zunächst nur wenig weiter. Für die archäologische Begriffsnutzung muss auf der einen Seite zwischen frühstaatlichen Komplexen, etwa der römischen Republik, dem dynastischen Ägypten oder Sumer, und älteren, nichtstaatlichen Vergesellschaftungsformen auf der anderen Seite unterschieden werden. Dieser Unterschied, der bereits vielfach aufgearbeitet wurde (vgl. u.a. Geller 1993; Guasch-Jané 2008, 2011; Hartman und Oppenheim 1950; Mez-Mangold 1971; Schmidt 1927), beruht vor allem darauf, dass „Drogen" zu dieser Zeit bereits etablierte Positionen innerhalb der sozialen Stratifizierung eingenommen hatten, so dass breit gefächerte Nutzungskontexte, ja sogar ein gut strukturiertes und spezialisiertes Handelsnetzwerk etabliert waren (vgl. Schmidt 1927). Auch zeigen sich deutlich differenzierte Nutzungssphären.

Der stoffspezifische Nutzungskontext und die damit verbundene Variationsbreite bringen uns zum zweiten Problem: dem der Begrifflichkeit. Dabei reicht der Definitionsradius des Terminus „Drogen" sehr weit, wie schon die Masse an Synonymen zeigt: Neben Drogen stehen Begriffe wie Rausch- und Betäubungsmittel, Rauschgift, Halluzinogene oder Narkotika und schließlich allgemeine Umschreibungen wie bewusstseinsverändernde Stoffe (für die Etymologie einiger dieser Begriffe vgl. Schultes und Hoffmann 2001, S. 10). In der terminologischen Klassifikation finden sich auch Versuche, Bezeichnungen auf Wirkungsklassen aufzubauen, etwa bei Rosenbohm (1991, S. 17): (1) ‚Euphorica', Mittel der Seelenberuhigung wie Opium oder Heroin; (2) ‚Inertia', Berauschungsmittel wie Alkohol, Chloroform oder Äther; (3) ‚Hypnotica', also Schlafmittel; (4) ‚Excitantia', Erregungsmittel wie Kampfer, Betel, Kat, Koffein, Tee, Mate, Kakao oder Kokain; (5) ‚Phantastica', Sinnestäuschungsmittel wie Fliegenpilz, Peyote, Bilsenkraut, Stechapfel und andere.

Auch wenn solche Klassifizierungen und Kategorisierungen wie „Schlafmittel" durchaus relevante Untergliederungen und Einzelfallstudien ermöglichen, wollen wir hier auf den grundlegenden Faktor, die bewusstseinsverändernde Wirkung, verweisen, aufgrund derer viele der genannten Stoffe seit dem Zeitalter der Aufklärung geächtet wurden. Im Vordergrund steht somit die Tatsache, dass die entsprechenden Stoffe eine messbare Veränderung der alltäglichen Realitäts- und Selbstwahrnehmung bewirken und daher zu einem veränderten Bewusstseinszustand, zu „altered states of consciousness", kurz „ASC", führen (zur Problematik der ASC und solcher Konzepte wie Trance und Ekstase vgl. u.a. Reymann 2015, S. 47ff.; Rosenbohm 1991, S. 20f.). Im Folgenden sollen daher lediglich jene Stoffe betrachtet werden, die vor einer intendierten Intoxikation bewusst an- oder abgebaut, beziehungsweise angefertigt und im Rahmen eines Einnahmevorganges mit dem Zweck verwendet wurden, stark veränderte Bewusstseinszustände zu erreichen. Gegenstand der folgenden Ausführungen sind also jene Substanzen, „which act primarily upon the central nervous system where they affect brain function, resulting in temporary changes in perception, mood, consciousness, cognition and behavior" (Guerra-Doce 2014, S. 751f.).

Wenn wir Drogen also auf eine spezifische Wirkung im zentralen Nervensystem reduzieren, können wir die darunter zu fassenden Stoffen deutlich einschränken. Selbst dann verbleibt noch eine große Zahl an Stoffen und es fällt auf, dass die meisten dieser Stoffe vor allem pflanzlichen Ursprungs sind. Weiterhin reduziert sich die Zahl der zu behandelnden Drogen, wenn der Betrachtungswinkel zunächst auf Europa und den mediterranen Raum beschränkt wird – in einem späteren Exkurs werde ich aber noch näher auf Süd- und Mesoamerika eingehen.

Aus der großen Vielfalt europäischer Pflanzen stechen Alraune (*Mandragora officinarum*), Bilsenkraut (*Hyoscyamus*), Cannabis (*Cannabis sp.*), die Kapseln des Schlafmohns (*P. somniferium*) und Stechapfel (*Datura*) hervor. Auch Meerstäubelkraut (*Ephedra sp.*), dessen natürlicher Wirkstoff Ephedrin ähnliche Wirkungen wie die Designerdroge Crystal Meth hervorruft, kommt in Europa vor. Neben diesen pflanzlichen Stoffen müssen zahlreiche Pilze mit halluzinogener Wirkung, etwa der Fliegenpilz (*Amanita muscaria*), Mutterkorn (*Claviceps purpurea*) und der Spitzkeglige Kahlkopf (*Psylocybe semilanceata*) genannt werden, sowie schließlich Getränke, die auf der Vergärung von pflanzlichen oder tierischen Produkten basieren und dadurch mit Ethanol angereichert sind, kurz: Alkohol.

1.1 Probleme bei der archäologischen und ethnologischen Annäherung an Drogen

Bei der Beschäftigung mit dem Thema Drogen in Archäologie und Ethnologie ist die Nutzung eindeutig wissenschaftlich deklarierter Fachliteratur oft problematisch. Maßgeblich ist dies wohl durch die Entstehung der sogenannten „Ethnobotanik" in den 1940er- und 1950er-Jahren begründet, bei der neben der reinen Identifikation und Beschreibung des Einsatzes von bewusstseinsverändernden Substanzen in indigenen Gemeinschaften auch das Interesse der Selbsterfahrung mitschwang (vgl. hierzu weiterführend Rosenbohm 1991). In den entsprechenden Arbeiten werden häufig universelle Mythologien unkritisch mit praktischen Selbstversuchen kombiniert, so dass oft eher eine missionarische als dokumentierende Motivation im Vordergrund steht. Maßgeblich für diese Richtung sind unter anderem die Arbeiten des Ethnologen und Neo-Schamanen Christian Rätsch oder der amerikanischen Ethnologen Carlos Castaneda und Michael Harner, deren Werke viele Autoren beeinflussten (vgl. u.a. Castaneda 1967; Harner 1973; Rätsch 1987, 1998). Diese Begeisterung für neoreligiöse und progressive Konzepte (vor allem nach dem Zweiten Weltkrieg) und die damit einhergehende Schwemme an Literatur – flankiert von reaktionärer Restriktion der allgemeinen Forschung – erklären womöglich das Dilemma der Literatur zu Drogen in vormodernen Gesellschaften: Trotz einer schier unüberschaubaren Menge an ethnographischen Arbeiten und zahlreichen archäologischen Fundkomplexen gibt es nur wenige fokussierte Studien, diese sind oft von einem entsprechenden Zeitgeist geprägt.

Einige hervorstechende Ausnahmen gerade im Bereich der Archäologie sind die Auseinandersetzungen Peter Fursts (1972, 1976) und Andrew Sherratts (1991, 1995), denen erst etliche Jahre später die hervorragende, jedoch leider nur in spanischer Sprache publizierte Arbeit von Elisa Guerra-Doce folgte (Guerra-Doce 2006; eine kurze Zusammenfassung in englischer Sprache: Guerra-Doce 2014). Ein weiterer Grund für das Ungleichgewicht zwischen ethnologischen und archäologischen Arbeiten liegt in der Nachweisbarkeit von Drogen und Drogenkonsum begründet. Guerra-Doce definiert vier Klassen der archäologischen Nachweisbarkeit von Drogen (Guerra-Doce 2014, S. 754): (1) makrofossile Überreste, beispielsweise in Form von verkohlten oder anderweitig erhaltenen Blättern, Samen Früchten o.ä.; (2) Zerfallsprodukte alkoholhaltiger Getränke; (3) chemische Stoffe in archäologischen Artefakten oder Knochenresten; (4) bildliche und schriftliche Darstellungen der zugehörigen Pflanzen oder von Szenen, in denen die Einnahme von berauschenden Stoffen dargestellt wird.

Zu diesen vier Kategorien kann noch eine fünfte hinzugefügt werden: die Auffindung von Objekten, die der Drogeneinnahme dienten. In diesen Punkten ist eines der zentralen Probleme der archäologischen Beschäftigung mit Drogen bereits angedeutet. Da sich die Archäologie primär mit den materiellen Hinterlassenschaften nicht-schriftlicher Kulturen befasst, bleibt die Nachweisbarkeit von organischen Substanzen, die im Zuge ihrer Nutzung zerstört werden, ein seltener Glücksfall. Denn wie im Folgenden gezeigt wird, erfolgt die Einnahme der oben genannten Produkte meist dadurch, dass sie oder daraus hergestellte Produkte verbrannt, eingeatmet, getrunken oder gegessen werden.

2 Drogen in vormodernen Gesellschaften

Die frühesten Nachweise für die Verwendung bewusstseinsverändernder Substanzen stammen aus dem mittleren Paläolithikum, genauer aus der Zeit um 60 000 v. Chr. (Guerra-Doce 2014, S. 754). In der Höhle von Shanidar im Irak fanden sich bei der Bestattung Shanidar IV, der Grablege eines 30 bis 45 Jahre alten Individuums, neben den Samen von zahlreichen Blütenpflanzen auch Reste potentiell psychoaktiver Stoffe. Die sogenannte

„Blumenbestattung", die nicht nur zur Grundlage zahlreicher populärwissenschaftlicher Verarbeitungen, sondern auch zum Ausgangspunkt einer Forschungsdebatte über die frühesten Bestattungsformen wurde (Sommer 1999), ist Bestandteil einer Neandertalernekropole mit insgesamt sieben Erwachsenen und einem Kind (Sommer 1999, S. 127). Sie wurde bei Ausgrabungen zwischen 1951 und 1960 entdeckt. Die Bodenproben der Bestattung IV erbrachten bei der archäobotanischen Untersuchung verschiedene Pollen von Blütenpflanzen und Zweigen der Ephedra, der Meerträubel, was von André Leroi-Gourhan (1975) als Niederlegung des Toten auf einem Bett aus Blüten und Zweigen interpretiert wurde. Neuere Forschungen deuten indes darauf hin, dass die meisten der Pflanzenpollen durch die späteren Aktivitäten von Nagetieren eingebracht wurden (Sommer 1999; Guerra-Doce 2014, S. 754).

Das Beispiel zeigt stellvertretend die besondere Problematik beim Umgang mit bewusstseinsverändernden Substanzen im archäologischen Kontext und die damit verbundenen Gefahren: Bereits der erste Auswerter der Grabungen, Ralph Solecki, hatte die Anwesenheit von bewusstseinsverändernden Substanzen in diesem liminalen Kontext, also innerhalb einer Bestattung, zum Anlass genommen, den Verstorbenen als „Schamanen" zu klassifizieren (ebd., S. 754). Auch wenn eine genauere Untersuchung und die spätere Diskussion die Deutung als Schamane widerlegt, ist der Ansatz einer Verknüpfung von Drogen und Übergangszuständen – ganz im Sinne der Übergangsriten nach Arnold van Gennep (1909) – ein häufiges Interpretationsmuster nach wie vor nicht von der Hand zu weisen; trotz anhaltender Debatten (vgl. u. a. Reymann 2015).

Überlieferungsbedingt existieren neben den Funden aus Shanidar nur wenige weitere Nachweise der früheren Phasen. Hinzu kommt die Frage, ob Substanzen denn auch wirklich aufgrund ihrer spezifischen Wirkung genutzt wurden:

> „Since the Early Neolithic, *ca.* sixth millennium BC, many Neolithic and Bronze Age settlements in north-western Europe have provided opium poppy remains, but direct evidence of the exploitation of narcotic properties of this species is quite scarce (Merlin 1984). Indeed, at the Neolithic site of Vaux-et-Borset, Belgium, opium poppy seeds were added as temper to the clay used to produce one of the pots found there."(Guerra-Doce 2014, S. 755).

Die zuvor eingegrenzten Pflanzen zeichnen sich, wie hier der Mohn, neben ihren berauschenden Wirkungen häufig auch durch rein profane Nutzungskontexte aus. So ist Mohn (*Papaver*) seit der Phase der frühesten europäischen Ackerbauern, der Linienbandkeramik (Bakels 1982), bekannt und eine Domestikation des Mohns im Westmediterranen Raum gilt ab dem sechsten Jahrtausend v. Chr. als gesichert (Guerra-Doce 2014, S. 755). Allerdings handelt es sich hier oft um Borstenmohn (Bakels 1982, S. 11), der anders als Schlafmohn eher als Öllieferant diente bzw. als Ackerunkraut womöglich im Gefolge der neolithischen Revolution eine Kulturfolge antrat oder schlicht als Viehfutter in die Siedlungen gelangte.

Spätestens ab dem zweiten Jahrtausend v. Chr. kann die Nutzung von Mohn als Droge im ostmediterranen Raum aber eindeutig belegt werden: Nach ersten Nachweisen in den frühen Hochkulturen mündet die Verwendung von Mohn in einen etablierten Handel mit der flüssigen Opiumtinktur, der sich sowohl durch Ikonographie und Schriftquellen als auch anhand von chemischen Nachweisen in Keramikscherben und menschlichen Knochen nachweisen lässt (Guerra-Doce 20014, S. 770).

Ähnliche Eckdaten können auch für weitere der bereits genannten Drogen gegeben werden, wobei auch hier spezifische Probleme bestehen: Gerade bei Mutterkorn steht die Problematik im Raum, dass es sich hier um einen Befall von Pflanzen handelt, der wohl oft unwissentlich als Vergiftung und nicht als bewusste Intoxikation in den menschlichen Organismus gelangte.

3   Die soziale Rolle von Drogen in vormodernen Gesellschaften

Bereits bei dem Opiumfund von Shanidar IV wurde der liminale Charakter von Drogen angesprochen. Unter liminal soll hier die von van Gennep etablierte und von Victor Turner (1994) ausgebaute Phase verstanden werden, in der – als Übergang in andere soziale Systeme – Personen aus den normalen Alltagszuständen herausgelöst werden. Klassische Beispiele dafür wären Initiations- und Aufnahmeriten oder der Übergang einer verstorbenen Person in die Gemeinschaft der Ahnen als Teil der Bestattungszeremonie. Die mit Übergangszuständen verbundenen Riten, *„which accompany every change of place, state, social position and age"* (ebd., S. 4f.), sind nach Turner mit klar abgegrenzten liminalen Phasen verbunden, in denen die liminale Person zunächst von der Gemeinschaft abgetrennt wird, dann in einem Schwellenzustand verharrt, um schließlich wieder an die Gesellschaft angegliedert zu werden. Hierbei tritt die Ablösung nicht als plötzlicher Akt, sondern meist als Prozess auf, der in symbolische Aktivitäten eingebunden ist und von einem dementsprechend umfangreichen Set an Objekten und Handlungen begleitet wird. Sie dienen dazu, das bei Turner als „sacra" Bezeichnete, für ihn so etwas wie die Quintessenz des Menschlichen, nach außen hin zu kommunizieren (ebd., S. 12).

Auch wenn Turner lediglich auf Objekte wie Masken, Fächer und ähnliche Dinge verweist, ist der Gebrauch von Drogen gerade in diesen symbolischen Handlungen als wichtiges Begleitelement liminaler Phasen aus vormodernen Gesellschaften bereits bekannt. Passend hierzu erscheint die älteste schriftliche Erwähnung der Nutzung von Cannabis durch den griechischen Gelehrten Herodot im Kontext einer Bestattungsfeier (vgl. Margreth 1993). Herodot, der auch bei den nomadisch geprägten Skythen der Schwarzmeerküste zu Gast war, beschrieb im vierten Buch seiner Reiseberichte, wie die Totenfeierlichkeiten zu Ehren eines verstorbenen Anführers umgesetzt wurden. Nach einer 40-tägigen Wagenumfahrt mit Festen und Speisungen folgt die eigentliche Bestattung (vgl. Herodot IV, S. 73):

> „Nach dem Begräbnis reinigen sich die Skythen auf folgende Weise: Nachdem sie sich den Kopf eingeschmiert und wieder abgewaschen haben, machen sie für ihren Körper folgende Vorrichtungen: Sie stellen drei Stangen auf, aneinander gelehnt, und spannen ringsherum

wollene Filzdecken, die sie möglichst dicht machen. Dann werfen sie im Feuer erhitzte Steine in ein Becken, das in der Mitte der Stangen und der Filzdecken steht. In ihrem Land wächst auch Hanf, eine Pflanze, die abgesehen von der Dicke und Größe dem Flachs sehr ähnlich ist. Darin übertrifft ihn der Hanf bei weitem. Er wächst wild und wird auch angebaut. Daraus machen die Thraker sogar Kleider, die den leinenen sehr ähnlich sind. [...] Von diesem Hanf nehmen nun die Skythen die Samenkörner, schlüpfen unter die Filzdecken und werfen dann die Samenkörner auf die glühenden Steine. Sie qualmen auf den Steinen und erzeugen einen solchen Dampf, dass wohl kein griechisches Schwitzbad es übertäfe. Die Skythen haben grosse Freude am Dampfbad und heulen. Dies dient ihnen als Bad." (Herodot IV, S. 73ff., so zitiert nach Margreth 1993, S. 34f.)

Herodots Schilderung ist natürlich nicht der älteste Nachweis für die Verwendung von Hanf. Bereits aus der ins dritte Jahrtausend v. Chr. datierenden osteuropäischen Grubengrabkultur kennen wir verkohlte Cannabissamen aus Grabkomplexen. Auch später datierte Funde von Samen in Keramikgefäßen, etwa aus Gurbanesti, Rumänien oder aus einem frühbronzezeitlichen Grab im Nordkaukasus, brachten Archäologen auf die Idee, dass die Samen gezielt als Räuchermittel verwendet wurden (vgl. Guerra-Doce 2014, S. 756). Zudem stehen dem seltenen Fund einzelner Samen auch größere Fundkomplexe gegenüber, beispielsweise in Form von 789 Gramm Samen aus einem Grab der Yanghai-Nekropole in China, das ins Jahr 60 v. Chr. datiert wurde (Pamplona und Takahashi 2012, S. 8).

Das Besondere an Herodots Darstellung des Hanfkonsums ist aber, dass seine Beschreibungen durch archäologische Befunde gestützt werden. So fanden sich im Grabhügel II der altaischen Nekropole von Pazyryk ein Bronzekessel, in dem Steine mit Spuren von Hitzekontakt lagen, dazwischen ein Lederbeutel mit Hanfsamen und im Grab zudem hölzerne Zeltstangen (Rudenko 1970, S. 284f.; Rolle 1980, S. 102). Auf der Basis dieser Quellenlage und vor allem ausgehend von Herodots Ausführungen bildete der skythische Hanfkonsum daher lange Zeit eines der grundlegenden Beispiele für die Existenz eines vorgeschichtlichen Schamanismus. Maßgeblich befördert wurde dies durch eine Publikation des Schweizer Sprachwissenschaftlers Karl Meuli (1935). Auf der Basis von Herodots Beschreibungen und unter Einbezug der Schwitzhüttenzeremonie nordamerikanischer Gemeinschaften sowie der Beschreibung sibirischer Schamanen durch Wilhelm Radloff (1893) postulierte Meuli einen etablierten skythischen Schamanismus.

Wie bereits gezeigt, ist die enge Verbindung von Drogen und Schamanismus immer wieder für ethnologische oder archäologische Quelleninterpretationen herangezogen worden (vgl. u.a. Ohlmarks 1939; Rosenbohm 1991; hierzu auch ausführlicher Reymann 2015, S. 116ff.). Jüngere Studien haben die Thesen Meulis eindeutig widerlegt (Margreth 1993; hierzu auch Reymann 2015, S. 86ff.). Auch aufgrund der umfangreichen Quellenlage der Hanfsamen ist es unwahrscheinlich, dass sich die Räuchersitte auf Schamanen beschränkte, herrschte zu skythischen Zeiten doch eine „offenbar selbstverständliche[n] und gleichberechtigte[n] Ausstattung von Männern und Frauen mit funktionstüchtigen Inhalierapparaten" (Rolle 1980, S. 102) vor.

Hier stellt sich jedoch die Frage, ob das klassische Postulat der Archäologie, dass Objekte aus dem Grabkontext auch immer Hinweise auf soziale Identitäten seien, sich auch in der Anwesenheit von Drogen als Beigaben widerspiegelt. Immerhin, so Hans Peter Hahn, seien materielle Güter, „ihr Besitz und Gebrauch [...] in der natürlichen und sozialen Umwelt zentrale Elemente der Konstruktion von Identität" (Hahn 2006, S. 59). Dabei diene die kodierte Nutzung materieller Objekte und ihr damit verbundener symbolischer Gehalt in Archäologie und Ethnologie nicht nur der Identifikation von einzelnen, langlebigen Gruppen und Kulturkomplexen, sondern helfe auch „kurzlebige [...] Milieu- oder Lebensstilgruppen unserer gegenwärtigen Gesellschaften" (Hahn 2006, S. 60) zu erfassen.

Auch Sherratt sah indes die Rolle von Drogen bestimmt durch deren Nutzungskontext: So ordnete er Drogen drei allgemeinen Nutzungssphären zu – einer medizinischen, einer religiösen und einer säkularen. Übergangszonen seien möglich, monothetische Kontextverortungen deshalb zurückzuweisen (Sherratt 1995, S. 15).

Quellen für die Nutzung im medizinischen Kontext sind die bereits genannten Arbeiten zu Drogen und Drogengebrauch in den frühstaatlichen Gesellschaften des Altertums, ist doch gerade in Ägypten und Mesopotamien eine Ärztekaste mit umfassender Ausbildung und speziellem Rohstoffzugang schriftlich belegt. Auch Quellen aus der mitteleuropäischen Vorgeschichte verweisen auf ausgereifte medizinische Kenntnisse: So zeigen zahlreiche Bestattungen der jungsteinzeitlichen schnurkeramischen Kultur, die auf etwa 2800 – 2200 v. Chr. datiert wird, intentionelle Schädelöffnungen, sogenannte Trepanationen, als therapeutische Maßnahme, die nach Ausweis der anthropologischen Untersuchungen in einer Vielzahl der Fälle überlebt wurden. Tatsächlich deuten sich regional ähnelnde Techniken sogar vereinzelt auf die Existenz von medizinischen Spezialisten hin (vgl. Menninger 2008).

Die zweite Klasse bilden Hinweise auf Drogen im religiösen Kontext: Auch wenn die Anwesenheit von Schamanen in Frage gestellt werden darf, so scheint es sich bei den von Herodot beschriebenen zeremoniellen Handlungen zweifellos um einen religiösen Akt gehandelt zu haben, der für das soziale Gefüge der praktizierenden Skythen eine wichtige Rolle spielte. Die liminale Bedeutung der Zeremonie lag in der statusverändernden Funktion für den Toten und zugleich in der Reinigung der Teilnehmenden.

Diese beiden Bereiche finden sich als Nutzungskontexte auch in einer Vielzahl ethnologischer Quellen, nicht selten in Kombination mit psychoaktiven Pilzen (vgl. Schultes und Hoffmann 2001, 62). Drogen haben hier als medizinische Substanz den Zweck, Schmerzen zu mildern, Infektionen zu bekämpfen oder den Körper durch erzwungenen Schlaf zu kräftigen. Außerdem können Drogen den liminalen Charakter einer religiösen Erfahrung vertiefen: Als atmosphärisches Element erzeugen sie veränderte Wahrnehmungen, die als dem Ereignis angemessen erachtet werden. Halluzinationen und Träume, durch Drogen in ihrer Intensität bestärkt, spielen in zahlreichen Ritualen eine wichtige Rolle. Und so verwundert es nicht, dass sowohl starke als auch schwache Drogen Eingang in eine Vielzahl religiöser Akte gefunden haben; hier werden die mythologischen Konzepte der Teilnehmenden stetig rituell neu reaktiviert. Dies geschieht im Rahmen einer auf die kosmologischen Konzepte der Gemeinschaft referierenden schamanistischen Heilungszeremonie in Sibirien (vgl. Reymann 2015; Rosenbohm 199) oder in Form von Weihrauch und dem jeden Sonntag aufs neue gefüllten Kelch mit Wein in einer katholischen Messe. Zwar sind die Drogen im letzten Falle milde Varianten, doch darf auch ein mittelalterlicher, mit Weihrauchduft geschwängerter Dom als veritabler Ort für liminale Grenzerfahrungen angesehen werden.

Neben diesen beiden Bereichen der Drogennutzung existiert ein weiterer, den wir hier anders als Sherratt nicht „säkular", sondern „profan" nennen wollen. Drogen unterliegen häufig einer begrenzten Zugänglichkeit, ihr Gebrauch ist daher oft nur für spezifische Nutzungsgruppen erlaubt. Im Falle von Religion und Medizin entspräche dies beispielsweise der Beschränkung auf Priester, Schamanen oder Ärzte (vgl. Sherratt 1995, S. 15). Eine zunehmende Verfügbarkeit muss aber nicht eine Ausweitung der Nutzergruppen ohne Reglementierung bedeuten. Für Drogen scheint es in der Vergangenheit vielmehr stets eine Eingrenzung auf spezifische Gruppen gegeben zu haben, was sich besonders eindrucksvoll am Alkohol, der wohl verbreitetsten Droge der Vorgeschichte, zeigt. Zahlreiche Arbeiten haben sich explizit dem Studium der sozialen Bedeutung von Alkohol in vormodernen Gesellschaften zugewandt (vgl. u.a. Everett et al. 1976; Sherratt 1991). Für die seit dem vierten Jahrtausend v. Chr. nachweisbaren Gärprodukte aus Getreide oder Früchten (Guerra-Doce 2014, S. 762ff.; Sherratt 1995, S. 24ff.) gab es vielfältige Formen der Restriktion: Auch wenn übermäßiges Trinken nicht unbedingt immer sozial akzeptiert war (Kupfer 1996, S. 12), finden sich trotzdem zahlreiche Belege, dass Trinkgelage und opulente Feiern zur Lebensweise von etablierten Oberschichten gehörten. Gerade für die nordalpine Eisenzeit manifestiert sich dies eindrucksvoll in dem massiven Import etruskischer, griechischer und römischer Weine, die in tausenden, wenn nicht Millionen Amphoren nebst aller Bestandteile des typischen „Symposiums" in reichen Bestattungen der Hallstatt- und Laténekultur auftreten (vgl. u.a. Fischer 1982). Alkohol fungierte hier als Symbol der Identitätsbildung und als soziales Bindeglied für eben diese Oberschicht. Allerdings wird dieses Bild der unveränderten Übernahme von mediterranen Sitten in der aktuellen Forschung kritisch diskutiert (Jung 2007).

4 Zusammenfassung und Ausblick

In gegenwärtigen Gesellschaften ist der Umgang mit Drogen zwiespältig und von zeitgeschichtlich relativ jungen Sanktionierungen geprägt. Wenn etwa „harte Drogen" auf der einen Seite mit härtesten Strafen belegt werden, während andere Berauschungsmittel nicht einmal als Droge bezeichnet und als Mittel der sozialen Gruppenbildung sogar beworben werden (zum Beispiel das Oktoberfest), scheint eine konsequente Analyse des Phänomens „Droge" nur schwer möglich. Ein Blick auf vormoderne Gesellschaften zeigt, dass in vorgeschichtlichen Sozialverbänden keine Sanktionierungen belegt werden können. Vielmehr scheint eine Reglementierung und Eingrenzung auf spezifische Nutzungskontexte plausibel. Die Nutzung von Drogen als medizinische Substanz und ihre Verwendung als symbolisches Hilfsmittel bei der Durchführung religiöser Riten ist durch Ausweis der Quellen bereits in relativ frühen Zeiten belegt. Auch die profane Verwendung war schon sehr früh verbreitet, wenngleich hier nicht von einem unbegrenzten Zugang für jeden ausgegangen werden darf. Der Umgang mit Drogen in vorgeschichtlichen Gesellschaften war also reglementiert – nicht sanktioniert. Dass Drogen einen wichtigen Beitrag bei der Etablierung vorgeschichtlicher Prestige- und Identitätssysteme leisteten, dürfte für weitere Studien und alternative Betrachtungsweisen ebenfalls anregende Impulse liefern.

Literatur

Bakels, C. C. 1982. Der Mohn, die Linearbandkeramik und das Mittelmeergebiet. *Archäologisches Korrespondenzblatt* 12: 11–13.
Castaneda, C. 1967. *The Teachings of Don Juan: A Yaqui Way of knowledge*. Berkeley.
Everett, M. W. et al. 1976. *Cross-Cultural Approaches to the Study of Alcohol*. Chicago.
Fischer, F. 1982. Frühkeltische Fürstengräber in Mitteleuropa. *Antike Welt* 13 (Sondernummer). Feldmeilen, Freiburg.
Furst, P.M. 1972. *Flesh of the Gods: The Ritual Use of Hallucinogens*. New York.
Furst, P. M. 1976. *Hallucinogens and Culture*. San Francisco.
Geller, J. 1993. Bread and beer in fourth-millenium Egypt. *Food and Foodways* 5(3): 255–267.
Guasch-Jané, M. R. 2008. *Wine in ancient Egypt: a cultural and analytical study*. Oxford.
Guasch-Jané, M.R. 2011. The meanings of wine in Egyptian tombs: the three amphorae from Tutankhamun´s burial chamber. *Antiquity* 85(329): 851–858.
Guerra-Doc, E. 2006. *Las drogas en la Prehistoria. Evidencias arqueológicas del consume de sustancias psioactivas en Europa*. Barcelona.
Guerra-Doce, E. 2014   . The Origins of Inebriation: Archaeological Evidence of the Consumption of Fermented Beverages and Drugs in Prehistoric Europe. *Journal of Archaeoogical. Method & Theory* 22: 751–782.
Hahn, H. P. 2006. Sachsbesitz, Individuum und Gruppe – eine ethnologische Perspektive. In *Soziale Gruppen – kulturelle Grenzen. Die Interpretation sozialer Identitäten in der prähistorischen Archäologie*, hrsg. v. S. Burmeister, N. Müller-Scheeßel, 59–80. Münster.
Harner, M. J. (Hrsg.). 1973. *Hallucinogens and shamanism*. Oxford.
Hartman, L. F., A. L. Oppenheim. 1950. On beer and brewing techniques in ancient Mesopotamia. *.Journal of the American Oriental Society,* Suppl 10. Washington, Chicago.
Jung, M. 2007. Einige Anmerkungen zum Komplex des Südimportes in hallstattzeitlichen Prunkgräbern. In *Fallstudien, Methoden, Theorien. Tagungsbeiträge der 2. Linzer Gespräche zur interpretativen Eisenzeitarchäologie*, hrsg. v. R. Karl, J. Leskovar, 213–224. Linz.
Kupfer, A. 1996. *Göttliche Gifte. Kleine Kulturgeschichte des Rausches seit dem Garten Eden*. Stuttgart.
Leroi-Gourhan, A. 1975. The flower found with Shanidar IV: a Neanderthal burial. *Irag. Science* 190: 562–564.
Margreth, D. 1993. *Skythische Schamanen? Die Nachrichten über Enaress-Anarieeis bei Herodot und Hippokrates*. Schaffhausen.
Mez-Mangold, L. 1971. *A History of Drugs*. Basel.
Menninger, M. 2008. *Die schnurkeramischen Bestattungen von Lauda-Königshofen. Steinzeitliche Hirtennomaden im Taubertal?* Freiburg.
Meuli, K. 1935. Scythica. *Hermes* 70: 121–176.
Müller, K. E. 1997. *Schamanismus. Heiler, Geister, Rituale*. München.
Ohlmarks, Å. 1939. *Studien zum Problem des Schamanismus*. Lund.
Pamplona, F., R. Takahashi. 2012. Psychopharmacology of the endocannabinoids: far beyond anandamide. *Journal of Psychopharmacology* 26: 7–22.

Radloff, W. 1893. *Aus Sibirien. Lose Blätter aus meinem Tagebuche.* Leipzig.
Rätsch, C. 1987. *Indianische Heilkräuter: Tradition und Anwendung; ein Pflanzenlexikon.* Köln.
Rätsch, C. 1998. *Enzyklopädie der psychoaktiven Pflanzen: Botanik, Ethnopharmakologie und Anwendung.* Stuttgart.
Reymann, A. 2015. *Das religions-ethnologische Konzept des Schamanen in der prähistorischen Archäologie.* Bonn.
Rieckhoff, S., J. Biel. (Hrsg.). 2001. *Die Kelten in Deutschland.* Stuttgart.
Rosenbohm, A. 1991. *Halluzinogene Drogen im Schamanismus. Mythos und Ritual im kulturellen Vergleich.* Berlin.
Rolle, R. 1980. *Die Welt der Skythen. Stutenmelker und Pferdebogner: Ein antikes Reitervolk in neuer Sicht.* Luzern, Frankfurt/Main.
Rudenko, S. I. 1970. *Frozen tombs of Siberia: the Pazyryk burials of Iron Age horsemen.* London.
Schmidt, A. 1927. *Drogen und Drogenhandel im Altertum.* Leipzig.
Schultes, R. E., A. Hoffmann. 2001. *Pflanzen der Götter. Die magischen Kräfte der bewußtseinserweiternden Gewächse.* Aarau.
Sherratt, A. G. 1991. Sacred and profane substances, the ritual use of narcotics in later Neolithic Europe. In *Sacred and Profane: Proceedings of a Conference on Archaeology, Ritual and Religion. Toms Oxford Monographs of the University Committee for Archaeology 32,* hrsg. v. P. Garwood et al., 50–64. Oxford.
Sherratt, A. G. 1995. Alcohol and its alternatives: symbol and substance in early Old World cultures. In *Consuming habits: drugs in history and anthropology,* hrsg.v. J. Goodman et al., 11–46. London.
Sommer, J. D. 1999. The Shanidar IV, Flower Buria': a Re-evaluation of Neanderthal Burial Ritual. *Cambridge Archeological Journal* 9(1): 127–129.
Turner, V. 1964. Betwixt and Between. The liminal Period in Rites de Passage. In *Symposium on New Approaches to the Study of Religion. Proceedings of the 1964 Annual Spring Meeting of the American Ethnological Association,* hrsg. v. J. Helm, 4–20. Seattle.
Van Gennep, A. 1909. *Les Rites de Passage.* Paris.

Kleine Soziologie des Rauschs

Aldo Legnaro

Zusammenfassung

Der Rausch unter Drogen hat in Europa eine wechselhafte Geschichte, die zwischen Dionysos, dem Prinzip des Trunken-Rauschhaften, und Prometheus, dem Prinzip der aktiven Gestaltung, oszilliert. Während im Mittelalter das Dionysische dominiert, versteht die Neuzeit Rausch als die misslungene Beherrschung einer als rational konzipierten Welt. In der späten Moderne schließlich amalgamieren Dionysos und Prometheus zu zwei Facetten derselben Subjektivierungsmaschine.

Schlüsselbegriffe: Rausch in Mittelalter und Neuzeit Europas, Entwicklung einer Sucht-Konzeption, die Gegenbewegung der Romantik, Drogenpolitik und Kriminalisierung, Rausch in der späten Moderne

Vom Rausch lässt sich genau genommen nur im Plural reden. Schon die durch Drogen[1] ausgelösten Räusche – und nur diese werden im Folgenden betrachtet – unterscheiden sich

---

1 Pharmakologisch und medizinisch gelten alle getrockneten Arzneipflanzen als Drogen (siehe mit botanischer Akribie Rahfeld 2011). Die sozialwissenschaftliche Drogenforschung benutzt demgegenüber einen eingeschränkten Drogen-Begriff, der sich nur auf solche Stoffe (Pflanzen oder chemische Verbindungen) bezieht, die auf das zentrale Nervensystem einwirken und eine – in welchem Ausmaß auch immer – bewusstseinsverändernde Wirkung haben. Während dem Alltagsbewusstsein vor allem die illegalen Drogen als solche gelten, von Haschisch bis zu Heroin und den neuen Designer-Drogen, fallen aus dieser sozialwissenschaftlichen Perspektive deswegen auch Stoffe darunter, die gemeinhin oft gar nicht als Drogen gelten, wie Tabak und Kaffee, deren Einführung in Europa im 16. und 17. Jahrhundert zu heftigen, ganz modern anmutenden Kontroversen führte (u.a. Austin 1982), aber auch Tee und nicht zuletzt Alkohol. Traditionell werden in nahezu allen Kulturen pflanzliche Drogen zu kultischen und religiösen

in ihrer Phänomenologie und ihren jeweiligen (zudem individuell unterschiedlichen) Wirkungen erheblich. Denn „Der Einfluß der Droge ist ambivalent; sie wirkt sowohl auf die Aktion wie auf die Kontemplation: auf den Willen wie auf die Anschauung. Diese beiden Kräfte, die sich auszuschließen scheinen, werden oft durch dasselbe Mittel hervorgerufen", stellt Ernst Jünger (1970, S. 25) fest. Das Bild wird noch wesentlich vielfältiger, wenn man die Fülle von Verhaltens- und Erlebensweisen, die rauschhafte Zustände hervorzurufen vermögen einbezieht – wie etwa Extremsportarten oder die Räusche der Macht, der Geschwindigkeit, der Liebe, letztlich alles, was erhöhte Ausschüttungen der körpereigenen Endorphine mit sich bringt. Immer jedoch handelt es sich bei den derart erzeugten Zuständen um „altered states of consciousness" (Tart 1969) – eine Begrifflichkeit, die auch auf Traum, Hypnose und Meditation zutrifft und nach wie vor einen sinnvollen Strukturterminus zur Beschreibung des Geschehens bildet. Und dies nicht nur, weil er den Rausch mit den anderen veränderten Bewusstseinszuständen, die durchweg einen besseren Ruf haben, auf eine Stufe stellt, sondern vor allem, weil er eine neutrale Terminologie bietet, die den Rausch ohne assoziative Bezüge zu Sucht und Psychopathologie als ein Phänomen von Erfahrung und Bewusstsein einordnet. Und eben dies ist er seiner schillernden Natur nach, die ebenso pharmakologisch wie sozial bestimmt ist.

1 Der Rausch als schöne Kunst betrachtet

Der Rausch ist, phänomenologisch betrachtet, sozial und a-sozial zugleich. Er ist – wie alle menschlichen Verhaltensweisen – in dem Sinne sozial, dass er kulturell eingebettet, mit sinnhaften Interpretationen versehen und durch Lernprozesse und Erwartungen gesteuert ist. Zwar ist dabei selbstredend die Art der Droge, ihr dominantes Wirkungsspektrum, die jeweilige Dosierung und die Reinheit bzw. die chemische Zusammensetzung des konsumierten Stoffes von wesentlicher Bedeutung,[2] doch es ist nicht alleine die Droge, welche die rauschhafte Wirkung beeinflusst. Weitere Faktoren sind die Vorerfahrungen der KonsumentInnen mit dieser und anderen Drogen, der Grad von Gewöhnung an diesen einen Stoff, die eventuelle Interaktion mit anderen Drogen, die momentane psychische und physische Verfassung (zusammengefasst als *set*), die die Drogenerfahrung in dieser einen Situation strukturell bestimmen. Und die Situation selbst ist ebenfalls von erheblicher Bedeutung: wie man sich in dieser Situation gerade fühlt, ob man alleine oder mit anderen die Droge nimmt, die externen Umstände, der Charakter, die Bedeutung, die Stimmung der Situation (zusammengefasst als *setting*) beeinflussen die Erfahrung in großem Maße.

Zwecken verwendet; weltweit sind mehr als 1300 Pflanzenarten beschrieben „as being used as poisons, fuel or for social uses (including plants used as intoxicants or for religious reasons)" (State of the World's Plants 2016, S. 20).

2 Zu den jeweiligen drogenspezifischen Wirkungen vgl. Hengartner und Merki 1999; Uchtenhagen und Zieglgänsberger 2000; Geschwinde 2013, vor allem aber die Taschenbuchausgabe der ursprünglich im Rautenstrauch-Joest-Museum Köln erschienenen Bände zu „Rausch und Realität" (Völger und von Welck 1982).

Set und Setting formen, zusammen mit den pharmakologischen Eigenschaften der jeweiligen Droge, die Erfahrung von *altered states*, die (wie überhaupt jeglicher Bewusstseinszustand und jede Struktur von Welterfahrung) in ihrem inhaltlichen Erleben ebenso wie in der Art ihrer Versprachlichung, Deutung und Bedeutungszuschreibung von kulturell geformten Begrifflichkeiten und Interpretationsmustern abhängig sind.

Diese grundlegende Sozialität der rauschhaften Drogenerfahrung, die sich aus ihrer Einbettung in soziokulturelle Zusammenhänge des Konsums und der Konsumierenden ergibt, geht jedoch einher mit einer spezifischen A-Sozialität, die paradoxerweise ebenfalls dieser Einbettung – bzw. dem Überschuss gegenüber dieser Einbettung – entstammt. Denn Drogenerfahrungen tendieren zum Transgressiven, zum Entgrenzenden, zu einer über das Alltägliche einer Kultur hinausweisenden Sinnhaftigkeit, indem sie Intensivierungen aller sinnlichen Wahrnehmungen und des Körpergefühls, Synästhesien, sensorische Traumwelten und mystisch anmutende Erfahrungen hervorbringen und dabei Alltäglichkeiten radikal verändern können. „Das Wagnis, das wir mit der Droge eingehen, besteht darin, daß wir an einer Grundmacht des Daseins rütteln, nämlich an der Zeit. Das freilich auf verschiedene Weise: je nachdem, ob wir uns betäuben oder stimulieren, dehnen oder komprimieren wir die Zeit. Damit hängt wiederum die Begehung des Raumes zusammen: hier das Bestreben, die Bewegung in ihm zu steigern, dort die Starre der magischen Welt" (Jünger 1970, S. 33). Jeglicher Rausch ist von daher doppelgesichtig geprägt, als eine Sozialität transzendierende und sprengende, über das Kommunizierbare hinausgehende Erfahrung einerseits und als ein stabilisierend wirkender vergemeinschaftender Ritus andererseits, sei es kultisch oder säkular – bis in das *public viewing* unserer Tage hinein (zum letzteren Junge 2008; Heinemann und Resch 2010).[3] Die Drogenerfahrung steht in diesem Spannungsfeld aus sozialer Ritualisierung und den transgressiven Anteilen, die zwar ebenfalls sozial geprägt sind, zugleich jedoch eine überschießende Bedeutung enthalten. Es ist dieser Überschuss, der – da es Erfahrung nur in ihrer kulturellen Überformung und Ausdeutung gibt – zu einer Vielfalt von Interpretationen führt, und so reichen die Ausdeutungen rauschhafter Erfahrung über das gesamte Spektrum möglicher Zuschreibungen: was die eine Kultur als ‚heilige Ekstase' und als Grundlage ihrer kultisch-religiösen Vorstellungen wahrnimmt, gilt der anderen als ‚wahnhaft' und Anlass psychiatrischer Diagnostik. Eine vergleichbare Drogenwirkung und -erfahrung kann somit entweder als eine höhere Wirklichkeit oder als völlig unwirklich und pathogen interpretiert werden.

Auf welche Weise eine Kultur dies bewertet, hängt wesentlich ab von ihrem Grad der Ausprägung eines individualisierenden Ich-Bewusstseins und dem Wert, den sie persönlicher Selbstkontrolle beimisst: Beides kann in der Drogenerfahrung gefährdet oder gar aufgehoben werden, und eben dies bedeutet Lockung und Bedrohung gleichermaßen. Kulturen, für die Ich-Instanz und Selbstkontrolle eine geringe Bedeutung besitzen, entwickeln auch eine geringere Rauschkontrolle und bewerten Erfahrungen, welche die Ich-Grenzen überschreiten, weitaus positiver als ausgeprägte Ich-Kulturen, zu denen die unsere seit der

---

3 Solche, als post-traditionale Gemeinschaften bezeichneten Formen zeichnen sich durch spezifische Eigenheiten aus; vgl. die Beiträge in Hitzler et al. 2008.

Neuzeit zählt. Ein langer Prozess der Entdeckung dieses Ichs (van Dülmen 2001) formt die ambivalenten europäischen Einstellungen zum Rausch, die schwanken zwischen Dionysos, dem ersten Pflanzer von Weinstöcken und dem durch ihn verkörperten Prinzip des Trunken-Rauschhaften, und Prometheus, dem Feuerbringer und dem durch ihn verkörperten Prinzip der aktiven Gestaltung, die gleichermaßen als Fanal menschlicher Emanzipation wie als Hybris interpretiert werden kann: Die gesamte europäische Drogengeschichte lässt sich somit als ein Wettstreit zwischen Dionysos und Prometheus lesen.[4]

2   Der Rausch in der europäischen Geschichte

Die Drogen-Geschichte Europas lässt sich hier zwar nicht aufrollen, sie ist jedoch wesentlich komplexer, als heutige Diskussionen den Anschein erwecken. Das gilt schon für den Alkohol, die in Europa am weitesten verbreitete Droge. Im Mittelalter geht man recht unbefangen mit ihm um, denn eine kulturell nur gering ausgeprägte Affektkontrolle steht im Einklang mit einer ebenfalls geringen Rauschkontrolle: Der Rausch ist eingebettet in eine Alltagswirklichkeit, die sich nicht durch Abgrenzung gegenüber Rauschzuständen definiert und diese nicht als Trübung eines überlegenen Wachbewusstseins begreift; nüchterne Selbstkontrolle ist noch keine Notwendigkeit und erst recht keine Tugend, der Exzess noch nicht mit internalisierter Scheu belegt. Bezeichnenderweise wurde die strafrechtliche Schuldfähigkeit durch Trunkenheit deswegen auch nicht beeinflusst (McCord 1990). Dass der Rausch als selbstverständlich gilt, zeigt sich unter anderem daran, dass der deutsche Kaiser vor der Krönung zu schwören hatte, er wolle sich „mit Gottes Hilfe" nüchtern halten (Spode 1993, S. 50). Solche Nüchternheit des Herrschers ist also zwar erwünscht, versteht sich aber keineswegs von selbst, und Dionysos zu dieser Zeit noch weitgehend unangefochten.

Diese bemerkenswerte Unbekümmertheit schwindet mit dem 16. Jahrhundert und der beginnenden Neuzeit. Der Rausch, vorwiegend der alkoholische Rausch, wird jetzt nicht mehr als die Gewinnung einer dionysischen, sondern als die misslungene Beherrschung einer als rational konzipierten Welt verstanden. Nimmt man mit Elias (1976) an, dass Fremdzwänge sich nun zunehmend in Selbstzwänge verwandeln und viele Affektimpulse jetzt weniger stark auslebbar werden, Selbstkontrolle also zu einer Tugend wird und „die halb unbewußten Ängste, die Ängste vor der Durchbrechung der Restriktionen, die dem zivilisierten Menschen auferlegt sind" (Elias 1976 I, S. 332) zunehmen, so gewinnt der Rausch aber auch eine Entlastungsfunktion, die er zuvor nicht hatte. Er ist nun weniger konstitutiv als substitutiv: „Der dionysische Mensch vereint all das, was der prome-

---

4   Zur europäischen Mentalitätsgeschichte siehe Huizinga [1924] 1969; Pirenne [1936] 1956; A. Borst 1973; Friedell [1927–1931] 1976; Gurjewitsch 1978; von Martin [1932] 1974; O. Borst 1983; Fumagalli 1988; Ariès und Duby 1990; Moretti 2014. Überblicke zur Geschichte von Drogen in Europa bei Schivelbusch 1980; Legnaro 1982a, 1982b, 2000; Spode 1993 und den in Anmerkung 2 erwähnten Titeln.

theische durch Sachzwänge auseinandergerissen hat" (Maffesoli 1986, S. 71). Denn der Rausch erlaubt auf Zeit ein sonst gesellschaftlich vermiedenes Affektverhalten, lockert die damit verbundenen Ängste und hebt temporär die Zucht der Selbstkontrolle auf, deren Bedeutung Autoren der frühen Neuzeit immer wieder betonen. Pointiert ließe sich deswegen formulieren, dass man im Mittelalter trinkt, weil die Affekte ungehemmt sind, während man in der Neuzeit trinkt, um sie zu enthemmen. Diese veränderte Motivation hat spezifisch neuzeitlichen Charakter und bis heute nichts von ihrer Bedeutung verloren. Zugleich aber gewinnen alle Bemühungen um die Kanalisierung des Rauschs eine vorher ungeahnte Relevanz, deren Höhepunkt die Herausbildung des Suchtbegriffs im 19. Jahrhundert bildet (siehe unten).

In einer durch Arbeitsethos und die Ideologie des Fortschritts geprägten Zeit gewinnt Prometheus also zunehmend an Boden. Das wird vor allem bemerkbar im Rationalisierungssog des 19. Jahrhunderts. Nun erscheint der Rausch eher als das prinzipiell Andere denn als eine legitime oder gar überlegene alternative Weltsicht, und nicht zufällig spielen Drogen – weniger Alkohol als Haschisch und Opium – deswegen in Kunst und Literatur eine prominente Rolle. 1845 schildert der französische Arzt Jacques Moreau die Haschischwirkung als durchaus angenehm, und aus den Sitzungen des Pariser *Club des Haschischins* (auch: *Hashischins*) gehen die 1846 veröffentlichten Schilderungen von Théophile Gautier hervor. Charles Baudelaire wird ebenfalls hier mit der Droge vertraut, deren Wirkungen er in *Les Paradis Artificiels* von 1860 eingehend beschreibt. 1857 widmet Fitzhugh Ludlow seinen Drogenerfahrungen ein anonymes Buch mit dem Titel *Der Haschisch-Esser oder Ausschnitte aus dem Leben eines Pythagoräers*; Thomas De Quincey legt 1822 die *Confessions of an English Opium Eater* ab, in denen er von den Höhen und Tiefen seiner Opiumerfahrungen berichtet. Auch in der deutschen (etwa bei Novalis und E.T.A. Hoffmann) wie in der englischen Romantik (bei Coleridge, Shelley, Byron, E. A. Poe) hat Opium Bedeutung. Der 1868 erschienene Roman *The Moonstone* von Wilkie Collins ist sogar als der erste psychopharmakologische Thriller beschrieben worden (Siegel 1983). Und der Medizinstudent Arthur Conan Doyle probiert im letzten Drittel des Jahrhunderts Gelsemium, eine stark narkotisch wirkende Wurzel, an sich selbst aus (Rodin 1980); später wird Sherlock Holmes, unter den missbilligenden Blicken von Dr. Watson, Kokain spritzen, „a seven per cent-solution", weil es „so transcendently stimulating and clarifying to the mind" sei (*The Sign of Four*, 1890). Was sich für Sherlock Holmes aus dem *ennui* ergibt, wenn gerade keine Fälle zu lösen sind, und auch für Sigmund Freud, der 1884 *Über Coca* schreibt, ein Mittel der alltäglichen Belebung bildet, ist für viele Literaten politisch-romantisches Programm (vgl. Hayther 1968; Schivelbusch 1980, S. 217ff.; Dieckhoff 1982). Dieses Interesse an Drogen lässt auch im 20. Jahrhundert nicht nach: Walter Benjamin berichtet in den 1930er-Jahren *Über Haschisch*, Jean Cocteau legt 1930 sein Opium-Tagebuch vor, Henri Michaux schildert 1957 seine Erfahrungen unter Meskalin als *Turbulenz im Unendlichen*. Die Liste ließe sich fortsetzen; tatsächlich prägt der Rausch unter Drogen die europäische Geistesgeschichte der letzten 150 Jahre nicht unwesentlich.

3 Der kanalisierte Rausch

Die Polarität zwischen einem nüchternen Alltag und dem rauschhaften Erleben hat allerdings schon früh zu Versuchen geführt, den Rausch zu kanalisieren, verstärkt dann seit dem 16. Jahrhundert und der Reformation. Doch schon im 10. Jahrhundert verfügt der angelsächsische König Edgar, an den Trinkgefäßen Eichmarkierungen anzubringen und jeden zu bestrafen, der in einem Zug darüber hinaus trinke (Popham 1978). Zahlreich sind auch die Ermahnungen der höheren Geistlichkeit an den Klerus, er solle nicht unmäßig trinken (Rolleston 1933); vor allem von den Klöstern gehen die ersten Versuche einer Zivilisierung auch des Trinkverhaltens aus. Die strukturelle Parallele zur Erzwingung von Disziplin in der Fabrik der frühen Industriezeit lässt sie damit als Pioniere im Prozess der Sozialdisziplinierung erscheinen (vgl. Treiber und Steinert 1980). Solche Bemühungen um Affekt- und somit auch Rauschkontrolle gehen von einer schmalen (klerikalen und höfischen) Elite aus, für die ‚das rechte Maß' den Affektstandard bildet (vgl. Spode 1993, S. 32-54). Wenngleich bis ins 18. Jahrhundert hinein Trunkenheit gewöhnlich zwar als ein Laster, aber keineswegs als krankhaft gilt und der alkoholische Rausch ein durch und durch konformes Verhalten darstellt, mündet die Kanalisierung des Rauschs schließlich in die Pathologisierung, wie sie die medizinischen Diskurse des 19. Jahrhunderts entfalten, und in die Kriminalisierung, um die sich die strafrechtlichen Diskurse des 20. Jahrhunderts drehen.

Diesen neuzeitlichen Akzent setzt 1784 Benjamin Rush in seiner Untersuchung über die Wirkungen des Branntweins auf Körper und Geist; er beschreibt, dass der Brauch, viel zu trinken, zuerst eine freie Entscheidung sei und dann von der Gewohnheit zur Notwendigkeit werde, es handele sich – wie auch beim Konsum anderer Drogen – um eine „Krankheit des Willens" (vgl. Levine 1978, 1982; Harding 1988; Valverde 1998). Am Beginn der Problematisierung von Alkoholkonsum steht also ein moralisches Defizit im Vordergrund. *Pierer's Universal-Lexikon* (Bd. 17, S. 877) stellt denn auch 1863 fest: „Die T.[runkenheit] ist als ein den Menschen bürgerlich, moralisch, psychisch u. körperlich destruirender Mißbrauch der moralischen Freiheit zu betrachten." In Mitteleuropa bringt Carl von Brühl-Cramer 1819 den Begriff ‚Trunksucht' in den Diskurs der Zeit, und die moderne, heute noch gültige Terminologie setzt sich, wenn auch gegen Widerstände, durch (vgl. Spode 1993, S. 115ff.). Es ist keineswegs zufällig, dass dieser Suchtbegriff am Beginn einer Periode rapider Industrialisierung und Modernisierung entwickelt wird, denn eine solche Gesellschaftsverfassung muss die Außeralltäglichkeit von Drogenerfahrung als dysfunktional und eskapistisch, eben als nicht normal, betrachten – genau darauf reagiert Drogenpolitik damals und letztendlich auch heute. Im Einklang damit wird ein Diskurs marginalisiert, der Vergnügen und die Lust am Rausch in den Mittelpunkt stellt und historisch vor allem um ‚grotesque bodies' (Moore 2008) kreist: „[T]he previous two centuries are characterized by parallel characterizations of drug use in terms of ‚beastliness', ‚idleness' and ‚vice' understood as the abuse, destruction or abandonment of the freedom that reason exemplified" (O'Malley und Valverde 2004, S. 27). Derart modernisiert die ‚Trunksucht' das Instrumentarium der Disziplinierung: Das Konstrukt ‚Sucht' repräsentiert Verhaltensweisen, die die neuen funktionalen Notwendigkeiten von Rationalität und Berechenbarkeit massiv stören. Über den Drogenkonsum der

Oberschicht lässt sich dabei hinwegsehen – der bildet keine Gefährdung der gesellschaftlichen Verhältnisse. Die Problemdefinition setzt immer erst dann ein, wenn sich die fragliche Verhaltensweise in Zusammenhang mit ‚gefährlichen Gruppen' oder ‚gefährlichen Klassen' bringen lässt. Das galt im Hinblick auf chinesische MigrantInnen in den USA des 19. Jahrhunderts (Ahmad 2007), es gilt im Hinblick auf Ecstasy und die Club-Kultur des Rave (Presdee 2000, S. 123ff.) wie auch beim öffentlichen Alkoholkonsum von Jugendlichen (Measham und Brain 2005). So lassen sich die Stereotypisierungen von Drogen und ihren Wirkungen in der zweiten Hälfte des 20. Jahrhunderts durchaus als Generationenkonflikt lesen (Quensel 2004, S. 211ff.). Nie geht es dabei um empirische Feststellungen, sondern um Projektionen und Zuschreibungen: Das gesellschaftlich Andere wird durch solche Definitionen greifbar gemacht, um die darin verborgenen Gefährdungen abspalten und als die negative Folie von Konformität bekämpfen zu können.

So kann es nicht wundern, dass der rechtliche Status von Drogen weitgehend von strukturierter Willkür zeugt. Haschisch für ‚kulturfremd' zu halten, hätte etwa Hildegard von Bingen, die die Droge im 12. Jahrhundert in ihrem ‚Hortus Sanitatis' erwähnt, sehr erstaunt. Das gilt vergleichbar für Opium, von Paracelsus als Bestandteil von ‚Laudanum' gepriesen, von anderen allerdings mit höchster Skepsis betrachtet (vgl. Schmitz 1982). Eine Lust am Rausch verraten ebenfalls die Rezepte alter Lexika. So bemerkt das *Große vollständige Universal-Lexicon Aller Wissenschaften und Künste, Welche bißhero durch menschlichen Verstand und Witz erfunden und verbessert worden* (Bd. 12, 1735, Stichwort ‚Hanff') über Haschisch, dass „die gemeinen Leute" Hanfsuppen zubereiten, „die eines gar angenehmen Geschmackes sind". Die *Oeconomische Encyclopädie* (Bd. 21, 1780, Stichwort ‚Hanf') berichtet ebenfalls von einer Delikatesse: „Die Alten setzten den Hanfsamen gebacken beym Nachtische auf. In neueren Zeiten wurde er in Zucker gesotten und wie Zuckererbsen auf die Tafel gebracht, als ein Leckerbissen, welcher zum Trinken anfrischen sollte" – ein Rezept, das vielleicht auch heute noch Liebhaber findet. Die heutige Illegalisierung von Haschisch und Opium hat also keineswegs ein historisches Fundament. Alkohol hingegen als die etablierte Alltags-Droge der Mehrheit ist legal, während bei allen von Minderheiten bevorzugten Drogen das Strafrecht zu greifen hat. So kommt der Gesetzgeber bei den „neuen psychoaktiven Substanzen" (dies ihr amtlicher Name), wie sie in vielfältiger Form über das Internet vertrieben werden, mit der Illegalisierung kaum hinterher und will zukünftig vorsichtshalber ganze Stoffgruppen in die gesetzlichen Verbotslisten aufnehmen. Unbestritten kann jeglicher Drogenrausch gefährlich werden, je nach persönlicher Disposition, der Reinheit und Zusammensetzung des Stoffes und vor allem der Höhe der Dosis und dem damit verbundenen Konsummuster. Doch ein Blick in die Rechtsgeschichte von Drogen lehrt schnell, dass das Argument des Gesundheitsschutzes in aller Regel zur Rationalisierung allgemein-politischer oder ökonomischer Motivationen herangezogen wurde und Drogenpolitik entweder als Gesellschaftspolitik gegenüber Minderheiten oder als Mittel geopolitischer Auseinandersetzungen diente.[5] Es

---

5   Zur Geschichte speziell der deutschen Drogenpolitik vgl. Hoffmann 2012; Scheerer 1982, Briesen 2005; zu den Entwicklungen in Frankreich und Großbritannien Padwa 2012; unter

ist dann auch ganz folgerichtig, dass die einschlägigen amtlichen Verlautbarungen kaum je den Eindruck erwecken, Drogenkonsum könnte mit Lust und Vergnügen verbunden sein, sondern einen empirisch-technizistischen Problematisierungsdiskurs – wer nimmt welche Droge in welchem Alter – betreiben, der eine (sub-)kulturelle Einbettung von Drogenkonsum und die damit verbundenen Bedeutungen geflissentlich übersieht (vgl. etwa Europäischer Drogenbericht 2015; Drogen- und Suchtbericht 2016; Orth 2016; etwas anders akzentuiert allerdings IDPC 2016). Der Einsatz von Cannabis als Schmerzmittel bei diversen chronischen Erkrankungen, wie er in der Bundesrepublik nun zögerlich ermöglicht wird (Grotenhermen 2015a, 2015b), wird dann, um jegliches Missverständnis auszuschließen, energisch abgegrenzt von einem Drogenkonsum, der dem „reinen Privatvergnügen"[6] dienen könnte.

4 Dionysos und Prometheus in der späten Moderne

Solche Äußerungen und Einstellungen sind bemerkenswert ignorant gegenüber heutigen Lebenswelten, in denen soziale Zugehörigkeit paradigmatisch von der Teilnahme an ‚shopping' und ‚working' bestimmt wird (Rose 2000, S. 327). Beide haben, auch in der Interaktion miteinander, eine veränderte Zentralität und Qualität gewonnen, was sich ebenfalls auf den Rausch und den Umgang damit auswirkt. Was das Shopping angeht, so lässt sich Konsumismus als Ideologie und als Lebensform bis in das 19. Jahrhundert zurückverfolgen und hat sich in einer Zeit entwickelt, als Industrialismus und der Produktivismus der Fabrikarbeit ihren ersten Höhepunkt erreichten. Das wirkt als ein Gegensatz, doch in dieser Zeit kommt auch einem „imaginative pleasure-seeking" und „day-dreaming" große Bedeutung zu (Campbell 1987), und in dieser Interpretation ist ein konsumistisches Bewusstsein dann keineswegs materialistisch, sondern der Romantik verwandt. Derart bildet der frühe – durchaus elitäre, intellektuelle und noch weitgehend ohne Warenhäuser auskommende – Konsumismus eine parallele Entwicklung zur Stellung des Rauschs in dieser Zeit: Beide lassen sich als Gegenbewegung gegen die Formierung des disziplinär-industriellen Prometheismus verstehen. Die Bedeutung von Arbeit wiederum hat sich – ideologisch, sozial und in den dominanten kulturellen Wahrnehmungsfolien – zwischen dem 19. Jahrhundert und heute entscheidend verändert: von der puren reproduktiven Notwendigkeit zur selbst gestalteten und als Herausforderung wahrgenommenen Tätigkeit, die ihren Sinn in sich selbst hat. Das hängt mit einem Bedürfnis nach größeren Freiheitsspielräumen und Überwindung der disziplinären Normiertheit zusammen; die Kehrseite solcher Entwicklungen

---

EU-Gesichtspunkten Chatwin 2004; global vergleichend Rolles 2015 und die Beiträge in: http://www.brookings.edu/research/papers/2015/04/global-drug-policy. Zur Drogenpolitik als einem Mittel globaler Politik siehe McCoy et al. 1972; McAllister 2000; McCoy 1982, 2016; Mills und Barton 2007; Derks 2012.

6 So 2016 die Drogenbeauftragte der Bundesregierung Mortler; siehe https://www.3sat.de/page/?source=/nano/medizin/156950/index.html.

ist dann eine vergrößerte Eigenverantwortung, die sich in allen gesellschaftlichen Bereichen spiegelt. Die damit einhergehenden gravierenden Veränderungen der gesellschaftlichen Machtbalancen und der Ökonomie, die dieser Entwicklung zugrunde liegen, können hier nicht weiter erörtert werden; im Effekt aber inszeniert sich nun das ‚unternehmerische Selbst' (Bröckling 2007) als eigenverantwortlicher Akteur, dessen Arbeit eine Erzählung von Selbstverwirklichung und ‚spirit' gewonnen hat (Legnaro 2008). Das sind die in kapitalistische Strukturen eingebauten Folgen dessen, was Luc Boltanski und Ève Chiapello (2003) die ‚Künstlerkritik' genannt haben: die Entfremdungen des Disziplinären lösen sich nun (vermeintlich) in der selbst organisierten, projektförmig angelegten und hierarchisch flachen Arbeit auf, und „Shopping for subjectivity" (Langman 1992) findet sowohl beim eigentlichen Shopping wie auch während der Arbeit statt.

Wenn die Herausbildung eines individualisierten Ich-Bewusstseins in Europa also etwa seit der beginnenden Neuzeit mit stringenten normativen Grenzen zur Etablierung von Rausch- (und damit Selbstkontrolle) einherging, so hat sich dieses Bewusstsein inzwischen aus den Fesseln des Disziplinären gelöst. In diesem Prozess werden normative Grenzen verwischt und flexibilisiert, allerdings nicht völlig aufgehoben. Nun stehen bedeutungsvolle Arbeit, selbstverwirklichende Identität(en), spannungsvolles Agieren im Getriebe der Metropolen und sofortige Wunscherfüllung im Mittelpunkt eines gelingenden Lebens, nicht so sehr die Einpassung in die Muster einer ‚Normalbiographie'. Das hat für die Bewertung und das Ausagieren des Rauschs gravierende Folgen: Es führt zu einer neuartigen Adjustierung zwischen Dionysos (Rausch) und Prometheus (Produktivismus), zu einer Dionysierung der Arbeit (als Orgie des Arbeitens) und einer Promethisierung des Rauschs (als Arbeit an der Orgie). Eine Form lässiger Coolness wird für beide Lebensbereiche relevant, was dem Rausch die Qualitäten eines Produktionsmittels eigener Art verleiht, dessen Hervorbringung eine selbst stilisierbare Auszeit bildet, ein feierhaftes Zelebrieren von Lebendigkeit als „calculated hedonism" (Szmigin et al. 2008). Maffesoli konstatierte diese Entwicklung schon 1986: „Das Genießen, auch wenn das nur eine Tendenz ist, scheint zu etwas ‚Banalem' zu werden; es scheint, daß es in den Alltag Eingang findet und sich dort mit der antiken Figur der Unbestimmtheit des orgiastischen Lebensgefühls trifft" (S. 27). Das ist die eine Seite der Ambivalenzen, die dem Rausch eigen sind, das genussvolle Beiseitetreten aus dem Alltag. Die andere Seite besteht weiterhin in ‚edgework' als „a type of experimental anarchy in which the individual moves beyond the realm of established social patterns to the very fringes of ordered reality" (Lyng 1990, S. 882). Die rauschhafte Drogenerfahrung lässt sich dabei als prototypisch ansehen für „the central themes of edgework, since drug users constantly negotiate the boundary between order and chaos, consciousness and unconsciousness, an ordered and a disordered sense of self and environment, sanity and insanity, and, in extreme cases, even life and death" (Reith 2005, S. 234). Das trifft nicht zuletzt auf das Rausch-Trinken (*binge drinking*) als liminale Erfahrung zu (Hayward und Hobbs 2007; siehe auch Measham 2004). Doch nicht nur für öffentlich vorgeführte Besäufnisse gilt, dass sie eine Zelebrierung von Befreiung, Losgelöstheit und Kontrollbewusstsein und damit ein plakatives Zeichen der Zeit bilden: „The increased popularity of voluntary risk taking, and the flourishing of opportunities to engage in a wide variety of such behaviors, mirrors the climate of late modernity itself, with its contradictory demands for the regulation of rational action (and criticism of failure as addictive and abnormal), and its simultaneous emphasis on excessive consumption and self-indulgence. The consumption of drugs exemplifies these features on both the structural and individual level" (Reith 2005, S. 241).

Mit ein wenig Optimismus lässt sich der Rausch dennoch auch als ein Akt des Widerstandes betrachten: „Playing with boundaries in acts of transgression and transcendence, exploiting limits, and crowding edges may be the sole remaining form of resistance and one of the few possibilities for human agency that can be found in the disciplinary society" (Lyng 2005, S. 47). Diese hoffnungsvolle Interpretation übersieht allerdings, dass solcher Widerstand unter den heutigen – weniger durch externe Disziplinen als situative Fremd- und Selbstkontrolle bestimmten – Bedingungen eher als Trendsetter der Mode von morgen dienen und damit Innovationen des Kommodifizierbaren hervorbringen dürfte. Noch gibt es den ‚Palais des Drogues' zwar nicht, den Schmidt-Semisch (1999) erahnte, aber die Kommodifizierung des Abenteuers (vgl. Varley 2006; Holyfield et al. 2005; Foy et al. 2012) weist die Richtung. Denn auch der Exzess ist auf seine Weise ein Akt der Konformität: „It might be an unpalatable thought, but ‚binge' drinking becomes attractive to many precisely because it offers seductive forms of excitement that represent a break with the banalities of everyday life and mark an entry into a new world of possibilities and pleasures, whilst simultaneously contributing to the economy and proving oneself to be a competent consumer" (Hayward und Hobbs 2007, S. 447).

Was also bleibt von Dionysos, wenn er Prometheus zuarbeitet? Für den Alltag Vieler bleibt er ein zivilisierter Bursche, der gelegentlich ritualisiert den nicht zivilisierten Burschen spielt: dann geht es um „‚controlled loss of control' – to feel alive in an over-controlled yet at the same time highly unstable world" (Hayward 2004, S. 163). Das bleibt folgenlos, von Rauschnachwirkungen abgesehen, und wirkt dennoch sehr folgenschwer, weil der Rausch sowohl zur systemischen Stabilisierung beiträgt wie auch zugleich die Struktur dieses Systems prägt: „[A]lcohol, tobacco, hash, cocaine, or morphine, as well as estrogens and androgens, are neither synthetic tunnels for escaping from reality nor mere links from point A to point B. Rather, they are technologies of the subject, microtechnologies of the mind, chemical prostheses from which will issue new practices for defining frames of human intelligibility. Modern subjectivity is the management of self-intoxication in a chemically harmful environment" (Preciado 2013, S. 360f.). Subjektivierung unter diesen Bedingungen stellt komplexe Anforderungen, denn sie „ist dominiert von einer lustvoll selbstbestimmten Rauschhaftigkeit, die freilich – sofern man konform zu bleiben gedenkt – nie ohne Selbstkontrolle und den Blick auf die Erfordernisse des Tages geschehen darf. [...] Der Rausch gerät zum Medium einer Darstellung von Balance zwischen Entäußerung und Kontrolle" (Legnaro 1999, S. 883f.). Hatte im Mittelalter noch Dionysos, seit der frühen Neuzeit dann Prometheus dominiert, so amalgamieren die beiden in der späten Moderne: Sie sind jetzt zwei Facetten derselben Subjektivierungsmaschine, deren Freiheitsversprechungen aus selbstverantwortlich hergestelltem kontrolliertem Rausch und rauschhafter Nüchternheit bestehen.

Literatur

Ahmad, D. L. 2007. *The Opium Debate and Chinese Exclusion Laws in the Nineteenth-Century American West*. Reno.
akzept e.V., Deutsche AIDS-Hilfe, JES e.V. (Hrsg.). 2015. *2. Alternativer Drogen- und Suchtbericht*. Lengerich.
Ariès, P., G. Duby. (Hrsg.) 1990. *Geschichte des privaten Lebens. Band 2: Vom Feudalzeitalter zur Renaissance*. Frankfurt/M.
Austin, G. 1982. Die europäische Drogenkrise des 16. und 17. Jahrhunderts. In *Rausch und Realität. Drogen im Kulturvergleich Bd. 1*, hrsg.v. G. Völger, K. von Welck, 115–132. Reinbek.
Boltanski, L., È. Chiapello. 2003. *Der neue Geist des Kapitalismus*. Konstanz.
Borst, A. 1973. *Lebensformen im Mittelalter*. Frankfurt/M, Berlin.
Borst, O. 1983. *Alltagsleben im Mittelalter*. Frankfurt/M.
Briesen, D. 2005. *Drogenkonsum und Drogenpolitik in Deutschland und den USA*. Frankfurt/M.
Bröckling, U. 2007. *Das unternehmerische Selbst. Soziologie einer Subjektivierungsform*. Frankfurt/M.
Campbell, C. 1987. *The Romantic Ethic and the Spirit of Modern Consumerism*. Oxford, New York.
Chatwin, C. 2004. The Effects of EU Enlargement on European Drug Policy. *Drugs: education, prevention and policy* 6: 437–448.
Chatwin, C. 2015. *Mixed Messages from Europe on Drug Policy Reform: The Cases of Sweden and the Netherlands*. Center for 21st Century Security and Intelligence. http://www.brookings.edu/research/papers/2015/04/global-drug-policy. Zugegriffen: 29. Oktober 2017.
Derks, H. 2012. *History of the Opium Problem: The Assault on the East, ca. 1600-1950*. Leiden.
Dieckhoff, R. 1982. Rausch und Realität. Literarische Avantgarde und Drogenkonsum von der Romantik bis zum Surrealismus. In *Rausch und Realität. Drogen im Kulturvergleich Bd.2*, hrsg. v. G. Völger, K.von Welck, 692–736. Reinbek.
Drogen- und Suchtbericht 2016, hrsg. v. d. Drogenbeauftragten der Bundesregierung. Berlin.
Elias, N. [1939] 1976. *Über den Prozeß der Zivilisation. Soziogenetische und psychogenetische Untersuchungen*. Frankfurt/M.
Europäischer Drogenbericht. Trends und Entwicklungen 2015, hrsg. v. d. Europäischen Beobachtungsstelle für Drogen und Drogensucht (EMCDDA). Luxemburg.
Foy, S. R. W. et al. 2012. The Commodified Adventure Experience. *Journal of Outdoor Recreation, Education, and Leadership* 2: 100–103.
Friedell, E. [1927-1931] 1976. *Kulturgeschichte der Neuzeit*. München.
Fumagalli, V. 1988. *Wenn der Himmel sich verdunkelt. Lebensgefühl im Mittelalter*. Berlin.
Geschwinde, T. 2013. *Rauschdrogen. Marktformen und Wirkungsweisen*. Siebte, vollständig überarbeitete und erweiterte Auflage. Heidelberg, Dordrecht, London, NewYork.
Grotenhermen, F. 2015a. Der Stand der medizinischen Versorgung mit Cannabis und Cannabinoiden in Deutschland. In *2. Alternativer Drogen- und Suchtbericht*, hrsg. v. akzept e.V., Deutsche AIDS-Hilfe, JES e.V., 39–45. Lengerich.
Grotenhermen, F. 2015b. 2015 – das Jahr, in dem Deutschland sich beim Thema Cannabis als Medizin bewegt. In *2. Alternativer Drogen- und Suchtbericht*, hrsg.v. akzept e.V., Deutsche AIDS-Hilfe, JES e.V., 97–103. Lengerich.
Gurjewitsch, A. J. 1978. *Das Weltbild des mittelalterlichen Menschen*. Dresden.
Harding, G. 1988. *Opiate Addiction, Morality and Medicine. From Moral Illness to Pathological Disease*. Houndmills, Basingstoke.
Hayther, A. 1968. *Opium and the Romantic Imagination*. London.
Hayward, K. 2004. *City Limits: Crime, Consumer Culture and the Urban Experience*. London.

Hayward, K., D. Hobbs. 2007. Beyond the binge in 'booze Britain': market-led liminalization and the spectacle of binge drinking. *The British Journal of Sociology* 3: 437–456.
Heinemann, T., C. Resch. (Hrsg.). 2010. *(K)ein Sommermärchen: kulturindustrielle Fußball-Spektakel*. Münster.
Hengartner, T., C. M. Merki. (Hrsg.). 1999. *Genussmittel. Ein kulturgeschichtliches Handbuch*. Frankfurt/M, New York.
Hoffmann, A. 2012. *Drogenkonsum und -kontrolle. Zur Etablierung eines sozialen Problems im ersten Drittel des 20. Jahrhunderts*. Wiesbaden.
Holyfield, L., L. Jonas, A. Zajicek. 2005. Adventure Without Risk is Like Disneyland. In *Edgework. The Sociology or Risk-Taking*, hrsg. v. S. Lyng, 173–186. New York, London.
Huizinga, J. [1924] 1969. *Herbst des Mittelalters. Studien über Lebens- und Geistesformen des 14. und 15. Jahrhunderts in Frankreich und in den Niederlanden*. Stuttgart.
International Drug Policy Consortium (IDPC). 2016. *IDPC Drug Policy Guide*. London.
Junge, M. 2008. Die kollektive Erregung des public viewing – oder: die Tragödie der Identifikation und der Sozialität. In *Posttraditionale Gemeinschaften. Theoretische und ethnografische Erkundungen*, hrsg. v. R. Hitzler et al., 189–201. Wiesbaden.
Jünger, E. 1970. *Annäherungen. Drogen und Rausch*. Stuttgart.
Langman, L. 1992. Neon Cages: Shopping for Subjectivity. In *Lifestyle Shopping. The Subject of Consumption*, hrsg. v. R. Shields, 40–82. London, New York.
Legnaro, A. 1982a. Ansätze zu einer Soziologie des Rausches – zur Sozialgeschichte von Rausch und Ekstase in Europa. In *Rausch und Realität. Drogen im Kulturvergleich Bd. 1*, hrsg. v. G. Völger, K. von Welck, 93–114. Reinbek.
Legnaro, A. 1982b. Alkoholkonsum und Verhaltenskontrolle – Bedeutungswandlungen zwischen Mittelalter und Neuzeit in Europa. In *Rausch und Realität. Drogen im Kulturvergleich Bd. 1*, hrsg. v. G. Völger, K. von Welck, 153–175. Reinbek.
Legnaro, A. 1999. Auf dem Weg zum Erlebnis-Bewußtsein. Drogen und Rausch. In *Das gemeinsame Haus Europa. Handbuch zur europäischen Kulturgeschichte*, hrsg. v. Museum für Völkerkunde Hamburg, 877–884. Hamburg.
Legnaro, A. 2000. Rausch und Sucht in der Sozial- und Kulturgeschichte Europas. In *Suchtmedizin. Konzepte, Strategien und therapeutisches Management*, hrsg. v. A. Uchtenhagen, W. Zieglgänsberger, 8–21. München, Jena.
Legnaro, A. 2008. Arbeit, Strafe und der Freiraum der Subjekte. *Berliner Journal für Soziologie* 1: 52–72.
Levine, H. G. 1978. The Discovery of Addiction: Changing Conceptions of Habitual Drunkenness in America. *Journal of Studies on Alcohol* 15: 493–506.
Levine, H. G. 1982. Die Entdeckung der Sucht – Wandel der Vorstellungen über Trunkenheit in Nordamerika. In *Rausch und Realität. Drogen im Kulturvergleich Bd. 1*, hrsg. v. G. Völger, K. von Welck, 212–224. Reinbek.
Lyng, S. 1990. Edgework: A Social Psychological Analysis of Voluntary Risk Taking. *American Journal of Sociology* 4: 851–886.
Lyng, S. 2005. Sociology at the Edge: Social Theory and Voluntary Risk Taking. In *Edgework. The Sociology or Risk-Taking*, hrsg. v. S. Lyng, 17–49. New York, London.
Maffesoli, M. 1986. *Der Schatten des Dionysos. Zu einer Soziologie des Orgiasmus*. Frankfurt/M.
McAllister, W. B. 2000. *Drug Diplomacy in the Twentieth Century: An International History*. New York.
McCord, D. 1990. The English and American History of voluntary intoxication to negate Mens Rea. *The Journal of Legal History* 11: 372–395.
McCoy, A. W. et al. 1972. *The Politics of Heroin in Southeast Asia. CIA complicity in the global drug trade*. New York.

McCoy, A. W. 1982. Heroin aus Südostasien – Zur Wirtschaftsgeschichte eines ungewöhnlichen Handelsartikels. In *Rausch und Realität. Drogen im Kulturvergleich Bd. 3*, hrsg. v. G. Völger, K. von Welck, 1077–1094. Reinbek.

McCoy, A. W. 2016. *Die CIA und das Heroin. Weltpolitik durch Drogenhandel*. Frankfurt/M.

Measham, F. 2004. The decline of ecstasy, the rise of 'binge' drinking and the persistence of pleasure. *Probation Journal. The Journal of Community and Criminal Justice*, 4: 309–326.

Measham, F., K. Brain. 2005. 'Binge' drinking, British alcohol policy and the new culture of intoxication. *Crime Media Culture* 3: 262–283.

Mills, J. H., P. Barton. (Hrsg.). 2007. *Drugs and Empires. Essays in Modern Imperialism and Intoxication, c. 1500 – c. 1930*. Basingstoke.

Moore, D. 2008. Erasing pleasure from public discourse on illicit drugs: On the creation and reproduction of an absence. *Drug Policy. International Journal of Drug Policy* 19: 353–358.

Moretti, F. 2014. *Der Bourgeois. Eine Schlüsselfigur der Moderne*. Berlin.

O'Malley, P., M. Valverde. 2004. Pleasure, Freedom and Drugs: The Uses of 'Pleasure' in Liberal Governance of Drug and Alcohol Consumption. *Sociology* 1: 25–42.

Orth, B. 2016. *Die Drogenaffinität Jugendlicher in der Bundesrepublik Deutschland 2015. Rauchen, Alkoholkonsum und Konsum illegaler Drogen: aktuelle Verbreitung und Trends*. Köln.

Padwa, H. 2012. *Social poison: the culture and politics of opiate control in Britain and France, 1821-1926*. Baltimore.

Pirenne, H. [1936] 1956. *Geschichte Europas. Von der Völkerwanderung bis zur Reformation*. Frankfurt/M.

Popham, R. E. 1978 The social history of the tavern. In *Research Advances in Alcohol and Drug Problems*, Vol. 4, hrsg. v. Y. Israel et al., 225–302. New York.

Preciado, P. B. 2013. *Testo Junkie. Sex, Drugs, and Biopolitics in the Pharmacopornographic Era*. New York.

Presdee, M. 2000. *Cultural Criminology and the Carnival of Crime*. London, New York.

Quensel, S. 2004. *Das Elend der Suchtprävention*. Wiesbaden.

Rahfeld, B. 2011. *Mikroskopischer Farbatlas pflanzlicher Drogen*. Heidelberg.

Reith, G. 2005. On the Edge: Drugs and the Consumption of Risk in Late Modernity. In *Edgework. The Sociology or Risk-Taking*, hrsg. v. S. Lyng, 227–245. New York, London.

Rodin, A. E. 1980. Autoexperimentation with a drug by Arthur Conan Doyle. *Journal of the History of Medicine and Allied Sciences* 35: 426–430.

Rolles, S. 2015. Global Drug Law Reform – An Overview. In *2. Alternativer Drogen- und Suchtbericht*, hrsg. v. akzept e.V., Deutsche AIDS-Hilfe, JES e.V., 134–142. Lengerich.

Rolleston, J. D. 1933. Alcoholism in Mediaeval England. *The British Journal of Inebriety (Alcoholism and Drug Addiction)* 31: 33–49.

Rose, N. 2000. Government and Control. *British Journal of Criminology* 40: 321–339.

Scheerer, S. 1982. *Die Genese der Betäubungsmittelgesetze in der Bundesrepublik Deutschland und in den Niederlanden*. Göttingen.

Schivelbusch, W. 1980. *Das Paradies, der Geschmack und die Vernunft. Eine Geschichte der Genußmittel*. München, Wien.

Schmidt-Semisch, H. 1999. Palais des Drogues oder: Psychedelische Dienstleistungen aller Art. In *Jahrbuch Sucht Bd. 1: Suchtwirtschaft*, hrsg. v. A. Legnaro, A. Schmieder, 133–142. Hamburg, Münster.

Schmitz, R. 1982. Opium als Heilmittel. In *Rausch und Realität. Drogen im Kulturvergleich Bd. 2*, hrsg. v. G. Völger, K. von Welck, 650–661. Reinbek.

Siegel, S. 1983. Wilkie Collins: Victorian Novelist as Psychopharmacologist. *Journal of the History of Medicine and Allied Sciences* 38: 161–175.

Spode, H. 1993. *Die Macht der Trunkenheit. Kultur- und Sozialgeschichte des Alkohols in Deutschland*. Opladen.
Royal Botanic Gardens Kew. (Hrsg.). 2016. *State of the World's Plants*. London.
Szmigin, I. et al. 2008. Re-framing 'binge drinking' as calculated hedonism: Empirical evidence from the UK. *International Journal of Drug Policy* 19: 359–366.
Tart, C. T. (Hrsg.). 1969. *Altered States of Consciousness*. Garden City.
Treiber, H., H. Steinert. [1980] 2005. *Die Fabrikation des zuverlässigen Menschen. Über die »Wahlverwandtschaft« von Kloster- und Fabrikdisziplin*. München, Münster.
Uchtenhagen, A., W. Zieglgänsberger. (Hrsg.). 2000. *Suchtmedizin. Konzepte, Strategien und therapeutisches Management*. München, Jena.
Valverde, M. 1998. *Diseases of the Will. Alcohol and the Dilemmas of Freedom*. Cambridge.
Van Dülmen, R. (Hrsg.). 2001. *Endeckung des Ich. Eine Geschichte der Individualisierung vom Mittelalter bis zur Gegenwart*. Köln, Weimar, Wien.
Varley, P. 2006. Confecting Adventure and Playing with Meaning: The Adventure Commodification Continuum. *Journal of Sport & Tourism* 2: 173–194.
Völger, G., K. von Welck. (Hrsg.). 1982. *Rausch und Realität – Drogen im Kulturvergleich*. Reinbek.
Von Martin, A. [1932] 1974. *Soziologie der Renaissance*. München.

Ein Trick der Vernunft

Die doppelte Kulturgeschichte des Rauschs

Robert Feustel

Zusammenfassung

Rausch gilt als existentielle Erfahrung, deren Geschichte so alt ist wie jene der Menschheit selbst. Es stimmt zwar, dass der Konsum von Alkohol und anderen Drogen auf die eine oder andere Weise immer schon stattgefunden hat. Entsprechende Erfahrungen allerdings als Rausch zu deuten, ist eine Erfindung jüngeren Datums. Erst mit der Aufklärung entwickelt sich ein Denken des Rauschs als Gegenspieler der Vernunft. Der Beitrag beschreibt die Kulturgeschichte des Rauschs auf zwei Ebenen: Einerseits analysiert er die erkenntnistheoretischen Bedingungen, derer es bedarf, um „Rausch" denken zu können. Andererseits stellt er Passagen der Rauschgeschichte vor und kartographiert grob die sehr unterschiedlichen Versuche, einen komplexen und vielgestaltigen Bewusstseinszustand zu verstehen.

Schlüsselbegriffe: Rausch, Kulturgeschichte, Drogen, Sucht, Rauschgift, Drogenerfahrung, psychoaktive Substanzen

1 Klassische Erzählungen zum Rausch

Üblicherweise gilt: Rausch ist menschlich. „Schon in der Steinzeit", eröffnet der Wikipedia-Artikel zum Schlagwort Rausch den Abschnitt „Kulturgeschichte", „wurde […] Alkohol in Form von Met und einer Art Bier gebraut" (Wikipedia 2015). Will heißen: So lange es Menschen gibt, seien Rauschzustände Teil des individuellen und sozialen Lebens. Rausch gleicht also einer anthropologischen Konstante, einem Fixpunkt, der zwar unterschiedlich bewertet und gedeutet wurde, selbst jedoch eine Art invariablen Kern zu haben scheint. Von dieser Markierung ausgehend, wurde häufig versucht, dem Rausch eine mehr oder weniger konsistente Definition zuzuschreiben.

Es gibt jedoch fast unzählige Versuche seiner Aufarbeitung, Kontextualisierung und Interpretation. Medizinisch wird er gegenwärtig häufig als pathologisch beschrieben und direkt an ein Drogenproblem gebunden. Rausch schädige den Verstand, verursache soziale Kosten und befördere Suchtkrankheiten. „Drugs harm society in several ways [...], through the various effects of intoxication", heißt es beispielsweise in der medizinischen Fachzeitschrift *The Lancet*. „Drugs that lead to intense intoxication are associated with huge costs in terms of accidental damage to the user, to others, and to property" (Nutt et al. 2007, S. 1048) Die semantische Verkettung ist offensichtlich: drugs – harm – intoxication – (huge) costs – damage. In dieser Lesart sind Rauschzustände eindeutig kodiert und tragen zur Schadensbilanz einzelner Drogen erheblich bei. Tabak beispielsweise macht laut dieser Studie zwar abhängig, aber „[it] was [...] distinctly lower for social harms, because it scored low on intoxication" (ebd., S. 1051). Weitläufiger interpretiert: Rauschzustände selbst sind vor allem sozial schädlich – ein schwerwiegender Umstand bei der Bewertung von Drogen.

In anderen medizinischen Annäherungen wird Rausch als „akute Intoxikation mit bewusstseinsbeeinflussenden Drogen" verhandelt. „Mit dem Grad der Intoxikation [ist eine] zunehmende Bewusstseinseinengung" zu beobachten (Zetkin und Schaldach 1999, S. 1692). Die Weltgesundheitsorganisation (WHO) stellt schließlich fest, ein „akuter Rausch" (was auch immer „akut" in diesem Zusammenhang meinen soll; oder anders: Was genau wäre ein „chronischer" Rausch?) sei ein „Zustandsbild nach Aufnahme einer psychotropen Substanz mit *Störungen* von Bewusstseinslage, kognitiven Fähigkeiten, Wahrnehmung, Affekt und Verhalten oder anderer psychophysiologischer Funktionen und Reaktionen. Die Störungen stehen in einem direkten Zusammenhang mit den akuten pharmakologischen Wirkungen der Substanz" (WHO 2011, F19.0, Herv. des Autors). Für den meinungsbildende Mainstream der Medizin scheint die Sache also völlig klar: Rausch ist eine mehr oder minder gefährliche Störung.

Für den „Bewusstseinsforscher" und Psychopharmakologen Ronald Siegel stellt sich die Sache anders dar: „Das Verlangen nach Rausch ist genauso wenig anormal wie das Verlangen nach Liebe, sozialer Anerkennung, aufregenden Erlebnissen, Macht oder jeder beliebiger anderer erworbenen Motivation. [...] Der vierte Trieb, das Verlangen nach Rausch, kann ebenso wenig wie Sex, Hunger und Durst jemals unterdrückt werden" (Siegel 1995, S. 214; vgl. auch Weil 1972 und McKenna 1999). In dieser Deutung ist Rausch nicht Störendes, und die moderne Medizin habe mit ihrer instrumentellen Vernunft den Kern der Sache verpasst. Während Siegel die ontologische (bzw. biologische) Wahrheit des Rauschs stark macht und als unhintergehbar skizziert, verstehen Árpád von Klimó und Malte Rolf (2006, S. 13) Rausch als „Bewusstseinserlebnis und Erfahrung von Grenzüberschreitung und Transzendenz, in der sich Emotionen verdichten und Gefühlslagen radikalisieren." Weder Trieb noch Störung, sondern Intensität und Emotion. Im Brockhaus (1972, S. 466) schließlich wird Rausch als „aufs höchste gesteigerter, meist als beglückend erlebter emotionaler Zustand" beschrieben. Es ließen sich unschwer zahlreiche weitere, sehr unterschiedliche Definitionsversuche finden. Hier ist er Indikator für „social harms", dort taucht er vollständig naturalisiert als „vierter Trieb" auf; als medizinische Definition steht er für die gestörte Einengung, an anderer Stelle für die Erweiterung des Bewusstseins.

Der Islamwissenschaftler und Drogenforscher Rudolf Gelpke geht noch einen Schritt weiter und fährt der nüchternen Wissenschaft in die Parade, also dem Impuls, Rausch sachlich zu fassen. Er vermutet, dass selbst beim Versuch, Rausch wissenschaftlich zu entschlüsseln, verkappte Dichter am Werk sind. Sie genießen den Vorteil, mit „Diplomatenpässen" bestückt – und damit nicht im Fokus der rauschfeindlichen Verbotspolitik der Gegenwart – jene Territorien erobern zu können, die allen anderen vorenthalten bleiben. „[D]ie Dichter" leben „incognito – als Forscher" weiter (Gelpke 2008, S. 69), und forschendes Schreiben über Drogen bzw. Rausch sei heimliche Prosa, weil anders dem Gegenstand sowieso nicht beizukommen sei. Das hieße aber, alles Wissen über Rausch als Literatur zu verkaufen und anzunehmen, man kenne bereits des Pudels Kern (sein irrationales, unvernünftiges und bisweilen erhellendes Wesen), der nur literarisch, also assoziativ und verspielt, zu fassen sei. Zudem würde der Hinweis auf den unhintergehbar literarischen Charakter von Rauschdiskursen dazu führen, die vehement geführten politischen, philosophischen und wissenschaftlichen Debatten zum Thema rundweg als fehlgeleitete Spekulationen zu interpretieren, die sich leider nicht im Klaren seien, dass sie über eine eigentlich ästhetische Angelegenheit reden.

Kultursoziologisch war lange die These prominent, der „Prozess der Zivilisation" (Norbert Elias) habe schrittweise das Licht der Vernunft gebracht und das Affektive und Rauschhafte auf die Wechselbank platziert. Was bedeutet, dass es nur mehr gelegentlich zum Einsatz kommt. Auf der Bühne dieser Ordnung werden dann, so scheint es, alle weiteren Akte gespielt bzw. alle Debatten geführt. Während die einen ein „Recht auf Rausch" einfordern (u.a. Siegel 1995 und McKenna 1999), bedienen andere mitunter gewagte Metaphern, um die Gefahren desselben Zustands zu beschwören.

Das Spektrum dieser Debatten reicht schließlich von „holy" bis „evil"; von Helmut Kohls viel zitierter Vision einer Gesellschaft, „die Rausch einmal genauso ächtet wie Kannibalismus" (Baumgärtner 1997, S. 9), bis zur Idee, Drogenrausch sei die Geburtsstunde jeden (menschlichen) Denkens und Bewusstseins und zum Überleben bzw. zur Entwicklung der Spezies unverzichtbar (vgl. McKenna 1999). Kurz: Rausch ist ein begrifflich und politisch umkämpftes Ding, das es durchaus wert ist, sachlich betrachtet und analysiert zu werden.

So vielgestaltig die Positionen auch sind, so umkämpft das Thema auch sein mag, dennoch gibt es eine Klammer, die das moderne Denken von Drogenerfahrungen als Rausch zusammenhält. Immer wieder wird Rausch als Herausforderung der Vernunft verhandelt, als ihr buchstäbliches Gegenüber. Der Rausch ist – egal ob als Störung, Trieb, geistiger Kannibalismus, als Erweiterung, Einengung oder Öffnung des Bewusstseins – immer das Andere des sachlichen, vernünftigen oder logischen Denkens. Rausch und Ratio (oder Vernunft) sind Gegenspieler, die sich wechselseitig herausfordern. Entweder versucht das Denken, den Rausch zu begreifen (und scheitert), oder der Rausch will das Denken erklären (und scheitert genauso). Rauscherfahrungen werden etwa seit dem frühen 19. Jahrhundert immer wieder die Eigenschaft zugeschrieben, abseitige, nicht-vernünftige und dennoch wertvolle Erkenntnisse oder Einsichten zu liefern. Sie zeigen vermeintlich etwas jenseits der Vernunft und eröffnen auf verschiedene Weise den Raum, um das Denken zu denken. Rauschdebatten beinhalten also eine Selbstbespiegelung des Denkens.

So einfach und einleuchtend diese Gegenüberstellung von Rationalität hier und Rausch dort ist, so schwer lässt sie sich begründen. Im Folgenden wird der Versuch unternommen, den Dualismus von Rausch und Ratio zu unterlaufen und darauf zu verweisen, dass die Unterscheidung selbst bereits den *vernünftigen* Gedanken dieser Differenzierung voraussetzt. Wann immer der Rausch als Gegenspieler oder Herausforderung für Vernunft gedacht wird, hat ein Trick der Vernunft bereits sein Werk getan und die beiden scheinbar gegensätzlichen Kategorien erfunden. Spätestens mit dem Versuch, der „Erfahrung" (Derrida 1998, S. 255) ein sprachliches Gewand überzuwerfen, sie in Worte zu kleiden, sind Vernunft und Rationalität auf die eine oder andere Weise im Spiel: Kein sinnvoller Satz ohne Syntax und Semantik – auch nicht auf Drogen. Der vermeintlich authentische und wahre Rausch wurde, anders formuliert, also immer schon mit den sprachlichen Mitteln der Vernunft erschaffen. Die Schwachstellen eines solchen Arguments sind freilich die Begriffe Rationalität und Vernunft, die – ihrer Historizität und philosophischen Komplexität entkleidet – zurückbleiben. Jede Form sinnstiftender Kommunikation, jedes Sprechen, so eine mögliche Annäherung, unternimmt zumindest den Versuch, rational und vernünftig, weil nachvollziehbar und verständlich zu sein (zum Verhältnis von Vernunft und Unvernunft im Sprechen siehe vor allem Derrida 2006).

Aus zwei Blickrichtungen soll auf den nächsten Seiten der Dualismus von Rausch und Ratio unterlaufen werden. Zunächst folgt ein erkenntnistheoretisches Argument, bevor verschiedene kulturgeschichtliche Versionen, mit Drogenerfahrungen umzugehen und sie als Rausch zu rationalisieren, im historischen Kontrast gegeneinander gestellt werden.

2 Rausch als Trick der Vernunft

Einstweilen drängt sich also ein methodisches, erkenntnistheoretisches oder wenn man so will logisches Problem auf. Am Rausch haftete kulturgeschichtlich oftmals das Versprechen, die sprachlich vermittelte, symbolische Ebene, das instabile Netz sprachlicher Zeichen, letztlich die Domäne der klassische Rationalität zu durchbrechen und etwas jenseits dieser unvollständigen, wandelbaren Ordnung ins Bewusstsein zu rufen. Jenseits pathologisierender Engstirnigkeit, die Rausch schlicht als Störung disqualifiziert, gilt er mitunter als jenes „trojanische Pferd, mit dem die Vernunft (im allgemeinen) nicht fertig würde" (Derrida 2006, S. 61). Er hebelt die Vernunft aus und untergräbt ihre Autorität. Anders als der Wahnsinn jedoch, der zumeist im „Monolog der Vernunft" *über* ihn, also in einer „Sprache der Psychiatrie" zutage tritt (Foucault 1969, S. 8), hat der Rausch selbst eine Sprache bzw. viele geschwätzige Stimmen. Unzählige Prosastücke, theoretische Reflexionen und philosophische Argumentationen reiben sich am Thema. Über Rausch zu sprechen, heißt also zunächst nicht, eine (unmögliche) „Archäologie [des] Schweigens" zu versuchen (ebd.), wie es Michel Foucault für den Wahnsinn versuchte.

Dennoch verweist jedes Sprechen (oder Schreiben) über Rausch auf einen konstitutiven Widerspruch – ob er sich nun als dionysische Bedingung der Kunstproduktion (Friedrich Nietzsche), als pharmakologische Überschreitung, exzentrische Erfahrung eines politischen Kollektivs oder pathologischer Zustand entfaltet. Wann immer vom Rausch gesprochen wird, wann immer entsprechende Beschreibungen den Horizont je individueller *Erfahrungen* verlassen und zum Gegenstand gesellschaftlicher Debatten werden, also zum Gegenstand der Sprache, schleicht sich die Vernunft des Schreibens oder Sprechens ein. Der Versuch, Sinn und Bedeutung des Rauschs einzukreisen oder zu fixieren, heißt, ihm (sprachlichen) Sinn angedeihen zu lassen. Das Sprechen über Rausch ist, anders formuliert, immer schon ein Stück weit vernünftig oder rational, weil man im Moment der Versprachlichung „bereits zum Feind und auf die Seite der Ordnung übergetreten [ist,] selbst wenn man in der Ordnung sich gegen die Ordnung auflehnt und sie in ihrem Ursprung in Frage stellt" (Derrida 2006, S. 61). Kurz: Entweder Rausch ist eine basale Erfahrung, über die sich schlechterdings nichts sagen lässt (außer, dass es eine Erfahrung war). Oder die Vernunft des Sprechens ist immer schon beteiligt, wenn derselbe Zustand mit Bedeutung versehen werden soll. Wenn also vom Rausch als reale Erfahrung bzw. als Erfahrung des Realen die Rede ist, wird vermutlich „niemals zu erklären [sein], was wirklich geschah" (Thompson 2005/1971, S. 84). Also hat die Vernunft selbst – oder mindestens das versuchsweise vernünftige Sprechen – getrickst und ihr Anderes ins Werk gesetzt. Der Rausch ist letztlich eine Erfindung der Vernunft, die erst mit dem Begriff Form annimmt. Damit ist sie deutlich jünger als etwa der Wikipedia-Artikel nahelegt. Darauf wird zurück zu kommen sein.

Das heißt freilich nicht, dass Drogen eigentlich nichts machen und alles nur ein Verwirrspiel eines irritierten und eingebildeten Verstands ist. Es wäre töricht, den Umstand zu leugnen, dass bestimmte Veränderungen im Metabolismus den Wahrnehmungsapparat und die Ich-Funktionen durcheinanderwirbeln und eine mehr oder weniger deutliche Veränderung auslösen. Wenn allerdings deren Bedeutung nicht ein für alle Mal festgenagelt werden kann, mehr noch: wenn die Sprache entweder rationalisiert oder versagt, bleibt nur ein viel allgemeineres Phänomen. „Ich finde kein besseres Wort als Erfahrung", schreibt Jacques Derrida, eine Erfahrung „im Sinne einer Reise, die die Grenze passiert." Eine Erfahrung als „Beziehung zum Anderen und die Öffnung gegenüber der Welt im allgemeinen" (Derrida 1998, S. 255). Das ist vergleichsweise unspezifisch und lässt nur die leere Hülle einer Drogenerfahrung stabil, einer in gewisser Weise natürlichen Veränderung, die allerdings noch nichts bedeuten will. Der Rest sind Vexierspiele der Vernunft, die das Auge positioniert und die an sich bedeutungslose Drogenerfahrung als Rausch erst hervorbringt.

So gesehen wird die eigenwillige Verbindung zweier vermeintlicher Gegenspieler lesbar: Immer dann, wann zunächst im Wortsinn bedeutungslosen Drogenerfahrungen ein sprachliches Gewand umgehangen werden sollen, wenn sie als Rausch in Erscheinung treten. Die uferlosen und teils furiosen Debatten zum Rausch und seinen philosophischen oder politischen, künstlerischen oder psychologischen Bedeutungen sind davon gezeichnet, dass eine singuläre, vorsprachliche Erfahrung schwerlich nur in Worte zu gießen ist.

Selbst jene Autoren, die ihn hochleben lassen, geben dies mehr oder weniger offen zu. „Alles, was man schulmeisternd darüber vorgebracht, spricht an der Sache [dem Rausch] vorbei", schreibt Ludwig Klages (1922, S. 50) Anfang des 20. Jahrhunderts mit Blick auf romantische Debatten zum Rausch. „Aber das sind Worte Mann! Und man konnte das nicht in Worte packen", beschreibt Tom Wolf den zum Scheitern verurteilten Versuch, vom LSD getragene Sit-Inns und ihre „intersubjektiven" Momente der „All-Einheit" sprachlich einzuholen (Wolf 2009/1968, S. 180). Auch Timothy Leary, der das wohl deutlichste und vielleicht ideologisch eindringlichste Rauschkonzept zu vermarkten versuchte, muss eingestehen, dass es letztlich unmöglich sei, Rauscherfahrungen „in Worten zu beschreiben (die immer lügen)" (Alpert und Leary 1972, S. 11). Dr. Duke schließlich, die autobiographische Romanfigur aus Hunter S. Thompsons *Fear and Loathing in Las Vegas*, schnallt sich einen extra zu diesem Zweck angeschafften „hochempfindlichen Kassettenrekorder" um den Bauch, um den Rauschzustand aufzuzeichnen, weil dieser sich der Erinnerung und dem Verstand entziehen könnte. Er vermutet, dass im Gedächtnis allenfalls grobe Spuren haften bleiben. Als der Rausch, hervorgerufen durch verschiedene Substanzen, restlos die Oberhand gewinnt, rauscht auch das Tape und hinterlässt keine sinnvollen Informationen, wie der Lektor des Buchs (im Text selbst) bemerkt. Wenn der Rausch regiert, bleibt nur Rauschen, und jedes nachvollziehbare Sprechen verstummt.

Es ist also wenig zielführend, den Rausch *an sich* und seine Einsichten zu debattieren, weil er als „the unspoken thing" das buchstäblich „unfassbar Reale" aufruft (vgl. Sarasin 2003, S. 123), an dem jede Übersetzung in zwangsläufig intersubjektive Sprache in letzter Instanz scheitert. „Man kann", schreibt Bernhard Siegert (2006, S. 48), „das Reale nicht wissen, man kann immer nur wissen, was bereits Diskurs ist". Anders formuliert und auf den Gegenstand der Verhandlung angewendet: Drogenerfahrungen kommen immer erst zum Vorschein, wenn das Symbolische (und damit nicht zuletzt die Vernunft) sie zeichnet. Und das geschieht seit etwa zwei Jahrhunderten zumeist in Form des Rauschs. Alles andere ist Schweigen, Stammeln oder Lallen.

Es mag befremdlich und etwas dröge erscheinen, dem Rausch an sich ausweichen zu wollen, um unüberwindliche Verständnisbarrieren zu umgehen – vor allem, weil Rausch seit etwa zwei Jahrhunderten ein notorisch wiederkehrendes Thema ist. Und es bleibt ein „schwer zu bemeisternde[s] Gefühl, irgendwie einen Verlust erlitten zu haben [...]. Dafür [gibt es] kein[en] Trost, außer der hilflos aufschiebenden Geste, daß man sich dann schon in etwa auf dem richtigen Weg befindet" (Schindler 1992, S. 152).

Auch die wissenschaftliche oder theoretische Reflexion des Rauschs und seiner gesellschaftlichen oder politischen Rolle läuft gegen diese Mauer. Wenn Sprache erst den nichtsprachlichen Dingen Bedeutung verleiht, hat sie konstruktive Kräfte: Sie erschafft die Rauscherfahrungen und ihre Bedeutungen erst, statt sie nur (mangelhaft) abzubilden oder einzufangen. Das heißt freilich nicht, dass über Rausch nichts Sinnvolles zu sagen wäre. Nur die Frage der Perspektive stellt sich auf andere Weise: Weder scheint es sonderlich ergiebig, Rausch als das grundsätzlich Andere der Vernunft zu fassen, weil dann nicht viel mehr als seine Existenz zu konstatieren wäre. Es führt auch nicht weiter, Rausch völlig etwa medizinisch oder soziologisch zu operationalisieren, da entsprechende Erfahrungen dann funktionalisiert, ihrer Widerspenstigkeit und ihrer je individuellen Realität beraubt wären. Zwischen diesen Polen jedoch ist viel Platz. Geschwätzige Rauschdiskurse erzählen vielleicht nicht *die* Wahrheit individueller oder kollektiver Rauscherfahrungen, weil sie (bzw. die Sprache selbst) dies nicht leisten können. Die Versuche, Rausch zu symbolisieren, zeigen jedoch den Spielraum, den epistemischen Rahmen, innerhalb dessen auf sehr unterschiedliche Weise über Dinge gesprochen werden kann, die prinzipiell „*off the record*" sind, „das heißt außerhalb einer Aufzeichnung, außerhalb des Archivs" (Derrida 1996, S. 28). In anderen Worten: Die verschiedenen Versuche, Rauscherfahrungen in ein sprachliches Gewand zu hüllen, das heißt sie ein Stück weit zu rationalisieren, verraten einiges über den Stand der Dinge, über Selbst- und Gesellschaftskonzepte und über politische Verhältnisse. Sie skizzieren quasi nebenbei und vielleicht eher unabsichtlich den Bauplan des Wissens und legen Zeugnis davon ab, wie und wo die Grenze zwischen Rationalität und Unvernunft, zwischen Kultur und Natur gezogen wird – und wie das sprechende Subjekt sich selbst gewahr zu werden versucht. Sie verweisen auf Wissensordnungen und ihre Grenzen, auf Sinn und Sinnzusammenbrüche. Der Rausch verliert also seinen geschichtslosen Kern und erliegt der „Unerbittlichkeit der Historizität" (Brieler 2001). Eine Kulturgeschichte des Rauschs ist also eine seiner verschiedenen Erfindungen.

3   Passagen der Rauschgeschichte

Wenn die Frage also nicht mehr lautet „Was ist der Rausch eigentlich?", sondern „Wie wird eine unbestimmte Drogenerfahrung mit Bedeutung versehen?", dann befinden wir uns im Theater menschengemachter Geschichte, deren Szenen am Begriff, also an der sprachlichen Verarbeitung des Realen, hängen. Der Ausgangspunkt des Rauschbegriffs liegt im mittelhochdeutschen *rûsch*, das zwei Kernbedeutungen hat. Einerseits verweist es auf ein Rauschen der Blätter, des Wasserfalls oder des Windes, also auf eine indifferente akustische Wahrnehmung, wie sie bis in die Gegenwart im Begriff des Rauschens eingeschrieben ist. „[S]o des Geklimpers viel-verworrner Töne Rausch. Das Ohr verwirrend, schlimmer noch den innern Sinn" (Goethe, 1833, S. 245). Andererseits meint *rûsch* auch eine „rauschende bewegung" bzw. einen ungestümen „anlauf" oder „angriff" (Grimm 1893, S. Bd. 14, Sp. 303; vgl. auch Lexer 1978, S. 174). Es bezeichnet also ein Bewegungselement und konturiert es als ungestüm und planlos. Oder es wird, wie bei Johann Geiler von Kaysersberg, als Stil der Kriegführung mit wenig taktischem Gespür verwendet: „wir Tütschen spilen kein ander spil dann der offnen rausch, darum so ligen wir dick under, es weisz jederman unsern anschlag in dem krieg" (J. G. v. Kayserberg, zitiert in Grimm 1893, Bd. 14, Sp. 303). Seit dem frühen 16. Jahrhundert macht wohl ein nicht schriftlich überlieferter Trinkerwitz die Runde, „der die zahllosen abstufenden bezeichnungen für zustände der trunkenheit im deutschen geschaffen hat, sei es, dasz sie an das rauschen im kopfe anknüpft, das sich in gewissen vorgerückten stunden einzustellen pflegt, oder an die geräuschvolle lustigkeit der zecher" (ebd., vgl. auch Kiesel und Kluwe 1999). Beide Kernbedeutungen des mittelhochdeutschen *rûsch* lassen sich auf die Zecher im Wirtshaus applizieren, etwa auf den Lärm angetrunkener Menschen, die im Überschwang des Alkohols durcheinanderreden und, etwas distanziert betrachtet, ein rauschendes, indifferentes Geplapper hinterlassen, oder auf die Koordinationsprobleme, die Met und Branntwein verursachen und den Heimweg beschwerlich, unkontrolliert und bisweilen stürmisch aussehen lassen. Was auch immer die Pointe dieses Witzes war, bzw. welche konkrete Situation die Sinnverschiebung des Rauschbegriffs im Einzelnen bewirkt haben mag: Seit dem 16. Jahrhundert wird Rausch mit Trunkenheit in Verbindung gebracht. Von nun an kann ein „leichter, schwerer, derber, dichter, dicker, guter, starker [...] rausch" die Oberhand gewinnen (Grimm 1983, Bd. 14, Sp. 303).

Weitergehende, tiefere oder doppelbödige Codierungen liegen allerdings nicht im Bedeutungshorizont des Begriffs (vgl. Feustel 2013, Kap. 1). Der Rausch der frühen Neuzeit bzw. der Renaissance ist keiner, der direkt mit dem Bewusstsein zu tun hätte – weder mit seiner Einengung, noch mit seiner Entwicklung oder Erweiterung. Er beeinträchtigt die Sinnesorgane, mehr nicht. Mit anderen Worten: Vom frühen 16. bis in die Mitte des 18. Jahrhunderts findet sich ein Rauschbegriff, und mit ihm eine Erfahrungswelt, der im Unterschied zur modernen Lesart zwei Lücken hat. Zum einen besteht keine semantische Verknüpfung zu Opiaten, zu Kräutern oder Säften mit – wie es später heißen wird – halluzinogenen oder allgemeiner psychoaktiven Wirkungen, obwohl ein reichhaltiges Wissen von Stoffen, Tinkturen und Effekten die Kräuterbücher der Zeit füllen (vgl. u. a. Jay 2011). Zum anderen fehlt dem Rauschbegriff jene Dimension, die auf einen lesbaren *geistigen* Zustand verweist; auf eine Erzählung, deren *Inhalt* von Belang wäre. Rausch bezeichnet in diesem Zeitraum also keine Veränderung der Wahrnehmung, sondern zumeist – um einen technischen Begriff zu verwenden – Funktionsbeeinträchtigungen einzelner Sinnesorgane, die im schlimmsten Fall als Sünde gelten. Schon in Sebastian Brants 1494 erstmals erschienener Schrift *Das Narrenschiff*, die im 16. und 17. Jahrhundert viel rezipiert wird, kommt der Trinker auf das entsprechende Schiff, weil „vernunfft vnd synn" zerstört (nicht irritiert oder fortgetragen) sind (Brandt 1995/1494, S. 42). Zedlers berühmtes Universallexikon widmet dem Rausch zwar vier Spalten, dennoch findet sich kein Hinweis auf spezifische Erzählungen, Erlebnisse, Visionen, Wahrnehmungen oder psychoaktive Momente. Im Gegenteil: Rausch und Trunkenheit werden kontinuierlich mit Begriffen wie „Lähmung", „Schwachheit" oder „schändliche Sünde" (Zedler 1752, Bd. 30, S. 581f.) umschrieben und laufen auf eine Schwäche der Sinne hinaus.

Nun ist an dieser Stelle die Frage berechtigt, was in diesem Kontext Drogenerfahrungen bedeuten, die nicht nur die Sinne schwächen, sondern die Wahrnehmung aus dem Ruder laufen lassen. Konkret: Was ist beispielsweise mit vermeintlichen Hexen und Hexern, deren Verfolgung bekanntlich erst in jenen Zeiten des Aufbruchs in die Moderne beginnt? Dass sich in entsprechenden Kreisen Opiate, Bilsenkraut und viele andere Stoffe reger Beliebtheit erfreuen, ist auch den Zeitgenossen des 16. und 17. Jahrhunderts, den Ärzten und Inquisitoren bekannt (vgl. Feustel 2013, S. 42ff.). Nur hat all das nichts mit Rausch zu tun. Das Wissen der Zeit ist nicht auf die nüchterne Objektivität der Welt, auf eine empirisch zu fassende „wirkliche Wirklichkeit" eingeschworen. Es spielt viel mehr mit Raum und Zeit, mit Analogien und Ähnlichkeiten und – nicht zuletzt – mit der Heiligen Schrift (vgl.

zum Denken in Analogien und Ähnlichkeiten Foucault 1974). Im Rahmen einer solchen Ordnung des Wissens gehören Überschreitungserlebnisse (ob mit oder ohne Hilfe von Drogen) nicht nur einer profanen Welt der Drogenerfahrungen an. Das Streitfeld, dass sie tangieren, liegt buchstäblich zwischen Himmel und Hölle; und Drogen stoßen allenfalls etwas an oder lösen es aus. Verantwortlich oder ursächlich sind sie nicht.

Erst im Kontext einer entfesselten Aufklärungsdebatte, die ein mehr oder weniger konzises Vernunftdenken hervorzubringen glaubt, zeigen sich Rauscherzählungen jenseits des Alkohols erstmals als das Andere der Vernunft, als ihr buchstäblich unvernünftiges Gegenüber. Die Effekte von Drogen aller Art werden zu basalen Sinnestäuschungen, Irritationen und Fehlleistungen eines aus der Bahn geworfenen Gehirns. Besonders im Rückblick auf die Inquisitionspraxis des 16. und 17. Jahrhunderts taucht das Argument auf, Hexenflug und Sabbat, Teufelsbuhlerei und diabolische Monstren seien nichts anderes als vom Rausch hervorgerufene Fehlschlüsse der Verstandeskräfte; tanzende Bilder, die nichts mit der wirklichen Welt zu tun hätten (vgl. u. a. Rübel 1756). Wenn die Imaginationen, überhitzt von Drogeneinflüssen, die Rückkoppelung im Wirklichen verlieren, produzieren sie Hirngespinste und Einbildungen. Eine solch strikte Gegenüberstellung einer „wirklichen Wirklichkeit" und berauschter Phantasien überführt das „unfassbar Reale" auf spezifische Weise in den Bereich des Symbolischen. Und zugleich stabilisiert sich eine immer schon instabile Rationalität, indem sie ihr Gegenüber als Rausch dingfest macht und als Fehler oder Irritation ohne weitere Bedeutung konzipiert.

Im gleichen Atemzug dehnt sich der Begriff Rausch auf alles aus, was als Droge gilt und irgendwie die Perzeption verschiebt. Was also zuvor nur mit Alkohol und seinen Effekten in Verbindung stand, greift nun über und erweitert seinen Bedeutungsraum. Von heute besehen, mag dies wenig Verwunderung auslösen, weil wir es gewohnt sind, vom Rausch zu reden und nicht nur Trunkenheit zu meinen. Thomas De Quincey dagegen, der mit seinem Buch *Confessions of an English Opium Eater* (De Qunicey 1996/1822) für Aufsehen sorgte, ist über diese Bedeutungsverschiebung am Ende des 18. und zu Beginn des 19. Jahrhunderts noch einigermaßen verwundert. Für ihn ist Rausch (intoxication) Trunkenheit, und seine Erlebnisse mit Opium sind grundlegend anders zu beschreiben. Er distanziert sich mit einem markigen Beispiel von einer für ihn sinnlosen Rauschrhetorik, die alles zu umfassen scheint: „[E]in Medizinstudent in London", schreibt er, „dessen Tüchtigkeit in seinem Fach mir großen Respekt einflößte, versicherte mir unlängst, daß ein gerade genesener Patient sich an einem Beefsteak berauscht habe" (ebd., S. 81).

Seither hat es viele unterschiedliche Versuche gegeben, Drogenerfahrungen sprachlich einzuholen, ihren Erkenntniswert auszuleuchten und danach zu fahnden, was mit ihnen philosophisch, gesellschaftlich oder politisch anzufangen sei. Hier sei angemerkt, dass der Streit um die Bedeutung von Drogenerfahrungen, um Ekstase, Trance usw. freilich nicht erst im 18. Jahrhundert beginnt. Mit dem „travelling concept" (Bal 2002) Rausch allerdings entspinnt sich ein verschobener Diskurs, der – und das scheint tatsächlich neu – Drogenerfahrungen und Rationalität in eine fundamentale Opposition zueinander setzt. Das Konzept, die kontingente Symbolisierung namens Rausch, unterstellt unbestimmte Erfahrungen mit Drogen seit einiger Zeit einer bestimmten Form von Bedeutung und gibt ihnen zugleich einen Namen. Diese Versuche der sprachlichen Rationalisierung sind so widersprüchlich wie aussagekräftig: Die Diskussionen zum Rausch, das heißt die verschiedenen Versionen, das Reale ins Symbolische zu überführen, sind eine Art Seismograph für den Stand der Dinge.

Im 19. Jahrhundert etwa etabliert sich ein Verständnis des Rauschs entweder als romantische Einsicht in die transzendente Seite des Menschen, die – de facto immer etwas neben der sprachlichen Spur – im Rückblick auf eine buchstäblich inkommensurable Erfahrung behauptet wird (vgl. u. a. De Quincey 1996/1822; Gautier 2003; Baudelaire 1991). Oder Rausch macht sich als Modellpsychose einen medizinischen Namen, als künstlich hergestelltes Irresein auf Zeit, das metaphysische Einsichten in die allgemeine Struktur des Wahnsinns ermöglicht (vgl. Moreau de Tours 1973/1845). Edgar Allan Poe (1938, S. 649) bringt es auf den Punkt: „Men have called me mad; but the question is not yet settled, whether madness is or is not the loftiest intelligence—whether much that is glorious—whether all that is profound—does not spring from disease of thought—from moods of mind exalted at the expanse of the general intellect." Beide Versuche – die romantische und die psychiatrische –, mit Rausch als Beschreibung einer Erfahrung des Realen umzugehen, sind sich erstaunlich ähnlich. Jeweils blitzt vermeintlich das Andere des Denkens und der Vernunft auf und wird Gegenstand ganzer Theorien (vgl. Scharbert 2010). Eine pathologische Sprache nimmt sich der Drogenerfahrungen an, und am Ende steht die Einsicht in eine ganz andere Wirklichkeit, die entweder *den* Fehler des Wahnsinns oder *die* metaphysische Wahrheit des Subjekts oder des Menschen preiszugeben verspricht. Außer ihrer Existenz lässt sich allerdings nicht viel über diese andere Wirklichkeit sagen.

Am Ende des 19. Jahrhunderts verschieben sich Funktion und Bedeutung des Rauschs. Er dient weniger dazu, eine andere Ebene – die Wahrheit der Welt, des Subjekts oder Wahns – der Erkenntnis zuzuführen. Vielmehr soll er das Individuum selbst aus den verkrusteten „Klauen des Logos" (Ludwig Klages) reißen, um einem „Strom des Lebens" den Vortritt zu gewähren. Das Ideal einer „Ich-Zerstörung" (Gottfried Benn) taucht in dieser Zeit beharrlich auf, so vielfältig die Debatten zu Rausch und Drogen auch sein mögen. Der Rausch wechselt also die Spur: vom idealisierten Gegenspieler des Denkens (als Transzendenz oder Wahnsinn) zu seinem fließenden und empfindenden Untergrund, den es ans Licht zu holen gilt. Mit ihm kommt ein „ozeanisches Gefühl" (Sigmund Freud) auf, das die Banalität von Vernunft, Ich und Denken vorführt. Und wiederum bleibt, dass es außer der vermuteten Tatsache eines „Stroms des Lebens" nichts Verständiges, Sinnhaftes oder Konkretes darüber zu berichten gibt. Die Bedeutung des Rauschs verkapselt sich erneut in formalen Bestimmungen. Der Rest bleibt Sache individueller oder ästhetischer Erfahrung und entzieht sich konsequent der sprachlichen Verarbeitung.

Im gleichen Zeitraum, beginnend in der zweiten Hälfte des 19. und zugespitzt in den ersten beiden Dekaden des 20. Jahrhunderts, wird Rausch als Zustand einem biopolitischen Suchtdiskurs unterstellt (vgl. Wiesemann 2000). Zu den existierenden kulturphilosophischen Fragen zum Rausch gesellt sich also seine Problematisierung als Element des Drogenkonsums, der die gerade erst entdeckte oder erfundene Autonomie des Subjekts bedroht. Bis heute ist diese Spur virulent, und wir können kaum über Rausch reden, ohne umgehend mit einem wirklichen oder vermeintlichen Drogenproblem konfrontiert zu sein. Passend zu dieser politischen und medizinischen Problematisierung von Drogen und Rausch macht ein neuer Begriff die Runde: Rauschgift. Erst in jüngster Zeit ist dieses Kompositum in Zweifel gezogen worden, weil es einen lebensbedrohlichen toxischen Zustand unumwunden mit einer mehr oder weniger planvollen und zunächst nicht unbedingt todesmutigen Berauschung vermengt. Der Giftbegriff selbst ist mehrdeutig (die noch bis ins 16. Jahrhundert gängige weibliche Form „die Gift" als Geschenkt – siehe Mitgift – schwingt beharrlich mit) und relational, hängt die Einordnung als Gift doch immer von der Dosis ab. Zumeist liefert nicht der Stoff den Unterschied zwischen Medikament und Gift, sondern nur die Menge und der Anwendungskontext. Daher ist die Kampfvokabel Rauschgift schwierig und dennoch stilbildend. Die Pauschalität und Ungenauigkeit des Begriffs lässt ihn seriös betrachtet zwar auf dünnem Eis wandeln. Als politische Waffe allerdings kann er sich seiner Eignung möglicherweise genau deshalb sicher sein. Mit der Zeit schließlich „haben wir uns angewöhnt, über den Rausch in der Sprache der Sucht zu reden" (Thiel 1993, S. 126). Dieses Thema gehört jedoch zu einer Geschichte des Suchtdiskurses und der Drogenpolitik.

In den 1950er-Jahren entwickelt sich – parallel zur politischen Dämonisierung von Drogen und Rausch – eine neue Welle rauschaffiner Debatten, die eineinhalb Jahrzehnte später weite Teile der Populärkultur vor allem in den USA überspült haben wird. Ohne Frage nimmt sie Spuren älterer Rauschdiskurse auf und trägt Hoffnungen vor sich her, die bereits bekannt sind. Und gleichzeitig gerät sie schleunigst unter politischen Beschuss, schließlich hatte seit den 1920er-Jahren eine rauschfeindliche Verbotspolitik deutlich die Oberhand gewonnen. Dennoch zeigen sich im Hype um LSD-25, um Meskalin, Peyote und andere psychoaktive Stoffe, ein neuerlicher und veränderter Versuch, einer Erfahrung ein sprachliches Gewand überzuwerfen und sie zu verstehen. Neben das quasi philosophische und bereits ältere Argument, das Bewusstsein müsse sich mit der Hilfe von Drogen entwickeln oder erweitern, gesellen sich Vorstellungen, die dem psychedelischen Rausch die Funktion zukommen lassen, genetische Codierungen auszulesen und neuronale Potentiale zu erschließen (vgl. u.a. Leary 1982). Auf einmal scheint es möglich, die alten Muster des sozialisierten Ichs, die Maske des Egos und damit auch die altbekannte Instanz der Erkenntnis (das Subjekt) als unbedeutend (oder zumindest veränderbar) zu entlarven. Der psychedelische Rausch erschließe große und reiche Potentiale im Gehirn und entlocke dem DNS-Code phylogenetische Informationen in Hülle und Fülle, die den altbekannten Menschen irrelevant werden lassen. „Intersubjektivität" ist folglich der Schlachtruf der psychedelischen Bewegung. Tom Wolfe etwa skizziert, wie entsprechende Sit-Inns der 1960er Jahre von einem Wissen darüber durchflutet waren, dass alle Beteiligten auf der gleichen Wellenlänge unterwegs seien, weit jenseits des altbekannten Individuums. „All-Einheit" herrscht, solange der LSD-Rausch seine Wirkung entfaltet. Das Subjekt, der oder die Einzelne, scheint Geschichte, weil es von der Dynamik der vom psychedelischen Stoff freigesetzten Informationsflüsse verdrängt wurde. Im psychedelischen Trip zeigt sich, so die Tonart der Beschreibungen, eine grundsätzlich andere Existenz, eine neue, von Informationen getragene Lebensform. Wenn der Rausch allerdings vorbei ist, springen die

Uhren wieder auf Null, alles auf Anfang. Zurück bleibt erneut nur die (formale) Beschreibung all dieser Erfahrungen, ihre blanke Existenz, ohne dass zu erklären wäre, was auf der DNS als phylogenetisches Gedächtnis tatsächlich steht, was die freigesetzten neuronalen Kapazitäten konkret für Veränderungen bewirken oder was genau die intersubjektiven Momente hervorrufen und was Denken jenseits des individuellen Bewusstseins bedeuten mag. Für all dies scheint jede Sprache unangemessen, weil Worte „immer lügen".

Bleibt noch ein Blick auf aktuelle Debatten. Seit sich Ende der 1960er- bzw. Anfang der 1970er-Jahre die revolutionären Hoffnungen, die an Drogen und Rausch hingen, erledigt zu haben scheinen, gibt es eine Vielzahl unterschiedlicher Funktionen von Rausch. Eine Tendenz lässt sich dennoch herausschälen: Rauscherfahrungen werden zunehmend als Vehikel zur Selbstoptimierung, zur Verbesserung der eigenen Kreativität oder Leistungsfähigkeit verwendet und schreiben sich damit in ein zeitgemäßes Modell ökonomischer Rationalität ein. Anfänge einer solchen Tendenz sind bereits im Kontext der Rave- und Technobewegung Ende der 1980er- und Anfang der 1990er-Jahre erkennbar, wenn die Wochenenden zwar der exzessiven Klubkultur gehören, diese aber den routinierten Alltag der Arbeitswelt nicht infrage stellen (vgl. u.a. Böpple und Knüfer 1996). Während noch in den 1960er-Jahren eine buchstäblich unbeschreibliche andere Wirklichkeit im Rausch auf ihre Entdeckung wartete, sind es jetzt Momente von „Normalität", die geschmeidiger und schöner werden: Kein „drop out" mehr, diese Formulierung nimmt Bezug auf Learys berühmte Phrase des „Turn on, tune in, and drop out." Stattdessen greift ein effizienteres und kreativeres „keep on working" um sich, das Spaß und Schaffen kombiniert und keinen Ausbruch aus der Gesellschaft über die Partynacht hinaus mehr fordert. Substanz und Supplement harmonieren und fügen sich geschmeidig in den kapitalistischen Status quo ein.

Neben ein weiterhin heftig ideologisiertes Drogenproblem gesellt sich also ein Verständnis von Rausch, das immer näher an eine pharmakologische Kosmetik oder an eine Psychopharmakologie heranrückt und den Unterschied zwischen Medikament und Droge stetig weiter verwässert. Ein illustratives Beispiel liefert der 2011 erschienene Film *Ohne Limit* von Leslie Dixon. Dem Protagonisten gelingt es dank einer neuartigen Droge, Intelligenz, Erinnerungsvermögen und Konzentrationsfähigkeit zumindest kurzzeitig extrem zu verbessern und vorübergehend eine „perfekte Ausgabe seiner selbst" zu werden. Er lernt nebenbei Sprachen, wird ein mathematisches Genie und registriert – auch empathisch – gleichsam alles, antizipiert daher Verhaltensweisen und ist immer einen oder zwei Schritte voraus. Der Preis dafür sind freilich lebensgefährliche Abhängigkeitssymptome. Dixons Film verhandelt zwar nicht Rausch im klassischen Sinn, zeigt aber an, was das Ideal einer pharmakologischen Beeinflussung ist: Optimierung und Leistungssteigerung.

Im schnellen Durchlauf durch die Rauschgeschichte zeigen sich also sehr unterschiedliche Versionen, eine Erfahrung des Realen zu greifen, ihr Sinn und Verstand zu verleihen. Verleihen ist hier wörtlich zu verstehen: Kein Text, keine Definition, kein Erklärungsversuch kann für sich beanspruchen, auf Dauer gestellt zu sein. Genauer: Es gibt diverse Rauschdiskurse, die zwar mit dem Anderen der Vernunft spielen, selbst aber nie wirklich und vollständig unvernünftig sein können – es sei denn, über entsprechende Erfahrungen wird der Mantel eines „spirituellen Schweigens" gelegt (Dolar 2007, S. 45). Vielleicht ist es weniger interessant, *was* Rausch letztlich und tatsächlich ist, *was* seinen vorsprachlichen Wesenskern ausmachen könnte und ob rauschhafte Erlebnisse das Soziale gefährden, stärken oder unterlaufen. Ein historisierender Blick dagegen, der danach fragt, *wie* Rausch verstanden, verhandelt, verteufelt, verhaftet oder genutzt wird, liefert andere Einsichten. Damit werden Grenzfiguren und Überschreitungsmomente sichtbar, die einiges darüber erzählen, was als rational, vernünftig oder nüchtern gilt. Genauso wie die Bedeutung des Rauschs erst im zwangsläufig vernünftigen Sprechen Kontur gewinnt, braucht die Vernunft ein Gegenüber, gewissermaßen ihr Zerrbild, um mit sich selbst klar zu kommen. Die konkreten Formen historisch unterschiedlicher Rauschdiskurse verraten also etwas darüber, welches Selbstbild das vernünftige Denken von sich erschafft. Schließlich gibt es viele Kipppunkte und Diffusionen: Wenn beispielsweise der „DAX", die „Anleger" oder im Zweifel beide „im Rausch" sein können (vgl. ARD 2013; Hoffmann 2013), hilft es wenig, Rausch und Rationalität an unterschiedlichen Ufern zu suchen.

Die Kulturgeschichte des Rauschs gibt es also doppelt: Einerseits lässt sich den historisch unterschiedlichen Versuchen nachspüren, Drogenerfahrungen im Allgemeinen zu symbolisieren, sie einzuordnen und mit ihnen zurecht zu kommen. Diese Prozesse ließen sich sicherlich auch in der Steinzeit finden, so schmal die Quellenlage aus diesen Zeiten auch ist. Andererseits liefert die vergleichsweise junge Geschichte des Rauschs – als eine Version, Veränderungen im Metabolismus zu (be-)deuten – eine Kartographie des modernen Denkens. Weil der Rausch als Trick der Vernunft erst von dieser ins Leben gerufen wurde, ist er auch (nur) Ausdruck eines modernen Denkens. Seinen begrifflichen Ausgangspunkt findet er zwar bereits im 16. Jahrhundert. Erst ab der zweiten Hälfte des 18. Jahrhundert allerdings entfaltet sich langsam ein Begriff von Rausch, der mit jenem zusammenhängt, den wir heute kennen und mit dem gegenwärtig recht freizügig hantiert wird.

Schließlich: Wie lange das „travelling concept" Rausch noch unsere Vorstellung von Drogenerfahrungen in bestimmte Bahnen lenken wird, ist ungewiss. Pharmakologische Kosmetik und (Selbst-)Optimierung lassen den Verdacht zu, dass es bald um andere Dinge gehen könnte als um Rausch. Weil das Wort noch rauschen, also Unklarheit, Verwirrung, Lärm usw. mitschleppt, könnte es veraltet sein und sich wieder auf Alkohol beschränken. Psychoaktive Substanzen und ihre Effekte sind viel mehr als Rausch, der Begriff psychoaktiv ist angemessen weitläufig und adressiert noch keine geschichtsreiche Einschränkung. Er ist also ähnlich weich wie „Erfahrung" und daher deutungsoffen. Psychoaktive Stoffe und ihre Effekte können Vieles bedeuten; und die Debatten darüber sollten sich vielleicht aus dem Windschatten eines theoretisch unbestimmten, historisch überfüllten und politisch überforderten Rauschbegriffs heraus bewegen.

Literatur

Alpert, R., T. Leary. 1972/1962. Vorwort. In *Kosmologie der Freude*, hrsg. v. A. Watts, 5–13, Darmstadt.
ARD.de. 2013. „Dax im Rausch des billigen Geldes". http://boerse.ard.de/marktberichte/dax-im-rausch-des-billigen-geldes100.html. Zugegriffen: 12. Juli 2013.
Bal, M. 2002. *Travelling concepts in the humanities: a rough guide*. Toronto, Buffalo, London.
Baudelaire, C. 1991/1860. *Les Paradis artificiels – Die künstlichen Paradiese. Sämtliche Werke und Briefe*. Bd. 6. München, Wien.
Baumgärtner, T. 1997. Abhängigkeit und das Problem ihrer Akzeptanz. *Akzeptanz* 1: 8–15.
Brant, S. 1995/1494. *Das Narrenschiff*. Stuttgart.
Böpple, F., R. Knüfer. 1996. *Generation XTC. Techno und Ekstase*. Berlin.
Brieler, U. 2001. *Die Unerbittlichkeit der Historizität. Foucault als Historiker*. Köln.
Brockhaus. 1972. *Enzyklopädie in 20 Bänden*, Bd. 15. Wiesbaden.
De Quincey, T. 1996/1822. *Confessions of an English Opium Eater*. Oxford, New York.
Derrida, J. 1996. *Vergessen wir nicht: Die Psychoanalyse*. Frankurt/Main.
Derrida, J. 1998. Die Rhetorik der Droge. In *Auslassungspunkte. Gespräche*, hrsg. v. P. Engelmann, 241–266. Wien.
Derrida, J. 2006. *Die Schrift und die Differenz*. Frankfurt/Main.
Dolar, M. 2007. *His Master's Voice. Eine Theorie der Stimme*. Frankfurt/Main.
Feustel. R. 2013. *Grenzgänge. Kulturen des Rauschs seit der Renaissance*. München.
Foucault, M. 1969. *Wahnsinn und Gesellschaft*. Frankfurt/Main.
Foucault, M. 1974. *Die Ordnung der Dinge. Eine Archäologie der Humanwissenschaften*. Frankfurt/Main.
Gautier, T. 2003. *Romane und Erzählungen*, hrsg. v. D. Oehler. Wiesbaden.
Gelpke, R. 2008/1966. *Vom Rausch in Orient und Okzident*. Köln.
Geothe, J. W. v. 1833. *Faust. Zweiter Theil*. Stuttgart, Tübingen.
Grimm, J., W. Grimm (Hrsg.). 1893. *Deutsches Wörterbuch*. Leipzig.
Hoffmann, C. 2013. „Anleger im Rausch. Frühlingserwachen an der Börse". http://www.sueddeutsche.de/geld/anleger-im-rausch-fruehlingserwachen-an-der-boerse-1.444858. Zugegriffen: 12. Juli 2013.
Jay, M. 2011. *High Society. Eine Kulturgeschichte der Drogen*. Darmstadt.
Kiesel, H., S. Kluwe. 1999. Jenseits von Eden. Eine Ideen- und Kulturgeschichte des Rauschs. *Heidelberger Jahrbücher* 43: 1–26.
Klages, L. 1922. *Vom kosmogonischen Eros*. München.
Klimó, A. von, M. Rolf (Hrsg.). 2006. *Rausch und Diktatur*. Frankfurt/Main.
Leary, T. 1982. *Politik der Ekstase*. Linden.
Lexer, M. (Hrsg.). 1978. *Mittelhochdeutsches Taschenwörterbuch*. Leipzig.
McKenna, T. 1999. *Food of the Gods: A Radical History of Plants, Drugs and Human Evolution*. Rider.
Moreau de Tours, J. J. 1973/1845. *Hashish and Mental Illness*. New York.
Nutt, D., L. A. King, W. Saulsbury, C. Blakemore. 2007. Development of a rational scale to assess the harm of drugs of potential misuse. *The Lancet* 369.9566: 1047–1053.
Poe, E. A. 1938. *The Complete Tales and Poems of Edgar Allan Poe,* hrsg. v. H. Allen. New York.
Rübel, J. F. 1756. *Systematische Abhandlung von denen fast allgemein eingerissenen Irrthümern betreffend die Besitzung des Menschen vom Teufel*. o. O.
Sarasin P. 2003. Vom Realen reden? Fragmente einer Körpergeschichte der Moderne. In *Geschichtswissenschaft und Diskursanalyse*, hrsg. v. ders., 122–149. Frankfurt/Main.
Scharbert, G. 2010. *Dichterwahn. Über die Pathologisierung von Modernität*. München.

Schindler, N. 1992. *Widerspenstige Leute. Studien zur Volkskultur in der frühen Neuzeit.* Frankfurt/Main.
Siegel, R. 1995. *RauschDrogen. Sehnsucht nach dem künstlichen Paradies.* Frankfurt/Main.
Siegert, B. 2006. *Passagiere und Papiere. Schreibakte auf der Schwelle zwischen Spanien und Amerika.* München.
Thiel, M. 1993. Mythos, Mystik, Sprache: Spielregeln des Rausches. In *Gier. Zur Anthropologie der Sucht*, hrsg. v. A. Schuller, J. A. Kleber, 108–130. Göttingen.
Thompson, H. S. 2005/1971. *Angst und Schrecken in Las Vegas.* München.
Weil, A. 1972. *The Natural Mind. An Investigation of Drugs and the Higher Consciousness.* Boston.
Weltgesundheitsorganisation WHO. 2011. *ICD-10.*
Wikipedia. 2015. http://de.wikipedia.org/wiki/Rausch#Kulturgeschichte_des_Rausches. Zugegriffen: 27. April 2015.
Wiesemann, C. 2000. *Die heimliche Krankheit. Eine Geschichte des Suchtbegriffs.* Stuttgart.
Wolf, T. 2009/1968. *The Electric Kool-Aid Acid Test. Die legendäre Reise von Ken Kesey und den Merry Pranksters.* München.
Zedler, J. H. (Hrsg.). 1752. *Grosses vollständiges Universal-Lexicon aller Wissenschafften und Künste, welche bißhero durch menschlichen Verstand und Witz erfunden und verbessert worden.* Leipzig.
Zetkin, M., H. Schaldach. 1999. *Lexikon der Medizin.* Wiesbaden.

Die ‚Kokain-Welle' im Deutschland der 1920er-Jahre

Oder: Wie Kokain zum Problem wurde[1]

Annika Hoffmann

> **Zusammenfassung**
>
> Verbreiteter Drogenkonsum gehört zum populären und wissenschaftlichen Bild der Weimarer Republik: Üblicherweise wird angenommen, dass in den 1920er Jahren eine Drogenwelle Deutschland überrollt habe. Der Beitrag zeigt, wie sich in dieser Zeit die Deutung des nicht-medizinischen Konsums von Kokain als soziales Problem etablierte und welche Folgen dies für die Konsumenten hatte. Dafür werden zeitgenössische Quellen diskutiert, die einerseits eine drastisch gestiegene, teils inszenierte Aufmerksamkeit zeigen, während der tatsächliche Konsum andererseits sehr gering war. Dies verdeutlicht den problematisierenden Diskurs der Zeit und zeigt, wie sich der bis heute hegemoniale Blick auf Drogen entwickelte.
>
> *Schlüsselbegriffe:* Kokain, Weimarer Republik, Drogenwelle, Problematisierung

Die Vorstellung verbreiteten Kokainkonsums gehört – ebenso wie Zigarettenspitzen und Bubiköpfe – zum populären Bild der ‚wilden' und ‚goldenen' 1920er-Jahre: So jagt etwa Susanne Gogas Kommissar Leo Wechsler einen Mörder in Berliner „Kokainhöhlen und Rotlichtbezirken"[2], in denen sich angeblich „unzählige Kunden" mit Betäubungsmitteln versorgt haben sollen (Goga 2005, S. 52). Aber nicht nur im Krimi, sondern auch in der wissenschaftlichen Literatur ist regelhaft von einer „Kokainwelle" die Rede (Geiger 1975), die im Übrigen häufig als Grund für die Einführung immer restriktiverer Betäubungs-

---

[1] Dieser Text erschien in einer älteren Fassung in: Dollinger, B., H. Schmidt-Semisch. (Hrsg.). 2007. *Sozialwissenschaftliche Suchtforschung.* Wiesbaden.

[2] http://www.susannegoga.de (Zugriff am 26. Januar 2007). Gogas Krimi Leo Berlin ist durchaus lesenswert.

mittelgesetze ab 1920 und die Verschärfung der Rechtsprechung bis zum Verbot der Erhaltungstherapie angeführt wird (vgl. Wriedt 2006, S. 48). In jüngerer Zeit mehren sich allerdings die Indizien, dass diese Interpretation des Betäubungsmittelkonsums einer Überprüfung bedarf (vgl. Hoffmann 2005). Von einer weiten Verbreitung des Konsums oder gar einem Drogenproblem zu sprechen, scheint weniger sachlichen Informationen über den damaligen Betäubungsmittelkonsum, denn heutigen Interpretationsmustern geschuldet.

Interessant ist daher, wie es dennoch zu einer Problematisierung des Konsums kam, und warum Betäubungsmittelkonsum seit dem beginnenden 20. Jahrhundert als Problem wahrgenommen wird. Diesen und ähnlichen Fragen geht die folgende Untersuchung aus einer reflexiven, explizit quellenkritischen Perspektive nach: Anhand archivalischer Quellen,[3] Protokollen des Reichstags sowie Artikeln aus Tageszeitungen und der medizinischen Fachpresse wird der Problematisierungsprozess der damaligen Zeit nachvollzogen.

Im Fokus des vorliegenden Artikels steht dabei der Einfluss der zentralen Akteure des Problematisierungsprozesses: Eine herausragende Rolle spielten erstens Politik und Administration, zweitens Mediziner und drittens die Tagespresse. Abgesehen von ihrer Wirkung auf Fachdiskurse und die öffentliche Meinung hatten Berichte der Tages- und Fachpresse unmittelbaren Einfluss auf das politische Tagesgeschehen – von Debatten im Reichstag bis hin zu Erhebungen des Reichsgesundheitsamtes. Dass in der Tagespresse, aber auch in Fachpublikationen, Äußerungen zur Verbreitung des Betäubungsmittelkonsums sehr häufig ohne nachprüfbare Belege getätigt wurden, schränkte ihre Glaubwürdigkeit scheinbar nicht ein – selbst Politiker stützten sich auf solche Bekundungen. Da die Presse sich wiederum auf politische Aussagen stützte, vollzog sich ein Zirkelschluss und die problematische Verbreitung des Betäubungsmittelkonsums etablierte sich so als Fakt.

Herauszuheben ist dabei, dass die Problematisierung nicht primär davon abhing, wie weit der Konsum verbreitet war. Zentral war vielmehr, wer welche Substanzen konsumierte und welche Gründe dieser Konsum hatte bzw. wem der Konsum zugeschrieben wurde. Möglich war dies vor allem gerade deshalb, weil der Betäubungsmittelkonsum nur relativ gering verbreitet war.

Jene Entwicklungen spielten sich in der Zeit ab, als die deutsche Betäubungsmittelgesetzgebung ihren Anfang nahm. Diese Gesetzgebung ist wiederum nur vor dem Hintergrund der internationalen Opiumkonferenzen verständlich, die ab 1909 wiederholt stattfanden. Die dort geschlossenen Opiumabkommen von 1912 (Den Haag), 1925 und 1931 (Genf) stellten die Weichen für die bis heute international verfolgte restriktive Betäubungsmittelpolitik (vgl. Scheerer 1993; Wriedt 2006). Deutschland stand im Rahmen der Konferenzen unter großem außenpolitischem Druck. Nach der Weltkriegsniederlage wurde 1919 im Versailler Vertrag die Ratifizierung des Haager Abkommens von 1912 festgeschrieben. Dennoch kann man nicht davon ausgehen, dass Deutschland bezüglich seiner

---

3 Verwendet wurden Akten aus dem Bundesarchiv (BA), dem Politischen Archiv des Auswärtigen Amtes (PA) und dem Bremer Staatsarchiv (StAB).

Betäubungsmittelkontrolle nur ohnmächtiges Opfer der internationalen Entwicklungen gewesen sei (vgl. Hoffmann 2005, S. 149ff.).

Waren Betäubungsmittel schon seit 1901 apothekenpflichtig, so nahm die Gesetzgebung mit dem ersten Gesetz von 1920, seiner Änderung 1924 und dem Opiumgesetz von 1929 eine qualitativ neue Entwicklung. Diese zeugt von immer höheren Strafen, steigender Bürokratisierung sowie einer wachsenden Überwachung und Kriminalisierung von Konsumenten und Ärzten. Parallel dazu wurde der Konsum von Betäubungsmitteln immer stärker als Problem wahrgenommen und in wachsendem Maße marginalisierten Gruppen zugeschrieben.

1   Behördliche Aktivitäten unter Einfluss der Presse

Betäubungsmittelkonsum spielte in Deutschland lange Zeit keine Rolle in Politik und Öffentlichkeit; das Interesse erwachte erst zu Beginn des 20. Jahrhunderts. Die Einschätzung von Betäubungsmittelkonsum als abzulehnendes, lasterhaftes Verhalten findet sich schon frühzeitig. So lautete 1908 eine der Begründungen zur Unterstützung der Haager Konferenz, Deutschland wolle nicht „das Odium der Begünstigung dieses Lasters" auf sich nehmen.[4] Qualitativ neu war nach dem Weltkrieg, dass der Konsum in Deutschland als konkretes Problem eingestuft wurde, auf das man reagieren müsse. Im Kontext der internationalen Problematisierung zunächst des Opium-, später jeglichen Betäubungsmittelkonsums, nahm auch in Deutschland ab ca. 1910 die Aufmerksamkeit für Betäubungsmittel zu.

1.1   1910: Beginnende Sensibilisierung

Der Reichstagsabgeordnete von Treuenfels kritisierte in einer Reichstagsdebatte am 4. März 1910, es gebe Missstände auf dem Gebiet der Verschreibung durch Ärzte, der Abgabe in Apotheken und vor allem im Großhandelsvertrieb.[5] Der Präsident des Reichsgesundheitsamtes Franz Bumm forderte Belege für diese Einschätzung, woraufhin von Treuenfels entgegnete, er könne genug Beispiele für die Ausbreitung des Morphinismus bringen, dürfe „[…] aber nicht intime Familienverhältnisse hier von der Tribüne des Reichstags aus besprechen."[6] Der Abgeordnete bezog sich demnach nicht auf solide Hinweise, sondern auf persönliche Erkenntnisse, die er zudem nicht konkretisieren konnte oder wollte: Hier zeigt sich, wie auf hoher politischer Ebene ohne stichhaltige Belege und in verallgemeinernder Art und Weise argumentiert wurde.

---

4   BA R 1001 / 6817.
5   Stenographische Berichte des Reichstags (StB), 4. März 1910, S. 1702f.
6   StB, 4. März 1910, S. 1704–1712, Zitat S. 1712.

Diese Anfrage löste in Verbindung mit dem Zeitungsartikel „Narkotika" eine Umfrage bei den Länderregierungen aus (o. Autor 1910). Der Artikel wurde der Umfrage beigefügt und ist damit ein Beispiel für den großen Einfluss der Tagespresse auf die Politik.[7] An seiner Argumentation lässt sich gut nachvollziehen, mit welch hanebüchenen Äußerungen die Presse teilweise argumentierte: Der unbekannte Autor A. S. beschrieb zahlreiche Punkte, die heute als erfunden eingestuft werden müssen. So behauptete er, in Paris habe es „an allen Ecken und Kanten [...] Opiumspelunken" gegeben. Dass das Bild der „1000 Opiumhöhlen" in Paris nicht haltbar ist, zeigte inzwischen allerdings die französische Forschung (vgl. Retaillaud-Bajac 2002). Des Weiteren werden „Konditoreien" in Berlin und Hamburg beschrieben, „in denen man Einspritzungen verabfolgt" habe, auch „Opium- und Morphium-Pralinees" seien kursiert. „In neuerer Zeit [mache sich] der Cocainismus bedenklich breit", folgert der Autor. Die Ergebnisse der 1910er-Umfrage hingegen zeigen, dass – auch wenn gewisse Missstände im Umgang mit Betäubungsmitteln beschrieben wurden – nirgendwo von verbreitetem Genusskonsum oder überhaupt von Kokain die Rede war.[8] Schwarzhandel oder Szenelokale wurden für Deutschland nicht beschrieben. Der Autor der *Münchener Neuesten Nachrichten* hatte demnach zentrale Punkte seines Szenarios frei erfunden. Dessen ungeachtet dürfte der Artikel – angesichts seines Verbreitungsweges in der Politik – für die Wahrnehmung des Betäubungsmittelkonsums als Problem sensibilisiert haben.

Als Konsequenz aus dieser Untersuchung wurde der Direktbezug über den Großhandel gesetzlich verboten. In Hinblick auf den Problematisierungsprozess ist Folgendes entscheidend: Eine Differenzierung zwischen der Konstatierung, dass Betäubungsmittelkonsum stattfand, und einer Bewertung dieses Konsums als problematisch wurde nicht mehr vollzogen. Dass das Phänomen Betäubungsmittelkonsum eine gesellschaftliche bzw. gesetzgeberische Reaktion erfordere, wurde unabhängig von seiner Verbreitung zum Konsens. Dabei reflektierte man weder, dass seit Menschengedenken Konsum bewusstseinsverändernder Substanzen stattfand, noch, ob etwa der Konsum von Kokain qualitativ anders einzuordnen sei als der von Alkohol. Auch über die Zielsetzung der Maßnahmen wurde nicht diskutiert – etwa was unter dem angestrebten Schutz der Volksgesundheit zu verstehen sei. Zu Beginn des Problematisierungsprozesses wurden dabei noch Stimmen laut, die die Wirksamkeit der Maßnahmen kritisch reflektierten. Diese verstummten aber schon nach wenigen Jahren.

1.2   1919: Wachsende Dramatisierung

In den Folgejahren wurde es eher ruhig um Betäubungsmittel; im Reichstag und auch bei Regierungsstellen fand keine Auseinandersetzung mit genussorientiertem bzw. missbräuchlichem Konsum statt. Erst 1919 ging es wieder um Betäubungsmittelmissbrauch –

---

7   StAB 3-M.1.l.Nr. 32 – 1/2.
8   BA R 86 / 5073.

das Reichsgesundheitsamt führte erneut eine Umfrage durch, in der es die Verbreitung von Kokainkonsum und Kokainhöhlen erfragte. Ausgelöst wurde die Umfrage von einem Artikel des Pharmakologen Prof. Walter Straub. Allerdings äußerte sich dieser bezüglich der Verbreitung des Konsums relativ zurückhaltend und schränkte seine Aussagen stark ein: „In Berlin soll gegenwärtig das Kokainschnupfen grassieren, in anderen Großstädten wird es nicht viel anders sein, im [...] Schleichhandel soll das Kokain [...] leicht zu erhalten sein."⁹ Damit gab der Autor lediglich Vermutungen und Gerüchte wieder, ohne diese als Tatsachen hinzustellen. Dennoch trug der Artikel dazu bei, das Bild einer weiten Verbreitung des Kokainkonsums in Deutschland zu etablieren: Er wurde der 1919er-Rundfrage beigelegt, und im Anschreiben bezog das Reichsgesundheitsamt sich auf Straub. Hier kam es zu kleinen, aber zentralen Umformulierungen. Aus Straubs Aussagen wurde Folgendes: Es „[...] wird behauptet, daß in letzter Zeit die Kokainsucht [...] in Deutschland weitere Verbreitung gefunden habe." Weiter spricht der Autor von der „[...] Befürchtung Professor Straubs, daß der Kokainmißbrauch weiterhin zunehme und sich damit zu einer ernsten Gefährdung der Volksgesundheit auswachse [...]." Infolge des Artikels, der Fehlinterpretation Straubs und der dadurch angeregten Umfrage stand das Szenario einer Bedrohung der Volksgesundheit im Raum. Dies war der Fall, ohne dass jemand explizit von einer konkreten Gefährdung gesprochen hätte, vielleicht sogar ohne dass jemand dies überhaupt angenommen hätte. Von hoher Regierungsstelle ausgesprochen und mit Bezug auf einen Experten mag die Annahme bei den Adressaten das Bild der Bedrohung durch Kokainismus etabliert haben. Dieses Szenario sortierte sich in zu dieser Zeit heftig geführte Debatten um soziale Hygiene, Degenerationstheorien und die Bedeutung der Volksgesundheit ein; dies dürfte seine Wirkung potenziert haben (vgl. Woelk und Vögele 2002).

In Sachsen etwa schlug sich die veränderte Aussage Straubs in Antworten wie folgt nieder: „Die von Herrn Professor Dr. W. Straub behauptete Zunahme der Kokainsucht ist hier in keiner Weise beobachtet worden." Insgesamt waren die Antworten relativierend; selbst der Berliner Polizeipräsident berichtete nur von „ganz vereinzelten Fällen" des Genusskonsums. Es liege „kein Anhalt dafür vor, daß sich Stätten aufgetan haben, in denen dem Kokainlaster gefrönt wird", ergänzte er. Ein Jahr vor Einführung des ersten deutschen Betäubungsmittelgesetzes lautete das Fazit des Reichsgesundheitsamtspräsidenten Bumm, die Antworten ließen „[...] besondere Maßnahmen gegen den Missbrauch von Kokain zur Zeit nicht als nötig erscheinen [...]. Maßgebend ist für das Gesundheitsamt, daß nirgends Stätten aufgefunden werden konnten, an denen Kokain an eine größere Anzahl von Personen zu missbräuchlicher Benutzung abgegeben würde." Von verbreitetem Kokainkonsum konnte demnach nicht die Rede sein. Dennoch waren Regierungsstellen, Mediziner und die Öffentlichkeit durch die beiden Umfragen für Drogen- und insbesondere Kokainkonsum weiter sensibilisiert: Die grundlegende Vorstellung, dass genussorientierter Konsum das Potential habe, die Volksgesundheit zu bedrohen, war nun in den Köpfen verankert.

9　BA R 1501 / 119395 (gilt auch für die folgenden Quellen). Hervorhebungen hier und im Folgenden A.H.

1.3 1921: Großes Aufsehen für einen Einzelfall

Durch diese Sensibilisierung der Reichs- und Landesregierungen lässt sich erklären, warum zwei Jahre später ein einzelner Fall unerlaubten Kokainkonsums in Berlin extremes Aufsehen erregte: Das Reichsministerium des Inneren schrieb im Mai 1921 an die Landesregierungen, es sei zu „vermuten, daß der Schleichhandel mit Kokain weiter besteht und vielleicht noch zugenommen hat."[10] Bezugspunkt war erneut ein Presseartikel, diesmal aus der *Deutschen Medizinischen Wochenschrift* (Glaserfeld 1920). Der Autor schrieb, die Berliner Kriminalpolizei habe einen Keller entdeckt, in dem Kokain verkauft und konsumiert wurde. Dies sei von der Tagespresse „überall" verbreitet worden und habe großes Aufsehen erregt. Hier entsteht der Eindruck, die Sensibilisierung für Kokainkonsum sei bereits sehr groß gewesen und Teile der Presse hätten geradezu darauf gewartet, konkret über Betäubungsmittelkriminalität berichten zu können. Deutlich wird, dass erst die Presseberichterstattung zur Weitergabe der Informationen an die Länder führte. Es erging die Aufforderung, „das Treiben in gewissen Vergnügungsstätten unausgesetzt zu beobachten und dadurch sowie durch scharfe Überwachung verdächtiger Schankwirtschaften, Drogengeschäfte usw. den Missbrauch und den unerlaubten Schleichhandel mit Kokain mit allen Kräften zu bekämpfen." Die Betäubungsmittelkontrolle bekam eine neue Qualität: Beispielsweise wurden in Bremen die polizeilichen Behörden in Betäubungsmittelfragen einbezogen und Berlin richtete eine eigene Betäubungsmittelabteilung bei der Polizei ein.

Zentral ist außerdem, dass sich die Beurteilung der Konsumenten änderte: Nicht mehr die bedauernswerten Morphinsüchtigen standen im Mittelpunkt des Interesses, sondern die weit negativer bewerteten Kokainisten (vgl. Scheerer 1982). Dabei nahm man an, die Kokainsucht entspringe „lediglich dem Verlangen, sich [...] die anregenden und betäubenden Wirkungen dieses Stoffes zu verschaffen."

2 Einfluss auf parlamentarische Debatten

Abgesehen davon, dass die Presseberichte das Bild problematischen Betäubungsmittelkonsums in der Bevölkerung etablierten, waren sie auch auf politischer Ebene wirksam. Das zeigt neben den genannten Beispielen eine Analyse der Reichstagsprotokolle. Presseberichte hatten unmittelbaren Einfluss auf Anfragen zu bzw. die allgemeine Auseinandersetzung mit Betäubungsmitteln. Schon eine der ersten Thematisierungen von Betäubungsmitteln im Reichstag selbst ging auf Pressemeldungen zurück. Ende 1919 wurde eine Gefährdung der Volksgesundheit durch opiumhaltige Zigaretten aus England angesprochen.[11] Das Reichsgesundheitsamt erwiderte nach eingehender Prüfung, die Angaben der Presse hätten sich „[...] als einer tatsächlichen Unterlage entbehrend" erwiesen.[12] Dennoch

---

10 StAB 3-M.1.l.Nr. 32 – 1/19. Gilt auch im Folgenden.
11 StB, Bd. 339, S. 1326.
12 StB, 21.11.1919, S. 3651.

hatten Meldungen über Opiumzigaretten große Aufmerksamkeit nicht nur bei den Regierungsbehörden, sondern auch in wissenschaftlichen Instituten und im Reichstag erlangt.

Wenn Zeitungsartikel immer wieder Auslöser und scheinbarer Beleg für Beiträge im Reichstag waren, so ist umso interessanter, dass sich die Presse wiederum auf Debatten des Reichstags stützte: „Der Konsum und Missbrauch der verschiedenen Rauschgifte hat, wie jüngst im Reichstag dargelegt wurde, auch bei uns in auffälliger Weise zugenommen" (o. Autor 1910). Reichstagsdebatten stellten aus sich heraus eine sehr glaubwürdige Quelle dar – nähere Belege wurden scheinbar nicht erwartet. So erzeugten die Streitgespräche im Reichstag in Kombination mit den Presseberichten einen Kreislauf der gegenseitigen Bestätigung, der – ohne jeden externen Beleg – die Konstruktion des Betäubungsmittelkonsums als gefährlich und weit verbreitet ermöglichte.

Auch neben dem unmittelbaren Einfluss auf parlamentarische Debatten oder behördliches Handeln war die Bedeutung der Tagespresse für den Problematisierungsprozess groß. Sie hatte mehr Einfluss als die Fachpresse, welche die (vermeintlich) wissenschaftliche Bestätigung für das Kokainproblem lieferte. Belege wurden in ihren Berichten nur selten angeführt, weshalb eine konkrete Überprüfung der Angaben meist nicht möglich ist. Dabei soll hier keineswegs bestritten werden, dass Kokainkonsum tatsächlich stattfand – dies steht außer Frage. Auffällig ist aber, in welcher Art und Weise über Betäubungsmittel berichtet wurde: Die Artikel waren oft reißerisch und beförderten, ähnlich den Artikeln der Fachpresse, Stereotype und Vorurteile. Bestätigt wird dies etwa durch die Archivakten, in denen sich immer wieder Hinweise auf Drogenartikel finden, die nicht der Wahrheit entsprachen: Berichte über „Institute für Morphineinspritzungen" waren etwa frei erfunden. So stellte das Reichsgesundheitsamt als ein Ergebnis der Umfrage von 1910 heraus, „[...] daß die in einigen Tageszeitungen beschriebenen Cafés [...], in denen besonders Angehörige der besseren Gesellschaftskreise sich Morphineinspritzungen vornehmen lassen können, tatsächlich nicht bestehen."[13]

Im Jahr 1910 wurde auch über eine „Skandalaffäre" berichtet: Bei einer „peinlichen Affäre in Bremen, in die etwa fünfzig Söhne aus angesehenen Familien verwickelt [waren]", hätten sich junge Leute „zu wüsten Orgien zusammengefunden" und Minderjährige verführt. Sie hätten ihre Opfer „durch den Genuß von Opiumzigaretten willenlos gemacht" und ihnen außerdem „Kuchen, Früchte, Zigaretten usw." vorgesetzt, die „mit Opium getränkt waren."[14] In den Akten des Reichsgesundheitsamtes findet sich folgende Korrektur: „Auswärtige Blätter brachten sensationell zugestutzte Meldungen über eine [...] Skandalaffäre". Die Angelegenheit sei „gröblich aufgebauscht" worden. Erfunden sei „die Behauptung, daß die Opfer der Homosexuellen durch Opiumzigaretten betäubt worden seien."[15]

Auch der Preußische Minister des Inneren kritisierte 1933, die Presse verfahre bei der Übernahme amtlicher Informationen „oft eigenmächtig und in entstellender Weise, indem

---

13 BA R 86 / 5073.
14 BA R 86 / 5073.
15 BA R 86 / 5073.

sie sensationelle Überschriften und Ausschmückungen bringt, die vielfach den Tatsachen nicht entsprechen." Ferner würden „lügenhafte Nachrichten aller Art auch aus ausländischen Zeitungen übernommen."[16]

Dass ausländische Berichte über Deutschland teils jeglicher Grundlage entbehrten, zeigt der Artikel „Cocaïnomanie" aus der *Action Française*, in dem es hieß, „Gott sei Dank" sei man in Frankreich noch nicht „[...] au point de nos mauvais voisins, chez lesquelles existent des villages entiers de Morphino-Cocaïnomanes" (o. Autor 1913). Dieser Bericht über „ganze Dörfer von Morphino-Kokainisten" zeigt, wie extrem die Berichterstattung teilweise übertrieb. Deutsche Presseorgane standen den Französischen hier freilich in nichts nach: Artikel zu Betäubungsmitteln in Frankreich und Paris waren ebenfalls deutlich übertrieben, stereotyp sowie vorurteilsbehaftet (und entbehrten jeglicher Belege).

Abgesehen davon, dass sich etliche Berichte über Betäubungsmittel auf unzulängliche Quellen stützten, gaben andere Artikel die eigentlich differenzierteren Untersuchungen nur verkürzt wieder. So hielt der Charité-Professor Karl Bonhoeffer 1926 einen Vortrag, in dem er einen prozentual großen Anstieg der Krankenhausaufnahmen konstatierte. Dabei betonte er jedoch, dass der Anstieg in absoluten Zahlen sehr gering sei (vgl. Bonhoeffer und Ilberg 1926; vgl. Hoffmann 2005, S. 125–129). Bonhoeffers Fazit lautete: „[...] alles in allem sehen wir eine deutliche Zunahme des Narkotismus, der im Interesse der Volksgesundheit unsere Aufmerksamkeit erfordert, aber die Sachlage gibt noch keineswegs Anlaß, in dem Umfange des Mißbrauchs schon jetzt den Beginn einer Verseuchung unseres Volkes [...] zu erblicken" (Bonhoeffer und Ilberg 1926, S. 236). Auf diesen Vortrag Bonhoeffers wurde in der Folgezeit häufig verwiesen – seine Relativierungen fehlten dabei aber meist (vgl. Dansauer und Rieth 1931, S. 5 und Ullmann 2001, S. 21).

Auch Vorurteile spielten eine große Rolle in der wissenschaftlichen Berichterstattung. Die Einschätzung, Kokainkonsum sei im „Halbweltmilieu" besonders weit verbreitet, findet sich in zahlreichen medizinischen Publikationen (vgl. Fraeb und Wolff 1927, S. 86). Dabei brachte keiner der Autoren Belege für seine Behauptungen an. Glaserfeld (1920) schrieb etwa von Portiers, Kellnerinnen und Prostituierten als Konsumenten und Händlern von Kokain. Fraeb und Wolff brachten darüber hinaus „Homosexuelle, namentlich der männlichen Prostitution", ins Spiel (Fraeb und Wolff 1927, S. 87f). Diese Szenarien lesen sich wie eine Zusammenstellung bürgerlicher Ängste (vgl. Schulz 2005).

Manchen Migrantengruppen wurde ebenfalls der Konsum gewisser Betäubungsmittel zugeschrieben. Für Hamburg arbeitete Lars Amenda heraus, dass der Verdacht, es gebe zahlreiche Opiumhöhlen, in denen Opiumkonsum und -handel von Chinesen betrieben werde, trotz intensiver polizeilicher Verfolgung nicht erhärtet werden konnte. Dieses Klischee wurde dennoch in der Presse verbreitet und die Zuschreibung blieb bestehen (vgl. Amenda 2006).

Ärzte waren ohne Zweifel Experten in Sachen Betäubungsmittel. Vom Kokain bis zum Heroin spielten alle mit Genusskonsum in Verbindung gebrachten Betäubungsmittel in der Medizin eine wichtige Rolle (vgl. Hoffmann 2005, S. 36–42 und De Ridder 2000).

---

16 BA R 1501 / 126496, 289f.

Allerdings hatten auch die Ärzte kein fundiertes und verallgemeinerbares Wissen über die Verbreitung des Betäubungsmittelkonsums. Ihre unbelegten und in diesem Sinne unwissenschaftlichen Einschätzungen über etwaige Konsumentenkreise prägten als Expertenmeinungen das Bild vom Betäubungsmittelkonsum dennoch entscheidend mit.

Im folgenden Kapitel werden offizielle Äußerungen zur Verbreitung des Betäubungsmittelkonsums analysiert, die u. a. in den Denkschriften über die gesundheitlichen Verhältnisse des deutschen Volkes veröffentlicht wurden.

3 Wachsende Problematisierung in offiziellen Publikationen

Die wachsende Problematisierung des Betäubungsmittelkonsums in den 1920er-Jahren lässt sich an den Denkschriften über die gesundheitlichen Verhältnisse des deutschen Volkes deutlich ablesen. Diese höchstinstanzlichen Beurteilungen der medizinischen Situation in Deutschland wurden in den Reichstagsprotokollen veröffentlicht. In der Denkschrift für die Jahre 1920/1921 wurden Betäubungsmittel noch nicht erwähnt.[17] Für die Jahre 1923/1924 findet sich erstmals ein Hinweis auf Betäubungsmittel, die neben den Alkohol treten und „[…] indes bedauerlicherweise auch in ländlichen Bezirken […]" auftauchen würden.[18]

Zu 1925 heißt es: „Eine Besserung lässt sich ferner vermissen in Bezug auf den Mißbrauch von Rauschgiften (Morphinismus, Kokainismus), der, ursprünglich in der Lebewelt verbreitet, mehr und mehr auch in weniger wohlhabenden Kreisen sich einbürgert und auch nicht mehr als ein – bedauerliches – Vorrecht der Großstädte anzusehen ist. Über eine bemerkenswerte Zunahme dieses Lasters wird besonders in Schwaben und in Sachsen Klage geführt."[19] Das Szenario erweckte den Eindruck einer großen beinahe dramatischen Verbreitung des Betäubungsmittelkonsums. Die Basis bildeten Darstellungen aus den einzelnen Ländern: Der Berliner Bericht etwa bezog sich lediglich auf zwei Stadtbezirke, führte keine Belege für seine Einschätzung an und erscheint eher als Aneinanderreihung diskriminierender Zuschreibungen denn als sachliche Einschätzung.[20] Auch Schwaben berichtete zwar von einem „betrüblichen Bild", das eine eingehende Kontrolle der Apotheken ergeben habe, aber hier (wie in Sachsen) war von genussorientiertem Konsum überhaupt nicht die Rede.[21] Sachsen wiederum verweist auf einen Fall, bei dem es sich allem Anschein nach um den Mediziner Dr. Bier aus Dresden handelte, aus dessen Verurteilung 1926 das Verbot der Betäubungsmittelerhaltungstherapie resultierte (vgl. Hoffmann 2006, S. 149–154 und Ullmann 2001). Demnach prägte dieses Urteil des Reichsgerichts nicht nur die medizinische Verschreibungspraxis entscheidend, sondern

---

17 BA R 43 / 1976, S. 232ff.
18 BA R 86 / 4509, S. 41f.
19 BA R 86 / 4510.
20 BA R 86 / 4510.
21 BA R 86 / 4510.

auch die Wahrnehmung des Betäubungsmittelkonsums. Dieser wurde nicht länger nur als Problem der Großstädte angesehen, sondern nun auch als in den Provinzen relevant. Paradox ist dabei, dass Dresden mit weit über einer halben Million Einwohnern um 1925 eine der größten Städte Deutschlands war.

Ab 1926 wurden in der Politik und im fachwissenschaftlichen Diskurs erstmals statistische Hinweise angeführt. Diese bezogen sich allerdings auf die Zahl der betäubungsmittelbedingten Krankenhausaufnahmen und sind aufgrund von Mehrfachaufnahmen und in Hinblick auf die Folgen des Opiumgesetzes, das die „Kurwilligkeit" (Jacobs) der Konsumenten erhöhte, ein sehr schlechter Indikator für die Verbreitung des Betäubungsmittelkonsums (vgl. Hoffmann 2005, S. 124ff.). Obwohl ihnen die fehlende Aussagekraft bewusst war, bezogen sich viele Mediziner und Politiker auf diese Statistiken. Demnach waren die steigenden Aufnahmen ein Auslöser wachsender Besorgnis. Die 1926er-Denkschrift postulierte einen Anstieg der Behandlungen von Alkaloidsuchten von jährlich etwa 500 vor dem Krieg auf 1623 im Jahr 1925.[22] Bereits die folgende Denkschrift von 1927 führte allerdings an, dass die Zunahme auch andere Gründe haben könnte: Scheinbar hätten „zunehmende Schwierigkeiten und Kosten der Giftbeschaffung" zu mehr Aufnahmen geführt. Daraus wiederum schloss man, eine „Vermehrung der Süchtigen" dürfe aus den Zahlen „jedoch nur bedingt zu folgern sein".[23]

Ende der 1920er-Jahre wurden erstmals Statistiken herangezogen, die betäubungsmittelbedingte Todesfälle aufführten. In der 1927er-Denkschrift wurden Angaben zu Selbstmorden und tödlichen „Verunglückungen" durch Betäubungsmittel auf Grundlage preußischen Todesursachenstatistik veröffentlicht: Insgesamt starben von 1919 bis 1927 in Preußen 57 Menschen durch Kokain (6,5 pro Jahr) und 1073 Menschen durch Opiate (rund 119 im Jahresschnitt). Mit „Verunglückungen" waren „zufällige akute oder chronische Vergiftungen" gemeint. Da die Zahlen Selbstmorde durch diese Substanzen sowie ärztliche Kunstfehler einschlossen, ist ihre Aussagekraft eingeschränkt. Für den Problematisierungsprozess sind sie aber dennoch bedeutend, weil sie von den Zeitgenossen als Referenz angeführt wurden. Andernorts finden sich aufgeschlüsselte Zahlen zu Opium ohne seine Derivate, die einen Vergleich zwischen Kokain und Opium zulassen:

Tabelle 1 Zahl der tödlichen Vergiftungen 1919–1925 in Preußen[24]

	durch Kokain	durch Opium
Selbstmord	34	40
Mord	0	1
Verunglückungen	15	46
Todesfälle gesamt	49	87

---

22 BA R 86 / 4511.
23 StB, Bd. 435, Anlage 936, S. 15.
24 PA R 43256. Preußen stellte etwa die Hälfte der Reichsbewohner.

Der Drogendiskurs in der Weimarer Republik war auf Kokain, Morphium und vereinzelt Heroin beschränkt –(Roh-)Opium spielte keine Rolle (vgl. de Ridder 2000).[25] Betrachtet man vor diesem Hintergrund die erwähnten Todesfälle, sticht hervor, dass es von 1919 bis 1925 1,7 mal mehr Tote durch Opium als durch Kokain gab. Zunächst ist eindeutig zu konstatieren, dass ein Opiumgebrauch medizinischer oder genussorientierter Art in Deutschland stattgefunden haben muss. Wichtiger ist hier aber, dass die Wahrnehmung und Problematisierung des Kokain- bzw. Opiumkonsums der Zahl der jeweiligen Todesfälle diametral entgegenstand: Kokain wurde als Problem wahrgenommen, Opium aber nicht.

Die Zahl der Todesfälle durch Kokain schwankte über den gesamten Zeitraum. Steigerungen von bis zu 125% mögen von den Zeitgenossen als extrem wahrgenommen worden sein, in absoluten Zahlen waren sie allerdings verschwindend gering: 1925 starben in Preußen zwei Menschen (auf das Reich hochgerechnet also um die vier Personen) durch Kokain – eher keine dramatische Zahl.

Auch der Vergleich der morphium- mit den kokainbedingten Todesfällen ist interessant, zeigt er doch, dass beinahe 16 mal mehr Menschen im Zusammenhang mit Morphiumgebrauch starben als nach Kokainkonsum.[26] Medizinisch begründeter Konsum wurde als legitim angesehen und gesellschaftlich zunächst nicht stigmatisiert (vgl. Scheerer 1982, S. 50). So wurden Morphinisten länger als unschuldig an ihrem Konsum wahrgenommen, selbst wenn dieser den Rahmen ärztlicher Verschreibung verließ. Kokain hingegen wurde dem Genusskonsum der „Lebewelt" zugeschrieben – wer Kokain konsumierte, galt als vergnügungssüchtig. Es wird deutlich, dass die Problematisierung des Konsums einer Substanz weniger von seiner Verbreitung abhing, als davon, wer welche Substanzen mit welcher Motivation konsumierte bzw. wem dieser Konsum zugeschrieben wurde. Auch in zeitlicher Perspektive zeigt sich, dass die Problematisierung des Betäubungsmittelkonsums relativ unabhängig von der Zahl der Todesfälle war:

---

25 Man geht davon aus, dass Rauchopium in Deutschland keine Rolle spielte. Ein Problem mit dem Konsum von Medizinalopium stand ebenfalls nicht zur Debatte. In der angeführten Statistik ist die Rede von Opium allgemein; es wird nicht zwischen Rauchopium und zu medizinischen Zwecken weiterverarbeitetem Opium unterschieden.

26 PA R 43256.

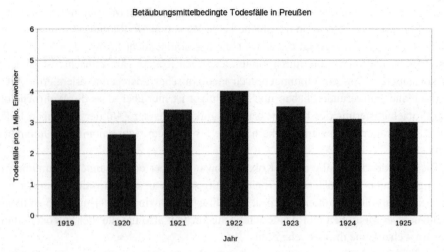

Abbildung 1

Im Durchschnitt starben in Preußen zwischen 1919 und 1925 jährlich 3,3 Menschen pro 1 Million Einwohner aufgrund von Betäubungsmittelkonsum. Allerdings korreliert die Zahl der Todesfälle weder mit dem angeblichen Höhepunkt der Betäubungsmittelwelle um 1925, noch kann eine bedeutende Entwicklung nach Einführung des ersten deutschen Opiumgesetzes nachgewiesen werden.

Die nächste Denkschrift wurde 1931 veröffentlicht und beruhte auf Daten von 1928. Hier lag erstmals eine umfassende und zuverlässige Untersuchung zum Betäubungsmittelkonsum vor: Kurt Pohlisch berechnete 1931 die Verbreitung des „chronischen Opiatmißbrauchs" in Deutschland anhand von Rezepten, die in Apotheken zurückbehalten worden waren (Pohlisch 1931; vgl. Hoffmann 2005, S. 136–147). Der Mediziner ermittelte dabei die glaubwürdige Anzahl von einem gewohnheitsmäßigen Konsumenten pro 10.000 der über 20 Jahre alten Einwohner. Er interpretierte dieses Ergebnis mit den Worten „Die Ziffer 1 pro 10000 wird manchen durch ihre Kleinheit überraschen." (Pohlisch 1931, 19). Pohlisch betonte, dass seine Ergebnisse nicht direkt auf Kokain übertragbar seien; er ging aber davon aus, dass die Zahl der Kokainisten seine Ergebnisse nicht deutlich verändern würde (vgl. Pohlisch 1931, S. 11).

In Hinblick auf die Problematisierung des Betäubungsmittelkonsums ist hier besonders die Rezeption der Untersuchung interessant: Auf politischer Ebene erhielt die Studie große Aufmerksamkeit, denn neben einer Übersetzung für die Opiumkommission des Völkerbundes bildete sie die Basis für die Denkschrift von 1931. Die Ergebnisse wurde wie folgt resümiert: „Im ganzen hat die Erhebung gezeigt, daß der Opiatmißbrauch in der deutschen Bevölkerung verhältnismäßig wenig verbreitet ist. Überdies zeigt der Verbrauch an Betäubungsmitteln im Deutschen Reiche seit dem Jahre 1926 eine ständig fallende Richtung."[27] Demnach lag 1931 eine Einschätzung von höchster politischer Ebene

---

27   StB, Bd. 451, Anlage zu Nr. 1224.

in Deutschland vor, die eine weite Verbreitung des Betäubungsmittelkonsums eindeutig abstritt. Entscheidenden Einfluss konnte diese korrigierende Neueinschätzung allerdings nicht mehr erlangen: Das Bild eines weit verbreiteten Betäubungsmittelkonsums bzw. -missbrauchs war für die 1920er-Jahre bereits etabliert – und wird bis heute tradiert.

4 Schluss

Grundlage und Auslöser der Problematisierung des Betäubungsmittelkonsums in Deutschland war die wachsende internationale Aufmerksamkeit, die Betäubungsmittel seit Beginn des Jahrhunderts erfuhren: Das Bild, das man etwa vom Opiumkonsum in China und vom Kokainkonsum in den USA zeichnete, wirkte als abzuwendendes Horrorszenario. Die Legitimität von Amüsement – angesichts des verlorenen Weltkriegs bzw. wirtschaftlich prekärer Zeiten – gerade in Bezug auf Betäubungsmittelkonsum stand ebenso infrage (vgl. Rödszus 2000, S. 27f.). So fielen die Aktivitäten der internationalen Anti-Opiumbewegung auf fruchtbaren Boden und entwickelten entscheidenden Einfluss nicht nur auf die Gesetzgebung und Rechtsprechung, sondern auch auf die Problemwahrnehmung.

Als Fazit zur Problematisierung des Betäubungsmittelkonsums in Deutschland ist erstens festzuhalten, dass die Presse eine nicht zu unterschätzende Rolle spielte. In der Fachebenso wie in der Tagespresse erschienen reißerische, vorurteilsbehaftete und stereotype Berichte; Belege wurden zumeist nicht angebracht. So befeuerten Pressepublikationen die Konstruktion des Betäubungsmittelkonsums als weit verbreitetes und problematisches Phänomen. Entscheidend ist zweitens, dass von Politikern die teils unseriösen Meldungen der Presse unkritisch übernommen wurden. Der so entstehende argumentative Zirkelschluss zwischen Presse und Politik wurde nicht hinterfragt, kritische Stimmen wie die von Pohlisch konnten die Wahrnehmung nicht mehr entscheidend beeinflussen Schließlich wurde die Vorstellung vom wachsenden Betäubungsmittelkonsum in den 1920ern über Jahrzehnte ungeprüft übernommen, zumal zu den drei zeitgenössischen Autoritäten (Mediziner, Politiker und Journalisten) als vierte die wissenschaftliche Forschung hinzukam.

Die 1920er-Jahre markieren mit der Implantation restriktiver Kontrolle und einer wachsenden öffentlichen Aufmerksamkeit den Beginn und die Etablierung der Problematisierung des Betäubungsmittelkonsums in Deutschland und die Etablierung seiner Wahrnehmung als Problem. Der Grund dafür ist allerdings keine reale Zunahme des Konsums, sondern eine veränderte Wahrnehmung. Substanzen wie Morphin und vor allem Kokain wurden aus dem ursprünglich medizinischen Verwendungskontext gelöst und ihr Konsum nun insbesondere einigen marginalisierten Gruppen zugeschrieben. Es gab keine Drogenwelle in der Weimarer Republik, sondern allenfalls eine Welle der Berichterstattung über und die Dramatisierung von Drogen.

So gesehen lässt sich die wachsende Präsenz von Betäubungsmittelkonsumenten auch anders als durch verbreiteten Konsum erklären: Durch das Opiumgesetz wurden die Konsumenten nur sichtbarer, denn einerseits wurden die Möglichkeiten, Betäubungsmittel zu erwerben, erheblich eingeschränkt; andererseits wuchs im Zuge der Gesetzgebung auf viele der Druck von Seiten der Ärzte und Angehörigen, sich einer Entziehungskur zu unterziehen. Weil er – in Folge der Gesetze – in die Öffentlichkeit gerückt wurde, konnte sich der Konsum immer weniger im Verborgenen abspielen und wurde damit deutlicher wahrgenommen. So ist es eine direkte Folge der Kriminalisierung, dass Personen, die bislang sozial integriert und medizinisch unauffällig konsumierten, nun neue Probleme im Umgang mit Betäubungsmitteln entwickelten (bzw. dass ihre Probleme sichtbar wurden). In diesem Sinne wäre zu fragen, ob Verelendung, Drogentote und Szenenbildung – also das, was heute als Drogenproblem bezeichnet wird – durch die restriktive Betäubungsmittelkontrolle nicht befördert wurden.

Literatur

Amenda, L. 2006. *Fremde – Hafen – Stadt: Chinesische Migration und ihre Wahrnehmung in Hamburg 1897–1972.* Hamburg.
Bonhoeffer, K., G. Ilberg. 1926. Über Verbreitung und Bekämpfung des Morphinismus und Kokainismus: Referate auf der Jahreshauptversammlung des deutschen Vereins für Psychiatrie in Kassel. *Allgemeine Zeitschrift für Psychiatrie* 83(3/4): 228–249.
Dansauer, F., A. Rieth. 1931. *Ueber Morphinismus bei Kriegsbeschädigten.* Berlin.
Geiger, L. 1975. *Die Morphin- und Kokainwelle nach dem ersten Weltkrieg in Deutschland und ihre Vergleichbarkeit mit der heutigen Drogenwelle.* München.
Glaserfeld, B. 1920. Ueber das gehäufte Auftreten des Kokainismus in Berlin. *Deutsche Medizinische Wochenschrift* 7: 185–186.
Goga, S. 2005. *Leo Berlin.* München.
Hoffmann, A. 2005. *Drogenrepublik Weimar? Betäubungsmittelgesetz – Konsum und Kontrolle in Bremen – Medizinische Debatten.* Hamburg.
O. A. 1910. Narkotika. *Münchener Neueste Nachrichten*, 10. März 1910.
O. A. 1913. Cocaïnomanie. *Action Française*, 30. Juli 1913.
Pohlisch, K. 1931. Die Verbreitung des chronischen Opiatmißbrauchs in Deutschland. *Monatsschrift für Psychiatrie und Neurologie* 79 : 1–32.
Retaillaud-Bajac, E. 2002. Paradis artificiels: la fin de la tolérance. *L' Histoire* 266: 40–45.
Ridder, M. de. 2000. *Heroin: vom Arzneimittel zur Droge.* Frankfurt/Main.
Rödszus, L. B. 2000. *„Das Betäubungselend" – Kokainismus zur Zeit der Weimarer Republik.* Unveröffentlichte Dissertation, Heidelberg.
Scheerer, S. 1982. *Die Genese der Betäubungsmittelgesetze in der Bundesrepublik und in den Niederlanden.* Göttingen.
Scheerer, S. 1993. Einige Anmerkungen zur Geschichte des Drogenproblems. *Soziale Probleme* 1: 78–98.
Schulz, A. 2005. *Lebenswelt und Kultur des Bürgertums im 19. und 20. Jahrhundert.* München.
Straub, W. 1926. Über Genußgifte. *Die Naturwissenschaften* 14(48/49): 1091–1099.
Ullmann, R. 2001. Geschichte der ärztlichen Verordnung von Opioiden an Abhängige. *Suchttherapie* Sonderheft 2: 20–27.
Woelk, W., J. Vögele. (Hrsg.). 2002. *Geschichte der Gesundheitspolitik in Deutschland: von der Weimarer Republik bis in die Frühgeschichte der „doppelten Staatsgründung".* Berlin.
Wriedt, J. 2006). *Von den Anfängen der Drogengesetzgebung bis zum Betäubungsmittelgesetz vom 1.1.1972.* Frankfurt/Main et al.

Nationalsozialismus in Pillenform: Der Aufstieg des Stimulanzmittels Pervitin im „Dritten Reich"

Vom Einsatz des Medikaments als Element totaler Mobilmachung zum direkten Zugriff auf die Körper der Soldaten

Norman Ohler

Zusammenfassung

Die Arzneimittelfirma Temmler bei Berlin produzierte ab 1936 Pervitin, das den stark aufputschenden Wirkstoff Methamphetamin enthielt. Für den Westfeldzug allein wurden 35 Millionen Dosierungen ausgegeben. Drogengebrauch im Krieg hat Tradition und diente vor allem der Enthemmung und zum Lösen von Angstzuständen. Die deutsche Wehrmacht allerdings war die erste Armee der Welt, die eine synthetische Droge zur unmittelbaren Leistungssteigerung und Reduktion der Kampfhemmung einsetzte. Während Drogen sonst sanktioniert und verpönt waren, nutze das Regime Pervitin zur pharmakologischen Disziplinierung und zur totalen Mobilmachung.

Schlüsselbegriffe: Pervitin, Nationalsozialismus, Methamphetamin, Krieg, totale Mobilmachung, Leistungsdroge

Ab 1936 erhielt bei der Berliner Arzneimittelfirma Temmler die Entwicklung eines leistungssteigernden Mittels Priorität. Temmlers Chef-Chemiker Fritz Hauschild griff auf die Arbeit japanischer Forscher zurück, die den Stoff N-Methylamphetamin (synonym zu Methamphetamin) 1887 zum ersten Mal synthetisiert und 1919 in Reinform kristallisiert hatten.[1] Entwickelt wurde der Wachmacher aus Ephedrin, einem Naturstoff, der die Bronchien erweitert, das Herz stimuliert und den Appetit hemmt. In der Volksmedizin Europas, Amerikas und Asiens war Ephedrin als Bestandteil der Meeresträubel-Pflanzen schon lange bekannt und auch im sogenannten Mormonentee in Verwendung.

---

1 Unter dem Markennamen Philopon/Hiropon war es dort im Handel und wurde später im Krieg auch von Kamikazepiloten eingenommen.

Hauschild fand 1937 ein neues Syntheseverfahren für Methamphetamin (Kaufmann 1953, S. 193),[2] und am 31. Oktober 1937 meldeten die Temmler-Werke das erste deutsche Methamphetamin unter dem Markennamen Pervitin im Berliner Reichspatentamt an.[3] Was die molekulare Struktur betrifft, gleicht Methamphetamin dem Adrenalin und kann aufgrund des fast gleichen molekularen Aufbaus problemlos die Blut-Hirn-Schranke passieren. Anders als beim Adrenalin verursacht Methamphetamin keine plötzliche Blutdrucksteigerung, sondern wirkt sanfter und hält länger an. Die Wirkung entsteht, weil die Droge die Botenstoffe Dopamin und Noradrenalin aus den Nervenzellen des Gehirns in die synaptischen Spalten schüttet. Dadurch geraten die Hirnzellen untereinander in Kommunikation; es kommt zu einer Art Kettenreaktion im Kopf. Schlagartig fühlt der Konsument sich hellwach, empfindet eine Energieerhöhung; die Sinne sind bis aufs Äußerste geschärft. Man glaubt, lebendiger zu sein, ist bis in die Haar- und Fingerspitzen energetisiert; das Selbstvertrauen steigt; es kommt zu einer subjektiv empfundenen Beschleunigung der Denkprozesse, einer Erzeugung von Euphorie, einem Gefühl der Leichtigkeit und Frische. Dieser künstliche Kick ist vergleichbar mit dem Ausnahmezustand bei einer plötzlichen Gefahr, wenn der Organismus alle Kräfte mobilisiert – auch wenn gar keine Gefahr besteht.

Methamphetamin schüttet die Neurotransmitter nicht nur in die Spalten aus, sondern blockiert auch ihre Wiederaufnahme. Die Wirkung hält für lange Zeit an, oftmals über zwölf Stunden, was bei höherer Dosierung die Nervenzellen bis zur Schädigung beanspruchen kann, da die intrazelluläre Energieversorgung in Mitleidenschaft gezogen wird. Nervenzellen können absterben, es kann zu Wortfindungs-, Aufmerksamkeits- und Konzentrationsstörungen sowie einem allgemeinen Gehirnabbau führen, der das Gedächtnis, die Gefühle und das Belohnungssystem betrifft. Fehlt dem Konsumenten nach Abklingen der Wirkung die künstliche Stimulanz, ist dies ein Zeichen für leere Hormonspeicher, die sich erst im Laufe einiger Wochen wieder auffüllen müssen. In der Zwischenzeit stehen weniger Neurotransmitter zur Verfügung: Antriebslosigkeit, Depressionen, Freudlosigkeit und kognitive Störungen können die Folgen sein.

Solche möglichen Nebenwirkungen sind mittlerweile erforscht, standen allerdings bei Temmler nicht im Vordergrund. Die Firma roch vielmehr ein Bombengeschäft und beauftragte mit Mathes & Sohn eine der erfolgreichsten Werbeagenturen Berlins mit einer Kampagne, wie sie Deutschland noch nicht gesehen hatte. Als Vorbild diente die Coca-Cola Company, die ebenfalls ein anregendes Produkt vermarktete und mit ihrer Reklamestrategie um das Schlagwort *eisgekühlt* riesige Erfolge mit ihrer braunen Brause feierte.

In den ersten Wochen und Monaten des Jahres 1938, als Pervitin auf den Markt kam, tauchten auf den Litfaßsäulen, den Außenseiten von Straßenbahnen und in den Omnibus-

---

2   Propiophenon, ein Abfallprodukt der Großchemie, wurde bromiert, dann durch Behandlung mit Methylamin und anschließende Reduktion in das Ephedrin überführt, aus dem durch Reduktion mit Iodwasserstoff und Phosphor das Methamphetamin entstand.

3   Reichspatentamt 1938: Patent Nr. 767.186, Klasse 12q, Gruppe 3, mit dem Titel „Verfahren zur Herstellung von Aminen". Eine Tablette enthielt 3 mg Wirkstoff.

sen, in S- und U-Bahnlinien Berlins Plakate auf. Modern-minimalistisch nannten sie den Markennamen und verwiesen auf die medizinischen Indikationen: Kreislauf- und Antriebsschwäche, Depressionen. Dazu war das orange-blaue Pervitin-Röhrchen abgebildet, die charakteristische Verpackung mit dem geschwungenen Schriftzug. Zeitgleich erhielten alle Berliner Ärzte einen Brief von Temmler, worin es hieß, es sei Ziel der Firma, die Mediziner persönlich zu überzeugen: Gratispillen mit drei Milligramm Inhaltsstoff lagen bei sowie eine frankierte Antwortpostkarte: *„Sehr geehrter Herr Doktor! Ihre Erfahrungen mit P e r v i t i n, auch weniger günstige, sind uns wertvoll für die Abgrenzung des Indikationsgebietes. Wir wären Ihnen darum für eine Mitteilung auf dieser Karte sehr dankbar"* (Holzer 2006, S. 225). Vertreter der Temmler-Werke besuchten Großpraxen, Krankenhäuser und Universitätskliniken überall in Deutschland, hielten Vorträge und verteilten die neue Selbstbewusstseinsdroge, das Stimulanzmittel, das Aufgewecktheit versprach. In der Firmendarstellung hieß es, die durch Pervitin „wiedererwachende Lebensfreude bei resignierenden Menschen (ist) eine der wertvollsten Gaben [...], die den Kranken mit dem neuen Mittel gespendet werden kann". Selbst „die Frigidität der Frauen ist einfach durch Pervitin-Tabl. zu beeinflussen. Die Behandlungstechnik ist denkbar einfach: täglich 4 halbe Tabletten weit entfernt von den Abendstunden zehn Tage im Monat durch 3 Monate hindurch. Damit sind sehr gute Ergebnisse zu erzielen, durch eine Stärkung der Libido und Sexualkraft der Frau" (zitiert nach Pieper 2002, S. 118f.).[4] Auf dem Beipackzettel stand außerdem, das Mittel gleiche Entzugserscheinungen von Alkohol, Kokain und sogar Opiaten aus. Eine Art Gegenrauschgift also, das alle Gifte, zumal die illegalen, ersetzen sollte. Der Genuss *dieser* Substanz wurde nicht sanktioniert, im Gegenteil: Man verstand das Methamphetamin als eine Art Allheilmittel.

Auch eine systemstabilisierende Komponente sprach man dem Stoff zu: „Wir leben ja in einer energiegespannten Zeit, die höhere Leistungen verlangt und uns größere Verpflichtungen auferlegt als je eine Epoche zuvor", schrieb der Chefarzt eines Krankenhauses. Die unter industriellen Laborbedingungen in gleichbleibender, reiner Qualität hergestellte Pille sollte dabei helfen, Leistungsverweigerung entgegenzuwirken und „Simulanten, Arbeitsunwillige, Miesmacher und Nörgler" in den Arbeitsprozess zu integrieren (Püllen 1939a; vgl. Pieper 2002, S. 119). Der Tübinger Pharmakologe Felix Haffner schlug die Verordnung des Pervitin sogar als „höchstes Gebot" vor, wenn es um „den letzten Einsatz für das Ganze" gehe: eine Art „chemischer Befehl" (Haffner 1938; vgl. Pieper 2002, S. 119).

Doch den Deutschen musste die Einnahme des euphorisierenden Mittels nicht befohlen werden. Der Hunger nach potenter Hirnnahrung war ohnehin vorhanden. Der Konsum wurde nicht von oben angeordnet, verlief also nicht *top down*, wie man es in einer Dik-

---

4   Das sind sechs Milligramm Methamphetamin über den Tag verteilt – eine Dosierung, an die sich der Körper rasch gewöhnt, wodurch nach einigen Tagen der Anwendung die Wirkung nicht mehr wie zu Beginn verspürt wird. Diese Toleranzbildung führt zum sog. *Craving*, dem Verlangen nach einer Dosiserhöhung, um die angenehmen Effekte wiederzuerlangen. Gerät dabei das Konsumverhalten außer Kontrolle und kann das Pharmakon nicht mehr problemlos abgesetzt werden, kommt es zur Sucht.

tatur erwarten könnte, sondern *bottom up* (Snelders und Pieters 2011). Das sogenannte Weckamin war bald so selbstverständlich wie eine Tasse Kaffee. „Pervitin wurde zu einer Sensation", berichtete ein Psychologe: „Es fand schnell Eingang in weiteste Kreise; Lernende nahmen das Mittel, um die Anstrengungen der Prüfungen besser überstehen zu können; Fernsprechbeamtinnen und Krankenschwestern, um den Nachtdienst durchzuhalten, schwer körperlich oder geistig Arbeitende, um zu Höchstleistungen zu gelangen." (vgl. Müller-Bonn 1939, S. 1315–1317, zitiert nach Holzer 2006, S. 230 und Pieper 2002, S. 115).[5]

Ob es Sekretärinnen waren, die damit schneller tippten, Schauspieler, die sich vor der Vorstellung auffrischten, Schriftsteller, welche die Stimulanz des Methamphetamins für klare Nächte am Schreibtisch nutzten oder Arbeiter an den Fließbändern der großen Fabriken, die aufgeputscht ihren Ausstoß erhöhten – Pervitin verbreitete sich in allen Schichten. Möbelpacker packten mehr Möbel, Feuerwehrleute löschten schneller Feuer, Friseure schnitten rascher Haare, Nachtwächter schliefen nicht mehr ein, Lokomotivführer führten ohne zu murren ihre Lokomotiven, und Fernfahrer bretterten, ohne Pause machen zu müssen, über die in Rekordzeit fertiggestellte Autobahn. Das Nickerchen nach dem Mittagessen fiel kollektiv aus. Ärzte kurierten sich selbst damit, Geschäftsleute, die von Sitzung zu Sitzung eilen mussten, peppten sich auf; Parteileute hielten es ebenso, gleichfalls die SS (vgl. Seifert 1939). Stress wurde ab- und sexueller Appetit aufgebaut, Motivation künstlich gesteigert.

Ein Mediziner schrieb: „Ich habe auch an mir im Selbstversuch beobachtet, daß körperlich und geistig eine angenehme Energiezunahme zu bemerken ist, die mich seit einem halben Jahr veranlaßt, Arbeitskameraden, Hand- und Geistesarbeitern, besonders zeitweilig übermäßig angespannten Volksgenossen, auch Rednern, Sängern (beim Lampenfieber), Examenskandidaten Pervitin zu empfehlen. […] Eine Dame benutzt das Mittel gern (ca. 2x2 Tabletten) vor Gesellschaften; eine andere erfolgreich an besonders anstrengenden Werktagen (bis zu 3x2 Tabletten täglich)" (Neumann 1939, S. 1266).

Pervitin wurde zum Symptom der sich entwickelnden Leistungs- und Kriegsgesellschaft. Die totale Mobilmachung sanktionierte zwar Drogenkonsum zur Rauscherfahrung oder Entspannung, erlaubte aber die Einnahme des Wachhaltemittels Pervitin, um Arbeits- und Kampffähigkeit zu steigern: eine Form der pharmakologischen Disziplinierung, die zur Unterwerfung der Bevölkerung beiträgt. Selbst eine mit Methamphetamin versetzte Pralinensorte kam auf den Markt. Pro Genusseinheit waren vierzehn Milligramm Methamphetamin beigemischt – beinahe das Fünffache einer Pervitin-Pille. *Hildebrand-Pralinen erfreuen immer*, lautete der Slogan der potenten Leckerei: *Mother's little helper*. Die Empfehlung lautete, drei bis neun Stück davon zu essen, mit dem Hinweis, dies sei, anders als Coffein, ungefährlich (vgl. Eichholtz 1941).[6] Die Hausarbeit ginge dann leichter von

---

5   Gerade bei dieser Berufsklasse ist Methamphetamin bis heute äußerst beliebt.
6   Auf Veranlassung des Reichsgesundheitsamts wurde die Herstellung der hochdosierten Pralinen eingestellt. Die Firma Hildebrand brachte auch die koffeinhaltige „Scho-Ka-Kola" auf den Markt, die es bis heute gibt.

der Hand, zudem schmölzen bei dieser außergewöhnlichen Süßigkeit die Pfunde, da der Schlankmacher Pervitin den restlichen Appetit zügele.

Zur effektiven Kampagne gehörten auch zwei Aufsätze von Dr. Fritz Hauschild in der angesehenen *Klinischen Wochenschrift* (Hauschild 1938a; Hauschild 1938b). Darin berichtete er von der stark erregenden, stimulierenden Wirkung des Pervitin, von Energiezunahme und Steigerung des Selbstbewusstseins wie der Entschlusskraft. Gedankliche Assoziationen liefen rascher ab, auch körperliche Arbeiten könnten leichter ausgeführt werden. Seine vielseitige Verwertbarkeit in der inneren und allgemeinen Medizin, Chirurgie und Psychiatrie scheine umfangreiche Indikationsgebiete zu sichern und zugleich zu neuen wissenschaftlichen Fragestellungen anzuregen.

Mit diesen Fragestellungen beschäftigten sich in Folge die Universitäten überall im Reich. Den Anfang machte Professor Schoen von der Poliklinik Leipzig, der von „einer stundenlang anhaltenden psychischen Stimulation, Verschwinden von Schlafbedürfnis und Müdigkeit, stattdessen Aktivität, Redefluss, Euphorie" berichtete (Schoen 1938, S. 80–112, zitiert nach Holzer 2006, S. 219). Pervitin war unter Forschern schnell en vogue – vielleicht auch, weil die eigene Einnahme am Anfang so große Freude bereitete. Eigenversuche gehörten zum guten Ton: „Zunächst darf über die persönlichen Erfahrungen im Selbstversuch nach wiederholter Einnahme von 3–5 Tabletten (9–15 mg) Pervitin berichtet werden, auf Grund derer wir uns überhaupt einmal orientierten über die psychischen Wirkungen" (Graf 1939, S. 695).[7] Immer neue Vorzüge traten zu Tage, eventuelle Nebenwirkungen blieben im Hintergrund. Die Professoren Lemmel und Hartwig von der Universität in Königsberg meldeten gesteigerte Aufmerksamkeit und Konzentrationsfähigkeit und rieten: „In diesen ereignisreichen Zeiten des Konflikts und der Expansion ist es eine der größten Aufgaben des Arztes, die Leistungsfähigkeit des Einzelnen zu erhalten und nach Möglichkeit noch zu steigern" (Lemmel und Hartwig 1940, S. 626ff.). Eine Studie zweier Hirnforscher aus Tübingen wollte eine Beschleunigung des Denkprozesses und eine generelle Energiesteigerung durch Pervitin nachgewiesen haben. Auch seien Entschlusshemmungen, Hemmungen allgemeiner Art sowie Depressionen gebessert worden. Eine Intelligenzprüfung habe eine deutliche Erhöhung ergeben. Aus München, von einem Professor Püllen, kamen Daten aus „vielen hundert Fällen", die diese Aussagen unterstützten. Er berichtete von einem rundum stimulierenden Effekt auf das Großhirn, den Kreislauf und das vegetative Nervensystem. Zudem hatte er – relevant für die Steigerung soldatischer Kampfbereitschaft – bei „einmaliger Hochdosierungsbeigabe von 20 Milligramm eine deutliche Furchtreduktion" festgestellt (Püllen 1939b). Nicht überraschend, dass die Firma Temmler die Ärzteschaft regelmäßig mit diesen positiven Ergebnissen per Briefpost versorgte und auf dem Laufenden hielt.

1938 wurde der führende Wehrphysiologe des Dritten Reiches auf Pervitin aufmerksam: Professor Otto Ranke, Leiter des Wehrphysiologischen Instituts an der Militärärztlichen Akademie in Berlin, beschäftigte sich mit dem Problem des Schlafes bei Soldaten.

---

7 Dies ist in etwa die Menge, die bei einer typischen kontemporären Einnahme von Crystal Meth zur Anwendung kommt.

Ein Soldat, der schläft, ist ein nutzloser, zur Leistung unfähiger, ein gefährdeter Soldat. Wer müde ist, zielt schlechter, schießt planloser, fährt weniger geschickt Motorrad, Auto oder Panzer. Doch ging es bei dieser Dämonisierung des Schlafes nicht allein um die totale Ausschöpfung der Arbeits- und Kampfeskraft, sondern auch um einen Angriff auf die Sphäre des Menschlichen, die sich – bis dahin – politischer Kontrolle entzog: Wer nicht schläft, kann auch nicht träumen. In Rankes Worten: „Abspannung am Kampftag kann schlachtentscheidend sein. [...] Oft ist im Gefecht das Aushalten in der letzten Viertelstunde wesentlich" (Ranke 1939, S. 15).[8]

Ranke hatte die Ermüdungsbekämpfung zur Chefsache erklärt, und als er anderthalb Jahre vor Kriegsausbruch, in der *Klinischen Wochenschrift* die Lobeshymne des Temmler-Chemikers Hauschild auf dessen Wachhaltemittel Pervitin las, wurde er hellhörig. Die Behauptung, das Mittel verhelfe zu einem zwanzig Prozent höheren Atemvolumen und einer größeren Aufnahme von Sauerstoff – damals Messgrößen für Leistungssteigerung –, ließ ihn nicht mehr los. Er veranstaltete mit zunächst neunzig, später einhundertfünfzig angehenden Sanitätsoffizieren freiwillige Blindversuche, gab ihnen Pervitin (P), Coffein (C) oder Scheintabletten (S). Dann ließ er sie die ganze Nacht hindurch (beim zweiten Versuch sogar von 20 Uhr bis 16 Uhr am nächsten Tag) mathematische und andere Aufgaben lösen. Die Ergebnisse schienen eindeutig: Die „S-Leute" lagen gen Morgengrauen mit den Köpfen auf den Bänken, die Pervitin-Probanden hingegen zeigten „frische Gesichter [...], sind körperlich und geistig regsam", wie es im Versuchsprotokoll heißt. Auch nach über zehn Stunden andauernder Konzentration fühlten sie sich noch „so, dass sie ausgehen möchten".[9]

Doch Ranke stellte nach Auswertung der Testbögen nicht nur Positives fest. Vorgänge, die dem Großhirn höhere Abstraktionsleistungen abforderten, wurden von den Pervitin-Konsumenten nicht sonderlich gut bewältigt. Zwar ging das Rechnen schneller, aber auch fehlerhafter, vonstatten. Zudem ergab sich keinerlei Steigerung der Konzentrations- und Merkfähigkeit bei komplexeren Fragen und nur eine geringe Verbesserung bei den allerstumpfsinnigsten Aufgaben. Pervitin hielt zwar vom Schlafen ab, schlauer machte es hingegen nicht. Ideal für Soldaten, lautete das Fazit aus diesen ersten systematischen Drogenversuchen der Militärgeschichte: „Ein hervorragendes Mittel zum Hochreißen einer ermüdeten Truppe. [...] Es ist wohl verständlich, welche überragende militärische Bedeutung es haben würde, wenn es gelänge, die natürliche Ermüdung durch ärztliche

---

8   Siehe auch BArch-Freiburg RH 12-23/1882, Rankes Rede „Leistungssteigerung durch ärztliche Maßnahmen" zum Stiftungsfest der MA, 19.2.1939, S. 7f: „Ganz besonders wichtig wird das Pervitin bei langdauernder, körperlich wenig anstrengender Tätigkeit wie der des Kraftfahrens und des Fliegens bei der Überwindung langer Strecken sein, bei der bisher der Schlaf der gefährliche Feind ist."

9   BArch-Freiburg RH 12-23/1882, Rankes Bericht an die Heeres-Sanitätsinspektion vom 4.10.1938.

Maßnahmen für den Tag des Einsatzes einer Truppe vorübergehend zu beseitigen. [...] Ein militärisch wertvoller Stoff."[10]

Von diesem Ergebnis beflügelt, schlug Ranke größer angelegte Testreihen an regulären Einheiten vor.[11] Zu seiner Überraschung verhallte der Ruf. Im Bendlerblock, dem Sitz des Allgemeinen Heeresamtes (und heute des Bundesverteidigungsministeriums), erkannte man die Brisanz der Droge nicht – weder Möglichkeiten noch Gefahren. Der aufstrebende Wissenschaftler Ranke konzipierte den Soldaten der Zukunft, zu dessen Ausrüstung auch synthetische Alkaloide gehörten, die zentral am Gehirn in damals unbekannter Weise angriffen.[12] Währenddessen waren seine Vorgesetzten, die Militärbürokraten bei der Sanitätsinspektion, noch nicht so weit: Jene überlegten, ob Graubrot oder Weißbrot für die Truppenverpflegung besser sei – Ranke war längst beim Hirnfood angelangt. So dachte er vorweg, was der Berliner Arzt und Schriftsteller Gottfried Benn, noch zu Kaisers Zeiten ausgebildet an der Vorgängerinstitution der Militärärztlichen Akademie, wenige Jahre später in seinen programmatischen Sätzen formulierte: „Potente Gehirne aber stärken sich nicht durch Milch, sondern durch Alkaloide. Ein so kleines Organ von dieser Verletzlichkeit, das es fertigbrachte, die Pyramiden und die Gammastrahlen, die Löwen und die Eisberge nicht nur anzugehen, sondern sie zu erzeugen und zu denken, kann man nicht wie ein Vergißmeinnicht mit Grundwasser begießen, Abgestandenes findet sich schon genug" (Benn 1989, S. 318). Die Provokationen, die Benn anspricht, sind die Änderungen der neuronalen Ströme: neue Gedanken, frische Ideen, hervorgerufen durch unkonventionelle Nahrung für das Gehirn.

Die Kunde vom Weckamin mit der frappanten Wirkung sprach sich bei jungen Sanitätsoffiziersanwärtern rasch herum. Sie standen in ihrem harten Medizinstudium unter hohem Leistungsdruck und erwarteten bald wahre Wunder von dem angeblich leistungssteigernden Mittel – weshalb sie immer mehr davon nahmen. Sie waren damit Vorreiter der Studenten von heute an den Universitäten weltweit, wo Leistungspillen wie Ritalin und Amphetaminderivate kursieren. Als Ranke dieser Trend, den er durch seine Tests losgetreten hatte, zu Ohren kam, wurde er sich der Gefahr bewusst: Er erfuhr, dass an der Universität in München ein Zimmer für die sogenannten „Pervitinleichen" eingerichtet werden musste, wo überdosierte Kommilitonen ihren Rausch auszukurieren hatten. Er musste feststellen, dass an seiner Akademie vor den Examina die Einnahme hoher Dosen bereits Usus war. Die erzielten Ergebnisse ließen dabei mehr als zu wünschen übrig, und

---

10 Billig war es außerdem: Die militärische Durchschnittsdosis, so kalkulierte Ranke, betrug vier Tabletten pro Tag, was im Apothekeneinkaufspreis 16 Pfennig kostete, während Kaffee mit etwa 50 Pfennig pro Nacht zu Buche schlug: „Die Weckmittel sind also wirtschaftlicher." BArch-Freiburg RH 12-23/1882, Rankes Vortrag über Weckmittel, Februar 1940, nicht gehalten, S. 6 sowie Rankes Bericht an die Lehrgruppe C über leistungssteigernde Mittel, 4.5.1939.

11 Zudem hatte es beim Einmarsch deutscher Truppen ins Sudentenland 1938 erste positive Erfahrungen mit Pervitin im Einsatz gegeben. Siehe BArch-Freiburg RH 12-23/1882, „Berichte über Pervitineinsatz, hier bei Einheit *N.A. 39*".

12 BArch-Freiburg RH 12-23/1882, Rankes Rede „Leistungssteigerung durch ärztliche Maßnahmen" zum Stiftungsfest der MA, 19.2.1939, S. 7.

ein besorgter Kollege schrieb: „In den Fällen, die ein Geständnis ablegten, war das Prüfungsergebnis außerordentlich schlecht, so daß man vermuten musste, daß ein Normaler gar nicht so ein unmögliches Zeug daherreden kann."[13]

Einen weiteren, für 1939 geplanten Pervitin-Versuch sagte Ranke ab und setzte ein Schreiben an die anderen Institutsleiter auf, warnte vor möglichen Suchtgefahren und drängte darauf, das Pervitin an der Akademie ganz zu verbieten.[14] Aber die Geister, die er rief, wurden Ranke und damit die Wehrmacht nicht mehr los: Das Methamphetamin verbreitete sich rasend schnell und machte in den nächsten Wochen und Monaten vor keinem Kasernentor mehr Halt. Die Sanitätsoffiziere rüsteten sich für den bevorstehenden Einsatz in Polen und kauften ganze Apothekenbestände auf, da Pervitin von der Wehrmacht nicht offiziell bevorratet wurde. Weniger als eine Woche vor Kriegsbeginn schrieb Ranke an einen Generalarzt im Führungsstab: „Natürlich ist es ein zweischneidiges Schwert, der Truppe ein differentes Arzneimittel in die Hand zu geben, dessen Anwendung dann ja doch nicht auf Notfälle beschränkt bleibt."[15] Doch jede Warnung erfolgte jetzt zu spät. Ein unkontrollierter Großversuch begann: Ohne Anleitung, wie das Aufputschmittel zu dosieren sei, aber massenhaft damit ausgestattet, überfiel die Wehrmacht Polen.

Zwischen Herbst 1939 und Frühling 1940 gelang es Ranke, den Heeressanitätsinspekteur zu überzeugen, bei künftigen militärischen Konflikten die Wehrmacht *planmäßig* mit Pervitin auszustatten. Ein sogenannter Weckmittel-Erlass wurde am 17. April 1940 an eintausend Truppenärzte, mehrere Hundert Korpsärzte, leitende Sanitätsoffiziere und entsprechende Stellen der Waffen-SS verteilt. Der erste Absatz lautete: „Die Erfahrung des Polenfeldzuges hat gezeigt, daß in bestimmten Lagen der militärische Erfolg in entscheidender Weise von der Überwindung der Müdigkeit einer stark beanspruchten Truppe beeinflusst wird. Die Überwindung des Schlafes kann in besonderen Lagen wichtiger als jede Rücksicht auf eine etwa damit verbundene Schädigung sein, wenn durch den Schlaf der militärische Erfolg gefährdet wird. Zur Durchbrechung des Schlafes […] stehen die Weckmittel zur Verfügung. Pervitin wurde in der Sanitätsausrüstung planmäßig eingeführt."[16]

Der Text stammte von Ranke, unterzeichnet hatte ihn der Oberbefehlshaber des Heeres von Brauchitsch. Als Dosierung wurde eine Tablette pro Tag festgelegt, in der Nacht auch „vorbeugend 2 Tabletten kurz nacheinander und nötigenfalls weitere 1-2 Tabletten nach 3-4 Stunden." In Ausnahmefällen dürfe der Schlaf „mehr als 24 Stunden lang verhindert werden". Als mögliche Vergiftungserscheinung nannte der Erlass „angriffslustige Stimmung". Weiterhin hieß es: „Bei richtiger Dosierung ist das Selbstgefühl deutlich gehoben,

---

13 BArch-Freiburg 12-23/1882, Brief des Direktors des Physiologischen Instituts der Universität Wien an Ranke, vom 8.12.1941.
14 BArch-Freiburg RH 12-23/1882, Rankes Bericht an die Lehrgruppe C über leistungssteigernde Mittel, 4.5.1939.
15 BArch-Freiburg RH 12-23/1882, Brief von Ranke an Generalarzt Kittel vom 25.8.1939.
16 BArch-Freiburg RH 12-23/1882, Heeres-Sanitätsinspekteur, 17.4.1940, betr. Weckmittel., inkl. Anlage 1 und Anlage 2.

die Scheu vor Inangriffnahme auch schwieriger Arbeit gesenkt; damit sind Hemmungen beseitigt, ohne dass eine Herabsetzung der Sinnesleistungen wie bei Alkohol eintritt."[17]

Über 35 Millionen Dosierungen fanden für den Westfeldzug, der mit der Besetzung der Benelux-Staaten und Frankreichs endete, Verwendung. Der gezielte Drogengebrauch im Krieg hat eine lange Tradition, vor allem Alkohol wurde zur Enthemmung und zum Abbau von Spannungs- und Angstzuständen seit Jahrhunderten eingesetzt. Indes war die deutsche Wehrmacht die erste Armee der Welt, die eine synthetische Droge zur unmittelbaren Leistungssteigerung und Reduktion der Kampfhemmung einsetzte.

Literatur

Benn, G. 1989. Provoziertes Leben: ein Essay. In *Sämlichte Werke, Band IV: Prosa 2*, hrsg. v. G. Benn, 318. Stuttgart.

Eichholtz, F. 1941. Die zentralen Stimulantien der Adrenalin-Ephedrin-Gruppe. *Deutsche Medizinische Wochenschrift*: 1355–1358.

Graf, O. 1939. Über den Einfluss von Pervitin auf einige psychische und psychomotorische Funktionen. *Arbeitspsychologie* 10(6): 692–705.

Haffner, F. 1938. Zur Pharmakologie und Praxis der Stimulantien. *Klinische Wochenschrift* 17(38): 1311.

Hauschild, F. 1938a. Tierexperimentelles über eine peroral wirksame zentralanaleptische Substanz mit peripherer Kreislaufwirkung. *Klinische Wochenschrift* 17(36): 1257–1258.

Hauschild, F. 1938b. Über eine wirksame Substanz. *Klinische Wochenschrift* 17(48): 1257–1258.

Holzer, T. 2006. *Die Geburt der Drogenpolitik aus dem Geist der Rassenhygiene – Deutsche Drogenpolitik von 1933 bis 1972*. Mannheim.

Kaufmann, H. P. 1953. *Arzneimittel-Synthese*. Heidelberg.

Lemmel, G., J. Hartwig. 1940. Untersuchungen über die Wirkung von Pervitin und Benzedrin auf psychischem Gebiet. *Deutsches Archiv für Klinische Medizin* 185(5–6): 626–628.

Müller-Bonn, H. 1939. Pervitin, ein neues Analepticum. *Medizinische Welt* 39: 1315–1317.

Neumann, E. 1939. Bemerkungen über Pervitin. *Münchener Medizinische Wochenschrift* 33: 1266.

Pieper, W. 2002. *Nazis on Speed*. Birkenau-Löhrbach.

Püllen, C. 1939a. Bedeutung des Pervitins (1-Phenyl-2methylamino-propan) für die Chirurgie. *Chirurg* 11(13): 485–492.

Püllen, C. 1939b. Erfahrungen mit Pervitin. *Münchener Medizinische Wochenschrift* 86(26): 1001–1004.

Ranke, O. 1939. Ärztliche Fragen der technischen Entwicklung. *Veröff. A. d. Geb. d. Heeres-Sanitätswesen* 109: 15.

Schoen, R. 1938. Pharmakologie und spezielle Therapie des Kreislaufkollapses. *Verhandlungen der Deutschen Gesellschaft für Kreislaufforschung*: 80–112.

Seifert, W. 1939. Wirkungen des 1-Phenyl-2-methylamino-propan (Pervitin) am Menschen. *Deutsche Medizinische Wochenschrift* 65(23): 914–915.

Snelders, S., T. Pieters. 2011. Speed in the Third Reich: Methamphetamine (Pervitin) Use and a Drug History from Below. *Social History of Medicine Advance Access*, S. 686–699.

---

17 BArch-Freiburg RH 12-23/1882, Heeres-Sanitätsinspekteur, 17.4.1940, betr. Weckmittel., inkl. Anlage 1 und Anlage 2.

„The cure is biochemical"

Drogen und die Arbeit am Selbst in den sozialutopischen 1950er- und 1960er-Jahren

Jeannie Moser

Zusammenfassung

Drogen, insbesondere LSD, sind in den 1950er- und 1960er-Jahren integraler Bestandteil von Selbst- und Soziotechniken, die auf individuelle wie kollektive Erneuerung und Verbesserung zielen. Ihre Dramaturgie besteht darin, Psychodynamiken zu irritieren, zu eskalieren sowie vorhandene Denk- und Verhaltensmuster zu zerstören, um dann Heilung und Reform einzuleiten. In unterschiedlichen Varianten reifen diese Techniken in so verschiedenen Milieus wie psychiatrischen Kliniken, medizinischen und (neuro-)chemischen Forschungsinstitutionen, therapeutischen Privatordinationen, Selbsterfahrungskursen unterschiedlichster Couleur, der CIA, der *Counterculture* sowie an den Punkten ihrer Überkreuzung. Sie verdanken sich ‚kalten' kontrolliert-wissenschaftlichen Versuchsanordnungen ebenso wie einem ‚wilden' Experimentieren mit Drogen und entwickeln sich in einem *Denkkollektiv* (Fleck), das sich über erbitterte politische Feindschaften hinwegsetzt, wenn psychopharmakologische und kulturelle Revolution ineinandergreifen. Der Beitrag begibt sich auf exemplarische Schauplätze, an denen dieses schillernde Denkkollektiv in Aktion tritt, um Drogen in chemische Agenzien der Arbeit am Selbst zu verwandeln. Es profiliert bis heute einschlägige Praktiken der Regierung eines neurochemischen Selbst (Rose) das sich, weil es stofflich fundiert gedacht wird, auch stofflich manipulierbar macht.[1]

Schlüsselbegriffe: Chemical Brain, LSD, neurochemisches Selbst, Optimierung

---

1 Der Beitrag stellt in gedrängter Kürze ein Argument dar, das sich in *Psychotropen. Eine LSD-Biographie* (2013) ausführlich entfaltet findet.

Ein Dämon war in mich eingedrungen und hatte von meinem Körper, von meinen Sinnen und von meiner Seele Besitz ergriffen. [...] Erschöpft schlief ich ein und erwachte am nächsten Morgen erfrischt mit klarem Kopf, wenn auch körperlich noch etwas müde. Ein Gefühl von Wohlbehagen und neuem Leben durchströmten mich.

Albert Hofmann

Himmel und Hölle lassen sich mit Drogen erfahren, schreibt Aldous Huxley in seinem zweiten Meskalin-Essay aus dem Jahr 1956. Insbesondere dem Durchgang durch die Schrecken der Hölle werden im mittleren Drittel des 20. Jahrhunderts, das nachträglich zum ersten goldenen Zeitalter der Psychotropika erhoben worden ist, außergewöhnliche Kräfte zugesprochen. Auf den Höllendurchgang folgen, so ist man überzeugt, Wiedergeburt, Umgestaltung und Reform. Mehr noch, es steht gleich eine verbesserte Neuaufstellung in Aussicht. Die korrigierte Organisation des Selbst wie auch eine optimierte soziokulturelle Ordnung gelten als Effekte der drogistisch induzierten höllischen Krise.

Von den kurativen und produktiven Kräften der vorsätzlichen Destruktion weiß man in der Psychiatrie, der drogenunterstützten Psychotherapie und der Psycholyse, bei der CIA genauso wie in der US-amerikanischen *Counterculture*, auch wenn verfahrenstechnisch anders agiert wird: Folgen die einen den Regeln der ‚kalten', kontrollierten wissenschaftlichen Versuchsanordnung, experimentieren die anderen wild und spontan. In all diesen Wissensmilieus aber sind Utopien und Strategien der Erneuerung ganz besonders von einer Droge inspiriert: LSD. Schon als diese geschmacksneutrale, farb- und geruchlose, in minimaler Dosis hoch potente Substanz 1943 auftaucht, hält man sie für eine *magic bullet*. Bevor sie zur Leitsubstanz der Hippies wird, ist sie ein Schlüsselelement der Psychopharmakologie. LSD scheint Einblick zu gewähren in die geheimnisvollen Mechanismen des Bewusstseins und ermöglicht es, sie stofflich zu beeinflussen. Mit psychotropen Substanzen werden Verfahren der Reprogrammierung des Selbst und der seelischen Führung verbunden. Milieuübergreifend widmet man sich der chemisch assistierten Arbeit am individuellen wie sozialen Leben.

1   Agenzien der Individuation

Von der CIA wurde LSD als psychotoxischer Kampfstoff an tausenden, teils unfreiwilligen und ahnungslosen Probanden daraufhin getestet, ob man es – wie etwa Meskalin und in Kombination mit Elektroschock oder Hypnose – für chemische Gehirnwäschen einsetzen könnte. Man möchte menschliches Verhalten prognostizieren und kontrollieren. 1953 startete die Operation MK-ULTRA, ein groß angelegtes, geheimes Forschungsprogramm zu Varianten der *mind-control*. Es wurde vornehmlich in Gefängnissen, Kliniken, Universitäten und Forschungseinrichtungen der USA, aber auch Kanadas und Europas betrieben, und ließ durch seine großzügige finanzielle Ausstattung die wissenschaftliche Drogenforschung in den 1950er-Jahren explodieren.

Insofern das CIA-Programm die Idee verfolgte, gefestigte Wahrnehmungsmuster und Weltvorstellungen so umfassend zu zerstören, dass man das Denken und Handeln anschließend neu instruieren und festlegen könnte, erregte die sogenannte Modell- oder toxische Psychose Aufmerksamkeit, die das Gravitationszentrum der LSD-Forschung der ersten Jahre bildete. Hier investierte man in den Gedanken, bei Gesunden psychotische Symptome, insbesondere der Schizophrenie, zu produzieren. Mit LSD könne man, so wurde u.a. auf einer Macy-Konferenz zum Thema *Neuropharmacology* 1955 in Princeton vorgetragen, den mentalen Ausnahmezustand induzieren: Halluzinationen, Depersonalisierung, extreme Angst, Paranoia, Erstickungs-, Lähmungs- und Betäubungsgefühle, Krämpfe, manches Mal Katatonie – kurz: die totale Zerrüttung und Desintegration des Individuums. Mit dem Protagonisten der psychopharmakologischen Revolution, dem ersten Neuroleptikum Chlorpromazin, versuchte man sich dann an der Kur der künstlich-pathologischen Hölle (siehe exemplarisch Stoll 1947; Becker 1949; Rinkel 1956; Leuner 1962; Weinstein 1991; Lee und Shlain 1992; Plant 2000; Healy 2002).

Unter weit weniger Aufmerksamkeit wurde 1957 in der Innsbrucker Psychiatrie das Provokationsverfahren erprobt. Patienten, bei denen bereits eine Psychose diagnostiziert worden war, wurden dort aufgepeitscht und zum Ausrasten gebracht mit dem Ziel, psychoenergetische Blockaden zu überwinden und eine spontane Selbstheilung einzuleiten. Der *Clou* der provokationstherapeutischen Vorgehensweise lag in der Annahme, in jeder Persönlichkeit existierten spontane selbstregulierende und -steuernde Kräfte. Besonderes Ziel der Psychagogik war es, diese seelischen Selbstheilungskräfte freizumachen und auszunutzen. Es ging also darum, sich „von innen heraus, d.h. ‚aus eigener Kraft'" zu heilen (Jost 1957, S. 11). Dafür musste der psychodynamische Prozess nur chemisch gelenkt, mussten durch LSD Höhepunkte artifiziell provoziert und diese dann, etwa durch Elektroschock, betont werden. Es handelte sich dabei um

> „Todeserlebnisse wahnhaft-halluzinatorischer Natur (Körperzerstückelungshalluzinationen, Kreuzigungsszenen, Vernichtungsangst u.a.) oder um Regressions- und Verwandlungserlebnisse mit eventuell anschließenden Wiedergeburtsphantasien. Diese Elemente hielten wir für ein Zeichen, daß Spontanheilungskräfte am Wirken waren (Regression – Ueberwindung der Regression [Wiedergeburt] – Individuation)" (ebd., S. 12).

War die Krise in all ihrer Dramatik erst einmal durchgestanden, die Kehre eingeschlagen und die Selbstheilung initiiert, folgte ein Prozess der Entfaltung und Ganzwerdung, ein Prozess der Individuation. Diejenigen, die durch die drogistische Krise gegangen waren, sollten nun – abgeleitet vom lateinischen *individuare* – fähig sein, sich unteilbar, untrennbar zu machen und sich entsprechend zu erfahren.

Auf einer ähnlichen Dramaturgie des Auslebens, des Abreagierens, des Durchgehens durch seelische Konflikte und Ängste in ihren vehementesten Ausprägungen mit anschließender Lösung beruhten Stanislav Grofs LSD-Therapie oder Betty Eisners psycholytisches Verfahren, für das sie neben LSD auch *Ritalin*, Ibogain, Psilocybin, DMT und Meskalin einsetzte (vgl. Eisner 1959, 1963; Grof 1978, 1983). LSD bewirke keine unspezifische, toxische Psychose, sondern der Höllentrip drücke in verdichteter und symbolischer Dramatisierung emotionale, intellektuelle, weltanschauliche, soziale und spirituelle Probleme aus, so der psychoanalytisch inspirierte Ansatzpunkt. Die Droge sei ein mächtiger Katalysator, mit dem tief ins Unbewusste verdrängtes Material unverzüglich an die Oberfläche geholt werden könne. Hier waren es Patientinnen und Patienten mit zumeist leichteren Persönlichkeitsstörungen, dann immer mehr freiwillige Sinn- und Selbstsuchende, die an der Transformation und Realisation von Humanpotential interessiert waren. Sie gaben sich vorsätzlich jener Krise hin, die Bewusstseinserweiterung, Neugeburt und Individuation verhieß. LSD verschaffte ihnen geburtstraumatische bis transpersonale Erlebnisse. Die Reise in die Tiefenschichten des Unbewussten ließ körperlich und emotional so starke Schmerzen spüren, dass man vermeintlich das Sterben vorwegnahm. Zugleich konnten aber erst in diesem Extremzustand Selbstheilungskräfte mobilisiert werden.

Eine Arbeit am Selbst wurde forciert. Bis in die 1970er Jahre verfestigte sich die Figur der Selbstreparatur. Heilungsmechanismen, die aus eigener Kraft zur Stärkung führen, sowie Strategien der Selbsthygienik im Sinne einer selbstgesundenden Kunst wurden perfektioniert (Castel und Lovell 1982). Es bildeten sich Techniken und Praktiken aus, die auf das Selbst gerichtet und auf seine Realisation und Erfüllung angelegt waren. Mit Nikolas Rose handelte es sich um elaborierte Techniken und Praktiken der Regierung:

> „all those multitudinous programs, proposals, and policies that have attempted to shape the conduct of individuals – not just to control, subdue, discipline, normalize, or reform them, but also to make them more intelligent, wise, happy, virtuous, healthy, productive, docile, enterprising, fulfilled, self-esteeming, empowered, or whatever" (1996, S. 12).

Die meisten hatten gemein, dass sie kein fragmentiertes, sondern ein starkes Selbst im Visier hatten, das als Herr seiner selbst über sich verfügt und Beschränkungen jeglicher Art ignoriert, wenn nicht gar überflügelt. Die Verfahren der Automodellierung hatten ein stabiles, in sich kohärentes und holistisches Subjekt zum Ziel. Katastrophe, Explosion und Offenheit hatten eine Seite der Kontrolle und Schließung. Die Trips in die unbekannten inneren Weiten der Psyche, in die anarchische Regellosigkeit oder pathologische Krise, gestalteten sich als *rites de passage* (van Gennep 1986).

Jener Übergangsritus zur soliden Identität qua Destruktion und Auflösung, das Training der konsolidierenden Programme, die den Selbstbezug intensivierten, war selten eine Übung in Einsamkeit. Er nahm in mehr oder weniger institutionalisierten Strukturen Form an. Es bildeten sich Gemeinschaften, die sich methodisch und systematisch so professionalisieren ließen, dass sie das kommunikative Geschehen anregten und regelten (vgl. Foucault 1989, S. 71). Die Selbsterkundungsreise, auf der Freisetzung, Kanalisation und Verwendung psychischer Energien erlernt werden sollten, wurde im Kollektiv angetreten: „The members were part of a loosely-organized group of individuals," erläuterte Eisner zu einem drogistisch unterstützten gruppentherapeutischen Seminar, „engaged in what they call ‚the quest for meaning, the search for orientation, the pursuit of self-fulfillment, and the realization of our highest potentialities'" (Eisner 1964, S. 310).

Die Suche führte in den 1960er-Jahren unzählige Gruppen an unterschiedlichsten Orten zusammen: in Kliniken und medizinische Forschungsinstitutionen, Privatordinationen und neu entstandenen Therapiezentren. Dort ging es nicht mehr allein um die Wiederherstellung von Gesundheit, weil auch persönliches und soziales Scheitern zur Behandlung stand (vgl. Castel und Lovell 1982, S. 12, 299, 316). So auch in Kommunen oder alternativen Synergie-Laboren wie dem 1962 an der kalifornischen Pazifikküste gegründeten Esalen Institute in Big Sur, das Spiritualität und Drogen mit Technophilie, einer entmilitarisierten Kybernetik und Ideen der Systemtheorie verband (Dammbeck 2005, S. 38f.). Noch heute lockt es mit (inzwischen kostspieligen) Angeboten, die Möglichkeiten seiner selbst und der Welt zu erforschen und kreativ zu gestalten.

Waren Drogen in Korrektur, Bewusstseinserweiterung und Persönlichkeitsentfaltung involviert, waren sie, wenn auch noch nicht auf den heute kurrenten Begriff gebracht, die *lifestyle agents*, die chemischen Agenzien dieser Arbeit am Selbst. Steuerung und Optimierung bekamen eine zutiefst materielle Dimension. Die Praktiken der (Selbst-) Regierung, die bilden, ausbauen und vervollkommnen, waren bezogen auf ein stofflich fundiertes und stofflich modulierbares neurochemisches Selbst: auf eine somatische Individualität, in der Körper und Geist kurzgeschlossen werden konnten, mit der wir, so die Diagnose von Rose, „have come to understand our minds and selves in terms of our brains and bodies" (2003, S. 46). Wie dieses neurochemische Selbst optimiert werden und sich selbst optimieren sollte, darüber wurde in den 1960er-Jahren leidenschaftlich gestritten.

2 Agenzien des Sozialen

Es sei eine Tatsache, „daß die Herrschaft über Chemikalien, die den Geist verändern, stets eine Quelle sozialer Spannungen war", schrieb Timothy Leary – der wohl umstrittenste Drogenforscher: Er war Dozent für Psychologie in Harvard, bis er in Verdacht geriet, nicht mehr den Grundsätzen des wissenschaftlichen Experiments zu folgen, sondern mit LSD und Psilocybin, das er sich in großen Mengen direkt vom Baseler Pharmakonzern Sandoz liefern ließ, regel- und hemmungslos herumzuprobieren. Seit seiner skandalösen Verabschiedung im Frühjahr 1963 wurde er als Drogenapostel und ideologischer Vater der Hippies weltbekannt. „Wer die geistesverändernden Chemikalien beherrscht," schrieb er weiter, „beherrscht das Bewußtsein. Wer die Chemikalie beherrscht, kann deinen Geist verdrehen, deine Persönlichkeit ändern, dich und deine Vorstellung von der Welt verändern" (Leary 1970, S. 103).

In der Hochphase von Behaviorismus, Individual- und Sozialpsychologie, Kybernetik und Systemtheorie und in der euphorischen Stimmung, die Psychotropika in den 1950- und 1960er-Jahren verbreiteten, verbanden sich diese mit Fragen der Macht – Visionen gesellschaftlicher Neuerung blieben nicht aus. Gerade so, wie sie für die Formung des einzelnen neurochemischen Selbst eine eminente Rolle spielten, schalteten sich psychotrope Substanzen auch auf dem Niveau sozialer Organisation ein. Die Idee chemischer Ingredienzien als soziale Agenzien hatte eine große Strahlkraft und entfaltete ihre Wirksamkeit in den unterschiedlichsten Gesellschaftsentwürfen. Drogen wurden zu Projektionsflächen, zu Trägern sozialpolitischer Bedeutung. Sie waren fester Bestandteil von Erziehungs- und Verbesserungsprogrammen jeglicher Richtung und enthielten umgekehrt die Utopie, das gesellschaftliche Gefüge von Grund auf verändern zu können.

So spezialisierte sich die Psychopharmakologie auf die Möglichkeit, soziale Ordnung mittels chemischer Interventionen zu regulieren. Zur gleichen Zeit betrachtete eine Allianz aus Antipsychiatrie-Bewegung und namhaften Philosophen – in Europa zum Beispiel Gilles Deleuze und Michel Foucault – den Umgang mit dem Wahnsinn und seine pharmakologische Behandlung als eine Metapher gesellschaftlicher Probleme (Healy 2002, S. 5). Einer der wichtigsten Vertreter des antipsychiatrischen Gedankens, Ronald D. Laing, zeigte sich unbeeindruckt vom Enthüllungsversprechen tieferer Wahrheiten durch Drogen, verabreichte aber in den 1960er-Jahren LSD an seine Londoner Patienten auf deren Reise durch das schizophrene Raum-Zeit-Gefüge. Nicht die Patienten seien krank, sondern die (kapitalistische) Gesellschaft sei eine entfremdete: „Can we not see", schrieb er in *The Politics of Experience*, „that this voyage is not what we need to be cured of, but that it is itself a natural way of healing our own appalling state of alienation called normality?" (1967, S. 136).

Bevor das Pendel umschlug und Psychopharmaka als chemische Zwangsjacken galten, weil sie die Patienten in Somnolenz und Apathie hielten und deren Persönlichkeitsrechte verletzten, gehörten sie zum Befreiungsdiskurs eines Teils der Antipsychiatrie-Bewegung, der die ‚Verrückten' aus den Kliniken holen wollte, in denen sie oftmals auf unabsehbare Zeit interniert waren. Psychopharmaka waren stoffliche Zutat eines Befreiungsschlags, an sie war die Hoffnung auf Resozialisierung und Reintegration gebunden. Auch wenn er sie später vehement kritisierte, attestierte etwa Franco Basaglia den Psychopharmaka eine überaus positive Wirkung, die sich messen ließ. Im Unterschied zur klassischen Psychiatrie der Zeit, welcher der Vorwurf galt, Medikamente systematisch und unterschiedslos zu verwenden, bemühten sich Anti- und Sozialpsychiatrie um einen gezielten und ausgewogenen Einsatz in geringer Dosierung. Schon LSD hatte psychiatrischem Fachpersonal als Empathie-*tool* genutzt, das eine gemeinsame Erfahrungs- und Bezugswelt schaffte. Mit Psychopharmaka sollte es nun ebenfalls möglich sein, eine Beziehung zwischen Arzt und Patienten anzubahnen und die Distanz zwischen ihnen zu verringern, als Sozialisierungsmittel machten sie begegnungs- und gesprächsfähig, war man zunächst noch überzeugt (vgl. Basaglia 1971, S. 156; Obiols und Basaglia 1978, S. 23–25; Rechlin und Vliegen 1995, S. 17, 93; Roth 1972, S. 117).

In Harvard indessen, wo die CIA generös in die Untersuchung von LSD in Hinblick auf seine Verwertbarkeit zur *mind control* investierte, liefen zeitgleich Forschungsprojekte, die u.a. in Reaktion auf den Nationalsozialismus von der Idee motiviert waren, eine ‚bessere', gegen totalitäre Tendenzen immune Gesellschaft zu formen. Gesucht wurde nach Wegen, eine autoritäre Matrix des Menschen aufzulösen, wie sie in den *Studien zum autoritären Charakter* des International Institute of Social Research um Adorno und Horkheimer diagnostiziert worden war (Adorno u.a. 1950). Überkommene Werte, alte Verhaltensmuster und Gleichgewichte sollten zerstört und neue etabliert werden. Berüchtigt sind die Experimente Stanley Milgrams, die Gehorsamsbereitschaft über Elektroschocks zu testen versuchten. Henry Murray wiederum, der sich als Teil eines globalen Netzwerkes von *social engineers* verstand, untersuchte in seinen Experimenten die Wechselwirkungen innerhalb sozialer Beziehungen, Persönlichkeits- und Verhaltensstrukturen, um dann wünschenswerte erzeugen zu können. Als Institutsvorstand in Harvard bewilligte er Learys Forschungsprojekt zu Psilocybin und stellte sich ihm sogar als Versuchsperson zur Verfügung (vgl. Lee und Shlain 1992, S. 74; Dammbeck 2005, S. 36f., 49f.).

Dieser hatte selbstredend Lösungen parat, aus einer autoritätshörigen, unterwürfigen und fügsamen eine solche ‚bessere' Gesellschaft zu programmieren. Dem Propheten der drogistischen *Counterculture* schwebte vor, die religiöse, politische und kulturelle Struktur der USA radikal zu verändern. Mit seinem Appell *Turn on, Tune in, Drop out!* ermunterte Leary zum Aufstand und rief eine neurologische Revolution aus: „Politics, religion, economics, social structure", schrieb er 1968 in *High Priest*, „are based on shared states of consciousness. The cause of social conflict is usually neurological. The cure is biochemical" (1995, S. 340). Entschieden lehnte er es ab, die Psychotropika der klinischen Welt vorzubehalten, und sah in ihrer großflächigen Verbreitung den Weg hin zu einer mündigen und selbstbestimmten Gesellschaft.

Aldous Huxley hingegen zog es vor, die Substanzen an den illustren Kreis der geistigen Elite und der Führerpersönlichkeiten zu verabreichen. Waren in seinen Augen die Massen für die radikale Erneuerung nicht bereit und konnten sie mit den innovativen Gestaltungsagenzien nicht umgehen, wäre es Sache der *cultural leaders* einer Zeit, die soziale Veränderung herbeizuführen. Ähnlich sah der neurowissenschaftlich forschende Psychiater Humphry Osmond – der Huxley Meskalin verabreicht und in einem Briefwechsel mit ihm den Begriff der Psychedelika erdichtet hatte –, die Chance auf Weltfrieden in der gezielten Verteilung von LSD an einflussreiche Politiker, um deren Vorstellungs- und Glaubenssystem zu transformieren.

1968 warnte allerdings ein Politiker, der damalige US-Präsident Lyndon Johnson, vor Drogen als gefahrvoller, aufrührerischer Kraft: „these powders and pills", hieß es in seiner Ansprache zur Lage der Nation, „threaten our nation's health, vitality and self-respect" (zitiert in Grob 2002, S. 2). Nicht Segen und Heilmittel der Gesellschaft seien sie, kein ‚tool for humanity', das zur Orientierung in einer komplexen Welt verhelfe – sondern Gift und Teufelszeug: „LSD was the big scare – on a par with War, Pestilence, and Famine – as the destroyer of young brains, minds and fetuses" (Lilly 2004, S. 11). Die Hippies schließlich, welche die alten Autoritäten in Frage stellten, deren Macht, deren Wertekataloge und Pläne anfochten, verkündeten am lautstärksten, Drogen seien ein Teil ihres Projekts, aus sozialen Normen und Zwängen auszubrechen und eine neue, freie Gesellschaft zu etablieren. Der *war on drugs* wiederum versuchte durch das Verbot psychoaktiver Substanzen und die Kriminalisierung ihres Konsums, diese soziale Bewegung unter ihre Kontrolle zu bringen.

In der Hitze dieses Drogenkriegs, in dem der Kampf der Utopien ausgetragen wurde, wurden die Bedeutungen zweier zunächst neutraler Begriffe voneinander geschieden: des griechischen *pharmakon* und des Begriffs der Droge, „der von moralischen oder politischen Bewertungen instituiert wird" (Derrida 1998, S. 242). Die Zuordnung zu den jeweiligen ideologischen Fraktionen und deren Abgrenzung erfolgte also über ein semantisches Trennverfahren: Mit Giften und Rauschmitteln waren nun Stoffe gemeint, die außerhalb der hegemonialen Forschungsinstitutionen, außerhalb des medizinischen *Establishments* zirkulierten; in dessen Inneren bemühte man sich um die Wahrung ihres Status als Arzneien. Doch die zuvor als *magic bullets* gepriesenen Psychotropika erlitten auch dort einen dramatischen symbolischen Statusverlust. Man sah in ihnen nicht mehr das diagnostische oder heilende *pharmakon*, das die von der Norm Abweichenden wieder in geregelte Bahnen lenkte, sondern verband sie mit Provokation und Protestattitüden, Aufbegehren, Verweigerungshaltung und Normübertretung, Ordnungsstörung und Sittenzerfall (vgl. Tanner 2009, S. 346).

3 Denkkollektive Selbst- und Soziotechniken

Die Lager und ihre jeweiligen Gesellschaftsentwürfe unterschieden sich gravierend in ihrer politisch-programmatischen Stoßrichtung, teils könnten sie konträrer nicht sein. Sie divergierten in der Einschätzung der Zuständigkeit für den steuernden Eingriff in das System des neurochemischen Selbst, der Festlegung der Macht und Hoheitsgewalt über die „das Bewußtsein manipulierenden Techniken", wie sie Leary im Text *NeuroLogics* nannte, den er Anfang der 1970er-Jahre im Gefängnis verfasste (1993, S. 15). Auch wenn die Ausformung dieser Techniken stets von aufgebrachten Diskussionen um Selbst- und Fremdbestimmung flankiert wurde, berührten sich die Lager in dem Punkt, dass stoffliche Konditionierung möglich sei – und trugen auf diese Weise gleichermaßen zur symbolisch-semantischen Verhärtung dieser Idee bei.

Die verschiedenen Lager operierten auf Grundlage der gemeinsamen Überzeugung, dass Psychotropika über das Potenzial verfügen, auf gesellschaftliche Entwicklungen Einfluss zu nehmen. Indirekt, indem die Rauscherfahrungen, seien sie himmlisch oder höllisch, katalysatorische Wirkung haben, Subjekte sich auf das Wesentliche besinnen und sich diese Selbstreflexion wiederum auf das Verhalten im Kollektiv auswirkt – wovon Therapieansätze wie von Grof oder Eisner ausgingen: „Could a person [...] who engages in antisocial behaviors be ‚transformed' through a drug-induced mystical experience?", fragte Drogenforscher Charles Grob, Psychiater an der UCLA School of Medicine, und antwortete: „There are many sociological, anthropological and psychological studies suggesting that certain drugs – primarily hallucinogens – when taken in a properly structured context [...] can promote healing and positive changes in a person's life" (Grob 2002, S. 9). Oder aber direkt, aufgrund der Annahme, die biochemischen Grundlagen individueller Psychen als Teile einer Gesellschaft gezielt chemisch manipulieren und neu arrangieren zu können. Strukturell gleichen sich hier die Ansätze von CIA und Leary – „LSD verändert die Gehirnfunktionen, wandelt die Persönlichkeit", war sich letzterer sicher (1993, S. 14). „Psychedelisches Ausbrechen aus der normierten Kontrollgesellschaft", so auch Jakob Tanner, „‚chemische' Heilung von Geisteskranken, ‚Um-Erziehung' (*re-education*) von autoritären Charaktertypen sowie Steuerung und Re-Programmierung von Menschen in militärischer Absicht: All diesen Vorstellungen und Projekten liegen dieselben kognitiven Ermöglichungsbedingungen zugrunde" (Tanner 2009, S. 347; Feustel 2015).

Sie waren das Produkt von Transaktionen teils gewollt, teils unbeabsichtigt vernetzter epistemischer Milieus. Das anthropologische Wissen, das kultursemantisch wirksam wurde, verdankte sich den Aktivitäten ‚harter' wissenschaftlicher Disziplinen, genauso wie es nicht denkbar wäre ohne die rebellische *Counterculture*, welche die stoffliche Modulation des Selbst forderte und förderte. Auch sie verband die Semantik des Gehirns als kommunizierendes, Information verarbeitendes System mit der Idee, in dieses regulierend einzugreifen. Wenn sie das Recht auf Reform und (Meta-)Programmierung ihres von John C. Lilly entworfenen *Human BioComputer* einklagte, zu dem sie sich über *The Whole Earth Catalog* kundig machen konnte (Lilly 2004; Diederichsen u.a. 2013), dann antwortete sie nicht auf eine bestehende Praktik der drogistischen Handhabe. Sondern ebenso wie vom Geheimdienst finanzierte Psychologen arbeiteten Hippies in Kommunen an Steuerungstechniken der Psyche. Das biochemisch fundierte und mittels Stoffen korrigierte, sich entfaltende und erfüllende Selbst – jene Frühform eines *homo pharmaceuticus*, der gegenwärtig fundamentale Fragen neurotechnologischer Möglichkeiten aufwirft – wurde synergetisch definiert und in die Tat umgesetzt.

Die Aktivitäten des sphärischen Verkehrs, des Austausches und der Unterwanderung verschiedener Milieus ließen sich nicht verhindern. Psychiatrische Ärzte und Klinikpersonal wie Krankenschwestern und Pfleger, Pharmakologen und Neurologen mit ihren Labor-Assistenten ebenso wie Theologen, Philosophen, Schriftsteller und Künstler, Ethnologen, Anwälte, Politiker und Polizisten, Soldaten und CIA-Agenten, Kreative und Journalisten, Industrielle, Professoren und Studierende unterschiedlicher Fachrichtungen frequentierten und schufen einen gemeinsamen Wissensraum, indem sie alle als Beobachter oder Versuchsperson an Drogentests teilnahmen. Dass kontrollierte Versuchsanordnungen in ausschweifendes Experimentieren übergingen oder die „Fachgelehrten" nicht unter sich blieben – wie der Chemiker Albert Hofmann bedauerte, weil es ihm die „Freude an der Vaterschaft von LSD" genommen und die Substanz, die er 1943 synthetisiert hatte, zu seinem „Sorgenkind" gemacht hatte (2002, S. 33, 61–71) –, hatte mitunter damit zu tun, dass die großen, teils von der CIA mitfinanzierten Forschungsunternehmungen an den Universitäten und psychiatrischen Kliniken Probanden benötigten.

Eines der prominentesten Beispiele ist Ken Kesey, der zusammen mit den *Merry Pranksters* zu den wichtigsten Figuren der drogistischen *Counterculture* der Westküste zählte. In Stanford war er 1953 studentisches Versuchskaninchen gewesen, als Aushilfe im Universitätskrankenhaus in Menlo Park beobachtete er nur zu genau die Hochkonjunktur der ersten Antidepressiva und Neuroleptika und verarbeitete sie in seinem Roman *One Flew Over the Cuckoo's Nest* (1962). *You are owner and operator of your brain!* lautete wiederum das Motto, unter dem die berüchtigten multimedialen *Acid Tests* standen, zu deren Teilnahme er Mitte der 1960er-Jahre aufrief. Mithilfe von LSD sollte das Selbst als neurologischer Schaltkreis und Systemadministrator gekapert werden.

So bildeten alle zusammen – oftmals unfreiwillig und trotz erbitterter Feindschaften – ein Denkkollektiv, das nach Ludwik Fleck dann vorhanden ist, wenn „zwei oder mehrere Menschen Gedanken austauschen", das momentan, zufällig sein und jeden Augenblick entstehen und wieder vergehen kann. Gemeint ist keine fixe Gesellschaftsklasse oder sozial organisierte Gruppe. Eine solche erleichtert zwar epistemische Stabilisierung, ist aber nicht zwingend notwendig. Der Begriff ist mehr ein „funktioneller als substanzieller", dem „Kraftfeldbegriffe der Physik z.B. vergleichbar." Er meint eine Gemeinschaft der Menschen, die in „gedanklicher Wechselwirkung" stehen und zu Trägern „geschichtlicher Entwicklung eines Denkgebietes, eines bestimmten Wissensbestandes und Kulturstandes, also eines besonderen Denkstiles" werden. Seine Entstehung wird von sozialen Turbulenzen wie der Kulturrevolution sogar begünstigt, da diese Differenzen, Widersprüche und Unklarheiten deutlich machen. Unter der Voraussetzung, dass Erkennen kein individueller Prozess, sondern Ergebnis sozialer Tätigkeit ist, bleiben Ideen – für Fleck versprachlichte Gedanken, Worte und Begriffe – im Zuge dieser Tätigkeit nicht unberührt: Sie „kreisen vom Individuum zum Individuum, jedes Mal etwas umgeformt, denn andere Individuen knüpfen andere Assoziationen an sie an" (Fleck 1980, S. 54f., 58, 124, 135).

Das anthropologische Wissen wurde also während seiner Zirkulation in diesem Denkkollektiv variiert, in Details abgewandelt und umgearbeitet, geschliffen, verstärkt oder geschwächt. Das gesamte Kollektiv aber war infiziert vom Enthusiasmus, der von den Psychotropika ausging. Was mehr und mehr eindeutige Konturen annahm, war das neurochemische Selbst; was sich profilierte, waren die einschlägigen Praktiken seiner stofflichen Regierung, alleine oder in der Gruppe – die als eine Variante ins *Neuro-Enhancement* einmünden. Auch lebte die bis zum Schock getriebene Begegnung mit den chemisch herbeigerufenen inneren Dämonen weiter in Selbsterfahrungsseminaren und -managementprogrammen, welche die Selbstökonomisierung fördern und sich neoliberal wenden lassen: wie etwa Schrei-Therapie, holotropes Atmen oder *Rebirthing*-Kurs, welche die Psychodynamiken bis zur Explosion hin eskalieren lassen, dann Selbstheilungskräfte mobilisieren, um schließlich die Verwirklichung und Reform eines Selbst einzuleiten, das seine Grenzen kennt und um seine Ressourcen weiß, das große Glück findet oder aber schlichtweg effizienter arbeitet (Bröckling 2007).

Selbst wenn die Optimierungstechniken schon in ihren Anfängen ungleich motiviert waren und nicht dieselben Ziele verfolgten, wenn sie vermeintlich eindeutig einer Seite der Frontlinie zugeschlagen werden konnten, enthalten sie im Hinblick auf ihren kulturellen Effekt immer mindestens zwei Optionen – welche letztlich zur Aktualisierung kommt, ist nicht zu prognostizieren: Die chemisch assistierte Selbstbearbeitung kann Systemerhalt oder dessen Sprengung zur Folge haben. Sie kann sich als disziplinierender, limitierender oder aber desavouierender Eingriff ergeben. Sie kann zur Normerfüllung oder zu deren Übertretung anregen, sie kann zur Zementierung der bestehenden Ordnung oder zu deren Störung und zum Regelbruch führen. Die drogistische Intervention in den Körper kann sich kooperativ, konservativ und konsolidierend wie auch emanzipatorisch, verwirrend und desintegrativ auswirken. Dieser doppelte Impetus entzieht sich jeglicher Steuerung. Überraschend und unerwartet schlägt das eine in das andere um, werden die Fronten gewechselt oder deren Verlaufslinie gelöscht. Denn Drogen halten beides, halten ein Flucht- und ein Schließungsmoment bereit – für das Feld der gesellschaftlichen Ordnung wie auch für die Ordnung des Selbst.

Literatur

Adorno, T. W., E. Frenkel-Brunswik, D. J. Levinson. 1950. *The Authoritarian Personality. Studies in Prejudice*. New York.
Basaglia, F. 1971. Die Institutionen der Gewalt. In *Die negierte Institution oder die Gemeinschaft der Ausgeschlossenen. Ein Experiment der psychiatrischen Klinik in Görz*, hrsg. von dems., 114–161. Frankfurt/Main.
Becker, A. 1949. Zur Psychopathologie der Lysergsäurediäthylamidwirkung. *Wiener Zeitschrift für Nervenheilkunde* 2: 402.
Bröckling, U. 2007. *Das unternehmerische Selbst. Soziologie einer Subjektivierungsform*. Frankfurt/Main.
Castel, F., R. Castel, A. Lovell. 1982. *Psychiatrisierung des Alltags. Produktion und Vermarktung der Psychowaren in den USA*. Frankfurt/Main.
Dammbeck, L. 2005. *Das Netz. Die Konstruktion des Unabombers*. Hamburg.
Derrida, J. 1998. Die Rhetorik der Droge. In: *Auslassungspunkte. Gespräche*, hrsg. v. P. Engelmann, 241–266. Wien.
Diederichsen, D., A. Franke. 2013. *The Whole Earth. Kalifornien und das Verschwinden des Außen*. Berlin.
Eisner, B. 1959. Observations on Possible Order within the Unconscious. In *Neuro-Psychopharmacology*, hrsg. v. P. B. Bradley, P. Denker, C. Radouco-Thomas, 438–441. Amsterdam, New York.
Eisner, B. 1963. The Influence of LSD on Unconscious Activity. In *Hallucinogenic Drugs and their Psychotherapeutic Use*, hrsg. v. R. Crocket, A. Walk, 140–145. London.
Eisner, B. 1964. Notes On the Use of Drugs to Facilitate Group Psychotherapy. *Psychiatric Quarterly* 38: 310–328.
Fleck, L. 1980. *Entstehung und Entwicklung einer wissenschaftlichen Tatsache. Einführung in die Lehre vom Denkstil und Denkkollektiv*. Frankfurt/Main.
Feustel, R. 2015. *„Ein Anzug aus Strom". LSD, Kybernetik und psychedelische Revolution*. Wiesbaden.
Foucault, M. 1989. *Die Sorge um sich. Sexualität und Wahrheit*. Frankfurt/Main.
Grob, C. (Hrsg.). 2002. *Hallucinogens. A Reader*. New York.
Grof, S. 1983. *LSD-Psychotherapie*. Stuttgart.
Grof, S. 1978. *Topographie des Unbewußten. LSD im Dienst der tiefenpsychologischen Forschung*. Stuttgart.
Healy, D. 2002. *The Creation of Psychopharmacology*. Cambridge, London.
Hofmann, A. 2002. *LSD – Mein Sorgenkind. Die Entdeckung einer „Wunderdroge"*. München.
Jost, F. 1957. Zur therapeutischen Verwendung des LSD XXV in der klinischen Praxis der Psychiatrie. *Klinische Wochenschrift* 69: 647–651 [1–16].
Laing, R. D. 1967. *The Politics of Experience*. London.
Leary, T. 1970. *Politik der Ekstase*. Hamburg.
Leary, T. 1993. *NeuroLogic*. Augsburg.
Leary, T. 1995. *High Priest*. Berkeley.
Lee, M., B. Shlain. 1992. *Acid Dreams. The Complete Social History of LSD*. New York.

Leuner, H. 1962. *Die experimentelle Psychose. Ihre Psychopharmakologie, Phänomenologie und Dynamik in Beziehung zur Person*. Berlin.
Lilly, J. C. 2004. *Programming the Human BioComputer*. Oakland.
Moser, J. 2013. *Psychotropen. Eine LSD-Biographie*. Konstanz.
Obiols, J., F. Basaglia. 1978. *Antipsychiatrie. Das neue Verständnis von Krankheit*. Hamburg/Reinbek.
Rechlin, T., J. Vliegen. 1995. *Die Psychiatrie in der Kritik. Die antipsychiatrische Szene und ihre Bedeutung für die klinische Psychiatrie heute*. Berlin.
Rinkel, M. 1956. Experimentally Induced Psychoses in Man. In *Neuropharmacol ogy. Transactions of the 2nd Conference, May 25–27th 1955 in Princeton*, hrsg. v. H. A. Abramson, 235–258. New York.
Rose, N. 1996. *Inventing our selves. Psychology, power, and personhood*, Cambridge.
Rose, N. 2003. Neurochemical Selves. *Society* 41/1: 46–59.
Roth, J. 1972. Psychiatrie und Praxis des Sozialistischen Patientenkollektivs. *Kursbuch* 28: 107–120.
Stoll, W. 1947. Lysergsäure-diäthylamid, ein Phantastikum aus der Mutterkorngruppe. *Schweizer Archiv für Neurologie und Psychiatrie* LX: 279–323.
Tanner, J. 2009. ‚Doors of Perception' versus ‚Mind Control'. Experimente mit Drogen zwischen kaltem Krieg und 1968. In *Kulturgeschichte des Menschenversuchs im 20. Jahrhundert*, hrsg. v. B. Griesecke, M. Krause, N. Pethes, K. Sabisch, 340–372. Frankfurt/Main.
Weinstein, H. 1991. *Psychiatry and the CIA. Victims of Mind Control*. Arlington.

Wechselwirkungen und Grenzziehungen zwischen halluzinogenen Drogen und psychoaktiven Medikamenten in der Nachkriegszeit

Magaly Tornay

Zusammenfassung

Im Rückblick teilen sich halluzinogene Drogen und psychoaktive Medikamente eine Geschichte, in deren Verlauf sich bestimmte Vorstellungen von Subjekt und Psyche herausbildeten. Pharmakon und Person konstituierten sich wechselseitig im klinischen Versuch, in therapeutischen Anordnungen sowie in neuen Konsumformen. Mit Blick auf LSD und die ersten Psychopharmaka analysiert dieser Beitrag, wie Subjektives objektiviert wurde und wie sich bestimmte neurochemische Personenkonzepte der Nachkriegszeit verfestigten.

Schlüsselbegriffe: Halluzinogene, Subjektivierung, Psychopharmaka, Psychiatrie, Experimente

1 Abgrenzungen und Allianzen: Drogen, Medikamente

Halluzinogene Drogen und moderne Psychopharmaka teilen sich eine Geschichte. In der Natur gibt es keine Drogen, wie Jacques Derrida notierte, denn Stoffe werden erst durch einen definitorischen Akt zu Drogen. Sie bedürfen „einer Geschichte und einer Kultur, Konventionen, Bewertungen, Normen, eines ganzen Netzwerkes ineinander verschlungener Diskurse" (Derrida 1998, S. 242). Die Geschichte der psychoaktiven Medikamente ist mit derjenigen der illegalen Drogen verknüpft, da sich beide gegenseitig Bedeutung verleihen und soziale Hierarchien festigen. Tranquilizer und Antidepressiva stehen für das Innenleben der weißen Mittelschicht, während illegale Straßendrogen mit nicht-weißen Armen assoziiert werden, wie David Herzberg (2009) für die USA aufgezeigt hat. Wenn man den Blick auf Stoffbiographien richtet, so durchlaufen psychoaktive Stoffe verschiedene Institutionen und Orte, werden dabei umgeformt, formen selbst um und werden unterschiedlich verstanden und gebraucht. Sie bilden Knotenpunkte in Netzwerken verschiedener Akteure – z. B. Wissenschaft, Pharmaindustrie, psychiatrische Kliniken oder Arztpraxen – und sie durchlaufen unterschiedliche Prozesse wie Produktion, Marketing, Verteilung, Verschreibung, Einnahme und Entsorgung, die mit jeweils anderen Wertordnungen verbunden sind (vgl. van der Geest et al. 1996). Einzelne Stoffgeschichten wie die von LSD zeigen, dass sich die Einordnung als Droge oder Medikament, als legale und illegale Substanz im Laufe der Zeit verändern kann: LSD galt zunächst als Wundermittel und wurde erst über 20 Jahre nach seiner Entdeckung aus dem legalen Verkehr gezogen. Solche Klassifizierungen basieren nicht ausschließlich auf dem Suchtpotenzial einer Substanz, sondern auch auf normativen, ethischen und politischen Überlegungen und hängen mit gouvernementalen Regulierungspraktiken zusammen. Im Rückblick bleiben psychoaktive Stoffe somit über ihre Geschichte hinweg in Bewegung und die Analyse ihrer Lebensgeschichte eröffnet eine analytische Dimension, die einen Einblick in soziale Prozesse der Bedeutungsgebung ermöglicht (vgl. Appadurai 1986). Um dieses Wandern in den Blick zu nehmen, behandelt dieser Beitrag psychoaktive Drogen und Medikamente gleichermaßen in ihrer historischen Dimension.

Dass 1943 LSD in einem Labor der Sandoz eher zufällig zu Albert Hofmann fand, wie er in seinen Lebenserinnerungen beschrieb (1979), hatte langfristig auch Auswirkungen auf die Psychiatrie. Die Substanz führte zu einer Experimentalisierung psychischer Prozesse im Selbstversuch, in Versuchen mit Künstlern und Autorinnen, aber auch mit Patienten und dem Personal psychiatrischer Kliniken (vgl. Langlitz 2013; Moser 2012; Tornay 2016). Neben einer potenziellen therapeutischen Verwendung des Stoffes zielten frühe LSD-Versuche auch auf die wissenschaftliche Entschlüsselung ‚normaler' psychischer Prozesse. Zehn Jahre später gelangte das erste Neuroleptikum Chlorpromazin in die psychiatrischen Kliniken, ein Stoff, der für viele Beteiligte und Pharmahistoriker eine Wende oder gar Revolution in den Behandlungsmöglichkeiten markierte (vgl. z.B. Shorter 1997; für eine kritische Hinterfragung Majerus 2016). Erstmals glaubte man, eine wirksame medikamentöse Therapie für Psychosen zu haben, und der Klinikalltag und die institutionellen Strukturen begannen sich schrittweise zu verändern (vgl. Balz 2010; Braunschweig 2013). LSD und Chlorpromazin beeinflussten die Psychiatrie der 1950er-Jahre und führten kurzfristig zu großem therapeutischen und experimentalwissenschaftlichen Optimismus. So erstaunt es wenig, dass 1957 ein Teilnehmer eines Psychiatriekongresses in Zürich hoffnungsvoll äußerte, mit den neuen Substanzen habe man endlich einen Schlüssel zur Hand, um die „verzweifelt schwierige Chiffre" der psychischen Krankheiten zu lösen (Osmond 1958, S. 10). Andere sahen dank dieser Substanzen eine Möglichkeit, endlich die „Lücke zwischen Soma und Psyche" zu überbrücken (Letemendia und Mayer-Gross 1959, S. 418) und das Geistige verlässlich an das Körperliche zu binden. Selbst eine Studie der Weltgesundheitsorganisation kam zum Schluss, dass die Unterschiede zwischen organisch-biologischen und psychodynamischen Ansätzen nun hinfällig geworden seien (vgl. Elkes 1958, S. 36).

Auch wenn sich diese Hoffnungen nicht vollständig bewahrheiteten: LSD und Chlorpromazin markierten den Beginn einer neuen Ära der modernen psychoaktiven Stoffe (vgl. Balz 2010; Healy 2002; Pignarre 2006). Im Laufe der 1950er-Jahre stiegen viele Pharmaunternehmen in den Wettlauf um neue Psychopharmaka ein; gegen Ende des Jahrzehnts kamen die ersten Antidepressiva hinzu und während der 1960er-Jahre wurde das Sortiment laufend erweitert (vgl. König 2016). Verschreibungen nahmen nicht nur in der Psychiatrie zu, sondern vermehrt auch außerhalb der Klinikmauern in ambulanten Einrichtungen und Arztpraxen. Im Kontext der 68er-Bewegung wurden dann psychedelische Lebensformen populär: Figuren wie Timothy Leary verbreiteten die Idee, dass halluzinogene Stoffe wie LSD, Psilocybin oder Meskalin die „Pforten der Wahrnehmung" aufstoßen und zu einem authentischeren Selbst verhelfen könnten (vgl. Huxley 1954; Tanner 2009).

2 Der Pharmakon-Person-Nexus

Neue psychoaktive Substanzen wie LSD oder Chlorpromazin warfen nicht nur die Frage auf, wie sie genau wirken, sondern rückten zugleich ihren Interventionsort in den Fokus: die Psyche, das Innere, die Persönlichkeit oder ein Krankheitsbild. Das Gegenüber dieser Stoffe, dieser Ort des Mentalen (vgl. Reckwitz 2006), wurde im Laufe des 20. Jahrhunderts unterschiedlich gefasst – etwa mit biologischen, psychoanalytischen oder neurochemischen Erklärungsansätzen (vgl. u. a. Guenther 2015; Shapira 2013). Mit dem Aufkommen dieser neuen Stoffe Mitte des 20. Jahrhunderts wurde somit der „unendliche innere Bezirk", der zwischen dem „Seelische[n] und den uns zugänglichen körperlichen Phänomene[n]" liegt (Jaspers 1913, S. 21), erneut zum Schauplatz konkurrierender Deutungen. Damit sind die Zugänge und Deutungsmuster angesprochen; gleichzeitig bietet der „unendliche innere Bezirk" jedoch auch ein epistemisches Problem: Wie kann das Subjektive zugänglich gemacht und objektiviert werden? Wie können Wirkungen von Stoffen erfasst werden, die nur aus der Innenperspektive erfahrbar sind?

Das Präfix „psycho-" verweist auf diesen ungeklärten Rest von inneren, subjektiven, nicht ausschließlich am Körper messbaren oder am Verhalten beobachtbaren Wirkungen. Das Zusammenspiel von Subjektivierung und Stoffwirkungen kann am ehesten *in the making* erfasst werden, wenn die *black box* des Psychopharmakologischen noch offen ist und einen Blick ins Innere frei gibt (vgl. Latour 1987, S. 2f.). Aus diesem Grund sind klinische Versuche und Verschiebungsprozesse, in denen Substanzen neue Konsumenten fanden, besonders aufschlussreich: Hier wurde das Pharmakon mittels Verfahren, Klassifikationen und Techniken immer wieder an die Person geknüpft. Wenn man davon ausgeht, dass die psychopharmakologische Grammatik nicht nur für Psychiaterinnen und Laborforscher wirksam war, sondern den Spielraum von Patientinnen und Konsumenten gleichermaßen mitformte, so lassen sich Subjektivierungsformen gerade über die Verfahren, Einteilungen und Zugriffe, über diese „little tools of knowledge", am besten beschreiben (Becker und Clarke 2001).

Neben den epistemologischen Fragen nach der Stabilisierung von Stoffen und Subjekten in wissensproduzierenden Prozessen argumentiert eine Reihe von Autoren, dass der steigende Konsum psychoaktiver Stoffen seit der Nachkriegszeit auch das Aufkommen eines „neurochemischen Selbst" (Rose 2003) beförderte, das eng mit pharmakologischen Deutungen verbunden ist. Indem Menschen mehr und mehr als veränderbar und manipulierbar verstanden wurden, setzten sich nicht nur Programme durch, die das Verhalten von Individuen kontrollieren, normalisieren oder reformieren wollten. Zunehmend entwickelten sich auch Befreiungsvorstellungen und Selbstverwirklichungspraktiken, wie jeder und jede an sich selbst arbeiten kann und soll, um intelligenter, weiser, glücklicher, produktiver, erfüllter, ermächtigter „or whatever" zu werden (Rose 1996, S. 12). Im Zusammenhang mit psychoaktiven Substanzen nahm die Idee eines stofflich organisierten Subjekts Konturen an, womit auch seine chemische Steuerbarkeit zur Disposition gestellt wurde. Mit der präventiven Wende der Nachkriegszeit wurde Gesundheit zudem schrittweise neu konzipiert (vgl. Castel 1991; Lengwiler und Madarasz 2010): Die Vorstellung von Gesundheit als Abwesenheit von Krankheit wurde abgelöst von einem Kontinuum von schlechterem bis besserem Befinden. In diesem neuen Verständnis können Individuen stetig daran arbeiten, Gesundheitsrisiken vorsorgend zu minimieren und sich dadurch selbst besser zu fühlen. Sie werden zu ständigen Zielen für potenzielle therapeutische und medikamentöse Interventionen (vgl. Sunder Rajan 2006, S. 167). Populationen werden zu Risikogruppen umgedeutet, wodurch „patients-in-waiting" (Dumit 2012) produziert werden und für die Pharmaindustrie ein großer Pool an Proto-Konsumenten entsteht (vgl. Sunder Rajan 2006, S. 159f.).

Weitere Autoren haben die steigende Deutungsmacht der Psychologie und Psychiatrie und eine damit verbundene Tendenz zur Therapeutisierung beschrieben (vgl. Illouz 2009; Tändler 2016; Eitler und Elberfeld 2015). Alain Ehrenberg hat die Depression zur Signatur der westlichen Gesellschaften jüngerer Zeit erhoben, die auf dem Ideal der Selbstverwirklichung aufgebaut sind. Die Depression wird zur Schlüsselkrankheit und zur Kehrseite der Leistungsgesellschaft, die Selbstinitiative einfordert (vgl. Ehrenberg 2008). Die daraus resultierende Epidemie der Antriebslosigkeit kann pharmakologisch behandelt werden. Damit sind die Klassifikationen und Diagnosen angesprochen, mittels denen Subjekte eingeteilt, definiert und gruppiert werden. Klassifikationen wirken wiederum auf Selbstverständnisse zurück, was Ian Hacking als *Looping Effects* beschrieben hat (1995). Erst nach der Einführung von Intelligenztests begannen sich Menschen selbst in ein Spektrum der Intelligenz einzureihen und vor der Einführung der Diagnose Autismus in den 1940er-Jahren konnte man sich selbst weder als autistisch begreifen noch gab es die dazugehörigen Experten, Institutionen und Wissensfelder. Die Diagnose führte dazu, dass sich Menschen selbst als autistisch wahrnahmen und in der Folge mit neuen Unterkategorien wie dem Asperger-Syndrom das Krankheitsbild weiter auffächerten (vgl. Hacking 2007).

Dieser Prozess des „making up people", also der diskursiven Produktion bestimmter Subjektivitäten (Hacking 1986), in dem sich neue Kategorien und Subjektivierungen in einem engen Zirkel gegenseitig stützen, ist auch in der Geschichte psychoaktiver Stoffe zu beobachten (vgl. Lakoff 2007). Substanzen sind an quantifizierende, klassifizierende und definierende Prozesse gebunden, welche die Umrisse des Subjekts erfassen und zugleich festschreiben wollen. Stoff und Subjekt, Pharmakon und Person konstituieren sich gegenseitig. Psychoaktive Stoffe gehören somit zu den Schlüsseltechniken und die Psychopharmakologie zu den Schlüsseldiskursen, in denen Personenkonzepte und Subjektivierungsweisen verhandelt und umgeformt werden. Zentrale Felder sind dabei weniger stabilisierte Wirkungen und etablierte Praktiken; vielmehr werden Prozesse der Verfertigung, wird das Aushandeln von Bedeutungen mittels Beobachtung, Beschreibung und Klassifikation sowie das Wandern psychoaktiver Stoffe über den medizinischen Bereich hinaus in breitere subkulturelle und gesellschaftliche Konsumpraktiken angeregt und befördert.

3 Subjektentwürfe zwischen Befreiung und Abhängigkeit

Gegen Ende der 1960er-Jahre standen LSD und seine psychedelischen Schwesterstoffe symbolisch für einen Teil der kulturellen, sozialen und politischen Umbrüche der gegenkulturellen Bewegung. Nachdem im Umfeld von US-amerikanischen Universitäten eine Reihe von Versuchen zur Erforschung des religiösen Erlebens und der Bewusstseinserweiterung durchgeführt worden waren (vgl. Langlitz 2010, S. 268–273), hatte der Konsum dieser Stoffe in subkulturellen Gruppen stark zugenommen. Medienberichte über eine neue Drogenepidemie häuften sich, und das Pharmaunternehmen Sandoz, das bisher LSD für Forschungen zur Verfügung gestellt hatte, begann sich um seine Reputation zu sorgen. 1966 wendete sich das Blatt: LSD wurde in Kanada und den USA auf die Liste illegaler Betäubungsmittel gesetzt, die europäischen Länder zogen bald nach. Innerhalb von etwas mehr als zwei Dekaden hatte sich die Wahrnehmung der psychotropen Substanz LSD vom Wundermittel und Hoffnungsträger zur problematischen, mit rebellierenden Jugendlichen verbundenen Droge gewandelt. Die politischen Auseinandersetzungen, die sich unter anderem an den Halluzinogenen entzündeten, verwiesen auf Bruchlinien in der amerikanischen und in geringerem Ausmaß auch in den europäischen Gesellschaften (vgl. Tanner 2006). Die Illegalisierung hatte vor allem mit sozialen Gebrauchsweisen und Auseinandersetzungen um Normen zu tun; abgesehen davon war es schwierig LSD-Wirkungen in Experimenten zu stabilisieren – der Stoff wirkt je nach *Set* und *Setting* anders. Stoffe wie LSD waren zu „sozialen Agenzien" geworden, mit denen die Verschränkungen von psychopharmakologischer und kultureller Revolution problematisiert wurden (vgl. Moser 2012, S. 26). Während die psychedelischen Versuche der frühen 1960er-Jahre noch den Status der Wissenschaftlichkeit hatten, lösten sich einige Forscher im Laufe der Dekade immer stärker vom Bezugsrahmen der Psychiatrie, Medizin oder Psychologie. Es ging nun um Bewusstseinserweiterung und, damit verbunden, um eine tiefgreifende Veränderung der Gesellschaft.

Auch in Europa wurden in den 1960er-Jahren psychoaktive Stoffe auf neue Weise sozial und politisch aufgeladen. Während die psychedelische Bewegung zu Beginn eine amerikanische Geschichte war, die allenfalls Nachahmer und Ableger in Europa fand, kam es in einigen westeuropäischen Ländern zu einem breiten Suchtdiskurs. Die Figur der

Selbstermächtigung qua psychoaktivem Stoff trat hier, in ihr Gegenteil gewendet, wieder auf: Drogen und abhängig machende Medikamente drohten in ihrer dystopischen Version immer breitere gesellschaftliche Schichten zu erfassen und diese nicht zu befreien, sondern zu unterwerfen. Wie ein Schweizer Psychiater hervorhob, führe der Konsum von Halluzinogenen dazu, dass „Karriere, Ehrgeiz, Heim und Familie nur noch eine sekundäre Rolle" bei vielen jungen Menschen spiele (Angst 1970, S. 712). Neben den Hippies seien es gerade junge Intellektuelle, die aus ihrer Familie fliehen, ihre Karriere aufgeben und eine „neue Gesellschaft" suchen würden (ebd., S. 713). Halluzinogene Stoffe würden von diesen subkulturellen Gruppen deshalb ausgewählt, weil sie eine „Zurückweisung des großen Ethos" unserer Kultur symbolisierten (ebd., S. 714), das mit Ordnung, Sicherheit, Rationalismus und dem Ideal von Wachheit und Selbstkontrolle assoziiert wurde. Halluzinogene wurden in diesem Sinne zu einer Gegenerfahrung zur modernen Welt und insbesondere zur Leistungsgesellschaft. Das Unbehagen der Jugend an der Gesellschaft, das durch Drogenkonsum ausgedrückt würde (vgl. Kielholz und Ladewig 1972), schien den einen als Flucht aus einer kranken Gesellschaft, als Reaktion auf ein unmöglich gewordenes Leben in einer pathologischen Welt. Die anderen pathologisierten diese subversiven Lebensentwürfe geradezu und betrachteten sie als krank. An der Schwelle zu den 1970er-Jahren wurden psychoaktive Stoffe – besonders die mit gesellschaftlichen Umbrüchen assoziierten Halluzinogene – zu Kippfiguren: Sie konnten gleichermaßen für Befreiung und für Selbstverlust stehen; sie trugen einen utopischen Überschuss in sich und konnten zugleich dystopische Ängste vor chemischer Fremdsteuerung auslösen (vgl. Tanner 2009). Bei der Krise der Normen um 1968 wird deutlich, dass psychoaktive Stoffgruppen in sozialen Zusammenhängen stehen und dass ihr Konsum nicht zu trennen ist von Subjektivierungsweisen sowie sozialen Aushandlungen. Gerade als breitere gesellschaftliche Gruppen psychoaktive Stoffe konsumierten, gerieten soziale Werte an die Oberfläche des Diskurses und Zuständigkeiten mussten neu verhandelt werden.

4 Epistemische Probleme im LSD-Versuch

Zwanzig Jahre früher, als LSD erstmals den Weg in eine psychiatrische Klinik fand, stand der Stoff noch in einem engeren, medizinisch-pharmakologischen Kontext. Es stammte aus der pharmakologischen Forschungsabteilung des Basler Chemiekonzerns Sandoz und wurde nach den berühmten ersten Selbstversuchen von Albert Hofmann erstmals 1945 in psychiatrisch-medizinischen Kontexten eingesetzt. 1947 veröffentlichte der Psychiater Werner A. Stoll die Ergebnisse der ersten klinischen Versuchsreihe mit LSD, bei der 34 Experimente an der Psychiatrischen Universitätsklinik Zürich durchgeführt wurden. Er berichtete von einem Forschersubjekt, das sich selbst im Rausch verloren ging und das nur noch mit Mühe Notizen machen konnte (vgl. Stoll 1947, S. 302). Neben der Erlebnisintensität, dem Tempo der Wahrnehmungen und der Schwierigkeit, überhaupt passende Worte für das Erlebte zu finden, kam in den frühen Versuchsreihen rasch auch ein epistemisches Problem zum Vorschein. Da nicht alle Effekte am Körper messbar oder am Verhalten beobachtbar waren, blieben die Wissenschaftler auf die Sprache und auf die Ich-Perspektive angewiesen. Doch wie ließ sich das Subjektive verlässlich erfassen und objektivieren, schien sich doch gerade dieses Subjekt im Rausch aufzulösen, zu erweitern oder als Selbst zu verlieren? Wie jüngere Forschungen zeigen, wurde dies über verschiedene objektivierende Verfahren zu lösen versucht (vgl. Moser 2012; Shortall 2014; Tornay 2016). Psychologische Tests wie der Rorschachtest, Aufschreibeverfahren wie das Protokoll (Risthaus 2012), Zeichentests, Schriftproben oder technische Methoden wie das EEG und Videoaufnahmen zeugen von diesen Bestrebungen. In weiteren Versuchsreihen wurde auf Künstler und Autorinnen zurückgegriffen, da die Psychiater sie für besonders introspektionsgeübt hielten und ihnen eine hohe Affinität zu nuancierter Wahrnehmung und Expression zuschrieben (vgl. Moser 2012; Tornay 2016).

Sobald jedoch Patientinnen und Patienten der psychiatrischen Kliniken in die Versuchsreihen einbezogen wurden, ging es neben dem Problem des Subjektiven und seiner Objektivierung im Versuch noch um eine weitere Grenzziehung: diejenige zwischen Gesundheit und Krankheit. Bereits an den ersten Versuchen in Zürich waren auch Psychiatriepatienten beteiligt. Schnell kam die Frage auf, was sich denn im LSD-Experiment überhaupt abbildete. War es die Stoffwirkung an sich, die Persönlichkeit des Probanden oder – im Falle von Patienten – gar die Stimme einer (latent) vorhandenen psychischen Störung? Stoll bekundete seine Mühe, diese „Orte" – den Ort der Stoffwirkung und den Ort der Persönlichkeit – experimentell sinnvoll voneinander zu unterscheiden (Stoll 1952, S. 251). Bei schizophrenen Patienten kam zusätzlich die Frage auf, wie verlässlich zwischen den ‚normalen' Halluzinationen und den „schönen, regenbogenfarbigen Bildern" des Rauschs unterschieden werden konnte (Stoll 1947, S. 309). Folgeexperimente an derselben Klinik widmeten sich dieser Grenzziehung explizit. 1949 veröffentlichte der Psychiater Gion Condrau eine Versuchsreihe mit dreißig Patienten und sieben ‚normalen' Versuchspersonen, wobei es sich hauptsächlich um Assistenzärzte und den Psychiater selber handelte. Für die Auswahl der Patienten war nicht ihre Diagnose ausschlaggebend, sondern dass sie „einigermaßen differenziert […] über ihre seelischen Erlebnisse Auskunft" geben konnten (Condrau 1949, S. 12). Die Versuchsreihe war an das Modell der damals gängigen Insulinschock-Kuren angelehnt, die lückenlos und intensiv über sechs bis zehn Tage durchgeführt wurde. Alle ‚Normalpersonen' gingen ihrem Tagesablauf weiter nach, wobei sie einen nachlassenden Arbeitseifer zu Protokoll gaben und von Lese- und Schreibschwierigkeiten berichteten (ebd., S. 15). Bei den Patienten hingegen waren die Ergebnisse enttäuschend. Condrau konnte keine spezifischen, bisher unbekannten Zustände ausmachen: „In einigen Fällen halluzinierten die Patienten, doch wurden diese Halluzinationen immer in das bestehende Krankheitsbild eingegliedert und konnten nicht als spezifische Giftwirkungen davon abgetrennt werden" (ebd., S. 26). Auch beim Protokollieren gab es Schwierigkeiten: Da die Patienten – in den Augen des Psychiaters – aufgrund ihrer Krankheiten sowieso mehrmals täglich wechselnde Stimmungen hätten, seien ihre Angaben unzuverlässig. Trotz dieser Schwierigkeiten folgerten Condrau und nach ihm weitere Psychiater, dass Patientinnen und Patienten eine größere Resistenz gegenüber LSD aufwiesen als normale Versuchspersonen. Die Unterscheidung zwischen gesunden und kranken Subjektivierungen war diesen Versuchsanordnungen jedoch bereits vorgängig eingeschrieben und wurde in den Versuchen stabilisiert: Verlässliche Zeugen für die Stoffwirkung blieben vor allem die gesunden Probanden, die sich selbst beobachteten und Protokolle in Ich-Form verfassten. Den Patienten blieb diese Berichtsform verwehrt, die Stoffwirkung wurde von ihren „delirierenden" Äußerungen getrennt und eher am Verhalten sowie an vegetativen und neurologischen Veränderungen abzulesen versucht (ebd., S. 11). Diese Beobachtungen in Zürich stützten die Gleichsetzung von Rausch und Psychose, da bei Kranken nur wenig, bei Gesunden hingegen viel passierte. Letzteres wurde im zeitlichen Ablauf, in den halluzinatorischen Wahrnehmungen und Erlebnissen als eine Art Psychose *en miniature* gedeutet (vgl. für einen historischen Vorläufer Moreau de Tours 1845). Häufig war von Entfremdungserlebnissen die Rede, Ich-Verlust, „Entrücktheit" und „Beziehungslosigkeit" (Stoll 147, S. 294). Die LSD-Erfahrung im Selbstversuch und mit gesunden Probanden schien für die Zürcher Psychiater eine grundsätzliche Verwandtschaft mit Psychosen zu haben und das Halluzinogen wurde zu einem Instrument, mittels dessen die Psychose im Modell reproduziert werden konnte (vgl. Langlitz 2013 sowie historisch Beringer 1927). Für die Psychiatrie als „körperlose Disziplin", wie sie Michel Foucault bezeichnet hat, entstand so ein neuer Raum der Evidenz (vgl. Foucault 2005, S. 407), der jedoch vom subjektiven Erleben abhängig blieb. Erst als sich LSD Ende der 1960er-, Anfang der 1970er-Jahre in subkulturellen Szenen ausbreitete, löste sich diese enge Bindung an wissenschaftliche und therapeutische Kontexte. Hier waren nicht mehr die Objektivierungsversuche des Subjektiven, sondern die Kategorie der Erfahrung zentral.

5 Das depressive Selbst

Als das LSD aus der psychiatrisch-medizinischen Sphäre in neue Gesellschaftsbereiche wanderte, wurde der Stoff politisch und sozial aufgeladen. Das ging einher mit einer Verschiebung der Praktiken und Werte, die das Subjekt betreffen. Eine ähnliche Erweiterung des Konsumentenkreises lässt sich im selben Zeitraum bei weiteren psychoaktiven Stoffen beobachten: 1958 kamen die ersten Antidepressiva auf den Markt. Diese waren als Medikamente für die stationäre Psychiatrie zunächst für hospitalisierte Patienten gedacht. In Münsterlingen arbeitete der Psychiater Roland Kuhn eng mit der Pharmafirma Geigy zusammen und beschrieb die antidepressive Wirkung von „Geigy rot", aus welchem das erste Antidepressivum Imipramin wurde. Dabei hatte er eine spezifische, eng gefasste Definition der Depression im Blick, die schwierig zu diagnostizieren und für die Patienten schwer beeinträchtigend war (vgl. Tornay 2016). Dementsprechend wurde auch der Antidepressiva-Markt von den Pharmaunternehmen zunächst als sehr klein eingeschätzt. Gemäß David Healy ging man von 50 bis 100 Depressiven pro Million Menschen aus – bis in die 1990er-Jahre hatte sich diese Zahl verhundertfacht (vgl. Healy 2002, S. 69). Erst mit der Ausweitung dieses vormals eng gefassten Krankheitsbildes auf leichtere Formen der Depression, die eher in den Praxen von Allgemeinärzten erschienen, erweiterten die neuen Stoffe ihren Adressatenkreis und traten ihren Weg aus der Klinik heraus an. Ende der 1980er-Jahre kam mit Prozac eine neue Generation von Antidepressiva auf den Markt; um die Jahrtausendwende waren die antidepressiven Stoffe – nach Herzmedikamenten – die am zweithäufigsten konsumierte Medikamentengruppe (vgl. Lakoff 2007, S. 58; Rose 2007). Wie lässt sich diese „Epidemie" der Depression erklären (Pignarre 2001)? Hat sich nicht nur ein neurochemisches, sondern gar ein depressives Selbst durchgesetzt? Die Zunahme der Diagnosestellung scheint mit der Ausweitung des Antidepressiva-Konsums verknüpft. Pharmakritische Autoren argumentieren, dass neue Medikamente mittels Werbebestrebungen der Pharmaindustrie und einer Ausdifferenzierung der Krankheitsklassifikationen in immer kleinere Einheiten auch zu einer Zunahme der entsprechenden Diagnosen führen – dass Medikamente die dazugehörigen Krankheiten geradezu (er-)finden (vgl. Healy 1997). Andere Autoren erklären sich die Epidemie damit, dass neue therapeutische Mittel den Blick für die passende Krankheit und ihre Symptome schärfen (vgl. Shorter 1997). Alain Ehrenbergs These vom erschöpften Selbst sieht die Depression hingegen nicht in direktem Zusammenhang mit den therapeutischen Möglichkeiten, sondern als Reaktion auf einen gesellschaftlichen Wandel (Ehrenberg 2008; vgl. auch Borch-Jacobsen 2002). Wenn man jedoch die wechselseitige Konstituierung von Pharmakon und Person bedenkt, wird deutlich, dass eine neue Stoffgruppe auch neue Patientengruppen kreiert, dass Antidepressiva in allen Stadien ihrer Geschichte also ihre Patienten „rekrutieren" – ein Prozess, an dem auch Patienten und Konsumentinnen aktiv mitwirken (vgl. Pignarre 2001). Menschen wurden in neue Einheiten gefasst, Kategorien wurden popularisiert und wanderten, an die psychoaktiven Stoffe geknüpft, in breitere gesellschaftliche Bereiche. Weder wurde für eine klar umrissene Krankheit der genau passende Stoff gefunden, noch wurde umgekehrt zu einem stabilen, spezifisch wirkenden Stoff eine passende Krankheit hinzugefügt. Vielmehr ist von einer gegenseitigen Stabilisierung auszugehen, dergestalt dass sich ein depressives Selbst und ein antidepressiver Stoff zirkulär stützen.

So wird deutlich, dass psychoaktive Stoffe und Subjektivierungen auf mehreren Ebenen zirkulär miteinander verknüpft sind: Mit der psychopharmakologischen Wende und dem Eintreten von LSD und Chlorpromazin in die Psychiatrie kam es zugleich zu einer Experimentalisierung und Therapeutisierung des „unendlichen inneren Bezirks". Hier wurden Grenzziehungen zwischen normalen und pathologischen psychischen Prozessen verhandelt und das Subjektive wurde mittels wissensproduzierender Verfahren objektiviert und ausgewertet. Mit dem Ausgreifen psychoaktiver Stoffe wie den Antidepressiva oder LSD über die enge psychiatrische Sphäre hinaus in breitere gesellschaftliche Bereiche wurden chemisch konnotierte Personenkonzepte wirksam: das depressive Selbst oder der selbstbefreite bzw. selbstverlorene Konsument (Hippie, Drogenabhängiger).

Literatur

Angst, J. 1970. Halluzinogen-Abusus. *Schweizerische Medizinische Wochenschrift* 100(16): 710–715.
Appadurai, A. 1986. Introduction. Commodities and the Politics of Value. In *The Social Life of Things. Commodities in Cultural Perspective*, hrsg. v. A. Appadurai, 3–63. Cambridge.
Balz, V. 2010. *Zwischen Wirkung und Erfahrung. Eine Geschichte der Psychopharmaka. Neuroleptika in der Bundesrepublik Deutschland, 1950–1980*. Bielefeld.
Becker, P., W. Clarke. 2001. Introduction. In *Little Tools of Knowledge. Historical Essays on Academic and Bureaucratic Practices*, hrsg. v. P. Becker, W. Clarke, 1–33. Ann Arbor.
Beringer, K. 1927. *Der Meskalinrausch. Seine Geschichte und Erscheinungsweise*. Berlin.
Borch-Jacobsen, M. 2002. Psychotropicana. *London Review of Books* 24(13): 17–18.
Braunschweig, S. 2013. *Zwischen Aufsicht und Betreuung. Berufsbildung und Arbeitsalltag der Psychiatriepflege am Beispiel der Basler Heil- und Pflegeanstalt Friedmatt, 1886-1960*. Basel.
Castel, R. 1991. From Dangerousness to Risk. In *The Foucault Effect. Studies in Governmentality*, hrsg. v. G. Burchell, C. Gordon, P. Miller, 281–289. London.
Condrau, G. 1949. Klinische Erfahrungen an Geisteskranken mit Lysergsäure-Diäthylamid. *Acta Psychiatrica et Neurologica* 24(9): 9–32.
Daston, L., P. Galison. 2010. *Objectivity*. New York.
Derrida, J. 1998. Die Rhetorik der Droge. In *Auslassungspunkte. Gespräche*, hrsg. v. P. Engelmann, 241–266. Wien.
Dumit, J. 2012. *Drugs for Life. How Pharmaceutical Companies Define Our Health*. Durham.
Ehrenberg, A. 2008. *Das erschöpfte Selbst. Depression und Gesellschaft in der Gegenwart*. Frankfurt/Main.
Eitler, P., J. Elberfeld. (Hrsg.). 2015. *Zeitgeschichte des Selbst. Therapeutisierung – Politisierung – Emotionalisierung*. Bielefeld.
Elkes, J. 1958. Ataractic and Hallucinogenic Drugs in Psychiatry. *World Health Organization Technical Report Series* 152. Genf.
Foucault, M. 2005. *Die Macht der Psychiatrie. Vorlesungen am Collège de France 1973-1974*. Frankfurt/Main.
Guenther, K. 2015. *Localization and Its Discontents. A Genealogy of Psychoanalysis and the Neuro Disciplines*. Chicago.
Hacking, I. 1986. Making up People. In *Reconstructing Individualism. Autonomy, Individuality, and the Self in Western Thought*, hrsg. v. T. Heller, M. Sosna, D. Wellbery, 222–236. Stanford.
Hacking, I. 1995. The Looping Effects of Human Kinds. In: *Causal Cognition. A Multidisciplinary Debate*, hrsg. v. D. Sperber, D. Premack, A. Premack, 351–383. Oxford.
Hacking, I. 2007. Kinds of People. Moving targets. *Proceedings of the British Academy* 151: 285–318.
Healy, D. 1997. *The Antidepressant Era*. Cambridge.
Healy, D. 2002. *The Creation of Psychopharmacology*. Cambridge.
Herzberg, D. 2009. *Happy Pills in America. From Miltown to Prozac*. Baltimore.
Hofmann, A. 1993 [1979]. *LSD – mein Sorgenkind. Die Entdeckung einer Wunderdroge*. Stuttgart.
Huxley, A. 1981 [1954]. *Die Pforten der Wahrnehmung. Himmel und Hölle. Erfahrungen mit Drogen*. München.
Illouz, E. 2009. *Die Errettung der modernen Seele. Therapien, Gefühle und die Kultur der Selbsthilfe*. Frankfurt/Main.
Jaspers, K. 1913. *Allgemeine Psychopathologie. Ein Leitfaden für Studierende, Ärzte und Psychologen*. Berlin.
Kielholz, P., D. Ladewig. 1972. *Die Drogenabhängigkeit des modernen Menschen*. München.

König, M. 2016. *Besichtigung einer Weltindustrie, 1859 bis 2016.* Chemie und Pharma in Basel, Bd. 1. Basel.

Lakoff, A. 2005. *Pharmaceutical Reason. Knowledge and Value in Global Psychiatry.* Cambridge.

Lakoff, A. 2007. The Right Patients for the Drug. Managing the Placebo Effect in Antidepressant Trials. *BioSocieties* 2: 57–73.

Langlitz, N. 2010. ‚Better Living Through Chemistry'. Entstehung, Scheitern und Renaissance einer psychedelischen Alternative zur kosmetischen Psychopharmakologie. In *Die Debatte über ‚Human Enhancement'. Historische, philosophische und ethische Aspekte der technologischen Verbesserung des Menschen,* hrsg. v. C. Coenen, S. Gammel, R. Heil, A. Woyke, 263–286. Bielefeld.

Langlitz, N. 2013. *Neuropsychedelia. The Revival of Hallucinogenic Research Since the Decade of the Brain.* Berkeley.

Latour, B. 1987. *Science in Action. How to Follow Scientists and Engineers Through Society.* Cambridge.

Lengwiler, M., J. Madarazs. (Hrsg.). 2010. *Das präventive Selbst. Eine Kulturgeschichte moderner Gesundheitspolitik.* Bielefeld.

Letemendia, F., W. Mayer-Gross. 1958. Theories on the Psychic Effects of Drugs. In *Chemical Concepts of Psychosis. Proceedings of the Symposium on Chemical Concepts of Psychosis,* hrsg. v. M. Rinkel, 418–424. New York.

Majerus, B. 2016. Making Sense of the ‚Chemical Revolution'. Patients' Voices on the Introduction of Neuroleptics in the 1950s. *Medical History* 60(1): 54–66.

Moreau de Tours, J. 1845. *Du hachisch et d'aliénation mentale. Etudes psychologiques.* Paris.

Moser, J. 2012. *Psychotropen. Eine LSD-Biographie.* Konstanz.

Osmond, H. 1958. Chemical Concepts of Psychosis (Historical Contributions). In *Chemical Concepts of Psychosis. Proceedings of the Symposium on Chemical Concepts of Psychosis,* hrsg. v. M. Rinkel, 3–26. New York.

Pignarre, P. 2001. *Comment la dépression est devenue une épidémie.* Paris.

Pignarre, P. 2006. *Psychotrope Kräfte. Patienten, Macht, Psychopharmaka.* Zürich, Berlin.

Reckwitz, A. 2006. *Das hybride Subjekt. Eine Theorie der Subjektkulturen von der bürgerlichen Moderne zur Postmoderne.* Weilerswist.

Risthaus, P. 2012. Auf dem Trip. Drogenprotokolle als literarische Formulare. In *Selbstläufer/Leerläufer. Regelungen und ihr Imaginäres im 20. Jahrhundert,* hrsg. v. S. Rieger, M. Schneider, 65–80. Zürich.

Rose, N. 1996. Assembling Ourselves. In *Inventing Our Selves. Psychology, Power, and Personhood,* hrsg. v. N. Rose, 169–197. Cambridge.

Rose, N. 2003. Neurochemical Selves. *Society* 41(1): 46–59.

Rose, N. 2007. Psychopharmaceuticals in Europe. In *Mental Health Policy and Practice across Europe,* hrsg. v. M. Knapp, D. McDaid, E. Mossialos, G. Thornicroft, 146–187. Milton Keynes.

Shapira, M. 2013. *The War Inside. Psychoanalysis, Total War, and the Making of the Democratic Self in Postwar Britain.* Cambridge.

Shortall, S. 2014. Psychedelic Drugs and the Problem of Experience. *Past and Present* 222(9): 187–206.

Shorter, E. 1997. *A History of Psychiatry. From the Era of the Asylum to the Age of Prozac.* New York.

Stoll, W. 1947. Lysergsäure-diäthylamid, ein Phantastikum der Mutterkorngruppe. *Schweizer Archiv für Neurologie und Psychiatrie* 60: 279–323.

Stoll, W. 1952. Rorschach-Versuche unter Lysergsäure-Diäthylamid-Wirkung. *Rorschachiana. Internationale Zeitschrift für Rorschachforschung und andere projektive Methoden* 1(3): 249–270.

Sunder Rajan, K. 2006. *Biocapital. The Constitution of Post-Genomic Life.* Durham.

Tändler, M. 2016. *Das therapeutische Jahrzehnt. Der Psychoboom in den siebziger Jahren.* Göttingen.

Tanner, J. 2006. Amerikanische Drogen – europäische Halluzinationen. In *Attraktion und Abwehr. Die Amerikanisierung der Alltagskultur in Europa*, hrsg. v. A. Linke, J. Tanner, 267–288. Köln, Weimar.

Tanner, J. 2009. ‚Doors of perception' versus ‚Mind control'. Experimente mit Drogen zwischen kaltem Krieg und 1968. In *Kulturgeschichte des Menschenversuchs im 20. Jahrhundert*, hrsg. v. B. Griesecke, M. Krause, N. Pethes, K. Sabisch, 340–372. Frankfurt/Main.

Tornay, M. 2016. *Zugriffe auf das Ich. Psychoaktive Stoffe und Personenkonzepte in der Schweiz, 1945 bis 1980.* Tübingen.

van der Geest, S., S. R. Whyte, A. Hardon. 1996. The Anthropology of Pharmaceuticals. A Biographical Approach. *Annual Review of Anthropology* 25: 153–178.

Drogen als Selbstoptimierung

Techno, Kreativität und der neue Geist des Kapitalismus

Robert Feustel

Zusammenfassung

Mit dem zweiten *Summer of Love* 1988 erlebten Drogen, allen voran LSD und Ecstasy (MDMA), eine Renaissance. Kurz schien es, als würden sie erneut Teil einer rebellischen Gegenkultur, in Kombination mit Techno, Rave und langen Nächten. Allerdings zeigte sich recht schnell, dass die neue Jugendkultur weniger im Aufbruch begriffen war. Vielmehr dienten Drogen dazu, Arbeitswelt und Partykultur, Normalität und Ausbruch in Einklang zu bringen, was zu einer eigenwilligen Affirmation des Normalen führt. In diesem Kontext entwickelte sich Drogenkonsum zum Modus der Selbstoptimierung: Er hilft zur Entspannung, zur Leistungssteigerung oder fördert vermeintlich die Kreativität. Was zwei Jahrzehnte zuvor Mittel zum Ausbruch, zum „drop out" (Timothy Leary) sein sollte, passt sich nun dem neuen „Geist des Kapitalismus" an und bereitet einen Zugriff auf Drogen vor, der später mit dem Schlagwort Neuro-Enhancement von sich reden machen und den Drogenkonsumenten zum „unternehmerischen Selbst" umformen wird.

Schlüsselbegriffe: Rave, Techno, Kreativität, unternehmerisches Selbst, MDMA, Ecstasy, Neoliberalismus, Neuro-Enhancement, Selbstoptimierung

1 Vom utopischen Geist zur Leistungsmaximierung

Es habe wenig Sinn, gegen Drogen zu sein, argumentierte Michel Foucault bereits in den frühen 1980er-Jahren und bemühte einen interessanten Vergleich: Genauso wie es gute und schlechte Musik gebe, gebe es gute und schlechte Drogen. Pauschale Ablehnung sei der Sache nicht angemessen (vgl. Foucault 2005, S. 913). In jenen Jahren war allerdings die große Drogenwelle bereits einige Zeit verebbt. Der „war on drugs" hatte die Szenerie fest im Griff, und angesagt war alles, „was Kurzschluß im Gehirn verursacht und die grauen Zellen möglichst lange außer Gefecht setzt" (Thompson 2005, S. 251). Vorbei war es mit den eskapistischen und revolutionären psychedelischen Erfahrungen, in deren Konsequenz die gesamte kapitalistisch-bürgerliche Moderne zur Diskussion stand. Die Drogen- und Rauschgeschichte der 1960er-Jahre ist hinlänglich bekannt ebenso wie ihr Kippen in Kontrollphantasien, also ihre Ambivalenzen und die harte Landung (vgl. Feustel 2015). Es ließe sich trefflich darüber diskutieren, welches soziale und politische Veränderungspotenzial tatsächlich im psychedelischen Rausch steckte und was die transgressiven Erfahrungen bedeuteten. Der vorliegende Beitrag richtet den Blick jedoch auf die Frage: Was kam nach der revolutionären Euphorie um LSD? Welche Drogenerfahrungen dominierten die spätmodernen Gesellschaften *in the long run*? Diese Frage ist freilich recht groß. Drogenkonsum und seine Bedeutungen sind vielschichtig. An einem kleinen Ausschnitt zu Rave und Techno, der sicher nicht die „Realität" der Clubs, dafür aber ein Diskursfragment skizziert, soll allerdings die Tendenz zur Optimierung sichtbar gemacht werden. Diese, so steht zu vermuten, spielt auch gegenwärtig eine nicht unwesentliche Rolle.

Psychoaktive Drogen verloren zwar in den 1970er-Jahren ihre Prominenz, ganz vom Markt verschwanden sie allerdings nicht. Dennoch dauerte es bis in die späten 1980er-Jahre, bis ihnen – besonders im Kontext des britischen *Summer of Love* – erneut (mediale) Aufmerksamkeit zuteilwurde (vgl. Böpple und Knüfer 1996, S. 30). Mit D-Mobs Hit-Single *We call it Acieed* von 1988, bekam die neuerliche LSD-Welle ein popkulturelles Aushängeschild. Ähnlich wie die musikalische Erschütterung, die zwei Jahrzehnte zuvor Jimi Hendrix mit Hilfe von LSD hervorrief (vgl. Theweleit und Höltschl 2008), schien auch hier aus der Verbindung von Drogen, Rausch und Musik eine neue Bewegung zu erwachsen. Diese nahm zwar in der krisengeschüttelten Autostadt Detroit ihren Anfang, schwappte aber recht schnell nach Europa und ist eng mit Drogen verbunden: Techno. „Erfahrungen mit psychedelischen Drogen? Na klar. Diesmal ist es aber anders. Es ist nicht der Trip – es ist die Musik" (Böpple und Knüfer 1996, S. 46). LSD wurde allerdings nicht die prägende Droge. Sie wurde nach und nach vom weniger „radikalen" und utopistischen Ecstasy verdrängt – wobei in Form von „Microdosing" heutzutage erneut auf LSD zurückgegriffen wird.

Was auch immer die neue Welle elektronischer Musik kombiniert mit ‚Underground', Club-Kultur und Drogenkonsum ins Werk setzte, es handelte sich offensichtlich um das erste Mal seit den 1960er-Jahren, dass Drogen, Rausch, Musik und Lebensstil zusammengebunden wurden, wenngleich die Vorstellung einer homogenen Sub- oder Jugendkultur teils eine mediale Fiktion ist. Drogenkonsum war ohne Zweifel auch zuvor verbreitet, allerdings ohne dass es dazu eine geschlossene Erzählung gegeben hätte. Am Ende der 1980er-Jahre war das anders. Nach einer Phase, von der bisweilen behauptet wird, dass es im „links-alternativen Spektrum [als] Verbrechen [galt], sich offen zu amüsieren" (ebd., S. 35), lag nun Acid (und etwas später vorrangig Ecstasy) in der Luft.

Es dauerte allerdings nicht lange, bis diese neuerliche und jugendliche Begeisterung für Drogen und Musik den politischen Pfad verließ, um stattdessen spätkapitalistische Optimierungsphantasien zu beflügeln: Was im zweiten *Summer of Love* 1988 als Ausbruch begann, wandelte sich zu einer Form des Drogenkonsums, die sich nahtlos gewissermaßen in den Trend zum „unternehmerischen Selbst" (Bröckling 2007) einreiht und Drogen zum Ausgleich, zur Verbesserung der Leistungsfähigkeit oder zur Steigerung der Kreativität einsetzte. Debatten, die gegenwärtig mit dem Schlagwort Neuro-Enhancement (siehe den Beitrag von Greta Wagner in diesem Band) von sich reden machen, begannen hier und entkoppelten Drogenkonsum und Politik: Während Drogenkonsum in den 1960er- und 1970er-Jahren mitunter Teil einer widerständigen Haltung war, half er nunmehr, die Anforderungen und Zumutungen zu ertragen oder gar besser zu bewältigen.

2 Mit Techno gegen Kapitalismus

Einige markante Elemente der neuen Drogen- und Musikkultur, die seit den späten 1980er-Jahren aufhorchen ließ, waren bereits aus den 1960er-Jahren bekannt. Im Wesentlichen formte sie sich in der Verteidigung ihres zentralen Anliegens gegen staatliche Repression: das „Recht auf Vergnügen, pleasure" (ebd., S. 32). Im schrillen Ruf nach „Love, Peace and Unity" klang ebenso das lange Leben der *counterculture* an wie in den Forderungen nach Selbstbestimmung und sexueller Freizügigkeit. Die Dimensionen der Technoinvasion waren ähnlich wie 1968, wurde jedenfalls anfänglich vermutet: Die neue Generation werde, paraphrasiert der Spiegel 1996 den Herausgeber des Techno-Magazins *Frontpage*, Jürgen Laarmann, „‚die Gesellschaft mehr verändern als die 68er', weil sie das Glücksgefühl aus den langen Nächten in den Alltag der Gesellschaft trage. In den Kellern und Klubs werde Zukunft vorgelebt, ohne Rassismus, ohne Sexismus, ohne Gewalt. [...] In den Sechzigern warfen die Aufsässigen Molotowcocktails, in den Siebzigern gründeten sie Bürgerinitiativen, in den Achtzigern etablierten sie die Grünen – wer in den Neunzigern jung ist und ein besseres Leben will, läuft zuckend hinter lärmenden Tiefladern her" (Schnibben 1996).

Woher Techno und Rave kamen und vor allem wohin sie führten, wurde viel diskutiert. Die Interpretationen changierten dabei zwischen einer Lesart als positiver, hedonistischer Lebensstil, der Individuum und Kollektiv verschweißt (vgl. Böpple und Knüfer 1996); als debiler Ausbruchsversuch, dem es an Sprache und damit an Substanz mangelt (vgl. Brauck und Dumke 1999); oder Rave und Techno stehen für einen kulturvergessenen „Sog der Subjektlosigkeit" (Mareis 2000), der – auf Augenhöhe mit der entfesselten Kulturindustrie – der Jugend eine fatale Mischung aus Kollektiv, kalter Vereinzelung und Flucht in den Drogenrausch nahelegt. Einmal mehr war viel Ideologie im Spiel, wenn Ecstasy und vehemente Bassläufe zur Debatte standen.

Anfänglich spielten Versatzstücke der psychedelischen Revolution eine größere Rolle. An den Begriff Acid band sich erneut ein Moment von Widerstand, von Anders-Sein und Revolte. Noch 1996 schreiben Friedhelm Böpple und Ralf Knüfer in *Generation XTC*, einer Lobrede auf die „Szene", dass die entsprechende Generation „soweit wie möglich" versucht, „dem Kapitalismus ein Schnippchen zu schlagen und sich nicht mit Haut und

Haaren an ihn zu verkaufen" (Böpple und Knüfer 1996, S. 60). Die Latte hing deutlich tiefer als in den 1960er-Jahren. Es ging nur mehr um einen „Hauch von Moral, eine Moral der Verweigerung" (ebd.). Die bieder-bürgerliche Arbeitswelt drängte zur Flucht in den Club, der wiederum mit Ecstasy (in geringerem Maß mit LSD) und einer sphärischen, völlig neuen und anderen Musik ein paralleles (Nacht-)Leben ermöglichte. Genussorientierter Widerstand war angesagt: „Klar geht es mir beschissen. Aber wenigstens muß ich dafür nicht auch noch arbeiten" (ebd., S. 55). Auch wenn der oder die Einzelne nur einen Hauch von Widerstand praktizierte, ging es insgesamt doch um etwas viel Größeres: „Die Wahrwerdung des Marxschen ‚Traums von einer Sache', in dem sich zum Teil Gesellschaft selbst darstellt, da passierte es tatsächlich – für einen Augenblick" (ebd., S. 136).

Was allerdings als kapitalismuskritisches Projekt mit Impulsen gegen das bürgerliche Arbeitsethos begann, kippte fast gleichzeitig, wie Böpple und Knüfer unabsichtlich vorführen, in ein berauschtes, unpolitisches Freizeitvergnügen, bei dem sehr genau auf die richtige „Work-Life-Balance" geachtet wird. Der „Marxsche Traum" war nicht mehr als eine Floskel, ein „radical chic". Zwar wurde ungeschminkt deutlich, dass die Nächte in vollem Umfang dem Rave gehörten, allerdings nicht ohne zu betonen, dass damit das soziale Leben ungefährdet bleibe: „Viele von denen, die sich nachts ein Leben geben, das früher Weisen und Göttern vorbehalten war, sind am nächsten Tag natürlich kaputt, [...] aber eben doch irgendwie in einer Arbeit des Tages am Start. Diese Praxis von Exzeß und Erschöpfung und doch Funktionieren macht kaum Aufhebens von sich selbst, so sehr ist sie Normalität" (Rainald Goetz zitiert in ebd., S. 136f.).

3 Die berauschte Affirmation des Normalen

Die Passage, dass man doch irgendwie in der Arbeitswelt regulär am Start sei, enthält zwei Elemente, die jenseits ihrer Überschreitungskraft die Bedeutung der Drogen indirekt markieren. Rainald Goetz sprach unvermittelt an, dass die Raver trotz intensiver Nächte weiterhin „funktionieren", also ihrem Tagwerk nachgehen und arbeiten. Über diese Doppelbelastung von Nachtleben und tagtäglicher Arbeit beklagte sich dennoch niemand, sie sei „Normalität". Auch wenn das sicher nicht für alle Partygäste zutraf, markierte es dennoch einen Stil, eine Art idealtypisches Bild. Hier war offenbar ein „flexibler Normalismus" (Link 1999) am Werk, der selbst den Ausnahmezustand in den Stand des Normalen hob bzw. Normalität so flexibilisierte, dass das exzessive Nachtleben inbegriffen war – vor allem weil die bürgerliche Arbeitswelt unangetastet blieb. Die berauschten Erfahrungen waren sicher schön, eine andere Welt waren sie nicht: „[A]lles [wurde] ein klein wenig weicher irgendwie, natürlicher und herzlicher. Eigentlich normaler, könnte man fast sagen" (Goetz 2001, S. 75).[1] Zwar könnten mit Hilfe von Ecstasy „tiefe Einblicke in sich

---

1   Etwas später heißt es auch: „Und sie lagen da also alle ineinander locker verschränkt und verknotet, ineinander und übereinander, und jede und jeder langt jeden und jede irgendwo an, leicht, eigentlich normal" (ebd., 165).

selbst" gewonnen und Ängste abgebaut werden, die „normalerweise unser Verhalten hemmen", dennoch war der Ecstasyrausch nicht wirklich anders, radikal oder umwerfend: Er sei zwar „extrem angenehm" und vermittelt „wertvolle Einsichten". Dennoch fühlt es sich, erklärt Nicholas Saunders (1988, S. 13), „ungewöhnlich ‚normal'" an. Der große Vorteil dabei ist, sich jeder Sinnsuche zu versagen: „Stunden später, Drogen genommen. Ist nicht alles leichter, wenn Pflicht zur Sinnstiftung entfällt?" (Goetz 2001, S. 75) Oder: „‚Stop Making Sense', hier war es erfüllt" (Böpple und Knüfer 1996, S. 48). Acid House und Techno propagierten zwar Drogenkonsum, „eine explizit politische Botschaft formulierte die Musik der schrägen Sounds jedoch nicht" (ebd., S. 32). Individuelle Genusskultur war die Maßgabe.

Die Beschreibung berauschter Erfahrungen als eigentlicher Normalzustand war komplementär zum Hinweis darauf, dass Raver im Alltag funktionierten. Es war zwar anstrengend aber möglich, nach durchzechten Nächten tagsüber aktiv und produktiv zu werden. Doch das war nicht alles. Nicht nur, dass Ecstasyrausch und Rave die Arbeitskraft nicht gänzlich aufsaugten, entsprechende Rauschzustände wurden zugleich produktiv funktionalisiert. Bei Techno ging es um eine „neue positive, zeitgemäße Bewußtseinsentwicklung und um einen neuen Menschtypus, der eine echte Zukunft auf diesem Planeten hat, weil er gewisse elementare Regeln kapiert hat und sie auch umsetzt."[2] Was der „neue Menschentyp kapiert", lag nicht jenseits der bürgerlichen Arbeitswelt. Folgerichtig entwickelte sich das Bewusstsein nur, statt sich – wie in den 1960ern gefordert – zu erweitern. Und wieder einmal sollte das Nervensystem den Bedingungen der Zeit angepasst werden: „Rave [ist] wirklich eine Art Eingewöhnungsphase für unseren Einstieg in die digitale Welt und unsere Virtualisierung. Unser Nervensystem wird angepaßt, und wir entwickeln uns hin zur posthumen Subjektivität, wie sie die digitale Technologie erfordert und auslöst" (Reynolds 1995, S. 68, siehe auch Quante 2005, S. 99).

Die Parallelen zum flexiblen und dynamischen Kapitalismus neoliberaler Prägung sind auffällig. Genuss und Arbeit ergänzten sich oder fielen bisweilen zusammen, exzessive Momente waren immer schon eine ökonomische Ressource. Der Rückgriff auf eine von Ecstasy verschönerte Normalität suggerierte, dass eine Überschreitung im Rausch mangels Grenze nicht mehr denkbar ist. „Angesichts des pandemischen Über-Ich-Befehls Genieße! Intensiviere! Hab' keine Bedenken! [lässt sich] das eigene Tun schwerlich als subversives empfinden" (Hessdörfer 2005, S. 69). Wenn die kapitalistische Arbeitswelt selbst Exzess und Überschreitung ist, dann verlieren Rauschzustände ihre subversive, transgressive Note. Wenn selbst „der Einspruch, die Verweigerung, die Regelverletzung [...] Wettbewerbsvorteile versprechen" können (Bröckling 2007, S. 283), wenn „Zen-Meditation in der Mittagspause" ihren Platz findet (Hessdörfer 2005, S. 69), dann ist die Grenze verschwunden, deren Übertretung die politische Kontur von Rauschzuständen beispielsweise in den 1960er-Jahren markierte. Slavoj Žižek (2003, S. 61) argumentiert, dass die „spätkapitalistische ‚freizügige' Gesellschaft, die völlig im Bann der Über-Ich-Aufforderung ‚Genieße!' steht, den Exzess zum eigentlichen Prinzip ihres ‚normalen' Funktionierens"

---

2 Peter Huber und Thomas Koch im Groove-Magazin von 1993, zitiert in ebd., 131.

erhebt. Was bedeutet eine mögliche Überschreitung im Rausch noch „im Vergleich zur spätkapitalistischen exzessiven Orgie des Systems selbst?" Ecstasy war folglich ein irreführender Name, weil „nichts weniger als ein Heraustreten [Ekstase] statt[fand], vielmehr scheint mit einem Mal jede zu betretende Dimension des Außen und Darüber, die Möglichkeitsbedingung von Wunsch und Sorge, aufgehoben zu sein – ein überwältigender Mangel, der die Negativität des Glücks unter Beweis stellt" (Hessdörfer 2005, S. 68).

4   Regenerative Freizeit und Produktivitätssteigerung

Übrig blieben technoide Rauschzustände als Optimierung. Diese lässt sich grob in zwei Dimensionen unterscheiden: Einerseits aktivierten Techno und Drogen, indem sie die Taktzahl erhöhten. Menschen wurden aus ihrer Lethargie gerissen, ohne zugleich den Raum von Normalität zu verlassen. Andererseits fungierte Rave als Erholung, als sublimierender Rausch mit regenerativer Kraft. Die Aktivierung hatte verschiedene Facetten. Saunders selbst gelang es mit Ecstasy, nicht weiterhin „den guten alten Zeiten" nachzutrauern, sondern sich neu aufzustellen: „[Ich] lieh mir Geld, sanierte zwei Gebäude und begann, weitere Projekte ins Leben zu rufen" (Saunders 1998, S. 14). Ein Ecstasyrausch wischte gewissermaßen die Komplexität des Alltags weg und ließ absolute Fokussierung zu. Die berauschte Technowelt generierte mitunter „Erweckungserlebnisse zur postindustriellen Arbeitsethik" (Hessdörfer 2005, S. 70), weil sich im Rave jene Potentialität ankündigte, die sich im Kontext einer neoliberalen Arbeitswelt im projektorientierten unternehmerischen Selbst umsetzte. Dafür sprach auch die umstandslose Bejahung der Gegenwart, die vom Rausch vertieft und bestätigt wurde. Prinzipiell gab es keinen Unterschied zwischen technoiden Ecstasyerfahrungen und harter Arbeit: „Ecstasy erlaubt einfach, sich mit ganzem Herzen auf die Aufgabe zu konzentrieren, die gerade ansteht, und das Ergebnis ist in jeder Hinsicht genauso real wie ohne Ecstasy, denn beides ist in sich gleich."[3] Diese Hingabe an ein Projekt mit ganzem Herzen ist die Forderung, die permanent an das unternehmerische Selbst herangetragen wird. Sie ist freilich auch ohne Drogen und Rausch zu meistern. Allerdings konnten Drogen – mit und ohne technoider Musik – die Leistungsoptimierung deutlich beschleunigen, gerade weil sie happy und sorglos machten, weil sie Blockaden lösten, die Angst vor Komplexität nahmen oder der Leistungsfähigkeit Beine machten. Wenn schließlich vorrangig Normalität schöner wurde, stand Rausch in keiner Opposition zur produktiven Alltagswelt mehr, sondern ermöglichte diese.

Gleichzeitig fungierte Techno als Intensivierung von Freizeit. Entsprechende Partys waren wie kurze, verdichtete Auszeiten, die ein intensives Gegengewicht zum Alltag, zur Arbeitswelt darstellten, ohne dem tätigen Leben zu schaden: „Drogen, Drogen, nenn es, wie du willst! Ich nenne sie Smart Pills! Mein Kopf funktioniert, das ist alles" (Böpple und Knüfer 1996, S. 51f.). Der Optimierungseffekt griff doppelt: Der Geist ist klar wie selten zuvor, und Drogen und Rave hauchen dem Subjekt neues Leben ein. Mitunter

---

3   Ein Zen-Mönch, zitiert in Saunders 1998, S. 247.

wurde Techno als *nötige* Sublimation angesehen. Sexualität etwa sei prinzipiell problematisch, schreiben Böpple und Knüfer, vor allem weil die männliche „ihrer Natur nach manisch-depressiv" sei (ebd., S. 184). Dagegen helfen Ecstasy und Techno, behaupten die Autoren: „XTC zähmt. Techno mit seiner pharmakologischen Realität ist eine Kraft, die sexuelle Aggression unter Kontrolle halten kann. Ohne ein Ventil wie Techno […] kann es zum ziellosen Ausbruch von Gewalt kommen" (ebd., S. 185). Diese Eigenschaften machten Techno und Ecstasy scheinbar zum perfekten Freizeitvergnügen, das es ermögliche, nach einem intensiven Wochenende wieder an die Arbeit zu gehen und nicht aus Versehen der vermeintlich immer schon gewalttätigen (männlichen) Sexualität anheim zu fallen.[4] Jenseits des kruden Bildes von Sexualität fällt auf, dass dies wenig mit einer vielleicht noch politisch eingefärbten Überschreitung, einem Ausbruch aus der spätkapitalistischen Gegenwart zu tun hat – wie auch immer man dies bewerten mag.

5 Drogen und Kreativität

Wenn es Ecstasy und Techno tatsächlich erlaubten, „sich mit ganzem Herzen auf die Aufgabe zu konzentrieren, die gerade ansteht", dann ist es recht wahrscheinlich, dass auch ein anderer, im Kontext postindustrieller Produktion hoch gehandelter Prozess in Gang gesetzt wurde, der mit Rausch zusammenhängt: Kreativität. Die Verknüpfung von Rausch und Kreativität schließt an jene zwischen Genie und Wahnsinn an, die bereits Mitte des 19. Jahrhunderts in Umrissen fixiert wurde (vgl. Scharbert 2010). Auch Irresein galt und gilt als ambivalenter Zustand, der andere Räume und damit vermeintlich Regionen der Kreativität aufschließt und zugleich die Gefahr beinhaltet, den Verstand zu verlieren (vgl. Kräpelin 1913). Im Kontext moderner Drogendebatten spielte Kreativität folglich eine beharrliche Rolle, auch wenn nie so recht klar wurde, was darunter zu verstehen sei.

Unter Drogen zu arbeiten, war und ist sicher ungewöhnlich. Aber ungewöhnliche Wege sind sehr gefragt im Kontext einer Ökonomie, die auf das Selbst als Ressource baut und – hochdynamisch – permanent neue Wege, Märkte und nicht zuletzt Produkte sucht. Allerdings ist Kreativität immer noch ein bisweilen unkontrollierbares Ereignis: „Kreative Akte ereignen sich – oder auch nicht" (Bröckling 2007, S. 153). Man kann den Kopf noch so lange arbeiten lassen, ob etwas wirklich Kreatives dabei entsteht (was auch immer das sein mag), bleibt unsicher. Wenn Kreativität „ihre Ergiebigkeit gerade dem Kunstgriff verdankt, dass die Logik und übliche abendländische lineare Denkmethoden ausgetrickst werden" (Siegert 2001, S. 99), dann ist sie nicht nur mit Drogenwirkungen verwandt, ihr Auftreten lässt sich auch nicht planen. Wenn Kreativität zur Optimierung der eigenen Fähigkeiten im Sinn eleganter Lösungen im Unternehmen gleichsam unerlässlich ist, muss sie so gut wie möglich gefördert werden, damit sie sich vielleicht ereignet. Das ökonomische Problem ist allerdings der Faktor Zeit: „Kreativität braucht Muße, der Markt er-

---

4 Das bestätigt sich auch empirisch, vgl. Klöckner (2001, S. 99 und 100).

zwingt Beschleunigung. [...] Zeit ist eine knappe Ressource" (Bröckling 2007, S. 179). Da könnten Drogen helfen.

Neben all die politischen und medizinischen Debatten gesellt sich seit den späten 1980er-Jahren eine Perspektive, die Drogenkonsum und Kreativität im Hinblick auf ihre ökonomische Nutzbarkeit verknüpft. Das *Expert Praxis-Lexikon Management Training* erwähnt folgerichtig Drogenrausch als Möglichkeit, den Rahmen für kreative Prozesse darzustellen. Neben „Phantasie-Reisen, Traumreisen [...], Ton- und Bild-Meditationen" könnten auch Drogen die „suggestive Kreativität fördern" und entsprechende Prozesse in Gang setzen (Siegert 2001, S. 100). Der US-amerikanische Erfinder der *Creative Class*, Richard Florida (2002), nahm dieses Argument zunächst indirekt auf und verwies auf den empirischen Zusammenhang von Drogenkonsum und Kreativität. „[T]he creative class – that is, people who work in knowledge-based, artistic, and professional occupations" – konsumiert, vermutet er anhand einiger Statistiken, mehr Kokain und Marihuana als „the working class – those who work in production, transportation, and construction jobs" (Florida 2009). Während Kokain vor allem zur Leistungssteigerung genutzt werde, spiele Marihuana seine Rolle genau dort, wo Kreativität gefragt sei: „[It] is popular in places with artists, designers, and architects because those are jobs that encourage divergent thinking and marijuana is a psychoactive drug that's associated with creativity" (Rentfrow 2009). Rauschzustände gelten als produktiv. Sie optimieren den (kreativen) Arbeitskraftunternehmer (Voß und Pongratz 1998), der – vielleicht – nicht länger auf die kreative Eingebung warten muss, sondern diese mit (den richtigen) Drogen künstlich evozieren kann. Daraus folgt „[k]reative Inspiration und erhöhte Produktivität": „Ich sag mal", erklärt ein Interviewpartner in der Studie *Rauschkonstruktionen* (Korte 2007, S. 186), „Dinge wie Rechnen, also Mathematik jetzt, oder ja so Dinge, wo man sich so sehr rational drauf konzentrieren muss, die gehen bekifft nicht gut, aber kreative Konzentration, die wird dadurch doch stark zum Positiven hin verstärkt" (ebd., S. 187). Ein anderer Gesprächspartner stellt heraus, dass er unter dem Einfluss von Cannabis „einfach ganz gut wirklich im freien Fluss arbeite[t] und das Drum herum quasi gar nicht mehr wahr[nimmt]" (ebd.). Eine US-amerikanische Profimusikerin wiederum versuchte, mithilfe einer „sehr intensiven Gestalttherapie" ihre „Kreativität und Intelligenz zu steigern". Zwar war der Prozess, wie sie sagt, lang und schwierig, die „Unterstützung durch Ecstasy" allerdings brachte sie ihrem Ziel deutlich näher, einem „Zustand großer Klarheit und ungebremster Kreativität" (Saunders 1998, S. 233). Mitunter kam es vor, dass nicht nur die produktiv (und damit ökonomisch) nutzbar zu machende Kreativität angeregt wurde, sondern auch „Leistungssteigerungen" zu beobachten waren. Eine Schülerin beispielsweise konnte sich, wenn sie „'ne Tüte" geraucht hat, „stundenlang hinsetzen und [...] irgendwie in [ihren] Büchern für die Schule drin herumlesen" und vor sich hinarbeiten (zitiert in Korte 2007, S. 188). Rauschzustände entgrenzen vielleicht den Verstand und befeuern kreative Momente, jedenfalls solche, die für kreativ gehalten werden (vgl. Krausser 2007). Bezugspunkt und Legitimation sind dabei häufig Optimierungsvorstellungen – d. h. ökonomische Nutzen-Kosten-Kalküle.

6 Schluss

Mit der Techno- und Ravewelle flackerte am Ende der 1980er-Jahre für einen kurzen Moment nochmals die Vorstellung auf, mit Drogen und Rausch ein politisches Argument zu machen und dem „Kapitalismus ein Schnippchen zu schlagen" (Böpple und Knüfer 1996, S. 60). Die Verbindung von Rausch und Politik war allerdings von Beginn an eher lose und erschöpfte sich in einem „stop making sense". Die buchstäblich sinnentleerte Party und der dazugehörige (Ecstasy-)Rausch markierten kein „drop out" aus der Gesellschaft, vielmehr verwiesen sie auf die Tendenz, Rauschzuständen das Etikett der Grenzüberschreitung zu entziehen und sie auf verschiedenen Ebenen als Moment der Optimierung nutzbar zu machen. Rausch als „altered state of consciousness" wurde nicht mehr die Kraft der radikalen Umwertung oder Infragestellung des ‚normalen' Bewusstseins und des tätigen, bürgerlichen Lebens attestiert. Stattdessen zeichnete sich für den Rausch ein anderer Ort bzw. eine andere, funktionale Kontur ab, die gleichwohl beständig umstritten war.[5] Bereits seit den 1990er-Jahren „entwickeln sich avantgardistische Perspektiven, die sich mit ganz neuen Arten und Dynamiken von kontrollierter Lusterzeugung und funktionalem Genießen beschäftigen" (Schmidt-Semisch 1999, S. 136). Eingepasst in einen neoliberalen Zeitgeist, in dessen Kontext das Selbst (und dessen Rausch) zur Ressource wurde, schimmerte eine pragmatische und zweckorientierte Verwendung von Drogen durch, die Mathias Bröckers vielleicht etwas vorschnell als kommende „kosmetische Psychopharmakologie" umschreibt (Bröckers 1994). Drogen, die als Alkohol, Kaffee, Zigaretten, Medikamente usw. alltäglicher Bestandteil der Gesellschaft sind, könnten – so die leise Hoffnung – entideologisiert werden. Dies wird vor allem befördert durch einen „Geist des Kapitalismus", der Flexibilität und Kreativität zum höchsten ökonomischen Gut erhebt und nicht mehr (bzw. deutlich seltener) auf ein stupides, rhythmisches Funktionieren in der Fabrik angewiesen ist. „Psychedelische Dienstleistungen" könnten dann eine funktionale Rolle spielen und zugleich einen neuen Markt etablieren: „Neue psychoaktive Drogen könnten nach der Mode maßgeschneidert werden. Sind Leute der alten Mode überdrüssig und suchen nach neuen Verhaltensweisen (oder wollen sich vielleicht gescheiter fühlen), werden Drogen mit der gewünschten Wirkung geschaffen" (Saunders, zit. in Schmidt-Semisch 1999, S. 136). Die Unterscheidung von Medikament und Droge wird restlos brüchig.

Die Flexibilität der Normen befördert Drogenkonsum und Rausch in absehbarer Zeit aus den Mustern devianten Verhaltens heraus, hinein in einen Raum von Normalität, den gerade die Techno- und Ravebewegung selbst etablierte: Der flexible Mensch hat neue Regeln für den Umgang mit sich und der Welt und nicht zuletzt auch im Umgang mit seiner Selbstkontrolle zu lernen: Er hat sich situationsgerecht zu verkörpern, dabei das Erlebnis-Bewusstsein des Rausches zu generieren und dennoch reflexive Distanz beizubehalten (vgl. Legnaro 1999, S. 130). Szenarien einer etablierten und anerkannten Drogenkonsum-

---

5 Korte (2007, S. 299) entnimmt ihren Interviews vor allem, dass Rausch, neben seiner Problematisierung als „Störung" und „Motor der Sucht", auch als „funktionaler Zustand gedeutet und positiv bewertet" wird.

kultur werden vor allem vor dem Hintergrund denkbar, dass Rauschzustände weder der Produktivität noch der Integration in die spätkapitalistische Gesellschaft schaden, sondern Kreativität fördern, Erholung zulassen oder beschleunigen usw. Am Horizont erscheint die Idee eines neuronalen ‚Tunings', das sich den Bedingungen der Zeit anpasst, für Optimierung sorgt und nur dann zum Problem wird, wenn die „reflexive Distanz" nicht gewahrt wird.

Der von Luc Boltanski und Ève Chiapello (2003) konstatierte neue Geist des Kapitalismus hat also auch vom Drogenkonsum Besitz ergriffen, auch wenn die alten ideologischen Muster weiter existieren und durchaus Einfluss ausüben. Drogen und Rausch stehen dem „Fortbestand des Kapitalismus als Koordinationsmodus des sozialen Handelns und als Lebenswelt" (ebd., S. 48) nicht länger im Weg, sondern tendieren dazu, ihn mehr oder weniger subtil zu unterstützen. Aus der anderen Richtung formuliert: Der Geist aus der Flasche, der Drogenrausch, hat seinen kritischen Stachel verloren, um sich stattdessen als regenerative oder kreative Optimierung einzufügen. Die Vorstellung eines Neuro-Enhancement macht sich auf den Weg. In Form von Microdosing, also einer häufigen Einnahme sehr kleiner Dosen, erlebt sogar LSD einen völlig veränderten, nicht mehr rebellischen dafür vermeintlich selbstoptimierenden Aufschwung.

Ohne Zweifel bleiben Drogen und lange Partynächte riskant. Nicht jeder kennt sein Limit und schafft den Absprung. Auch Wahl, Kombination und Dosierung von Drogen können zu Problemen führen und das der Sache nach optimierende Freizeitprogramm gefährden. Um solchen Problemen vorzubeugen, wird in den letzten Jahren zunehmend am Party-Setting gebastelt. Drug Scouts beispielsweise bieten ihre Unterstützung an, wenn es darum geht, „Tanzen, Rausch und Party" sicherer zu gestalten: „Schöner Feiern mit den Drug Scouts" heißt das Programm und es beinhaltet „Infoflyer zu psychoaktiven Substanzen, Risikominimierung (Safer Use), [...] kostenlos Obst und Wasser für Partygäste [,...] Safer-Use-Materialien wie Kondome und Ohrstöpsel".[6] Man könnte in Bezug auf Techno, Rave und Ecstasy Timothy Learys bekannte Phrase adaptieren und auf den Stand der Dinge bringen: „Turn on" und „tune in" bleiben erhalten, doch statt „drop out" müsste es jetzt heißen: „keep on working". Wann staatliche Behörden mit ihrem Repressionsapparat auf diese Veränderungen reagieren und wann die irrationale Stigmatisierung von Drogenkonsumenten aufhört, bleibt indes offen.

Literatur

Boltanski, L., È. Chiapello. 2003. *Der neue Geist des Kapitalismus*. Konstanz.
Böpple, F., R. Knüfer. 1996. *Generation XTC. Techno und Ekstase*. Berlin.
Brauck, M., O. Dumke. 1999. *Techno. 180 Beats und null Worte*. Gütersloh.
Bröckers, M. 1994. Kosmetische Psychopharmakologie. In: *TAZ* 22(3): 16.
Bröckling, U. 2007. *Das unternehmerische Selbst. Soziologie einer Subjektivierungsform*. Frankfurt/M.

---

[6] http://www.drugscouts.de/de/page/ds-im-club. Zugegriffen: 1. Februar 2018.

Feustel, R. 2015. *„Ein Anzug aus Strom". LSD, Kybernetik und die psychedelische Revolution.* Wiesbaden.

Florida, R. 2002. *The Rise of the Creative Class.* New York.

Florida, R. 2009. Drug Use and Class. In *Creative class. The source on how we live, work and play* 13. August 2009. http://www.creativeclass.com/creative_class/2009/08/13/drug-use-and-class/. Zugegriffen: 2. Februar 2018.

Foucault, M. 2005. Michel Foucault, ein Interview: Sex, Macht und die Politik der Identität. In: *Schriften. In vier Bänden. Dits et Ecrits,* hrsg. v. D. Defert, F. Ewald , Bd. IV. 1980–1988, Frankfurt/Main, S. 909–924.

Goetz, R. 2001. *Rave. Erzählung.* Frankfurt/M.

Hessdörfer, F. 2005. Schlafen ist Kommerz. Der „Rave" (Rainald Goetz) im „Empire" (Antonio Negri/Michael Hardt). *KultuRRevolution* 49

Hunter, S. T. 2005. *Angst und Schrecken in Las Vegas.* München.

Klöckner, H. 2001. *Ecstasy und Normenbewußtsein. Eine kriminalsoziologische Studie zu einem Massenphänomen.* Marburg.

Korte, S. 2007. *Rauschkonstruktionen. Eine qualitative Interviewstudie zur Konstruktion von Drogenrauschwirklichkeit.* Wiesbaden.

Kräpelin, E. 1913. *Psychiatrie. Ein Lehrbuch für Studierende und Ärzte. Klinische Psychiatrie, Teil 2.* Leipzig.

Krausser, H. 2007. Nicht jeder Rausch, den man hat, passt zu jedem Projekt, das man macht. *Kritische Ausgabe – Zeitschrift für Germanistik & Literatur* 11: 31–41.

Legnaro, A. 1999. Der flexible Mensch und seine Selbstkontrolle – eine Skizze. In *Jahrbuch Suchtforschung, Bd. 1: Suchtwirtschaft,* hrsg. v. A. Legnaro, A. Schmieder, 117–132. Münster.

Link, J. 1999. *Versuch über den Normalismus. Wie Normalität produziert wird.* Opladen.

Mareis, O. 2000. *Sog. Der Sog der Subjektlosigkeit im polytoxischen Powertrip des postmodernen Tekknosubjekts.* München/Wien.

Quante, N. 2005. Identitätskonstruktionen im Techno als post-subkulturelle Formation. In *Diskursive Kulturwissenschaft. Analytische Zugänge zu symbolischen Formationen der Ost-Westlichen Identität in Deutschland,* hrsg. v. E. Bisanz, 91–110. Münster.

Rentfrow, J. 2009. This Is Your Occupation on Drugs. In *Creative class. The source on how we live, work and play* 14. August 2009. http://www.creativeclass.com/creative_class/2009/08/14/this-is-your-occupation-on-drugs/. Zugegriffen: 2. Februar 2018.

Reynolds, S. 1995. Verliebt in Nichts. *Spex* 179: 66–68.

Saunders, N. 1998. *Ecstasy und die Tanz-Kultur.* Solothurn.

Scharbert, G. 2010. *Dichterwahn. Über die Pathologisierung von Modernität.* München.

Schmidt-Semisch, H. 1999. Palais des Drogues oder: Psychedelische Dienstleistungen aller Art. In *Jahrbuch Suchtforschung, Bd. 1: Suchtwirtschaft,* hrsg. v. A. Legnaro, A. Schmieder, 133–142. Münster.

Schnibben, C. 1996. Die Party-Partei. Cordt Schnibben über eine Jugendrevolte, die sehr laut ist und sprachlos. http://www.spiegel.de/spiegel/print/d-8947038.html. Zugegriffen: 17. Februar 2018.

Siegert, W. 2001. *Expert Praxis-Lexikon Management Training.* Renningen.

Theweleit, K., R. Höltschl. 2008. *Jimi Hendrix. Eine Biographie.* Berlin.

Voß, G. G., H. J. Pongratz. 1998. Der Arbeitskraftunternehmer. Eine neue Grundform der Ware Arbeitskraft? *Kölner Zeitschrift für Soziologie und Sozialpsychologie* 50(1): 131–158.

Žižek, Slavoj (2003), Die Puppe und der Zwerg, Frankfurt a.M. 2003

Teil II
Drogen und Sucht

Soziologie der Sucht und ihrer Geschichte

Burkhard Kastenbutt

Zusammenfassung

Moderne soziologische Konzepte sehen im Drogenkonsum den Ausdruck einer spezifischen gesellschaftlichen Situation und eines spezifischen Herkunftsmilieus. Die Entstehung süchtigen Verhaltens kann daher nicht monokausal, sondern nur multifaktoriell und multiperspektivisch erklärt werden. Gesellschaftliche Einflüsse bezüglich der Genese von Sucht und Abhängigkeit werden in der soziologischen Forschung aber noch zu sehr vernachlässigt.

Schlüsselbegriffe: Geschichte, Suchtforschung, Sucht als soziales Phänomen, soziologische Erklärungsansätze, Dimensionen von Sucht und Abhängigkeit

1 Sucht – ein stringentes Krankheitsbild?

Historisch betrachtet zeigt der Konsum von Rauschmitteln, dass *Sucht* ein kulturell relatives Phänomen ist. Unterschiedliche Sichtweisen auf Drogenkonsum implizieren veränderte Wahrnehmungs- und Deutungsmuster, die von unterschiedlichen Wertorientierungen begleitet werden. Sie sind unweigerlich gebunden an die gesamtgesellschaftliche Strukturierung und Ordnung (vgl. Scheerer 1993, S. 81ff.; Schabdach 2009, S. 90ff.). Wie und ob Drogenkonsum als süchtiges Verhalten in einer Gesellschaft gesehen wird, hängt vom zugrundeliegenden Menschenbild und dem vorherrschenden Wertsystem in jeweiliger zeitgeschichtlicher Perspektive ab (vgl. Stimmer 2000; Kloppe 2004).

Die Erforschung der Sucht ist eine noch junge Wissenschaft, da man über Rausch und Risiken des Konsums psychoaktiver Substanzen erst in der ersten Hälfte des 19. Jahrhunderts näher nachdachte und damit einhergehend Kategorien von Sucht und Abhängigkeit entstanden(vgl. Schmidbauer und vom Scheidt 1989). Dies bezieht sich vor allem auf den Konsum von Alkohol, da dieser im Gegensatz zu anderen psychoaktiven Substanzen einen festen Bestandteil der westlichen Kultur bildet.

Zu einem stringenten Krankheitsbild wurde das Phänomen der Sucht durch Constantin von Brühl-Cramer stilisiert, der 1819 eine Studie *Ueber die Trunksucht* verfasste. Er erhob die Sucht zu einem medizinischen Paradigma, „einem generellen Deutungsmuster, das exzessive Verhaltensweisen als Geisteskrankheit deutet und in den Zuständigkeitsbereich der Medizin überführt" (Spode 2013, S. 13). Die Entwicklung der Krankheitsthese ist jedoch keine wissenschaftliche Entdeckung, sondern Ausdruck der Veränderungen im sozialen Denken des heraufziehenden bürgerlichen Zeitalters, wobei unangepasstes Verhalten als Mangel an Selbstkontrolle galt (vgl. Legnaro 2016, S. 21ff.).

Es verwundert daher nicht, dass es im 19. Jahrhundert nur wenige Versuche gab, den Alkoholkonsum ärmerer Bevölkerungsschichten als Ausdruck ihrer sozialen Lage zu verstehen (vgl. Kastenbutt 2016, S. 113ff.). Erwähnenswert sind vor allem die Forschungen von Franz Lippich, der einer der ersten war, der statistische Methoden zur Untersuchung des Alkoholismus einsetzte und dabei soziale Aspekte der Suchtgenese berücksichtigte (vgl. Lippich 1834). Einige Jahre später prägte Magnus Huss den Begriff des „chronischen Alkoholismus", mit dem er ein selbstständiges Krankheitsbild einer modern anmutenden psycho- und soziogenetischen Entwicklung beschrieb (vgl. Huss 1852; Spode 1993). Die Trunksucht der Arbeiterschaft galt jedoch weiterhin als Problem mangelnder Selbstkontrolle, da man diese außerhalb ihrer materiellen und sozialen Lebensverhältnisse betrachtete und zu einem Phänomen moralischer Devianz degradierte (vgl. Henkel 1998, S. 7). Anders dagegen Friedrich Engels, der in seiner Schrift *Die Lage der arbeitenden Klasse in England* (1845) auf die sozialen Ursachen des Elendsalkoholismus einging und sich auf jene Mechanismen konzentrierte, die zur massenhaften Verelendung und in deren Gefolge zum exzessiven Alkoholkonsum beitrugen (vgl. MEW 2, S. 331ff.) Deutlich wird dies auch in seinem Aufsatz *Preußischer Schnaps im deutschen Reichstag*, der durchaus soziologischen Charakter hat (vgl. MEW 19, S. 37ff.).

Gegen Ende des 19. Jahrhunderts bildete sich innerhalb der Medizin eine sozialorientierte Strömung heraus, zu der Ärzte wie Alfred Grotjahn und Benno Laquer (vgl. 1913, S. 486) gehörten. Sie vertraten in der Alkoholfrage weitaus entschiedener als andere Mediziner einen milieutheoretischen Standpunkt (vgl. Grotjahn 1898). Beide betrachteten die Armut als Ursache des Alkoholismus und forderten eine aktive Armutsbekämpfung (vgl. Vogt 2007, S. 237).

Symptomatologie, Nosologie und die zentrale Frage der Ätiologie der Trunksucht blieben unter Forschern weiterhin strittig. Sahen die einen das Verlangen durch den exzessiven Alkoholkonsum hervorgerufen, glaubten andere wiederum die Ursache in inneren Störungen gefunden zu haben. Auch wähnte man Umweltfaktoren am Werk, wobei mal das Elend, mal der Wohlstand für das Trinkverhalten verantwortlich gemacht wurden (vgl. Spode 2013, S. 14). Damit wird deutlich, dass auch in der frühen medizinischen Suchtforschung kein stringentes Krankheitsbild existierte.

Eine soziologische Annäherung außerhalb des Krankheitsparadigmas der Sucht liefern die Schriften von Émile Durkheim, dessen Bemühungen einer Begründung der Soziologie als eigenständige positive Wissenschaft galten, die soziale Tatsachen wie reale Dinge behandelt. Durkheim beschäftigte sich mit der Genese von Suiziden als Ausdruck anomischen Verhaltens. Er beschrieb die pathologischen Auswirkungen der Zeit der Frühindustrialisierung, in der eine sich rasch entwickelnde Sozial- und Arbeitsteilung vorherrschte. Sein Konzept der Anomie bezog er auf einen Zustand relativer Normlosigkeit in einer Gesellschaft oder in einer Gruppe. Durkheim machte deutlich, dass sich Anomie „auf eine Eigenschaft des sozialen und kulturellen Systems bezieht, nicht aber auf Eigenschaften der Individuen, die diesen Systemen gegenüberstehen" (Klimke und Legnaro 2016, S 253). Im Vordergrund seiner Analysen standen makrosoziologische und mikrosoziologische Prozesse, mit denen er u. a. die Ursachen von Selbstmorden zu erklären versuchte (vgl. Durkheim 1973). Die Anomie sah er als ein Charakteristikum moderner Gesellschaften, wobei der anomische Suizid strukturbedingt ist. Durkheim kam zu der Erkenntnis, dass der allgemeine zivilisatorische Fortschritt, der eine ausdifferenzierte Gesellschaft mit ungleichartigen Organen nach sich zieht, die bestehende alte und wenig gegliederte Gesellschaft abgelöst habe. Die für die ältere Gesellschaft typische „mechanische Solidarität", die durch Tradition, Sitte und damit verbundene Sanktionen aufrechterhalten werde, sei noch nicht durch die „organische Solidarität" abgelöst, nach der differenziertere Formen des sozialen Zusammenhalts verlangen. Infolgedessen seien gesellschaftliche Krisenphänomene und Konflikte zu beobachten, bei denen es zu einem Anstieg suizidaler Handlungen gekommen sei (vgl. Durkheim 1965). Gesellschaftliche Krisen und Konflikte entstehen, wenn keine anderen Handlungsmuster zur Verfügung stehen bzw. entwickelt werden können. Zwar hat sich Durkheim nicht explizit mit dem Konsum von Drogen beschäftigt, jedoch hat er mit seinen Forschungen einen wichtigen Grundstein für die soziologische Betrachtung der gesellschaftlichen Ursachen von Sucht und Abhängigkeit gelegt (vgl. Berger et al. 1980; Malchau 1987; Reuband 1994; Themann 2006).

Anfang des 20. Jahrhunderts verwies Max Weber auf die enge Verflechtung der protestantischen Ethik mit dem Geist des aufstrebenden Kapitalismus, die in vielen Industriestaaten nicht nur das Verhältnis zum Rausch, sondern auch den Umgang mit Drogen prägte. Im Kontext seiner *Verstehenden Soziologie* räumte er einer solchen Ethik einen zentralen Stellenwert für den Rationalismus der okzidentalen Kultur ein, was sich durch innerweltliche Askese sowie Sparsam- und Enthaltsamkeit auszeichnete (vgl. Weber 1920). Die Entwicklung der kapitalistischen Wirtschaft und die Ausdehnung der Geldwirtschaft sowie das Voranschreiten der Arbeitsteilung und die damit verbundenen komplexeren Formen der Arbeitskooperation verlangten von den Individuen eine analoge Rationalisierung der Lebensführung. Rationale Planung des eigenen Lebens, individuelle Lebenskontrolle und Eigenverantwortlichkeit nahmen somit an Bedeutung zu (vgl. Bohlen 1998). Die Verinnerlichung bisher von außen kontrollierter Verhaltensmuster führte zu einer stärkeren „Selbstbeherrschung von Bedürfnissen und Affekten und [zur] Aneignung eines selbsttätigen moralischen Gewissens" (Henkel 1998, S. 18). Damit einher ging eine veränderte Bewertung des Konsums von Alkohol und Drogen, wobei Nüchternheit mit

Vernunft und Missbrauch mit Unvernunft wie auch mit dem Verlust der Kontrolle gleichgesetzt wurden (vgl. Spode 2013, S. 12).

Den Konsum von Drogen betrachtete man im Fokus der vorherrschenden puritanischen Ethik durchgängig als problematisch. Dominiert wurde die Debatte um das Phänomen Sucht weiterhin von medizinischen Untersuchungen, die zum überwiegenden Teil einer soliden wissenschaftlichen Basis entbehrten (vgl. Hoffmann 2012, S. 298). Es entstand ein Wahrnehmungswandel, der Sucht als abweichendes Verhalten und gesellschaftliche Bedrohung definierte und bis heute wirksam ist (vgl. Spode 2008). Annika Hoffmann (2012) merkt an, dass sich die spätere soziologische Forschung nicht ausreichend kritisch mit den zeitgenössischen Vorstellungen auseinandergesetzt habe, da bisherige Beschreibungen den zeitgenössischen Diskurs lediglich tradieren und sich an die jeweiligen aktuellen Vorstellungen anpassten (vgl. Hoffmann 2012, S. 16).

In der Zeit des Nationalsozialismus wurden die wenigen bis dahin entwickelten ‚fortschrittlicheren' Ansätze zur Sucht kaum noch aufgegriffen und somit bedeutungslos (vgl. Eisenbach-Stangl 1991; Spode 1993; Schacke 2008; Haverkamp 2009; Springer 2009). Vor dem Hintergrund des zunehmenden Einflusses rassenhygienischer und erbbiologischer Erklärungen konnte sich der Siegeszug des Krankheitskonzepts der Sucht vollziehen (vgl. dazu beispielhaft Gabriel und Kratzmann 1936; Stark 1934; Wegmann 1937; Schneider 1938). Außerdem kam es zum Verlust der Unabhängigkeit wissenschaftlicher Gesellschaften und zu deren Auflösung sowie zur internationalen Isolierung der deutschen Suchtforschung. Es verwundert daher nicht, dass es einige Jahrzehnte dauerte, bis sich die Suchtforschung in Deutschland wieder entwickelte (vgl. Hoffmann 2012).

2 Soziologische Dimensionen der Sucht

Richtungsweisend für sozialwissenschaftlich orientierte Analysen zum Thema Sucht waren vor allem US-amerikanische Studien, die in den 1940er- und 1950er-Jahren durchgeführt wurden und die sich mit der gesellschaftlichen Funktion des Alkoholkonsums beschäftigten (vgl. Horton 1943; Field 1962; Schulz 1990, S. 39f.).

Erwähnenswert sind die Untersuchungen von Robert Freed Bales (1946), die zum Teil der soziokulturellen und soziostrukturellen Perspektive zugeordnet werden können. Bales war einer der ersten Soziologen, der einen geschlossenen Bezugsrahmen zur Erfassung des Zusammenhangs zwischen Mustern des Alkoholkonsums und gesellschaftlichen Organisationsformen vorlegte. Zwar waren die Ergebnisse solcher Studien nicht direkt auf Deutschland übertragbar, dennoch lieferten sie wichtige Impulse für die bundesrepublikanische Suchtforschung (vgl. Stimmer 1978).

Einen differenzierten Überblick über die Jahre 1940 bis 1971 geben Julian B. Roebuck und Raymond G. Kessler (1972) sowie Peter Wüthrich (1974) in ihren Untersuchungen zur Soziogenese des chronischen Alkoholismus. Ihre Studien verdeutlichen, wie sehr die Suchtforschung in Westdeutschland in den ersten Jahrzehnten nach dem Zweiten Weltkrieg auf die USA bezogen war. Eine soziologische Annäherung an den strukturellen Ansatz, der Sucht als abweichendes Verhalten definierte, erfolgte durch Richard und Shirley Jessor (1983, S. 110ff.). Als Ausgangspunkte dienten ihnen zum einen Robert K. Mertons Anomietheorie, die abweichendes Verhalten als Spannungszustand zwischen individuellen Bedürfnisstrukturen und dem System gesellschaftlicher Normen betrachtet. Zum anderen rekurrieren sie auf die Theorie des sozialen Lernens nach Julian B. Rotter, die soziokulturelle, persönlichkeits- und sozialisationsspezifische Aspekte einbezieht (vgl. Rotter 1967). Soziologen, die der Chicago Schule nahestanden, wiesen auf die Notwendigkeit hin, die Entstehung von Sucht als Resultat eines dynamischen Prozesses zu werten und „nicht als Korrelate bestimmter erworbener oder angelegter Dispositionen" (Schmerl 1984, S. 124).

Zu nennen sind in diesem Zusammenhang auch die Forschungen von Howard S. Becker, der deviantes Verhalten am Beispiel des Marihuana-Konsums erläuterte und zeigte, wie dieser sukzessive in Interaktionen entsteht bzw. erworben und gelernt wird (vgl. Becker 2014, S. 57ff.). Mit seinen Untersuchungen führte Becker Anfang der 1950er-Jahre sein erstes wissenschaftliches Projekt durch, bei dem er sich auf eine Studie von Alfred R. Lindesmith (1947) zum Thema *Opiate Addiction* bezog. Die Resultate seiner Forschungen finden sich in seinen Beiträgen *Becoming a Marihuana User* (Becker 1953) und *Outsiders. Studies in the Sociology of Deviance* (Becker 1963) wieder (vgl. dazu Danko 2015, S. 34ff; Klimke und Legnaro 2016, S. 7). Abhängigkeit betrachtete Becker als „Konsequenz eines psychosozialen Lernprozesses bzw. einer Erfahrungsgeschichte" (Degkwitz 2007, S. 62). Dabei war es ihm wichtig zu zeigen, „dass nicht nur die Regelverletzer, sondern auch die Regelanwender und -durchsetzer eine entscheidende Rolle bei der Entwicklung abweichenden Verhaltens spielen" (Lamnek 2014, S. 56). Mit seiner Frage „Whose Rules?" verwies er „auf das Machtdifferential zwischen denjenigen, die Normen initiieren, popularisieren und politisch setzen, und den anderen, welche die Strafrechtslehre so trefflich als Normunterworfene konzipiert" (Legnaro 2007, S. 309). In der sozialwissenschaftlichen Suchtforschung spielen Beckers Studien zu Marihuanakonsumenten erst ab den 1980er-Jahren eine bedeutendere Rolle (vgl. Berger et al. 1980; Weltz 1983; Reuband 1994; Danko 2015).

Es waren vor allem Mediziner und Psychiater, die in den 1960er- und frühen 1970er-Jahren die ersten empirischen Untersuchungen zum Drogenkonsum in der Bundesrepublik durchführten, wobei die eigene Klientel, mit der sie in ambulanten oder stationären Einrichtungen in Kontakt standen, die empirische Grundlage darstellte. Soziologen wurden in dieser Zeit nur spärlich in die empirische Suchtforschung einbezogen. Wenn doch, dann lag ihr Interesse eher in der Bestandsaufnahme grundlegender Basisdaten, nicht aber in der Erfassung der Ursachen des Drogenkonsums und der Sucht (vgl. Reuband 1994, S. 11ff.). So gab es in dieser Zeit nur wenige Untersuchungen, die sich aus soziologischer Perspektive mit den Hintergründen des Phänomens Sucht beschäftigten.

Eine der ersten deutschen Studien, die Alkohol- und Drogenkonsum als Sozialverhalten und Teil der Zivilisation einordnete, stammte von Stefan Wieser (1973), der Anfang der 1970er-Jahre zur Einbettung des Trinkens in soziale Situationen forschte. Auf die Frage, inwieweit der Suchtmittelkonsum als Teil des Lebensstils bzw. als soziales Problem fungiert, ging einige Jahre später Josef Schenk in seiner Studie *Droge und Gesellschaft* ein (vgl. Schenk 1975). Auch machten Suchtforscher darauf aufmerksam, dass zwischen den Ursachen, die zu Drogenkontakten und den Bedingungen, die zur Abhängigkeit führen, zu differenzieren sei. Zu nennen sind die Arbeiten von Karl Schmitz-Moormann et al. (1978) und Karl-Ernst Bühler et al. (1981), die sich mit der Sozialisation drogenbezogener Verhaltensweisen beschäftigten. Im Rahmen eines biographischen Stufenmodells setzten sich darüber hinaus Peter Wüthrich (1974) und Franz Stimmer (1978) mit der Entstehung des Jugendalkoholismus auseinander, bei dem primär die psychische Abhängigkeit im Vordergrund stand (vgl. auch Stimmer 1980, S. 94ff.). Nicht unerwähnt bleiben soll das „Life-Modell der Sozialen Arbeit" von Carel B. Germain und Alex Gitterman (1983), das die Grundbegriffe der Sozialpsychologie, Interaktion und Sozialisation miteinander kombiniert und im Rahmen soziologischer Untersuchungen zur Alkohol- und Drogenabhängigkeit vermehrt aufgegriffen wurde (vgl. Feser 1986; Hanson 1991).

In den 1980er-Jahren erschienen einige soziologische und sozialgeschichtliche Publikationen, die sich auf deskriptiver Ebene mit dem Phänomen der Sucht beschäftigten (vgl. u. a. Fahrenkrug 1984; Heggen 1989). Dazu gehörten die beiden Beiträge *Ansätze zu einer Soziologie des Rausches – zur Sozialgeschichte von Rausch und Ekstase in Europa* (1982a) und *Alkoholkonsum und Verhaltenskontrolle – Bedeutungswandel zwischen Mittelalter und Neuzeit in Europa* (1982b) von Aldo Legnaro. Sie erschienen in dem dreibändigen Werk *Rausch und Realität. Drogen im Kulturvergleich* von Völger und Welck (1982) und zeichnen die longue durée des Drogenkonsums und seiner soziokulturellen Einbettung in der europäischen Geschichte nach. Legnaros sozialgeschichtliche Analysen machen deutlich, dass sich die soziale Bewertung des Rauscherlebens und der Suchtentwicklung vor jedem gesellschaftlichen Hintergrund anders abbildet. Drogeninduzierte veränderte Bewusstseinszustände werden von ihm phänomenologisch dargestellt und bezüglich den von Rausch und Ektase vorherrschenden Einstellungen in sozialhistorischer Form beschrieben. Den bewusstseinsverändernden Rauschzustand betrachtet er als hochgeschätztes Wirklichkeitserleben und als Verrückung weg von der (empirischen) Wirklichkeit. Welcher Rauschmittelkonsum dabei als schädlich oder pathologisch zu bewerten ist, variiert kulturell erheblich, denn dies kann laut Legnaro immer nur für spezifische Kulturen definiert werden.

Auf die soziologischen Dimensionen von Sucht und Abhängigkeit ging auch Arnold Schmieder in mehreren Beiträgen Ende der 1980er- und Anfang der 1990er-Jahre ein. Er wies vor allem darauf hin, warum eine sozialpsychologische Annäherung an das Phänomen Sucht zu erklären hat, wie sich makrostrukturell bestimmte Lebensbedingungen in den Individuen äußern. Außerdem muss sie sich damit befassen, wie vorgefundene Existenzbedingungen durch subjektive Bearbeitung begriffs- und handlungsfähig gemacht und in subjektive Wirklichkeit übersetzt werden können. Dabei konnte er zeigen, inwieweit eine solche Realitätsbildung im Fall süchtiger psychischer Fehlentwicklung zu einer inadäquaten Reaktionsbildung führt (Schmieder 1989, S. 60f.). Im Zentrum seiner Analysen steht eine gesellschaftskritische Soziologie, „die auf Erklärung und nicht bloße Beschreibung dringt und nicht noch weiter sozialtechnologischer Modellierung des Menschen zutragen will" (Schmieder 1992, S. 9). Süchtig-psychische Abweichung erscheint dabei als harmonisierende und resignative Strategie im Kontext psychosozialer Abwehrmechanismen (vgl. ebd., S. 124).

Mit dem Zusammenhang von Arbeitslosigkeit und Alkoholismus beschäftigte sich Ende der 1980er-Jahre Dieter Henkel (vgl. S. 79ff.). In seiner gleichnamigen Studie knüpft er an Traditionen der kritischen Sozialpsychologie an, wobei er den Fokus seiner Forschung auf die Folgen der damaligen Arbeitsmarktkrise richtete und die indirekten Folgen von Arbeitsplatzunsicherheit und prekärer Beschäftigung in seine Analyse einbezog. Im Kontext makrosoziologischer Studien und Individualstudien beleuchtete er die komplexen Risiken des Alkoholkonsums und der Suchtgefährdung. Henkels Untersuchungen zeigen, inwieweit sich Arbeitslosigkeit als eine prekäre Lebenslage erweist, die zur Verdichtung und Verfestigung exzessiven Alkoholkonsums beitragen kann (vgl. Henkel 1992).

In seinem Werk die *Macht der Trunkenheit* setzte sich Hasso Spode (1993) mit der Kultur- und Sozialgeschichte des Alkohols in Deutschland auseinander. Er bezog sich darin wesentlich auf die Zivilisationstheorie von Norbert Elias, der zivilisiertes Verhalten als Resultat historisch zunehmender Affektkontrolle definierte, das durch zunächst äußere, dann zunehmend verinnerlichte Zwänge veranlasst ist. Spode unternimmt in seiner sozialgeschichtlichen Studie den Versuch, den biologisch-epidemiologischen Expertendiskurs in eine historisch-anthropologische Analyse einzubetten und kann zeigen, wie die Trunksucht im Visier von Medizinern und Temperenzbewegung als Krankheit definiert und als solche immer mehr zum festen Bestandteil des Alltagswissens wurde. In einem späteren Beitrag betont er, dass die kulturelle Selbstverständlichkeit des Suchtmodells zweierlei vergessen macht: „Erstens verbergen sich hinter der scheinbaren Evidenz des Modells ungelöste Fragen und Widersprüche, die in der Forschung höchst kontrovers diskutiert werden. Zweitens lässt uns die vermeintliche Selbstverständlichkeit der Sucht vergessen, dass sie historisch noch recht jungen Datums ist. Die allermeiste Zeit kam die Menschheit ohne sie aus" (Spode 2013, S. 11).

Existierte im Nachkriegsdeutschland noch eine interdisziplinär orientierte Suchtforschung, die nach den funktionalen Ursachen süchtigen Verhaltens fragte, dominiert heute eine medizinisch-epidemiologische Suchtforschung, die sich im ätiologischen Zusammenhang mit der Genese von Abhängigkeit, Therapie und Versorgung befasst (vgl. Reuband 1994; Lesch und Walter 2009).

3 Relevanz einer reflexiven Suchtforschung

In neueren sozialwissenschaftlichen Studien werden Sucht und Abhängigkeit als höchst variable Phänomene betrachtet, „die sich einer einheitlichen Definition zu entziehen scheinen bzw. zumindest bislang entzogen haben" (Dollinger und Schmidt-Semisch 2007, S. 8). In diesem Sinne wird auch die Benutzung der Begriffe *Sucht* und *Abhängigkeit* als höchst voraussetzungsvolles Unterfangen gesehen, „weil jede dieser Begrifflichkeiten und Definitionen mit kulturellen Bedeutungen und Vorentscheidungen aufgeladen ist, die nicht unhinterfragt übernommen werden können" (ebd.). Dollinger und Schmidt-Semisch betonen, dass es in der Gegenwartsgesellschaft kaum eine menschliche Verhaltensweise gibt, „die nicht durch das Suffix ‚Sucht' in ein problematisches Verhalten verwandelt werden könnte oder bereits verwandelt worden ist" (ebd., S. 7). Dabei reiche das Spektrum von den klassischen Süchten wie Alkohol- und Drogenabhängigkeit bis hin zu stoffungebundenen Formen wie Spielsucht, Kaufsucht, Sexsucht etc. Auch habe die Inflation und die Selbstverständlichkeit der Benutzung des Suchtbegriffs dazu geführt, „dass Sucht und Suchtdiagnosen aus der Alltagssprache und aus der Alltagstheorie kaum mehr wegzudenken sind" (ebd.). In der neueren sozialwissenschaftlichen Diskussion wird Sucht vor allem als Produkt interpersoneller Kommunikation und soziokultureller Entwicklungen betrachtet. Gleichzeitig ist sie auch als Resultat von Machtkonstellationen zu konzeptualisieren, „und zwar sowohl auf der Ebene der allgemeinen Definitionen und Diskurse wie auch mit Blick auf die konkrete Diagnose und die subjektive Interpretation der eigenen Befindlichkeit" (ebd., S. 8). Es gilt daher, Sucht auf dieser Basis zu vergegenwärtigen und Suchtkonzepte und -konstruktionen in Alltag und Wissenschaft thematisierungs- und befragungsfähig zu halten. Nur auf diese Weise ist es möglich, ein angemessenes Verständnis von Drogenkonsumverhalten in seinen vielschichtigen Spielarten zu bekommen und in dieser Hinsicht eine gleichermaßen kritische wie reflexive Suchtforschung zu realisieren. Ein derart gehaltvollerer Reflexivitätsbegriff ist an der Frage zu orientieren, „wie (wissenschaftliches) Wissen hervorgebracht wird und welchen Einschränkungen und Produktivitätsbedingungen es in diesem Prozess unterliegt. Im Mittelpunkt steht demnach Reflexivität als Bewusstmachung impliziter Konstitutionsbedingungen von Wissen. Nur einer solchen Reflexivität, die immer auch auf die Kontingenz der vorgefundenen (Sucht-) Begriffe, Modelle und Konzepte verweist, kann es gelingen, den Möglichkeitshorizont des (Sucht-) Diskurses zu erweitern und immer wieder nach alternativen Deutungen Ausschau zu halten" (ebd., S. 23).

Literatur

Antons, K., W. Schulz. 1990. *Normales Trinken und Suchtentwicklung. Theorie und empirische Ergebnisse interdisziplinärer Forschung zum sozialintegrierten Alkoholkonsum und süchtigen Verhalten*. Göttingen, Toronto, Zürich.
Becker, H. S. 1953. Becoming a Marihuana User. *American Journal of Sociology* 59(3): 235–242.
Becker, H. S. 1963. *Outsiders. Studies in the Sociology of Deviance*. New York.
Becker, H. S. 2014. *Außenseiter. Zur Soziologie abweichenden Verhaltens*. Wiesbaden.
Bales, R. F. 1946. Cultural differeneces in rates of alcoholism. In: *Quarterly Journal of Studies on Alcohol* 6: 480–499.
Berger, H., K.-H. Reuband, U. Widlitzek. 1980. *Wege in die Heroinabhängigkeit. Zur Entwicklung abweichender Karrieren*. München.
Bohlen, I. 1998. *Suchtentstehung und Suchtentwicklung*. Münster.
Brühl-Cramer C. v. 1819. *Ueber die Trunksucht und eine rationelle Heilmethode derselben*. Berlin.
Bühler, K.-E., H. Bühler, O. Mörschel. 1981. Lebensgeschichtliche Bedingungen des Alkoholismus. Eine empirische Studie. *Suchtgefahren* 27(1):12–22.
Danko, D. 2015. *Zur Aktualität von Howard S. Becker. Einleitung in sein Werk*. Wiesbaden.

Degkwitz, P. 2007. Plädoyer für ein psychosoziales Verständnis von Sucht. In *Sozialwissenschaftliche Suchtforschung*, hrsg. v. B. Dollinger, H. Schmidt-Semisch, 59–81. Wiesbaden.

Dollinger, B., H. Schmidt-Semisch. 2007. Reflexive Suchtforschung. In *Sozialwissenschaftliche Suchtforschung*, hrsg. v. B. Dollinger, H. Schmidt-Semisch, 7–34. Wiesbaden.

Durkheim, E.[1895] 1965. *Regeln der soziologischen Methode*. Neuwied, Berlin.

Durkheim, E. [1897] 1973. *Der Selbstmord*. Neuwied, Berlin.

Eisenbach-Stangl, I. 1991. *Eine Gesellschaftsgeschichte des Alkohols – Produktion, Konsum und soziale Kontrolle alkoholischer Rausch- und Genussmittel in Österreich 1918–1984*. Frankfurt/Main, New York.

Engels, F. [1845] 1962. Die Lage der arbeitenden Klasse in England. In *Marx-Engels-Werke 2*, 225–506. Berlin.

Engels, F. [1876] 1982. Preußischer Schnaps im deutschen Reichstag. In *Marx-Engels-Werke 19*, 37–51. Berlin.

Fahrenkrug, H. W. 1984. *Alkohol, Individuum und Gesellschaft: Zur Sozialgeschichte des Alkoholproblems in den USA*. Frankfurt/Main.

Field, P. B. 1962. A new cross-cultural study of drunkenness. In *Society, Culture and Drinking Patterns*, hrsg. v. D. J. Pittman, 48–74. New York.

Gabriel, E., E. Kratzmann. 1936. *Die Süchtigkeit. Eine Seelenkunde*. Berlin.

Germain, C. B., A. Gittermann (1983) Praktische Sozialarbeit: Das ‚Life Model' der sozialen Arbeit, Fortschritte in Theorie und Praxis. Stuttgart.

Grotjahn, A. 1898. *Der Alkoholismus nach Wesen, Wirkung und Verbreitung*. Leipzig.

Hanson, M. 1991. Alcoholism and Other Drug Addictions. In *Handbook of Social Work. Practice with Vulnerable Populations*, hrsg. v. A. Gitterman, 1–34. New York.

Haverkamp, J. 2009. *Rauschmittel im Nationalsozialismus: Die gesetzliche Entwicklung und die therapeutische Behandlung 1933–1939*. München.

Heggen, A. 1988. *Alkohol und bürgerliche Gesellschaft im 19. Jahrhundert: eine Studie zur deutschen Sozialgeschichte*. Berlin.

Henkel, D. 1987. Arbeitslosigkeit und Alkoholismus. *Drogalkohol* 11: 79–105.

Henkel, D. 1992. *Arbeitslosigkeit und Alkoholismus. Epidemiologische, ätiologische und diagnostische Zusammenhänge*. Weinheim.

Henkel, D., I. Vogt. 1998. *Sucht und Armut. Alkohol, Tabak, illegale Drogen*. Opladen.

Hoffmann, A. 2012. *Drogenkonsum und -kontrolle. Zur Etablierung eines sozialen Problems im ersten Drittel des 20. Jahrhunderts*. Wiesbaden.

Horton, D. 1943. The function of alcohol in primitive societies: A cross-cultural study. *Quarterly Journal of Studies on Alcohol* 4: 189–320.

Huss, M. 1852. *Alcolismus Chronicus – Ein Beitrag zur Kenntniss der Vergiftungs-Krankheiten, nach eigener und anderer Erfahrung*. Stockholm, Leipzig.

Jessor, R., T. D. Graves, R. C. Hanson. 1968. *Society, personality, and deviant behavior: A study of a tri-ethnic community*. New York.

Jessor, R., S. Jessor. 1983. Ein sozialpsychologisches Modell des Drogenkonsums. In *Drogenabhängigkeit. Ursachen und Verlaufsformen. Ein Handbuch*, hrsg. v. D. J. Lettieri, R. Welz, 110–117. Weinheim, Basel.

Kastenbutt, B. 2016. Zwischen Rausch und Ernüchterung. Alkoholkonsum im frühen Arbeitsproletariat der industriellen Revolution. In *Rauschdiskurse. Drogenkonsum im kulturgeschichtlichen Wandel*. Jahrbuch Suchtforschung, Bd. 8, hrsg. v. B. Kastenbutt, A. Legnaro, A. Schmieder, 113–141. Berlin.

Klimke, D., A. Legnaro. 2016. *Kriminologische Grundlagentexte*. Wiesbaden.

Kloppe, S. 2004. *Die gesellschaftliche Konstruktion der Suchtkrankheit*. München.

Lamnek, S. 2014. Howard S. Becker. Außenseiter. Zur Soziologie abweichenden Verhaltens. In *Lexikon der soziologischen Werke*, hrsg. v. G. W. Osterdiekhoff, 56–57. Wiesbaden.

Laquer, B. [1913] 1977. Der Einfluß der sozialen Lage auf den Alkoholismus. In *Krankheit und soziale Lage*, hrsg. v. M. Mosse, G. Tugendreich, 473–496. Göttingen.

Legnaro, A. 1982a. Ansätze zu einer Soziologie des Rausches – zur Sozialgeschichte von Rausch und Ekstase in Europa. In *Rausch und Realität*, hrsg. v. G. Völger, K. von Welck, 93–114. Reinbek/Hamburg.

Legnaro, A. 1982b. Alkoholkonsum und Verhaltenskontrolle – Bedeutungswandel zwischen Mittelalter und Neuzeit in Europa. In *Rausch und Realität*, hrsg. v. G. Völger, K. von Welck, 153–175. Reinbek/Hamburg.

Legnaro, A. 2007. Sucht, Disziplin und Flexibilität – Suchtregime der späten Moderne. In *Sozialwissenschaftliche Suchtforschung*, hrsg. v. B. Dollinger, H. Schmidt-Semisch, 308–321. Wiesbaden.

Legnaro, A. 2016. Drogenkonsum und Verhaltenskontrolle in der Sozialgeschichte Europas. In *Rauschdiskurse. Drogenkonsum im kulturgeschichtlichen Wandel*. Jahrbuch Suchtforschung Bd. 8, hrsg. v. B. Kastenbutt, A. Legnaro, A. Schmieder, 11–28. Berlin.

Lesch, O., H. Walter. 2009. *Alkohol und Tabak. Medizinische und soziologische Aspekte von Gebrauch, Missbrauch und Abhängigkeit.* Wien, New York.

Lindesmith, A. R. 1947. *Opiate Addiction*. Bloomington.

Lippich, F. W. 1834. *Grundzüge zur Dipsobiostatik, oder politisch arithmetische Darstellung der Nachtheile, welche durch den Missbrauch der geistigen Getränke in Hinsicht auf Bevölkerung und Lebensdauer sich ergeben.* Laibach.

Malchau, J. F. A. 1987. *Drogen und Suizid als Überlebensoption. Untersuchung zur Affinität von direkt und indirekt selbstdestruktiven Handlungen Jugendlicher.* Weinheim.

Merton, R. K. 1968. Sozialstruktur und Anomie. In *Kriminalsoziologie*, hrsg. v. von F. Sack, R. König, 283–313. Frankfurt/Main.

Reuband, K.-H. 1980. Wie man zum Drogenkonsumenten wird. Über den Einfluß motivations- und situationsspezifischer Bedingungen auf den ersten Drogenkonsum. In *Drogenkonsum*, hrsg. v. T. Kutsch, G. Wiswede, 58–91. Meisenheim.

Reuband, K.-H. 1992. *Drogenkonsum und Drogenpolitik. Deutschland und die Niederlande im Vergleich.* Opladen.

Reuband, K.-H. 1994. *Soziale Determinanten des Drogengebrauchs. Eine sozialwissenschaftliche Analyse des Gebrauchs weicher Drogen in der Bundesrepublik Deutschland.* Opladen.

Roebuck, J. B., R.G. Kessler. 1972. *The Etiology of Alcoholism: Constitutional, Psychological and Sociological Approaches.* Springfield.

Rotter, H. 1967. *Die Rehabilitation Alkoholkranker.* Neuwied.

Schabdach, M. 2009. *Soziale Konstruktionen des Drogenkonsums und Soziale Arbeit.* Wiesbaden.

Schacke, J. 2008. Die Entwicklung der Suchttheorie – von den Anfängen bis zur Gegenwart. http://www.sainetz.at/dokumente/Entwicklung_der_Suchttheorie_2008.pdf Zugegriffen 31.August 2016.

Scheerer, S. 1993. Einige Anmerkungen zur Geschichte des Drogenproblems. *Soziale Probleme* 2(2): 78–98.

Schenk, J. 1975. *Die Persönlichkeit des Drogenkonsumenten.* Göttingen.

Schmerl, C. 1984. *Drogenabhängigkeit. Kritische Analyse psychologischer und soziologischer Erklärungsansätze.* Wiesbaden.

Schmidbauer, W., J. vom Scheidt. 1989. *Handbuch der Rauschdrogen.* Frankfurt/Main.

Schmieder, A. 1988. Soziologische Dimensionen süchtiger psychischer Fehlentwicklung. *Drogalkohol* 12(1): 19–26.

Schmieder, A. 1989. Sozialpsychologie des Alkoholismus – programmatische Überlegungen. Drogalkohol 13(2): 60–78.
Schmieder, A. 1992. *Sucht: Normalität der Abwehr.* Freiburg/Breisgau.
Schmitz-Moormann, K. 1981. Sozialisationsstörungen und Sucht – sozialpsychologische und ethische Aspekte. In *Sozialisationsstörungen und Sucht,* hrsg. v. W. Feuerlein, 17–28. Reinbek/Hamburg.
Schneider, W. 1938. *Rassenpolitisches zur Alkoholfrage.* Berlin.
Spode, H. 1993. *Die Macht der Trunkenheit. Kultur- und Sozialgeschichte des Alkohols in Deutschland.* Opladen.
Spode, H. 2008. Alkoholismus. In *Droge Alkohol. Aus Politik und Zeitgeschichte,* hrsg. v. Bundeszentrale für politische Bildung, 3–9. Bonn.
Spode, H. 2013. Sucht aus historisch-soziologischer Sicht. In *Fehlzeiten-Report,* hrsg. v. B. Badura et al., 11–19. Berlin, Heidelberg.
Springer, A. 2009. Suchtforschung in Wien – historischer Exkurs. *Wiener Zeitschrift für Suchtforschung* 32(3/4): 7–17.
Stark, G. 1934. *Kriminalität und Alkohol. Wissenschaftliche Veröffentlichungen zur Alkoholfrage.* Berlin.
Stimmer, F. 1978. *Jugendsoziologie. Eine familiensoziologische Untersuchung zur Genese der Alkoholabhängigkeit männlicher Jugendlicher.* Berlin.
Stimmer, F. 1980. Ein Drei-Phasen-Modell zur Soziogenese der Alkoholabhängigkeit männlicher Jugendlicher. In Jugend und Alkohol. Trinkmuster, Suchentwicklung und Therapie, hrsg. v. H. Berger et al., 94–114. Stuttgart.
Stimmer, F. (Hrsg.). 2000. *Suchtlexikon.* München.
Themann, D. 2006. *Alternativen zu individuenzentrierten Drogentheorien und zur Drogenpolitik.* Marburg.
Völger, G., K. v. Welck. 1982. *Rausch und Realität. Drogen im Kulturvergleich.* Reinbek/Hamburg.
Vogt, I. 2007. Doing Gender: Zum Diskurs um Geschlecht und Sucht. In *Sozialwissenschaftliche Suchtforschung,* hrsg. v. B. Dollinger, H. Schmidt-Semisch, 235–257. Wiesbaden.
Weber, M. 1920. *Die protestantische Ethik und der Geist des Kapitalismus.* München.
Wegmann, M. T. 1937. *Frau, Rasse, Alkoholfrage.* Berlin.
Welz, R. 1983. *Drogen, Alkohol und Suizid.* Stuttgart.
Wieser, S. 1973. *Das Trinkverhalten der Deutschen.* Herford.
Wüthrich, P. 1974. *Zur Soziogenese des chronischen Alkoholismus. Sozialmedizinische und pädagogische Jugendkunde.* Basel.

„Sucht" und „Nüchternheit"

Zur Kultur- und Ideengeschichte der Moderne

Frank Nolte

Zusammenfassung

Drogen und Sucht werden als gesellschaftlich hergestellte Kulturphänomene betrachtet. In Anlehnung an Max Webers Überlegungen zum Zusammenhang von Protestantismus und Rationalisierung sowie der damit verbundenen Einforderung einer neuen Lebenspraxis werden die Genese der Ideenkombination Nüchternheit/Sucht sowie die frühneuzeitlichen Diskurse über die damit verbundenen Substanzen näher beleuchtet.

Schlüsselbegriffe: Rationalisierung, Ideengeschichte, Protestantismus, frühe Neuzeit, Sucht

Kultur, so führt Max Weber aus, sei „ein vom Standpunkt des Menschen aus mit Sinn und Bedeutung bedachter endlicher Ausschnitt aus der sinnlosen Unendlichkeit des Weltgeschehens" (Weber 1973, S. 180). Anders ausgedrückt: Menschen schaffen Kultur, stellen Bedeutungen her und produzieren die kulturellen Wirklichkeiten, die sie selbst bewohnen. Diese Perspektive hat für die historische Beschäftigung mit Phänomenen wie Sucht (oder Abhängigkeit, Alkoholismus etc.) oder Drogen (oder Rauschmitteln, Suchtmitteln, Arzneimitteln etc.) eine starke Relevanz. Sie richtet die Aufmerksamkeit des Betrachters sogleich auf das Moment des Konstruierens von kulturellen Erscheinungen und relativiert sie als kulturgebunden – d.h. Sinn und Bedeutung bekommen sie nur in den Gesellschaften, die sie auch herstellen.

In seiner Vorbemerkung zu den *Gesammelten Werken zur Religionssoziologie* weist Weber darauf hin, dass einige kulturelle Phänomene der modernen abendländischen Gesellschaft aus Architektur, Musik, Wissenschaft und Wirtschaft in ihrer Daseinsform im Abendland einzigartig seien. Die Art und Weise, in der sie sich im Abendland – und eben nur hier – derart entwickelt haben, so Weber, hängt mit bestimmten Prozessen zusammen, die er unter dem Begriff der Rationalisierung zusammenfasst (vgl. Weber 1991, S. 9 f.).

Auch die Sucht ist ein Kind der Moderne – und die Art der Genese dieses Phänomens ließe sie durchaus würdig erscheinen, als weiteres Beispiel in Webers Vorbemerkung zu erscheinen.

1 Sucht als Idee

Ähnlich einer Kathedrale oder einer Symphonie ist auch Sucht etwas Konstruiertes – und genauso wie eine Symphonie oder Kathedrale ist auch Sucht real. Entscheidend ist, dass diese Realitäten nur da existieren, wo Menschen sie herstellen. Dies leuchtet uns ein bei der Symphonie und auch bei der Kathedrale – aber es breitet sich Unbehagen aus, wenn auch Sucht als etwas vom Menschen Geschaffenes dargestellt wird. Ein Grund dafür mag sein, dass dem Begriff der Konstruktion oder auch dem der Idee etwas Beliebiges anhaftet, als wäre Sucht ohne weiteres anders definierbar oder die Idee einfach wegzudenken. Doch wie es Gründe für die Entwicklung von Baustilen (bei der Kathedrale) oder Musikformen (bei der Symphonie) gibt, so gibt es auch Gründe für die Entwicklung der Sucht in unserer Gesellschaft. Es gilt also nicht nur die Genese der Idee Sucht (als Idealtypus) nachzuzeichnen sowie die Geschichte der gesellschaftlichen Konstruktion der Wirklichkeit auf der Grundlage dieses Wissens (z. B. in ihren institutionalisierten Formen), sondern auch Gründe für das So-sein dieser Idee und der Konstruktionen zu liefern.

Dafür ist es ratsam, die Unterscheidung zwischen subjektivem und intersubjektivem Wissen aufzugreifen, die Berger und Luckmann in ihrer *Theorie der Wissenssoziologie* anbieten (vgl. Berger und Luckmann 1991). Denn was die subjektive Weltsicht eines Einzelnen (inklusive ihrer subjektiven Ideen) von den Ideen unterscheidet, die Menschen miteinander teilen, ist der Vorgang der „Institutionalisierung": Von Institutionalisierung ist zu sprechen, sobald „habitualisierte Handlungen von Typen von Handelnden reziprok typisiert werden" (vgl. Berger und Luckmann 1991, S. 58), d.h. wenn sie nicht mehr als die Handlungen bestimmter Einzelner gesehen, sondern zu einem Typus werden, der im Wissensbestand aller existiert, der von allen wahrgenommen werden und der als Handlungsweise– zumindest prinzipiell – bei allen vorkommen kann.

Sucht ist eine solcherart institutionalisierte Handlung in unserer Gesellschaft; die phänomenologisch wahrnehmbare, wiederholte Aufnahme der Substanz x oder y wird mit einer entsprechenden Idee gekoppelt (z. B. krankhaftes Verhalten = Sucht). Diese Konstruktion ist nun für alle Gesellschaftsmitglieder zugänglich, für „alle", die das „Suchtproblem" aus der Zeitung kennt oder – noch besser – vom Freund eines Freundes, für Experten, die sich dieses Konstruktes entsprechend ihrer Profession annehmen können (Polizei, Therapeuten, Richter, Sozialarbeiter etc.), und natürlich für diejenigen, die diese Handlungen ausführen – „die Süchtigen" – und die als Typen von Handelnden ihrerseits an ihre Sucht glauben und somit zur Reziprozität beitragen.

Warum nun ausgerechnet *diese* Idee für diese Handlung? Die Antwort darauf führt zurück zu Max Webers Beschreibung der *protestantischen Ethik* und der Konstituierung der Moderne. Der Protestantismus entwickelte eine neue Idee vom Idealzustand des Menschen: die Arbeit (siehe Luthers Berufskonzeption) rückt in den Mittelpunkt des alltäglichen Lebens, der Genuss wird zum „Müßiggang". Calvin ist es, der mit der Idee, dass der Körper nichts sei, der Geist hingegen alles, die Losung für dieses neue Menschenbild ausgibt. Alles, was den Geist stärkt, ist positiv anzusehen, alles, was ihn schwächt oder sogar den Körper stärkt, gilt als eindeutig negativ. Welche Auswirkungen dies auf die Bewertung des Konsums von psychoaktiven Substanzen seit dem 16. Jahrhundert hatte, soll im Folgenden näher betrachtet werden – zunächst aber noch einige Sätze zum ausgehenden Mittelalter und dessen Haltung zu Drogen und Rausch.

Die zentrale Droge des abendländischen Mittelalters war der Alkohol. Hasso Spode fasst in seiner umfangreichen Kultur- und Sozialgeschichte des Alkohols zusammen:

> *„Wer immer es ermöglichen konnte, gebrauchte [...] alkoholische Getränke im Alltag als Bestandteil der Nahrung, und kaum weniger verbreitet war ihre Verwendung am Festtag als exzessiv gebrauchtes Rauschmittel" (Spode 1993, S. 46 f., vgl. auch Schivelbusch 1990, S. 32).*

Das Mischen des Weines mit Wasser, wie es die griechische Antike als Demonstration der Mäßigkeit kannte („vinum aqua temperat"), wurde im Mittelalter häufig zum Zeichen von Armut. Eine Mäßigung des Konsums war in der Regel nicht notwendig. Im Gegenteil: In der weltlichen Dichtung der „Carmina Burana" heißt es etwa: „Mein Begehr und Willen ist: in der Kneipe sterben" (zit. nach Durant 1985, S. 200). Auch andere Autoren zeigen, dass die Menschen der mittelalterlichen Gesellschaft – verglichen mit heute – einen relativ problemlosen Umgang mit alkoholischen Getränken und deren rauschhaften Wirkungen hatten (vgl. z. B. Legnaro 1982; Schivelbusch 1990; Spode 1993). Da der Alkoholkonsum weniger Regeln unterworfen wurde, kam es häufiger zu einem unkontrollierten, stark auf unmittelbare Bedürfnisbefriedigung abzielenden Konsum, der nicht selten mit dem Verlust der Selbstkontrolle und des Bewusstseins endete. Schivelbusch betont, dass es neben der Nahrungsfunktion des Alkohols vor allem die Ritualfunktion gewesen sei, die in der mittelalterlichen Gesellschaft von Bedeutung war (vgl. Schivelbusch 1990, S. 38). Interessant ist seine Feststellung, dass einmal begonnen, „das Trinken gewöhnlich in der Bewusstlosigkeit der Teilnehmer [endet]. Jedes vorherige Abbrechen würde entweder als Beleidigung der Trinkgenossen ausgelegt oder als Schwächebekenntnis dessen, der ‚kneift'" (ebd.). Das zeigt, in welchem Maße sich der mittelalterliche Mensch auf seinen Körper berief, wie sehr körperliche Schwäche als unangenehm empfunden und wie sehr körperliche Stärke als positive Eigenschaft gewertet wurde. Es ist hier noch wenig zu spüren von Calvins Forderung, den Körper durch den Geist zu bezwingen.

Aldo Legnaro kommt sogar zu dem Schluss, dass die gemeinsame Betrunkenheit bei mittelalterlichen Festen „sakralen Charakter" hatte (vgl. Legnaro 1982, S. 157). Zur Verdeutlichung beschreibt er die Vorgänge bei den „glutton masses", den Schlemmeressen im mittelalterlichen England, die einen tiefen Einblick in die Mentalität des Mittelalters gewähren:

> *"Des Morgens versammelt sich die Gemeinde in der Kirche, bringt Essen und Trinken mit, hört die Messe an und feiert im Anschluss ein Fest, das offensichtlich in der völligen Betrunkenheit aller Beteiligten (auch der Priester) endet. Zwischen den Angehörigen verschiedener Gemeinden gibt es dabei regelrechte Wettbewerbe, wer zu Ehren der heiligen Jungfrau am meisten Fleisch vertilgen und am meisten Alkohol trinken kann"* (ebd.).

2 Die große Ernüchterung – Alkohol in der frühen Neuzeit

Kritische Stimmen zum Alkoholkonsum, vor allem zum rauschhaften Konsum, hat es in nahezu allen Zeiten der europäischen Geschichte gegeben. Was sich jedoch infolge der Reformation in den protestantischen Gebieten abspielte, hatte ein derart großes Ausmaß, dass man zurecht von einer „Mäßigkeitsbewegung" sprechen kann. Schivelbusch betont in diesem Zusammenhang, dass diese Kritik nicht infolge einer Zunahme des Konsums aufkam, da dieser im Mittelalter bereits derart „gesättigt" gewesen sei, dass eine Steigerung kaum mehr möglich war. Verändert habe sich vielmehr die Einstellung zum Rausch und letztlich zum Alkohol: Es gab zunehmend weniger Toleranz gegenüber dem Verlust der Selbstkontrolle (vgl. Schivelbusch 1990, S. 40 f.; vgl. auch Spode 1993, S. 63). Die protestantischen Prediger wetterten in ihren Reden und Schriften permanent gegen das „grewliche Laster der Trunckenheit" und gaben ihren Gemeinden deutlich zu verstehen, dass derjenige der „säuft", keinesfalls ein guter Christ sein kann:

> *„Als Trinker gehört man also nicht zum christlichen Volke, nimmt nicht teil an der ‚normalen' Realitätskonstruktion. Man verwirkt infolgedessen seine beiden Leben, sein jenseitiges und sein diesseitiges. Der Ausschluss ist total [...]"* (Wassenberg 1994, S. 2).

Diese Epoche zeigt besonders deutlich, dass die kulturellen Wirklichkeiten der Drogen dadurch konstruiert werden, dass bestimmte Ideen intersubjektiv geglaubt werden und dann zu Institutionalisierungen führen. Es entstanden konkurrierende Wirklichkeiten, die jeweils von großen gesellschaftliche Figurationen getragen wurden: Je nach Konfessionszugehörigkeit war exzessiver Alkoholkonsum entweder eine Sünde, die durch die Beichte vergeben werden konnte (katholische Alkoholwirklichkeit), oder aber ein Hinweis auf einen schwachen Glauben und die Tatsache, dass Gott nicht im betreffenden Individuum wirkt (protestantische Alkoholwirklichkeit). Beide Ideen sind innerhalb der jeweiligen gesellschaftlichen Figuration wahr und werden zur Grundlage einer Lebenspraxis. Für unsere Zusammenhänge wiederum ist die protestantische Alkoholwirklichkeit von Bedeutung, weil sie sich schließlich – abgelöst von der Religion – zur im Abendland dominanten Konstruktion durchsetzte. Die Idee des Alkoholismus und des Alkoholikers verdanken wir zu einem nicht geringen Teil dem damals entstandenen Denken im Protestantismus.

In der Folge dieser Verteufelung des übermäßigen Alkoholtrinkens beschäftigten sich seit dem 17. Jahrhundert immer mehr konfessionell geprägte Mediziner mit dem neugeschaffenen Alkoholproblem und fügten ihm eine weitere Komponente hinzu: Zwar blieb das übermäßige Trinken zunächst weiterhin eine Sünde und war letztlich Indiz für ein nicht-gottgefälliges Leben, doch gelangte man nun zur Erkenntnis, dass es zugleich auch eine Strafe Gottes sei, der sie in Form einer Krankheit den betreffenden Menschen zukommen ließ. Die Mediziner dieser Zeit sahen im ständigen Alkoholkonsum also eine Krankheit des Willens: War das übermäßige, rauschhafte Trinken in der katholisch-mittelalterlichen Wirklichkeit eine freie Entscheidung zur Sünde, so sah die protestantische Wirklichkeit den „Säufer" als willenlos-kranken Sünder an (vgl. u.a. Spode 1986).

Immer wieder scheint die Polarität von gutem Geist und bösem Körper durch, wie sie auch Wilhelm Schnabel, ein protestantischer Prediger, 1646 zum Ausdruck bringt:

„Wenn Du Deinen Leib zärtlich auffzeuchst/ in Müssiggang/ Essen / Trincken/ Schlaffen/ so wird er durch solcher Hülfsvermittlung gar leicht die Obhandt erhalten/ den Geist übermeistern und unter sich kriegen. Aber wenn du dagegen deiner Seele zu hülfe kommst mit Nüchternheit/ Mäßigkeit/ und stetiger übung der wahren Gottseligkeit/ mit Wachen/ Fasten/ Beten/ so hastu an dem Siege nicht zu zweiffeln/ deine liebe Seele wird das Feld erhalten und behalten" (Schnabel 1646, S. 50 f.).

Die Calvinisten sahen die alkoholischen Getränke als Substanzen an, die eindeutig den Körper stärkten und den Geist schwächten. Es galt nun Theorien zu entwickeln, die diese Idee untermauerten:

„Die Schädlichkeit der Biere rühret her von der fermentation oder Gährung, wodurch das beste davon flieget und die beste Krafft wegrauchet/ dannhero solche leichtlich sauer werden [...] hierzu kompt auch noch daß solche wegen ihre Klebrigkeit und Schleimigkeit die zarten Adern verstopfen/ und das Bluth und Säffte dermassen dicke und träge machen/ daß die so nothwendige circulation aller Orthen nicht geschehen kann/ wodurch dan ein Mensch zu seinen Geschäfften und Verrichtungen untüchtig und unbequem gemachet wird; so daß alle Biere generaliter [...] billig sollten gemieden werden" (Gehema 1686, S. 63 f.).

Man ahnt hier bereits, dass auch für die Mediziner der Nachreformationszeit Gesundheit kein Selbstzweck, sondern notwendige Voraussetzung war, um Gott mit Arbeit zu ehren. Und es war naheliegend, dass die calvinistische Medizin begeistert all die Mittel anpries, denen man zuschrieb, dass sie den Geist stärken würden und somit den Menschen in die Lage versetzen rational zu handeln und zu arbeiten. Berühmte Ärzte wie die Niederländer Cornelius Bontekoe und Stephan Blancaart ließen daher keine Gelegenheit aus, die wunderbaren Wirkungen der „neuen Drogen" Kaffee und Tee zu preisen (vgl. Wassenberg 1991). Schivelbusch beschreibt in seiner Geschichte der Genußmittel diesen „Substitutionsprozess" im 16. und 17. Jahrhundert aus der Perspektive Webers:

"Der bürgerliche Mensch des 17. Jahrhunderts unterscheidet sich sowohl in seiner geistigen wie in seiner körperlichen Haltung von den Menschen der vorangegangenen Jahrhunderte. Der mittelalterliche Mensch arbeitet körperlich und meist unter freiem Himmel. Der Bürger ist zunehmend Kopfarbeiter, sein Arbeitsplatz ist das Kontor, seine Körperhaltung das Sitzen. Das Ideal, das ihm vorschwebt, ist gleichförmig und regelmäßig zu funktionieren wie eine Uhr. [...] Es liegt auf der Hand, dass diese neue Arbeits- und Lebensweise den gesamten Organismus betrifft. Der Kaffee wirkt dabei als eine historisch bedeutsame Droge. Er infiltriert den Körper und vollzieht chemisch-pharmakologisch, was Rationalismus und protestantische Ethik ideologisch-geistig bewirken. Im Kaffee verschafft sich das rationalistische Prinzip Eingang in die Physiologie des Menschen und gestaltet sie seinen Erfordernissen entsprechend um. Das Resultat ist ein Körper, der den neuen Anforderungen gemäß funktioniert, ein rationalistischer und ein bürgerlich-fortschrittlicher Körper" (Schivelbusch 1990, S. 50 f.).

Stehen Kaffee und Tee für Rationalismus und protestantische Arbeitsethik, so werden die alkoholischen Getränke als permanente Gefahr für die neuen Ideale angesehen. Diesen Gefahren gilt es, mit entsprechenden Hilfskonstruktionen zu begegnen – z. B. mit der Idee vom Alkoholkonsum als Krankheit.

Es ist sicher nicht allzu gewagt in dieser protestantischen Wirklichkeitskonstruktion die Wurzeln unseres heutigen Suchtmodells zu sehen (vgl. Scheerer 1995, S. 9ff.; Spode 1986; Szasz 1980, S. 19ff.; Wassenberg 1994). Die weitere Ausarbeitung dieser Idee, der „Krankheit Alkoholismus", wurde dann vor allem im Zuge der Medizinalisierung im 19. und 20. Jahrhundert vorangetrieben – eine Entwicklung, die parallel zur Säkularisierung verlief. War das Alkoholproblem ursprünglich eine religiöse Konstruktion, so gelangte sie nun allmählich in den Kompetenzbereich der Wissenschaftler. Die Genese der Konstruktion „exzessiver Alkoholkonsum als Problem" durchlief mehrere Phasen: Als erste die der „Problementdeckung" in der Reformationszeit (bedingt durch eine neue Idee vom richtigen Leben) – hier wird die „Trunksucht" und das „Sauffen" zu einem allgemein zugänglichen „Jedermanns"-Phänomen. Es folgt eine Systematisierung und Institutionalisierung der Idee im Zuge der Säkularisierung bzw. Verwissenschaftlichung des Abendlandes ab dem späten 18. Jahrhundert, vor allem aber im 19. und 20. Jahrhundert. Den vorläufigen Endpunkt bildet der gegenwärtige „Alkoholismus" als phänomenologisch wahrnehmbare (also existierende) Krankheit mit vielen Facetten. Populär geworden ist Jellineks Typologie des Alkoholismus, in der es u.a. heißt: „Der Gamma-Alkoholismus weist eine ausgeprägte Neigung zur Progression auf, er führt zu körperlichen, psychischen und sozioökonomischen Schäden. [...] Beim Delta-Alkoholismus spielen soziokulturelle und sozioökonomische Faktoren im Bedingungsgefüge eine Hauptrolle [...]" (zit. nach Marzahn und Wassenberg 1988, S. 51). Dass bei Jellinek Begriffe wie „sozioökonomische Faktoren", „Kontrollverlust", „sozioökonomische Schäden" etc. vorkommen, ist nicht verwunderlich, wenn man den historischen Kontext dieser „Krankheit" betrachtet. Die Begriffe „Alkoholismus" und „Alkoholiker" – als Begriffe der Medizin – lösen „Saufferey" und den „Trincker" früherer Zeiten ab. Aus einem medizinisch-religiösen Diskurs wird ein medizinisch-wissenschaftlicher, wesentliche Inhalte behalten jedoch – in säkularisierter Form – ihre Gültigkeit. Der Trinker der Reformationszeit wurde zum Sünder, weil er nicht gottgefällig lebte; der Trinker der kapitalistischen Industriegesellschaft wird als krank definiert, weil er nicht der Norm dieser Gesellschaft entspricht und ihre Anforderungen nicht erfüllt: Produktivität, Funktionalität (und damit auch Gesundheit) und Erfolg sind sowohl im Calvinismus als auch im Kapitalismus Schlüsselbegriffe.

Weber legt in seiner *protestantischen Ethik* dar, dass aus der calvinistischen Ethik eine neue Lebenspraxis entsteht, die dann wiederum einen fruchtbaren Boden für kapitalistisches Handeln bildet. Der für die weitere Genese der Sucht relevante Aspekt ist also die Konstituierung einer Lebenspraxis, in der Sucht (hier noch: „Alkoholismus") bereits institutionalisiert ist, oder, anders ausgedrückt: die Schaffung einer gesellschaftlichen Wirklichkeit, in der es so etwas wie Sucht nicht nur als Idee, sondern nun auch als gelebte Praxis gibt.

3   Modellsucht Alkoholismus

Die Idee der „Krankheit Alkoholismus" mit all ihren Aspekten (progressiver Verlauf der Krankheit, Kontrollverlust über das Trinkverhalten, Abstinenz als therapeutisches Endziel sowie Rückfall trockener Alkoholiker bei der Zufuhr geringster Mengen Alkohol etc.) ist in unserer Kultur eine tief verwurzelte und kaum zu erschütternde Wirklichkeit. Auf der wissenschaftlichen Diskursebene besteht lediglich eine gewisse Uneinigkeit darüber, welche Ursachen diese Krankheit hat. Je nach Profession sieht man Alkoholismus in der pharmakologischen Beschaffenheit der Droge bzw. deren Auswirkungen im menschlichen Organismus begründet; oder man vermutet die Gründe eher in der Psyche des Kranken; oder man macht die schlechte soziale Lage bzw. das Umfeld dafür verantwortlich. Besonders Fortschrittliche nehmen an, dass Alkoholismus multifaktoriell begründet sei. Nur die wenigsten jedoch zweifeln an der Idee Alkoholismus selbst. Denn natürlich ist die Alkoholproblematik in unserer Gesellschaft weithin sichtbar, ist der Alkoholiker u.U. jemand aus dem eigenen Bekanntenkreis, also realistisch und das Phänomen zum Greifen nahe. Somit ist es in gewisser Hinsicht natürlich nicht falsch, wenn gesagt wird: Es gibt Alkoholismus und Alkoholiker. Aber es sind eben gesellschaftlich hergestellte Phänomene, existent in unserer abendländischen Kultur, historisch entstanden mit dem Anbruch der Moderne. Alkoholismus ist ein *kulturell geschaffenes Rollenspiel*, das zur Wirklichkeit wird, weil es alle für wirklich halten – der Experte, die Bevölkerung und auch der „Kranke". Die ebenfalls zur Idee des Alkoholismus gehörende Vorstellung, dass exzessiver Alkoholkonsum tieferliegende Probleme ausdrücke, jemand also trinkt, weil er Probleme mit sich und seiner Umwelt habe, wird zur selbsterfüllenden Prophezeiung, wenn sie in unserer Kultur popularisiert wird. Sie ist damit quasi eine Handlungsanweisung, die Menschen mit Problemen als institutionalisiertes Wissen an die Hand gegeben wird: Sie handeln dann in dem Rahmen, der von der Gesellschaft angeboten wird. Legnaro hat diese Zusammenhänge einmal so formuliert:

> „Wenn ich es pointiere, dann stellt Sucht nicht einen physiologischen Prozess dar, sondern ein soziales Produkt, oder anders gesagt: in einer Gesellschaft, die keinen Sucht-Begriff entwickelt hat, wird es auch keine physiologischen Prozesse geben, die sich zur Sucht verselbständigen. Sucht wäre damit nicht die physiologische Notwendigkeit zur Einnahme eines bestimmten Stoffes, sondern eine soziale Erfindung. [...] Wer daran glaubt, dass nur völlige Abstinenz den Konsumzyklus auf Dauer beendet, für den wird dies objektiv tatsächlich so sein. Ich argumentiere damit also nicht gegen die Suchttheorie, wie sie etwa von den Anonymen Alkoholikern vertreten wird: die erste Cognac-Bohne ist dann der unabdingbare Rückfall, wenn die eigene Theorie dies vorhersagt. Es entwickelt sich dann eine ‚self-fullfilling-prophecy', eine Vorhersage, die sich deshalb erfüllt, weil die Beteiligten sie für wahr halten" (Legnaro 1991, S. 25).

Szasz (1976) hat gezeigt, wie im Zeitraum zwischen der frühen Neuzeit und dem 19. Jahrhundert aus der „Hexe" oder dem „Hexer" der oder die „Irre" wurde, ein historischer Prozess, bei dem elementare Inhalte der ursprünglichen Idee beibehalten wurden und sich nur die Namen der institutionalisierten Ideen und die darin involvierten Professionen veränderten. Ähnlich verhält es sich mit dem Alkoholismus: Nach den ersten beiden Phasen (Idee der Alkoholproblematik nach der Reformation, säkularisierte wissenschaftlich-medizinisch untermauerte Idee von der Krankheit Alkoholismus seit der Aufklärung) folgt eine dritte, in der die Idee der Krankheit Alkoholismus zu einer allgemeinen Sucht-Idee wird: „Tatsächlich wurde die Idee, dass Drogen inhärent Sucht erzeugen, zuerst für Alkohol entwickelt und dann auf andere Substanzen übertragen" (Levine 1982, S. 213). Das, was wir heute als Sucht oder – aktueller – als Drogenabhängigkeit bezeichnen, basiert weitestgehend auf dem Konzept des Alkoholismus. Es ist vor allem die Leistung des 20. Jahrhunderts gewesen, die Idee der Sucht auf alle möglichen Substanzen oder auch Handlungsweisen (Spielsucht, Sexsucht etc.) auszuweiten.

4 Eine „Krankheit" für alle?

Im Prinzip ist Sucht eine „Krankheit", die jedes Gesellschaftsmitglied befallen kann. Gleichwohl kann man beobachten, dass die Wahrnehmung von Handlungen (Konsum bestimmter Substanzen) und anschließende Deklarierung als Sucht nicht in allen gesellschaftlichen Schichten und Gruppierungen gleichermaßen betrieben wird. Nicht selten kommt auch hier der von Weber postulierte „moderne okzidentale Rationalismus" zum Ausdruck, wenn es gilt, das Urteil „süchtig" oder „nicht süchtig" zu fällen.

So gab es im 19. Jahrhundert seitens der Unternehmer unterschiedliche Konzepte für den Umgang mit Alkohol bei ihren Arbeitern. Ein Konzept sah vor, dass ein Teil des Lohns in Schnaps ausgezahlt wurde. Man erhoffte sich, dass dadurch die Arbeiter ein wenig von ihren schlechten Arbeitsbedingungen und ihrer allgemeinen schlechten Lage abgelenkt würden. Ein wenig Rausch kann also durchaus rational eingesetzt werden. Als die Unternehmer allerdings feststellten, dass die Produktivität sank und als hochwertige Maschinen durch betrunkene Arbeiter beschädigt wurden, nahm man von diesem Konzept Abschied und es setzte sich das heute selbstverständliche Verbot von Alkohol am Arbeitsplatz durch. Wer seitdem Alkohol während der Arbeit trinkt, ist dem Suchtverdacht ausgesetzt. Denn: Wäre er nicht süchtig, würde er mit dem Konsum bis zum Feierabend warten wie alle anderen (als Ausdruck „normalen" Verhaltens) auch. Demgegenüber gelten Champagner oder auch Hochprozentiges in den Büros der Chefetagen als weniger problematisch und sind frei vom Suchturteil. Sekt zum Empfang von Geschäftsfreunden im Büro oder auch der Cognac nach dem Vertragsabschluss sind gesellschaftliche Normalität, bewegen sich in anderen gesellschaftlichen Bewertungszusammenhängen. Das Beispiel zeigt, dass die Entscheidung, ob ein Verhalten gesellschaftlich akzeptiert ist, letztlich auch von der Frage abhängt, wer welche Machtpotentiale hat. Oder aus anderer Perspektive: Was als Sucht deklariert wird, hängt nicht nur davon ab, was in welchen Abständen und in welchen Mengen konsumiert oder praktiziert wird, sondern auch von wem. Thomas S. Szasz weist in diesem Zusammenhang auf einen wichtigen Mechanismus zur Fabrikation und Entdeckung suchtgefährdeter Personen hin, nämlich „die Klassifizierung bestimmter Stoffe als ‚gefährliche Rauschgifte', die weder gefährlich noch Rauschgifte sind, aber sich spezieller Beliebtheit bei Gruppen erfreuen, deren Angehörige besonders geeignet für soziale und psychiatrische Stigmatisierung erscheinen" (Szasz 1980, S. 11).

Zur Idee von der Sucht gesellt sich also zumeist auch die Idee von den Süchtigen und deren Klassifizierung als solche ist nicht nur abhängig vom Konsum der betreffenden Substanz, sondern auch von ihrer Position innerhalb der Gesellschaft. Bestimmte Substanzen machen es leichter als andere, weil sie überwiegend oder offensichtlicher innerhalb bestimmter gesellschaftlicher Gruppen konsumiert werden, die mit weniger Macht ausgestattet sind: etwa der billige Branntwein und das Proletariat im 19. Jahrhundert oder Cannabis und LSD in den Jugendkulturen der späten 1960er-Jahre. Derartige Zuordnungen beruhen meist auf einer selektiven gesellschaftlichen Wahrnehmung, denn die zur Idee Sucht gehörenden Substanzen werden auch von Individuen konsumiert, die eher dem Mainstream der Gesellschaft oder auch der machtvollen Oberschicht angehören. Diese Form der Selektion in der Wahrnehmung ist aber notwendig, um die Idee der Sucht als „Krankheit" aufrecht zu erhalten. Man braucht dafür den Idealtypus des Süchtigen: Einen abgemagerten, heruntergekommenen Junkie zum Beispiel oder den Hartz-IV-Empfänger, der ständig nach billigen Fusel riecht. Ihnen gegenüber schaffen der tägliche Weinliebhaber oder die nicht-auffälligen Kokainkonsumenten nur Irritationen. Berger und Luckmann weisen allerdings darauf hin, dass es bei bestehenden Institutionen die Neigung gibt, diejenigen Sachverhalte, die diese Institutionen legitimieren, stärker zu gewichten. Anders ausgedrückt: Wenn wir glauben, dass die Ampel gerade bei uns immer auf rot springt, werden wir jede Rotphase als Legitimation dieser Idee begeistert wahrnehmen und deuten – jedes grün gilt dann allenfalls als Ausnahme. So bleibt es bei der Feststellung, die Szasz bereits vor über 35 Jahren getroffen hat: „Der Begriff ‚Sucht', so wie er heute von Laien und Fachleuten benützt wird, bezeichnet nicht eine Krankheit, sondern eine verachtete Form der Verhaltensabweichung" (Szasz 1980, S. 10). Daran hat sich seit der Konstituierung dieser Idee in der Zeit nach der Reformation nichts geändert.

Im Laufe des 20. Jahrhunderts wurde die Idee der Sucht zu einem Kind mit vielen Namen und Gesichtern – aber es blieb immer ein krankes Kind. Die Inflation der Süchte, die man beobachten kann, ist bedingt durch eine Ausweitung der Idee in Bezug auf die Substanzen oder Handlungen, die „süchtig" machen können. Scheerer schlug daraufhin vor, Sucht als „extreme Verhaltensform" zu begreifen, um dadurch die Verbindung zur Krankheit zu lösen. Aber dies würde die Konstruktion Sucht deutlich verändern, denn in der grundlegenden Definition von bestimmter, gesellschaftlich unerwünschter Verhaltensweisen als krank, liegt der Kern der Idee. Daran änderte auch der hilflos wirkende Versuch der Weltgesundheitsorganisation (WHO) nichts, auf den Suchtbegriff zu verzichten und fortan von „Abhängigkeit" zu sprechen – die Idee der Sucht blieb davon unberührt. Auch die zahllosen Theorien über das Entstehen von Sucht erweitern nur den Rahmen, in dem über Sucht nachgedacht werden kann. Bislang jedoch gibt es kaum Überlegungen, die Idee selbst in Frage zu stellen, um somit den Weg für die Konstituierung neuer Ideen frei zu machen.

Die wenigen Veränderungen innerhalb der gesellschaftlich institutionalisierten Idee Sucht verweisen darauf, dass sich auch an den Gründen wenig geändert hat, die zu ihrer Herstellung führten: Noch immer sind die westlichen Gesellschaften geprägt von einer Angst vor Irrationalität und mangelnder Affektkontrolle – und noch immer wird eine andere Idee als Ideal angesehen und angestrebt: die der rationalen Selbstbestimmung des Individuums.

Literatur

Berger, P. L., T. Luckmann. 1991. *Die gesellschaftliche Konstruktion der Wirklichkeit. Eine Theorie der Wissenssoziologie*. Frankfurt/M.
Durant, W. 1985. *Kulturgeschichte der Menschheit, Bd. 7. Das hohe Mittelalter und die Frührenaissance*. Köln.
Elias, N. 1989. *Über den Prozess der Zivilisation*. 2 Bde. Frankfurt/M.
Gehema, J. A. a. 1686. *Edler Thee-Tranck/ Ein Bewehrtes Mittel zum Gesunden langen Leben/ und Herrlicher Wassertrunck*. Bremen.
Legnaro, A. 1982. Alkoholkonsum und Verhaltenskontrolle. Bedeutungswandel zwischen Mittelalter und Neuzeit in Europa. In *Rausch und Realität. Drogen im Kulturvergleich, Bd. 1*, hrsg. v. G. Völger, K. v. Welck, 153–176. Reinbek/Hamburg.
Legnaro, A. 1991. Rausch und Sucht als Kulturphänomene. In *Prävention zwischen Genuß und Sucht*, hrsg. v. Ministerium für Arbeit, Gesundheit und Soziales NRW, 21–27. Düsseldorf.
Levine, H. G. 1982. Die Entdeckung der Sucht. Wandel der Vorstellungen über Trunkenheit in Nordamerika. In *Rausch und Realität. Drogen im Kulturvergleich, Bd. 1*, hrsg. v. G. Völger, K. v. Welck, 212–224. Reinbek/Hamburg.
Marzahn, C., K. Wassenberg. 1988. *Von „Sauff-Teuffeln" und dem „Sitz der Seligkeit". Zur Kulturgeschichte der Alkoholica*. Universität Bremen.
Nolte, F. 1994. Die protestantische Ethik und der nüchterne Mensch. Alkohol und Mäßigkeit in Bremen. In *Genuss und Mäßigkeit. Wein-Schlürfer, Coffee-Schwelger, Toback-Schmaucher in der Geschichte Bremens*, hrsg. v. C. Marzahn, 64–81. Bremen.
Scheerer, S. 1995. *Sucht*. Reinbek/Hamburg.

Schivelbusch, W. 1990. *Das Paradies, der Geschmack und die Vernunft. Eine Geschichte der Genußmittel.* Frankfurt/M.
Schnabel, W. 1646. *Kampff der Kinder Gottes.* Bremen.
Spode, H. 1993. *Die Macht der Trunkenheit. Kultur- und Sozialgeschichte des Alkohols in Deutschland.* Opladen.
Szasz, T. S. 1976. *Die Fabrikation des Wahnsinns.* Frankfurt/M.
Szasz, T. S. 1980. *Das Ritual der Drogen.* Frankfurt/M.
Wassenberg, K. 1991. *Tee in Ostfriesland. Vom religiösen Wundertrank zum profanen Volksgetränk.* Leer.
Wassenberg, K. 1994. Die historischen Wurzeln des Deutungsmusters Suchtkrankheit. *FDR-Berichte, Sonderheft Drogenforschung:* 2–4.
Watzlawick, P. 1994. Selbsterfüllende Prophezeiungen. In *Die erfundene Wirklichkeit. Wie wissen wir, was wir zu wissen glauben? Beiträge zum Konstruktivismus,* hrsg. v. P. Watzlawick, 91–110. München, Zürich.
Weber, M. 1973. Die ‚Objektivität' sozialwissenschaftlicher und sozialpolitischer Erkenntnis. In *Gesammelte Aufsätze zur Wissenschaftslehre,* hrsg. v. J. Winckelmann, 146–214. Tübingen.
Weber, M. 1991. *Die protestantische Ethik I. Eine Aufsatzsammlung,* hrsg. v. J. Winckelmann. Gütersloh.

"Sucht"

Zur Pathologisierung und Medikalisierung von Alltagsverhalten[1]

Henning Schmidt-Semisch

Zusammenfassung

In dem Beitrag wird zunächst überlegt, wie sich die weitgehende Unhinterfragbarkeit des (medizinisch-naturwissenschaftlich orientierten) Suchtkonzeptes bzw. des Suchtdiskurses analytisch fassen lässt. Im Anschluss daran wird gefragt, welche Effekte dieser spezifischen Rationalität des Suchtdiskures beschrieben werden können: Dabei werden einerseits die Wechselwirkungen zwischen dem Suchtdiskurs und dem Handeln der beteiligten Akteure – im Sinne eines „Doing Addiction" – erörtert, und andererseits gefragt, ob und wie die jüngeren Entwicklungen im Bereich der „Sucht" als Pathologisierung oder Medikalisierung interpretiert werden können.

Schlüsselbegriffe: Sucht, Abhängigkeit, Doing Addiction, Medikalisierung

Als Johannes Herwig-Lempp 1987 seinen Aufsatz über „Das Phänomen der sogenannten Neuen Süchte" verfasste, da stand er mit einer gewissen Verwunderung vor dem seinerzeit noch jungen, sich gerade etablierenden Begriff der ‚stoffungebundenen Sucht'. Zwar hätten die Ess- und Spielsüchte seinerzeit bereits einen festen Platz im bundesdeutschen Drogendiskurs eingenommen, aber neuerdings, so Herwig-Lempp, würde zunehmend auch über Sexsucht, Arbeitssucht und ähnliche Phänomene berichtet. Dies habe dazu geführt, dass sich bereits Selbsthilfegruppen gründeten, Drogenberatungsstellen sich auf den neuen Bedarf einzustellen begännen, Therapieeinrichtungen ihr Angebot erweiterten und

---

1   Bei diesem Beitrag handelt es sich um eine leicht überarbeitete Version des Beitrags „‚Sucht' als leerer Signifikant: Zur Pathologisierung und Medikalisierung von Alltagsverhalten", erschienen in: Anhorn, A., M. Balzereit. (Hrsg.) 2016. *Handbuch Therapeutisierung und Soziale Arbeit*. Wiesbaden, 837–852.

Fachverbände bereits erste Fortbildungsveranstaltungen für die professionellen Drogenhelfer anbieten würden. Sogar „Fragen der Kostenübernahme bei Therapien durch die Krankenkasse sowie der Schuldzurechnungsfähigkeit bei juristischen Delikten" würden bereits diskutiert. Dies alles sei umso erstaunlicher, als es den Sucht-Experten „trotz erheblicher Bemühungen und Anstrengungen" nicht gelänge, ihre „verschiedenen, einander teils völlig widersprechenden Auffassungen zusammenzubringen" (Herwig-Lempp 1987, S. 54).

Ähnlich verwundert äußerte sich 1994 der US-amerikanischen Psychiater Ivan Goldberg, der für eine Mailingliste einen Beitrag über eine neue Suchtkrankheit, die von ihm so genannte ‚Internet Addiction Disorder' (IAD) verfasste:

Seine Behauptungen: Auf immer mehr Menschen übe das Internet eine so starke Anziehungskraft aus, dass sie sich gänzlich aus der ‚realen' Welt zurückzögen. Trotz negativer Auswirkungen auf andere Lebensbereiche, insbesondere die Familie, den Freundeskreis und die Erwerbsarbeit, seien diese Menschen nicht in der Lage, ihre Internetnutzung einzuschränken. Sie seien abhängig vom Internet und bräuchten professionelle Hilfe. Die von Goldberg gelieferte Symptombeschreibung der IAD orientierte sich dabei überdeutlich an den diagnostischen Merkmalen der Spielsucht, wie sie psychiatrisch beschrieben werden. (Schetsche 2007, S. 119)

Was allerdings die Leserinnen und Leser nicht wussten, war, dass Goldberg seine Ausführungen als Scherz gemeint hatte, mit denen er in kritischer Absicht darauf hinweisen wollte, dass heute nahezu jede Verhaltensweise als Sucht diskreditiert und pathologisiert werden könne. Seine Verwunderung resultierte dementsprechend daraus, dass er nicht – wie von ihm erwartet – ironische Kommentare zu seinen Ausführungen erhielt, sondern dass insbesondere Personen antworteten, „die sich in den Symptombeschreibungen wiederzuerkennen meinten und sich selbst entsprechend für Betroffene dieser ‚Krankheit' hielten. Nachdem im Februar 1995 die New York Times über Goldbergs ‚Entdeckung' berichtet hatte, nahm die Themenkarriere ihren Lauf" (Schetsche 2007, S. 119). Es meldeten sich immer mehr Betroffene, Selbsthilfegruppen entstanden, ExpertInnen widmeten sich in zunehmendem Maße mit entsprechenden Forschungen der vermeintlichen Problematik, die Zahl der Fachartikel und Ratgeberbücher nahm zu und Behandlungsmaßnahmen und Präventionskonzepte wurden entwickelt. Wenn man so will, könnte man sagen: Aus Spaß wurde Ernst (vgl. ausführlicher Walter und Schetsche 2003).

Wie diese beiden Beispiele zeigen, fällt „Sucht" nicht vom Himmel. Vielmehr verweisen sie darauf, dass bei der Beschreibung und Benennung von unerwünschten Verhaltensweisen gerne auf das Konzept der „Sucht" zurückgegriffen wird. Dies vor allem deshalb, weil es als ein gleichsam vertrautes, dauerhaft institutionalisiertes soziales Problem(muster) zu kennzeichnen ist, das von einer unüberschaubaren Vielzahl an Professionellen, Institutionen und Organisationen gestützt wird, „die zeitstabil für die Beobachtung, Kontrolle und Bekämpfung des Problems zuständig sind" (Schetsche 2008, S. 169). Im Verlaufe dieser institutionalisierenden Verfestigung ist uns die vermeintliche Plausibilität des Problemmusters „Sucht" in den vergangenen Jahrzehnten so selbstverständlich geworden, dass wir nicht nur in unserem Alltag die unterschiedlichsten Verhaltensweisen ohne Zögern und in inflationärer Art und Weise mit dem Suffix „Sucht" versehen. Darüber hinaus hat sich das Suchtkonzept (in seiner medizinisch-naturwissenschaftlichen Ausrichtung) vielmehr auch im wissenschaftlichen Kontext soweit verfestigt, dass „to the majority of the scientific community [...] addiction is no longer a theory which can be legitimately questioned" (Frenk und Dar 2000, S. 1). Und dabei geht es eben nicht mehr nur um die klassischen Heroin-, Alkohol-, Kokain- und sonstigen stoffgebundenen „Süchte", sondern überdies um Glücksspiel-[2] und Sex-[3]„Sucht", um Klau- und Kauf-[4]„Sucht", die Internet- und Video Game-„Sucht"[5] sowie viele weitere so genannte „Verhaltenssüchte" (vgl. etwa Grüsser et al. 2007).

Im Folgenden soll daher zunächst überlegt werden, wie sich diese weitgehende Unhinterfragbarkeit des (medizinisch-naturwissenschaftlich orientierten) Suchtkonzeptes bzw. diskurses analytisch fassen lässt. Im Anschluss daran wird gefragt, welche Effekte diese spezifische Rationalität des Suchtdiskures nach sich zieht: Dabei werden zunächst die Wechselwirkungen zwischen dem Suchtdiskurs und dem Handeln der beteiligten Akteure – im Sinne eines „Doing Addiction" – erörtert, um sodann zu fragen, ob und wie die jüngeren Entwicklungen im Bereich der „Sucht" als Pathologisierung oder Medikalisierung interpretiert werden können.

1 Sucht als leerer Signifikant

Bei der „Sucht" handelt es sich um ein Phänomen, dessen sich ganz unterschiedliche Disziplinen und Professionen angenommen haben und das auch in unseren Alltagstheorien einen breiten Raum einnimmt. Gleichwohl kann man mit dem Schweizer Suchtmediziner Ambros Uchtenhagen (2000, S. 5) konstatieren, dass die Begriffe bzw. Diagnosen „Sucht" und „Abhängigkeit" heute – selbst in der Wissenschaft – keineswegs etwas Einheitliches bezeichnen. So seien die einzelnen Diagnosesysteme (z.B. DSM-IV oder ICD-10) an sehr unterschiedlichen Diagnosekriterien orientiert, die überdies in ganz unterschiedlichen Bereichen angesiedelt seien: „Sie manifestieren sich körperlich, psychisch, im Verhalten oder in sozialen Auswirkungen. Keines der Kriterien trifft immer zu, und einzelne Kriterien kommen bei bestimmten Substanzen nicht oder nur selten vor. [...] Andererseits gibt es Zustandsbilder, für welche einzelne Kriterien zutreffen, ohne dass deshalb von Abhängigkeit gesprochen wird." So betrachtet gebe es auch nicht *ein* Abhängigkeitssyndrom; sondern zutreffender sei es, von einem „Spektrum von Abhängigkeitssyndromen" zu sprechen (vgl. ausführlicher Dollinger und Schmidt-Semisch 2007a).

Folgt man dieser Aussage von Uchtenhagen, dann handelt es sich bei „Süchten" und „Abhängigkeiten" um höchst variable Phänomene, die sich einer einheitlichen Definition

---
2 Vgl. zur Problemdefinition und -karriere der Glücksspielsucht Schmidt 2012.
3 Vgl. zur Sexsucht etwa Rumpf 2012, S. 82 sowie Kafka 2010.
4 Vgl. etwa Kolitzus 2009.
5 Vgl. etwa Rehbein und Mößle 2013 sowie Rehbein und Zenses 2013.

zu entziehen scheinen und die darauf verweisen, dass es *die eine* Definition von „Sucht" nicht gibt. Dabei stellt sich die Benutzung der Begriffe „Sucht" und „Abhängigkeit" als ein höchst voraussetzungsvolles Unterfangen dar, da die jeweiligen Begrifflichkeiten und Definitionen immer schon mit kulturellen Bedeutungen und Vorentscheidungen aufgeladen sind, die wiederum alle auch mit entsprechender Kritik konfrontiert werden. So betrachtet ist „Sucht" daher „immer als ein Produkt interpersoneller Kommunikation und soziokultureller Entwicklungen sowie nicht zuletzt als Resultat von Machtkonstellationen zu konzeptualisieren – und zwar sowohl auf der Ebene der allgemeinen Definitionen und Diskurse wie auch mit Blick auf die konkrete Diagnose und die subjektive Interpretation der eigenen Befindlichkeit" (Dollinger und Schmidt-Semisch 2007a, S. 8).

Vor dem Hintergrund der unüberschaubaren Anzahl unterschiedlicher Lebens- und Handlungsentwürfe und -prioritäten sowie der zahlreichen Möglichkeiten, diese wiederum zu klassifizieren, erweist sich „Sucht" somit zunächst als Zuschreibung für bestimmte unerwünschte Verhaltensweisen. In diesem Sinne ist „Sucht" kein per se auffind- oder beobachtbares Phänomen, sondern lediglich ein Begriff oder ein Erklärungsprinzip, der bzw. das gefüllt werden muss: „,Sucht' als Verhalten wird erst sichtbar, wenn man eine bestimmte Definition voraussetzt und sie der eigenen Beobachtung zugrunde legt" (Herwig-Lempp 1994, S. 182). Auf welches Verhalten sich der Begriff konkret bezieht bzw. wem er zugeschrieben wird, „hängt einerseits davon ab, wer wofür einen Begriff oder eine Erklärung benötigt, und andererseits davon, wer die Macht hat, seine Definition durchzusetzen" (ebd., S. 79). Vor diesem Hintergrund wird „Sucht" dann als soziale und auch moralische Kategorie von sozialen Akteuren benutzt, um Verhaltensweisen einzuordnen und Personen zu positionieren, um sich abzugrenzen oder andere auszugrenzen, um Verantwortlichkeiten zuzurechnen und Behandlungskosten abzurechnen, um sich zu empören oder zu solidarisieren usw.

Allerdings ist mit „Sucht" nicht nur eine Zuschreibung verbunden, sondern „Sucht" enthält zugleich auch Botschaften, Vorstellungen und Vorschriften, die weit über sie hinausreichen. Im Rekurs auf Laclau und Mouffe (2012) kann man „Sucht" daher (allgemeiner) als Sinnzuweisung verstehen, mit der eine Differenz gesetzt wird, indem zwischen „Sucht" und „Nicht-Sucht" unterschieden wird. Suchtdiskurse können dabei als jener Ort verstanden werden, an dem über die Legitimität entsprechender Verhaltensweisen und über den Grenzverlauf zwischen „Sucht" und „Nicht-Sucht" verhandelt wird. Das aber bedeutet: Suchtdiskurse legen nicht nur fest, was „Sucht" bzw. wer „süchtig" ist, sondern auch, was „Nicht-Sucht" bzw. wer „nicht süchtig" ist. Suchtdiskurse umschließen also keineswegs nur die Definitionen, Diagnosen und sonstigen Begrifflichkeiten hinsichtlich der „Süchte" und „Abhängigkeiten", sondern sie verhandeln zugleich auch, was konforme Verhaltensweisen sind bzw. wie ein ‚richtiges Leben' auszusehen hat. Indem sie dies tun, bestimmen und konstituieren Suchtdiskurse, was sie zugleich als vermeintlich gegeben voraussetzen: eine spezifische Qualität von „Sucht" im Vergleich zur „Nicht-Sucht" (vgl. Dollinger et al. 2014). Das heißt sie unterstellen, es bestände die Möglichkeit, den Grenzverlauf „objektiv" zu beschreiben, obwohl dieser Verlauf ja gerade der zentrale Verhandlungsgegenstand von Suchtdiskursen ist und daher permanent neu verhandelt wird (etwa wenn darüber gestritten wird, ob „Verhaltenssucht" als eine „eigenständige diagnostische Einheit" aufgefasst werden solle; Grüsser et al. 2007, S. 99).

So gesehen, transportieren Suchtdiskurse zwangsläufig (lediglich) partikulare Vorstellungen von ‚falschem' und ‚richtigem' Verhalten und ganz unterschiedliche Vorstellungen davon, wo die Grenze zwischen „Sucht" und „Nicht-Sucht" zu verlaufen habe. Dies betrifft die aktuell wichtigen Diagnostiksysteme (ICD-10 und DSM IV/5), deren diagnostische Kriterien in höchst unterschiedlichen Bereichen angesiedelt und die überdies stark interpretationsbedürftig[6] sind, ebenso wie wissenschaftliche Dispute, Berichte in den Massenmedien, Gespräche in Schule, Betrieb, Familie usw., aber auch Wahlprogramme, Informationsflyer, „Sucht"-Präventions- und Drogen-Aufklärungskampagnen etc. In allen diesen diskursiven Zusammenhängen werden ganz unterschiedliche (partikulare) Grenzziehungen und Forderungen zur Überwindung der jeweils von den Akteuren damit verbundenen, unerwünschten („süchtigen") Verhaltensweisen artikuliert. Somit wird „Sucht" zu einem Begriff, der zugleich Vieles und (beinahe) nichts aussagt – zu einem „leeren Signifikanten" im Sinne Laclaus (2010, S. 65ff.). Dieser „leere Signifikant" ist bedeutungsarm („unterdeterminiert") und zugleich mit zu viel Bedeutung aufgeladen („überdeterminiert"). Bedeutungsarm ist der Signifikant „Sucht", da er lediglich partikular, aber nicht eindeutig („objektiv") gefüllt werden kann. Zumal angesichts der „Inflation der Süchte" immer undeutlicher wird, was die einzelnen Diagnosen und Verhaltensweisen jenseits der entsprechenden Signifikation eigentlich noch verbindet: Es bleibt z.B. strittig, ob und wie Lotto-Spielen „süchtig" macht, ob „Verhaltenssüchte" als eine eigenständige diagnostische Einheit aufgefasst werden sollen, was den Konsum von Kokain mit dem Spielen von *World of Warcraft*[7] verbindet usw. Mit zu viel Bedeutung aufgeladen ist der Signifikant der „Sucht", weil er zahlreiche partikulare Bedeutungsinhalte über „Sucht" und „Nicht-Sucht" transportiert, die ihn gewissermaßen mit zu viel Sinn ausstatten: So sprechen ganz unterschiedliche Disziplinen, Professionen und Institutionen in ihrer je spezifischen Art und vor dem Hintergrund ihrer je spezifischen Interessen von Sucht – von den Massenmedien, in der Politik, im Alltag etc. wird „Sucht" auf vielfältige Art thematisiert. Einerseits kann der Suchtdiskurs also nicht still gestellt oder (ab-)geschlossen werden, womit sich „Sucht" als grundsätzlich kontingent erweist. Andererseits ermöglicht es die Entleerung des Signifikanten der „Sucht", dass sich die unterschiedlichsten Professionen, Disziplinen

---

6 Sehr plausibel wird dies z.B. beim sechsten ICD-10-Kriterium hinsichtlich einer Alkoholabhängigkeit: „Eingeengtes Verhaltensmuster im Umgang mit Alkohol oder der Substanz wie z.B. die Tendenz, Alkohol an Werktagen wie an Wochentagen zu trinken und die Regeln eines gesellschaftlich üblichen Trinkverhaltens außer acht zu lassen" (Uchtenhagen 2000, S. 5). Über „eingeengtes Verhaltensmuster" sowie über „gesellschaftlich übliches Trinkverhalten" dürfte sich nur relativ schwer Einigkeit erzielen lassen, da sie für Interpretationen relativ viel Raum lassen (vgl. zur Objektivität nosologischer Klassifikationen ausführlicher Dollinger und Schmidt-Semisch 2007a, S. 10ff.).

7 Vgl. hinsichtlich Überlegungen zur „Sucht" nach Onlinerollenspielen etwa Plöger-Werner 2012.

und Institutionen mit ihren spezifischen (partikularen) Interessen und Vorstellungen unter seinem Dach versammeln können.

Mit Foucault (1978, S. 119f.) kann man dieses heterogene Ensemble, „das Diskurse, Institutionen, architekturale Einrichtungen, reglementierende Entscheidungen, Gesetze, administrative Maßnahmen, wissenschaftliche Aussagen, philosophische, moralische oder philantropische Lehrsätze [...] umfasst" bzw. „das Netz, das zwischen diesen Elementen geknüpft werden kann", als Dispositiv bezeichnen. Dabei ist dieses – auch hinsichtlich der „Sucht" präsente – „Ineinander von Apparaturen und Diskursen, aus Organisationen, Finanzierungen und Wissens-Kulturen" (Quensel 2010, S. 392) von internen Kämpfen geprägt: Die unterschiedlichen Interessengruppen ringen darum, dominante Positionen zu besetzen, um ihre (partikularen) Interessen durchzusetzen und ihre Grenzziehungen sowie Vorstellungen vom ‚richtigen' und ‚falschen' Leben hegemonial zu machen oder zu halten. Dazu bedarf es freilich einer machtvollen Diskursposition, welche die Verfügungs- und Definitionsmacht über den leeren Signifikanten „Sucht" absichert. Diese Position wird heute insbesondere den Vertretern und Vertreterinnen eines (dominanten) medizinisch-naturwissenschaftlichen Suchtkonzepts zugestanden. Dabei handelt es sich „um ein durch international verbreitete nosologische Manuale abgestütztes Interpretationsmuster, dessen diagnostische und therapeutische Gültigkeit und Zuständigkeit praktisch nicht in Zweifel gezogen wird", da es aufgrund „seiner naturwissenschaftlichen Diktion mit einer gleichsam ‚natürlichen Objektivität' ausgestattet zu sein" (Dollinger und Schmidt-Semisch 2007a, S. 9) scheint. Auch wenn dieses medizinisch-naturwissenschaftliche Suchtkonzept im hier verstandenen Sinne Allgemeingültigkeit lediglich zu simulieren vermag und alternative Sinnzuweisungen immer möglich bleiben, so prägt es aufgrund seiner dominanten Position doch in entscheidender Art und Weise den gesellschaftlichen (Sucht-)Diskurs und damit den Umgang mit den entsprechenden Konsummustern und Verhaltensweisen.

2 Doing Addiction

Mit Blumer (1973, S. 81f.) kann man konstatieren, dass Menschen Dingen gegenüber auf der Grundlage der Bedeutungen handeln, die diese Dinge für sie haben. Dabei werden die Bedeutungen solcher Dinge aus der sozialen Interaktion und Kommunikation, die man mit seinen Mitmenschen eingeht, abgeleitet und von den einzelnen Personen in einem interpretativen Prozess der „Auseinandersetzung mit den ihr begegnenden Dingen benutzt, gehandhabt und abgeändert." Dabei verstand Blumer unter „Dingen" keineswegs nur physische Gegenstände (wie etwa Häuser, Steine oder Blumen), sondern auch andere Menschen und ihre unterschiedlichen Verhaltensweisen, Institutionen (etwa Schulen, Gesundheitsämter oder Regierungen) und Situationen des täglichen Lebens sowie schließlich auch Ideale und Konzepte.

Auch „Sucht" lässt sich als ein solches „Ding" verstehen, dessen Bedeutung(en) die Personen aus den Interaktionen und Kommunikationen mit anderen Menschen ableiten und in einem interpretativen Prozess benutzen, handhaben und abändern. Sie bewegen sich dabei im Kontext des bestehenden Suchtdiskurses und greifen damit auf bestehendes (kulturelles) Sucht-Wissen zurück. Dieses umfasst sowohl jene Wissensvorräte, welche durch die Wissenschaften (re-)produziert und angewendet werden, wie auch jene, die in der alltäglichen Kommunikation oder auch in Medien und Präventionskampagnen, in Schule und Familie usw. benutzt und vermittelt werden. (Sucht-)Diskurse sind dabei nicht nur als gesprochene oder geschriebene Sprache zu verstehen, sondern vielmehr als „Systeme des Denkens und Sprechens, die das, was wir von der Welt wahrnehmen, konstituieren, indem sie die Art und Weise der Wahrnehmung prägen" (Villa 2003, S. 20). Vor diesem Hintergrund deuten wir dann die Phänomene, die uns im Alltag oder auch in der professionellen Praxis begegnen. Auf diese Weise konturieren sie Möglichkeitshorizonte des Denk-, Sag- und Lebbaren, weil sie die Fähigkeit haben, „alternative Bedeutungen zunächst geradezu unmöglich zu machen. Sie wirken präreflexiv, aber umso mächtiger, weil sie das Denken strukturiert haben, bevor wir überhaupt anfangen zu denken. Das heißt: Diskurse stecken den Bereich des Denk- und Lebbaren ab, indem andere Optionen nicht denk- oder lebbar scheinen" (ebd., S. 23). In diesem Sinne determinieren Diskurse Wirklichkeit, indem sie die Wahrnehmung der Subjekte beeinflussen, wobei die Subjekte aber zugleich – im Sinne von (Co-)ProduzentInnen – den Diskurs reproduzieren und somit eine bestimmte Wirklichkeit verfestigen (auch wenn Veränderung freilich immer potentiell möglich bleibt).

Welche Wirklichkeit sich im Suchtdiskurs verfestigt hat; wie das entsprechende Wissen genau strukturiert ist; wie es sich in unterschiedlichen Bereichen unterscheidet; welche Bezüge es zu den vielfältigen anderen Diskursen (Kriminalität, Rausch, Krankheit, Gesundheit etc.) aufweist; wie sich die einzelnen Subjekte darauf beziehen usw.: Alles dies sind empirische Fragen, deren umfassende Klärung sicherlich noch aussteht. Gleichwohl aber lassen sich m.E. einige zentrale Elemente des Suchtdiskurses skizzieren.

Wie bereits gesagt, ist das dominierende Merkmal dieses Suchtdiskurses seine medizinisch-naturwissenschaftliche Grundierung und damit eine Denkweise oder Rationalität, die stets versucht, „Sucht" durch die Rekonstruktion biologischer Prozesse oder pharmakologischer Substanzeffekte (z.B. über „Suchtpotentiale" einzelner Substanzen) zu erschließen; „Sucht" wird also als ein biologisch-somatisches oder aber als ein substanzbedingtes Phänomen konzipiert. In beiden Fällen wird vorausgesetzt, dass das Konsumgeschehen vom Einzelnen nicht (mehr) reguliert oder kontrolliert werden kann: Die Steuerung des Verhaltens liegt nicht (mehr) in der Hand des handelnden Subjekts, sondern sie wird von etwas anderem (von der „Droge" oder eben der „Sucht") übernommen: „Nicht mehr das Subjekt agiert, es scheint vielmehr von einer Substanz oder Tätigkeit mit ‚hohem Suchtpotential' agiert zu werden, und es ist naheliegend, dass Mediziner einen solchen Zustand als Krankheit verstehen und bezeichnen" (Dollinger und Schmidt-Semisch 2007a, S. 9). Diese hegemoniale, medizinisch-naturwissenschaftliche Denkweise prägt – wenn auch nicht ungebrochen – unsere Alltagstheorien und -vorstellungen von der Sucht, die man mit Johannes Herwig-Lempp (1994, S. 92) in sechs Punkten pointiert zusammenfassen kann: Die süchtige Person hat a) in Bezug auf den Konsum ihre Selbständigkeit verloren und keine Kontrolle über sich; sie ist b) nicht mehr selbständig in ihrer Willensentscheidung und ihrer Handlungsfähigkeit; sie hat c) keine Fähigkeit mehr zu bewerten, was gut und richtig für sie ist; sie wird d) irgendwie – z.B. von einer Droge – fremdbestimmt und fremdgesteuert; sie ist e) nicht mehr selbst verantwortlich für ihr Handeln und dessen Folgen; dies ist f) ein unerwünschter und unnatürlicher und mithin krankhafter Zustand. Auch wenn diese sechs Punkte sicherlich noch um einige andere ergänzt werden könnten, so stehen sie doch m.E. exemplarisch für ein Bild von „Süchtigen", das durch und durch defizitär konnotiert ist und nicht mehr auf ein vollwertiges Subjekt verweist.

Es war wohl diese, allem Reden über Sucht inhärente Pathologisierung, welche die Bundeswehrverantwortlichen aufschreckte, als Verteidigungsminister Lothar De Maizière sich am 24. Februar 2013 in der Frankfurter Allgemeinen Sonntagszeitung zu der Aussage hinreißen ließ: „Sie [die Soldaten der Bundeswehr, HSS] haben den verständlichen, aber oft übertriebenen Wunsch nach Wertschätzung. Sie sind vielleicht geradezu süchtig danach." Der Vorsitzende des Bundeswehrverbandes, Ulrich Kirsch, hielt diese Wortwahl des Ministers „für enttäuschend und absolut unangemessen" und fügte hinzu: „Deutsche Soldaten gieren nicht. Weder nach Anerkennung noch nach sonst irgendetwas."[8] Die Vorstellung, deutsche Soldaten im Einsatz seien – in welcher Hinsicht auch immer – „süchtig" und damit gewissermaßen ‚außer Kontrolle' und nicht mehr ‚Herr der Lage', konnte nicht hingenommen werden. Auch wenn De Maizière keineswegs pathologisieren und die Soldaten in die Nähe von „Junkies" rücken wollte, verweist die entsprechende Reaktion doch zugleich auf das, was alltagstheoretisch gemeinhin mit Süchtigen assoziiert wird: Sie sind krank und hilflos, auf ihren Suchtstoff fixiert und tun alles, um ihn zu erlangen. Verkoppelt man dieses Bild des Süchtigen mit einer Gruppe schwer bewaffneter junger Männer (und Frauen), dann ist es nur zu verständlich, dass dieses Bild mit Blick auf die kritisierten Soldaten geradezu zurückgewiesen werden musste.

Gleichzeitig aber sind es diese Alltagsvorstellungen, die unseren Umgang mit jenen Personen prägen, die wir als ‚tatsächlich' süchtig bezeichnen. Ihnen treten wir ganz selbstverständlich mit diesen hegemonialen Bildern, Vorstellungen und Erwartungen gegenüber – und das nicht nur als ArbeitskollegInnen, Nachbarn, Eltern, Kinder, FreundInnen usw., sondern auch und gerade als Professionelle und ExpertInnen. Neuere Arbeiten zu einer Soziologie sozialer Probleme sprechen in diesem Zusammenhang von „Soziale-Probleme-Arbeit"[9] und gehen davon aus, dass „social problems work and culture are inextricably linked through the ways cultural representations and understandings are interpretivley applied to concrete people, events, and situations" (Holstein und Miller 1997, S. XIV). Hervorgehoben wird dabei, etwa von Schmidt (2008, S. 39), dass Problemarbeit gerade für Mitarbeiter und Mitarbeiterinnen in sozialen Diensten zum Tagesgeschäft und zur Alltagsroutine gehöre, da soziale Dienste sich qua Aufgabenstellung mit Problemfällen und -lagen befassten und sie in gewisser Weise eben erst als solche konstituierten. Die entsprechenden Beschreibungen seien von den Akteuren nicht etwa frei gewählt, sondern

---

8 Vgl. http://www.spiegel.de/politik/deutschland/kritik-an-verteidigungsminister-wegen-gier-nach-anerkennung-a-885283.html (Zuletzt zugegriffen am 07.01.2018)

9 Verwiesen sei an dieser Stelle insbesondere auch auf den von Axel Groenemeyer (2010) zusammengestellten Band zum Thema „Doing Social Problems".

vielmehr übe insbesondere das institutionelle Setting, in dem die Problematisierung stattfinde, einen maßgeblichen Einfluss aus. Das heißt, sowohl die Professionellen und das institutionelle Setting wie auch der gesellschaftliche Problematisierungsdiskurs bringen das spezifische Problem – wie z.B. eben die „Sucht" – interaktiv und sprachlich-diskursiv hervor und richten es auf je spezifische Weise zu (vgl. ausführlich auch Reinarman 2005, S. 34ff.). Selbst im Kontext der akzeptierenden Drogenarbeit, so Unterkofler (2009, S. 122), zu deren theoretischen und professionellen Grundannahmen es gehört, „dass Drogenkonsum nicht als Krankheit, sondern als Ausdruck vielfältiger Lebensentwürfe angesehen werden muss [...], sprechen die in der akzeptierenden Drogenarbeit tätigen Sozialarbeiter von Drogenkonsum als Sucht und von Sucht als Krankheit."

Entscheidend ist, dass auch die vermeintlich „Süchtigen" selbst dieses hegemoniale Bild des Süchtigen und die entsprechenden (Be-)Deutungen für sich übernehmen, und sich selbst vor diesem Hintergrund als fremdbestimmt und hilflos wahrnehmen. Craig Reinarman (2005, S. 35) hat „Sucht" in diesen Kontext als „interaktionale Errungenschaft" beschrieben, als einen Prozess, in dem die vermeintlich „Abhängigen" lernen, „ihr Leben und Verhalten im Kontext von Sucht-als-Krankheit zu verstehen". Das geschieht, indem ihnen u.a. das Bekenntnis abverlangt würde, sie würden an einer Krankheit leiden, die sie davon abhalte, Kontrolle über ihren Drogenkonsum auszuüben. Diese, keineswegs nur von den Anonymen Alkoholikern ausgeübte Praxis, verweist darauf, dass es sich bei den Darstellungen, die „Abhängige" über ihr Leben und Verhalten geben, keineswegs um ungezwungene objektive Beschreibungen handelt, sondern vielmehr um das Ergebnis diskursiver Prozeduren. Insofern ist dies ein „performative[r] Prozess, in dem die Abhängigen wieder und wieder ihre neue wiederhergestellte Lebensgeschichte erzählen", und zwar „gemäß der grammatischen und syntaktischen Regeln des Krankheitsdiskurses, den sie gelernt haben" (Reinarman 2005, S. 35). Insbesondere auch das „once-an-addict-always-an-addict"-Paradigma (Kellog 1993, S. 236) lehrt die vermeintlich Süchtigen, dass sie die potentielle Kontrolle über ihren Drogenkonsum lebenslang nicht mehr werden realisieren können: Wer auf diese Weise erst einmal von der so genannten Weinbrandbohnen-Theorie (also von der Vorstellung, dass der Verzehr einer Weinbrandbohne einen „trockenen Alkoholiker" zwangsläufig in alte Trinkmuster zurückfallen lässt) überzeugt (worden) ist, der wird sich auch sehr wahrscheinlich nach dem Verzehr einer solchen Praline dem erwarteten Dammbruchszenario ergeben (vgl. Körkel 2005, S. 309). Das heißt, der Suchtdiskurs steckt hier einen bestimmten Bereich des Denk- und Lebbaren ab, in dem andere Optionen (z.B. die Wiedererlangung der Konsum-Kontrolle) als nicht denk- oder lebbar erscheinen. Die vermeintlich Süchtigen haben mit Blick auf ihren Drogenkonsum im Grunde nur die eine Option, sich als tatsächlich „Süchtige" wahrzunehmen. Sie übernehmen dieses Bild für sich und entwickeln daraus eine kognitive Erwartungsstruktur des Scheiterns, die stabilen Selbstwirksamkeits- oder Kompetenzerwartungen hinsichtlich der Steuerungsmöglichkeiten des eigenen Drogenkonsums nur wenig Raum lässt. In diesem Sinne ist „Sucht" (zumindest hinsichtlich der dominierenden Facetten des Suchtdiskurses) ein ent-powerndes und fatalistisches Konzept (Dollinger und Schmidt-Semisch 2007b, S. 332; Kolte und Schmidt-Semisch 2003).

Ich habe diese Wechselwirkungen zwischen dem kulturellen Wissen über „Sucht" und „süchtiges" Verhalten und dem Handeln der beteiligten Akteure an anderer Stelle als „Doing Addiction" beschrieben (Schmidt-Semisch 2011; vgl. auch Dollinger und Schmidt-Semisch 2010), als einen Prozess, der „Sucht" und das Verhalten „Süchtiger" durch die impliziten Erwartungen und das konkrete Verhalten (aller Beteiligten) permanent aktualisiert und reproduziert. Mit Blick auf die oben angestellten Überlegungen kann man ergänzen, dass die Hegemonie des medizinisch-naturwissenschaftlichen Suchtkonzeptes dazu beigetragen hat, dass uns das pathologisierende Problemmuster der Sucht scheinbar so vertraut geworden ist, dass wir es auf immer mehr und ganz unterschiedliche Verhaltensweisen anwenden (können). Diese Entleerung des Signifikanten „Sucht" ermöglicht es den unterschiedlichsten Akteuren, sich an diesen hegemonialen Diskurs anzukoppeln – entweder, um (in einem emphatischen Sinne) ihre (partikularen) Vorstellungen von einem ‚richtigen Leben' erfolgreich zu kommunizieren und gegebenenfalls politisch umzusetzen, oder aber, um sich selbst für bestimmte Phänomene oder Verhaltensweisen zuständig zu erklären – und damit die eigene professionelle sowie ökonomische Basis zu erweitern oder zu stabilisieren. In beiden Fällen kommt es zu einer Expandierung des Suchtkonzepts, wodurch seine pathologisierenden Effekte ausgeweitet und immer mehr Verhaltensbereiche des Alltags medikalisiert werden.

3   Zur Pathologisierung und Medikalisierung von Alltagsverhalten

Betrachtet man also die zunehmende Anwendung des Suchtbegriffs unter dem Vorzeichen von Pathologisierung und Medikalisierung, dann lassen sich drei Aspekte in dieser Entwicklung beobachten.

Erstens handelt es sich bei der „Sucht" – wie oben dargestellt – ganz grundsätzlich um ein defizitorientiertes und pathologisierendes Konzept, das überdies die „Betroffenen" in aller Regel eher schwächt. Gerade auch die verbreitete Idee des „Suchtpotentials" einer Substanz – das heißt die Vorstellung, eine Droge habe die Macht, ein Individuum zu „versklaven" – kann dabei, wie Peele (1989) ausführt, kontraproduktive Wirkungen entfalten: „Cultural and historical data indicate that believing alcohol has the power to addict a person goes hand in hand with more alcoholism. For the belief convinces susceptible people that alcohol is stronger than are they, and that – no matter what they do – they cannot escape its grasp" (Peele 1989, S. 170). Eine solche Vorstellung schwächt das Individuum nicht nur, sondern liefert ihm auch eine Rechtfertigung dafür, warum es eine eingeschliffene Gewohnheit nicht zu ändern vermag: „I can't help myself" (Luik 1996). Der Gewinn einer solchen (Selbst-)Unterwerfung unter das Suchtkonzept mag (im Sinne eines „Krankheitsgewinns") sogar so attraktiv sein, „that people stretch the criteria in order to include themselves, or perhaps even expand their behaviour to meet the criteria" (Peele 1989, S. 135). Denn immerhin ist die „Sucht" durchaus insoweit funktional, als sie „Geschichten anbietet, die es ihm oder ihr ermöglichen, deviantes Verhalten, das während der Sucht verübt wurde, gleichzeitig ‚anzunehmen' und zu ‚verleugnen'. So werden implizit die Sünden des früheren, süchtigen Selbst zugegeben, während Anspruch erhoben wird auf ein neu geschaffenes Selbst" (Reinarman 2005, S. 36). Interessant ist, dass genau durch diese individuelle „Entschuldung" die kulturelle Vorstellung von der „Versklavung durch Substanzen" wiederum bestätigt wird, indem das individuelle Verhalten an die physio-pharmako-biologische Variable des Suchtpotentials (einer Substanz) rückgebunden und damit gleichsam (natur-)wissenschaftlich objektiviert wird (Dollinger und Schmidt-Semisch 2010). Der auf diese Weise „Versklavte", so die dahinterstehende Problemsicht, kann sich nicht mehr selber helfen, sondern bedarf der Hilfe, die Ärzte und Therapeuten vorhalten.

Zweitens ermöglicht die zunehmende Entleerung des Signifikanten „Sucht" die Ausweitung des Suchtkonzeptes auf die so genannten „Stoffungebundenen-" bzw. „Verhaltens-Süchte", so dass dieses Konzept im Grunde nicht viel mehr aussagt, als das, was Uchtenhagen (2005, S. 8) als populäres Verständnis der Sucht bezeichnet: „Sucht ist ein Verhalten, über das der Betroffene die Kontrolle verloren hat". Mit einem solchen Verständnis wird es – wie oben bereits mehrfach angedeutet – möglich, große Teile des Alltagsverhaltens unter die diagnostische Anwendung des (medizinisch-naturwissenschaftlichen) Suchtkonzeptes zu stellen: Vom Einkaufen, Waschen und Essen über Spielen, Fernsehen und Computernutzung bis hin zu Sexualität und Arbeit etc. Zwar streitet die Wissenschaft noch, welche Verhaltensweisen tatsächlich als „Verhaltenssucht" zu interpretieren wären, da „nicht alle exzessiv durchgeführten Verhaltensweisen [...] gleichbedeutend mit süchtigem Verhalten" seien (Grüsser et al. 2007, S. 1002). Zudem wird diskutiert, inwieweit eine Inflation der Süchte zu einer „Bagatellisierung ernstzunehmender Störungen" führe bzw. dazu, „dass Sucht zu einem ubiquitären Phänomen wird, welches große Teile der Bevölkerung in irgendeiner Form betrifft" (Rumpf 2012, S. 81). Gleichwohl aber geht es in diesen Diskussionen nicht darum, ob es „Verhaltenssüchte" gibt oder geben soll, sondern lediglich darum, welche Verhaltensweisen innerhalb und welche außerhalb des diagnostischen Einzugsbereichs der „Sucht" liegen sollen. In die Klärung dieser Frage, so Rumpf (2012, S. 83), sollten dabei „nicht nur epidemiologische Befunde eingehen, sondern auch eine Bewertung, in welcher Form die jeweilige Störung zu Leiden führt, also zu individuellen oder gesellschaftlich negativen Folgen". Sehr deutlich wird bei diesen Diskussionen – wie oben ausgeführt – dass der Suchtdiskurs ein Diskurs des Grenzverlaufs zwischen „Sucht" und „Nicht-Sucht" ist, der explizit eben auch von (partikularen) Vorstellungen über „Legitimes" geleitet wird: „Die Medizin", so hatte es Ivan Illich (1995, S. 35) in seiner „Nemesis der Medizin" formuliert, „ist ein moralisches Unternehmen und bestimmt daher zwangsläufig den Inhalt der Worte ‚gut' und ‚schlecht'". Die Expandierung des Diagnose-Bereichs der „Sucht" kann man dabei durchaus als Medikalisierung beschreiben und das hegemoniale Suchtkonzept in Anlehnung an Zola (1986, S. 379) als „a new repository of truth" verstehen, als „the place where absolute and often final judgements are made by supposedly morally neutral and objective experts. And these judgements are made, not in the name of virtue or legitimacy, but in the name of health [...] by making medicine and the labels ‚healthy' and ‚ill' relevant to an ever increasing part of human existence."

Dieser Prozess der Medikalisierung und Pathologisierung wird schließlich drittens umso problematischer, je deutlicher sich der Blick nicht nur auf die „Süchtigen" beschränkt, sondern – in präventiver Absicht – auch auf das Vorfeld der vermeintlich problematischen Verhaltensweisen gelenkt wird. So konstatieren etwa Schneider und Strauß (2013, S. 217), dass sich der Gegenstand und der Handlungsradius der Medizin sowie des Gesundheitssektors insgesamt in den vergangenen Jahrzehnten immens und „in abenteuerlichem Tempo" ausgeweitet hätten: „Diagnostiziert und behandelt werden nicht mehr nur Krankheiten – wie immer diese auch unter dem jeweiligen Zeitgeist definiert werden – sondern auch Risikoprofile auf der somatischen und psychischen Ebene" (Schneider und Strauß 2013, S. 217). Dies gilt auch für den Bereich der Sucht: Indem der hegemoniale Suchtdiskurs sich auch auf das Vorfeld der „Sucht" und damit auf vermeintliches „Risikoverhalten" bezieht, erweitert sich sein Radius noch einmal drastisch. Denn nun wird unter dem Rubrum der „Sucht" nicht mehr nur ein Verhalten in den Blick genommen, „über das der Betroffene die Kontrolle verloren hat" (Uchtenhagen 2005, S. 8), sondern vielmehr auch Verhaltensweisen, über welche der oder die Betroffene die Kontrolle verlieren *könnte* (was erneut zeigt, dass der Suchtdiskurs keineswegs bei der Bestimmung der „Sucht" endet, sondern explizit den Bereich der „Nicht-Sucht" umfasst). Dabei blickt diese suchtpräventive Rationalität stets vom negativen Ende der Sucht auf das Feld des individuellen Verhaltens und orientiert sich mit ihren Interventionen und Maßnahmen (pathogenetisch) nahezu ausschließlich an der Krankheit, deren Entstehung es zu verhindern gilt. Bröckling (2017, S. 80f.) hat diese Präventionslogik (grundsätzlich) folgendermaßen auf den Punkt gebracht: „Präventionsprogramme gleichen Kreuzzügen, ihre Logik ist die der antizipierenden Säuberung: Gegen welches Übel auch immer sie antreten, es soll eliminiert werden. Selbst wenn ein endgültiger Sieg den Protagonisten utopisch erscheint und sie sich mit bescheideneren Vorgaben zufrieden geben, als regulative Idee leitet dieses Ziel ihre Praxis". Weil in dieser präventiven Logik auch die (noch) ‚unproblematischen' Verhaltensweisen tendenziell als Risikoverhalten im Sinne einer Suchtentstehung betrachtet werden (können), müssen auch diese ständig beobachtet und kontrolliert, gecoacht und therapiert werden. Diese präventive Entgrenzung des Suchtkonzepts führt nicht nur dazu, dass „Sucht" immer weiter in den Bereich des ‚unproblematischen' Alltagsverhaltens hinreicht und die Subjekte mit immer weiterreichenden Lebensstilbotschaften vom ‚richtigen' Leben konfrontiert, sondern die präventive Rationalität treibt konsequenterweise auch solcherart Blüten, dass etwa von den ProtagonistInnen des „Spielzeugfreien Kindergartens"[10] bereits Kinder im Vorschulalter zu einer ausgewiesenen Zielgruppe von (primärpräventiver) Suchtprävention gemacht werden. Insofern könnte Ivan Illich (1995, S. 71) Recht behalten: „Sobald eine Gesellschaft sich zur präventiven Treibjagd auf die

---

10 Z.B. findet sich unter http://www.kindergartenpaedagogik.de/195.html (zugegriffen am 07.01.2018): „Man kann mit Sicherheit sagen, dass das Projekt einer der profiliertesten suchtpräventiven Ansätze im Kindergartenbereich ist, der mittlerweile auch zunehmend international anerkannt ist und somit einen entscheidenden Impuls für eine sinnvolle Suchtprävention im Kindergarten gesetzt hat."

Krankheit rüstet, nimmt die Diagnose epidemische Formen an. Dieser letzte Triumpf der therapeutischen Kultur macht die Unabhängigkeit des durchschnittlich Gesunden zu einer unerträglichen Form der Abweichung."

4 Fazit

Es ist deutlich geworden, dass es *die eine* Definition von „Sucht" nicht gibt: „Sucht" wird vielmehr diskursiv permanent neu verhandelt. Indem diese Diskurse darauf angewiesen sind, Unterscheidungen zu treffen – zwischen „Sucht" und „Nichtsucht", „normal" und „unnormal", „gesund" und „krank" etc. – kommen dabei stets auch Vorstellungen zum Tragen, die weit über „Sucht" hinausreichen. Sie beziehen sich dabei vor allem auch auf ein „gesundes", „konformes" oder „richtiges" Leben; allerdings ohne dass diese Vorstellungen einen Konsens der unterschiedlichen sozialen Akteure abbilden würden. In diesem Sinne ist „Sucht" weder positiv gegeben oder auffindbar noch kann sie eindeutig oder gar objektiv bestimmt werden: Sie macht nur ‚Sinn' in Bezug auf diskursive Positionen, die von „Sucht" vor dem Hintergrund der mit ihnen verwobenen (partikularen) Interessen und Vorstellungen von einem ‚richtigen' Leben sprechen und versuchen, diese zur allgemein gültigen, hegemonialen Sicht der Dinge zu machen. In diesem Sinne dominiert seit einigen Jahrzehnten das medizinisch-naturwissenschaftliche Suchtkonzept den gesellschaftlichen Suchtdiskurs. Dabei ist es diskursiven AkteurInnen gelungen, den Signifikanten der „Sucht" soweit zu entleeren und damit anschlussfähig zu machen, dass ihre (partikulare) Rationalität auf immer mehr Bereiche des Alltagsverhaltens und bis ins Vorschulalter hinein greifen kann.

Angesichts der Vielzahl der kriminalisierenden und kontrollierenden, therapeutischen und präventiven etc. Maßnahmen und Interventionen, die vor dem Hintergrund dieser Rationalität legitim bzw. legitimierbar (geworden) sind, ist der Verweis auf die Partikularität und Kontingenz des hegemonialen medizinisch-naturwissenschaftlichen Suchtkonzepts m.E. durchaus bedeutsam. Denn gerade weil Hegemonie immer nur die Hegemonie partikularer Diskurspositionen sein kann, bleibt sie brüchig. Und insofern bleiben auch die damit verbundenen Stigmatisierungs-, Pathologisierungs- und Exklusionsprozesse (selbst-)reflexiv hinterfrag- und veränderbar.

Literatur

Blumer, H. 1973. Der methodologische Standort des Symbolischen Interaktionismus. In *Alltagswissen, Interaktion und gesellschaftliche Wirklichkeit,* hrsg. v. Arbeitsgruppe Bielefelder Soziologen, 80–146. Reinbek/Hamburg.
Bröckling, U. 2017. *Gute Hirten führen sanft. Über Menschenregierungskünste.* Berlin.
Dollinger, B., M. Rudolph, H. Schmidt-Semisch, M. Urban. 2014. Konturen einer Allgemeinen Theorie der Kriminalität als kulturelle Praxis (ATKAP). Poststrukturalistische Perspektiven. *Kriminologisches Journal* 46: 67–88.

Dollinger, B., H. Schmidt-Semisch. 2007a. Reflexive Suchtforschung: Perspektiven der sozialwissenschaftlichen Thematisierung von Drogenkonsum. In *Sozialwissenschaftliche Suchtforschung*, hrsg. v. B. Dollinger, H. Schmidt-Semisch, 7–34. Wiesbaden.

Dollinger, B., H. Schmidt-Semisch. 2007b. Professionalisierung in der Drogenhilfe. In *Sozialwissenschaftliche Suchtforschung*, hrsg. v. B. Dollinger, H. Schmidt-Semisch, 323–339. Wiesbaden.

Dollinger, B., H. Schmidt-Semisch. 2010. Nebenfolgen Sozialer Arbeit: ein Blick auf Probleme von Problemarbeit am Beispiel der Suchtsemantik. *Widersprüche* 33(4): 63–78.

Frenk, H., R. Dar. 2000. *A Critique of Nicotine Addiction*. Boston.

Foucault, M. 1978. *Dispositive der Macht. Über Sexualität, Wissen und Wahrheit*. Berlin.

Groenemeyer, A. (Hrsg.). 2010. *Doing Social Problems. Mikroanalysen der Konstruktion sozialer Probleme und sozialer Kontrolle in institutionellen Kontexten*. Wiesbaden.

Grüsser, S. M., S. Poppelreuter, A. Heinz, U. Albrecht, H. Saß. 2007. Verhaltenssucht. Eine eigenständige diagnostische Einheit? *Der Nervenarzt* 78: 997–1002.

Herwig-Lempp, J. 1987. Das Phänomen der sogenannten Neuen Süchte. *Neue Praxis* 1: 54–64.

Herwig-Lempp, J. 1994. *Von der Sucht zur Selbstbestimmung. Drogenkonsumenten als Subjekte*. Dortmund.

Holstein, J. A., G. Miller. 1997. Introduction: Social Problems as Work. In *Social Problems in Everyday Life: Studies of Social Problems Work*, hrsg. v. G. Miller, J. A. Holstein, IX–XXI. Greenwich.

Illich, I. 1995. *Die Nemesis der Medizin. Die Kritik der Medikalisierung des Lebens*. München.

Kafka, M. P. 2010. Hypersexual disorder: a proposed diagnosis for DSM-V. *Archives of sexual behavior* 39: 377–400.

Kellog, S. 1993. Identity and Recovery. *Psychotherapy* 30: 235–244.

Kolitzus, H. 2009. *Im Sog der Sucht: Von Kaufsucht bis Onlinesucht: Die vielen Gesichter der Abhängigkeit*. München.

Kolte, B., H. Schmidt-Semisch. 2003. Vom Tabakgenuss zur Nikotinsucht – und zurück. Ein Plädoyer wider den therapeutisch induzierten Fatalismus. In *Rauchzeichen. Zum modernen Tabakkonsum. Jahrbuch Suchtforschung*, hrsg. v. A. Legnaro, A. Schmieder, 5–24. Münster.

Körkel, J. 2005. Rückfallprophylaxe mit Alkohol- und Drogenabhängigen. In *Sucht als Prozess. Sozialwissenschaftliche Perspektiven für Forschung und Praxis*, hrsg. v. B. Dollinger, W. Schneider, 307–320. Berlin.

Laclau, E. 2010. *Emanzipation und Differenz*. Wien, Berlin.

Laclau, E., C. Mouffe. 2012. *Hegemonie und radikale Demokratie. Zur Dekonstruktion des Marxismus*. Wien.

Luik, J. C. 1996. „I Can't HELP Myself". Addiction as Ideology. *Human Psychopharmacology* 11: 21–32.

Peele, S. 1989. *Diseasing of America. Addiction Treatment Out of Control*. Lexington.

Plöger-Werner, M. 2012. *Wie Onlinerollenspiele süchtig machen – am Beispiel von „World of Warcraft" und „Metin2"*. Marburg.

Quensel, S. 2010. *Das Elend der Suchtprävention. Analyse – Kritik – Alternative*. Wiesbaden.

Rehbein, F., T. Mößle. 2013. Video Game and Internet Addiction: Is there a Need for Differentation? *Sucht* 59: 129–142.

Rehbein, F., E.-M. Zenses. 2013. Exzessive Bildschirmmediennutzung und Mediensucht. *Sucht* 59: 125–127.

Reinarman, C. 2005. Sucht als Errungenschaft. Die diskursive Konstruktion gelebter Erfahrung. In *Sucht als Prozess. Sozialwissenschaftliche Perspektiven für Forschung und Praxis*, hrsg. v. B. Dollinger, W. Schneider, 23–42. Berlin.

Rumpf, H.-J. 2012. Die Grenzen des Suchtbegriffs. *Sucht* 58: 81–83.

Schetsche, M. 2007. Sucht in wissenssoziologischer Perspektive. In *Sozialwissenschaftliche Suchtforschung,* hrsg. v. B. Dollinger, H. Schmidt-Semisch, 113–130. Wiesbaden.

Schetsche, M. 2014. *Empirische Analyse sozialer Probleme. Das wissenssoziologische Programm.* Wiesbaden.

Schmidt, L. 2008. Problemarbeit und institutioneller Kontext. In *Soziologie sozialer Probleme und sozialer Kontrolle. Realitäten, Repräsentationen und Politik,* hrsg. v. A. Groenemeyer, S. Wieseler, 35–47. Wiesbaden.

Schmidt, L. 2012. Glücksspielsucht. Aufkommen der Problemdefinition und anhaltende Kontroversen. *Soziale Probleme* 23(1): 40–66.

Schmidt-Semisch, H. 2011. Doing Addiction. Überlegungen zu Risiken und Nebenwirkungen des Suchtdiskurses. In *Risiko Gesundheit. Zu den Risiken und Nebenwirkungen der Gesundheitsgesellschaft,* hrsg. v. B. Paul, H. Schmidt-Semisch, 143–162. Wiesbaden.

Schneider, W., B. Strauß. 2013. Medikalisierung. *Psychotherapeut* 58: 117–118.

Uchtenhagen, A. 2000. Störungen durch psychotrope Substanzen: ein Überblick. In *Suchtmedizin. Konzepte, Strategien und therapeutisches Management,* hrsg. v. A. Uchtenhagen, W. Zieglgänsberger, 3–7. München, Jena.

Uchtenhagen, A. 2005. „Sucht ist ein Verhalten …". *atrupi. Das Kundenmagazin der Atrupi-Krankenkasse* 4: 8–9.

Unterkofler, U. 2009. *„Akzeptanz" als Deutungsmuster in der Drogenarbeit. Eine qualitative Untersuchung über die Entstehung und Verwendung von Expertenwissen.* Berlin.

Villa, P.-I. 2003. *Judith Butler.* Frankfurt/Main, New York.

Walter, S., M. Schetsche. 2003. Internetsucht – eine konstruktionistische Fallstudie. *Soziale Probleme* 14(1): 5–40.

Zola, I. K. 1986. Medicine as an Institution of Social Control. In *The Sociology of Health and Illness. Critical Perspectives,* hrsg. v. P. Conrad, R. Kern, 379-390, New York.

Subjekt – Substanz – Gesellschaft

Sucht nach 1945

Jakob Tanner

Zusammenfassung

Heute hat sich das Dreieck „Subjekt – Substanz – Gesellschaft" zur Beschreibung und Analyse eines als kritisch wahrgenommenen, umstrittenen Drogengebrauchs etabliert. Der Aufsatz rekonstruiert aus einer wissensgeschichtlichen Perspektive die Genealogie dieser triadischen Problematisierung und historisiert dieses epistemische Dispositiv, das seit den frühen 1970er Jahren entscheidend an der Produktion von Drogenwissen beteiligt war. Zum einen werden die Erkenntnismöglichkeiten bzw. Erklärungshypothesen, die in dieser Trias angelegten sind, herausgearbeitet. Die dominierenden drogenpolitischen Problemlösungen des letzten Viertels des 20. Jahrhunderts konnten dadurch überhaupt erst plausibel gemacht werden. Zum anderen kommen Aspekte zur Sprache, die durch diesen Schematismus ausgeblendet oder unsichtbar gemacht wurden. Abschließend werden alternative Ansätze vorgestellt und das Comeback des Suchtbegriffs seit den 1990er-Jahren diskutiert.

Schlüsselbegriffe: Drogen, Drogengebrauch, Sucht, Gesellschaft, Persönlichkeit, Nachkriegszeit

1 Bewegte Zeiten und die Suche nach Erklärungen

Die *années '68* waren eine bewegte Zeit, in der sich auch die Wahrnehmung gesellschaftlicher Probleme wandelte. In westlichen Industrieländern wurde der kulturrevolutionäre Aufbruch von heftiger Kapitalismuskritik getragen. Im spektakulären Kampf gegen das Establishment wirkten Drogen als Katalysator. „Rauschmittel" erschienen als lichte Antithese zu kalter Rationalität und zwangsförmigem Komfort. Nonkonformistische Geister proklamierten gar das „Anrecht auf Rausch": Sie verteidigten LSD und Haschisch als „Heildrogen der Seele" – so Rudolf Gelpke (1970, S. 87). Von dieser Idee einer „Bewusstseinserweiterung" oder „Selbstverwirklichung des Menschen" (ebd.) durch psychodelische Stoffe setzte sich eine linke, marxistisch inspirierte Sichtweise ab, die einen direkten Zusammenhang zwischen Drogen und Kapitalismus herstellte. Sucht wurde hier auf die Psychodynamik einer profitorientierten Gesellschaft zurückgeführt (vgl. Mörschel 1970; Schmidtbauer und Scheidt 1997).[1] Gleichzeitig meldeten sich auch zunehmend Hardliner zu Wort, die Drogen dämonisierten, deren Missbrauch zum – so US-Präsident Richard Nixon im Jahre 1972 – „öffentlichen Feind Nr. 1" stilisierten und mit diesem Alarmismus ein Klima der Angst schürten (vgl. Chapman und Ciment 2014).

In diesem Umfeld diametraler Diagnosen und Prognosen profilierten sich professionelle Experten aus Medizin, Psychiatrie, Justiz, Polizei, Verwaltung sowie Sozialpädagogik mit sachlichen Argumenten und neuen Konzepten. Sie griffen auf ein umfangreiches Ideenarsenal zurück, das die komplexen Wechselwirkungen zwischen Persönlichkeit, Droge und Gesellschaft thematisiert und seit der Aufklärung des 18. Jahrhunderts stetig angereichert worden war. Im Übergang von den 1960er- zu den 1970er-Jahren begann der Aufstieg der visuellen Repräsentation des Drogenproblems als „Dreieck". Gegenläufig verlor der traditionelle Suchtbegriff an Terrain gegenüber Konzepten wie Gewöhnung und Abhängigkeit. Versuche, Drogenpolitik fortan auf einer klaren terminologischen Basis zu betreiben, scheiterten indes. 1980 listete ein Überblicksband über *„Theories on drug abuse"* 36 unterschiedliche Drogenmissbrauchstheorien bzw. -ätiologien auf, was mit einem anhaltenden Begriffs-Tohuwabohu einherging (Lettieri et al. 1980).

Der vorliegende Artikel setzt bei der Trias Persönlichkeit – Droge – Gesellschaft ein, nimmt dieses Modell jedoch nicht einfach als Beschreibungsfolie, um die Entwicklung von Drogenproblemen darzustellen. Vielmehr hebt er auf die Wissensgeschichte solcher triadisch strukturierten Problematisierungen ab. Es wird der Versuch unternommen, ein epistemisches Dispositiv zu historisieren, das Drogenwissen generierte, Argumente strukturierte und drogenpolitische Problemlösungen plausibilisierte. Dabei zeigen sich zum einen Erkenntnismöglichkeiten bzw. Erklärungshypothesen, die in dieser Trias angelegten sind; zum anderen das, was durch diesen Schematismus ausgeblendet oder unsichtbar gemacht wird. Teil 2 befasst sich mit der konzeptionellen Schwellenphase anfangs der 1970er-Jahre. Anschließend wird in den Teilen 3 und 4 eine knappe Genealogie dieser Trias entwickelt. Teil 5 geht auf deren Grenzen sowie einige kritische Einwände ein, während Teil 6 eine alternative Problematisierung vorstellt. Abschließend geht Teil 7 auf das *Comeback* des Suchtbegriffs seit den 1990er-Jahren ein.

---

1   Solche Erklärungsansätze wurden etwa an einem 1970 unter der Leitung von Arthur Koestler durchgeführten internationalen Symposium am Gottlieb-Duttweiler-Institut in Rüschlikon/Zürich diskutiert.

2 Die Triangulierung des Drogenproblems um 1970

1970 hielt der Psychiater Martin Goldberg an einem internationalen Seminar zur Verhütung und Bekämpfung der Drogenabhängigkeit in Lausanne einen Vortrag zur „Epidemiologie des Drogenmissbrauchs" und machte den Vorschlag, die komplexe Problematik in einer Dreiecksbeziehung zwischen den drei Polen Persönlichkeit – Substanz – Gesellschaft abzubilden. Das Neue daran war die Aufwertung gesellschaftlicher Einflüsse, unter denen sowohl kulturelle Traditionen der Drogenwahrnehmung wie rechtliche Regulierungen, medizinische Konzepte wie Diskriminierungspraktiken verstanden wurden. Ein Pionier dieser Sichtweise war der U.S.-amerikanische Psychiater und Psychoanalytiker Norman E. Zinberg, der seine 1962 in England einsetzende Untersuchung gesellschaftlicher Einflussfaktoren später mit dem Begriff „soziales Setting" fasste. Dieses *setting* grenzt er sowohl vom *set* (der Persönlichkeit der Drogenkonsumenten) als auch von den *drugs* in ihrer psychophysischen Wirkungsweise ab. Wieder zurück in den USA betonte Zinberg ab Ende der 1960er-Jahre, dass sich der Umgang mit Drogen sowie die Abhängigkeit von ihnen nur über den Einbezug des *setting* verstehen ließen (vgl. Zinberg und Robertson 1972; Zinberg 1986).[2] Er trug mit seiner Unterscheidung von „Drug, Set, And Setting" zur zunehmenden Resonanz dieser Triangulierung bei.

Multifaktorielle Dreiecks-Systematisierungen häuften sich in der Folge signifikant und traten mit einem ätiologischen Erklärungsanspruch an. 1971 publizierte der international eng vernetzte Basler Psychiater Paul Kielholz einen Aufsatz zur „Definition und Ätiologie der Drogenabhängigkeit" (Kielholz 1971), in dem er gegen die vorherrschende „babylonische Begriffsverwirrung" in der Suchtdiskussion anschrieb und die 1964 durch die WHO vorgeschlagene Definition der „Drogenabhängigkeit" unterstützte. Er skizzierte zunächst eine dreistufige Ätiologie, die von allgemeinmenschlichen sowie charakterlichen Dispositionen über die eigentlichen Ursachen zu den auslösenden Motiven verlief, und verortete diesen Prozess in der „Trias Persönlichkeit, Droge und Gesellschaft" (Kielholz und Ladewig 1973).

Kielholz führte am Pol „Persönlichkeit" sowohl Veranlagungs- wie Umweltfaktoren an. Zu erblicher Veranlagung, frühkindlichem Milieu und sexueller Entwicklung kamen aktuelle Stresssituationen und Zukunftserwartungen. Unter dem Konzept Droge fasste er neben deren Abhängigkeitspotenzial („Gefährdungsquotient") auch die Art und Dauer der Applikation sowie die Dosis, die individuelle Reaktion auf die Substanz sowie ihre Verfügbarkeit zusammen. Unter „Sozialem Milieu" subsumierte er die familiäre Situation, Beruf, Wirtschaftslage, Sozialstatus sowie Mobilität, Gesetzgebung, Religion, Einstellung zur Droge, Einflüsse der Werbung, Wirkung der Mode sowie Konsumsitten.

Die Gewichtung der drei Pole im Erklärungszusammenhang blieb allerdings merkwürdig inkonsistent. Zum einen lehnte Kielholz eine sozialdeterministische Erklärung ab und bezeichnet das suchtspezifische Phänomen des „Nicht-mehr-aufhören-Könnens"

---

2 Die Studie mit diesem Titel erschien erst Mitte der 1980er-Jahre. Die entsprechenden Überlegungen sind, wie Zinberg in der Einleitung festhält, bereits 20 Jahre früher entwickelt worden.

als ein primär „psychologisches Problem" (Kielholz 1971, S. 9). Den Problemaufbau brachte er allerdings mit gesellschaftlichen Voraussetzungen in Verbindung und bezog dabei den Drogengebrauch auf Selbstbilder sowie Erwartungshaltungen. Der „überwiegend verschlossene, sensitive, selbstunsichere" Persönlichkeitstypus, der anfällig sei für Drogenabhängigkeit, leide – so der Autor weiter – „oft an Insuffizienzgefühlen mit entsprechend überkompensatorischem Ehrgeiz mit zu hoher Zielsetzung". Zwischen diesen Selbsterwartungen und der Leistungsfähigkeit öffne sich eine Diskrepanz: „Die Jugendlichen geraten durch die Erkenntnis, dass sie keine Änderung der Gesellschaftsstruktur erreichen können, immer mehr in emotionelle Spannungen. Sie beginnen nun aus ihren Konflikten und Spannungen heraus oft gemeinsam in kleinen, gemischtgeschlechtlichen Gruppen nach Drogen zu suchen, welche sie die unerträgliche Situation vergessen lässt. Nicht Euphorie, wie immer wieder behauptet wird, sondern Entspannung, Distanzierung, Korrektur der quälenden Realität oder Flucht in Illusionen sind das Motiv für den Drogenmissbrauch." (ebd.). Hier klang die Ernüchterung der 68er-Bewegung über den Erfolg ihrer kulturrevolutionären Aspirationen ebenso an wie die Einsicht in die zunehmenden Zwänge, die sich in einer auf Individualismus und Konsum getrimmten Gesellschaft zeigten. Einer „Veränderung der Gesellschaftsstruktur" wollte der Arzt und Psychiater aber nicht das Wort reden; zum Schluss seines Beitrages wies er in Bezug auf die von ihm identifizierten beiden Risikotypen doch eine hohe Relevanz von *„Broken-Home-*Faktoren" in den Lebensgeschichten von Drogenabhängen hin, weswegen diese „in erster Linie ein sozialmedizinisches Problem" seien (ebd., S. 13).

Zwar markierte hier die „Psychologie" den Ansatzpunkt jeder präventiven und therapeutischen medizinisch-psychiatrischen Intervention, trotzdem hatte die „Sozialmedizin" die Ressourcen zu mobilisieren, mit denen sich die benötigten „Behandlungszentren mit entsprechenden Rehabilitationsmöglichkeiten" finanzieren ließen. Der Appell an die Gesellschaft, die via Politik ein sozialmedizinisches Problem lösen sollte, wurde also kombiniert mit einem Plädoyer für saubere Definitionsarbeit, forcierter Forschung und darauf basierender sachlicher Aufklärung in der Öffentlichkeit. Eine Umsetzung dieser Erkenntnisse konnte wiederum Einflüsse auf die psychologische Dimension haben.

3 Zur Genealogie der ätiologischen Dreifaltigkeit

Die kausale Zirkularität, die sich in Kielholz' Argumentation findet, ist nicht verwunderlich. Das heuristische, tripolare Modell lässt Verursachungsfaktoren in komplexen Wechselwirkungen zusammenspielen, so dass – je nach politischer Position, professioneller Interessenlage und analytischer Perspektive – andere Aspekte sichtbar oder in den Vordergrund gerückt werden. Dieses Zusammenhangsdenken weist selbst eine facettenreiche Genealogie auf; die Person-Droge-Gesellschaft-Triade lässt sich weit zurückverfolgen, wobei sich allerdings diese drei Begriffe fundamental veränderten.

Psychisch wirksame Stoffe waren von alters her ein Thema. Das Wirkpotenzial, das sie im Organismus entfalten, wurde ganz unterschiedlich beschrieben. Das *narcoticon* galt als ambivalent und war eine Kippfigur: Es war Heilmittel und Gift zugleich, es konnte als Sublimierungsversprechen und Absturzvehikel gedeutet werden, es war süße Versuchung und schwere Sünde, es brachte Entspannung und erwies sich als drückendes Laster, es war ein magisches Substrat und eine soziale Kalamität, stand für hochfliegende Euphorie und niederschmetternden *Cafard* (d.h. graue Ernüchterung), für Ekstase und Ekel, Himmel und Hölle (vgl. Huxley 1981; Feustel 2013). Wer es sich einverleibte, verschob Grenzen. In der Geschichte wurde das Thema Drogen manichäisch aufgeladen. Im Prisma der Bewertungen auf immer neue Weise gebrochen, ließ es sich in unzähligen Variationen durchspielen.

In der Frühen Neuzeit formierten sich neue Persönlichkeitskonzepte. Zwischen einer katholischen Werk- und Verantwortungsethik und einer protestantischen Prädestinationslehre gab es gravierende Unterschiede auch in der Deutung von Drogen. Diese wirkten noch im 20. Jahrhundert weiter (vgl. Nolte 2007). Seit dem 18. Jahrhundert kam eine gewisse Systematik in das Nachdenken über diese Fragen, und es wurde ein wissenschaftliches Krankheitsmodell der Sucht denkbar, wobei das Zusammenwirken der Chemie des Stoffes und der Moral der Menschen im Vordergrund stand. Johann Kaspar Lavater schrieb in den 1770er-Jahren über den habituellen Gebrauch alkoholischer Getränke: „Die Trunkenheit hat dabey noch den Fehler, dass man sich bald so gewöhnt, dass man nachher immer mehr trinken will, und fast ohne bedrunken zu seyn, nicht mehr leben kann." (zitiert nach Spode 1993, S. 124). In dieser Kurzbeschreibung sind bereits die beiden Elemente des modernen Suchtkonzepts enthalten – die Abhängigkeit von einem Stoff und die Toleranzsteigerung, d. h. der Zwang, laufend größere Mengen einzunehmen, um die gewünschte Wirkung zu erzielen. Die ersten spezifischen Suchtmodelle machten sich primär an den Stoffen fest. Seit Beginn des 19. Jahrhunderts entstanden nacheinander die Diagnosen „Opiumsucht", „Alkoholsucht" bzw. „Alkoholismus" und (ab den 1870er-Jahren) „Morphinismus" sowie „Kokainismus" (Wiesemann 2000).

Gesellschaftliche Bedingungen wurden in diesen Suchtkonzepten immerzu mitgedacht, wobei politische Interventionen zunächst auf Angebotsseite, bei Verboten, Zugangsbeschränkungen bzw. der Verteuerung erschwinglicher Rauschmittel ansetzten. Mit dem Aufkommen der globalen Betäubungsmittelprohibition seit Beginn des 20. Jahrhunderts sollte das Verbotsprinzip für eine Gruppe von Drogen flächendeckend implementiert werden. Schon in den 1920er-Jahren äußerten sich allerdings Stimmen, welche diese rechtlichen Regulierungen und polizeilichen Dispositive als kontraproduktiv kritisierten. Gleichzeitig begannen Erziehungsfragen sowie Kino und Reklame eine zentrale Rolle in diesen Debatten zu spielen.

4 „Gesellschaft" und „Wirtschaft" als Argument

Das Insistieren auf der Gesellschaft oder dem „sozialen Umfeld" verstärkte sich in den 1960er-Jahren durch eine Parallelentwicklung: Auf der einen Seite veränderte sich der Drogengebrauch. Während Alkohol- und Tabakverbrauch auf hohem Niveau zu stagnieren begannen, nahm der Konsum von Halluzinogenen ab 1964 zu. Im beschleunigten soziokulturellen Wandel wurde das „Rauschgift" zur Projektionsfläche für Ängste; die Gesellschaft schien nun von einem Drogenproblem bedroht zu sein (vgl. Tanner 2009). Auf der anderen Seite legten soziologische Makrotheorien eine strukturfunktionalistische Analyse von Anpassungs- und Integrationsproblemen nahe. Damit wurde die Vorstellung dominant, diese seien über eine Veränderung der gesellschaftlichen Parameter, anstelle von Verantwortungsappellen gegenüber Individuen, zu lösen (vgl. Burke 1989). Aus kritischer Perspektive stellte sich die Sache ähnlich dar: Das Problem waren hier nicht die abweichenden Persönlichkeiten, sondern eine autoritäre bürgerliche Gesellschaft mit ihren hierarchischen Strukturen, ihrem Ordnungsanspruch und ihren Normalisierungstendenzen. Soweit man einen Änderungsbedarf erkannte, musste dieser auf gesellschaftlich-politischer Ebene angestrebt werden. Das Individuum hingegen sollte im besten liberalen Sinne frei entscheiden können, was es tun und lassen wollte – auch im Umgang mit Drogen.

Diese Haltung wurde alsbald durch neoliberale Ökonomen unterstützt, die das Drogenproblem als Marktphänomen verstanden und in eine „Ökonomie der Kriminalität" integrierten. In einem Marktmodell ist Prohibition deshalb ein Problem, weil sie das Angebot verringert, damit den Preis erhöht und einen massiven Anreiz für aggressive Absatzstrategien setzt. Dies korrespondiert mit einer anhaltend hohen Nachfrage, weil Drogenkonsumenten aufgrund der Abhängigkeit unflexibel sind und dies deshalb bleiben, weil sie als kriminalisierte Menschen nicht mit einer wirksamen therapeutischen Hilfe rechnen können. So geraten sie in Geldnot, was sie zu weiteren kriminellen Handlungen anregt. Die beiden liberalen Ökonomen Billy J. Eatherley und Mark H. Moore wiesen 1973 bzw. 1974 auf das Dilemma hin, dass für Drogenabhängige billige, leicht zugängliche und qualitativ transparente Substanzen zur Verfügen stehen sollten, während für die Nicht-Abhängigen ein möglichst hoher Preis als Einstiegshürde angezeigt sein müsste (vgl. Moore 1973; Eatherley 1974). Mit einem solchen Splitting glaubten sie, die Kriminalität senken zu können bzw. gar nicht erst aufkommen zu lassen. Nach der Logik des Marktes erschien ein Systemwechsel in Richtung Liberalisierung sinnvoll. Er sollte von einem staatlich sanktionierten Prohibitionsregime zu einem wettbewerbsförmigen *Laissez-faire* überleiten.

Die Erklärung von Drogen(schwarz)märkten über den Markt-Preis-Mechanismus weist indes einen blinden Fleck auf: Sie abstrahiert von der sozialen Stellung und ökonomischen Lage von Individuen und vermag diese Variablen, wenn überhaupt, nur personalisiert einzubringen. In einem solchen Modell werden die gesellschaftlichen Auswirkungen des Drogenkonsums homogenisiert; sie erscheinen als – durch eine Liberalisierung behebbare – Pathologien, Störungen und Kosten. Eine Gegenposition insistierte darauf, dass die Klassenstruktur der Gesellschaft sowie die Definition von Wir-Kollektiven eine zentrale Rolle in den Diskriminierungs- bzw. Ausgrenzungsprozessen spielen, die mit Drogenkonsum einhergehen. Mit dieser Sensibilisierung für die Dimension sozialer Ungleichheit wurde – vermittelt über die normative Kategorie der Chancengleichheit – ein zentrales Problem der demokratischen Gesellschaft geortet. Offenbar korrelierten soziale Lage und Drogengebrauch im Allgemeinen nicht signifikant, doch umgekehrt erwies sich die Position Drogenabhängiger in der Sozialhierarchie als starker Prädiktor für die Probleme, die sie damit bekamen (oder in welche sie hineingerieten). Im Drogenproblem drückten sich sowohl soziale Unterprivilegierung als auch kulturelle Diskriminierung aus. Über die Ausgrenzung von Fremden, Randgruppen, Minoritäten, subkulturellen Orientierungen und abweichendem Verhalten konstituieren sich „schweigende Mehrheiten". Die Kritik an diesen bedrohlichen „Anderen" fand in Drogen ein Verstärkermedium (vgl. Tanner 1989).

Ein Überblick über die Geschichte der Person-Droge-Gesellschaft-Trias macht deutlich, dass jene, die über solche und weitere Zusammenhänge wissenschaftlich nachdachten, die neu erkannten Probleme in immer weiteren Spezifikationen und Merkmalslisten zu den drei Polen einzubauen versuchten. Diese semantische Flexibilität und begriffliche Gestaltbarkeit ermöglichte den Aufstieg des ätiologischen Dreiecks zur Standarderklärung in Drogenstudien.

5 Erweiterungen und Grenzen des Modells

Das Modell rief zugleich implizite und explizite Kritik hervor. Nicht nur veränderte der gesellschaftliche Wandel alle drei Pole in beträchtlichem Tempo; vielmehr verschob sich auch die Wahrnehmung des Drogenproblems als solchem, so dass Kontroversen darüber ausbrachen, was überhaupt unter den drei Begriffen subsumiert werden sollte und wie sie interagierten. Am Stoff-Pol kristallisierten sich sowohl Hoffnungen wie neue Irritationen. Erstere gründeten sich auf die Diskussion um Substitutionstherapien, die sich bis ins 19. Jahrhundert zurückverfolgen lassen, 1960 mit der Einführung von Methadon einen Schub erhielten und seit den 1980er-Jahren breiter praktiziert werden. Wenn es Substanzen gab, mit denen sich kumulative Abhängigkeitsspiralen brechen ließen, dann konnten viele Probleme über die medizinische Steuerung der konsumierten Drogen gelöst werden – so die Erwartung (vgl. Tanner 2007). Seit Beginn der 1970er-Jahre – insbesondere in der von US-Präsident Richard Nixon eingesetzten *National Commission on Marihuana and Drug Abuse* (Shafer-Commission) – wurde verstärkt eine realistischere Sichtweise empfohlen, welche die Sammelkategorie „Drogen" durch eine differenzierte Analyse einzelner Stoffe ersetzte (vgl. Zinberg 1986). Andererseits hat in den letzten Jahrzehnten die rasche Zunahme synthetischer Substanzen zu einer oft als niederschmetternd empfundenen Unübersichtlichkeit geführt. Der Betrieb chemischer Labore wird immer einfacher, mit dem Resultat, dass das Angebot an Designerdrogen und künstlichen Stimulanzien explosiv zunimmt, während die Kontrollmöglichkeiten aufgrund des Internet-Vertriebes und einer kommerzialisierten Partykultur schrumpfen (vgl. Sahihi 1991).[3]

Für Irritation sorgte das geschärfte Sensorium für die Probleme des Medikamentenkonsums bzw. der „Psychopharmakologisierung der Gesellschaft" (Amendt 1996). Auf

---

3 Warnungen vor Designerdrogen setzten schon anfangs der 1990er Jahren ein.

dieses Gefährdungspotenzial wurde seit Anfang der 1970er-Jahre hingewiesen. Ende 1971 warf der in Mexiko City tagende *Fifth World Congress of Psychiatry* das Problem auf und befasste sich speziell mit Tranquilizern und *anti-anxiety-drugs*. 1975 empfahl der Weltärztetag in Tokyo eine größtmögliche Zurückhaltung beim Verschreiben solcher und weiterer Mittel (Barbiturate, Betablocker, Antidepressiva, Amphetamine, etc.). In Deutschland publizierte 1978 der Jurist Emil Komo eine Studie *Die verordnete Intoxikation*, in welcher er das prekäre Zusammenwirken zwischen Gefahrenausblendung und lockeren Verschreibungspraktiken beklagte und die Unterstellung des medizinischen wie privaten Problembereichs unter das Strafrecht forderte (vgl. Komo 1978). Gegen diese juristische Einengung wehrten sich Psychiater; Anfang der 1980er-Jahre stellt Kurt Behrends fest, „dem modernen Massenkonsum von Psychopharmaka" und den damit zusammenhängenden sozialmedizinischen Fragen würden „in der BRD bedauerlicherweise noch zu wenig Aufmerksamkeit geschenkt" (Behrends 1982, S. 1095). Im Unterschied zu den „illegalen Drogen", bei denen ein „klares Feindbild" und „bezüglich der Gefährlichkeit und des Risikos für die Gesellschaft [...] scheinbar Einigkeit" herrsche, sei bei den Tranquilizern und Amphetaminen eine „auffällige Zurückhaltung" zu konstatieren (ebd., S. 1096).

Diese Debatte kreist heute vor allem um die Macht von Pharmakonzernen und um die Informationsasymmetrie zwischen jenen, welche die Stoffe verkaufen, jenen, die sie verschreiben und jenen, die sie konsumieren. Zu erwähnen ist etwa die 2004 erschienene Studie von Marcia Angell: *The Truth About the Drug Companies: How They Deceive Us and What to Do About It* (Angell 2005). Diese Kritik „von innen" erhellt die entsprechenden Vorgänge langfristig: von den Heroin-Propagandaoffensiven der Firma Bayer in den Jahren um 1900 bis hin zu Werbefeldzügen der pharmazeutischen *global players* ein Jahrhundert später. Derzeit verlagert sich die Aufmerksamkeit vom *pursuit of happiness* auf einen *pursuit of perfection*. Drogen aller Art werden vermehrt zu Zwecken eines pharmakologischen *enhancement* eingesetzt, welches die subjektive Befindlichkeit auf andere Weise verändert als traditionelle Halluzinogene – das Abhängigkeitspotenzial bleibt dabei bestehen (vgl. Rothman und Rothman 2003). Am Pol „Stoffe" wird so das Beobachtungs- und Besorgnisfeld derart ausgeweitet, dass ein Großteil moderner Lebensformen abgedeckt ist.

Auch der Pol „Persönlichkeit" wird neu gesehen, weil sich in den 1980er-Jahren die Subjektivierungsweisen nachhaltig verändert haben. Flexibilität, Fitness und Kompetitivität sind zu Merkmalen eines Persönlichkeitstypus geworden, der als „Unternehmer seiner selbst" beschrieben werden kann (Bröckling 2007). Die Motive für Drogenkonsum geraten dadurch noch stärker als bisher in den Bann einer Leistungssteigerung. Gleichzeitig sind sie Teil einer Rekreationsindustrie, welche Fun und Abenteuer verspricht. Dies wiederum hat Auswirkungen auf die Wahrnehmung der „Gesellschaft". Hier wird den Massenmedien ein weit größerer Stellenwert zugemessen, als dies in den Erstausgaben der ätiologischen Trias der Fall war; schon nach Mitte der 1970er-Jahre fand dieser Aspekt mehr Beachtung. 1976 stellte eine Studie fest, die Werbung verkaufe mittlerweile psychoaktive Substanzen als persönliche Lösung für nahezu jedes Problem, so dass eine „drug-oriented society" entstehe. Dieses gesellschaftliche Klima und die mediale Akkulturation förderten gleichsam reflexartig sowie aromatisch-akustisch unterstützt den Griff ins Drogenarsenal (vgl. Coombs et al. 1976).[4] Seit mehr als einem Jahrzehnt werden zudem die *Social Media*, welche die gesellschaftlichen Kommunikationsstrukturen und kulturellen Repräsentationsmodi nochmals nachhaltig verändert haben, verstärkt in Analysen des Drogenproblems einbezogen (vgl. Manning 2007).

Parallel dazu wurden die negativen Effekte der Prohibition nicht mehr nur über den Markt-Preis-Mechanismus, sondern über den *modus operandi* der Repression analysiert. Die Rolle von Polizei, Strafjustiz und Gefängnissen, die ein nun schon über Jahrzehnte unlösbares Problem nach ihren Regeln „bearbeiten", blieb in bisherigen Studien stark unterbelichtet. Sobald und soweit sie untersucht wird, ergeben sich neue Einsichten in Widersprüche und Problemlösungsdefizite, die sich in einer Standard-Trias nicht angemessen abbilden lassen (vgl. z. B. Kunz 2016).

6 Kritik und Substitution der Trias

Alle diese Verschiebungen und Veränderungen der ätiologischen Trias verfolgen das Ziel, das Drogenproblem besser zu verstehen. Von Anfang an wurden allerdings auch hochideologische Kontroversen um Drogen ausgetragen, anhand derer ein symbolischer Stellvertreterkrieg um Grundfragen der Gesellschaft geführt werden konnte. Anhänger der Prohibitionspolitik erklärten, diese sei nicht gescheitert, vielmehr werde sie zu wenig konsequent durchgesetzt. Nach dem Sucht-Motto „more of the same" wird dann mehr polizeiliche Repression gefordert. Die willensstarke Maxime „Just say no!" soll die individuelle Beseitigung des Problems vorantreiben. Die andere Seite erteilte jeder restriktiven Drogenpolitik eine Fundamentalabsage. Die Kritik an der Prohibition war hin und wieder von einem ähnlichen dogmatischen Furor getrieben wie deren Legitimation. Das ungebremste Erproben neuer Denkmöglichkeiten, das hier postuliert und erprobt wurde, produzierte immer wieder verblüffende und durchaus relevante Einsichten.

Zu erwähnen ist Thomas S. Szasz' „Das Ritual der Drogen" aus dem Jahr 1974. Für Szasz gibt es überhaupt kein Drogenproblem, sondern eine magische „ceremonial chemistry", welche die „Hetze gegen die Drogensucht" (Szasaz 1974, S. 11) anheizt und das Drogenproblem – *in concreto* jene marginalisierten Gruppen, die mit diesem identifiziert werden – zum „Sündenbock unserer Gesellschaft" ergibt. Aus dieser Perspektive macht es keinen Sinn, das Problem in ein Dreieck zu sperren, um es durchschauen zu können. Erforderlich ist vielmehr die radikale Dekonstruktion des projektiven Machtphänomens, das Minderheiten stigmatisiert und der Mehrheit eine Kontrollillusion vermittelt. Ein analoges Ausbrechen aus der Trias findet bei all jenen radikalen Interpretationen statt, welche die Wachstums- und Konsumgesellschaft insgesamt als „süchtig" oder als „krank" beschreiben. Die Rede von einer „süchtigen" oder „betäubten" Gesellschaft lässt keine

---

4   Teil II dieser Studie behandelt die Auswirkungen der Massenmedien auf „Drogenkarrieren" Die Herausgeber/innen schreiben: „The drug motif runs deep, and it will not be exorcised easily or quickly" (Coombs et al. 1976: 8).

Differenzialdiagnostik eines „Drogenproblems" mehr zu, weil alles – von der Arbeit über den Konsum bis hin zu Sex und Spiel – „Droge" ist (oder werden kann) (vgl. z. B. Abeler 2013; Kuntz 2016).

Ansätze, die den Drogengebrauch normalisieren bieten eine Alternative zu einer solchen Grundsatzkritik, welche häufig mit einer Überinterpretation des Phänomens verbunden ist. Dies versuchten etwa Robert H. Coombs, Mitherausgeber der erwähnten Studie zur „drug oriented society" von 1976. Hier wird eine „entirely new perspective" auf das Drogenproblem vorgeschlagen, die darin besteht, den Konsum von Drogen nicht a priori als pathologisches Verhalten zu werten. Damit setzen sich die Autoren explizit über vorherrschende Strafnormen und medizinische Modelle hinweg. Dies ermöglicht es, Drogenverhalten – in Anlehnung an Howard S. Beckers Studie über Devianz aus dem Jahre 1963 – mit dem Konzept der „abweichenden Karriere" zu erklären. Durch Begriffe wie „Karrieremuster" oder „Karrierelinie" wird Drogengebrauch vergleichbar mit dem Verhalten in anderen gesellschaftlichen Subsystemen. Dadurch stellt sich die Frage, welche Faktoren auf pfadabhängige Karrieremuster einwirken (vgl. Coombs et al. 1976, S. 154).

Der in den USA lehrende Soziologe Albert Memmi greift eine ähnliche Problematisierung auf und schlägt ein umgebautes Modell vor: Sein „Abhängigkeitsdreieck" nimmt nicht mehr auf ein „Drogenproblem", sondern auf „das menschliche Drama" Bezug (Memmi 2000, S. 14, 15, 213). Als kritischer Rassentheoretiker ist Memmi sensibilisiert für die Ausgrenzung und Diskriminierung von Menschen aufgrund „verallgemeinerter und verabsolutierter Wertung tatsächlicher oder fiktiver Unterschiede". Diese dienen „zum Nutzen des Anklägers und zum Schaden seines Opfers, mit der seine Privilegien oder seine Aggressionen gerechtfertigt werden sollen" – so seine bekannte Definition (Memmi 1987, S. 164). Pauschalisierende Aussagen über Drogengebrauch führen aus dieser Perspektive rasch zur rassistischen Stereotypisierung der betreffenden Konsument/innen. Sie werden in einer solchen Problematisierung gar nicht mehr ernst genommen. Die wissenschaftliche Beschäftigung mit Drogen hat, so Memmis Forderung, ebenso wie die Drogenpolitik auf die Abhängigen zuzugehen. Sein *Versuch über die Abhängigkeit* begreift das menschliche Leben als ein komplexes und reziprokes Geflecht von „Abhängigkeit und Beschaffung" (Memmi 2000, S. 16). Die Grundlage unserer Existenz ist eine Kette von Substitutionen, von denen jede auf ein Begehren und letztlich ein Bedürfnis – sei es real oder imaginär – zurückgeht (vgl. ebd., S. 22). „So gesehen ist der Ersatz gewiss der Königsweg des menschlichen Verhaltens. Die Handhabung des Ersatzes, der Gebrauch verschiedener Ersatzmittel, die einander ablösen, damit man überleben kann, ist wahrscheinlich eines der spezifischen Kennzeichen des menschlichen Wesens." (ebd., S. 242). Wenn sich kein deutlicher Bruch feststellen und wenn sich keine normative Grenze zwischen verschiedenen Formen der Abhängigkeit ziehen lässt, dann versagt das klassische Suchtmodell, das von einer klaren Trennlinie zwischen einem normalen und einem pathologischen Verhalten ausgeht.

7 Die Rückkehr der Sucht?

Memmis beschreibt sein Dreieck als „einsatzfähige schematische Darstellung", die es erlaubt, „echte Fragen" zu stellen. Es handele sich um ein „Modell", das es ermögliche „abstrakte Experimente", d. h. „Simulationen", durchzuspielen und Zusammenhänge besser zu verstehen (ebd., S. 15). Ausgangspunkt ist der Abhängige, der zum Objekt der Begierde und der dem individuellen oder kollektiven Lieferanten entgegengesetzt wird. Letzterer stellt den Stoff oder das Mittel zur Befriedigung des Begehrens/Bedürfnisses zur Verfügung und erfüllt damit die Funktion einer „Pourvoyance" (Bereitstellung). In Bezug auf den drogenpolitischen Kontext plädiert Memmi für das Bereitstellen von Ersatzmitteln, was nur durch eine „pourvoyance légale" möglich ist: „Den Gebrauch von Ersatzmitteln unter dem Vorwand abzulehnen, der Patient bleibe weiterhin abhängig, scheint mir auf ein ungenaues Bild des Menschen hinzuweisen." (ebd., S. 244). Ziel ist damit die Substitution des illegalen gleichgültigen Lieferanten durch einen legalen Anbieter, der sich um Qualität und Menge des Stoffes sorgt, der substanzspezifisch kompetent ist und diese Fähigkeiten zugunsten der Abhängigen einsetzt. Dieser Ansatz interpretiert das Streben nach Freiheit nicht als Wahrung von Privilegien, sondern bezieht es auf die kulturelle Offenheit des Menschen und auf die ihn prägenden Abhängigkeiten zurück (vgl. in Bezug auf Memmi auch: Blomberg und Cohen 2003).

Ein solches Erklärungsmodell bietet wenig Raum für eine Pathologisierung von Sucht. Die Abhängigkeit von Drogen wird vielmehr in das breite Spektrum einer grundsätzlichen Abhängigkeit des Menschen als Mängelwesen integriert. Ohne die diversen Abhängigkeiten wäre menschliches Leben nicht möglich, so dass „verschiedene Verhaltensformen der Abhängigkeit einander ähneln und in einer Kontinuität zueinander stehen" (Memmi 2000, S. 17). Eine solch relativierende Position wird heute durch neurobiologische Erklärungsansätze herausgefordert. Seit den 1990er-Jahren – der vom damaligen U.S.-Präsidenten George H. W. Bush proklamierten „Dekade des Gehirns"[5] – hat die Vorstellung einer anomalen „Sucht" erneut an Plausibilität gewonnen. Führend in dieser Rehabilitation der Sucht sind Forschungsrichtungen, welche mit avancierten Technologien die Einwirkung von Drogen auf neuronale Vorgänge untersuchen (vgl. Emrich 2006; Heinz et al. 2012; Walter et al. 2016).[6] Sucht resultiert aus dieser Perspektive aus einem fehlgeleiteten neuralen Belohnungssystem. Menschen lieben Tätigkeiten, bei denen das „Lustzentrum" aktiviert wird; das läuft dann schief, wenn die Mechanismen der Motivation auf falsche Ziele gepolt werden. Es kommt ein fataler Selbstverstärkungskreislauf in Gang: Menschen werden dazu verleitet, dauernd jene Dinge zu repetieren, die sie auf Abwege bringen. Mit jedem Wiederholungsvorgang erhöht sich die Abhängigkeit von Drogen (psychoakti-

---

5 Proclamation 6158 of July 17,1990, Decade of the Brain, 1990-1999. By the President of the United States of America. https://www.gpo.gov/fdsys/pkg/STATUTE-104/pdf/STATUTE-104-Pg5324.pdf

6 Interessant ist der Sachverhalt, dass die ehemalige *Zeitschrift für Suchtforschung* (ab 1977) seit 2010 unter dem Titel *Rausch: Wiener Zeitschrift für Suchttherapie* erscheint.

ve oder euphorisierende chemischen Substanzen), von Sex, von Spielen, von Arbeit, etc.[7] Menschen werden auf diese Weise süchtig.

Parallel zur Neuroforschung replausibilisiert auch die Verhaltensökonomie den Suchtbegriff (Heshmat 2015). Damit ist ein Paradigmenwechsel verbunden, weg vom Gesellschaftsbegriff, der Anfang der 1970er-Jahre die Drogenproblematisierung dominierte, hin zum Konzept einer durch Hirnprozesse formatierten Persönlichkeit. Die früher gängige Auffassung, es handle sich bei Suchterkrankungen um kontingente Phänomene, die am besten mit „Wahrscheinlichkeitswolken" oder „Eintrittswahrscheinlichkeiten" erklärt werden könnten, ist einem einzelfallbezogenen Sicherheitsdenken und Kontrollbedürfnis gewichen. Die Persönlichkeit-Droge-Gesellschaft-Triade entwickelt sich tendenziell auf eine Stoff-Subjekt-Dyade zurück.

Ein auf das Individuum fokussierender Suchtbegriff – mit seinen Erklärungskomponenten Verlangen (Craving), Entzugserscheinungen und Toleranzsteigerung – erscheint aus dieser Sicht besonders aussagekräftig. Suchterzeugende Substanzen erhöhen im mesolimbischen Belohnungssystem des Gehirns die Spiegel des Neurobotenstoffes (bzw. Neurotransmitters) Dopamin. Damit gehen angenehme Empfindungen einher. Es entsteht ein unstillbarer Drang nach der jeweiligen Substanz, der auch nach einer Entwöhnung anhält und die Gefahr eines Rückfalls impliziert. Das durch Drogen ausgelöste Dopamin-Bombardement erhöht zugleich die Reizschwelle für die Aktivierung des Belohnungssystems, so dass höhere Dosen nötig sind, um dieselbe Wirkung zu erzeugen (wie dies schon Lavater vor zweieinhalb Jahrhunderten beschrieben hatte, Vgl. Abschnitt III.). Aus historischer Perspektive drängt sich das reservierte Urteil auf, dass die Versuche, soziales Verhalten und kulturelle Phänomene materialistisch-psychologisch (oder psychomaterialistisch) zu erklären, nicht zum ersten Mal hinter hochfliegenden Erwartungen zurückblieben.

Literatur

Amendt, G. 1996. *Die Droge, der Staat, der Tod. Auf dem Weg in die Drogengesellschaft*. Reinbek/Hamburg.
Angell, M. 2005. *The Truth About the Drug Companies: How They Deceive Us and What to Do About It*. New York.
Badura B. et al. 2013. *Verdammt zum Erfolg – die süchtige Arbeitsgesellschaft?* Fehlzeiten-Report 2013, Berlin.
Becker, H. S. 1963. *Outsiders: studies in the sociology of deviance*. New York.
Behrends, K. 1982. Missbrauch von Tranquilizern und Amphetaminen und ärztliche Verschreibungspraxis. In *Rausch und Realität*, hrsg. v. G. Völger, K. von Welck, 1095–1107. Reinbek/Hamburg.
Blomberg, T. G., S. Cohen. (Hrsg.). 2003. *Punishment and Social Control*. New York.
Bröckling, U. 2007. *Das unternehmerische Selbst: Soziologie einer Subjektivierungsform*. Frankfurt/M.
Burke, P. 1989. *Soziologie und Geschichte*. Hamburg.

---

7 Vgl. https://www.dasgehirn.info/denken/motivation/sucht-motivation-zu-schlechten-zielen.

Chapman, R., J. Ciment (Hrsg.). 2014. *Culture wars in America: an encyclopedia of issues, viewpoints, and voices*. Armonk (NY).
Coombs, R. H., L. J. Fry, P. G. Lewis. 1976. *Socialization in drug abuse*. Cambridge.
Eatherley, B. J. 1974. Drug-Law Enforcement: Should We Arrest Pushers or Users? *Journal of Political Economy* 82(1): 210–214.
Emrich, H. M. 2006. *Facetten der Sucht: von der Neurobiologie zur Anthropologie*. Frankfurt/M.
Feustel, R. 2013. *Grenzgänge: Kulturen des Rauschs seit der Renaissance*. München.
Gelpke, R. 1970. Das Anrecht auf Rausch. In *Rauschmittel und Süchtigkeit. Internationales Symposium*, hrsg. v. d. Gottlieb-Duttweiler-Stiftung, 79–87. Rüschlikon/Zürich.
Goldberg, M. 1970. Epidemiology of Drug Abuse in Sweden. In *Papers presented at the International Institute on the Prevention and Treatment of Drug Dependence*, hrsg. v. A. Tongue et al., 217-240, Lausanne.
Heinz, A., A. Batra, N. Scherbaum, E. Gouzoulis-Mayfrank. 2012. *Neurobiologie der Abhängigkeit: Grundlagen und Konsequenzen für Diagnose und Therapie von Suchterkrankungen*. Stuttgart.
Heshmat, S. 2015. *Addiction: a behavioral economic perspective*. New York.
Huxley, A. 1981. *Die Pforten der Wahrnehmung. Himmel und Hölle. Erfahrungen mit Drogen*. München.
Kielholz, P. 1971. Definition und Ätiologie der Drogenabhängigkeit. *Bulletin der Schweizerischen Akademie der Medizinischen Wissenschaften* 27: 7–14.
Kielholz, P., D. Ladewig. 1973. *Die Abhängigkeit von Drogen*. München.
Komo, E. 1978. *Die verordnete Intoxikation: zur strafrechtlichen Kontrolle von Psychopharmakaschäden*. Stuttgart.
Kuntz, H. 2016. *Drogen & Sucht: Alles, was Sie wissen müssen*. Weinheim.
Kunz, N. 2016. Letten 1995. Die Räumung der letzten offenen Drogenszene in der Schweiz als polizeiliche Grossintervention (unveröffentlichte Lizentiatsarbeit). Zürich.
Lettieri, D. J., M. Sayers, H. Wallenstein Pearson. (Hrsg.). 1980. *Theories on drug abuse: selected contemporary perspectives*. Rockville.
Manning, P. 2007. *Drugs and popular culture: drugs, media and identity in contemporary society*. Cullompton.
Memmi, A. 1987. *Rassismus*. Frankfurt/M.
Memmi, A. 2000. *Trinker und Liebende. Versuch über die Abhängigkeit*. Hamburg.
Moore, M. H. 1973. Politics to Achieve Discrimination on the Effective Price of Heroin. *American Economic Review* 63(2): 270–278.
Mörschel, H. 1970. Das Rauschgiftproblem aus der Sicht eines Marxisten. In *Rauschmittel und Süchtigkeit. Internationales Symposium*, hrsg. v. d. Gottlieb-Duttweiler-Stiftung. 45–52. Rüschlikon/Zürich.
Nolte, F. 2007. „Sucht" – zur Geschichte einer Idee. In *Sozialwissenschaftliche Suchtforschung*, hrsg. v. B. Dollinger, H. Schmidt-Semisch, 47–58. Wiesbaden.
Rothman, S. M., D. J. Rothmann. 2003. *The Pursuit of Perfection. The Promise and Perils of Medical Enhancement*. New York.
Sahihi, A. 1991. *Designer-Drogen: die neue Gefahr*. Weinheim.
Schmidtbauer, W., J. vom Scheidt. 1997. *Handbuch der Rauschdrogen*. München.
Spode, H. 1993. *Die Macht der Trunkenheit: Kultur- und Sozialgeschichte des Alkohols in Deutschland*. Opladen.
Szasz, T. 1974. *Ceremonial Chemistry: The Ritual Persecution of Drugs, Addicts, and Pushers*. London.

Tanner, J. 1989. Drogenpolitik, therapeutische Gesellschaft und kriminelle Karriere. In *Drogalkohol*, Themenheft Alkohol und Drogen, Forschung und Praxis der Prävention und Rehabilitation, hrsg. V. A. Schmeider: 159–170.

Tanner, J. 2007. Drogen, Abhängigkeit und Substitution: historischer Rückblick und Überlegungen zur aktuellen Situation. In *Abhängigkeiten* 3(7): 6–21.

Tanner, J. 2009. „Doors of perception" versus „Mind control". Experimente mit Drogen zwischen kaltem Krieg und 1968. In *Kulturgeschichte des Menschenversuchs im 20. Jahrhundert*, hrsg. v. Birgit Griesecke, M. Krause, N. Pethes, K. Sabisch, 340–372. Frankfurt/M.

Walter, M., D. Sollberger, S. Euler. 2016. *Persönlichkeitsstörungen und Sucht*. Stuttgart.

Wiesemann, C. 2000. Die heimliche Krankheit: eine Geschichte des Suchtbegriffs. Stuttgart.

Zinberg, N. E. 1986. *Drug, Set, And Setting: The Basis for Controlled Intoxicant Use*. New Haven (CT).

Zinberg, N. E., J. A. Robertson. 1972. *Drugs and the public*. New York.

Kontrollierter Drogenkonsum

Ein prekäres Paradigma?[1]

Birgitta Kolte und Henning Schmidt-Semisch

Zusammenfassung

In den vergangenen vier Jahrzehnten haben sich dem Begriff des Kontrollierten Konsums mehr und mehr Bedeutungen und Konnotationen zugesellt, so dass man heute ziemlich genau sagen muss, auf was man sich eigentlich bezieht, wenn man diese Begrifflichkeit verwendet. Vor diesem Hintergrund vollzieht der Beitrag die Entdeckung sowie die weitere Institutionalisierung des Kontrollierten Konsums in einigen wichtigen Etappen nach: Nach Überlegungen zur „Entdeckung" des Kontrollierten Konsums geht es sodann um die emphatische drogenpolitische Funktionalisierung dieser Erkenntnisse und schließlich um die Therapeutisierung des Begriffs des kontrollierten Drogengebrauchs. Abschließend wird gefragt, ob diese Entwicklung als Fortschritt einer emanzipativen Drogenhilfe zu verstehen ist oder ob sie im Kontext einer neoliberalen Rationalität auch problematische Aspekte mit sich bringt.

Schlüsselbegriffe: kontrollierter Konsum, Drogenhilfe, Suchtprävention, neoliberale Rationalität

Es war wohl das Jahr 1981, als der „kontrollierte Drogenkonsum" nach Deutschland kam. In diesem Jahr publizierten Gisela Völger und Karin Welck ihre drei Materialienbände zu einer Ausstellung des Rautenstrauch-Joest-Museums für Völkerkunde der Stadt Köln, die sie mit *Rausch und Realität. Drogen im Kulturvergleich* betitelten. Diese drei Bände,

---

[1] Bei diesem Artikel handelt es sich um eine überarbeitete und gekürzte Version des gleichnamigen Beitrags in: Legnaro, A., A. Schmieder. (Hrsg.). 2006. Kontrollierter Drogenkonsum – Drogenkonsum als Lebenskontrolle, Jahrbuch Suchtforschung, Band. 5, 7–24. Münster, Hamburg, London.

die mittlerweile als Klassiker der deutschsprachigen Drogenliteratur zu bezeichnen sind und in der zweiten Hälfte der 1990er-Jahre sogar als Schulbuch neu aufgelegt wurden, enthielten zahlreiche aktuelle und historische Beispiele für einen sozial und kulturell integrierten, regelorientierten bzw. „kontrollierten" Drogenkonsum in allen möglichen Teilen der Welt.[2] Neben Beiträgen zum traditionellen Gebrauch unterschiedlicher so genannter Naturdrogen (wie Coca, Betel oder Kawa), gab es insbesondere aber zwei weitere Artikel, die große Beachtung fanden: Erstens der Artikel *Fixersein als Lebensstil* (Berger 1981, S. 1207ff.) und zweitens der für unseren Zusammenhang wichtigere Text *Kontrollierter Heroingenuss – ein Widerspruch aus der Subkultur gegenüber herkömmlichem kulturellen Denken* (Harding 1981, S. 1217ff.).[3] Der erste Beitrag räumte mit dem Mythos des vermeintlich totalen Verfalls des Heroinabhängigen in sozialer, moralischer, physischer und psychischer Hinsicht auf und beschrieb stattdessen die Komplexität dieses Lebensstils sowie die je subjektive Sinnhaftigkeit des Fixerdaseins – wodurch er insbesondere der damals langsam entstehenden akzeptierenden Drogenarbeit einen wichtigen wissenschaftlichen Anknüpfungspunkt bot. Der zweite Beitrag widersprach der Vorstellung, dass der Gebrauch von Heroin zwangsläufig zu Sucht und Abhängigkeit sowie schweren psychischen und physischen Schäden führen müsse. Vielmehr zeigten die damals neuen Untersuchungen von Zinberg, Harding u.a., dass es „kontrollierte" bzw. moderat konsumierende Heroinkonsumenten gab, „die – wie die meisten Gelegenheitstrinker – in der Lage sind, gelegentlichem Heroingenuss nachzugehen und dabei potentiell nachteiligen Wirkungen zu entgehen" (Harding 1981, S. 1217). Dies wiederum könne möglicherweise – so eine These von Harding – den Beginn eines Prozesses anzeigen, der zu einer Normalisierung des illegalen Drogengebrauchs führe und zu seiner Einbeziehung in den kulturellen Gesamtkomplex.

Man kann heute, nahezu vier Jahrzehnte später, sagen, dass diese Prognose von Harding zwar in vielerlei Hinsicht richtig war, denn in der Tat haben die von Harding, Zinberg u.a. publizierten Ergebnisse die Sucht- und Drogenforschung ebenso verändert wie die Drogenpolitik und -prävention sowie schließlich die therapeutische Landschaft. Allerdings lohnt es sich u.E. der Frage nachzugehen, ob diese Veränderungen tatsächlich zu einer Normalisierung oder gar Enkulturation des illegalen Drogengebrauchs geführt haben und wie sich diese gestaltet.

Im vorliegenden Beitrag wollen wir zunächst die Erfindung und – wenn man so will – weitere Institutionalisierung des Kontrollierten Konsums in einigen wichtigen Etappen nachvollziehen, wobei gesagt werden muss, dass diese Entwicklung weniger als ein historisches Nacheinander zu verstehen ist, sondern eher als ein kumuliertes Nebeneinander. D.h. im Laufe der vergangenen drei Jahrzehnte haben sich dem Begriff des Kontrollierten Konsums mehr und mehr Bedeutungen und Konnotationen zugesellt, so dass man heute

---

2   Vgl. zum Alkoholkonsum in unterschiedlichen Zeiten die Beiträge in Band 1, S. 134ff.; Beiträge zu unterschiedlichsten Drogenkulturen in aller Welt (z.B. hinsichtlich Opium, Coca, Peyote, Haschisch, Kola, Betel oder Kawa) enthält insbesondere Band 2.
3   Beide Artikel sind übrigens bei der Neu-Herausgabe durch Hans Gros weggefallen.

ziemlich genau sagen muss, auf was man sich eigentlich bezieht, wenn man diese Begrifflichkeit verwendet. Wir werden daher im Folgenden erstens auf die „Entdeckung" und weitere Untersuchung des Kontrollierten Konsums durch Harding, Zinberg und verschiedene andere WissenschaftlerInnen eingehen und sodann, zweitens, auf die emphatische drogenpolitische Funktionalisierung dieser Erkenntnisse zu sprechen kommen. In einem dritten Schritt wird gezeigt, dass diese drogenpolitische Emphase hinsichtlich des Kontrollierten Konsums heute mehr und mehr einer Therapeutisierung dieser Begrifflichkeit weicht, was – und darauf werden wir in einem vierten Schritt eingehen – einerseits zwar durchaus als Fortschritt einer emanzipativen Drogenhilfe zu verstehen ist, andererseits aber in neoliberalen Zeiten durchaus auch einige problematische Aspekte mit sich bringt.

1 Die „Entdeckung" des Kontrollierten Gebrauchs

Der Drogen- und Suchtdiskurs der 1970er- und beginnenden 1980er-Jahre des 20. Jahrhunderts zeichnete ein recht klares Bild von der Drogeneinnahme, das lediglich zwischen Abstinenz, Drogenmissbrauch und Drogenabhängigkeit unterschied und nach dem die Entwicklung vom Probier-Konsum zur Sucht praktisch automatisch erfolgte. Exemplarisch kann man diese Sicht der Dinge aus der ab 1971 mehrfach neu aufgelegten und überarbeiteten Broschüre „Drogen unter uns" von Dieter Ladewig u.a. herauslesen. In der vierten, vollständig neu bearbeiteten Auflage von 1983 heißt es: „Der Drogenabhängige wird sich seiner Abhängigkeit spät oder auch nie bewusst. *Zum Nicht-mehr-aufhören-Können gehört das Nicht-eingestehen-Können.* Zwar kann man immer wieder Konsumenten beobachten, die trotz seelischer und körperlicher Abhängigkeit Abstinenzperioden einzulegen vermögen. Dies spricht aber nicht für die Harmlosigkeit der Droge. Es ist lediglich Ausdruck eines glücklichen Restes menschlicher Entscheidungsfreiheit, der – falls irgend möglich – zu einer endgültigen Abstinenz ausgebaut werden sollte." Und weiter: „Drogeneinnahme erfolgt zunächst aus Neugier oder aus dem Bedürfnis zu experimentieren, oder einfach, um mitzumachen. Jede fortgesetzte Drogeneinnahme ist Ausdruck eines Konfliktes bzw. Symptom einer psychischen oder psychosozialen Störung" (Ladewig u.a. 1983, S. 7; Hervorh. i. Org.).

Abgesehen davon, dass hier lediglich Neugier, Gruppendruck und Sucht als Motive für Drogengebrauch gedacht werden können, ist für die oben zitierten Autoren zugleich jeder nicht nur einmalige Konsum Ausdruck einer psychischen oder psychosozialen Störung, mithin also Missbrauch und endet zwangsläufig in der Sucht. Kemmesies (1993, S. 55) hat diese Art der Betrachtung folgendermaßen zusammengefasst: „Eine zur ‚Sucht prädisponierte Persönlichkeit' (etwa: Täschner 1981) und/oder eine aufgrund von bestimmten Sozialisationsbedingungen ‚geschädigte Persönlichkeit' (etwa: Stepputis 1992) mündet in eine unweigerlich dramatisch verlaufende Drogengebrauchskarriere, an deren Ende entweder der Tod oder die Überwindung der Abhängigkeit über eine (Langzeit-)Therapie steht."

Dieses starre Entwicklungsmuster des Drogengebrauchs hat eine gewisse Relativierung erfahren, seit man erkannte, dass jedwede Droge (und damit eben auch Heroin) durchaus auch „kontrolliert" und d.h. in diesem Kontext moderat, ohne eine Abhängigkeitssymptomatik zu entwickeln, konsumiert werden kann. Auch wenn bereits Lindesmith (1938, S. 593) konstatierte, „that the repeated administration of opiates sometimes is followed by addiction and sometimes is not", so stammen die grundlegenden und schließlich weiterführenden Arbeiten in diesem Zusammenhang von Powell (1973), vor allem aber von Zinberg (1979; 1983; 1984), Zinberg et al. (1976; 1977; 1978), Harding et al. (1980), Harding (1981, 1984, 1988), Peele/Brodsky (1992) sowie Peele (1977, 1998). War bis in die 1980er-Jahre ein kontrollierter Konsum illegaler Drogen ausschließlich als Übergangsphase gedacht worden, dem entweder relativ früh eine Rückkehr zur Abstinenz oder aber ein abhängiges Konsumieren folgte (vgl. auch Kemmesies 2000), so trat der kontrollierte Gebrauch nun als ein über längere Zeiträume stabiles Konsummuster zu Tage, das sich als ein von den Konsumenten bzw. Konsumentengruppen durch Regeln und Rituale gesteuertes Verhalten darstellte: „Chippers", so nannte Zinberg diese gelegentlichen Gebraucher, „must develop and internalize social rituals around occasional use either individually or through their using group. To the extend that they are successful, various patterns of controlled opiate use are possible and in fact exist" (Zinberg 1976, S. 40; vgl. auch Grund 1993).

Man kann die Ergebnisse dieser Studien[4] dahingehend zusammenfassen, dass die kontrollierte Konsumvariante vor allem von personalen, sozialen und materiellen Ressourcen abhängig ist und zudem weniger etwaige Kriminalisierungseffekte, als vielmehr informelle Sanktionen die Aufrechterhaltung eines kontrollierten Konsummusters bedingen. Die Regeln und Rituale, derer sich kontrollierte Konsumenten bedienen, um Abhängigkeit, Überdosierung und anderen Gefahren (etwa Infizierungen, Verletzungen u.ä.) zu begegnen, sind:

- bewusste Risikoabschätzung in der konkreten Konsumsituation;
- spezifische Vorsichtsmaßnahmen hinsichtlich der Applikation;
- Drogengebrauch in der Regel nur in Gemeinschaft, um ggf. sofortige Hilfe zu ermöglichen;
- positive Besetzung von Genussintensivierung bei gleichzeitiger Ablehnung von Autonomie- und Kontrollverlust;
- zeitliche Strukturierung des Konsums und seine Integrierung in die Alltagsorganisation;
- Integration des Konsums in die funktionalen Anforderungen der konventionellen Lebens- und Arbeitskontexte;
- Vermeidung eines drogenorientierten Lebensstils;
- Distanz zur öffentlichen Drogenszene;

---

4   Vgl. die detaillierteren Forschungsüberblicke bei Haves und Schneider 1992; Weber und Schneider 1992, S. 23–47; Gerlach 1992; Kemmesies 2000 sowie 2004; Schippers und Cramer 2002; Kolte 2005, S. 62ff.

- Unterlassung des Konsums, wenn die finanziellen Mittel zum Drogenerwerb nicht ausreichen.

Weber und Schneider (1992, S. 46) vermerken zu Recht, dass eine Repräsentativität der Studien zum kontrollierten Konsum nicht gegeben scheint – was nicht zuletzt auch in der „sozialen Unsichtbarkeit" bzw. Unauffälligkeit dieses Konsummusters begründet liegt. Dennoch relativieren sie doch die lange dominante (und in weiten Teilen auch heute immer noch existente) Konzentration von Drogenforschung und -politik auf das „Suchtpotential" der einzelnen Substanzen einerseits und eine Problemwahrnehmung, die vom generalisierten Bild einer „defizitären" Persönlichkeit bei Drogenkonsumenten präformiert wird, andererseits. Vielmehr stellt sich der kontrollierte Gebrauch von Heroin zusammenfassend in drei Varianten dar,[5] und zwar als: 1) eine eigenständige, relativ stabile Gebrauchsvariante, 2) ein Gebrauchsmuster innerhalb des Prozesses des Herauswachsens aus der Sucht und 3) ein Produkt der Überwindung des Abhängigkeitsstatus.

Untersuchungen dieser Art wurden aber nicht nur in Bezug auf Heroin durchgeführt, sondern auch mit Blick auf andere illegale Drogen – mit vergleichbaren Ergebnissen: Insbesondere für Kokain wurde in zahlreichen Studien gezeigt, dass kontrollierter Kokainkonsum nicht nur möglich, sondern eher sogar die Regel ist. Zu nennen sind hier die Arbeiten von Cohen (1989) und Cohen und Sas (1993), Erickson et al. (1994) und Erickson und Weber (1994) sowie von Waldorf et al. (1991), Mugford (1994), Hess et al. (1999) bzw. Kemmesies (2000; 2004). Und diese Erkenntnisse betreffen keineswegs nur schnupfbares Kokainhydrochlorid, sondern, so Erickson et al. (1994, S. 84), ebenso seine rauchbar gemachte Variante in Form von Crack: „Es gibt keinen Zweifel, dass Crack ein hohes Suchtpotential hat. Doch unbestreitbar ist auch der Beweis, dass sowohl Kokain als auch Crack kontrolliert gebraucht werden können. Der Glaube, Crack mache sofort süchtig, hat keine Grundlage." Dies hat auch die Arbeit Hößelbarths (2014) eindrucksvoll bestätigt (vgl. auch Hößelbarth in diesem Band und Bernard 2013, S. 177ff.).

Diese Erkenntnisse bezüglich Heroin, Kokain und Crack haben sich in vielleicht noch deutlicherer Weise auch für die übrigen illegalen Drogen bestätigt – worauf an dieser Stelle aber nicht mehr ausführlich eingegangen werden soll.[6] Interessanter ist vielleicht, dass Untersuchungen zum kontrollierten Konsum ab den späten 1980er-Jahren auch für die so genannten Alltagsdrogen Nikotin und Alkohol durchgeführt wurden. Wir werden hierauf unten noch ausführlicher zu sprechen kommen, wollen aber zunächst auf die drogenpolitischen Konsequenzen der bislang skizzierten, eher deskriptiven Forschungsergebnisse zum ‚Kontrollierten Konsum' eingehen.

---

5   Vgl. Weber und Schneider 1992, S. 46; Murphy et al. fanden folgende Entwicklungsverläufe: 1) den ausschließlich kontrollierten Gebrauch, 2) vom kontrollierten über kompulsiven wieder zum kontrollierten Gebrauch, 3) vom kompulsiven, über den kontrollierten Gebrauch zur Abstinenz, 4) vom kompulsiven über einen kontrollierten wiederum zum kompulsiven Konsum (vgl. auch Weber und Schneider 1992, S. 35).

6   Vgl. für Cannabis etwa Hilliker et al. 1981; Schneider 2000; Kolte 1996; Soellner 2000; Borchers-Tempel und Kolte 2002; zu Ecstasy etwa: Rakete und Flüsmeier 1997; Krollpfeifer 1997; Schroers und Schneider 1998; Schmidt-Semisch 1998.

2 Zur politischen Verarbeitung des Kontrollierten Gebrauchs: Drogenkultur und Entkriminalisierung

Es bestehe die Möglichkeit, so hatten wir oben bereits die These von Harding (1981, S. 1217) zu seinen Forschungsergebnissen zitiert, dass das Phänomen des kontrollierten Heroinkonsums den Beginn eines Prozesses anzeige, der zu einer Normalisierung des illegalen Drogengebrauchs führe und zu seiner Einbeziehung in den kulturellen Gesamtkomplex. Und genau dies war auch die Hoffnung vieler Autoren, die sich in den folgenden Jahren auf die Untersuchungsergebnisse von Harding und Zinberg bezogen: Wenn es diese so genannten kontrollierten Konsummuster wirklich gab, wenn sie sich als eine recht stabile Konsumvariante und keineswegs nur als Vorstufe eines abhängigen Konsums darstellten, sondern gerade umgekehrt häufig als Ergebnis eines Herauswachsens aus der Sucht verstanden werden mussten, dann sollte es doch auch möglich sein, Drogen*politik* perspektivisch in Drogen*kultur* oder eben „Heroin-Kultur" münden zu lassen. Nicht mehr nur für Kaffee, Tee und Alkohol sollte es in unseren westlichen Ländern eine kulturelle Einbettung und damit eine selbstverständliche Drogenerziehung (vgl. Nilson-Giebel 1981) geben, sondern man plädierte, wie sehr früh bereits Christian Marzahn (1983), für eine „gemeine Drogenkultur".

Marzahn entwickelte seine ‚gemeine Drogenkultur' in Abgrenzung zur Drogenprohibition (also der Politik hinsichtlich unserer illegalen Drogen) einerseits und der Bewerbung und Vermarktung (also der Politik hinsichtlich unserer legalen Drogen) andererseits. Aus Beschreibungen der Symposien (der Trinkgelage) der Griechen und Römer, des Gebrauchs von Naturdrogen am Amazonas, der Kunst des Opiumrauchens (im Orient) sowie der Teekultur in Japan präparierte Marzahn (1983, S. 128ff.) die drei wesentlichen Elemente jener gemeinen Drogenkultur heraus: Das erste Element ist dabei die Einbettung des Drogengebrauchs in eine vertraute und verlässliche Gruppe, in der Erfahrungen über den unproblematischen, als „tief positiv und wertvoll" (Marzahn 1993, S. 35) angesehenen Konsum bestehen. Der Gebrauch wird auf diese Weise nicht von Verbot oder Vermarktung fremdbestimmt, sondern ist vielmehr *autonom* und von Erfahrungen geleitet: Die daraus hervorgehenden Regeln und Rituale sind dabei die äußere Form einer *inneren Ordnung*[7] der gemeinen Drogenkultur. Das zweite Element ist der feste Platz des Gebrauchs in Raum und Zeit, was ihn im Sinne einer Selbstbegrenzung in den Alltag, die Woche, das Jahr, mithin in die zeitliche Gliederung des Lebens einbettet – es bezeichnet die *äußere Ordnung* des Gebrauch. Das dritte Element schließlich ist die Weitergabe dieses Wissens und die *Einführung der ‚Novizen'* in den Gebrauch durch erfahrene Drogengebraucher, also etwa durch „Meister", Schamanen oder im Kontext spezieller Zeremonien (vgl. auch Marzahn 1991).

---

[7] In dieser „inneren Ordnung" sieht Marzahn auch den tiefsten Sinn gemeiner Drogenkultur, die für ihn eine „Kultur der Grenzgängerei" zwischen Alltagswelt und „Sonnenwelt" ist (1994, S. 45).

Vor dem Hintergrund dieser von Marzahn gezeichneten gemeinen Drogenkultur wurden die skizzierten Forschungsergebnisse bzw. der kontrollierte Konsum illegaler Drogen für viele Autoren zur drogenpolitischen Zielvorstellung. Die Voraussetzung für eine solche allgemeine Drogenkultur (und damit für einen weiter verbreiteten kontrollierten Konsum) allerdings sei, so die entsprechende Argumentation, die Entkriminalisierung bzw. Legalisierung der illegalen Substanzen. In diesem Sinne titelte etwa Scheerer (1986) *Autonomer Drogengebrauch statt Strafjustiz*, Bülow (1989a, S. 123) plädierte für die „Etablierung eines auf Ritualen und Sanktionen gegründeten Kontrollsystems, das den nicht abhängig machenden Umgang mit Heroin lehr- und lernbar machen könnte" (vgl. auch Bülow 1989b; ähnlich Legnaro 1991, S. 26f.); und für Schmidt-Semisch (1990b, S. 123f.) galt der „legale Zugang zu Heroin als Voraussetzung für Heroin-Kultur".

In diesem Zusammenhang merkt Uwe Kemmesies (2004, S. 192) an, dass es zwar wichtig sei, „immer wieder darauf hinzuweisen, dass der Drogenkonsum nicht ausschließlich in psycho-soziale Verelendung und Abhängigkeit mündet und dass das Drogenphänomen zu facettenreich ist, um es alleinig mit einer auf ein generelles Drogenverbot abgestellten Drogenpolitik steuern zu wollen". Zugleich aber erscheine die Forschung zum kontrollierten Drogenkonsum vielfach vor allem „als ein ideologischer Gegenentwurf zu einer primär auf Repression abgestellten Drogenpolitik". Dieser Einwand ist wohl einerseits richtig und greift doch gleichzeitig zu kurz. Letzteres vor allem deshalb, weil der kontrollierte Konsum in der Regel nur ein Argument unter vielen für eine liberale Drogenpolitik war: Es sei erinnert an die ökonomischen Thesen von Pommerehne und Hartmann (1980), Pommerehne und Hart (1991a und 1991b) und Hartwig und Pies (o.J.) sowie an die grundsätzlich liberalen Argumente von Szasz (1987, 1980, 1981, 1992), Quensel (1982, S.71f.), Scheerer (1986, S. 113) oder Kaplan (1985, S. 72). Zudem sollte wohl erwidert werden, dass nicht die Forschung ein „ideologischer Gegenentwurf" war, sondern dass ihre Ergebnisse für drogenpolitische Überlegungen und Programme genutzt wurden, die Aufklärung und Liberalisierung zum Ziel hatten, wie das folgende Zitat exemplarisch verdeutlicht: Das „Konsummuster des kontrollierten Gebrauchs, das in seiner Struktur als Heroin-Kultur bezeichnet wurde, kann somit als die langfristige Perspektive und Hoffnung einer Legalisierung angesehen werden, die jenseits von Konsumverbot und Konsumgebot sowie jeglicher Profitmöglichkeiten liegen sollte" (Schmidt-Semisch 1990a, S. 165).

Insofern kann man zusammenfassen, dass sich der Begriff des kontrollierten Konsums mit seiner politischen Nutzung erweiterte: Stand er zunächst vor allem für die Ergebnisse einer Forschung, die sich gleichermaßen deskriptiv wie innovativ nicht mehr allein auf die vermeintlich „Süchtigen" konzentrierte, sondern auch andere, nicht-kompulsive Gebrauchsmuster zu ihrem Gegenstand machte, so wurde er spätestens mit Beginn der 90er-Jahre des 20. Jahrhunderts auch zur Begründung und Zielkategorie einer Drogenpolitik, die an Entkriminalisierung und Legalisierung orientiert war. Und dies vielleicht weniger in einem ideologischen, als in jenem idealistischen Sinne, den Marzahn (1983, S. 132) mit seiner gemeinen Drogenkultur nahegelegt hatte – und die er eigentlich vor dem Zugriff der Politik geschützt sehen wollte: „Nicht nur ein Widersinn, sondern eine Anti-Utopie, ein Horror-Trip wäre Drogenkultur als Programm, als Verordnung, als Strategie von oben. Das wäre das Soma-Programm der ‚Brave new World'. Niemand darf deshalb darauf hoffen, Drogenkultur zur herrschenden Politik zu machen. Nur als in Ruhe gelassene Vielheit ist sie denkbar."

Freilich hat sich diese Hoffnung allenfalls bruchstückhaft erfüllt: Denn statt die Vielheit der Drogenkulturen in Ruhe zu lassen, haben sich die Therapeuten dem „kontrollierten Konsum" angenommen.

3 Kontrollierter Gebrauch als präventives und therapeutisches Programm

Vielleicht ist es eine der wichtigeren Veränderungen in der Drogen- und Suchtforschung, dass sich mit der Entdeckung des kontrollierten Konsums nicht nur das Bild der (vermeintlich zwangsläufig entstehenden) Sucht, sondern damit zugleich auch das Verständnis von Drogen ganz allgemein wandeln musste. Denn im Grunde machte die neue Vielfältigkeit der Gebrauchsmuster vor allem klar, dass es nicht Suchtmittel sind, die einen Konsumenten gewissermaßen versklaven, sondern dass verschiedene Konsumenten Drogen auf recht unterschiedliche Art und zu verschiedenen Zwecken benutzen. Dies bedeutet dann aber wiederum, dass Drogen nicht aus sich selbst heraus Suchtmittel, Genussmittel, Rauschmittel usw. sind, sondern dass sie erst durch die spezifische Zweckbestimmung des Konsumenten zu solchen werden. Zugleich macht dann auch die Rede von gefährlichen und ungefährlichen, von harten und weichen Drogen nur noch bedingt Sinn. Plausibler ist es hingegen, von gefährlichen oder weniger gefährlichen, von harten oder weichen Konsum-Formen zu sprechen, die sich dann mit Blick auf Konsumtechniken, Dosis, Konsumhäufigkeit usw. weiter konkretisieren lassen (ausführlicher hierzu Schmidt-Semisch und Nolte 2000, S. 6–13; Schmidt-Semisch 1994, S. 15–28).

Es war möglicherweise genau diese Verschiebung im Drogenverständnis, die mit Beginn der 1990er-Jahre eine Neuausrichtung der präventiven Konzepte bewirkte. Paradigmatisch steht hierfür die 1990 von Guido Nöcker publizierte Arbeit *Von der Drogen- zur Suchtprävention*. Entscheidend bei diesen neuen Konzepten ist die (zumindest theoretisch geforderte) Abkehr vom bis dahin dominierenden Ziel der Abstinenz und die Hinwendung zur Zielvorstellung eines verantwortlichen und reflektierten, mithin eines „kontrollierten Gebrauchs": Denn dort, „wo auf der Basis einer toleranten Grundhaltung eine Begleitung möglich ist, bietet sich auch die Chance, über Drogenkonsum, insbesondere die möglichen negativen Erfahrungen, in einer anderen Weise zu sprechen als zuvor. Die Tatsache, den Rauschmitteln nicht mehr einfach die Schuld für erlebte negative Erfahrungen zuschieben zu können, weil unter bestimmten Voraussetzungen der Konsum eben genussvoll sein kann, macht den Konsumenten deutlich, dass sie an diesen Voraussetzungen selbst auch teilhaben, d.h. Verantwortung tragen und nicht nur Spielball oder Opfer sind [...]. So können die Jugendlichen erkennen, dass es erheblich auf sie selbst ankommt, dass ihr Handeln Konsequenzen hat, die auf sie selbst und andere zurückwirken" (Nöcker 1990, S. 212f.; vgl. auch Nöcker 1991).

Im Kontext dieses neuen Denkens und vor dem Hintergrund eines eigenverantwortlich handelnden Konsumenten expandierten einerseits die sekundär- und tertiärpräventiven Konzepte der Risikominderung und harm reduction – also etwa ‚safer use'-Konzepte (vgl. Heudtlass 2000 sowie 2005), ‚Drogennotfallmobile' (Dettmer und Leicht 2000) oder Modellprojekte zur Infektionsprophylaxe im Strafvollzug (umfassend z.B. Stöver 2000). Außerdem gewann im Jugendbereich eine Prävention an Schwung, welche die präventiven Zielsetzungen nicht mehr auf Abstinenz und „Einfach-Nein-Sagen"-(können) reduzierte, sondern als „Realziele" die Verhinderung eines längerfristigen Missbrauchsverhaltens bzw. die „Verhinderung von Abhängigkeitsentwicklungen bei dauerhaftem Missbrauch durch Ermöglichung eines kontrollierten Konsums" (Franzkowiak 1999, S. 66) anstrebte.[8] Franzkowiak formuliert in diesem Kontext das Konzept des Risikomanagements bzw. der Risikokompetenz, wobei als Zielkategorien etwa „‚Riten des Genießens' in Verbindung mit ‚Regeln für (sichere) Räusche'" vorgeschlagen werden (Franzkowiak 1999, S. 72). Noch ein Stück weiter gedacht wurden diese Ansätze von Sting und Blum (2003, S. 87), die „Suchtprävention" ganz generell als Bildungsaufgabe verstanden wissen wollen: „Es muss also eine *drogenbezogene Bildung* initiiert werden, die in den Gesamtprozess sozialer Bildung integriert ist, bei dem es um die Qualifizierung der Lebenspraxis und des sozialen Zusammenlebens einschließlich der somatischen, körperbezogenen Aspekte geht […]. Ausgangspunkt einer derartigen Bildungsarbeit könnten das Bedürfnis nach Rausch und die Suche nach Grenzerfahrungen sein […]. Darüber hinaus ist die Beschäftigung mit der Drogenkultur der Gesellschaft wichtig, die einerseits konkretes Wissen über die verfügbaren Drogen beinhaltet und andererseits zur Auseinandersetzung mit dem kulturellen und sozialen Status von Rausch und Sucht anregt" (Sting und Blum 2003, S. 88).

Eine solche drogenbezogene Bildung ist allerdings auch gegenwärtig eine fromme Wunschvorstellung: Ihr Ziel ist die Vermittlung drogenkulturellen Wissens und reflektierter Rausch- und Konsumkompetenz, die letztlich ja der Ermöglichung eines kontrollierten oder besser autonomen Gebrauchs dienen soll und so gesehen eine ‚salutogenetisch orientierte Perspektive auf Drogenkonsum' (Schmidt-Semisch 2014) einnimmt. Eine Wunschvorstellung bleibt dies, weil staatlich betriebene bzw. finanzierte Drogen- und Suchtprävention auch weiterhin vornehmlich auf abschreckende Botschaften setzt, die negativen Aspekte des Drogenkonsums betont und einen Sozialarbeiter, der in seinem Jugendzentrum seine Anvertrauten in Drogenkultur bildete, schlicht für verrückt erklären würde. Und selbst da, wo eine ausgewogenere Information angestrebt und gegeben wird, ist das Ziel dieser Maßnahme nicht der kontrollierte Gebrauch, sondern weiterhin die Abstinenz. Diese Ausrichtung hat sich sogar eher noch verstetigt, wenn man berücksichtigt, dass in den vergangenen ca. zwanzig Jahren auch die legalen Drogen Alkohol (vgl. Schmidt-Semisch und Stöver 2012) und Nikotin (vgl. Hess u.a. 2004) in den Kontext dieser negativ informierenden Drogenprävention geraten sind. Das bedeutet freilich keineswegs, dass diese Art der Prävention dadurch an Effektivität oder gar Effizienz gewonnen hätte (vgl. hierzu ausführlich Quensel 2010).

---

8   Barsch (2001; 2004) spricht in diesem Kontext von „Drogenmündigkeit".

Während sich so etwas wie ‚Kontrollierter Konsum' demnach als Zielvorgabe in primär- und sekundärpräventiven Konzepten zwar gelegentlich in der Theorie, aber kaum in der Praxis widerspiegelt, ist er in tertiärpräventiven bzw. therapeutischen Konzepten seit einigen Jahren auf dem Vormarsch und wird hier in der Regel sogar zum Namensgeber der entsprechenden verhaltenstherapeutischen Programme. Hierzu zählen z.B. das so genannte „Kontrollierte Trinken" (Körkel 2002a, 2005),[9] das „Kontrollierte Rauchen" (Drinkmann 2002),[10] das Self Control Information Program (SCIP; vgl. ausführlich Kolte 2005)[11] oder das Programm KISS, das für „Kompetenz im selbstbestimmten Substanzkonsum" steht.[12]

Das Gemeinsame dieser Programme ist das oben beschriebene, veränderte Drogen- und Konsumentenbild: Man geht davon aus, dass es nicht die Drogen sind, die Macht

---

9   Die wissenschaftlichen Untersuchungen zum kontrollierten Alkoholkonsum (für einen Forschungsüberblick vgl. etwa Körkel 2005 sowie 2002a und 2002b; Rosenberg 1993; Sobell und Sobell 1993), vor allem aber auch das mit dem Kontrollierten Trinken benannte therapeutische Konzept haben insofern eine gewisse Bedeutung, als ihre Ergebnisse (gerade im Kontext der weit verbreiteten Alltagsdroge Alkohol) an einer Grundfesten der Suchtforschung im Allgemeinen (s.o.) und der Suchttherapie im Besonderen gekratzt haben. Wie in anderen Bereichen, so sah man auch und gerade hier die einzig erfolgversprechende Maßnahme gegen den Alkoholismus in der totalen und lebenslangen Abstinenz des/der Betroffenen: Wie etwa die Anonymen Alkoholiker ging man (in der Logik der so genannten „Weinbrandbohnen-Theorie") davon aus, dass der abstinente Alkoholiker beim ersten Schluck Alkohol wieder mit dem zwanghaften Trinken begänne – ja, beginnen müsse: „Wer einmal zum Alkoholiker geworden ist, bleibt Alkoholiker für sein ganzes Leben. Wir AA lassen das ‚erste Glas' stehen, dessen Genuss unweigerlich den Anfang des erneuten Abstiegs für jeden von uns bedeuten würde. Jeder Alkoholiker, der es schafft, jenes oft zitierte erste Glas stehen zu lassen, wird mit sich und dem Leben wieder fertig. Familiäre, berufliche und finanzielle Schwierigkeiten lassen sich lösen, wenn man nüchtern ist. Erfolg, Glück und Zufriedenheit stellen sich nach und nach ein" (vgl. http://www.anonyme-alkoholiker.de).

10 Vgl. Kolte und Schmidt-Semisch 2005 sowie 2004; Drinkmann 2002 sowie http://www.gk-quest.de (Stand 22.07.2005). In Bezug auf den Kontrollierten Drogengebrauch im Allgemeinen ist die Entwicklung der beschriebenen Programme insoweit interessant, weil sich der Tabakdiskurs in den vergangenen knapp ca. zwanzig Jahren so dramatisch verändert hat, dass der Substanz Nikotin mittlerweile in Teilen der Wissenschaft ein mit Heroin und Kokain vergleichbares Suchtpotential zugeschrieben wird (vgl. hierzu ausführlich Schmidt-Semisch 2002 sowie 2005; Kolte 2005, S. 39ff.; Kolte und Schmidt-Semisch 2003, S. 5ff.; Hess et al. 2004, S. 67ff.). Gleichwohl bzw. vielleicht gerade deshalb gibt es in der Tabak-, Nikotin- und Raucherforschung seit einigen Jahren Untersuchungen, die sich mit kontrolliert rauchenden Konsumenten, den so genannten „tobacco chippers" befassen. Bezugnehmend auf die von Harding und Zinberg (s.o) durchgeführten Studien zum kontrollierten Heroinkonsum übernahmen Shiffman und seine KollegInnen (vgl. im weiteren Shiffman 1989, Shiffman et al. 1990, 1992, 1995, Kassel et al. 1994, Brauer et al. 1996, Hajek et al. 1995; Gnys und Shiffman 1991) die Vorstellung des selbstgesteuerten Konsums auch in Bezug auf den Tabakgebrauch.

11 Auf Deutsch heißt das Programm „In einer Spirale nach oben", vgl. hierzu Kolte 2005 sowie Cramer/Schippers 2002.

12 Vgl. Körkel, J. und GK Quest 2007 sowie https://www.kiss-heidelberg.de/ (letzter Zugriff: 20.02.2018)

über bestimmte Menschen haben, sondern dass Menschen auf bestimmte Art mit diesen Substanzen umgehen, ihren Konsum grundsätzlich aber auch jederzeit verändern, mithin steuern können. Der kontrolliert Konsumierende ist also Voraussetzung und Ziel der Programme zugleich.

Allerdings – und das ist möglicherweise entscheidend in der Veränderung der Begrifflichkeit – haben diese therapeutisch produzierten Kontrollierten Drogengebraucher nur wenig mit den untersuchten Personen von Harding, Zinberg usw. zu tun. Bereits Zinberg hatte 1979 darauf hingewiesen, dass die Unterschiede zwischen „abhängig" und „kontrolliert" Konsumierenden weder in der Verfügbarkeit der Droge oder gar der Droge selbst noch in spezifischen Persönlichkeitsmerkmalen lägen, sondern vor allem im soziokulturellen Bereich, und das bedeutete für ihn: im setting, in dem die Konsumenten bestimmte Regeln und Normen so stark internalisieren, dass sie sich häufig gar nicht bewusst darüber sind, dass sie überhaupt bestimmten Regeln und Kontrollmechanismen folgen (Zinberg 1979, S. 308; vgl. auch Schmidt-Semisch 1990a, S. 155; Kolte 1996, S. 89ff.).[13]

Ähnlich differenziert auch Körkel (2005, S. 168) seine Begrifflichkeit, wenn er sagt, man dürfe das therapeutisch angeleitete „kontrollierte Trinken" keineswegs mit „normalem Trinken" verwechseln: „‚Normales Trinken' liegt vor, wenn jemand ohne vorherigen Trinkplan aus der Situation heraus entscheidet, ob er Alkohol (weiter)trinkt oder nicht (‚nach momentaner Lust und Laune'). Der Begriff des ‚kontrollierten Trinkens' ist auch nicht deckungsgleich mit dem ‚moderaten Trinken': Als ‚moderates Trinken' wird ein Alkoholkonsum bezeichnet, der weder auf körperlicher, psychischer, familiärer, sozialer, arbeitsbezogener, finanzieller noch juristischer Ebene Probleme und Schäden nach sich zieht." Vielleicht könnte man Körkel so zusammenfassen, dass beim Kontrollierten Konsum eben die bewusste (Selbst-)Kontrolle im Vordergrund steht, beim ‚normalen' und ‚moderaten' Konsum hingegen eher eine nicht-problematisierte Autonomie des Handelns.

Dies hat sich auch für die von Uwe Kemmesies befragten „kontrollierten" Heroin und Kokainkonsumenten bestätigt: Vielfach, so Kemmesies (2004, S. 192), geschehe die Kontrolle, die ganz offensichtlich über den Konsum bestehe, unbewusst, d.h. augenscheinlich habe es keiner bewussten Kontrollanstrengungen bedurft, um den Drogenkonsum in Einklang mit den Anforderungen des Alltags zu bringen: „Die ‚Notwendigkeit', Kontrolle aufrecht zu erhalten oder aber zurückzugewinnen – etwa im Anschluss an zwischenzeitlichen Kontrollverlust infolge einer kompulsiven Drogenbindung beziehungsweise Abhängigkeit – stellte sich für viele Interviewpartner nicht. Der Drogenkonsum stellt nur eine Facette eines insgesamt sozial integrierten, etablierten Lebensstils dar." Der Heroin- und

---

13 Im oben erwähnten Programm SCIP gibt es eine gern zitierte Anekdote, die diese unbewusste „Kontrolle" oder unbewusste autonome Steuerung des Konsums veranschaulicht: „Als ein Gebraucher in Den Haag gefragt wurde, ob er kontrollierten Gebrauch für möglich hielt, begann er laut zu lachen: Kontrollierter Gebrauch war seiner Meinung nach absolut unmöglich! Dennoch erklärte er sich bereit, eine Liste mit 24 Selbstkontrollregeln (…) zu lesen und auszufüllen. Erstaunt musste er feststellen, dass er sage und schreibe 17 der 24 Regeln selbst anwendet. Folglich besaß er also durchaus ein erhebliches Maß an Selbstkontrolle, war sich dessen aber bis dahin nicht bewusst!" (Kolte o.J.).

Kokaingebrauch der so genannten „kontrollierten" oder eben besser: „moderaten" Gebraucher erweise sich als nicht besonders regelungsbedürftig. Wenn überhaupt, so Kemmesies weiter (2004, S. 195), „erscheint eine Kontrolle des Drogenkonsums eher auf mögliche Kriminalisierungseffekte des Umgangs mit illegalen Drogen abgestellt."

Zusammenfassend kann man also drei Varianten des Begriffs „kontrollierter Drogenkonsum" benennen:

a) „Kontrollierter Drogenkonsum" als (wissenschaftliche) Beschreibung eines moderaten und autonomen Konsumverhaltens (etwa bei Zinberg, Harding, Shiffman, Kemmesies etc.), das gerade nicht durch bewusste Kontrollen geregelt ist, sondern das sich beim einzelnen Individuum mehr oder weniger unbewusst „als eine fast schon ‚selbstverständliche' Gestaltung und Rahmung des Konsums" (Kolte 2005, S. 145) entwickelt hat;
b) „Kontrollierter Drogenkonsum" als Ziel von lern- und verhaltenstherapeutischen Programmen, wobei diese Form des Gebrauchs durch eine Vielzahl von Regeln und Ritualen erlernt und durch ein hohes Maß an Selbstkontrolle hergestellt und abgesichert werden muss. Die Kontrollmechanismen werden hierbei von den Therapeuten als absolut notwendig angesehen, um ein jederzeit mögliches Abrutschen in die „Sucht" zu vermeiden – in diesem Verständnis ist kontrollierter Konsum also nur im Schatten der Sucht denkbar;
c) „Kontrollierter Drogenkonsum" im Sinne eines autonomen, selbstverantwortlichen Handelns als idealistische Zielkategorie einer liberalen, nicht-prohibitiv orientierten Drogenpolitik.

Verbunden sind diese drei Begriffsvarianten durch ihr Drogen-, vor allem aber durch ihr Konsumentenbild, das den Gebraucher als einen Menschen zeichnet, der – wenn auch vor dem Hintergrund einer möglichen Sucht – prinzipiell in der Lage ist, seinen Konsum selbstbestimmt zu regulieren.

4 Resümee – Kontrollierter Konsum in neoliberalen Zeiten

Versucht man, die in diesem Beitrag skizzierte Entwicklung des Begriffs des „Kontrollierten Drogenkonsums" zu resümieren, so kann man festhalten, dass dieser Kontrollierte Gebrauch nach seiner „Entdeckung" durch Zinberg, Harding und einige andere Wissenschaftler recht schnell zur Zielkategorie einer anti-prohibitiven Drogenpolitik wurde. Die mit dem Begriff des kontrollierten Gebrauchs transportierten oder besser: assoziierten Aspekte der Autonomie und Selbstbestimmung, ließen eine *Drogenkultur* (Marzahn) denk- und wünschbar erscheinen, in deren Kontext autonome Konsumenten unter dem Motto „*Recht auf Genuss*" (Scheerer 1992, S. 17) ihren jeweiligen Konsumbedürfnissen nachgehen können sollten. Diese emphatische Rede von der *Selbstbestimmung des Konsumenten* wurde im präventiven und therapeutischen Kontext jedoch bald von dem Ruf nach *Selbstkontrolle beim Konsum* übertönt, die es durch spezialisierte Programme herzustellen galt.

Eine solche Betonung der Selbstkontrolle beim Konsum steht nun aber in einem gleichsam wahlverwandtschaftlichen Verhältnis zu jener neoliberalen Denkart oder Rationalität, die auf die verstärkte Nachfrage nach individuellen Gestaltungsspielräumen und Autonomiebestrebungen mit einem Angebot an die Individuen und Kollektive reagiere, „sich aktiv an der Lösung von bestimmten Angelegenheiten und Problemen zu beteiligen, die bis dahin in die Zuständigkeit von spezialisierten und autorisierten Staatsapparaten fielen. Der ‚Preis' für diese Beteiligung ist, dass sie selbst die Verantwortung für diese Aktivitäten – und für ihr Scheitern – übernehmen müssen" (Lemke 1997, S. 254).

Auf den Drogenkonsum gemünzt, könnte man dies folgendermaßen übersetzen: Noch bis Ende der 80er-Jahre des 20. Jahrhunderts galten die Konsumenten illegaler Drogen (und zwar ganz gleich ob sie ‚moderat', ‚kontrolliert' oder ‚kompulsiv' konsumierten) vor allem als *Kriminelle* und die Bekämpfung jeglichen Umgangs mit illegalen Drogen fiel dementsprechend in die Zuständigkeit der Strafverfolgungs- und Sicherheitsbehörden. Seit Beginn der 1990er-Jahre sah man diese Konsumenten dann zunehmend auch als *Kranke*, die man medizinisch zu betreuen, deren Gesundheit man zu fördern und deren Abhängigkeit man gegebenenfalls medikamentös in Form von Substitutionspräparaten (Methadon, Polamidon) oder gar mit Originalstoffen (Heroin) zu behandeln hatte. Seit Beginn des 21. Jahrhunderts betritt nun eine weitere Konzeptualisierung des Drogenkonsumenten die Bühne, die diesen eher als den mehr oder weniger souveränen Manager seiner Rausch- und Konsumbedürfnisse betrachtet, als einen ‚Unternehmer seiner selbst', der in der Lage ist, „sich selbst zu regieren [...]. Ihm wird die Freiheit der Entscheidung übertragen und zugewiesen – und die Verantwortung für die Konsequenzen seines Handelns, seiner Wahl, die er getroffen hat, in konkreten Lebenssituationen wie letztlich bezogen auf seine gesamte Lebensführung" (Krasmann 1999, S. 112). Dieser ‚Manager seiner Konsum- und Rauschbedürfnisse' ist für eine neoliberale Drogenpolitik Voraussetzung und Zielvorstellung zugleich: Er ist gleichermaßen frei in seinen Konsumentscheidungen wie verantwortlich für diese, weswegen er, wenn er klug konsumiert, kontrolliert konsumiert. Diese ‚Kontrollierten Gebraucher' „vergessen niemals, dass man morgens frisch sein muss, um seine Arbeit zu machen. Sie konsumieren in dem Bewusstsein, dass es die eigene Produktiv- und Konsumkraft zu erhalten gilt" (Greco 2004, S. 298).[14] Insofern ist der kontrollierte Konsum im Allgemeinen und der kontrollierte Drogenkonsum im Besonderen das Signum des Menschen im Neoliberalismus, weswegen es wiederum nicht verwunderlich ist, dass ‚Kontrollierter Drogenkonsum' als therapeutische Maßnahme und v.a. auch im Kontext der Ratgeberliteratur auf Expansionskurs ist.

War der ‚Kontrollierte Drogengebrauch' in den 80er- und 90er-Jahren des 20. Jahrhunderts die Zielkategorie einer (wenn man so will: solidarischen) Vorstellung von Drogenkultur, die dafür stand, „auch ein ins Extreme tendierendes Phänomen wie Rausch einzubinden, Balance herzustellen, Ausbrüche zu ermöglichen, aber auch die Rückkehr zu

---

14 Greco hatte die folgenden Aussagen allerdings auf Wellness-Konsumenten bezogen.

sichern"[15] – mithin das *Recht auf Genuss und Rausch* mit einem *Recht auf Hilfe* (Scheerer 1992, S. 18) zu verbinden –, so hat der neoliberale ‚Manager seiner Konsum- und Rauschbedürfnisse' in Zukunft zwar vielleicht die Freiheit zu konsumieren, was er will, aber er hat eben auch die Konsequenzen dieser Entscheidung zu tragen. Ein Recht auf Hilfe ist nicht mehr vorgesehen. Freilich ist die gesellschaftliche Entwicklung an diesem Punkt noch nicht wirklich angekommen, aber etliche Indizien weisen unseres Erachtens in diese Richtung (z.B. Überlegungen zu Risikoprämien in der Krankenversicherung und zu Rationierungen im gesundheitlichen Versorgungssystem, vgl. Hehlmann et al. 2018, S.109„ aber auch Erscheinungen wie die nicht nur in den USA bereits verbreitete Lifestyle discrimination etc., vgl. Urban et al. 2016, S.216 sowie Sugarman 2003).

Insofern gewinnen im neoliberalen Jahrhundert die ‚Kontrollierten Drogenkonsumenten' möglicherweise erheblich an Freiheit, die sich allerdings umso schärfer gegen sie selber wendet, wenn sie die Kontrolle verlieren. Neben anderem ist es vor allem auch diese Ambivalenz einer neoliberalen Drogenpolitik, die den ‚Kontrollierten Drogengebrauch' zu einem prekären Paradigma werden lässt.

Literatur

Arend, H. 1991. Kontrolliertes Trinken: Ein alternatives Therapiekonzept für die Behandlung von Problemtrinkern. *Praxis der Klinischen Verhaltensmedizin und Rehabilitation* 4: 305–317.

Barsch, G. 2001. Risikoprävention oder Drogenmündigkeit oder beides? In *Gesellschaft mit Drogen – Akzeptanz im Wandel, Doku-Band zum 6. internationalen Akzept Drogenkongress*, hrsg. v. akzept e.V., 263–278. Berlin.

Barsch, G. 2005. Drogenmündigkeit im Kontext von Ressourcenorientierung und Gesundheitsförderung, in: *Akzeptanz. Zeitschrift für akzeptierende Drogenarbeit und humane Drogenpolitik* 1: 45–53.

Berger, H. 1981. Fixersein als Lebensstil. In *Rausch und Realität. Drogen im Kulturvergleich, Bd. 3*., hrsg. v. G.Völger, K. v. Welck, 1207–1216. Reinbek/Hamburg.

Bernard, C. 2013. *Frauen in Drogenszenen. Drogenkonsum, Alltagswelt und Kontrollpolitik in Deutschland und den USA am Beispiel Frankfurt am Main und New York City*. Wiesbaden.

Borchers-Tempel, S., B. Kolte. 2002. Cannabis Consumption in Amsterdam, Bremen and San Francisco: A Three-City Comparison of Long-term Cannabis Consumption. *Journal of Drug Issues* 32(29): 395–412.

Brauer, L. H., D. Hatsukami, K. Hanson, S. Shiffman. 1996. Brief report: Smoking Topography in Tobacco Chippers and Dependent Smokers. *Addictive Behaviors* 21(2): 233–238.

Bülow, A. v. 1989a. Entkriminalisierung der Heroinkonsums. *VOR-SICHT* 2: 14–15.

Bülow, A. v. 1989b. Kontrollierter Heroingenuss – eine bisher kaum bekannte Konsumvariante. *Kriminologisches Journal* 21: 118–125.

Cohen, P. 1989. *Cocain-Use in Amsterdam in Non-Deviant-Subcultures*. Amsterdam.

Cohen, R., A. Sas. 1993. *Ten Years of Cocaine*. Amsterdam.

---

[15] Auf diese Weise beziehen sich Heudtlass und Stöver (2005, S. 17) in ihrem Vorwort zur 3. Auflage auf die Marzahnsche Drogenkultur.

Cramer, E., G. M. Schippers. 2002. *Zelfcontrole en ontwenning van harddrugs. Eindrapport van een onderzoek naar de ontwikkeling en evaluatie van een zelfcontrole-programma voor druggebruikers.* Nijmegen.

Davies, J. B. 1997. *The Myth of Addiction.* Amsterdam.

Degwitz, P. 2002. Theorien und Modelle der Entsehung und des Verlaufs von Drogenabhängigkeit. In *Drogenpraxis, Drogenrecht, Drogenpraxis. Handbuch für Drogenbenutzer, Eltern, Drogenberater, Ärzte und Juristen,* hrsg. v. L. Böllinger, H. Stöver, 45–66. Frankfurt/M.

Dettmer, K., A. Leicht. 2000. Pilotprojekt „Drogennotfallmobil und Nalaxonvergabe". In *Risiko mindern beim Drogengebrauch. Gesundheitsförderung – Verbrauchertipps – Beratungswissen – Praxishilfen,* hrsg. v. J.-H. Heudtlass, J.-H., H. Stöver, 274–280, Frankfurt/M.

Drinkmann, A. 2002. Kontrolliertes Rauchen: Standortbestimmung und Perspektiven. *Suchttherapie* 2: 81–86.

Erickson, P. G. 1994. Cocaine Carreers. Control and Consequences: Results from a Canadian Study. *Addiction Research* 2: 37–50.

Erickson, P. G., E. M. Adlaf, G. F. Murray, R. G. Smart. 1994. *The Steel Drug: Cocaine in Perspective.* Lexington.

Franzkowiak, P. 1999. Risikokompetenz und „Regeln für Räusche": Was hat die Suchtprävention von der akzeptierenden Drogenarbeit gelernt? In *Akzeptierende Drogenarbeit. Eine Zwischenbilanz,* hrsg. v. H. Stöver, 57–73. Freiburg.

Gerlach, R. 1992. Kontrollierter Gebrauch illegaler Drogen und Selbstheilung. Aktueller Stand der Forschung. *Materialien zur Heimerziehung* 3: 5–8.

Gnys, M., S. Shiffman. 1991. Familial Contributions to Nicotine Dependence. In *Chippers: Studies of Non-dependent Cigarette Smokers. Symposium conducted at the annual meeting of the Society of Behavioral Medicine,* hrsg. v. S. Shiffman. Washington DC.

Greco, M. 2004. Wellness. In *Glossar der Gegenwart,* hrsg. v. U. Bröckling, S. Krasmann, T. Lemke, 293–299, Frankfurt/Main.

Grund, J.-P. 1993. *Drug use as a social ritual. Functionality, symbolism and determinants of self-regulation.* Rotterdam.

Hajek, P., R. West, J. Wilson. 1995. Regular Smokers, Lifetime Very Light Smokers, and Reduced Smokers: Comparison of Psychosocial and Smoking Characteristics in Women. *Health Psychology* 14(3): 195–201.

Harding, W. M. 1981. Kontrollierter Heroingenuss – ein Widerspruch aus der Subkultur gegenüber herkömmlichem kulturellen Denken. In *Rausch und Realität. Drogen im Kulturvergleich, Bd. 3.,* hrsg. v. G. Völger, K. v. Welck, 1217–1231. Reinbek/Hamburg.

Harding, W. M. 1984. Controlled Opiate Use: Fact or Artifact? *Advances in Alcohol and Substance Abuse* 1-2: 105–118.

Harding, W. M. 1988. Patterns of Heroin Use: What do we know? *British Journal of Addictions* 83: 1217–1231.

Harding, W. M., N. E. Zinberg, S. M. Stelmack, M. Barry. 1980. Formerly-addicted-now-controlled Opiate Users. *International Journal of the Addictions* 15: 47–60.

Hartwig, K.-H., I. Pies. *Ein ökonomisches Konzept für die Drogenpolitik.* unv.Manuskript.

Haves, W., W. Schneider. 1992. Kontrollierter Gebrauch illegaler Drogen: Forschungsstand und Konsequenzen. *Drogalkohol* 16: 75–89.

Herwig-Lempp, J. 1994. *Von der Sucht zur Selbstbestimmung.* Dortmund.

Hehlmann, T., H. Schmidt-Semisch, F. Schorb. 2018. *Soziologie der Gesundheit.* München

Hess, H., R. Behr, P. Klös, Projektgruppe KiF. 1999. „„…es ist alles unheimlich grenzenlos möglich". Kokain in Frankfurt – Konsummuster und Verteilerhandel im bürgerlichen Milieu. *Forschung Frankfurt* 17: 30–37.

Hess, H., B. Kolte, H. Schmidt-Semisch. 2004. *Kontrolliertes Rauchen. Tabakkonsum zwischen Verbot und Vergnügen.* Freiburg.
Heudtlass, J.-H. 2000. Safer use – Gesundheitstipps für Drogengebraucher. In *Risiko mindern beim Drogengebrauch. Gesundheitsförderung – Verbrauchertipps – Beratungswissen – Praxishilfen*, hrsg. v. J.-H. Heudtlass, H. Stöver, 98–147. Frankfurt/M.
Heudtlass, J.-H., H. Stöver. (Hrsg.). 2005. *Risiko mindern beim Drogengebrauch. Gesundheitsförderung, Verbrauchertipps, Beratungswissen, Praxishilfen.* Frankfurt/M.
Heudtlass, J.-H., H. Stöver, P. Winkler. (Hrsg.). 1995. *Risiko mindern beim Drogengebrauch.* Frankfurt/M.
Hilliker, J. K., S. E. Grupp, R. L. Schmitt. 1981. Adult Marijuana Use and Becker's Social Controls. *The International Journal of the Addictions* 6: 1009–1030.
Hößelbarth, S. 2014. *Crack, Freebase, Stein. Konsumverhalten und Kontrollstrategien von KonsumentInnen rauchbaren Kokains.* Wiesbaden.
Kaplan, J. 1985. *The Hardest Drug. Heroin And Public Policy.* Chicago.
Kassel, J. D., S. Shiffman, M. Gnys, J. Paty, M. Zettler-Segal. 1994. Psychosocial and Personality Differences in Chippers and Regular Smokers. *Addictive Behaviors* 19(5): 565–575.
Kemmesies, U. 1993. Zur (V)Er(un)möglichung akzeptierender Drogenarbeit. *Wiener Zeitschrift für Suchtforschung* 2(3): 55–62.
Kemmesies, U. 2000. *Umgang mit Drogen im bürgerlichen Milieu.* Frankfurt/M.
Kemmesies, U. E. 2004. *Zwischen Rausch und Realität. Drogenkonsum im bürgerlichen Milieu.* Wiesbaden.
Kim, J. 2003. *Drogenkonsum von Jugendlichen und suchtpräventive Arbeit. Akzeptierende Drogenerziehung als Alternative.* Frankfurt/M., London.
Klein, R. 2002. *Berauschte Sehnsucht. Zur ambulanten systemischen Therapie süchtigen Verhaltens.* Heidelberg.
Kolte, B. 1996. *Was für einen Sinn hat es, immer nüchtern zu sein. Wie Frauen Cannabis konsumieren.* Berlin.
Kolte, B. 2005. In einer Spirale nach oben – Wege zu mehr Selbstkontrolle und reduziertem Drogenkonsum: SCIP, ein Self-Control-Information-Program für Heroin- und Kokain-Konsumenten. In *Sucht als Prozess*, hrsg. v. B. Dollinger, W. Schneider, 321–332. Berlin.
Kolte, B. 2006. *Rauchen zwischen Sucht und Genuss. Eine Studie zur Möglichkeit des kontrollierten Rauchens und zur Nutzung solchen Wissens für die Prävention.* Wiesbaden.
Kolte, B. o.J. *Short-Guideline des Self Control Information Program (SCIP). Trainer Manual.* Bremen, Amsterdam (Eigendruck).
Kolte, B., H. Schmidt-Semisch. 2002. Controlled Smoking. Implications for Research on Tobacco Use. *Journal of Drug Issues* 32: 647–666.
Kolte, B., H. Schmidt-Semisch. 2003. Vom Tabakgenuss zur Nikotinsucht – und zurück. Ein Plädoyer wider den therapeutisch induzierten Fatalismus. In *Rauchzeichen. Zum modernen Tabakkonsum, Jahrbuch Suchtforschung Bd. 3*, hrsg. v. A. Legnaro, A. Schmieder, 5–24. Münster et al.
Kolte, B., H. Schmidt-Semisch. 2004. Harm Reduction durch Kontrolliertes Rauchen – Für eine Perspektive der Akzeptanz im Tabakbereich. *Akzeptanz. Zeitschrift für akzeptierende Drogenarbeit und humane Drogenpolitik* 1: 34–42.
Kolte, B., H. Schmidt-Semisch. 2005. Kontrolliertes Rauchen – Ein Weg zu Autonomie und Risikominderung. In *Risiko mindern beim Drogengebrauch. Gesundheitsförderung, Verbrauchertipps, Beratungswissen, Praxishilfen*, hrsg. v. J. H. Heudtlass, H. Stöver, 189–204. Frankfurt/M.
Körkel, J. 2002a. Kontrolliertes Trinken: Eine Übersicht. *Suchttherapie* 3: 87–96.
Körkel, J. 2002b. Controlled Drinking as a Treatment Goal in Germany. *Journal of Drug Issues* 32(2): 667–688.

Körkel, J. 2005. Kontrollierter Alkoholkonsum – Strategien der Risikominimierung. In *Risiko mindern beim Drogengebrauch. Gesundheitsförderung – Verbrauchertipps – Beratungswissen – Praxishilfen,* hrsg. v. J.-H. Heudtlass, H. Stöver, 164–188. Frankfurt/M.

Körkel, J., G. K. Quest. 2007. *Kontrolle im selbstbestimmten Substanzkonsum (KISS). Teilnehmerhandbuch und Trainermanual.* Heidelberg.

Krollpfeifer, K. 1997. Die Rituale der Ecstasy-Szenen: Wegweiser zu einer alternativen Form von Drogenkontrolle. In *Ecstasy – Design für die Seele?,* hrsg. v. J. Neumeyer, H. Schmidt-Semisch, 85–96. Freiburg.

Ladewig, D., V. Hobi, D. Kleiner, H. Dubacher, V. Faust. 1983. *Drogen unter uns. Medizinische, psychologische, soziale und juristische Aspekte des Drogenproblems unter Berücksichtigung des Alkohol- und Tabakkonsums.* Basel et al.

Legnaro, A. 1991. Rausch und Sucht als Kulturphänomen. In *Prävention zwischen Genuss und Sucht. Dokumentation eines Symposiums in Köln, 14. und 15.3.1990,* hrsg. v. Ministerium für Arbeit, Gesundheit und Soziales in NRW, 21–32. Herten.

Lindesmith, A. R. 1938. A Sociological Theory of Drug Addiction. *The American Journal of Sociology* 4: 593–609.

Marzahn, C. 1991. Drogen und Lebensqualität – Suchtprävention als Lebensqualität. In *Prävention zwischen Genuss und Sucht. Dokumentation eines Symposiums in Köln, 14. und 15.3.1990,* hrsg. v. Ministerium für Arbeit, Gesundheit und Soziales in NRW, 121–132. Herten.

Marzahn, C. 1994. Plädoyer für eine gemeine Drogenkultur. In Ders., *Bene Tibi. Über Genuss und Geist,* 9–47. Bremen.

Mugford, S. 1994. Recreational Cocaine Use in Three Australian Cities. *Addiction Research* 2: 95–108.

Murphy, S. B., C. Reinarman, D. Waldorf. 1989. An 11-year Follow-up of a Network of Cocaine Users. *British Journal of Addiction* 84: 427–436.

Nilson-Giebel, M. 1981. Drogenerziehung – Erziehung wozu? In *Rausch und Realität. Drogen im Kulturvergleich, Bd. 3.,* hrsg. v. G. Völger, K. v. Welck, 1293–1316. Reinbek/Hamburg.

Nöcker, G. 1990. *Von der Drogen- zur Suchtprävention – Bestandsaufnahme, Kritik und Perspektiven.* Düsseldorf.

Nöcker, G. 1991. Richtungswechsel – Über die Notwendigkeit einer inhaltlichen Neuorientierung der Suchtprävention. In *Prävention zwischen Genuss und Sucht. Dokumentation eines Symposiums in Köln, 14. und 15.3.1990,* hrsg. v. Ministerium für Arbeit, Gesundheit und Soziales in NRW, 161–174. Herten.

Orford, J., A. Keddie. 1986. Abstinence or Controlled Drinking in Clinical Practice: A Test of the Dependence and Persuasion Hypotheses. *British Journal of Addiction* 81: 495–504.

Owen, N., P. Kent, M. Wakefiled, L. Roberts. 1995. Low-Rate Smokers. *Preventive Medicine* 24: 80–84.

Peele, S. 1977. Redefining Addiction. Making Addiction a Scientifically and Socially Useful Concept. *International Journal of Health Services* 7: 103–124.

Peele, S. 1998. *The Meaning of Addiction. An Unconventional View.* San Francisco.

Peele, S., A. Brodsky. 1992. *The Truth About Addiction and Recovery.* New York.

Pommerehne, W., A. Hart. 1991a. Drogenpolitik(en) aus ökonomischer Sicht. In *Recht auf Sucht? Drogen Markt Gesetze,* hrsg. v. G. Grözinger, 66–96. Berlin.

Pommerehne, W., A. Hart. 1991b. Verordneter Wahnsinn. *Wirtschaftswoche* (15.2.1991): 67–70.

Pommerehne, W., H. C. Hartmann. 1980. Ein ökonomischer Ansatz zur Rauschgiftkontrolle. *Jahrbuch für Sozialwissenschaft* 31: 102–143.

Powell, D. H. 1973. A Pilot Study of Occasional Heroin Users. *Archieves of General Psychiatry* 28: 586–594.

Quensel, S. 1982. *Drogenelend.* Frankfurt/M., New York.

Quensel, S. 2004. *Das Elend der Suchtprävention. Analyse – Kritik – Alternative.* Wiesbaden.
Rosenbaum, M., P. Morgan, J. E. Beck. 1997. „Auszeit". Ethnographische Notizen zum Ecstasy-Konsum Berufstätiger. In *Ecstasy – Design für die Seele?*, hrsg. v. J. Neumeyer, H. Schmidt-Semisch, 73–84. Freiburg.
Rosenberg, H. 1993. Prediction of Controlled Drinking by Alcoholics and Problem Drinkers. *Psychol Bull* 113: 129–139.
Schippers, G., E. Cramer. 2002. Kontrollierter Gebrauch von Heroin und Kokain. *Suchttherapie* 3: 71–81.
Scheerer, S. 1986. Autonomer Drogengebrauch statt Strafjustiz, in: *Freiheit statt Strafe. Plädoyers für die Abschaffung der Gefängnisse – Anstöße machbarer Alternativen*, hrsg. v. H. Ortner, 110–119. Tübingen
Scheerer, S. 1992. Vorwort. In Schmidt-Semisch, H., *Drogen als Genußmittel. Ein Modell zur Freigabe illegaler Drogen*, 8–18. München.
Schmidt-Semisch, H. 1990a. *Drogenpolitik. Zur Entkriminalisierung und Legalisierung von Heroin.* München.
Schmidt-Semisch, H. 1990b. Überlegungen zu einem legalen Zugang zu Heroin für alle. *Kriminologisches Journal* 22: 122–139.
Schmidt-Semisch, H. 1992a. *Drogen als Genußmittel. Ein Modell zur Freigabe illegaler Drogen.* München.
Schmidt-Semisch, H. 1992b. Zwischen Sucht und Genuß. Notizen zur Drogenerziehung. In *Zwischen Legalisierung und Normalisierung. Ausstiegsszenarien aus der repressiven Drogenpolitik*, hrsg. v. G. Schaich-Walch, J. Neumeyer, 140–146. Marburg.
Schmidt-Semisch, H. 1993. „Ohne Legalisierung geht es nicht". In *Menschenwürde in der Drogenpolitik. Ohne Legalisierung geht es nicht*, hrsg. v. akzept e.V., 125–132. Hamburg.
Schmidt-Semisch, H. 1994. *Die prekäre Grenze der Legalität. DrogenKulturGenuss.* München.
Schmidt-Semisch, H. 1997. Geschichte, Wirrwar und inflationäre Verwendung des Suchtbegriffs. In *Leitfaden Drogentherapie*, hrsg. v. H. Bossong, J. Gölz, H. Stöver, 34–55. Frankfurt/M., New York.
Schmidt-Semisch, H. 1998. Ecstasy: Die Droge der 90er-Jahre? In *Rausch und Realität. Eine Kulturgeschichte der Drogen, Bd. 3*, hrsg. v. H. Gros, 136–151. Stuttgart et al.
Schmidt-Semisch, H. 2002. Vom Tabakgenuss zur Nikotinsucht. Zum Paradigmenwechsel in der Tabakpolitik. *Wiener Zeitschrift für Suchtforschung* 4: 25–32.
Schmidt-Semisch, H. 2005. Vom Laster zur Modellsucht. Einige Anmerkungen zur Karriere des Tabakproblems. In *Sucht als Prozess. Sozialwissenschaftliche Perspektiven für Forschung und Praxis*, hrsg. v. B. Dollinger, W. Schneider, 131–149. Berlin.
Schmidt-Semisch, H. 2014. Überlegungen zu einer salutogenetisch orientierten Perspektive auf Drogenkonsum. In *Akzeptierende Gesundheitsförderung. Unterstützung zwischen Einmischung und Vernachlässigung*, hrsg. v. B. Schmidt, 207–220. Weinheim et al.
Schmidt-Semisch, H., F. Nolte. 2000. *Drogen.* Hamburg.
Schmidt-Semisch, H., H. Stöver. (Hrsg.). 2012. *Saufen mit Sinn. Harm Reduction beim Alkoholkonsum.* Frankfurt/M.
Schneider, W. 2000. Kontrollierter Gebrauch von Cannabisprodukten. Mythos oder Realität? In *Cannabis – eine Pflanze mit vielen Facetten*, hrsg. v. W. Schneider, R. Buschkamp, A. Follmann, 55–80. Berlin.
Schroers, A., W. Schneider. 1998. *Drogengebrauch und Prävention im Party-Setting. Eine sozial-ökologisch orientierte Evaluationsstudie.* Berlin.
Shiffman, S. 1989. Tobacco „Chippers" – Individual Differences in Tobacco Dependence. *Psychopharmacology* 97: 539–547.

Shiffman, S., L. B. Fischer, M. Zettler-Segal, N. L. Benowitz. 1990. Nicotine Exposure Among Nondependent Smokers. *Archives of General Psychiatry* 47(4): 333–336.

Shiffman, S., J. A. Paty, M. Gnys, J. D. Kassel, C. Elash. 1995. Nicotine Withdrawel in Chippers and Regular Smokers: Subjective and Cognitive Effects. *Health Psychology* 14: 301–309.

Shiffman, S., M. Zettler-Segal, J. Kassel, J. Paty, N. L. Benowitz, G. O´Brien. 1992. Nicotine Elimination and Tolerance in Non-dependent Cigarette Smokers. *Psychopharmacology* 109: 449–456.

Sobell, M. B., L. C. Sobell. 1993. *Problem Drinkers. Guided Self-Change Treatment*. New York.

Soellner, R. 2000. *Abhängig von Haschisch? Cannabiskonsum und psychosoziale Gesundheit*. Bern et al.

Stepputis, H. 1992. Das Hilfsangebot muss ständig modernisiert werden. *Blätter der Wohlfahrtspflege – Deutsche Zeitschrift für Sozialarbeit* 10: 274–276.

Sting, S., C. Blum. 2003. *Soziale Arbeit in der Suchtprävention*. München.

Stöver, H. 2000. *Healthy Prisons. Strategien der Gesundheitsförderung im Justizvollzug*. Oldenburg.

Sugarman, S.D. 2003. *„Lifestyle" Diskrimination in Employment*. Berkeles Journal of Employment & Labor Law 24: 101-162

Szasz, T. S. 1978. *Das Ritual der Drogen*. Wien.

Szasz, T. S. 1980. Das Recht des Menschen auf sein Heroin. *Penthouse*: 52–53.

Szasz, T. S. 1981. Der Krieg gegen Drogen. In *Rausch und Realität. Drogen im Kulturvergleich, Bd. 3.*, hrsg. v. G. Völger, K. v. Welck, 1335–1347. Reinbek/Hamburg.

Szasz, T. S. 1992. *Our Rights to Drugs. The Case for a Free Market*. New York et al.

Täschner, K.-L. 1981. Drogenkonsum – Stand der Forschung aus medizinischer Sicht. In *Rausch und Realität. Drogen im Kulturvergleich, Bd. 3.*, hrsg. v. G. Völger, K. v. Welck, 1426–1436. Reinbek/Hamburg.

Urban, M., S. Egbert, K. Thane, H. Schmidt-Semisch. 2016. Die Alltäglichkeit des Testens: Drogenkonsumkontrollen im Kontext von Arbeit und Ausbildung. In *Sicherer Alltag? Politiken und Mechanismen der Sicherheitskonstruktion im Alltag*, hrsg. v. B. Dollinger, H. Schmidt-Semisch, 215-236, Wiesbaden.

Völger, G., K. v. Welck. (Hrsg.). 1981. *Rausch und Realität. Drogen im Kulturvergleich*, 3 Bde. Reinbek/Hamburg.

Waldorf, D., C. Reinarman, S. Murphy. 1991. *Cocaine Changes. The experience of Using and Quitting*. Philadelphia.

Weber, G., W. Schneider. 1992. *Herauswachsen aus der Sucht illegaler Drogen. Selbstausstieg, kontrollierter Gebrauch und therapiegestützter Ausstieg*. Münster.

Zinberg, N. E. 1979. Nonaddictive Opiate Use. In *Handbook on Drug Abuse*, hrsg. v. R. L. DuPont, A. Goldstein, J. O'Donell. Washington.

Zinberg, N. E. 1983. Soziale Kontrollmechanismen und soziales Lernen im Umfeld des Rauschmittelkonsums. In *Drogenabhängigkeit – Ursachen und Verlaufsformen*, hrsg. v. D. J. Lettieri, R. Welz, 256–266. Weinheim, Basel.

Zinberg, N. E. 1984. *Drug, Set and Setting. The Basis for Controlled Intoxicant Use*. New Haven, London.

Zinberg, N. E., R. C. Jacobson. 1976. The Natural History of „Chipping". *American Journal of Psychiatry* 133(1): 37–40.

Zinberg, N. E., W. Harding, S.M. Stelmack, R.A. Marblestone. 1978. Patterns of Heroin Use. *Annals of the New York Academy of Science* 311: 10–24.

Teil III

**Theorie der Drogen:
Soziologische und kulturwissenschaftliche
Perspektiven**

Kollektive Efferveszenz, Kollektiv- und Subjektwerden

Soziologie der Drogen in und mit der Perspektive Durkheims

Heike Delitz

Zusammenfassung

Der Beitrag rekonstruiert die durkheimsche Perspektive einer Soziologie der Drogen, auch mit Blick auf mehr oder weniger ‚treue' Nachfolger der französischen Soziologie (wie Maffesoli und Deleuze). Es handelt sich dabei um eine Spurensuche in den durkheimschen Werken – ausdrückliche Erwähnungen sind selten. Deutlich wird: Die klassifizierende Perspektive Durkheims erlaubt, sowohl die negativen, normierenden Aktivitäten zu thematisieren, die moderne Gesellschaften dem Drogengebrauch auferlegen, als auch dessen positive Funktionen. Der rituelle Drogenrauch ist hier Hilfsmittel der Erzeugung von Kollektiven; dient der rituellen Verwandlung des Einzelnen, der Initiation; und hat eine rekreative, vom Sozialen entspannende Funktion.

Schlüsselbegriffe: Durkheim, Maffesoli, Deleuze, Efferveszenz, Normierung, Initiation

Überblick über die Themen einer durkheimschen Soziologie der Drogen

Unter den speziellen Soziologien, welche die *École française de sociologie* um Émile Durkheim begründete (vgl. Fauconnet 1927), gibt es keine eigenständige ‚Soziologie der Drogen'. Vielmehr betten sich deren – alles in allem beiläufige – Beobachtungen zur gesellschaftlichen Funktion des Drogengebrauchs vornehmlich in die *Religionssoziologie* ein: Der Konsum verschiedener Drogen wird (neben Tanz und Musik) als Kulturtechnik der Erzeugung von Ekstasen und Transzendenzen gedeutet. Am Rande werden Herstellung und Verbreitung, Konsum und soziale Effekte von Drogen auch als *wirtschaftssoziologisches* Thema angesprochen (Marcel Mauss erwähnt kurz die Funktion von Drogen als Währung, 2013, S. 186); schließlich gibt es *klassifizierende* Übersichten über Techniken und Artefakte von Drogenherstellung und Konsum. In all dem hat die Durkheim-Schule selbst vornehmlich nicht-moderne Gesellschaften im Blick, während sich deren Erben

(Roger Caillois, Georges Bataille und Michel Maffesoli) für die eigenen, modernsten Kollektive interessieren. Bereits bei Durkheim und Mauss geht es wiederum nicht um eine ethnologische Untersuchung allein; vielmehr entwerfen sie jene umfassende soziologische oder anthropologische Theorieperspektive, die prinzipiell *alle* historischen und zeitgenössischen Gesellschaften im Blick hält, um deren Gemeinsamkeiten und Spezifiken zu erfassen.

Und ganz anders als man von einer Soziologie sozialer Ordnung wie der Durkheims erwarten würde, interessiert sich diese Soziologietradition kaum für die problematischen oder negativen Aspekte des Drogengebrauchs (Devianz, Drogenkriminalität, Sucht).[1] Obgleich all diese Aspekte registriert werden,[2] liegt die Konzentration weder darauf, noch auf den Normalisierungen, denen der Drogengebrauch in allen, zumal modernen Kollektiven unterliegt (Verbots- oder Gesundheitspolitiken, polizeiliche Regime). Vielmehr geht es einer strikt durkheimschen Soziologie der Drogen vorrangig um deren *positive* Aspekte, um deren soziale Funktion: Warum spielen in allen und auch in modernen Gesellschaften diverse Drogen eine relevante Rolle, was ist deren gesellschaftliche Nützlichkeit? Drei Funktionen werden dabei unterschieden (auch in der folgenden Darstellung): Drogen dienen einerseits der Erzeugung *kollektiver Efferveszenzen,* also kollektiv herbeigeführter Erregungen oder Ekstasen; sie dienen andererseits der Erzeugung der *stellvertretenden* Ekstase des Magiers inklusive seines individuellen Anders-Werdens; und schließlich der *individuellen* Trance oder der Ekstase – des Selbst-Werdens namentlich des Initianden.

Chronologisch macht dabei nicht Durkheim selbst den Anfang; bereits 1903 erwähnen Marcel Mauss und Henri Hubert dezidiert den rituellen Drogengebrauch magischer Praktiken. Besonders deutlich wird gleichwohl in Durkheims Werk, insbesondere in *Die elementaren Formen des religiösen Lebens* (1912), die genuin durkheimsche Perspektive: Neben anderen kulturellen Techniken wie Tanzen, Schreien oder Klopfen dienen Drogen der Erzeugung einer kollektiven Erregung oder ‚Efferveszenz' und damit der *Selbsterzeugung des Kollektivs* oder der kollektiven Identität und Autorität. Das Verbot, dem der Drogenkonsum in allen Gesellschaften unterliegt, würde Durkheim dann ebenso religionssoziologisch erklären: Wenn Alkohol, Tabak, Opium und andere bewusstseinsverändernde Substanzen in religiösen Praxen konsumiert werden, unterliegen auch sie der Trennung des Heiligen vom Sakralen, den Tabus, mit denen heilige Dinge belegt sind und die sie erst als solche definieren. Insgesamt dient die Sanktion bestimmter Verhaltensweisen für

---

1 Das betone ich auch deshalb, weil die „Soziologie sozialer Probleme" sich von Durkheim her versteht (siehe Albrecht und Groenemeyer 2012, speziell zur Droge Groenemeyer 2012). Ein Überblick zu Frankreich bei Bergeron 2009, für den angloamerikanischen Kontext bei Stevens 2011. Das *Sage Handbook of Drug & Alcohol Studies: Social Science Approaches* kennt Durkheim hingegen kaum (Kolind et al. 2016). Kritisch zur Konnotation von Drogen als Problem: Schabdach 2009 oder Schmidt-Semisch 2010.

2 In der *Année sociologique* werden einerseits ethnologische Berichte erfasst: „Das Anbieten alkoholischer Getränke ist regulärer Bestandteil jeder Zeremonie", notiert Mauss etwa zu einer Ethnografie Mexikos (*Année sociologique* 7 (1902/03), S. 233). Andererseits werden kriminologische Arbeiten zur Devianz verarbeitet.

Durkheim dem Zusammenhalt, der moralischen Konformität. Es bedarf einer Grenze: Abweichungen müssen definiert werden, um das normale, kollektiv geteilte Verhalten zu erzeugen; bestimmte Handlungen oder Substanzen müssen verboten werden, um den Bereich der „moralischen Homogenität" (Durkheim 1961, S. 86) sichtbar zu machen. Das Verbot bestimmter Drogen und ihre Definition als ‚illegal' ist so gesehen ein arbiträrer, historisch zu erklärender Akt – aber er ist gleichwohl notwendig, denn es geht dabei um die Konstitution des ‚Normalen'. Mit anderen Worten, für eine durkheimsche Soziologie ist der Drogen-Gebrauch einerseits *funktional*. Der drogeninduzierte Überschwang, die Überschreitung der profanen, alltäglichen Lebensweise erzeugen jene kollektiven Erregungen, in denen das Kollektiv sich konstituiert. Andererseits muss der Konsum sakral bleiben, und damit generell *eingedämmt*. Denn gegenüber dem Konsum in religiösen und magischen Praxen ist aus dieser Perspektive der individuell, isoliert vollzogene Konsum (wenn er nicht im Rahmen von Zeremonien wie der Initiation stattfindet) vollständig asozial: ein Akt der Flucht aus der Normativität, der Kontrolle und Konformität des sozialen Lebens. Als Hinweis auf ‚anomische', regellose gesellschaftliche Zustände ist er daher allenfalls von sekundärem Interesse. Insofern endete die Erwähnung des Drogenkonsums in der *Selbstmord*-Studie auch mit der rigiden Feststellung, dass übermäßiger, individueller Alkoholgebrauch *kein* soziologisch interessantes Phänomen sei – da es sich nicht um die Ursache kollektiv eigentümlicher Suizidraten handle (Durkheim 1973, S. 67–71).

In der Frage nach der Aktualität, den Fortführungen dieser positiven Soziologie der Drogen fallen weniger die Werke der strukturalen Anthropologie auf. Claude Lévi-Strauss' kulinarischer Ethnologie etwa geht es um anderes als um die kollektive Wirkung bestimmter Speisen. Eher interessieren sich jene Soziologien für den Drogengebrauch, welche Durkheims Konzept der kollektiven Erregung mit Nietzsches Thema der Überschreitung verbinden, wobei sie neben der Soziologie des außeralltäglichen, rituellen Rauschs, der Sakrales erzeugt (Caillois, Bataille), auch eine Soziologie des alltäglichen Drogengebrauchs entfalten (Maffesoli). Indirekt und implizit stehen aber auch die soziologischen und anthropologischen Perspektiven, in der Linie von Gilles Deleuze oder Michel Foucault, in der Tradition dieser französischen Soziologie: Autoren, die mit Deleuze Formen der Subjekt-Werdung in verschiedenen Kollektiven untersuchen, teilen das durkheimsche (und strukturalistische) Interesse insbesondere für totemistische Kollektive. Und solche Soziologien, die von Foucault beeinflusst sind, übertragen Durkheims Interesse am Verbot, an Normalisierungen und Sanktionen auf die Frage nach den Prohibitionen, der Reglementierung des Drogenkonsums in den historisch und gesellschaftlich variablen Gesundheitsregimen.[3] Es steht aber auch jede statistische Erfassung der Drogenkonsumenten und des -konsums in der Tradition Durkheims, insofern dieser mit

---

3 Vgl. z.B. Coppel und Doubre 2004; Große et al. 2014; speziell für die USA z.B. Reinarman 2007.

dem *Selbstmord* eben jene empirische Sozialforschung begründet hat, die quantitative, statistische Korrelationen untersucht.[4]

1 Drogen als ein Hilfsmittel zur Erzeugung des Kollektivs

Das Konzept der kollektiven Erregung (*effervescence collective*) ist der Kern der religionssoziologischen These der Durkheim-Schule. Ihr zufolge können Religionen darüber definiert werden, dass sie ihre mit religiösen Vorstellungen einhergehende Trennung des *Alltäglichen* (Profanen) vom *Heiligen* (Sakralen) und damit des Individuellen vom Sozialen rituell stets erneut bekräftigen (müssen). Diese Trennung impliziert zugleich eine Hierarchie; der Akzent liegt auf dem Heiligen, den Göttern, dem Kollektiv. In dem Begriff ‚kollektiver Effereszenz' verdichtet Durkheim folgende These: In der rituellen gemeinsamen Bewegung, im Tanzen, im Schreien, in der Steigerung affektiver Zustände etwa in Zeremonien erleben die Individuen das Kollektiv an sich, die gemeinsam erzeugte Kraft. Und sie erleben diese als etwas außerhalb ihrer selbst, das sie verwandelt und woraus sie Kraft schöpfen. Die kollektiv erzeugte und geteilte Intensität der Affekte wird auf ein Außen des Kollektivs projiziert: die Vorstellung von Totemahnen und Göttern. Die religiösen Mächte sind damit nichts anderes als das Kollektiv selbst, vorgestellt in idealisierter, tabuisierter und damit sakralisierter Form. Gott ist die sich selbst vergottende Gesellschaft, eine Autodivination des Kollektivs. Insofern die Religion derart in rituellen Praxen die Selbsterneuerung des Kollektivs und in religiösen Überzeugungen deren Selbstvorstellung leistet, ist sie das Zentrum einer jeden Gesellschaft – die „Matrix" des Sozialen (Durkheim 1998, S. 71). Das ist die Pointe von Durkheims Interpretation der totemistischen Zeremonien, die auf eine rituelle kollektive Erregung hinauslaufen. Damit wird der Konsum von Drogen zu einem Hilfsmittel bei der Erzeugung des Kollektivs, zu dessen *modus vivendi*. Zugleich gibt es funktionale Äquivalente – die Manipulation von Körper und Psyche ist auch via Tanz und Musik erreichbar.

Wie erwähnt, arbeiten Mauss und Hubert dabei Durkheim vor. Die ersten Anmerkungen zur kollektiven Funktion von Festen, zur kollektiven Erzeugung von Heiligem finden sich in Mauss' und Huberts *Theorie der Magie* (1903) sowie in Mauss' Studie zu den *Inuit* (1905). Auch hier wird der Drogenkonsum indes nur am Rande erwähnt (und die von den Durkheimianern konsultierten ethnologischen Quellen berichten ihrerseits kaum davon): Neben Tanz und Gesang sind sexuellen Orgiasmen ein kultureller Modus, mit und in dem sich die Inuit in „religiöse Überspanntheit" versetzen; in ein Leben, das „in höchstem Maße kollektiv" ist, sofern das Kollektiv hier ein *Gefühl* „von sich selbst [erzeugt], von [seiner] Einheit" (Mauss 1989a, S. 243f.). Wenn Mauss hier Durkheims religionssoziologische These vorwegnimmt, stützt er sich zugleich auf Durkheims Methodologie, der zu-

---

4   Siehe die periodischen Erhebungen ESCAPAD (*Enquête sur la Santé et les Consommations lors de l'Appel de Préparation à la Défense*) des PFDT (*Observatoire français des drogues et des toxicomanies*): http://www.ofdt.fr/enquetes-et-dispositifs/escapad/.

folge Soziales stets aus dem Sozialen zu erklären, und selbst im Individuellen Kollektives zu entdecken sei.

Durkheim selbst interessiert sich 1912 am Fall der Arunta für dieselben Praxen: für rituelle, mit verschiedenen Mitteln systematisch herbeigeführte Ekstasen der Gruppe – ‚kollektive Efferveszenzen'. Aus der Interpretation der ethnologischen Berichte zieht er dabei eine grundlegende Schlussfolgerung für das kollektive Leben insgesamt: *Eine jede Gesellschaft erzeugt und erneuert sich in Festen, deren religiöser Charakter darin besteht, Heiliges hervorzubringen.* Körperliche Praxen stehen dabei zunächst im Zentrum. In ihnen gerät der Einzelne rituell, also gezielt und systematisch, „außer sich". In ihnen fühlt er ein „Leben in sich hineinfließen [...], dessen Stärke ihn überrascht" (Durkheim 1994, S. 309). In dieser Situation entsteht die Imagination eines Außen, einer transzendenten Kraft – die Vorstellung, von ‚anderen' Mächten in Besitz genommen zu werden. Gott ist mitnichten reine Illusion. Sein Grund, der kollektive „Überschwang" nämlich, „ist wirklich"; und dieser Überschwang ist tatsächlich das „Ergebnis äußerer und das Individuum übersteigender Kräfte" – *derjenigen des Kollektivs,* der kollektiv erzeugten Kräfte. Insofern ist Gott „nur der bildhafte Ausdruck der Gesellschaft" (ebd., S. 309) und sind religiöse Konzepte Begriffssysteme, mit denen sich die Menschen die Gesellschaft vorstellen. Die religiösen Praxen haben jedoch nicht allein die Funktion, die „Bande, die das Individuum mit seiner Gesellschaft verbindet", zu stärken (ebd.). Religiöse Praxen dienen vielmehr auch dazu, die *imaginäre Institution* der Gesellschaft (Castoriadis 1984), deren vorgestellte Autorität und Identität allererst zu erzeugen.

In diesem Rahmen erwähnt Durkheim nun auch den Drogenkonsum. Die „rituelle Verwendung von berauschenden Getränken" dient – im Fall enthemmender Substanzen – der Erzeugung kollektiver Ekstase, und zugleich – im Fall halluzinogener Substanzen – der Erzeugung eines „Deliriums", einer *verschobenen* Vorstellung der Gesellschaft. Verschoben ist diese Vorstellung, insofern religiöse Vorstellungen darauf hinauslaufen, ein ‚Außen' zu imaginieren (Gott, die Totemahnen), *von dem her* das Kollektiv begründet ist und jeder Einzelne seine Lebenskraft erhält: *Die Götter haben uns geschaffen,* nicht wir sie. In diesem Sinne komme keine Religion ohne ein ‚Delirium' aus; und ein jedes sei „wohl begründet" (Durkheim 1994, S. 310). Die religiösen Vorstellungen sind „keine leere[n] Bilder", sondern durch sie „bestätigt und behauptet sich die Gruppe" und macht sich sakrosankt (ebd., S. 514). Kurz, Durkheim betont neben dem enthemmenden, erregenden auch den *imaginären* Aspekt der Drogen. Ist ein ‚Delirium' ein psychischer Zustand, in dem die herkömmliche Wahrnehmung überdeterminiert und gefüllt ist mit Imaginärem, sind kollektive Vorstellungen stets „Rauschzustände". Das „ganze soziale Milieu ist von imaginierten Kräften bevölkert" (ebd., S. 312).

Während bisher die totemistischen als ‚einfachste' Kollektive im Zentrum standen, verweist Durkheim hier nun auch auf moderne Gesellschaften. Der Soldat, der sein Leben einer Fahne opfert, stirbt an sich für ein Stück Tuch – indes ist es heilig, es symbolisiert die imaginierte Gesellschaft, die transzendente Autorität des Kollektivs. Auch moderne Gesellschaften erzeugen sich in diesem Sinne nur mittels kollektiver Efferveszenz. Sie brauchen ihrerseits „Stunden schöpferischer Erregung" (ebd., S. 572). Zugleich ist in ihnen der Drogengebrauch offenbar weitgehend individualisiert und seiner rituell-religiösen Funktion enthoben (Wein wird beim Abendmahl nur noch symbolisch konsumiert). Durkheim gibt in *Über die Teilung der sozialen Arbeit* auch dafür eine Erklärung: Während die meisten Überzeugungen und Praktiken einen „immer weniger religiösen Charakter annehmen, wird das Individuum der Gegenstand einer Art von Religion. Wir haben für die Würde der Person einen Kult" (Durkheim 1988, S. 227). Das ist Durkheims berühmte These des Umbaus der Solidaritätsgrundlagen als Basis des sozialen Zusammenhalts in modernen Gesellschaften: Statt sozialer Ähnlichkeit beruhen moderne Kollektive auf Differenzen der Einzelnen; das kollektiv geteilte Bewusstsein (*conscience collective*) muss das *Individuum* (und nicht mehr die Götter) für heilig erachten. An die Stelle Gottes tritt eine menschlichere Imagination des gesellschaftlichen Außens. „[S]ie macht aus uns keine Diener idealer Mächte. [...] Sie verlangt nur, unsere Nächsten zu lieben und gerecht zu sein, unsere Aufgabe gut zu erfüllen, darauf hinzuwirken, daß jeder in die Funktion berufen wird, die ihm am besten liegt" (ebd., S. 478).

Aus dieser Perspektive lässt sich das Fehlen einer öffentlich-rituellen Funktion der Drogen in modernen Gesellschaften ebenso erklären, wie die Politik der als gefährlich definierten und verbotenen Drogen: Wenn moderne Gesellschaften an die Stelle Gottes das Individuum gesetzt haben, wenn sie sich in den – als heilig verstandenen und erlebten – Menschenrechten instituieren, dann ist ein kollektiver Rauschzustand obsolet, der mit Hilfe bewusstseinsverändernder Substanzen *Götter*, *Bäume* oder *Tiere* sprechen lässt. Das *Individuum* ist ein uns viel näherer, irdischer Gott. Vielleicht hat also der imaginäre Aspekt des Drogenkonsums nicht mehr dieselbe Relevanz wie in religiös instituierten Kollektiven. Durkheim hat neben dem imaginären aber auch den *rekreativen* Aspekt betont. Auch moderne Kollektive institutionalisieren Situationen, in denen die Einzelnen „leichter und freier" sind; und man wird hier an die Volks- wie Familienfeste und Bankette denken, zu denen der Alkoholkonsum gehört – weniger der Erzeugung von Göttern als der Entspannung wegen. Zugleich sieht Durkheim selbst in solch profanen Festen religiöse Züge: Wie jede religiöse Zeremonie auch ein Fest ist, enthält das Fest immer auch eine „Erregung", die mit dem „religiösen Zustand verwandt ist" (Durkheim 1994, S. 514).

Durkheims Erben haben eine solche funktionale Soziologie der Drogen fortgeführt. Zunächst sieht Georges Bataille in der Situation der kollektiven Erregung, zu der Drogen verhelfen können, weniger die religiöse Funktion (der Imagination übermenschlicher Instanzen): Welchem Gott auch immer geopfert wird, ganz „allgemein sind die Menschen [...] ständig in Verausgabungsprozesse verwickelt", in „Erregungszustände, die toxischen Zuständen verwandt sind" (Bataille 1985, S. 10). Diese seien primär als Verwerfung aller rational nützlichen Handlungen und Güter zu verstehen, als unproduktive Verausgabung. Eine jede Gesellschaft habe ein „*Interesse* an erheblichen Verlusten und Katastrophen", ein Bedürfnis nach Verausgabung, die „letztlich einen gewissen orgiastischen Zustand hervorruft" (ebd.). Auch Bataille spricht nicht explizit von Drogenräuschen, sondern von rauschhaften Festen; in seiner Perspektive einer *Allgemeinen Ökonomie* (die letztlich die Verausgabung der Sonnenenergie als notwendig anmahnt) kann man aber auch den Drogenkonsum als rauschhafte Verausgabung der physischen und psychischen Energie des eigenen Körpers verstehen. Zudem ist der Inbegriff des Festes der drogeninduzierte oder drogenäquivalente *Rausch*. Roger Caillois hat darin, in dieser Übertretung, das agile, positive Kollektiv definiert.

„Der Überschwang des Festes steht im Gegensatz zum regelmäßigen, friedlichen Leben, das von der alltäglichen Arbeit in Anspruch genommen wird und in ein System von Verboten und Vorsichtsmaßnahmen eingebunden ist [...]. Jedes Fest ist zumindest annäherungsweise mit Exzeß und Schlemmerei verbunden" und „[s]eit jeher sind Tanz und Gesang, Essen und Trinken Kennzeichen des Festes. Man will den Rausch bis zur Erschöpfung, bis zum Umfallen. Das ist das eigentliche Wesen des Festes" (Caillois 1988, S. 127).

Das *Collège de Sociologie* um Bataille und Caillois (vgl. Möbius 2006) sieht gerade für die moderne Gesellschaft die Notwendigkeit schöpferischer Erregungen, von Festen, zu denen der Exzess, die Übertretung gehören, was insbesondere den Konsum enthemmender Drogen impliziert. Moderne Gesellschaften mit ihrem Rationalismus, ihrem Individualismus und ihrer Disziplin sind auf institutionalisierte Überschreitungen, auf das koordinierte Aussetzen der sozialen Ordnung angewiesen. Die Übertretung ist funktional und normal, sie erlaubt, den Normalzustand oder die Ordnung aufrechtzuerhalten. Zeitgenössisch hat das *Collège* Ende der 1930er-Jahre dabei die faschistische Erfahrung im Blick – diesen Massenekstasen galt es andere, progressive entgegenzusetzen. Das *Collège* verband also (auf für Durkheim sicherlich abenteuerliche Weise) wissenschaftliche mit politischen Zielen und führte dazu auch surrealistische Drogenexperimente durch, mit dem Ziel einer „Lockerung des Ichs" und der „Potenzierung" des Realen (Moebius 2006, S. 368f.). In diesem Sinne wollte sich das *Collège* nicht auf religiöse Institutionen beschränken und war es nicht nur analytische Religionssoziologie, sondern auch praktische „Sakralsoziologie", welche rauschhafte Feste propagierte und hervorzurufen suchte, aus denen neue, zunächst ephemere Kollektive emergieren (ebd., S. 489f.).

Jahrzehnte später, seit den 1980er-Jahren, steht Michel Maffesoli in dieser Hinsicht Durkheim wieder näher. Sein Interesse ist analytisch. Es gilt indes ganz den eigenen, europäisch-modernen Kollektiven, und zwar in ausdrücklich vitalistischer Perspektive. Die Erhaltung des Vitalen oder der „*unterirdischen Zentralität*" (*centralité souterraine*), aus der sich jedes soziale Leben „nährt", geschieht Maffesoli zufolge nicht zuletzt in den sexuellen „Entgleisungen" der Feste. Insgesamt speichert sich in den Festen die „Lebenserfahrung des gemeinen Volkes" (Maffesoli 1986: 42) – am Karneval, bei Weinfesten und Zechereien im Bierzelt ebenso wie beim Nachbarschaftsfest oder zu religiösen Versammlungen (vgl. ebd., S. 109). Dabei geht es wie bei Bataille letztlich um nichts anderes als den Rausch als notwendige Kehrseite von Nützlichkeit und Produktion. Eine Soziologie des Alltagslebens, wie sie Maffesoli verfolgt, interessiert sich konträr zu jeder Arbeits-, Wirtschafts- und Industriesoziologie tatsächlich vollständig für jenes „kollektive Verplempern", die täglichen kleinen Ekstasen, das Trunkensein – für das, „was die Soziologie Efferveszenz nennt" (ebd., S. 44) – als *Strukturelement jeglicher Sozialität*.

Auch die Schüler Maffesolis widmen sich in diesem Sinne den täglichen Ekstasen als zentrales, tragendes Element jeglichen sozialen Lebens. Sie erforschen dabei explizit und empirisch den Drogenkonsum insbesondere von Jugendlichen, unter anderem in der institutionalisierten Gestalt der Rave- und Technoparty. Erneut wird das Konzept der kollektiven Efferveszenz (als rauschhafte Erzeugung von Heiligem) aufgenommen. Diese von Durkheim für die Arunta untersuchte Selbstheiligung der Gesellschaft wird nun auf die postnationalen, flüchtigen, kleinen Kollektive übertragen: Sie sind die auf „extrem fluiden sozialen Verbindungen" beruhenden *Stämme der Gegenwart*, die sich lediglich „temporär" und durch „frei geteilte Leidenschaften oder Gefühle artikulieren" (Gaillot 1998, S. 42, in Anlehnung an Maffesoli 1988; meine Übersetzung). Auch in einer solchen Gesellschaft sei das Sakrale dasjenige, was es „erlaubt, über sich selbst hinauszugehen; *es ist von der selben Ordnung wie Ecstasy*" (Maffesoli in Gaillot 1998, S. 105, meine Übersetzung und Hervorh.). In derselben Richtung eruiert Sébastien Hampartzoumian (2004a, 2004b) die soziale Funktion der Technoparty und ihrer Droge Ecstasy. Als Ritus ist die (Anfang der 2000er-Jahre zeitgenössische) Technoparty die aktuellste Form, kollektive Efferveszenzen zu erzeugen. Ecstasy ist neben dem Tanz dabei essentiell, weil es ebenso zu einem körperlichen *Anderswerden* des Einzelnen, wie zur Erfahrung des *kollektiven Körpers* verhilft: Entdeckt wird, zum einen was der eigene Körper dank der aufputschenden Wirkung vermag; zum anderen wird aufgrund der Empathie-steigernden Wirkung soziale Nähe erfahren. Aus dieser Perspektive ist die Funktion des Drogenkonsums rituelle Vereinigung und soziale Erregung verstanden als „Produktion des Sakralen", nämlich des Kollektivs, der Gemeinschaft der Tanzenden (Hampartzoumian 2004b, S. 96, meine Übersetzung). Éric Gondard (2013) interpretiert den aktuellen Drogenkonsum in dieser Linie des Wiederauftauchens von Heiligem als etwas, das jeder Soziologie entgegensteht, die den Drogengebrauch allein in den Begriffen des Problems, der Abweichung, der Devianz und der Kriminalität codiert. Ähnlich haben bereits 2003 Thierry Trilles und Barbara Thiandoum die Technoparty und deren Droge als regulierte Transgression (Überschreitung) zur Erzeugung eines geheiligten sozialen Bandes verstanden: Raum und Zeit der Technoparty und deren Droge kehren das Normale ebenso um, wie die Droge utilitaristisch eingesetzt wird (Amphetamine wurden zunächst im militärischen Interesse erfunden; Ecstasy galt zuerst als Appetitzügler).

2 Drogen als Hilfsmittel zum Anders-Werden des Subjekts

„Nicht nur die ärztliche Handlung ist bis in unsere Tage umgeben von religiösen und magischen Vorschriften, Gebeten, Beschwörungen, astrologischen Vorkehrungen, sondern auch die Drogen, die Diät des Arztes, die Eingriffe des Chirurgen sind ein wahres Gewebe von Symbolismen, Sympathien, Homöopathien, Antipathien und werden wirklich als magisch aufgefaßt" (Mauss und Hubert 1989, S. 53). Auch die Magie (um deren Einordnung und Unterscheidung zur Religion sich Durkheim und Mauss stritten) ist ein kollektives Phänomen. Alles „ist hier Produkt der Gruppe" (ebd., S. 123). Es handelt sich um *obli-*

gatorische Überzeugungen und Praktiken, die nicht im Interesse des Magiers ablaufen. Wie im Opferritus ist die Gesellschaft in der Magie der „eigentliche Akteur". Magie und Religion haben also „denselben kollektiven Charakter", denn „trotz der Isolierung, in der die Magier sich zu halten scheinen", tun diese nichts anderes, „als sich kollektive Kräfte anzueignen" (ebd.). Im *Entwurf einer Theorie der Magie* geht es 1902/03 um die Gemeinsamkeiten und Unterschiede zwischen Magie und Religion (vgl. Moebius 2012, S. 670f.), und dabei sowohl um einem Beitrag zur Soziologie der Religion als auch zur allgemeinen Soziologie. Gezeigt werden soll, dass ein kollektives Phänomen auch „individuelle Formen" haben kann (Mauss und Hubert 1989, S. 176). Was ist das Spezielle des magischen Systems, wie es etwa Eduardo Viveiros de Castro im Fall der südamerikanischen Indigenen beschreibt, sich dabei auf Mauss und Hubert berufend (Viveiros de Castro 1992, S. 28, 236 und 275f.)? Im Unterschied zur Religion ist die Magie eine individuelle, stellvertretend vollzogene Technik; magische Riten sind solche, die von Recht und Religion verboten werden und sich erst durch die Vermischung von Kräften, Rollen und Funktionen formen. Das magische Leben ist weder in Abschnitte gegliedert wie das religiöse, noch besitzt es autonome Institutionen (Mauss und Hubert 1989, S. 121). Auch verweist die magische Zauberformel nicht zwingend auf äußere Kräfte, während das Gebet an Gottheiten oder heilige Ahnen appelliert. Der Magier ist das Zentrum dieses Systems. Er zeichnet sich durch besondere Fähigkeiten aus und hat das Privileg des Drogenkonsums. Zwar betonen Mauss und Hubert eher sein Verhalten (er murmelt und verwischt seine Handgriffe). Sie erwähnen aber auch die „wirkliche" (nicht vorgetäuschte) Ekstase (ebd., S. 57), die aus dem Magier einen *anderen* macht, ihn aus dem „Menschlichen" herausreißt (ebd., S. 59). Hier ist wichtig, dass die Magier selbst von ihren Fähigkeiten überrascht werden und nicht als Individuen, sondern als Funktionäre der Gesellschaft handeln. Es sind die Gefühle der *Gruppe*, die sie realisieren, vollständig solidarisch mit ihren Klienten. Sie haben dieselben Ideen, Illusionen, Affekte, wozu sie besonderer Handgriffe und Formeln, Tänze, Musik und „Intoxikationen" bedürfen (ebd., S. 83), um beide Seiten – Magier und Gruppe – in einen psychologischen und physiologischen Ausnahmezustand zu versetzen. In ihm bannt der Magier die „wahnhaften Ängste", die „aus der gegenseitigen Überreizung der assoziierten Individuen entstehen" (ebd., S. 161). Kurz, auch die Magie ist derart ein Phänomen *kollektiver Efferveszenz*, nur sind es hier negative Gefühle, welche die kollektive Erregung erzeugt und die gebannt werden müssen. Auch moderne Kollektive brauchen aus dieser Perspektive Magien, denn auch deren „volkstümliche Gewohnheiten" werden permanent durch „Reichtum, Krankheit, Tod, Krieg" oder „anormale Individuen" gestört (ebd., S. 175f.).

Diese Funktion des Drogenkonsums, die der Magier stellvertretend für andere erfüllt: *anders zu werden, in der Manipulation des eigenen Körpers andere Wahrnehmungen und Affekte zu erleben*, verweist nun eher auf den eigenwilligen ‚strukturalistischen Durkheimianer' Gilles Deleuze. Die Körpersoziologie der Durkheim-Schule hat den Körper in seiner vollständigen sozialen Formbarkeit beachtet (Mauss 1989b) – nicht in dem, was „der Körper allein vermag" (Spinoza 1999, S. 229). Die Durkheim-Schule interessiert sich zudem weniger für die Instituierung der Subjekte als für die des Kollektivs. Drogen ändern aber Perzeptionen und Bewegungen des Körpers, und damit Selbstwahrnehmung und Verhalten des *Subjekts*. Deleuze teilt dabei mit Durkheim das Interesse für totemistische Kollektive und deren Rituale; wo Durkheim aber die totemistische „*Tierform*" als einfachste Form der religiösen Selbsterzeugung des Kollektivs versteht (Durkheim 1994, S. 160), interessiert sich eine deleuzianisch informierte Soziologie beziehungsweise Anthropologie für die *Subjekt*-formierenden Effekte der Rituale: In der rituellen Identifikation mit dem Tier ereignet sich ein *Tier-Werden des Menschen*, etwa ein Jaguar-Werden – die Identifikation mit Geschwindigkeit, Gefährlichkeit, Gang, Essverhalten des „kraftvollsten tierischen Geistes", der die „Körper der anderen Tiere durchdringt, sie ‚jaguarisiert' und sie monströs macht" (Viveiros de Castro 1992, S. 264, meine Übersetzung). Auch hierzu werden Drogen konsumiert, da sie die Wahrnehmung des Selbst essentiell verändern.

> „*Wahrnehmung verändern* – das Problem ist damit zutreffend formuliert [...]. Alle Drogen haben zunächst mit Geschwindigkeiten und Geschwindigkeitsveränderungen zu tun. Trotz aller möglichen Unterschiede kann man ein allgemeines Drogengefüge beschreiben, weil es eine Linie der Wahrnehmungskausalität gibt, die dazu führt, daß 1. das Unwahrnehmbare wahrgenommen wird; 2. die Wahrnehmung molekular ist; 3. das Begehren direkt die Wahrnehmung und das Wahrgenommene besetzt." (Deleuze und Guattari 1992, S. 383f.)

Drogen sind hier weder Gegenstand eines Verbots noch einer Übertretung. Das Interesse richtet sich auf eine Kulturtechnik, die dazu dient, ein anderes Wesen zu werden, *ohne dass man von einer mit sich identischen, Person sprechen könnte*, die von der Drogenerfahrung unerfasst bliebe. Subjekte unterliegen dem ständigen Werden, permanenter Individuation; Drogen erlauben dabei lediglich eine größere „Geschwindigkeit" und die Fähigkeit, „Mikro-Phänomene zu erfassen" (ebd.). Mit dieser Perspektive interessiert sich eine zeitgenössische Ethnologie sehr viel expliziter für rituelle Drogengebräuche. Eduardo Viveiros de Castro (2007, S. 62, meine Übersetzung) sieht in „praktisch ganz Amazonien" halluzinogene Drogen als „Grundinstrument der schamanistischen Technik", nämlich als „visuelle Prothese", die dem Schamanen erlaubt, die Trennlinie zwischen dem Sichtbaren und Unsichtbaren zu verschieben. Wenn der amazonischen Kosmologie zufolge Tiere *verhüllte Menschen* sind, wenn sie den ständigen „Tausch der Perspektiven zwischen den differenten Formen von Agenten" impliziert, dann ist das wichtigste in dieser Gesellschaft, das humane Element im Tier zu erkennen (und zu besänftigen). Um also die „unbegrenzte Multiplikation der Geistwesen" in der Tiergestalt zu entziffern, braucht es eine außerordentlich dichte Vorstellungskraft. Erst die Veränderung der Wahrnehmung durch halluzinogene Drogen (das *toè* der Prio, das *yakoana* der Yanomami) erlaubt dem Schamanen, die nur graduell differenten Personen zu erkennen, die die Menschen umgeben und sich umgekehrt für sie „transparent" zu machen (Viveiros de Castro 1992, S. 219ff., meine Übersetzung).

3 Drogen als Hilfsmittel zur Selbst-Werdung des Subjekts (Initiation)

Im Zentrum von Durkheims Soziologie der Drogen stehen *kollektive* Ekstasen. Nur kurz erwähnt er demgegenüber auch eine *individuelle* Funktion des Drogengebrauchs, nämlich die Erzeugung eines Rauschs zur Erlangung eines Individualtotems, eines Eigennamens in Initiationsriten. Erneut interessiert ihn der rituelle Konsum und erneut geht es um den imaginären Aspekt: „Wenn der junge Mann mit der Pubertät die Initiation erreicht, zieht er sich an einen abgelegenen Ort zurück [...] Er fastet, er kasteit sich, er bringt sich Verstümmelungen bei. Manchmal irrt er herum und schreit [...]; manchmal liegt er unbeweglich auf dem Boden und wehklagt. [...] Schließlich verfällt er in einen Zustand außerordentlicher Überreizung" (Durkheim 1994, S. 225). Um die halluzinogene Vorstellung zu erzeugen, die den Eigennamen evoziert, erwähnt Durkheim an dieser Stelle auch den Drogengebrauch, den Konsum der „stärksten und widerlichsten Medizinen" (ebd.). In Arnold van Genneps Analyse der Initiationsriten von 1909 werden Drogen in diesem Sinne bereits erwähnt: Die drogeninduzierte Betäubung des Initianden sei ein „wichtiger Bestandteil der Initiationsriten" im Ziel, den „Novizen ,sterben zu lassen', ihn seine frühere Persönlichkeit und seine frühere Welt vergessen zu lassen" (van Gennep 1986, Anm. 231). In jedem Fall ist auch diese Funktion des Drogenkonsums eine vermittelt kollektive: Das Kollektiv teilt sich, strukturiert sich in der Zuordnung der Einzelnen, etwa in einer komplexen Vielfalt von Totems, die je andere Gruppen innerhalb der Gesellschaft erzeugen.

4 Klassifikationen als eigenständige Aufgabe einer Soziologie der Drogen

Neben allen inhaltlichen Aspekten, die eine von den Durkheimianern geprägte Soziologie der Drogen beschäftigt, gibt es ein methodologisches Interesse an ‚richtigen' *Klassifikationen* sozialer Phänomene, das gerade die frühe Durkheim-Soziologie hervorhebt. Ebenso wie jede Gesellschaft ihre Einzelnen und Dinge einteilt – dort eine Ordnung erzeugt, wo keine ist –, besteht eine der wesentlichen Methoden der Soziologie darin, zu klassifizieren. Man muss, so Durkheim (1961, S. 168), die „wissenschaftliche Arbeit dadurch abkürzen", dass man an die Stelle der unendlichen Vielfalt des sozialen Lebens eine kleine „Anzahl von Typen setzt". „Klassifizieren wir also", heißt es auch bei Mauss (1989c, S. 225).

Klassifizierbar ist der Drogengebrauch auf vielfältige Weise. Zunächst steht der rituelle, außeralltägliche oder sakrale Rausch dem alltäglichen, profanen gegenüber, die Hauptlinie einer durkheimschen Klassifikation. Sodann werden von den Durkheimianern weitere Klassifikationen skizziert (Mauss 2013; vgl. Leroi-Gourhan 1945, S. 191): nach *Substanzen* (Opiate, Heroine, Amphetamine, Alkohol, Nikotin, LSD, THC); *morphologischen* Typen (Flüssigkeiten, Kristalle, getrocknete Pflanzen); Techniken der *Herstellung* (Fermentierung, Destillation, Kristallisation) und des *Konsums* (Trinken, Kauen, Rauchen, Injizieren); biophysischen und -chemischen *Wirkungen* (stimulierend, entspannend, halluzinogen); der *Sozialität* (allein, zusammen) und *Wirkung* (antisoziale oder soziale Effekte) des Konsums. In diesem Sinne gehört Mauss' Forderung nach einer Klassifikation der Drogen einschließlich der „Mythen aller giftigen Nahrungsmittel" mit in die religionssoziologische Arbeit: Eine solche „Untersuchung der vergorenen Getränke führt geradewegs in die Religion" (Mauss 2013, S. 102).

5 Schluss

Blicken wir zurück: Durkheim thematisiert vorrangig die gesellschaftliche Funktion des (rituellen) Drogenkonsums, während eine über Mauss und Lévi-Strauss zu Deleuze führende Perspektive eher den subjektiven Aspekt hervorhebt; eine an Durkheim orientierte Soziologie hebt dabei den enthemmenden und den imaginativen Aspekt von Drogen hervor – die konstitutive Imagination des Kollektivs in Gestalt einer transzendenten, außermenschlichen Kraft sowie die Erzeugung von Heiligem oder Sakralem in Situationen rituell herbeigeführter, mit Drogen beschleunigter kollektiver Efferveszenz. Zugleich akzentuiert eine Durkheimsche Perspektive aber auch den individuell-rekreativen Aspekt des Drogenkonsums, die Notwendigkeit, sich von den Anforderungen des sozialen Lebens zeitweise zu entspannen. Unter seinen Nachfolgern haben insbesondere das *Collège de Sociologie* und Maffesoli die gemeinschaftsstiftende und von negativen Gefühlen reinigende Bedeutung des Rauschs noch in den alltäglichsten Dorffesten oder städtischen Jugendkulturen betont. Dagegen teilt Deleuze zwar mit Durkheim das Faszinosum für totemistische Kollektive, interessiert sich aber für den individuellen Aspekt, das *Anders-Werden* des Subjekts, wie es bestimmte Drogen intensivieren. Schließlich ist als Funktion des (rituellen) Drogengebrauchs auch die *Selbst-Werdung* im Spezialfall der Initiation zu unterscheiden. Obwohl demgegenüber viele weitere Aspekte der Droge (Devianz, Kriminalität, Verbote, Gesundheitspolitiken) die Durkheimianer selbst nicht interessieren, wird die Durkheim-Perspektive gemeinhin gerade in Soziologien sozialer Probleme verortet. Und tatsächlich eröffnet ein Blick durch die Durkheimsche Brille immer auch eine soziologische Perspektive auf Normalität und der Devianz, auf die Sanktionen und Illegalisierung bestimmter Drogen – die ‚moralische Konformität' braucht eine Grenze, ein Außen.

Literatur

Albrecht, G., A. Groenemeyer. (Hrsg.). 2012. *Handbuch soziale Probleme*. Wiesbaden.
Bataille, G. 1985. *Die Aufhebung der Ökonomie*. München.
Bergeron, H. 2009. *Sociologie de la drogue*. Paris.
Caillois, R. 1988. *Der Mensch und das Heilige*. München.
Castoriadis, C. [1975] 1984. *Gesellschaft als imaginäre Institution. Entwurf einer politischen Philosophie*. Frankfurt/Main.
Coppel, A., O. Doubre. 2014. Drogues: risquer une question. *Vacarme* 29: 82–85.
Deleuze, G., F. Guattari. 1992. *Tausend Plateaus. Kapitalismus und Schizophrenie* 2. Berlin.

Durkheim, É. [1894/1895] 1961. *Die Regeln der soziologischen Methode.* Neuwied.
Durkheim, É. [1893] 1988. *Über soziale Arbeitsteilung: Studie über die Organisation höherer Gesellschaften.* Frankfurt/Main.
Durkheim, É. [1897] 1973. *Der Selbstmord.* Frankfurt/Main.
Durkheim, É. [1912] 1994. *Die elementaren Formen des religiösen Lebens.* Frankfurt/Main.
Durkheim, É. 1998. *Lettres à Marcel Mauss.* Paris.
Fauconnet, P. 1927. The Durkheim school in France. *Sociological Review* XIX: 15–20.
Gaillot, M. 1998. *Techno: An Artistic and Political Laboratory of the Present.* Paris.
Gondard, E. 2013. *Les formes élémentaires de la prise de drogue: santé, sacré und déviance.* Montpellier.
Groenemeyer, A. 2012. Drogen, Drogenkonsum und Drogenabhängigkeit. In *Handbuch soziale Probleme*, hrsg. v. G. Albrecht, A. Groenemeyer, 433–493. Wiesbaden.
Große, J. et al. (Hrsg.). 2014. *Biopolitik und Sittlichkeitsreform. Kampagnen gegen Alkohol, Drogen und Prostitution 1880-1950.* Frankfurt/Main.
Hampartzoumian, S. 2004a. *Effervescence techno ou la communauté trans(e)cendantale.* Paris.
Hampartzoumian, S. 2004b. Du plaisir d'être ensemble à la fusion impossible. La fete techno. In *Tout seul et tous ensemble*, hrsg. v. B. Mabilon-Bonills, 87–99. Paris.
Kolind, T. et al. (Hrsg.). 2016. *The SAGE Handbook of Drug & Alcohol Studies: Social Science Approaches.* London.
Leroi-Gourhan, A. 1945. *Milieu et techniques. Évolution et techniques 2*, Paris.
Maffesoli, M. 1986. *Der Schatten des Dionysos. Zu einer Soziologie des Orgiasmus.* München.
Maffesoli, M. 1988. *Le temps des tribus. Le déclin de l'individualisme dans les sociétés de masse.* Paris.
Mauss, M. [1904/05] 1989a. Soziale Morphologie. Über den jahreszeitlichen Wandel der Eskimogesellschaften. In Ders., *Soziologie und Anthropologie 1*, 182–276. Frankfurt/Main.
Mauss, M. [1935] 1989b. Die Techniken des Körpers. In Ders., *Soziologie und Anthropologie 2*, 199–221, Frankfurt/Main.
Mauss, M. 1989c. Eine Kategorie des menschlichen Geistes: Der Begriff der Person und das „Ich". In Ders., *Soziologie und Anthropologie 2*, 223–252, Frankfurt/Main.
Mauss, M. 2013. *Handbuch der Ethnographie.* München.
Mauss, M., H. Hubert. [1902/03] 1989. Entwurf einer allgemeinen Theorie der Magie. In *Soziologie und Anthropologie*, n. M. Mauss, 43–179. Frankfurt/Main.
Moebius, M. 2006. *Zauberlehrlinge. Soziologiegeschichte des Collège de Sociologie (1937-1939).* Konstanz.
Moebius, M. 2012. Marcel Mauss' Religionssoziologie. Nachwort. In *Schriften zur Religionssoziologie*, hrsg. v. M. Mauss, 617–682. Berlin.
Reinarman, C. 2007. Policing Pleasure: Food, Drugs, and the Politics of Ingestion. *Gastronomica* 7(3): 53–61.
Schabdach, M. 2009. *Soziale Konstruktionen des Drogenkonsums und Soziale Arbeit. Historische Dimensionen und aktuelle Entwicklungen.* Wiesbaden.
Schmidt-Semisch, H. 2010. Doing Addiction. Überlegungen zu Risiken und Nebenwirkungen des Suchtdiskurses. In: *Risiko Gesundheit. Über Risiken und Nebenwirkungen der Gesundheitsgesellschaft*, hrsg. v. B. Paul, H. Schmidt-Semisch, 143–162. Wiesbaden.
Seyfert, R. 2011. *Das Leben der Institutionen. Aspekte einer Allgemeinen Theorie der Institutionalisierung.* Weilerswist.
Spinoza, B. [1677] 1999. *Ethik in geometrischer Ordnung dargestellt / Ethica ordine geometrico.* Hamburg.
Stevens, A. 2011. Sociological approaches to the study of drug use and policy. *International Journal of Drug Policy* 22(6): 399–403.

Trilles, Th., B. Thiandoum. 2003. La drogue dans la fête. Un point d'interrogation aux politiques sanitaires. *Psychotropes* 3: 95–103.
Van Gennep, A. [1909] 1986. *Übergangsriten*. Frankfurt/Main.
Viveiros de Castro, E. 1992. *From the Enemy's Point of View: Humanity und Divinity in an Amazonian Society*. Chicago.
Viveiros de Castro, E. 2007. La forêt des miroirs. Quelques notes sur l'ontologie des esprits amazoniens. In *La nature des esprits dans les cosmologies autochtones*, hrsg. v. F. B. Laugrand, J. G. Oosten, 45–74. Québec.

Becoming a Marihuana User

Symbolischer Interaktionismus

Dagmar Danko

Zusammenfassung

Die Einstellung gegenüber Marihuana ist im Wandel begriffen: Marihuana gehört zu den wenigen Drogen, deren mögliche Legalisierung intensiv diskutiert wird. Mit dem Ansatz des Soziologen Howard S. Becker lässt sich die soziale Reaktion auf den Gebrauch von Marihuana in den Fokus rücken und verstehen, welch bedeutende Rolle die Interaktion mit anderen hat, um den Gebrauch von Marihuana überhaupt zu erlernen. Zugleich analysiert Becker die Etikettierung der Konsumenten als Süchtige oder gar Kriminelle als Zuweisung von außen und verwirft jene Theorien, die von Eigenschaften sprechen, die den Konsumenten inhärent wären. So wird deutlich: Die Marginalisierung von Drogenkonsumenten ist ein gesellschaftliches Phänomen, bei dem vom Einzelnen abgesehen werden muss.

Schlüsselbegriffe: Symbolischer Interaktionismus, Howard S. Becker, Marihuana

„Weltweit war der ‚Krieg gegen die Drogen' nicht erfolgreich. […] wir müssen privaten Drogenkonsum entkriminalisieren." Eine Forderung, die 2016 niemand Geringeres als Kofi Annan, ehemaliger Generalsekretär der Vereinten Nationen, formulierte und die in den Medien hohe Wellen schlug (vgl. Annan 2016, S. 120). Dabei waren es die Vereinten Nationen selbst, die 1961 in der *Single Convention on Narcotic Drugs*, 1971 in der *Convention on Psychotropic Substances* und 1988 in der *United Nations Convention against Illicit Traffic in Narcotic Drugs and Psychotropic Substances* gleich mehrfach festhielten, dass Drogenkonsum und Drogenhandel zu bekämpfen seien und zwar explizit auch durch Einschränkungen, Verbote und Strafmaßnahmen. In einer Sondersitzung im Jahre 1998 gaben die Vereinten Nationen – schon unter Annans eigenem Vorsitz – das Ziel aus, bis 2008 eine drogenfreie Welt erreichen zu wollen. 2016 hingegen stellte Annan dann fest,

„dass eine drogenfreie Welt eine Illusion ist. [...] Wir müssen die totale Unterdrückung von Drogen als Ziel aufgeben, denn wir wissen, dass sie nicht funktionieren wird" (ebd., S. 121).

Wie lässt sich das soziologisch fassen? Wie sind diese widersprüchlichen Haltungen zu erklären? Wie kann man die globale Drogenpolitik der vergangenen 50 Jahre analysieren und verstehen? Dieser Beitrag widmet sich einem soziologischen Ansatz, der als Symbolischer Interaktionismus bekannt geworden ist. Der Schwerpunkt liegt dabei auf dem spezifisch interaktionistischen Ansatz des US-amerikanischen Soziologen Howard S. Becker (*1928), der sich als Vertreter und Verfechter mikrosoziologischer Beobachtungen einen Namen gemacht hat. Es wird gezeigt, dass und wie sich solche kleinteiligen Fallstudien auch zum Verständnis globaler, historischer Entwicklungen eignen.

1 Wie man Marihuana-Benutzer wird

Becker studierte in den 1940er Jahren an der University of Chicago und promovierte 1951, er steht daher in der Tradition der sogenannten Chicagoer Schule. Diese soziologische Denk-und Forschungsrichtung prägte in der ersten Hälfte des 20. Jahrhunderts nicht nur die Soziologie in Chicago maßgeblich, sondern hatte eine Zeit lang großen Einfluss auf die gesamte US-amerikanische Soziologie. Vertreter der Chicagoer Schule richten ihr Augenmerk auf soziale Gruppen in urbanen Räumen und dabei besonders auf gesellschaftliche *Outcasts*: Marginalisierte wie Wanderarbeiter, Delinquenten, Mitglieder von Straßengangs und eben auch Alkohol- und Drogenkonsumenten. Dem soziologischen Grundverständnis der Chicagoer Schule liegt eine interaktionistische Handlungstheorie zugrunde, die erstmals 1937 von Herbert Blumer, einem Lehrer Howard S. Beckers, als Symbolischer Interaktionismus bezeichnet wurde (Blumer [1969] 1998). Demnach handeln Menschen intersubjektiv, beziehen sich also in ihrem Handeln aufeinander und machen in fortwährenden Aushandlungs- und Zuschreibungsprozessen miteinander aus, welche Bedeutung eine bestimmte Situation, ein bestimmtes Verhalten, ein bestimmtes Objekt hat. Die Akteure interpretieren und definieren gemeinsam, mit welchem Problem sie sich konfrontiert sehen, wie es zu lösen und wie danach weiter zu verfahren ist. Nicht vorgegebene Strukturen und festgeschriebene Bedeutungen stehen im Mittelpunkt, sondern dynamische Interaktions- und Interpretationsprozesse. Es sind diese Situationen, die die Vertreter der Chicagoer Schule beobachten, beschreiben und analysieren, vor allem in den rasant wachsenden Großstädten mit ihren wachsenden Ungleichheiten zwischen den Bevölkerungsgruppen. Becker wird, neben anderen Soziologen, zur sogenannten Zweiten Chicagoer Schule gezählt (Fine 1995).

Seine wissenschaftliche Laufbahn beginnt in einer Zeit, in der er zeitgleich noch als Jazzpianist u.a. in Nachtklubs Auftritte absolviert. In diesem Umfeld wird er seinerseits zu einem scharfen Beobachter problemlösender Interaktionsprozesse: Sein erster Artikel in einer Fachzeitschrift behandelt *The Professional Dance Musician and His Audience* (Becker 1951). Später sagt Becker in einem Interview:

> „I came into contact with drug users because I was a 15-year-old piano player in Chicago […]. So I came into contact with drug users, you could say, because I was one, and I was in a trade where most people did do that. And I knew from my experience over the years that the thing that I made such a big deal out of in the research that I did, namely that people often don't get high the first time they smoke dope, was something that I'd seen happen over and over again" (Becker und Campbell 2005).

In seiner ersten, eigenen Monografie *Außenseiter: Zur Soziologie abweichenden Verhaltens* ([1963] 2014) behandelt Becker genau diesen „big deal": Das Rauchen von Marihuana will, wie alles andere auch, von anderen und mit anderen gelernt sein und ruft nicht automatisch Rauschzustände und Abhängigkeiten hervor. Als das Buch 1963 erscheint, hat es bereits eine 15-jährige Entstehungsgeschichte hinter sich; seitdem wird es gelesen, diskutiert, kritisiert und weiterentwickelt. Schon früh wird auf die „Größe der Häresie" des Werkes hingewiesen (Matza [1969] 1973, S. 117) bis es schließlich in den Kanon der *Hauptwerke der Soziologie* aufgenommen wird (Maeder 2007). Die über fünfzig Jahre lange Rezeptionsgeschichte verdankt sich dabei mehreren Umständen: Einerseits traten die darin enthaltenen Thesen seinerzeit einige Kontroversen los, andererseits gilt die Studie bis heute als paradigmatischer Beitrag zum *labeling approach* (auf Deutsch als Etikettierungstheorie bekannt geworden), der zu den zentralen Ansätzen der Soziologie abweichenden Verhaltens gehört und auch darüber hinaus Wirkung entfaltet hat.

Als Becker das Buch veröffentlicht, ist er in der soziologischen Community kein Unbekannter mehr. Sein Name wird mit bildungs-, professions- und medizinsoziologischen Arbeiten in Verbindung gebracht, die er zuvor zusammen mit anderen Kolleginnen und Kollegen publizierte. Zusätzlich erregte schon 1953 einer seiner frühen Artikel, *„Becoming a Marihuana User"*, in dem die Grundidee von *Außenseiter* bereits entfaltet wird, einige Aufmerksamkeit. Tatsächlich bildet eine Studie zum Marihuana-Gebrauch, die er von 1951 bis 1953 in Chicago durchführt, das 3. und 4. Kapitel des Buches. Überarbeitete Teile seiner Master-Arbeit über Livemusiker bilden weitere Kapitel, sodass sich seine persönlichen Erfahrungen aus den Chicagoer Nachtklubs im Buch wiederfinden. Auch die übrigen Teile entstehen lange vor Veröffentlichung des Buches: Schon 1954 verfasst er einen ersten Entwurf der Theoriekapitel, die in der endgültigen Version den Rahmen für die empirischen Studien bilden. Dann allerdings verbringt er die Jahre von 1955 bis 1962 in Kansas mit groß angelegten Untersuchungen zu Medizin- und *Undergraduate*-Studenten und widmet sich seinem eigenen Buchvorhaben nur sporadisch. Erst mit der Zeit entwickelt er eine übergreifende These, die es ihm ermöglicht, seine Auseinandersetzung mit Außenseitern und abweichendem Verhalten zu einem Ganzen zusammenzufügen. Der dadurch etwas fragmentiert wirkende Charakter der Publikation wird durch das später hinzukommende letzte Kapitel weiter verstärkt: Die *Nachträglichen Betrachtungen zur „Etikettierungstheorie"* – seit 1973 das 10. Kapitel – basieren auf einem Vortrag, in dem Becker auf die Kritik an seinem Buch eingeht. Ab 1973 ist auch die erste deutsche Übersetzung verfügbar. Die Studie ist hierzulande lange Jahre vergriffen und erst seit 2014 wieder in einer revidierten Übersetzung erhältlich.

Die Grundthese des Buches ist in wenigen Worten zusammengefasst: „Der Mensch mit abweichendem Verhalten ist ein Mensch, auf den diese Bezeichnung erfolgreich angewandt worden ist; abweichendes Verhalten ist Verhalten, das Menschen als solches bezeichnen." (Becker [1963] 2014, S. 31) Im englischen Original ist der Satz konziser und enthält den entscheidenden Begriff, aus dem in der Folge der *labeling approach* abgeleitet wird: „The deviant is one to whom that label has successfully been applied; deviant behavior is behavior that people so label" (Becker [1963] 1997, S. 9). Was auf den ersten Blick relativ simpel klingt, hat weitreichende Konsequenzen, denn darin verbirgt sich ein Generalangriff auf die damals dominierenden Theorien über abweichendes Verhalten. Becker richtet das Hauptaugenmerk auf die *gesellschaftliche Reaktion*:

> „Ich meine [...], dass gesellschaftliche Gruppen abweichendes Verhalten dadurch schaffen, dass sie Regeln aufstellen, deren Verletzung abweichendes Verhalten konstituiert und dass sie diese Regeln auf bestimmte Menschen anwenden, die sie als Außenseiter etikettieren. Von diesem Standpunkt aus ist abweichendes Verhalten keine Qualität der Handlung, die eine Person begeht, sondern vielmehr eine Konsequenz der Anwendung von Regeln durch andere und der Sanktionen gegenüber einem ‚Missetäter'" (Becker [1963] 2014, S. 31).

Nicht die Handlung, das abweichende Verhalten selbst, und auch nicht die betreffende Person, der Abweichler selbst, stehen im *labeling approach* im Fokus der Aufmerksamkeit, sondern die Definition der Handlung, der Person, der Situation durch andere. Ganz im Sinne der frühen amerikanischen Pragmatisten und der sich auf diese beziehenden symbolischen Interaktionisten versteht Becker abweichendes Verhalten als eine Sinnzuweisung, die in sozialen Interaktionen entsteht. Im Endeffekt handelt es sich um die konsequente Anwendung des sogenannten Thomas-Theorems: Die Soziologen William Isaac Thomas und Dorothy Swaine Thomas formulieren es bereits 1928 in einer umfangreichen Studie über jugendliche Delinquenten wie folgt: „If men define situations as real, they are real in their consequences" (Thomas und Thomas 1928, S. 572). Die Art und Weise, wie Menschen Situationen definieren, schafft eine Wirklichkeit mit realen Konsequenzen, unabhängig davon, ob die Einschätzung der Situation ‚richtig' oder ‚falsch' ist. Somit ist abweichendes Verhalten dann gegeben, wenn Menschen ein Verhalten als abweichend interpretieren.

Die Schwerpunktverschiebung von der Handlung bzw. der Person hin zur Reaktion durch andere wird auch in der Frageperspektive ersichtlich, die Becker in seiner Arbeit einnimmt und die für den *labeling approach* charakteristisch geworden ist: Es wird nicht die populäre Warum-Frage gestellt, die nach Erklärungen für ein bestimmtes Verhalten sucht, sondern die Wie-Frage, die sich für den gesamten Vorgang interessiert, in dem eine Person zum Abweichler/Außenseiter (gemacht) wird. Fragen andere Theorien und Ansätze: „Warum verhält sich jemand so, warum ist diese Person süchtig, delinquent, kriminell usw.? Wie kann man sich das erklären?", möchte Becker vielmehr wissen: „Wie ist es dazu gekommen, dass sich diese Person so verhält und dass ihr Verhalten als abweichend verstanden wird?" Vermeintliche Ursachenforschung bleibt hier also außen vor. Potentiell abweichendes Verhalten und die Reaktionen darauf sind Teil eines permanenten Prozesses, einer Handlungskette, die die Frage, wann das abweichende Verhalten zum ersten Mal aufgetreten ist, was sozusagen die Initialhandlung war, wenig sinnvoll erscheinen lässt. Zugleich lässt sich hier auch nicht die Vorstellung aufrechterhalten, dass jemand ein für alle Male süchtig, delinquent, kriminell ist. Menschen können zum einen ihr Verhalten und zum anderen ihre Sicht auf ein bestimmtes Verhalten ändern – was gestern noch als abweichend galt, ist es heute vielleicht schon nicht mehr.

Abweichendes Verhalten ist – wie jedes soziale Handeln – Teil einer fortlaufenden Interaktion. Daher besteht Becker auf der Notwendigkeit eines Stufenmodells (*sequential model*), bei dem im Unterschied zu einem Simultanmodell die einzelnen Stufen dieses Vorgangs nachvollzogen werden können (vgl. Becker [1963] 2014, S. 39ff.). Hier greift Becker nicht zum ersten Mal auf den Begriff der „Karriere" seines Mentors Everett C. Hughes und dessen Arbeiten im Bereich der Professions- und Arbeitssoziologie zurück: Hughes beschreibt Karrieren als Verläufe, innerhalb deren sich Sequenzen (im Berufsleben Stellen oder Positionen) ablösen (Hughes 1971). Becker, der bei Hughes promovierte, wendet dieses Modell erstmals in seiner Dissertationsschrift an, für die er den Karriereverlauf von Chicagoer Lehrerinnen untersucht. Dabei überraschen ihn Fälle, in denen Lehrerinnen nicht zwangsweise nach Stellen an besseren Schulen streben, sondern sich im Laufe der Zeit so weit mit ihrer teilweise schwierigen Position arrangieren, dass sie gar keinen Wechsel mehr anstreben (Becker [1952] 1970). Das führt Becker später dazu, individuelles Verhalten als Verhalten zu verstehen, das sich im Spannungsfeld zwischen sogenannten situativen Anpassungen und längerfristigen Bindungen – dem sogenannten Commitment – bewegt (Becker [1960] 1970). So ist es nur konsequent, dass er in *Außenseiter* das Studium abweichenden Verhaltens als ein Studium abweichender Karrieren beschreibt. Was heutzutage ein allgemein gebrauchter Ausdruck ist – nämlich die Vorstellung einer kriminellen Laufbahn – wird von Becker aus der Professions- und Arbeitssoziologie in die Devianzsoziologie übertragen.

Die Idee von Devianzkarrieren führt Becker in den Kapiteln zum Marihuana-Gebrauch aus. Die Forschungsarbeit, auf der diese Kapitel basieren, ist inspiriert von Alfred Lindesmiths Buch *Opiate Addiction* (1947). Dabei handelt es sich um eine ebenfalls an der University of Chicago entstandene Studie zu Drogensüchtigen. Lindesmith wählte hierfür eine empirische Methode, die Becker überzeugt und fortan übernimmt: die analytische Induktion, bei der der Forscher für das Aufstellen einer Hypothese von Einzelfällen ausgeht, die er alle gleichermaßen prüft. Anhand seiner Beobachtungen revidiert er die Hypothese immer wieder, ändert und verfeinert sie so lange, bis sich kein Einzelfall mehr findet, der die aufgestellte These widerlegen würde. Lindesmith betrachtet in seiner Studie Opiatabhängigkeit nicht als Zustand, sondern als Verhalten. Er kritisiert die weit verbreitete Reduktion von Abhängigkeit auf biochemische Faktoren und widmet sich hauptsächlich den sozialen Faktoren von Abhängigkeit. Er kommt dabei zu dem Ergebnis, dass Drogensüchtige erst durch die Interaktion mit anderen Süchtigen abhängig werden, da sie voneinander lernen, Entzugserscheinungen als solche zu interpretieren und sich dann gegenseitig versichern, dass ein Entzug so gut wie unmöglich sei. Fehlt diese spezifische, soziale Interpretation und Definition von Sucht – zum Beispiel bei Patienten, denen aus medizinischen Gründen Opiate verabreicht werden – ist ein Absetzen der Drogen weitaus weniger problematisch als vermutet (Lindesmith 1947).

Inspiriert von diesen Überlegungen untersucht Becker Marihuana-Gebrauch ebenfalls nicht als Zustand, sondern als Prozess: Das entsprechende Kapitel heißt denn auch *Becoming a Marihuana User* und nicht „Being a Marihuana User" (in der deutschen Übersetzung: „Wie man Marihuana-Benutzer wird"). Eine weitere Parallele zu Lindesmith ist einmal mehr die Art der Fragestellung: Becker sucht keine Antwort darauf, *warum* jemand zum Marihuana-Benutzer wird, sondern *wie*. Er führt fünfzig qualitative Interviews mit Musikern, Arbeitern und Akademikern durch.[1] Auf dieser Grundlage beschreibt er die einzelnen Stufen des Prozesses, wie jemand zum Marihuana-Benutzer wird. Zunächst, so Becker, muss die Technik erlernt werden, um überhaupt *high* zu werden. Marihuana wird nicht wie normaler Tabak geraucht und es bedarf üblicherweise mehrerer Versuche, um es ‚richtig' zu machen und in einen Rauschzustand zu gelangen. Entscheidend ist dabei unter anderem auch eine ausreichende Dosierung. Neulinge schauen sich die Technik daher ab oder lassen sie sich erklären. In einem nächsten Schritt muss gelernt werden, die Wirkungen der Droge wahrzunehmen. Der Neuling fragt erfahrene Benutzer, auf was er achten muss, um *high* zu werden: „In solchen Unterhaltungen wird er auf spezifische Einzelheiten seiner Erfahrung aufmerksam gemacht, die er nicht bemerkt hat oder aber bemerkt hat, ohne sie als Symptome des High-Seins zu identifizieren" (Becker [1963] 2014, S. 63). Ein markantes Beispiel wäre intensives Hungergefühl. In einem weiteren Schritt geht es darum, die erkannten Wirkungen auch zu genießen. Damit meint Becker, dass das alleinige Vorhandensein von Symptomen, die durch den Marihuana-Gebrauch verursacht werden, noch nicht bedeutet, dass der Konsument seinen Zustand als positiv empfindet:

> „Von Marihuana hervorgerufene Empfindungen sind nicht automatisch oder unbedingt angenehm. Der Geschmack für solche Erfahrungen wird sozial erworben, nicht anders als der für Austern oder trockene Martinis erworbene Geschmack. Der Benutzer fühlt sich schwindlig, durstig; seine Kopfhaut kitzelt; er verschätzt Zeit und Entfernung. Ist das vergnüglich? Er ist sich nicht sicher" (Ebd., S. 66).

Es bedarf hier einer Umdeutung der Situation, zu der es typischerweise in Interaktion mit erfahrenen Benutzern kommt. High zu sein ist also eine Frage der sozialen Definition. Der prozessuale Charakter des *Becoming a marihuana user* bedeutet, dass es Stufen gibt,

---

[1] Dabei handelt es sich um Personen aus Beckers Bekanntenkreis – vor allem von der Universität und aus den Nachtklubs. Die genaue Auswahl und Verteilung nach Alter, Geschlecht usw. sind nicht angegeben, sodass die Studie nach geltenden Maßstäben kaum überprüfbare Ergebnisse präsentiert und dafür zu Recht kritisiert wird. Becker führt diese Forschungsarbeit 1951–1953 beim Chicago Area Project durch, einer Mitte der 1930er-Jahre durch Akteure der Chicagoer Schule gegründeten Organisation zur Prävention von Jugendkriminalität. Das Chicago Area Project ist in praktischer Personalunion mit dem staatlichen Institute for Juvenile Research verbunden, an dem Becker ein Jahr lang seine Interviews machen kann.

die nacheinander erreicht werden müssen. In einem ersten Schritt muss man überhaupt in die Situation kommen, also die Gelegenheit haben, Marihuana zu rauchen. Wie Becker im Kapitel *Marihuana-Gebrauch und soziale Kontrolle* darstellt, ist der Gebrauch durch Gesetze stark eingeschränkt, weswegen auch dies nur gelingt, wenn man Kontakt zu Personen hat, die den Zugang zu Marihuana ermöglichen (vgl. ebd., S. 75f.). Grundsätzlich bedeutet das aber auch, dass nicht auf jede Stufe zwangsläufig die dann nächste folgen *muss*. So lässt sich zwischen Gelegenheits- und Gewohnheitsgebrauch unterscheiden. Das Stufenmodell erlaubt es zudem, Personen in den Blick zu nehmen, die mit dem Konsum von Marihuana ganz aufhören. Es gibt keinen Automatismus, bei dem eine bestimmte menschliche Eigenschaft oder eine bestimmte Situation dazu führen würde, dass jemand süchtig nach Marihuana wird. Das Stufenmodell unterstützt die Hoffnung, dass nicht ‚alles zu spät' ist, wenn jemand auf die ‚schiefe Bahn' gerät. Gegenmaßnahmen haben immer (wieder) eine Chance; Devianzkarrieren können auch abgebrochen werden.

Ausführlich stellt sich Becker gegen die oft verbreitete Annahme, dass im Falle von Marihuana-Gebrauch „gewöhnlich von einer psychischen Eigenschaft, von einem Bedürfnis nach Fantasie und Flucht vor psychischen Problemen, die das Individuum nicht ertragen kann" (ebd., S. 57) ausgegangen werden muss. Denn die von gesellschaftlich akzeptierten Mustern abweichende Identität des Marihuana-Benutzers ist dieser Person gerade nicht inhärent, ist ihr nicht zu eigen – kann aber in ihr Selbstbild eingehen, insbesondere dann, wenn die Person Teil einer Gruppe wird. Gruppen bilden Kulturen aus – das bedeutet, dass sich eine bestimmte Gruppe von Menschen auf bestimmte Bedeutungen und Interpretationen verständigt, dass diese Menschen also gemeinsame Vorstellungen teilen. Dabei kann es sich auch um die *Kultur einer abweichenden Gruppe* (so die Überschrift des 5. Kapitels) handeln. Diese unterstützt und bestärkt den Einzelnen darin, mit dem als abweichend angesehenen Verhalten fortzufahren, obwohl dieses – wenn es ‚entdeckt' und als solches bezeichnet wird – negative Sanktionen nach sich zieht. Die Gruppenkultur bietet Rationalisierungsmodelle für das abweichende Verhalten, mit denen der Abweichler sein eigenes Verhalten rechtfertigen kann. Zum Beispiel den geteilten Glauben daran, dass Marihuana-Gebrauch weniger schädlich ist als der weit verbreitete Konsum von Alkohol.

„Kurzum: ein Mensch fühlt sich in dem Maße frei Marihuana zu benutzen, als es ihm gelingt, die konventionellen Vorstellungen darüber als die uninformierten Auffassungen von Außenstehenden zu betrachten und jene Vorstellungen durch die Auffassungen des ‚Insiders' zu ersetzen, die er sich durch seine Erfahrung mit dem Rauschmittel in der Gesellschaft von anderen Benutzern angeeignet hat" (Ebd., S. 88).

Kultur bezeichnet für Becker eine Reihe von gemeinsamen Übereinkünften, die als Antwort auf ein Problem entstehen, das sich einer bestimmten Gruppe stellt. Die Idee, dass auch Randgruppen, Marginalisierte und Außenseiter eine eigene Kultur haben, findet sich damals schon in einer viel beachteten Studie über Jugenddelinquenz mit dem Titel *Delinquent Boys: The Culture of the Gang*, in der Albert K. Cohen unter anderem eine Theorie über Subkulturen präsentiert (Cohen [1955] 1961). Diesen Begriff übernimmt Becker in seinem *Außenseiter*-Buch für die Beschreibung und Analyse der Gruppe der Livemusiker, einer Gruppe, die als deviant deklariert wird, ohne dabei – wie die Marihuana-Benutzer – auch als kriminell bezeichnet zu werden (obgleich es natürlich Überschneidungen gibt).[2] So widmet er sich im 5. und 6. Kapitel des Buches diesen sogenannten *dance musicians*, die sich selbst als Außenseiter sehen und nach Becker auch so wahrgenommen werden, weil sie keine gesellschaftlich akzeptierten ‚gesicherten Existenzen' führen. Sie sind somit ein Beispiel dafür, dass abweichendes Verhalten nicht immer eines sein muss, das gegen Gesetze verstößt. Abweichendes Verhalten, das von anderen so bezeichnet wird, kann auch durch Ausgrenzung, Verachtung usw. sozial sanktioniert werden, ohne tatsächlich verboten zu sein. Die Kultur der Cliquenbildung, die Art und Weise, wie dabei Hierarchien entstehen, die Fragen, wer wen kennt, wer zu welchen Orten Zugang findet, wer Freunde und Gönner hat, wer wem was schuldet usw., lassen dabei Parallelen zur Subkultur der Marihuana-Benutzer anklingen. Beide Gruppen übernehmen die Zuschreibung als Außenseiter so weit in ihr Selbstbild, dass sie sich selbst von anderen, ‚konventionellen' Menschen abgrenzen, ja isolieren. Das Gruppengefühl wird in beiden Subkulturen durch die Ablehnung der für sie ‚konventionellen', sich regelkonform verhaltenden Menschen gestärkt – es gibt ein ‚Wir' und ein ‚Die'. Pointiert zusammengefasst: „For Becker, the world of deviants is a world of separate groups, individuals huddled together for protection in a hostile world" (Fisher und Strauss 1978, S. 20).

2   Moralische Unternehmer

Generell gehört die Auseinandersetzung mit Verhaltensweisen, die geltende, gesellschaftlich akzeptierte Normen verletzen, zu den ureigenen Aufgaben der Soziologie und findet kontinuierlich, wenngleich immer wieder unter Verwendung neuer Begrifflichkeiten statt.[3] In diesem Kontext sind noch einmal die frühen Studien der Chicagoer Schule zu nennen, in denen Phänomene sozialer Desorganisation im Vordergrund stehen. Ein anderer Begriff für diese und ähnliche Phänomene ist jener der Anomie, welcher in der Soziologie lange Zeit Konjunktur hatte. Robert K. Merton greift den Anomie-Begriff von Emile Durkheim in seinem zentralen Werk *Social Theory and Social Structure* ([1949] 1995) auf, im Versuch, Ursachen für abweichendes Verhalten in der sozialen und kulturellen Struktur von Gesellschaften zu finden. Als Becker 1963 sein *Außenseiter*-Buch publiziert, gilt Mertons Theorie immer noch als dominierend. Gleichzeitig brechen sich neue Erklärungsmuster Bahn. Becker weist gegenüber den noch vorherrschenden Abweichungstheorien darauf hin, dass „sich fast alle Untersuchungen abweichenden Verhaltens mit Fragestellungen beschäftigen, die sich aus der Einschätzung dieses Verhaltens als pathologisch ergeben.

---

2   Bemerkenswerterweise taucht der Begriff Subkultur in Beckers darauffolgenden Schriften nicht wieder auf. Er wird vielmehr ersetzt oder gar korrigiert durch den Begriff der *worlds*.

3   Becker verweist explizit auf andere Studien, die die Perspektive des *labeling approach* bereits andeuten (etwa Tannenbaum [1938] 1951 oder Lemert 1951).

Das heißt, in den Untersuchungen wird versucht, die ‚Ätiologie' der ‚Krankheit' zu entdecken. Es wird versucht, die Ursachen unerwünschten Verhaltens herauszufinden" (Becker [1963] 2014, S. 41). Becker hingegen lehnt Erklärungen ab, die typischerweise auf einzelne Determinanten für abweichendes Verhalten abzielen – und zwar unabhängig davon, ob es sich um biologische, psychische, kulturelle, strukturelle oder andere Faktoren handelt.

Dabei ist Becker, wie er selbst immer wieder unterstreicht, nicht der alleinige Pionier oder Vertreter des *labeling approach*. Als weitere Autoren sind John I. Kitsuse (1962), Kai T. Erikson (1962) und vor allem Erving Goffman zu nennen. Goffmans Werk entzieht sich zwar einer eindeutigen Zuordnung zum *labeling approach*, doch den von ihm analysierten Interaktionsordnungen liegt derselbe Gedanke zugrunde: Für *Asyle*, eine Studie, auf die Becker in seinem *Außenseiter*-Buch verweist, untersucht Goffman verschiedene, geschlossene Anstalten (Heil- und Pflegeanstalten, aber auch Gefängnisse, Internate, Kasernen, Klöster). Im Zentrum seiner Aufmerksamkeit steht, wie stark die Insassen von diesen „totalen Institutionen" geprägt werden (Goffman [1961] 1972).[4] In *Stigma*, welches im selben Jahr wie Beckers Buch erscheint, setzt sich Goffman allgemein mit Stigmatisierungsprozessen auseinander. Stigmata, im Endeffekt *Labels*, sind auch bei ihm Resultat von Interaktionen und keine den Personen inhärente Eigenschaften (Goffman [1963] 1975).

Im 7. und 8. Kapitel von *Außenseiter* sieht Becker von den einzelnen Gruppen- und Subkulturen ab und betrachtet, wie Goffman, die andere Seite des Etikettierungsprozesses: die vielfältigen sozialen Reaktionen auf abweichendes Verhalten mit besonderem Blick auf Justiz und Polizei – dies ist „die wirklich spektakuläre und aufsehenerregende zweite Pointe von Becker" (Joas und Knöbl 2010, S. 131). Damit eine Gesellschaft ein Verhalten als abweichend bezeichnet, muss es vorab eine Übereinkunft darüber geben, welches Verhalten denn regelkonform wäre. Becker thematisiert also die Notwendigkeit, dass Regeln und Gesetze – von denen so bezeichnete Außenseiter abweichen – zunächst gemacht und durchgesetzt werden müssen.

Sein Beispiel ist das Marihuana-Steuergesetz (Marihuana Tax Act) von 1937, das den Gebrauch der Droge eindämmen sollte und aus den Konsumenten Kriminelle machte. Die detailgenaue Wiedergabe der Vorgänge um dieses Steuergesetz macht sichtbar, welch unterschiedliche Interessen bei der Entstehung solcher Gesetze verfolgt werden. Einwände zahlreicher Verbände und Vereinigungen wurden berücksichtigt, die mit der eigentlichen Absicht des Gesetzes kaum noch etwas zu tun hatten. Generell hebt Becker hervor, dass es sich bei dem Gesetz um einen Feldzug des Federal Bureau of Narcotics handelte, das negative Berichte über den Gebrauch von Marihuana streute, um die Öffentlichkeit davon zu überzeugen, dass ein ernstzunehmendes Problem vorlag. Die unorganisierten Betroffenen

---

4   Die Beobachtung, dass vor allem ‚Geisteskranke' weniger von ihrer vermeintlichen Geisteskrankheit geprägt sind, als von der Interaktion mit dem Personal in der Institution ‚Anstalt', rief damals Widerspruch hervor. Nur ein Jahr später, 1962, erscheint der Roman *Einer flog über das Kuckucksnest* von Ken Kesey, der die Vorlage für den berühmten Film von Miloš Forman liefert, in dem genau solch eine Situation geschildert wird.

selbst, die Marihuana-Benutzer, waren im Gegensatz zu den unterschiedlichsten Experten und Lobbyisten nicht Teil der Anhörungen.

Im Folgenden abstrahiert Becker von diesem konkreten historischen Beispiel und stellt dar, wie jede Regel sogenannte „moralische Unternehmer" (*moral entrepreneurs*) braucht, die die Initiative ergreifen und darauf hinarbeiten, dass die von ihnen gewünschte Regel durchgesetzt wird. Dabei unterscheidet er grundsätzlich zwischen „Regelsetzern" (*rule creators*) und „Regeldurchsetzern" (*rule enforcers*). Während Erstere typischerweise Reformer sind, die für eine bestimmte Sache kämpfen und eine mögliche neue Regel überhaupt erst entwerfen, sind Letztere diejenigen, die die Einhaltung der gesetzten Regel zu kontrollieren und durchzusetzen haben: Polizisten, Juristen, Ärzte, Lehrer usw. Für die Beschreibung des Feldzugs moralischer Unternehmer übernimmt Becker einen Ausdruck seines Chicagoer Kollegen Joseph Gusfield, der – ebenfalls 1963 – eine Studie über die amerikanische Abstinenzbewegung im 19. Jahrhundert veröffentlichte und diese als „symbolischen Kreuzzug" (*symbolic crusade*) betitelte (Gusfield [1963] 1986). In Anlehnung an diesen Ausdruck spricht Becker in seinem Text von den „moralischen Kreuzzügen" (*moral crusades*), die von Reformern, Politikern und Aktivisten im festen Glauben daran geführt werden, dass ihre Sache für die Gesamtgesellschaft von großer Wichtigkeit sei. Dafür müssen sie andere für sich gewinnen und Ressourcen wie Unterstützer mobilisieren, um erfolgreich zu sein. Becker wirft die Frage auf, wer überhaupt in der Lage ist, zu definieren, was als abweichend oder gar kriminell gilt und was nicht, und er weist auf „die wichtige Rolle, welche Machtverhältnisse in den interaktionistischen Theorien über Verhaltensabweichung spielen" hin (Becker [1963] 2014, S. 178). Er sieht in seiner Analyse zwar größtenteils von den klassischen Begriffen Macht und Herrschaft ab, doch das bedeutet nicht, dass er Macht- und Herrschaftsverhältnisse nicht beobachten und beschreiben würde.

In diesem Zusammenhang wird nun verständlich, inwiefern die Vereinten Nationen ein wichtiger Akteur, ein wichtiger *Player* in der globalen Drogenpolitik sind: Die genannten UN-Konventionen setzen Regeln, deren Einhaltung in den einzelnen Mitgliedsstaaten durchgesetzt werden muss. So wäre genauer zu analysieren, wer hier die moralischen Unternehmer sind, die nach wie vor darauf bestehen, Drogenkonsum zu kriminalisieren. Denn der Appell von Kofi Annan – nun offensichtlich auf einem neuen „moralischen Kreuzzug" –, publiziert im Vorfeld einer weiteren Sondersitzung der Vereinten Nationen im April 2016, ist zwar klar und deutlich: „Ich glaube, dass Drogen viele Menschenleben zerstört haben – aber falsche Maßnahmen seitens der Regierungen haben noch viel mehr Elend angerichtet" (Annan 2016, S. 120). Die Resolution aber, die bei besagter UNGASS (UN General Assembly Special Session) verabschiedet wurde, beließ alles beim Alten. Noch scheint es für eine neue globale Drogenpolitik nicht genügend Ressourcen und nicht genügend unterstützendes Personal zu geben.

3 Macht und Sprache

Beckers Marihuana-Studie ist Teil eines *cultural drift* (Blumer [1951] 1969), eines allmählichen, kontinuierlichen, aber längst nicht abgeschlossenen Wandels in der gesellschaftlichen Übereinkunft darüber, wie Drogenkonsumenten zu etikettieren sind und wie mit ihnen umgegangen werden soll. Dazu gehört, Drogenabhängige nicht weiter zu kriminalisieren. Drogenabhängige? Tatsächlich bezeichnet Becker Marihuana-Benutzer an keiner Stelle als Abhängige oder Süchtige: „What things are called almost always reflects relations of power. People in power call things what they want to, and others have to adjust to that [...]. The social scientist's problem, simply, is what to call the things we study" (Becker 2003, S. 661). Spricht man also, wie Becker, vom Marihuana-Gebrauch oder doch von der Marihuana-Sucht? Mit Begrifflichkeiten stecken Interessensgruppen ihre Territorien ab. Entscheidet man sich für diese oder jene Formulierung, ergreift man – ob gewollt oder nicht – Partei. Beckers Position dürfte dabei, bei aller wissenschaftlichen Neutralität, klar geworden sein: Wer Marihuana-Gebrauch analysieren und verstehen will, darf nicht nur auf den einzelnen, ‚kleinen' Konsumenten – den *Underdog* (Becker [1967a] 1970) – schauen, sondern muss ebenfalls die übergeordneten Instanzen sozialer Kontrolle in den Blick nehmen.

Dennoch ist sich Becker bewusst: „Welche Gruppen von Teilnehmern wir auch für die Untersuchung auswählen und welchen Standpunkt wir daher einnehmen, man wird uns wahrscheinlich des ‚bias' bezichtigen. Es wird heißen, dass wir den Standpunkt der Gegengruppe nicht ausreichend berücksichtigten" (Becker [1963] 2014, S. 165). Eben deshalb finden sich in der *Außenseiter*-Studie auch keine Handlungsanleitungen, keine Empfehlungen, wie abweichendem Verhalten zu begegnen ist oder wie es gar verhindert werden kann. Dasselbe gilt für die wenigen späteren Artikel zum Thema Drogen und Drogenkonsum, die Becker noch bis in die 1970er-Jahre im Zuge der Verbreitung von Marihuana und LSD auf den Universitätsgeländen verfasst. In diesen Texten wiederholt er vorrangig das Argument, dass Gebrauch und Wirkung der Drogen einem sozialen Definitionsprozess unterworfen sind. Er versucht dadurch, die Kriminalisierung der größtenteils jungen Konsumenten zu relativieren, ohne explizit eine Legalisierung der Drogen zu fordern (Becker [1967b] 1970, [1968] 1970, [1973] 1986; zuletzt Becker 2001). Becker selbst beschäftigt sich bei aller Bedeutung, die seine *Außenseiter*-Studie erlangt, in der Folge kaum mehr mit abweichendem Verhalten. Die logische Trennung von Handlungen, Personen, Objekten und den über sie gefällten Urteilen führt er in der Folge in kunstsoziologischen Untersuchungen aus. Interessanter ist hier Beckers eigene, Jahrzehnte später geschriebene, retrospektive Analyse seiner Marihuana-Studie, in der er den Konsum von Marihuana und Drogen allgemein sowie die Erfahrungen, die der Konsument damit macht, als Black Box bezeichnet. Hier spielt eine Bandbreite von Faktoren, von Inputs hinein, die kaum alle eruiert werden könnten. Becker erinnert in diesem Zusammenhang zudem noch einmal an die Macht der Worte – und damit an die Macht jener, die Begrifflichkeiten durchzusetzen wissen: „If drug experiences somehow reflect or are related to social settings, we have to specify the settings in which drugs are taken and the specific effect of those settings in order to explain the experiences of participants in them. So it's useful to investigate the role of power and knowledge in those settings [...]" (Becker 2014, S. 91). Was wird grundsätzlich als Droge bezeichnet? Warum ist das betäubende Arzneimittel, das der Arzt verschreibt, keine Droge, sondern Medizin? Was ist mit Smog oder Nitrat? Der *labeling approach* ist aktueller denn je.

UN-Dokumente

United Nations. 1961. Single Convention on Narcotic Drugs. https://www.unodc.org/pdf/convention_1961_en.pdf. Zugegriffen: 05. März 2017.
United Nations. 1971. Convention on Psychotropic Substances. https://www.unodc.org/pdf/convention_1971_en.pdf. Zugegriffen: 05. März 2017.
United Nations. 1988. United Nations Convention against Illicit Traffic in Narcotic Drugs and Psychotropic Substances. https://www.unodc.org/pdf/convention_1988_en.pdf. Zugegriffen: 05. März 2017.
United Nations. 1998. Resolution – Political Declaration. https://www.unodc.org/documents/commissions/CND/Political_Declaration/Political_Declaration_1998/1998-Political-Declaration_A-RES-S-20-2.pdf. Zugegriffen: 05. März 2017.
United Nations. 2016. Resolution – Our joint commitment to effectively addressing and countering the world drug problem. https://documents-dds-ny.un.org/doc/UNDOC/GEN/N16/110/24/PDF/N1611024.pdf?OpenElement bzw. https://www.unodc.org/documents/postungass2016//outcome/V1603301-E.pdf. Zugegriffen: 05. März 2017.

Literatur

Annan, K. 2016. Wider den Bann. *Der Spiegel* 8: 120–121.
Becker, H. S. 1951. The Professional Dance Musician and His Audience. *American Journal of Sociology* 57 (2): 136–144.
Becker, H. S. [1952] 1970. The Career of the Chicago Public School Teacher. In Ders., *Sociological Work: Method and Substance*, 165–175. Chicago.
Becker, H. S. 1953. Becoming a Marihuana User. *American Journal of Sociology* 59 (3): 235–242.
Becker, H. S. [1960] 1970. Notes on the Concept of Commitment. In Ders., *Sociological Work: Method and Substance*, 261–273. Chicago.
Becker, H. S. [1963a] 1997. *Outsiders: Studies in the Sociology of Deviance*. New York.
Becker, H. S. [1963b] 2014. *Außenseiter: Zur Soziologie abweichenden Verhaltens*. Wiesbaden.
Becker, H. S. [1967a] 1970. Whose Side Are We On? In Ders., *Sociological Work: Method and Substance*, 123–134. Chicago.
Becker, H. S. [1967b] 1970. History, Culture, and Subjective Experience: An Exploration of the Social Bases of Drug-Induced Experiences. In Ders., *Sociological Work: Method and Substance*, 307–327. Chicago.
Becker, H. S. [1968] 1970. Ending Campus Drug Incidents. In: *Campus Power Struggle*, hrsg. v. H. S. Becker, 137–151. Chicago.
Becker, H. S. [1973] 1986. Consciousness, Power, and Drug Effects. In Ders., *Doing Things Together: Selected Papers*, 47–66. Evanston.

Becker, H. S. 2001. Drugs: What Are They? http://howardsbecker.com/articles/drugs.html. Zugegriffen: 05. März 2017.
Becker, H. S. 2003. The Politics of Presentation: Goffman and Total Institutions. *Symbolic Interaction* 26 (4): 659–669.
Becker, H. S. 2014. *What About Mozart? What About Murder? Reasoning from Cases.* Chicago.
Becker, H. S., N. D. Campbell. 2005. Oral History Interviews with Substance Abuse Researchers: Howard S. Becker. (Manuskript liegt vor, das Interview ist nicht mehr online.)
Blumer, H. [1951] 1969. Social Movements. In *Studies in Social Movements: A Social Psychological Perspective*, hrsg. v. B. McLaughlin, 8–29. New York.
Blumer, H. [1969] 1998. *Symbolic Interactionism: Perspective and Method.* Berkeley.
Cohen, A. K. [1955] 1961. *Kriminelle Jugend: Zur Soziologie jugendlichen Bandenwesens.* Reinbek/Hamburg.
Erikson, K. T. 1962. Notes on the Sociology of Deviance. *Social Problems* 9 (4): 307–314.
Fine, G. A. (Hrsg.). 1995. *A Second Chicago School? The Development of a Postwar American Sociology.* Chicago.
Fisher, B. M., A. L. Strauss. 1978. The Chicago Tradition and Social Change: Thomas, Park And Their Successors. *Symbolic Interaction* 1 (2): 5–23.
Goffman, E. [1961] 1972. *Asyle: Über die soziale Situation psychiatrischer Patienten und anderer Insassen.* Frankfurt/M.
Goffman, E. [1963] 1975. *Stigma: Über Techniken der Bewältigung beschädigter Identität.* Frankfurt/M.
Gusfield, J. R. [1963] 1986. *Symbolic Crusade: Status Politics and the American Temperance Movement.* Urbana.
Hughes, E. C. 1971. *The Sociological Eye: Selected Papers.* Chicago.
Joas, H., W. Knöbl. 2010. Symbolischer Interaktionismus. In *Pragmatismus zur Einführung*, hrsg. v. H.-J. Schubert et al., 111–141. Hamburg.
Kitsuse, J. I. 1962. Societal Reaction to Deviant Behavior: Problems of Theory and Method. *Social Problems* 9 (3): 247–256.
Lemert, E. M. 1951. *Social Pathology: A Systematic Approach to the Theory of Sociopathic Behavior.* New York.
Lindesmith, A. R. 1947. *Opiate Addiction.* Bloomington.
Maeder, Ch. 2007. Howard S. Becker: Outsiders. Studies in the Sociology of Deviance. In *Hauptwerke der Soziologie*, hrsg. v. D. Kaesler, L. Vogt, 29–33. Stuttgart.
Matza, D. [1969] 1973. *Abweichendes Verhalten: Untersuchungen zur Genese abweichender Identität.* Heidelberg.
Merton, R. K. [1949] 1995. *Soziologische Theorie und soziale Struktur.* Berlin.
Tannenbaum, F. [1938] 1951. *Crime and the Community.* New York.
Thomas, W. I., D. S. Thomas. 1928. *The Child in America: Behavior Problems and Programs.* New York.

Falsche Unmittelbarkeit

Kritische Theorie der Drogen

Arnold Schmieder

Zusammenfassung

Kritische Theorie geht nicht explizit auf Drogengebrauch ein. Falsche Unmittelbarkeit als Kürzel gesellschaftskritischer Interpretation von Musik und Literatur seitens Adorno ist auf Drogengebrauch bis Suchtgeschehen zu wenden. Selbst kritische Erklärungsansätze sind damit zu überprüfen, ob nur desintegrative Ursachen benannt werden, um sie für den Zweck einer Integration zu modulieren. Demnach wird in Drogen- und Suchtdiskursen innere wie äußere Normalität nicht aus gesellschaftlichen Strukturbedingungen erklärt. Auch das im Drogengebrauch gesuchte Glück ist davon überzeichnet. Widerstandsgehabe, wie es sich sozialhistorisch auch im Rausch ausdrückt, ist in neuen Formen des Drogengebrauchs ausgeschliffen. Drogeninduziertes Ausscheren und Ernüchterung über Selbstmedikation werden verschmolzen. Therapeutische Handreichung will und kann kritische Theorie nicht leisten.

Schlüsselbegriffe: Rausch, Normalität, Glück, Integration, Kritische Theorie

Was ohne Ursache oder vorherigen Einfluss ist, nicht von etwas Anderem abgeleitet werden kann, wird in der Philosophie als unmittelbar bezeichnet. In diesem Sinne wird der Begriff auch alltagssprachlich verwendet: Oft scheint uns, dass unsere Erfahrung, unser Wahrnehmen ‚unmittelbar' ist. Im Alltagsbewusstsein korrespondiert dies mit Ursachen, auf die wir schließen, deren Folgen wir wahrnehmen. Dagegen halten Max Horkheimer und Theodor W. Adorno (GS 3, S. 212): „In gewissem Sinne ist alles Wahrnehmen Projizieren." Demnach ist die Unmittelbarkeit unseres Wahrnehmens nur scheinhaft, ein Projizieren dessen, was vorher schon ‚im Kopf' war, uns aber als eben Vorheriges nicht präsent ist. Diesen Schein gilt es durch Analyse aufzulösen, zu zeigen, warum unser Wahrnehmen, unser alltägliches Denken und Empfinden immer schon vermittelt ist und welche Folgen der Schein von Unmittelbarkeit hat.

Im Sinne der Dialektik von Horkheimer und Adorno geht es insofern darum, generell diesen allem anhaftenden Schein der Unmittelbarkeit aufzulösen: „Die Insistenz auf der Vermitteltheit eines jeglichen Unmittelbaren ist das Modell dialektischen Denkens schlechthin, auch des materialistischen, insofern es die gesellschaftliche Präformiertheit der kontingenten, individuellen Erfahrung bestimmt" (GS 5, S. 160). Zu analysieren ist daher diese Präformiertheit, zu zeigen, dass und wie das scheinbar Unmittelbare vermittelt ist. Das ist auf Gesellschaft zu wenden, wie sie den Individuen unmittelbar scheint, womit ausgeblendet wird, dass sie als ‚System' nicht so sein muss, wie sie ist. Insoweit ist auch nicht unmittelbar zu erkennen, dass alle zwischenmenschlichen Verhältnisse und Beziehungen, Handlungsmotive und Bewusstseinsinhalte selbst die Vermittlung einer Gesellschaft darstellen, die nach Adorno das „falsche Ganze" (GS 11, S. 141) repräsentiert. Daher lassen sich auch „Empfindungen", wie sie mit Drogen konnotiert werden, nicht „zur reinen Unmittelbarkeit" erklären (GS 5, S. 160). Soweit im Drogenkonsum etwa Abwehr, Protest oder gar Lustsuche zum Ausdruck kommen, sind alle diese Motive präformiert und daher ebenso wenig unmittelbar wie das, wodurch sie provoziert sind: die „falsche" Gesellschaft. Falsch ist sie wegen der Herrschaftsverhältnisse, wegen der höchst ungleichen Verteilung gesellschaftlichen Reichtums, wegen des Mangels, den sie produziert, wegen der Widersprüche und weil sie „grundsätzlich durch Desintegration gekennzeichnet" ist, die es für ihren Stabilitätserhalt einzugemeinden gilt. Jedoch geht dabei „Integration [...] auf unberechenbare Weise in Desintegration" über (Demirović 2015, S. 178ff.). Das ist an jedem Einzelphänomen zu zeigen, somit auch am Drogengebrauch – und daran, wie er sich im Zuge gesellschaftlicher Entwicklung in der Spirale von Integration und Desintegration entsprechend verändert. Kritik, die glaubt, im Sinne menschlichen Wohls auf bessere Integration leiten zu müssen und zu können und dabei auf Distanz geht zu dem, was ist, sitzt selbst dem Gegenstand falscher Unmittelbarkeit auf.

Vornehmlich an Werken der Literatur und an Musik macht Adorno jene immer vermittelte Unmittelbarkeit deutlich und bezeichnet sie darum als „falsche". Auch wo im künstlerischen Schaffen und in den Werken „Gesellschaft in ihrer bestehenden Gestalt opponiert" wird, ist „Distanz von der Gesellschaft" selbst als „gesellschaftlich" überformte zu „erkennen und zu deduzieren, nicht [...] falsche Unmittelbarkeit des Vermittelten vorzutäuschen" (GS 14, S. 406).

Das ist allgemein auf sozialwissenschaftliche Kritik hinsichtlich gesellschaftlicher Verursachung von Drogengebrauch zu wenden. Tatsächliche Missständen werden angeprangert, und es wird reklamiert, sie für den Zweck der Integration im Sinne und zum Wohle der Betroffenen zu bereinigen. Was im Kürzel ‚grundsätzlicher Desintegration' gefasst ist, bleibt in solcher Kritik ausgespart, die auf Behebung von ‚Störungen' zielt und so in zumeist gut gemeinter Absicht doch dazu beiträgt, Gesellschaft so zu erhalten, wie sie als System, als antagonistische Gesellschaft ist. Dem stellt Horkheimer (1988, S. 180) einen Kritikbegriff gegenüber, in dem „menschliches Verhalten [...] nicht nur darauf gerichtet [ist], irgendwelche Mißstände abzustellen" und „weder seiner bewußten Absicht noch seiner objektiven Bedeutung nach darauf bezogen, daß irgend etwas in dieser Struktur besser funktioniere." So säße Kritik nicht „falscher Unmittelbarkeit" auf, verbliebe kritische Distanzierung nicht in der Adorno-Logik der „falsche[n] gesellschaftliche[n] Ordnung" (GS 3, S. 192) – wobei man einwenden mag, die Aktualität äußeren wie inneren Elends sei so ad hoc nicht abzuwenden.

Wenn Adorno (2006, S. 32f.) zugleich anmerkt, dass zwar „die Unmittelbarkeit selber ein Vermitteltes ist, daß aber dabei auch die Unmittelbarkeit festgehalten werden muß", wird diese „Unmittelbarkeit der einzelmenschlichen Erfahrung" Gegenstand der Analyse und somit Anknüpfungspunkt für Gesellschaftskritik. Das ist auch auf Drogenkonsum zu beziehen: In der Abwendung im Drogenkonsum von gesellschaftlicher Normalität mit ihrer Palette an Belastungen und Versagungen erscheint diese „einzelmenschliche Erfahrung" als unmittelbar und evident. Drogenkonsum mit seiner erwarteten Wirkung ist der Versuch, sich von dem abzusetzen, was „selber ein Gewordenes, ein Bedingtes und insofern nicht Absolutes ist" (ebd.). Gemeint ist Gesellschaft als ‚System', das im Drogenkonsum, im Rausch und in der Sucht nicht ‚an sich' hintergangen wird. Drogenkonsum, eine Abweichung von alltäglichem Verhalten, weicht von dem ab, wodurch er vermittelt ist und bestätigt es nicht nur durch Abwehr, sondern auch durch die Suche nach Unmittelbarkeit, die als vermittelte nur „falsche" sein kann.

Was Adorno über die „Beziehungslosigkeit des extremen Unterhaltungshörers" sagt, dessen „Innenreich" tatsächlich „ganz leer, abstrakt und unbestimmt" bleibt, der sich sein „illusionäres Privatreich" macht, „in dem er glaubt, er selbst sein zu können", lässt sich auf Drogenkonsumenten übertragen. Wo allerdings „diese Haltung sich radikalisiert, wo künstliche Paradiese sich bilden wie für den Haschischraucher, werden mächtige Tabus verletzt. Die Tendenz zur Süchtigkeit indessen ist den gesellschaftlichen Verfassungen eingeboren und nicht einfach zu unterdrücken. Resultanten des Konflikts sind all die Schemata des Verhaltens, welche das süchtige Bedürfnis abgeschwächt befriedigen, ohne die herrschende Arbeitsmoral und Soziabilität allzusehr zu beeinträchtigen: die zumindest nachsichtige Stellung der Gesellschaft zum Alkoholgenuß, die soziale Approbation des Rauchens" (GS 14, S. 194). Und vorher heißt es pointiert und darf auf Drogenkonsum und Rausch im Vorfeld dessen bezogen werden, was als manifeste Sucht definiert ist: „Süchtiges Verhalten hat generell seine soziale Komponente: als eine der möglichen Reaktionsbildungen auf Atomisierung, die, wie Soziologen bemerkt haben, mit der Verdichtung des gesellschaftlichen Netzes zusammengeht. Der Süchtige findet mit der Situation sozialen Drucks ebenso wie der seiner Einsamkeit sich ab, indem er diese gewissenmaßen als eine Realität eigenen Wesens ausstaffiert" (ebd., S. 193f.). „Süchtigkeit ist unmittelbar Regression" (GS 10.2, S. 512) und wenn man (wie Karl Marx philosophiekritisch in Bezug auf Religion) Drogengebrauch als ‚regressive' Kompensation von Entfremdung respektive Verdinglichung sieht und so als „*Ausdruck* des wirklichen Elends" und darin „*Protestation* gegen das wirkliche Elend" (Marx 1970, S. 387), hat er noch hinter der Grenze von missbräuchlichem Umgang bis Sucht einen Anklang von Kritik, die sich ihrer selbst und des nicht unmittelbar erscheinenden Grundes ihrer Veranlassung unbewusst bleibt. Gleich einer Kritik, die unversöhnt ist, wie Adorno sie reklamiert (vgl. Hollewedde 2016, S. 163ff.), signalisiert Drogenkonsum bestehende und bleibende Reibungspunkte zwischen Gesellschaft und Individuum. Unmittelbar scheint im Drogenkonsum sich Geltung verschaffen zu wollen, was als Anspruch in menschlicher Subjektivität verborgen scheint, die allerdings selbst schon durch gesellschaftliche Antagonismen konstituiert, also vermittelt ist. Insofern ist die „Unmittelbarkeit" eine „falsche" und wenn zugleich an dieser „Unmittelbarkeit festgehalten werden muß" (s.o.), ist darin (auch) die Aufgabe formuliert, in Erscheinungen, hier Motiven zum Drogenkonsum und letztlich auch Suchtentwicklung die Wirksamkeit von gesellschaftlichen Strukturen zu benennen, wie sie sich in Subjektivität je individuell vermitteln.

Die Alkoholismus- und Drogenforschung gibt darüber annähernde Auskunft, dechiffriert aber nicht, was mit dem Begriff falsche Unmittelbarkeit als gesellschaftliche Überformung des Umgangs mit Drogen darzustellen wäre. Bestenfalls ist sie kultur- oder gesellschaftskritisch, ohne Gesellschaftskritik zu sein. Die Liste verursachender Missstände, wie sie in soziologischen Forschungsergebnissen zum Drogengebrauch bis in eine stoffgebundene Suchtsymptomatik präsentiert wird, ist lang und in einer Zusammenschau wenig aussagekräftig: Indiziert werden (u.a.) eine vorherrschende Konsumentenhaltung, ein Überangebot an Suchtstoffen, Scheinlösungsangebote durch Werbung, entmündigende Freizeitindustrie, Rationalisierungen im Produktions- wie Reproduktionssektor, inhumane Arbeitsbedingung mit Stressfolgen bis zu Arbeitslosigkeit, verarmte Lebensräume, depressive Lebenseinstellungen aus kollektiv wie individuell als desolat eingeschätzten Zukunftsaussichten, negative Vorbilder oder deren Fehlen überhaupt. Dabei werden Begriffe wie Macht-, Bedeutungs- oder Sinnlosigkeit, Isolation, Normverlust, Selbstentfremdung usw. eingespeist, die in den Bereich psychoanalytischer und sozialpsychologischer Deutungen verweisen. Dass psychoanalytische Erklärungsansätze wie solche, Drogen würden über innere Hemmungen hinweghelfen, sich Ansprüchen aus dem Über-Ich zu widersetzen, nur die Möglichkeit zur Entwicklung einer Suchtsymptomatik erhellen, ist längst erkannt (vgl. Antons, Schulz 1981, S. 201ff.). Das gilt auch für ein nicht realisiertes Machtbedürfnis und folgende Frustrationen, die in Drogenmissbrauch führten, für problematische soziale Situationen und fehlende Bewältigungsstrategien, mangelnde Selbstkontrolle und Persönlichkeitsmerkmale wie Passivität, Bequemlichkeit oder Anspruchlichkeit. Allemal gilt auch hier, dass es nicht möglich ist, Drogengebrauch und -missbrauch sowie Suchtentwicklung und (in dieser Synopse) „Alkoholismus korrelativ an einen Persönlichkeitszug zu binden. Solchermaßen gefundene und unkritisch als kausale Faktoren angenommene Merkmale stellen sich oft als Folgen des Alkoholismus heraus – Resultat eines post hoc, ergo propter hoc-Denkens" (ebd., S. 210; im Orig. kursiviert). In einer solchen Zusammenschau kann nahezu alles in der Spannbreite von desolaten Lebensumständen bis gar ‚Verwöhnungsschäden' ursächlich sein. Eine Erweiterung des Forschungshorizontes vermag das Spektrum möglicher Antworten aufzufächern, die bestenfalls als kritische Vorhaltungen gegenüber möglichen Verursachungen von individuell wie sozial schädlichem Drogenmissbrauch verbleiben. Wenn von Gesellschaft als Ursache die Rede ist, wird diese Leerformel durch kritische Handreichungen zur Schadensminimierung und zur Re-Integration beschädigter Individuen gefüllt. Negiert wird, was in den Symptomen aufscheint: Gesellschaft als Verursachungszusammenhang, allerdings wie von der Kritischen Theorie analysiert und als System bestimmt. Indem die hier nur kursorisch benannten sozialwissenschaftlichen bzw. soziologischen Forschungen mit ihrer Kritik an Details nicht zu dieser Analyse vordringen, die in der Tat für leidende Menschen im Hier und Jetzt wenig praxistauglich ist, tragen sie, um ein (musiksoziologisches) Wort von Adorno aufzugreifen, „ideologisch bei zu dem, was real zu leisten die moderne Gesellschaft nicht müde wird, zur Integration" (GS 14, S. 227).

Vergleichbar dem Desiderat theoretischer Anleitung zu emanzipatorischer Politik (s. u.) muss sich Kritische Theorie auch im Hinblick auf Analyse falscher Unmittelbarkeit im Drogengeschehen als ‚soziales Phänomen' auf Praxistauglichkeit der Kritik befragen lassen: Ein Ansinnen, das mit der Bemerkung Adornos zurückzuweisen ist, wer „nicht primär an sozialen Phänomenen das Gesellschaftliche wahrnimmt, das in ihnen sich ausdrückt, kann zu keinem authentischen Begriff von Gesellschaft fortschreiten." (GS 8, S. 339) Das ist demnach jedwedem soziologischen bzw. sozialwissenschaftlichen Beforschen eines Phänomens aufgegeben. Die isolierende Behandlung hat sich in der Deutung auf „Totalität" zu beziehen: „Daß ohne Beziehung auf Totalität, das reale, aber in keine handfeste Unmittelbarkeit zu übersetzende Gesamtsystem, nichts Gesellschaftliches zu denken ist, daß es jedoch nur soweit erkannt werden kann, wie es in Faktischem und Einzelnem ergriffen wird, verleiht in der Soziologie der *Deutung* ihr Gewicht. Sie ist die gesellschaftliche Physiognomik des Erscheinenden. Deuten heißt primär: an Zügen sozialer Gegebenheit der Totalität gewahr werden" (ebd., S. 315). Eine Deutung des Drogengebrauchs und seiner Ursachen kann demnach erst dann für sich beanspruchen, kritisch im Sinne der Kritischen Theorie zu sein, wenn sie am „Erscheinenden" (s. o.) das Gesellschaftliche kenntlich macht und „das Moment von Unmittelbarkeit […] im Fortgang der Erkenntnis" aufhebt. Wiederum gilt, nicht jenen „Zwänge(n) zur geistigen Haltung" zu unterliegen, „welche die total vergesellschaftete Welt auf das Denken ausübt, damit es funktioniert"; und erinnert wird an die „ihrer Sprachform nach äquivoke Warnung Kants, nicht in intelligible Welten auszuschweifen", sich nicht bei „Daten" zu bescheiden, sondern zu versuchen, „die Widersprüche abzuleiten" (ebd., S. 339f.) – wie sie bei Marx in zentralen Begriffen der Kritik der politischen Ökonomie enthalten und entwickelt sind.

Eine Kritische Theorie der Drogen hat demnach die Funktionen des Rauschs und die je historischen und aktuellen Diskurse zu dechiffrieren, egal ob ihre Argumentationsfiguren dämonisieren oder den berauschten Zustand als Möglichkeit kreativer Grenzüberschreitung perspektivieren (vgl. Feustel 2016). Sie geben vor, was in einhegenden Narrativen nächst dem „stumme(n) Zwang der ökonomischen Verhältnisse" (Marx 1971, S. 765) subjektiven Strukturen konkret für den Zweck gesellschaftlicher Integration zu implementieren ist. Wie Bewusstseinsinhalte und Denkfiguren, Handeln und Verhalten ausgerichtet sein sollen, ist (auch) am Thema Drogen zu exemplifizieren und als vermittelte Nötigung aus gesellschaftlichen Strukturen zu entschlüsseln. Das heißt, die Zwecke gesellschaftlicher Produktions- und Reproduktionsprozesse, die Logik des „Gesamtsystems" im „Erscheinenden" (s. o.) als Vermitteltes darzustellen.

So kann eine Kritische Theorie der Drogen zeigen, dass deren Gebrauch, dass Berauschung und Rausch, beides immer als latente Suchtgefahr identifiziert, der Optik der Abweichung unterliegt und tendenzielle Desintegration signalisiert. Allemal wird das regelhaft zu Erwartende überdehnt oder verletzt und wird schon da kontrolliert bis diszipliniert, wo es desintegriertem Verhalten nahe kommt, wo es an der Peripherie des Anderen von Vernunft und Ordnung siedelt. (vgl. Hollewedde und Schmieder 2016, S. 41ff.) In der Tendenz zur Desintegration wie gleichermaßen in flexiblen, stets aktualisierten Methoden der Integration scheint „Totalität" auf: „Gesellschaft als universaler Block, um die Menschen und in ihnen" (GS 8, S. 19). Um Unmittelbarkeit als nicht nur in toto falsche, sondern an „Zügen sozialer Gegebenheiten" und hier dem Drogengebrauch auszuweisen, ist bei Adornos (anders fokussierten) Argumentationen anzuknüpfen. Das leitet wissenschaftliche Erkenntnis an, ist aber nicht unmittelbar in Praxis, d. h. Prävention und Therapie zu übersetzen, dient aber auch da der Selbstreflexion, wo sich die Analyse auf den Zusammenhang von individuellen Motivationen und deren Verursachung richtet.

Wird häufig der konviviale Aspekt des Alkoholkonsums betont, so ist hier – wie bei Adorno in Bezug auf das Fernsehen mit seiner „angeblich gemeinschaftsbildenden Wirkung" – die Funktion *scheinbarer* zwischenmenschlicher Nähe zu parallelisieren: Die „reale Entfremdung zwischen den Menschen und zwischen Menschen und Dingen" wird auch im gemeinschaftlichen Alkoholkonsum „vernebelt" – aus Sicht der Kritischen Theorie als „Ersatz einer gesellschaftlichen Unmittelbarkeit, die den Menschen versagt ist. Sie verwechseln das ganz und gar Vermittelte, illusionär geplante mit der Verbundenheit, nach der sie darben" (GS 10.2, S. 511f.). In Bezug auf solche „subjektive Verhaltensweise" in Gestalt einer „scheinbar primären, unmittelbaren", also „selbst vermittelte[n]" Reaktion reiche auch eine „Motivationsforschung" nicht hin, „jenen Schein von Unmittelbarkeit zu korrigieren und in die vorgängigen Bedingungen der subjektiven Reaktionsweisen […] einzudringen." Was Adorno hier (für Musikrezeption) unter dem allgemeinen Hinweis ausführt, dass Motivationen „ihren Ort im Bewußten und Unbewußten der Individuen" haben, kann auf den Fall gemeinsamen Alkoholkonsums insoweit übertragen werden, als auch hier motivationsanalytisch nicht zu klären ist, „ob und wie Reaktionen […] durch das sogenannte kulturelle Klima und darüber hinaus durch gesellschaftliche Strukturmomente bedingt sind." Zwar seien Strukturen, „‚gesamtgesellschaftliche'", anders als Motive und Reaktionen nicht empirisch fassbar, doch „blitzen in den subjektiven Reaktionen soziale Objektivitäten, bis hinab zu konkreten Einzelheiten, auf. Vom subjektiven Material läßt sich auf objektive Determinanten zurückschließen", wobei allerdings unbewiesen sei, so Adornos erkenntnistheoretischer Einwand, „ob tatsächlich von Meinungen und Reaktionsweisen einzelner Personen zur Gesellschaftsstruktur und zum gesellschaftlichen Wesen fortgeschritten werden kann" (GS 10.2, 709f.).

In den Forschungsergebnissen verschiedener Disziplinen zu gesellschaftlichen Verursachungen und/oder individuellen Prädispositionen zum Alkohol- und Drogenkonsum bis -missbrauch klingen diese „soziale[n] Objektivitäten" und „objektive[n] Determinanten" lediglich an. Sie werden vermittels der schon in den „Kernstrukturen" (Ritsert 1973, S. 32) von Gesellschaft angelegten Widersprüche in „konkreten Einzelheiten" wie dem Drogengebrauch virulent. In diesen Forschungen ist der „Anlaß" dingfest gemacht, in dem die „Ursache konkret ist" (GS 6, S. 297), hier aber noch als Ursache abgeschattet von der „verblendenden Macht falscher Unmittelbarkeit" (GS 3, S. 219). ‚Ursachen' erscheinen jedoch in der Tendenz zur Desintegration oder in deren manifesten Formen. Sie irritieren oder stören den reibungslosen Gang der bürgerlichen Gesellschaft und der sie tragenden Ökonomie, die „Inthronisierung des Mittels als Zweck" in der „falschen Gesellschaft" (ebd., S. 73). Das Gebot mentaler Nüchternheit wird unterminiert und mit ihm ein interessiert vereinnahmter idealistischer Vernunftbegriff – eine „gehorsame Unterordnung der Vernunft unters unmittelbar Vorfindliche" (ebd., S. 43), was als Rüstzeug zur subjektiven Seite abverlangt ist.

1   Normalitätsgrenzen

An den mit der bürgerlichen Gesellschaft einsetzenden Diskursen zum Alkohol- und Drogenverhalten wird deutlich, wie Vorfindliches als vernünftig deklariert wird. Die jeweils eruierte Verursachung (der „Anlaß") werfen ein Schlaglicht auf das immer schon als unmittelbar erscheinende Vermittelte, auf Gesellschaft, deren Antagonismen naturalisiert sind und die daher „nichts so sehr fürchtet, wie beim Namen gerufen zu werden, und darum unwillkürlich nur solche Erkenntnisse ihrer selbst fördert und duldet, die von ihr abgleiten." (GS 8, S. 205) Eine gesellschaftskritische Drogenforschung mit Blick auf Behebung von Missständen kann da kaum ausscheren, zumal wenn sie von dem „aus den gesellschaftlichen Lebensbedingungen der Individuen hervorwachsenden Antagonismus" absieht (Marx 1974, S. 9) und damit auch implizit unterschlägt: „Der Einzelne selbst ist als geschichtliche Kategorie, Resultat des kapitalistischen Entfremdungsprozesses" (GS 11, S. 290). In ihren Ergebnissen wird nicht das „gesellschaftliche Ganze transparent", sondern ist stattdessen zum „factum brutum zugerichtet", wodurch „ihm auch nachträglich kein Licht einzublasen" ist (GS 8, S. 205). Für Drogenforschung und Suchttheorie gilt, da es ihr nicht „ums Ganze geht", dass sie letzten Endes „vergeblich" ist, insofern sie sich selbst „auf ihren Nutzeffekt jetzt und hier festnagelt" und so der „Systemimmanenz" nicht entrinnt. (GS 10.2, S. 759) Unter diesem Blickwinkel kann Kritische Theorie der Drogen weder auf Prävention mit Blick auf Bereinigung desintegrativer und sich im Drogenkonsum ausdrückender Tendenzen noch auf Strategien zur Optimierung therapeutischer Intervention zielen. Sie verfiele in den Fehler, den sie ankreidet. Es bleibt der Anspruch auf Aufklärung. Sie vermag den modifizierten Fortbestand eines „asketische(n) Ideal(s)" als gewordenem „Selbstzweck" und Desiderat aus Integration aufzuzeigen mit Tendenz der „Negation der Sinnlichkeit um der Negation willen" (GS 14, S. 85f.).

Damit wird auch Vernunft auf krude Vernünftigkeit und systemadäquate Rationalität gebracht. Unstrittig dann auch, dass Drogenkonsum in Richtung eines Anderen von Vernunft und Ordnung abdriftet und daher an der Schwelle von Desintegration steht. Anknüpfend und weiterführend ist die kritisch-soziologische Analyse mit dem Hinweis, dass das Andere der Ordnung nicht ein „Zerfallsprodukt von Ordnung und/oder Voraussetzung ihres Emergierens" ist; es ist ein Geschehen „in den Lücken des Ordnungsvollzugs" (Bröckling et al. 2015, S. 14f. u. 28). Wo jedoch Integration antritt, diese Lücken zunehmend zu schließen, wenn ggf. in diesem Prozess „die Subjekte auf hart gesetzte Antagonismen der

Interessen stoßen", wird Integration „brüchig" (GS 8, S. 101). Dann zeitigt „anwachsende Integration" wiederum Desintegration, Ausdruck einer „Zunahme des Antagonismus" (Adorno 2008, S. 112). Diese Brüchigkeit zeigt sich in allen Variationen von Desintegration und ist nicht jenseits von Integration als Bestreben der bürgerlichen Gesellschaft zu denken, sich als einheitliches System zu etablieren. Weil vorrangig die Frage ansteht, was Gesellschaft zusammenhält, hat in der Soziologie „das Konzept der Integration die Funktion einer praktischen Ideologie. Mit ihm lässt sich bestimmen, was als normales soziales Verhältnis gelten kann." Widersprüche gilt es zu leugnen, auszugrenzen, zu marginalisieren, zu pathologisieren, „um zwanghaft jene angestrebte Einheit herzustellen" (Demirović 2015, S. 171 u. 183). Desintegration ist jedoch keine „Zufälligkeit" und wäre somit das, „was durch ihre Maschen schlüpft": „Integration ist Desintegration und in ihr findet der mythische Bann mit der herrschaftlichen Rationalität sich zusammen" (GS 10.1, S. 268f.).

Insoweit sind im derzeitigen hegemonialen Diskurs Drogengebrauch und Rausch vorab in einem permissiven Normalitätsspektrum mit „poröse[r] Normalitätsgrenze" (Legnaro) angesiedelt, dabei (noch vor manifester Suchtsymptomatik) stets in prekärer Nähe potentieller Skandalisierung oder Integration mittels abstrafender Sanktionierung bis fürsorglicher Re-Integration. Dabei „fingiert" die „berufsmäßige Güte [...] des Profits wegen Nähe und Unmittelbarkeit [...]. Sie betrügt ihr Opfer, indem sie in seiner Schwäche den Weltlauf bejaht, der es so machte, und tut so viel Unrecht ihm an, wie sie von der Wahrheit nachläßt" – jener Wahrheit: „Das Ganze ist das Unwahre" (GS 4, S. 67 u. 55).

Darüber kann Kritische Theorie mit Blick auf Drogen nicht hinauskommen, auch da nicht, wo sie mittels des Begriffs falscher Unmittelbarkeit erklären kann, welche Rolle Drogen für welchen Zweck spielen. Die Argumentation bleibt auch stichhaltig, wo sich Erscheinungsformen des Drogengebrauchs und des Rauschs im Zuge der ökonomischen und sozioökonomischen Entwicklung verändern – und dies zur Seite der Desintegration auf „unberechenbare Weise" (Demirović, 2015, S. 181). Dem folgen aktualisierte Narrative zur selbsttägigen Umgestaltung subjektiver Orientierungen, wie sie heute im *„unternehmerischen Selbst"* (Bröckling) zugespitzt sind. Es sind Paraphrasierungen dessen, was für die Zwecke der bürgerlichen Gesellschaft durchgehend zur subjektiven Seite abverlangt war und ist. Die „Lücken des Ordnungsvollzugs" werden weniger, aber sie werden nicht geschlossen. Der Drogengebrauch in solcher Lücke wird im neuerlich zu beobachtenden Drogenverhalten ganz in der Logik neoliberaler Ideologeme im pharmakologischen Selbstvollzug domestiziert. Die Motive dafür folgen den Direktiven an neoliberale Subjektivierung.

2 Das (Un)Glück der Drogen

Bekanntermaßen waren und sind Drogengebrauch und Rauschgeschehen sozialhistorisch und kulturell eingebettet. Zu erkennen sind offenkundig ganz andere Funktionen und damit Erscheinungsweisen (vgl. Völger und v. Welck 1982). „Der narkotische Rausch", darauf verweisen Horkheimer und Adorno (GS 3, S. 50f.), „der für Euphorie, in der das

Selbst suspendiert ist, mit todähnlichem Schlaf büßen läßt, ist eine der ältesten gesellschaftlichen Veranstaltungen, die zwischen Selbsterhaltung und -vernichtung vermitteln, ein Versuch des Selbst, sich selber zu überleben. Diese Angst, sein Selbst zu verlieren [...], ist einem Glücksversprechen verschwistert, von dem in jedem Augenblick die Zivilisation bedroht war." Drogen sind als Steigbügelhalter des Rauschs mit einem solchen bedrohlichen „Glücksversprechen" affiziert, das sich ephemer selbst noch in motivational dominierender Abwehr ausdrückt (vgl. Schmieder 1992). Darum ist – ganz allgemein – „die Forderung der Nüchternheit zuvor versagend: sie nimmt das Glück des Rausches" (GS 2, S. 230), gleichviel wodurch induziert, ob als Drogen- oder Liebesrausch oder infolge eines Kunstgenusses. Alles ist verbannt in falsche Unmittelbarkeit: „Der verwaltete und veranstaltete Rausch hört auf, einer zu sein." (GS 14, S. 203) So aber der Drogengebrauch auf „Glück" und sei es in Form von Kompensation u. a. m. zielt, enthält „Glück [...] Wahrheit in sich. Es ist wesentlich ein Resultat. Es entfaltet sich am aufgehobenen Leid" – einem Leid, das auch aus der „von der Zivilisation unterdrückten Unmittelbarkeit" erwächst: „Berühren, Anschmiegen, Beschwichtigen, Zureden. Anstößig ist das Unzeitgemäße jeder Regung. [...] Peinlich wirkt schließlich jede Regung überhaupt, Aufregung nicht minder" (GS 3, S.81 f. u. 206). Was für den Zweck der Instrumentalisierung in Interaktionen opportun ist, kann sich im Drogengebrauch selbst in Form falscher Unmittelbarkeit dem immer schon korrumpierten Glück nähern. Wie kulturindustriell produziertem Surrogatglück haftet Drogengebrauch ein „schwindelhaftes Versprechen von Glück" an, „das anstelle des Glücks selber sich installiert" (GS 14, 226).

Hier anknüpfend lassen sich eine Absenz- und eine Präsenztheorie des Glücks verbinden (vgl. Rath 2016). Zunächst ist „Glück falsch [...] in der Welt, in der wir leben" (GS 13, S. 145); zugleich steht zur Frage, was es wäre, wenn es „sich nicht mäße an der unmeßbaren Trauer dessen was ist" (GS 4, S. 228). Wo Angst herrscht und Freiheit bedroht ist, könne es eigentlich kein Glück geben, gleichwohl gehe es nicht an, ‚annähernde' Erfahrbarkeit von Glück zu leugnen, vergleichbar jenem „bittere[n] Glück des Denkens, daß es [...] über sich selbst hinaus denken kann, daß es weiter reicht als die eigene Nase" (GS 16, S. 495). Weil aber jegliches Glück „Fragment des ganzen Glücks" ist, das „den Menschen sich versagt und das sie sich versagen", und so „hinfällig in ihm alle Spuren des Anderen sind; so sehr alles Glück durch seine Widerruflichkeit entstellt ist", so ist doch die vielleicht nur Ahnung eben eines nicht mehr falschen Glücks von „den stets wieder gebrochenen Versprechungen jenes Anderen" durchsetzt (GS 6, S. 396). Die Erfahrung eines verordneten oder verlogenen Pseudo-Glücks berge so ihr Gegenbild. Tatsächliches, nicht existentes, doch prospektives Glück könne als Entgegensetzung zum herrschenden Unglück entstehen. Glück besteht darin, „das Unglück zu erkennen" (GS 12, S. 126) und steht dann im Widerstand gegen jedwedes profane Glücksversprechen. Daher sei es eher Sehnsucht als Erfüllung – auch der Sehnsucht nach dem Glück: „Ohne Angst Leben" (GS 13, S. 145).

Dazu stehen Adornos Dikta nicht im Widerspruch, es sei eine „Lüge, jetzt und hier sei Glück überhaupt schon möglich" (GS 16, S. 306), „alles Glück am Bestehenden und in ihm Ersatz und falsch" (GS 7, S. 461). Ein (kulturindustriell) ‚geplantes' und ‚exploitiertes'

„Glücksbedürfnis" könne nämlich beinhalten, „was darin auf die Utopie vordeutet", was allerdings „stets weniger" werde. (ebd.) „Kein Glück", heißt es erläuternd, „das nicht dem gesellschaftlich konstituierten Wunsch Erfüllung verhieße, aber auch keines, das nicht in dieser Erfüllung das Andere verspräche", um darauf seine Ablehnung „abstrakte[r] Utopie" zu begründen, „die darüber sich täuscht" und so „zur Sabotage am Glück" wird und „dem in die Hände" spielt, „was sie negiert" (GS 10.1, S. 87). Für die Befragung der Kritischen Theorie im Hinblick auf Drogengebrauch für den Zweck der Berauschung und dies noch unter der Voraussetzung einer falschen Unmittelbarkeit ist an den zwar immer wieder „gebrochenen Versprechungen jenes Anderen" anzuknüpfen, aber auch daran, „was darin auf die Utopie vordeutet". Das ist der Analyse wissenschaftlicher Deutungen und literarischen Dokumenten über die Janusköpfigkeit vor allem des Rauschs und Narrativen, er habe einen transzendierenden Kern, zu entnehmen. (vgl. Feustel 2016)

Der Psychoanalytiker Rost (2016, S. 110) sieht vergleichbar Adornos Argumentation zunächst den „narkotischen Rausch" als „menschliche Suche [...] nach Ekstase und Transzendenz, nach Auseinandersetzung mit und Sehnsucht nach Überwindung des Todes". Das sei „angelegt in unserer menschlichen Existenz", daher scheint es unmittelbar. Zumindest ist der Irrweg einer falschen Unmittelbarkeit, auf den Motive und selbst die Wahl der Mittel zum Rausch geleitet sind, auf dieser Ebene nicht beschritten. In einer aus psychoanalytischer Sicht angelegten „Sehn-Sucht" sind zwar Drogen, ist der Rausch auch Mittel zum Zweck, was aber nicht in falsche Unmittelbarkeit gezwängt ist. Ein davon freier Rausch ist nicht auf bloß narkotisierende Funktion reduziert, ist weder nur dumpfe Betäubung noch ohnmächtiges Aus- oder Abweichen. Er ist nicht durch den „gesellschaftlich konstituierten Wunsch" nach Glück präformiert und losgelöst von zivilisatorisch und gesellschaftlich vordefinierten Glücksverheißungen. In ihm scheint nebulös und phantastisch auf, was sich nicht misst an der „unmeßbaren Trauer dessen was ist", was auf „Utopie vordeutet", die nicht durch „Widerruflichkeit entstellt" ist. Solch Utopisches gehört in den Bereich des Irrsinns exiliert. Weil solche irreale Sehnsucht nach undefiniertem Glück aber selbst im schon gesellschaftlich unterworfenen Rausch aufbrechen und präsent werden könnte, war und ist er im Hinblick auf seinen transzendierenden Gehalt verdächtig – weil er Vorgriff auf das sein kann, was nicht ist, was sein könnte, was keinen Ort hat.

Falsche Unmittelbarkeit kanalisiert solche Sehn-Sucht und konkrete, von den Antagonismen erzeugte „Ängste und Fragen" dürfen sich im domestizierten Rausch beruhigen wie in Bedürfnissen, die falsche sind und keine (sogenannten) „radikalen" (vgl. Heller 1976, S. 85ff.). Beides ist im Bannkreis des Systems nicht zu erfüllen. Sehnsüchte, Wünsche, Bedürfnisse haben an falscher Unmittelbarkeit festgemacht. Die Leine ist kurz wie die des „‚Kurzrausches'" nach Rost (2016, S. 110), „des immer schneller, allseits verfügbaren, scheinbar konsequenz- und folgenlosen Kicks", ein „armseliger Ersatz des ursprünglichen Rausches". Mag sich im sozialhistorischen Rückblick im Drogengebrauch und Rauschgeschehen Widerstandsgehabe geäußert haben und zugleich untergegangen sein, so kommt in dieser Form des Rauschs Selbstkontrolle in der zudem beobachtbaren Verschränkung von Rausch und Ernüchterung – beide Male drogeninduziert – in Form einer flexiblen Rauschrealität zum Ausdruck (vgl. Hollewedde und Schmieder 2016, S. 62ff.).

Das lässt einmal mehr an Horkheimers und Adornos (GS 3, S. 155) zeitdiagnostische Einschätzung denken, dass die „Beherrschten die Moral, die ihnen von den Herrschenden kam, stets ernster nahmen als diese selbst" und nunmehr gelte: „Unbeirrbar bestehen sie auf der Ideologie, durch die man sie versklavt. Die böse Liebe des Volkes zu dem, was man ihm antut, eilt der Klugheit der Instanzen noch voraus." Das mag nach Aussichtslosigkeit klingen. Doch erst einmal fußt eine solche Sentenz auf der Erkenntnis, dass „das Subjekt für den Gegenstand" (Marx) zugerichtet wird; „Technologien des Selbst" (Michel Foucault) flankieren machtpolitisch und haben schon länger das sich selbst beaufsichtigende Individuum zum Ziel – was nicht abschließend gelingt. Davon legt auch das aktuelle, durch neoliberale Verhaltensansinnen gesteuerte Drogenverhalten Zeugnis ab. „Ohne Angst Leben", also Angstfreiheit etwa gegenüber nicht nur beruflichen Zukunftsaussichten und Konkurrenznachteilen verschafft es nicht und entfernt sich weiter von einem Glück, das es nicht gibt – was (zumindest) der Erfahrung zugänglich ist.

Eine Kritische Theorie der Drogen und daran anschließende kritische Soziologie kommt über solche sich auf Gesellschaft beziehende Analyse nicht nur nicht hinaus, sondern kann auch dahinter nicht zurückfallen. Die normative Verunsicherung, wo Drogengebrauch und (neuere) Formen des Rauschgeschehens an die Peripherie von Vernunft und Ordnung geraten und selbst noch in falscher Unmittelbarkeit das Andere aufscheinen könnte, ist durch die Verinnerlichung einer moralischen Panik in das Drogenverhalten der Individuen übernommen, bedarf zunehmend weniger äußerer Skandalisierung oder Stigmatisierung und hält sich (weitestgehend) im Dunstkreis von Konformität, was sich selbst in schwacher Gegnerschaft zur Illegalität als „hart" indizierter Drogen erhält, da auch dort auf eine Freiheit nach der Logik der Warentauschgesellschaft optiert wird und nicht die Freiheit meint, in der Glück erst wirklich und nicht ex negativo sein kann – und in der jener aus Sehnsucht folgende Rausch ein ganz anderer wäre. In falsche Unmittelbarkeit gebettet bleibt der Drogengebrauch gerade in der Ausuferung zum Missbrauch eine Abweichung vom Diktat der Integration, ist systemisch erzeugte Desintegration. Das haftet der aktuellen Selbstdomestikation des Drogengebrauchs noch an. Angezeigt ist darin auch, dass die „Entwicklung zur totalen Integration [...] unterbrochen, nicht abgebrochen" ist (GS 3, S. 10) – oder hier, am Einzelphänomen, lediglich irritiert. Auch als „Kontrollgesellschaft" (Gilles Deleuze) wächst das System den Individuen ein. Aber wenn „alles Wahrnehmen Projizieren" ist, steht auch für die Selbstwahrnehmung im flexibel angepassten Drogenverhalten aus, ob sie aus falscher Unmittelbarkeit nicht auf etwas projiziert, was nicht zu haben ist. Auch das wirft eine Kritische Theorie der Drogen – über Aufnahme verstreuter und auf den behandelten Gegenstand zu wendender Argumente – für kritische Soziologie ab.

Die theoriestrategische Bedeutung der Kritischen Theorie ist evident und als wissenschaftliche Pionierarbeit getan. Sie zieht (unter der ursprünglichen Wortführung von Habermas) eine Kritik nach sich, die räsoniert, sie habe insoweit in eine Sackgasse geführt, da dieses Denken defensiv und praxisfern in dem Sinne sei, da sie über die Notwendigkeit des Aufweises der Überwindung von (Klassen-)Herrschaft keine Handreichung für emanzipatorische Politik abwerfe. Das trifft auch kritische Soziologie. Zu bedenken bleibt: „Wollte man darum auf Kritik der Gesellschaft verzichten, so befestigte man sie nur in eben jenem Fragwürdigen, das den Übergang zu einer höheren Form verhindert. Die objektive Verstelltheit des Besseren betrifft nicht abstrakt das große Ganze. In jedem Einzelphänomen, das man kritisiert, stößt man rasch auf jene Grenze. Das Verlangen nach positiven Vorschlägen wird immer wieder unerfüllbar, und darum Kritik desto bequemer diffamiert" (GS 10.2, S. 793). Auch die Praxis der Drogen- und Suchtkrankenhilfe muss sich diesen Gedanken gefallen lassen.

Literatur

(Nicht aufgeführt sind die verschiedenen Werke Adornos in den Bänden der Gesammelten Schriften, denen die Zitate entnommen wurden.)

Adorno, Th. W. GS 2, 1998. *Kierkegaard*. Darmstadt.
Adorno, Th. W. GS 4, 1998. *Minima Moralia. Reflexionen aus dem beschädigten Leben*. Darmstadt.
Adorno, Th. W. GS 5, 1998. *Zur Metakritik der Erkenntnistheorie. Drei Studien zu Hegel*. Darmstadt.
Adorno, Th. W. GS 6, 1998. *Negative Dialektik. Jargon der Eigentlichkeit*. Darmstadt.
Adorno, Th. W. GS 7, 1998. *Ästhetische Theorie*. Darmstadt.
Adorno, Th. W. GS 8, 1998. *Soziologische Schriften I*. Darmstadt.
Adorno, Th. W. GS 10.1, 1998. *Kulturkritik und Gesellschaft I*. Darmstadt.
Adorno, Th. W. GS 10.2, 1998. *Kulturkritik und Gesellschaft II*. Darmstadt.
Adorno, Th. W. GS 11,1998. *Noten zur Literatur*. Darmstadt.
Adorno, Th. W. GS 12, 1998. *Philosophie der neuen Musik*. Darmstadt.
Adorno, Th. W. GS 13, 1998. *Die musikalischen Monographien*. Darmstadt.
Adorno, Th. W. GS 14, 1998. *Dissonanzen. Einleitung in die Musiksoziologie*. Darmstadt.
Adorno, Th. W. GS 16, 1998. *Musikalische Schriften I – III*. Darmstadt.
Adorno, Th. W. 2006. *Zur Lehre von der Geschichte und der Freiheit*. Frankfurt/Main.
Adorno, Th. W. 2008. Philosophische Elemente einer Theorie der Gesellschaft. In Ders.: *Nachgelassene Schriften. Abteilung IV. Bd. 12*. Frankfurt am Main.
Adorno, Th. W., M. Horkheimer (GS 3, 1998). *Dialektik der Aufklärung*. Darmstadt.
Antons, K., W. Schulz. 1981. *Normales Trinken und Suchtentwicklung. Bd. 1*. Göttingen, Toronto, Zürich.
Bröckling, U., Ch. Dries, M. Leanza, T. Schlechtriemen. 2015. Das Andere der Ordnung denken. In *Dies. (Hg.) Das Andere der Ordnung. Theorien des Exzeptionellen*, 9-52. Weilerswist.
Demirović, A. 2015. Ordnung und Integration. Adornos Kritik am Gravitationsgesetz des Ganzen. In *Das Andere der Ordnung. Theorien des Exzeptionellen*, hrsg. v. U. Bröckling, Ch. Dries, M. Leanza, T. Schlechtriemen, 169-188. Weilerswist.
Feustel, R. 2016. Zwischen Wahn und Wahrheit – die Geburt des Rauschs im 19. Jahrhunderts. In *Rauschdiskurse. Drogenkonsum im kulturgeschichtlichen Wandel*, hrsg. v. B. Kastenbutt, A. Legnaro, A. Schmieder. Münster.
Heller, A. 1976. *Theorie der Bedürfnisse bei Marx*. Westberlin.
Hollewedde, S. 2016. Unversöhnliche Kritik der Versöhnung. In *Kritik und Versöhnung. Beiträge im Handgemenge Kritischer Theorie*, hrsg. v. J. Ehlers. U. M. Gerr, E. Köhler, St. Stolzenberger, M. Vialon, 163-186. Oldenburg.

Hollewedde, S., A. Schmieder 2016. Rausch – oder: An der Peripherie des Anderen von Vernunft und Ordnung. In *Rauschdiskurse. Drogenkonsum im kulturgeschichtlichen Wandel*, hrsg. v. B. Kastenbutt, A. Legnaro, A. Schmieder, 29-74. Münster.
Horkheimer, M. 1988. Traditionelle und kritische Theorie. In Ders.: *Gesammelte Schriften Bd. 4*. Frankfurt am Main.
Marx, K. 1970. Zur Kritik der Hegelschen Rechtsphilosophie. In *Marx Engels Werke (MEW) Bd. 1*. Berlin.
Marx, K. 1974. Zur Kritik der Politischen Ökonomie. In *Marx Engels Werke (MEW) Bd. 13*. Berlin.
Marx, K. 1971. Das Kapital. Erster Band. *Marx Engels Werke (MEW) Bd. 23*. Berlin.
Rath, N. 2016. Kein Glück ohne Freiheit, keine Freiheit ohne Glück – Aspekte von Adornos Konzept des Glücks. *In: Kritiknetz – Zeitschrift für Kritische Theorie der Gesellschaft*.
http://www.kritiknetz.de/kritischetheorie/1341-kein-glueck-ohne-freiheit-keine-freiheit-ohne-glueck (zugegriffen: 15. August 2016).
Ritsert, J. 1973. *Probleme der politisch-ökonomischen Theoriebildung*. Frankfurt am Main.
Rost, W.-D. 2016. Psychoanalyse des Rausches. In *Rauschdiskurse. Drogenkonsum im kulturgeschichtlichen Wandel*, hrsg. v. B. Kastenbutt, A. Legnaro, A. Schmieder, 95-112 Münster.
Schmieder, A. 1992. *Sucht: Normalität der Abwehr*. Freiburg im Breisgau.
Völger, G., K. v. Welck (Hg.) 1982. *Rausch und Realität. Drogen im Kulturvergleich*. 3 Bdd. Reinbek.

Drogen in der Perspektive der Cultural Studies

Bernd Dollinger

Zusammenfassung

Wird von den Cultural Studies auf Dogenkonsum geblickt, so wird die Verwendung von Drogen als subjektiv bedeutungsvolle und kulturell eingebettete Praxis sichtbar. Es zeigen sich kreative, widerständige, genussorientierte und in ihrer weiteren Entwicklung offene Praxen. Gleichzeitig aber finden sie in vorstrukturierten Feldern statt. Diese bedrohen Konsumenten mit Diskriminierungen, in welche sie nicht zuletzt selbst involviert sind. Drogenkonsum ist damit ambivalent und mehrdeutig, wobei er prinzipiell als bedeutungsorientierte Praxis verstanden wird, die vielfältige Konnotationen aufweist.

Schlüsselbegriffe: Kultur, Kontingenz, Diskriminierung, Subjektivierung

1 Einleitung

Das Forschungsfeld der Cultural Studies ist schillernd und vage. Mit dem Begriff verbinden sich sehr unterschiedliche Ansatzpunkte, methodische Ausrichtungen und Gegenstandsbereiche, wie Chris Barker (2008, S. 4) schreibt: „Cultural Studies has always been a multi- or post-disciplinary field of enquiry which blurs the boundaries between itself and other ‚subjects'. (siehe auch Hall 1996). In Überblicksbänden wird zwar versucht, eine gewisse Ordnung zu schaffen (z.B. Assmann 2012; Barker 2008; Denzin 1992; Hall und Birchall 2006; Lutter und Reisenleitner 2008; Marchart 2008); dies ändert jedoch wenig an den heterogenen Positionen, die unter dieses Dach subsumiert werden. Forschungen im Kontext der Cultural Studies, so immerhin ein gemeinsamer Bezugspunkt, beschäftigen sich mit Fragen nach Repräsentation und Positionierung; sie sind gekennzeichnet durch eine politische Perspektive, die Kategorisierungen hinterfragt, Machtbeziehungen reflektiert, Praxen der Bedeutungszuschreibung fokussiert und darin die Prägung von Subjektivität bzw. Identität aufschließt. Pointiert bezeichnet Oliver Marchart (2008, S. 33) Bezüge auf Kultur, Macht und Identität als das „magische Dreieck der Cultural Studies". Den zentralen Fokus bildet Kultur als Ermöglichung und Resultat einer machtvollen Praxis, durch die Identitäten bestimmt werden. Kultur lässt sich dabei verstehen als „die symbolisch-praktische Ordnung des Sozialen". Es handelt sich, so Stephan Moebius (2009, S. 189), um „das permanent in Praktiken des ‚doing culture' (re-)produzierbare und transformierbare Material, mit dem die Menschen ihren (materiellen und sozialen) Erfahrungen Ausdruck verleihen, Sinn und Bedeutung geben und das wiederum Erfahrungen möglich machen kann". Insbesondere neuere Ansätze betonen dabei Momente der Emergenz, der Kontingenz und der Polysemie – trotz eines Fokus auf Hegemonie- und Dominanzverhältnisse. Folglich kann Kultur kein abgeschlossenes System der Zuweisung und Zirkulation von Bedeutungen sein. Sie verweist vielmehr auf konstruktiv-kreative, gleichwohl gesteuerte Formen der Konstitution einer Realität, die durch Subjekte realisiert wird, durch die Subjekte aber zugleich selbst als Bedeutungsgeber justiert werden.

Wenn eine derartige – in ihrer Vielfalt und Tragweite mit dieser kurzen Skizze nur anzudeutende – Perspektive eingenommen wird, so ergibt sich eine besondere Einschätzung von Drogenkonsum. Zu konstatieren ist zunächst ein Kontrast zu positivistischen Positionen unterschiedlicher disziplinärer Provenienz. Weder Konsum an sich noch Substanzwirkungen sind rein durch die pharmakologische Eigenschaft einer Substanz und deren Wechselwirkung mit körperlichen Prozessen erklärbar (vgl. Blätter 2007). Drogen und ihre Effekte sind nicht eindeutig, wahrnehmungsunabhängig gegeben; bereits die Rede von einer ‚Droge' kommuniziert historisch etablierte Zurechnungen, die nur verständlich werden, wenn Kontextbezüge in Rechnung gestellt werden. Wie anderes Handeln auch kann die Verwendung psychoaktiver Substanzen nur im Rahmen historisch gewordener, in sich vielschichtiger Bedeutungsarrangements gedacht werden. Hierbei besteht Ähnlichkeit mit interaktionistischen Ansätzen, insoweit auch sie die interindividuelle Aushandlung und Stabilisierung von Bedeutungen untersuchen. Allerdings betonen die Cultural Studies darüber hinaus, dass Interaktionen nicht ohne kulturelle Rahmungen verstanden werden können, die (inter-)individuelles Handeln durch Kategorisierungen, Definitionsmacht, Herrschaftsbezüge usw. vorgängig mit Sinn bzw. Optionen der Sinnzuweisung ausstatten. So wird beispielsweise hegemonietheoretisch oder auch ideologiekritisch analysiert, wie Deutungen von Sachverhalten geprägt und handlungswirksam werden (vgl. Barker 2008, S. 61ff.; Turner 2003). Kulturellen Bedeutungsjustierungen wird dabei eine Qualität und Realität sui generis attestiert. Direkte Bindungen an ökonomische oder gesellschaftliche Verhältnisse spielen gegenüber kulturellen Sinnbezügen keine primäre Rolle.

Konkret auf Drogen gewendet: Ohne die kulturelle Definition des Konsums bestimmter Substanzen als bewusstseinserweiternd, risikobehaftet, suchtgefährdend usw. würden keine Drogen existieren. Ohne die historische Erfindung der Drogen gäbe es keine Drogensucht und keine Institutionen, die mit ihrer Bekämpfung und Therapie beauftragt sind.

Kulturgeschichtliche Studien zu Sucht (z.B. Levine 1985; Spode 2005) sowie zu einzelnen Drogen und deren Prohibition (z.B. Hoffmann 2007; Ridder 1991; Scheerer 1993; Scheerer und Vogt 1989) belegen die historische Konzeptualisierung von Drogen inklusive des gegenwärtig mit ihnen assoziierten Bedeutungsfeldes. Am Beginn dieses Prozesses standen nicht Notwendigkeiten, sondern kontingente Zuschreibungen und Grenzziehungen. Sie unterschieden Zustände der Intoxikation und des Rauschs von ‚vernünftigem' Verhalten, ‚rationalem' Konsum usw. Im Kontext der Cultural Studies wird diese Diskreditierung von Drogenkonsum nicht als Konsequenz von Drogengefahren, als bloße Widerspiegelung ökonomischer Interessen oder als Korrelat einer gesellschaftlich rückgebundenen Ausweitung der Anforderungen an Selbstkontrolle und langfristige Handlungsplanung im Sinne von Norbert Elias (1997) identifiziert. Forschungen in der Perspektive der Cultural Studies insistieren stattdessen auf der Kontingenz und Offenheit kultureller Grenzziehungen und Bedeutungszuschreibungen. Sie sind, wie sie sind, aber sie weisen eine kontingente Geschichte auf und sind in sich mehrdeutig. Entsprechend werden Definitionen von Grenzen des Legalen und Illegalen, durch sie ermöglichte Transgressionen und die stetige Neu-Verhandlung von Bedeutungen zum zentralen Erkenntnisziel.

2 Drogen im Konfliktfeld der Kultur

2.1 Drogenkonsum als Regelbefolgung und riskante Subversion

Drogenkonsum ist ein zugleich reguliertes wie für individuelle Erfahrungen offenes Feld, wobei er meist einer kulturellen Choreografie folgt. Es werden nicht wahllos irgendwelche Substanzen konsumiert, der Einstieg erfolgt über legale Substanzen, oftmals mit wachsender Konsumintensität. Danach folgen – im seltenen Fall einer längerfristigen Weiterführung des Konsums – illegale Substanzen, wobei auch hier eine sukzessiv gesteigerte Risikobereitschaft gezeigt wird. Substanzen, die als besonders risikobehaftet gelten und Gebrauchsformen, die als gefährlich angesehen werden, werden meist erst nach vorausgehenden anderen Erfahrungen konsumiert. Wie Reuband (1990) rekonstruierte, folgt dies einem soziokulturellen Muster: Seit den 1970ern etablierten sich Cannabisprodukte im Bereich illegalisierter Substanzen. Weitere Substanzen werden dann oftmals nach einem Schema verwendet, durch das „gewissermaßen das Risiko [gesteigert wird; d.A.], das man einzugehen bereit ist" (Reuband 1990, S. 7). Auch wenn immer wieder neue Substanzen wie zuletzt z.B. Legal Highs verbreitet werden, so gilt nach wie vor, dass sich (potentielle) Konsumenten an allgemeinen Risikozuschreibungen orientieren. So ist unter Jugendlichen der Konsum von Cannabis deutlich weiter verbreitet als der sogenannter harter Drogen, wobei insgesamt Formen des experimentellen Konsums gegenüber regelmäßiger Verwendung dominieren (vgl. Orth 2016). In diesem Sinne ist Drogenkonsum differenzierter und regulierter, als es das homogenisierende Etikett der Illegalität vermuten lässt: Die meisten Konsumenten folgen kulturellen Risikozuschreibungen und beenden ihren Konsum nach wenigen Versuchen. Selbst regelmäßiger Konsum wird oftmals durch informelle Regeln kontrolliert, die eine Abhängigkeit durchaus effektiv vermeiden können (vgl. Kemmesies 2004; Reinarman et al. 1994; Zinberg et al. 1978).

Die entsprechenden Regeln und der relativ risikobewusste Umgang sind allerdings nur eine Seite von Drogenkonsum. Die andere liegt in den durch die Risikosemantiken geöffneten Möglichkeiten für Transgressionen und Regelverschiebungen. Kontrolle und Kontrolllosigkeit sind miteinander verbunden: Die Akteure „lose control to take control" (Ferrell et al. 2008, S. 72). Tatsächlich wissen Konsumenten meist, dass Drogenkonsum verboten ist (vgl. Dollinger 2002). Die Ubiquität massenmedialer Berichte und Filme, Kommunikation im Freundeskreis, weit verbreitete Präventionsprogramme und dergleichen sorgen zwar nicht unbedingt für detailliertes Wissen über spezifische Substanzen, aber zumindest für ein Bewusstsein bezüglich des Risikos und der Illegalität des Konsums. Angesichts der weiten Verbreitung von Drogenkonsum wäre es naiv zu erwarten, dieses Bewusstsein würde insgesamt abschreckend wirken. Im Gegenteil: Die Betreffenden konsumieren im Wissen darum, dass sie ein gewisses Risiko auf sich nehmen, und sie überschreiten wissentlich die entsprechende Grenze. In dieser Transgression agieren sie nicht schlicht kontrolllos, sondern sie zeigen sich als Subjekte, die einem kulturell positiv akzentuierten Muster folgen, indem sie bereit sind, zunächst relativ geringe Risiken zu tragen, um neue Erfahrungen zu machen. Selbst wenn Risiken prinzipiell auch als bedrohlich und als zu vermeiden gelten, sind sie rekursiv verbunden mit einer „popular culture and an economy in which certain kinds of risk-taking have become more acceptable" (O'Malley 2010, S. 54). Obwohl und gerade weil strafrechtliche und gesundheitliche Normierungen Drogenkonsum zu unterbinden suchen, kann er als positiv erfahren werden. Mit ihm wird – in Anlehnung an die Logik des Unternehmerischen – ein „Schritt hinaus ins Ungewisse" (Bröckling 2007, S. 119) gewagt: Das Überschreiten der Normierungen kann Neugierde befriedigen, neue Erfahrungen ermöglichen und im sozialen Kontext Status, Risikobereitschaft, besondere Kompetenzen usw. vermitteln.[1]

Diese positive, anregende Seite von Regelüberschreitungen ist in der Kriminologie bislang erstaunlich unerforscht, wenn nicht sogar teilweise tabuisiert (vgl. Walter und Neubacher 2011, S. 333f.). Gerade Drogenkonsum wird in der wissenschaftlichen Auseinandersetzung in der Regel mit einseitig pathologisierenden Zuschreibungen bedacht, indem er als Ausgleich eines individuellen Defizits, Problembewältigung, autoaggressiver Akt oder ähnliches angesehen wird. Mitunter wird hierbei nicht reflektiert, dass dies eine normative Entscheidung beinhaltet und den meisten Konsumakten alleine aufgrund ihrer weiten Verbreitung nicht gerecht werden kann. Der Einsatz der Cultural Studies leistet hier eine wertvolle und realistische Kontrastierung (vgl. Hunt et al. 2009), welche die normativ präjudizierte, pathologisierende Einstellung der Forschung korrigiert und in Rechnung stellt, dass Drogenkonsum zunächst schlicht eine Regelverletzung darstellt. In den meisten Fällen dürfte sie mit positiven Erwartungen konnotiert sein und findet regelhaft im sozialen Rahmen statt (vgl. Reuband 1992). In diesem Sinne modifiziert Drogenkonsum

---

1 Die Drogenexperimente von Aldous Huxley (1981) stehen exemplarisch für die Möglichkeit, durch halluzinogene Substanzen neue Formen der (Selbst-)Erfahrung zu gewinnen.

nicht nur die innere Befindlichkeit und Wahrnehmung, sondern er ist gleichfalls eine soziale Aussage auf der Grundlage kultureller Risikozuschreibungen (vgl. Dollinger 2005). Durch entsprechende Risikoübernahmen wird Körperlichkeit erfahren als „the experience of embodiment, and the corporeal pleasures that come with this experience" (Lyng 2004, S. 360; siehe auch Katz 1988).

Entscheidend ist dabei das Ineinandergreifen von Kultur und Körperlichkeit, das sich im Drogenkonsum als performative Überschreitung einer Risiko-Grenze beschreiben lässt. In Anlehnung an Judith Butlers (1991) Auseinandersetzung mit der Konstruktion von Geschlecht ist von einer *performativen Subversion* zu sprechen: Körperliche Erfahrungsformen werden modifiziert, wobei kulturelle Deutungen sich gleichsam in den Körper einschreiben. Im Sinne Butlers (1991, S. 200) „erweist sich gerade die Innerlichkeit als Effekt und Funktion eines entschieden öffentlichen, gesellschaftlichen Diskurses bzw. der öffentlichen Regulierung der Phantasie durch die Oberflächenpolitik des Körpers". Im Unterschied zur Geschlechtszugehörigkeit ist Drogenkonsum nicht per se sichtbar. Aber er bringt Körperlichkeit bzw. körperliche Erfahrung und damit Innerlichkeit gleichfalls auf der Grundlage kulturell verfügbaren Wissens und in Auseinandersetzung mit der kulturellen Zuschreibung von Drogenrisiken und -wirkungen hervor. Konsum führt zur aktiv-performativen Fabrikation eines kulturell geprägten und individuell erfahrbaren Körpers. Die Grenze zwischen Sozialem und Individuellem wird im Konsum neu verhandelt und re-arrangiert. Dabei ist die Materialität von Drogeneffekten nicht einfach pharmakologisch beschreibbar, da Drogen, Person und Umwelt (*drug, set* und *setting*, vgl. Zinberg 1984) aufeinander bezogen sind. Jeder Konsumakt fungiert als eine Figuration, in der eine jeweils besondere Verbindung von Körper bzw. Person, Substanz und Umfeld realisiert wird. Erst „im Akt der Aneignung durch den Menschen", so Willis (1981, S. 192), erhalten Drogen „ihre spezifische Bedeutung in der Gesellschaft".

Dies stimmt mit dem Befund überein, dass sich Wirkungen von Drogen für neue Konsumenten nicht automatisch ergeben, sondern erst gelernt und erfahren werden müssen: Sie werden interaktiv ausgehandelt und in einem meist längeren Prozess gedeutet (Becker 1963). In diesem Verlauf wird eine Person zum gewohnheitsmäßigen Drogenkonsumenten; sie lernt sich selbst auf der Grundlage sozialer Interaktionen und kultureller Zuschreibungen als Drogenkonsument kennen; sie eignet sich Anwendungstechniken an, nimmt besondere Wirkungen wahr und versteht sie zu genießen. Sie etabliert neuartige Körper- und Bewusstseinserfahrungen, nimmt eine ggfs. veränderte soziale Stellung ein, aber sie positioniert sich auch auf neue Weise in einem differenzierten, machtvollen Kontext kultureller Diskreditierung bzw. Diskreditierbarkeit. Auf individueller Ebene bedeutet dies: Drogenkonsum ist illegal, d.h. er wird außerhalb des Kreises anderer Konsumenten und guter, vertrauenswürdiger Freunde zu einem Geheimnis. Dieses kann Anziehungskraft besitzen, da es mit Distinktion einhergeht. Ihre Kehrseite ist eine (mögliche) Diskreditierung, die potentielle Offenbarung der Person als deviantes, eventuell moralisch fragwürdiges Subjekt. Was als individuelle Besonderung fungiert, kann demnach zugleich zu einer Ausschließung beitragen, wie bereits Georg Simmel (1992, S. 383ff.) und Erving Goffman (1999) im Detail beschrieben hatten. David Matza (1969) analysierte in diesem

Zusammenhang eine Komplizenschaft des Subjekts, das sich allmählich in den Bereich der Kriminalität hineinarbeitet, indem es kulturelle Kategorien der Diskreditierung auf sich anwendet. Matza bezeichnete diesen Prozess als *Affiliation*. Gemeint ist die allmähliche Reflektion darüber, dass man die Zone der Konformität überschritten hat und man damit deviant *ist*. Dieses Wissen geht mit der Prüfung möglicher Konnotationen einher, also mit der Überlegung, ob auch weitergehende Zuschreibungen zutreffen, etwa dass man nicht nur kriminell, sondern desintegriert, nicht vertrauenswürdig oder – bezogen auf den Drogengebrauch – dass man abhängig ist. Im Sinne der Cultural Studies ist es entscheidend, dass Matza im Hinblick auf diese generalisierenden Zuschreibungen und die mit ihnen verbundenen Devianzkarrieren von einem offenen Prozess sprach: Es gibt Optionen des Ausstiegs. Der als deviant Gelabelte erfährt sich selbst, so Matza, zugleich als Akteur und als unterworfen. Er wird sich bewusst, deviant gehandelt zu haben, und wendet vielschichtige Zurechnungen der Devianz auf sich an.

Im Bewusstsein, mit Drogenkonsum ein Risiko einzugehen, ist diese Zuschreibung als Möglichkeitsraum bereits bei den ersten Konsumakten gegeben. Die positive Qualität des Risikos wird begleitet von der negativen Möglichkeit einer Stigmatisierung. Selbst wenn eine Person für sich zurückweisen mag, Substanzen missbräuchlich zu konsumieren oder abhängig zu sein, bleiben derartige Zurechnungen bestehen, da Zuschreibungen kaum kontrollierbar sind. Zuschreibungen des Missbrauchs und der Abhängigkeit sind bei Drogenverwendung derart ubiquitär, dass der einzelne Konsument sich mit ihnen auseinandersetzen muss (vgl. Dollinger und Schmidt-Semisch 2010). Er ist Teil eines diskursiven Raums, in dem er als Subjekt fest-gestellt bzw. positioniert wird.

2.2 Regelbefolgung und riskante Subversion in dynamischen Relationen der Diskriminierung

Drogenkonsum findet aus unterschiedlichen Gründen statt (vgl. Jungaberle 2007). Relativ unabhängig von diesen subjektiven Motivlagen bzw. nur lose mit ihnen verbunden finden dauerhaft Auseinandersetzungen darum statt, wie Drogenkonsum verstanden und bearbeitet werden kann. Wenn Drogenkonsum auf eine bestimmte Weise, z.B. als polizeiliches oder medizinisches Problem, bearbeitet wird, hat sich eine „enforcement machinerie" (Becker 1963, S. 153) erfolgreich gegen alternative Deutungen und Reaktionsweisen durchgesetzt. Allerdings bleibt Spielraum, denn Drogenkonsum repräsentiert *auch* eine Transgression vorgegebener Regeln und Erwartungen. So sind die Verläufe von Drogenkonsum im Einzelnen nicht vorbestimmt, und die Art und Weise, wie Drogenkonsum problematisiert und bearbeitet wird, ist nicht dauerhaft fixiert, sondern in Prozesse eingebettet, die „dynamisch und kreativ" (Willis 1981, S. 191) sind. Dies korrespondiert mit der politischen Referenz der Cultural Studies, die Auseinandersetzungen um Klassifikationen und Problematisierungen als instabile Konfliktlagen analysieren. Zwar können bestimmte Deutungen für eine gewisse Zeit etabliert werden und vorherrschen; sie scheinen ein Phänomen dann nahezu alternativlos zu beschreiben. Unklarheiten und konkurrierende Deutungen werden damit allerdings nicht vollständig ausgeschaltet; sie bleiben präsent und unterlaufen den gefundenen (Quasi-) Konsens der Problematisierung mindestens potentiell. In Anlehnung an Laclau und Mouffe (2006) kann dies als diskursive Über- und Unterdetermination verstanden werden. Eine *Überdetermination* liegt in einer Verdichtung von Positionen trotz unterschiedlicher Interessen und Ausgangspunkte. Sie werden gegenüber einer gemeinsamen Referenz diskursiv vereinheitlicht (zur näheren Beschreibung z.B. Moebius 2009, S. 158ff.; Marchart 2010, S. 185ff.; Reckwitz 2006). So können sich unterschiedliche Akteure, Professionen und Disziplinen in der Ächtung des Drogenkonsums einig sein (vgl. Schmidt-Semisch und Dollinger 2016). Es handelt sich dann um ein Problem, das nach allgemeiner Auffassung medizinisch, psychologisch und/ oder strafrechtlich bearbeitet werden muss. Diese Deutungen folgen dem Idealbild einer drogenfreien Gesellschaft, in der strafrechtliche Abschreckung und medizinische bzw. psychologische Behandlung eine effektive Kontrolle des Drogenproblems gewährleisten. Dennoch verbleiben Risse. Eine tatsächliche Einigkeit gibt es nicht; Auseinandersetzungen um Strategien der Akzeptanz und des selbstkontrollierten Konsums, der Drogenfreigabe oder der Entkriminalisierung bleiben präsent. Die medizinisch-strafrechtliche Repräsentation (problematischen) Konsums ist damit zugleich *unterdeterminiert*, da es ihr nicht gelingt, alternative Deutungen und Praxen dauerhaft zu neutralisieren. Es wird weiterhin konsumiert und um Konsumdeutungen gerungen. In diesen Auseinandersetzungen vermischt sich der Kampf gegen Drogenkonsum mit Kämpfen um kulturelle Vorherrschaft. Dies wird deutlich an der diskriminierenden Art und Weise, in der Drogenprobleme in den vergangenen Jahren adressiert wurden. So beschreibt Wacquant (2000, S. 85) am Beispiel der USA:

> „die Schwarzen stellen 13% der Drogenkonsumenten (was ihrem demographischen Anteil entspricht), aber ein Drittel der wegen Verstößen gegen das Betäubungsmittelgesetz festgenommenen und drei Viertel der deswegen inhaftierten Personen" (siehe auch Alexander 2010).

In den USA (und andernorts) sind Afroamerikaner und sozial unterprivilegierte Personen in besonderer Weise von restriktiven Maßnahmen gegen Drogenkonsum betroffen (vgl. Beckett et al. 2006; Reiman und Leighton 2010; Wacquant 2009; Western 2006). Hieran zeigen sich weithin relevante soziale und ethnische Diskriminierungen. Der von den USA seit den 1980er-Jahren geführte *war on drugs* macht unter massivem Einsatz von Ressourcen drogenkonsumierende (Rand-)Gruppen zum Zielpunkt restriktiver Maßnahmen (vgl. Beckett und Sasson 2000, S. 64ff.; Wacquant 2009).[2] Dies ist insofern von prinzipieller

---

2   Welch (2007, S. 279) spricht vom „war on drugs" als einem „powerful contributor to the typification of criminals as Black. This well-researched war on drugs, initially waged in the early 1980s by the Reagan administration, had a significant impact on the Black population by funneling much of it through the criminal justice system as a result of the passage of strict crack cocaine laws".

Relevanz, als Drogenkonsum vor allem in seinen sichtbaren Formen und in seinem Nexus mit sozialer Benachteiligung institutionell bearbeitet wird (vgl. Beckett et al. 2005; Wacquant 2009). Wer über ausreichende finanzielle Ressourcen verfügt, ist in der Lage, Drogen in vergleichsweise hoher Qualität zu erwerben; seine bzw. ihre Gesundheitsrisiken sind mit Blick auf beigemischte Substanzen ebenso reduziert wie unhygienische Applikationsbedingungen. Er bzw. sie wird zudem nicht auf den Erwerb von Drogen und die Akquise von Finanzmitteln auf der Straße angewiesen sein, sodass das Risiko, polizeilich ermittelt zu werden, ebenfalls relativ gering ist. Zudem kann die hohe Belastung ethnischer und sozialer Minderheiten wie eine selbsterfüllende Prophezeiung wirken: Gelten die betreffenden Gruppen als besonderes kriminalitätsaffin, so werden sie häufiger als andere kontrolliert und ihre Devianz wird überproportional sichtbar gemacht und restriktiv beantwortet (vgl. Harcourt 2007).

Diese diskriminierenden Maßnahmen gegen Drogenkonsum wiederholen die historische Diskriminierung benachteiligter und migrantischer Gruppen durch die von den USA nachhaltig propagierte Drogenprohibition. Der Konsum der später verbotenen Substanzen war Ende des 19. und zu Beginn des 20. Jahrhunderts in den USA assoziiert mit „non-American peoples and habits" (Melossi 2015, S. 13): Der Konsum von Kokain war etwa mit dunkelhäutigen Amerikanern, die Verwendung von Cannabisprodukten mit Mexikanern (ebd.), Opiumkonsum mit „Chinese Americans" verknüpft. Durchweg war die Ächtung von Drogen gebunden an „race and class prejudice" (Zinberg 1984, S. 25; siehe auch Reinarman 1994). Diese diskriminierenden Motive der Drogenprohibition wurden komplettiert durch ökonomische und diplomatisch-machtbezogene Interessen bei der internationalen Durchsetzung entsprechender Regelungen (vgl. Groenemeyer 2012, S. 438ff.; Scheerer in diesem Band).

Argumente des Gesundheitsschutzes wurden erst im Zeitverlauf sukzessiv wichtiger. Auch wenn sie gegenwärtig als zentrales Motiv genutzt werden, um Drogenkonsum institutionell zu beantworten, so wird dennoch deutlich, dass die historisch konstitutiven Merkmale einer diskriminierenden, ideologisch getönten Wahrnehmung von Drogen bis heute relevant sind. Dies widerspricht einer vermeintlich rationalen Drogenpolitik, die faktisch von Haltungen und Praxen durchzogen ist, die einer rechtsstaatlichen, humanitären Grundhaltung entgegenstehen. Um dies bewusst zu machen, muss der Anspruch einer letztlich nur oberflächlich alternativlosen medizinisch-strafrechtlichen Bearbeitung von Drogenproblemen kritisiert werden. Ihre Vormachtstellung ist gleichsam brüchig, indem nachgewiesen werden kann, welche tatsächlichen Implikationen der derzeitige institutionelle Umgang mit Drogenkonsum aufweist. Dieser ist zwar nicht vollständig diskriminierend angelegt; auch in der Drogenpolitik und -praxis werden unterschiedliche, z.T. auch akzeptierende Ansätze verfolgt (vgl. Jungblut 2004). Trotzdem zeigt sich die geschilderte sozial und ethnisch diskriminierende Ausrichtung als konstitutives Moment der aktuellen Problematisierung von Drogenkonsum. Entsprechend können kritische Positionen auf Diskriminierungen und Nebenfolgen der gegenwärtigen Drogenpolitik verweisen. Dabei bleibt die künftige Richtung einer reformierten Drogenpolitik unklar. So können sich selbst Strategien und Maßnahmen der Akzeptanz von Drogenkonsum gegen Konsumenten wenden, wenn lediglich an ihre Eigenverantwortung appelliert, mithin ihre Probleme und Benachteiligungen ignoriert werden, oder auch wenn Akzeptanz sozial-räumlich segregierend umgesetzt wird (vgl. Schmidt-Semisch und Wehrheim 2005). Die konkreten Folgen für die Betroffenen sind stets genau zu beachten, wobei im Sinne der Cultural Studies insbesondere ethnografische und verstehende Zugänge geeignet erscheinen, um die entsprechenden Bedeutungsjustierungen und Identitätskämpfe nachzuvollziehen.

3 Fazit: Der Beitrag der Cultural Studies

Drogenkonsum wird vielfach mit Problemen und Gefahren verbunden. Die Cultural Studies bringen hier eine wichtige Korrektur ein, indem sie auf kreative, genussbezogene und in ihrer weiteren Entwicklung offene Praxen aufmerksam machen. Mit Recht weisen sie allerdings auch darauf hin, dass dies nicht schlicht eine Kontrastierung der vorherrschenden pathologisch-strafrechtlichen Problematisierung sein kann, denn Drogenkonsum findet nicht außerhalb normativ bestimmter, machtvoller Bezüge statt. So bleibt jeder Konsumakt mit Zurechnungen verbunden, die eine Stigmatisierung und Ausgrenzung von Konsumenten mit sich führen können.

Ferrell et al. (2008, S. 133) beschreiben die entsprechenden Wechselwirkungen unter Bezug auf Kriminalität mit dem Bild einer Spirale: Die Bedeutung von Kriminalität stehe nicht in sich fest, sondern sie ist

> „part of an amplifying spiral that winds its way back and forth through media accounts, situated action, and public perception. Spiralling in this way, the next loop of meaning never quite comes back around, instead moving on and away to new experiences and new perceptions, all the while echoing, or other times undermining, meanings and experiences already constructed."

Dies illustriert, dass und wie Drogenkonsum in Auseinandersetzungen darum eingebunden ist, welche Bedeutung er als mediales, politisches, institutionelles und subjektives Phänomen besitzt. Mitunter scheint es, als sei diese Bedeutung geklärt, insofern fortwährend Drogenpaniken um jeweils neue Substanzen ausbrechen, mehr Präventionsmaßnahmen gefordert und stetig Repressionen realisiert werden. Daraus ergeben sich stets ähnliche Muster der Problematisierung, die unermüdlich durchlaufen werden (vgl. Cremer-Schäfer 2010). Dennoch gibt es auch Raum für Rejustierungen und Überschreitungen der jeweils gezogenen (Moral-)Grenzen, so dass Drogenkonsum doch, in gewisser Weise, ein kreativer Akt bleibt – ein Akt freilich, der zumindest bislang in die Konstitution einer hegemonialen Diskreditierung eingebunden ist (vgl. Dollinger et al. 2014). Ihre zahlreichen Facetten zu erschließen, ist ein zentraler Ansatzpunkt der Cultural Studies.

Literatur

Alexander, M. 2010. *The New Jim Crow. Mass Incarceration in the Age of Colorblindness.* New York.
Assmann, A. 2012. *Introduction to cultural studies.* Berlin.
Barker, C. 2008. *Cultural studies.* London, Thousand Oaks, Calif.
Becker, H.S. 1963. *Outsiders.* New York.
Beckett, K. et al. 2005. Drug Use, Drug Possession Arrests, and the Question of Race: Lessons from Seattle. *Social Problems* 52: 419–441.
Beckett, K. et al. 2006. Race, Drugs, and Policing: Understanding Disparities in Drug Delivery Arrests. *Criminology* 44: 105–137.
Beckett, K., T. Sasson. 2000. *The politics of injustice.* Thousand Oaks, Calif.
Blätter, A. 2007. Soziokulturelle Determinanten der Drogenwirkung. In *Sozialwissenschaftliche Suchtforschung,* hrsg. v. B. Dollinger, H. Schmidt-Semisch, 83–96. Wiesbaden.
Bröckling, U. 2007. *Das unternehmerische Selbst.* Frankfurt/M.
Butler, J. 1991. *Das Unbehagen der Geschlechter.* Frankfurt/M.
Cremer-Schäfer, H. 2010. Die Jugendkriminalitätswelle und andere Kriminalisierungsereignisse. In *Handbuch Jugendkriminalität,* hrsg. v. B. Dollinger, H. Schmidt-Semisch, 187–201. Wiesbaden.
Denzin, N.K. 1992. *Symbolic interactionism and cultural studies.* Oxford.
Dollinger, B. 2002. *Drogen im sozialen Kontext.* Augsburg.
Dollinger, B. 2005. Drogenkonsum als sinnhafter Bewältigungsmechanismus. Methodologische Anmerkungen zu einer neueren Forschungsperspektive. In *Sucht als Prozess,* hrsg. v. B. Dollinger, W. Schneider, 151–175. Berlin.
Dollinger, B. et al. 2014. Konturen einer Allgemeinen Theorie der Kriminalität als kulturelle Praxis (ATKAP). *Kriminologisches Journal* 46: 67–88.
Dollinger, B., H. Schmidt-Semisch. 2010. Nebenfolgen Sozialer Arbeit. Ein Blick auf Probleme von Problemarbeit am Beispiel der Suchtsemantik. *Widersprüche* 33: 63–78.
Elias, N. 1997. *Über den Prozess der Zivilisation.* Frankfurt/M.
Ferrell, J. et al. 2008. *Cultural criminology.* London.
Goffman, E. 1999. *Stigma. Über die Techniken der Bewältigung beschädigter Identität.* Frankfurt/M.
Groenemeyer, A. 2012. Drogen, Drogenkonsum und Drogenabhängigkeit. In *Handbuch soziale Probleme,* hrsg. v. G. Albrecht, A. Groenemeyer, 433–493. Wiesbaden.
Hall, G., C. Birchall. (Hrsg.). 2006. *New Cultural Studies.* Edinburgh.
Hall, S. 1996. Cultural studies and its theoretical legacies. In *Stuart Hall,* hrsg. v. D. Morley, K.-H. Chen, 262–275. London.
Harcourt, B. E. 2007. *Against prediction. Profiling, policing, and punishing in an actuarial age.* Chicago.
Hoffmann, A. 2007. Von Morphiumpralinees und Opiumzigaretten: Zur beginnenden Problematisierung des Betäubungsmittelkonsums im Deutschland der 1920er Jahre. In *Sozialwissenschaftliche Suchtforschung,* hrsg. v. B. Dollinger, H. Schmidt-Semisch, 259–275. Wiesbaden.
Hunt, G. et al. 2009. Epidemiology meets cultural studies. *Addiction Research & Theory* 17: 601–621.
Huxley, A. 1981. *Die Pforten der Wahrnehmung.* München.
Jungaberle, H. 2007. Qualitative Drogen- und Suchtforschung – am Beispiel eines kulturpsychologischen Forschungsprojekts. In *Sozialwissenschaftliche Suchtforschung,* hrsg. v. B. Dollinger, H. Schmidt-Semisch, 169–194. Wiesbaden.
Jungblut, H. J. 2004. *Drogenhilfe.* Weinheim.
Katz, J. 1988. *Seductions of crime.* New York.
Kemmesies, U. 2004. *Zwischen Rausch und Realität.* Wiesbaden.
Laclau, E., C. Mouffe. 2006. *Hegemonie und radikale Demokratie.* Wien.

Levine, H. G. 1985. The Discovery of Addiction: Changing Conceptions of Habitual Drunkenness in America. *Journal of Substance Abuse Treatment* 2: 43–57.
Lutter, C., M. Reisenleitner. 2008. *Cultural studies*. Wien.
Lyng, S. 2004. Crime, edgework and corporeal transaction. *Theoretical Criminology* 8: 359–375.
Marchart, O. 2008. *Cultural studies*. Konstanz.
Marchart, O. 2010. *Die politische Differenz*. Berlin.
Matza, D. 1969. *Becoming Deviant*. Englewood Cliffs.
Melossi, D. 2015. *Crime, punishment and migration*. Thousand Oaks.
Moebius, S. 2009. *Kultur*. Bielefeld.
O'Malley, P. 2010. *Crime and Risk*. Los Angeles.
Orth, B. 2016. *Die Drogenaffinität Jugendlicher in der Bundesrepublik Deutschland 2015. Rauchen, Alkoholkonsum und Konsum illegaler Drogen: aktuelle Verbreitung und Trends. BZgA-Forschungsbericht*. Köln.
Reckwitz, A. 2006. Ernesto Laclau: Diskurse, Hegemonien, Antagonismen. In *Kultur: Theorien der Gegenwart*, hrsg. v. S. Moebius, D. Quadflieg, 339–349. Wiesbaden.
Reiman, J. H., P. Leighton. 2010. *The rich get richer and the poor get prison*. Boston.
Reinarman, C. 1994. The Social Construction of Drug Scares. In *Constructions of Deviance. Social Power, Context, and Interaction*, hrsg. v. P. A. Adler, P. Adler, 92–104. Belmont.
Reinarman, C. et al. 1994. Pharmacology is not destiny: The contingent character of Cocaine abuse and addiction. *Addiction Research* 2: 21–36.
Reuband, K.-H. 1990. Vom Haschisch zum Heroin? Soziokulturelle Determinanten der Drogenwahl. *Suchtgefahren* 36: 1–17.
Reuband, K.-H. 1992. Der Mythos vom einsamen Drogenkonsumenten. Kontakte zu Gleichaltrigen als Determinanten des Drogengebrauchs. *Sucht* 3: 160–172.
Ridder, M. de. 1991. Heroin: Geschichte – Legende – Fakten. In *Recht auf Sucht? Drogen, Markt, Gesetze*, hrsg. v. G. Grözinger, 16–37. Berlin.
Scheerer, S. 1993. Einige Anmerkungen zur Geschichte des Drogenproblems. *Soziale Probleme* 2: 78–98.
Scheerer, S., I. Vogt. (Hrsg.). 1989. *Drogen und Drogenpolitik. Ein Handbuch*. Frankfurt/M.
Schmidt-Semisch, H., B. Dollinger. 2016. Sozialwissenschaftliche Perspektiven auf Drogen und Sucht. In *Handbuch Psychoaktive Substanzen*, hrsg. v. H. Jungaberle, M. v. Heyden, 131–135. Wiesbaden.
Schmidt-Semisch, H., J. Wehrheim. 2005. Exkludierende Toleranz. In *Sucht als Prozess*, hrsg. v. B. Dollinger, W. Schneider, 221–237. Berlin.
Simmel, G. 1992. *Soziologie*. Frankfurt/M.
Spode, H. 2005. Was ist Alkoholismus? Die Trunksucht in historisch-wissenssoziologischer Perspektive. In *Sucht als Prozess*, hrsg. v. B. Dollinger, W. Schneider, 89–121. Berlin.
Turner, G. 2003. *British Cultural Studies*. London.
Wacquant, L. 2000. *Elend hinter Gittern*. Konstanz.
Wacquant, L. 2009. *Bestrafen der Armen*. Opladen.
Walter, M., F. Neubacher. 2011. *Jugendkriminalität*. Stuttgart.
Welch, K. 2007. Black Criminal Stereotypes and Racial Profiling. *Journal of Contemporary Criminal Justice* 23: 276–288.
Western, B. 2006. *Punishment and inequality in America*. New York.
Willis, P. E. 1981. *Profane Culture*. Frankfurt/M.
Zinberg, N. E. 1984. *Drug, Set, and Setting. The Basis for Controlled Intoxicant Use*. New Haven, London
Zinberg, N. E. et al. 1978. Patterns of Heroin Use. *Annals of the New York Academy of Sciences* 311: 10–24.

Drogen im Netz der Systeme

Matthias Leanza

Zusammenfassung

Der Aufsatz entwickelt eine sozialwissenschaftliche Heuristik, die eine möglichst umfassende, nicht auf einzelne Aspekte begrenzte Analyse von Drogen erlauben soll. Unter Verwendung von Konzepten der Systemtheorie Niklas Luhmanns betrachtet der Text vier Zusammenhänge, die für eine „Soziologie der Drogen" zentral sind: Produktions- und Distributionszusammenhänge, Nutzungszusammenhänge, Regulationszusammenhänge und schließlich Reflexionszusammenhänge. Jedem dieser Kontexte eignet ein dynamisches Zusammenspiel verschiedener Typen und Ebenen von Systemen, das in seinen jeweiligen Grundzügen beschrieben wird. Von zentralem Interesse ist dabei die Frage, wie psychotrope Substanzen in verschiedenen Systemen relevant werden und welche Unterschiede sie in ihnen machen.

Schlüsselbegriffe: Systemtheorie, Produktion, Distribution, Regulation, Reflexion

1 Einleitung: Zur Komplexität von Drogen

Drogen sind schwer einzuordnen. Sie haben viele Dimensionen und erlauben unterschiedliche Zugänge. Ihre wissenschaftliche Erforschung kann keine Disziplin alleine leisten, da sie chemische, biologische, medizinische, psychologische, kulturhistorische, sozialwissenschaftliche und auch philosophische Aspekte vereinen. Die Schwierigkeiten ihrer Einordnung beginnen schon auf Ebene der Wirkstoffe: Es existiert ein breites Spektrum an psychotropen Substanzen, deren Gemeinsamkeit allein darin zu bestehen scheint, dass sie Wahrnehmungs-, Bewusstseins- und Verarbeitungsprozesse der menschlichen Psyche für den Nutzer merkbar beeinflussen – was dann häufig im Verhalten zu beobachten ist. Einige dieser Substanzen werden zu medizinischen Zwecken verwendet (Analgetika, Psychopharmaka), andere gelten als reine Genuss- oder Rauschmittel, deren Konsum zumeist von Ritualen und Normen reglementiert wird. Angsthemmende und euphorisierende Wirkstoffe werden auch in Kriegssituationen gezielt eingesetzt, um die Kampfbereitschaft und Leistungsfähigkeit in den eigenen Reihen zu erhöhen (Kamienski 2016). Psychotrope Substanzen können Wahrnehmungs- und Bewusstseinszustände induzieren, die als angenehm empfunden werden oder zutiefst verstören und auch in diesem Sinne schwer einzuordnen sind.

Eine Soziologie der Drogen, wie sie in diesem Handbuch entworfen wird, hat den Aspektreichtum ihres Gegenstands zu berücksichtigen. Die Systemtheorie Niklas Luhmanns ist, wie im Folgenden ausgeführt wird, in besonderem Maße geeignet, die Vielschichtigkeit des Phänomens hervortreten zu lassen. Ausgangspunkt dieser Theorie ist die Annahme, „daß es Systeme gibt" (Luhmann 1984, S. 30), wobei unter einem System eine sich selbst regulierende Einheit verstanden wird, die eigentätig eine Grenze zur Umwelt hervorbringt, in die sie operativ nicht ausgreifen kann, auch wenn sie durch diese irritierbar ist. „In diesem Sinne ist *Grenzerhaltung* (boundary maintenance) Systemerhaltung." Zwar markieren Grenzen, wie Luhmann betont, „keinen Abbruch von Zusammenhängen", dennoch stellen sie „grenzüberschreitende Prozesse (zum Beispiel des Energie- oder Informationsaustausches) beim Überschreiten der Grenze unter andere Bedingungen der Fortsetzung" (ebd., S. 35f.). Nur wenig überraschend standen in der Theorieentwicklung zunächst solche Gegenstände im Vordergrund, die sich vergleichsweise zwanglos in das Differenzschema von System und Umwelt einfügen ließen. Dass Luhmanns erste (allein verfasste) Monographie von 1964 den *Funktionen und Folgen formaler Organisation* galt, war sicherlich kein Zufall. Durch ihre auf Entscheidung beruhenden Mitgliedschaftsverhältnisse verfügen soziale Gebilde wie Unternehmen, Hochschulen, Kirchen, Sportvereine und Parteien über deutlich konturierte Außengrenzen (Luhmann 1972a, S. 17–53). Die Zugehörigkeit wird formal reguliert und dadurch im System entscheidbar gehalten. Aber auch soziale Anwesenheit, verstetigte Gegnerschaft, mobilisierbare Protestbereitschaft, binäre Codierung und kommunikative Erreichbarkeit liefern Gesichtspunkte, unter denen Systemgrenzen, namentlich jene von Interaktions-, Konflikt-, Protest-, Funktions- und Gesellschaftssystemen, eingezogen und aufrechterhalten werden können (etwa Luhmann 2015).

Diese Anlage der Theoriekonstruktion hat immer wieder zum Missverständnis geführt, dass sich für Luhmann *alle* sozialen Phänomene als System beschreiben ließen oder stets nur einem Sozialsystem zuordenbar wären. Jedoch existieren zahlreiche Gegenstände, die weder ein System bilden, noch ausschließlich einem System allein angehören – und dennoch systemtheoretisch betrachtet werden können. Auch bei Drogen ist dies der Fall. Als chemische Substanzen, die in den Organismus eingebracht werden, um eine zumeist vorübergehende Veränderung von Wahrnehmungsweisen und Bewusstseinszuständen zu bewirken, besitzen sie grundsätzlich somatische und psychische Aspekte, die nicht aufeinander reduzierbar oder abbildbar sind. Bedenkt man überdies, dass ihr Konsum in eine Vielzahl sozialer Anschlüsse eingebunden ist, die ihm vorausgehen, ihn einleiten, begleiten, reflektieren und mitunter im Nachgang relevant werden lassen, scheint die Komplexität des Themas bereits auf. Ähnlich wie das vielschichtige Phänomen des Geschlechts, das ebenfalls quer zur Differenz von Biologischem, Psychischem und Sozialem liegt sowie in den meisten Sozialsystemen im Erleben präsent und mitunter im Handeln relevant ist (Pasero und Weinbach 2003; Weinbach 2004), hat es auch eine Soziologie der Drogen mit einem Phänomen zu tun, das in ein *weitverzweigtes Netz von Systembezügen* eingebunden ist. Drogen haben viele Facetten, da sie in verschiedenen Systemen als Substanz, Effektor oder Thema vorkommen.

Mit Blick auf die moderne, funktional differenzierte Gesellschaft lassen sich vier Beziehungsgeflechte identifizieren, die für eine Soziologie der Drogen von maßgeblicher Bedeutung sind: Produktions- und Distributionszusammenhänge (2), Nutzungszusammenhänge (3), Regulationszusammenhänge (4) und schließlich Reflexionszusammenhänge (5). Diese Kontexte sind, wie ich in heuristischer Absicht aufzeigen möchte, durch ein genauer zu beschreibendes Zusammenspiel verschiedener Systemtypen und Systemebenen gekennzeichnet.

2 Produktions- und Distributionszusammenhänge

Der Konsum von Rauschdrogen ist ein nahezu universelles Phänomen der Kulturgeschichte (Jay 2010). Entsprechend vielfältig sind die Formen der Herstellung, Verteilung und Nutzung psychotroper Substanzen (zu den darüber hinausgehenden Regulations- und Reflexionsprozessen unten mehr). Die konkrete Ausgestaltung der Produktions-, Distributions- und Konsumpraktiken hängt zum einen mit den Besonderheiten der jeweiligen Wirkstoffe zusammen. Manche Rauschmittel lassen sich durch bloßes Sammeln gewinnen, andere erfordern aufwendige Herstellungsverfahren und sind mitunter auf Landwirtschaft und chemische Laboratorien angewiesen. Auch beeinflussen die Wirkeigenschaften einer Substanz die Art ihrer Verteilung und Nutzung. Zum anderen besteht ein Zusammenhang mit gesellschaftlichen Differenzierungsformen und den aus ihnen resultierenden Sozialstrukturen. Ob Rauschmittel in Horden- und Stammesgesellschaften, Kasten-, Ständeund Klassengesellschaften oder in Gesellschaften mit einem Primat funktionaler Differenzierung hergestellt, vertrieben und genutzt werden, zeigt sich auch in den konkreten Produktions-, Distributions- und Konsumformen.

Der gesellschaftliche Umgang mit Rauschmitteln wird heutzutage maßgeblich durch die Funktionssysteme bestimmt, die sich im Übergang zur Moderne ausdifferenziert haben (Luhmann 1997, S. 707ff.). Dass Marihuana im Unterschied zu Alkohol nicht zum Warensortiment des Supermarkts gehört und die Hausärztin ihren Patienten kein LSD, wohl aber opioide Schmerzmittel verschreiben darf, hängt zunächst damit zusammen, dass nationale und internationale *Rechtsnormen* existieren, welche die Herstellung und den Vertrieb solcher und anderer Wirkstoffe verbindlich regeln (die folgende Dreiteilung orientiert sich an Paul-Emile 2009). Einige Substanzen sind als Genussmittel sozial akzeptiert und können bei Erreichen des geforderten Mindestalters frei im Handel erworben werden. Andere Präparate dürfen im Rahmen medizinischer Heilbehandlungen, klinischer Studien und wissenschaftlicher Experimente unter Einhaltung strenger Bedingungen und Auflagen verwendet werden; hier gelten Verschreibungs- und Genehmigungspflicht. Bei einer dritten Gruppe von Wirkstoffen sind Anbau, Herstellung, Handel, Kauf, Besitz und mitunter auch Konsum strafbar. Im Deutschen werden zumeist nur diese illegalen Substanzen als ‚Drogen' bezeichnet; das Englische hingegen markiert mit der Unterscheidung zwischen *medical* und *recreational drugs*, zu denen grundsätzlich auch Alkohol, Nikotin und Koffein zählen, die Nähe der verschiedenen Gruppen. Die rechtliche Einteilung ist das Ergebnis sozialer Aushandlungsprozesse und keineswegs statisch, wie unter anderem die psychotherapeutische Verwendung von LSD in den 1950/60er-Jahren zeigt (Feustel 2015, S. 14ff.).

Bei den illegalen Wirkstoffen können die regulären Produktionsstätten und Distributionskanäle nicht genutzt werden. Dennoch stoßen diese Substanzen auf eine breite Nachfrage beim Publikum, sodass eine *Schattenökonomie* entsteht, die im Verborgenen operiert, um der Strafverfolgung zu entgehen (Beckert und Wehinger 2013). Da Produktion und Distribution im Geheimen stattfinden, können rechtliche Schutzmechanismen, etwa Arbeitsbedingungen, Vertragstreue und Verbraucherschutz betreffend, nicht greifen. Auch lassen sich von Herstellern und Händlern, wie ansonsten üblich, keine Versicherungen gegen Ertragsausfall, Diebstahl, Frachtschäden und anderem mehr abschließen. Das unternehmerische Risiko, das hier eingegangen wird, ist aber nicht allein ein ökonomisches, sondern vor allem auch ein rechtliches: Auf Herstellung und Verbreitung illegaler Drogen stehen empfindliche Freiheitsstrafen. Wer dennoch mit solchen Substanzen sein Geld verdienen möchte, steht vor der Aufgabe, funktionsfähige Produktions- und Distributionsstrukturen aufzubauen, die zum einen *ohne* rechtlichen Schutz auskommen können und die sich zugleich *gegen* Strafverfolgung schützen müssen (Paoli 2002).

Schwach integrierte und flache *Netzwerke*, die auf lokalen Initiativen und Bekanntschaften beruhen, stehen hierbei neben stark integrierten und hierarchischen *Organisationen*, die sich wiederum zu großen *Organisationsnetzwerken* in Form von Drogenkartellen zusammenschließen können (Paul und Schwalb 2011, 2012). Im Unterschied zu informalen Netzwerken und formalen Organisationen mit legalem Status müssen illegale Netzwerke und Organisationen ihre Existenz im Allgemeinen verbergen, auch wenn sie sich punktuell zu erkennen geben haben, um beispielsweise Handelskontakte anzubahnen (siehe dazu und zum Folgenden u. a. Paoli 2003; Potter et al. 2003). Zur Wahrung der Unsichtbarkeit und Sicherheit wird das Wissen der Mitglieder über den genauen Produktions- und Distributionsprozess stark beschränkt. Im Idealfall weiß jeder nur so viel, wie er oder sie zu wissen braucht, um das Geschäft am Laufen zu halten. Nur einer kleinen Führungsriege sind alle oder zumindest die wichtigsten Produktionsstätten, Distributionskanäle und Geschäftsbilanzen bekannt. Schriftliche Dokumente und Aktenführung stellen ein Problem dar, auch wenn sie mitunter für den Organisationsprozess benötigt werden. Mündliche Absprachen, die weniger auf System- als Personenvertrauen beruhen (Luhmann 2000), und Gewaltandrohungen dienen als funktionale Äquivalente zu Arbeits- und Geschäftsverträgen, die unter den Bedingungen von Illegalität nicht greifen. Da Intransparenz Schutz vor Strafverfolgung bedeutet, werden auch systematisch Spuren verwischt, indem man beispielsweise Schriftstücke vernichtet und Daten löscht, Produktionsstätten und Distributionskanäle wechselt, Schweigegeld bezahlt und glaubhaft mit Gewalt droht.

Von ihren Mitgliedern verlangen diese illegalen Netzwerke und Organisationen totales, ungeteiltes Engagement, weshalb sie sich mit Lewis A. Coser (2015) als *gierige Institutionen* begreifen lassen. Die Erwartungen an Loyalität und Folgebereitschaft übersteigen die in Arbeitszusammenhängen üblichen Teilnahme- und Leistungszusagen. Die Mitglieder haben regelmäßig Straftaten zu begehen, die entweder unmittelbar aus dem Drogengeschäft resultieren oder dieses in Form von Bestechung, Erpressung, Körperverletzung bis hin zu Mord ermöglichen und schützen sollen. Nicht zufällig inszenieren sich die großen Mafiabruderschaften als familienähnliche Zusammenschlüsse – die Loyalitätsverpflichtungen gehen über das normale Maß weit hinaus, das Mitgliedschaftsverhältnis ist nicht formal kündbar (siehe nochmals Paoli 2003).

Entstehen *Konflikte* zwischen konkurrierenden Parteien, was angesichts der hart umkämpften Anteile auf einem lukrativen Markt ohne staatliche Aufsicht wahrscheinlich ist, müssen sie ohne Inanspruchnahme rechtlicher Verfahren der Konfliktbearbeitung, die den Rechtsfrieden wiederherstellen und Erwartungssicherheit schaffen könnten, ausgetragen werden. Im Herzen eines jeden Konflikts, so eine allgemeine Zwischenüberlegung, steht eine doppelte Negation: Eine Zurückweisung wird zurückgewiesen, einem Widerspruch wird widersprochen (Luhmann 1984, S. 488ff.). Aus diesem Grund sind Konfliktsysteme sowohl stark integriert – im Gegensatz vereint – als auch hochgradig dynamisch – seine bipolare Grundstruktur lässt das System nicht zur Ruhe kommen. Zum Zweck der Streitschlichtung können neutrale Dritte eingesetzt werden, die zwischen den sich widersprechenden Positionen vermitteln (vgl. grundsätzlich dazu Simmel 1999, S. 125ff.; Luhmann 1999). Ist dies jedoch nicht möglich, müssen die Konfliktparteien selbst einen Weg finden, ihren Streit durch wechselseitige Zugeständnisse und Absprachen beizulegen; andernfalls droht er untergründig weiter zu schwelen oder gar offen zu eskalieren. Der illegale Drogenhandel liefert nicht nur zahlreiche Beispiele für opportunistische Bündnisse und prekäre Machtgleichgewichte, sondern auch für exzessive Gewaltanwendung zwischen verfeindeten Lagern (zur quantitativen Dimension siehe die Datenbank des UNODC). Der Widerspruch in der Sache soll dann mithilfe von Waffen entschieden werden. Eine besondere Form des gewalttätigen Konflikts sind sogenannte Drogenkriege, bei denen sich nicht konkurrierende Hersteller und Anbieter von Rauschmitteln gegenüberstehen, sondern der Staat mithilfe von Polizei- und Militäreinheiten sein Gewaltmonopol gegenüber Drogenkartellen und Paramilitärs zu behaupten versucht (für ein aktuelles Beispiel siehe Beittel 2015). Insofern handelt es sich hierbei um einen Konflikt um die öffentliche Ordnung im Land.

Auch wenn viele Drogen in den Ländern produziert werden, in denen sie auch ihre Abnehmer finden, sind insbesondere die Herstellung von Opium, aus dem man Morphin und Heroin gewinnt, und Kokain auf bestimmte *Regionen der Weltgesellschaft* beschränkt (zur regionalen Differenzierung der Weltgesellschaft siehe Japp 2007; Holzer 2006, 2007). Dies hängt nicht allein mit den klimatischen, sondern ebenfalls mit den gesellschaftlichen

Bedingungen zusammen: Die illegale Kokain- und Opiumproduktion gedeiht vor allem dort, wo staatliche Strukturen, das heißt die aneinander gekoppelten Funktionssysteme Recht und Politik (Luhmann 2002a, S. 388ff.), nur schwach institutionalisiert sind. Dies ist in der Peripherie und Semi-Peripherie des um das „Regime der Funktionssysteme" (Luhmann 1997, S. 167) zentrierten Systems der Weltgesellschaft der Fall. Aufgrund nur schwach ausgebildeter Exekutivorgane können hier die im politischen Entscheidungsprozess gesetzten Rechtsnormen lediglich in Teilen durchgesetzt werden. Die Prägekraft der Gesetze auf das Verhalten ist vergleichsweise gering.

Ein großer Teil der in diesen Ländern produzierten Drogen wird in die wohlhabenderen Regionen der Welt, vor allem nach Europa und Nordamerika, exportiert (UNODC 2016). Da der Handel verboten ist, muss die heiße Ware geschmuggelt werden. Um die nicht verkehrsfähigen Substanzen unentdeckt an der Zollverwaltung vorbei ins Land zu bringen, lassen sich sowohl der private Personen- als auch der gewerbsmäßige Warenverkehr nutzen, in der Hoffnung bei der schieren Masse an Verkehrsteilnehmern und Verkehrsgütern nicht aufzufallen. Vor Ort gelangen die Rauschmittel dann über Kleindealer, die wiederum in größere Dealerringe eingebunden sind, an den Endverbraucher (Paul und Schmidt-Semisch 1998; Paoli 2002). Neben Straßen- und Hausverkauf läuft der Handel seit einigen Jahren vermehrt über das Internet, das heißt genauer über sogenannte Darknet-Märkte. Zwischen Großproduzenten und Endabnehmern entspinnt sich so ein weitverzweigtes und nur schwach integriertes *Netzwerk von Groß- und Kleinhändlern*. Mit jedem Mittelsmann wächst die soziale Distanz zur Quelle, sodass die Hintermänner vor Strafverfolgung geschützt werden. Diese haben jedoch das Problem, sofern sie nicht ohnehin untergetaucht sind, die zumeist sehr umfangreichen Einnahmen aus den illegalen Geschäften verdeckt zu reinvestieren, um sie bei den Steuerbehörden glaubhaft als legale Einnahmen deklarieren zu können. Die eine Straftat zieht die andere nach sich.

3 Nutzungszusammenhänge

Sind die berauschenden bzw. anderweitig wirkenden Substanzen beim Konsumenten angelangt, sei dies nun auf legalem oder illegalem Wege, werden sie zur Anwendung in den Körper gebracht, um *psychische Zustandsveränderungen* herbeizuführen. Indem Drogen auf den Gehirnstoffwechsel einwirken und ihn mitunter nachhaltig stören, alterieren sie grundlegende Prozesse der menschlichen Psyche. Diese lässt sich, in einer ersten Annäherung, als Einheit von Bewusstem, Vorbewusstem und Unbewusstem betrachten, das heißt als ein komplexes System, in dem zwar keine Subsysteme, wohl aber verschiedenartige Vorgänge mit jeweils eigener Qualität gleichzeitig ablaufen und deshalb integriert werden müssen.[1] Die hierbei verarbeiteten Inhalte können zwischen diesen Prozessen wandern:

---

[1] In Luhmanns Konzeption des psychischen Systems stehen Bewusstseins- und Wahrnehmungsprozesse im Vordergrund; für eine psychoanalytisch inspirierte Erweiterung um die Dimension des Unbewussten siehe aber Peter Fuchs (1998, 2005).

Das vorbewusst Wahrgenommene und Erinnerte wird mitunter zum Gegenstand bewussten Nachdenkens gemacht oder aber ins Unbewusste verdrängt, weil es beispielsweise nicht zum eigenen Selbstbild passt oder den Einzelnen emotional überfordert.

Psychotrope Substanzen greifen in diese komplexen und zumeist robusten Regulationsprozesse der menschlichen Psyche ein. Sie können die Leib-, Raum-, Zeit-, Objekt- und Personenwahrnehmung verändern, optische, akustische und taktile Halluzinationen hervorrufen, Denkprozesse verlangsamen oder beschleunigen, verstärken oder abdimmen, sie unscharf machen oder schärfen, verdrängte Konflikte und Erinnerungen zutage fördern, affektiv entgrenzen oder taub machen, motorische Abläufe stören oder vollständig blockieren. Diese, mitunter tiefgreifenden, Zustands- und Funktionsveränderungen des psychischen Systems werden als angenehm oder unangenehm empfunden, sie lassen den Einzelnen in seiner Persönlichkeit wachsen oder zeitigen desintegrierende Effekte; man denke nur an das Problem der drogeninduzierten Psychosen. Auch wenn nicht jede Person in gleicher Weise auf psychotrope Substanzen reagiert und die momentane Lebenssituation oder Tagesverfassung den psychischen Effekt eines Wirkstoffs stark beeinflussen können, scheinen die individuellen Erfahrungen doch innerhalb eines *substanztypischen Spektrums* zu variieren. Alkohol mag bei verschiedenen Menschen unterschiedlich wirken, aber dass ein Vollrausch die motorischen Fähigkeiten und kognitiven Leistungen einer Person verbessert, ist unwahrscheinlich. Insbesondere durch Selbstversuch und Introspektion lässt sich das für eine bestimmte Substanz charakteristische Erfahrungsspektrum erschließen. Auch wenn diese Spektren teilweise einander überlagern, sind sie nicht deckungsgleich. Elemente zu einer solchen *Phänomenologie des Drogenrauschs* finden sich unter anderem in Walter Benjamins (1972) „Haschisch-Impressionen".[2]

Regelmäßiger Substanzgebrauch kann zu andauernden *Strukturveränderungen des psychischen Systems* führen. Auch wenn der akute Rauschzustand zumeist nach einigen Stunden abgeklungen ist, vermag er fortzuwirken, indem er langwierige Veränderungsprozesse einleitet. Grundsätzlich führt jede Erfahrung, ob alltäglich oder exzeptionell, angenehm oder unangenehm, zu einer leichten Veränderung des psychischen Systems; der Einzelne wird im Laufe seines Lebens an Erfahrung und Wissen reicher, er verändert Einstellungen und Ansichten, entwickelt neue Wünsche und Vorlieben; die Ziele, auf die er

---

2   Rauscherfahrungen lassen sich niemals vollständig in Sprache übersetzen und die sprachliche Beschreibung kann auf das beschriebene Erleben rückwirken, wie Robert Feustel (2013) aus diskursanalytischer Perspektive betont – dies macht eine phänomenologische Rekonstruktion dieser Erfahrungen aber nicht unmöglich. Auch nicht-sprachliche Wahrnehmungs- und Denkprozesse (Raum-, Zeit- und Körperwahrnehmung, figürliches und abstraktes Denken etc.) können, ausgehend von genauer Introspektion, versprachlicht werden. Dass bei bestimmten Rauschzuständen die hierzu benötigte Fähigkeit zur Introspektion stark eingeschränkt ist, bildet selbst ein phänomenologisch zu deutendes Datum. Ähnliches gilt für den mitunter performativen Charakter bewusstseinsmäßiger Selbstbeobachtungen: Bei der Psyche handelt es sich um ein beschreibungssensibles System, in dem höherstufige Reflexionsprozesse den thematisierten Systemvollzug beeinflussen können. Eine Phänomenologie drogeninduzierter Erfahrungen hat daher immer auch den Einfluss kultureller Beschreibungsschemata auf das subjektive Erleben nachzuvollziehen.

im Leben hinarbeitet, ändern sich im Vollzug des Lebens (auch das psychische System ist ein dynamisches System, dessen Struktur und Verhalten sich nur aus seiner individuellen Entwicklungsgeschichte heraus verstehen lassen; vgl. Luhmann 2008a). Dass auch Drogenerfahrungen psychische Spuren hinterlassen, ist daher nichts Ungewöhnliches, zumal sie häufig einen hohen Grad an Intensität aufweisen. Hierbei liegt die Vermutung nahe, dass eine regelmäßige Anwendung psychotroper Substanzen im jungen Alter, wenn die Persönlichkeits- und Gehirnentwicklung noch vergleichsweise offen ist, mit einem besonders starken Struktureffekt einhergeht. Kurzum, Drogen machen einen Unterschied im psychischen System.

Eine in Wissenschaft und Öffentlichkeit häufig thematisierte Strukturveränderung ist die *psychische Abhängigkeit*, die auch mit einer körperlichen einhergehen kann. Der Einzelne entwickelt dann das Verlangen, regelmäßig psychotrope Substanzen anzuwenden, um einen bestimmten Erlebnis- und Körperzustand herbeizuführen oder beizubehalten. Im nüchternen Zustand können unangenehme oder nahezu unerträgliche Entzugserscheinungen auftreten, die das Bedürfnis nach einem erneuten Substanzgebrauch so stark werden lassen, dass andere Themen und Probleme im Leben des Betroffenen massiv an Bedeutung verlieren; einige Nutzer verüben sogar Straftaten oder bieten sexuelle Dienstleistungen an, um an den begehrten Stoff zu gelangen. Drogensucht belastet nicht nur die Gesundheit, sondern auch die Sozialbeziehungen einer Person. Die Frage aber, ob Suchtverhalten überhaupt einen Krankheitswert hat, das heißt als behandlungsbedürftig gilt, und falls ja, ab wann eine manifeste Suchterkrankung vorliegt, ist stark deutungs- und normenabhängig (etwa Klaue 1999). Sie lässt sich nicht ohne Rekurs auf wissenschaftliche Interpretationsschemata und medizinische Standards, kulturelle Wertvorstellungen und gesellschaftliche Erwartungen beantworten.[3] Dennoch drohen ab einem gewissen Punkt ein *faktischer Verlust der personalen Inklusionsfähigkeit* und damit die vorübergehende oder dauerhafte Exklusion aus Arbeits-, Bildungs-, Freundschafts- und Familienzusammenhängen. Im äußersten Fall ist eine Person nur noch bedingt gesellschaftsfähig.

Auch wenn eine Soziologie der Drogen dem subjektiven Erleben und der hiermit zusammenhängenden Suchtproblematik einen Platz einräumen sollte, muss sie über eine Betrachtung des psychischen Systems allein hinausgehen. Psychotrope Substanzen beeinflussen nicht nur die bewusst, vorbewusst und unbewusst ablaufenden Prozesse der menschlichen Psyche, ihre Nutzung wirkt sich auch auf die *Kommunikation unter Anwesenden* aus, die unter den Bedingungen körperlicher Ko-Präsenz und reflexiver Wahrnehmung – ich nehme wahr, dass mich mein Gegenüber wahrnimmt – stattfindet (Luhmann 1972b; Kieserling 1999). In solchen Interaktionssituationen befinden sich die Kommunikationspartner in greif-, hör- und sichtbarer Nähe. Drogeninduzierte Rauschzustände

---

3 Weder ist Sucht ein objektives Faktum, das unabhängig von gesellschaftlichen Deutungen und Erwartungen existiert, noch bildet sie eine bloße kommunikative Konstruktion, da sich tatsächlich körperliche und psychische Strukturveränderungen einstellen. Das komplexe Phänomen der Sucht ergibt sich somit aus einem Wechselspiel mehrerer Systemtypen und Systemebenen.

lassen sich in dieser lokalen Öffentlichkeit vom Einzelnen nur schwer verbergen, sein Verhalten steht grundsätzlich unter Dauerbeobachtung (Goffman 1982). Er wird daher entweder allein bleiben wollen oder Situationen aufsuchen, in denen der Substanzgebrauch sozial akzeptiert ist und keine Sanktionen, etwa in Form von Stigmatisierungen (Goffman 1975), nach sich zieht.

Dies ist besonders dann der Fall, wenn die Interaktionsteilnehmer gemeinsam Rauschmittel anwenden. Eine derart ‚berauschte Interaktion' nimmt häufig die Form der Geselligkeit an, die sich mit Georg Simmel (1999, S. 108) als „*Spielform der Vergesellschaftung*" begreifen lässt. Das lockere, ungezwungene Beisammensein ist Selbstzweck, die soziale Wechselwirkung als solche wird genossen. Berauschende Substanzen können psychische Hemmschwellen senken, die aus Sicht des Interaktionssystems vor allem Kontakt- und Thematisierungsschwellen sind. Dadurch wird eine entspannte, ausgelassene Situation erzeugt, an der sich die Teilnehmenden erfreuen. Gemeinsames Essen, Filmschauen, Musikhören und Tanzen unterstreichen den geselligen Charakter der Interaktion. In Anlehnung an Simmels Unterscheidung zwischen „einer oberen und unteren ‚*Geselligkeitsschwelle*'" (ebd., S. 110) lassen sich jedoch zwei Punkte ausmachen, an denen die Situation zu kippen droht: Ist die psychische Wirkung der angewandten Substanzen sehr stark, können sich die Interaktionsteilnehmer entweder aus dem Gespräch zurückziehen wollen, da sie mit der Ordnung ihrer eigenen Wahrnehmung und Gedanken bereits ausgelastet, wenn nicht überfordert sind. Oder sie engagieren sich in einem Maße und einer Weise, dass den anderen Kommunikationspartnern der Raum für Beiträge genommen wird und diese sich mitunter bedrängt fühlen (Monopolisierung des Gesprächs, aufdringliches und aggressives Verhalten etc.). In beiden Fällen verliert die Interaktionssituation ihren geselligen Charakter.

Dass sich die von psychotropen Substanzen induzierten Zustands- und Strukturveränderungen der menschlichen Psyche nicht nur auf Interaktions-, sondern auch auf Organisations- und Gesellschaftssysteme auswirken, kann unter den Bedingungen funktionaler Differenzierung als weitestgehend ausgeschlossen gelten. Ausnahmen bilden jedoch, neben dem bereits erwähnten Einsatz von Drogen im Krieg, das Kunstsystem, das über einen besonders starken Wahrnehmungsbezug verfügt (vgl. dazu Luhmann 1995, S. 13ff.), und der moderne Hochleistungssport, in dem die Anwendung verbotener leistungssteigernder Medikamente aufgrund schrankenloser Leistungserwartungen inzwischen Struktureffekte zeitigt (Bette und Schimank 2006). Dennoch ist die Integration der modernen Weltgesellschaft mit ihrer komplexen Differenzierungsarchitektur – im deutlichen Unterschied etwa zu Horden- und Stammesgesellschaften, die noch durch bestimmte Interaktionsrituale wie dem Potlatch integriert werden konnten – weitaus unabhängiger von Interaktionssituationen, auch wenn man an kritischen Kontaktstellen, etwa jenen zwischen Staaten, nicht auf Face-to-face-Kommunikation verzichten möchte (siehe grundsätzlich dazu Luhmann 1997, S. 812ff.; Kieserling 1999, S. 213ff.). Dass lokale Rauschzustände gesellschaftsweite Strukturveränderungen bewirken, ist unter diesen Bedingungen unwahrscheinlich.

In Form von *Nutzergemeinschaften* (lokale Szenen, Kontaktnetzwerke) bilden sich aber soziale Strukturen heraus, die über einzelne Interaktionssituationen deutlich hinausgehen.

Auch wenn sie aufgrund ihrer vergleichsweise unscharfen Grenzen keine geschlossenen Sozialsysteme bilden, handelt es sich bei ihnen um Interaktionszusammenhänge (zu diesem Konzept siehe Kieserling 1999, S. 221ff.), die eine regelmäßige Aktualisierung erfahren. Hier finden Initiationsriten statt, wird Stoff geteilt, gemeinsam konsumiert und Zugehörigkeit gestiftet (zur Aufnahme des Novizen in diese Gemeinschaften siehe Becker 1953). Die Nutzer können voneinander erwarten, dass sie ihren illegalen Konsum nicht zur Anzeige bringen. Häufig sind Kleindealer Teil dieser Gemeinschaften, damit bilden sie ein wichtiges Verbindungsglied zwischen Distributions- und Nutzungszusammenhängen. Solche Nutzergemeinschaften können wiederum Teil größerer *Protestbewegungen* sein. Die Kritik an der Gesellschaft wird dann nicht nur in Form von Demonstrationen, Transparenten, Flugblättern, Manifesten, Zeitschriften und Büchern geübt. Ebenfalls lässt sich über einen abweichenden Lebensstil, zu dem ein regelmäßiger Drogenkonsum gehört, *innerhalb* der Gesellschaft *gegen* die Gesellschaft protestieren (siehe etwa Feustel 2015).

4 Regulationszusammenhänge

Insofern jedes System als eine sich selbst regulierende Einheit verstanden werden kann, sind die bislang dargestellten Produktions-, Distributions- und Nutzungszusammenhänge durchzogen von Prozessen systemischer Selbstorganisation. In der modernen Gesellschaft existieren jedoch darüber hinausgehende, höherstufige Regulationsprozesse. Als *Strukturzusammenhänge zweiter Ordnung* haben sie die beschriebenen Produktions-, Distributions- und Nutzungszusammenhänge zum Gegenstand.

Mit *Politik* und *Recht* wurden bereits zwei wichtige Funktionssysteme benannt, welche die Herstellung, den Vertrieb und die Anwendung psychotroper Substanzen zu regulieren versuchen. In der Produktion, Distribution und Nutzung von Rauschmitteln stellt man sich wiederum auf die politischen und rechtlichen Steuerungsbemühungen ein, was sich nicht zuletzt daran zeigt, dass die Aktivitäten im Geheimen geschehen. Besteht die gesellschaftliche Funktion des politischen Systems darin, die „Kapazität für kollektiv bindendes Entscheiden bereitzuhalten" (Luhmann 2002a, S. 86), dann schafft das Rechtssystem kollektive Erwartungssicherheit: Obwohl sich das faktische Verhalten nicht selten über die von der Politik gesetzten Normen hinwegsetzt, hält man weiterhin an den entsprechenden Verhaltenserwartungen fest und weigert sich zu akzeptieren, dass das Vergehen rechtens war (Luhmann 1993, S. 124ff.). Zudem sind Rechtsnormen in der Regel sanktionsbewehrt, was ihnen eine hohen Grad an Verbindlichkeit gibt. Dies trifft in besonderem Maße auf die Drogengesetzgebung zu, welche die Herstellung, den Handel und mitunter auch den Konsum bestimmter Substanzen unter Strafe stellt. Aus der Illegalisierung ergeben sich jedoch *Folgeprobleme*, bei denen zumindest fraglich ist, ob sie durch ein ‚Mehr desselben', sprich durch noch schärfere Verbote und Strafen, gelöst werden können – angefangen beim Beimischen gesundheitsschädlicher Streckmittel aufgrund fehlender staatlicher Qualitätskontrollen bis hin zur organisierten Gewalt.

Auch *Moral* und *Erziehung* versuchen mit ihren Mitteln den gesellschaftlichen wie individuellen Umgang mit berauschenden Substanzen zu regulieren. Derjenige, der (illegale) Rauschmittel herstellt, vertreibt und nutzt, wird nicht selten mit Achtungsentzug sanktioniert (zu diesem Moralbegriff siehe Luhmann 2008b). Drogen sind schlecht und so auch alle, die Umgang mit ihnen pflegen, lautet eine nach wie vor verbreite Auffassung. Eine derartige moralische Aufladung des Themas ist mitunter ein Element von Erziehungskommunikation; insbesondere innerhalb eines rigiden Erziehungsstils wird häufig mit Achtungsentzug gedroht. Erziehung, die ja gezielt auf Sozialisationsprozesse einzuwirken versucht (Luhmann 2002b, S. 48ff.), kennt jedoch weitere Strategien, um den heranwachsenden Generationen den Themenkomplex Rausch und Drogen näher zu bringen. Beispielsweise können ausgewogene und sachliche Informationen bereitgestellt werden, die im Sinne der *drug literacy* einen mündigen und kompetenten Umgang mit psychotropen Substanzen legaler wie illegaler Art ermöglichen und erlauben sollen.

Am individuellen Nutzerverhalten setzt auch die Drogen- und Suchthilfe an, die von den Funktionssystemen für *Soziale Hilfe* und *Krankenbehandlung* (inklusive der entsprechenden Organisationen und Berufe) geleistet wird. Vor allem Suchtprävention, Suchtberatung, lebenspraktische Begleitung sowie die Betreuung von Drogenkonsumräumen fallen in den Aufgabenkreis der Sozialarbeit. Nach Dirk Baecker (1994, S. 93) hat man es bei der Sozialen Hilfe mit einem gesellschaftlichen Funktionssystem zu tun, „das mittels des Codes von Helfen versus Nichthelfen Defizite kompensiert und in der Gesellschaft und stellvertretend für die Gesellschaft Inklusionsprobleme der Bevölkerung betreut". Grundsätzlich soll allen Personen, die es aus eigener Kraft nicht mehr schaffen, gesellschaftliche Grunderwartungen zu erfüllen, Unterstützung angeboten werden. Wenn Abhängigkeitserkrankungen die personale Inklusionsfähigkeit schwächen, dann lässt sich der drohenden Exklusion vorbeugen, indem man im Rahmen sozialer Hilfestellungen individuelle Defizite auszugleichen sucht: Prävention durch Kompensation. Das System der Krankenbehandlung legt hingegen den Schwerpunkt auf Therapie (Luhmann 2009), indem es spezielle Angebote für Menschen mit Suchterkrankungen bereitstellt. Auch wenn in vielen Fällen eine vollständige Genesung nicht erreichbar ist, wird versucht, die Gesundheit der Patienten zumindest so weit zu fördern, dass sie wieder aktiv am gesellschaftlichen Leben teilnehmen können.

5   Reflexionszusammenhänge

Neben basalen Regulationsprozessen laufen in Produktions-, Distributions- und Nutzungszusammenhängen auch Reflexionsprozesse ab. Der jeweilige Systemvollzug wird dann im System thematisiert (zur Unterscheidung zwischen basaler und reflexiver Selbstreferenz siehe Luhmann 20008c, S. 135ff.). So können die Organisationen, die illegale Rauschmittel herstellen und vertreiben, angesichts auftretender Probleme reflektieren, ob die gewählten Produktions- und Distributionsstrategien weiterhin geeignet sind, um profitabel zu wirtschaften. Auch denken Nutzer in persönlichen Krisen mitunter kritisch über ihr

Nutzungsverhalten nach. Bei diesen Reflexionsprozessen fällt jedoch auf, dass sie einen starken Handlungsbezug haben und sich damit kaum von den Prozessen systemischer Selbstregulation abheben. In der modernen Gesellschaft existieren aber auch höherstufige Reflexionsinstanzen, die im Unterschied zu den ebenfalls höherstufigen Regulationsinstanzen (wie Politik und Recht, Moral und Erziehung, Sozialarbeit und Krankenbehandlung) nicht darauf abzielen, in die thematisierten Prozesse (direkt) einzugreifen.

Eine wichtige Reflexionsinstanz bildet das System der *Massenmedien*, das vor allem die außeralltäglichen und problematischen Aspekte des gesellschaftlichen Umgangs mit berauschenden Substanzen für mitteilungswert erachtet. Dies ist wenig überraschend, werden in der massenmedialen Öffentlichkeit doch gemeinhin solche Themen bevorzugt, die die Aufmerksamkeit des allgemeinen Publikums zu binden vermögen (Luhmann 2004, S. 53ff.). Soziale Probleme, Konflikte und Normverstöße treten hier wie unter einem Brennglas vergrößert hervor. Auch wenn Drogen jenseits von Substanzmissbrauch und Suchtverhalten, Großrazzien und Bandenkriegen gesellschaftlich existent sind, erfahren gerade diese Aspekte im Spiegel der Öffentlichkeit eine besondere Aufmerksamkeit.

Die Massenmedien thematisieren Drogen aber nicht nur in *journalistischer Form* (Nachrichten, Reportagen, Dokumentationen etc.), sondern machen sie auch zum Gegenstand von *Unterhaltung* (ebd., S. 96ff.). Die Grenzen zur *Kunst* sind hierbei fließend, da bei anspruchsvollen Romanen, Hörspiel-, Serien- und Filmproduktionen eine starke Ästhetisierung des behandelten Stoffs stattfindet. Alle bisher thematisierten Zusammenhänge können zum Gegenstand von Kunst- und Unterhaltungskommunikation werden. Erfahrungsgesättigt und doch mit allen Freiheiten der Fiktion werden so einem breiten Publikum Einblicke in Produktions-, Distributions-, Nutzungs- und auch Regulationszusammenhänge gegeben, die wiederum für das Erzählen spannender, dramatischer oder komischer Geschichten wie geschaffen sind. Der gesellschaftliche Umgang mit psychotropen Substanzen wird somit in der Gesellschaft noch einmal zur Aufführung gebracht. In diesem Sinne ermöglichen Kunst und Unterhaltung eine vermittelte ‚kollektive Drogenerfahrung'. Auch wenn man außerhalb des geschützten Rahmens der Fiktion mit dem Thema nicht in Berührung kommen möchte, kann man sich auf der heimischen Couch den gekonnt in Szene gesetzten Inhalten überlassen.

Eine weitere Reflexionsinstanz bildet die Soziologie, die sich im Unterschied zu anderen Wissenschaftsdisziplinen – man denke vor allem an Pharmazie und Medizin, Rechtswissenschaft und Kriminologie, Psychologie und Pädagogik – dem Thema widmen kann, ohne über einen konkreten Handlungs- und Anwendungsbezug zu verfügen. Dies gibt ihr die Freiheiten, die sie braucht, um die *gesellschaftliche Zirkulation von Drogen* nachzuvollziehen. Indem sie aufzeigt, unter welch unterschiedlichen Vorzeichen psychotrope Substanzen bedeutsam werden, macht sie die Komplexität ihres Gegenstands sichtbar. Drogen sind in einer Vielzahl von Systemen relevant. Sie sind dies jedoch auf immer andere Art und Weise, da die Systeme die Bedingungen definieren, untern denen Drogen ihre spezifische Relevanz erlangen, sei dies nun als Ware, Streitsache, Rauschmittel, Protestmedium, politisches Steuerungsproblem, Rechtsobjekt, Suchtstoff, Nachricht, Sujet etc. Im Umkehrschluss bedeutet dies aber, dass die verschiedenen Systeme durch die gesellschaftliche Zirkulation von Drogen miteinander vernetzt werden; trotz unterschiedlicher Operationsweisen stellen sich ihre Strukturen aufeinander ein. Für die Soziologie haben Drogen daher keine feste Identität. Vielmehr folgt der soziologische Beobachter den Spuren eines sich fortwährend in Bewegung befindlichen „Quasi-Objekts" (Serres 1987, S. 344ff.), das kolumbianische Paramilitärs mit Partys in Frankfurt, Grenzkontrollen in San Diego mit Filmproduktionen in Hollywood und kommunale Streetworker mit globalen Governance-Regimen verbindet.

Literatur

Baecker, D. 1994. Soziale Hilfe als Funktionssystem der Gesellschaft. *Zeitschrift für Soziologie* 23(2): 93–110.
Becker, J., F. Wehinger. 2013. In the Shadow: Illegal Markets and Economic Sociology. *Socio-Economic Review* 11(1): 5–30.
Beittel, J. S. 2015. Mexico: Organized Crime and Drug Trafficking Organizations. Congressional Research Service. https://fas.org/sgp/crs/row/R41576.pdf. Zugegriffen: 8. März 2017.
Benjamin, W. 1972. *Über Haschisch. Novellistisches, Berichte, Materialien*, hrsg. v. Tillman Rexroth. Frankfurt/Main.
Bette, K.-H., U. Schimank. 2006. *Doping im Hochleistungssport. Anpassung durch Abweichung*. Frankfurt/Main.
Coser, L. 2015. *Gierige Institutionen. Soziologische Studien über totales Engagement*. Berlin.
Feustel, R. 2013. *Grenzgänge. Kulturen des Rauschs seit der Renaissance*. München.
Feustel, R. 2015. *„Ein Anzug aus Strom". LSD, Kybernetik und die psychedelische Revolution*. Wiesbaden.
Fuchs, P. 1998. *Das Unbewußte in Psychoanalyse und Systemtheorie. Die Herrschaft der Verlautbarung und die Erreichbarkeit des Bewußtseins*. Frankfurt/Main.
Fuchs, P. 2005. *Die Psyche. Studien zur Innenwelt der Außenwelt der Innenwelt*. Weilerswist.
Goffman, E. 1975. *Stigma. Über Techniken der Bewältigung beschädigter Identität*. Frankfurt/Main.
Goffman, E. 1982. *Das Individuum im öffentlichen Austausch. Mikrostudien zur öffentlichen Ordnung*. Frankfurt/Main.
Holzer, B. 2006. Spielräume der Weltgesellschaft: Formale Strukturen und Zonen der Informalität. In *Die Vielfalt und Einheit der Moderne. Kultur- und strukturvergleichende Analysen*, hrsg. v. T. Schwinn, 259–279. Wiesbaden.
Holzer, B. 2007. Wie „modern" ist die Weltgesellschaft? Funktionale Differenzierung und ihre Alternativen. *Soziale Systeme* 13(1/2): 357–368.
Japp. K. P. 2007. Regionen und Differenzierung. *Soziale Systeme* 13(1/2): 185–195.
Jay, M. 2010. *High Society: Mind-Altering Drugs in History and Culture*. London.
Kamienski, L. 2016. *Shooting Up: A Short History of Drugs and War*. Oxford.
Kieserling, A. 1999. *Kommunikation unter Anwesenden. Studien über Interaktionssysteme*. Frankfurt/Main.
Klaue, K. 1999. Drugs, Addiction, Deviance and Disease as Social Constructs. *Bulletin on Narcotics* 51(1/2). https://www.unodc.org/unodc/en/data-and-analysis/bulletin/bulletin_1999-01-01_1_page005.html. Zugegriffen: 8. März 2017.
Luhmann, N. [1964] 1972a. *Funktionen und Folgen formaler Organisation*. Berlin.
Luhmann, N. 1972b. Einfache Sozialsysteme. *Zeitschrift für Soziologie* 1(1): 51–65.

Luhmann, N. 1984. *Soziale Systeme. Grundriß einer allgemeinen Theorie*. Frankfurt/Main.
Luhmann, N. 1993. *Das Recht der Gesellschaft*. Frankfurt/Main.
Luhmann, N. 1995. *Die Kunst der Gesellschaft*. Frankfurt/Main.
Luhmann, N. 1997. *Die Gesellschaft der Gesellschaft*, 2 Bd. Frankfurt/Main.
Luhmann, N. 1999. Konflikt und Recht. In Ders. *Ausdifferenzierung des Rechts. Beiträge zur Rechtssoziologie und Rechtstheorie*, 92–112. Frankfurt/Main.
Luhmann, N. 2000. *Vertrauen. Ein Mechanismus der Reduktion sozialer Komplexität*. Stuttgart.
Luhmann, N. 2002a. *Die Politik der Gesellschaft*, hrsg. v. A. Kieserling. Frankfurt/Main.
Luhmann, N. 2002b. *Das Erziehungssystem der Gesellschaft*, hrsg. v. D. Lenzen. Frankfurt/Main.
Luhmann, N. 2004. *Die Realität der Massenmedien*. Wiesbaden.
Luhmann, N. 2008a. Die Autopoiesis des Bewußtseins. In Ders. *Soziologische Aufklärung 6. Die Soziologie und der Mensch*, 55–108. Wiesbaden.
Luhmann, N. 2008b. *Die Moral der Gesellschaft*, hrsg. v. D. Horster. Frankfurt/Main.
Luhmann, N. 2008c. Die Ausdifferenzierung von Erkenntnisgewinn: Zur Genese von Wissenschaft. In Ders. *Ideenevolution. Beiträge zur Wissenssoziologie*, hrsg. v. A. Kieserling, 132–185. Frankfurt/Main.
Luhmann, N. 2009. Der medizinische Code. In Ders. *Soziologische Aufklärung 5. Konstruktivistische Perspektiven*, 176–188.Wiesbaden.
Luhmann, N. 2015. Ebenen der Systembildung – Ebenendifferenzierung (unveröffentlichtes Manuskript 1975). In *Interaktion – Organisation – Gesellschaft revisited. Anwendungen, Erweiterungen, Alternativen* (= Sonderband der Zeitschrift für Soziologie), hrsg. v. B. Heintz, H. Tyrell, 6–42. Stuttgart.
Paoli, L. 2003. *Mafia Brotherhoods: Organized Crime, Italian Style*. Oxford.
Pasero, U., C. Weinbach. (Hrsg.). 2003. *Frauen, Männer, Gender Trouble. Systemtheoretische Essays*. Frankfurt/Main.
Paul, A., B. Schwalb. 2011. Wie organisiert ist die organisierte Kriminalität? Warum es die Mafia nicht geben dürfte und warum es sie trotzdem gibt. *Leviathan* 39(1): 125–140.
Paul, A., B. Schwalb. 2012. Kriminelle Organisation. In *Handbuch Organisationstypen*, hrsg. v. M. Apelt, V. Tacke, 327–344. Wiesbaden.
Paul, B., H. Schmidt-Semisch. (Hrsg.). 1998. *Drogen Dealer. Ansichten eines verrufenen Gewerbes*. Freiburg.
Paul-Emile, K. 2009. Making Sense of Drug Regulation: A Theory of Law for Drug Control Policy. *19 Cornell J. L. & Pub. Pol'y 691*. http://ir.lawnet.fordham.edu/faculty_scholarship/376. Zugegriffen: 8. März 2017.
Potter, G. W. et al. 2003. Drug Cartels and the International Organization of Drug Trafficking in the 21st Century. *Kentucky Justice & Safety Research Bulletin* 5(1): 1–19.
Serres. M. 1987. *Der Parasit*. Frankfurt/Main.
Simmel, G. 1992. Soziologie. Untersuchungen über die Formen der Vergesellschaftung. In Ders. *Gesamtausgabe*, Bd. 11, hrsg. v. O. Rammstedt. Frankfurt/Main.
Simmel, G. 1999. Grundfragen der Soziologie. In: Ders. *Gesamtausgabe*, Bd. 16, hrsg. v. G. Fitzi, O. Rammstedt, 59–149. Frankfurt/M.
UNODC 2016. *World Drug Report*. New York. https://data.unodc.org. Zugegriffen: 28. Oktober 2017.
Weinbach, C. 2004. *Systemtheorie und Gender. Das Geschlecht im Netz der Systeme*. Wiesbaden.

Die Droge als Aktant

Akteur-Netzwerk-Theorie

Lars Gertenbach

Zusammenfassung

Der Beitrag diskutiert die Möglichkeiten und Perspektiven einer von der Akteur-Netzwerk-Theorie ausgehenden soziologischen Beschäftigung mit Drogen. Dabei stehen zwei Aspekte im Zentrum: die Kritik an einer Forschung, die vorrangig mit Kontext- und Einbettungsmodellen operiert, sowie die von der ANT aus der empirischen Erforschung der Nutzungspraktiken von Drogen heraus entworfene Soziologie der *Attachments*. Damit wird nicht nur der Beitrag der ANT für die Soziologie der Drogen sichtbar, sondern auch, dass die Auseinandersetzung mit Drogen als eine Art Testfall für die Soziologie begriffen werden kann, weil sie das Fach dazu zwingt, bestehende Begrifflichkeiten und Erklärungsmodelle zu überdenken.

Schlüsselbegriffe: Soziologie der Attachments, Handlungs- und Praxistheorie, Antoine Hennion, Emilie Gomart, Bruno Latour

Wie in vielen Bereichen der Soziologie ist es auch in der Auseinandersetzung mit Drogen in den letzten Jahren zu einer vermehrten Bezugnahme auf die Akteur-Netzwerk-Theorie (ANT) gekommen. Im Unterschied zu Forschungsfeldern wie der Wirtschafts-, Umwelt- oder Techniksoziologie mag dies zunächst erstaunen. Denn dieses Thema spielt weder bei der Entstehung der ANT eine nennenswerte Rolle, noch stellt es einen bevorzugten Gegenstandsbereich ihrer Forschung dar. Auch wenn sich die ANT von Anbeginn als *allgemeiner* soziologischer Ansatz verstanden hat (vgl. Callon und Latour 2006), liegt ihr zentrales Forschungsgebiet vornehmlich im Bereich der Wissenschafts- und Technikforschung, den sogenannten *Science & Technology Studies*. Zwar lassen sich hier durchaus Berührungspunkte zur Soziologie der Drogen ausmachen, sie sind aber nur schwer zu erkennen und insbesondere hierzulande begrifflich etwas verdeckt: Weil es im Deutschen üblich ist, Arzneimittel als *Medikamente* und nicht – wie im Englischen – als *pharmaceutical* oder *prescription drugs* zu bezeichnen, gerät kaum in den Blick, dass sich medizin- und wissenschaftssoziologische Arbeiten der ANT auch hiermit befasst haben.[1]

Doch auch wenn die Berührungspunkte nicht so gering sind, wie es zunächst erscheinen mag, sprechen primär andere Aspekte für einen Rückgriff auf die ANT innerhalb der soziologischen Auseinandersetzung mit Drogen. Schon das gängige Verständnis von Drogen als *psychoaktive Substanzen* verweist auf eine Analyseperspektive, wie sie von der ANT geradezu paradigmatisch vertreten wird. Denn die in den 1980er-Jahren entstehende Akteur-Netzwerk-Theorie ist vor allem darüber bekannt geworden, dass sie auch Dinge als Akteure, oder genauer: als *Aktanten*, begreift (vgl. Gertenbach/Laux 2018, S. 128). Weil in der ANT Dinge nicht als außersoziale Objekte, sondern als aktive und gesellschaftlich wirkmächtige Faktoren verstanden werden (vgl. Latour 2001a), erscheint sie als naheliegende Referenz für eine Forschung, die sich mit psychoaktiven Substanzen befasst. Dass es innerhalb der jüngeren soziologischen Drogenforschung zu einem Anschluss an die ANT gekommen ist, hat letztlich aber vor allem mit den von ihr vorgeschlagenen theoretischen und methodischen Prinzipien zu tun.

Um zu rekonstruieren, worin der Beitrag der Akteur-Netzwerk-Theorie für eine soziologische Erforschung von Drogen besteht, sollen zunächst einige typische Merkmale der soziologischen Auseinandersetzung mit Drogen benannt werden (I). Auf dieser Basis lässt sich nach den Besonderheiten einer Akteur-Netzwerk-Theorie der Drogen fragen. Dabei soll das Phänomen der Drogen – den Forschungsprämissen der ANT folgend – als eine Art Testfall für die soziologische Begriffsbildung dienen. Den Ausgangspunkt bildet hier die umstrittene (und häufig missverstandene) These der Handlungsfähigkeit von Objekten (II). Denn wenn selbst so unscheinbare und alltägliche Dinge wie Schlüsselanhänger, Preisschilder, Türschließer, Landkarten oder Bodenschwellen als Aktanten begriffen und mit Handlungsmacht ausgestattet werden (vgl. ex. Latour 2006), sollte dies – wie im Titel proklamiert – letztlich auch für Drogen gelten. Den Ausgangspunkt der weiteren Abschnitte bilden neuere Arbeiten, die entweder aus dem direkten Umkreis der ANT stammen oder diese Perspektive bereits in die Soziologie der Drogen eingebracht haben. Dazu werden zwei thematische Knotenpunkte bestimmt, die für eine Akteur-Netzwerk-Soziologie der Drogen wesentlich sind: Der eine kreist um die Problematisierung der soziologischen Erklärungsweise, die an Fragen des Kontextes und der Einbettung orientiert ist (III). Der andere Knotenpunkt beschäftigt sich mit dem Begriff des *Attachments* (IV). Beide problematisieren die oftmals vorherrschenden Dichotomien der soziologischen (aber auch psychologischen, medizinischen und biologischen) Auseinandersetzung. Dabei distanzieren sie sich von Gegenüberstellungen wie denen von Individuum versus Kontext oder Aktivität versus Passivität und konzentrieren sich auf die Analyse von Settings und Tran-

---

1 Beispielhaft genannt seien hier Forschungen zu pharmazeutischem Wissen, Gesundheitspolitik, der Entwicklung von Medikamenten sowie allgemein zu körper- und medizinsoziologischen Fragen (Mol und Law 2004; Mol 2002, 2008; Berg und Akrich 2004; Rabeharisoa und Callon 2002; Law 1986).

sitionspraktiken. Auf dieser Basis zeigen die jüngeren Debatten in der sozial- und kulturwissenschaftlichen Auseinandersetzung mit Drogen, dass die Akteur-Netzwerk-Theorie eine ernstzunehmende Alternative zu bestehenden soziologischen Ansätzen darstellt (V.).

1   Elemente der Soziologie der Drogen

Auch wenn es der Theorien- und Methodenpluralismus der Soziologie unmöglich macht, von einer einheitlichen Perspektive des Fachs zu sprechen, lassen sich doch einige Annahmen skizzieren, die für eine soziologische Beschäftigung mit Drogen charakteristisch oder zumindest sehr verbreitet sind. Zunächst dürften die meisten soziologischen Ansätze der These zustimmen, dass Drogen ein gesellschaftliches Grenzphänomen sind – nicht, weil sie nur vermeintliche Randbereiche des Sozialen betreffen, sondern weil bis heute alle Gesellschaften der Verbreitung und dem Gebrauch von Drogen Grenzen gesetzt haben. Drogen sind soziologisch gesehen ein besonders markanter Fall dafür, wie Grenzziehungen – zwischen Tolerablem und Nichttolerablem, Legalem und Illegalem, Erwünschtem und Nichterwünschtem – zur sozialen Ordnungsbildung beitragen. Die je historisch und kulturell spezifische Problematisierung von Drogen und Drogenkonsum ist Ausdruck von ordnungs- und normalitätskonstituierenden Diskursen und Praktiken, die damit im Umkehrschluss auch „einiges darüber erzählen, was als rational, vernünftig oder nüchtern gilt" (Feustel 2013, S. 16). Bereits der Begriff der Droge ist, wie Derrida betont, ein „Losungswort", weil er „von moralischen oder politischen Bewertungen instituiert wird: er trägt die Norm oder das Verbot in sich" (Derrida 1998, S. 242). Dies gilt umso mehr, weil sich Gesellschaften auch (und vielleicht sogar vornehmlich) darüber erschließen lassen, was als das Andere ihrer Ordnung gelten kann – d.h. darüber, was verfemt, ausgeschlossen oder verboten wird (vgl. Bröckling et al. 2015). Weiterhin impliziert dies, dass eine Gesellschaft ohne Drogen ebenso wenig denkbar (und wohl auch wünschenswert) ist wie eine Gesellschaft ohne Kriminalität.[2]

Ein erster Gegenstandsbereich einer Soziologie der Drogen betrifft damit jene Grenzziehungen, mit denen Fragen von Ordnung und Unordnung, Legalität und Illegalität, Norm und Überschreitung, Alltäglichem und Außeralltäglichem, Rationalität und Rausch etc. verhandelt werden – wodurch die soziologische Auseinandersetzung mit Drogen enge Verbindungen zur Soziologie abweichenden Verhaltens hat (vgl. ex. die Aufsätze in Becker 2014). Typischerweise findet sich dieser Zugang in konstruktivistisch ausgerichteten Studien (vgl. Venturelli 2016, S. 178; Room 2003). Die Grundannahme ist dabei, dass gesellschaftliche Diskurse über Drogen und die Konstruktion bestimmter Substanzen als legal oder illegal, harmlos oder gefährlich etc. nicht nur viel über die hegemonialen Ord-

---

[2]   Dieser Aspekt wurde besonders von Durkheim in Bezug auf die für Gesellschaften konstitutive Frage von Norm und Abweichung betont (vgl. Durkheim 1984, S. 156; Brownstein 2016, S. 6).

nungs- und Subjektmodelle aussagen, sondern dass deren Wandel zugleich auch einen Wandel sozialer Ordnungsvorstellungen und -praktiken insgesamt indizieren.[3]

Ein zweites Merkmal der soziologischen Beschäftigung mit Drogen lässt sich der Debatte um Konsum und Sucht entnehmen. Charakteristisch ist hier, dass soziologische Ansätze häufig gegen individualisierende Erklärungsmodelle auf die Bedeutung von Kontexten oder Situationen hinweisen oder sozialstrukturelle Faktoren in Anschlag bringen. Sie problematisieren nicht nur die konzeptionellen Mängel, sondern auch die impliziten verantwortungsethischen Zuschreibungen solcher Erklärungsmodelle. Anstatt Drogenkonsum als Problem mangelnder individueller Resilienz zu begreifen, auf genetisch-hereditäre Dispositionen zurückzuführen oder auf der Basis ökonomischer Handlungsmodelle von einer bewussten Entscheidung für Abhängigkeit zu sprechen – im Sinne der These einer „rational addiction" (Becker und Murphy 1988) – verweist die Soziologie auf genuin soziale Faktoren und die Umstände ihrer Nutzung. Im Rekurs auf *soziale* Erklärungsinstanzen operiert die Soziologie typischerweise mit kontextualistischen Modellen der Einbettung, der Rahmung oder des Milieus.

Trotz unterschiedlicher Stoßrichtungen findet sich eine programmatische Gemeinsamkeit dieser beiden Perspektiven, mit der schließlich ein erster Einsatzpunkt der ANT in diesem Feld benannt werden kann. Sie hängt mit der konkreten Forschungslogik bzw. der hierbei herangezogenen Erklärungsinstanz zusammen. Untersucht man die Logiken der Grenzziehung oder die Kontexte des Drogenkonsums, dann fragt man nach der sozialen Konstruktion von Drogen oder nach sozialen Gründen für deren Konsum – die Drogen selbst stehen jedoch weniger im Fokus. Erforscht man etwa, wie durch öffentliche Diskurse, rechtliche Bestimmungen und polizeiliche Kontrollpraktiken Grenzen zwischen legalen und illegalen Drogen oder legitimem und illegitimen Gebrauch gezogen werden, dann lässt dies Schlussfolgerungen über das Selbstverständnis der Gesellschaft, die soziale Konstruktion von Normalität, die Ordnungsvorstellungen oder die gesellschaftliche Bedeutung und Akzeptanz einzelner Drogen zu; über die Droge(n) selbst ist damit aber noch nicht zwingend etwas ausgesagt.

Obwohl solche Zugänge im Fach weit verbreitet und anschlussfähig sind, erweisen sie sich aus der Perspektive der ANT als durchaus problematisch. Infrage steht hier, ob eine solche Soziologie überhaupt imstande ist, die Spezifika des konkreten Phänomens in den Blick zu nehmen, oder ob sie nicht nur ein allgemeines (konstruktivistisches) Forschungsprogramm auf den Gegenstand anwendet. Für die ANT erweisen sich Drogen so gesehen als Testfall für die Begrifflichkeiten und Konzepte der Soziologie. Sie stellen das Fach vor die Herausforderung, über derartige Kontext- und Diskursforschungen und den einseitigen, an sozialen Erklärungen interessierten soziologischen Konstruktivismus

---

3   Solche Überlegungen finden sich etwa bei Loïc Wacquant und David Garland, die in Bezug auf die gesellschaftspolitischen Umbrüche der USA die Verschränkung von Sicherheitsdiskursen, der Transformation von Sozial- und Wohlfahrtsstaatlichkeit und des „War on Drugs" herausgearbeitet haben (vgl. Wacquant 2000; Garland 2008; Lynch 2012; Christie 2000; Wacquant 2009).

hinauszugelangen (vgl. Gertenbach 2015). Genau hierin liegt der Einsatzpunkt einer Akteur-Netzwerk-Theorie der Drogen. Um dies zu skizzieren, ist zunächst ein Blick auf einige Prämissen der ANT zu werfen.

2   Prämissen der Akteur-Netzwerk-Theorie

Ein guter Einstieg in die Rekonstruktion der Grundannahmen der ANT ist die bereits erwähnte Ausweitung des Handlungs- bzw. Akteursbegriffs, nicht zuletzt, weil genau dieser Punkt für erhebliche Irritationen in der Rezeption gesorgt hat. So wurden die Studien von Bruno Latour, Michel Callon, John Law, Madeleine Akrich, Annemarie Mol u.a. vielfach als Aufruf an die Sozial- und Kulturtheorie verstanden, nicht nur Menschen, sondern auch Mikroben, Muscheln und Schimpansen genauso wie Schlüsselanhänger, Sicherheitsgurte, Laborinstrumente und Türschließer als handelnde Akteure zu begreifen. Dass eine solche Ausweitung des Handlungsbegriffs bis hin zur unbelebten Dingwelt auf heftige Widerstände gestoßen ist, sollte kaum überraschen. Verwunderlich ist eher, wie hartnäckig sowohl bei Kritiker_innen als auch bei Anhänger_innen der ANT übersehen wurde, dass es sich hierbei um ein grundsätzliches Missverständnis handelt. Der ANT geht es nicht darum, alles Nichtmenschliche (also etwa Objekte, Technik, Tiere, Pflanzen usw.) mit jenen Attributen auszustatten, die üblicherweise als Besonderheit menschlicher Handlungsfähigkeit gelten (etwa Bewusstsein, Intentionalität, exzentrische Positionalität u.a.). Im Gegenteil, sie verweigert geradezu jede apriorische Aussage über die Kompetenzen, Qualitäten und Eigenschaften von Akteuren. Ihr Ausgangspunkt ist keine substantielle, sozialtheoretische oder sozialontologische Annahme, sondern eine *methodologische* Prämisse: das sogenannte „erweiterte Symmetrieprinzip" (Latour 1992, 2008). Damit soll verhindert werden, dass präskriptive, d.h. vorab gefertigte Unterscheidungen an den Untersuchungsgegenstand herangetragen werden. Die ANT zielt dementsprechend nicht darauf, einen feststehenden Begriff von Handlung und Akteurschaft auf den Bereich nichtmenschlicher Objekte auszuweiten, sondern die Prämissen dieser Begrifflichkeit infrage zu stellen. „Das Ziel des Spiels besteht nicht darin, Subjektivität auf Dinge zu übertragen oder Menschen als Objekte zu behandeln oder Maschinen als soziale Akteure zu betrachten, sondern die Subjekt-Objekt-Dichotomie *ganz zu umgehen* und stattdessen von der Verflechtung von Menschen und nicht-menschlichen Wesen auszugehen" (Latour 2002, S. 236f.).

Der Kern der ANT ist damit zunächst eine absichtlich flache Heuristik. Mit ihr soll empirisch untersucht werden, wie Handlungen oder Ereignisse aus der Verknüpfung unterschiedlicher Entitäten hervorgehen. Als beteiligt an „Handlungsverläufen" („cours d'action")[4] gilt dabei alles, was im jeweiligen Geschehen einen Unterschied macht – wie die Waffe, ohne die es nicht zum Mord gekommen wäre, der Schlüsselanhänger, der das

---

4   Zum Konzept des Handlungs- bzw. Aktionsverlaufs vgl. Latour 2013b, S. 93 sowie Gertenbach und Laux 2018, S. 168.

Verhalten von Hotelgästen verändert, oder die Straßenschwelle, die zur Einhaltung des Tempolimits beiträgt (vgl. Latour 2006). Die ANT geht damit über die These hinaus, dass menschliche Handlungen notwendigerweise in einem auch durch Objekte gerahmten Kontext stattfinden; sie betont vielmehr, dass Handlungen stets als komplexes, heterogenes Dispositiv verstanden werden müssen (vgl. Latour 2006, S. 503). Um die Differenz zu anderen soziologischen Forschungszugängen genauer herauszuarbeiten, hat insbesondere Latour vorgeschlagen, zwischen zwei Formen von Soziologie zu unterscheiden. Während die klassische Soziologie als Wissenschaft des Sozialen bzw. der Gesellschaft begriffen werden kann, ist die ANT als Wissenschaft der Assoziationen zu verstehen (vgl. Latour 2007; 2001b, S. 361; 1988, S. 40 und S. 262f.). Der zentrale Unterschied besteht darin, dass die eine *sozio*logisch argumentiert, d.h. die von ihr beschriebenen Phänomene auf soziale Faktoren rückbezieht oder hieraus erklärt (menschliche Handlungen, Interaktionen, Milieus, Kontexte, Diskurse, Sinnzuschreibungen etc.), während die andere sich für die Verknüpfungen und das Zusammenspiel höchst unterschiedlicher, eben nicht nur sozialer Entitäten interessiert.

Vor dem Hintergrund der falschen Unterstellung, die ANT würde die unbelebte Welt der Dinge mit menschlichen Eigenschaften ausstatten, wird deutlich, dass es in Bezug auf eine Akteur-Netzwerk-Soziologie der Drogen nicht darum gehen kann, einer auf menschliches Handeln und soziale Faktoren fokussierten *sozio*logischen Argumentation nun eine Analyse der Objekte und Substanzen entgegenzustellen. Die Rede von der Droge als Aktant ist nur dann berechtigt, wenn sie, analog zu der Rede von den Dingen als Aktanten, nicht als Substanzanalyse verstanden wird und nicht von Entitäten, sondern von Relationen bzw. Assoziationen ausgeht. Dieses Vorverständnis teilen alle Autor_innen, die sich ausgehend von der ANT mit Drogen befasst haben.

3   ANT der Drogen I: Die Kritik am Begriff des Kontextes

Ein erstes Argument, mit dem die ANT als alternativer Ansatz im Bereich der Soziologie der Drogen ins Spiel gebracht wurde, äußert sich als Kritik am Konzept des Kontextes. Damit ist eine Forschung gemeint, die soziale Phänomene auf allgemeinere strukturelle Faktoren zurückführt – und dabei neben Kontexten etwa auch von Milieus, Settings, Handlungsumwelten oder Rahmungen spricht. Typischerweise geht es hierbei um makrosoziale Faktoren, die als übergeordnete oder hintergründig wirkende Strukturen dem Einzelgeschehen unterlegt werden. Im Rahmen einer an die ANT anschließenden Soziologie der Drogen hat besonders Cameron Duff in Forschungen zum Drogenkonsum gegen eine solche Kontextforschung argumentiert (vgl. Duff 2007, 2008, 2011, 2013, 2014, 2016). Dabei hat er für ein *empirisches* Programm plädiert, das mithilfe einer an der ANT ausgerichteten Methodologie die Heterogenität dieser Praxis und der daran beteiligten Entitäten untersucht:

„Rather than posit context as some short hand for the mechanisms of structural mediation, social science accounts of AOD [alcohol and other drugs; LG] use need to return to the laborious empirical task of documenting the array of actors at work in any instance of consumption. Clearly, there are diverse agencies present in this consumption; bundling all of the non-human agencies together in the artifice of context merely obscures rather than explains the character of these forces, actants and processes" (Duff 2011, S. 405).

Mit seiner Kritik an der Kontextlogik soziologischer Forschung schließt Duff direkt an die Kernannahmen der ANT an. Vor allem Callon und Latour haben wiederholt betont, dass die Rede von Netzwerken und Assoziationen zugleich eine Abkehr von jenen Forschungen impliziert, die Handlungen und Ereignisse so beschreiben, als ob es sich um Mikrophänomene handele, die von Makrophänomenen umlagert oder bestimmt werden. Aus Sicht der ANT führt der soziologische Rekurs auf Kontexte damit in zwei Hinsichten – die sich letztlich komplementär zueinander verhalten – zu einer problematischen Haltung gegenüber den untersuchten Gegenständen. Im einen Fall tendiert die Betonung von Kontexten dazu, das soziale Geschehen durch hintergründig wirkende Strukturfaktoren zu objektivieren (vgl. Duff 2011, S. 404). Das Problem hieran ist der Reduktionismus einer solchen Erklärung, weil das eigentliche Phänomen zum bloßen Ausdruck von etwas anderem gemacht wird (vgl. Latour 1988, S. 158ff.). So wird nicht der eigentliche Konsum von Drogen thematisiert, sondern deren Nutzung auf Milieubindungen, Sozialisationsstrukturen oder Gruppendynamiken zurückgeführt (vgl. ex. Bahr und Hoffmann 2016). Dies ist problematisch, weil die soziale Wirklichkeit „auf ein Ensemble von Zeichen, ein Spiel von sozialen Relationen reduziert" und damit zum „Artefakt einer unsichtbaren, rein sozialen Logik" gemacht wird (Hennion 2013, S. 17). Und im anderen, komplementären Fall tendiert das Konzept des Kontextes aus Sicht der ANT dazu, völlig heterogene Elemente in problematischen Globalkategorien wie Gesellschaft oder Milieu zu vereinen. Diese werden dabei zu einer Art Black Box: Sie erklären wenig und lassen sich auch kaum mehr öffnen. „[T]he idea of context – at least in the ways it has been mobilised in recent sociological analyses of AOD use – is increasingly unable to account for the array of actors, objects, spaces and technologies ‚at work' in the event of AOD consumption." (Duff 2011, S. 404)

Kontextualistische Ansätze, die mit Begriffen wie Milieu, Rahmung, Struktur oder Einbettung operieren, erscheinen der ANT folglich als problematisch, weil sie zwischen verschiedenen Wirklichkeitsebenen trennen – etwa zwischen einer mikrologischen Situation und einem makrologischen Kontext. Um derartige Reduktions- und Subsumtionslogiken zu vermeiden, rekurriert die ANT auf den Begriff des Netzwerks oder spricht von Übersetzungen oder Mediationen: „The network […] does not link agents with an established identity […] to form what would be a rigid social structure constituting the framework in which individual actions are situated. […] the network does not serve as a context" (Callon 1998, S. 8; vgl. Latour 1988, S. 253, Anm. 15). Anstatt einzelne Handlungen oder Geschehnisse einem makrosozialen Kontext gegenüberzustellen, setzt das Netzwerkdenken auf eine Logik der Vermittlung und betont die gegenseitige Ko-Konstruktion von Objekt und Kontext: „The definition of an object is also the definition of its socio-technical context: *together* they add up to a possible network configuration. There is no ‚inside' oder ‚outside'" (Callon 1991, S. 137).

Wie dieses Zitat zeigt, führt die Kritik am soziologischen Gebrauch des Kontextbegriffs nicht dazu, dass der Begriff selbst verabschiedet wird. Er wird ebenso wie die Begriffe der Rahmung und Einbettung weiterhin in der ANT und der daran anschließenden Soziologie der Drogen verwendet (vgl. Callon 1998; Duff 2011). Entscheidend ist aber, dass derartige Konzepte nicht als Erklärungsfaktoren für einzelne Phänomene in Anschlag gebracht werden: „[...] you must not imagine society as a context for different types of activities [...]; you have to imagine the process through which collective relations are constructed" (Callon et al. 2002, S. 292). Damit ist gemeint, dass Kontexte selbst Produkte sind: Resultate eines komplexen und vernetzten Handlungsverlaufs. Sie sind nicht das, was zur soziologischen Erklärung herangezogen werden kann (Explanans), sondern das, was selbst soziologisch erklärt werden muss (Explanandum). Begreift man die ANT als Assoziologie (Latour 1988, 2007), die der Verknüpfung unterschiedlicher, heterogener Entitäten auf der Spur ist, dann lässt sich als erste Folgerung in Bezug auf die Soziologie der Drogen eine stärker empirische Ausrichtung am konkreten Gebrauch der Drogen, beispielsweise den Verwendungs-, Konsum- und Herstellungspraktiken ausmachen. Diese findet sich insbesondere in den Forschungen von Emilie Gomart und Antoine Hennion.

4 ANT der Drogen II: Soziologie der Attachments und Transitionen

Die Kritik am Konzept des Kontextes und den damit verbundenen dualistischen Trennungen von Kontext/Inhalt, Struktur/Handlung oder Makro/Mikro geht in der ANT mit einer konzeptionellen Verschiebung einher, die den Fokus auf Vermittlungen und Übersetzungen lenkt. Der zentrale Begriff ist in diesem Zusammenhang der des Netzwerks, der nicht nur zum Ausdruck bringen soll, dass hierbei unterschiedliche Elemente miteinander verknüpft werden, sondern dass diese auch erst in diesen Relationen zur Existenz kommen. Sowohl Subjekte wie Objekte werden hierbei nicht als präexistent, sondern als Resultate der sie konstituierenden Netzwerke gedacht. Für die soziologische Beschäftigung mit Drogen lassen sich hieraus bereits mehrere Konsequenzen ziehen. Um zum Kern einer Akteur-Netzwerk-Soziologie der Drogen vorzustoßen, ist aber noch eine begriffliche Ergänzung wesentlich, die vor allem von Gomart und Hennion (1998) vorgeschlagen wurde: Sie besteht darin, die Frage der Relation und Verknüpfung nicht allein unter dem eher technischen Begriff des *Netzwerks* in den Blick zu nehmen, sondern diesen um den Begriff des *Attachments* zu ergänzen.[5] Der ANT-Begriff des Attachments ist nicht als Anhängsel zu verstehen, er zielt vielmehr auf eine immer auch affektive Bindung. In den deutschen Übersetzungen ist hier i.d.R. von ‚Bindung' oder ‚Anhänglichkeit' die Rede

---

5 Hennion geht es hierbei vor allem um Fragen des Geschmacks und der Passion, sein zentrales Forschungsfeld ist die Musiksoziologie (vgl. Hennion 2015, 2001, 2003, 2005).

(vgl. Latour 2009, 2014, S. 575; Hennion 2013). Dem Vorschlag von Gomart und Hennion hat sich auch Bruno Latour angeschlossen, wenn er von einem „network of attachments" (Latour 1999, S. 27) spricht. In seinem letzten Hauptwerk *Existenzweisen. Eine Anthropologie der Modernen* weist Latour damit auf die affektive Intensität von Bindungen (nicht nur, aber auch zu Objekten) hin, die nicht nur verknüpfen (im Sinne von Vernetzung), sondern auch mobilisieren (vgl. Latour 2013a, S. 425). Was damit im Hinblick auf eine Soziologie der Drogen gemeint ist, lässt sich bereits einem kurzen Text von Latour entnehmen, der um einen Comic-Strip und das Rauchen einer Zigarette kreist (vgl. Latour 2009).

Der dem Text vorangestellte, kurze Mafalda-Comic selbst erzählt in sechs Bildern von einer plötzlichen Verwandlung: Der zunächst genüsslich rauchende Vater von Mafalda ist am Ende der Erzählung wie besessen damit beschäftigt, all seine Zigaretten mit einer Schere zu zerschneiden. Den Auslöser hierfür bildet Mafalda, die wissen will, was ihr Vater gerade macht, und die auf dessen Erklärung, er würde eine Zigarette rauchen, im Weggehen eher beiläufig entgegnet: „Ich dachte, die Zigarette würde dich rauchen. Aber hör nicht auf mich" (Latour 2009, S. 359). Die Umkehrung der Position der Autonomie und Aktivität zu einer der Heteronomie und Passivität ist es, die Mafaldas Vater am Ende des Comics zur Schere greifen lässt – in dem Glauben, nur durch eine Zerstörung seiner Zigaretten wieder volles Subjekt werden zu können. Für Latour ist diese Erzählung im Grunde ebenso trivial wie irreführend, weil sie die Differenzen von Subjekt/Objekt und aktiv/passiv geradezu manisch verabsolutiert. Genau darin erweist sie sich für ihn aber als symptomatisch für die Unfähigkeit unseres dichotomen Begriffsapparats, Situationen zu verstehen, die letztlich weder das eine noch das andere sind (vgl. Latour 2004, S. 208). So beiläufig Latours Text mit der Beschreibung des Comics beginnt, am Ende steht ein Konzept, das die Trennungen von Subjekt/Objekt, Autonomie/Heteronomie, Freiheit/Zwang und aktiv/passiv unterläuft und sich hierbei als paradigmatisch für eine Akteur-Netzwerk-Soziologie der Drogen erweist:

> „Im Gegensatz zu dem, was Mafalda im mittleren Bild meint, ‚raucht' die Zigarette ihren Vater nicht, sondern *lässt* ihn rauchen. Dieses ‚faire faire' oder ‚Machen-Lassen' ist so schwer zu fassen, dass Mafaldas Vater denkt, er könne dieser Situation nur auf zwei traditionellen Wegen entkommen: zunächst mithilfe des Gedankens, dass er in der Lage sei, seine eigenen Handlungen vollständig zu beherrschen: er handelt – die Zigarette tut nichts; am Ende durch die Vorstellung, dass er völlig vom Gegenstand beherrscht werde: die Zigarette handelt – er tut nichts" (Latour 2009, S. 362).

Wie üblich in der ANT geht es auch hier um die sowohl empirische wie theoretische Zurückweisung des Denkens in Dichotomien. Am Konzept des ‚Machen-Lassens' (‚faire faire') wird aber deutlich, dass mit Vernetzungen zugleich spezifische Bindungen (Attachments) einhergehen, weil es darum geht, dass beide Elemente (Mafaldas Vater und die Zigarette) auf eine spezifische Weise miteinander verbunden sind. Eine hieran angelehnte Forschung versucht demnach, jenseits der genannten Dichotomien zu zeigen, wie derartige Bindungen zustande kommen und wie dieses ‚Machen-Lassen' konkret beschaffen ist (vgl. Latour 2009, S. 363).

Genau dies ist das Ziel der Forschungen von Gomart und Hennion. Ihre Studie (1998) befasst sich sowohl mit Musikliebhaber_innen (dem Forschungsgebiet von Hennion) und Drogenkonsument_innen (dem Forschungsgebiet von Gomart). Der Vergleich dieser Gruppen betont nicht nur die Ähnlichkeiten beider Formen von Attachment, sondern hat auch einen methodischen Zweck: er soll vor einem moralischen Dualismus bewahren (vgl. Gomart und Hennion 1998, S. 230). Dabei zeigen sie, dass die genannten Dichotomien nicht nur *theoretisch* unterkomplex sind, sondern vor allem *empirisch* den untersuchten Phänomenen nicht gerecht werden. Denn sie verdecken, dass die Erfahrung der Musikliebhaber_innen und der Drogenkonsument_innen dadurch bestimmt wird, sich unablässig zwischen den dichotomen Polen zu bewegen. Eine Diskussion, die sich darum dreht, ob wir es hier mit einem intentional handelnden Subjekt zu tun haben oder ob die Drogen die Handlungen des Subjekts bestimmen, verfehlt diesen entscheidenden Punkt. In ihrer Studie sprechen sie diesbezüglich von „passings", um die Logik des Übergangs bzw. des Hin-und-Hergleitens (das „faire faire" bei Latour) genauer zu beschreiben. Diese Logik ist sowohl für die Praxis von Musikliebhaber_innen wie für Drogenkonsument_innen und die damit einhergehende Form des Attachments konstitutiv. Im Zentrum ihres Aufsatzes stehen fünf solcher Passings, die sie ihrem empirischen Material entnehmen (vgl. Gomart und Hennion 1998, S. 231ff.): die zwischen (1) *Körper* und *Geist*, (2) *Individuum* und *sozialem/technischem Setting*, (3) *Aktivität* und *Passivität*, (4) der *Materialität und Wirkung des Objekts* und dem dazu gehörigen *Wissen und der Expertise des Konsumenten* sowie zwischen (5) *Kontrolle* und *Kontrollverlust*. In all diesen Dimensionen ist es nach Gomart und Hennion unmöglich, eindeutig zwischen den dichotomen Registern zu unterscheiden, weil die Praxis des Drogen- und Musikkonsums von Grund auf transitiv ist: Sie wird bestimmt vom Spiel dieser Gegensätze, dem permanenten Überschreiten und Aushandeln. Die Konsument_innen selbst konstituieren sich hierbei nicht als autonom handelnde Subjekte bzw. nur insoweit als sie *aktiv darauf hinwirken, passiv und empfänglich zu werden*.[6] Weil der klassische Handlungsbegriff kaum dazu taugt, diese Logik der Transition zu fassen, spricht insbesondere Hennion in seinen Forschungen von Mediationen oder Attachments. Dabei geht es stets darum,

> „jenseits des Dualismus von aktiv und passiv andere Formen der Agency auszumachen, insbesondere mithilfe des Begriffs der Passion oder, im Zusammenhang mit Musikern oder den Drogen-,Liebhabern', mithilfe des Begriffs der aktiven Passivität: Nicht von der Aktivität zur Passivität übergehen, sondern handeln, um bewegt zu werden (*agir pour être agi*). [...] Es

---

6   Zumindest in dieser Hinsicht argumentieren Gomart und Hennion ähnlich wie Howard Becker, der in seiner Pionierstudie *Becoming a Marihuana User* (1953) gezeigt hat, dass sich die Einnahme von Drogen keineswegs als eine „Passivierung" der Nutzer_innen begreifen lässt, weil sie – im Falle von Marihuana – etwa daran gebunden ist, die Wirkung der Substanz registrieren und das eigene Verhalten beobachten zu können: „[...] it is necessary not only to use the drug so as to produce effects but also to learn to perceive these effects when they occur" (ebd., S. 239). Differenzen zwischen der Studie von Becker und einer ANT-Perspektive diskutiert vor allem Gomart (vgl. 2002, S. 100–103).

war unter anderem dieses Ziel [...], das uns den Begriff des Attachments wieder aufgreifen ließ [...]" (Hennion 2013, S. 25).

Die vorgeschlagenen Begriffsverschiebungen haben aber nicht nur Folgen für das Verständnis der Nutzung von bzw. der Interaktion mit Drogen; sie problematisieren zugleich vorherrschende Modelle von Sucht. Darunter fallen auf der einen Seite naturwissenschaftliche Konzepte wie das „brain disease model", das Sucht als behandelbare, vor allem neurologische Krankheit begreift (vgl. dazu Fraser 2017). Auf der anderen Seite werden damit aber auch sozialwissenschaftliche Konzepte in Frage gestellt, die entlang der genannten Dichotomien wahlweise von einem vollständigen Ich- und Kontrollverlust oder von der bewussten Entscheidung für Sucht im Sinne der Rational-Addiction-These (Becker und Murphy 1988) ausgehen. Weil solche Modelle auch eine gewichtige Rolle in der Behandlungspraxis spielen (von stationären Entzugskliniken bis zu den Treffen der *Anonymen Alkoholiker*), hat Gomart ethnographische Feldstudien zur Methadonsubstitution in französischen Suchtkliniken unternommen und gezeigt, wie ein Verständnis von Drogennutzung, das nicht derart dichotom operiert, auch zu einem anderen Umgang mit Sucht führen kann (vgl. Gomart 2004; Weinberg 2011). Entscheidend ist hierbei nicht nur, dass Sucht als eine spezifische Form von Attachment begriffen wird, sondern auch, dass der Wiedergewinn von Kontrolle – ganz im Sinne von Mafaldas Vater – gerade nicht auf einer Dämonisierung der Substanz oder einer bloßen Negation im Sinne eines kalten Entzugs aufbaut (vgl. Gomart 2004, S. 94).

Mit ihrer Forschung haben Hennion und Gomart aber nicht nur das klassische Handlungsmodell kritisiert und das Konzept der Attachments genauer ausgearbeitet, sie haben auch eine Erweiterung der ANT vorgeschlagen, die sie zumindest thematisch etwas anders ausgerichtet hat.[7] Während die Kritik an der Objekt- und Technikvergessenheit der Soziologie in der ANT zunächst vor allem zu Studien geführt hat, die sich mit technischen und wissenschaftlichen Objekten befassten, richten die beiden den Blick stärker auf die hiermit einhergehenden Subjektivitäten: „In twenty years of ANT practice, objects have been turned into networks and thereby radically re-defined. An analogous project is now starting to take shape: the study of ‚subject-networks'. This is not a critique of the ‚construction' of the subject. Rather, it is an attempt to offer an alternative account of the ways in which subjects may be seized, impassioned and swept away." (Gomart und Hennion 1998, S. 220f.) Von der Droge als Aktant zu sprechen, heißt damit – nur scheinbar paradox – zugleich den Fokus auf die Subjekte und deren leidenschaftliche Bindungen zu werfen (vgl. Dilkes-Frayne und Duff 2017).

---

7   Obwohl sie konzeptionell gar nicht allzu sehr von den Prämissen der ANT abweichen, werden sie daher oftmals einer Post-ANT-Forschung zugerechnet (vgl. Sørensen 2012 und allgemein zur Post-ANT: Gad/Jensen 2010).

5 Ausblick

Als Teil einer neopragmatistischen Wende innerhalb der soziologischen Theorie steht die ANT für eine dezidiert empirische Hinwendung zur Praxis, die sich auch in der Auseinandersetzung mit Drogen auffinden lässt. Sie führt zu einer Forschungsperspektive, die vor allem an konkreten Nutzungspraktiken interessiert ist.[8] Die Kritik an der Kontextforschung lässt zugleich erkennen, dass es hierbei nicht darum geht, Drogennutzung zu kontextualisieren, sondern zu erforschen, wie Kontexte erst in der konkreten und stets heterogenen Praxis erzeugt und schließlich auch reproduziert werden (vgl. Duff 2007). Das methodische Postulat der Symmetrie von menschlichen und nichtmenschlichen Entitäten soll hierbei gewährleisten, dass nicht nur soziale Faktoren als Erklärungsgrößen herangezogen werden; und die Kritik an der Erklärungslogik der Soziologie soll dafür sorgen, dass die Beschreibung dieser Situationen nicht reduktionistisch oder subsumsionslogisch verfährt. In den Blick geraten damit nicht nur die Transitionspraktiken beim Konsum von Drogen, sondern auch die hierin erzeugten temporal-räumlichen Ordnungen. Neuere Forschungen haben daher – ausgehend von der ANT – sowohl auf die temporalen wie auch räumlichen Aspekte der Konsumtion von Drogen hingewiesen und verstehen sich explizit als sozialgeographische Studien (vgl. Dilkes-Frayne 2016; Duff 2014). Auch wenn die Gründe für den zunehmenden Anschluss an die ANT innerhalb der Soziologie der Drogen durchaus vielfältig sein mögen; gemeinsam ist den hierdurch angestoßenen Studien vor allem, dass sie – wie auch die ANT insgesamt – als Plädoyer für eine stärker situierte, empirische Forschung begriffen werden müssen, die weniger allgemein über Drogen und Gesellschaft spricht, sondern von Fall zu Fall den Netzwerken und Attachments folgt, die hierbei produziert werden.

Literatur

Bahr, S. J., J. P. Hoffmann. 2016. Social Scientific Theories of Drug Use, Abuse, and Addiction. In *The Handbook of Drugs and Society,* hrsg. v. H. H. Brownstein, 197–217. Oxford, Malden.
Becker, G. S., K. M. Murphy. 1988. A Theory of Rational Addiction. *Journal of Political Economy* 96(4): 675–700.
Becker, H. S. 1953. Becoming a Marihuana User. *American Journal of Sociology* 59(3): 235–242.
Becker, H. S. 2014. *Außenseiter. Zur Soziologie abweichenden Verhaltens.* Wiesbaden.
Berg, M., M. Akrich. 2004. Introduction – Bodies on Trial: Performances and Politics in Medicine and Biology. *Body & Society* 10(2–3): 1–12.

---

8 Dem widerspricht nicht, dass eine Erforschung der Produktions- und Distributionslogik von Drogen möglicherweise sogar noch näher am Interesse an Verknüpfungslogiken und Institutionalisierungen, dem eigentlichen Kerngebiet der ANT, liegt und gerade auch hier ein möglicher Beitrag der ANT liegen könnte – etwa in der Erforschung von Wertschöpfungsketten (Lamla und Laser 2017).

Bröckling, U., C. Dries, M. Leanza, T. Schlechtriemen. 2015. Das Andere der Ordnung denken. Eine Perspektivenverschiebung. In *Das Andere der Ordnung. Theorien des Exzeptionellen*, hrsg. v. Dies., 9–53. Weilerswist.
Brownstein, H. H. 2016. Drugs and Society. In *The Handbook of Drugs and Society*, hrsg. v. Ders., 3–13. Oxford, Malden.
Callon, M. 1991. Techno-economic networks and irreversibility. In *A Sociology of Monsters: Essays on Power, Technology and Domination*, hrsg. v. J. Law, 132–161. London, New York.
Callon, M. 1998. Introduction: the embeddedness of economic markets in economics. In *The Laws of the Markets*, hrsg. v. Ders., 1–57. Oxford.
Callon, M., A. Barry, D. Slater. 2002. Technology, politics and the market: an interview with Michel Callon. *Economy and Society* 31(2), 285–306.
Callon, M., B. Latour. 2006. Die Demontage des großen Leviathans. Wie Akteure die Makrostruktur ihrer Realität bestimmen und Soziologen ihnen dabei helfen. In *ANThology. Ein einführendes Handbuch zur Akteur-Netzwerk-Theorie* hrsg. v. A. Belliger, D. J. Krieger, 75–101. Bielefeld.
Christie, N. 2000. *Crime Control as Industry. Towards Gulags, Western Style*. London, New York.
Derrida, J. 1998. Die Rhetorik der Droge. In *Auslassungspunkte. Gespräche*, hrsg. v. Ders., 241–266. Wien.
Dilkes-Frayne, E. 2016. Drugs at the campsite: Socio-spatial relations and drug use at music festivals. *International Journal of Drug Policy* 33: 27–35.
Dilkes-Frayne, E., C. Duff. 2017. Tendencies and trajectories: The production of subjectivity in an event of drug consumption. *Environment and Planning D: Society and Space* 35(5): 951–967.
Duff, C. 2007. Towards a theory of drug use contexts: Space, embodiment and practice. *Addiction Research & Theory* 15(5): 503–519.
Duff, C. 2008. The pleasure in context. *International Journal of Drug Policy* 19(5): 384–392.
Duff, C. 2011. Reassembling (social) contexts: New directions for a sociology of drugs. *International Journal of Drug Policy* 22(6): 404–406.
Duff, C. 2013. The social life of drugs. *International Journal of Drug Policy* 24(3): 167–172.
Duff, C. 2014. The place and time of drugs. *International Journal of Drug Policy* 25(3): 633–639.
Duff, C. 2016. Assemblages, territories, contexts. *International Journal of Drug Policy* 33: 15–20.
Durkheim, E. 1984. *Die Regeln der soziologischen Methode*. Frankfurt/Main.
Feustel, R. 2013. „The unspoken Thing". Die Rationalität des Rauschs. *Indes. Zeitschrift für Politik und Gesellschaft* 3: 8–16.
Fraser, S. 2017. The future of „addiction": Critique and composition. *International Journal of Drug Policy* 44: 130–134.
Gad, C., C. B. Jensen. 2010. On the Consequences of Post-ANT. *Science, Technology & Human Values* 35(1): 55–80.
Garland, D. 2008. *Kultur der Kontrolle. Verbrechensbekämpfung und soziale Ordnung in der Gegenwart*. Frankfurt/Main, New York.
Gertenbach, L. 2015. *Entgrenzungen der Soziologie. Bruno Latour und der Konstruktivismus*. Weilerswist.
Gertenbach, L., H. Laux. 2018. *Zur Aktualität von Bruno Latour. Einleitung in sein Werk*. Wiesbaden.
Gomart, E. 2002. Methadone: Six Effects in Search of a Substance. *Social Studies of Science* 32(1): 93–135.
Gomart, E. 2004. Surprised by Methadone: in Praise of Drug Substitution Treatment in a French Clinic. *Body & Society* 10(2/3): 85–110.
Gomart, E., A. Hennion. 1999. A Sociology of Attachment: Music Amateurs, Drug Users. In *Actor Network Theory and After,* hrsg. v. J. Law, J. Hassard, 220–247. Oxford.
Hennion, A. 2001. Music Lovers. Taste as Performance. *Theory, Culture & Society* 18(5): 1–22.

Hennion, A. 2003. Music and Mediation: Towards a new Sociology of Music. In *The Cultural Study of Music A Critical Introduction*, hrsg. v. M. Clayton, T. Herbert, R. Middleton, 80–91. London.
Hennion, A. 2005. Pragmatics of Taste. In *The Blackwell Companion to the Sociology of Culture*, hrsg. v. M. D. Jacobs, N. W. Hanrahan, 131–144. Oxford, Malden.
Hennion, A. 2013. Von der Soziologie der Mediation zu einer Pragmatik der Attachements. *Zeitschrift für Medien- und Kulturforschung* 5(2): 11–35.
Hennion, A. 2015. *The Passion for Music: A Sociology of Mediation*. Farnham.
Lamla, J., S. Laser. 2017. Nachhaltiger Konsum im transnationalen Wertschöpfungskollektiv. Versammlungsdynamiken in der Politischen Ökonomie des Elektroschrotts. *Berliner Journal für Soziologie* 26(1): 249–271.
Latour, B. 1988. *The Pasteurization of France*. Cambridge (Mass.), London.
Latour, B. 1992. One more turn after the social turn … In *The Social Dimensions of Science*, hrsg. v. E. McMullin, 272–294. Indiana.
Latour, B. 1999. Factures/fractues: from the concept of network to the concept of attachment. *RES. Anthropology and Aesthetics* 36: 20–31.
Latour, B. 2001a. Eine Soziologie ohne Objekt? Anmerkungen zur Interobjektivität. *Berliner Journal für Soziologie* 11(2): 237–252.
Latour, B. 2001b. Gabriel Tarde und das Ende des Sozialen. *Soziale Welt. Zeitschrift für sozialwissenschaftliche Forschung und Praxis* 52(3): 361–375.
Latour, B. 2002. *Die Hoffnung der Pandora. Untersuchungen zur Wirklichkeit der Wissenschaften*. Frankfurt/Main.
Latour, B. 2004. How to Talk About the Body? The Normative Dimension of Science Studies. *Body & Society* 10(2–3): 205–229.
Latour, B. 2006. Über technische Vermittlung. Philosophie, Soziologie und Genealogie. In *ANThology. Ein einführendes Handbuch zur Akteur-Netzwerk-Theorie*, hrsg. v. A. Belliger, D. J. Krieger, 483–528. Bielefeld.
Latour, B. 2007. *Eine neue Soziologie für eine neue Gesellschaft. Einführung in die Akteur-Netzwerk-Theorie*. Frankfurt/Main.
Latour, B. 2008. *Wir sind nie modern gewesen. Versuch einer symmetrischen Anthropologie*. Frankfurt/Main.
Latour, B. 2009. Faktur/Fraktur. Vom Netzwerk zur Bindung. In *Bios und Zoë. Die menschliche Natur im Zeitalter ihrer technischen Reproduzierbarkeit*, hrsg. v. M. G. Weiß, 359–385. Frankfurt/Main.
Latour, B. 2013a. *An Inquiry into Modes of Existence. An Anthropology of the Moderns*. Cambridge (Mass.), London.
Latour, B. 2013b. Den Kühen ihre Farbe zurückgeben. Von der ANT und der Soziologie der Übersetzung zum Projekt der Existenzweisen. Bruno Latour im Interview mit Michael Cuntz und Lorenz Engell. *Zeitschrift für Medien- und Kulturforschung* 5(2): 83–100.
Latour, B. 2014. *Existenzweisen. Eine Anthropologie der Modernen*. Berlin.
Law, J. 1986. Laboratories and Texts. In *Mapping the Dynamics of Science and Technology. Sociology of Science in the Real World*, hrsg. v. M. Callon, J. Law, A. Rip, 35–50. London.
Lynch, M. 2012. Theorizing the role of the „war on drugs" in US punishment. *Theoretical Criminology* 16(2): 175–199.
Mol, A. 2002. *The Body Multiple. Ontology in Medical Practice*. Durham, London.
Mol, A. 2008. *The Logic of Care: Health and the Problem of Patient Choice*. London, New York.
Mol, A., J. Law. 2004. Embodied Action, Enacted Bodies: the Example of Hypoglycaemia. *Body & Society* 10(2–3): 43–62.
Rabeharisoa, V., M. Callon. 2002. The involvement of patients' associations in research. *International Social Science Journal* 54(171): 57–63.

Room, R. 2003. The Cultural Framing of Addiction. *Janus Head* 6(2): 221–234.
Sørensen, E. 2012. Post-Akteur-Netzwerk-Theorie. In *Science and Technology Studies. Eine sozialanthropologische Einführung,* hrsg. v. S. Beck, J. Niewöhner, E. Sørensen, 327–345. Bielefeld.
Venturelli, P. J. 2016. Drug Use as a Socially Constructed Problem. In *The Handbook of Drugs and Society,* hrsg. v. H. H. Brownstein, 176–196. Oxford, Malden.
Wacquant, L. 2000. *Elend hinter Gittern.* Konstanz.
Wacquant, L. 2009. *Bestrafen der Armen. Zur neoliberalen Regierung der sozialen Unsicherheit.* Opladen.
Weinberg, D. 2011. Sociological Perspectives on Addiction. *Sociology Compass* 5(4): 298–310.

Wissenssoziologische Drogenforschung

Michael Schetsche und Ina Schmied-Knittel

Zusammenfassung

Fragt man nach der Rolle der Wissenssoziologie in der Drogenforschung, so lässt sich primär eine sozialkonstruktivistische Perspektive hinsichtlich der Rekonstruktion diskursiv erzeugter Problemwahrnehmungen im Rahmen unterschiedlicher historischer und sozial-kultureller Konstellationen ausmachen. Nach einer allgemeinen Einführung in die wissenssoziologische Programmatik wird dieses Verständnis einer Wissenssoziologie sozialer Probleme nach seinen Bezügen zur Drogenthematik befragt; außerdem werden die erkenntnistheoretischen Stärken und Limitierungen dieses Ansatzes dargelegt. Der Beitrag schließt mit einer ergänzenden Forschungsperspektive hinsichtlich der Frage, wie sich die (Drogen)Welt im Bewusstsein konstituiert und mit welcher ‚Sinnprovinz' wir es dabei eigentlich zu tun haben.

Schlüsselbegriffe: Wissenssoziologie, Konstruktion der Wirklichkeit, Drogen als soziales Problem, konstruktionistische Problemsoziologie, Drogenwirklichkeit.

1 Das wissenssoziologische Verständnis sozialer Wirklichkeit

Woher wissen wir, was wir wissen? Warum glauben wir, was wir glauben? Und wie richten wir unser Leben aufgrund unseres Wissens ein? Diese und ähnliche Fragen führten in den zwanziger Jahren des vergangenen Jahrhunderts zur Ausbildung einer neuen sozialwissenschaftlichen Teildisziplin: der Wissenssoziologie. Wichtige programmatische Setzungen finden sich bei *Max Scheler* und *Karl Mannheim* (vgl. Knoblauch 2005, S. 90ff.; Maasen 1999, S. 13ff.). Bei beiden bleibt der Zusammenhang zwischen der materiellen Welt bzw. ihren sozialstrukturellen Bedingungen einerseits und den Wissensformen andererseits jedoch einseitig bestimmt: Ausgangspunkt des Denkens sind die materiellen Lebensverhältnisse, die „Realfaktoren" (Scheler) des menschlichen Zusammenlebens. Zu einem paradigmatischen Wandel in der Wissenssoziologie kam es Mitte der 1960er-Jahre durch den von Peter L. Berger und Thomas Luckmann verfassten Band *Die gesellschaftliche Konstruktion der Wirklichkeit* ([1966] 1991). Die von Mannheim Jahrzehnte zuvor gestellte Frage, wie sozialstrukturelle Faktoren das Denken und Handeln der Menschen hervorbringen, wird von Berger und Luckmann gleichsam vom Kopf auf die Füße gestellt: „Wie ist es möglich, dass subjektiv gemeinter Sinn zu objektiver Faktizität wird?" (Berger und Luckmann 1991, S. 20). In einer Zeit, in der das materialistische Denken die internationale Soziologie beherrschte, verwandelte ihre wissenssoziologische Theorie bloße ‚Überbauphänomene' in die – im doppelten Sinne – gedachten Grundlagen der Gesellschaft. Die Autoren zeichnen das Bild einer Wirklichkeit, die primär symbolisch strukturiert ist und von den Subjekten durch Deuten und Handeln alltäglich reproduziert werden muss (vgl. Knoblauch 2005, S. 153ff.).

In der Folgezeit erwies sich die Arbeit von Berger und Luckmann nicht nur als theoretische Neubegründung der Wissenssoziologie, sondern wurde zur Grundlage eines alternativen Verständnisses von Gesellschaft: Formuliert wurde ein neues Paradigma sozial- und kulturwissenschaftlichen Denkens und Forschens. Dieser *Sozialkonstruktivismus* hat sich in den folgenden Jahrzehnten zu einem disziplinübergreifenden wissenschaftlichen Programm entwickelt, dessen Ausgangspunkt vier Leitgedanken sind: (1) Vorausgesetzt wird der Mensch (in einer negativen Anthropologie) als instinktentbundenes Mängelwesen, das nur in einer *sozialen Umwelt* lebens- und handlungsfähig ist. (2) Was im Alltag ‚Wirklichkeit' genannt wird, ist nicht vorsozial (‚natürlich') gegeben, sondern wird von den Menschen durch sozial aufeinander bezogenes (sinnhaftes) Handeln kommunikativ *hergestellt*. (3) Da jeder Mensch in eine schon bestehende Gesellschaft hineingeboren wird, tritt ihm deren symbolische Sinnwelt in ihrer Gesamtheit als quasi *objektive Wirklichkeit* entgegen, obwohl sie tatsächlich sozial konstruiert ist. (4) Der vom Individuum mit Bewusstsein konstituierte Sinn (des Lebens, der Welt usw.) ist ein im doppelten Sinne *sozialer Sinn*. Er ist erstens sozialisatorisch vorgeprägt und kann sich zweitens handlungspraktisch erfolgreich nur realisieren, wenn und solange er anschlussfähig an das jeweilige kulturelle Sinnsystem bleibt.

Dabei wird davon ausgegangen, dass das menschliche Handeln primär durch kommunikative Akte angeleitet und koordiniert, aber auch normiert und begrenzt wird (Knoblauch 2016). Sprache ist „zugleich Fundament und Instrument eines kollektiven Wissensbestands" (Berger und Luckmann 1991, S. 72), damit essenzieller Bestandteil sozialer Wirklichkeit und gleichzeitig das Mittel zu deren Reproduktion. In sprachlicher Form sind die lebensweltlichen Typisierungen objektiviert, vor deren Hintergrund wir unsere Welt wahrnehmen und verstehen. Was wir über die Welt wissen, resultiert zu einem großen Teil aus den zur Verfügung stehenden und sozial geteilten Deutungs- und Erfahrungsschemata – und Sprache ist die Form, in der dieses Wissen transportiert wird. Jede Kultur webt dabei ein eigenes diskursives Gefüge, in dem eine bestimmte Sichtweise der Wirklichkeit gleichsam kondensiert ist und die umgebende Welt im doppelten Sinne *verwirklicht*. Nur was in Sprache gefasst und ausgedrückt werden kann, ist ‚wirklich', weil es prinzipiell von anderen geteilt und damit als real bestätigt werden kann. Die sprachlich produzierte und reproduzierte Wirklichkeitsordnung liefert das kulturelle Wissen, auf dessen Grundlage die Subjekte alltagspraktisch ‚ihre Wirklichkeit' wahrnehmen und handelnd realisieren. Die subjektive Wirklichkeitssicht resultiert dabei primär aus der Introzeption und alltäglichen Evaluation der gesellschaftlich geltenden Wissensbestände, welche uns über kulturelle Diskurse erreichen. Kurz gesagt, geht es der Wissenssoziologie also um den sozialen Charakter des Wissens und die entsprechenden Wechselwirkungen zwischen Individuum und Gesellschaft, z.B. also um die Fragen: Wie wird Wissen zwischen den einzelnen Subjekten prozessiert und wie ist es um die Wirklichkeitskongruenz dieses Wissens bestellt?

2 Die gesellschaftliche Konstruktion des ‚Drogenproblems'

Vor dem Hintergrund dieses generellen Verständnisses von Mensch und Gesellschaft untersucht die Wissenssoziologie auch die Drogenthematik. Ganz allgemein geht es um die alltägliche Reproduktion geteilter Wirklichkeitsvorstellungen (nach Berger und Luckmann das sog. „Jedermannwissen") innerhalb einer Kultur, die offensichtlich unser Wissen, unsere Einstellungen und unser Verhalten gegenüber Drogen, Rausch und Sucht bestimmen (vgl. auch Schetsche und Schmidt 2016). Die generelle *Leitfrage* dürfte dabei in etwa lauten: Wie wird die Wirklichkeit der Drogennutzung einer Gesellschaft diskursiv ‚konstruiert'? Im Rahmen dieser zunächst sehr abstrakten Großfragen sind vielfältige Forschungsfragen denkbar, von denen hier nur einige wenige genannt werden können:

- Welche Substanzen werden in einer Gesellschaft als Drogen angesehen – und welchem historischen Wandel ist diese Zuordnung unterworfen?
- Welche Diskurse werden von welchen Akteuren über diese Drogen geführt?
- Welche kulturellen und politischen Auswirkungen haben diese Diskurse? (Mit Foucault gesprochen: Welche Dispositive bringen sie hervor?)
- Welche drogenbezogenen Wissensbestände werden in welchen gesellschaftlichen Arenen mit welchen Bewertungen prozessiert?
- Und wiederum theoretisch sehr grundsätzlich: Welche Form nimmt der Diskurs über Drogen historisch jeweils an?

Was sich festhalten lässt: Aus wissenssoziologischer Sicht ist mit dem Drogenthema zumeist eine sozialkonstruktivistische Perspektive verbunden, die sich auf die Rekonstruktion *kommunikativ erzeugter Problemwahrnehmungen* und den dahinter liegenden Wissensbeständen und Diskursen konzentriert.[1] Auffallend häufig jedenfalls liegt der em-

---

1 Hier unterscheiden sich moderne Gesellschaften westlichen Typs nachdrücklich von Kulturen, in denen Drogenkonsum, beispielsweise als Teil spiritueller Praktiken, hoch geschätzt wird (vgl. exemplarisch Frembgen 2016; Mayer 2016; Kloppe 2004).

pirische und theoretische Fokus auf der Thematik eines sozialen Problems im Allgemeinen und den dazugehörigen kulturellen (Gefahren-)Diskursen. Zugleich rekonstruiert die Wissenssoziologie aber nicht nur entsprechende Gefahrendiskurse, sondern hinterfragt immer auch, wie Gesellschaften überhaupt dazu kommen, bestimmte Verhaltensweisen oder Sachverhalte (also etwa Sucht und Drogen) als soziale Probleme zu definieren und zu verhandeln. Diesem Prozess – so die Wissenssoziologie – liegen Strukturen zugrunde, die dem skizzierten Postulat von der *gesellschaftlichen Konstruktion der Wirklichkeit* folgen. Mithilfe von Definitions-, Dramatisierungs- und Verfestigungsprozessen und unterstützt von (Massen-)Medien und Experten werden soziale Probleme ‚konstruiert' und als Wissen in der Öffentlichkeit verankert (vgl. Kloppe 2004).

Der Grundgedanke dieser „Wissenssoziologie sozialer Probleme" (Schetsche 2000) lautet: Um die konstruierte Wirklichkeit eines sozialen Problems (also etwa des Drogenproblems) sozialwissenschaftlich verstehen zu können, muss man sich die symbolischen Strukturen und kommunikativen Prozesse anschauen, denen es seine Entstehung und Entwicklung verdankt (vgl. Peters 2002, S. 12). Ein entsprechendes Forschungsprogramm (vgl. Schetsche 2014) rückt *sieben Dimensionen* in den Mittelpunkt der Rekonstruktion: (1) den historischen Verlauf einer kulturellen Problematisierung,[2] (2) die konsensualen und die umstrittenen sozialen Sachverhalte, (3) die Akteure des Problemdiskurses, ihre Ressourcen und Eigeninteressen, (4) die verwendeten Deutungs- bzw. Problemmuster, (5) die eingesetzten Diskursstrategien, (6) die massen- und netzwerkmediale Verbreitung der Problemdeutungen und (7) ihre Thematisierung in der politischen Arena.

Die konstruktionistische (zunächst eher implizit wissenssoziologisch argumentierende) Problemsoziologie überließ die soziale und politische Definitionsmacht über ‚Probleme' *vermeintlich* den lebensweltlichen Akteuren: Ein soziales Problem ist das, was im öffentlichen Diskurs als solches bezeichnet wird.[3] Dies erweckt den Anschein, bei der wissenschaftlichen Bestimmung eines sozialen Problems würde – ohne eigenständige theoretische Konzeptualisierung – lediglich das Ergebnis des lebensweltlichen Definitionsprozesses aufgenommen und gespiegelt. Diese Vermutung beruht jedoch auf einer Verwechslung zwischen dem spezifischen sozialen Problem, wie es Gegenstand der empirischen Analyse ist (also etwa das ‚Marihuana-Problem', von dem später noch die Rede sein wird), und der generellen Bestimmung der *theoretischen Kategorie eines sozialen Problems*. Als theoretische Kategorie sind soziale Probleme wissenssoziologisch definiert als *öffentliche Thematisierungen*, bei denen soziale Akteure Forderungen materieller oder immaterieller Art an gesellschaftliche und staatliche Instanzen stellen, indem sie die Existenz sozialer Sachverhalte mit drei Eigenschaften behaupten:

---

2 Die exemplarische Rekonstruktion einer einschlägigen Themenkarriere, hier die Droge Absinth, findet sich bei Schetsche und Schmidt (2016).
3 Zur Theoriegeschichte der Problemsoziologie vgl. die Ausführungen bei Schetsche (2000, S. 17ff.).

1. Der behandelte Sachverhalt ist nach der Werteordnung der Gesellschaft negativ zu bewerten und damit unerwünscht.
2. Es existieren Geschädigte oder Benachteiligte, die an ihrer Lage zumindest teilweise schuldlos sind.
3. Abhilfe oder wenigstens Linderung ist im Rahmen der bestehenden Sozialordnung möglich und ethisch erstrebenswert.

Diese Definition nimmt das klassische objektivistische Problemverständnis (exemplarisch: Merton 1961) auf, wendet es jedoch wissenssoziologisch, indem Aussagen über ‚objektive Sachverhalte' durch *Aussagen über diese Aussagen* ersetzt werden. Aus Mertons objektivistischer Problemdefinition – soziale Probleme als „signifikante Diskrepanz" zwischen den sozialen Standards (der Werteordnung) einer Gesellschaft und der sozialen Realität – wird eine wissenssoziologische Problemdefinition zweiter Ordnung: soziale Probleme als *gesellschaftliche Annahme* der Existenz einer entsprechenden Diskrepanz.

Konkretisiert für die *Drogenthematik*: Jede neue Rauschdroge provoziert, historisch betrachtet, einen neuen Gefahrendiskurs, in dem versucht wird, die Nutzung jener Substanz zu delegitimieren und durch rechtliche und/oder andere Maßnahmen einzuschränken. Je nach den dominierenden kulturellen Rahmenbedingungen stehen dabei mal religiöse, mal moralische, mal wissenschaftliche (etwa medizinische) Argumente für die Verwerflichkeit der Drogennutzung im Vordergrund. Solche Diskurse sind stets insofern legitimatorisch (im Sinne von Berger und Luckmann 1991, S. 98ff.), als eben gerade *nicht* die tatsächlichen strukturellen Gründe für die Unzulässigkeit, Verwerflichkeit usw. des Substanzkonsums ins Feld geführt werden: Gewarnt wird nicht vor einer Beschädigung der (abstrakten und argumentativ lebensweltfernen) Bewusstseins- und Wissensordnung, sondern vor jeweils *diskursiv konstruierten* (wechselnden) Schäden und Risiken für die Bevölkerung (vgl. Schetsche und Schmidt 2016).

Wie eine solche Thematisierung strukturell funktioniert und warum sie gerade bei Drogen höchst erfolgreich ist, beschreibt das *Kokonmodell sozialer Probleme*, das Schetsche (1996, S. 12ff.) entwickelt hat. Einen Überblick über dieses wissenssoziologische Modell liefert Abbildung 1; die Grafik enthält die zentralen theoretischen Bausteine und beschreibt deren funktionales Zusammenwirken im Laufe einer *Problemkarriere*: Das von *kollektiven Akteuren* formulierte *Problemmuster* deutet bestimmte soziale *Sachverhalte* als Verstoß gegen die gesellschaftliche Werteordnung (*Problemdeutung*). Die massenmediale Verbreitung dieser *Problemdeutung* wird unterstützt durch *Diskursstrategien* und erzeugt in der Bevölkerung und bei staatlichen Instanzen eine *Problemwahrnehmung*, welche den ursprünglichen Sachverhalt mit einem epistemologisch undurchdringlichen *Wahrnehmungskokon* umgibt: das *gesellschaftlich anerkannte soziale Problem*.

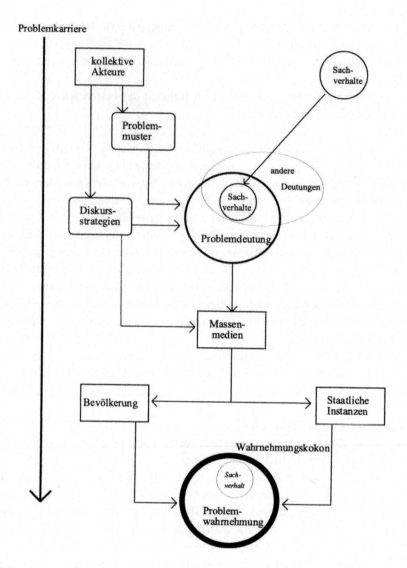

Abbildung 1 Wissenssoziologisches Modell der Entstehung eines sozialen Problems
Quelle: Schetsche (2014, S. 50)

Eine wissenssoziologische Untersuchung des oder richtiger der ‚Drogenprobleme' unterscheidet sich grundsätzlich nicht von der Analyse anderer Problemdiskurse. In Gesellschaften wie der Bundesrepublik Deutschland wird der Drogenkonsum öffentlich und politisch primär unter der Verdichtungsmetapher der ‚Sucht' behandelt.[4] Wollte man ana-

---

4 Der gesellschaftliche Umgang mit Drogen in der DDR wurde von uns ebenfalls untersucht; vgl. Schmied-Knittel 2016.

lytisch differenzieren (was lediglich unter spezifischer Fragestellung Sinn macht), gehörte der kulturelle Umgang mit der Drogennutzung deshalb zur großen Gruppe jener sozialen Probleme, deren Bezeichnungen (in diesem Falle gilt: Nomen est omen) mit dem Suffix ‚sucht' gebildet werden. Neben den verschiedenen Drogensüchten finden sich hier heute Problemwahrnehmungen wie Magersucht, Spielsucht, Sexsucht, Kaufsucht oder auch Internetsucht.[5] Die problematisierten Süchte bilden analytisch insofern eine besondere Untergruppe sozialer Probleme, weil bei ihnen die übliche moralische Dichotomisierungslogik – hier die unschuldigen Opfer, dort die schuldigen Täter – nur bedingt greift. Im Gegensatz zu anderen sozialen Problemen, wie dem sexuellen Kindesmissbrauch, kann bei Sucht nur in beschränktem Maß von einer Schuldlosigkeit der Problemopfer gesprochen werden. Zumindest ist es gesellschaftlich üblich, nicht nur gesichtslos-kollektive (etwa ‚die Drogenbarone' oder ‚die Tabakindustrie') oder biographisch-individuelle (‚das Elternhaus') Schuldige für die jeweilige Sucht zu benennen, sondern auch den Problemopfern zumindest eine Mitschuld zuzuweisen – und sei es nur in Form einer ‚Lebensführungsschuld'. Öffentliche wie fachliche Debatten über Drogensucht sind deshalb in einem deutlich komplexeren (man könnte auch sagen diffuseren) moralischen Raum verortet als andere soziale Probleme.[6] Dies erklärt auch, warum nicht allen öffentlich thematisierten Suchtproblemen gleiche Aufmerksamkeit zukommt und ihre Karrieren gelegentlich alles andere als erfolgreich verlaufen (ein typisches Beispiel hierfür ist das Problem der ‚Kaufsucht', dem öffentliche Anerkennung letztlich verweigert worden ist).

3 Vorsätzliche Limitierung der wissenssoziologischen Perspektive auf ‚das Drogenproblem'

Die skizzierte wissenssoziologische Programmatik lässt jedoch – und dies soll hier diskutiert werden – zugleich die strukturelle Limitierung eines solchen Zugangs zur sozialen Wirklichkeit der Drogennutzung erkennen: Untersucht werden in der Regel nicht die unterschiedlichen Verwendungen psychoaktiver Substanzen in der Gesellschaft selbst, sondern lediglich das ‚Wissen' oder die ‚Gedanken', die eine Gesellschaft sich über diese Nutzung macht – und das, was als Dispositive im Foucaultschen Sinne, also etwa an staatlichen Bekämpfungspraxen, aus jenen Gedanken resultiert. Entsprechend wird die wissenssoziologische Perspektive auf das Drogenthema von Beginn an vom Vorwurf eines ‚epistemischen Reduktionismus' begleitet. Wir wollen dies am wissenschaftsgeschichtlich ersten Zusammenstoß zwischen der wissenssoziologischen Sichtweise und der traditio-

---

5   Hier fällt auf, dass der Suchtbegriff in der ersten Hälfte des zwanzigsten Jahrhunderts primär auf die behauptete Abhängigkeit von *Substanzen* fokussiert war, während er inzwischen auf immer neue Bereiche des menschlichen Verhaltens ausgeweitet wird. Diesem Gedanken kann hier nicht weiter nachgegangen werden.

6   Siehe hierzu exemplarisch die Darlegungen bei Feustel 2016.

nellen (oftmals ‚struktur-funktionalistisch' oder mit ironischer Distanz ‚objektivistisch' genannten) Problemsoziologie demonstrieren.

Die ersten, die den neuartigen Blick auf die soziologisch gesehen ‚alten' Drogenprobleme theoretisch in aller Konsequenz zu entfalten versuchten, waren die beiden wissenssoziologisch informierten Problemsoziologen John I. Kitsuse und Malcom Spector (1973).[7] In ihrem bis heute immer wieder diskutierten Aufsatz behaupteten sie nicht mehr und nicht weniger, als dass die gesellschaftliche Anerkennung eines sozialen Problems völlig *unabhängig* von den sozialen ‚Tatsachen' wäre, auf die der entsprechende Problemdiskurs rekurriere. Ihre Kernthese war im Gegenteil, dass solche vermeintlichen ‚Tatsachen' überhaupt erst im Prozess der Konstruktion des sozialen Problems *diskursiv geschaffen* würden. In der Konsequenz bedeutet dies, dass die Soziologie keine objektiven Aussagen über das Vorliegen bestimmter sozialer Sachverhalte wie etwa die Drogennutzung treffen könne; der Wahrheitsgehalt solcher Behauptungen sei empirisch nicht zu bestimmen, weil über die hierfür notwendigen Instrumente und Techniken in genau jenen gesellschaftlichen (Drogen-)Diskursen erst entschieden würde. Mit anderen Worten: Die erwünschten Fakten würden über die Konstruktion der Messmethoden hergestellt.

Die These von Kitsuse und Spector war als Frontalangriff auf das bisher dominierende wissenschaftliche Grundverständnis des Drogenproblems gemeint – und wurde von der wissenschaftlichen Fachgemeinschaft auch so verstanden. Entsprechend ließen die Reaktionen nicht lange auf sich warten. Unter der Überschrift *ontological gerrymandering* kam es in den darauffolgenden Jahren zu heftigen fachinternen Auseinandersetzungen über das richtige problemsoziologische Verständnis nicht nur des Drogenkonsums. Steve Woolgar und Dorothy Pawluch (1985) warfen der wissenssoziologisch orientierten Problemsoziologie als erste eine erkenntnistheoretische Taschenspielerei vor: Die wissenssoziologische Problemtheorie würde die Problemdefinition durch kollektive Akteure in methodisch unzulässiger Weise in Bezug zu den sozialen Bedingungen setzen. So entstehe der Eindruck, dass die sozialen Bedingungen selbst (etwa die Verbreitungsrate von Drogen, die Art ihrer Nutzung und die psychosozialen Folgewirkungen) sich grundsätzlich nicht wandeln würden, die jeweils beschriebenen historischen Veränderungen in der Definition dieser Bedingungen also zwangsläufig nur aus dem – wissenssoziologisch untersuchten – Definitionsprozess selbst resultierten (Woolgar und Pawluch 1985, S. 214ff.; vgl. Albrecht 1990, S. 16). Da eines der verwendeten empirischen Beispiele bei Kitsuse und Spector der *Konsum von Marihuana* war, stand das ‚Drogenproblem' auch im Mittelpunkt der Kritik: Kitsuse und Spector würden empirisch ungeprüft annehmen, dass der Gebrauch von Marihuana keinen zeitlichen Veränderungen unterläge.

> In each case, the key assertion is that the actual character of substance (marijuana), condition, or behavior remained constant. But in each case the authors fail to acknowledge that their

---

7 Bereits zwei Jahre vorher formulierte Herbert Blumer (1971) seine nachdrückliche Kritik am traditionellen soziologischen Verständnis sozialer Probleme. Seine Argumente waren aber eher historisch-empirisch als theoretisch-wissenssoziologisch ausgerichtet.

identification of 'the nature of marijuana', of their assertion of the constancy of a condition or behavior, can itself be construed as a definitional claim (Woolgar und Pawluch 1985, S. 217).

Diese grundsätzliche Kritik am wissenssoziologischen Verständnis des Drogenproblems (und sozialer Probleme generell) führte zu einer längeren fachlichen Debatte – die dabei vorgebrachten Argumente waren ebenso komplex wie erkenntnis- und wissenschaftstheoretisch schwerwiegend. Es ist nicht möglich und auch nicht nötig, sie an dieser Stelle im Einzelnen nachzuvollziehen.[8] Wichtig ist hier lediglich dies: Methodologisch kann die Entscheidung für eine *Beschränkung auf die Analyse gesellschaftlicher Diskurse* über soziale Probleme nicht damit begründet werden, dass sich die sozialen Sachverhalte im Prozess der Thematisierung gar nicht verändert hätten, solange keine empirische Untersuchung dieser Sachverhalte erfolgt. Allerdings übersieht die Kritik an der wissenssoziologischen Position die schwerwiegenden erkenntnistheoretischen Gründe, die zu einer völligen Reformulierung des problemsoziologischen Untersuchungsprogramms durch Kitsuse und Spector geführt hatten: Auch über die Anwendbarkeit und Gültigkeit wissenschaftlicher Methoden wird in gesellschaftlichen Diskursen entschieden – auf dem Feld sozialer Probleme durchaus auch in solchen, die *gleichzeitig* einen neuen Problembereich definieren und ihm gesellschaftliche Anerkennung zu verschaffen versuchen (für das soziale Problem *Armut* rekonstruiert dies Leisering 1993). Dies genau ist auch der Grund, warum im oben vorgestellten Kokonmodell der Analyse sozialer Probleme lediglich die konsensualen Sachverhalte als Argumente zugelassen sind, über die alle Akteure im Feld sich einig sind: *Soziale Sachverhalte* werden im Rahmen dieses Modells ausschließlich in Form einer Komparatistik der in der Gesellschaft prozessierten Wissensbestände untersucht. Ein von einem Akteur thematisierter Sachverhalt kann gesellschaftlich allgemein anerkannt sein; dies bedeutet, dass er auch von den kollektiven Akteuren als real angesehen wird, die seine Deutung als Problem *nicht* teilen. In wissenssoziologischer Perspektive sind diese konsensualen Sachverhalte der ‚tiefste' mögliche Untersuchungshorizont. Die Frage, ob diese thematisierten Sachverhalte einen eindeutigen Referenten in der ontischen Ordnung besitzen, wird hingegen explizit ausgeklammert. Jenseits solcher konsensualen Sachverhalte finden sich die Sachverhalts*behauptungen* der verschiedenen Akteure, die es im Rahmen des Problemmusters und seiner Ausprägungen zu untersuchen gilt.[9]

Dies löst zwar nicht das generelle erkenntnistheoretische Problem, wie es von Kitsue und Spector aufgeworfen wurde, nimmt ihm jedoch manches von seiner methodologi-

---

8   Eine ausführliche Darstellung und kritische Würdigung der umfangreichen Diskussionen findet sich bei Schetsche 2000, S. 18ff.

9   Entsprechend des komplexen und aufwendigen wissenssoziologischen Untersuchungsprogramms müssen für die empirische Analyse von Problemdiskursen Methoden verwendet werden, die es ermöglichen, die oben skizzierten Untersuchungsdimensionen rekonstruktiv abzubilden. Als Methode erster Wahl ist nach unserer Auffassung die integrierte wissenssoziologische Deutungsmuster- und Diskursanalyse anzusehen, wie wir sie an anderer Stelle methodologisch begründet und exemplarisch entwickelt haben (Schetsche und Schmied-Knittel 2013).

schen Schärfe. Trotzdem bleibt eine rein wissenssoziologische Untersuchung eines Drogenproblems in dieser einen Hinsicht letztlich immer defizitär: Entsprechend ihres Selbstverständnisses sagt sie nichts darüber aus, welche psychoaktiven Substanzen von welchen Menschen aus welchen Gründen und mit welchen Folgen konsumiert werden, sondern, gleichsam als Beobachter zweiter Ordnung, lediglich etwas darüber, was die Soziologie oder auch die ganze Gesellschaft zu einem bestimmten Zeitpunkt über diese Konsumtionsweisen zu wissen glaubt.

Die Beschränkung auf eine letztlich epistemologische Sichtweise mag einer der Gründe dafür sein, dass sich die wissenssoziologische Perspektive auf das Drogenproblemen nicht hat durchsetzen können. Die wissenssoziologische Revolution ist zumindest innerhalb der europäischen Problemsoziologie letztlich gescheitert (vgl. Albrecht 1990). In Deutschland ist eine wissenssoziologisch fundierte Analyse sozialer Probleme heute inzwischen wieder die Ausnahme[10] – und innerhalb der zuständigen Bindestrichsoziologie (repräsentiert durch die Fachsektion Soziale Probleme und soziale Kontrolle in der *Deutschen Gesellschaft für Soziologie*) ist und bleibt diese Position marginalisiert. Gescheitert ist die wissenssoziologische Perspektive wahrscheinlich an der methodologisch und erkenntnistheoretisch unüberbrückbaren Differenz zwischen einer phänomenologischen und der epistemologischen Betrachtung nicht nur des ‚Drogenproblems'. Dieses Forschungsfeld hat sich, im Gegensatz etwa zur Geschlechterforschung oder Wissenschaftssoziologie, als weitgehend immun gegen einen paradigmatischen Wandel erwiesen. Das hängt nicht nur, aber wohl auch damit zusammen, dass die primären staatlichen Geldgeber problemorientierter Drogenforschung an ‚harten Fakten' interessiert sind – nicht aber an einer Rekonstruktion der kulturellen Diskurse, in der solche ‚Fakten' im Sinne des ursprünglichen (lateinischen) Wortsinns ‚gemacht' werden. Wissenssoziologische Analysen der Drogenprobleme bleiben eine (bestenfalls geduldete) universitäre Spielwiese, deren Befunde in der *gesellschaftspolitischen* wie in der *öffentlichen* Debatte kaum anschlussfähig sind. Dies gilt allerdings nicht nur für die Drogenthematik, sondern auch für andere soziale Probleme der Gegenwart, etwa die ‚Internetsucht' oder die ‚sexuelle Verwahrlosung der Jugend'.[11] Trotzdem empfehlen wir der soziologischen Drogenforschung einen gelegentlichen Blick auf die öffentlichen und politischen Diskurse, in denen darüber entschieden wird, was gesellschaftlich jeweils gerade als höchst gefährliche Droge und was als kulturell gut tolerierbare Konsumgewohnheit gilt. Bereits René König (1996, S. 9) schrieb über die substanzbezogenen Gefahrendiskurse der *frühen* Moderne:

---

10 Exemplarisch seien hier die empirisch orientierten Arbeiten von Antje Dresen (2010) über Doping und von Ulrike Hoffmann (2011) über sexuellen Missbrauch in Institutionen genannt; einen konstruktionistischen Zugang generell favorisieren auch Dollinger (2002) und Schabdach (2009).

11 Aus wissenssoziologischer Perspektive siehe zu ersterem Walter und Schetsche 2003, zu letzterem Schetsche und Schmidt 2010.

Im übrigen war damals die Diskussion über Alkohol, Kaffee und Tabakgenuß, wenig später über Tee und Kakao, in keiner Weise schwächer als heute angesichts anderer psychoaktiver Drogen (wie Opium, Morphium, Kokain und LSD).

4 Drogen und Wirklichkeit

Aus der heute dominierenden wissenssoziologischen Perspektive ist das so genannte Drogenproblem Ergebnis kultureller Prozesse der *Konstruktion* einer ‚Drogennutzungswirklichkeit'. Entsprechend tut die Wissenssoziologie sich mit allen empirischen Befunden schwer, in denen es um ‚objektive Tatsachen' der Drogennutzung und -wirkung geht – insbesondere dann, wenn die dort erhobenen Daten Grundlage staatlicher Reglementierungen des Drogenkonsums, namentlich strafrechtliche Maßnahmen, sind (siehe etwa Nolte 1998). Hier steht die wissenssoziologische Perspektive dem kriminologischen Etikettierungsansatz (labeling approach) ziemlich nahe, teilt dessen paradigmatische Annahmen ebenso wie dessen kriminalpolitische Folgerungen. Dies macht sowohl die Stärke als auch die Schwäche einer solchen Perspektive aus: Stärke, weil die gesellschaftliche Bedingtheit jeder Art von Drogenforschung und ihrer empirischen Befunde offenbar wird (Kitsuse und Spector hatten dies nachdrücklich aufgezeigt) – Schwäche, weil Fragen nach der Phänomenologie des Drogengebrauchs und der Drogenwirkung nicht nur unbeantwortet bleiben, sondern letztlich sogar für erkenntnistheoretisch *unbeantwortbar* erklärt werden. Drogenforschung wird damit nicht nur perspektivisch halbiert, sondern in weiten Teilen – ob beabsichtigt oder nicht – auch delegitimiert.

Dies ist ein (auch: historischer) Befund, der nicht nur etwas mit dem wissenssoziologischen Paradigma als solchem zu tun hat, sondern insbesondere mit der Art, wie dieses Paradigma in der Drogenforschung heute verstanden und eingesetzt wird. Alternative Positionen und Forschungsstrategien wären hier durchaus denkbar: Neben der ausführlich vorgestellten konstruktionistischen Problemsoziologie wäre auf Basis der ganz zu Beginn genannten Annahmen der Wissenssoziologie (Kapitel 1) durchaus ein stärker *phänomenologischer Zugang* zum Drogenproblem denkbar und forschungspraktisch realisierbar. Da eine solche Perspektive, soweit wir dies überblicken, bislang kaum realisiert wurde, hätten wir es hier zunächst wohl mit proto-soziologischen Erkundungen zu tun. In deren Zentrum stünde die Frage nach der Art und Weise, in der die Nutzung von Drogen die Erfahrungsmodalitäten und die Wirklichkeitskonstrukte verändert. Erfahrungsberichte aus zahlreichen Kulturen (unabhängig von ihrer konkreten Wirklichkeitsordnung) legen nahe, dass sich unter dem Einfluss von Drogen die erlebte subjektive Wirklichkeit in erheblicher, aber eben auch durchaus typischer Weise verändert. Manche dieser Veränderungen sind in hohem Maße von den kulturellen Konstruktionen solcher alternativen Wirklichkeiten (mit-)bestimmt, andere jedoch so unabhängig von den konkreten Wirklichkeitsordnungen, dass auch aus wissenssoziologischer Perspektive die Existenz bestimmter kulturunabhängiger Drogenwirkungen konstatiert werden muss. Vor diesem Hintergrund rückte dann die Frage nach der substanzgenerierten (im Gegensatz zur diskursabhängigen) *Drogenwirklichkeit* in den Mittelpunkt des Interesses.

Für die Wissenssoziologie sind subjektive und intersubjektive Drogenerfahrungen insofern von besonderem Interesse, als diese dem diskursiv erzeugten und strukturierten Wissen gegenüberstehen und damit den prekären Charakter unseres normativen Wirklichkeitskonstrukts aufzeigen. Den theoretischen Hintergrund für diesen ‚anderen' wissenssoziologischen Blick auf die Drogennutzung liefert insbesondere die Lebenswelttheorie, wie sie von Alfred Schütz und Thomas Luckmann ([1979] 2003) formuliert wurde. Ausgehend vom individuellen Erfahrungssubjekt beschreiben sie die Aufschichtung der Lebenswelt (des Einzelnen) mit dem Hauptaugenmerk auf die *alltägliche Wirklichkeit*. Ihr kommt als sogenannte Wirkwelt eine hervorgehobene Stellung zu, da sie durch Handeln und Kommunikation geprägt ist. Darüber hinaus besteht die Lebenswelt aus der intersubjektiv konstituierten Sozialwelt sowie *mannigfaltigen außeralltäglichen Wirklichkeitsbereichen*. Solche Bereiche können eigene „Sinnbezirke" bilden, mit einem jeweils spezifischen Erkenntnisstil und Wirklichkeitsakzent, der nicht dem der Alltagswelt entspricht. Die Welt der Träume, der Imagination und Phantasie, die Kunst, die Welt der religiösen Erfahrung, die Spielwelt des Kindes oder die Welt des Wahnsinns sind Beispiele für solche geschlossenen Sinnbereiche (Schütz 1971, S. 266). Wenn von Schütz auch nicht explizit genannt, sind die verschiedenen Welten der Drogen bzw. des Rauschs unseres Erachtens aber von ebenso großer Bedeutung. Wissenssoziologisch gesprochen, handelt es sich bei Drogenerfahrungen um eine Transformation (korrekter: Transzendierung) der Erfahrung von Alltagswelt in Sinnwelten, in denen Raum-, Zeit- und kausalitätsgebundene Kategorien ihre Grenzen haben (vgl. Legnaro 1982).[12]

An dieser Stelle findet sich auch eine, bislang allerdings wenig erprobte, Schnittstelle zur Neuropsychologie außergewöhnlicher Bewusstseinszustände (altered states of consciousness; vgl. Vaitl 2012). Im Anschluss oder sogar im Rahmen einer solchen neurowissenschaftlichen Drogenwirkungsforschung ließe sich aus wissenssoziologischer Perspektive etwa fragen, wie sich subjektive Wirklichkeitskonzepte bei der (aber auch aufgrund von) Drogennutzung verändern, was davon intersubjektiv kommunizierbar ist und welche Rolle solche Erfahrungen für das kulturelle Verständnis von Wirklichkeit überhaupt spielen. Aus der ethnologischen bzw. ethnopharmakologischen Forschung ist schon lange bekannt, dass es eine Vielzahl von Kulturen gibt, bei denen der drogeninduzierten Wirklichkeit ein herausgehobener Status im Kontext des generellen Wirklichkeitsverständnisses zukommt.[13] Dass wir uns mit einer solchen (Forschungs-)Perspektive heute schwer tun, hat weniger mit der Unmöglichkeit entsprechender empirischer Untersuchungen (siehe etwa die Forschungen von Timothy Leary oder Stanislav Grof) zu tun, als mit dem generel-

---

12 Man denke hier etwa an Huxleys (1954) einschlägige Erfahrungen mit Meskalin und LSD. Der Autor berichtet, dass Formen, Farben und auch das Zeitempfinden ganz unterschiedlich und neuartig erlebt werden. Im einem solchen (psychedelischen) Rausch verliert die Alltagswelt ihren Wirklichkeitsaspekt zugunsten eines anderen Zustands; die ‚Normalität' wird abgeschüttelt und die Relevanzsysteme alltäglichen Handelns und alltäglicher Erfahrung werden weitgehend ausgeschaltet.

13 Einen Überblick hierzu liefern die historischen und interkulturellen Fallstudien im Band von Gros (1997).

len Verdikt, dem die Nutzung psychotroper Substanzen in verwissenschaftlichten Gesellschaften unterliegt.[14] Mit dem Schwinden dieses Verdikts dürften auch alternative wissenssoziologische Perspektiven in der Drogenforschung denkbar und realisierbar werden.

Literatur

Albrecht, G. 1990. Theorie sozialer Probleme im Widerstreit zwischen „objektivistischen" und „rekonstruktionistischen" Ansätzen. *Soziale Probleme* 1: 5–20.

Berger, P. L., T. Luckmann. [1966] 1991. *Die gesellschaftliche Konstruktion der Wirklichkeit. Eine Theorie der Wissenssoziologie.* Frankfurt/Main.

Blumer, H. 1971. Social Problems as Collective Behavior. *Social Problems* 18: 298–306.

Dollinger, B. 2002. *Drogen im sozialen Kontext. Zur gegenwärtigen Konstruktion abweichenden Verhaltens.* Augsburg.

Dresen, A. 2010. *Doping im Spitzensport als soziales Problem. Ursachen und Folgen eines gesellschaftlichen Diskurses.* Wiesbaden.

Feustel, R. 2016. Die Zeit des Rauschs. In *Rausch – Trance – Ekstase. Zur Kultur psychischer Ausnahmezustände*, hrsg. v. M. Schetsche, R.-B. Schmidt, 33–50. Bielefeld.

Frembgen, J. W. 2016. „Manchmal tanze ich auf Dornen!". Ekstase und Trance im Sufi-Islam. In *Rausch – Trance – Ekstase. Zur Kultur psychischer Ausnahmezustände*, hrsg. v. M. Schetsche, R.-B. Schmidt, 157–175. Bielefeld.

Gros, H. 1997. *Rausch und Realität. Eine Kulturgeschichte der Drogen, Band 2.* Stuttgart.

Hoffmann, U. 2011. *Sexueller Missbrauch in Institutionen. Eine wissenssoziologische Diskursanalyse.* Lengerich.

Huxley, A. 1954. *Die Pforten der Wahrnehmung. Meine Erfahrung mit Meskalin.* München.

Kitsuse, J., M. Spector. 1973. Toward a Sociology of Social Problems: Social Conditions, Value-judgements and Social Problems. *Social Problems* 20: 407–419.

Kloppe, S. 2004. *Die gesellschaftliche Konstruktion der Suchtkrankheit. Soziologische und philosophische Aspekte der Genese vom traditionellen Drogengebrauch in der Vormoderne bis zum Konstrukt des krankhaften Drogenmissbrauchs in der Moderne.* München.

Knoblauch, H. 2005. *Wissenssoziologie.* Konstanz.

Knoblauch, H. 2016. *Die kommunikative Konstruktion der Wirklichkeit.* Wiesbaden.

König, R. 1996. Über einige ethno-soziologische Aspekte des Drogenkonsums in der Alten und der Neuen Welt. In *Rausch und Realität. Eine Kulturgeschichte der Drogen, Band 1*, hrsg. v. H. Gros, 6–12. Stuttgart.

Legnaro, A. 1982. Ansätze zu einer Soziologie des Rausches – zur Sozialgeschichte von Rausch und Ekstase in Europa. In *Rausch und Realität. Drogen im Kulturvergleich, Band 1*, hrsg. v. G. Völger, K. von Welck, 93–114. Reinbek/Hamburg.

Leisering, L. 1993. Zwischen Verdrängung und Dramatisierung. Zur Wissenssoziologie der Armut in der bundesrepublikanischen Gesellschaft. *Soziale Welt* 44: 486–511.

Maasen, S. 1999. *Wissenssoziologie.* Bielefeld.

Mayer, G. 2016. Ayahuasca, schamanische Trance und Santo Daime. In *Rausch – Trance – Ekstase. Zur Kultur psychischer Ausnahmezustände*, hrsg. v. M. Schetsche, R.-B. Schmidt, 177–197. Bielefeld.

---

14 Einen Erklärungsversuch für diese generelle Drogenfeindlichkeit liefern Schetsche und Schmidt (2016, S. 8ff.) mit der These der Unvereinbarkeit außergewöhnlicher Bewusstseinszustände mit den Rationalitätsnormen der industriellen Moderne.

Merton, R. K. 1961. Social Problemes and Sociological Theory. In *Contemporary Social Problems*, hrsg. v. R. K. Merton, R. A. Nisbet, 697–737. New York.
Nolte, F. 1998. *Die kulturelle Wirklichkeit der Drogen. Drogenwissen und Drogenkonsum von Jugendlichen am Beispiel eines Freizeitheimes.* Hamburg.
Peters, H. 2002. *Soziale Probleme und soziale Kontrolle.* Wiesbaden.
Schabdach, M. 2009. *Soziale Konstruktionen des Drogenkonsums und soziale Arbeit.* Wiesbaden.
Schetsche, M. 1996. *Die Karriere sozialer Probleme. Soziologische Einführung.* München.
Schetsche, M. 2000. *Wissenssoziologie sozialer Probleme. Grundlegung einer relativistischen Problemtheorie.* Wiesbaden.
Schetsche, M. 2014. *Empirische Analyse sozialer Probleme. Das wissenssoziologische Programm.* Wiesbaden.
Schetsche, M., R.-B. Schmidt. 2010. Gefühlte Gefahren. Sexuelle Verwahrlosung zur Einführung. In *Sexuelle Verwahrlosung. Empirische Befunde – Gesellschaftliche Diskurse – Sozialethische Reflexionen*, hrsg. v. M. Schetsche, R.-B. Schmidt, 7–24. Wiesbaden.
Schetsche, M., R.-B. Schmidt. 2016. Einleitung: Außergewöhnliche Bewusstseinszustände in der Moderne. In *Rausch – Trance – Ekstase. Zur Kultur psychischer Ausnahmezustände*, hrsg. v. M. Schetsche, R.-B. Schmidt, 7–31. Bielefeld.
Schetsche, M., I. Schmied-Knittel. 2013. Deutungsmuster im Diskurs. Zur Möglichkeit der Integration der Deutungsmusteranalyse in die Wissenssoziologische Diskursanalyse. *Zeitschrift für Diskursforschung* 1: 24–45.
Schmied-Knittel, I. 2016. Drogenfreie Zone. Zur Rauschkultur der DDR. In *Rausch – Trance – Ekstase. Zur Kultur psychischer Ausnahmezustände*, hrsg. v. M. Schetsche, R.-B. Schmidt, 51–71. Bielefeld.
Schütz, A. 1971. Über die mannigfaltigen Wirklichkeiten. In *Gesammelte Aufsätze (Bd. 1): Das Problem der sozialen Wirklichkeit*, hrsg. v. A. Schütz, 237–298. Den Haag.
Schütz, A., T. Luckmann. [1979] 2003. *Strukturen der Lebenswelt.* Konstanz.
Walter, S., M. Schetsche. 2003. Internetsucht – eine konstruktionistische Fallstudie. *Soziale Probleme* 14: 5–40.
Vaitl, D. 2012. *Veränderte Bewusstseinszustände. Grundlagen – Techniken – Phänomenologie.* Stuttgart.
Woolgar, S., D. Pawluch. 1985. Ontological Gerrymandering: The Anatomy of Social Problems Explanations. *Social Problems* 32: 214–227.

Drogen und Gewalt

Eine vielschichtige und unbeständige Verbindung

Ferdinand Sutterlüty

Zusammenfassung

Der Beitrag belegt, dass zwischen Drogen und Gewalt nur unter ganz bestimmten sozialen Bedingungen eine Verbindung besteht. Zunächst befasst er sich mit dem Phänomen, dass Täter und Täterinnen ihre Gewalterfahrungen häufig mit einem Drogenrausch vergleichen, und fragt dann, ob es dafür ein neuronales Korrelat gibt. In einem weiteren Abschnitt werden die pharmakologischen Wirkungen verschiedener psychoaktiver Substanzen beschrieben, um dann zu zeigen, dass ihre gewaltfördernden Effekte untrennbar mit sozialen Kontexten und den Erwartungen der Akteure und Akteurinnen verflochten sind. Schließlich geht der Beitrag auf die vielfältigen Verknüpfungen zwischen Drogen-, Gewalt- und Sexmärkten ein sowie auf den Einsatz von Drogen als Mittel der Gewaltausübung.

Schlüsselbegriffe: Drogen, Drogenhandel, Gewalt, Gewaltmärkte

Der Zusammenhang zwischen Drogen und Gewalt ist viel schwächer als man gemeinhin annimmt, und oftmals existiert er überhaupt nicht. Dennoch werden Drogen und Gewalt nicht immer ganz umsonst in einem Atemzug genannt. Zwischen Drogengebrauch, illegalem Drogenhandel und Gewalt gibt es in der Tat eine Reihe von Verbindungen, die allerdings nicht für alle psychoaktiven Substanzen gleichermaßen gelten und außerdem stark mit sozioökonomischen Kontexten, situativen Gegebenheiten und individuellen Merkmalen von Personen variieren.[1]

Im Anschluss an Paul J. Goldstein (1985) lassen sich drei Modelle unterscheiden, die den Nexus zwischen Drogen und Gewalt jeweils ganz unterschiedlich konzeptualisieren:

---

[1] Für hilfreiche Hinweise danke ich Armin Hoyer und Felix Trautmann.

Dem *(1) psychopharmakologischen Modell* zufolge geht Gewalt auf eine direkte, substanzbasierte Wirkung der Drogeneinnahme zurück. Zwar lässt sich, wie sich noch zeigen wird, unter spezifischen Umständen bei bestimmten Personen eine gewaltfördernde Wirkung von Alkohol und aufputschenden Stoffen wie Methamphetamin nachweisen, aber es wäre ein Fehlschluss, diese Wirkung als kausalen Effekt der zugeführten Droge zu begreifen. Nach dem *(2) Modell des ökonomischen Drucks* hängt die Gewaltausübung durch abhängige User mit den hohen Kosten illegaler Drogen und den Umständen ihrer Beschaffung zusammen. Gewalt figuriert hier keineswegs als um seiner selbst willen präferiertes, sondern vielmehr als einfachstes oder auch letztes Mittel, um an Drogen heranzukommen. Gemäß dem *(3) systemischen Modell* wiederum geht Gewalt aus den aggressiven Interaktionsmustern hervor, die das System des illegalen Drogenhandels und -schmuggels prägen. Gewalt ist demnach ein integraler, auch in normativen Verhaltenserwartungen verankerter Bestandteil der sozialen und ökonomischen Netzwerke von Drogenkonsumenten und -konsumentinnen sowie Drogenhändlern und -händlerinnen, die damit gemeinsam in eine gewaltaffine Lebensform eingebettet sind (dazu weiterhin: Brownstein 1996, 2016; Parker und Auerhahn 1998; Ousey und Lee 2007; Reuter 2009; Tagliacozzo 2009; Seffrin und Domahidi 2014).

1 Semantiken der Drogen- und Gewalterfahrung

Die Verbindungen zwischen Drogenkonsum und Gewaltausübung beginnen indessen bereits auf einer semantischen Ebene. Gewalttäter und -täterinnen verwenden häufig das gleiche Vokabular wie Drogennutzer und -nutzerinnen, wenn sie über ihre Erfahrungen sprechen. Die Sprachspiele, die sich um Drogen- und Gewalterfahrungen ranken, besitzen auffällige Gemeinsamkeiten. Seit der klassischen Studie von Frederic M. Thrasher (1927) zu Chicagoer Gangs haben vor allem amerikanische Kriminalsoziologen immer wieder darauf hingewiesen, dass delinquente und gewalttätige Jugendliche ihrem Handeln außeralltägliche, von Spannung und Risiko geprägte Erlebnisse attestieren. „Excitements", „Kicks" und „Thrills" sind die Kurzformeln für die Erfahrungen, die sie Gewaltakten, Zerstörung und Vandalismus zuschreiben. Kaum ein anderer hat den Nervenkitzel, der etwa mit dem aggressiv-herausfordernden Dominanzgebaren afro- und lateinamerikanischer Gangs verknüpft ist, in so schillernden Farben beschrieben wie Jack Katz (1988). Er hat gezeigt, dass die Gangmitglieder ihr gefährliches Straßenleben just aus diesem Grund mystifizieren und romantisieren (ebd., S. 114ff.).

Eine Berliner Untersuchung zu jugendlichen Wiederholungstätern und -täterinnen kam zu dem Ergebnis, dass euphorisierende Gewalterlebnisse sich in verselbständigte Motive transformieren und zu einer habitualisierten Suche nach Gelegenheiten der Gewaltausübung führen können (Sutterlüty 2002). Solche „intrinsischen Gewaltmotive" (ebd., S. 41ff.) bedürfen keiner externen Ziele oder Zwecke, sondern gehen aus den ekstatischen Zuständen der Gewalterfahrung selbst hervor. Es reicht die berauschende Erfahrung, über Leib und Leben eines anderen Menschen verfügen und sich über ihn erheben zu können.

Neben diesem Gefühl der Macht und Selbsterweiterung, das aus dem Triumph der physischen Überlegenheit über das Opfer oder den Gegner hervorgeht, berichten die Jugendlichen von einer wohl sadistisch zu nennenden Lust, andere leiden und sich vor Schmerzen winden zu sehen. Intrinsische Gewaltmotive beruhen schließlich auf einer Überschreitung des Alltäglichen in Akten der Gewalt, die nur das alle Sinne in Beschlag nehmende Präsens des unmittelbaren Geschehens kennen und die verinnerlichten normativen Kontrollen suspendieren (siehe ebd.; Sutterlüty 2004, S. 277ff.). Dieser Ausnahmezustand wurde in einigen Aspekten bereits bei Hooligans, Skinheads, Autonomen, von Langeweile geplagten Jugendlichen sowie bei Polizisten beschrieben (Miller 1962; Buford 1991; Baumeister und Campbell 1999; Findeisen und Kersten 1999; Sturm 2011).

Insbesondere jugendliche Intensivtäter und -täterinnen erzählen von ihren Gewalterfahrungen typischerweise unter Verwendung von Semantiken und Metaphern, die Analogien zu einem Trip oder Drogenrausch herstellen; bisweilen benutzen sie dabei auch eine sexualisierende Metaphorik. Ein 17-Jähriger, der im Schutze seiner Gruppe an einer Massenschlägerei in der U-Bahn beteiligt war, schildert seine Erfahrung mit den Worten: „Und im gleichen Moment anzugreifen, das ist übergeil, das ist richtig geil, das ist besser als jeden Trip zu haben" (Sutterlüty 2002, S. 90). Ihrem gewaltbereiten Sensationshunger schreiben Jugendliche wiederum suchtartige Eigenschaften zu. Wie bei Drogenkonsumenten und -konsumentinnen lässt sich bei Gewalttäterinnen und -tätern ein spannungsreiches Oszillieren zwischen der kalkulierten Herstellung spezifischer Erlebnissituationen und einer partiellen Preisgabe der Selbstkontrolle beobachten. In beiden Fällen haben wir es mit Erlebnistechniken des kalkulierten Kontroll- und Selbstverlusts zu tun. Emilie Gomart und Antoine Hennion (1999) beschreiben mit Bezug auf kundige Drogenuser ein sozialtechnologisches „Dispositiv der Leidenschaft", in dem die Akteure und Akteurinnen willentlich externen Kräften gestatten, von ihnen Besitz zu ergreifen. Ebenso führen auch von intrinsischen Gewaltmotiven affizierte Täter und Täterinnen absichtsvoll Situationen herbei, die sie buchstäblich wie im Film ,neben sich' stehen lassen (vgl. auch Eckert et al. 2001; O'Malley und Valverde 2004).

Nun lässt sich fragen, ob es ein neuronales Korrelat für die euphorischen Zustände gibt, die Täter und Täterinnen mit ihren Gewalterfahrungen verbinden. Alle Aussagen dazu stehen unter dem Vorbehalt, dass sich Gewalt in natürlichen Situationen nicht direkt neurologisch erforschen lässt und entsprechende Experimente aus ethischen Gründen nur mit Tieren durchgeführt werden dürfen. Nachdem lange Zeit ein Großteil der Erkenntnisse aus der Beobachtung von Patientinnen und Patienten mit Hirnschädigungen stammte, wurden zunehmend die Hirnfunktionen besonders aggressiver Menschen untersucht. Mittlerweile gilt in der einschlägigen Forschung weithin als gesichert, dass das neuronale System des Menschen ähnlich lustvolle Belohnungen bei der Ausübung von Gewalt wie beim Konsum von Alkohol oder anderen Drogen verzeichnen kann. In beiden Fällen vermeldet der Neurotransmitter Dopamin Impulse, die vom mesolimbischen System im Gehirn als belohnende Ereignisse registriert und verarbeitet werden (Wahl 2009, S. 48ff., 79).

Diese Parallele im dopaminergen Belohnungssystem zeigt letztlich nur, dass es nicht unplausibel ist, wenn Täterinnen und Täter ihre subjektiven Gewalterlebnisse mit

High-Zuständen beim Drogenkonsum vergleichen. In welchen Situationen sie in welcher Weise zur Gewalt schreiten, lässt sich damit jedoch nicht erklären (vgl. Sutterlüty 2017). Außerdem wissen wir aus zahlreichen sozialwissenschaftlichen Studien, dass es von den Deutungen der Akteure abhängt, ob sie Gewalt als lustvoll – also belohnend – erleben oder nicht. Wo dies der Fall ist, sind auch Endorphine (= endogene Morphine) beteiligt, also vom Organismus selbst produzierte Opioide, die auch extern zugeführt werden können. Endorphine manipulieren die dopaminerge Erregungsleitung in verstärkender Weise. So entstehen orgastische Glücksgefühle, die der erotisierenden Metaphorik, mit der manche Täter ihre rauschhaften Gewaltakte und ihre vorübergehende Abwendung von der Außenwelt beschreiben, eine physiologische Basis geben. Dabei ist allerdings zu berücksichtigen, dass die Forschung zu Hirnrealen, neuralen Bahnen und Netzen auch hemmende Systeme kennt, die isolierte emotionale Ausbrüche und Handlungsimpulse einbremsen und kontrollierbar machen. Von erstrangiger Bedeutung sind hier die höheren kognitiven Funktionen, die insbesondere im präfrontalen Kortex lokalisiert sind und der normengeleiteten Verhaltenskontrolle dienen. In der psychoanalytischen Terminologie wird diese Kontrollinstanz dem Über-Ich zugeschrieben (Bogerts und Möller-Leimkühler 2013, S. 1332ff.; Elbert et al. 2017, S. 122ff.).

Bei der Frage, ob die Ausübung von Gewalt bei bestimmten Personen als eine „Sucht" im engeren Sinn zu begreifen ist, sind wir schon auf dem falschen Pfad, wenn wir entsprechende Erfahrungen von Tätern und Täterinnen mit substanzgebundenen Süchten gleichsetzen. Der medizinische Suchtbegriff bezieht sich auf neurophysiologische Lernprozesse und damit einhergehende neuronale Veränderungen, für die es bei nicht substanzgebundenen Süchten keine Parallele zu geben scheint (Batra et al. 2015, S. 250f.). Es handelt sich bei Gewalt also, wenn überhaupt, um eine „besondere Art der Sucht" (Katz 1989). Wenn Akteure von einem suchtartigen Hang zu Gewaltakten berichten, können sie dies nur in einem alltagssprachlichen Sinne meinen oder in Analogie zu den weitgehend anerkannten Verhaltenssüchten wie Spielsucht, Kaufsucht, Workaholismus, Sexsucht, Sport- oder Internetsucht. Auf einem ganz anderen Blatt steht die Wirkmächtigkeit entsprechender Selbstzuschreibungen: Wenn sich Personen selbst als gewaltsüchtig begreifen, hat dies ganz reale Auswirkungen auf ihr Verhalten im Sinne einer sich selbst erfüllenden Prophezeiung (vgl. Thomas und Thomas 1928, S. 572; Merton 1948, S. 194ff.).

2 Gewaltfördernde Wirkungen des Alkohol- und Drogenkonsums

Wenn man die physiologischen Effekte von Drogen auf Gewalthandlungen eruieren will, muss man zunächst drei Stadien unterscheiden. Das erste ist das Stadium der *unmittelbaren Wirkung des Drogenkonsums* und des damit verbundenen Rauschs; dieses Stadium wird bei den folgenden Ausführungen im Mittelpunkt stehen. Davon zu unterscheiden ist zweitens die Gewalt, die mit den Entzugssymptomen, also mit dem *Abklingen der Substanzwirkung* oder dem Absetzen der Einnahme zusammenhängt. Ein drittes Stadium sind die *Langzeiteffekte*, die etwa durch neuronale Veränderungen oder Hirnschädigungen nach langjährigem Konsum auftreten und Aggressionsneigungen verstärken oder hemmende Impulse außer Kraft setzen können. Diese drei Stadien von Drogeneffekten werden in der epidemiologischen Literatur oft nur unzureichend differenziert oder können oft schon qua Studiendesign nicht trennscharf unterschieden werden.

Bei der Suche nach gesicherten Erkenntnissen zu den unmittelbaren Effekten der Drogeneinnahme auf Gewalthandlungen sind wiederum vorab vielfältige methodische Schwierigkeiten zu erwähnen, da sich diese Effekte kaum *in vivo* beobachten lassen. Studien an Tieren, denen bestimmte Substanzen verabreicht wurden, sind hinsichtlich ihrer Übertragbarkeit auf Menschen notorisch fragwürdig; gewöhnlich greifen sie auf evolutionsbiologische Theoriekonstrukte zurück, die ihrerseits von spekulativen oder reduktionistischen Annahmen geprägt sind (siehe bspw. Takahashi und Miczek 2014). Auch die Ergebnisse der recht zahlreichen Studien aus der psychiatrischen Forschung sind mit Blick auf Gesunde nur begrenzt nutzbar und überdies häufig widersprüchlich; bisweilen leiden sie auch an einem unklaren Gewaltbegriff, der vielfach mit Aggressionen jeglicher Art vermischt wird. Eine englische Studie in psychiatrischen Kliniken stellte hingegen fest, dass bei stationären Patientinnen und Patienten unter Alkohol- und Drogeneinfluss lediglich eine Zunahme verbaler Aggressivität, aber keine Zunahme von physischen Gewaltakten zu verzeichnen ist (Stewart und Bowers 2015, S. 116). Opferberichte und Opferbefragungen, insbesondere zu häuslicher Gewalt gegen Frauen, kamen wiederholt zu dem Ergebnis, dass die Täter betrunken waren oder unter dem Einfluss anderer Drogen standen. Abgesehen davon, dass die Aussagen von Opfern möglicherweise nicht in allen Fällen zuverlässig sind, wird aus ihnen bisweilen vorschnell der Schluss gezogen, die Drogeneinnahme induziere Gewalt, während faktisch keine Substanz bekannt ist, unter deren Einfluss irgendwer zwangsläufig gewalttätig wird (Collins 2011, S. 392ff.; Falcão de Oliveira et al. 2014, S. 52).

Allerdings existieren große Unterschiede zwischen verschiedenen Substanzen. Die klinisch-pharmakologische Forschung hat zahlreiche Evidenzen dafür geliefert, dass folgende Substanzen bzw. die durch sie ausgelösten Rauschzustände die Aggressivität und Gewaltbereitschaft steigern: Alkohol, Methamphetamin (Crystal Meth), neue synthetische Amphetamine (sog. Badesalze) und Kokain. Außerdem gibt es Hinweise auf eine erhöhte Neigung zu gewalttätigem Verhalten beim Entzug von Methamphetamin, Amphetaminen, Alkohol und Opioiden (Kuhns und Clodfelter 2009; Geschwinde 2013: insb. 506, 626; Watt et al. 2014; Greer und Gold 2015; Vazirian et al. 2015). Bei genauerer Betrachtung verschwimmen jedoch in vielen dieser Studien die unmittelbar pharmakologischen Wirkungen der Substanzen mit den sozialen Rahmenbedingungen des Drogenkonsums. Empirisch lässt sich nur schwer bestimmen, wie stark der pharmakologische Drogeneffekt auf eine Gewalttat wirklich ist und was auf externe soziale Einflussfaktoren zurückgeführt werden muss. Letztere werden in der medizinischen Forschung auch als „Confounders" bezeichnet.

Soziologisch sind diese Confounders freilich besonders interessant, und es wird gleich auf sie zurückzukommen sein. Wenn man sie, wie Wenbin Liang und Tanya Chikritzhs

(2015), so weit wie möglich herausrechnet, bleibt bei Alkohol ein substanzbasierter Effekt: die signifikante Erhöhung gewalttätigen Verhaltens. Die qualitative Unterscheidung zwischen einem „pathologischen Alkoholrausch", der allein gewaltfördernd sein soll, und einem „einfachen Rausch", lässt sich empirisch indessen nicht halten (Batra et al. 2015, S. 256). Am Beispiel des besonders gut erforschten und wohl bei keiner anderen Substanz so starken Nexus zwischen Alkohol und Gewalt (Parker und Auerhahn 1998, S. 293ff.; Beck und Heinz 2013, S. 711), lässt sich das Zusammenspiel zwischen den Wirkungen des Rauschmittels und anderen verhaltenssteuernden Situationsmerkmalen besonders gut demonstrieren.

Die substanzbasierten Wirkungen von Alkohol betreffen insbesondere die Neurotransmission und die Funktion des präfrontalen Kortex (Teil des Frontallappens der Großhirnrinde). Der Alkoholkonsum stimuliert die Serotonin- und Dopaminausschüttung und hat einen hemmenden Effekt auf die Aktivierung des präfrontalen Kortex, indem er die Ausschüttung von γ-Aminobuttersäure anregt und die entsprechenden Rezeptoren stimuliert sowie die glutamaterge Neurotransmission blockiert. Einige der alkoholinduzierten Einflüsse auf Neurotransmitter ähneln den Effekten von sozialem Stress. Über das zentrale Nervensystem werden Mechanismen der Verhaltenskontrolle beeinträchtigt, insbesondere die Aufmerksamkeitsverteilung, Hemmungsimpulse, Emotionsbeherrschung und die Verarbeitung von sozialen Informationen (Heinz et al. 2011, S. 401f.). Das alles führt aber keineswegs automatisch zu Gewalt, sondern nur bei einer kleinen Minderheit, die wiederum bei Männern größer ist als bei Frauen. Eine ganze Reihe von persönlichkeitsbezogenen Merkmalen sowie situative Faktoren spielen dabei eine erhebliche, wenn nicht gar bestimmende Rolle. Vielsagend ist der Umstand, dass die von den Akteuren erwartete Wirkung des Alkoholkonsums ganz entscheidend dafür ist, ob sie im Rausch gewalttätig werden oder nicht (ebd., S. 403, 410). Zu diesem Ergebnis kommen auch Emily F. Rothman und Kolleginnen in ihrer qualitativen Studie zu Dating-Gewalt bei US-amerikanischen Jugendlichen. Die Studie zeigt auf, dass die Befragten glauben, Alkohol führe zur Eskalation geringfügiger Konflikte und verschlimmere Gefühle von Ärger und Wut, während sie von Marihuana nur friedfertige, beruhigende und ausgleichende Wirkungen erwarten (Rothman et al. 2016, S. 376ff.). Dass die zugeschriebene Wirkung von Alkohol mindestens ebenso entscheidend wie die der Substanz selbst ist, lässt sich auch an Bill Bufords (1991) bekannter Studie zu britischen Fußballhooligans ermessen, bei deren Suche nach Gelegenheiten der Gewaltausübung stets viel Lagerbier fließt.

Damit lässt sich zusammenfassend sagen: Die neurophysiologischen Wirkungen von Alkohol führen zu kognitiven Einschränkungen bei der Situationseinschätzung, zur Abschattung moralischer Gefühle und zu einem enthemmenden Verlust der Selbstkontrolle. Ob diese Effekte nun wiederum gewaltfördernd sind, hängt eminent von den Motiven des Konsums und den Erwartungen an dessen Wirkung ab; sie erst führen gemeinsam mit sozialen und situativen Kontextbedingungen sowie individuellen Persönlichkeitsmerkmalen dazu, dass die neurophysiologischen Wirkungen in gewaltförmiger Weise verhaltensrelevant werden. Für das Gewalthandeln bleiben auch und gerade unter Alkoholeinfluss biographisch erworbene und subkulturell geprägte Deutungsmuster von erstrangiger Bedeutung.

In einem Lehrforschungsprojekt, das der Verfasser mit Studierenden 2010–11 in Paderborn durchgeführt hat, berichteten junge, haftentlassene Gewalttäter im Interview von der Wirkung ihres Alkoholkonsums, als verlören sie dadurch jegliche autonome Handlungsfähigkeit. Sie differenzierten teilweise sogar zwischen Alkoholika, um dann die Wirkungen des entsprechenden Getränks etwa folgenderweise zu beschreiben: „Wenn ich Schnaps getrunken habe, dann eskaliert das richtig …" oder „Jägermeister, den trink ich sowieso nicht mehr. Weil ich weiß, das ist nichts für meinen Kopf. Kommt dann der Falsche, ist wieder direkt: [klatscht mit der Faust auf die flache Hand]." Diese Beispiele verweisen auf eine Externalisierung eigener Agency, so als wären die Akteure nur das Medium einer kausalen Wirkung des Alkohols, die Indolenz und Kontrollverlust zur Folge hat; als wäre es der Alkohol, der handelt und etwas mit ihnen macht. Das kommt einer Neutralisierungstechnik gleich, die in der kriminalsoziologischen Literatur als „Verleugnung der Verantwortung" bezeichnet wird (Sykes und Matza 1957, S. 667). Derweilen werden Alkohol und andere Drogen auch als Coping-Strategie in stark gewaltbelasteten Sozialräumen sowie dazu eingesetzt, um mit dem eigenen Stress nach einer verübten Gewalttat zurechtzukommen (Hobkirk et al. 2016, S. 102f.; Rothman et al. 2016, S. 376).

Der Alkoholeinfluss kann aufgrund seiner negativen Effekte auf die motorische Koordination auch helfen, Gewalt zu begrenzen und effektiver Gewaltausübung entgegenzuwirken. Deswegen setzen sich Gewaltprofis den Einschränkungen, die Trunkenheit und Rausch mit sich bringen, gerade nicht aus: „Ruhige, nüchterne Soldaten sind insgesamt betrachtet die besseren Kämpfer als betrunkene", schreibt Randall Collins und ergänzt im Zusammenhang von Gewalttaten alkoholisierter Gruppen: „Im Gegensatz dazu meiden die meisten professionellen Gewalttäter Alkohol und Drogen bei der Arbeit. Das gilt für Scharfschützen beim Militär, Auftragskiller, bewaffnete Räuber und Einbrecher" (Collins 2011, S. 395, 401).

3 Gewaltmärkte und Drogenhandel

Bei illegalen Drogen sind die gewaltfördernden Effekte noch weniger als bei Alkohol unmittelbar mit den pharmakologischen Wirkungen der entsprechenden Substanzen verbunden. Jedenfalls kommen dort ganz neue Kontextbedingungen hinzu, die aus der sozialen Einbettung des Drogenhandels resultieren. Das Geschäft mit illegalen Drogen ist in einigen Weltregionen auf das Engste mit „Gewaltmärkten" verwoben (Elwert 1997). Dies ist besonders dort der Fall, wo die meist enorm profitablen Drogenmärkte in gewaltoffenen Räumen agieren, in denen das staatliche Gewaltmonopol nicht durchgesetzt und die Anwendung von Gewalt daher nicht nach festen Regeln begrenzt werden kann. Insbesondere Warlords und Drogenbarone in bürgerkriegsähnlichen Gebieten sind für ihren zweckgerichteten, der Gewinnmaximierung dienenden Einsatz von Gewalt gefürchtet. In solchen Gebieten passen sich die Märkte an die Gewaltordnung an. Ihre Protagonisten stützen sich auf den kalkulierten Einsatz käuflicher Gewalt. Paradigmatische Beispiele aus der jüngeren Vergangenheit sind hierfür der Kokainhandel in Kolumbien und der Opiumhandel in Afghanistan (Holmes et al. 2008; Piazza 2012).

Die Verquickung von Drogenhandel und Gewalt ist aber keineswegs auf Kriegsgebiete und gescheiterte Staaten beschränkt. In funktionierenden Rechtsstaaten ist Gewalt ein nicht intendierter, aber regelmäßig eintretender Effekt davon, dass sie den Drogenhandel kriminalisieren und damit in die Schattenwelt der Illegalität abdrängen. Das Vertrauen zwischen Vertragspartnern, das in legalen Märkten wesentlich darauf beruht, dass sich die Vereinbarungen notfalls mit Hilfe des Rechts durchsetzen lassen, muss in illegalen Märkten durch andere Mittel kompensiert werden: Die Verfügung über die Ressource Gewalt ersetzt dort das Recht; die schiere Gewaltdrohung tritt an die Stelle der Möglichkeit, per Klage vor einem ordentlichen Gericht zu bekommen, was einem zusteht. Gewalt erhält eine in diesem Sinne ordnungsstiftende Funktion (vgl. Black 1983; Groenemeyer 2005, S. 24ff.). Das zeigt etwa eine Pionierstudie zum Chicagoer Heroinhandel der 1970er-Jahre (Hughes 1977). Wie damals in Chicago wurde es nach der Einführung von Crack in amerikanischen Städten Mitte der 1980er-Jahre für die Akteure in dem von Banden organisierten Markt notwendig, aus Gründen des Selbstschutzes und der Erhaltung ökonomischer Gewinnchancen Schusswaffen zu tragen und einzusetzen. Diese Entwicklung war verantwortlich für den damals erheblichen Anstieg von Tötungsdelikten unter jungen Leuten (Blumstein 2002, S. 832ff.). Aufgrund der nachlassenden Bedeutung der Crackmärkte kam es während der 1990er-Jahre in den USA wiederum zu einer Abnahme der Gewalt- und schweren Eigentumskriminalität (Albrecht 2014, S. 374f.).

Jedoch können auch Drogenmärkte nur existieren, wenn ein gewisses Maß an Gewalt und Gegengewalt nicht überschritten wird (vgl. Hirschman 1982, S. 1464ff.). Die bekannte US-amerikanische, erstmals zwischen 2008 und 2013 ausgestrahlte Fernsehserie *Breaking Bad* von Vince Gilligan führt dies anschaulich vor Augen. Dazu steht die scheinbar unberechenbare Gewaltanwendung als Durchsetzungsstrategie im Drogengeschäft nicht im Widerspruch. Wie eine viel beachtete Studie von Philippe Bourgois (1995) zeigt, setzen Crackdealer gelegentliche Gewaltattacken durchaus strategisch in einer Weise ein, die anderen völlig irrational erscheinen muss. Damit kultivieren sie einen Ruf als jederzeit zu Gewaltausbrüchen fähige Akteure, um den Respekt potenzieller Herausforderer und Gegner zu gewinnen oder aufrechtzuerhalten. Aus taktischen Gründen streuen sie von sich ein Vexierbild der stetigen Unkalkulierbarkeit (ebd., S. 22ff.; vgl. auch Jankowski 1991, S. 101ff.; Anderson 1999, S. 107ff.).

Etablierte Drogenmärkte bilden freilich Organisationen und Milieus aus, die Elemente der umgebenden Kultur in sich aufnehmen und verstärken. In Lateinamerika beispielsweise führen Drogenkartelle nicht nur zu einer Multiplikation der im Umlauf befindlichen Schusswaffen, sondern nähren auch einen Kult der Männlichkeit (Imbusch et al. 2011, S. 101ff., 121). Der auf jahrelangen Recherchen beruhende Roman *Prayers for the Stolen* von Jennifer Clement (2014) porträtiert eindringlich den Machismo mexikanischer Drogenringe, die mit ihren berüchtigten SUVs und Maschinengewehren die Bevölkerung ganzer Landstriche terrorisieren und nicht einmal davor Halt machen, Mädchen im großen Stil zu verschleppen und zu versklaven.

In Gefängnissen bildet die Verfügung über Drogen und über Gewaltressourcen vielfach einen regelrechten Kreislauf, dem Subkulturen mit eigenen Ritualen und – meist ethnisch geschichteten – Hierarchien entsprechen. So stieg die 1993 im brasilianischen São Paulo gegründete Gefängnisbande PCC (Primeiro Comando da Capital) zu einem der mächtigsten Drogenkartelle Südamerikas auf (Dias 2017). Oft unterliegt die Drogen-Gewalt-Connection in Gefängnissen einem raschen Wandel, der etwa durch Politiken des ‚War on Drugs', durch gehandelte Preise und Schulden sowie durch die personelle Fluktuation der Insassen beeinflusst wird (für die USA siehe Stewart und Merlo 2014, S. 59ff.; Trulson 2014, S. 92ff.; McKeganey 2016, S. 454f.). Drogenuser, etwa Grasraucherinnen und Kleindealer, die wiederholt mit einer „nicht geringen Menge" – wie es im § 30 des deutschen Betäubungsmittelgesetzes heißt – erwischt wurden, kommen bisweilen erst im Gefängnis mit gewaltaffinen Gruppen und Organisationen in Berührung (Bögelein et al. 2016, S. 263f.).

Außerdem werden Drogen in verschiedenen Kontexten als Mittel der Gewaltausübung eingesetzt. Das reicht von eher punktuellen Verabreichungen bis hin zur Nutzung von Abhängigkeit in einem Gewalt- und Ausbeutungssystem. Männer mischen Frauen in Diskos K.-o.-Tropfen mit der Absicht in die Drinks, sie zu vergewaltigen (Madea und Mußhoff 2009; Geschwinde 2013, S. 284, 289f.). Sogenannte ‚Wahrheitsdrogen', die gesprächiger machen, werden offenkundig von Geheimdiensten im globalen Kampf gegen den Terrorismus eingesetzt. Gleichwohl gilt die unwissentliche oder erzwungene Einnahme entsprechender Drogen – vornehmlich Barbiturate wie Sodium Pentothal – heute weithin als Folter (Keller 2005; Rinde 2015).

Im Menschenhandel, der in verschiedenen Weltregionen floriert (United Nations Office on Drugs and Crime 2016, S. 40ff.), spielen Drogen wiederum eine maßgebliche Rolle; insbesondere auf dem Gebiet der Zwangsprostitution. Zu diesem mit dem Odium der Sexsklaverei behafteten Markt, auf dem in Deutschland vor allem junge Frauen aus Südosteuropa und Nigeria tätig sind, ist die Datenlage aufgrund seiner klandestinen Organisation in der Illegalität lückenhaft. Aus zahlreichen journalistischen Recherchen und Klinikberichten rund um den Globus, bei denen immer wieder erschütternde Fälle ans Licht kommen, geht hervor, dass Mädchen aus den Armutszonen dieser Erde mit Drogen gefügig gemacht und dann zur Zwangsprostitution von Schlepperbanden nach West- und Südeuropa, Nordamerika, in die Länder des südamerikanischen Südkegels, in den Mittleren Osten und den ostasiatisch-pazifischen Raum gebracht werden. Die drogenabhängigen und zur Prostitution gezwungenen Frauen geraten dabei in einen Teufelskreis, in dem die Rückzahlung ihrer Schulden für Drogen und die ‚Reisekosten' aus dem Herkunftsland ein zentrales Element darstellt. Der Kreis schließt sich durch den Umstand, dass die Frauen wiederum Drogen nehmen, um die Erniedrigungen ertragen zu können, die sie durch ihre euphemistisch als Madames bezeichneten Zuhälterinnen, die gewalttätigen Schergen der Vermittlerringe und die Freier auf den Meilen für Billigsex erfahren (vgl. Kreutzer und Milborn 2008).

Drogenabhängigkeit erhöht für Frauen überhaupt das Risiko, Opfer sexualisierter Gewalt zu werden. So zeigt eine südafrikanische Untersuchung (Watt et al. 2016), dass

Männer, die Frauen mit Methamphetamin versorgen, wie selbstverständlich von diesen auch Sex erwarten. Wenn sie den Avancen nicht nachgeben, haben sie mit Schlägen oder sexueller Gewalt zu rechnen. Userinnen von Methamphetamin werden, so die Autorinnen und Autoren der Studie, verächtlich „20 Rand" genannt; dieser Name zeigt den geringen Betrag an, für den Männer Methamphetamin kaufen müssen, um mit einer Frau Sex haben zu können (ebd., S. 926ff.). Hier zeigt sich erneut, wie stark die wechselvolle Verbindung zwischen Drogen und Gewalt von sozialstrukturellen und soziokulturellen Kontextbedingungen abhängig ist.

Literatur

Albrecht, H.-J. 2014. „Die Kriminalität sinkt!" – Warum geht die Jugendkriminalität zurück? *Recht der Jugend und des Bildungswesens* 62(3): 363–380.
Anderson, E. 1999. *Code of the Street: Decency, Violence, and the Moral Life of the Inner City.* New York.
Batra, A., K. F. Mann, M. M. Berner, A. Günthner. 2015. Suchterkrankungen. In *Psychische Erkrankungen: Klinik und Therapie,* hrsg. v. M. Berger, 249–299. München.
Baumeister, R. F., W. K. Campbell. 1999. The Intrinsic Appeal of Evil: Sadism, Sensational Thrills, and Threatened Egotism. *Personality and Social Psychology Review* 3(3): 210–221.
Beck, A., A. Heinz. 2013. Alcohol-Related Aggression – Social and Neurobiological Factors. *Deutsches Ärzteblatt International* 110(42): 711–715.
Black, D. 1983. Crime as Social Control. *American Sociological Review* 48(1): 34–45.
Blumstein, A. 2002. Schusswaffen und Jugendgewalt. In *Internationales Handbuch der Gewaltforschung,* hrsg. v. W. Heitmeyer, J. Hagan, 819–845. Wiesbaden.
Bögelein, N., J. Meier, F. Neubacher. 2016. „Ist ja nur Cannabis"? – Expertinnen und Experten über den Cannabishandel inner- und außerhalb von Gefängnissen. *Monatsschrift für Kriminologie und Strafrechtsreform* 99(4), 251–268.
Bogerts, B., A. M. Möller-Leimkühler. 2013. Neurobiologische Ursachen und psychosoziale Bedingungen individueller Gewalt. *Der Nervenarzt* 84(11): 1329–1344.
Bourgois, P. 1995. *In Search of Respect: Selling Crack in El Barrio.* Cambridge, New York.
Brownstein, H. H. 1996. *The Rise and Fall of a Violent Crime Wave: Crack Cocaine and the Social Construction of a Crime Problem.* Guilderland (NY).
Brownstein, H. H. 2016. Drugs and Violent Crime. In *Handbook of Drugs and Society,* hrsg. v. H. H. Brownstein, 371–386. Chichester.
Buford, B. 1991. *Among the Thugs.* London.
Clement, J. 2014. *Prayers for the Stolen: A Novel.* New York, London.
Collins, R. 2011. *Dynamik der Gewalt. Eine mikrosoziologische Theorie.* Hamburg.
Dias, C. C. N. 2017. „Sie schließen einen Vertrag mit dem Verbrechen". *Frankfurter Allgemeine Zeitung,* Nr. 281 (4. Dezember): 7.
Eckert, R., L. Steinmetz, T. A. Wetzstein. 2001. Lust an der Gewalt. *Journal für Konflikt- und Gewaltforschung* 3(1): 28–43.
Elbert, T., J. K. Moran, M. Schauer. 2017. Appetitive Aggression. In *Aggression and Violence: A Social Psychological Perspective,* hrsg. v. B. J. Bushman, 119–135. New York.
Elwert, G. 1997. Gewaltmärkte. Beobachtungen zur Zweckrationalität der Gewalt. In *Soziologie der Gewalt. Sonderheft 37 der Kölner Zeitschrift für Soziologie und Sozialpsychologie,* hrsg. v. T. v. Trotha, 86–101. Opladen, Wiesbaden.

Falcão de Oliveira, S., K. Ribeiro de Lima Cardoso, C. A. Possante de Almeida, L. R. Cardoso, B. Gutfilen. 2014. Violence against Women: Profile of the Aggressors and Victims and Characterization of the Injuries. A Forensic Study. *Journal of Forensic and Legal Medicine* 23(March): 49–54.

Findeisen, H.-V., J. Kersten. 1999. *Der Kick und die Ehre. Vom Sinn jugendlicher Gewalt*. München.

Geschwinde, T. 2013. *Rauschdrogen. Marktformen und Wirkungsweisen*. Berlin, Heidelberg.

Goldstein, P. 1985. The Drugs/Violence Nexus: A Tripartite Conceptual Framework. *Journal of Drug Issues* 15(4): 493–506.

Gomart, E., A. Hennion. 1999. A Sociology of Attachment: Music Amateurs, Drug Users. *Sociological Review* 47(S1): 220–247.

Greer, R. A., M. S. Gold. 2010. Pharmacological Drug Effects on Brain and Behavior. In *Principles of Addictions and the Law: Applications in Forensic, Mental Health, and Medical Practice*, hrsg. v. N. S. Miller, 177–192. Amsterdam, Boston (MA).

Groenemeyer, A. 2005. Ordnungen der Exklusion – Ordnungen der Gewalt. Eine Frage der Ehre? Überlegungen zur Analyse des Zusammenhangs von Exklusion und Gewalt. *Soziale Probleme* 16(2): 5–40.

Heinz, A. J., A. Beck, A. Meyer-Lindenberg, P. Sterzer, A. Heinz. 2011. Cognitive and Neurobiological Mechanisms of Alcohol-Related Aggression. *Nature Reviews Neuroscience* 12(7): 400–413.

Hirschman, A. O. 1982. Rival Interpretations of Market Society: Civilizing, Destructive, or Feeble? *Journal of Economic Literature* 20(4): 1463–1484.

Hobkirk, A. L., M. H. Watt, B. Myers, D. Skinner, C. S. Meade. 2016. A Qualitative Study of Methamphetamine Initiation in Cape Town, South Africa. *International Journal of Drug Policy* 30(April): 99–106.

Holmes, J. S., S. A. Gutiérrez de Piñeres, K. M. Curtin. 2008. *Guns, Drugs and Development in Colombia*. Austin (TX).

Hughes, P. 1977. *Behind the Wall of Respect: Community Experiments in Heroin Addiction Control*. Chicago (IL).

Imbusch, P., M. Misse, F. Carrión. 2011. Violence Research in Latin America and the Caribbean: A Literature Review. *International Journal of Conflict and Violence* 5(1): 87–154.

Jankowski, S. M. 1991. *Islands in the Street: Gangs and American Urban Society*. Berkeley (CA).

Katz, J. 1988. *Seductions of Crime: Moral and Sensual Attractions in Doing Evil*. New York.

Katz, J. 1989. Youth Violence – A Special Kind of Addiction. *Human Rights* 16(1): 20–23, 48–50.

Keller, L. M. 2005. Is Truth Serum Torture? *American University International Law Review* 20(3): 521–612.

Kreutzer, M., C. Milborn. 2008. *Ware Frau: Auf den Spuren moderner Sklaverei von Afrika nach Europa*. Salzburg.

Kuhns, J. B., T. A. Clodfelter. 2009. Illicit Drug-Related Psychopharmacological Violence: The Current Understanding within a Causal Context. *Aggression and Violent Behavior* 14(1): 69–78.

Liang, W., T. Chikritzhs. 2015. Examining the Relationship between Heavy Alcohol Use and Assaults: With Adjustment for the Effects of Unmeasured Confounders. *BioMed Research International* 2015: 1–10.

Madea, B., F. Mußhoff. 2009. Knock-Out Drugs: Their Prevalence, Modes of Action, and Means of Detection. *Deutsches Ärzteblatt International* 106(20): 341–347.

McKeganey, N. 2016. The Criminalization of (Some) Drug-Involved People. In *Handbook of Drugs and Society*, hrsg. v. H. H. Brownstein, 444–459. Chichester.

Merton, R. K. 1948. The Self-Fulfilling Prophecy. *Antioch Review* 8(2): 193–210.

Miller, A. 1962. The Bored and the Violent. *Harper's Magazine* 225(11): 50–56.

O'Malley, P., M. Valverde. 2004. Pleasure, Freedom and Drugs: The Uses of „Pleasure" in Liberal Governance of Drug and Alcohol Consumption. *Sociology* 38(1): 25–42.

Ousey, G. C., M. R. Lee. 2007. Homicide Trends and Illicit Drug Markets: Exploring Differences across Time. *Justice Quarterly* 24(1): 48–79.

Parker, R. N., K. Auerhahn. 1998. Alcohol, Drugs, and Violence. *Annual Review of Sociology* 24: 291–311.

Piazza, J. A. 2012. The Opium Trade and Patterns of Terrorism in the Provinces of Afghanistan: An Empirical Analysis. *Terrorism and Political Violence* 24(2): 213–234.

Reuter, P. 2009. Systemic Violence in Drug Markets. *Crime, Law and Social Change* 52(3): 275–284.

Rinde, M. 2015. Stranger than Fiction: Is There Any Truth in Truth Serums? *Distillations* 1(4): 16–23.

Rothman, E. F., J. A. Linden, A. L. Baughman, C. Kaczmarsky, M. Thompson. 2016. „The Alcohol Just Pissed Me Off": Views about How Alcohol and Marijuana Influence Adolescent Dating Violence Perpetration, Results of a Qualitative Study. *Youth and Society* 48(3): 366–382.

Seffrin, P. M., B. I. Domahidi. 2014. The Drugs-Violence Nexus: A Systematic Comparison of Adolescent Drug Dealers and Drug Users. *Journal of Drug Issues* 44(4): 394–413.

Stewart, D., L. Bowers. 2015. Substance Use and Violence among Psychiatric Inpatients. *Journal of Psychiatric and Mental Health Nursing* 2(2): 116–124.

Stewart, D. M., A. V. Merlo. 2014. Sentencing Trends and Incarceration. In *Prisons: Today and Tomorrow*, hrsg. v. A. G. Blackburn, S. K. Fowler, J. M. Pollock, 45–79. Burlington (MA).

Sturm, M. 2011. „Unter mir wird alles weich" – Eine Geschichte des Polizeischlagstocks. In *Polizei, Gewalt und Staat im 20. Jahrhundert*, hrsg. v. A. Lüdtke, H. Reinke, M. Sturm, 325–347. Wiesbaden.

Sutterlüty, F. 2002. *Gewaltkarrieren. Jugendliche im Kreislauf von Gewalt und Missachtung.* Frankfurt/Main, New York.

Sutterlüty, F. 2004. Was ist eine „Gewaltkarriere"? *Zeitschrift für Soziologie* 33(4): 266–284.

Sutterlüty, F. 2017. Fallstricke situationistischer Gewaltforschung. *WestEnd. Neue Zeitschrift für Sozialforschung* 14(2): 139–155.

Sykes, G. M., D. Matza. 1957. Techniques of Neutralization: A Theory of Delinquency. *American Sociological Review* 22(6): 664–670.

Tagliacozzo, E. 2009. Contraband and Violence: Lessons from the Southeast Asian Case. *Crime, Law and Social Change* 52(3): 243–252.

Takahashi, A., K. A. Miczek. 2014. Neurogenetics of Aggressive Behavior: Studies in Rodents. *Current Topics in Behavioral Neurosciences* 17: 3–44.

Thomas, W. I., D. S. Thomas. 1928. *The Child in America: Behavior Problems and Programs.* New York.

Thrasher, F. M. 1927. *The Gang: A Study of 1313 Gangs in Chicago.* Chicago (IL).

Trulson, C. R. 2014. The Social World of the Prisoner. In *Prisons: Today and Tomorrow*, hrsg. v. A. G. Blackburn, S. K. Fowler, J. M. Pollock, 83–121. Burlington (MA).

United Nations Office on Drugs and Crime. 2016. *Global Report on Trafficking in Persons.* Vienna, New York.

Vazirian, M., J. M. Jerry, J. James, R. M. Dale. 2015. Bath Salts in the Emergency Department: A Survey of Emergency Clinicians' Experience with Bath Salts-Intoxicated Patients. *Journal of Addiction Medicine* 9(2): 94–98.

Wahl, K. 2009. *Aggression und Gewalt: Ein biologischer, psychologischer und sozialwissenschaftlicher Überblick.* Heidelberg.

Watt, M. H., S. M. Kimani, D. Skinner, C. S. Meade. 2016. „Nothing Is Free": A Qualitative Study of Sex Trading among Methamphetamine Users in Cape Town, South Africa. *Archives of Sexual Behavior* 45(4): 923–933.

Watt, M. H., C. S. Meade, S. Kimani, J. C. MacFarlane, K. W. Choi, D. Skinner, D. Pieterse, S. C. Kalichman, K. J. Sikkema. 2014. The Impact of Methamphetamine („tik") on a Peri-Urban Community in Cape Town, South Africa. *International Journal of Drug Policy* 25(2): 219–225.

Drogen und Geschlecht

Irmgard Vogt

Zusammenfassung

Geschlecht ist ein komplexer Begriff, der sich heute einer einfachen Definition entzieht. Zur Differenzierung zwischen Mann/Frau kommt die – inhaltlich etwas unscharfe – Kategorie Transgender dazu. Drogen (ein Begriff, der hier für alle psychoaktiven Substanzen verwendet wird) eignen sich gut zur Sichtbarmachung der Differenzen zwischen den Geschlechtern, nicht nur, was die gängigen Konsumgewohnheiten von Männern, Frauen und – soweit dazu Daten vorliegen – von Transgender-Personen betrifft, sondern auch im Hinblick darauf, wie mit verschiedenen Substanzen Männlichkeiten und Weiblichkeiten inszeniert werden können. Dafür werden mehrere Beispiele angeführt. Im Unterschied zu anderen Kontexten sind in den lokalen Drogenszenen die klassischen Geschlechterstereotypen besonders ausgeprägt: Männer inszenieren sich gerne als kaltblütig, gewalttätig und als Herrscher über andere Männer sowie über (ihre) Frauen. Frauen gelten als die Schwachen, die der Mann beschützen muss und zugleich ausbeuten kann. In Deutschland steht Männern, Frauen und Personen, die sich als Transgender identifizieren, ein breit aufgestelltes Hilfenetzwerk zur Verfügung. Die Angebote der Suchthilfe werden allerdings vor allem von Menschen genutzt, die viele finanzielle und psychosoziale Probleme haben. Inhaltlich erweisen sich diese Angebote weitgehend als *geschlechtsblind*, d.h. sie bieten überwiegend einheitliche Programme an, die weder die Probleme von süchtigen Männern, noch die von süchtigen Frauen und schon gar nicht die von Transgender-Personen hinreichend berücksichtigen.

Schlüsselbegriffe: Geschlechter, Drogen, Drogenkonsum, doing gender, Drogenszenen, Drogenhilfe

1 Geschlecht und Drogen: Begriffe und Konzepte

Der deutsche Begriff *Geschlecht* differenziert nicht zwischen biologischem (Sex) und sozialem (Gender) Geschlecht. Die Zuordnung zu einem biologischen Geschlecht findet heute oft schon vor der Geburt, jedoch spätestens mit dieser statt. Kinder werden anhand ihrer Geschlechtsmerkmale als männlich, weiblich oder intersexuell eingestuft, womit das soziale Geschlecht automatisch bestimmt zu sein scheint. Über die subjektive Befindlichkeit der Kinder „in" ihrem Geschlecht oder über sexuelle Präferenzen ist damit wenig gesagt, wohl aber über die sozialen Rollen und die damit verknüpften Erwartungen an Verhaltensweisen und Selbstdarstellungen (*Gender expression*). Die Mehrheit der Kinder ist mit ihrer geschlechtlichen Zuordnung einverstanden (*Cis-Gender*). In wechselseitigem Bezug zu mindestens einem anderen Geschlecht entwickeln sie unter den jeweiligen historischen Bedingungen und im Kontext von Hierarchien ihre Geschlechtsidentität (*Gender identity*). Allerdings sind Geschlechtsidentität und Selbstdarstellung als Mann oder Frau nicht ein für alle Mal festgelegt; sie müssen vielmehr immer wieder hergestellt werden. „In der Begegnung mit anderen Menschen in sozialen Alltagssituationen erhalten wir immer wieder eine Rückmeldung auf unsere Geschlechtlichkeit, durch die *Weiblichkeit* beziehungsweise *Männlichkeit* bestätigt und dadurch wieder neu hergestellt wird" (vgl. Rudolph 2015, S. 14). Für diesen Prozess steht der Begriff *Doing gender*.

Mit der Unterscheidung Mann/Frau bzw. männlich/weiblich gehen gesellschaftliche Bewertungen einher, die historische Wurzeln haben und die zugunsten von Männern und zum Nachteil von Frauen ausfallen. Über Jahrtausende hin galt es als selbstverständlich, dass Männer mehr wert waren als Frauen, also qua Geschlecht einen Machtanspruch gegenüber Frauen (und Kindern) hatten. In westeuropäischen Ländern konnten Männer die damit verbundenen Privilegien bis in die Mitte des 20. Jahrhunderts gut verteidigen. Im Deutschen Grundgesetz (GG) von 1949 wurde in §3 die Gleichberechtigung der Geschlechter festgeschrieben. In den folgenden Jahrzehnten wurde eine Vielzahl von gesetzlichen Regelungen auf ihre Kompatibilität mit §3 GG überprüft und entsprechend verändert. Das hatte zur Folge, dass Männer ihre Privilegien mehr und mehr verloren haben.

Obwohl die formale Gleichberechtigung und Gleichstellung der Geschlechter weit fortgeschritten ist, bestehen informell alte Unterschiede zwischen den Geschlechtern in gewissem Umfang fort. Im Alltag gelten Männer immer noch „mehr" als Frauen; sie stehen so gesehen hierarchisch über ihnen. Zur Kennzeichnung der Überlegenheit der Kategorien Mann/männlich über die Kategorien Frau/weiblich hat Connell (1999) den Begriff der „hegemonialen Männlichkeit" geprägt. „Unter ‚männlicher Hegemonie' ist die Dominanz männlicher Wert- und Ordnungssysteme, Interessen, Verhaltenslogiken und Kommunikationsstile etc. zu verstehen. So Unterschiedliches sie auch in den verschiedenen sozialen Praxen beinhalten, gibt es einen gemeinsamen Kern: Das Männliche gilt als Norm und gegenüber dem Weiblichen als überlegen. Daraus leitet sich der Anspruch auf männliche Autorität ab, die wiederum die Ausübung männlicher Macht legitimiert." (vgl. Meuser und Scholz 2005, S. 223).

Sülzle (2011, S. 50f.) weist darauf hin, dass es sich bei der hegemonialen Männlichkeit um ein dynamisches System handelt, innerhalb dessen sowohl Hierarchien unter Männern sichtbar gemacht werden können als auch die Relationen zu Frauen, die zur Herstellung der Hierarchien innerhalb und zwischen den Geschlechtern unabdingbar sind. Dabei ist der Blick der Männer auf andere Männer unverstellt, weil sie sich (noch immer) als Mitglieder des herrschenden Geschlechts verstehen, wenn auch in unterschiedlichen gesellschaftlichen Positionen. Männer handeln daher im ‚Spiel' und Kampf aus, wer über wen dominiert. „Es ist die Größe und das Elend des Mannes […] die anderen Männer zu dominieren, und sekundär, als Instrument des symbolischen Kampfes, die Frauen. Dass die symbolische Gewalt die Welt regiert, liegt daran, dass die sozialen Spiele […] aller Zeiten und Länder so angelegt sind, dass man (*der Mann*) an ihnen nicht teilnehmen kann, ohne von diesem Wunsch, zu spielen, affiziert zu werden, der auch der Wunsch ist, zu triumphieren." (Bourdieu 1997, S. 215f.). Drogenkonsum eignet sich gut zum Spiel mit Männlichkeiten und Dominanz und um sich von Weiblichkeiten abzugrenzen.

Trotz der informellen hierarchischen Überlegenheit der Männer über Frauen erschöpfen sich letztere nicht mehr darin, das „andere" (Beauvoir 1986) und mindere Geschlecht zu sein. Vielmehr zeigt ein genauer Blick auf die Geschlechterverhältnisse, dass nicht nur die formalen Statusunterschiede in Bewegung sind, sondern auch das Konzept der Zweigeschlechtlichkeit selbst. Ein erster Schritt zur Überwindung der Zweigeschlechtlichkeit ist die Einführung der Kategorie Transgender zur Bezeichnung von Menschen, die ihr angeborenes oder zugeschriebenes Geschlecht wechseln (möchten). Der Ansatz der Intersektionalität fordert, strukturelle Analysen der gesellschaftlichen Ungleichheit nicht auf die klassischen Geschlechterkategorien zu begrenzen, sondern mehrere Kategorien zuzulassen. Darüber hinaus sollen neben den Dimensionen soziale Schicht/Klasse die von Rasse/Ethnie berücksichtigt werden. Je nach konkreten Fragestellungen können weitere Dimensionen (z.B. Alter, sozialer Raum, Religion, Zugang und Nutzung digitaler Medien usw.) dazukommen.

Die Forderung nach der Überwindung des Konzepts der Zweigeschlechtlichkeit ergibt sich aus der Tatsache, dass sich eine wachsende Gruppe von Menschen mit der Zuordnung zu einem bestimmten Geschlecht bei der Geburt nicht zurechtfindet. Das betrifft nicht nur die Menschen, die bei der Geburt als intersexuell kategorisiert werden, sondern auch Menschen, die eindeutige Geschlechtsmerkmale haben, die sich aber als Personen erleben, die im falschen Geschlecht (Sex) geboren worden sind. Der Begriff Transgender bezieht sich auf alle Menschen, die sich mit ihrem biologischen Geschlecht nicht identifizieren können. Je nach Problemlage und eigener Befindlichkeit ändert ein Teil dieser Personengruppe das Geschlecht über *Gender expression*. Ein anderer Teil bedient sich der medizin-technischen Möglichkeiten und führt eine Geschlechtsangleichung durch. Unter Einsatz von unterschiedlichen Mittel werden für diese Personen ihre Identität und ihre Selbstdarstellung als Mann oder Frau stimmig. Darüber hinaus gibt es Personen, die beide Geschlechter repräsentieren; sie pendeln in der Selbstdarstellung zwischen den Geschlechtern hin- und her. Sie fallen damit aus dem Raster des *Doing gender* als Mann oder als Frau heraus bzw. entgrenzen beide Kategorien, was zu vielfältigen Irritationen führen kann. Inwieweit das Oszillieren zwischen Mann und Frau gesellschaftlich akzeptiert ist, ist eine andere Frage.

Geschlecht, das zeigt diese knappe Darstellung, ist heute ein komplexer Begriff, der sich nicht mehr einfach definieren lässt. Zudem hat Butler (1991) die Differenzierung von biologischem (Sex) und sozialem Geschlecht (Gender) grundsätzlich kritisiert. Sie weist darauf hin, dass unter dieser Unterscheidung die Naturalisierung der Zweigeschlechtlichkeit subsumiert werde und daher nicht überwunden werden könne. Intersexualität und Transsexualität seien jedoch Beispiele, die belegen, dass man sehr wohl zwischen den Geschlechtern wechseln könne. Aus dieser Perspektive stehen Begriffe wie Mann oder Frau nur noch für performative Akte. Folgt man Butler, ist man am Ende der Geschlechterdiskussion angekommen.

In der Praxis geht es jedoch um ganz reale Menschen mit ihren ebenso realen bio-psycho-sozialen Ausstattungen, Erfahrungen und Kontexten. Wie die Geschlechtsangleichungen zeigen, lässt sich die ursprüngliche biologische Ausstattung heute auf vielfältige Weise verändern. Allerdings hebt eine Geschlechtsangleichung die angeborene Biologie nicht vollständig auf, sie verändert sie nur radikal. Zur Aufrechterhaltung dieser Veränderungen bedarf es neben tiefgreifender chirurgischer Eingriffe auch dauerhafter Unterdrückung der biologischen Funktionen, die auf das angeborene Geschlecht zurückgehen (z.B. lebenslange hormonelle Substitution, vgl. Bostwick et al. 2010). Die Studien zum Leben nach einer Geschlechtsangleichung belegen, dass sich das biologische Geschlecht nicht einfach auf performative Akte reduzieren lässt. Es determiniert auch nach entsprechenden Eingriffen und trotz fortgesetzter Hormongaben in erheblichem Ausmaß die biochemischen Prozesse und neuronalen Regelkreise.

Auch die Drogenforschung geht von einem bio-psycho-sozialen Modell aus. Sie kommt daher nicht ohne die Begriffe *Sex* und *Gender* und – in ihrem Gefolge – die Praxis des *Doing gender* aus. Auch die empirische Gesundheitsforschung orientiert sich weitgehend an diesem Modell. Das Modell bezieht Transgender mit ein und schließt eine Fixierung auf Geschlechter als bloße performative Akte aus.

Als *Drogen* bezeichnen wir alle natürlichen oder chemisch hergestellten Substanzen, die Menschen zur Manipulation ihrer Sinneswahrnehmungen, ihres Empfindens und ihres Bewusstseins einsetzen. Es geht also um psychoaktive Substanzen, die in biochemische Prozesse im Zentralnervensystem und in anderen Körperregionen eingreifen und diese kurz- und langfristig beeinflussen und verändern können. Natürlich vorkommende Kräuter, Wurzeln, Früchte, Pilze, Moose, Rinden, Mineralien usw. mit diesen Wirkungen haben Menschen schon immer verwendet. Um Schaden zu mindern, wurde und wird der Konsum von Drogen eingebettet in kulturelle Narrative und Normensysteme (ausführlich bei Völger und v. Welck 1982). Bis heute modulieren die Kontexte, in denen der Konsum von Drogen stattfindet, ihre Wirkungen. Das gilt für alkoholische Getränke ebenso wie für andere Drogen (vgl. MacAndrew und Edgerton 1973; Schivelbusch 1980). Drogenkonsum, der nicht an den jeweiligen historischen und raumzeitlichen Kontext angepasst ist, kann negativ etikettiert werden und zu Stigmatisierung führen (vgl. Schomerus 2011). Dabei spielen die Zugehörigkeit zu einer sozialen Schicht, die Geschlechter, die Ethnie und das Alter wichtige Rollen.

Mit der Entdeckung der chemischen Strukturformeln der Wirksubstanzen hat sich eine Fülle von Möglichkeiten ergeben, neue psychoaktive Substanzen zu produzieren (z.B. Hofmann 1979; Simon et al. 2016). Viele Substanzen, die auf diese Weise entstanden sind, werden sowohl als Medikamente zur Behandlung von körperlichen und psychischen Störungen als auch zur Entspannung verwendet. Je länger diese Substanzen auf dem Markt sind, je mehr sie als Medikamente eingesetzt werden, umso besser kennt man ihre Wirkungen, ihre gesundheitsförderliche Verwendung, ihre Nebenwirkungen und ihre Gefährlichkeit. Abgesehen von den von der Medizin aufgestellten Regeln zum Konsum bestimmter synthetischer Substanzen zur Bewusstseinsveränderung haben sich rund um die neuen synthetischen Mittel nur wenige Rituale entwickelt. Wenn Produktion und Handel mit diesen Stoffen (außerhalb der Medizin) negativ konnotiert sind (wie bei den sogenannten „Neuen psychoaktiven Substanzen" (NPS)) oder wenn es sich um Substanzen handelt, deren Herstellung und Vermarktung aufgrund der internationalen Konventionen verboten ist (im Folgenden: illegale Drogen), wird die Herausbildung von Ritualen zusätzlich behindert.

2 Drogenwirkungen, Drogenkonsum, Doing gender

Zum Verständnis der *Drogenwirkungen* sind biochemische Prozesse wichtig. Sie lassen sich anhand der Kategorien Mann/Frau/Transgender differenzieren. Eine Vielzahl von Studien belegt, dass die Aufnahme von Drogen in den Körper sowie ihre Verarbeitung in den verschiedenen Organsystemen einschließlich der Ausscheidung aus dem Körper je nach Geschlecht unterschiedlich verlaufen. Gut belegt ist, dass der Blutalkoholspiegel im weiblichen Organismus – gemessen 45 Minuten nach dem Konsum einer definierten Menge von Alkohol – höher ist als im männlichen Organismus. Man erklärt sich diesen Unterschied damit, dass die Anflutung der Substanz bei Frauen schneller abläuft als bei Männern und dass zudem das Verteilungsvolumen für Ethanol (Alkohol) bei Männern größer ist als bei Frauen, da Männer über mehr Körperwasser verfügen (vgl. Rommelspacher 2011, S. 85). Daten dazu, wie Intersexuelle oder Transgender-Personen alkoholische Getränke aufnehmen und verarbeiten, liegen zurzeit nicht vor.

Dass alkoholische Getränke bei Frauen in kürzerer Zeit zu einem höheren Blutalkoholspiegel führen als bei Männern, ist die Grundlage für die Hypothese, dass Frauen im Vergleich zu Männern in kürzerer Zeit Symptome der Sucht (starkes Verlangen nach Alkohol, Kotrollprobleme, Entzugssymptome; ausführlich in Falkai und Wittchen 2015, S. 661ff.) entwickeln können (sogenanntes „Telescoping", vgl. Stewart et al. 2009). Diese Hypothese wurde in retrospektiven Befragungen von Gruppen von Frauen und Männern, die Angebote der professionellen Suchthilfe in Anspruch genommen haben, überprüft. Es ist fraglich, ob man so gewonnene Ergebnisse verallgemeinern darf. Immerhin weisen einige Studien darauf hin, dass man differenzieren sollte zwischen Gruppen von Frauen, die eher schnell nach alkoholischen Getränken oder anderen psychoaktiven Substanzen süchtig werden, und anderen Gruppen, bei denen dieser Prozess sehr viel länger dauert (vgl. Keyes et al. 2010). Da es auch bei Männern erhebliche Unterschiede hinsichtlich des Einstiegs und Verlaufs einer Substanzabhängigkeit gibt, ist es denkbar, dass Telescoping typisch ist für besonders vulnerable Untergruppen sowohl von Frauen wie von Männern.

Schwangerschaft stellt einen besonderen Zustand her, der in erster Linie Frauen und einige wenige intersexuelle Menschen sowie Transgender-Personen, die über *Gender expression* und Hormongaben ihr Geschlecht verändert haben, betrifft. Drogenkonsum in der Schwangerschaft wirkt nicht nur auf die Sinneswahrnehmungen und das Bewusstsein der konsumierenden Person ein, sondern auch auf die Entwicklung des Kindes im Uterus. Alle Hormone und psychoaktiven Substanzen beeinflussen die Entwicklung eines Kindes während der Schwangerschaft, allerdings in unterschiedlichem Ausmaß. Das hängt sowohl von der jeweiligen Substanz als auch von Menge und Häufigkeit des Konsums sowie von den Lebendbedingungen der Schwangeren ab. Gut belegt ist, dass der Konsum von alkoholischen Getränken während der Schwangerschaft die Entwicklung des werdenden Kindes stark und dauerhaft beschädigen kann, insbesondere in Kombination mit dem Konsum von weiteren psychoaktiven Stoffen wie Nikotin (im Tabak), Opioiden usw. (vgl. Keegan et al. 2010; Landgraf und Heinen 2013). Kinder, die mit einem fetalen Alkoholsyndrom geboren wurden, leiden – je nach Ausprägung des Syndroms – ein Leben lang an den Folgen. Auch alle anderen psychoaktiven Substanzen belasten die Entwicklung der Kinder während der Schwangerschaft, meist in Kombination mit den oft schlechten Lebensbedingungen der süchtigen Schwangeren. Zudem hat diese Klientel einen erschwerten oder gar versperrten Zugang zu ärztlichen und psychosozialen Hilfen (z.B. weil die Schwangeren nicht krankenversichert sind, was in den USA oft der Fall ist, oder weil sie sich vor Stigmatisierung fürchten); deswegen muss mit weiteren gesundheitlichen Schwierigkeiten für die Schwangeren und ihre ungeborenen Kinder gerechnet werden. Biologische Faktoren sind also aufs Engste mit sozialen Faktoren verbunden, sie lassen sich nicht sinnvoll voneinander trennen. Die folgenden Ausführungen konzentrieren sich daher auf die psychosozialen Aspekte von Drogen und Gender.

Wie verbreitet ist der *Konsum von psychoaktiven Substanzen von Männern, Frauen und Transgender*? Alle Daten zeigen, dass überall auf der Welt Tabak (vor allem verpackt als Zigaretten) geraucht wird. Der Anteil der täglichen Raucher lag im Jahr 2012 weltweit bei 31%, der der Raucherinnen bei 6% (vgl. Ng et al., 2014). Weltweit nimmt der Anteil der Menschen, die Zigaretten rauchen, ab. Das muss nicht heißen, dass der Konsum von Nikotin tatsächlich und dauerhaft zurückgeht, da neuere Angebote wie elektronische Zigaretten (Dampfen) das Rauchen ablösen könnten. In welcher Weise Männer, Frauen und Transgender von diesen neuen Entwicklungen affiziert sind, lässt sich zurzeit nicht voraussagen. Auf die negativen Folgen des Konsums von Zigaretten ist vielfach hingewiesen worden: Es ist heute unbestritten, dass Menschen, die Zigaretten rauchen, stark körperlich belastet sind (vgl. Rehm und Imtiaz 2016) und im Durchschnitt verkürzte Lebenserwartungen haben (vgl. World Health Organization 1997, 2014).

Auch alkoholische Getränke werden weltweit konsumiert. In europäischen Ländern, in Nord- und Südamerika, in Australien und Neuseeland gehört der Konsum von alkoholischen Getränken zum Alltag. Bezogen auf die Lebenszeitprävalenz gibt es nur unbedeutende Unterschiede zwischen Männern und Frauen, wohl aber hinsichtlich des aktuellen Konsums (z.B. letzte 30 Tage oder letzte 12 Monate), der Quantität sowie der bevorzugten Getränke: Pauschal gilt, dass Männer mehr und häufiger alkoholische Getränke konsumieren als Frauen, vorzugsweise Bier sowie hochprozentige Alkoholika.

Weltweit haben etwa 250 Millionen Menschen im letzten Jahr illegale Drogen konsumiert. Das Verhältnis von Männern zu Frauen liegt bei Cannabis, Kokain und Amphetamin etwa bei 3:1. Der Anteil von Frauen, die Opioide oder Beruhigungsmittel konsumieren, ist etwas höher als der von Männern. Weltweit nehmen insbesondere junge Männer neben den legalen Substanzen auch illegale Drogen (vgl. Degenhardt und Hall 2012; United Nations Office on Drugs and Crime 2016).

Man geht davon aus, dass der Anteil der Menschen, die zur Gruppe der Transgender zu rechnen sind, zwischen 0,5 und 1 % variiert (vgl. Winter et al. 2016). Es liegt jedoch nur eine überschaubare Anzahl von Studien vor, die sich ausführlich mit ihren gesundheitlichen Problemen auseinandersetzt. US-Studien zu Transgender weisen darauf hin, dass diese Personengruppe im Vergleich mit anderen Männern und Frauen einen hohen Konsum von psychoaktiven Substanzen hat (vgl. Gonzales et al. 2017; Hunt 2012; McCabe et al. 2013; Medley et al. 2016). Differenziert man zudem zwischen männlichen und weiblichen Transgender-Personen, findet man hinsichtlich des exzessiven Konsums von Zigaretten und Alkohol wenige Unterschiede zwischen den Gruppen, wohl aber hinsichtlich des Konsums von Cannabis und von illegalen Drogen. Männliche Transgender haben im Vergleich mit weiblichen Transgender einen signifikant höheren Konsum. Insgesamt ergibt sich, dass die gesundheitlichen Belastungen dieser Personengruppe u.a. durch ihren Konsum von psychoaktiven Substanzen hoch ist (vgl. Reisner et al. 2016).

Für *Deutschland* liegt eine Fülle von Daten vor, die Aufschluss darüber gibt, wie Jungen und Männer sowie Mädchen und Frauen mit psychoaktiven Substanzen umgehen. Eine differenzierte Darstellung des Umgangs von Transgender-Personen mit psychoaktiven Substanzen ist nicht möglich, da keine einschlägigen Daten vorliegen. Die folgenden Ausführungen beziehen sich daher nur auf zwei Geschlechter, auf Männer und Frauen.

Die Daten zum Rauchen zeigen, dass in Deutschland das Einstiegsalter bei Zigaretten bei ca. 16 Jahren liegt. Geschlechtsspezifische Unterschiede beim Rauchen findet man bei den Jugendlichen nicht; sie stellen sich erst in der Altersspanne zwischen 25 und 35 Jahren ein, sind aber nicht stark ausgeprägt (vgl. Kraus et al. 2016). In der erwachsenen Bevölkerung (18–64 Jahre) rauchen im Durchschnitt (letzte 30 Tage) 31% der Männer und 26% der Frauen (vgl. Gomes de Matos et al. 2016). Schon bei den Jugendlichen zeichnet sich ab, dass es einen Zusammenhang zwischen der sozialen Lage der Familie und dem Rauchen gibt. Bei Erwachsenen ist dieser Zusammenhang deutlich ausgeprägt: Je schlechter die soziale Lage, umso höher ist der Anteil der Raucher und Raucherinnen (vgl. Kuntz et al. 2016). Es spricht vieles dafür, dass Frauen wie Männer in schwierigen Lebenslagen (Arbeitslose und Menschen mit geringem Einkommen, Alleinerziehende usw.) verstärkt Zigaretten bzw. Nikotin nutzen, um Stress abzubauen. Außerdem stellt Rauchen für sie auch eine Art Belohnung im Alltag dar.

Klein (1993) hat darauf aufmerksam gemacht, dass Mädchen und Frauen aller Klassen bzw. sozialer Schichten und sämtlicher Bildungsniveaus das Rauchen von Zigaretten (und Zigarren wie im Fall von Carmen in Bizets Oper) gut ein Jahrhundert lang als Zeichen ihrer Befreiung aus der traditionellen Frauenrolle genutzt haben. Raucherinnen signalisierten mit der Zigarette, dass sie aktiv und vielleicht auch aggressiv sind, jedenfalls frei genug, das zu tun, was sie tun wollen. Zur Freiheit gehört auch, sich selbst einen Partner oder eine Partnerin auszusuchen und nicht darauf zu warten, bis man von anderen verheiratet wird. In der westlichen Welt funktioniert das nicht mehr so gut. Frauen können mit der Zigarette nur noch in sehr begrenztem Umfang ihre Freiheit in Szene setzen; im Gegenteil: Rauchen gilt heute tendenziell als Zeichen der Abhängigkeit und der Unfähigkeit, sich aus dieser zu befreien. Weil allgemein unterstellt wird, dass Frauen größere Schwierigkeiten haben, mit dem Rauchen aufzuhören, als Männer, hat man spezielle Ausstiegsprogramme für sie entwickelt (vgl. World Health Organisation 2015). Das Beispiel zeigt, wie sich symbolische Bedeutungen verändern können. Eine Droge, mit der Frauen noch vor kurzem Alternativen zum gängigen Frauenbild demonstrieren konnten, ist heute Symbol der Schwäche und Abhängigkeit.

Der Einstieg in den Konsum alkoholischer Getränke liegt in Deutschland bei etwa 13 Jahren. Bis zum Alter von 20 Jahren haben über 90% der jungen Männer und Frauen schon mindestens einmal ein alkoholisches Getränk konsumiert. Alkoholkonsum ist in allen sozialen Schichten weit verbreitet. Lediglich für Frauen findet man einen Zusammenhang mit der Schichtzugehörigkeit. Danach tendieren Frauen aus der Mittel- und Oberschicht eher dazu, alkoholische Getränke zu konsumieren als Frauen aus der Unterschicht. Alle Daten belegen, dass Jungen und Männer in Deutschland häufiger und mehr Alkohol konsumieren als Mädchen und Frauen. Im Vergleich zu Frauen trinken Männer gut doppelt so oft im Monat bis zum Rausch; junge Männer tun das besonders oft. Hinweise auf klinisch relevante Zeichen für Alkoholprobleme in den letzten 12 Monaten findet man bei 28% der Männer und 10% der Frauen (vgl. Gomes de Matos et al. 2016; Lange et al. 2016).

In Deutschland setzen Männer alkoholische Getränke oft bewusst und gezielt ein, um Männlichkeit zu demonstrieren. Sie knüpfen an eine lange Tradition an, die sich über vielerlei Brüche bis heute gehalten hat. Um ein „richtiger Mann" zu sein, muss man mindestens einmal im Leben bis zum Rausch und zum Exzess getrunken haben. Historische und aktuelle Beispiele über Männerbünde, ihre Trinkrituale und -exzesse belegen das ebenso wie Aussagen von jungen Männern heute: Sie finden einen Rausch „geil" und „cool". In diesem Ambiente und unter Männern kann man „richtig die Sau rauslassen und hat viel mehr Spaß" (Vogt 2013a, S. 61). (Junge) Männer spielen unter Alkoholeinfluss miteinander und konkurrieren darum, wer das Spiel gewinnt und wer der Sieger ist. So werden Hierarchien unter Männern und in Abgrenzung von Frauen ausgehandelt. „Drogenkonsum, Rausch und Sucht sind neben Gewalt wesentliche Determinanten für Männlichkeitskonstruktionen und Männlichkeitsinszenierungen. Mit Drogen lassen sich die Folgen traditioneller Männlichkeitsrollen kompensieren, mit ihnen lassen sich auch Vorstellungen tradierter Männlichkeitsbilder von Vitalität und Tatendrang sowie Wertvorstellungen von Erfolg, Geld und Status inszenieren, sie unterstützen Männer bei Grenzüberschreitungen, füttern Omnipotenz- und Unverletzlichkeitsgefühle bis hin zum Größenwahn und oftmals kompletter Fehleinschätzung der eigenen Ressourcen. Drogen spielen in männlichen Lebenskonzepten daher eine herausragende Rolle als Demonstrationsmittel von Stärke, als Anti-Stressmittel, als Symbol von Grenzüberschreitung und Gefährlichkeitssuche, als Kommunikations- oder Rückzugsmittel oder als soziales Schmiermittel überhaupt." (Stöver 2015, S.62f.).

Die Trinkexzesse sind in der Tat sehr oft von Gewalt begleitet. Unter dem Einfluss von Alkohol (und einigen anderen Drogen wie Amphetamin, Methamphetamin und verwandten Substanzen) zetteln Männer sehr oft Streit mit anderen Männern an, den sie erst mit Worten, dann mit den Fäusten und manchmal mit Waffen austragen, bis entschieden ist, wer der Stärkere, also der Sieger ist. Schwere Verletzungen werden dabei durchaus in Kauf genommen. Der Unterlegene kann sich seinerseits rächen, indem er zuhause auf Frau und Kinder eindrischt (vgl. Vogt et al. 2015).

Man muss sich dabei allerdings bewusst sein, dass sich solche Inszenierungen von Männlichkeit mit Alkohol oder anderen Drogen nicht beliebig verallgemeinern lassen. Es sind die spezifischen kulturellen Kontexte in Mittel-, Nord- und Osteuropa (und einigen anderen Weltgegenden, vgl. Miller et al. 2014), in denen man Männlichkeit mit Alkohol und im Rausch weitgehend unkontrolliert und in aller Öffentlichkeit ausleben und darstellen darf. In Südeuropa funktioniert das nicht; vielmehr gilt dort diese Art der Darstellung von Männlichkeit als barbarisch.

In Deutschland zeigen die Daten zum Konsum von psychoaktiven Substanzen wie Opioide, Kokain, Amphetamin und Methamphetamin, die auf der Straße oder im Internet illegal angeboten und gekauft werden, dass der Anteil der Männer und Frauen, die in den letzten 12 Monaten auf diesen Märkten Opioide gekauft und anschließend konsumiert haben, bei 0,3% liegt. Bei Amphetaminen (einschließlich Metamphetamin), Kokain und Crack liegt der Anteil der Männer mit 1,3% bzw. 0,8% etwas höher als bei den Frauen mit 0,8% bzw. 0,5%. Der Konsum dieser illegalen Drogen ist pauschal genommen stärker männlich konnotiert als der von Opioiden. Das sagt nichts aus über das Drogenmilieu und die Opiatszenen in Deutschland, die ganz klar männlich dominiert sind.

Sehr viel beliebter bei Männern und Frauen bis ca. 40 Jahren ist Cannabis. Man kann davon ausgehen, dass zwischen 40% und 50% der Männer und rund 20% bis 25% der Frauen in diesen Altersgruppen mindestens einmal im Leben Cannabis konsumiert haben. Wer öfter Cannabisprodukte konsumiert, will damit Ärger und schlechte Laune abbauen oder sich entspannen. Raucht man mit Freunden und Freundinnen, stehen gute Gefühle in der Gruppe im Vordergrund. Vielen geht es auch um einen besonderen Genuss und die Suche nach neuen bzw. anderen Sinneswahrnehmungen. Wer schon morgens nach dem Aufstehen Cannabis raucht, gehört in der Regel zu den Gewohnheitskonsumenten. Meist geht es ihnen darum, negative Gefühle „wegzukiffen". Auch bei der Verschreibung als Medikament geht es darum, negative Sinneserlebnisse wie Schmerz, Krampf oder Verspannung abzubauen. Cannabis eignet sich heute eher nicht dazu, Männlichkeit zu inszenieren. Das liegt zum einen daran, dass Cannabis trotz aller Verbote zu einer Alltagsdroge geworden ist, die zu konsumieren in manchen Milieus ganz normal ist. Zum andern assoziiert man mit der Verordnung von Cannabis als psychoaktives Medikament eher Krankheit und Schwäche; das sind klassische Attribute von Weiblichkeit.

Andere psychoaktive Substanzen werden besonders häufig in Discos, Clubs und allgemeiner auf Raves und im Nightlife genommen. In den Nightlife-Szenen und bei Drogen wie Ecstasy, NPS oder Halluzinogenen sind die Unterschiede zwischen den Geschlechtern hinsichtlich der Konsumraten, die bei etwa 1% liegen, nicht besonders ausgeprägt. Hunt et al. (2016) betonen, dass die psychoaktiven Substanzen, die in Discos und im Nightlife genommen werden, positive Gefühle erzeugen und die Lust steigern sollen, mit anderen zusammen zu sein, mit ihnen zu reden und zu tanzen. Frauen haben in diesen Szenen ihren autonomen Platz. Ebenso wie Männer können sie sich in diesen Milieus bewegen. Sie können Weiblichkeit darstellen, ohne auf einschlägige Klischees reduziert zu werden. Dazu können sie auch Cannabis einsetzen. Es gibt also durchaus illegale Drogen, die sich zur Inszenierung einer alternativen Weiblichkeit eignen. Dazu gehört eine gute Portion Selbstbewusstsein, die Freiheit, über sich selbst zu bestimmen und selbst zu wählen, mit wem man sich wann, wo und wie einlassen will.

Das ändert sich, wenn in diesen Szenen Alkohol dazukommt. Seit einiger Zeit findet man in den Clubs und im Nightlife viele junge Frauen, die ebenfalls bis zum Exzess trinken (vgl. Griffin et al. 2013) und dabei hohe Risiken eingehen. Mit Alkohol und im Rausch eine neue Art von Weiblichkeit zu inszenieren, gelingt nicht ohne Widersprüche. Das spiegelt sich wider in negativen Aussagen von jungen Männern über betrunkene Frauen: Sie gelten als Schlampen, die für jedermann sexuell verfügbar sind. So etablieren sich Etikettierungen, welche die Betroffenen nur schwer ändern können. Das Beispiel verweist darauf, dass es durchaus noch Grenzen zwischen den Geschlechtern gibt und dass Transgressionen in Bereiche, die Männer in unserem kulturellen Kontext seit Jahrhunderten besetzt haben, nachhaltig sanktioniert werden.

Schließlich müssen noch die verschreibungspflichtigen psychoaktiven Medikamente berücksichtigt werden. Alle Daten deuten darauf hin (vgl. Glaeske und Schicktanz 2012; Verthein et al. 2013), dass Frauen fast doppelt so viele Rezepte für Beruhigungs- und Schlafmittel erhalten als Männer. Das ist der Kontext, in dem die traditionellen Frauen- und Männerrollen zu Hause sind (vgl. Vogt 1985). Sehr verkürzt und holzschnittartig gesagt, präsentieren sich Frauen (aller Altersstufen) in den medizinischen Sprechstunden als Leidende. Die Ärzte helfen ihnen mit der Verschreibung einschlägiger Medikamente aus der Misere. Die Transaktionen verfestigen die Geschlechtsrollen, was für beide Seiten von Vorteil ist. Die Frauen erhalten Zugang zu Substanzen, welche die Sinneswahrnehmungen und das Bewusstsein verändern. Das hilft ihnen, sich mit ihrem Alltag zu arrangieren und in ihrer Rolle zu bleiben. Die Ärzte als Vertreter der Männer behalten die Kontrolle, denn nur über sie kommen die Frauen an ihre Tabletten. Damit sind Herrschaftsverhältnisse festgeschrieben. Ganz nebenbei erhalten sich die Ärzte so auch ihre Kundschaft.

Problematisch wird es, wenn Männer ähnliche Medikamente benötigen wie Frauen. Der Gang zum Arzt bringt oft erst dann das gewünschte Ergebnis, wenn die Männer über Stress am Arbeitsplatz und Arbeitsüberlastung klagen. Sie erhalten dann ebenfalls Rezepte für Beruhigungs- und Schlafmittel mit dem Hinweis, dass sie damit ihre Schaffenskraft erhalten und einen Burn-out vermeiden können. Der Konsum dieser und einiger weiterer Medikamente der Männer wird unter dem Stichwort (Hirn)Doping diskutiert (vgl. Vogt 2009a). Verbal bewegt man sich mit dieser Wortwahl weg von Frauen und ihren Leiden, hin zu Stereotypen von Männlichkeiten.

3 Lokale Drogenszenen und Geschlecht

Männer und Frauen nehmen in den lokalen Drogenmärkten und im Kleinhandel unterschiedliche Positionen und Rollen ein. Gut untersucht ist der Handel mit Heroin sowie mit synthetischen Opioiden, Kokain und verwandten Stoffen (z.B. Crack). Ethnische Minderheiten spielen eine wichtige Rolle auf den mittleren und unteren Ebenen, oft in Zusammenarbeit mit einheimischen Männern und vergleichsweise wenigen Frauen. Viele dieser Händler konsumieren selbst die Drogen, die sie auf den Szenen verkaufen (z.B. Anderson 2005; Moyle und Coomber 2015). Im Drogenmilieu kann es recht gewalttätig zugehen (vgl. Berg und Loeber 2015). Physische Auseinandersetzungen zwischen Kleinhändlern und Abhängigen finden häufig statt, auch Angriffe mit Waffen (vgl. Richardson et al. 2014). Schulden, die beim Kauf von Drogen entstehen können, werden oft ebenfalls unter Anwendung von Gewalt eingetrieben (vgl. Moeller und Sandberg 2016). Jüngere männliche Mitglieder der Drogenszene sind in der Regel gewalttätiger als ältere Männer und Frauen (vgl. Seffrin und Domahidi 2014).

Detaillierte Studien zeigen, dass sich der Kleinhandel mit Drogen stark nach Substanzen und Kontext unterscheidet. Geht es z.B. um den Anbau von Cannabis in Deutschland, so wird dieser bislang vor allem von deutschen Männern bzw. Familien betrieben, ebenso die Weiterverarbeitung der Ernte und der Aufbau eines Abnehmernetzes (vgl. Bundeskriminalamt 2016). Für illegal produzierte Cannabisprodukte läuft die Verteilungskette meist über junge Männer und vergleichsweise wenige junge Frauen. Der Kleinhandel funktioniert oft nach dem Modell, dass ein Einkäufer für sein Netzwerk eine überschaubare Menge erwirbt und diese in noch kleineren Mengen und zu einem leicht erhöhten Preis abgibt (vgl. Werse 2008). Es werden also auch mit diesem Kleinhandel Gewinne gemacht, die jedoch moderat sind. Zu bedenken ist hier, dass sich Herstellung und Vertrieb von Cannabisprodukten schnell ändern können, da, seit der Revision des Betäubungsmittelgesetzes von 2017, Cannabis in Form von getrockneten Blüten usw. als Arzneimittel verordnet werden kann.

In den Drogenszenen der Großstädte sind die Geschlechtsrollenstereotype besonders profiliert: Männer, die illegale Drogen wie Heroin oder Metamphetamin verkaufen (und meist auch konsumieren), inszenieren sich gerne als besonders kaltblütig, gewalttätig und als Herrscher über andere Männer sowie über (ihre) Frauen (z.B. Vogt 2013b). Frauen gelten als die Schwachen, die der Mann beschützen muss und zugleich ausbeuten kann.

Das macht das Leben von Frauen im Drogenmilieu sehr schwierig. Frauen, die als Dealerinnen oder als Dienstleisterinnen auf den Drogenszenen aktiv sind und selbst illegale Drogen konsumieren, sind von den Gewalttätigkeiten besonders stark betroffen. Sie können sich teilweise dagegen schützen, indem sie selbst Gewalt anwenden (vgl. Bernard und Langer 2008; Grundetjern und Sandberg 2012) oder sich unter den Schutz von (gewalttätigen) Männern stellen. Das schützt sie nicht vor Gewalt in diesen Beziehungen und nicht davor, zu sexuellen Dienstleistungen und zur Prostitution gezwungen zu werden, wobei es auch dabei zu Gewaltexzessen kommen kann (vgl. Auerbach und Smith 2015; UN Women Policy Brief 2014). Das Risiko der Infektion mit dem HI- oder Hepatitis-C-Virus und mit anderen Geschlechtskrankheiten ist für diese Frauen sehr hoch. Haben sie sich angesteckt, müssen sie damit rechnen, dass sie nicht nur wegen ihrer Drogenabhängigkeit und der Prostitution stigmatisiert werden, sondern auch wegen ihrer Krankheiten.

In Deutschland liegt das Verhältnis von Männern und Frauen, gegen die wegen Drogendelikten ein Strafverfahren läuft, bei rund 7:1. Der Anteil von Frauen liegt deutlich unter ihrem Anteil in verschiedenen Gruppen von Konsumentinnen von illegalen Drogen. Die Daten weisen darauf hin, dass Frauen, die im Kleinhandel und als Konsumierende aktiv sind, nicht so schnell ins Visier der Polizei geraten wie Männer (vgl. Moloney et al. 2015). Das gehört zu den wenigen Vorteilen, die Frauen auf den Drogenszenen haben: Als Verkäuferinnen im Straßenhandel und als Konsumentinnen bleiben sie oftmals länger unentdeckt. Und wenn sie auffliegen, sind ihre Chancen, mit einer geringen Strafe davonzukommen, erheblich besser als die der drogenabhängigen und dealenden Männer. Das belegt das Verhältnis von Männern und Frauen, die in Deutschland wegen Vergehen gegen das Betäubungsmittelgesetz in Haftanstalten einsitzen, das bei 15:1 liegt (vgl. Schulte et al. 2016).

Alle Daten und alle Studien weisen darauf hin, dass der Status von Männern und Frauen auf den Drogenmärkten und Drogenszenen extrem ungleich ist, dass die Macht bei den Männern liegt, meist als Folge von Gewaltausübung sowohl gegenüber hierarchisch unterlegenen Männern als auch gegenüber allen Frauen. Die Männer, die an der Spitze der Hierarchie stehen, haben große Vorteile, insofern sie über Macht und Geld verfügen. Das ist aber mit hohen Risiken verbunden, z.B. bei illegalen Geschäften schneller entdeckt zu werden und bei Verurteilungen hohe Strafen zu erhalten. Einigen Männern gelingt es, die Gefängnisstrafen als Ausweis ihrer Stärke und Männlichkeit zu inszenieren, was ihr Prestige im Drogenmilieu erhöht. Es spricht vieles dafür, dass im Drogenmilieu die Mechanismen der hegemonialen Männlichkeit ungebrochen funktionieren.

4 Geschlecht und Hilfen bei Drogenkonsumproblemen

Werden sich Männer, Frauen und Transgender bewusst oder wird ihnen von ihrer Umwelt nachhaltig widergespiegelt, dass sie Probleme im Umgang mit Alkohol und anderen Drogen haben, stehen ihnen eine Reihe von Alternativen offen, wie sie diese angehen können. An erster Stelle stehen *Selbstkontrollverfahren,* um die Probleme in den Griff zu bekommen. Mit Begriffen wie dem selbstorganisierten Ausstieg aus dem problematischen Verhalten oder der Selbstheilung (z.B. Klingemann, 2017) wird eine Vielfalt von Verfahren charakterisiert, welche die Betroffenen in die Lage versetzen, sich selbst zu helfen. Da die Fälle, in denen die Verhaltensänderungen von den Betroffenen selbst vorgenommen werden, statistisch nicht gut erfasst sind, wird oft unterstellt, dass das Selbstmanagement von Sucht nicht funktioniert. Tatsächlich weist aber eine Fülle von Daten darauf hin, dass es sehr vielen Menschen gelingt, ihren exzessiven und gesundheitsschädlichen Konsum von Drogen mit eigenen Methoden und Mitteln wieder zu kontrollieren. Das Lebensalter spielt dabei ebenso eine Rolle (vgl. den Ansatz von Winick 1962: Herauswachsen aus der Sucht) wie der Kontext (dazu gehören u.a. der soziale Raum und die Umstände, in denen man lebt und agiert; vgl. Hall und Weier 2016). Die alte Behauptung, Frauen seien beim Selbstmanagement von Problemverhalten weniger erfolgreich als Männer, lässt sich empirisch nicht belegen. Das beweisen zum Beispiel die Daten zum Ausstieg aus dem Rauchen: Das gelingt mehr Frauen als Männern und oft auch schon früher im Leben.

Studien über einen selbstorganisierten Ausstieg aus Substanzkonsumproblemen von Transgender-Menschen liegen zurzeit nicht vor.

Männer, Frauen und Transgender, die ihre Suchtprobleme nicht mit eigenen Mitteln und Verfahren unter Kontrolle bringen können, stehen spezifische Angebote und Hilfeeinrichtungen zur Verfügung. Je nach Land sind diese unterschiedlich konzipiert und organisiert, nicht zuletzt in Abhängigkeit von der Gesundheitsversorgung insgesamt und von den Finanzierungsmodellen. Die internationale Literatur zur Behandlung von Substanzkonsumproblemen ist sehr breit gefächert (z.B. McCrady und Epstein 2013) und kann hier nicht detailliert dargestellt werden. Immerhin liegen in den USA zur Behandlung von Personen, die sich als Transgender identifizieren, eine kleine Zahl von Programmen und Studien vor, die hier berücksichtig werden soll (vgl. Cochran et al. 2007). In der Praxis hat sich der Einsatz von Peers und Menschen, die selbst Erfahrung mit Transgender haben, bewährt (vgl. Hendricks und Testa 2012). Allerdings haben Glynn und Berg (2017) bei ihrer systematischen Suche nach Behandlungsstudien für Transgender nur zwei Untersuchungen gefunden, die zum einen ihre Klientel klar beschrieben und zum andern eindeutige Kriterien zur Erfolgsmessung aufgestellt haben (vgl. Nemoto et al. 2005, 2013). An beiden Studien haben nur Transgender-Frauen teilgenommen. In beiden Studien ging es in erster Linie darum, riskantes sexuelles Verhalten zu reduzieren; die Reduzierung des Substanzkonsums war dem nachgelagert. Mit Bezug auf dieses Nebenziel war die erste Studie im Jahr 2005 wenig erfolgreich, die zweite jedoch sehr. Die Teilnehmerinnen der zweiten Studie im Jahr 2013 konnten ihren Konsum von psychoaktiven Substanzen nachhaltig reduzieren. Die Autoren ziehen daraus den Schluss, dass es sich lohnt, Programme für Transgender-Personen mit Substanzkonsumproblemen zu entwickeln und umzusetzen (vgl. dazu Keuroghlian et al. 2015).

In Deutschland hat sich für Männern und Frauen mit Substanzkonsumproblemen ein breit aufgestelltes *Hilfenetzwerk* etabliert (psycho-somatische Akutversorgung, Psychiatrie, Einrichtungen der Suchtkrankenhilfe, vgl. Deutsche Hauptstelle für Suchtfragen 2014). Alle Frauen und Männer haben Zugang zu diesem Netzwerk, unabhängig von ihrer Geschlechterzuordnung, ihrer finanziellen Situation, ihren Lebensumständen oder ihren sonstigen Problembelastungen. Auch Personen, die sich als Transgender identifizieren, können diese in Anspruch nehmen, allerdings wird auf ihre spezifischen Bedürfnisse und Belange nicht eingegangen. Männer und Frauen aus der Unterschicht sind im Suchthilfesystem überrepräsentiert, Menschen aus der Mittel- und Oberschicht dagegen unterrepräsentiert. Letztere nutzen oft andere Angebote des Gesundheitssystems wie psychosomatische Einrichtungen mit einem breiteren Behandlungsangebot.

Untersucht man die Lebenslagen von Frauen und Männern mit Suchtproblemen, so stellt man schnell fest, dass eine Reihe von Faktoren Männern und Frauen in unterschiedlicher Weise den Zugang zu Einrichtungen der Suchthilfe erschweren kann. Mit Bezug auf Frauen geht es zum einen um die unterschiedlichen Erwartungen hinsichtlich ihrer Verpflichtungen in der Familie, insbesondere wenn es um die Fürsorge für die Kinder geht. Auch haben die Frauen, die mit Kindern unter 18 Jahren zusammenleben, große Angst vor Interventionen durch Institutionen der Jugendhilfe, wenn bekannt wird, dass sie Drogenprobleme haben (vgl. Arenz-Greiving und Kobler 2007; Grella 2009). Dazu kommt ein von Frauen als höher und stärker erlebtes gesellschaftliches Stigma, das mit Sucht assoziiert ist (vgl. Vogt 2018). Das alles kann zusammenwirken und dazu führen, dass Frauen mit Drogenproblemen den Weg in eine Einrichtung der Suchthilfe möglichst lange hinausschieben.

Im Vergleich zu Frauen und Müttern werden Männer und Väter weniger in die Verantwortung genommen, wenn es um die Fürsorge für Familienmitglieder und Kinder geht (vgl. Sieber 2006; Vogt 2009b). Gesellschaftlich ist es eher akzeptiert, wenn sie sich weniger um ihre Kinder kümmern (vgl. McMahon et al. 2007, 2008; Söderström und Skärderud 2013; Taylor 2012). In dieser Hinsicht gibt es für Männer weniger Hindernisse auf dem Weg in eine Einrichtung der Suchthilfe als für Frauen. Auch das Stigma, das mit einer Behandlung wegen einer Suchterkrankung verbunden ist, scheint für sie etwas kleiner zu sein als für Frauen. Dafür kommen andere Probleme auf sie zu. Die Diagnose Substanzkonsumstörung (Sucht) indiziert eine psychische Krankheit. Das signalisiert Schwäche, die allgemein mit Weiblichkeit assoziiert ist. Das sind spezifische Barrieren, die Männer überwinden müssen, wenn sie Einrichtungen der Suchthilfe aufsuchen.

Das Verhältnis von Männern und Frauen, die in Deutschland Angebote der Suchthilfe in Anspruch nehmen, liegt etwa bei 2,5:1. Proportional entspricht das ungefähr dem Anteil der Männer und Frauen mit Drogen- und Suchtproblemen in der Bevölkerung (vgl. Kraus et al. 2016). Allerdings nutzt nur ein Bruchteil derjenigen, die Substanzkonsumprobleme haben, die Angebote der Suchthilfe (vgl. Piontek et al. 2013; Wienberg 1994). Wie bereits erwähnt, vermeiden viele Männer und Frauen mit Drogenproblemen die professionellen Hilfsangebote, weil sie das Stigma, als Süchtige etikettiert zu werden, vermeiden wollen (vgl. Schomerus et al. 2017).

Wie dargestellt, unterscheiden sich Männer und Frauen in der Art, wie sie psychoaktive Substanzen im Alltag oder im Nightlife nutzen, wie sie diese zur Herstellung von Männlichkeiten und Weiblichkeiten einsetzen, wie sie auf den männlich dominierten Drogenmärkten agieren und welche Barrieren sich vor ihnen auftun, wenn sie wegen ihrer Drogenprobleme Hilfe benötigen. Umso erstaunlicher ist es, dass die Institutionen und Professionen, denen die Männer und Frauen mit Suchtproblemen begegnen, wenig bis keinen Bezug auf die Geschlechter nehmen. Die Suchthilfe und die Suchtforschung scheinen überwiegend geschlechtsblind zu sein. Es gibt nur einige wenige Ansätze für eine Suchtarbeit, welche die Problemlagen von Frauen in den Blick nehmen (z.B. Brady et al. 2009; Tödte und Bernard 2016) und noch weniger männerspezifische Programme (z.B. Vosshagen 2016). Eine über die Dichotomie Frau/Mann hinausgehende Differenzierung der Geschlechter und eine systematische Berücksichtigung von Transgender-Personen in der Epidemiologie und der Suchtforschung sind selten. Noch seltener sind freilich Behandlungsansätze, welche die Bedürfnisse aller Geschlechter einbeziehen. Der Geschlechterdiskurs, das zeigt sich hier, ist in der Suchtforschung und in der Suchthilfe noch nicht angekommen.

Literatur

Anderson, T. 2005. Dimensions of women's power in the illicit drug economy. *Theoretical Criminology* 9: 371–400.
Arenz-Greiving, I., M. Kobler. 2007. *Metastudie. Arbeit mit Kindern und deren suchtkranken Eltern*. Berlin.
Auerbach, J. D., L. R. Smith. 2015. Theoretical foundations of research focused on HIV prevention among substance-involved women: A review of observational and intervention studies. *Journal of Acquired Immune Deficit Syndrome* 69: 146–154.
Baral, S., T. Poteat, S. Strömdahl, A. L. Wirtz, T. E. Guadamuz, C. Beyer. 2013. Worldwide burden of HIV in transgender women: A systematic review and meta-analysis. *The Lancet Infectious Diseases* 13: 214–222.
Beauvoir, S. de. 1986. *Das andere Geschlecht. Sitten und Sexus der Frau*. Hamburg/Reinbek.
Berg, M. T., R. Loeber. 2015. Violent conduct and victimization risk in the urban illicit drug economy: A prospective examination. *Justice Quarterly* 32: 32–55. doi: http://dx.doi.org/10.1080/07418825.2012.724079.
Bernard, C., A. Langer. 2008. Zug um Zug: Drogenhandel und Prostitution als Finanzierung von Crackkonsumentinnen. In *Drogenmärkte*, hrgs. v. B. Werse, 299–328. Frankfurt/Main.
Bostwick, W., K. O'Hanlon, P. Silverschanz. 2010. Issues in lesbian, bisexual and transgender healthcare. In *Women's health across the lifespan: A pharmacotherapeutic approach*, hrsg. v. L. M. Borgelt, M. O'Connell, J. Smith, K. Calis, 73–84. Bethesda.
Bourdieu, P. 1997. Die männliche Herrschaft. In *Ein alltägliches Spiel. Geschlechterkonstruktionen in der sozialen Praxis*, hrsg. v. I. Dölling, B. Krais, 153–217. Frankfurt/Main.
Brady, K. T., S.E. Back, S.F. Greenfield. (Hrsg.). 2009. *Women and addiction. A comprehensive handbook*. New York.
Bundeskriminalamt. 2016. *Rauschgiftkriminalität. Bundeslagebild 2015*. Wiesbaden.
Butler, J. 1991. *Das Unbehagen der Geschlechter*. Frankfurt/Main.
Cochran, B. N., K. M. Peavy, J. S. Robhohm. 2007. Do specialized services exist for LGBT individuals seeking treatment for substance misuse? A study of available treatment programs. *Substance Use & Misuse* 42: 161–176.
Connell, R. 1999. *Der gemachte Mann: Konstruktionen und Krisen von Männlichkeiten*. Opladen.
Degenhardt, L., W. Hall. 2012. Extent of illicit drug use and dependence, and their contribution to the global burden of disease. *The Lancet* 379: 55–70.

Deutsche Hauptstelle für Suchtfragen 2014. Suchthilfe und Versorgungssituation in Deutschland. http://www.dhs.de/dhs-stellungnahmen/versorgungsstrukturen.html. Zugegriffen: 18. November 2017.

Falkai, P., H.-U.Wittchen, M. Döpfner. (Hrsg.). 2015. *Diagnostisches und Statistisches Manual psychischer Störungen DSM-5*. Göttingen.

Förster, S., H. Stöver. 2015. *Auswertung der Frankfurter Konsumraumdokumentation 2014*. Frankfurt/Main.

Glaseke, G., C. Schicktanz. 2012. *BarmerGEK Arzneimittelreport 2012*. Siegburg.

Glynn, T. R., J. J. van den Berg. 2017. A systematic review of interventions to reduce problematic substance use among transgender individuals: A call to action. *Transgender Health* 2: 45–59.

Gomes de Matos, E., J. Atzendorf, L. Kraus, D. Piontek. 2016. Substanzkonsum in der deutschen Allgemeinbevölkerung. *Suchttherapie* 62: 271–281.

Gonzalez, C. A., J. D. Gallego, W. O. Bockting. 2017. Demographic characteristics, components of sexuality and gender, and minority stress and their associations to excessive alcohol, cannabis, and illicit (noncannabis) drug use among a large sample of transgender people in the United States. *Journal of Primary Prevention* 38: 419–445.

Grella, C. 2009. Treatment seeking and utilization among women with substance use disorders. In *Women and addiction. A comprehensive handbook*, hrsg. v. K. T. Brady, S. E. Back, S. F. Greenfield, 307–322. New York.

Griffin, C., I. Szmigin, A. Bengry-Howell, C. Hackley, W. Mistral. 2013. Inhabiting the contradictions: Hypersexual femininity and the culture of intoxication among young women in the UK. *Feminism and Psychology* 23: 184–206.

Grundetjern, H., S. Sandberg. 2012. Dealing with a gendered economy: Female drug dealers and street capital. *European Journal of Criminology* 9: 621–635.

Hall, W., M. Weier. 2016. Lee Robins' studies of heroin use among US Vietnam veterans. *Addiction* 112: 176–180.

Hendricks, M. L., R. J. Testa. 2012. A conceptual framework for clinical work with transgender and gender nonconforming clients: An adaptation of the Minority Stress Model. *Professional Psycholology: Research and Practice* 43: 460–467.

Hofmann, A. 1979. *LSD – Mein Sorgenkind*. Stuttgart.

Hunt, G. 2016. The increasing visibility of gender in the alcohol and drug fields. In *The SAGE Handbook of Drug & Alcohol Studies: Social Science Approaches*, hrsg. v. T. Kolind, B. Thom, G. Hunt, 396–417. London.

Hunt, J. 2012. Why the gay and transgender population experiences higher rates of substance use. Center for American Progress, https://www.americanprogress.org/issues/lgbt/reports/2012/03/09/11228/why-the-gay-and-transgender-population-experiences-higher-rates-of-substance-use/. Zugegriffen: 18. November 2017.

Keegan J., M. Parva, M. Finnegan, A. Gerson, M. Belden. 2010. Addiction in pregnancy. *Journal of Addiction Diseases* 29: 175–191.

Keuroghlian, A .S., S. L. Reiner, J. M. White, R. D. Weiss. 2015. Substance use and treatment of substance use disorders in a community sample of transgender adults. *Drug and Alcohol Dependence* 152: 139–146.

Keyes, K. M., S. S. Martins, C. Blanco, D. S. Hasin. 2010. Telescoping and gender differences in alcohol dependence: New evidence from two national surveys. *The American Journal of Psychiatry* 167(8): 969–976.

Klein, R. 1993. *Cigarettes are sublime*. Durham.

Klingemann, H. 2017. *Sucht: Selbstheilung ist möglich*. Lengerich.

Kraus, L., D. Piontek, J. Atzendorfer, E. Gomes de Matos. 2016. Zeitliche Entwicklungen im Substanzkonsum in der deutschen Allgemeinbevölkerung. *Sucht* 62: 283–294.

Kuntz, B., J. Zeiher, J. Hoebel, T. Pampert. 2016. Soziale Ungleichheit, Rauchen und Gesundheit. *Suchttherapie* 17: 115–123.

Landgraf, M., F. Heinen. 2013. *Fetales Alkoholsyndrom. S3-Leitlinie zur Diagnostik.* Stuttgart.

Lange, C., K. Manz, A. Rommel, A. Schienkiewitz, G. B. M. Mensink. 2016. Alkoholkonsum von Erwachsenen in Deutschland: Riskante Trinkmengen, Folgen und Maßnahmen. *Journal of Health Monitoring* 1: 2–20.

MacAndrew, C., R. B. Edgerton. 1973. *Drunken comportment. A social explanation.* Chicago.

McCabe, S. E., B. T. West, T. L. Hughes, C. J. Boyd. 2013. Sexual orientation and substance abuse treatment utilization in the United States: Results from a national survey. *Journal of Substance Abuse and Treatment* 44: 4–12.

McCrady, B. S., E. E. Epstein. (Hrsg.). 2013. *Addiction: A comprehensive guidebook. Second edition.* Oxford.

McMahon, T. J., J. D. Winkel, N. E. Suchman, B. J. Rounsaville. 2007. Drug-abusing fathers: Patterns of pair-bonding, reproduction, and paternal involvement. *Journal of Substance Abuse and Treatment* 33: 295–302.

McMahon, T. J., J. D. Winkel, B. J. Rounsaville. 2008. Drug abuse and responsible fathering: A comparative study of man enrolled in methadone maintenance treatment. *Addiction* 103: 269–283.

Medley, G., R. N. Lipari, J. Bose, D. S. Cribb, L. A. Kroutil, G. McHenry. 2016. Sexual orientation and estimates of adult substance use and mental health: Results from the 2015 National Survey on Drug Use and Health. NSDUH Data Review. http://www.samhsa.gov/data/. Zugegriffen: 18. November 2017.

Meuser, M., S. Scholz. 2005. Hegemoniale Männlichkeit. Versuch einer Begriffserklärung aus soziologischer Perspektive. In *Männer – Macht – Körper*, hrsg. v. M. Dinges, 211–228. Frankfurt/Main.

Miller, P., S. Wells, R. Hobbs, L. Zinkiewicz, A. Curtis, K. Graham. 2014. Alcohol, masculinity, honour and male barroom aggression in an Australian sample. *Drug and Alcohol Review* 33: 136–143.

Moeller, K., S., Sandberg. 2016. Debts and threats: Managing inability to repay credits in illicit drug distribution. *Justice Quaterly.* doi:10.1080/07418825.2016.1162321.

Moloney, M., G. Hunt, K. Joe-Laidler. 2015. Drug salers, gender, and risk: Notions of risk from the perspective of gang-involved young adults. *Substance Use and Misuse* 50: 721–732.

Moyle, L., R. Coomber. 2015. Earning a score: An exploration of the nature and roles of heroin and crack cocaine 'user-dealers'. *British Journal of Criminology* 55: 534–555.

Nemoto, T., D. Operario, J. Keatley, H. Nquyen, E. Sugano. 2005. Promoting health for transgender women: Transgender Resources and Neighborhood Space (TRANS) program in San Francisco. *American Journal of Public Health* 95: 382–384.

Nemoto T., M. Iwamoto, E. Eilkhani, A. Quamina, A. Hernandez, K. Bynes, A. Horne, C. Gornez. 2013. *Substance abuse and HIV prevention intervention study for transgender women of color.* 141st American Public Health Association (APHA) annual meeting, 2013. Boston.

Ng, M., M. K. Freeman, T. D. Fleming, M. Robinson, L. Dwyer-Lindgren, B. Thomson, A. Wollum, E. Sanman, S. Wulf, A. D. Lopez, C. J.L. Murray, E. Gakidou. 2014. Smoking prevalence and cigarette consumption in 187 countries, 1980-2012. *Journal of the American Medical Association* 311: 183–192.

Piontek, D., L. Kraus, E. Gomes de Matos, A. Pabst. 2013. Komorbide Substanzstörungen in der erwachsenen Allgemeinbevölkerung. *Sucht* 59: 347–354.

Rehm, J., S. Imtiaz. 2016. A narrative review of alcohol consumption as a risk factor for global burden of disease. *Substance Abuse Treatment, Prevention, and Policy* 11: 37–49.

Reisner, S. L., T. Poteat, J. Keatley, M. Cabral, T. Mothopeng, E. Dunham, C. E. Holland, S. D. Baral. 2016. Global health burden and needs of transgender populations: A review. *The Lancet* 388: 412–436.

Richardson, L. A., C. Long, K. DeBeck, P. Nquyen, M. J. Milloy, E. Wodd, T. H. Kerr. 2016. Socio-economic marginalization in the structural production of vulnerability to violence among people who use illicit drugs. *Journal of Epidemiology and Community Health* 69: 686–692.

Rommelspacher, H. 2011. Pharmakokinektik des Alkohols. In *Alkohol und Tabak, Grundlagen und Folgeerkrankungen*, hrsg. v. M. V. Singer, A. Batra, K. Mann, 84–89. Stuttgart.

Rudolph, C. 2015. *Geschlechterverhältnisse in der Politik*. Opladen.

Schivelbusch, W. 1980. *Das Paradies, der Geschmack und die Vernunft*. München.

Schomerus, G. 2011. Warum werden Menschen mit Alkoholabhängigkeit in besonderer Weise stigmatisiert, und was kann man dagegen tun? *Psychiatrische Praxis* 38: 109–110.

Schomerus, G., A. Bauch, B. Elger, S. Evans-Lacko, U. Frischknecht, H. Klingemann, L. Kraus, R. Kostrzewa, J. Rheinländer, C. Rummel, W. Schneider, S. Speerforck, S. Stolzenburg, E. Sylvester, M. Tremmel, I. Vogt, L. Williamson, A. Heberlein, H.-J. Rumpf. 2017. Memorandum. Das Stigma von Suchterkrankungen verstehen und überwinden. https://www.wissensuchtwege.de/download/Kooptag_2017/2017_04_Memorandum_Stigma_Suchterkrankungen_verstehen_und_ueberwinden.pdf. Zugegriffen: 18. November 2017.

Schulte, L., E. Dammer, K. Karachaliou, T. Pfeiffer-Gerschel. 2016. *Deutschland. Bericht 2016 des nationalen REITOX-Knotenpunkts an die EBDD (Datenjahr 2015 / 2016). Gefängnis*. DBDD.

Seffrin. P. M., B. I. Domahidi. 2014. The drug-violence nexus: A systematic comparison of adolescent drug dealers and drug users. *Journal of Drug Issues* 44: 394–413.

Sieber, M. 2006. Alkoholabhängige Väter und Kinder als Thema in der Behandlung – Ergebnisse einer explorativen Pilotstudie. *Verhaltenstherapie und Psychosoziale Praxis* 38: 55–62.

Simon, R., A. Pirona, L. Montanari. 2016. Neue Psychoaktive Substanzen (NPS) – neue Anforderungen an das Suchthilfesystem? *Suchttherapie* 17: 27–33.

Söderström, K., F. Skärderud. 2013. The good, the bad, and the invisible father: A phenomenological study of fatherhood in men with substance use disorder. *Fathering* 11: 31–51.

Stewart, S. H., D. Gavric, P. Collins. 2009. Women, girls, and alcohol. In *Women and addiction. A comprehensive handbook*, hrsg. v. K. T. Brady, S. E. Back, S. F. Greenfield, 341–359. New York.

Stöver, H. 2015. Risikolust am Rausch – doing gender with drugs. In *Angstbeißer, Trauerkloß, Zappelphilipp? Seelische Gesundheit bei Männern und Jungen*, hrsg. v. M. Franz, A. Krager, 60–87. Göttingen.

Sülzle, A. 2011. *Fussball, Frauen, Männlichkeiten. Eine ethnographische Studie im Fanblock*. Frankfurt/Main.

Taylor, M. 2012. *Problem drug use and fatherhood*. PH.D. Thesis, University of Glasgow.

Tödte, M., C. Bernard. (Hrsg.). 2016. *Frauensuchtarbeit in Deutschland*. Eine Bestandsaufnahme. Bielefeld.

United Nations Office on Drugs and Crime. 2016. *World Drug Report 2016*. Wien.

UN Women Policy Brief. 2014. *A gender perspective on the impact of drug use, the drug trade and drug control regimes. UN Task Force on Transnational Organized Crime and Drug Trafficking as Threats to Security and Stability*.

Verthein, U., M. S. Martens, P. Raschke, R. Holzbach, R. 2013. Langzeitverschreibung von Benzodiazepinen und Non-Benzodiazepinen. Eine prospektive Analyse über 12 Monate. *Gesundheitswesen* 7: 430–437.

Völger, G., G. v. Welck. (Hrsg.). 1982. *Rausch und Realität. Drogen im Kulturvergleich*. Hamburg/Reinbek.

Vogt, I. 1985. *Für alle Leiden gibt es eine Pille*. Opladen.

Vogt, I. 2009a. Männer, Körper, Doping. In *Männer im Rausch*, hrsg. v. J. Jacob, H. Stöver, 77–98. Bielefeld.

Vogt, I. 2009b. Paare mit Suchtproblemen. In *Handbuch persönliche Beziehungen*, hrsg. v. K. Lenz, F. Nestmann, 767–787. Weinheim.

Vogt, I. 2013a. Genderspezifische Konsummuster oder doing gender mit alkoholischen Getränken. In *„Kontrollierter Kontrollverlust". Jugend – Gender – Alkohol*, hrsg. v. S. Hößelbarth, J. M. Schneider, H. Stöver, 56–65. Frankfurt/Main.

Vogt, I. 2013b Doing gender: Selbstdarstellung von süchtigen Männern und Frauen in qualitativen Interviews. In *Soziale Arbeit – Forschung – Gesundheit*, hrsg. v. A. Schneider, A. L. Rademaker, A. Lenz, I. Müller-Baron, 209–218. Opladen.

Vogt, I., J. Fritz, N. Kuplewatzk. 2015. *Frauen, Sucht und Gewalt. Chancen und Risiken bei der Suche nach Hilfen und Veränderungen.* Frankfurt/Main.

Vogt, I. 2018. *Geschlecht, Sucht, Stigma: Unterschiede zwischen den Geschlechtern. Sozialpsychiatrische Informationen*, im Druck.

Vosshagen, A. 2016. Männersensible Elemente in der Suchtberatung und Suchtbehandlung. In *Geschlecht und Sucht. Wie gendersensible Suchtarbeit gelingen kann*, hrsg. v. D. Heinzen-Voß, H. Stöver, 119–142. Lengerich.

Werse, B. 2008. „Gib mir 'n korrekten Dreißiger" – Erwerb und Kleinhandel von Cannabis und anderen illegalen Drogen. In *Drogenmärkte*, hrgs. v. B. Werse, 91–130. Frankfurt/Main.

Wienberg, G. 1994. Die vergessene Mehrheit – Struktur und Dynamik der Versorgung Abhängigkeitskranker in der Bundesrepublik. In *Gemeindepsychiatrische Suchtkrankenversorgung – Regionale Vernetzung medizinischer und psychosozialer Versorgungsstrukturen*, hrsg. v. B. Jagoda, H. Kunze, 18–37. Köln.

Winick, C. 1962. Maturing out of narcotic addiction. *Bulletin on Narcotics* 14: 1–7.

Winter, S., M. Diamond, J. Green, D. Karasic, T. Reed, G. Dip, S. Whittle, K. Wylie. 2016. Transgender people: Health at the margins of society. *The Lancet* 388: 390–400.

World Health Organization. 1997. *Tobacco or health: A global status report.* Genf.

World Health Organization. 2014. *Global status report on alcohol and health.* Genf.

World Health Organization, Regional Office for Europe. 2015. *Empower women. Facing the challenge of tobacco use in Europe.* Kopenhagen.

Drogen

Stadt- und raumsoziologische Perspektiven

Jan Wehrheim

> **Zusammenfassung**
>
> Greht es um grundsätzliche, spezifisch großstädtische Aspekte im Umgang mit dem Gebrauch und dem Verkauf von Drogen, so stehen insbesondere drei Charakteristika von Großstädten des globalen Nordens im Fokus: die Polarität von Öffentlichkeit und Privatheit, eine spezifische Qualität großstädtischer sozialer Beziehungen sowie die räumliche Trennung – Segregation – von unterschiedlichen Milieus und Funktionen. Hinsichtlich aktueller Entwicklungen ist vor allem auf eine Verräumlichung sozialer Kontrolle und auf Exklusion als Folge zu verweisen.
>
> *Schlüsselbegriffe:* Drogen, Stadtsoziologie, Raum, Exklusion, soziale Kontrolle

Eine der Grundannahmen der beginnenden Stadtsoziologie zu Anfang des 20. Jahrhunderts kann wie folgt als Dreischritt formuliert werden: a) Großstädte können als *pars pro toto* für Gesellschaft gelesen werden; b) in Großstädten bildet sich Gesellschaft räumlich ab; und c) infolgedessen kann Gesellschaft in Großstädten wie in einem Labor studiert werden. Folgt man diesen Annahmen, bedeutet es für das Verhältnis von Stadt zu Drogen, dass sich in diesem spezifischen sozialen und räumlichen Gebilde alles abbildet, was im Zusammenhang mit Drogen verhandelt wird. Dies erscheint jedoch nicht als einseitiger Prozess, es ist vielmehr von Wechselwirkungen auszugehen. Die Komplexität von Drogendiskursen und -praktiken bildet sich im städtischen Raum nicht nur ab. Die spezifische sozial-räumliche Einbettung und Kontextualisierung wirken auf die Diskurse und Praktiken zurück.

Für die europäische und nordamerikanische Stadt seit der Industrialisierung können drei charakteristische Merkmale genannt werden. Diese sind auch für das Verhältnis von Stadt und Drogen respektive für das Verhältnis von großstädtischer Lebensweise und deren räumlichen Strukturen zu spezifischen Formen und (Un-)Sichtbarkeiten von Drogengebrauch relevant.[1] Erstens sind Städte und insbesondere Großstädte segregiert, d.h. unterschiedliche soziale Gruppen sowie unterschiedliche Nutzungen und Funktionen sind in der Stadt räumlich unterschiedlich verteilt. Zweitens dominieren in Großstädten tendenziell anonyme und sekundäre soziale Beziehungen. Drittens schließlich können Großstädte soziologisch über die Polarität von Öffentlichkeit und Privatheit definiert werden und damit auch darüber, welche Verhaltensweisen und Nutzungen welchen räumlichen Sphären zugeordnet werden. Alle drei Merkmale befinden sich in Veränderung. Hinsichtlich des Verhältnisses von Stadt und Drogen geht es im Kern gleichwohl bei allen dreien um die Sichtbarkeit und Verortung des Gebrauchs und Handels von Drogen und damit um spezifische Kombinationen aus *drug*, *set* und *setting*.

1 Öffentlichkeit und Privatheit als Charakteristika der bürgerlichen Stadt

Die Polarität räumlich definierter Öffentlichkeit und Privatheit als Definitionsmerkmal moderner, bürgerlicher Großstädte (vgl. Bahrdt 1998) kann in vier Dimensionen aufgefächert werden: funktional, rechtlich, sozial sowie die hier zu vernachlässigende symbolische Dimension (vgl. Siebel 2004; Wehrheim 2009).

Dem öffentlichen Raum sind analytisch die Funktionen Politik und Markt zugeordnet, dem privaten Raum Produktion und Reproduktion. Wird Drogenpolitik in den politischen Arenen der Öffentlichkeit verhandelt, so ist die Marktfunktion keineswegs auf die öffentliche Sphäre beschränkt. Ganz im Gegenteil: Zwar wird Drogenhandel vor allem dann problematisiert, wenn er im öffentlichen Raum sichtbar wird, doch aufgrund des Status der Illegalität ist er primär im privaten Raum verortet – der privaten Wohnung oder zumindest in *de jure* privaten Räumen von Clubs oder Kneipen. Damit wird auch deutlich, dass der rechtliche Status Relevanz hat: Die Wohnung als Kern bürgerlicher Privatheit und als Zone, die qua Grundgesetz vor staatlichen Übergriffen geschützt ist, bietet Freiheiten zur Abweichung – keineswegs nur in Bezug auf den Konsum oder Verkauf von Drogen. Damit ist der Umgang mit Drogen vor allem dann besonders sichtbar, wenn nicht über passende private Räume verfügt wird: „Dunkelziffern", so bereits Heinrich Popitz (1968), lassen sich kaufen, „z. B. durch den Kauf einer Villa". Jugendliche, insbesondere aus unteren Schichten, haben schon deshalb ein erhöhtes Kriminalisierungsrisiko, weil ihr Konsum etwa von Cannabisprodukten häufiger in der Öffentlichkeit stattfindet. Die Unterscheidung öffentlich/privat ist auch im Zuge der Legalisierung von Cannabis in den USA relevant geblieben: In Colorado etwa ist der Konsum im Privaten erlaubt, nicht aber in der Öffentlichkeit. Privater Raum im rechtlichen Sinne bedeutet zudem, dass die Ver-

---

[1] Unter Drogen sollen im Folgenden alle legalen und illegalen Substanzen verstanden werden, die konsumiert eine im weitesten Sinne berauschende sozio-pharmakologische Wirkung entfalten können.

fügungsgewalt über den Raum bei den Eigentümer_innen liegt. Dies hat zur Folge, dass in Räumen, die frei zugänglich erscheinen – Einkaufszentren, Bahnhöfe, U-Bahn-Stationen etc. – substrafrechtliche Partikularnormen in Form von Hausordnungen greifen und Personen, die mit Drogen assoziiert werden, regelmäßig Hausverbote erhalten.[2] Die Nutzbarkeit sozial bedeutsamer Räume wird eingeschränkt.

Hinsichtlich der Dimension Produktion erscheint die Sache eindeutig: Gerade im Falle der Illegalität findet sie im Privaten statt. In Bezug auf Reproduktion kann jedoch keine eindeutige Zuordnung vorgenommen werden. Betrachtet man den Konsum von Alkohol und anderen Drogen sowohl als Gefährdung familialer und gesellschaftlicher Reproduktion als auch als Teil dieser, so bestehen vielmehr spezifische Arrangements im Spannungsfeld von Öffentlichkeit und Privatheit.[3] Zwischenzeitliche Entspannung und Ablenkung oder aber leistungsfördernde Substanzen etwa ermöglichen es oft erst, Leistungsanforderungen (längerfristig) gerecht zu werden. Im privaten Raum wird der Gebrauch toleriert oder ignoriert, so lange dysfunktionale Effekte ausbleiben. Im öffentlichen Raum ist er dagegen institutionalisiert und reglementiert: Weihnachtsmärkte, Karneval und Musikfestivals sind Settings, innerhalb derer der – auch verstärkte – öffentliche Konsum von Alkohol normalisiert ist und in denen bestimmbare illegale Drogen eher toleriert werden. Außerhalb dieser Settings wird der Konsum jedoch je nach Kontext problematisiert und gegebenenfalls kriminalisiert wie das „Vorglühen" innerhalb der moralischen Ökonomie des Trinkens von Jugendlichen in Grünanlagen (Schierz 2010) oder das Bier am Büdchen-Tisch im Ruhrgebiet. Der abendliche Rotwein aus dem Barrique im halb-privaten/halb-öffentlichen italienischen Restaurant wird nicht problematisiert, der morgendliche Rotwein aus dem Tetrapack auf der öffentlichen Parkbank hingegen sehr wohl. Dieselben Dinge werden im Privaten, auf der Hinterbühne (Goffman 2000), anders bewertet als auf der Vorderbühne des öffentlichen Raums; dies variiert zudem mit der Milieuzugehörigkeit der Akteur_innen.

Der Unterscheidung von Vorder- und Hinterbühne kommt dabei gerade deswegen eine hohe Bedeutung zu, weil die typischen Angehörigen offener „Drogen- oder Trinkerszenen" oft nur über eine eingeschränkte oder gar keine Privatsphäre verfügen: Ohne adäquate Wohnung sind gerade die Aktivitäten von Körperlichkeit und Intimität in der Öffentlichkeit sichtbar, die im Zuge des Prozesses der Zivilisation verhäuslicht wurden (vgl. Gleichmann 1976). Der öffentliche Raum muss zudem oft Funktionen von Wohn- und Schlafzimmern übernehmen. Die Betroffenen stehen insofern auch deshalb im Fokus der Aufmerksamkeit, weil sie in der Öffentlichkeit Dinge zur Schau stellen, die in kapitalistischen, spätmodernen Gesellschaften im Privaten verortet sind.

---

2   Das für die 1980er-Jahre so prägende Bild des toten Drogengebrauchers auf der Bahnhofstoilette ist verschwunden. Aufgrund von Überwachungspersonal, Hausverboten und Eintrittspreisen für Toiletten sind die Personen dort gar nicht mehr anzutreffen. Sie sterben gegebenenfalls woanders.

3   Zigarettenrauchen wird u.a. durch Verbote verstärkt in die Öffentlichkeit verlagert.

2 Soziale Beziehungen

Idealtypisch unterscheiden sich Großstädte von Dörfern anhand der sozialen Beziehungen: In ländlichen Gebieten dominieren primäre soziale Beziehungen; die einander begegnenden Personen sind sich tendenziell als „ganze Personen" (Bahrdt 1998) und damit namentlich, mit Beruf, Verwandtschaftsbeziehungen, Hobbys, Biographie etc. bekannt. In Großstädten dominieren dagegen anonyme, sekundäre Beziehungen. Die Menschen begegnen sich als Fremde. In Großstädten als offenen Systemen ist ein Modus der Integration daher die „unvollständige Integration" (Bahrdt 1998) respektive eine urbane Indifferenz (Simmel 1995). Großstädter_innen begegnen sich gleichgültig (vgl. Goffman 1971), und damit ist auch in Großstädten die Freiheit des Einzelnen die Voraussetzung für die Freiheit aller. Indifferenz und Gleichgültigkeit bedeuten, die anderen nicht mit den persönlichen Belangen zu behelligen und sie soweit zu tolerieren (und sei es nur resigniert) wie sie nicht die Individualität und Freiheit der Anderen einschränken. Auch wenn sich die Stadt-Land-Dichotomie in den letzten hundert Jahren aufgelöst hat und sowohl in Dörfern großstädtische Sozialbeziehungen vorzufinden sind wie auch in Großstädten „urban villagers" (Gans 1982) existieren, so hat diese idealtypische Unterscheidung nicht an Relevanz verloren. Mit der Intensität der Beziehungen variieren auch die Chancen der Konfliktbearbeitung. Hinsichtlich Devianz und damit auch des Drogenkonsums lägen nun eigentlich jeweils tolerante Umgangsweisen nahe: In der Großstadt, weil Drogenkonsum/-verkauf als opferlose Devianz weder Freiheit noch Individualität Anderer gefährdet; auf dem Dorf, weil die Person als „Ganze" bekannt war und ist und sich ein neuer Masterstatus ‚Drogi/ Alki' schwerer zuschreiben lässt, wenn man mit dem- oder derjenigen beruflich, über den Sportverein oder nachbarschaftlich näher verbandelt ist oder war. Systematische Forschung hierzu fehlt bisher, die Alltagsempirie legt allerdings Zweifel nahe.

Hinsichtlich der Konsumhäufigkeit und -intensität von Drogen bestehen keine grundsätzlichen Unterschiede in Bezug auf die Siedlungsform. Variationen sind eher substanzbezogen und insofern liegen lokal-temporäre Konsumkulturen als Erklärungen für Unterschiede näher als siedlungsräumliche: „In the large majority of countries with multiple study locations, cocaine and MDMA loads were higher in large cities compared to smaller locations. No such distinct differences could be detected for amphetamine and methamphetamine" (EMCDDA 2016, S. 2). Eine Studie aus Schleswig-Holstein kam zu dem Ergebnis: „In den Städten ist der relative Anteil von Drogenabhängigen höher als im ländlichen Gebiet. Bei den alkoholkranken Personen verhält es sich umgekehrt" (Ministerium für Soziales, Gesundheit und Verbraucherschutz des Landes Schleswig-Holstein 2003, S. 15).[4] Allerdings befänden sich die im Hilfesystem auffälligen Personen bei den Alkoholkonsument_innen auf dem Land in einer besseren sozialen Lage. Zu vermuten ist insofern, dass die Stigmatisierung des Konsums illegaler Drogen nicht mit den Siedlungsformen variiert. Die tendenziell anonymere Lebensweise in den Städten wirkt sich jedoch

---

4   Die Angaben beziehen sich auf Opiate. Für Cannabis wird auf eine Gleichverteilung verwiesen.

vermutlich beim hierzulande[5] nicht problematisierten Alkoholgebrauch ungünstiger auf die soziale Gesundheit aus.

Seit den Arbeiten von Joseph R. Gusfield (1963) ist bekannt, dass Drogenpolitik mit den thematisierten sozio-kulturellen Milieus und mit Interessen korrespondiert. In Bezug auf die Prohibition von Alkohol in den USA ging es u.a. um Milieus der mehr oder weniger alteingesessenen protestantischen Bevölkerung in den ländlichen Gebieten versus neu ankommenden, katholischen Migrant_innen in den Städten. Deutungshoheiten und sich verändernde Machtverhältnisse führten (zusammen mit Gewerkschafts- und Arbeitgeberinteressen) zur Prohibition, wobei Großstädte wie in der klassischen konservativen Großstadtkritik zudem als Sündenpfuhle galten. Die aktuell für die USA diskutierte „Opiat-Epidemie" deutete zunächst auf eine Verlagerung der Drogenproblematik hin (vgl. Monnat 2016): von innerstädtischen *Underclass*-Quartieren der *people of color* zu den ländlichen und strukturschwachen Gegenden mit hohen Arbeitslosenquoten weißer Amerikaner_innen. In jüngerer Zeit sind es gleichwohl die großen Städte, die nach diesen Regionen die zweihöchsten Steigerungsraten bei Opiatintoxikationen aufweisen. Die Erklärungen dürften jedoch nicht in räumlichen Strukturen und den daraus vermeintlich resultierenden sozialen Beziehungen zu suchen sein, sondern in den lokalen ärztlichen Verschreibungspraktiken neuer, opiathaltiger Schmerzmittel und damit verbundenen kommerziellen Interessen von Pharmakonzernen sowie in den strukturellen Veränderungen der Arbeitsmärkte: Der so neu evozierte Drogengebrauch wäre dann (auch) als Coping-Strategie in Bezug auf Arbeits- und Perspektivlosigkeit zu lesen.

3 Segregation

Die Chicago School (der Stadtsoziologie, die zugleich Ursprung einer universitären Soziologie abweichenden Verhaltens und sozialer Kontrolle war) um Robert E. Park und Ernest Burgess ([1925] 1974) untersuchte und betonte Segregationsprozesse im Zuge der Stadtentwicklung. Sie thematisierten Stadt als Mosaik. Im Kern ging es dabei um soziale, ethnische und religiöse Segregation anhand der Wohnorte: *Little Italy* und *Jew Town*, die *Gold Coast* (benannt nach den Wohnquartieren der Reichen am Ufer des Lake Michigan) und *Hobohomia* als Quartier der mobilen Wander- und Gelegenheitsarbeiter_innen,

---

5 An dieser Stelle stand zuerst das unbedacht benutzte Wort „Kulturkreise". Die Herausgeber haben mich aber dankenswerterweise an die spätestens seit Huntington bestehende Problematik des Begriffs erinnert und schlugen alternativ „Regionen" vor. An den Begrifflichkeiten kann gut die raumsoziologische und politische Problematik verdeutlicht werden. Mit dem einen Begriff werden soziale Konflikte und historische *Beziehungen* auf kulturelle Differenzen reduziert und diese als grundsätzlich begriffen. Kultur wird naturalisiert. Mit dem anderen Begriff werden soziale Beziehungen und Prozesse über Raumzuschreibungen verdinglicht (vgl. Belina 2013). Das etwas hilflos erscheinende „hierzulande" macht die Sache nicht viel besser. Gleichwohl sind es soziokulturelle Prozesse, in denen, gegebenenfalls sogar strafrechtlich über verräumlichte Nationalstaatlichkeit, Alkoholkonsum positiv oder negativ sanktioniert wird.

der Obdachlosen und des Subproletariats. Unterschiedliche soziale Gruppen wohnten in unterschiedlichen Stadtteilen und diese wirkten auf die Bewohner_innen und ihre Beziehungen untereinander zurück. Darüber hinaus betonten Park und Burgess funktionale Segregation in dem Sinne, dass auch spezifische Funktionen des Großstädtischen (Wohnen, Arbeiten, Freizeit) räumlich voneinander separiert waren. Diese funktionale Segregation ist dabei zunächst durchaus kleinräumig zu denken und sie geht mit sozio-kultureller und -ökonomischer Differenzierung einher: Die Protagonisten sprachen von „moral regions": Nachbarschaften, Straßenzüge, Orte, Gebäude, die sich in ihren Nutzungen und normativen Ordnungen vom Rest der Stadt unterschieden (das Opernhaus und das Bordell dienten als Beispiele). In Foucaultscher Lesart waren viele dieser Mosaiksteine – wie auch Gefängnisse und Psychiatrien – (Abweichungs-)Heterotopien. Diese ambivalenten Orte der Andersartigkeit boten mit ihrer ordnungssystematischen Relevanz die Chance auf Reflexion hegemonialer Normen innerhalb moderner Gesellschaften (vgl. Foucault 1991). Diese sozial-räumliche Differenzierung der Stadt ermöglichte es, sich von der dominanten moralischen Ordnung zu emanzipieren bzw. über den Wechsel des Ortes auch von einem moralischen Milieu in ein anderes überzugehen. Segregation ist damit wie „urbane Indifferenz" ein Modus der Integration. Die jeweiligen *moral regions* zeichneten sich zudem durch unterschiedliche Kontrollkulturen und Gegenstände aus, auf die sich die Kontrolle richtete. Sie bedeuteten damit spezifische Kontrollen innerhalb der Mosaiksteine und Freiheiten zwischen ihnen.

Großstädte sind damals wie heute, und mit lokalen Unterschieden, Orte mit differenzierten normativen Ordnungen. Mit Benno Werlen und Christian Reutlinger (2005) kann Raum definiert werden als Geltungsbereich von Normen. Auch wenn Strafrechtsnormen an die räumliche Konstruktion des Nationalstaats gekoppelt sind, so orientieren sich unterschiedliche Milieus an unterschiedlichen und auch konkurrierenden (substrafrechtlichen) Normen. Paradigmatisch sind hierfür die „Opiumhöhlen" sowie die teils mit weiteren Nutzungen getarnten Rauchsalons in New York, Vancouver, Hamburg, Marseille, Rotterdam oder Liverpool im 19. und frühen 20. Jahrhundert: Orte, an denen zu den unterschiedlichen Zeiten unterschiedliche rechtliche Status galten, an denen mal mehr mal weniger öffentlich bekannt Opium (teilweise geradezu zeremoniell) angeboten und konsumiert wurde. Dieser doppelte Zugang zu Segregation – residenzielle und kleinräumig-funktionale – ist auch für das heutige Verhältnis von Stadt und Drogen relevant.

Bei Ersterem geht es darum, ob in den sozial und ethnisch segregierten Wohnquartieren der Unterprivilegierten – den Banlieues, den *Urban Underclass*-Quartieren, den „sozialen Brennpunkten" – illegale Drogen leichter verfügbar sind und Jugendliche über sozial-räumliche Beziehungen in *peer groups* auf lokaler Basis frühzeitig mit den Substanzen in Kontakt kommen und diese unter Umständen sogar die sozioökonomische Situation ganzer Stadtteile und aller sozialer Beziehungen prägen. Alice Goffman (2015) verdeutlichte jüngst letzteres, jedoch nicht aufgrund der Effekte des Substanzgebrauchs, sondern aufgrund der Illegalität und der damit verbundenen Strafverfolgung. Auch wenn bestimmbare Stadtteile sich durch erhöhte Sichtbarkeit des Handels und Gebrauchs illegaler Drogen auszeichnen, so wäre es falsch dies als Ausdruck von residenzieller Segregation zu deuten bzw. den Gebrauch illegaler Drogen räumlich zu erklären. Sudhir Ventkatesh (2015) zeigt vielmehr auf, wie sich in Bezug auf Drogen (und Sexarbeit) sozial-räumliche Netzwerke (in New York) bilden (vgl. auch Friedrichs 2013, S. 97ff.) und die unterschiedliche Sichtbarkeit darauf beruht, dass an verschiedenen Orten und auf verschiedenen Märkten unterschiedliche Habitus herrschen. Wie laufen Gebrauch und Verkauf von Kokain auf den Straßen Harlems im Vergleich zu einer Vernissage in Downtown New York ab? Welche Kleidung, Gesprächsthemen oder Ausdrucksweisen sind gefragt, um als Dealer_in von einem Markt-Ort zum anderen wechseln zu können? Wie oder bei welchen Gelegenheiten kommen Kontakte zustande? Sozialstrukturell ist hinsichtlich des Konsums ohnehin von einer Gleichverteilung auszugehen, die sich durch soziale und nicht räumliche Faktoren erklären lässt.

Bei Letzterem, der kleinräumig-funktionalen Segregation, hingegen geht es um Räume der sogenannten Drogen- und/oder Trinkerszenen. Der in Metern messbare Radius dieser Orte sowie ihre Zugänglichkeit variieren stark und in europäischen Städten sind diese ‚Szenen' in den letzten zwanzig bis dreißig Jahren vor allem kleiner geworden, sie treffen sich dezentraler und haben an Sichtbarkeit eingebüßt. Die meisten, ehemals prominenten Beispiele sind heute mit der entsprechenden Nutzung gar nicht mehr existent: Zürich Platzspitz, Hannover Raschplatz, Berlin Bahnhof Zoo. Oder sie verlieren in Folge von Verdrängungspolitiken gegenüber den Konsument_innen und aufgrund von Aufwertungspolitiken in Bezug auf die sie umgebenden Wohnquartiere sukzessive an Bedeutung wie in der New York Lower Eastside, in Hamburg St. Georg oder dem Frankfurter Bahnhofsviertel (vgl. zu Frankfurt etwa Künkel 2013). Noch zu Beginn der 1990er-Jahre waren etwa im Bremer Ostertor-/Steintorviertel täglich mehrere hundert Personen präsent, die vor allem mit dem Konsum von Heroin und Kokain sowie mit Sexarbeit in Verbindung gebracht wurden. Ende der 2010er-Jahre gehört der Stadtteil nicht mehr zu den ärmsten Bremens, sondern ist im Zuge von Gentrifizierungsprozessen zum Stadtteil mit den höchsten Bodenpreisen geworden. Statt Hunderten (sichtbaren) Drogengebraucher_innen beliefert nur noch eine Handvoll Händler (im öffentlichen Raum meist männliche) v. a. die diesbezüglich eher unauffälligen Kneipenbesucher_innen. Die öffentlich sichtbaren und zentral gelegenen Orte sind aber nicht nur weniger geworden, sondern sie werden oft auch anders gelabelt: Unabhängig vom tatsächlichen Konsum gelten sie öffentlich eher als Treffpunkte der „Trinker-" und nicht der „Drogenszenen" (vgl. Berg und Wehrheim 2016). Daneben sind in den letzten Jahrzehnten neue, institutionalisierte Heterotopien entstanden: Fixerstuben/Druckräume oder auch Trinkerräume, in denen Substanzgebrauch jenseits straf- oder ordnungsrechtlicher Verfolgung stattfinden kann. Diese haben einen doppelten Effekt: Sie schaffen verbesserte Bedingungen für den Gebrauch der Substanzen (ein warmer trockener Ort, bessere hygienische Bedingungen, Sozialarbeiter_innen, die bei medizinischen Notfällen Hilfe organisieren), gleichzeitig erhöhen sie die Kontrolle und verringern die Sichtbarkeit der als unerwünscht definierten Personengruppen in der Öffentlichkeit der Stadt. Armut und Leid werden unsichtbarer.

3.1 Segregation als Ziel von Exklusion

Der Umgang mit Drogenszenen – beziehungsweise mit verarmten Personengruppen generell – hat sich damit verändert. Waren lange Zeit *Containment*-Strategien dominant (wie sie in Los Angeles in Bezug auf Obdachlose dominierten oder in Santafe de Bogotá mit der „calle de cartucho"), so sind ganze Straßenzüge oder Quartiere, die von Drogenszenen dominiert werden, heute eine Ausnahme (z. B. in Vancouver Hastings). Diese Veränderungen sind neben Entwicklungen in der Drogenpolitik (Stichworte *harm reduction*, Methadon-Vergabe) und der Verbreitung neuer Technologien (Handys reduzieren die Notwendigkeit längerfristiger physischer Präsenz an einem Ort) vor allem in einem Wandel der Stadt- und Kriminalpolitik begründet: In der Stadtpolitik dominiert mittlerweile die „unternehmerische Stadt", eine Ausrichtung der Stadt anhand von Tauschwerten und Verwertungsinteressen sowie eine politische Organisation der Stadt mittels betriebswirtschaftlicher Logiken. In der Kriminalpolitik bedeutet dies eine zunehmende Verräumlichung im Sinne einer örtlichen, situativen Kriminalpolitik. Der Ort des Geschehens gewinnt an Bedeutung, Räume werden kontrolliert und gelten fälschlicherweise oft gar als Ursachen für Handlungen. Forciert wird dies durch die *Broken Windows*-Ideologie (Kelling und Wilson 1982), der zufolge kleinste Abweichungen geringe informelle soziale Kontrolle symbolisierten, woraufhin ‚echte' Kriminalität folge. Damit wurden Interventionen schon bei substrafrechtlichen Devianzen legitimiert.

Die betroffenen innerstädtischen Quartiere sind in diesem Kontext typischerweise entweder von (beginnender) Gentrifizierung gekennzeichnet, die ordnungspolitisch forciert wird. Oder es dominieren die Orte, die für Großstädte im Zuge einer Standortkonkurrenz – um Unternehmen, Tourist_innen und einkommensstärkere Einwohner_innen – als wichtig gelten: die Bahnhofsumgebungen als ‚Visitenkarten' der Städte, die zentralen Einkaufszonen oder auch innerstädtisch gelegene Parks. Zur Legitimation repressiver, in Grundrechte eingreifender und exkludierender Maßnahmen reichen ökonomische Argumentationen jedoch nicht aus (Wehrheim 2004). Ökonomisierung und Moralisierung greifen ineinander. Die Drogengebraucher_innen und -verkäufer_innen sind insofern prädestiniert, um im Fokus der Aufmerksamkeit zu stehen: Videoüberwachung, bauliche Änderungen, neue Polizeigesetze etc. setzen typischerweise an diesen Gruppen und Handlungen bzw. an den besonders marginalisierten Akteur_innen an: Personen, die des Drogenhandels verdächtigt werden und nicht deutscher Herkunft sind. Die Sozialfigur des ausländischen Dealers gilt als gefährlich und böse (vgl. Lutz und Thane 2002). So gab es in Bremen vor der Novellierung des Polizeigesetzes Betretungsverbote für Nicht-Deutschen, die des Drogenhandels verdächtigt wurden – wohlgemerkt auf Basis der Ausländer- und Asylgesetzgebung der 1990er-Jahre. Andere Randgruppen folgen typischerweise nach Grad ihrer Stigmatisierung bzw. danach, inwieweit sie als störend für ökonomische Interessen oder als abweichend von mittelschichtsbezogenen Ordnungsvorstellungen und Lebensstilen definiert werden: (mit Drogen assoziierte) Sexarbeiter_innen, Bettler_innen (aus dem Ausland), Obdachlose, jugendliche Migrant_innen allgemein etc.

Segregation im Sinne der räumlichen Trennung von Personen, die als Personen mit „problematischem" Drogenkonsum gelabelt werden, ist vor allem eine Folge (und ein Ziel) von repressiven Interventionen in den Städten.[6] Die sichtbaren Verkäufer_innen und die Konsument_innen von illegalisierten Drogen müssen neben der Straßenkriminalität und in jüngerer Zeit dem Terrorismus als *die* Legitimationsfolie für polizeiliche und ordnungsrechtliche Interventionen im öffentlichen Raum der Städte herhalten (vgl. zum Folgenden Wehrheim 2012). Dies drückt sich *erstens* in neuen länderspezifischen Polizeigesetzen aus, die Kontroll- und Verdrängungspraktiken institutionalisieren und/oder legalisieren: Platzverweise, Aufenthaltsverbote, Verbringungsgewahrsam oder die Definition von „Gefahrengebieten/ gefährlichen Orten", die raumspezifisch verdachtsunabhängige Kontrollen erlauben und vor allem im Zusammenhang mit Verstößen gegen das Betäubungsmittelgesetz zum Tragen kommen (für Hamburg vgl. Belina und Wehrheim 2011; für Berlin u. Leipzig vgl. Ullrich und Tullney 2012).[7] Umfassende Statistiken dazu gibt es nicht. Die Anzahl der Platzverweise und Aufenthaltsverbote betrug jedoch Mitte der 1990er-Jahre allein im Hamburger Stadtteil St. Georg – damals einer der öffentlichen Treffpunkte der Hamburger Drogenszene und einer der ärmsten Stadtteile Hamburgs, heute durch massive Gentrifizierung geprägt – jährlich zwischen 40.000 und 90.000. Zur Dimension Recht gehören auch die lokalen Alkoholverbote, die etwa über Innenstadtsatzungen festgelegt werden (wobei an denselben Orten meist Ausnahmen für Weihnachtsmärkte oder ähnliches gemacht werden). In einigen US-amerikanischen Kommunen variiert sogar das Strafmaß danach, wo eine inkriminierte Handlung stattgefunden hat: z.B. im Umkreis von Kirchen oder Schulen.[8] Ergänzt werden diese Novellierungen *zweitens* durch neue Akteur_innengruppen: kommerzielle Sicherheitsdienste (die in *de jure* privaten wie öffentlichen Räumen agieren), Ordnungsämter, die Bundespolizei, ehrenamtliche „Nachtschwärmer" oder „Kiezläufer", Fachkräfte Sozialer Arbeit und/oder (v. a. im angelsächsischen Raum) neighbourhood watch-Gruppierungen. Zu rechtlichen und personellen Neuerungen, die je nach konkretem Ort und Akteur_in auf Disziplinierung, vor allem aber auf räumliche Exklusion zielen, kommen *drittens* technische sowie *viertens* baulich-gestalterische Veränderungen hinzu. Nischen oder Sitzgelegenheiten werden beseitigt, Büsche und Bäume beschnitten, Parks geschlossen oder vollständig um-

---

6   Für US-amerikanische Städte hatte dies in Verbindung mit leerstehenden und verfallenden Gebäuden und Straßenzügen zur Folge, dass so genannte *Crackhouses* entstanden. Konsum und Verkauf verlagerten sich in Innenräume. Mittels Geographischen Informationssystemen – software-gestützte Kartographie von Massen- und Ereignisdaten – sollen solche *Houses* nun auf einer statistischen Basis identifiziert werden, noch bevor sie anderweitig polizeilich auffallen (vgl. Frers et al. 2013).

7   „Gefahrengebiete" erweisen sich gerade in Bezug auf das Kontrolldelikt „Btm" als self-fullfilling prophecy: Die Zahlen schnellen in Folge der Kontrolle nach oben und bestätigen somit ex post die vermeintliche Gefährlichkeit, die zur Begründung der Kontrollen angeführt wurde. Mit Ende der Kontrollen sinken die Zahlen in der PKS wieder ebenso deutlich.

8   Neuregelungen in Bezug auf Coffee Shops in niederländischen Städten folgen ähnlichen Strategien: Coffee Shops sollen im Umkreis von Schulen schließen, was eine de facto Verdrängung von Coffee Shops aus weiten Teilen der Städte zur Folge hätte.

gestaltet etc. Auch Indoor zeigt sich das „designing out drugs" etwa in Form von baulichen Schließungen von Ecken und Nischen oder im Einsatz von Schwarzlicht auf Toiletten oder in Treppenhäusern. Videoüberwachung ist die dominante Form technischer Kontrolle, zu der im weitesten Sinne auch das Beschallen von Plätzen mit klassischer Musik gerechnet werden kann, mittels derer ein längerer Aufenthalt verhindert werden soll. Wie die internationale Forschung gezeigt hat, verhindert Videoüberwachung zwar keinerlei Taten wie Gewalthandlungen, aber gerade in Bezug auf Drogenszenen wird sie explizit mit einer verdrängenden Intention eingeführt. Die multiplen Bedrohungsassoziationen, die nach wie vor die öffentlichen Debatten um Drogen prägen – Beschaffungskriminalität, Gesundheitsgefahren, „Ansteckung der Jugend" etc. – ermöglichen dennoch die problemlose Implementierung von Überwachungsmaßnahmen. Die manifeste und die latente Funktion dieser Entwicklungen ist die Verdrängung der genannten Personengruppen. Dies wird insbesondere dann deutlich, wenn die Maßnahmen zusammen betrachtet werden.[9]

Aktuell kann eine verstärkte räumliche Bearbeitung sozialer Phänomene beobachtet werden. Da dies jedoch keinerlei Auswirkung darauf hat, wie viele Menschen welche Substanzen wie konsumieren, bewirkt dies lediglich eine neue Verteilung der Gebraucher_innen im städtischen Raum. Auch wenn „junkie jogging" als Begriff aus dem polizeilichen Vokabular mittlerweile verbannt scheint, so verweist der Ausdruck doch auf die Gesamttendenz: Dispersion statt *Containment*, geringere Sichtbarkeit statt kontrollierendem Überblick an einem Ort, und eine Bedeutungszunahme von Stadtentwicklungspolitiken, die auf konforme und normalisierte Innenstädte und öffentliche Plätze als deren ‚Visitenkarten' zielen.

4 Komplexe Wechselwirkungen

Schon der Begriff „Drogenszene" ist deutlich räumlich konnotiert: Was die Akteur_innen neben dem Gebrauch von Drogen verbindet und zur „Szene" werden lässt, ist vor allem ihr mehr oder weniger regelmäßiger Aufenthalt an bestimmbaren Orten in Städten (vgl. Boss-

---

9   Als aktuelles Beispiel vgl. die Diskussionen und Interventionen am Willy-Brandt-Platz in Essen (Berg und Wehrheim 2016). Für Hamburg St. Georg lässt sich der zeitliche Verlauf, wie sich im Zusammenhang mit städtischer Ordnungspolitik Gentrifizierung herausbildet und wie vielfältig Verdrängungsmaßnahmen sind, gut nachzeichnen: 1990er Jahre: Hunderttausende von Aufenthaltsverboten/Platzverweisen; „Gefahrengebiet" seit 1995; Musikbeschallung des Bahnhofsvorplatzes (ca. ab 2000); Videoüberwachung des Hansaplatzes (2007–2009); Einführung einer Waffenverbotszone (ca. 2009); bauliche Umgestaltung des Hansaplatzes (ca. 2009–2011); Diskussion um die Einrichtung von „Trinkerräumen" (2011ff.), „Trinkerplatz" (2015); Kontaktverbote gegenüber Freiern (seit 2012); Übertragung des Hausrechts beim Hauptbahnhof an die Deutsche Bahn (2012); Forderung nach privaten Sicherheitsdiensten im öffentlichen Raum (2014); Diskussion um Alkohol(verkaufs)verbot beim Hansaplatz (2015); Diskussion um Einrichtung eines Business Improvement Districts (2015); Diskussion um Glasflaschenverbot (2015); Diskussion um Einführung eines „Quartierskümmerers" (2015); Diskussion um ein Beschäftigungsprogramm für die „Trinkerszene" (2015); Neues Lichtkonzept/Strahler auf dem Hansaplatz (2016); Abbau eines sogenannten Gabenzauns (2017).

ong 2003). Mit der Masse der privaten Drogengebraucher_innen haben sie meist nichts zu tun. Diskurse und Praktiken in Bezug auf „Drogenszenen" sind Diskurse und Praktiken, die sich auf öffentlich wahrnehmbare Personen beziehen. Sie werden vor allem wegen dieser Wahrnehmbarkeit problematisiert, obwohl oder gerade weil der massenhafte Gebrauch von illegalen Drogen in den verschiedenen Schichten, Berufen und Milieus meist im Privaten und in der eigenen Wohnung stattfindet.

Im Kontext von Drogen und Stadt werden jedoch keineswegs nur räumliche Verhältnisse verhandelt. Jan-Hendrik Friedrichs (2013) weist auf vielfältige Zusammenhänge und diskursive Verknüpfungen im Umgang mit Drogen- und insbesondere Heroingebrauch hin. Verhandelt wurden in den 1970er- und 1980er-Jahren nicht nur gesundheitliche Risiken des Drogengebrauchs, sondern Heroin wurde zum Symbol gesellschaftlicher Konflikte um Sexualität, Migration, Arbeit und Jugend. Der Verräumlichung kam dabei gleichwohl eine besondere Bedeutung zu:

> „Establishing teenage drug consumption as a problem of public space had two mutually-reinforcing effects. First, the threat of heroin (and with it the crises of youth and society) was discursively contained by creating a few symbolic spaces for heroin consumption. The most prominent of these symbolic spaces was the train and subway station Bahnhof Zoo in West Berlin. In contrast to the ‚real' sites of the heroin scene, this symbolic space was imagined as a heterotopia, that is entirely different from its surroundings (thus suppressing the social roots of intoxication and addiction in society) and as entirely separated from it. It was now seemingly possible to protect children from drugs and other vices (foreigners!, sexuality!), by exerting strict spatial control and by preventing them from going to sites such as the Bahnhof Zoo. This discursive containment was therefore complemented by, secondly, the attempt to control the spaces of the heroin scene. Once the visible presence of drug-consuming youth had been established as a political problem, dissolving the scene appeared as a logical consequence. The case of the heroin scene shows the contested nature of public spaces in 1980s city centers: youth were claiming a right to gather at certain places, to be part of, and participate in, the city; shop owners were declaring their interests as that of the general public and demanding that the heroin scene be dispersed; politicians accepted this claim and sent in the police" (Friedrichs 2013, S. 120).

Die politische Verräumlichung knüpfte insofern an klassische Befunde zur Segregation in Großstädten zu Beginn des letzten Jahrhunderts an, und die Befunde etwa zu Berlin in den 1980er-Jahren lassen sich hinsichtlich ihres Raumbezugs auf die Folgejahre übertragen. Die Verräumlichung der Kriminalpolitik bedeutet (nicht nur) wegen der Strafbarkeit des Besitzes und Handels von Betäubungsmitteln auch eine Verräumlichung der Bearbeitung von Drogenkonsum. Dies zeigt sich ebenso *ex negativo* in Fixerstuben und Trinkerräumen. Sie definieren gleichzeitig, welche Orte *nicht* für Drogengebraucher_innen sind (vgl. Schmidt-Semisch und Wehrheim 2007).[10]

---

10 Im Sommer 2017 deuten sich im Zuge der gesetzlichen Änderung in Bezug auf Cannabis zum medizinischen Gebrauch in Deutschland neue Verräumlichungen und Aushandlungen an: Auf Nachfrage des Deutschen Hanfverbandes erklärte die Deutsche Bahn, der Gebrauch sei inner-

Zwischen Drogen und Raum bestehen insofern Wechselwirkungen: Drogengebraucher_innen und -verkäufer_innen, Drogendiskurse und (repressive) Interventionen in den Städten konstruieren Räume und die Konstruktion des Raum, etwa als „gefährlich", „abweichend", „Szenetreffpunkt" oder ähnliches wirkt zurück auf die Personen, die dort präsent sind. Raum liegt nicht dinghaft vor (vgl. Belina 2013; Wehrheim 2016). Das, was als Grenzen von Räumen begriffen wird, ist ein variables und keineswegs allgemeingültiges Produkt von Zuschreibungen, Praktiken und/oder rechtlichen Institutionalisierungen. So sind Stadtteilgrenzen politisch-administrative Setzungen, die nicht mit den Alltagsdeutungen unterschiedlicher sozialer Gruppen kongruent sein müssen. Ebenso variieren Vorstellungen darüber, wo ein „Kiez" oder „der gefährliche Teil" des Parks beginnt oder endet. Neben Vorstellungen von Grenzen, ist auch der „Inhalt" des Raumes nicht dinghaft: weder dergestalt, dass ein geplanter „Containerraum" in der Stadt für eine bestimmte Nutzung feststeht; noch dahingehend, dass es die Attribuierungen sind, die mit Räumen verbunden werden. Für Jugendliche ist der Park ggf. der Treffpunkt und der Ort der gemeinsamen Entspannung, während er für andere Personengruppen aufgrund von anderen Etikettierungen der Jugendlichen gerade deshalb das Image „gefährlich" bekommt. Das Thomas-Theorem – „if men define situations as real, they are real in their consequences" (Thomas und Thomas 1928) – greift auch hier und entsprechende Raumkonstruktionen sind immer relational: Die abstrahierende und verdinglichende Vorstellung „devianter" Räume ist nur in Relation zu anderen Räumen der Konformität sinnhaft. Die Bewertung von und der Umgang mit mutmaßlichen Gebraucher_innen von (illegalen) Drogen vor Ort hängt sehr stark mit sozialem Status und Erfahrungen zusammen – Frauen mit hoher Bildung und lokalen Kenntnissen fühlen sich deutlich weniger durch die Präsenz einer „Drogenszene" verunsichert als männliche Jugendliche und Heranwachsende, die nur über niedrige Bildung verfügen und nicht in dem Viertel wohnen (vgl. Wehrheim 2009). Die Zuschreibung als „Drogenumschlagplatz" oder „Treffpunkt Drogenszene" mit allem, was mit Drogen assoziiert wird, führt im öffentlichen Diskurs regelmäßig zu einem neuen Masterstatus des Raums: alles was dort noch passiert oder wer den Raum noch nutzt, tritt in den Hintergrund, variable Deutungen tauchen im Diskurs nicht mehr auf. Dass der Raum wiederum auf die Etikettierung der Anwesenden zurückwirkt, kann etwa am Beispiel von Punks verdeutlicht werden: Werden sie in einer innerstädtischen Einkaufsstraße, die auch durch die Präsenz einer kleinen „Drogen- und Trinkerszene" gekennzeichnet ist, nie als Einkäufer_innen gesehen, sondern mit verschiedenen Ausprägungen von Devianz in Verbindung gebracht, so werden sie in einer Shopping Mall von immerhin jedem vierten Befragten als Konsument_in definiert – wohlgemerkt nicht von Alkohol oder anderen

---

halb der jeweiligen Raucherbereiche in den Bahnhöfen gestattet, wenn er nicht störend oder provokativ erfolge und eine entsprechende medizinisch begründete Berechtigung im Bedarfsfall nachgewiesen würde (vgl. https://hanfverband.de/nachrichten/news/deutsche-bahn-cannabismedizin-auf-bahnhoefen-ist-erlaubt. Zugegriffen: 04. September 2017).

Drogen (ebd., S. 156).[11] Die Präsenz und Thematisierung Drogengebrauchender an einem Ort konstruiert neue Räume und die Zuschreibungen zu einem Ort wiederum die Zuschreibung „Junkie" oder „Dealer" sowie den Verdacht gegenüber Personen.

Im Verhältnis von Stadt und Raum zu Drogenkonsum und bei der Thematisierung dieses Verhältnisses zeigen sich Wechselwirkungen, die mit den jeweils herrschenden Politiken variieren, und dabei geht es jeweils um spezifische, lokalisierbare Kombinationen aus *drug*, *set* und *setting*: Welche legale oder illegale Substanz wird von welchen Personen mit welcher Milieuzugehörigkeit und welcher optischen Erscheinung wo in der Stadt und wann konsumiert oder verkauft?

Literatur

Bahrdt, H.-P. 1998. *Die moderne Großstadt*. Opladen.
Belina, B. 2013. *Raum*. Münster.
Belina, B., J. Wehrheim. 2011. „Gefahrengebiete": Durch die Abstraktion vom Sozialen zur Reproduktion gesellschaftlicher Strukturen. *Soziale Probleme* 22(2): 207–230.
Berg, S., J. Wehrheim. 2016. „Putzen für Bier" – Zur Ambivalenz Sozialer Arbeit. *Sozial Extra* 6: 6–10.
Bossong, H. 2003. *Die Szene und die Stadt. Innerstädtische Randgruppenszenen als kommunale Aufgabe. Eine verwaltungswissenschaftliche Untersuchung*. Geesthardt
EMCDDA 2016. Wastewater analysis and drugs: a European multi-city study. http://www.emcdda.europa.eu/attachements.cfm/att_228234_EN_POD2014 Wastewater%20analysis%20and%20drugs.pdf. Zugegriffen: 26. Dezember 2016.
Foucault, M. 1991. Andere Räume. In *Stadt-Räume*, hrsg. v. M. Wentz, 65–72. Frankfurt/Main, New York.
Frers, L., S. Krasmann, J. Wehrheim. 2013. Geopolicing und Kriminalitätskartierungen: Wie sich Polizeien ein Bild machen. *Kriminologisches Journal* 45(3): 166–179.
Friedrichs, J.-H. 2013. Urban Space of Deviance and Rebellion: Youth, Squatted Houses and the Heroin Scene in West Germany and Switzerland in the 1970's and 1980's. https://open.library.ubc.ca/cIRcle/collections/ubctheses/24/items/1.0073706. Zugegriffen: 26. Dezember 2016.
Gans, H. J. 1982. *The urbane villager*. New York.
Gleichmann, P. 1976. Wandel der Wohnverhältnisse. *Zeitschrift für Soziologie* 5: 319–329.
Goffman, A. 2015. *On The Run. Die Kriminalisierung der Armen in Amerika*. München.
Goffman, E. 2000. *Wir alle spielen Theater. Die Selbstdarstellung im Alltag*. München.
Goffman, E. 1971. *Verhalten in sozialen Situationen. Strukturen und Regeln der Interaktion im öffentlichen Raum*. Gütersloh.
Gusfield, J. R. 1963. *Symbolic Crusade. Status Politics and the American Temperance Movement*. Urbana.

---

11 Solche Wechselwirkungen flossen jüngst auch in die Rechtsprechung ein: In der Begründung einer Verurteilung wegen des Besitzes von 0,5 Gramm Marihuana durch ein Hamburger Gericht verwies die Richterin darauf, der Angeklagte sei nicht wegen seiner (dunklen) Hautfarbe von der Polizei kontrolliert worden, sondern wegen des Ortes an dem er sich aufhielt, der als Ort des Drogenhandels bekannt sei (taz 2016). Die selektive Kontrolle bzw. in diesem Fall das *racial profiling* verschwindet hinter der Abstraktion ‚Raum' (vgl. auch Belina und Wehrheim 2011).

Kelling, G. L., J. Q. Wilson. 1982. Broken Windows. The police and Neighborhood Safety. *Altlantic Monthly* 249(3): 29–38.

Künkel, J. 2013. Wahrnehmungen, Strategien und Praktiken der Polizei in Gentrifizierungsprozessen – am Beispiel der Prostitution in Frankfurt a.M. *Kriminologisches Journal* 45(3): 180–195.

Lutz, T., K. Thane. 2002. Alles Risiko – oder was? *Widersprüche* 22(86): 9–20.

Ministerium für Soziales, Gesundheit und Verbraucherschutz des Landes Schleswig-Holstein. (Hrsg.). 2003. Moderne Dokumentation in der ambulanten Suchtkrankenhilfe (Band 3). Jahresbericht 2001: Die Lebenssituation der Klientinnen und Klienten in Stadt und Land. http://www.lssh.de/images/doku/jahresbericht_2001.pdf. Zugegriffen: 26. Dezember 2016.

Monnat, S. M. 2016. Deaths of Despair and Support for Trump in the 2016 Presidential Election. http://aese.psu.edu/directory/smm67/Election16.pdf. Zugegriffen: 26. Dezember 2016.

Park, R., E. E. Burgess, R. McKenzie. [1925] 1974. *The City*. Chicago.

Popitz, H. 1968. *Über die Präventivwirkung des Nichtwissens*. Tübingen.

Schierz, S. 2010. Fragmente postmoderner Lebensformen jenseits der Kneipe – Eine Topographie städtischer Sozialräume bei Nacht und ihrer Problematisierung anhand des öffentlichen Trinkens. *Soziale Probleme* 21: 73–97.

Schmidt-Semisch, H., J. Wehrheim. 2007. Exkludierende Toleranz oder: Der halbierte Erfolg der „akzeptierenden Drogen*arbeit*". *Widersprüche* 27(1): 73–91.

Siebel, W. 2004. Einleitung: Die europäische Stadt. In *Die europäische Stadt*, hrsg. v. W. Siebel, 11–50. Frankfurt/Main.

Simmel, G. 1995. Die Großstädte und das Geistesleben. In ders., *Aufsätze und Abhandlungen 1901–1908. Gesamtausgabe Bd. 7*, 116–131. Frankfurt/M.

Taz. 2016. Verurteilt wegen 0,5 g Marihuana (07. Oktober 2016). http://www.taz.de/Rassismus-und-Justiz/!5346677/. Zugegriffen: 26. Dezember 2016.

Thomas, W. I., D. S. Thomas. 1928. *The Child in America: Behavior Problems and Programs*. New York.

Ullrich, P., M. Tullney 2012. Die Konstruktion ‚gefährlicher Orte'. *sozialraum.de* 4(2): http://www.sozialraum.de/die-konstruktion-gefaehrlicher-orte.php. Zugegriffen: 07. Januar 2017.

Venkatesh, S. 2015. *Floating City. Gangster, Dealer, Callgirls und andere unglaubliche Unternehmer in New Yorks Untergrundökonomie*. Freiburg.

Wehrheim, J. 2004. Ökonomische Rationalität und Moral. Inklusions- und Exklusionsmodi in überwachten Städten. In *Punitivität. 8. Beiheft zum Kriminologischen Journal*, hrsg. v. R. Lautmann, D. Klimke, F. Sack, 155–175. Weinheim.

Wehrheim, J. 2009. *Der Fremde und die Ordnung der Räume*. Opladen, Farmington Hills.

Wehrheim, J. 2012. *Die überwachte Stadt. Sicherheit, Segregation und Ausgrenzung*. Opladen, Berlin, Toronto.

Wehrheim, J. 2016. Raum. In *Grundbegriffe der Soziologie*, hrsg. v. J. Kopp, A. Steinbach, 277–280. Wiesbaden.

Werlen, B., C. Reutlinger. 2005. Sozialgeographie. In *Handbuch Sozialraum*, hrsg. v. F. Kessl, C. Reutlinger, S. Maurer, O. Frey, S. 49–66. Wiesbaden.

Neuroenhancement

Diffusionen zwischen Drogen und Medikament

Greta Wagner

Zusammenfassung

Neuroenhancement bezeichnet die nichtmedizinische Einnahme verschreibungspflichtiger Psychopharmaka mit dem Ziel der kognitiven Leistungssteigerung. Im Beitrag werden die zu diesem Zweck konsumierten Medikamente vorgestellt, die amphetaminbasiert oder amphetaminähnlich sind. Die 130-jährige Geschichte der Amphetamine verdeutlicht, dass die Trennung zwischen dem Gebrauch von Substanzen als Drogen und als Medikamente einem stetigen Wandel unterliegt. Wie Substanzen zur kognitiven Leistungssteigerung heute von Studierenden eingenommen werden und wie die Konsument_innen ihre eigene Praxis deuten und rechtfertigen, wird auf der Basis einer qualitativen Interviewstudie dargestellt.

Schlüsselbegriffe: Neuroenhancement, Leistungssteigerung, Amphetamine, Ritalin

Der Begriff Neuroenhancement mutet so futuristisch an, dass man ihn mit Praktiken wie transkranieller Magnetstimulation, Hirnchirurgie und der Anwendung von Elektrozeutika[1] assoziiert (vgl. Famm et al. 2013; Clausen 2016) – und doch ist die verbreitetste Weise, Neuroenhancement zu betreiben, eine Form des Drogenkonsums. Neuroenhancement als soziale Praxis verlangt kein Beisein medizinischer Expert_innen, sie besteht gerade in der Selbstmedikation mit verschreibungspflichtigen Psychopharmaka. Diese machen keineswegs intelligenter und haben bei weitem nicht die Wirksamkeit, die in der öffentlichen Debatte über „Hirndoping" suggeriert wird, aber sie werden konsumiert – in der Regel,

---

1 In Abgrenzung zu Pharmazeutika handelt es sich dabei um medizinische Maßnahmen auf der Basis von elektrischen Impulsen.

um konzentrierter, wacher und motivierter zu arbeiten, vor allem bei Tätigkeiten mit freier Zeiteinteilung.

In der Bioethik wird unter dem Begriff Neuroenhancement das moralische Für und Wider von Maßnahmen zur Verbesserung der Gehirnleistung diskutiert. Hierbei geht es um die Frage, ob Neuroenhancement moralisch zu rechtfertigen oder sogar moralisch geboten ist (vgl. Schöne-Seifert und Talbot 2009; Farah et al. 2004; Greely et al. 2008; Savulescu 2006; The President's Council on Bioethics 2003). Vielfach werden die moralischen Probleme des Neuroenhancement anhand von Gedankenexperimenten dargestellt: Was wäre, wenn es eine Technik oder eine Substanz gäbe, mit der sich das Gehirn so verändern ließe, dass man beispielsweise Sprachen schneller lernen oder eine Chirurgin sich bei einer Operation länger konzentrieren könnte? (vgl. bspw. Galert et al. 2009).

Von *Enhancement* spricht man bei Maßnahmen, die medizinisch nicht notwendig sind und die der Verbesserung von Fähigkeiten oder Eigenschaften dienen. Der Begriff wird in Abgrenzung zum Begriff *Treatment* verwendet, der die Behandlung von Krankheiten bezeichnet. Die Unterscheidung zwischen *Treatment* und *Enhancement* ist oft schwierig, weil sie davon abhängt, welche Zustände in einer Gesellschaft als Ausdruck von Gesundheit und welche als Ausdruck von Krankheit angesehen werden (vgl. Juengst 1998). Hierbei gibt es natürlich viele Grenzfälle wie Gedächtnisverluste oder Potenzprobleme im Alter, bei denen strittig ist, ob es sich um pathologische und behandlungsbedürftige Symptome handelt oder einfach um zu akzeptierende Alterserscheinungen (vgl. bspw. Sontowski 2016). Besonders umstritten ist, ob es sich bei der Medikation von Kindern mit Aufmerksamkeitsdefizitsyndromen (ADS und ADHS) nicht vielfach um *Enhancement* handelt, weil die Leistungen der Kinder verbessert und nicht deren Krankheiten behandelt werden sollen. Der starke Anstieg der Diagnose ADS/ADHS seit den 1990er-Jahren hat eine Debatte darüber in Gang gesetzt, ob nicht auch ein verstärkter Leistungsdruck, der auf Kindern und Eltern lastet, dazu beiträgt, dass Symptome medikamentiert werden (vgl. Haubl und Liebsch 2010). Wenn aber nicht eine Ärztin ein Stimulans verschreibt, sondern Studierende es bei einem Dealer kaufen oder bei einer ausländischen Online-Apotheke bestellen, dann ist unstrittig, dass es sich um *Enhancement* handelt. Um diese Art von Selbstmedikation mit dem Ziel der Leistungssteigerung geht es in diesem Artikel.

1 Welche Substanzen werden als Neuroenhancer konsumiert?

Als Neuroenhancer werden hauptsächlich rezeptpflichtige Psychostimulanzien eingenommen, welche die Wirkstoffe Methylphenidat, Modafinil oder Amphetamin enthalten. Methylphenidat etwa ist der Wirkstoff des Medikaments Ritalin, Modafinil wird in Deutschland unter dem Markennamen Vigil vertrieben. Amphetamine werden vor allem in den USA häufig als Mittel zur Leistungssteigerung konsumiert. Dort heißt ein populäres Medikament mit diesem Wirkstoff Adderall.

Alle drei Substanzen erhöhen die Konzentration der Neurotransmitter Dopamin und Noradrenalin in den Zwischenräumen der Nervenzellen. Während Amphetamine die

Ausschüttung dieser Botenstoffe fördern, geschieht dies bei Methylphenidat nur indirekt durch Blockade des Rückkopplungsrezeptors, dafür müssen sie also bereits ausgeschüttet sein. „Amphetamine wirken stimulierend, unabhängig davon, welche Aufgaben man durchführt. Methylphenidat dagegen hat nur dann einen aktivierenden Effekt, wenn bereits geistige Leistungen vollbracht werden. Amphetamine können so auch in einer sehr reizarmen Umgebung Wachheit und Konzentration stimulieren, dies funktioniert mit Methylphenidat in der Regel nicht" (Lieb 2010, S. 72). Modafinil ist ein jüngeres Medikament, das zur Behandlung von Narkolepsie entwickelt wurde und darüber hinaus für die Behandlung der Schlafapnoe-Erkrankung zugelassen ist (vgl. ebd., S. 74). Die Nebenwirkungen sollen geringer sein als bei Methylphenidat und Amphetaminen, allerdings sind die Langzeitnebenwirkungen unbekannt, da Modafinil in Deutschland erst seit 1998 auf dem Markt ist. Gesunde Probanden einer Studie berichteten, sich nach der Einnahme von Modafinil wacher, aufmerksamer und energetischer gefühlt zu haben (vgl. Turner et al. 2003, S. 267). Die Wirksamkeit von Methylphenidat und Modafinil bei Gesunden wurde in einer Metastudie klinischer Studien untersucht. Nach der Einnahme von Methylphenidat wurde eine leichte Verbesserung der Gedächtnisleistung festgestellt; der Metaanalyse zufolge steigerte Modafinil die Aufmerksamkeit bei ausgeruhten Individuen und erhielt die Wachheit, das Gedächtnis und exekutive Funktionen nach Schlafentzug länger aufrecht (vgl. Repantis et al. 2010, S. 202f.). In einem Versuch wurde außerdem beobachtet, dass Profischachspieler unter der Wirkung von Modafinil und Methylphenidat länger über ihre Schachzüge reflektieren, was zu besseren Ergebnissen führte – allerdings nur dann, wenn die Spiele nicht unter Zeitdruck stattfanden (vgl. Franke et al. 2017).

Eine weitere Wirkung, die in Laborsituationen allerdings kaum untersucht werden kann, die aber ein häufiger Grund für die Einnahme von Stimulanzien ist, besteht in der Steigerung der Motivation.[2] Darüber hinaus werden die Substanzen von ihren Konsument_innen auch deshalb häufig als wirksam empfunden, weil sie das Selbstbewusstsein steigern und so die Ergebnisse, die unter dem Einfluss der Medikamente produziert werden, als höherwertig eingeschätzt werden. Alle drei Substanzen können abhängig machen, da sie am dopaminergen System wirken und so mit dem Belohnungszentrum zusammenhängen (vgl. Quednow 2010, S. 22).

2 Verbreitung von Neuroenhancement

Nachdem eine Umfrage unter Leser_innen des Wissenschaftsmagazins *Nature* im Jahr 2008 ergab, dass 20 % von ihnen bereits Methylphenidat, Modafinil oder Beta-Blocker aus nichtmedizinischen Gründen genommen hatten (vgl. Maher 2008), entstand große mediale Aufmerksamkeit für das Thema. Die Umfrage entspricht nicht methodischen

---

[2] Auch die Autoren der Metastudie räumen das ein: „Unfortunately, the methods of measuring motivation by the simple means that are typically used in pharmacological studies are limited […]" (Repantis et al. 2010, S. 201).

Standards der quantitativen Sozialforschung, wurde aber dennoch breit rezipiert. Ein Jahr später stießen die Ergebnisse des DAK-Gesundheitsreports *Doping am Arbeitsplatz* eine Debatte über Neuroenhancement in Deutschland an. Arbeitnehmer_innen zwischen 20 und 50 Jahren gaben zu 4,9 % an, schon einmal Medikamente zur Steigerung der geistigen Leistungsfähigkeit oder des Wohlbefindens eingenommen zu haben (vgl. DAK 2009). Eine Studie über die Verbreitung von Neuroenhancement unter Studierenden ergab, dass 0,78 % von ihnen mindestens einmal in ihrem Leben verschreibungspflichtige Medikamente zur kognitiven Leistungssteigerung eingenommen haben, 2,93 % haben mindestens einmal verschreibungspflichtige Medikamente oder illegale Substanzen wie Kokain zu diesem Zweck konsumiert (vgl. Franke et al. 2011).

In den Medien werden mitunter höhere Prozentzahlen angegeben, wenn über die Verbreitung von Neuroenhancement berichtet wird (vgl. FAZ 2013). Dies hängt damit zusammen, dass die Eingrenzung des Phänomens Neuroenhancement variiert. Wenn der Konsum von rezeptfrei erhältlichen Koffeintabletten Teil der Erhebung ist (vgl. Dietz et al. 2013) oder das Rauchen von Marihuana als Hirndoping gilt (vgl. Middendorf et al. 2012), dann wird der Begriff Neuroenhancement so weit gedehnt, dass er zunehmend unbrauchbar wird.

Unter Studierenden in den USA ist der Gebrauch leistungssteigernder Psychopharmaka verbreiteter als in Deutschland. In einer landesweiten Erhebung wurde eine Lebenszeitprävalenz von 6,9 % unter Studierenden ermittelt, wobei besonders jüngere Studierende an teureren Colleges im Nordosten der USA häufig zu Neuroenhancern greifen. Der Anteil der männlichen Konsumenten ist doppelt so hoch wie jener der weiblichen, und wesentlich häufiger handelt es sich um *Caucasians* oder *Hispanics* als um *African-Americans* oder *Asian-Americans* (vgl. Teter et al. 2006, S. 1504). Wer verschreibungspflichtige Substanzen mit dem Ziel der Leistungssteigerung einnimmt, konsumiert mit höherer Wahrscheinlichkeit auch Alkohol, Zigaretten, Marihuana, Ecstasy, Kokain und andere Drogen (vgl. McCabe et al. 2005, S. 101).

Die unterschiedliche Verbreitung des Konsums von Neuroenhancern in Deutschland und den USA ist durch mehrere Faktoren erklärbar. Zunächst ist die Zahl der Diagnosen von Aufmerksamkeitsdefizitstörungen bei Kindern und Erwachsenen in den USA höher als in Deutschland. Viele Konsument_innen von Neuroenhancern haben ihre Medikamente im Kindesalter verschrieben bekommen und greifen darauf zurück, wenn sie im Studium mit Herausforderungen konfrontiert sind. Durch die hohen Verschreibungszahlen von AD(H)S-Medikamenten sind mehr Medikamente im Umlauf und werden geteilt oder weiterverkauft. Ein wichtiger Grund für die größere Verbreitung von pharmakologischem Neuroenhancement ist darüber hinaus, dass Amphetamine in den USA als Medikamente üblicher sind. Sie stellen mit 75,8 % den Großteil der Substanzen dar, die unter Studierenden mit dem Ziel der kognitiven Leistungssteigerung eingenommen werden (vgl. Teter et al. 2006, S. 1504). Amphetamine sind historisch nicht nur als Medikamente verschrieben worden, sondern wurden auch zu vielen anderen Zwecken konsumiert. An ihrem Beispiel offenbart sich, wie sehr die Grenze zwischen Drogen und Medikamenten diffundieren kann.

3   130 Jahre Speed – Die Geschichte der Amphetamine

Die Geschichte der Amphetamine durchzieht die Medizingeschichte, die Militärgeschichte ebenso wie die Geschichte der Freizeitdrogen. Amphetamine nahmen U-Bootsbesatzungen im Krieg die Angst und hielten sie wach. Sie lassen Feiernde Nächte in Technoclubs durchtanzen. Sie hemmen den Appetit von Menschen auf Diät. Sie helfen zappeligen Kindern dabei, ruhig an ihren Hausaufgaben zu sitzen. Und sie verlängern die Wachheit und Motivation von jenen, die kognitives Neuroenhancement betreiben.

Lazăr Edeleanu, ein rumänischer Chemiker, synthetisierte Amphetamin erstmals 1887, doch er sah keine Verwendung für die Substanz. Erst 1929 wurde sie von Gordon Alles, einem US-amerikanischen Biochemiker wiederentdeckt, als er ein Mittel suchte, das Adrenalin ähnelte und zur Behandlung von Asthma eingesetzt werden konnte. Nach einem Selbstversuch beschrieb er die Wirkung als ein Herzklopfen und ein „feeling of wellbeing" (Rasmussen 2008a, S. 16). Aus den Initialen der chemischen Verbindung – Alpha Methyl PHenyl Ethyl AMINe – bildete Alles das Akronym Amphetamin. 1936 begann die Firma Smith, Kline und French (SFK) einen amphetaminhaltigen Inhalierstift gegen Bronchialbeschwerden und Schnupfen mit dem Markennamen Benzedrine zu produzieren, 1937 kamen die razemischen Amphetamintabletten Benzedrine Sulfate auf den Markt, die auch für die Behandlung von Narkolepsie und leichten Depressionen beworben wurden (Rasmussen 2008b, S. 974). Nach diversen Tests, wofür Amphetamin darüber hinaus eingesetzt werden könnte, fand der amerikanische Nervenarzt Charles Bradley heraus, dass es Kindern, die an Konzentrationsschwierigkeiten litten, dabei half, Aufgaben zu lösen. Er legte damit den Grundstein für die Amphetamin-Behandlung von Kindern mit ADHS (vgl. Rasmussen 2008a, S. 30).

Im Zweiten Weltkrieg wurde eine Abwandlung von Amphetamin, Metamphetamin, eingesetzt, um Soldaten leistungsfähiger und angstfreier zu machen und ihr Schlafbedürfnis aufzuschieben. Von deutschen Soldaten wurde das Medikament mit dem Markennamen Pervitin massenhaft an der Front konsumiert. Bis 1941 war es rezeptfrei in Apotheken zugänglich und in sogenannter „Hausfrauenschokolade" enthalten.[3] Auch die Armeen der USA, Japans und Großbritanniens konsumierten im Zweiten Weltkrieg Metamphetamin zur Leistungssteigerung (vgl. Rasmussen 2008a, S. 66ff.). Medienberichten zufolge spielt das Amphetamin-Derivat Captagon (mit dem Wirkstoff Fenetyllin) heute eine große Rolle bei militanten Kämpfern im syrischen Bürgerkrieg (vgl. Süddeutsche 2015). Captagon war noch in den 1960er-Jahren in Deutschland rezeptfrei erhältlich und als Mittel zur Gewichtskontrolle ebenso verbreitet wie als Neuroenhancer unter Studierenden.

Metamphetamin erlebt als Crystal Meth in sehr konzentrierter Form derzeit wieder größere Verbreitung – und popkulturellen Ruhm durch die Serie *Breaking Bad*. Traditionell eine Droge der weißen Unterschicht, verbreitet es sich als Mittel der Leistungssteigerung bei der Arbeit und als Partydroge immer mehr auch in Mittelschichten.

---

3   Siehe dazu den Beitrag von Norman Ohler in diesem Band.

In den Subkulturen wiederum waren Amphetamine unterschiedlich stark verbreitet. Die Hippies lehnten sie als eine dem Körper fremde Droge ab, die Teil der kapitalistischen amerikanischen Kultur sei (vgl. Langlitz 2011, S. 146). In den 1980er-Jahren werden Amphetamine in den Subkulturen beliebter, die Aufwertung des Natürlichen kommt aus der Mode: „Was in der Musik schon New Wave oder in der Literatur der postmoderne Roman vollzogen haben, die Infragestellung des Authentischen, erfasst jetzt den Umgang mit dem Körper und wird dadurch für ein breites Publikum attraktiv" (Dany 2008, S. 152). In den 1990er-Jahren finden Speed und das Amphetamin-Derivat MDMA in der Technoszene große Verbreitung; bei letzterem ist die aufputschende Wirkung des Amphetamins um eine psychokative Wirkung ergänzt.

Auch als Medikament kommt Amphetamin in den 1990er-Jahren verstärkt zum Einsatz. Der Anstieg von ADS- und ADHS-Diagnosen führt in den USA zu immer höheren Verschreibungszahlen von Dexamphetaminen an Kinder. Der bekannteste Markenname mit dem Wirkstoff ist Adderall (darin enthalten ist die Abkürzung ADD für *Attention Deficit Disorder*). In Deutschland werden Aufmerksamkeitsdefizitstörungen pharmakologisch in der Regel mit Methylphenidat unter den Markennamen Ritalin und Medikinet behandelt. Methylphenidat wurde 1954 als Ritalin im deutschsprachigen Raum zugelassen, ein Jahr später geschah dies in den USA. Dem Betäubungsmittelgesetz unterliegt Methylphenidat seit 1971. Die Firma Ciba, die Ritalin vertrieb, bewarb es als ein Mittel, das „ermuntert und belebt – mit Maß und Ziel" (Rothenberger und Neumärker 2005, S. 26). Kinder mit *minimal brain dysfunction* wurden zu diesem Zeitpunkt bereits mit Amphetaminen behandelt. Aufgrund der Ähnlichkeit von Methylphenidat mit Amphetamin testete man dessen Wirkung auch bei Kindern, obgleich Methylphenidat zunächst vor allem gegen Depressionen bei Erwachsenen eingesetzt wurde (vgl. Haubl 2010, S. 17f.). Seinen Markennamen erhielt Ritalin von Marguerite, mit dem Rufnahmen Rita, der Frau von Leandro Panizzon, der Ritalin erstmals synthetisierte. Sie meinte, von der Einnahme von Methylphenidat bei ihrem Tennisspiel zu profitieren (vgl. Lieb 2010, S. 70). Seit kurzem können in Deutschland auch Erwachsene mit der Diagnose ADHS durch Methylphenidat behandelt werden (z. B. mit Medikinet adult) – bisher war dies nur *off label* möglich. Ebenso ist inzwischen die Medikation von Kindern und Jugendlichen mit ADHS auf Basis von Amphetaminen zugelassen (mit Attentin; vgl. Franke und Soyka 2015).

Ein Blick in die Geschichte von Amphetaminen und Methylphenidat zeigt also, dass sie weder als eine Fortschrittsgeschichte, noch als eine Geschichte der Zurichtung oder des eigensinnigen Drogenkonsums erzählt werden kann. Die Substanzen wurden für disziplinierende ebenso wie für hedonistische Zwecke konsumiert. Sie waren frei zugänglich, wurden der Verschreibungspflicht unterstellt, wurden als illegale Drogen genommen und kamen in immer neuen Produkten auf die medizinischen Märkte. Nicht anhand der Substanzen lassen sich Grenzen zwischen Drogen und Psychopharmaka, zwischen Neuroenhancern und Medikamenten ziehen. Nur die Praktiken ihrer Einnahme, der Zweck und die Bedingungen ihres Konsums lassen Unterscheidungen zu.

4 Selbstverständnisse und Rechtfertigungsstrategien der KonsumentInnen

Auch wenn der nichtmedizinische Konsum von Amphetaminen und Methylphenidat unter Studierenden nicht so weit verbreitet ist, wie viele meinen, so werden die Substanzen doch von einigen eingenommen, um zu lernen oder ihre Hausarbeiten zu schreiben. Die Konsument_innen kaufen sich ihre Medikamente bei Dealern, bestellen sie in ausländischen Online-Apotheken und umgehen so die Einhaltung der Verschreibungspflicht. Oder sie erhalten sie von Kommiliton_innen, die eine Diagnose für ADHS haben und die Medikamente verschrieben bekommen, ohne sie vollständig selbst einzunehmen. Mit der Einnahme der Stimulanzien versuchen die Studierenden, ihre Konzentrationsprobleme zu lösen. Die folgenden empirischen Fälle sind meiner Studie entnommen, in der ich die Praxis der Einnahme leistungssteigernder Medikamente in Frankfurt, Berlin und New York ebenso empirisch untersucht habe wie die Kritik, die daran formuliert wird (vgl. Wagner 2017).

Einige, die Ritalin ausprobiert haben, berichten, keinerlei Wirkung verspürt zu haben oder nur eine unbestimmte Nervosität. Jene, die Ritalin regelmäßig nehmen, tun dies, weil es ihren Antrieb steigert und den Fokus ausrichtet. So erklärt zum Beispiel Tabitha, die 23 Jahre alt ist und Biotechnologie studiert:

> „Man ist einfach total drin. […] Man könnte in der Mitte von 'nem Kriegsfeld sitzen, man würde trotzdem sein Buch lesen. Das is' genau das, warum man's eigentlich nimmt. Weil es keine Ablenkung gibt, auch nicht von Gedanken her."

Tabitha nimmt zum Lernen regelmäßig Ritalin. Sie hat eine Freundin, die das Medikament bereits seit ihrer Kindheit verschrieben bekommt, aber knapp die Hälfte ihrer Tabletten an Tabitha weitergibt. Mit Hilfe von Ritalin ist Tabitha nach eigener Aussage schneller mit dem Lernen fertig, weil sie sich nicht ablenken lässt, auf diese Weise hat sie mehr Freizeit. Ritalin richtet nicht nur ihren Fokus aus, sondern verstärkt auch ihr Interesse an einem beliebigen Gegenstand und ruft Tatendrang hervor. Von einer ähnlichen Wirkung berichten auch andere Konsument_innen – so zum Beispiel die zwanzigjährige Aleksandra, die in New York *Arts in Context* studiert. Als sie zum ersten Mal Adderall gemeinsam mit ihrer Freundin einnahm, verspürte sie plötzlich leidenschaftliches Interesse für ihre Studieninhalte:

> „We studied so much we made like color coded flash cards. I was like wow this actually works I've never been so interested."

Dana, die 19 Jahre alt ist und Literaturwissenschaften in New York studiert, vergleicht die Wirkung des Amphetamins Adderall mit Scheuklappen, die das Sichtfeld von Pferden eingrenzen. Ohne das Medikament fällt es ihr schwer, ihre Gedanken zu kontrollieren und bei einem Thema zu bleiben. Außerdem entsteht mit Hilfe von Adderall Interesse an Dingen, die sie sonst langweilig fände:

„I feel like, what Adderall does, is it puts blinders on for me instead of me being like unable to control what I'm thinking about or stay on a subject. [...] It just helps me to be interested in things that I wouldn't normally."

Es ist also nicht nur die wachmachende und antriebssteigernde Wirkung von Stimulanzien, die sie als Neuroenhancer beliebt macht. Sie erzeugen ein Interesse, das sich auf jedwede Aufgabe richten kann. Dieses Interesse wird mitunter auch fehlgeleitet. Die Konsument_innen verbringen dann zwei Stunden damit, ihre Kleidung ordentlich zu falten, statt für ihre Klausur zu lernen. Deshalb gehen viele von ihnen in eine Bibliothek, wo der Fokus sich nur auf die Aufgabe richten kann, die sie sich vorgenommen haben.

Viele Konsumierende berichten neben der Wirkung, die sie schätzen und wegen der sie Ritalin oder Adderall nehmen, auch von Nebenwirkungen und Gefühlen, die sie als unangenehm empfinden. Nils, ein Student der Amerikanistik, erzählt, dass ihm Ritalin ein Gefühl der Entfremdung verschafft:

„Im Prinzip so 'en bisschen esoterisch gesprochen, wir entstammen ja aus der Natur, wir sind ein Teil der Natur, und Technologie und Pharmakologie is' natürlich 'ne Entfremdung von unserer biologischen Herkunft, und da gibt's dann vielleicht so'n Unbehagen in der Kultur, wie Freud das dann sagt, dass man sich fragt, wofür jetzt eigentlich alles, [...] zum Schluss stirbt man, also was hat es jetzt gebracht, dass man sich abgerannt hat?"

Auch andere Konsument_innen berichten, dass sie – ausgelöst durch ihren eigenen Konsum von Stimulanzien – immer wieder die Anforderungen der Leistungsgesellschaft hinterfragen oder sich durch die Wirkung der Medikamente „nicht wie sie selbst fühlen". Andere unangenehme Nebenwirkungen, von denen Konsumierende erzählen, sind zum Beispiel Schlaflosigkeit, Appetitlosigkeit, Schwitzen, eine unbestimmte Nervosität oder Ängstlichkeit und depressive Stimmungen, wenn die Wirkung nachlässt.

Den Konsument_innen ist die Kritik, die an ihrem Verhalten formuliert wird, bewusst. Es lassen sich zwei verschiedene Rechtfertigungsstrategien unterscheiden, die ich als „avantgardistische Rechtfertigung" und „bedingte Rechtfertigung" bezeichne (vgl. Wagner 2017, S. 287ff.): Bei der „avantgardistischen Rechtfertigung" wird die Kritik an Neuroenhancement auf rückschrittliche Gesellschaftsbilder zurückgeführt und ist Ausdruck einer einfältigen Moral. Die Konsument_innen orientieren sich an anderen Normen, die sie als ihrer Zeit voraus begreifen. Sie bezeichnen sich als Transhumanisten oder als Marxisten mit Faszinationen für Cyborgs und stellen die Praxis der Medikamenteneinnahme in den Kontext einer als fortschrittlich erachteten normativen Ordnung, deren Ankunft antizipiert oder gefordert wird. Avantgardistischer Konsum bedeutet dabei keineswegs, dass die Konsument_innen die Auffassung verträten, dass Medikamente nur einer Avantgarde zustehen sollten. Im Gegenteil sei mit dem Konsum eine Antwort auf ein Problem gefunden, die künftig auch anderen zur Verfügung stehen sollte.

Die zweite Rechtfertigungsstrategie ist viel verbreiteter. Die Konsument_innen des Typs „bedingte Rechtfertigung" berücksichtigen in der Deutung der eigenen Praxis die

Kritiken, die an dieser geübt werden, und halten die Einnahme leistungssteigernder Medikamente nur unter bestimmten Bedingungen für legitim. Sie stimmen zu großen Teilen mit der Kritik an Neuroenhancement überein und rechtfertigen den Konsum in Auseinandersetzung mit dieser Kritik. So ist für viele Konsument_innen klar, dass sie nur für eine begrenzte Zeit Stimulanzien einnehmen wollen. Die Studentin Tabitha beispielsweise findet die Einnahme von Ritalin nur bei jungen Erwachsenen legitim. Auf die Frage, ob sie ihren eigenen Kindern später Ritalin geben würde, wenn diese eine ADHS-Diagnose hätten, sagt sie:

> „Auf keinen Fall. Viel zu stark für Kinder. Also ich wieg 56 und wenn so'n Kind sechs Kilo wiegt, die kriegen ja eigentlich dieselbe Dosis, hab ich mal gelesen, dass die auch zehn Milligramm kriegen, die sind ja dann völlig, die haben ja 'nen richtigen Flash. Ich kann mir nicht vorstellen wie die sich dann fühlen. Dann ist es wirklich 'ne richtige Droge."

Auch findet Tabitha, dass es sich bei Frauen über dreißig um ein „Junkieverhalten" handele, wenn diese noch Ritalin konsumieren. Es gibt also nur ein Zeitfenster von einigen Jahren, in denen es für sie gerechtfertigt ist, Ritalin zu nehmen. Dana, eine New Yorker undergraduate Studentin, stellt folgende Bedingung auf: Es sollten nur Studierende Adderall nehmen, bei denen die Substanz vorhandenen Talenten zum Ausdruck verhilft. Sie grenzt sich von Kommiliton_innen ab, denen sie unterstellt, mithilfe von Stimulanzen ihre mangelnden Begabungen auszugleichen. Die meisten anderen von mir interviewten Konsument_innen legen ebenfalls einen Legitimitätsbereich fest, der es ihnen erlaubt, Medikamente zur Leistungssteigerung zu nehmen und dennoch die Kritik an dem Phänomen zu teilen.

5 Neuroenhancement auf dem Vormarsch?

In der bioethischen Debatte um Neuroenhancement ebenso wie in der medialen Berichterstattung wird häufig der Eindruck erweckt, dass Medikamente wie Ritalin deshalb als Neuroenhancer eingenommen werden, weil sie in einem Umfeld extremen Leistungsdrucks schlicht Mehrarbeit ermöglichen. In der Tat nehmen einige Konsumenten mehrere Tabletten hintereinander, schieben ihr Schlafbedürfnis auf diese Weise auf und arbeiten die Nacht durch. Üblicher scheint aber eine Konsumweise zu sein, bei der mit Hilfe von Stimulanzien der eigene Arbeitstag strukturiert wird: Arbeitsbeginn ist, wenn die Wirkung einsetzt, so wird langes Aufschieben und Prokrastinieren verhindert.

Gerade die motivationssteigernde Wirkung von Stimulanzien und das Hervorrufen von Interesse an beliebigen Themen und Aufgaben könnten die Nachfrage nach dieser Art von Medikamenten steigen lassen – zeichnet sich doch die Arbeitswelt der Gegenwart durch steigende Ansprüche an Eigenmotivation und Selbststeuerung aus. In vielen modernen Arbeitsverhältnissen, gerade im Bereich der Kopfarbeit, reicht es nicht mehr aus, gewissenhaft zugewiesene Aufgaben zu erfüllen (vgl. Voß und Pongratz 1998; Voswinkel

2002; Bröckling 2007). Vielmehr gilt es, fortwährend den eigenen Enthusiasmus unter Beweis zu stellen und diese Begeisterung dabei tatsächlich zu empfinden (vgl. Neckel 2014; Wagner 2015). Es entspricht darüber hinaus den Selbstverwirklichungsansprüchen heutiger urbaner Mittelschichtsangehöriger, leidenschaftliches Interesse für die eigene Arbeit zu empfinden. Konsument_innen leistungssteigernder Medikamente lösen mit der Motivation und Interesse erzeugenden Wirkung also zwei konkrete Handlungsprobleme moderner Arbeitssubjekte.

Es gibt aber eine andere soziale Entwicklung, welche die Ausbreitung von Neuroenhancement eindämmen könnte. Gegenüber dem Konsum leistungssteigernder Medikamente besteht in Deutschland ein weitverbreitetes Unbehagen. Die meisten Menschen würden eine Gesellschaft ablehnen, in der viele Psychopharmaka eingenommen werden, um besser zu arbeiten. Die Kritik an Neuroenhancement basiert vielfach auf der Überzeugung, dass man seine eigenen Leistungsgrenzen anerkennen sollte und dass, wer versucht diese pharmakologisch zu verschieben, sich von seinem Kernselbst entfremdet. Der Authentizitätsimperativ ist extrem wirkmächtig: Die Kritik an Neuroenhancement stützt sich vor allem darauf, dass die Einnahme von Medikamenten zur Leistungssteigerung eine Form der Selbstzurichtung darstellt (vgl. Wagner 2014; Wagner 2017, S. 163ff.). Praktiken der Selbstoptimierung, die allgemeinen Zuspruch erfahren, bestehen heute vor allem in Versuchen, den „natürlichen" Körper mit gesunden Lebensmitteln ohne Zusatzstoffe zu ernähren, durch Selbstdisziplin fit zu halten und die geistige Leistungsfähigkeit durch ausreichend Schlaf und Bewegung zu steigern.

Literatur

Bröckling, U. 2007. *Das unternehmerische Selbst. Soziologie einer Subjektivierungsform.* Frankfurt/Main.
Clausen, J. 2016. Elektrozeutika und Enhancement. In *Neuroenhancement. Interdisziplinäre Perspektiven auf eine Kontroverse*, hrsg. v. R. Schütz, E. Hildt, J. Hampel, 65–80. Bielefeld.
DAK 2009. *Gesundheitsreport 2009. Analyse der Arbeitsunfähigkeitsdaten. Schwerpunktthema Doping am Arbeitsplatz.* Hamburg.
Dany, H.-C. 2008. *Speed. Eine Gesellschaft auf Droge.* Hamburg.
Diekelmann, S. 2016. Neuroenhancement im Schlaf. In *Neuroenhancement. Interdisziplinäre Perspektiven auf eine Kontroverse*, hrsg. v. R. Schütz, E. Hildt, J. Hampel, 25–45. Bielefeld.
Dietz, P., H. Striegel, A.G. Franke, K. Lieb, P. Simon, R. Ulrich. 2013. Randomized Response Estimates for the 12-Month Prevalence of Cognitive-Enhancing Drug Use in University Students. *Pharmacotherapy* 33: 44–50.
Famm K., B. Litt, K. J. Tracey, E. S. Boyden, M. Slaoui. 2013. Drug discovery: a jump-start for electroceuticals. *Nature* 496: 159–161.
Farah, M. J., J. Illes, R. Cook-Deegan, H. Gardner, E. Kandel, P. King, E. Parens, B. Sahakian, P.R. Wolpe. 2004. Neurocognitive enhancement: What can we do and what should we do? *Nature Reviews Neuroscience* 5: 421–425.
FAZ 2013. Hirndoping boomt an Universitäten. http://www.faz.net/aktuell/wissen/medizin-ernaehrung/jeder-fuenfte-student-nimmt-pillen-hirndoping-boomt-an-universitaeten-12045969.html. Zugegriffen: 6. April 2017.

Franke, A., P. Gränsmark, A. Aqricola, K. Schühle, T. Rommel, A. Sebastian, H. E. Balló, S. Gorbulev, C. Gerdes, B. Frank, C. Ruckes, O. Tüscher, K. Lieb. 2017. Methylphenidate, modafinil and caffeine for cognitive enhancement in chess: A double-blind, randomised controlled trial. *European Neuropsychopharmacology* 27: 248–260.

Franke, A. Soyka M. 2015. Pharmakologisches Neuroenhancement aus Sicht der Suchtmedizin. *Fortschritte der Neurologie Psychiatrie* 83: 83–90.

Franke, A.G., C. Bonertz, M. Christmann, M. Huss, A. Fellgiebel, E. Hildt, K. Lieb. 2011. Non-Medical Use of Prescription Stimulants and Illicit Use of Stimulants for Cognitive Enhancement in Pupils and Students in Germany. *Pharmacopsychiatry* 44: 60–66.

Galert, T., C. Bublitz, I. Heuser, R. Merkel, D. Repantis, B. Schöne-Seifert, D. Talbot. 2009. Das optimierte Gehirn. *Gehirn und Geist* 11: 40–48.

Greely, H. 2008. Towards responsible use of cognitive-enhancing drugs by the healthy. *Nature* 246: 702–705.

Haubl, R. 2010. Psychodynamik medikalisierter Beziehungen. In *Mit Ritalin leben. ADHS-Kindern eine Stimme geben*, hrsg. v. R. Haubl, K. Liebsch,16–35. Göttingen.

Haubl, R., K. Liebsch. 2010. Einführung. In *Mit Ritalin leben. ADHS-Kindern eine Stimme geben*, hrsg. v. R. Haubl, K. Liebsch, 7–15. Göttingen.

Juengst, E. T. 1998. What does Enhancement Mean? In *Enhancing Human Traits. Ethical and Social Implication*, hrsg. v. E. Parens, 29–47. Washington.

Lieb, K. 2010. *Hirndoping. Warum wir nicht alles schlucken sollten*. Mannheim.

Maher, B. 2008. Poll results: look who's doping. *Nature* 452: 674–675.

McCabe, S. E., J. R. Knight, C. J. Teter, H. Wechsler. 2005. Non-medical use of prescription stimulants among US college students: prevalence and correlates from a national survey. *Addiction* 100: 96–106.

Middendorf, E., J. Poskowsky, W. Isserstedt. 2012. Formen der Stresskompensation und Leistungssteigerung bei Studierenden. HISBUS-Befragung zur Verbreitung und zu Mustern von Hirndoping und Medikamentenmissbrauch. *HIS: Forum Hochschule* 01. http://www.his.de/pdf/pub_fh/fh-201201.pdf. Zugegriffen: 6. April 2017.

Neckel, S. 2014. Emotionale Reflexivität – Paradoxien der Emotionalisierung. In *Systemzwang und Akteurswissen. Theorie und Empirie von Autonomiegewinnen*, hrsg. v. T. Fehmel, S. Lessenich, J. Preunkert, 117–132. Frankfurt/Main.

Quednow, B. 2010. Neurophysiologie des Neuro-Enhancements: Möglichkeiten und Grenzen. *Suchtmagazin. Fachzeitschrift für Suchtarbeit und Suchtpolitik* 2: 19–26.

Rasmussen, N. 2008a. On Speed. The Many Lives of Amphetamines. New York.

Rasmussen, N. 2008b. America's First Amphetamine Epidemic 1929–1971. A Quantitative and Qualitative Retrospective With Implications for the Present. Am J Public Health. 98(6): 974–985.

Repantis, D., P. Schlattmann, O. Laisney, I. Heuser. 2010. Modafinil and methylphenidate for neuroenhancement in healthy individuals: A systematic review. Pharmacological Research 62: 187–206.

Rothenberger, A., K.-J. Neumärker. 2005. *Wissenschaftsgeschichte der ADHS – Kramer-Pollnow im Spiegel der Zeit*. Darmstadt.

Savulescu, J. 2006. Justice, Fairness and Enhancement. *Annals of the New York Academy of Sciences* 1093: 321–338.

Sontowski, C. 2016. *Viagra im Alltag – Praktiken der Männlichkeit, des Körpers und der Sexualität*. Wiesbaden.

Süddeutsche Zeitung 2015. Captagon – Droge des Krieges. http://www.sueddeutsche.de/politik/aufputschmittel-captagon-droge-des-krieges-1.2752802. Zugegriffen: 4. April 2017.

Teter, C. J., S. E. McCabe, K. LaGrange, J. A. Cranford, C. J. Boyd. 2006. Illicit use of specific prescription stimulants among college students: Prevalence, motives, and routes of administration. *Pharmacotherapy* 26: 1501–1510.

The President's Council on Bioethics 2003. *Beyond Therapy: Biotechnology and the Pursuit of Happiness*. Washington.

Turner, D., T. W. Robbins, L. Clark, A. R. Aron, J. Dowson, B. J. Sahakian. 2003. Cognitive enhancing effects of modafinil in healthy volunteers. *Psychopharmacology* 165: 260–269.

Voß, G. G., H. J. Pongratz. 1998. Der Arbeitskraftunternehmer. Eine neue Grundform der Ware Arbeitskraft. *Kölner Zeitschrift für Soziologie und Sozialpsychologie* 50: 131–158.

Voswinkel, S. 2002. Bewunderung ohne Würdigung? Paradoxien der Anerkennung doppelt subjektivierter Arbeit. In *Befreiung aus der Mündigkeit. Paradoxien des gegenwärtigen Kapitalismus*, hrsg. v. A. Honneth, 65–92. Frankfurt/Main, New York.

Wagner, G. 2015. Besser werden. Praktiken emotionaler Selbststeuerung. *Mittelweg* 36: 188-210.

Wagner, G. 2014. Neuroenhancement in der Kritik. Normative Deutungen von Studierenden in Frankfurt und New York. *WestEnd. Neue Zeitschrift für Sozialforschung* 2: 91–104.

Wagner, G. 2017. *Selbstoptimierung. Praxis und Kritik von Neuroenhancement*. Schriftenreihe des Instituts für Sozialforschung. Frankfurt/Main, New York.

Drogen-Literatur

Das experimentalisierte Selbst und seine Schreibweisen

Jeannie Moser

> **Zusammenfassung**
>
> Der Beitrag gibt einen wissenssoziologischen Überblick über literarisch vermitteltes Wissen über Drogen, Drogenkonsumenten und eine Gesellschaft, in der Drogen zirkulieren. Schlaglichtartig beleuchtet er Gegenstandsbereiche, die mit literaturästhetischen Fragen einher-, oft aber weit über sie hinausgehen. Zum Beispielfeld macht der Beitrag Kontakträume von Wissenschaft und Literatur, die sich um Drogen seit der anthropologischen Wende um 1800 bilden. Drogen werden dort mit einer Experimentalisierung des Selbst verbunden. Einen zweiten Akzent legt der Beitrag auf Schreibweisen, an deren Problematisierung sich zeigt, wie Drogenwissen disziplinäre Darstellungsroutinen irritiert, wie über seine Schreibweisen Zuständigkeitsbereiche verhandelt werden oder aber welche Schreibweisen besonders drogenaffin sind.

Schlüsselbegriffe: Drogen, Literatur, Experimentalisierung, Wissenssoziologie

Die Drogen bilden jetzt einen Teil unserer Kultur.

Michel Foucault

Literatur prozessiert nicht isoliert – so die Prämisse dieses Beitrags. Sie ist Teilhaberin von Diskursen und Mitproduzentin soziokultureller Bedeutungen. Sie ist an der Bearbeitung von Drogenwissen beteiligt, definiert und codiert Gegenstandsbereiche und bezieht Stellung zu Leitunterscheidungen, die angesichts von Drogen problematisiert werden müssen. Im Sinne Foucaults Diskursanalyse sind literarische Drogentexte Ereignisse von Diskursen, die über sich selbst als autonomes Funktionssystem hinausreichen. Sie treffen Aussagen über Drogen, bewerten ihre Wirkung, gestalten die Erfahrungsbereiche, in die sie versetzen, und ordnen diese soziokulturell ein. Umgekehrt ist die gewiss prominente Liaison von Drogen und Literatur ein historisch bedingter, soziokultureller Effekt, der sich auf das ausgehende 18. Jahrhundert datieren lässt. Zum einen reklamiert die Literatur zu dieser Zeit eine eigenständige Position für sich. Zum anderen gruppieren sich neue Interessen, Verfahren und Affekte um Pflanzen und Pilze, Säfte und Chemikalien, die mit dem Bewusstsein interagieren und es gewaltig umstrukturieren. Drogen werden mit der Erkundung des Selbst und den Möglichkeiten seiner stofflichen Veränderung verbunden – wobei Literatur und Wissenschaft auf bemerkenswert enge Weise kooperieren.

Wie Literatur Drogen, sich selbst und ihre Kultur beobachtet und bearbeitet, wird im Folgenden anhand von zwei Schwerpunkten exemplarisch gezeigt. Der erste liegt auf dieser Erkundung als einer Experimentalisierung des Selbst. Von hier aus eröffnen sich Ausblicke darauf, was Literatur im Zusammenhang mit Drogen alles absorbiert und umgekehrt gesellschaftlich zirkulieren lässt. Im ersten Abschnitt wird dies schlaglichtartig entlang von einschlägigen Drogen beleuchtet, die Wissenschaft und Literatur in direkten Kontakt bringen. Ein zweiter, kürzerer Abschnitt legt den Akzent auf die Schreibweisen des Drogenwissens, das disziplinäre Darstellungsroutinen irritiert, aber auch erweitert. Aus einer wissenspoetologischen Perspektive zeigt sich, wie die funktionale Ausdifferenzierung des Drogenwissens, wie Verhandlungen und Deklarationen von Zuständigkeitsbereichen über die Zuordnung bestimmter Schreibweisen erfolgen. Rauschzuständen, Drogenkonsumenten und Literatur kommt ein exklusiver, aber auch exkludierter Ort in der Ordnung des Wissens zu, wohingegen sich Wissenschaft ihren hegemonialen Status zu sichern versucht. Allerdings machen sich gerade im Blick auf die Schreibweisen wechselseitige Kontaminationen des Wissens bemerkbar. Ferner zeigt der Abschnitt, wie Drogen bestimmte Schreibweisen provozieren bzw. welche besonders drogenaffin sind. Durchweg arbeitet der Beitrag mit kursorischen Einzelgeschichten zu bekannten Drogentexten und -schriftstellern, um einen Einblick in das breite Themenspektrum zu vermitteln und möglichst viele Gegenstandsbereiche aufgreifen zu können, die Drogen zur Bearbeitung aufgeben.

1 Drogen und die Experimentalisierung des Selbst

Schon die Antike kennt Drogen, und sie tauchen bereits damals in der Literatur auf. Im vierten Gesang von Homers *Odyssee* etwa bereitet Helena einen Trank, der Traurigkeit vergessen machen soll und von dem man spekuliert, er habe Hanf und Opium enthalten. Der mythische Orpheus wiederum berichtet Wissenswertes über Pflanzen, wie Plinius der Ältere in seiner *Naturalis historia* festhält. Genauso wenig wie die antike, die orientalische oder die Neue Welt – von deren rituellem Pilze- und Pflanzengebrauch sowie Opiat- und Cannabis-Konsum in der europäischen Reiseliteratur des 18. Jahrhunderts viel zu lesen ist – ist aber die okzidentale Welt selbst jemals eine drogenfreie Zone gewesen. Auch jenseits von Alkohol und Kaffee, jenem Stimulans, das um 1800 längst im Alltag implementiert ist und ihn rhythmisiert, sind psychotrope Substanzen als Heil- und Genussmittel in stetem Gebrauch (vgl. Boon 2002).

Und doch fällt die ‚Entdeckung' als unverhohlene Adressierung von Drogen erst in die Phase, in welcher der Mensch erforscht und aufgeklärt wird. Michel Foucault nennt diesen eine völlig neue Erfindung: ein Selbst, das sich erfährt und von sich selbst weiß (vgl. 1995, S. 384). Insofern sich seine Erfahrung über Bezugspunkte der materiellen Welt ausdehnen kann und sich autonomisiert, taucht die Frage auf, wie neue Formen des Wirklichen auf dem Versuchsfeld des Körpers herzustellen sind. Es entsteht ein Gebiet des individualisierten inneren Lebens, das als Psyche objektiviert erkundet werden soll, und es wird der Anspruch erhoben, dessen Dunkelzonen auszuleuchten (vgl. Clair 1989; Crary 1996; Griesecke 2008). Jenes neuartige Selbst wird um 1800 sowohl in physiologische als auch poetische Versuchsanordnungen eingespannt. Zu den engsten Begleitern der Experimentalisierung des Selbst werden Drogen, weil sie es verblüffend einfach manipulieren, systematisch reizen und zu bestimmten Reaktionen provozieren können. Sie initiieren einen *altered state of mind*. Einerseits soll dieser Ausnahmezustand ergründet werden, andererseits sollen verallgemeinerbare Aussagen über ein vermeintlich ‚normales' Denken, Fühlen und Verhalten und deren mögliche physiologische Grundlagen abgeleitet werden.

Es sind Schriftsteller der Romantik und der aus ihr entstehenden ästhetischen Bewegungen, denen als erste eine besondere Affinität zur drogistischen Selbstexploration nachgesagt wird. Wie Marcus Boon in seiner *History of Writers on Drugs* zeigt, kommt es zur Rekonfiguration des Verhältnisses von Drogen und Literatur. Um 1800 reklamiert die Literatur eine eigenständige Position für sich und erhebt das Selbst zur schöpferisch-autoritativen Quelle. Rauscherfahrung wird als ästhetische Erfahrung postuliert und mit poetischen Programmen verknüpft. Insofern das Drogenexperiment Kunst und der von seinen Erfahrungen berichtende Konsument Künstler sein kann, nimmt Drogenliteratur eine eigene Gestalt an. Und ein diskursives Artefakt hat seinen Auftritt: die Figur des Drogenschriftstellers (vgl. Boon 2002, S. 1–15, 88f.; Marschall 2002, S. 180; Plant 1999, S. 8).

Die Subjektivität allerdings, auf die sich die Literatur mit Nachdruck beruft, beansprucht sie nicht alleine. Ebenso wenig ist die Produktion und Deutung phantastischer Welten eine exklusive Angelegenheit der Literatur. Praktiken der Stimulation, Denaturalisierung und Selbstbearbeitung von Erfahrung mithilfe von Psychotropika wandern durch unterschiedliche Räume des Wissens, das sich ausdifferenziert. „Was empfindet man? Was sieht man?" sind allseits kurrente Fragen (Baudelaire 1988, S. 23). Geht es darum, den Geist, die Sinne, die dunklen Bereiche der Seele oder die fulminanten Spielräume der Imagination zu verstehen, sind die disziplinären und institutionellen, zuweilen sogar die sozialen Barrieren durchlässig. Auch wenn die Erkenntnisinteressen im Detail zweifellos unterschiedlich sind, teilt man sich Drogen als Instrumente – und mit ihnen anthropologische Bezüge, philosophische und soziale Fragen, Wertvorstellungen, Verfahren, Terminologien und Narrative, die wiederum die Drogenerfahrung strukturieren.

Um Drogen bilden sich zahlreiche Kontaktzonen, Räume der Kollaboration und Kommunikation, in denen Wissen zirkuliert und aus denen heraus Wissen freigesetzt wird. „Es ist ein Gesetz", steht dahingehend im Protokoll eines Drogenversuchs Walter Benjamins: „Eine Haschischwirkung gibt es nur, wenn man über Haschisch spricht" (1972, S. 125). Um Drogen organisieren sich kollektive Rituale. Es entstehen Allianzen, es formieren sich Gruppen, fast ausschließlich nehmen sie die Form von Männerfreundschaften und Männerbünden an. Sie zeigen sich an expliziten Bezugnahmen der Akteure in Form von Zitaten und Verweisen in Publikationen oder aber in der Zusammenstellung der Forschungsgruppen selbst. Drogen, genauso wie Drogenliteratur, lösen einen intensiven Grenzverkehr aus, stiften Gemeinschaften und bleiben potente Bindemittel.

1.1 Lachgas und Opium

Das Lachgas, dessen Wirkung der Chemiker Humphry Davy an der *Pneumatic Medical Institution* in Bristol 1799 feststellt, ist eine der ersten Substanzen, die Schriftsteller magisch anzieht. Während Dampfmaschinen, erste Fabriken und wachsende Städte die individuellen und sozialen Lebensroutinen neu organisieren, feiern die frühromantischen *Lake Poets* Robert Southey, William Wordsworth und Samuel Taylor Coleridge mit Wissenschaftlern, die mit der Substanz Tuberkulose, Lähmung, Rheuma oder Depression behandeln wollen, *laughing gas parties*, wo man inhaliert, notiert, (auf-)zeichnet und dichtet (vgl. Griesecke 2002 und 2008, S. 46). Heil- und Genussmittel sind hier ununterscheidbar. Southey bringt das Lachgas zum Schwärmen: „Davy has actually invented a new pleasure, for which language has no name. [... It] makes one strong, and so happy! So gloriously happy!" Der Erfinder und Wissenschaftler Davy dichtet indessen in sein Notizbuch: „Not in the ideal dreams of wild desire / Have I beheld a rapture wakening form" (Ruston 2013, S. 367).

Wie Opium, das in England um 1800 als billiges Medikament schier allgegenwärtig ist, bezieht Lachgas seine Attraktivität aus der Assoziierbarkeit mit Traum, Schlaf und absoluter Schmerzlosigkeit. Beide Stoffe legen den Körper augenblicklich still und versetzen in eine Zone, in der nichts außer Gedanken und Ideen zu existieren scheint. So verbinden sie sich mit dem Wunsch, den kartesischen Geist-Materie-Dualismus zu überwinden. Sie verschaffen mit kantischer Philosophie infizierten Selbstaufklärern wie Coleridge Erfahrungen restituierter Ganzheit, in der das empirische mit dem transzendentalen Reich zusammengeschlossen werden kann – auch wenn für Kant das Transzendentale per Definition jenseits von Erfahrung liegt (vgl. Boon 2002, S. 90–93).

Coleridge, fasziniert von Deutschem Idealismus, mittelalterlicher Alchemie und moderner Chemie, kommt wie so viele seiner Zeitgenossen als Patient im Zuge einer Rheumaattacke mit Opium in Kontakt. Anders als dem Lachgas wird er diesem lebenslang verfallen bleiben. Wie der titelgebende Protagonist seines fragmentarischen Gedichts *Kubla Khan or A Vision in a Dream* verkörpert Opium orientalisierte Weisheit und entführt in einen exotisierten, mysteriösen Gesellschafts- und Wirklichkeitsraum fernab Europas. In der Vorrede des kanonisch gewordenen Gedichts wird ein Tiefschlaf, der durch ein Analgetikum induziert ist, als Entstehungsbedingung von Dichtung bestimmt. Hier findet sich eine erste Trope literarischen Drogengebrauchs: *Kubla Khan* ist ein Traumtranskript, ist diktierter Text. Worte und Gedanken werden von einer kreativen Kraft aus der Dunkelzone des Ichs vorgesagt, vom Autor dann erinnert und niedergeschrieben. Drogenschriftsteller erleben damit eine verwirrende Entfremdung von ihrem Text: „Opium provided a new myth of poetic inspiration," schreibt Boon, „but a disturbing one, one that revealed a curious impotence or aphasia in the writers' own psyches" (2002, S. 35). Die Drogenerfahrung als Schauplatz literaturästhetischer Verhandlung forciert die Fragen: Wer oder was schreibt genaugenommen? Welchem Willen folgt der Text? Und noch weiterreichend: Wem oder was folgt das Denken, folgt das Handeln? Welche Instanz ist verantwortlich zu machen?

Die Kehrseite des produktiv gemachten Künstlers ist der ohnmächtige Sklave des Traums und die Droge als im doppelten Sinne des Wortes rigoros *vorschreibende* Kraft. Das poetische Diktat einer Droge, die Worte und Zeilen souffliert und folglich zur *agency* avanciert, korrespondiert mit einem neuen Diskurs, der mehr als nur produktionsästhetische Programme betrifft – und sich ebenfalls mit Coleridge zu lesen gibt: Die Figur der kontrollierenden Droge begründet einen mit Beginn des 19. Jahrhunderts kultursemantisch wirkmächtigen Diskurs, der das Phänomen der Sucht weniger als moralische Verfehlung denn als Krankheit und Verbrechen adressiert. Das von Coleridge inflationär gebrauchte Opium-Alkohol-Gemisch Laudanum regt Alpträume an, erscheint als tatkräftiger Kombattant in einem Körper, der im Register des Pathologischen gedacht ist. In seinen Notizbüchern und Briefen gibt er Kämpfen in und mit einem Körper Gestalt, der unfähig ist, sich Normen anzupassen. Ebenso erscheint der Geist, der das Verlangen nach der Droge nicht zu beherrschen in der Lage ist, als dysfunktional – was Coleridge seinen Opiumkonsum schamvoll werden und verhehlen lässt (vgl. Boon 2002, S. 34ff., 120–124; Plant 1999, S. 8, 22; Youngquist 2003, S. 94).

Ganz anders sein literarischer Weggefährte Thomas de Quincey, der weniger von Kant als vom Ökonomen David Ricardo inspiriert ist. Er lernt Opium ebenfalls als Patient kennen, widmet es zum Genussgift um, das aber stets mit Fragen des Verbrauchs und der (ästhetischen) Produktivität assoziiert bleibt. Er konstruiert einen wahren Mythos um seinen Drogenkonsum. 1821/1822 veröffentlicht er aus Geldnot seine *Confessions of an English Opium-Eater*, die zum Klassiker drogistischer Selbstbeschreibung werden sollten. Einschlägig erscheint hier die Droge als käuflicher Traum, der nur das, was im Selbst als verinnerlichter Welt steckt, zur Erscheinung bringt. Opium ist das Instrument, um den Schleier zwischen den Ereignissen der Gegenwart und geheimen Gedächtnisinschriften zu lüften. Der Rausch als künstlicher Traum kranker Tage (de Quincey gebraucht die Begriffe synonym) liest sich als Realisierung vermengter Phantasien und (kindlicher) Erinnerungen und wird zum Experimentierfeld, auf dem das Träumen zu durchleuchten ist. De Quinceys *Confessions* artikulieren damit sowohl die Idee eines Ich, das sich in ein bewusst-oberflächliches und authentisch-verborgenes spaltet, als auch eine Traumtheorie *avant la lettre*, die sich erst durch den Kokainforscher und -konsumenten Freud mit seiner Psychoanalyse und Ökonomie der Träume explizieren wird (vgl. Boon, S. 36–41, 183; Plant 1999, S. 57).

1.2 Haschisch

Jacques-Joseph Moreau, der Davys Lachgas- und de Quinceys Opiumberichte sorgfältig durchsieht, erprobt Mitte des 19. Jahrhunderts Haschisch, das er aus Algerien mitbringt. Er gilt als der erste, der seine Wirkung systematisch und dezidiert mit dem Wahn assoziiert, und damit die Pathologisierung des Rauschs diskursiv anreichert. Außerhalb des Krankenhauses forscht der Arzt im Pariser *Club des Hachichins*: Im Hôtel Pimodan treffen sich Wissenschaftler, Maler und Schriftsteller wie Théophile Gautier, Alexandre Dumas oder der notorische Kaffeekonsument Honoré Balzac, der Körper und Geist stimuliert, um sein Schreibpensum zu erhöhen. Beim gemeinsamen Träumen im Club dient die Wirklichkeit nur als Ausgangspunkt der Halluzination. Gaultier beschreibt ihn in der gleichnamigen Kurzgeschichte als abgeschiedenen, orientalisierten Gegenort zum modernen Großstadtleben, als einen Schutzraum vor den hektischen Einbrüchen der Zivilisation: er ist isoliert, störungsfrei – und damit alternativer sozialer Mikrokosmos wie auch nahezu perfektes Labor (vgl. Solhdju 2010).

Nicht dem Club schließt sich der Opiumkonsument Charles Baudelaire an, Ikone des antimodernen Bohemiens, dessen ambivalentes Buch *Les paradis artificiels* 1860 publiziert wird. Anders als Wein, die Droge der Armen und Arbeiter, die er positiv bewertet, als solidarisierend und empathisierend rühmt und mit (dichterischem) Scharfsinn verknüpft, gerät darin das inspirative Träumen durch das asoziale und unmoralische Haschisch in harsche Kritik – im Zuge derer die Droge jedoch rhetorisch furios beschrieben wird und eine ebenso einschlägige wie langlebige Gestalt bekommt. Der dem Unendlichen zugeneigte Drogenschriftsteller glaube, so ein Vorwurf, Transzendenz und Übernatürliches in sein Leben und Denken einzuführen, verwechsle jedoch seine Visionen mit der Realität – so wie der von Moreau beschriebene Wahnsinnige diese nicht von der Halluzination zu unterscheiden weiß. Ein „vom Haschisch vergiftetes Hirn" besitze keine Einbildungskraft, so Baudelaire (1988, S. 46). Der künstliche Traum erscheint als leicht verdientes Glück, ist aber teuer erkauft. Er geht zulasten von Passion und Willenskraft. Mit der Denunziation, die einer ökonomischen Logik folgt, verbindet sich ein kulturkritisches Moment: *Die künstlichen Paradiese* wendet sich gegen bürgerliche Fortschrittsmythen und diagnostiziert die Warenförmigkeit von Traum und Halluzination just zu dem Zeitpunkt, so wird Walter Benjamin schreiben, in dem diese Warenförmigkeit annehmen; in einem Paris, das die ersten Kaufhäuser und Werbeplakate zu formen beginnen (vgl. Boon, S. 132–142; Plant 1999, S. 36–44).

Die künstlichen Paradiese wiederum halten Ernst Joël, der morphinsüchtig aus dem Ersten Weltkrieg zurückkehrt und in Berlin eine sozialpsychiatrische Klinik installiert, und sein Kollege Fritz Fränkel 1926 in der *Klinischen Wochenschrift* für die „vorzüglichste" Schilderung des Haschischrauschs. Die beiden suchen allgemeine Phänomene der Psychopathologie zu erfassen, und auch sie gehen von einer strukturellen Ähnlichkeit von Rausch und Wahn aus (S. 1707). Benjamin machen sie wie den Philosophen Ernst Bloch zum Probanden. Benjamin erwartet sich von Haschisch, Opium und Meskalin mehr als nur mystische Selbstoffenbarung – eine solche müsste auf soziale, politische und ästhetische Ziele umgelenkt werden können und über (romantische) Selbstbezogenheit hinausgehen. Den Alltag will er illuminieren und revolutionieren, nicht transzendieren; das Wesen der Dinge in den Oberflächen und Schleiern, nicht in ihrem (mit der Wahrheit assoziierten) Dahinter antreffen. Der Rausch in seinem Oszillieren zwischen Traum und Rationalität soll strategisches Vehikel sein, um in einem dialektischen Manöver zum Vorgang der Gedankenkonstruktion vorzudringen und den Erfahrungskreis der Nüchternheit profan zu erleuchten. Der Aufstieg des Nationalsozialismus aber wird eine schärfere marxistische Kritik sozialer Wirklichkeit erforderlich machen (Benjamin 1972, S. 114; Boon 2002, S. 149ff.; Wegmann 2001).

Haschisch eröffnet Benjamin bei geschlossenen Augen – jenem Medium zwischen Innen und Außen – exzessive Visionsräume. Privatwohnungen und Hotelzimmer verwandeln sich. Im Winkel, den er das „Laboratoire du Rouge" nennt, lautet ein Auftrag, die Welt, insbesondere die der Farbe zu entdecken (1972, S. 59). Benjamin schaltet sich damit in einen Diskurs ein, in dem Farbe aus zweierlei Gründen einen Kristallisationspunkt bildet, die in gleicher Weise für Drogen gelten: Zum einen wird anhand von Farbe und Drogen die Unterscheidung zwischen Zustand und Wahrnehmung der Welt prozessiert. Zum anderen verkörpern Farbe und Drogen Paradebeispiele nicht vermittelbarer Subjektivität. Sie problematisieren die Möglichkeit, Empfindungen zu formalisieren. Sie werden nicht identisch erfahren bzw. ist unüberprüfbar, ob sie identisch erfahren werden. Somit verweisen sie auf die Grenzen des Erfahrungsaustauschs und -vergleichs, generell von intersubjektiver Kommunikation (vgl. Daston und Galison 2007, S. 289ff.). Sie werden einem hermetischen System zugeordnet und zählen als privatisiertes Erlebnis, „das im inneren Raum des Individuums stattfindet" – so wird Albert Hofmann bemerken, der LSD synthetisiert und 1943 seine psychotrope Wirkung erstmalig erfährt: „Die farbige Welt, so wie wir sie sehen, existiert objektiv draußen nicht" (2002, S. 14).

1.3 LSD, Meskalin und Psilocybin

Der Psychiater Oskar Janiger untersucht dezidiert den Zusammenhang von LSD und ästhetischer Produktion, arrangiert an der University of California Experimente mit mehr als 900 Freiwilligen, unter ihnen so namhafte Probanden wie Anaïs Nin oder Aldous Huxley, denen er seine *creativity pill* gibt und sie Protokoll führen lässt. In ihren *Tagebüchern* hält Nin fest, dass Drogen ihr keine unbekannte Welt enthüllen. Orientalische Szenarien, Schwebezustände, Verflüssigung von Gegenständen oder Ich-Spaltung erschließen sich ihr vielmehr aus ihrem Unbewussten, der Erinnerung, den Träumen sowie aus Kunst und Literatur. Dies sei auch der natürliche, der vorzuziehende Zugang, ist ihr Fazit. Dem passiven Träumen der Drogen setzt sie ein diszipliniertes, aktiv-dynamisches entgegen, das als Kunst mit der Welt in Verbindung tritt (vgl. 2002, S. 145ff.).

Ganz anders Huxley, der die chemischen *tools* preist. Begierig, ein Versuchskaninchen zu sein, hat er sich schon 1953 unter Aufsicht des Neuropsychiaters Humphry Osmond mit Meskalin bekannt gemacht. Die *Doors of Perception* sowie die Erfahrungsräume *Heaven and Hell*, die er in den beiden gleichnamigen Essays beschreibt, werden zu Schlüsselfiguren des psychedelischen Diskurses, der wiederum seinen Namen der Verbindung von Psychiater und Schriftsteller verdankt. Huxley schickt Osmond einen Reim, der einen neologistischen Vorschlag enthält: „To make this trivial world sublime, take half a gram of phanerothyme". Den Vorschlag kontert Osmond mit einem eigenen: „To fathom Hell or soar angelic," schreibt er zurück, „just take a pinch of psychedelic." Derart benannt und klassifiziert enthüllen Drogen die Seele. Huxley verbindet die Psychedelika nun explizit mit der Idee eines biochemisch geregelten Selbst, in dessen Regelkreis sie sich einschalten. Damit gehen Selbsterfahrung bzw. Seelenoffenbarung und Gehirnchemie eine diskursive Allianz ein, die bis heute kurrent ist.

In rasantem Tempo verbreitet sich LSD über Eliteuniversitäten und (neuro-)psychiatrische und (sozial-)psychologische Forschungsinstitutionen und wird zur Leitsubstanz der Hippies, die sich als Bewegung konstituieren und chemisch assistierte Seelenoffenbarung bzw. Drogengebrauch insgesamt zur politischen Geste erklären. Es entsteht ein Markt für Drogenliteratur. Huxley ist nur einer, der mit dem Vorwurf konfrontiert wird, für den massenhaften Drogenkonsum zu plädieren, ihn durch seine Bücher zu popularisieren und eine ganze Generation zum Ausstieg aus der Gesellschaft zu animieren – obwohl dieser genaugenommen die Verabreichung von Drogen an den illustren Kreis geistiger Führerpersönlichkeiten vorsieht, um sozialpolitische Veränderungen herbeizuführen. Gleichviel – angesichts von Kaltem Krieg, sozialer Ungleichheit, strukturellem Sexismus und Rassismus verbinden sich Drogenkonsum, Aufbegehren und kulturelle Revolte. Drogen werden sozial und symbolisch potenziert, der Drogenkonsum avanciert zum Statement und wird Teil von Debatten und Kämpfen (vgl. Moser 2013).

In der betonten Adressierung von LSD und ihren chemisch-strukturellen Verwandten wie Psilocybin als sakrale Drogen (vgl. ebd., S. 144, 197f.), die eine exzeptionelle Prädisposition erfordern, oder in Unterstellungen – die (meuternden) Massen etwa wollten nur dem Alltag entfliehen und wären von Drogen abhängig – lässt sich eine Geste sozialer Distinktion erkennen. Wenngleich ihre Prämissen und Drogensemantiken alles andere als grundverschieden sind, bringt sich eine Runde von selbsternannten Psychonauten in Gegenstellung zu den vermeintlichen Massen und inszeniert sich als privat-elitärer Männerbund. Zu Fahrten in den Seelenkosmos, zu Grenzgängen zwischen Leben und Tod, Träumen und Wachen, zwischen Zeiten, Kulturen und Kontinenten bricht Albert Hofmann im Quartett auf: mit dem Ethnologen Rudolf Gelpke, dessen kulturvergleichende Studie *Vom Rausch im Orient und Okzident* den Orient zu einer Modellgesellschaft macht, die Drogen in den Alltag zu integrieren imstande ist, und 1966 erscheinen wird, mit dem Arzt und Pharmakologen Heribert Konzett sowie Ernst Jünger. Den Schriftsteller bewundert der Chemiker schon lange für die „Magie seiner Prosa": In der „präzisen Schilderung der Oberfläche und im Durchscheinen der Tiefe" werde das „Wunderbare der Schöpfung sichtbar", schreibt Hofmann 1979 rückblickend in *LSD – Mein Sorgenkind* (2002, S. 152ff.).

LSD stiftet eine lebenslange freundschaftliche Verbindung, die vermutlich ohne die Droge nicht zustande gekommen wäre. Jünger hat schon mit Äther, Chloroform, Haschisch,

Kokain, Opium und Alkohol Erfahrungen gemacht, die in Romane wie *Heliopolis* oder *Besuch auf Godenholm* Eingang finden. Der Rausch als reizverstärkter Zustand der Evidenz und Transzendenz ist eine Konstante in seinem Werk; die praktischen Untersuchungen, die er eigentlich eingestellt hat, werden 1951 und 1962 als vom Teonanácatl-Ritual inspiriertes Pilzsymposium wieder aufgenommen, wo die erkenntnisstiftende Kraft eines additiven Rauschs als Surplus erlebt werden will. Die Droge figuriert als Transportmittel. Den erotischen Verlockungen einer weiblich codierten Droge geben sich die vier Psychonauten hin, sie schildern Reisen ins persische Samarkand und mauretanische Paläste wie auch jenseitige Regionen des Todes. Die Reisen machen sie zu Ethnographen all dieser geheimnisvoll-exotisierten Territorien, zu vermeintlichen Experten der Desintegration und Alienation, ohne sich aus den Fauteuils im Biedermeier-Zimmer von Jüngers Forsthaus in Wilflingen zu erheben und ihre bequemen Hausröcke abzulegen.

1970 ordnet Jünger in seinen *Annäherungen. Drogen und Rausch* die Psychotropika geographischen Räumen zu, die er als Kultur- und Erfahrungsräume imaginiert: Europa, Orient, Mexiko und ein Raum der Übergänge. LSD und Psilocybin adelt er darin als sinnesschärfende Stimulanzien. Sie übernehmen die Aufgabe inkorporierter Instrumente, die als prothetische Ausweitungen die Perzeptionskraft steigern. Die stofflich potenzierte Sensibilität lässt dann jene vermeintlich exklusiven Erfahrungen machen, ohne die keine Poesie wäre, wie im Aufsatz *Rausch und Produktion* beschrieben ist. Die extreme Technizität der archaisch codierten und überstilisierten Erfahrungen aber wird von den technikfeindlichen Psychonauten, die von Telefon und Maschinen nicht belästigt werden wollen und sich wie die von ihnen abgelehnten Hippies als „Apostel der Entschleunigung" begreifen (Dany 2008, S. 130), dabei vergessen (vgl. Baron 2014; Moser 2009 und 2014).

2 Schreibweisen

Was im Zuge ausführlicher Introspektion durchweg thematisch ist, sind die adäquaten Formen und Medien der Darstellung des (auto-)manipulierten Selbst. Reflektiert und problematisiert wird das Schreiben über und auf Drogen. Wenn Henri Michaux 1956 in *Unseliges Wunder* notiert: „Dies ist eine Forschungsreise. Mit Hilfe von Wörtern, Zeichen und Zeichnungen. Erforscht wird das Meskalin" (S. 6), verheddern sich Subjekt und Objekt, Mensch und Ding. Zur Untersuchung stehen Substanzen, Darstellungsformate und Schreibinstrumente sowie ein Selbst, das schreibt.

2.1 Kontaminationen

Im Drogenexperiment ist man auf Selbstzeugnisse angewiesen. Selbstaufklärer werden zu Darstellungsmedien, die jeden Gedankenblitz, jede Gefühlsregung, jede Stimmungsschwankung akribisch registrieren. Dabei finden sich selbst in der Wissenschaft stets Reflexionen missglückter Schreibszenen. Hingewiesen wird auf die Spuren des Subjekts, die üblicherweise zu tilgen sind, auf die Polyvalenz des Rauscherlebens und seine Unübersetzbarkeit: Das Begriffsrepertoire sei unscharf und armselig, vermerken ihre Vertreter. Dies ist Anlass, Literatur als prädestinierten Ort für drogistische Introspektion zu bestimmen, obwohl diese die Narrative der Undarstellbarkeit und der psychotropen Schreibverhinderung nachdrücklich mit der Wissenschaft teilt. Mit der Erlaubnis subjektiver Schreibweisen wie Bekenntnisse, Biographien oder Tagebücher, stellt sie ein imponierendes Archiv bereit, von dem wiederum die Wissenschaft zu profitieren glaubt. Literatur wird zugestanden, mit neuralgischen Punkten der Experimentalisierung des Selbst umzugehen.

Tatsächlich ist es literarisch ein Leichtes, etwa die Verdoppelung in Beobachter und Beobachtungsgegenstand zu artikulieren. Nin reagiert grammatikalisch und schreibt in ihren Tagebüchern in der dritten Person. Benjamin kann in seiner Erzählung *Myslowitz – Braunschweig – Marseille* schlichtweg behaupten: „Diese Geschichte ist nicht von mir" (1972, S. 33), obwohl ganze Passagen aus seinem Haschischversuchsprotokoll übernommen sind. Dichtung erzielt so kraft ihrer funktionsentlasteten Fiktionalisierung genau jenen Genauigkeitsgewinn, um den Wissenschaft bemüht ist (vgl. Koschorke 2010, S. 30).

Als wissenschaftlich gesichert gilt dieses literarische Wissen jedoch bei weitem nicht. Und so ist die Versetzung des berauschten Selbst in den Kompetenzbereich der Literatur – auch wenn sie über eine affirmative Bewegung ausgeführt ist – als eine Geste der Distanzierung zu verstehen, die letztlich der wissenschaftlichen Signatur des Wissens gilt. Insofern an Umgangsroutinen mit dem Selbst sowie literarische Virtuosität appelliert wird, trifft die Beobachtung zu, dass ab 1800 literarische Sprache wie keine andere beauftragt scheint, „das Uneingestehbare zu sagen, das Geheimste zu formulieren, das Unsagbare ans Licht zu holen" (Vogl 1999, S. 15). Über positive Zuständigkeitserklärungen wird die Literatur ausgelagert. Die Exklusion korrespondiert mit einer Ästhetik, die den Ursprung künstlerischer Schöpferkraft auf das Unbewusste zurückführt, wie sie teils von der Literatur selbst heraus behauptet wird – Nin ist neben den Romantikern nur ein Beispiel dafür. Vor allem aber wird Literatur – wie der Rausch, der Wahn oder Traum, das ‚vormodern' Archaische, Kindliche und Weibliche, mit denen sie strukturell überblendet wird, weil sie in einem Raum zwischen dem Realen und dem Fiktiven agiert – als das Andere hegemonialer Normen und Rationalitäten gesetzt.

Dabei sind wissenschaftliches Drogenwissen und seine literarischen Schreibweisen längst kontaminiert. Dem hyperaktivierten Bewusstsein steht der Ausfall der Datenerzeugung gegenüber. Vieles muss nachträglich (re-)konstruiert werden. Retrospektiv werden flüchtige Notizen mit Erinnerungen verknüpft. Gegen den wissenschaftlichen Imperativ der Objektivität werden weichere Kriterien wie Authentizität und Vollständigkeit mobilisiert. Autobiographisches wird zugelassen, ebenso lyrische Formen, wenn gereimt und gedichtet wird. Fragmentarische Protokolle werden ergänzt, interpretiert, überschrieben, rhetorisch und narrativ aufbereitet. Kurz: Figurative Sprache und andere literarisch codierte Techniken der Textproduktion finden Anwendung, um Ausnahmezustände in Tatbestände zu transformieren. Es entstehen Genrezwitter, welche die disziplinäre Codierung von Texten ignorieren (vgl. Pethes u.a. 2002).

Umgekehrt bricht die Literatur ebenfalls die Vereinbarungen konventioneller Verfahren und erweitert ihren Formatkatalog. Wenn Benjamin den Rausch inspizieren will oder Michaux bröckelndes Ich und Worte in Beziehung zum Unbewussten überwacht, gehorchen sie den Regeln eines wissenschaftlichen Experiments. Literatur versucht sich so einen objektiven, affektlosen Beobachtungszugang zum Selbst und zu künstlerischen Prozessen zu sichern. Assoziiert ist ein solcher mit dem Protokoll, das seit dem 19. Jahrhundert als exaktes Datenspeichermedium der Wissenschaft zugeschlagen wird und mit Praktiken der Selbstdisziplinierung sowie Grammatiken der Selbstverneinung verbunden ist. Der Versuch – als Verfahren der Erkenntnisproduktion – verbindet sich zudem mit dem gleichlautenden Aufzeichnungsformat: Die prämierten und kanonischen Drogentexte sind größtenteils Essays und damit einem Genre an den Rändern von literarischem und wissenschaftlichem Schreiben zugehörig. Der Essay ist ein geschriebener Denkversuch, der durch seine Multiperspektivität Wahrheit unter Vorbehalt stellt und subjektiv-autobiographisches Selbstwissen, objektiv-konkretes Erfahrungswissen sowie allgemein-abstraktes Begriffswissen variiert und verbindet (vgl. Wild 2013, S. 277).

2.2 Drogenaffine und neue Schreibweisen

Besonders drogenaffin sind offene und kleine literarische Formen. Benjamins Versuche schlagen sich nahezu prototypisch episodisch, fragmentarisch, protokollarisch und novellistisch nieder. Seinen Abschluss finden sie nie im anvisierten epischen Buch. Ohnehin könnte eine Geschichte der Drogenliteratur über ihn, Gustave Flaubert, Michel Foucault und etliche andere ebenso gut als eine der nie geschriebenen Bücher und unvollendeten Projekte erzählt werden. Anderen bleibt ihre Heterogenität erhalten. So legt Jünger mit seinem zur pointierten, anspielungsreichen Kurzform des Aphorismus neigenden Essay *Annäherungen. Drogen und Rausch* eine synkretistische Systematisierung vor, die er aus autobiographischen Episoden, Notizen, Zitaten, philosophischen und kulturgeschichtlichen Reflexionen sowie Protokollen kompiliert (vgl. Amos 2014).

Unter dem Einfluss verschiedenster Drogen und Reisen in Länder wie Mexiko und Marokko produziert der heroinsüchtige William Burroughs Text *en masse*, unter seiner opulenten Zettelsammlung sind *routines*, kurze, erzählerische Improvisationen. Nur ein Bruchteil des Sprachmaterials, das mitunter den Slang von Junkies adaptiert und damit Stimmen sozialer Outsider zu Gehör bringt, wird in seine Sucht- und Rauschskandale *Junkie* (1953) und *Naked Lunch* (1959) eingearbeitet. In beiden Texten sind biographische Erlebnisse und Halluzinationen auf disparate Aufzeichnungen verstreut. Die Korrespondenz mit Allen Ginsberg über seine Ayahuasca-Recherche- und Selbstfindungsreisen im Amazonas-Regenwald erscheint 1953 als Groschenheftchen, 1963 dann als novellistische Sammlung: die *Yage Letters*. Burroughs' Texte schildern in äußerster Präzision Drogen und den Akt ihres Gebrauchs, so etwa das Schusssetzen; sie verhandeln Sucht als zellulare Begierde ebenso wie spezifische Lebensform in einer kriminalisierten Unterwelt – und radikalisieren das Verhältnis von Verhaltensnormen, Kontrolle und Exzess. Sie prozessieren das Aufschlüsseln der symbolisch geordneten, übercodierten und -regulierten westlichen Imagination in einen drogeninduzierten Hyperspace, in dem mehrere (perzeptive) Operationssysteme koexistieren. Formal lassen sich Texte in derselben Weise als separate Vorstellungs- und Erfahrungsräume über ein neues Montageverfahren in Resonanz bringen: Cut-up (vgl. Boon 2002, S. 72-83).

Ken Kesey, Bewunderer von Burroughs, verbindet Drogen wiederum mit anderen Medien als Schrift und Buch. Er ist Erfolgsautor von *One Flew Over the Cuckoo's Nest*, der die expansive psychopharmakologische Disziplinierung der 1950er-Jahre kritisiert. Als Versuchskaninchen für CIA-Experimente mit Hochbegabten in Stanford lernt er LSD kennen. Vom Schreiben aber verabschiedet er sich und veranstaltet *Happenings* mit den *Merry Pranksters*, bei denen die ‚Starkstrombrause' verteilt und mit Sound, Musik, Film, Dias, Stroboskop, Schwarzlicht und fluoreszierender Farbe experimentiert wird. Gesucht wird nach einer Ausdrucksform der kollektiven, totalen synästhetischen Drogenerfahrung, die Künstler und Publikum nicht mehr trennt. 1964 dann starten sie einen bunt bemalten Bus für eine Gruppenreise quer durch die USA. *Furthur!* lautet das Ziel, das irgendwo zwischen Wirklichkeit und Imaginärem, auf alle Fälle jenseits konventioneller Regeln liegt. Die Reise, jene inflationäre Erkenntnisfigur drogistischer Selbstexploration realisiert sich, wird auf die Straße verlegt, die den sozialen Raum der USA durchquert.

Chronist ist Tom Wolfe, der von der chaotischen Reise in *The Electric Kool-Aid Acid Test* ebenso berichtet wie fabuliert und daraus ein Experiment mit Neologismen, Slang, Interpunktion und Lautmalerei macht. Die Schreibweise ist dokumentarisch und gleichzeitig subjektiv, Fakten und Fiktionen konkurrieren nicht. Schon Gautier lässt Bericht, Kurzgeschichte und Märchen verschwimmen, um dem Fantastischen des Haschisch als Erfahrung Eingang in das moderne Leben zu verschaffen (vgl. Boon 2002, S. 137). Mit u.a. Wolfe begründet sich nun ein Genrezwitter aus Reportage und literarischer Fiktion, genannt *New Journalism*, welcher der Involviertheit und Reizüberflutung der modernen Welt entsprechen will. Was im wissenschaftlichen Drogenexperiment als gleichsam *embedded scientist* zum Problem wird, führt von der Literatur aus zu einer neuen Form und Figur: dem *embedded journalist*.

Am Bus-Steuer sitzt unter anderem Neil Cassady, dem auffällt, wie sehr sich Auto und Autor, Fahren und Schreiben gleichen: sie lassen sich mit Amphetaminen beschleunigen (vgl. Dany 2008, S. 69). Jack Kerouac, dem Benzedrin Schreibermöglichkeit ist, macht Cassady schon 1957 zu einem seiner Romanhelden: *On the Road* zelebriert eine exzessive Kultur der Geschwindigkeit und Intensität, die u.a. aus technischen und pharmakologischen Routinen von Militär und Kriegen hervorgegangen ist, und widmet sie zur verschwenderischen Verausgabung um (vgl. Boon 2002, S. 198–202). Offensiv werden Autoren sowie das Schreiben mit *tools* zusammengeschlossen, mit chemischen Substanzen und schließlich weiteren technischen Mitteln: den Maschinen. Angesichts der rasanten Gedankengeschwindigkeit erhofft sich die Literatur von ihnen Rettung.

So der Schriftsteller und auf subjektive Schreibweisen setzende *Gonzo*-Journalist Hunter S. Thompson, der 1967 die Spaltung von Beat Generation, politischen Aktivisten und Hippies in der Bay Area diagnostiziert: San Francisco sei zum touristischen Spielplatz des psychedelischen Mainstreams einer nervösen Gesellschaft geworden, heißt es sarkastisch in Das „Hashbury" ist die Hauptstadt der Hippies. Bekannt geworden ist Thompson mit seinem Drogenroman *Fear and Loathing in Las Vegas*, in dem amerikanischer und LSD-Traum als gleichermaßen wahnsinnige und exzessive Produkte der Imagination in der bunt erleuchteten Nacht von Las Vegas zusammenfallen (vgl. Boon 2002, S. 260–265) – und die Leitunterscheidung ‚normal' vs. ‚krank' obsolet machen. In einer mit *LSD-25: Res Ipsa Loquitur* überschriebenen Notiz heißt es nun: „in deinem Kopf spielt sich alles viermal schneller ab, als deine Hände sich bewegen können, und du kommst durcheinander und kriegst die Gedanken nicht in Einklang mit deinen Fingern. Genau deswegen brauche ich zunehmend schnellere Schreibmaschinen" (S. 457).

Timothy Leary entwirft 1965 mit dem *Experiential Typewriter* eine solche Schreibmaschine. Ihre 20 Tasten sind nicht dem Alphabet, sondern Rauscherfahrungen und -reaktionen zugeordnet, die an einen Polygraphen übermittelt und von ihm prompt und unmittelbar aufgeschrieben werden sollen. Die Maschine aber wird sich niemals funktionstüchtig realisieren. Ebenso wenig holen etwa die (bildgebenden) Aufzeichnungsverfahren heutiger Hirnforschung den *altered state of mind* ein. Das Wissen über Drogen, Drogenkonsumenten und über eine Gesellschaft, in der Drogen zirkulieren, hört nicht auf, Schreibweisen herauszufordern – seien sie literarisch oder nicht. Seit nunmehr 200 Jahren geben Drogen viel zu bearbeiten, zu erzählen und zu schreiben: über das Selbst und seine Kultur; ob sie Literatur vermeintlich ermöglichen oder verhindern, halten sie stets ganz grundsätzlich die Frage nach Darstellbarkeit und Kommunikabilität virulent.

Literatur

Amos, T. 2014. Annäherungen. Drogen und Rausch. In *Ernst Jünger Handbuch*, hrsg. v. M. Schöning, 235–243. Stuttgart.
Baudelaire, C. 1988. *Die künstlichen Paradiese*. Zürich.
Baron, U. 2014. Rausch. In *Ernst Jünger Handbuch*, 342–344, a.a.O.
Benjamin, W. 1972. *Über Haschisch*. Frankfurt/Main.
Boon, M. 2002. *The Road of Excess. A History of Writers on Drugs*. Cambridge.
Clair, J. 1989. Beilhieb im Kopf. In *Wunderblock. Eine Geschichte der modernen Seele*, hrsg. v. C. Pichler, W. Pircher, J. Clair, 17–24. Wien.
Crary, J. 1996. *Techniken des Betrachters. Sehen und Moderne im 19. Jahrhundert*. Dresden, Basel.
Dany, H.-C. 2008. *Speed. Eine Gesellschaft auf Droge*. Hamburg.
Daston, L., P. Galison. 2007. *Objektivität*. Frankfurt/Main.
Foucault, M. 1995. *Die Ordnung der Dinge*. Frankfurt/Main.
Foucault, M. 2005. *Dits et Ecrits IV*. Frankfurt/Main.
Fränkel, F., E. Joël. 1926. Der Haschisch-Rausch. Beiträge zu einer experimentellen Psychopathologie. In *Klinische Wochenschrift* 5/37: 1707–1709.
Griesecke, B. 2002. Rausch als Versuch. Unerzählerisches in der Vorgeschichte der Anästhesie. In *Möglichkeiten und Grenzen der Narration*, hrsg. v. J. Trinks, 135–163. Wien.
Griesecke, B. 2008. Erfahrungen machen. In *Menschenversuche*, hrsg. v. N. Pethes, B. Griesecke, M. Krause, K. Sabisch, 33–65. Frankfurt/Main.
Hofmann, A. 2002. *LSD – Mein Sorgenkind. Die Entdeckung einer „Wunderdroge"*. München.

Koschorke, A. 2010. Ein neues Paradigma der Kulturwissenschaften. In *Die Figur des Dritten*, hrsg. v. E. Eßlinger, T. Schlechtriemen, D. Schweitzer, A. Zons, 9–31. Frankfurt/Main.
Michaux, H. 1986. *Unseliges Wunder. Das Meskalin.* München.
Marschall, B. 2002. *Die Droge und ihr Double. Zur Theatralität anderer Bewußtseinszustände.* Köln.
Moser, J. 2009. Die Ordnung der Psychotropika. Drogistische Forschungsreisen ins Unbewusste. In *Das Unbewusste. Krisis und Kapital der Wissenschaften,* hrsg. v. C. v. Braun, E. Johach, 98–116. Bielefeld.
Moser, J. 2013. *Psychotropen. Eine LSD-Biographie.* Konstanz.
Moser, J. 2014. Albert Hofmann. In *Ernst Jünger Handbuch,* hrsg. v. M. Schöning, 372–375, a.a.O.
Nin, A. 2002. Die Tagebücher der Anaïs Nin. In *Der Haschisch Club. Ein literarischer Drogentrip,* hrsg. v. U. Müller, M. Zöllner, 138–149. Stuttgart.
Plant, S. 1999. *Writing on Drugs.* London.
Pethes, N., B. Griesecke, M. Krause, K. Sabisch. 2008. Vorwort. In *Menschenversuche. Eine Anthologie 1750–2000,* hrsg. v. N. Pethes, B. Griesecke, M. Krause, K. Sabisch, 11–30. Frankfurt/Main.
Ruston, S. 2013. The Art of Medicine. *The Lancet* 381: 366–367.
Solhdju, K. 2010. Reisen in den Wahnsinn. Ein Pariser Experimentalsystem um 1850. In *„Wir sind Experimente: wollen wir es auch sein!" Literatur und Experiment II,* hrsg. v. M. Gamper, M. Wernli, J. Zimmer, 178–206. Göttingen.
Thompson, H. S. 2007a. Das „Hashbury" ist die Hauptstadt der Hippies. In *Gonzo Generation.* 214–235. München.
Thompson, H. S. 2007b. LSD-25: Res Ipsa Loquitur. In *Gonzo Generation,* 456–457. München.
Vogl, J. 1999. Einleitung. In *Poetologien des Wissens um 1800,* hrsg. v. ders., 7–16. München.
Wegmann, T. 2001. Das Verschwinden im Rausch und der Rausch des Verschwindens. In *Rauschen,* hrsg. v. A. Hiepko, K. Stopka, 271–283. Würzburg.
Wild, M. 2013. Essay. In *Literatur und Wissen,* hrsg. v. R. Borgards, H. Neumeyer, N. Pethes, Y. Wübben, 277–281. Stuttgart.
Youngquist, P. 2003. *Monstrosities: Bodies and British Romanticism.* Minneapolis.

Zur Rechtstheorie der Drogenprohibition

Christine Graebsch

Zusammenfassung

Der Beitrag setzt sich mit dem Cannabis-Beschluss des Bundesverfassungsgerichts aus dem Jahre 1994 auseinander, der die juristische Debatte über die Drogenprohibition weitgehend zum Erliegen brachte. Die Argumentationslinien werden mit Blick auf das vermeintliche Rechtsgut der Volksgesundheit, das Selbstbestimmungsrecht, den Umgang mit wissenschaftlicher Erkenntnis und mit den Wirkungen strafrechtlicher Sanktionen analysiert.

Schlüsselbegriffe: Rechtstheorie, Volksgesundheit, Bundesverfassungsgericht, Selbstbestimmungsrecht, Drogenprohibition

1 Fragen an die Rechtstheorie

In diesem Beitrag geht es um die Frage, weshalb das Recht den Umgang mit (vielen) Drogen, die es „Betäubungsmittel" nennt, bei Strafe verbietet. Was wird juristisch all den guten Argumenten entgegengehalten, die unter anderem aus sozialwissenschaftlicher Sicht gegen die Prohibition sprechen, die sich auch in diesem Band zusammengetragen finden? Weshalb lässt sich ein Recht auf selbstbestimmten Umgang mit psychoaktiven Substanzen – und sei es unter Einschluss eines Risikos der Selbstschädigung – nicht durchsetzen? Weshalb ist zwar der Konsum von Betäubungsmitteln formal erlaubt, praktisch aber nur in Form verbotenen Umgangs (§§ 29 ff. BtMG) zu verwirklichen? Warum ist der Besitz selbst von Cannabisprodukten, auch in geringen Mengen und selbst zum Eigenverbrauch, noch immer in jedem Fall eine Straftat, von deren Verfolgung lediglich abgesehen werden *kann* (§ 31 a BtMG)? Warum setzt sich die Erkenntnis nicht durch, dass die den Substanzen zugeschriebenen Wirkungen doch vielmehr solche der Prohibition sind? Die hier aufgeworfenen Fragen verlangen zweifellos nach wissenssoziologischen (zsf. dazu Quensel 2010) und sozialpsychologischen (zsf. dazu Böllinger 2009) Antworten. Vorliegend soll es jedoch darum gehen, die seitens der Rechtswissenschaft angebotenen Antworten nachzuzeichnen.

Juristisch selbstverständlich ist die im Ergebnis unangefochtene Existenz dieses Regelwerks keineswegs. Schließlich hatte bereits im November 2013 der Schildower Kreis, dem sich etwa die Hälfte der an deutschen Universitäten Strafrecht Lehrenden angeschlossen hat, die Forderung nach einer Enquête-Kommission zur Überprüfung des Betäubungsmittelstrafrechts an den Bundestag herangetragen.[1] Der Kreis verfolgt das Ziel, auf die schädlichen Folgen der Drogenprohibition aufmerksam zu machen und legale Alternativen zur repressiven Drogenpolitik aufzuzeigen. Aber selbst dem vergleichsweise bescheidenen Verlangen nach einer interdisziplinären Evaluation des Drogenstrafrechts als Grundlage zukünftiger Politik wurde bis heute nicht entsprochen.[2] Wenn sich solchermaßen geballter Sachverstand politisch nicht einmal insoweit durchzusetzen vermag, zeigt sich einmal mehr, dass die im juristischen Diskurs als „h.M." bezeichnete „herrschende Meinung" keineswegs eine Mehrheitsmeinung der wissenschaftlich Lehrenden sein muss, sondern vielmehr die Meinung der Herrschenden reflektiert (dazu bereits Wesel 1979).

Dabei spielt die Cannabis-Entscheidung des Bundesverfassungsgerichts vom 09.03.1994 eine zentrale Rolle (2 BvL 43/92 u.a., juris). Zwar betraf diese lediglich eine einzige der unter das BtMG fallenden Substanzgruppen, weil diese jedoch weithin als „weiche Droge" verstanden wird, und das Bundesverfassungsgericht auch hier der Prohibition als solcher nicht entgegengetreten ist, wurden dem Gericht weitergehende Forderungen seither gar nicht mehr zur Prüfung vorgelegt oder ohne Weiteres abgelehnt. Vor allem aus dieser Entscheidung ergeben sich die rechtstheoretischen Konzeptionen, derer sich die fortbestehende Vorherrschaft des Betäubungsmittelgesetzes erfolgreich zu bedienen vermag.

Wie bereits für das Opiumgesetz vom 30.12.1920 ist der benannte Zweck auch des Betäubungsmittelgesetzes vom 22.12.1971 (BtMG), nach ganz herrschender Meinung der „Schutz der Volksgesundheit" (dazu Lang 2011, S. 55ff.; zsf. etwa Malek 2015, S. 11). Dieser soll durch das BtMG erreicht werden, indem nahezu alle denkbaren Umgangsformen mit den dort gelisteten Substanzen unter Strafe gestellt werden (§§ 29ff.). Eine rechtstheoretische Betrachtung der Drogenprohibition hat sich daher mit zwei grundlegenden Aspekten auseinanderzusetzen: Zum einen mit dem Zweck der Verbotsnormen und dem dabei unter Schutz gestellten Rechtsgut der ‚Volksgesundheit'; zum anderen bedarf es

---

[1] http://schildower-kreis.de/resolution-deutscher-strafrechtsprofessorinnen-und-professoren-an-die-abgeordneten-des-deutschen-bundestages/ (Zugegriffen: 24. Dezember 2017).

[2] Vgl. dazu und für eine pointierte Zusammenfassung der Argumente gegen die Prohibition im Bundestag Böllinger https://www.bundestag.de/blob/338438/e34ace64693db6a4197 3f53003893578/18_14_0067-2-_prof--dr--lorenz-boellinger-data.pdf (Zugegriffen: 24. Dezember 2017).

aber einer Auseinandersetzung mit dem dafür gewählten Mittel, nämlich der Androhung, Verhängung und Vollstreckung von strafrechtlichen Sanktionen.

2 Selbstbestimmung versus ‚Volksgesundheit'

In seiner Cannabis-Entscheidung erwähnt das Bundesverfassungsgericht die ‚Volksgesundheit' zwar nicht explizit als durch das BtMG geschütztes Rechtsgut, was mutmaßlich in der nationalsozialistischen Geschichte des Begriffs seine Ursache finden dürfte. Es umschreibt die ‚Volksgesundheit' lediglich, wenn es unter Bezugnahme auf Gesetzgebungsmaterialien formuliert, das BtMG diene dazu, „die menschliche Gesundheit sowohl des einzelnen wie der Bevölkerung im Ganzen vor den von Betäubungsmitteln ausgehenden Gefahren zu schützen und die Bevölkerung, vor allem Jugendliche, vor Abhängigkeit von Betäubungsmitteln zu bewahren" (Beschluss vom 09.03.1994, 2 BvL 43/92, Rn. 125, juris).

In der Begründung seines Cannabis-Beschlusses hat das Bundesverfassungsgericht eine Vielzahl von zu schützenden Gemeinschaftsbelangen herangezogen – ein drogenfreies soziales Zusammenleben, die staatliche Sicherheit vor organisierter Kriminalität und die Umsetzung internationaler Verpflichtungen (dazu auch Lang 2011, S. 57f.). Diese Verpflichtungen als Begründung zu benutzen, ist vielfach zirkulär, da etwa organisierte Kriminalität eine Folge der Prohibition ist. Internationale Verpflichtungen, die für ein strafbewehrtes Verbot sprechen, sind – ebenso wie das BtMG an der Verfassung – an international ebenfalls verpflichtenden Menschenrechten zu messen (zsf. Krumdiek 2010). Dass die ‚Volksgesundheit' gerade in Bezug auf sog. Betäubungsmittel durch das Strafrecht geschützt werden soll, ist auch schon deswegen bemerkenswert, weil sich das Volk vor diesen Gefahren sehr viel einfacher selbst schützen kann als dies bei anderen Gefahren der Fall ist, wie etwa der Luftverschmutzung und dem Klimawandel. Schließlich genügte es hier, sich schlicht des Konsums zu enthalten (vgl. Nestler 1998, S. 708).

Für den Bereich der Drogen wird die Selbstschädigung zum Gegenstand strafrechtlicher Normierung (vgl. Nestler 1998, S. 713). Bis heute wird etwa in einem wichtigen juristischen Kommentar zum BtMG vertreten:

„Wegen ihrer abstrakten Gefährlichkeit für dieses komplexe und universelle, nicht der Verfügung des einzelnen unterliegende Rechtsgut sind die mannigfachen Formen des unerlaubten Umganges mit Betäubungsmitteln unter Strafe gestellt. Bei der Beurteilung der Tathandlungen als gefährlich ist aber der Aspekt der Selbstgefährdung denknotwendig eingeschlossen, weil der zu verhindernde Konsum in aller Regel eine Selbstgefährdung bedeutet. Dieser Gesichtspunkt kann daher zur Normeinschränkung nicht herangezogen werden." (Körner et al. 2016, § 29, Teil 4, Rn. 4).

In der verfassungsrechtlichen Literatur und Rechtsprechung wird allerdings ansonsten ein paternalistischer Schutz des sich freiverantwortlich selbst schädigenden Individuums weithin abgelehnt. Eine gesetzliche Ausnahme ist zwar die Entziehung vom Wehrdienst durch Selbstverstümmelung (§§ 17 WStG, 109 StGB), jedoch kommt diese durch die

Aussetzung des Wehrdienstes heute weniger denn je zum Tragen. Das Recht auf Selbstschädigung reicht nach h. M. sogar bis zum Suizid (vgl. Lang 2011, S. 71ff.). Noch 2015 konstatierte der Entwurf des Gesetzes zur Strafbarkeit der geschäftsmäßigen Förderung der Selbsttötung, es habe sich der Verzicht des deutschen Rechtssystems grundsätzlich bewährt, die eigenverantwortliche Selbsttötung sowie die Teilnahme an einer solchen unter Strafe zu stellen, da sie sich nicht gegen einen anderen Menschen richte und der freiheitliche Rechtsstaat keine allgemeine, erzwingbare Rechtspflicht zum Leben kenne (BT-Drs. 18/5373, S. 2). Lediglich die geschäftsmäßige Förderung fremder Selbsttötungen wurde unter Strafe gestellt (§ 217 StGB).

Daran änderte sich selbst dann nichts, wenn man der neueren und umstrittenen Dogmatik folgte, wonach der Staat diverse Schutzpflichten gegenüber den Bürger*innen habe, weshalb bestimmtes selbstschädigendes Verhalten unter Strafe gestellt werden könne. Diese Lehre dürfte sich jedoch bezogen auf Drogenkonsum ohnehin nicht auswirken, weil es bei der Verletzung von Schutzpflichten stets um Verletzungen durch Dritte geht. In Bezug auf den Umgang mit Drogen müsste dann aber das konsumierende Individuum als Täter*in und Opfer zugleich angesehen werden (vgl. Lang 2011, S. 72f.). Der Schutz vor Selbstschädigung über das Strafrecht entfällt beispielsweise auch bei Extremsportarten sowie dem Motorrad- oder Skifahren (vgl. Nestler 1998, S. 713; Lang 2011, S. 61).

Allerdings ist die höchstrichterliche Rechtsprechung zur Möglichkeit rechtfertigender Einwilligung in eine Körperverletzung (§ 228 StGB) keineswegs frei von Friktionen. Sie knüpft trotz Einwänden hinsichtlich ihrer Verfassungsmäßigkeit eine Rechtfertigung weiterhin an die Übereinstimmung mit „den guten Sitten", dem „Anstandsgefühl aller billig und gerecht Denkenden". Entsprechend der herrschenden Moral lässt sie beim sog. ärztlichen Heileingriff und bei Sport in geordneten Verhältnissen große Milde walten, nicht aber bei ihr suspekten Szenen. So bürdet sie den Beteiligten sadomasochistischer Sexualpraktiken in gerichtlich rückblickender Betrachtung die Verantwortung für angeblich objektiv vorhersehbare schwere Folgen auf (2 StR 505/03 v. 26.05.2004, juris) ebenso wie sie die Beteiligten organisierter Schlägereien, wie Hooligans, für Eskalationsgefahren zur Rechenschaft zieht (3 StR 233/14 v. 22.01.2015, juris).

Im BtMG wird der Grundsatz straffreier Selbstschädigung durch die „Umzingelung des an sich straffreien Konsums mit strafbewehrten Vorschriften auf Grundlage einer personal verstandenen Volksgesundheit" ausgehöhlt (Lang 2011, S. 81). Das Bundesverfassungsgericht rechtfertigt diese den Konsum umzingelnden Normen nicht mit dem Schutz des Konsumenten vor sich selbst, sondern indem es das geschützte Rechtsgut nachträglich massiv um Gemeinschaftsbelange erweitert, die der Dispositionsbefugnis der konsumierenden Person entzogen sein sollen (dazu auch Schneider 1994).

Es wird ein dem Konsum innewohnendes „antizipiertes Fremdverletzungspotential" behauptet, da die zum Eigengebrauch besitzende Person sich anders entscheiden und die Droge in Umlauf bringen könne, statt sie selbst zu konsumieren; dies solle nur im Einzelfall wegen des Übermaßverbots strafrechtlich nicht ins Gewicht fallen. Die Kriminalisierung von Erwerb und Besitz zum Eigenkonsum wird somit nicht mit dem inkriminierten Verhalten selbst gerechtfertigt, sondern mit der (entfernten) Möglichkeit eines anderen

Verhaltens, mithin handelt es sich um eine Verdachtsinkriminierung, die dem Schuldprinzip widerspricht (vgl. Lang 2011, S. 81f.). Zudem soll es nicht unbedingt die – gleichwohl unter Strafe gestellte – Einzelhandlung des Erwerbs und Besitzes zum Eigenkonsum sein, die unmittelbar universalrechtsgutsgefährdend wirkt, sondern der dadurch geleistete mittelbare Beitrag zur Erhaltung des illegalen Marktes und seiner schädlichen Folgen. Ein solcher Kumulationsgedanke stellt die Entwicklung eines neuartigen Deliktstyps und mit diesem eine Erosion des Rechtsstaatsprinzips dar: Demnach erforderten es die komplexen Lebenssachverhalte in der modernen ‚Risikogesellschaft', dass der zentrale strafrechtliche Grundsatz individueller Zurechnung deshalb relativiert werde, weil die Beiträge des*der Einzelnen in solchen Zusammenhängen zwar bedeutungslos seien, sie aber gleichwohl bzw. gerade deswegen bestraft werden müssten (vgl. Lang 2011, S. 79). Damit trifft in der Argumentation des Bundesverfassungsgerichts der Kumulationsgedanke mit dem bereits oben angesprochenen Zirkelschlussargument zusammen (vgl. Lang 2011, S. 82). Die Wirkung der Strafdrohung gegen die dem straflosen Eigenkonsum vorgelagerten Verhaltensweisen zielt letztlich auf das Verhalten Dritter ab. Die konsumierende Person dafür in die Pflicht zu nehmen bedeutet – wie der Verfassungsrichter Sommer in seinem von der Mehrheitsmeinung des Senats abweichenden Votum (Beschluss vom 09.03.1994, 2 BvL 43/92, Rn. 222 ff., juris) ausführte –, diese in die Nähe eines bloßen Mittels zum Zweck zu rücken (hier: Rn. 246); das widerspricht dem Gebot zum Schutz der Menschenwürde.

Die Entgrenzung des durch das BtMG geschützten Rechtsguts durch die Cannabis-Entscheidung des Bundesverfassungsgericht wurde auch auf die Absicht zurückgeführt, trotz nachgewiesener medizinischer Ungefährlichkeit von Cannabis an der Prohibition festzuhalten (vgl. Böllinger 1994, S. 409). Allerdings setzte auch ein derart entgrenzter Begriff der ‚Volksgesundheit' weiterhin voraus, dass der Konsum der inkriminierten Substanzen tatsächlich gesundheitliche Schäden hervorruft sowie zu Beeinträchtigungen der Allgemeinheit führt (vgl. Lang 2011, S. 60).

‚Volksgesundheit' ist nach traditionellem Verständnis ein konturloses Rechtsgut, das in der NS-Zeit darauf angelegt war, die „Reinheit der Rasse" zu bewahren. Heute wird es etwa in Zusammenhang mit dem Schutz vor der Verbreitung von Infektionskrankheiten und im Lebensmittelrecht herangezogen. Dort geht es allerdings um Gesundheitsgefahren, die von den Betroffenen vor dem Konsum eines Stoffes nicht erkennbar sind (vgl. Nestler 1998; Lang 2011, S. 56). Nach der Rechtsprechung und der herrschenden Meinung in der Literatur soll unter ‚Volksgesundheit' mehr verstanden werden als nur die Summe der Gesundheit einzelner drogenkonsumierender Bevölkerungsmitglieder. Darüber hinaus werden das Interesse des Staates an einem gesunden Bürgerstand, einer lebensfähigen Gesellschaft, der Schutz vor rauschmittelbedingten Beeinträchtigungen des Berufs- und Familienlebens, vor Motivationsverlusten und Produktivitätsrückgang bis hin zum Schutz vor dem epidemiologischen Charakter des Drogenmissbrauchs und der sozialen Destruktion genannt. Mit dem Rechtsgut ‚Volksgesundheit' wird also ein Interesse der Allgemeinheit an der Verhinderung von Gesundheitsbeeinträchtigungen des*der Einzelnen konstruiert. Nach einer weitergehenden Meinung soll es sogar überhaupt nicht um das Individualrechtsgut der Gesundheit oder des Lebens gehen, sondern allein um die

Verhinderung der mittelbaren und unmittelbaren Auswirkungen des Drogenkonsums auf die Allgemeinheit. Mit einer solchen Rechtsgutsbeschreibung wird die Arbeitskraft und Produktivität von Bürger*innen als Maßstab für deren Gesellschaftsnützlichkeit herangezogen (vgl. Lang 2011, S. 60ff.). Juristisch wird auf diese Weise die Gesundheit Einzelner kollektiviert, in sie werden vorherrschende staatliche, gesellschaftliche, ersichtlich gerade aber auch wirtschaftliche Nützlichkeitserwägungen eingeschrieben.

Nach der Rechtsprechung des Bundesgerichtshofs ist das Rechtsgut der ‚Volksgesundheit' ausdrücklich auch dann als verletzt anzusehen, wenn der Schaden allein bei der Person eintritt, die die Droge zum Eigenverbrauch erwirbt (BGH, Urt. V. 25.08.1992, 1 StR 362/92). Während die ‚Volksgesundheit' und die mit ihr verbundenen Produktivitätsinteressen als gesellschaftliches Bedürfnis konzeptualisiert werden, setzt die Rechtsprechung das Bedürfnis zum Drogengebrauch als lediglich individuelles (und zerstörerisches) dagegen. Dem herangezogenen Gesundheitsbegriff entgegenstehende und ebenfalls kollektiv verankerte Bedürfnisse nach Entspannung, Rausch, Irrationalität, Vergemeinschaftung ohne Wirtschaftlichkeitsbezug etc. werden dahinter rechtsdogmatisch zum Verschwinden gebracht.

3 Rechtsgüterschutz und ‚Volksgesundheit'

Es stellt sich daher die Frage nach juristischen Eingrenzungskonzeptionen, die der entgrenzenden ‚Volksgesundheit' entgegengesetzt werden können. In der Strafrechtstheorie wird gerade die Lehre vom Rechtsgüterschutz oftmals zum Zweck der Begrenzung staatlichen Strafens herangezogen. Nach ihr kann der Staat nicht jegliche Pflichtverletzung mit Strafe bedrohen. Vielmehr müsse sich eine Kriminalisierung von Verhalten kritisch daran messen lassen, ob durch dieses Verhalten ein konkret bestimmbares Rechtsgut verletzt oder wenigstens gefährdet werde (vgl. etwa Hassemer-Neumann in Kindhäuser et al. 2017, § 1, Rn. 110ff.). Allerdings wird in der Rechtswissenschaft der Rechtsgutsbegriff selbst höchst unterschiedlich definiert und umgrenzt. Er unterliegt denselben gesellschaftlichen Wandlungen wie die Verhaltensvorschriften, die er zu legitimieren oder einzuschränken geeignet sein soll. Er sagt daher letztlich nichts darüber aus, wann der Schutz eines Rechtsguts durch das Strafrecht erfolgen soll und wann andere rechtliche Regelungen ausreichend sind, wird mithin seiner eigentlichen Funktion nicht gerecht. Vielmehr lassen sich Tendenzen beobachten, den Rechtsgüterschutzgedanken sogar in einen der Legitimation dienenden Kriminalisierungstopos umzuwenden, statt ihm eine systemkritische, die Auslegung von Gesetzen begrenzende Funktion beizumessen (vgl. Lang 2011, S. 31). Dies lässt sich auch in der Rechtsprechung des Bundesverfassungsgerichts beobachten, wie sie insbesondere im oben genannten Cannabis-Beschluss zum Ausdruck kommt. Wenn nämlich die Definition von ‚Volksgesundheit' als einem zu schützenden Rechtsgut den strafenden Zugriff auf das Individuum über die Kollektivierung seines Körpers erst erlaubt und ihm eine Enthaltsamkeitsverpflichtung auferlegt, die die Selbstschädigungsfreiheit konterkariert, erfüllt diese Rechtsgutkonstruktion das Gegenteil einer Begrenzungsfunktion.

Das Bundesverfassungsgericht verwendet in seiner Cannabis-Entscheidung zwar die Figur des Rechtsgüterschutzes, erteilt aber einem überpositiven Rechtsgutsbegriff eine Absage, mit dem das geltende Strafrecht eine rechtsstaatliche Begrenzung hätte erfahren können. Es überlässt stattdessen dem (demokratisch legitimierten) Gesetzgeber die Festlegung der schutzwürdigen Güter. Diese Linie hat es in seiner umstrittenen Entscheidung zum Inzest-Verbot weiter verfestigt (B. v. 26.02.2008, 2 BvR 392/07, juris). Das Gericht hebt dort zu Recht die zirkuläre Funktionslosigkeit eines Rechtsgutsbegriffs hervor, bei dem es der Gesetzgeber selbst ist, der das zu schützende Rechtsgut bestimmt. Allerdings hatte das Bundesverfassungsgericht der Entgrenzung des Rechtsgüterschutzes erst selbst zum Durchbruch verholfen, indem es in der Cannabis-Entscheidung jegliche „naturalistische" Grenzen für die Bestimmung möglicher Rechtsgüter ablehnte. Mit diesen beiden Beschlüssen setzte sich also ausgerechnet das Bundesverfassungsgericht gewissermaßen an die Spitze einer Bewegung, die mit dem hilflosen Versuch der Rechtsgüterlehre von der Strafrechtswissenschaft gerade abgebremst werden sollte: einer uferlosen Ausweitung des strafrechtlichen Schutzbereichs (vgl. zur Kritik der Inzest-Entscheidung Best 2011). Die Vorverlagerung des Strafrechtsschutzes in den Gefährdungsbereich wurde bereits vor dem Cannabis-Beschluss kritisiert (vgl. etwa Herzog 1991). Sie ist bis in die Gegenwart die bemerkenswerteste und rechtsstaatlich bedenklichste Entwicklung des Strafrechts, weg von konkret bedrohten Rechtsgütern hin zu abstrakten Annahmen einer Gefährdung. Diese Tendenzen wurden insbesondere im Bereich Terrorismus ausgebaut, aber keineswegs auf diesen beschränkt (vgl. zsf. etwa Singelnstein und Stolle 2012, S. 66ff.; international Ashworth 2013).

4 Verhältnismäßigkeitsprinzip und wissenschaftliche Erkenntnisse

Durchaus positiv zu sehen ist, dass das Bundesverfassungsgericht dann die Verfassungsmäßigkeit von Gesetzen an dem aus dem Rechtsstaatsprinzip entwickelten Verhältnismäßigkeitsprinzip misst, wobei es dem Gesetzgeber aber einen Prognosespielraum belässt.

> „Nach diesem Grundsatz muß ein grundrechtseinschränkendes Gesetz geeignet und erforderlich sein, um den erstrebten Zweck zu erreichen. Ein Gesetz ist geeignet, wenn mit seiner Hilfe der erstrebte Erfolg gefördert werden kann; es ist erforderlich, wenn der Gesetzgeber nicht ein anderes, gleich wirksames, aber das Grundrecht nicht oder weniger stark einschränkendes Mittel hätte wählen können." (Beschluss vom 09.03.1994, 2 BvL 43/92, Rn. 120 ff., juris, 122).

Erst danach ist auch die Verhältnismäßigkeit im engeren Sinne zu beachten, wonach bei einer Gesamtabwägung zwischen der Schwere des Eingriffs und dem Gewicht sowie der Dringlichkeit der ihn rechtfertigenden Gründe die Grenze der Zumutbarkeit für die Adressaten des Verbots gewahrt sein muss (Übermaßverbot, BVerfG a.a.O., Rn. 123).

Weil der Verhältnismäßigkeitsmaßstab auf die Eignung zum angestrebten Zweck rekurriert, kann er als rechtlicher Anknüpfungspunkt für wissenschaftliche Erkenntnis herangezogen werden – hierauf bezog sich der Schildower Kreis bei seiner Forderung nach einer Überprüfung des Betäubungsmittelstrafrechts. Allerdings zeigt ein näherer Blick auf den Cannabis-Beschluss, dass das Bundesverfassungsgericht auch hinsichtlich der Berücksichtigung wissenschaftlicher Erkenntnis eine Richtung eingeschlagen hat, die die strafrechtsbasierte Drogenpolitik auf Jahrzehnte hinaus verfestigt. Das Gericht stellte heraus, die

> „kriminalpolitische Diskussion darüber, ob eine Verminderung des Cannabiskonsums eher durch die generalpräventive Wirkung des Strafrechts oder aber durch die Freigabe von Cannabis und eine davon erhoffte Trennung der Drogenmärkte erreicht wird, ist noch nicht abgeschlossen. Wissenschaftlich fundierte Erkenntnisse, die zwingend für die Richtigkeit des einen oder anderen Weges sprächen, liegen nicht vor." (Rn. 151).

Gesicherte kriminologische Erkenntnisse könnten unter besonderen Voraussetzungen zwar verfassungsrechtlich zu einer bestimmten Behandlung einer Frage durch die Gesetzgebung zwingen oder wenigstens eine bestimmte Vorgehensweise ausschließen, so das Bundesverfassungsgericht. Einen solchen Festigkeitsgrad weisen jedoch die Erkenntnisse zum strafbewehrten Verbot von Cannabis aus seiner Sicht (noch) nicht auf (vgl. ebd.).

Das Bundesverfassungsgericht beschreibt sich hier also in einer neutralen Beobachterrolle in Erwartung eindeutiger und dort weithin konsentierter Ergebnisse aus der Wissenschaft. Solange diese Eindeutigkeit nicht erreicht ist, gewährt es der Gesetzgebung einen breiten Spielraum. Weil es aber einen derart breiten Konsens in der Kriminologie kaum jemals geben wird, marginalisiert das Bundesverfassungsgericht mit dieser Herangehensweise den möglichen Einfluss wissenschaftlicher Erkenntnis auf die Entwicklung von Gesetzen. Zwar gab es in seiner Entscheidung dem Gesetzgeber die Pflicht mit auf den Weg, „die Auswirkungen des geltenden Rechts unter Einschluss der Erfahrungen des Auslandes zu beobachten und zu überprüfen" (Rn. 175) sowie ggf. nachzubessern. Aber auch eine solche Pflicht wird selbst im Falle ihrer Einhaltung wenig Wirkung erzielen können, wenn der jetzige Maßstab beibehalten wird, wonach lediglich ein als eindeutig anerkanntes Ergebnis zur Umsetzung zwingt.

Zudem gilt es aktuell im Bundesinstitut für Arzneimittel und Medizinprodukte, das für eine Ausnahmeerlaubnis nach § 3 Abs. 2 BtMG betreffend den Verkehr mit Betäubungsmitteln zu wissenschaftlichen Zwecken zuständig ist, als nicht genehmigungsfähig, Studien mit dem Ziel einer Veränderung der Rechtlage durchzuführen. Daher wurde auch dem Kieler Modellprojekt zur Apothekenabgabe von Cannabis die Erlaubnis versagt (zustimmend dazu Körner et al. 2016, § 3, Rn. 48 f.). Dies geschah, obwohl es die seitens des Bundesverfassungsgerichts ausdrücklich als zu erforschendes Beispiel angeführte Trennung der Märkte für Cannabis einerseits, und anderer unter das BtMG fallender Substanzen andererseits, zum Gegenstand hatte. Der Forderung nach der Trennung der Märkte liegt die in der kriminologischen Wissenschaft bereits weithin stark kritisierte Annahme zugrunde, Cannabis sei unter den Bedingungen umfassender Prohibition als Einstiegsdroge zu betrachten, die den Konsum anderer, als härter gedachter, Betäubungsmittel regelmäßig nach sich ziehe. Nicht einmal diese Vorgabe wurde jedoch in einer Weise umgesetzt, die die Drogenprohibition ansatzweise grundlegend in Frage hätte stellen können. Vielmehr führt dies zu einer Medikalisierung der Drogenpolitik, insofern dass wissenschaftliche Erprobungen sich dann auf eine Vergabe von Cannabis oder Diamorphin als Medikament beziehen und sich in die bestehende Politik einreihen, die eine Abmilderung von Sanktionsrealitäten über das Muster „Therapie statt Strafe" (u. a. §§ 35 ff. BtMG) zu erreichen sucht.

Obwohl Ungewissheit über die Folgen gesetzlicher Regelung eine unvermeidbare, lediglich graduell veränderbare Tatsache ist, hat das Bundesverfassungsgericht keinen juristischen Rahmen zum Umgang mit Ungewissheit vorgegeben, der sich nicht damit begnügt, auf wissenschaftlichen Konsens in höchst unwahrscheinlichen Einzelfällen zu hoffen.

Grundlegendes Argument für die Prohibition von Cannabis (und dann erst recht von anderen unter das BtMG fallenden Substanzen) ist für das Bundesverfassungsgericht die Tatsache, dass sich das Ausmaß schädlicher Nebenwirkungen nicht hinreichend überschauen lasse, zumal „die Droge gerade im Hinblick auf den Massenkonsum noch nicht ausreichend pharmakologisch und klinisch getestet" sei (Rn. 132). Dabei wird nicht beachtet, dass die Nichterforschung wiederum auf die Prohibition zurückzuführen ist. Unabhängig davon liegt jedoch eine tieferliegende Zirkularität in dieser Argumentation, die sich weiterreichend auf das Verhältnis von kriminologischer Forschung und bestehender Gesetzeslage auswirkt. Im Zweifel nämlich wird die Schadlichkeit der Substanz angenommen, die unter Verbot steht. Bei dieser Hypothese bleibt es bis zum – unbezweifelbaren – Beweis des Gegenteils, also in der überwältigenden Mehrzahl aller Fälle auf unüberschaubare Zeit. Wissenschaftliche Erkenntnisse werden daran auch bei ihrem Vorliegen nichts Wesentliches zu ändern vermögen, da sie in aller Regel keinen allgemeinen Konsens in der Kriminologie nach sich ziehen werden.

Wie es sonst in gerichtlichen Verfahren selten auf die „nackten Tatsachen" ankommt, entscheiden sich auch Verfahren vor dem Bundesverfassungsgericht, wie der Cannabis-Beschluss zeigt, vorrangig anhand der Frage, wer die Beweislast trägt. Diese hat das Bundesverfassungsgericht mit dem eindeutigen Nachweis der Unschädlichkeit extrem hoch angesetzt. Es hat damit nicht nur den Widerspruch zwischen der Gesetzeslage bei Alkohol und Nikotin im Vergleich mit Cannabisprodukten vertieft, der doch erst zu dem Verfahren vor dem Bundesverfassungsgericht geführt und diverse Gerichte dazu veranlasst hatte, einen Verstoß gegen den Gleichbehandlungsgrundsatz für naheliegend zu halten und die Verfahren daher dem Bundesverfassungsgericht zur Entscheidung vorzulegen. Das Gericht hat damit zudem eine Schieflage zum Arzneimittelgesetz – das dem Betäubungsmittelrecht am nächsten steht, weil es ebenfalls dem Schutz der öffentlichen Gesundheit dienen soll – hergestellt. Dort ist der Umgang mit Arzneimitteln verboten, die als „bedenklich" gelten, was dann der Fall ist, „wenn nach dem jeweiligen Stand der wissenschaftlichen Erkenntnisse der begründete Verdacht besteht, dass sie bei bestimmungsgemäßem Gebrauch schädliche Wirkungen haben, die über ein nach den Erkenntnissen der medizinischen Wissenschaft vertretbares Maß hinausgehen". Dass gewisse schädliche (Neben-)Wirkungen eintreten, wird aufgrund des therapeutischen Nutzens hingenommen (vgl. Nestler 1998, S. 710). Hintergrund ist dabei wiederum das Recht auf Selbstbestimmung (Art. 2 Abs. 1 GG), für dessen informierte Ausübung bei Medikamenten der Beipackzettel steht (§ 11 AMG).

5 Verhältnismäßigkeitsprinzip und Strafe

Nahezu vollständig ausgeblendet hat das das Bundesverfassungsgericht jedoch in seinem Cannabis-Beschluss mit Fokus auf die schädlichen Wirkungen psychoaktiver Substanzen die schädlichen Wirkungen der angedrohten Strafe. Auch das abweichende Votum des Richters am Bundesverfassungsgericht Sommer (Rn. 222) diskutiert die Verhältnismäßigkeit der Strafdrohung nur unter dem dritten Gesichtspunkt ihrer Unzumutbarkeit, nicht den vorrangigen ihrer Geeignetheit und Erforderlichkeit zum angestrebten Zweck. In dem Beschluss wird lediglich kurz abgewogen, ob das strafbewehrte Verbot – möglicherweise entgegen seiner Intention – eher einen Anreiz zum Konsum darstellt als – wie intendiert – eine abschreckende Wirkung zu haben (Rn. 151). Dabei geht es lediglich um die Frage nach einer möglichen generalpräventiven, also die Allgemeinheit abschreckenden Wirkung der Strafdrohung. Die Wirkungen auf das (dann tatsächlich) bestrafte Individuum werden ausgeblendet. Dies ist in Relation zu den Ausführungen betreffend die Beweislast zur Schädlichkeit psychoaktiver Substanzen höchst unstimmig. Denn schließlich werden die kontraproduktiven Wirkungen strafrechtlicher Sanktionen gerade bezogen auf die Drogenpolitik in besonderem Maße in der kriminologischen Wissenschaft thematisiert, so dass vielfach von einem „Drogenpolitikproblem" anstelle eines „Drogenproblems" gesprochen wird (vgl. statt vieler bereits Böllinger et al. 1992, Kap. 4). Abgesehen von den kontraproduktiven Wirkungen, die gemeinhin als unintendiert gelten (jedenfalls solange man nicht die strafrechtliche Kategorie des Eventualvorsatzes anlegt, bei dem es genügt, eine Folge jedenfalls billigend in Kauf zu nehmen), hat eine Strafe, bei der es sich anerkanntermaßen um eine staatliche Übelszufügung handelt, auch intendiert schädliche Wirkungen. Das findet nicht allein in der Kriminologie, sondern sogar im Gesetz selbst Anerkennung, wenn in den Strafvollzugsgesetzen seit 1977 die Rede davon ist, diesen schädlichen Wirkungen des Freiheitsentzugs sei im Strafvollzug wiederum (resozialisierend) entgegenzuwirken (z.B. § 3 Abs. 1 StVollzG-Bund, dessen Formulierung von allen heute geltenden Landesgesetzen übernommen wurde). Das Bundesverfassungsgericht nimmt dieses Wissen jedoch nicht zum Anlass, die Durchsetzung der genannten gesetzgeberischen Ziele mit den Mitteln des Strafrechts an höhere Anforderungen und eine Änderung der Beweislastverteilung zu knüpfen. Auf diese Weise hätte die in der Kriminologie weithin anerkannte Feststellung von der Austauschbarkeit der Sanktionen hinsichtlich ihrer kriminalpräventiven Wirksamkeit Berücksichtigung finden müssen (vgl. Graebsch und Burkhardt 2015, S. 35ff. m.w.Nachw.). Wenn sich mehrere Sanktionen bis hin zu einer strafrechtlichen Non-Intervention als gleichermaßen geeignet erweisen, müsste auf der zweiten Stufe der Verhältnismäßigkeitsprüfung die unter diesen gerade noch erforderliche, das heißt diejenige mit der niedrigsten Eingriffsintensität, ausgewählt werden. Zumindest aber wären bezüglich der Wirkungen von Strafe, einschließlich ihrer Risiken und Nebenwirkungen, weitere Forschungen gleichermaßen geboten wie in Bezug auf die Wirkungen psychoaktiver Substanzen. In der Strafrechtswissenschaft wird allerdings unter Verweis auf den Cannabis-Beschluss des Bundesverfassungsgerichts empirische Forschung zu den Wirkungen von Strafe verbreitet für wünschenswert, nicht jedoch für eine zwingende Entscheidungsgrundlage gehalten (vgl. Kaspar 2014, S. 633). Die Eignung strafrechtlicher Sanktionen zur Verfolgung der mit ihnen gesetzlich vorgesehenen Zwecke sei schon dann gegeben, wenn die Sanktion nicht gänzlich oder evident ungeeignet sei, wenn sie immerhin als „Schritt in die richtige Richtung" verstanden werden könne (Kaspar 2014, S. 125; näher zur Kritik Graebsch 2018; Graebsch 2016, S. 42ff.).

Das Ergebnis dieser durch das Bundesverfassungsgericht geprägten Lehrmeinung vom Verhältnis wissenschaftlicher Erkenntnis zu den verfassungsrechtlichen Anforderungen an das Strafrecht lässt sich als „Cannabis-Paradox" bezeichnen: Weil kein wissenschaftlicher Nachweis der Unschädlichkeit der Substanz geführt werden konnte, soll das strafbewehrte Verbot verfassungsrechtlich vertretbar sein. Positive Wirkungen strafrechtlicher Sanktionen werden dann aber einfach unterstellt, für sie werden keine empirischen Nachweise verlangt, schon gar keine experimentellen Studien in Anlehnung an die klinischen Tests bei Arzneimitteln. Hier offenbart sich ein widersprüchlicher Umgang mit Ungewissheit: Diejenigen, die eine Droge mit ungewisser Wirkung zu sich nehmen wollen, erhalten als Strafe für den Umgang mit dieser eine Sanktion, deren Wirkung ebenfalls ungewiss ist. Allerdings sollte die eventuell schädigende Komponente der ambivalenten Drogenwirkung selbstbestimmt in Kauf genommen werden, wohingegen die unumstritten schädigende wirkende Komponente der Strafe nur bestenfalls durch ungewisse positive Wirkungen (für andere) ausgeglichen würde, dennoch aber zwangsweise auferlegt wird.

6 Ausblick

Blickt man auf die beiden bedeutsamen rechtstheoretischen Säulen – die Expansion des Rechtsgüterschutzes in der ‚Volksgesundheit' und das Fernhalten wissenschaftlicher Erkenntnis aus dem Strafrecht über das Cannabis-Paradox – so ergibt sich, dass ein Ende der Drogenprohibition kaum über das Verfassungsrecht erreicht werden wird. Eher lassen sich Einflüsse dieser bedenklichen Argumentationsfiguren auf andere Strafrechtsbereiche feststellen. Eine nähere Analyse des Cannabis-Beschlusses fördert zudem noch weitere herangezogene Denkfiguren zutage, die dann wiederum soziologisch interessant sind. Das gilt insbesondere für das indirekt weiterhin zugrunde gelegte „amotivationale Syndrom" (dazu Böllinger 1994), das gedacht als „orientalisch" in Kombination mit der angeblichen Kulturfremdheit von Cannabis im Gegensatz zu Alkohol die Konstruktion einer von außen importierten Störung der Leistungsgesellschaft herbeiführt (näher Graebsch 1998).

Seitens der Politik ist mehr als 20 Jahre später noch nicht einmal die vom Bundesverfassungsgericht gestellte Minimalanforderung erfüllt, eine bundesweit einheitliche Entscheidungspraxis bei Verfahrenseinstellungen nach § 31 a BtMG herbeizuführen. Die Studie von Schäfer und Paoli (2006) zeigt vielmehr weiterhin völlig disparate Einstellungsvorschriften und -praxen. Das Legalitätsprinzip (§ 163 Abs. 1 StPO) verlangt jedoch von der Polizei, bei jeglichem Straftatverdacht ein Ermittlungsverfahren einzuleiten, auch wenn sich diese Arbeit als nachträglich „für den Papierkorb" erweist, weil das Verfahren – zum Beispiel nach § 31 a BtMG – eingestellt wird. Eine aktuelle Studie nimmt die Wahrnehmung dieser Rechtslage aus Sicht der kontrollierenden Polizeikräfte in den Blick und kommt zu dem Ergebnis, dass unter einer zweckrationalen Perspektive (auch) unter diesen eine Nicht-Produktivitätshaltung oder sogar die Einschätzung des eigenen Vorgehens als kontraproduktiv verbreitet ist (vgl. Steckhan 2017). Auch darin kommt ein Änderungsbedarf zum Ausdruck, der sich in der Rechtstheorie nicht widerspiegelt.

Literatur

Ashworth, A. (Hrsg.). 2013. *Prevention and the Limits of the Criminal Law.* Oxford.
Best, G. 2011. Ausweitung der Schutzfunktion des Strafrechts: Die Aktualisierung des Inzestverbots. *Kriminologisches Journal* 42(4): 289–303.
Böllinger, L. 1994. *Kritische Justiz* 27: 405–407.
Böllinger, L. 2009. Die gesellschaftliche Drogenphobie. Beitrag zum Symposium „Kontrolldiagnosen aktueller Drogenpolitik" (09.05.2009). http://schildower-kreis.de/eigene-texte/2015/10/24/lorenz-boellinger-die-gesellschaftliche-drogenphobie/. Zugegriffen: 29. Dezember 2017.
Böllinger, L., H. Stöver, L. Fietzek. (Hrsg.). 1992. *Drogenpraxis, Drogenrecht, Drogenpolitik. Leitfaden für Drogenbenutzer, Eltern, Drogenberater, Ärzte und Juristen.* Frankfurt/Main.
Graebsch, C. 1998. Ausweisung als Strafe oder: Das geteilte Dealerbild des Rechts. In *Drogendealer. Ansichten eines verrufenen Gewerbes,* hrsg. v. B. Paul, H. Schmidt-Semisch, 109–123. Freiburg.
Graebsch, C. 2016. Gesundheitsfördernde Behandlung von Tätern und Täterinnen im Strafvollzug? In *Healthy Justice. Überlegungen zu einem gesundheitsförderlichen Rechtswesen,* hrsg. v. N. Ochmann, H. Schmidt-Semisch, G. Temme, 21–64. Wiesbaden.
Graebsch, C. 2018. Evidenzorientierung strafrechtlicher Sanktionen - Chancen, Risiken und Nebenwirkungen. In Walsh, Maria/Pniewski, Benjamin/Kober, Marcus/Armborst, Andreas (Hrsg.): *Evidenzorientierte Kriminalprävention in Deutschland. Ein Leitfaden für Poltik und Praxis.* Wiesbaden: Springer VS, S. 205-235.
Graebsch, C., S.-U. Burkhardt. 2015. *Vergleichsweise menschlich? Ambulante Sanktionen als Alternative zur Freiheitsentziehung aus europäischer Perspektive.* http://www.doabooks.org/doab?func=fulltext&rid=19127. Zugegriffen: 29. März 2018.
Herzog, F. 1991. *Gesellschaftliche Unsicherheit und strafrechtliche Daseinsvorsorge. Studien zur Vorverlegung des Strafrechtsschutzes in den Gefährdungsbereich.* Heidelberg.
Kaspar, J. 2014. *Verhältnismäßigkeit und Grundrechtsschutz im Präventionsstrafrecht.* Baden-Baden.
Kindhäuser, U., U. Neumann, H.-U. Paeffgen, H. -J. Albrecht. (Hrsg.). 2017. *Strafgesetzbuch.* Baden-Baden.

Körner, H. H., J. Patzak, M. Volkmer. (Hrsg.). 2016. *Betäubungsmittelgesetz. Arzneimittelgesetz Grundstoffüberwachungsgesetz*. München.
Krumdiek, N. 2010. Internationale Betäubungsmittelkontrolle im Lichte der Menschenrechtsvorgaben. In *Komplemente. In Sachen: Kriminologie, Drogenhilfe, Psychotherapie, Kriminalpolitik*, hrsg. v. H. Pollähne, H. Stöver, 104–115. Münster.
Lang, W. J. M. 2011. *Betäubungsmittelstrafrecht – dogmatische Inkonsistenzen und Verfassungsfriktionen*. Hamburg.
Malek, K. 2015. *Betäubungsmittelstrafrecht*. München.
Nestler, C. 1998. § 11. Grundlagen und Kritik des Betäubungsmittelstrafrechts. In *Handbuch des Betäubungsmittelstrafrechts*, hrsg. v. A. Kreuzer, 697–860. München.
Quensel, S. 2010. Prohibitionspolitik und Common Sense: Best interests and good intentions. In *Komplemente. In Sachen: Kriminologie, Drogenhilfe, Psychotherapie, Kriminalpolitik*, hrsg. v. H. Pollähne, H. Stöver, 119–134. Münster.
Schäfer, C., L. Paoli. 2006. *Drogenkonsum und Strafverfolgungspraxis*. Berlin.
Schneider, W. 1994. Haschisch im sanktionsfreien Raum – das Konsumverhalten im Lichte der Entscheidung des Bundesverfassungsgerichts. *Strafverteidiger* 7: 390–393.
Singelnstein, T., P. Stolle. 2012. *Die Sicherheitsgesellschaft. Soziale Kontrolle im 21. Jahrhundert*. Wiesbaden.
Steckhan, S. 2017. *Rauschkontrolleure und das Legalitätsprinzip. Polizeiliche Perspektiven zu Drogen und Drogenkriminalität*. Baden-Baden.
Wesel, U. 1979. h.M. *Kursbuch* 56: 88–109.

Teil IV
Drogenmärkte und Prohibition

Kokain als Türöffner

Zur Entstehung des globalen Drogenproblems
aus der asiatischen Opiumfrage

Sebastian Scheerer

Zusammenfassung

Entgegen einer „Entwicklungsperspektive", welche den Übergang von der „Opiumfrage" des 19. Jahrhunderts zum „Drogenproblem" des 20. Jahrhunderts als natürliche Antwort auf die zunehmende Verfügbarkeit von und Nachfrage nach psychoaktiven Substanzen zu sehen pflegt, erlaubt die Rekonstruktion der Problemgeschichte aus einer zunächst weniger plausiblen „Konstitutionsperspektive" differenzierte Erkenntnisse. Insbesondere zeigt sich, dass die übliche Definition des „Drogenproblems" keineswegs alternativlos war bzw. ist, sondern dass es handelspolitische Rivalitäten und historische Paradoxien waren, die zur Aufnahme von Kokain (als erstem Nicht-Opiat) in das Opiumabkommen von Den Haag (1912) führten. Dieses ebnete den Weg nicht nur für die Entstehung unseres heutigen Betäubungsmittelrechts, sondern auch für die weltweite Durchsetzung der heute für selbstverständlich gehaltenen Problemsicht.

Schlüsselbegriffe: Kokain, Opium, Problemgeschichte, Opiumabkommen

1 Soziale Probleme und das Drogenproblem

Das Drogenproblem ist Teil des Hintergrunds, vor dem sich unser aller Alltag abspielt: Es ist ein anerkanntes, ein drängendes und doch ein sorgfältig und bürokratisch gehegtes Problem, so dass man sich sein Verschwinden gerade in Politik und Verwaltung kaum noch vorstellen kann.

Das war keineswegs immer der Fall. Oder doch? Man gerät ins Grübeln, seit wann es das Rauschgiftproblem gibt und warum einige Drogen global verboten sind und andere nur regional. Warum sind die verbotenen Drogen verboten und die erlaubten erlaubt? Ist der Rauschgiftmissbrauch, ist die Drogenabhängigkeit eine Erscheinung des 20. Jahrhunderts?

Vieles hängt davon ab, was man unter dem Begriff des Drogenproblems verstehen will. Den Konsum psychoaktiver Substanzen scheint es schon in prähistorischer Zeit gegeben zu haben. Daraus auf das Alter des Drogenproblems zu schließen, wäre aber sehr gewagt. Prämoderne Gesellschaften hatten wirksame Mechanismen zur sozialen Kontrollen des Drogenkonsums; diese sorgten für die kulturelle Integration stark wirkender Substanzen, wodurch die Risiken des Konsums minimiert wurden. Selbst in China, wo der Opiumkonsum im 19. Jahrhundert verheerende Folgen zeitigte, hatte es zuvor einen jahrhundertelangen Opiumkonsum *ohne* soziale Probleme gegeben (vgl. Sonnedecker 1963).

Angesichts der Andersartigkeit der europäischen Drogenkrisen des 16. und 17. Jahrhunderts (vgl. Austin 1982) scheint es naheliegend, dass erst aufgrund der – oder zumindest nach den – großen Umwälzungen des 18. und 19. Jahrhunderts der Drogenkonsum durch Regeln und Rituale nicht mehr wirksam unter Kontrolle gehalten werden konnte. Man denke nur an den Beitrag, den das „Feuerwasser" des „weißen Mannes" zur Ausrottung der nordamerikanischen Indianer leistete, an den weitverbreiteten Alkoholismus in den Industriestaaten (Gin in England, Branntwein in Deutschland), an Besonderheiten wie die „Ätherfritzen" im Berlin der Jahrhundertwende oder an das bereits erwähnte Opiumrauchen im Fernen Osten.

So gesehen wäre das Drogenproblem vielleicht rund zweihundert Jahre alt. Doch wer vor zweihundert oder auch nur hundert Jahren vom Drogen- oder Rauschgiftproblem mit derselben Selbstverständlichkeit gesprochen hätte, mit der das heute auf der ganzen Welt passiert, wäre nicht verstanden worden. Noch vor hundert Jahren hätte niemand gewusst, was mit dem Begriff „Drogenproblem" gemeint ist. Insofern ist zumindest die Bezeichnung als Rauschgiftproblem eine Leistung, eine Innovation, eine Erfindung des 20. Jahrhunderts. Dies wäre nicht weiter gravierend, wenn sich die Ebene der Bezeichnungen von derjenigen der objektiven Realität ohne weiteres trennen ließe. Doch das ist gerade im Bereich der sozialen Probleme nicht möglich – hier verbirgt sich hinter der Veränderung der Wörter und Begriffe auch eine Veränderung der Realität.

1.1 Sachverhalt und Problematisierung

Soziale Probleme verweisen zwar auf Tatsachen, aber sie erschöpfen sich nicht in der affektlosen Realität. Weil sie „Probleme" sind, bedürfen sie zu ihrer Entstehung der Problematisierung. Eine soziale Tatsache wird zum sozialen Problem, wenn bestimmte Akteure ihre Ansicht durchgesetzt haben, dass der Ausschnitt der Realität, den sie im Auge haben, dringend verändert, bekämpft oder abgeschafft werden muss – so geschehen bei Armut, Obdachlosigkeit, Prostitution, Pornographie, Säuglingssterblichkeit und Kindesmissbrauch (in früheren Zeiten gehörte auch die Homosexualität in eine derartige Aufzählung sozialer Probleme).

Obwohl soziale Probleme also, wenn man so will, die Summe aus Sachverhalt und Problematisierung sind, erscheint die konstitutive Bedeutung des letztgenannten Aspekts dem Alltagsbewusstsein meist trivial. Die Praxis handelt ja gewissermaßen auf der Geschäftsgrundlage bereits erfolgter Problemdefinitionen. Jede Meta-Thematisierung führt zu einer Relativierung und Verunsicherung dieser Handlungsbasis und kann sich damit negativ auf die Motivation zur Problembearbeitung auswirken. Für den Praktiker wie auch den praxisnahen Wissenschaftler scheint es nicht weiter wichtig zu sein, dass das von ihm bearbeitete soziale Problem nicht nur aus einer bestimmten Konfiguration von Akteuren und Strukturen besteht. Stattdessen muss diese Konfiguration, um überhaupt erst zum sozialen Problem zu werden, auch noch von relevanten Dritten als interventionsbedürftig definiert und behandelt werden. Beide werden daher gelegentlich dazu tendieren, die Problematisierung eines sozialen Sachverhalts nicht so sehr als eigenständigen Aspekt zu würdigen, sondern „die Tatsache", dass etwas ein Problem „ist", als Eigenschaft der objektiven Realität aufzufassen: Damit findet eine Ontologisierung des soziale Problems statt.

Oftmals ergibt sich die Erkenntnis, dass eine (scheinbar) objektive Lage dringend einer bestimmten Intervention bedürfe, keineswegs aus der Sache selbst. Dann wird eine ehemalige oder andauernde Problemdefinition selbst zum Gegenstand der Problematisierung (vgl. Schetsche 2014). Dabei wird ersichtlich, wie wichtig es ist, entgegen einem unübersehbaren Praxisdruck durch die Verdinglichung sozialer Probleme, an einer reflexiven Soziologie festzuhalten und immer wieder darauf zu achten, wie Zustände und Konfigurationen erst durch Problematisierungsleistungen, Definitionsprozesse und Interessenpolitik als soziale Probleme konstruiert werden.

Daraus folgt für die Analyse der Geschichte des Drogenproblems, dass Veränderungen in der sprachlichen Bezeichnung der jeweiligen Situation(en) auf tieferliegende gesellschaftliche Prozesse hinweisen. Wenn vor hundert Jahren eine Vielzahl von Problemen mit Drogen existierten, man aber noch keine abstrakte Kategorie („das Drogenproblem") dafür hatte, dann bedeutet das möglicherweise, dass die Problematisierung veränderungsbedürftiger Konfigurationen damals fragmentiert erfolgte –zwischen damals und heute hat sich ein Universalisierungsprozess abgespielt, der uns diese neue Bewusstseins- und Handlungskategorie bescherte.

Der Transformation vom Opium- zum Drogen-Problem lag ein solcher Universalisierungsprozess zugrunde: War die Opiumfrage des 19. Jahrhunderts noch „limited by subject (opium), by region (the Far East), and by problem (China)" (Lowes 1966, S. 181), so wurde sie durch das Haager Opiumabkommen von 1912 globalisiert und besteht bis heute. Mittlerweile drückt sich diese Universalität des Drogenproblems in mehrfacher Hinsicht aus. Erstens betrifft das moderne Rauschgiftproblem nicht nur eine oder wenige Substanzen, sondern eine prinzipiell unabgeschlossene Zahl von Naturdrogen, halb- und vollsynthetischen Stoffen und Zubereitungen, wovon Heroin und Kokain, LSD und Haschisch/Marihuana, Ecstasy und Engelsstaub, Khat und Crack nur die Spitze des Eisbergs darstellen. Zweitens wird das Drogenproblem von allen Regierungen der Welt bekämpft und als legitimes Aufgabenfeld der Vereinten Nationen und ihrer Unterorganisationen anerkannt.[1] Drittens sind Rauschgiftdelikte juristisch ebenso wie Geldfälschung und Menschenhandel als Universaldelikte ausgestaltet, d.h. als Straftaten, die in jedem Land der Erde unabhängig vom Ort ihrer Begehung und von der Staatsangehörigkeit der Täter verfolgt werden können und müssen. Viertens ist das Drogenproblem nicht nur Ausdruck einer weltweiten ideologischen Wertegemeinschaft, sondern auch ein realpolitisches Vehikel zur weiteren Formierung supranationaler Institutionen, also nicht nur Symptom, sondern auch Zweck und Mittel des internationalen Zusammenwachsens.

Doch gerade wegen dieses deutlichen qualitativen Sprungs zwischen der Opiumfrage des 19. und dem Drogenproblem des 20. Jahrhunderts ist es von Interesse zu erfahren, worauf diese Verschiebung beruhte.

1.2 Entwicklungs- vs. Konstitutionsperspektive

Die übliche Erklärung folgt einer (impliziten) Perspektive, die man als Entwicklungsperspektive bezeichnen und idealtypisch einer reflexiven Konstitutionsperspektive gegenüberstellen kann. Der Begriff der Entwicklung verweist auf die Entfaltung eines vorher festgelegten Programms, dergestalt dass sich soziale Probleme reflexhaft an der objektiven Lage orientieren: Je mehr obdachlose Menschen es gibt, desto größer ist das soziale Problem der Obdachlosigkeit.

Demgegenüber lässt sich eine konkurrierende Perspektive denken, welche die Leistung derjenigen betont, die einen Sachverhalt problematisieren und ihm durch Weglassen und Hinzufügen bestimmter Aspekte ein ganz spezielles Aussehen, ein eigenes Format geben, das so im Gegenstandsbereich noch nicht vorhanden war. So könnte z.B. die Obdachlosigkeit ab-, ihre Thematisierung aber zunehmen. Homosexualität könnte z.B. in zwei Gesellschaften gleich häufig sein, aber nur in einer der beiden als soziales Problem an-

---

1 Polizei und Justiz sprechen lieber vom *Rauschgiftproblem*, Sozialwissenschaftler und -pädagogen ziehen den Terminus *Drogenproblem* vor. Beide meinen aber im Kern dasselbe. Wer vom Rauschgiftproblem spricht, zieht zwar eine klare Trennungslinie zum Bereich der legalen Alltagsdrogen (Kaffee, Tee, Alkohol, Tabak und ärztlich verschriebenen Medikamenten mit Abhängigkeitspotential). Andersherum meint, wer vom Drogenproblem spricht, meist in erster Linie trotzdem das Rauschgiftproblem. Das Drogenproblem – das ist die Angst der Eltern vor dem Rauschgiftkonsum ihrer Kinder, das ist der nahezu aussichtslose Kampf gegen die Macht der internationalen Rauschgiftmafia, das ist die Suche nach Therapieplätzen und der Streit um Methadonprogramme, das sind die Drogentoten und die Belastungen der öffentlichen Haushalte mit Präventions- und Rehabilitationsmaßnahmen. Dabei wird eher am Rande darauf verwiesen, dass es auch Tabak-, Alkohol- und Schlaftabletten-Abhängigkeiten gibt, dass das Drogenproblem also bei genauer Betrachtung nicht auf den Radius der illegalen Drogen begrenzt werden kann. Dennoch ist es dieser harte Kern des Drogenproblems, der die hohe Priorität diesbezüglicher Angelegenheiten auf der internationalen Agenda erklärt: Narkotika, die Betäubungsmittel im Sinne der internationalen Abkommen und der nationalen Betäubungsmittelgesetze, bilden das Zielobjekt des Rauschgiftbekämpfungsplanes; auf sie bezieht sich das Mandat der Vereinten Nationen zur Rauschgiftbekämpfung.

gesehen werden. Lässt sich die *Existenz* eines sozialen Problems also von der *Definition* eines sozialen Problems überhaupt trennen? Wahrscheinlich nicht, denn je mehr man sich vergegenwärtigt, dass die soziale Definition eines Sachverhalts als Problem zur Entstehung einer definitionsinduzierten Problematik führt – unabhängig davon, ob sie auf einer vorgängigen objektiven Problemlage aufbaut oder nicht. Eine solche Problematik schafft sich bald ihre eigene Realität, sie ist in diesem Sinne konstituiert. Beide Perspektiven kann man auf die Geschichte des Drogenproblems anlegen – die Frage ist nur, zu welchen Erkenntnissen sie jeweils führen.

Auf den ersten Blick hat die Entwicklungsperspektive einen Plausibilitätsvorsprung. Auch den Übergang von der Opiumfrage zum Rauschgiftproblem kann man als naturwüchsig-zwangsläufige Entwicklung sehen. Warum sollte man die internationalen Opiumkontrollen auf Roh- und Rauchopium beschränken, während die pharmazeutische Industrie jedes Jahr neue stark wirkende Mittel auf den Markt bringt – von den Opiaten Morphin und Heroin über Kokain und Amphetamine bis hin zu den ungezählten anderen, erst jüngst in Mode gekommenen oder spät in ihrer Gefahr erkannten Drogen. Erst gab es den Morphinismus und den Kokainismus, dann die Dolantin-, Polamidon-, Cliradon- und viele andere Abhängigkeiten, von denen man im 19. Jahrhundert nichts ahnte. So gesehen ist es kein Wunder, dass sich der Gesetzgeber gezwungen sah, in eine Art Wettlauf mit der Pharmaindustrie und der Drogenszene einzutreten, der wie selbstverständlich zu einer Ausdehnung des sachlichen Geltungsbereichs der Opiumgesetze führen musste. Darüber hinaus ist das Alltagsleben für die meisten Menschen heute komplexer, widersprüchlicher und stressreicher ist als noch vor zwei oder drei Generationen. Die Nachfrage nach stimmungsverändernden Substanzen nimmt zu, während zugleich die Resistenz der Gesellschaft gegenüber Suchtentwicklungen abgenommen hat.

Die Transformation der Opiumfrage in das moderne Drogenproblem scheint nichts Besonderes zu sein – deshalb hat die Wissenschaft dieser historischen Episode bislang noch keine dezidierte Aufmerksamkeit gewidmet.

Wer sich freilich die Akteure und ihre Handlungen genauer ansieht, wird bald feststellen, dass die Plausibilität der Entwicklungsperspektive mit der Nähe zum Gegenstand abnimmt. Die Handlungen, die aus Zuständen Probleme machen, kann man als Durchsetzung bestimmter Definitionen, Interessen oder *claimsmaking activities* bezeichnen (Spector und Kitsuse 1977). Die Akteure, denen so etwas gelingt, sind engagierte Individuen oder *moral entrepreneurs* (Becker 1973), die innerhalb von Gruppen, Institutionen oder sozialen Bewegungen für die Durchsetzung ihrer Sichtweise und Bewertung der Dinge sorgen. Wenn sie erfolgreich sind, verdrängt ihre Sichtweise alle konkurrierenden Perspektiven. An diesem Punkt erscheinen ihre Beschreibung des Problems, ihre Ursachentheorie, ihre moralische Bewertung und ihr Programm zur Bekämpfung des Problems nicht mehr als eine unter vielen möglichen Auffassungen, sondern gleichsam als die natürliche und selbstverständliche Sicht der Dinge, ja als bloßes Abbild der Realität. Eine einst partikulare Problemdefinition ist dann zum Bestandteil der hegemonialen Ideologie geworden. Als natürliche und einzig richtige Sichtweise ist sie universell – d.h. Klassen- und Schichtgrenzen übergreifend – akzeptiert und wird gegen alternative Konzeptualisierungen aggressiv verteidigt. Hieraus wiederum lässt sich ableiten, dass sich hinter der scheinbar wertneutralen und objektiven „Erkenntnis" des sozialen Problems handfeste soziale, ökonomische und politische Interessen verbergen.

2 Problemdefinition: die Ausgangslage im 19. Jahrhundert

In der Opiumfrage treffen sich zwei ökonomische und geopolitische Konfliktlinien des 19. Jahrhunderts: zum einen der Konflikt zwischen kapitalistischen und nichtkapitalistischen Weltgegenden, zum anderen der innerkapitalistische Konflikt zweier Wirtschaftsmethoden. Genaugenommen wurde aus dem Sachverhalt des englisch-chinesischen Opiumhandels überhaupt erst die Opiumfrage, als dieser Handel von den USA attackiert und zum internationalen Problem erklärt wurde.

2.1 Englische Schandtaten in China

Als England 1757 das indische Mogulreich besiegte, gab es bereits einen lebhaften indisch-chinesischen Opiumhandel, der während der nächsten einhundert Jahre kräftig ausgebaut wurde. 1775 richtete die East India Company in Kalkutta periodische Opiumversteigerungen ein und begann wenig später mit direkten Verkäufen von Opium an Regierungen verschiedener ostasiatischer Staaten und an Kolonialverwaltungen. All dies geschah gegen den ausdrücklichen Willen Chinas, das alle Opiumeinfuhren schon 1729 verboten hatte und dieses Verbot ab 1799 regelmäßig wiederholte. Da der Opiumhandel jedoch für England so profitabel war, dass er sich praktisch gar nicht mehr einstellen ließ. England stand aufgrund der teuren Einkäufe in China (Seide, Tee) einerseits und dem völligen Desinteresse der Chinesen an Einkäufen europäischer Waren andererseits in einer chronisch negativen Handelsbilanz; dies begann sich Anfang des 19. Jahrhunderts aufgrund des Opiumhandels erstmals umzukehren. England beachtete deshalb das chinesische Einfuhrverbot überhaupt nicht. Als China allerdings 1839 sämtliche ausländischen Opiumvorräte in Kanton vernichtete (20.291 Kisten à 70 kg), erzwang England in zwei blutigen Opiumkriegen (1840–1842; 1856–1860) die Abtretung Hongkongs, die Öffnung der Häfen und die förmliche Legalisierung der Opiumeinfuhren (vgl. Wissler 1931; Opiumkrieg 1977).

2.2 Der englisch-amerikanische Opiumkonflikt

Nach dem Ende der indischen Selbstbestimmung (Mitte des 18. Jahrhunderts) hatte England nun auch die chinesische Souveränität (Mitte des 19. Jahrhunderts) beendet. Die damit errungene Position im Fernen Osten wurde allerdings von den USA, welche die Kolonialisierung Chinas durch europäische Mächte und ihren Ausschluss vom Chinahandel befürchteten, als Bedrohung empfunden. Es entspann sich ein zweiter globaler Konflikt, der sich wie der erste am Opiumhandel entzündete. Doch diesmal standen sich nicht China und England, sondern mit England und den USA zwei kapitalistische Mächte gegenüber.

England vertrat den klassischen Kolonialimperialismus, der die Kolonien auspresste und die Gewinne im kapitalistischen Zentrum realisierte. Dazu passte der Opiumhandel vorzüglich. Opium sah man als „a pernicious article of luxury, which ought not to be permitted but for the purpose of foreign commerce only, and which the wisdom of the Government should carefully restrain from internal consumption" (Warren Hastings, zit. n. Wissler 1931, S. 13). Da man nichts als eigenen Profit von den ostasiatischen Völkern wollte, konnte es dem merkantilistischen Bewusstsein auch egal sein, welche Auswirkungen die Handelspolitik auf die überseeischen Gebiete hatte. Gegen Ende des 19. Jahrhunderts befand sich China allerdings kurz vor der inneren Auflösung; das hätte die Aufteilung des Reiches zwischen England und anderen europäische Mächten bedeutet. Somit wäre es zur Kolonie erklärt worden, wodurch die USA als mögliche Partner eines florierenden Chinahandels endgültig ausgebootet gewesen wäre.

Die USA fanden den englischen Opiumhandel moralisch verwerflich und ökonomisch alarmierend: „Sobald man nur Waren aus einem Land herausholen will, um sie draußen zu verkaufen, kann man diesem Land alles aufdrängen, was es zum ersehnten Ziele führt; sobald man Industriewaren in größeren und steigenden Mengen in ihm absetzen will, die nur aufgenommen werden können, wenn das Land eine gewisse Stufe wirtschaftlichen Wohlstandes erreicht hat, oder sobald man sogar in diesem Land Kapital anzulegen wünscht, wird das Verhältnis zu ihm anders: es ist ein Interesse an seinem wirtschaftlichen Fortschritt erwacht." (Wissler 1931, S. 43).

Das positive Interesse am wirtschaftlichen Wohlergehen Chinas, das die USA immer wieder beteuert hatten, vertrug sich aber schlecht mit der Überflutung des Landes mit Opium. So kamen die USA aufgrund ihres modernen Finanz- und Handelsimperialismus ganz von selbst in einen immer schärferen Gegensatz zu England. Während England im 19. Jahrhundert den Sieg über China davongetragen hatte, war das 20. Jahrhundert amerikanisch geprägt.

2.3   Der Aufbruch zum amerikanischen Weltkreuzzug

Es begann nun ein „amerikanischer Weltkreuzzug" (Wissler 1931, S. 203), der den Opiumhandel als lösungsbedürftiges internationales Problem auf die Tagesordnung setzen sollte. Als China gedemütigt und dem Zerfall nahe war und die englischen Opiumexporte astronomische Höhen erreichten (1863–1879 von 50.000 auf über 80.000 Kisten), waren die USA weder moralisch noch wirtschaftlich in der Lage, gegen England in die Offensive zu gehen. Der Bürgerkrieg und die Rekonstruktionskrise sowie innen- und außenpolitische Imageverluste wegen der Sklaverei – all das band die moralischen und ökonomischen Ressourcen zu sehr, als dass man an große außenpolitische Aktivitäten denken konnte.

Notgedrungen hatten die USA sich deshalb zunächst damit begnügt, vor der eigenen Haustür zu kehren. Im Vertrag von Wanghia hatten sie sich 1844 gegen den Opiumhandel ausgesprochen und 1880 im Vertrag mit China ausdrücklich jedem amerikanischen Bürger jeden Handel mit Opium nach China verboten. Doch weil sie nicht nur Selbstbeschränkung üben, sondern Einfluss auf das Verhalten Dritter haben wollten, mussten sie gegen die englische Politik in die Offensive gehen.

Die Möglichkeit dazu bot sich 1898 mit der Besetzung der Philippinen im Gefolge des spanisch-amerikanischen Krieges. Dort gab es ein von den Spaniern eingerichtetes Opiummonopol und einen weit verbreiteten Konsum. Der Beschluss der vom US-Kriegsministerium eingesetzten Philippinen-Opium-Kommission – 1904 unter dem Vorsitz des Bischofs der Episkopalischen Kirche Charles H. Brent (1862–1929) –, dass die Lösung des Opiumproblems mehr als nur einzelstaatlicher Anstrengungen bedürfe, war das Startsignal für den bis heute anhaltenden amerikanischen „War on Drugs". 1906 regte Brent die Einberufung einer internationalen Konferenz an. Als diese 1909 in Schanghai tatsächlich zusammentrat, wurde Brent zum Vorsitzenden gewählt. Die Vorschläge der amerikanischen Delegation für die Internationale Opiumkommission von Schanghai (1909), deren Vorsitz wiederum Brent übertragen wurde, konzentrierten sich noch ganz auf Opium.

Die Resolutionen von Schanghai hatten keinen verbindlichen Charakter. Um sie in die völkerrechtlich verbindliche Form eines internationalen Abkommens zu überführen, verschickten die USA bereits am 01. September 1909 die vorläufige Tagesordnung für eine in Den Haag abzuhaltende Folgekonferenz. Auch dieses Einladungsschreiben war immer noch ganz auf Opium und seine Derivate abgestellt. Mit keinem Sterbenswörtchen ging die US-Tagesordnung auf Kokain oder andere Nicht-Opiate ein (vgl. Circular Instructions 1909).

Wäre es dabei geblieben, so trügen die Opiumabkommen und Opiumgesetze noch heute ihre alten Namen, würden sich UNO, WHO und FAO weiterhin nur um die Opiate kümmern und wären Kokain, Cannabis und Dutzende anderer global verbotener Drogen heute womöglich in vielen Ländern der Erde in die Palette der erlaubten Heil- und Genussmittel integriert. Doch nun setzte eine Reihe von Initiativen, Paradoxien und Katastrophen ein, die dem amerikanischen Weltkreuzzug einen ganz anderen Drall gaben und die Problemdefinition auf andere Substanzen, Länder und Zusammenhänge verschoben.

Diese Ereigniskette betraf so unterschiedliche Dinge wie die englische Kokaininitiative von 1910, die paradoxen Folgen der deutschen Verzögerungstaktik und schließlich die Aufnahme der Ratifizierungsverpflichtung in den Versailler Vertrag von 1919. Erst in ihrer Summe ergab diese Konfiguration das moderne Rauschgiftproblem.

3   Definitionskonflikte: die entscheidende Phase (1910–1920)

Die amerikanische Problemdefinition war ganz auf die englisch-chinesische Konfliktlage zugeschnitten und diente der Unterstützung Chinas gegen die von Großbritannien drohende Kolonisierungsgefahr. Diesem Zweck sollte das internationale Opiumabkommen dienen, und deshalb war auch in der von den USA verschickten Tagesordnung für die Konferenz in Den Haag nur von Opiaten und schwerpunktmäßig von Roh- und Rauchopium die Rede.

Für die heute herrschende universelle Definition des Rauschgiftproblems – inklusive des Verbots von Khat und Cannabis, Kokain und Amphetaminen – war es entscheidend, dass England diese amerikanische Definition nicht übernahm, sondern seinerseits zu einer Gegendefinition ansetzte. Diese lenkte die Opiumfrage – zunächst sogar bei Beibehaltung der alten Bezeichnung – auf die Frage nach Heroin und Morphin sowie, was besonders gravierende Konsequenzen haben sollte, auf Kokain um.

3.1 Die Interessenlage um 1910

Die Eile, mit der die USA nach der Konferenz von Schanghai zu einer völkerrechtlich verbindlichen Abmachung kommen wollten, stieß in den europäischen Hauptstädten auf Unbehagen. Portugal und Holland fuhren mit ihren jeweiligen nichtprohibitiven Opiumpolitiken im Fernen Osten recht gut und auch die Türkei und Serbien wollten sich in ihre Opiumproduktion nicht hineinreden lassen. Deutschland war auf ungestörte Opiumeinfuhren dringend angewiesen, um seine pharmazeutischen Exporte (Morphin, Heroin) nicht zu gefährden, vor allem aber auch seinen eigenen – für einen eventuellen künftigen Kriegsfall – noch bedeutenderen medizinischen Bedarf an Narkotika zu decken. Ein internationales Opiumabkommen konnte da nur stören. Die Schweiz mit ihrer ebenfalls bedeutenden pharmazeutischen Industrie sah die Dinge ähnlich.

Vor allem aber hatte Großbritannien schon beim ersten Blick auf die amerikanische Tagesordnung erkannt, dass der Konferenzfahrplan nur einen einzigen Verlierer vorsah – nämlich Großbritannien selbst. Jahrzehntelang hatten die Amerikaner den englischen Opiumhandel an den Pranger gestellt. Jetzt sollte England vor aller Welt noch einmal bloßgestellt und zum feierlichen Verzicht auf den Opiumhandel verpflichtet werden. Auf England sollten nicht nur der Schaden, sondern auch noch die Schande und der Spott der Welt fallen. Das wollte man nicht mitmachen, am liebsten wäre es England daher gewesen, wenn die Konferenz gar nicht zustande gekommen wäre. Aber man wollte auch nicht vor der Welt als diejenige Macht dastehen, die das Scheitern der Opium-Kontroll-Bemühungen zu verantworten hatte.

Angesichts der Zwickmühle, in der die britische Regierung steckte, war ihr über lange Monate überhaupt keine Antwort auf die amerikanische Einladung zu entlocken. Die USA hatten um Antwort bis zum 01. Dezember 1909 gebeten. Als im Mai 1910 immer noch keine Antwort der britischen Regierung vorlag, wurde man nervös. Wollte man sich in England wirklich leisten, die Konferenz zu verhindern? Im Sommer 1910 verdichteten sich derartige Gerüchte. Doch dann kam am 17. September 1910 – also mit immerhin zehnmonatiger Verspätung – die Nachricht, dass London unter gewissen Bedingungen bereit wäre, an der Konferenz teilzunehmen.

3.2 Die britische Kokain-Initiative von 1910

Die Bedingung schlug ein wie eine Bombe: Alle an der Konferenz teilnehmenden Mächte müssten sich vor Zusammentreten derselben verpflichten, die strengen Opiumkontrollen, die sie beschließen würden, in gleicher Härte auf die fabrizierten Opiate (Morphin und Heroin) und auf Kokain anzuwenden. Angesichts des damaligen Stands der Dinge – Opium war eine bereits durch und durch verteufelte Droge, während sich Heroin, Morphin und Kokain in vielen Gegenden der Welt noch eines durchaus soliden Rufes als Heil-, Schmerz- und Stärkungsmittel erfreuten – war das eine verblüffende Initiative.

Die für die breite Öffentlichkeit „einstweilen noch geheim gehaltene[n] Gegenvorschläge (Hirschmann 1912, S. 81) wurden innerhalb der diplomatischen Zirkel in ungewohnter Deutlichkeit formuliert. Die Teilnahme der Regierung Ihrer Majestät sei „conditional upon an assurance from the Governments of the Powers concerned that they are prepared to adopt severe measures with a view to prohibiting the trade in and manufacture of morphia and cocaine in their respective countries" (Campbell 1911, S. 1). Sir Edward Grey formulierte es in seiner Ansprache an die englische Konferenzdelegation in Den Haag so: „His Majesty's Government [...] laid it down as a condition of their participation that the conference should thoroughly and completeley deal with the question of restricting the manufacture, sale, and distribution of morphia and cocaine." Dies sei „a subject to which His Majesty's Government attach especial importance" (Grey 1911, S. 2). Während der Konferenz in Den Haag wiesen die britischen Delegierten wiederholt darauf hin, dass ihre Regierung „regarded this matter as so important that they decided not to take part in the conference unless the other Powers also accepted its special urgency" (Report 1912, S. 8) und dass es für die Konferenz keine wichtigere Aufgabe gäbe – „that there was no more important part of their work than that" (Sir Cecil Clementi Smith, I.O.C. 1912, S. 36) – als die Unterdrückung des Kokain-, Morphin- und Heroinhandels. Die alte Opiumfrage fiel förmlich unter den Tisch.

Für die anderen Regierungen muss die englische Initiative überraschend gekommen sein. Seit jeher war es nur um Opium gegangen. Nie hatte man auf internationalem Parkett auch nur ein Wort über die Notwendigkeit der Einbeziehung anderer Drogen, schon gar nicht von Kokain, gehört. Andeutungen hatte es in Schanghai über die Einbeziehung der Opiate gegeben, aber das stand auch in einem unmittelbaren Sachzusammenhang. Was hingegen Kokain mit Opium oder Opiaten zu tun haben sollte, war nicht ganz klar. Was hatte das Kokain als Nicht-Opiat in einem Opiumabkommen zu suchen?

4 Der britisch-deutsche Kokain-Konflikt

Die britische Kokain-Initiative war eine Offensive gegen das Deutsche Reich. Ihm sollte der Schwarze Peter zugeschoben werden, die Konferenz entweder zu verhindern oder zumindest aus einem – der englischen Interessenlage entsprechenden – Eigeninteresse zu sabotieren.

4.1 Gründe und Begründungen

Die offizielle Begründung der englischen Initiative war das Mitleid mit dem chinesischen Volk. Die Engländer, die zwei Jahrhunderte lang Opium in unvorstellbaren Mengen nach China hineingepumpt hatten, zeigten sich nun besorgt über „the spread of the morphia and cocaine habit in India, in China, and in other Eastern countries" (Instructions 1911, S. 2). Angeblich würde der Platz des Opiums in China inzwischen von Morphin und Kokain eingenommen – eine Tendenz, die umso stärker werde, je mehr das Opiumrauchen unterdrückt werde. Wollte man sich jetzt mit der Unterdrückung des Opiumhandels begnügen, fördere man das Ausweichen auf andere Drogen, dem die betroffenen Länder allein keine wirksamen Maßnahmen entgegenzusetzen hätten: „Indian and Chinese experience shows that legislation against the importation of morphia and cocaine must fail to be thoroughly effective owing the ease with which it can be evaded in practice, and consequently suggests the desirability of cooperation on the part of the home and foreign Governments in the shape of control over manufacture and distribution." (Instructions 1911, S. 2).

Es wurde behauptet, dass die großen industriellen Alkaloid-Hersteller diese Entwicklung zur eigenen Gewinnmaximierung forcierten. Sie wurden durch die englische Initiative gewissermaßen als Großdealer bezeichnet. Wie sehr die Angelegenheit moralisch aufgeladen war, zeigt ein entsprechender Passus aus Wrights Kongressbericht von 1912, in dem er schrieb, dass „a determined, and one almost might say a calculated, effort was made by the manufacturers of morphine and cocaine to introduce these drugs in replacement of opium. Such efforts had largely succeeded, and to the world was presented the spectacle of many great Governments willingly sacrificing or providing for the sacrifice of an aggregate annual opium revenue in the neighborhood of $ 100 000 000, only to see the subjects of some of them pressing two other deadly drugs into the hands of those far eastern people who had heroically determined and were bent upon the abandonment of the opium vice" (Terry und Pellens 1928, S. 640).

Hier schwingt implizit mit, dass als Hauptlieferant und damit als Hauptschuldiger an dieser Entwicklung nur ein Land in Frage kam: das Deutsche Reich.

Dies war im Grunde der springende Punkt. Um das Jahr 1910 lag das von Bismarck eingerichtete Bündnissystem bereits in Scherben. Die deutschen Kolonialgelüste, das Säbelrasseln im Balkan und Nordafrika, Kaiser Wilhelms II. provozierende Reden und die Flottenbauentscheidung beunruhigten insbesondere England bezüglich der geopolitischen Bestrebungen Deutschlands.

Diese Stimmungslage muss man vor Augen haben, wenn man die diplomatische Raffinesse der englischen Kokain-Verbotsinitiative würdigen will, die während der Konferenz von Den Haag dafür sorgte, dass die alte Opiumfrage völlig in den Hintergrund gedrängt wurde, während das Interesse der Weltöffentlichkeit geschickt auf die vor allem in Deutschland hergestellten Drogen gelenkt wurde.

Damit konnte England von der eigenen Rolle im ostasiatischen Geschehen ablenken und die Aufmerksamkeit auf Deutschland als den weltgrößten Hersteller und Exporteur dieser Substanzen überführen.

4.2 Die empirische Basis des Kokain-Verbots

Diese Interpretation der britischen Initiative erhält durch die Fadenscheinigkeit der offiziellen Begründung für das britische Engagement noch zusätzliche Plausibilität. Denn die angeblichen Beweise, die zur Untermauerung der „Kokain-in-China-These" auf den Tisch gelegt wurden, waren mehr als mager.

Die Kokain-Frage wurde auf der siebten Plenarsitzung am Mittwoch, den 13. Dezember 1911 in Den Haag behandelt. Sir Cecil Clementi Smith wiederholte die Behauptung von der Überschwemmung Ostasiens durch Kokain sowie industriell hergestellte Opiate und forderte „drastic measures" gegen dieses „very serious vice", das, wie er seinen Kollegen Wright verstand, auch in den USA „terrible effects" zeitigte (I.O.C. 1912, S. 36). Doch außer moralischer Entrüstung passierte wenig. Dr. Wu Lien-Teh von der chinesischen Delegation gab dem englischen Anti-Kokain-Vorschlag die Weihe, indem er sich den „most encouraging and humane word of his revered friend, Sir Cecil Clementi Smith" schlicht und „humbly" anschloß. Er habe allerdings auch selbst vier Jahre als Arzt in Penang praktiziert und kenne die „terrible consequences of morphia and cocaine injections" zur Genüge. Dann erklärte er – inhaltlich übereinstimmend mit einem Papier der englischen Delegation, das ihm tags zuvor zugegangen war (vgl. I.O.C. 1912, S. 89f.) – was er aus eigener Praxis nicht wissen konnte: wie sich die neuen Laster zunächst von reichen Opiatabhängigen, die den Gebrauch des Spritzbestecks gelernt hätten, über deren Dienerschaft bis zu den „coolies and richsha pullers" verbreitet hätten. Dann holte der chinesische Delegierte Fotos hervor, „showing the scars caused by dirty needles", und verlas ein Papier mit medizinischen Lehrmeinungen (I.O.C. 1912, S. 37).

Die Konferenz war beeindruckt und stimmte der englischen Resolution einstimmig zu. Nun wollte Hamilton Wright auch gleich das Spritzbesteck mitverbieten, doch auf Intervention wurde der Plan dann wieder fallengelassen (I.O.C. 1912, S. 37).

Die empirische Basis des Kokainverbots war schmal. Die Meinung von einigen Ärzten, die vierjährige Praxis von Dr. Wu Lien-Teh, die Verwechslung von Primär- und Sekundärfolgen, ein Foto von vernarbten Abhängigen – und keine ernsthafte wissenschaftliche Bestandsaufnahme, keine Diskussion, die diesen Namen verdiente. Statistiken, die eine bessere Einschätzung der behaupteten Kokain-Welle erlaubt hätten, waren nach den entschuldigenden Worten von Dr. Wu Lien-Teh leider noch „in the hands of the typists, and had not yet gone to the printers" (I.O.C. 1912, S. 36). Nicht einmal eine Inhaltsangabe dieser Statistiken über die Prävalenz des Morphin- und Kokain-Konsums konnte er liefern. Später las man in den Anlagen zur Konferenz, dass China 1910 insgesamt 36.533 Unzen, aber im ersten Quartal 1911 nur 96 Unzen eingeführt habe (I.O.C. 1912, S. 59). Nach Angaben des Völkerbunds (1922, S. 18 und Appendix 5) betrugen die chinesischen Einfuhren von 1915 bis 1917 – die Haager Konvention war noch nicht in Kraft – jährlich allenfalls 200 kg. Verglichen mit dem damaligen deutschen medizinischen Inlandsbedarf von jährlich rund 750 kg wird deutlich, dass von einer Kokain-Welle in China wohl nicht die Rede sein konnte.

5 Paradoxe Folgen der deutschen Diplomatie

In Deutschland hatte man jahrelang geglaubt, dass der amerikanische Kreuzzug schon im Vorfeld scheitern würde. Als die britische Kokain-Initiative von 1910 Deutschland unmittelbar und ernsthaft zu schädigen drohte, war man vielleicht auch wegen der geringen Bedeutung, die man der gesamten internationalen Anti-Opium-Kampagne zugestanden hatte, schlecht vorbereitet.

5.1 Konferenzvorbereitung

Zunächst hatte man sich wohl darauf verlassen, dass der englische Vorschlag am Widerstand anderer Länder scheitern würde – und eine Weile sah es auch danach aus. Im September 1910 hatte England seine Bedingungen unterbreitet. Erst einmal geschah nichts: Das Foreign Office wiederholte im Januar 1911 „that in the event of this country participating, the other interested Powers would agree to the Conference dealing thoroughly and completely with the question of restricting the manufacture, sale, and distribution of morphia, which forms the subject of the fifth resolution of the Shanghai Commission, and also with the allied question of cocaine" (Campbell 1911, S. 4f.).

In Berlin fühlte man sich angesichts dieser Beharrlichkeit allmählich unbehaglich und versuchte am 11. März 1911, von der niederländischen Regierung auf vertraulichem Wege etwas über die Reaktionen der anderen Mächte in Erfahrung zu bringen. Offenbar entschied man sich dann für eine Verzögerungstaktik und teilte den Holländern als Organisatoren der Konferenz am 15. April 1911 mit, dass die Prüfung des englischen Vorschlags noch andauere und jedenfalls bis zum vorgesehenen Konferenzbeginn am 01. Juli 1911 nicht abgeschlossen sein werde. Daraufhin telegrafierte das britische Foreign Office am 02. Mai 1911 den Niederlanden: „Office prepares note to effect that as three Powers are unable to announce measures against morphia and cocaine England cannot participate in opium conference july 1st" (KR 1911).

Im Mai 1911 sah es also danach aus, als käme die Konferenz gar nicht zustande. Nun machten aber die Amerikaner in direkten Kontakten mit Deutschland, Frankreich, Japan und Portugal Druck. Über die holländische Regierung, die sie inzwischen verdächtigten, hinter ihrem Rücken mit den Engländern auf ein Scheitern der Konferenz hinzuarbeiten, waren sie so verärgert, dass sie am 17. August 1911 nach Den Haag telegrafierten, dass die Konferenz ihrethalben auch an einem anderen Ort stattfinden könne, dass sie es aber nicht zulassen würden, erneut am geplanten Anfangstermin, inzwischen im Oktober, zu rütteln. Die Stimmung war gereizt, und alles war möglich.

Da lenkten überraschenderweise die Deutschen ein. Ihre Prüfung war zwar nicht abgeschlossen, aber sie wussten, dass sie sich in einer Zwickmühle befanden, aus der sie so oder so nicht ungeschoren herauskommen würden. Nicht im Oktober, aber am 01. Dezember 1911 kamen die USA, England, China, Deutschland, Frankreich, die Niederlande, Portugal, Japan, Italien, Russland, Persien und Siam zur Internationalen Opiumkonferenz in Den Haag zusammen. Sie alle hatten sich der britischen Regierung gebeugt, Morphin, Heroin und Kokain würden denselben Kontrollen unterworfen werden wie Roh- und Rauchopium. Wenn die Konferenz überhaupt ein Abkommen produzierte, dann die Transformation der internationalen Opiumfrage in die internationale Rauschgiftfrage als Kern des modernen Drogenproblems. Zu Beginn der Konferenz war die prinzipielle Verhandlungsbereitschaft signalisiert, was dabei herauskommen würde, konnte beeinflusst werden. Und die Konferenz konnte natürlich auch noch während ihres Verlaufs daran scheitern, das Abkommen zu ratifizieren und damit innerstaatlich in Kraft zu setzten. Möglichkeiten, der globalen Prohibition aus dem Weg zu gehen, gab es also noch genug.

5.2 Die paradoxe Wirkung der deutschen Obstruktionspolitik

Das war es auch, worauf die deutsche Diplomatie nunmehr setzte. Sie war bereit, die englische Vorbedingung zu akzeptieren, um zu vermeiden, für eine Verhinderung der Konferenz verantwortlich gemacht zu werden. Aber nun hatte man noch genug Zeit, sich während der Verhandlungen um die deutschen Interessen zu kümmern. So gelang es zum Beispiel in letzter Minute, das Codein vor der Aufnahme in das Abkommen zu bewahren – wodurch es bis heute nicht als Teil des Rauschgiftproblems bekämpft und in der medizinischen Praxis benutzt wird.

Auch sonst machten sich die Deutschen durch anscheinend schlecht vorbereitete, aber chaotisierende Konferenzbeiträge nicht gerade viele Freunde. Sie forderten zum Beispiel, dass entweder alle Länder der Welt dem Opiumabkommen beiträten – oder dass es eben nie in Kraft treten würde. Erst wenn alle Staaten, die in Den Haag nicht anwesend waren, ihren Beitritt erklärt hätten, sollte das gesamte Abkommen Geltung erlangen.

Die Idee hinter der deutschen Initiative war wohl, dass es nie und nimmer möglich sein würde, alle Staaten der Welt zum Beitritt zu bewegen. Dann würde das Opiumabkommen eben nur auf dem Papier stehen und nie in Kraft treten. Man hätte seinen eigenen guten Willen bekundet und wäre doch nicht zur Konsequenz gezwungen. Diese scheinbar geniale Lösung entsprach immerhin der Interessenlage der Mehrheit der Konferenzteilnehmer, so dass der deutsche Vorschlag – zum Entsetzen der USA und Chinas – angenommen wurde.

Mit anderen Worten: Zwölf Staaten hatten eine Konvention ausgearbeitet, die nur dann in Kraft treten sollte, wenn alle anderen Mächte der damaligen Zeit (insgesamt wurde eine Liste von weiteren 34 Staaten erarbeitet) ebenfalls beiträten. Die Devise hieß offenbar ‚Alle(s) oder Nichts'. Diese Bestimmung war „one of the most remarkable curiosities in the history of preinternational organization", heißt es in einem Buch über europäischen Internationalismus zwischen 1815 und 1914 (Lyons 1963, S. 376). Auch in der klassischen Studie zur Geschichte der internationalen Betäubungsmittelkontrolle steht zu lesen, dass „such a radical scheme for universality" einschließlich seiner überaus misstrauischen Verschränkungen und Verzögerungsklauseln durchaus ungewöhnlich gewesen sei: „[U]sually one does not make the ratification of a treaty conditional upon other powers adhering who have not signed (...). The odd feature of this arrangement at the Conference, was made to depend upon the adhesion of all the other States which had not been so represented." (Lowes 1966, S.180).

Die historische Pointe der deutschen Verzögerungstaktik lag dann aber woanders. Wäre alles nach Plan gegangen – wäre insbesondere kein verlorener Weltkrieg dazwischengekommen – dann hätte der deutsche Ratifizierungstrick das Inkrafttreten des internationalen Opiumabkommens raffiniert ausgehebelt. Die deutsche Diplomatie hätte sich des Meisterstücks rühmen können, dass man sie mehr mit Metternich und Richelieu, mehr noch mit Bismarck als mit Wilhelm II. assoziiert. Doch aus dem Geniestreich wurde eine Waffe, die sich geradewegs gegen die deutschen Interessen zu richten begann, denn die Universalitätsklausel – als Verhinderungsinstrument gedacht – wurde nach dem Ersten Weltkrieg zum machtvollen Instrument der Globalisierung.

Während der Konferenz konnte man das noch nicht wissen. Die amerikanische Delegation sah ihre Felle davonschwimmen und machte einen Kompromissvorschlag, der den Verzicht auf die Ausweitung der Opiumfrage bedeutet hätte: Hamilton Wright machte den Vorschlag, das angestrebte Abkommen in einen harten, sofort in Kraft zu setzenden Opiumteil und einen weicheren, später zu ratifizierenden Teil über die industrialisierten Drogen aufzuteilen. Die Amerikaner befürchteten, die Deutschen würden das gesamte Abkommen so durchlöchern und aufweichen, dass man nicht einmal das ursprüngliche Opiumproblem in den Griff bekäme. Eine Teilung wäre den deutschen Interessen natürlich sehr entgegengekommen, doch fand sich dafür bei den anderen Konferenzdelegationen keine Mehrheit. Die Argumente des englischen Delegierten William Meyer brachten noch einmal die britische Interessenlage in aller Deutlichkeit zum Vorschein: Seine Regierung habe immer wieder darauf hingewiesen, dass man sich mit gleicher Schärfe den „abus terribles de la morphine et de la cocaine" zuwenden müsse, „d'autant plus partout où l'on chassait l'opium, la morphine et la cocaine apparaissent". Wie ein niederländischer Delegierter schon gesagt habe, würden sich die Ziele der Konferenz damit ins glatte Gegenteil verkehren. Die Opiumkonvention würde sofort in Kraft treten, die Alkaloidfrage aber auf die lange Bank geschoben (vgl. I.O.C. 1912, Vol. I, S. 222; Wissler 1931, S. 188). Die englische Absicht, das Stigma vom Opium auf die fabrizierten Narkotika auszuweiten, wurde noch einmal unterstrichen.

Der amerikanische Aufteilungsvorschlag wurde abgelehnt, es blieb bei der Voraussetzung, dass alle Staaten beitreten müssen.

5.3 Die Etablierung des Rauschgiftproblems

Wegen seiner merkwürdigen Inkrafttretens-Klauseln schien ein Scheitern des Opiumabkommens wahrscheinlich. Man hatte schon auf der Opiumkonferenz geahnt, dass es Schwierigkeiten mit der Ratifizierung geben könnte und deshalb eigens eine Ratifizierungskonferenz vorgesehen (1913). Doch auch diese Konferenz und die Folgekonferenz, die sich ebenfalls nur mit Ratifizierungsfragen befasste (1914), erbrachten nicht die erhofften Ergebnisse.

Dann kam gewissermaßen der Erste Weltkrieg zur Hilfe. Deutschland und die Türkei – zwei starke Prohibitionsgegner – verloren, und in England sorgten die einflussreichen Anti-Opium-Vereinigungen dafür, dass die britischen Unterhändler bei den Versailler Friedensverhandlungen den Vorschlag machten, die ausstehenden Ratifizierungen des Opiumabkommens durch die Ratifizierung des Versailler Vertrages ersetzen zu lassen. Als Deutschland den Versailler Vertrag unterschrieb, war das Opiumabkommen damit implizit mitvereinbart, und als der Vertrag am 10. Januar 1920 in Kraft trat, begann die Jahresfrist für die Inkraftsetzung eines eigenen deutschen Opiumgesetzes zu laufen, die in Artikel 295 des Versailler Vertrags erwähnt war (siehe Kapitel 6).

Mit den Friedensverträgen, die den Ersten Weltkrieg beendeten, war die noch wenige Jahre zuvor unmöglich scheinende Universalisierung des Opiumabkommens geschafft.

Das Opiumabkommen war nicht nur zustande gekommen (1912), sondern auch weltweit ratifiziert und in nationale Opiumgesetze umgesetzt worden – und mehr noch: es betraf nicht nur und nicht einmal mehr in erster Linie das Opium, sondern die industriell hergestellten Opiate und das Kokain, kurz: den Kernbestand dessen, was sich von da an als Rauschgiftproblem, als modernes Drogenproblem darstellen sollte.

Das internationale Opiumabkommen von Den Haag stelllt damit deshalb sowohl das Ende der „Opiumfrage" als auch den Anfang des modernen „Drogenproblems" dar, es ist eine Epochenschwelle zwischen der Opiumfrage des 19. und der Rauschgift- bzw. Drogenproblematik des 20. Jahrhunderts. Zwar trugen die Gesetze, die auf der Grundlage dieses Abkommens überall auf der Welt in Kraft gesetzt wurden, teilweise noch über Generationen den Namen „Opiumgesetz" – in Deutschland bis 1972, in Holland bis heute –, doch waren sie der Sache nach von Anfang an weniger auf die zentralen Aspekte der alten Opiumfrage als auf die in den Industriestaaten fabrizierten Drogen ausgerichtet. Insofern war die Bezeichnung des Opiumabkommens von Den Haag 1912 von Anfang an ein Etikettenschwindel.

Den Planern der Opiumkonferenz von Den Haag war es noch um die Lösung eines durch Gegenstand (Opium), Region (Ostasien) und Problemfokus (China) begrenzten Sachverhalts gegangen. Am Ende der Konferenz stand jedoch ein Abkommen, das sich einer prinzipiell unbegrenzten Vielzahl von Substanzen öffnete, jede regionale Begrenzung vermissen ließ und jede Art von Drogenanbau, -handel und -konsum zum Problem machte. Mit anderen Worten: Der Einbezug des Kokains stellte die Weichen für die Transformation der Opiumfrage in das moderne Drogenproblem und ebnete den Weg von der Partikularität der Opiumfrage zur Universalität der Rauschgiftbekämpfung.

6 Die Institutionalisierung des Problems

Die heutige Definition des Rauschgiftproblems ist also der Intervention der USA in den englisch-chinesischen Opiumkonflikt (der dadurch zur Opiumfrage wurde) und der erfolgreichen Entlastungsoffensive Großbritanniens gegen die Alkaloidindustrie des Deutschen Reiches geschuldet. Auch Deutschland hatte – unwillentlich, aber wesentlich – Anteil an der Durchsetzung der englischen Problemdefinition, welche die Aufmerksamkeit vom Opium zu den fabrizierten Narkotika und anderen Industriedrogen lenkte: durch den Versuch Deutschlands, die übertriebenen Anträge durch Verzögerungen und Forderungen zu verhindern.

Erst in der Folge dieser Entscheidungen wurde der Begriffsinhalt der „Opiumfrage" und des „Opiumabkommens" auf Opiate und Nichtopiate ausgedehnt, bis er dann in den 1920er- und 1930er-Jahren nach einem neuen Wort – nämlich dem der „Rauschgifte" – verlangte.

Aus der Opiumfrage wurde das Rauschgiftproblem, aus dem Konferenzsekretariat in Den Haag, das die Einhaltung der Opiumkontrollen überwachen sollte, ein permanentes Zentralkomitee/Comité central permanent beim Völkerbund, das sich seitdem der globalen Produktionssteuerung aller offiziell als Betäubungsmittel rubrizierten Substanzen widmet. Mit dem Genfer Abkommen vom 13. Juli 1931 wurde für Drogen die globale Planwirtschaft eingeführt. Herstellung und Handel werden weltweit „streng auf das Volumen einer berechtigten Nachfrage" beschränkt, damit keine Rauschgifte zu nichtmedizinischen Zwecken konsumiert werden können.

Seither werden jährliche Welt-Bedarfs-Feststellungen für den medizinischen Bedarf durchgeführt und die Produktion ist, soweit sie sich kontrollieren lässt, „auf den rechtmäßigen Weltbedarf" (Reichsgesetzblatt 1933 II, S. 322) beschränkt. Der Völkerbund lobte in seiner Broschüre über *Völkerbund und Rauschgiftbekämpfung* aus dem Jahre 1934 dieses kühne, beispiellose Abkommen, „welches die lückenlose Regelung einer ganzen Industrie und eines Handels, der sich über die ganze Erde erstreckt, zum Ziele hat". Weiter konstatierte es mit Stolz, dass dieses Abkommen für einen ganzen Industriesektor weltweit „die wesentlichen Grundsätze des Systems" verwirklicht, das man gewöhnlich „Planwirtschaft" nennt (Völkerbund 1934, S. 14).

Das Rauschgiftproblem – inklusive des bis heute blühenden Schwarzmarkts – waren und sind definiert und institutionell abgesichert.

Quellen

Campbell (1911). Brief gez. J.A. Campbell (for the Secretary of State), Foreign Office London, vom 31. Januar 1911, an die niederländische Regierung (Koninklijke Rijksarchief, Den Haag).

Circular Instructions (1909). Circular Instructions issued by United States Department of State respecting International Opium Conference. In Instructions to the British Delegates to the International Opium Conference held at The Hague, December 1911–January 1912. Presented to both Houses of Parliament by Command of His Majesty. February 1913. London 1913: 4–7.

Grey (1911). Sir Edward Grey to British Delegates to the International Opium Conference held at The Hague, December 1911–January 1912. Miscellaneous No. 3 London 1913: 2f.

I.O.C. (1912). International Opium Conference. Summary of the minutes. National Printing Office. The Hague.

Instructions (1911). Instructions to the British Delegates to the International Opium Conference held at The Hague, December 1911–January 1912. Presented to both Houses of Parliament by Command of His Majesty. February 1913. London 1913.

KR (1911). Telegramm des Foreign Office, London, an niederl. Außenministerium, Den Haag, vom 2. Mai 1911, Eingang 3. Mai 1911 (Koninklijke Rijksarchief, Den Haag).

Report (1912). British Delegates to the International Opium Conference to Sir Edward Grey. In Report of the British Delegates to the International Opium Conference held at The Hague, December 1911–January 1912. Presented to both Houses of Parliament by Command of His Majesty. November 1912. Miscellaneous No. 11 London 1912.

Völkerbund (1922). League of Nations: Traffic in Opium. Summary of Answers to the Opium Questionnaire 1921. Geneva.

Völkerbund (1934). Völkerbund und Rauschgiftbekämpfung. Die Tätigkeit des Völkerbundes Nr. 10 v. Oktober 1934, herausgegeben von der Informationsabteilung des Völkerbundes.

Literatur

Austin, G.A. 1982. Die europäische Drogenkrise des 16. und 17. Jahrhunderts. In *Rausch und Realität. Drogen im Kulturvergleich* 3 Bde, hrsg. v. G. Völger, K. v. Welck. Hamburg/Reinbek.

Bartholdy, T. B., S. Scheerer. 1993. *Das Kokainverbot.* Unveröff. Ms. Hamburg.

Becker, H. S. 1973. *Außenseiter.* Frankfurt/M.

Hischmann, A. 1912. *Die Opiumfrage und ihre internationale Regelung.* Tübingen.

Lowes, P. 1966. *The Genesis of International Narcotics Control.* Genf.

Lyons, F. S. L. 1963. *Internationalism in Europe 1815-1914.* Leyden.

Kollektiv für die Serie der Geschichte des modernen China. 1977. Opiumkrieg. Peking.

Schetsche, M. 2014. *Empirische Analyse sozialer Probleme. Das wissenssoziologische Programm.* Wiesbaden.

Sonnedecker, G. 1963. Die Opiumsucht – Wandlung des Begriffs in historischer Sicht. *Pharmazeutische Zeitung,* 835–840, 899–902.

Spector, J., J. I. Kitsuse. 1977. *Constructing Social Problems.* Menlo Park.

Terry, C., M. Pellens. 1928. *The Opium Problem.* New York.

Wissler, A. 1931. *Die Opiumfrage.* Jena.

Drogenpolitik und ihre (nicht-intendierten) Effekte

Die Praxis der globalen Prohibition und des „War on Drugs"

Eva Herschinger

Zusammenfassung

Seit 1961 existiert die moderne Drogenprohibition, seit 1971 ein Krieg gegen die Drogen. Der Beitrag gibt einen Überblick über die Entstehung der globalen Drogenprohibition und stellt beispielhaft verschiedene Praktiken der Prohibition vor. Er diskutiert im Wesentlichen anhand der Figur des Drogenabhängigen vor allem die nicht-intendierten Effekte der modernen Prohibitionspraxis und des Krieges gegen die Drogen.

Schlüsselbegriffe: Prohibition, Krieg gegen die Drogen, Effekte, Praktiken

1 Einleitung

„America's public enemy number one in the United States is drug abuse. In order to fight and defeat this enemy, it is necessary to wage a new, all-out offensive. […] This will be a worldwide offensive […]."[1] Mit diesen Worten erklärte US-Präsident Richard Nixon im Juni 1971 den bis heute andauernden sogenannten „War on drugs" – den Krieg gegen die Drogen. Er machte in dieser Rede unmissverständlich klar, wer nicht nur der Feind Amerikas, sondern auch der gesamten Welt sei: Drogen und alle, die von ihnen profitieren oder sie konsumieren. Damit teilte Nixon die Welt in zwei einander feindlich gegenüberstehende Lager: das der Drogenbekämpfer gegen das der Drogenprofiteure. Nixons Worte waren nicht nur der Kulminationspunkt einer internationalen Drogenprohibition, sondern

---

[1] http://www.presidency.ucsb.edu/ws/index.php?pid=3047&st=&st1=#ixzz1ak8bvbtB. Zugegriffen: 10. August 2018.

auch der Ausbau eben dieser Prohibition zu einem Krieg gegen die Drogen, der vor allem politisch nicht folgenlos blieb.

Der Beitrag gibt zunächst einen Überblick über die Entstehung der globalen Drogenprohibition und der Forschungen zu ihrer Erklärung. Dies leitet über zur beispielhaften Darstellung verschiedener Praktiken der globalen Drogenprohibition, um aufzuzeigen, wie es dazu kam, dass Nixon einen Krieg gegen die Drogen ausrief. Der letzte Teil des Beitrags widmet sich den intendierten und nicht-intendierten Effekten dieser Prohibitionspraxis und des Krieges gegen die Drogen.

2   Entstehung der Prohibition

Im Jahr 2018 gilt: Viele Drogen sind verboten, ihr Konsum ist ein von der gesellschaftlichen Norm abweichendes Verhalten.[2] Strikt kontrollierte Ausnahme ist die Medizin. Sie darf legal von ansonsten illegalen Drogen Gebrauch machen, um Menschen zu heilen, ihre Schmerzen zu lindern und mitunter auch, um Abhängigen den Weg in ein drogenfreies Leben zu ermöglichen. Historisch gesehen ist dieses globale Verbot bestimmter Drogen und das damit einhergehende globale Drogenprohibitionsregime eine jüngere Entwicklung. Menschen haben über Jahrhunderte Drogen genutzt und in vielen Gesellschaften spielt(e) Drogenkonsum eine wichtige soziokulturelle Rolle (etwa der Genuss von Coca-Blättern in Südamerika, Khat oder Betel in Ostafrika, auf der arabischen Halbinsel und in Asien). Geht man ins 19. Jahrhundert zurück, so finden sich neben Limonaden und alkoholischen Getränken, angereichert mit Bestandteilen der Coca-Pflanze, Opiate als übliches Hausmittel, Heroin (kurioserweise) als Gegenmittel bei Kokain- und Morphiumsucht sowie ÄrztInnen wie ApothekerInnen, die das zur Verschreibung vorgesehene Morphium gerne selbst nutzten (vgl. Briesen 2005, Kap. 2). Chemische und medizinische Innovationen machten in diesen Jahren den modernen Drogenkonsum möglich: 1805 gelang die Isolation von Morphium aus Opium, 1843 wurde die intravenöse Injektion in großem Umfang durchführbar, 1855 folgte die Herstellung von Kokain aus der Coca-Pflanze, und 1874 wurde Heroin erfunden. Als sich der Pharmakonzern Bayer 1896 die Entwicklung von Diacethylmorphin unter dem Namen „Heroin" patentieren ließ, warb die Firma gar in einer großangelegten, zwölfsprachigen Kampagne für Heroin als orales Schmerz- und Hustenmittel. Heroin war damals ganz selbstverständlich Teil der Medikamentenpalette (vgl. de Ridder 2000). Daneben waren Staaten in den Handel mit Drogen involviert; so kämpfte Großbritannien in zwei Kriegen gegen das chinesische Kaiserreich für die ungestörte Fortführung des Opiumhandels durch die britische East India Company (vgl. Bruun et al. 1975).

Während jedoch Innovationen wie Morphium, Opium und Heroin einerseits als Wundermittel gepriesen wurden, wuchs andererseits die Besorgnis vor potenziellen Schäden durch Drogen, vor allem in der britischen und der US-amerikanischen Gesellschaft (vgl.

---

2   Mit Drogen sind im Wesentlichen bewusstseinsverändernde Stoffe gemeint.

Nadelmann 1990, S. 504). Konkret fühlten sich bestimmte gesellschaftliche Gruppen in beiden Staaten herausgefordert, da sie die Entwicklung des Drogenkonsums aus unterschiedlichen Gründen als krisenhaft empfanden: Einflussreiche MissionarInnen, die den Drogenkonsum in den zu bekehrenden Ländern und Kolonien für deren Widerstand gegen die Konversion zum Christentum verantwortlich machten – wie auf den Philippinen, welche die USA 1898 von Spanien übernahmen. Organisationen wie die *Anglo-Oriental Society for the Suppression of the Opium Trade* von 1874 und die erstarkenden Berufsgemeinschaften der MedizinerInnen und PharmazeutInnen warnten vor den sozialen Konsequenzen des Drogenkonsums. Es entwickelte sich eine Bewegung, die ein von ihnen empfundenes Drogenproblem vor allem durch die Kombination von moralisch begründeter Abscheu (Ausnahme: Tabak und Alkohol) mit rassistischen Vorurteilen gegenüber einer breiteren Gesellschaftsschicht kommunizierte. Auf diese Weise wurde das Opiumrauchen chinesischer EinwanderInnen nicht nur als Symbol ihrer Dekadenz, sondern auch als Waffe zur Zerstörung der US-amerikanischen Gesellschaft wahrgenommen. Ähnliches wurde auch mit Blick auf die mexikanischen MigrantInnen und ihren Haschischkonsum behauptet. Im Süden der USA befürchteten Weiße zunehmend, dass der Kokainkonsum die Schwarzen aufsässig machen und sie ihren subalternen Platz in der sozialen Ordnung vergessen lassen würde. Kombiniert mit einem starken Gerechtigkeitsgefühl und hohem Sendungsbewusstsein in Bezug auf die eigene Position führte dies dazu, dass diese Vorstellungen von PolitikerInnen, JournalistInnen und den Strafverfolgungsbehörden aufgegriffen und in gesetzliche Regelungen gegossen wurden (vgl. Boekhout van Solinge 2004, S. 16; McAllister 2000, Kap. 1; Musto 1973, S. 6).

Getragen von diesen gesellschaftlichen Entwicklungen zeichnete sich gegen Ende des 19. Jahrhunderts eine zunehmende Verhärtung der bis dato liberalen oder indifferenten Einstellungen gegenüber Drogen ab. Ansteigender Drogenkonsum, fremdenfeindliche Ängste und medizinisch-chemische Innovationen erzeugten eine Gemengelage aus einander widersprechender Entwicklungen und widerstreitender Positionen. In der Folge behielten jene Kräfte die Oberhand, die nach einer politischen Regelung des Umgangs mit Drogen riefen und ihren Konsum als abweichendes, die Gesellschaft schädigendes Verhalten bezeichneten. Sie fanden ihren Widerhall in zunehmend auftauchenden Rufen nach einer globalen Kontrolle von Drogen und der Hinwendung zu einer internationalen Prohibition, die es bis dahin nicht gab (vgl. Briesen 2005, S. 13). Während die ehemals geltenden Normstrukturen – kein Verbot, keine Ächtung des Drogenkonsums, freier, unregulierter Umgang mit Drogen – ihre Bedeutung als Standard für angemessenes Verhalten verloren, öffnete sich angesichts einer Situation, die als gesellschaftliche Krise empfunden wurde, der Raum für ein Drogenverbot. Diese frühen Rufe nach einer internationalen Kontrolle knüpften dabei an soziale Realitäten an, die von den DrogengegnerInnen als problematisch und gefährlich kategorisiert wurden.

2.1 Die moderne Drogenprohibition

Resultat dieser Entwicklung war der Impuls der USA, 1909 eine internationale Opium-Kommission in Shanghai einzuberufen (vgl. Elvins 2003, S. 28). Mit diesem ersten multinationalen Treffen begann die Ära der globalen Drogenprohibition. Zentrale Empfehlung der Kommission war die Schaffung einer völkerrechtlichen Basis, die eine Vereinheitlichung der unterschiedlichen nationalen Drogenpolitiken auf globaler Ebene erlauben würde. Schnell verstetigten sich diese Treffen – 1912 in Den Haag, ab 1925 in Genf – und spätestens mit der *International Opium Convention* von 1925 war die Drogenfrage keine ausschließlich nationale Frage mehr, sondern ein Problem, das nach einer internationaler Lösung verlangte (vgl. Gusfield 1981 sowie auch den Beitrag von Scheerer in diesem Band). Mit dem erfolgreichen Abschluss der *Convention on the Limitation of the Manufacture of Narcotic Drugs* 1931 gewann das noch junge Vertragswerk an Kohärenz, da mit ihm eine klare Linie zwischen legalem und illegalem Drogenhandel gezogen wurde. Folgerichtig verpflichtete die *Conference for the Suppression of the Illicit Traffic in Dangerous Drugs* von 1936 die Unterzeichnerstaaten zu härteren Strafen für Drogenhändler in ihren jeweiligen Gesetzgebungen. Mit der Gründung der Vereinten Nationen 1945 ging auch die globale Drogenprohibition in den Wirkungsbereich der neuen internationalen Organisation ein. Drei weitere Protokolle (1946, 1948 und 1953) wurden verabschiedet, um Defizite in der bestehenden Kontrolle zu schließen – vor allem mit Blick auf das Aufkommen synthetischer Drogen (vgl. McAllister 2000, Kap. 2–7).

Kennzeichen dieser mehr als fünfzig Jahre andauernden Bemühungen war der Ruf nach einer Konvention, die alle anderen spezifischen Konventionen umfassen und die globale Drogenkontrolle ausweiten würde. Dieser „lange Marsch zur Einheitskonvention" (McAllister 2000, S. 185) fand sein Ende, als im Januar 1961 die Verhandlungen für die *Single Convention on Narcotic Drugs* in New York begannen. Die Einheitskonvention bildete den Auftakt für das heute gültige, moderne System globaler Drogenprohibition und besteht neben der 1961er-Vereinbarung aus zwei weiteren Konventionen (vgl. Nadelmann 1990, S. 502-513). Mit ihr wurde der universelle Anspruch des entstehenden Regimes hinsichtlich Produktion, Handel und Besitz deutlich: Alle unterzeichnenden Staaten gingen die Verpflichtung ein, „to limit exclusively to medical and scientific purposes the production, manufacture, export, import, distribution of, trade in, use and possession of drugs; eradicate all unlicensed cultivation; suppress illicit manufacture and traffic; and cooperate with each other in achieving the aims of the convention" (Bewley-Taylor 1999, S. 7).

Obwohl in den Debatten zur *Single Convention* längst von der Gefahr synthetischer Drogen die Rede war, wurde ihr Verbot erst mit der *Convention on Psychotropic Substances* von 1971 realisiert. Da beide Konventionen den steigenden Drogenhandel nicht umfassend behandelten, wurde mit der *Convention Against Illicit Traffic in Narcotic Drugs and Psychotropic Substances* von 1988 jeglicher Handel von klassifizierten Drogen (und von Chemikalien, die für ihre Produktion notwendig sind) unter internationale Kontrolle gestellt. Gleichzeitig wurden Gewinne aus Drogengeschäften kriminalisiert (Geldwäsche-Regelungen). Die 1988er-Konvention (Artikel 3[2]) stellte zudem erstmalig den Besitz von klassifizierten Drogen für den Eigenkonsum unter Strafe (vgl. United Nations 1998, S. 80).

Die *Single Convention* globalisierte die Prohibitionsnorm; mit den Folgekonventionen von 1971 und 1988 wurde sie stabilisiert. Die zügige Erweiterung des Geltungsbereichs der Prohibition (sowohl geographisch als auch bezüglich der Sachbereiche) zementierte die Drogenprohibitionsnorm und stabilisierte die Deutung von Drogen als einer „Quelle von Gefahr für die Gesundheit der gesamten Welt" (vgl. United Nations 1964b, S. 6). Heute hat fast jeder Staat der Welt die Konventionen unterzeichnet und akzeptiert damit Einschränkungen in der Produktion, dem Verkauf, dem Besitz und dem Konsum von Drogen.[3] Dazu kommt, dass das Drogenprohibitionssystem – in der politikwissenschaftlichen Teildisziplin Internationale Beziehungen als „Regime" bezeichnet – heute mit einer Vielzahl an Agenturen und Kommissionen ausgestattet ist, welche die Einhaltung der Verträge überwachen, etwa das *International Narcotic Control Board* (INCB) oder das *United Nations Office on Drugs and Organized Crime* (UNODC).[4]

Seit der Konvention von 1988 hat es keine weiteren völkerrechtlichen Verträge gegeben. 1998 traf sich die Staatenwelt jedoch zur *United Nations General Assembly Special Session on Drugs* (UNGASS). Unter dem Motto „A Drug Free World. We Can Do It" einigten sich die Mitgliedsstaaten darauf, innerhalb von zehn Jahren einerseits die Beseitigung oder zumindest signifikante Verringerung der illegalen Produktion von Koka, Cannabis und Opium sowie der illegalen Herstellung und des illegalen Handels von synthetischen Drogen anzustreben und andererseits messbare Resultate in der Nachfragereduktion bis zur Revision 2008 zu erreichen (Bewley-Taylor und Jelsma 2012, S. 1). 2008 gab es ein weiteres Treffen, das zum ersten Mal eine echte Beteiligung zivilgesellschaftlicher Gruppen ermöglichte. Darin liegt eine gewisse Ironie: Waren es doch im Ausgang des 19. und zu Beginn des 20. Jahrhunderts, wie oben dargestellt, bestimmte gesellschaftliche Gruppen (die wir heute als zivilgesellschaftliche Nichtregierungsorganisationen (NROs) bezeichnen würden), die einen maßgeblichen Beitrag zur Schaffung des modernen Drogenprohibitionssystems leisteten, so blieben jegliche NROs im Kontext der Vereinten Nationen für Jahrzehnte außen vor. Erst 1983 wurde mit dem *Vienna NGO Committee on Narcotic Drugs* eine rudimentäre institutionelle Struktur für den Austausch zwischen der *Commission on Narcotic Drugs* (CND; eine weitere Agentur der Vereinten Nationen, die durch das Prohibitionsregime etabliert wurde), der UNODC und verschiedenen NROs geschaffen. Seit 1986 traf man sich in sogenannten *Forums*; jedoch war die Beteiligung von NROs gering – auch, weil sich die meisten zivilgesellschaftlichen Gruppen erst in den 1990er-Jahren gründeten.[5]

---

3   Heute gehören 185 Staaten den 1961er-, 183 Staaten den 1971er-Konventionen und 189 Staaten der 1988er-Konvention an. Siehe http://www.unodc.org/unodc/en/treaties/index.html?ref=menuside#Drugrelated. Zugegriffen: 10. August 2018.

4   Vgl. http://www.unodc.org/unodc/en/drug-trafficking/legal-framework.html. Zugegriffen: 10. August 2018.

5   Vgl. http://vngoc.org/about-the-vngoc/history/. Zugegriffen: 10. August 2018.

Im Gegensatz zu den älteren Gruppen sind die zeitgenössischen NROs von Beginn an äußerst kritisch gegenüber der Prohibition eingestellt. Bemängelt wird vor allem der übermäßige Fokus der Staaten auf die Angebotsseite und ihre Ignoranz bezüglich der negativen Konsequenzen der Kriminalisierung vor allem von Drogenabhängigen. Trotz vieler Bemühungen – unter anderem bei der Schaffung einer Dachorganisation, dem *NGO Committee on Narcotic Drugs* – waren die Beteiligungsmöglichkeiten für NROs 1998 noch limitiert, was als „verpasste Chance" bezeichnet wurde.[6] Eine echte Partizipation der Zivilgesellschaft war daher erstmalig mit dem *Beyond 2008 Forum* möglich. Das Forum bot mehr als 300 VertreterInnen von NROs die Gelegenheit, sich an der Revision der UNGASS zu beteiligen, ihre Sichtweisen zu alternativen Drogenpolitiken einzubringen und Handlungsempfehlungen an Staaten und Agenturen der Vereinten Nationen für die zukünftige Richtung der globalen Drogenkontrolle auszusprechen. Im April 2016 fand die jüngste *United Nations General Assembly Special Session on the World Drug Problem* statt, zu der wieder NROs geladen waren. Auch wenn im offiziellen Abschlussdokument die Staaten erneut ihr Ziel betonten, eine „society free of drug abuse" zu schaffen (UNGASS 2016, S. 1), so waren doch gerade die letzten zwei Jahrzehnte von einer zunehmenden Erosion dieses einstigen Konsens gezeichnet. Sowohl eine lauter werdende Zivilgesellschaft, die angesichts der problematischen Effekte der globalen Drogenprohibition nach einer Anpassung verlangte, wie auch viele Staaten stimmen dieser Ausrichtung nicht länger zu, vor allem wenn es um die Behandlung von Drogenabhängigkeit geht (vgl. Bewley-Taylor und Jelsma 2012, S. 2f3).

2.2 Forschungsperspektiven auf das Drogenprohibitionsregime

Welche Perspektiven wirft die heutige Forschung auf diese Entwicklung? Vorab: Die Analyse des globalen Drogenprohibitionsregimes ist interdisziplinär. Dabei überwiegen Beiträge aus politikwissenschaftlicher Perspektive, präziser aus Sicht der Teildisziplin Internationale Beziehungen (IB). Daneben schreiben vorwiegend KriminologInnen, SoziologInnen und HistorikerInnen sowie partiell VölkerrechtlerInnen über die globale Prohibition. Geht es um ihre Entstehung, so handelt es sich naturgemäß um die Domäne historischer Studien (vgl. u. a. Bruun et al. 1975; Driscoll 2000; Musto 1973; Simmons und Said 1974). Beispielhaft seien hier die Arbeiten von William McAllister (2000) und Detlef Briesen (2005) genannt, die – im Sinne von Antony Giddens – untersuchen, wie bestimmte Akteure (Staaten, Pharmaunternehmen, zivilgesellschaftliche Gruppen) und die Struktur des Drogenprohibitionssystem einander bedingen. Letzteres gerät zunehmend unter Druck, weil beispielsweise die Legalisierung von Cannabis in Uruguay und in zahlreichen US-Bundesstaaten dem Prinzip zuwiderläuft. Zugleich bildet dieses Prohibitionssystem nach wie vor den drogenpolitischen Handlungsrahmen – so wird die Vernichtung

---

6 Vgl. www.tni.org/article/lost-opportunity. Zugegriffen: 10. August 2018.

der Cannabisernte weiterhin als angemessene Methode zur Schaffung einer drogenfreien Welt angesehen.

Das Prohibitionsregime und seine Praktiken stehen im Zentrum soziologischer, kriminologischer und politikwissenschaftlicher Arbeiten. Hier liegt häufig ein Fokus auf den USA – was wenig verwundert, ist der Krieg gegen die Drogen doch eine amerikanische Schöpfung. Dabei haben wir es nicht mit einem Bibliotheken füllenden Umfang an Literatur zu tun, im Gegenteil: In vielen soziologischen Studien zum Thema Drogen spielt das Regime und seine Praktiken kaum eine Rolle, und der „War on drugs" bildet eher den Hintergrund, vor dem nationale Drogenpolitiken als problematisch oder günstig dargestellt werden (vgl. Hammersley 2008; Montigny 2011). Die Studien, gleich ob aus der Soziologie oder Politikwissenschaft, die sich direkt mit dem Regime und dem Krieg gegen die Drogen beschäftigen, nehmen also mal mehr, mal weniger eine auf den Staat fokussierte Perspektive ein. Dabei variiert der Blickwinkel: Während die soziologische und kriminologische Sicht die Frage des gesellschaftlichen Umgangs mit der Prohibition und den Folgen des Drogenkriegs in den Vordergrund rückt (vgl. u. a. Bean 2008; Bean 2010; Fraser und Moore 2011; Gerber und Jensen 2001; Levine 2003; Moore 2007), zielt die politikwissenschaftliche Analyse auf die internationale Kooperation durch Staaten oder auf die Frage, warum Staaten überhaupt globale Regulierungen akzeptieren. Nur ein geringer Teil der Forschung bezieht die Bedeutung von Normen in die Analyse der Drogenkontrollregime ein. Letztlich verorten sich alle diese Studien aber in einer von Staaten dominierten Welt, in der gesellschaftliche Akteure am Rande des Spielfelds stehen (vgl. u. a. Andreas und Nadelman 2006, 2009; Bewley-Taylor 1999, 2003, 2012; Bewley-Taylor und Jelsma 2012; Boekhout van Solinge 2004; Elvins 2003; Fazey 2003; Friedrichs 2008; Friesendorf 2007; Friman 1996; Jelsma 2003; MacCoun et al. 1995; MacCoun und Reuter 2002; Nadelmann 1990). Neben der Konzentration auf den Konflikt zwischen staatlichen Interessen und gesellschaftlichen Folgen unterscheiden sich die vorhandenen Arbeiten durch ihre erkenntnistheoretischen Positionen. Die einen sehen das Gefährdungspotenzial als eine essentiell gegebene Eigenschaft der Drogen: Trotz ihres doppelten Verwendungszwecks (medizinisch und als Rauschmittel) gelten Wirkungen und Folgen des Drogenkonsums ganz eindeutig als bedrohlich, und Staaten haben die Aufgabe, ihre Bürger vor den negativen Effekten des Genusses wie des Handels zu schützen. Konstruktivistisch argumentierende Untersuchungen stellen demgegenüber die Frage, wie es möglich wurde, dass Drogen einen Bedeutungswandel vom tolerierten Genussmittel zur illegalen Substanz und Gefahr für Gesellschaften vollzogen haben. Drogen werden demnach erst durch Zuschreibungen mit Bedeutung wie illegal/legal aufgeladen. Es sind vor allem diese kritischen Studien aus den genannten Disziplinen, die eine holistische Perspektive entwickeln und neben einer konstruktivistischen Sicht auf Drogen die politischen Effekte von Prohibition wie auch ihre Pathologisierung in den Blick nehmen (vgl. u. a. Derrida 1995; Grayson 2008; Howell 2012; Linnemann 2013). In diesen kritischen Arbeiten spielt jedoch das (globale) Prohibitionsregime nur eine untergeordnete Rolle (Ausnahmen: Crick 2012; Herschinger 2012; Herschinger 2015a, 2015b).

3 Praktiken der globalen Drogenprohibition und des „War on drugs"

Die Praktiken des Drogenkontrollsystems und des Krieges gegen Drogen lassen sich analytisch in eine rhetorische und eine praktische Dimension einteilen. Beide konstituieren sich in Abhängigkeit voneinander: Wie über den Krieg gegen die Drogen und die Prohibition gesprochen wird, ist nicht folgenlos für die praktischen Strategien und Taktiken in diesem Krieg. Genauso haben die Praktiken wiederum Auswirkungen darauf, wie sich geäußert wird und wie sie gerechtfertigt werden. Als US-Präsident Richard Nixon 1971 den Krieg gegen die Drogen einläutete, konnte er sich auf eine spezifische Interpretation dessen stützen, was Drogen sind, welcher Art das Drogenproblem ist und wie ihm zu begegnen sei. Diese Interpretation von Drogen als Bedrohung, ihr Gebrauch als (illegale) Abweichung von der Norm, ist eine Folge der bereits erläuterten politischen Deutungskämpfe. Daraus resultierte die globale Drogenprohibition, auf die sich der Krieg gegen die Drogen beruft. Jedoch hat dieser Krieg zu einer umfassenden Ausweitung der vom Regime vorgesehenen Maßnahmen geführt. Er umfasst heute nicht nur nationale Aufklärung und Strafverfolgung oder die globale Bekämpfung von Geldwäsche, sondern auch die Verknüpfung von militärischen mit strafrechtlichen Maßnahmen.

Während Letzteres gerade für die USA typisch ist (vgl. Ryan 2001), so ist der Begriff „Krieg" inzwischen auch in zahlreichen anderen Ländern gebräuchlich und prägte ab 1972 die Debatten auf der Ebene der Vereinten Nationen. Um im Krieg erfolgreich zu sein, ist eine „world alliance of forces" notwendig (United Nations 1964, S. 6; 1973, S. 20; 1991, S. 3, 107). Wenn seit den 1970er-Jahren nicht mehr von einem Kreuzzug, sondern von einem Krieg die Rede ist, erlaubt das vor allem, die Feindwahrnehmung in moderne Begriffe zu fassen. Der gemeinsame Feind bleiben die Drogen, verstanden als Inbegriff des Bösen und als Gefahr für die Menschheit; ihre Ausrottung dient dann der politischen und ökonomischen Stabilität der internationalen Gemeinschaft (vgl. Herschinger 2011, Kap. 3). In diese Feindkonstruktion sind all diejenigen inbegriffen, die in welcher Form auch immer von Drogen profitieren: vom international agierenden Drogenbaron über den bzw. die regionalen oder lokalen DealerIn bis hin zum Drogenkonsumenten, zur Drogenkonsumentin. Sie alle formieren sich vermeintlich zu einem bedrohlichen Ensemble, gegen das es einen *Krieg* zu führen gilt, weil es der Verwirklichung einer „drogenfreien Welt" im Wege stehe (United Nations 1973; S 8; 1991, S. 5, 107).

Die Vorstellung einer Welt frei von Drogen als ultimatives Ziel des Krieges konstruiert ein global umspannendes Sicherheitsproblem und marginalisiert alternative Deutungen. Wenn auf Ebene der Vereinten Nationen die Forderung laut wird, eine „society free from drug abuse and [...] illicit traffic" (United Nations 1991, S. 107) zu schaffen, dann bleibt die Prohibition mit ihren historisch gesehen unrealistischen und äußerst zweifelhaften Zielen hegemonial. So mag man inzwischen zwar Süchtige nicht nur als Kriminelle, sondern auch als Kranke ansehen; letzteres ist allerdings nach wie vor eine marginalisierte Position. Dass 1991 Nobelpreisträger Milton Friedman (1991) nach einer Legalisierung von Drogen rief, kündigte zwar Debatten und Verschiebungen an. Diese haben jedoch die hegemonialen Positionen erst in den letzten Jahren unter Druck gesetzt.

Bis zu den Legalisierungen von Cannabis zu Anfang dieser Dekade fungierten die Vereinten Nationen als dominante Deutungsinstanz in den Deutungskonflikten (vgl. Gerber et al. 2001). Jedoch nehmen die Staaten der Europäischen Union (EU) zunehmend von der harten Linie des UN-Drogensystems und dem US-amerikanisch geprägten Krieg gegen die Drogen Abstand. Zahlreiche EU-Staaten rufen nach einer Dekriminalisierung der Süchtigen und probieren verschiedene Methoden zu Milderung der Suchtfolgen aus (z. B. die Abgabe von Heroin an Süchtige in Großbritannien; vgl. Woolf 2007). Dies geschieht trotz lautstarker Proteste des für die Einhaltung des globalen Drogenregimes zuständigen *International Narcotic Control Board* (INCB).

Viele lateinamerikanische Länder, die besonders stark unter dem Krieg gegen die Drogen leiden, sind ebenfalls der Ansicht, dass die harte Linie nicht funktioniert hat, und fordern ein grundlegendes Umdenken in der internationalen Drogenpolitik. Die Legalisierung von Cannabis in Uruguay ist in dieser Haltung nur ein Beleg, daneben zeigen Analysen, dass der Krieg gegen Drogen zahlreiche nicht-intendierte Effekte hat, die von Umweltverschmutzung über verstärkte Migration bis hin zu ökonomischer wie politischer Instabilität reichen (vgl. Cutrona 2017; Rios Contreras 2014). Umweltprobleme sind unter anderem durch die Erntezerstörungsprogramme entstanden, da einerseits die Zerstörung selbst mittels hochaktiver Herbizide geschieht, andererseits die Produzenten die Verluste so schnell als möglich wettmachen wollen und dafür gleichermaßen umweltschädigende Gifte wie große Mengen an Wasser einsetzen – mit desaströsen Folgen gerade für die indigene Bevölkerung (vgl. bspw. für Kolumbien Smith et al. 2014, S. 195; Rincón-Ruiz und Kallis 2012). Vor allem sind Menschenrechtsverletzungen zu beklagen, sie seien „collateral damage" und ironischerweise verursache der Krieg gerade in Demokratien mehr Menschenrechtsverletzungen als in Autokratien (Bartilow 2014, S. 24). Es wird wiederholt angemerkt, dass der Krieg gegen die Drogen keines seiner Ziele erreicht hat (vgl. Bouley 2001, S. 171). Entsprechend bekannte Uruguays früherer Präsident José Mujica, der die Legalisierung von Cannabis initiierte und verantwortet: „Wir sind dabei, den Krieg gegen die Drogen zu verlieren."[7]

3.1 Drogenabhängige im Kontext intendierter und nicht-intendierter Effekte

Das Regime der Drogenprohibition setzt sich aus einer Vielzahl konkreter Praktiken zusammen. Zu nennen sind hier auf der Angebotsseite etwa die schon erwähnte Erntevernichtung in Produktionsländern wie Afghanistan oder Kolumbien, die sogenannten

---

7 http://www.sueddeutsche.de/politik/uruguays-praesident-jose-mujica-pepe-leitet-das-projekt-cannabis-1.1841732. Zugegriffen: 10. August 2018.

Schedules of Control des UN-Regimes,[8] Maßnahmen der polizeilichen Strafverfolgung, welche US-Behörden entwickelten und durch zahlreiche Netzwerke auch in anderen Ländern etablierten (vgl. Nadelmann 1993) sowie militärische und geheimdienstliche Aktivitäten mit speziellen Drogen-Task-Forces (vgl. Friesendorf 2007). Auf der Nachfrageseite haben viele Länder im Nachgang zur UN-Einheitskonvention von 1961 erstmals eine Anti-Drogengesetzgebung geschaffen (das französische *Loi du 31 décembre 1970* ist ein Beispiel) oder überhaupt anerkannt, ein nationales Drogenproblem zu haben (vgl. Herschinger et al. 2011). Später wurden Strafverfolgungsmethoden wie das sogenannte *mandatory drug sentencing* in den USA oder die obligatorische Haft für Heroin- oder Kokainbesitz in Großbritannien entwickelt, die unter anderem dazu führten, dass in den USA die Zahl afroamerikanischer und hispanischer Häftlinge kontinuierlich anstieg, auf eine Zahl, die weit über den Anteil dieser Gruppen an der Gesamtbevölkerung hinausging (vgl. West 2012). Der institutionalisierte Rassismus wird daher gerade im anglo-amerikanischen Kontext als ein zentraler problematischer Effekt des Krieges gegen die Drogen diskutiert. Daneben beklagen zahlreiche BeobachterInnen Menschenrechtsverletzungen – oftmals in Kombination mit einem rasanten Anstieg der Drogengewalt (bspw. in Mexiko) –, die entscheidend durch die Außenpolitik der USA in Südamerika verursacht wurden (vgl. Friesendorf 2007; Friman 1996). Aus Sicht der BefürworterInnen der harten Linie gegen Drogen könnte dies als nicht-intendierte Effekte betrachtet werden, aus Sicht der KritikerInnen wird hier zumeist Rücksichtslosigkeit und Gleichgültigkeit gegenüber den fatalen Folgen vermutet (vgl. Derrida 1995; Herschinger 2015a; Moore 2007).

Im Kontext der intendierten und nicht-intendierten Effekte stellt die Behandlung der Drogenabhängigen in vieler Hinsicht eine besondere Herausforderung für das Prohibitionsregime und den Krieg gegen die Drogen dar: Zum einen kann sich die Angebots- mit der Nachfrageseite vermischen, wenn Süchtige mit Drogen handeln; zum anderen sind Abhängige der deutlich sichtbare nicht-intendierte Effekt des Regimes und des Krieges auf den Straßen, in den Wohnungen und Clubs, vor allem in westlichen Ländern. 1961, zum Zeitpunkt der Verhandlungen der *Single Convention*, galt Abhängigkeit noch ausschließlich als Laster sozial Ausgegrenzter, während die Delegationen der 1988er-Konvention sich einig waren, dass Sucht ein Problem aller gesellschaftlichen Schichten sei (vgl. United Nations 1964a, S. 110; United Nations 1991, S. 6). Jedoch ist die Sicht auf Abhängige als Kriminelle, deren „morbide Gewohnheiten" (United Nations 1964a, S. 104) „asoziales Verhalten" (United Nations 1991, S. 3) produzieren, bis heute wesentlich häufiger anzutreffen als ihre Beschreibung als kranke Menschen oder Opfer.

---

8 Dabei handelt es sich um vier Listen, die bewusstseinsverändernde Substanzen kategorisieren und die Unterzeichnerstaaten dazu verpflichten, diese Substanzen entsprechend ihre Einordnung zu behandeln. Die Listen werden regelmäßig aktualisiert, um vor allem der Kombinationsvielfalt gerade der synthetischen Drogen Herr zu werden. http://www.unodc.org/unodc/en/commissions/CND/Mandate_Functions/Mandate-and-Functions_Scheduling.html. Zugegriffen: 10. August 2018.

Gerade die Interpretation des Abhängigen als Opfer verknüpft sich mit den Praktiken der *harm reduction* – der Schadensminimierung, die in zahlreichen europäischen Ländern, teilweise auch in Deutschland, praktiziert wird. Letztlich handelt es sich dabei um den Versuch, die nicht-intendierten Effekte der Drogenbekämpfung in den Griff zu bekommen. Im Gegensatz zu den Vorgaben des Prohibitionsregimes versucht der harm-reduction-Ansatz die Schäden, welche durch die kompromisslose Vorgehensweise des Regimes und des Krieges entstehen, zu mildern und fokussiert sich auf die Risiken, die mit dem Konsum von illegalen Drogen verknüpft sind. Maßnahmen zur Begrenzung sind unter anderem die Einrichtung von Fixerstuben oder Opium-Substitionstherapien wie bspw. Methadonprogramme.

Es wundert wenig, dass das Abweichen vom Ziel einer drogenfreien Welt durch die Schadensminimierung die VerfechterInnen einer harten Linie auf den Plan rief. Diese VerfechterInnen haben jedoch heute an Boden verloren, was sich unter anderem am Beispiel der Methadon-Behandlung zeigt: In einem jüngeren Diskussionspapier teilt das *United Nations Office on Drugs and Organized Crime* (UNODC) Opiate in zwei gegensätzliche Kategorien ein: „Opioids are recognized to have a number of medical uses, including as analgesics for the treatment of mild, moderate and/or severe pain with, for example […] methadone and morphine, to induce or supplement anaesthesia […]. The reason that opioids are controlled under the international drug control Conventions is the harm associated with misuse and abuse" (UNODC 2011, S. 2f3). Mit dieser schroffen Zweiteilung werden Kategorisierungen von Subjekten etabliert: die gesunden drogenaversen Subjekte versus die kranken gefährlichen Süchtigen. Als ein synthetisches Opiat verwischt Methadon jedoch diese Grenzziehungen, auf denen die Praktiken des Regimes und des Krieges gegen Drogen basieren. So findet sich Methadon auf einer der Listen des UN-Regimes, da es süchtig macht, und ist zugleich das Mittel der Wahl für diverse Therapien, da es die Entzugssymptome substituiert; allerdings provoziert wiederum das Absetzen des Methadon selbst einen heftigen Entzug (vgl. WHO/UNODC/UNAIDS 2004, S. 12). Solche Paradoxien sind letztlich gleichermaßen intendierter wie nicht-intendierter Effekt des Regimes. Heute soll die Substitutionstherapie soll nicht nur den Weg zu einer drogenfreien Welt ebnen – der intendierte Effekt (United Nations 1991, S. 11, 13) –, sondern von solchen Praktiken profitiert die gesamte Gesellschaft: „through reductions in the incidence of criminal behaviour, reduced health and criminal justice system costs, reduced risks of transmission of HIV and other bloodborne viruses, and increased productivity" (WHO/UNODC/UNAIDS 2004, S. 32) – der nicht intendierte Effekt.

4   Schluss

Die Intention, Drogen zu verbieten und zu bekämpfen, muss als machtgeladener Versuch verstanden werden, eine bestimmte (Be-)Deutung als dominant zu etablieren. Dies zeigen nicht nur die Deutungskämpfe zu Beginn der Entwicklung des Drogenprohibitionsregimes, seiner Entgrenzung bis zum Krieg gegen die Drogen oder die fatalen Folgen für drogenproduzierende wie -konsumierende Gesellschaften. Dies zeigt auch der in den letzten beiden Jahrzehnten zunehmende Streit um die Normen des globalen Drogenverbots mit Blick auf den „War on drugs" und seine fatalen Folgen.

Zwei Bemerkungen folgen aus dieser Entwicklung. Zum einen bedarf es aus forschungspraktischer Sicht genauerer Analysen, wie der Krieg gegen die Drogen das Prohibitionsregime unter Druck gesetzt hat. Zum anderen werfen die jüngsten Entwicklungen – Legalisierungen von Cannabis in Teilen von Nord- und Südamerika, die verstärkte Beteiligung von zivilgesellschaftlichen Gruppen und die Erosion des Regimes auf der Nachfrageseite – Fragen auf, die umfassende Untersuchungen erfordern.

Denn gerade der Streit um das globale Drogenverbot lässt hoffen, dass manche der nicht-intendierten Effekte gemildert werden können. Aus Sicht der BefürworterInnen einer globalen Prohibition und der Steuerung durch die Vereinten Nationen mögen die erstarkende nationalstaatliche Kompetenzen im Bereich der Nachfrage – bspw. durch den harm-reduction-Ansatz – als unerwünschte Folge wahrgenommen werden. Gerade deshalb zeigt sich darin, dass die alleinige Deutungshoheit im Umgang mit Abhängigkeit und Sucht nicht mehr bei den Vereinten Nationen verbleiben, sondern zunehmend auch nationale und zivilgesellschaftliche Perspektiven eine Rolle spielen. So wünschenswert diese Verschiebung ist, so sehr liegt darin auch ein Problem: Es ist ein Ammenmärchen, dass Nachfrage und Angebot von Drogen eng miteinander verknüpft sind. Verantwortung für die eigenen BürgerInnen bedeutet daher nicht nur, keinen Krieg gegen KonsumentInnen zu führen, sondern eben auch, mit der Produktion von Drogen im eigenen Land anders als nur repressiv umzugehen.

Literatur

Andreas P., E. Nadelmann. 2006. *Policing the Globe. Criminalization and Crime Control in International Relations.* Oxford et al.
Andreas P., E. Nadelman.(200). The Internationalization of Crime Control. In *Crime and the global political econo*my, hrsg. v. R. H. Friman, 21-33., London.
Bartilow, H. A. 2014. Drug Wars Collateral Damage: US Counternarcotic Aid and Human Rights in the Americas. *Latin American Research Review* 49: 24–46.
Bean, P. 2008. *Drugs and Crime.* Cullompton.
Bean, P. 2010. *Legalising Drugs: Debates and Dilemmas.* Bristol.
Bewley-Taylor, D. R. 1999. *The United States and international drug control, 1909-1997.* London, New York.
Bewley-Taylor, D. R. 2003. Challenging the UN drug control conventions: problems and possibilities. *The International Journal of Drug Policy* 14: 171–179.
Bewley-Taylor, D. R. 2012. *International Drug Control: Consensus Fractured.* Cambridge.
Bewley-Taylor, D., M. Jelsma. 2012. Regime change: Re-visiting the 1961 Single Convention on Narcotic Drugs. *The International journal on drug policy* 23: 72–81.
Boekhout van Solinge, T. 2004. *Dealing with Drugs in Europe. An Investigation of European Drug Control Experiences: France, the Netherlands and Sweden.* The Hague.

Bouley, E. 2001. The Drug War in Latin America: Ten Years in a Quagmire. In *Drug War, American Style: The Internationalization of Failed Policy and its Alternatives*, hrsg. v. J. Gerber, E. L. Jensen, 169–196. New York.

Briesen, D. 2005. *Drogenkonsum und Drogenpolitik in Deutschland und den USA. Ein historischer Vergleich*. Frankfurt/Main, New York.

Bruun, K., P. Lynn, I. Rexed. 1975. *The Gentlemen's Club: International Control of Drugs and Alcohol*. Chicago, London.

Crick, E. 2012. Drugs as an existential threat: An analysis of the international securitization of drugs. *International Journal of Drug Policy* 23: 407–414.

Cutrona, SAC. 2017. *Challenging the U.S.-Led War on Drugs: Argentina in Comparative Perspective*. London et al.

De Ridder, M. 2000. *Heroin: vom Arzneimittel zur Droge*. Frankfurt/Main, New York.

Derrida, J. 1995. The Rhetoric of Drugs. In Ders., *Points…: Interviews, 1974-1994*, 228–254. Stanford.

Driscoll, L. 2000. *Reconsidering Drugs. Mapping Victorian and Modern Drug Discourses*. Basingstoke.

Elvins, M. 2003. *Anti-Drug Policies of the European Union. Transnational Decision-Making and the Politics of Expertise*. Basingstoke.

Fazey, C. S. J. 2003. The Commission on Narcotic Drugs and the United Nations International Control Programme: politics, policies and prospect for change. *International Journal of Drug Policy* 14: 155–169.

Fraser, S., D. Moore. 2011. Introduction. Constructing drugs and addiction. In *The Drug Effect. Health, crime and society*, hrsg. v. S. Fraser, D. Moore, 1–16. Cambridge.

Friedman, M. 1991. The War We are Loosing. In *Searching for Alternatives: Drug-Control Policy in the United States*, hrsg. v. M. B. Krauss, E. P. Lazear, 53–67. Stanford.

Friedrichs, J. 2008. *Fighting Terrorism and Drugs. Europe and International Police Cooperation*. London.

Friesendorf, C. 2007. *US Foreign Policy and the War on Drugs: Displacing the Cocaine and Heroin Industry*. London.

Friman, R. H. 1996. *NarcoDiplomacy: Exporting the US War on Drugs*. Ithaca (NY).

Gerber, J., E. L. Jensen. (Hrsg.). 2001. *Drug War, American Style: The Internationalization of Failed Policy and its Alternatives*. New York.

Grayson, K. 2008. *Chasing Dragons. Security, Identity, and Illicit Drugs in Canada*. Toronto.

Gusfield, J. R. 1981. *The Culture of Public Problems. Drinking, Driving and the Symbolic Order*. Chicago.

Hammersley, R. 2008. *Drugs and Crime. Theories and Practices*. Cambridge.

Herschinger, E. 2011. *Constructing Global Enemies. Hegemony and Identity in International Discourses on Terrorism and Drug Prohibition*. Abingdon, New York.

Herschinger, E. 2012. 'Hell Is the Other': Conceptualising Hegemony and Identity through Discourse Theory. *Millennium – Journal of International Studies* 41: 65–90.

Herschinger, E. 2015a. The drug dispositif: Ambivalent materiality and the addiction of the global drug prohibition regime. *Security Dialogue* 46: 183–201.

Herschinger, E. 2015b. Gerechte Praxis statt universellem Standard: Eine alternative Perspektive auf Gerechtigkeit am Beispiel des globalen Drogendiskurses. *Politische Vierteljahresschrift* 56: 1–26.

Herschinger, E., M. Jachtenfuchs, C. Kraft-Kasack. 2011. Scratching the heart of the artichoke? How international institutions and the European Union constrain the state monopoly of force. *European Political Science Review* 3: 445–468.

Howell, A. 2012. Medicine and the psy disciplines. In *Research Methods in Critical Security Studies*, hrsg. v. M. B. Salter, C. E. Mutlu, 129–132. Abingdon.

Jelsma, M. 2003. Drugs in the UN system: the unwritten history of the 1998 United Nations General Assembly Special Session on drugs. *International Journal of Drug Policy 14*: 181–195.

Levine, H. G. 2003. Global drug prohibition: its uses and crises. *International Journal of Drug Policy* 14: 145–153.

Linnemann, T. 2013. Governing through meth: Local politics, drug control and the drift toward securitization. *Crime, Media, Culture* 9: 39–61.

MacCoun, R., K. Model, H. Philipps-Shockley, P. Reuter. 1995. Comparing Drug Policies in North America and Western Europe. In *Policies and Strategies to Combat Drugs in Europe*, hrsg. v. G. Estievenart, 197–220. Florence.

MacCoun, R., P. Reuter. 2002. Preface. The Varieties of Drug Control at the Dawn of the Twenty-First Century. *The Annals of The American Academy of Political and Social Science* 582: 13–19.

McAllister, W. B. 2000. *Drug Diplomacy in the Twentieth Century. An International History.* London, New York.

Montigny, E.-A. (Hrsg.). 2011. *The Real Dope. Social, Legal, and Historical Perspectives on the Regulation of Drugs in Canada.* Toronto.

Moore, D. 2007. *Criminal Artefacts. Governing Drugs and Users.* Vancouver.

Musto, D. 1973. *The American Disease. Origins of Narcotics Control.* New Haven, London.

Nadelmann, E. A. 1990. Global prohibition regimes: the evolution of norms in international society. *International Organization* 44: 479–526.

Nadelmann, E. A. 1993. *Cops Across Borders. The Internationalization of US Criminal Law Enforcement.* University Park (PA).

Rincón-Ruiz, A., G. Kallis. 2012. Caught in the middle, Colombia's war on drugs and its effects on forest and people. *Geoforum* 46: 60–78.

Rios Contreras, V. 2014. The Role of Drug-Related Violence and Extortion in Promoting Mexican Migration: Unexpected Consequences of a Drug War. *Latin American Research Review* 49: 199–217.

Simmons, L. R. S., A. A. Said. (Hrsg.). 1974. *Drugs, Politics, and Diplomacy: The International Connection.* Beverly Hills, London.

Smith, C., G. Hooks, M. Lengefeld. 2014. The War on Drugs in Colombia: The Environment, the Treadmill of Destruction and Risk-Transfer Militarism. *Journal of World-Systems Research* 20: 185–206.

UNGASS. 2016. *Outcome Document of the 2016 United Nations General Assembly Special Session on the World Drug Problem (New York, 19-21 April 2016). Our joint commitment to effectively addressing and countering the world drug problem.* New York.

United Nations. 1964a. *Official Records of United Nations Conference for the Adoption of a Single Convention on Narcotic Drugs, New York, 1961 (Vol. I).* New York.

United Nations. 1964b. *Official Records of United Nations Conference for the Adoption of a Single Convention on Narcotic Drugs, New York, 1961 (Vol. II).* New York.

United Nations. 1991. *Official Records of United Nations Conference for the Adoption of a convention against Illicit Traffic in Narcotic Drugs and Psychotropic Substances (Vol. II).* New York.

United Nations. 1998. *Commentary on the United Nations Convention Against Illicit Traffic in Narcotic Drugs and Psychotropic Substances, Done at Vienna on 20 December 1988.* New York.

UNODC. 2011. *Ensuring availability of controlled medications for the relief of pain and preventing diversion and abuse. Striking the right balance to achieve the optimal public health outcome.* New York.

West, M. A. 2012. *The new Jim Crow: mass incarceration in the age of colorblindness.* New York.

WHO/UNODC/UNAIDS. 2004. *Position paper: Substitution maintenance therapy in the management of opioid dependence and HIV/AIDS prevention*. Geneva.

Drogen, Staat und Gesellschaft in der Bundespublik Deutschland, in Großbritannien und den USA zwischen den 1960er- und 1990er-Jahren

Klaus Weinhauer

Zusammenfassung

Von etwa Mitte der 1960er- bis Mitte der 1990er-Jahre galt Drogenkonsum in den drei untersuchten Ländern in unterschiedlichen Abstufungen als staats- und gesellschaftsbedrohend. Das Ende dieser Phase wurde beeinflusst durch das Aufkommen von AIDS, durch die Ausweitung des sozial integrierten Konsums von Partydrogen sowie durch die drogenpolitischen Aktivitäten sozialer Bewegungen, die in urbanen Settings verankert waren. In der Westberliner Heroinszene der 1980er-Jahre dominierte – anders als in London und bedingt durch die repressive Drogenpolitik, die oft die Zustände in US-Städten als Zukunftsmodell nahm – der Junkie-Typ (harte Männlichkeit, Gewalt, imaginierte Todesnähe, *Sweet-short-life*-Ideologie). In zerfallenden US-Städten existierte dieses Profil (v. a. in Crack-Szenen) in gewaltdominierter Zuspitzung und mit starker ethnischer Codierung. Die bundesdeutsche Drogenpolitik sollte durch Polizeieinsatz sowie durch das Abstinenzparadigma bis in die späten 1980er-Jahre den Staat vor Gefahren einer ungebändigten Konsumgesellschaft schützen. Die britische Drogenpolitik war geprägt vom Kompromiss zwischen liberalen und repressiven Maßnahmen sowie einer etablierten Kultur der Kommunikation zwischen Politik, ExpertInnen und lokal tief verankerten zivilgesellschaftlichen Akteuren. Die 1980er-Jahre zeigten jedoch: Dieses System überging die polizeiliche Diskriminierung der afro-karibischen Bevölkerung. Die Drogenpolitik der USA war bestimmt durch einen transnational vorgelagerten Gesellschaftsschutz und vom Nebeneinander lokaler und staatlicher Kontrollinstanzen. Aufgrund des zerklüfteten politischen Systems sowie angesichts ethnisch codierter massiver Ungleichheit in den Innenstädten konnten Stadtteilorganisationen hier weniger wirksam agieren.

Schlüsselbegriffe: Konsumgesellschaft, soziale Bewegungen, Staatsschutz, Kultur der Kommunikation; urbaner Verfall

1 Einleitung: Forschungsansatz und Forschungsstand

Die Erforschung der Geschichte illegaler Drogen lädt dazu ein, sozial- und kulturwissenschaftliche Erkenntnisse zusammenzuführen. Der vorliegende Beitrag fußt auf fünf Prämissen. Erstens verwende ich den Begriff Drogenkonsum, ohne mich auf umstrittene Definitionen von Sucht und Abhängigkeit einzulassen (vgl. dazu Schmidt-Semisch und Dollinger 2017). Zweitens benutze ich den Begriff „Scene" oder „Szene", um Leben und Vergemeinschaftung urbaner DrogenkonsumentInnen zu analysieren. Systematisch begründet wurde der Begriff Mitte der 1970er-Jahre vom US-amerikanischen Soziologen John Irwin (1977). Irwin versteht unter „Szenen" schichtübergreifende, mehr oder weniger organisierte gemeinsame Aktivitäten im (städtischen) Freizeitsektor, geprägt vom „seeking collective expression, proving oneself in front of others, engaging in exciting physical and sensual activites" (Irwin 1977, S. 49). Szenen verfügen zudem über charakteristische Rituale, Symbole und spezielle Sprachcodes. Vor allem aber bieten sie „Action" (Irwin 1977, S. 27ff.). Darüber hinaus spielen die Medien eine wichtige Rolle für die Verbreitung von sowie für die Kommunikation über Szenen. Wenngleich Irwins uneingeschränkt positive Bewertung von Szenen sowie sein Fortschrittsoptimismus heute irritieren, ist das raumsensibel grundierte Szene-Konzept doch flexibel und dynamisch genug, um Drogenkonsum zu erforschen. Drittens geht es mir nicht um eine isolierte Analyse von Drogenpolitik und -konsum. Vielmehr nutze ich Drogen, um Näheres über gesellschaftlich-kulturellen und staatlichen Wandel zu erfahren. Dazu benutze ich eine akteursorientierte kultur- und sozialhistorische Perspektive und richte mein Augenmerk sowohl auf drogenbezogene Wahrnehmungen, Zuschreibungen, Rituale und Symbole als auch auf Konsumpraktiken, Sozialprofile und organisatorische Zusammenschlüsse. Viertens konzentriere ich mich bei der Umsetzung dieses Konzepts aufgrund des guten Forschungsstands und mit Blick auf meine eigenen Forschungsschwerpunkte auf die Bundesrepublik Deutschland und Großbritannien sowie auf die USA. Fünftens versucht die so ausgerichtete Analyse, das Denken in nationalstaatlichen Containern durch Integration translokaler, transnationaler und globaler Transfers zu überwinden.

In Westeuropa und in den USA blieb Drogenkonsum bis in die 1960er-Jahre ein Phänomen, das zumeist nur in gesellschaftlichen Teilgruppen zu finden war. In Deutschland kamen die überwiegend männlichen Konsumenten aus der Gruppe der Ärzte bzw. aus medizinischen Berufen oder waren Veteranen und durch den Krieg oder dessen Folgen abhängig geworden. Zudem hatten sich in westeuropäischen und US-amerikanischen Vergnügungsvierteln nach dem Ersten Weltkrieg vorübergehend jeweils spezifische Drogenkulturen etabliert, ebenso wie der Konsum von Heroin oder Marihuana in nicht-weißen städtischen Problemvierteln (vgl. Briesen 2005; Courtwright 2001). Die 1960er-Jahre markieren weltweit eine deutliche Zäsur in diesen Verbreitungsmustern: Ob in Europa, den

USA oder in Lateinamerika (vgl. Manzano 2014; Latin America 2014), Drogenkonsum zumeist junger Menschen wurde seitdem zum Ausdruck und Motor gesellschaftlicher Wandlungen. Zudem wurde Delinquenz dadurch doppelt entgrenzt: Sie erweiterte ihre soziale Basis ebenso wie ihre räumlich-örtliche Bindung an Hafen- und Vergnügungsviertel (vgl. Weinhauer 2005). In allen hier betrachteten Ländern waren die gesellschaftlichen Auseinandersetzungen sowie der Drogenkonsum zwischen den 1960er- und 1990er-Jahren besonders von vier Drogenkomplexen bestimmt: a) Cannabisprodukte, b) Heroin, c) Kokain und Crack sowie d) Stimulanzien (Amphetamine) und andere Partydrogen.

Mitte der 1960er-Jahre erregten die ersten lokalen Vergemeinschaftungen von Cannabis- und LSD-KonsumentInnen, oft verankert in einem translokalen und transnationalen *Underground* sowie in Musikszenen (vgl. Davis 2006; Weinhauer 2006 und 2006a; Farber 2002) starke Aufmerksamkeit. Bis in die 1990er-Jahre wurden langanhaltende, intensive und Ländergrenzen überschreitende Kontroversen über Heroin geführt, das auch in diesem Beitrag im Mittelpunkt steht. Um die Mitte der 1990er-Jahre verloren Drogen (und damit auch Heroin) jedoch das imaginierte staats- und gesellschaftsbedrohende Potential. Verschiedene allgemeine Erklärungsansätze werden für die Wandlungen dieser Jahre diskutiert. Darunter fallen u. a. die Entwicklung des unternehmerischen Selbst (Bröckling 2007), die Durchsetzung der Sicherheitsgesellschaft (Groenemeyer 2010) oder die Abkehr von wohlfahrtstaatlich orientierten Strafen (Garland 2001). Der vorliegende Beitrag soll jedoch konkret drogenbezogene Erklärungen herausarbeiten.

Vor allem am Beispiel von Heroin geht der vorliegende Beitrag diesen Wandlungen nach. William S. Burroughs (1966, S. xxxix) bietet in *Naked Lunch* erste Hinweise, wenn er Heroin einstuft als „ultimate merchandise. No sales talk necessary. The client will crawl through a sewer and beg to buy [...]. The dealer [...] does not sell his product to the consumer, he sells the consumer to his product [...]." In diesem Verständnis bindet Heroin also die/den KonsumentIn an die Ware und nicht umgekehrt. Heroin spiegelt, so meine These, immer wieder Ängste vor konsumbasierter Selbstzerstörung und Gewalt: kurzum die destruktiven Potentiale einer ungebändigten Gesellschaft von KonsumentInnen (Bauman 2009).

Im Vergleich zu umfangreichen und differenzierten sozial-, politik- und rechtswissenschaftlichen Forschungen, begann die deutschsprachige sozial- und kulturgeschichtliche Drogenforschung erst in den 2000er-Jahren (vgl. Briesen 2005; Weinhauer 2005, 2006 und 2006a; Stephens 2007; Tanner 2001 und 1998). Diese Studien konzentrieren sich zumeist auf urbane Settings (vgl. Morris 2014; Weinhauer 2005, 2006 und 2006a; Stephens 2007) und greifen auf zahlreiche zeitgenössische Studien zurück, die anfangs fast nur von MedizinerInnen, seit den frühen 1970er-Jahren aber auch aus den Sozialwissenschaften kamen (vgl. Bschor et al. 1970; Herha 1973; Gerdes und von Wolffersdorff-Ehlert 1974; Berger et al. 1980; Schlender und Kaplan 1980; Skarabis und Patzak 1981; Noller und Reinecke 1987; als Überblick Scheerer und Vogt 1989).

Die sozialhistorisch argumentierenden Drogenstudien aus Großbritannien sind stark medizinisch geprägt, dies gilt auch für die zeitgenössische (vor allem psychiatrische) Forschung. Von Anfang an existierten auch ethnographische und sozialwissenschaftliche

Arbeiten (vgl. Glatt 1967; Hawks 1971; Young 1972; Bean 1972; Stimson und Oppenheimer 1982; Burr 1983). Untersucht wurden hierbei das Verhältnis von staatlicher und zivilgesellschaftlich organisierter Drogenpolitik und deren Wandlungen, die starke Position zivilgesellschaftlicher Akteure, die Veränderungen im Arzt-Patientenverhältnis sowie die Rolle medizinischer Experten in der Drogenpolitik (vgl. Berridge und Mold 2010; Mold 2008; Strang und Gossop 2005; mit anderer Perspektive Davis 2006). Erst jüngst sind Studien entstanden, in denen (post-)koloniale Perspektiven erkenntnisleitend sind und die den Blick auch auf das Agieren der Polizei lenken (vgl. Mills 2013).

In den USA existiert eine sehr breit gefächerte Drogenforschung. Neben einschlägigen zeitgenössischen Arbeiten aus der Soziologie (vgl. Lindesmith 1947; Chein 1964; Johnson 1973; Sánchez-Jankowski 1991; Bourgois 1995) gibt es zahlreiche geschichtswissenschaftliche Studien, vor allem von David Courtwright und Eric C. Schneider, die sich auf Opiate und speziell auf Heroin konzentrieren. Courtwright (2001 und 2013; siehe auch Acker 2002) analysiert neben der sozialen Zusammensetzung der OpiatkonsumentInnen auch deren Lebenswege. Vor allem aber stellt er die lange Zeit unterschätzte Bedeutung medizinischer Professionen für die Veränderungen der Drogenkonsums heraus. Schneider unterstreicht die starke Bedeutung städtischer Kontexte für den Konsum von und Handel mit Drogen. In diesen urbanen Settings arbeitet er eindrucksvoll soziale und kulturelle Aspekte (Erlernen des Drogenkonsums, Wissen um die Drogenmärkte, Szenesprache) heraus. Zudem betont er, dass Heroinkonsum nachfragegesteuert ist und dass Heroinmärkte zumeist in armen Stadtvierteln verankert sind sowie dass die Polizei Teil der Marktstrukturen ist und diese wiederum beeinflusst. Der Ethnologe und Soziologe Sudhir Venkatesh (2013) analysiert zudem die Unterschiede zwischen verschiedenen Städten, speziell die Bedeutung von fluiden urbanen Netzwerken, in denen Geschichten eine wichtige Rolle für deren Zusammenhalt spielen. Die Versuche, das Drogenproblem auf internationaler Ebene zu lösen, waren bis in die späten 1990er-Jahre vorrangig von den USA beeinflusst und auf Kontrolle ausgerichtet, das spiegelt sich auch in der historischen Forschung, vor allem, wenn es um den internationalen Drogenhandel geht (vgl. McAllister 2000; Gootenberg 2008; Gootenberg und Campos 2015) .

2 Bundesrepublik Deutschland: Staatsschutz, Abstinenz, Konsumgesellschaft

Auf Bundesebene standen die Bekämpfung von Drogen und Linksterrorismus in den späten 1960er- und frühen 1970er-Jahren auf der innenpolitischen Agenda weit oben. Beide Bedrohungen wurden zeitweise gleichgesetzt (vgl. Weinhauer 2010, S. 256). Deshalb war der Kampf gegen beide gesellschaftlichen Phänomene ein vorrangig staatliches Problem. Die Entwicklung der bundesdeutschen Drogenpolitik verdeutlicht den Wandel staatlicher Herrschaftsansprüche. Mit dem „Gesetz über den Verkehr mit Betäubungsmitteln (Betäubungsmittelgesetz)", am 12. Januar 1972 im Bundesgesetzblatt publiziert (BGBl I, S. 1), wurde noch versucht, den legalen Konsum komplett zu kontrollieren sowie die illegale Nutzung völlig zu unterdrücken. Es unterschied zudem nicht zwischen „weichen" und „harten" Drogen (vgl. Briesen 2005, S. 336). Verboten waren die ungenehmigte Ein- und Ausfuhr, der Besitz, Anbau, Handel, Erwerb und Verkauf von Betäubungsmitteln im Sinne des Gesetzes. Außerdem war es untersagt, diese Stoffe in den Verkehr zu bringen bzw. sie anderen zu überlassen oder zu verabreichen. In den späten 1970er-Jahren führten die Zunahme des Heroinkonsums sowie die als krisenhaft wahrgenommene wirtschaftliche und gesellschaftspolitische Situation zur Überarbeitung des Betäubungsmittelgesetzes, die zweite Version trat zum 1. Januar 1982 in Kraft (BGBl I (1981), S. 681). Im selben Jahr wurde außerdem der sozialstaatliche Aspekt unter dem Leitmotiv „Therapie statt Strafe" verstärkt, wenngleich er flankiert war von verschärften strafrechtlichen Bestimmungen.

Wie dieses Setting andeutet, war Drogenkonsum aus staatlicher Sicht ein Problem, das den gesamten Staat bedrohte. Deshalb war es vorrangig ‚von oben', also durch staatliche und halbstaatliche Institutionen – ergo ohne die Hilfe ehemaliger Drogenkonsumenten – zu lösen. Letztlich ging es darum, durch repressive Maßnahmen sowie durch das Abstinenzparadigma den bundesdeutschen Staat vor den Gefahren einer ungebändigten Gesellschaft aus KonsumentInnen zu schützen. Oft diente der Hinweis auf die dramatische Situation in den USA dazu, die Drogenbekämpfung zu intensivieren (vgl. Weinhauer 2010a, zeitgenössisch: Der Spiegel 43/1986, 147f.).

Wie ein Blick auf Westberlin verdeutlicht, gab es hier bis 1977/78 keine wirkliche Drogenpolitik (zum Folgenden Weinhauer 2006a und 2010), die Debatten waren zudem hoch politisiert und polarisiert. Zum einen hatte die zumeist von der Polizei getragene Drogenarbeit einen höchst destruktiven Einfluss, sowohl auf die Drogenszenen als auch auf Selbsthilfeorganisationen ehemaliger DrogenkonsumentInnen. HeroinkonsumentInnen entwickelten oft eine panische Angst vor der Polizei, genannt „Bullenhorror" (Thamm und Schmetz 1973, S. 88). Zudem entstand unter diesen Bedingungen in den Szenen eine Drogenkultur, die mit Blick auf den Konsum von Heroin, anders als in London, sehr stark durch den Typus des Junkies geprägt war. Denn die polizeilichen Eingriffe förderten in Westberlin gewalthafte und selbstzerstörerische Beziehungen in der Heroinszene. Zudem dominierte hier in den 1980er-Jahren ein männlich codierter Kult der Jugendlichkeit, auf dessen ‚Rückseite' der frühe Tod vieler Heroinkonsumenten stand. Es gab keine Verhaltensleitbilder für das Altsein oder Altwerden. Eine *Sweet-short-life*-Ideologie wurde kultiviert (vgl. Berger et al. 1980, S. 123). Deshalb war es auch nicht notwendig, für eine weit entfernte Zukunft zu planen. Der Tod spielte in der internen Kommunikation eine allgegenwärtige Rolle. Die tragenden Elemente des dominanten Männlichkeitsmusters in der Westberliner Heroinszene waren Härte, Risikobereitschaft und Gewalt sowie die Fähigkeit, die Schmerzen beim Entzug locker aushalten zu können (vgl. Noller und Reinecke 1987, S. 152). Letztlich praktizierten viele Heroinkonsumenten – vor allem in bundesdeutschen Szenen – in ihrer Kritik an der Konsumgesellschaft selbst unbegrenzten Konsum. Darüber hinaus eskalierten die Konflikte zwischen staatlichen Institutionen und Selbsthilfeorganisationen in Westberlin sehr schnell, vor allem – aber nicht nur – durch polizeiliche Eingriffe. Zudem wurden die AktivistInnen der Selbsthilfeorganisationen (wie *Release*) weder von den städtischen Behörden noch von den PolitikerInnen ernst genommen. Angesichts dieses fehlenden Vertrauens kann es kaum verwundern, dass sich die Selbsthilfegruppen von Staat und Gesellschaft abschotteten. Darüber hinaus waren die Selbsthilfeorganisationen kaum daran interessiert, ihre Institutionen tiefer im Stadtteil zu verankern.

Angesichts dieser massiven Problemkonzentration mussten Westberliner Behörden und PolitikerInnen im letzten Drittel der 1970er-Jahre einsehen, dass es unter Festhalten am Abstinenzparadigma darum ging, allmählich vom staatlichen Monopol der Lösung sozialer Probleme abzurücken. So wurde das Amt eines Drogenbeauftragten geschaffen, vor allem aber die finanzielle Unterstützung der Selbsthilfeorganisationen deutlich verbessert. Außerdem entstand eine dicht geknüpfte Therapiekette (von Straßenarbeit bis hin zu sozialer Reintegration von DrogenkonsumentInnen). Speziell Streetwork erwies sich als recht erfolgreich; damit ist die szenenahe Arbeit mit DrogenkonsumentInnen auf der Straße und nicht nur in mehr oder weniger abgeschlossenen (staatlichen) Institutionen gemeint.

In den 1980er-Jahren mussten diese immer noch am Abstinenzparadigma orientierten Maßnahmen erweitert werden. Zum einen bestanden für die steigende Zahl migrantischer DrogenkonsumentInnen nur unzureichende Hilfseinrichtungen (vgl. Achter Bundesdrogenkongreß 1985, S. 84), hier mussten lokale Initiativen eingreifen. In West-Berlin (Kreuzberg) entstand 1983 die bundesweit erste Beratungsstelle speziell für diese Klientel (vgl. Neunter Bundesdrogenkongress 1986, S. 78). Zum anderen und damit zusammenhängend schien die fragile interne Ordnung in den Berliner Gefängnissen im Übergang zu den 1980er-Jahren bedroht; nicht nur durch den sich ausbreitenden unkontrollierten Heroinkonsum, sondern auch durch Konflikte zwischen und mit der wachsenden Zahl nicht-deutscher Insassen (vgl. Weinhauer 2010a, S. 293f.).

Auch in der Drogenarbeit scheinen die Entdeckung lokaler Handlungsressourcen – durch Akteure stadtteilorientierter sozialer Bewegungen – die festgefahrenen Fronten aufgeweicht und Druck ‚von unten' aufgebaut zu haben. Die Einführung von Methadon-Programmen, erstmals in Nordrhein-Westfahlen und dann in Hamburg, ist kaum anders zu erklären (vgl. Reuband 1999, S. 332). Zudem führte AIDS seit etwa Mitte der 1980er-Jahre dazu, „Dialog, Kooperation und Partizipation" (Tümmers 2014, S. 169) auch in der Drogenpolitik tiefer zu verankern (vgl. Zehnter und Elfter Bundesdrogenkongreß 1987 und 1988; Schabdach 2009). Darüber hinaus weitete sich Ende der 1980er- bzw. Anfang der 1990er-Jahre der Konsum von Partydrogen wie Ecstasy aus, gerade unter denjenigen, die als sozial voll integriert und leistungsfähig galten (vgl. Der Spiegel 26/1987, S. 68–71; sowie rückblickend Der Spiegel 6/1997, S. 122–125). Schließlich dürfte zur weiteren Entspannung auch das Ende der politischen Bedrohungsvorstellungen beigetragen haben, die mit dem Kalten Krieg verbunden war. Der Zäsurcharakter der 1990er-Jahre wird auch daran deutlich, dass die dort etablierten drogenpolitischen Maßnahmen heute als Standards gelten (vgl. Groenemeyer 2012, S. 435).

3 Großbritannien: Britischer Kompromiss, Kultur der Kommunikation, (post)-koloniale Verflechtungen

In Großbritannien stieg die registrierte Zahl der HeroinkonsumentInnen Mitte der 1960er-Jahre, dies erregte starke Aufmerksamkeit. Die Arbeit der daraufhin eingesetzten staatlichen Ausschüsse (Brain Committee) führte zum *Dangerous Drugs Act* (DDA), der Ende Oktober 1967 in Kraft trat (vgl. Mold 2008, S. 25–40). Nun mussten sich DrogenkonsumentInnen registrieren lassen, spezielle Kliniken wurden zur Behandlung eingerichtet und AllgemeinmedizinerInnen durften nur noch eingeschränkt Heroin und Kokain außerhalb dieser Klinken verschreiben. 1972 teilte der *Misuse of Drugs Act* die Drogen in drei Kategorien: Klasse A (LSD, Heroin, Kokain), Klasse B (Amphetamine und Cannabis) und Klasse C (weniger wirksame Stimulantien). Barbiturate waren zunächst nicht erfasst.

Im Untersuchungszeitraum trug die britische Drogenpolitik, die bis in die 1970er-Jahre vor allem auf London bezogen war, drei Merkmale. Praktisch prägend war erstens der „British compromise" (Mills 2013), d. h. es gab über längere Zeiträume zwar nahezu unveränderte Drogengesetze, die jedoch unterschiedlich intensiv angewandt wurden. Anders als in der Bundesrepublik und auch als in den USA spielte die Polizei in der Drogenpolitik eine eher randständige Rolle. Erst im Verlauf der 1970er-Jahre wurde die Polizei aktiver. Vor allem wurden nicht-weiße Menschen auf Grundlage der *Stop-and-search*-Regelungen des DDA von 1967 wegen Verdachts auf Cannabis-Delikte durchsucht. Jedoch ging es dabei eher um die Kontrolle innerstädtischer Problemviertel. So wurden 1973 bei nur einem Drittel der fast 11.000 durchsuchten Personen auch Drogen gefunden (vgl. Mills 2013, S. 157). Seit Mitte der 1980er-Jahre verschwand Cannabis von der politischen Agenda. In den frühen 1990er-Jahren wurden die Gesetze wieder strikter angewendet. Anders als in der Bundesrepublik erschien den Entscheidungs- und Weisungsbefugten in Großbritannien jedoch kaum der gesamte Staat durch Drogen bedroht; zumeist wurden nur lokale Ordnungsstörungen befürchtet.

Zweitens zeigte sich in Großbritannien immer wieder das Problemlösungspotential der Kultur der Kommunikation, die staatliche Akteure mit ExpertInnen und zivilgesellschaftlichen Organisationen im Umgang mit Drogenkonsum eng miteinander verknüpfte. In diesem kommunikationsorientierten Setting haben zwei konkrete Faktoren einige Negativwirkungen des Drogenkonsums (hier: des Heroinkonsums) grundsätzlich abgemildert: die Tätigkeit der staatlichen Drogenkliniken (*Drug Treatment Centers*, DTCs) sowie die niedrigschwelligen und gut funktionierenden Netzwerke der Selbsthilfeorganisationen. Das Beispiel London verdeutlicht dies.

Die im April 1968 gegründeten DTCs waren das Aushängeschild der britischen Drogenpolitik der 1970er-Jahre (vgl. Weinhauer 2006a). Ausgestattet mit Ärzten, die Drogenkonsum als rein medizinisches Problem einstuften, mussten die Kliniken ihren Weg finden zwischen sozialpolitischen und medizinischen Lösungen auf der einen und den Bedürfnissen ihrer PatientInnen auf der anderen Seite. Insgesamt gesehen kam etwa die Hälfte der Londoner OpiatkonsumentInnen in die DTCs (vgl. Blumberg et al. 1974, S. 19f.). Viele KonsumentInnen empfanden die Atmosphäre in den Kliniken wenig konsumfreundlich, so dass sie oft gar keinen ‚Kick' mehr empfanden. Zudem vereinheitlichten die Center in den 1970er-Jahren ihre Behandlungspolitik: Sie reduzierten das Verschreiben von Heroin und anderen injizierbarer Substanzen zu Gunsten oral aufzunehmender Drogen. Zugleich ging es oft darum, die Dosierungen für die Patienten grundsätzlich zu verringern (vgl. Mold 2008, S. 52–60). Diese konsumierten oftmals nicht nur eine einzige, sondern eine Vielzahl von Drogen (vgl. Department of Health and Social Security 1982, S. 55). Obwohl KritikerInnen Recht haben mögen, dass die Kliniken nicht immer in der Lage waren, ihre Dienste an die Bedürfnisse der PatientInnen anzupassen, ist gerade im Vergleich zu Westberlin zu betonen, dass ein großer Teil der Londoner Drogenkonsumenten die DTCs besuchte.

Neben den DTCs bestand in London seit 1969 ein relativ niedrigschwelliges und gut funktionierendes Netzwerk zivilgesellschaftlicher Selbsthilfeorganisationen. Diese unterhielten therapeutische Gemeinschaften und Aufenthaltsräume für Drogenkonsumenten (zumeist in so genannten *Day Centers*), betrieben aber auch Stadtteilarbeit (vgl. Weinhauer 2006a; Mold und Berridge 2010, S. 57–82). Die Arbeit dieser Institutionen unterschied sich deutlich von der Tätigkeit der Drogenkliniken. Zum einen spielten SozialarbeiterInnen in den Selbsthilfeorganisationen eine weit größere Rolle. Zum anderen kümmerten sich diese Institutionen um eine völlig andere Klientel als die Kliniken, nämlich um die wohnungslosen Nichtsesshaften sowie um die *poly-drug users* (Drogenkonsumenten, die eine Vielzahl von Drogen konsumierten). Darüber hinaus bestand eine sehr große Herausforderung für die Institutionen darin, ein gutes Verhältnis nicht nur mit den lokalen Behörden, sondern auch zu den StadtteilbewohnerInnen zu entwickeln.

Drittens war die britische Drogenpolitik immer auch durch den Drogenkonsum der afro-karibischen Bevölkerung konturiert. Das darauf bezogene oft rassistisch motivierte Vorgehen der Polizei wurde erst sehr spät problematisiert. Diese Ausblendung der kolonialen Vermächtnisse führte zu einer starken Spaltung der Drogenpolitik. Einerseits war der politische Umgang mit Heroin bis weit in die 1980er-Jahre gekennzeichnet durch „a surprising neglect of issues of race and ethnicity" (Pearson et al. 1993, S. 105). Andererseits waren *race* und *ethnicity* bestimmend für die Drogenpolitik gegenüber Cannabis, das über 90 Prozent aller sichergestellten Drogen ausmachte (vgl. Pearson 1991, S. 187) und vor allem in afro-karibischen Bevölkerungsteilen konsumiert wurde. Genau dieses rigorose polizeiliche Einschreiten gegen Cannabiskonsum (auf Basis der *Stop-and-search*-Befugnisse) in afro-karibisch geprägten Stadtteilen hat maßgeblich zur Entstehung der urbanen Unruhen in den 1980er-Jahren beigetragen (vgl. Klöß 2014, S. 416ff.; Weinhauer 2013; Pearson 1991, S. 187). Erst dadurch wurde über Rassismus dann ebenso intensiv diskutiert wie über ethnische Segregation, Arbeitslosigkeit und baulichen Verfall städtischer Viertel. Hierbei wurde oft auf ähnliche Probleme in US-Städten hingewiesen.

Die Thematisierung (post-)kolonialer Verflechtungen und urbaner Krisensymptome der britischen Gesellschaft fiel in eine Phase, die auch für die Drogenpolitik eine mehrfache Zäsur darstellte. So hatten die Drogenkliniken nicht verhindern können, dass es mehr und mehr *poly-drug-users* gab und dass ein Schwarzmarkt entstand, auf dem KonsumentInnen die ihnen in den Kliniken verschriebenen Drogen verkauften. Vor allem aber hatte sich Drogenkonsum in den 1980er-Jahren durch das Rauchen von inzwischen preisgünstigerem Heroin (*chasing the dragon*) erstmals weit über London hinaus in städtischen Problemvierteln sowie unter zumeist männlichen weißen arbeitslosen Unterschicht-Jugendlichen ausgebreitet (vgl. Pearson et al. 1993, 100; Pearson 2009, S. 44f.). In den Krisendebatten der 1980er-Jahre zeigten ethnografische Arbeiten, dass Drogenkonsum weniger durch persönliche Defizite oder ethnische Zugehörigkeiten bestimmt wurde als durch lokale Szene-Traditionen. So bestanden in manchen städtischen Regionen große Abneigungen gegen Nadeln und Injektionen. Dort jedoch, wo eine Injektionskultur (u. a. von Amphetaminen) etabliert war, vollzog sich der Übergang zum Heroinspritzen weit schneller (vgl. Pearson 1991, S. 189). Zudem wurden die unterschiedlichen Perspektiven auf das Drogenproblem (erneut) deutlich: Die Sichtweise zivilgesellschaftlicher Organisationen (und der dort arbeitenden medizinischen ExpertInnen) stand konträr zu polizeilichen Erfahrungen. Während die Klientel der Hilfsorganisationen in Südlondon zu vier Fünfteln Weiße waren, hatte es die Polizei bei ihren Festnahmen wegen Kokain- oder Crack-Vergehen zu drei Vierteln mit Afro-Kariben zu tun. Dies dominierte dann oft auch die Presseberichte über urbane Drogenprobleme (vgl. Pearson et al. 1993, S. 119 und 123).

Schließlich wurde Ende der 1980er-Jahre erkannt, dass es bei Drogenkonsum nicht um die Gefährdung der lokalen Gesellschaftsordnung ging, vor allem nicht beim Teilzeitkonsum von Partydrogen in urbanen Musikszenen (vgl. Stewart 2013, S. 301–305). Vielmehr rückten das Individuum und dessen Lebensstile in den Vordergrund. In dieser Phase der Umorientierung überlagerte die Herausforderung durch AIDS den Druck auf die Bekämpfung des Drogenkonsums. Die Gefahrenminimierung (*harm reduction*) im Zusammenhang mit Drogenkonsum und *Needle exchange*-Programme ermöglichten flexible Antworten auf beide gesellschaftlichen Probleme. Zudem engagierten sich durch AIDS (noch) mehr soziale Institutionen und Personen im drogenpolitischen Feld (vgl. Mold 2008; Mold und Berridge 2010). Auch in der Thatcher-Ära wurden so zivilgesellschaftliche Organisationen gestärkt. Insgesamt gesehen waren Drogen in Großbritannien derjenige gesellschaftliche Sektor, in dem viele neue Trends im zivilgesellschaftlichen Engagement sowie in der Sozial- und Gesundheitspolitik entstanden, sich abzeichneten bzw. erprobt wurden. Da das Abstinenzparagdigma ohnehin sehr pragmatisch gehandhabt wurde, bestanden im Vergleich zur Bundesrepublik somit weit größere drogenpolitische Handlungsspielräume.

4 USA: Urbaner Verfall und eingehegte soziale Bewegungen

In der US-Drogenpolitik „war das Strafrecht […] stets bedeutsamer als der Sozialstaat" (Briesen 2005, S. 352). Harte bundespolitische Strafpolitik und ein antikommunistisch inspirierter transnational ausgeweiteter Schutz der US-Gesellschaft waren die beiden wichtigsten Merkmale der bundesstaatlichen US-Drogenpolitik, allein die 1960- und 1970er-Jahre markierten eine relativ liberale Phase, wie das 1965 in New York begonnene Methadon-Programm zeigt. Ein Problem blieb die Kompetenzabgrenzung der 29 Bundesbehörden (1979), die mit Drogenfragen befasst waren. Auch die harte Drogenpolitik von US-Präsident Richard Nixon war ambivalent: einerseits geprägt von Repression, anderseits gekennzeichnet vom Ausbau von Prävention und Therapie. Zudem wurde Drogenbekämpfung nun stärker als zuvor ins Ausland verlagert, dorthin, wo Drogen produziert oder weiterverarbeitet wurden (vgl. Briesen 2005, S. 321, 328; McAllister 2000). Grundsätzlich bestanden in den USA auch in Zeiten repressiver Bundesgesetze begrenzte Handlungsmöglichkeiten für lokale drogenpolitische Akteure. Aus Platzgründen beschränkt sich dieser Teil des Beitrags auf zwei Aspekte, die lokale Einflussnahme einengten: auf Narrative urbanen Verfalls sowie auf die Frage nach der Rolle sozialer Bewegungen in der US-Drogenpolitik.

Der Boom der Crack-Ökonomie sowie die Zunahme des Spritzens von Heroin bei nahezu gleichzeitiger Ausbreitung von AIDS lenkte die Aufmerksamkeit der Drogenpolitik in den 1980er-Jahren noch stärker auf zerfallende städtische Regionen und deren sozial benachteiligte Bevölkerung (vgl. Inciardi und Harrison 1998). Auch in den 1990er-Jahren blieb die US-Drogenpolitik von strafrechtlicher Abschreckung geprägt. Die damit angesprochene Verbindung von (Narrativen von) urbanem Verfall, Gewalt und Jugendgangs kann als Kernmerkmal betrachtet werden, welches die Drogenpolitik und den -konsum in den USA weit stärker prägt als in Großbritannien – und erst recht als in der Bundesrepublik Deutschland. Der Historiker Eric Schneider (2008) vertritt die These, dass der Zerfall vieler US-amerikanischer Städte seit den späten 1960er-Jahren nicht nur durch wirtschafts- und wohnungspolitische Fehlentwicklungen hervorgerufen wurde, sondern auch durch die damit verbundene Ausbreitung von Kriminalität und Drogen (vor allem von Heroin). Denn, wie er betont, Drogenkonsumenten „who looted buildings, mugged the elderly, burgled businesses, and committed arson for hire drove people out of their neighborhoods" (Schneider 2008, S. 122). Die politischen Debatten thematisierten hauptsächlich die Themen Sicherheit und Ordnung, weniger die strukturellen Grundlagen dieses Niedergangs. Das verschaffte konservativen PolitikerInnen auf lokaler wie nationaler Ebene solide Mehrheiten, vor allem unter denen, die um die Wandlungen der ethnischen Zusammensetzung sowie um den Zerfall ihrer Viertel fürchteten.

Jedoch bestanden auf der lokalen Ebene zumindest begrenzte Handlungsmöglichkeiten für zivilgesellschaftliche Organisationen, die versuchten, Heroinkonsum und Kriminalität einzudämmen und Stadtteile zu beleben. Wie die Untersuchung von drei New Yorker Stadtteilen (Harlem, South Bronx und der Lower East Side Manhattans) zeigte, konnten Stadtteilinitiativen das zerstörerische Zusammenwirken von Heroin und Kriminalität, wenn nicht aufhalten, so zumindest abmildern (vgl. Schneider 2008, S. 125–141). Die Verankerung von Heroinkonsum und -handel in einzelnen Stadtvierteln brachte viele Probleme mit sich, während die damit verbundene Kriminalität und Gewalt das soziale Leben sowie die soziale Ordnung im Viertel nachhaltig zerstörten. Dies war auch deshalb möglich, weil nachhaltige politische Initiativen und ausreichende Geldmittel ausblieben. Denn die meisten Politiker waren überzeugt: Heroin ist und bleibt ein „Ghetto"-Problem. In diesen gebrandmarkten Vierteln war es – so die gängige Meinung – ohnehin zu spät für sozialpolitische Maßnahmen, und eine nennenswerte Anzahl von Wählerstimmen ließ sich dort kaum holen. Anders als in Großbritannien hemmte also das zerklüftete politische Umfeld den Einfluss zivilgesellschaftlicher Organisationen.

Dieser Eindruck vom begrenzten Einfluss lokaler Initiativen und zivilgesellschaftlicher Organisation kommt auch deshalb zustande, weil es in den USA ein markantes Defizit gibt hinsichtlich der Erforschung städtischen Drogenkonsums und städtischer Gewalt: *Gangs* (Banden) sind für die allermeisten dieser Studien ein Zeichen des Verfalls sowie des Kontrollverlusts. Wo Gangs agieren, ist (Gewalt-)Kriminalität fest im Stadtteil oder in der Hochhauswohnanlage verankert. Jack Katz hat jedoch völlig zur recht betont, dass es diese Arbeiten immer wieder versäumen, den Zusammenhang von Gangs und Kriminalität genau nachzuweisen (Katz und Jackson-Jacobs 2004, S. 94). Weder wurde ihre Verankerung im Stadtteil empirisch untersucht, noch dargestellt, wie es um Kriminalität und Gewalt im Viertel bestellt war, bevor die Gangs auftraten. Womöglich unterbinden diese durch die Disziplinierung ihrer meist männlichen Mitglieder die Ausbreitung von Kriminalität auch (Denkanstöße dazu liefern Sánchez Jankowski 1991 und Bourgois 1995). Ein weiteres Kernproblem dieser Studien ist, dass sie körperliche Gewalt per se als Ausdruck von Niedergang und Zerfall betrachten. Demgegenüber hat die neuere Forschung Gewalt entmythologisiert. Gewalt ist auch ein Kommunikationsakt, ihre Anwendung fällt nicht leicht, und Gewalt kann auch Ordnung schaffen (als Überblick Weinhauer und Ellerbrock 2013; Koloma Beck 2015). Werden Gangs nicht als grundsätzlich anomisch und als kriminelle Randphänomene disqualifiziert, lassen sie sich auch als Typus sozialer Bewegung und damit als zivilgesellschaftliche Organisation einstufen. So definiert, wäre es weit besser möglich, sie in andere soziale Entwicklungen im Quartier einzubetten und auch ihre ordnungsstiftenden Impulse zu untersuchen.

5 Zusammenfassung

Von etwa Mitte der 1960er- bis Mitte der 1990er-Jahre galt Drogenkonsum in den drei untersuchten Ländern in unterschiedlichen Abstufungen als staats- und gesellschaftsbedrohend. In der Bundesrepublik wurde dies noch verstärkt durch die Dominanz des Abstinenzparadigmas, das in Großbritannien eher formal als praktisch galt. Das Ende des Kalten Kriegs weichte überkommene Feindbilder auch in der repressiven staatlichen Drogenpolitik auf. Zugleich gaben das Aufkommen von AIDS und die Ausbreitung des (Wochenend-)Konsums von Partydrogen wie Ecstasy ganz konkrete Impulse in diese Richtung. In urbanen Settings trugen die drogenpolitischen Aktivitäten lokal verankerter sozialer Bewegungen maßgeblich zu diesem Wandel bei. Für Großbritannien, wo die lang etablierte drogenpolitische Kultur der Kommunikation solche Basisprozesse förderte, galt dies in besonderem Maße. Seit Ende der 1970er-Jahre sind derartige Entwicklungen aber auch für bundesdeutsche Städte zu verzeichnen. In den USA war der Handlungsspielraum sozialer Bewegungen und lokaler Initiativen hingegen begrenzt, vor allem durch die zerklüftete politische Landschaft sowie durch die extreme und ethnisch-codierte innerstädtische Ungleichheit. Zudem blieben Gangs zumeist völlig ausgegrenzt, wenn es darum ging, Drogenkonsum durch zivilgesellschaftliche Akteure einzuhegen.

Urbane Räume boten Drogenszenen nationalstaatsübergreifend ähnliche Rahmenbedingungen. Drogenszenen, ihre Traditionen, Rituale und Symbole waren in einschlägigen Stadtvierteln mit ihren Kneipen, Clubs, Straßen und Plätzen sowie bisweilen in heruntergekommenen Hochhauswohnanlagen verankert. In Westberlin dominierte in den 1980er-Jahren der Junkie-Typ die Heroinszene (harte Männlichkeit, Gewalt, imaginierte Todesnähe, Sweet-short-life-Ideologie). Er wurde nicht nur durch eine repressive Drogenpolitik maßgeblich beeinflusst, sondern auch durch Transfers, die die Zustände in bestimmten US-Städten als kaum reflektierte Zukunftsszenarien für bundesdeutsche Städte ausgaben. In zerfallenden US-Städten existierte dieses Szene-Profil (v. a. in Crack-Szenen) in noch stärker gewaltdominierter und ethnisch-codierter Zuspitzung.

In der BRD wurde die Drogenpolitik bis in die späten 1980er-Jahre von Polizeieinsätzen sowie von einem rigiden Abstinenzparadigma dominiert. Dies sollte den Staat vor Gefahren einer ungebändigten Konsumgesellschaft schützen. Heroin versinnbildlichte deren zerstörerische Gewaltpotentiale: Im Heroinkonsum konnten die KonsumentInnen unentrinnbar an die Ware gebunden sein und nicht die Ware locker mit den KonsumentInnen verknüpft. Durch diese enge Bindung bestand die Möglichkeit, dass HeroinkonsumentInnen sich selbst bzw. ihren Körper konsumierten – manchmal bis zum Tod. In einer so strukturierten Konsumgesellschaft lauerten zudem die Gefahren extremer Individualisierung und gewaltförmiger Sozialbeziehungen. Die britische Drogenpolitik betrachtete Drogenkonsum allenfalls als lokale Ordnungsstörung. Die dortige Drogenpolitik war geprägt vom Kompromiss zwischen liberalen und repressiven Maßnahmen, einer etablierten Kultur der Kommunikation zwischen Politik, ExpertInnen und den lokal verankerten zivilgesellschaftlichen Akteuren. Seit den 1980er-Jahren stellte sich speziell für die Polizei die Frage, wie mit der migrantischen Bevölkerung in innerstädtischen Ballungsräumen umzugehen war. Die Drogenpolitik der USA war bestimmt durch einen transnational vorgelagerten Gesellschaftsschutz und vom Nebeneinander lokaler und staatlicher Kontrollinstanzen. Seit den späten 1960er-Jahren rückten die Konsequenzen des Zusammenwirkens von Heroinkonsum und Kriminalität in den Vordergrund – vornehmlich in zerfallenden Stadtvierteln.

Abschließend noch ein Blick auf Forschungsdefizite: Viele Akteure (DrogenkonsumentInnen, Medien, Politik, Polizei, ExpertInnen aus Medizin und Sozial- und Kulturwissenschaften, zivilgesellschaftliche Organisationen) verfüg(t)en über Handlungsoptionen, die in unterschiedlichem Ausmaß dazu beigetragen haben, das Themenfeld Drogen zu konstituieren und auch zu verändern. Auffallend ist, dass das konkrete Zusammenwirken dieser Akteure, speziell die Einbindung der Medien, bislang kaum untersucht wurde. Allenfalls erste Schritte sind getan, um am Beispiel des Drogenkonsums urbanen Wandel als Wechselverhältnis zwischen (trans-)lokalen, transnationalen und globalen Mikroprozessen zu konturieren – und nicht als schlichte Dominanz scheinbar übermächtiger globaler Prozesse zu interpretieren (konzeptionell wichtig: Epple 2012; als Fallstudien: Schneider 2008; Venkatesh 2013).

Der vorliegende Beitrag betont die Zäsur der 1990er-Jahre. Wenngleich die US-Politik ein klares Gegenargument hinsichtlich allzu optimistischer Prognosen liefert: Hier werden nicht-weiße urbane Bevölkerungsgruppen, in deren Settings Drogenkonsum eine wichtige Rolle spielt, massenhaft inhaftiert. Zumindest in Westeuropa wurde der Aufrechterhaltung staatlicher Herrschaft durch polizeilich repressive Drogenpolitik ein wenig der Boden entzogen. Vielleicht wurde in den 1990ern aber auch die tiefe Verankerung konsumgesellschaftlicher hedonistischer Praktiken in urbanen Szenen soweit akzeptiert, dass diese mittlerweile kaum noch als bedrohlich empfunden werden. Auf lokaler Ebene hätten dann urbane Ausdrucksformen gegenüber staatlichen Notwendigkeiten die Oberhand behalten – für die Zukunft kann diese Verschiebung neue Debatten über das Verhältnis von Stadt und Staat anregen.

Literatur

Acker, C. J. 2002. *Creating the American Junkie. Addiction research in the classic era of narcotic control*. Baltimore, Madison.
Bauman, Z. (2009). Leben als Konsum. Hamburg.
Bean, P. 1974. *Social Control of Drugs*. London.
Berger, H., K.-H. Reuband, U. Widlitzek. 1980. *Wege in die Heroinabhängigkeit. Zur Entwicklung abweichender Karrieren*. München.
Blumberg. H. H., S. D. Cohen, B. E. Dronfield, E. A. Mordecai, J. C. Roberts, D. Hawks. 1974. British Opiate Users. I. People Approaching London Drug Treatment Centres. *The International Journal of the Addictions* 9: 1–23.
Bourgois, P. 1995. *In Search of Respect. Selling Crack in El Barrio*. Cambridge.
Briesen, D. 2005. *Drogenkonsum und Drogenpolitik in Deutschland und den USA. Ein historischer Vergleich*. Frankfurt/Main, New York.
Bröckling, U. 2007. *Das unternehmerische Selbst. Soziologie einer Subjektivierungsform*. Frankfurt/Main.
Bschor, F., J. Herha, N. Dennemark. 1970. *Junge Rauschmittelkonsumenten in Berlin*. Berlin.
Burroughs, W. S. 1966. *Naked Lunch*. New York.
Achter Bundesdrogenkongreß, 10.–13. Juni 1985 in Mainz. o.O. o.J. (MS).
Neunter Bundesdrogenkongreß, 9.–12. Juni 1986 in Bremen. o.O. o.J. (MS).
Zehnter Bundesdrogenkongreß, 1.–4. Juni 1987 in Fellbach. o.O. o.J. (MS).
Elfter Bundesdrogenkongreß, 6.–9. Juni 1988 in Saarbrücken. O.O. o. J (MS).
Burr, A. 1983. The Piccadilly Drug Scene. *British Journal of Addiction* 78(1): 5–19.
Burr, A.1987. Chasing the Dragon. Heroin Misuse, Delinquency and Crime in the Context of South London Culture. *British Journal of Criminology*. 27(4): 333–357.
Chein, I. 1964. *Narcotics, Delinquency and Social Policy*. London.
Courtwright, D. T. 2012. *Addicts Who Survived. An oral history of narcotic use in America before 1965*. Knoxville.
Courtwright, D. T. 2001. *Dark Paradise. A history of opiate addiction*. Cambridge (Mass.).
Davis, J. 2006. The London Drug Scene and the Making of Drug Policy. *Twentieth Century British History* 17(1): 26–49.
Department of Health and Social Security. (1982). *Treatment and Rehabilitation. Report of the Advisory Council on the Misuse of Drugs*. London.
Duprez, D., A. Groenemeyer. 2009. Drogenkonsum, Drogenprobleme und Drogenpolitik in Europa und aktuelle Entwicklungen im internationalen Vergleich. *Soziale Probleme* 20(1/2): 5–36.
Epple, A. 2012. Globalisierung/en, Version: 1.0. In *Docupedia-Zeitgeschichte*, 11.6.2012. http://docupedia.de/zg/Globalisierung?oldid=125458. Zugegriffen: 15. Juni 2017.
Farber, D. 2002. The Intoxicated State/Illegal Nation. Drugs in the sixties counterculture. In *Imagine Nation. The American counterculture of the 1960s and '70s*, hrsg. v. P. Braunstein, M. W. Doyle, 17–40. New York, London.

Garland, D. 2001. *The Culture of Control. Crime and social order in contemporary society*. Chicago.
Gerdes, K., C.v. Wolffersdorff-Ehlert. 1974. *Drogenscene. Suche nach Gegenwart. Ergebnisse teilnehmender Beobachtung in der jugendlichen Drogensubkultur*. Stuttgart.
Glatt, M., D. J. Pittman, D. G. Gillespie, D. R. Hills. 1967. *The Drug Scene in Great Britain*. London.
Gootenberg, P. 2008. Andean Cocaine. *The making of a global drug*. Chapel Hill.
Gootenberg, P., I. Campos. 2015. Towards a new drug history of Latin America: a research frontier at the center of debates. *The Hispanic American Historical Review* 95(1): 1–35.
Groenemeyer, A. 2012. Drogen, Drogenkonsum und Drogenabhängigkeit. In *Handbuch Soziale Probleme*, hrsg. v. G. Albrecht, A. Groenemeyer, 433–493. Wiesbaden.
Groenemeyer, A. 2010 (Hrsg.). *Wege der Sicherheitsgesellschaft. Gesellschaftliche Transformationen der Konstruktion und Regulierung innerer Unsicherheit*. Wiesbaden.
Hawks, D. V. 1971. The Dimensions of Drug Dependence in the United Kingdom. *The International Journal of the Addictions* 6(1): 135–160.
Herha, J. 1973. *Erfahrungen mit Haschisch. Ergebnisse einer Befragung von 234 Konsumenten von Cannabis und anderen Drogen in Berlin (West) 1969/70*. Berlin.
Inciardi, J. A., L. D. Harrison (Hrsg.). 1998. *Heroin in the Age of Crack-Cocaine*. Thousand Oaks.
Irwin, J. 1977. *Scenes*. Beverly Hills, London.
Jamieson, A., A. Glanz, S. McGregor. 1984. *Dealing with Drug Misuse. Crisis Intervention in the City*. London, New York.
Johnson, B. D. 1973. *Marihuana Users and Drug Subcultures*. London.
Katz, J., C. Jackson-Jacobs. 2004. The Criminonologists' Gang. In: The Blackwell Companion to Criminology, hrsg. v. C. Summer, 91–124. Malden (Mass.).
Klöß, S. 2014. *Notting Hill Carneval. Die Aushandlung des Eigenen im multiethnischen Großbritannien seit 1958*. Frankfurt/Main, New York.
Koloma Beck, T. 2015. Sozialwissenschaftliche Gewalttheorie heute. Sechs Thesen. https://soziopolis.de/daten/kalenderblaetter/beobachten/gesellschaft/artikel/sozialwissenschaftliche-gewalttheorie-heute/. Zugegriffen: 12. Juni 2017.
Lindesmith, A. R. 1947. *Opiate Addiction*. Bloomigton (Ind.).
Manzano, V. 2014. *The Age of Youth in Argentina. Culture, Politics, and Sexuality from Perón to Videla*. Chapel Hill.
McAllister, W. B. 2000. *Drug Diplomacy in the Twentieth Century*. London.
Mills, J. H. 2013. *Cannabis Nation. Control and Consumption in Britain, 1928–2008*. Oxford.
Mold, A. 2008. *Heroin. The Treatment of Addiction in Twentieth-Century Britain*. DeKalb.
Mold, A., V. Berridge. 2010. *Voluntary Action and Illegal Drugs. Health and Society in Britain since the 1960s*. Houndmills, Basingstoke.
Morris, W. 2014. Spiel Appeal: Play, Drug Use and the Culture of 1968 in West Germany. *Journal of Contemporary History* 49(4): 770–793.
Noller, P., H. Reinecke. 1987. *Heroinszene. Selbst- und Fremddefinition einer Subkultur*. Frankfurt/Main, New York.
Pearson, G. 2009. Entwicklungen von Drogenproblemen und Drogenpolitik in Großbritannien. *Soziale Probleme* 20(1/2): 37–56.
Pearson, G., H. S. Mirza, S. Phillips. 1993. Cocaine in Context. Findings from a South London Inner-City Drug Survey. In *Cocaine and Crack. Supply and use*, hrsg. v. P. Bean, 99–129. New York.
Pearson, G. 1991. Drug-Control Politics in Britain. *Crime and Justice* 14: 167–227.
Renggli, R., J. Tanner. 1994. *Das Drogenproblem. Geschichte, Erfahrungen, Therapiekonzepte*. Berlin.

Reuband, K.-H. 1999. Drogengebrauch und Drogenabhängigkeit. In *Handbuch soziale Probleme*, hrsg. v. G. Albrecht, A. Groenemeyer, F. W. Stallberg, 319–336. Wiesbaden.
Sánchez Jankowski, M. 1991. *Islands in the Streets. Gangs in American urban society.* Berkeley.
Schabdach, M. 2009. *Soziale Konstruktionen des Drogenkonsums und soziale Arbeit. Historische Dimensionen und aktuelle Entwicklung.* Wiesbaden.
Scheerer, S., I. Vogt (Hrsg.). 1989. *Drogen und Drogenpolitik. Ein Handbuch.* Frankfurt/Main, New York.
Schlender, J. U., C. D. Kaplan. 1980. Die veränderte Heroin-Scene. Wissenschaftliches Konzept und resultierende politische Konsequenzen. *Kriminologisches Journal* 12(1): 35–45.
Schmidt-Semisch, H., B. Dollinger. 2017. Sucht. In *Handbuch Körpersoziologie, Bd. 1*, hrsg. v. R. Gugutzer, G. Klein, M. Meuser, 131–136.Wiesbaden.
Schneider, E. C. 2008. *Smack. Heroin and the American City.* Philadelphia.
Skarabis, H., M. Patzak. 1981. *Die Berliner Heroinscene. Eine epidemiologische Untersuchung.* Weinheim.
Stephens, R. P. 2007. *Germans on Drugs. The Complications of Modernization in Hamburg.* Ann Arbor.
Stewart, G. 2013. *Bang! A history of Britain in the 1980s.* London.
Stimson, G. V., E. Oppenheimer. 1982. *Heroin Addiction. Treatment and control in Britain.* London.
Strang, J., M. Gossop (Hrsg.). 2005. *Heroin Addiction and the British System.* 2 Vols. London, New York.
Tanner, J. 2001. Cannabis und Opium. In *Genußmittel. Eine Kulturgeschichte*, hrsg v. T. Hengartner, C. M. Merki, 221–258. Leipzig.
Tanner, J. 1998. „The Times They Are A-Changin'". Zur subkulturellen Dynamik der 68er Bewegungen. In *1968. Vom Ereignis zum Gegenstand*, hrsg. v. I. Gilcher-Holtey, 207–223. Göttingen.
Thamm, B. G., W. Schmetz. 1973. *Drogenkonsumenten im Untergrund. Drogengefährdete und -abhängige Jugendliche in ihren subkulturellen Umfeldern der Drogenszene im Untergrund West-Berlins.* Berlin.
Tümmers, H. 2014. AIDS und die Mauer. Deutsch-deutsche Reaktionen auf eine komplexe Bedrohung. In *Infiziertes Europa. Seuchen im langen 20. Jahrhundert*, hrsg. v. M. Thiessen, 157–185. München.
Venkatesh, S. 2013. *Floating City. Hustlers, Strivers, Dealers, Call Girls and Other Lives in Illicit New York.* London.
Weinhauer, K. 2005. Drogenkonsum und Jugendgewalt in bundesdeutschen Großstädten der 1960/70er Jahre. In *Delinquente Jugendkulturen und umkämpfte Räume in der zweiten Hälfte des 20. Jahrhunderts. Internationale Perspektiven*, hrsg. v. D. Briesen, K. Weinhauer, 71–90. Opladen.
Weinhauer, K. 2006. The End of Certainties: Drug Consumption and Youth Delinquency in West Germany of the 1960/70s. In *Between Marx and Coca Cola: Youth Cultures in Changing European Societies, 1960-1980*, hrsg. v. A. Schildt, D. Siegfried, 371–392. Oxford.
Weinhauer, K. 2006a. Drug Consumption in London and Western Berlin during the 1960/70s: Local and Transnational Perspectives. *Social History of Alcohol and Drugs* 20: 187–224.
Weinhauer, K. 2010. Heroinszenen in der Bundesrepublik Deutschland und in Großbritannien der siebziger Jahre. Konsumpraktiken zwischen staatlichen, medialen und zivilgesellschaftlichen Einflüssen. In *Das alternative Milieu. Antibürgerlicher Lebensstil und linke Politik in der Bundesrepublik Deutschland und Europa, 1968-1983*, hrsg. v. S. Reichardt, D. Siegfried, 244–265. Göttingen.
Weinhauer, K. 2010a. Drogenkonsum, Drogenpolitik und Strafvollzug in der Bundesrepublik (1960er bis 1980er Jahre). In *Hinter Gittern. Zur Geschichte der Inhaftierung zwischen Bestra-*

fung, Besserung und politischem Ausschluss vom 18. Jahrhundert bis in die Gegenwart, hrsg. v. S. Klewin, H. Reinke, G. Sälter, 281–294. Leipzig.

Weinhauer, K. 2011. Urbane Jugendproteste, Jugendbanden und soziale Ungleichheit seit dem 19. Jahrhundert. Vergleichende und transnationale Perspektiven auf Deutschland, England und die USA. In *Kulturen jugendlichen Aufbegehrens. Jugendprotest und soziale Ungleichheit*, hrsg. v. A. Schäfer, M. D. Witte, U. Sander, 25–48. Weinheim, München.

Weinhauer, K., D. Ellerbrock 2013. Perspektiven auf Gewalt in europäischen Städten seit dem 19. Jahrhundert. *Informationen zur Modernen Stadtgeschichte* 2: 5–20.

Weinhauer, K. 2013. From Social Control to Urban Control? Urban protests, policing and localization in Germany and England. *Interdisciplines. Journal of History and Sociology* 4(2): 85–118.

Young, J. 1972. *The Drugtakers. The social meaning of drug use*. London.

Zolov, E. 2014. Latin America in the Global Sixties. *The Americas* 70(3): 349–362.

Kleinhandel, Kleinsthandel und Social Supply auf dem Schwarzmarkt für illegale Drogen

Aktuelle Forschungsergebnisse und ihre kriminalsoziologischen und drogenpolitischen Implikationen

Bernd Werse und Gerrit Kamphausen

Zusammenfassung

Illegale Drogen erreichen die Endverbraucher auf vielfältigen Wegen: Insbesondere unter sozial unauffälligen Konsumenten wird ein erheblicher Teil der Drogen unentgeltlich weitergeben, etwa bei gemeinsamem Konsum oder Schenkungen. Die Mehrheit der Verkaufsakte findet von Konsument zu Konsument statt. Dabei wird oft kein oder nur ein sehr geringer Profit erzielt. Dennoch kaufen viele Konsumenten auch bei profitorientierten Dealern, sei es privat, auf der Straße oder im Club. Der Übergang von *Social Supply* zu profitorientiertem Handel ist dabei fließend, auch im Verlauf von Dealerkarrieren. Gewinnerzielung als Motiv spielt vor allem bei sozial unterprivilegierten Dealern eine wichtige Rolle. Die offene Drogenszene hat grundsätzlich den Charakter einer Mangelwirtschaft, daher nimmt diese einen Sonderstatus im Kleinhandelsgeschehen ein.

Schlüsselbegriffe: illegale Drogen, Drogenhandel, Dealer, Social Supply, Drogenmarkt

1 Einleitung

Empirische Drogenforschung ist nicht selten als Mittel zur Unterstützung und Ausweitung der professionellen Drogenhilfe gedacht; zuweilen – wie im Fall mancher Repräsentativbefragungen – fungiert sie sogar nahezu unmittelbar als Rechtfertigung für prohibitionistische Drogenpolitik (vgl. Werse 2016). Zumindest ist ein Teil sozialwissenschaftlicher Studien zum Drogenkonsum von öffentlichen Geldgebern abhängig, die damit auch ihre eigenen Interessen (u. a. im Kontext von Public Health) beforscht sehen möchten, sofern sie entsprechende Forschungen nicht gleich selbst betreiben, wie etwa das Bundeskriminalamt

(BKA). Dies könnte einer der Gründe dafür sein, dass es hierzulande bislang nur wenig unabhängige soziologische bzw. kriminologische Drogenforschung zum Drogenmarktgeschehen gibt (Ausnahmen: insbesondere Paul und Schmidt-Semisch 1998; Paoli 2000; Werse 2008; Bucerius 2014; Werse und Bernard 2016). Daher existieren in der (medial geprägten) Öffentlichkeit, auf der Ebene der Gesetzgebung und in der Strafverfolgung viele sachlich falsche und im empirischen Sinn unhaltbare Vorstellungen über Dealer und Konsumenten. Die empirische Untersuchung der lebensweltlichen Phänomenologie der Konsumenten und Kleinhändler ist daher unabdingbar für eine realistische Betrachtung der Thematik, was letztlich dabei helfen kann, zu einer sachgerechten Drogenpolitik zu finden.

Der größte Teil aller illegalen Drogen erreicht trotz Verboten, Beschlagnahmungen und Strafverfolgung den Endkonsumenten und wird unentdeckt konsumiert. Insbesondere der Kleinhandel als letzter Schritt vor dem eigentlichen Konsum ist dabei von soziologischer Bedeutung, da in der einen oder anderen Form alle Konsumierenden sowie auch manche Außenstehende damit in Berührung kommen. Tradierte, aber unrealistische Bilder und Klischees von skrupellosen Drogendealern, wie sie in Politik, Strafverfolgung und Medien gängig sind, erweisen sich dabei als wenig zielführend (vgl. Coomber 2006; Stehr 1998). Das liegt vor allem daran, dass dieser Teil des Drogenmarktes in besonderem Maß von der Nachfrage, also dem Bedarf der Konsumenten, geprägt ist. Zumindest der überwiegende Teil des Endverbrauchermarktes ist daher als soziales und kulturelles Netzwerk von Konsumenten zu verstehen, das auf persönlicher Bekanntschaft und Vertrautheit beruht. Dazu gehören gegebenenfalls auch Wert- und Moralvorstellungen, die sich diametral zu jenen der gängigen Drogenpolitik und der öffentlichen Meinung verhalten. In diesem Netzwerk können die Rollen zwischen Konsumenten und Dealern schnell wechseln bzw. verschwimmen. Einladungen zum gemeinsamen Konsum, kleinere Schenkungen und ähnliche Freundschaftsdienste („sich aushelfen"), unentgeltliche bzw. nicht gewinnorientierte Weitergabe und Eigenbedarfsdeckung durch Klein- und Kleinsthandel dominieren dieses Marktsegment. In der englischsprachigen Fachliteratur werden dafür die Begriffe „social supply" (Coomber und Turnbull 2007) und „minimally commercial supply" (Coomber und Moyle 2013) verwendet. Der Begriff *supply* bezeichnet in diesem Zusammenhang zunächst das gesamte Geschehen der Distribution, also zwischen Angebot und Versorgung. Aus Sicht der Annahme bzw. des Erwerbs (Konsumentenseite) handelt es sich bei Social Supply am ehesten um soziale Bedarfsdeckung, aus Sicht der Weitergabe (Händlerseite) aber eher um ein soziales Angebot. Social Supply ist in der Regel mit fehlendem Profit assoziiert. Minimally Commercial Supply bezieht sich auf Verkaufsakte, aus denen der Händler nur einen geringen Gewinn, etwa in Form von preisreduzierten oder kostenlosen Drogen, für sich selbst erzielt. Dazu gehört auch, dass die Kunden dies einem derartigen Händler durchaus zugestehen, ohne ihn für einen ‚richtigen' Dealer zu halten. Solche Personen können als Kleinstdealer oder „user-dealer" (Benso 2010), also als Konsumenten-Dealer, bezeichnet werden – letzteres verdeutlicht ihre Doppelrolle im Handelsakt. Motive für diese Arten der Distribution sind zum einen Freundschaftsdienste unter befreundeten Konsumenten, zum anderen die Deckung des eigenen Drogenbedarfs (vgl. Murphy et al. 1990; Werse und Müller 2016).

Diese Charakterisierungen finden sich nicht nur bei sozial unauffälligen Drogenkonsumenten, sondern werden durchaus auch für solche verwendet, die regelmäßig und intensiv harte Drogen konsumieren (vgl. Power 1996). Ergebnisse aus diversen Befragungen zeigen, dass die Distribution über andere Konsumierende unter sozial Unauffälligen rund zwei Drittel bis drei Viertel des Endverbrauchermarktes ausmacht (vgl. Werse 2008a; Werse und Bernard 2016), während Angehörige der offenen Szene größtenteils den Straßenhandel nutzen – wenngleich auch dort ein nennenswerter Anteil als User-Dealer in Erscheinung tritt (vgl. Bernard und Werse 2013b; Werse et al. 2017; Thane et al. 2009).

Generell scheinen sich die Charakteristika von Import- und Großhandel einerseits und Klein- bzw. Verteilerhandel andererseits maßgeblich zu unterscheiden (zusammenfassend: Hess 2008). Beide Sphären sind aufeinander angewiesen, sie scheinen allerdings personell wenig durchlässig zu sein. Dennoch: Wenn bei einer Person aus dem Kleinhandelsmilieu eine entsprechende Motivation, die Bereitschaft zur Übernahme einer kriminellen Identität, ein Netzwerk potenzieller Kunden und die Möglichkeit, die entsprechenden Mengen erwerben und weiterverkaufen zu können, zusammenkommen, kann ein Aufstieg in höhere Handelsebenen auch vergleichsweise schnell vonstattengehen (vgl. Kemmesies 2004; Werse und Müller 2016; siehe Abschnitt 3). Die meisten Akteure des Verteilerhandels scheuen aber vor einem Aufstieg in den Großhandel zurück, weil es ein erhöhtes Sanktionsrisiko gibt und weil andere soziale Beziehungen darunter leiden können. Außerdem haben viele Angst vor Verwicklungen in eine ‚mafiöse' Welt, die ihnen in ihren Vorstellungen genauso stereotyp gefährlich erscheint wie in den Darstellungen der Medien (vgl. Hess und Behr 2004; Werse und Bernard 2016). Quereinsteiger mit Profitabsicht sind zumeist bereits finanziell so ausgestattet, dass ein Einstieg auf mittleren oder höheren Handelsebenen möglich ist (vgl. Adler 1985).

Die Wege, auf denen illegale Drogen zum Endverbraucher gelangen, sind ein ausgesprochen wenig erforschtes Thema. Abhandlungen über die Drogenproduktion in den Herkunftsländern, die Wege des Schmuggels und Strukturen des Großhandels dominierten die Fachliteratur lange Zeit (exemplarisch: Adler 1985; Thamm 1986; Kreuzer et al. 1991; Dorn et al. 1992; Green 1996; Curtis und Wendel 2000; Massari 2005). Der Endverbrauchermarkt wurde erst seit den 2000er-Jahren häufiger thematisiert. Ein Schwerpunkt liegt dabei auf Personen aus sozial benachteiligten Umfeldern, für die das Dealen eine der wenigen Möglichkeiten ist, zu finanziellem Wohlstand zu gelangen (exemplarisch: Bucerius 2014; Duck 2014; DeBeck et al. 2014). Gleichzeitig wurde auch die vermutlich größere Gruppe der sozial integrierten Klein- und Kleinsthändler verstärkt zum Thema (exemplarisch: Jacinto et al. 2008; Werse 2008; Belackova und Vaccaro 2013; Taylor und Potter 2013; Werse und Bernard 2016). Der Import- und Großhandel ist ökonomisch von diesem weitgehend im Privaten stattfindenden Verteilerhandel abhängig; offene wie sozial unauffällige Drogenszenen brauchen die semi- und nichtprofessionellen Verteiler. Die besonderen lebensweltlichen Ausprägungen der offenen Drogenszene erfordern allerdings eine eigenständige Beschreibung dieses Verteilerhandels. Ein neues Phänomen der Drogendistribution schließlich ist der Versandhandel über das Internet. Dieser unterscheidet sich von den zuvor genannten Ausprägungen des Drogenhandels in vielerlei Hinsicht, so dass hier ebenfalls eine eigene Beschreibung notwendig ist.

Die folgenden Ausführungen orientieren sich an bisherigen Untersuchungen über unterschiedliche Formen der Drogendistribution auf der Konsumentenebene: 1) innerhalb der Konsumentengruppe, 2) durch Klein- und Kleinsthändler, 3) innerhalb der offenen Straßenszene, 4) auf der Straße (unabhängig von der offenen Szene) und 5) über das Internet bzw. das Darknet.

2 Gemeinsamer Konsum, Schenkungen und Social Supply

Zunächst sei an dieser Stelle auf eine Selbstverständlichkeit hingewiesen, die im Drogendiskurs häufig außer Acht gelassen wird: Bei den meisten, wenn nicht gar allen Drogen existiert eine breite Spanne zwischen selten bzw. gelegentlich Konsumierenden und Intensivkonsumenten. Dazwischen sind viele verschiedene Gebrauchsmuster möglich; häufig ist der Konsum einer bzw. mehrerer Substanzen auf bestimmte Partys oder ähnliche Freizeitaktivitäten beschränkt. Daraus resultiert, dass sich Konsumbedürfnisse nicht selten kurzfristig oder sogar spontan und in Gesellschaft anderer Konsumierender ergeben. Innerhalb einer Konsumenten*gruppe* sind Schenkungen, unentgeltliches Mitkonsumieren, Freundschaftsdienste und geteilte Gemeinschaftseinkäufe für die Bedarfsdeckung offenbar wichtiger als ‚richtige' Einkäufe einzelner Konsumenten bei ‚echten' Dealern – gerechnet auf die Gesamtheit der gelegentlich Konsumierenden. In den Arbeiten, die zum Kleinhandel auf der Konsumentenebene vorliegen (aus Europa und Nordamerika), zeigt sich ein bemerkenswertes, durchgängig übereinstimmendes Resultat: Ein Großteil der Konsumenten – vor allem diejenigen mit moderaten Konsummustern, die ohnehin einen Großteil dieser Gruppe ausmachen (vgl. z.B. Pabst et al. 2013) – kaufen sich selten oder nie Drogen, sondern partizipieren im Rahmen gemeinsamen Konsums an den Vorräten anderer zumeist häufiger Konsumierender (exemplarisch: Hamilton 2005; Caulkins und Pacula 2006; Sifaneck et al. 2007; Genterczewsky 2008; Werse 2008a; Belackova and Vaccaro 2013; Taylor und Potter 2013; Coomber und Moyle 2014; Bernard und Werse 2013; Werse und Bernard 2016). Ein nicht unwesentlicher Teil der Drogendistribution findet also auf quasi unentgeltlicher Basis statt. So gab z.B. in einer Stichprobe von 216 ausgesprochen drogenaffinen Personen lediglich im Hinblick auf Cannabis die Hälfte der Befragten an, sie würden die Substanz immer oder überwiegend selbst kaufen. Bei Kokain, Ecstasy und Amphetamin betraf dies nur jeweils etwa ein Drittel. Dabei ist zu beachten, dass 83 % im letzten Monat Cannabis konsumiert hatten und 43% sogar täglich (Werse und Bernard 2016). Auch Schenkungen kleiner Mengen, die nicht zum sofortigen Konsum bestimmt sind, sind in Konsumentenkreisen üblich (vgl. Werse und Bernard 2016; Werse 2008a). Auch eine größere Stichprobe (N=2.833) aus einer neueren online-basierten, nicht-repräsentativen Konsumentenbefragung belegt die hohe Bedeutung nicht-monetärer Drogendistribution: Bei jeder Drogenart wird von hohen Anteilen der Befragten zumindest gelegentlich unentgeltlich konsumiert. Bei den als besonders hart geltenden Drogen Kokain,

Crack, Heroin und Crystal Meth ist die Kategorie ‚immer unentgeltlich erhalten' sogar am größten (siehe Tabelle 1).

Tabelle 1 Unentgeltliche und entgeltliche Versorgung mit unterschiedlichen Drogen in einer Online-Stichprobe von Drogenkonsumenten (N=2833)

	Cannabis	Ecstasy	Speed	Kokain	Crack	Heroin	Crystal	LSD
immer unentgeltlich	4	12	19	35	37	30	37	16
meistens unentgeltlich	8	9	17	13	11	7	9	10
gleich oft unentgeltlich oder selbst gekauft	27	20	24	15	6	8	12	14
meistens selbst gekauft	52	37	27	20	20	28	24	24
immer selbst gekauft	9	23	14	17	26	29	19	36

Solche Praktiken der Weitergabe und Annahme von Drogen sind mit öffentlich-medialen und politisch-juristischen Vorstellungen über die Eigenschaften des Drogenhandels nicht vereinbar, denn diese beruhen häufig auf zwei falschen Unterstellungen: Zum einen, dass alle Konsumenten süchtig seien oder zumindest, dass Drogenkonsum per se als Problem zu betrachten ist, und zum anderen, dass jede Weitergabe von professionellen, schwerkriminellen Dealern erfolge, die Profit aus der Sucht der Konsumenten ziehen wollen. Wie oben angesprochen, ist jedoch die Mehrheit der Konsumenten nicht abhängig und erhält ihre illegalen Drogen nicht von Dealern, sondern im direkten Freundes- und Bekanntenkreis (vgl. Werse 2008; Bernard und Werse 2013a). Dies betrifft auch und vor allem die gängige Praxis des Social Supply, bei der zwar Geld für die Drogen gezahlt wird, dies aber ohne (nennenswerte) Profiterzielung. Diese häufige Art der Drogendistribution kann in das Ensemble kultureller Praktiken einsortiert werden, die sich im sozialen Raum von (unterschiedlichen) Drogenkonsumenten bezüglich der Distribution und des Konsums selbst ausgebildet haben – insofern ist Social Supply immer auch *Cultural Supply*. Gleichzeitig beschränkt sich der Kleinhandel – durch die Risiken betrogen oder entdeckt zu werden – auf einander direkt bekannte Personen, die sich gegenseitig vertrauen und damit die genannten Risiken minimieren. Bei gänzlich fremden Personen werden illegale Drogen nur ungern eingekauft, weil hier das Risiko, betrogen, beraubt oder entdeckt zu werden, am größten ist. In dieser personalen Konstellation verschwimmen Angebot und Nachfrage, Verkauf und Erwerb. Wer heute einem Freund die Drogen mitbesorgt, kann morgen selbst Bittsteller sein und anders herum, ganz ohne dass sich einer der Beteiligten selbst als Dealer definiert.

Trotz gewisser methodischer Einschränkungen lässt sich die hohe Bedeutung von Social Supply auch in quantitativen Stichproben von Drogenkonsumenten nachweisen. So gaben in einer repräsentativen Stichprobe aus Jugendlichen und einer nicht repräsentativen aus drogenaffinen Erwachsenen jeweils rund zwei Drittel der Befragten an, die jeweilige Substanz in der Regel über Freunde oder Bekannte zu beziehen (Werse 2008a). Auch die bereits zitierte Online-Konsumentenbefragung belegt diese Resultate. Obwohl die Befragten überwiegend über Online-Kanäle als Konsumenten illegaler Drogen angesprochen wurden und eine vergleichsweise hohe Affinität zu illegalen Substanzen aufweisen, zeigt sich hier zunächst, dass diese Personen im Hinblick auf alle Drogen außer Cannabis fast ausschließlich als Probier-, Gelegenheits- oder kontrollierte Konsumenten zu bezeichnen sind: Während sich insbesondere bei Ecstasy, Amphetamin und Kokain jeweils hohe Werte für die Lebenszeit-Prävalenzraten zeigen, liegt die 30-Tages-Prävalenz jeweils bereits deutlich niedriger; täglicher Konsum kommt praktisch nicht vor (siehe Tabelle 2).

Tabelle 2 Prävalenzraten in einer Online-Stichprobe von Drogenkonsumenten (N=2833)

	Cannabis	Ecstasy	Speed	Kokain	Crack	Heroin	Crystal	LSD
Lebenszeit	99	60	58	42	4	8	12	39
Monat	87	20	20	9	0,3	1	2	6
täglich	37	--	0,8	0,1	--	0,3	0,1	--

Hier bestätigt sich also, dass diese Konsumenten in der Lage sind, ihren Gebrauch zeitlich zu beschränken, sofern sie ihn nicht schon ganz aufgegeben haben. Dazu passen die Annahmen über Social Supply: Wer nur selten eine bestimmte Droge nimmt, erhält diese zumeist nicht von Dealern, sondern von Freunden und Bekannten, die zuvor bei einem Dealer eingekauft haben, deren Weitergabe aber selbst kein Drogenhandel im engeren Sinne ist. Die Frage nach den Quellen für die jeweils konsumierten Drogen verwies bei jeder Art von Droge auf die hohe Bedeutung des Social Supply. Die Kategorie ‚von Freunden / Bekannten (nicht als Dealer kennengelernt) erhalten' wird bei allen Drogen, einschließlich Heroin und Crack, am häufigsten genannt. Unter den anderen Kategorien dominiert der Einkauf bei Privatdealern, während etwa der Kauf in der Öffentlichkeit nur eine untergeordnete Rolle spielt (siehe Tabelle 3). Hierbei ist zu beachten, dass die Befragten nur nach ihrer generellen Erfahrung mit der Nutzung derartiger Quellen gefragt wurden, weshalb auch einmalige Bezüge in den Prozentzahlen repräsentiert sind. Insgesamt bestätigen die Daten, dass Social und Minimally Commercial Supply die wichtigste Bezugsquelle für Konsumenten im deutschsprachigen Raum sind.

Tabelle 3 Art der genutzten Quellen beim Drogenerhalt (N=2833)

	Cannabis	Ecstasy	Speed	Kokain	Crack	Heroin	Crystal	LSD
Freunde	**86**	**77**	**76**	**74**	**49**	**60**	**67,0**	**74**
Privatdealer	75	54	53	39	27	46	39	39
Clubdealer	13	36	26	11	4	2	10	15
Straßendealer	36	12	11	14	31	38	12	5
Ausland	34	2	2	3	3	9	6	3
Bestellt	12	12	9	6	--	8	5	14
Angebaut	34	--	--	--	--	--	--	--

Es lassen sich also nicht nur zwischen Konsument und Dealer, sondern auch zwischen Freund und Dealer häufig keine eindeutigen Grenzen ziehen, etwa wenn ebenfalls konsumierende Bekannte ins Geschäft einsteigen oder als Dealer bekannte Personen zu Freunden werden. Viele regelmäßige Drogenkonsumenten wissen diese speziellen Beziehungen aufgrund der hohen Bedeutung von Vertrauen im illegalen Markt zu schätzen; zuweilen wird diese ‚Pflicht' zum sozialen Kontakt auch als störend empfunden (vgl. Werse 2008a). Nicht selten findet Social Supply auf gegenseitiger Basis statt: Aufgrund der Rahmenbedingungen des Drogenschwarzmarkts kann die individuelle Versorgungslage stark variieren, insbesondere wegen der grundsätzlich eingeschränkten Verfügbarkeit und der Intransparenz des Marktes. In solchen Fällen versorgen wechselnde Personen innerhalb eines drogenaffinen Bekanntenkreises temporär die übrigen Beteiligten mit. Die Mitversorgung von Freunden wird offenbar häufig als Ehrensache betrachtet. Mehr noch: Der Verzicht auf Gewinn ist ein Weg, sich der gegenseitigen Freundschaft zu versichern, hat also eine gruppenkohäsive Funktion. Insofern werden die Widrigkeiten des illegalen Handels und die Risiken der Strafverfolgung durch die sozialen Handelsstrukturen nicht nur in gewissem Maße kompensiert, sondern es werden darüber hinaus die sozialen Beziehungen zwischen den Konsumierenden gestärkt. Sowohl die Strafverfolgung als auch die abstinenzorientierte Suchtbehandlung zielen darauf ab, derartige Beziehungen zu unterbinden, die Konsumenten zu vereinzeln und damit wertbezogene Vergemeinschaftung zu verhindern („Dekulturation", Kamphausen 2009).

Innerhalb drogenkonsumierender Netzwerke existieren häufig einzelne Personen, die in diesem Kreises dauerhaft die Rolle des Verteilers bzw. Freund-Dealers übernehmen – wobei diese Rolle der Person zukommt, die gute, eben die besten, Connections hat, also einen zuverlässigen Privatdealer mit guten Konditionen kennt oder kennenlernt. Bei solchen längerfristigen Handelsaktivitäten ist in der Regel davon auszugehen, dass der Verkaufende mindestens einen kleinen Profit (Minimally Commercial Supply) aufschlägt – ein Modus, der teilweise erst nach einigen profitlosen Verkaufsakten aufgenommen wird, um sich den Aufwand bzw. das Risiko bezahlen zu lassen (vgl. Bernard und Werse 2013).

3 Drogenkleinhandel: Weitergabesituationen und Dealerkarrieren

Gerade jene, die in Konsumentennetzwerken dauerhaft die Rolle des Verteilers übernehmen, sind intensive Konsumenten. Ein vergleichsweise hoher Bedarf an Drogen bzw. finanziellen Mitteln, um diese zu beschaffen, bedingt oftmals den Einstieg in den Kleinhandel (vgl. Adler und Adler 1998; Kemmesies 2004; Werse und Müller 2016). Dabei scheint es für diese User-Dealer zum einen relativ leicht zu sein, einen regelmäßigen Kleinsthandel zu etablieren, zum anderen bedeutet der überschaubare vertraute Kundenkreis ein vergleichsweise geringes Entdeckungsrisiko. Um eine derartige Begrenzung ihrer Geschäftsaktivitäten müssen sich die Betreffenden allerdings gegebenenfalls aktiv bemühen, da ein ‚seriöser' – im Sinne von: verlässlicher – Kleindealer, der gute Ware zu einem guten Preis anbietet, oftmals das Interesse weiterer potenzieller Kunden auf sich zieht. So kann eine Person unter bestimmten Bedingungen geradezu unbeabsichtigt in eine ‚echte' Dealerexistenz hineinrutschen („Drifting into Dealing", Murphy et al. 1990). Ebenso besteht die Möglichkeit, dass ein Dealer, der zuvor nur mit kleinen Mengen gehandelt hat, durch entsprechend günstige Gelegenheiten ohne nennenswerte Eigeninitiative sein Handelsvolumen vergrößert (vgl. Dorn et. al. 1992; Kemmesies 2004; Werse und Müller 2016). Ein Großteil der Handeltreibenden auf der Konsumentenebene vermeidet indes derartige Ausweitungen des Geschäfts, um das Entdeckungsrisiko gering zu halten; außerdem wollen Konsumenten oftmals nicht als ‚Dealer' wahrgenommen werden, der Terminus ist auch in Konsumentenkreisen mit einem negativen Image belegt (vgl. Werse und Müller 2016). Zudem kann ein Aufstieg in ‚richtiges' Dealen die bestehende Vergemeinschaftung auflösen und durch eine eher rational und ökonomisch geprägte Vergesellschaftung ersetzen. Dennoch zeigen die bisherigen Ergebnisse zum Kleinhandel im bürgerlichen Milieu wie auch Studien, die sich mit höheren Handelsebenen befassen (z.B. Adler 1985, Dorn et al. 1992; Pearson und Hobbs 2001), dass die Grenzen zwischen den Handelsebenen im Einzelfall fließend sein können. Ein Kleindealer schlägt je nach Versorgungslage auch zeitweise größere Mengen um, umgekehrt kann ein Zwischenhändler auch zeitweise wieder zum Kleindealer werden.

Für jene, die längerfristig Drogen mit mehr oder weniger ausgeprägtem Profit verkaufen, lassen sich grundsätzlich einige wenige unterschiedliche Einstiegsmodi bzw. Initialmotive identifizieren (vgl. Murphy et al. 1990; Jacinto et al. 2008; Potter et al. 2013; Werse und Müller 2016). Wie oben im Hinblick auf intensiv Konsumierende erwähnt, spielt *die Finanzierung des eigenen Konsums* – zumindest im sozial unauffälligen Milieu – dabei die größte Rolle. Dabei wird zumindest anfangs oft nur so viel Profit gemacht, um den eigenen Bedarf zu decken, was zum Teil bereits durch günstigere Einkaufspreise (bei größeren Mengen) erreicht wird. Ein weiteres soziales Motiv ist die *Versorgung von Freunden und Bekannten durch Sammelbestellungen*. Eine Entwicklung hin zum ‚richtigen' Dealen findet häufig dadurch statt, dass der Verteiler nach einer gewissen Zeit den Kunden etwas höhere Preise als Risikoaufschlag abverlangt bzw. etwas geringere Mengen zum eigentlichen Preis abgibt, was den Kunden nicht zwangsläufig bewusst wird. Ein weiterer

Einstiegsweg ist *Kennerschaft bzw. die Absicherung der eigenen Versorgung*. Dabei sucht sich ein Konsument einen Lieferanten, bei dem größere Mengen gekauft werden können, entweder, weil dort eine hohe Qualität des Produktes gewährleistet ist oder weil dieser Verkäufer eine stetige Versorgung mit der Droge garantieren kann. Wegen der größeren Mindestabnahmemengen verkauft der Kunde einen Teil der Ware an Freunde bzw. Bekannte weiter. Ein seltener Einstiegsweg in sozial unauffälligen Milieus ist der *Status innerhalb der eigenen Peergroup*. Dieses Motiv findet sich eher bei sozial Unterprivilegierten, für die das Dealen eine der wenigen Möglichkeiten darstellt, zu Geld zu kommen. In bestimmten Kreisen ist dabei eine ‚kriminelle' Identität, insbesondere der Anschein, gut im Geschäft zu sein, ein erstrebenswertes Ziel (vgl. Bucerius 2014). Und schließlich können natürlich – ebenfalls insbesondere bei sozial Unterprivilegierten – auch *finanzielle Anreize* für den Einstieg ins Dealen eine Rolle spielen; in der Studie von Werse und Müller (2016) war dies das dritthäufigste Initialmotiv. In vielen Fällen spielt indes nicht nur eines, sondern mehrere der genannten Motive eine Rolle.

Daneben gibt es diverse Faktoren – insbesondere bei den drei erstgenannten Kategorien, welche dem Konzept des Social Supply entsprechen –, die zu einer mehr oder weniger unwillkürlichen Ausweitung der Handelsaktivität führen können. Dies betrifft zum einen die bereits angesprochene nachfrageinduzierte Steigerung, zum anderen angebotsbezogene Impulse. Darüber hinaus kann der Handeltreibende selbst seine Kunden dazu anhalten, größere Mengen abzunehmen, um die Frequenz der Einkäufe und damit das eigene Stressniveau zu reduzieren. Und schließlich spielen natürlich auch Geld- und Statusmotive eine Rolle bei der Steigerung des Handelsvolumens. Hierfür muss allerdings die abweichende Identität des Dealers angenommen werden – ein subjektiver Schritt in die ‚kriminelle' Sphäre des professionellen Drogenhandels. Eine solche abweichende Identität kann wiederum aufgrund von gesellschaftlicher Stigmatisierung und Sanktionierung im Sinne des ‚labeling approach' verstärkt und verfestigt werden (vgl. Becker 1981).

Auf der anderen Seite driften Handeltreibende auch häufig wieder aus einer Dealerexistenz heraus, insbesondere im Zuge einer zunehmenden Übernahme von Verantwortung im (legalen) Beruf sowie in der Familie, womit auch beim *Dealen* geradezu regelhaft – und ähnlich wie beim *Konsum* illegaler Drogen (vgl. Kemmesies 2004) – ein Prozess des ‚Herauswachsens' („maturing out", Winick 1962) stattfindet (vgl. Werse und Müller 2016).

Die angeführten Studien zum Handel auf der Konsumentenebene stellen einige Annahmen in Frage, die häufig mit dem Bild eines typischen Dealers verknüpft sind. Eine davon ist die Vorstellung, dass Dealer ‚unschuldige' Kinder und Jugendliche davon überzeugen, Drogen zu nehmen und sie damit zu Kunden machen; sie zeigt sich im immer wieder kolportierten Bild des sich auf oder vor Schulhöfen herumtreibenden „Pushers" (vgl. kritisch Coomber 2006). Abgesehen davon, dass ein derartiges Vorgehen weder ökonomisch rational noch subjektiv sinnvoll ist, führen die oben angeführten Beobachtungen bezüglich „Drifting into Dealing" dieses Bild geradezu ad absurdum: Offenbar besteht für aktiv Dealende oft gar keine Notwendigkeit, den Kundenkreis aktiv auszuweiten (schon gar nicht auf Personen ohne Drogenerfahrung und Geld), sondern eher ein Bedarf, die Anzahl der Kunden zu begrenzen (vgl. Kemmesies 2004; Werse 2008b); insbesondere mit

Blick auf die eigene Sicherheit vor Strafverfolgung oder Übergriffen etwaiger konkurrierender Dealer. Weitere Maßnahmen zum Schutz vor den Widrigkeiten des Schwarzmarktes und den Risiken der Illegalität sind die Auslagerung der Ware in Verstecke außerhalb der eigenen Wohnung („Bunkern"), die Arbeitsteilung mit mehreren Personen (z.B. ein Einkäufer bzw. „Grower", ein Lagerist und ein Verkäufer) und – weitaus seltener – die Bezahlung eines Leibwächters bzw. die freiwillige Bezahlung von Schutzgeld an ansonsten unbeteiligte Gruppen (vgl. Werse und Bernard 2016). Dies sind strafrechtlich gesehen heikle Maßnahmen, da sie von Strafverfolgern als organisierte Kriminalität betrachtet werden können und damit rechtsstaatlich fragwürdigen Ermittlungsmethoden den Weg ebnen, selbst wenn es sich gegen Kleindealer richtet. Sie legitimieren z.B. den Einsatz von Szenespitzeln, also informellen Mitarbeitern, die von einem Führungsbeamten angewiesen werden, geheimpolizeiliche Aufgaben durchzuführen, sodass konkretes Belastungsmaterial aktiv künstlich erzeugt wird (vgl. dazu allgemein Böllinger 2002).

Insgesamt ist die Vorstellung vom Drogenhandel als hochkriminelles Geschäft, in dem Bedrohungen, Waffen und physische Gewalt an der Tagesordnung sind, größtenteils falsch. In sozial unauffälligen Konsumenten- bzw. Verteilerkreisen sind derartige Erscheinungsformen nahezu unbekannt (vgl. Murphy et al. 1990; Tzanetakis et al. 2016). Auch in Kreisen, in denen Gewalt eher zu erwarten wäre, etwa im Straßenhandel, in der offene Szenen oder auf höheren Handelsebenen, wird diese bemerkenswert selten ausgeübt, was vor allem damit zusammenhängt, dass auch illegale Märkte zur Entwicklung eines Gleichgewichts tendieren (vgl. Coomber 2006).

4 Drogenkleinhandel in der offenen Szene

Der Handel mit Drogen in offenen Straßenszenen ist gesondert zu betrachten. Die Lebenswelt der dortigen Konsumenten unterscheidet sich nachhaltig von jener der sozial integrierten Konsumenten. Obdachlosigkeit, Sekundärerkrankungen, Hafterfahrungen, Prostitution und (mehr oder weniger erfolgreiche) Teilnahme an Substitutionsbehandlungen und anderen Hilfsangeboten gehören bei Angehörigen offener Straßenszenen häufig zum Alltag. Geld ist grundsätzlich knapp und teils nicht legal erworben. Aus ökonomischer Sicht handelt es sich bei der Straßenszene um eine Mangelwirtschaft, nicht nur was die Verfügbarkeit und Bezahlbarkeit von Drogen angeht, sondern auch bezüglich anderer Lebensbereiche. Denn dadurch, dass ein großer Teil des verfügbaren Geldes für Drogen ausgegeben wird, sind die Mittel für andere Dinge des täglichen Bedarfs stark eingeschränkt (vgl. Werse et al. 2017). Dennoch unterscheidet sich auch der in der Öffentlichkeit stattfindende Drogenhandel auf der Szene von gängigen Vorstellungen. Die Annahme, der typische Drogendealer sei ein selbst nicht konsumierender professioneller Vertreter des organisierten Verbrechens, der seine Ware – wenn schon nicht auf dem Schulhof, dann wenigstens im öffentlichen Raum – anbietet, um sich an der Sucht seiner Kunden zu bereichern und neue Konsumenten absichtlich süchtig zu machen, findet erneut keine Bestätigung. Auch in der offenen Drogenszene ist der letzte Schritt zum Endverbraucher häufig sozial und kulturell geprägt, nur eben im Rahmen einer stark marginalisierten sowie prekarisierten Lebenswelt und der besagten Mangelwirtschaft. Chancen auf Gewinn jedweder Art werden kurzfristig und opportunistisch wahrgenommen. Tauschgeschäfte, Informationshandel (z.B. über die Verfügbarkeit von Drogen oder die Anwesenheit von Polizeistreifen) und gemeinsamer Konsum prägen gerade die letzte Weitergabe von Drogen vor dem Endkonsum (vgl. Dörrlamm 2008). Dies geht so weit, dass selbst die gebrauchten Filterpads, die zum Aufsaugen der aufgekochten Drogen verwendet werden, wegen der enthaltenen Drogenreste zur Handelsware werden (vgl. Müller 2008; Kemmesies 1995). Daher sind auch hier die Grenzen zwischen Konsument und Händler häufig fließend, die Rollen von Geber und Nehmer wechseln regelmäßig. Ein Teil der Szeneangehörigen kann dabei auch in den Status eines (semi-)professionellen Händlers ‚aufsteigen', der zumindest seinen Eigenkonsum finanzieren kann. Diese Personen sind oft als harter Kern der Szene zu betrachten, denn sie halten sich durchschnittlich länger auf der Szene auf, konsumieren mehr, sind gesundheitlich etwas schlechter gestellt und haben noch schlechteren Zugang zum Arbeitsmarkt als die einfachen Konsumenten (vgl. Müller 2008). In der jüngsten Befragung der Frankfurter Szene gaben z.B. 38 % der Konsumenten an, zumindest einen Teil ihres Geldes bzw. der konsumierten Drogen durch Dealen zu verdienen (vgl. Werse et al. 2017). Die Belieferung dieses User-Dealer-Marktes und der komplett professionelle Straßenhandel in der Szene wird in der Regel von mehr oder weniger organisierten Dealergruppen betrieben, die zumeist eine bestimmte ethnische Zugehörigkeit aufweisen (vgl. Paoli 2000). Welche ethnischen Gruppen jeweils aktiv sind, kann wechseln – teils parallel zur Veränderung der Handelswege (vgl. Bernard et al. 2013). Auch derartige Straßenhändler preisen ihre Ware nicht aggressiv an, ihnen laufen die Konsumenten oftmals geradezu hinterher – vor allem, wenn bekannt ist, dass sie gute Ware zu guten Preisen anbieten. Insgesamt stellt der Straßenhandel für den Großteil der Szeneangehörigen die wesentliche Versorgungsquelle dar (vgl. Bernard und Werse 2013). Ein kleiner Teil dieser Personen versorgt sich auch über private Quellen; diese sind aber wiederum für viele Szeneangehörige aufgrund der zumeist höheren Mindestabnahmemengen keine realistische Option (vgl. Bernard 2013).

5 Drogenkleinhandel: Straßenhandel außerhalb offener Szenen

Über die Bedeutung von Straßenhändlern für sozial integrierte Konsumenten illegaler Drogen liegen nur spärliche Erkenntnisse aus der bisherigen Forschung vor. Offenbar beschafft sich ein kleiner Teil dieser Konsumenten seine Drogen über Straßendealer, deren Ware allerdings zumeist als minderwertig und/oder überteuert angesehen wird. Bei Cannabis nutzen junge und vergleichsweise unerfahrene Konsumenten noch am ehesten den Straßenhandel als Drogenquelle, wenngleich dies auch hier nur eine Minderheit betrifft (vgl. Werse 2008b). Unter älteren, erfahreneren Konsumenten hat zwar eine Mehrheit ‚irgendwann einmal' Drogen (zumeist Cannabis) bei Straßenhändlern gekauft, aber kaum jemand nutzt diese Möglichkeit regelmäßig und langfristig (vgl. Werse und Bernard 2016). Vermutlich handelt es sich häufig um eine Art Notversorgung, die nur in Anspruch genommen wird, wenn es zeitweise keine Alternative auf dem privaten Markt der sozial integrierten Konsumenten gibt, oder um eine absichtliche Wahrung der sozialen Distanz zum Anbieter, also um eine Form der Konsumkontrolle. Auch in anderen europäischen und nordamerikanischen Ländern wird nur ein kleiner Teil der ‚weichen' Drogen über öffentlich agierende Dealer beschafft (vgl. Harrison et al. 2007). Im Hinblick auf andere illegale Substanzen bei sozial unauffälligen Konsumenten spielt der Straßenhandel praktisch keine Rolle. Dafür ist im Fall synthetischer Drogen, insbesondere Amphetamin und Ecstasy/MDMA, der Kauf über halböffentlich agierende Clubdealer eine wichtige zusätzliche Möglichkeit zur Versorgung, die aber von regelmäßigen Konsumenten vermutlich auch nur dann in Anspruch genommen wird, wenn es sich nicht vermeiden lässt (vgl. Werse und Bernard 2016).

Wie erwähnt, besteht für Personen aus sozial schwachen Umfeldern ein besonderer Anreiz darin, mit dem Drogenhandel Geld und/oder Status zu erlangen. Dies ist insbesondere für Kleindealer aus diesem Milieu relevant, die ihre Ware (auch) in der Öffentlichkeit anbieten (vgl. Bucerius 2007, 2014). In diesen Kreisen unterscheiden sich offenbar nicht nur die Motivlage, sondern auch andere Modalitäten des Handels vom Kleinhandel im sozial unauffälligen Milieu: Je nach Marktlage wird mit unterschiedlichen Substanzen gehandelt, um kurzfristige Profite zu erzielen. Sie verkaufen vergleichsweise häufig an ihnen unbekannte Personen, teilweise selbst gestreckte Ware oder selbst hergestellte Scheindrogen und leisten sich, sofern hohe Profite generiert werden, einen ausschweifenden Lebensstil. Laufende Studien belegen, dass viele Angehörige dieser Milieus nur teilweise auf der Straße verkaufen; offenbar können auch die Grenzen zwischen Straßen- und Privathandel fließend sein. Bemerkenswert an dieser Klientel ist überdies, dass sie zumindest nicht zwangsläufig in organisierte Strukturen eingebunden sind: in den vorliegenden Untersuchungen haben diese Personen diverse Handelskontakte, die in Eigenregie genutzt und gewechselt wurden, ohne dass dabei ernsthafte Probleme mit Gewalt, Bedrohungen o.ä. auftauchten.

6 Drogenhandel im Internet[1]

Seit der zweiten Hälfte der 2000er-Jahre hat sich im Internet ein Handel mit psychoaktiven Substanzen, teils auch mit rezeptpflichtigen Medikamenten oder deren (in der EU und Deutschland nicht zugelassenen) Generika, etabliert, wenn auch (noch) in vergleichsweise kleinem Rahmen. Einerseits werden im Internet neue psychoaktive Substanzen (NPS; auch als „Legal Highs" oder „Research Chemicals" bekannt) gehandelt, andererseits hat sich im sogenannten Darknet eine besondere Handelskultur insbesondere für illegale Drogen aller Art entwickelt (vgl. Christin 2013). Der Handel mit NPS ist eine rechtliche

---

[1] Ein Großteil der hier präsentierten Erkenntnisse basiert auf einem bislang unveröffentlichten Internet- bzw. Darknet-Monitoring, das im Rahmen des BMBF-Projektes DROK durchgeführt wurde.

Nische, da unterschiedliche Substanzen in unterschiedlichen Ländern unterschiedlichen (zum Teil gar keinen) Regulierungen unterliegen. Deshalb findet ein wesentlicher Teil dieses Handels trotz zahlreicher neuer Verbote und NPS-spezifischer Gesetzgebungen nach wie vor über frei zugängliche Online-Shops statt, die allerdings häufig ihren Sitz verschleiern. In diesem Abschnitt geht es allerdings ausschließlich um Charakteristika des Online-Handels mit international verbotenen Drogen. Dieser spielt sich überwiegend im Darknet ab; gerade in Deutschland jedoch war in den letzten Jahren ein großer, und vor allem aufsehenerregender Teil im sogenannten Clearnet, also dem unverschlüsselten Internet, angesiedelt.

Das Darknet ist jener Teil des Internets, der nur mittels einer speziellen Browsersoftware, namentlich The Onion Router (TOR), eingesehen werden kann. Üblicherweise sind die Seitennamen mit bestimmten Buchstaben- und Zahlenkombinationen codiert und der Domainname endet auf .onion. Zusätzlich können bei direkter Kommunikation gängige Verschlüsselungstechniken (etwa PGP) eingesetzt und finanzielle Transaktionen in teil-anonymen digitalen Währungen (insbesondere Bitcoin, wobei es zahlreiche weitere Kryptowährungen mit teils verbesserter Anonymität gibt) getätigt werden. Ursprünglich für demokratische Zwecke entwickelt (z.B. zur Umgehung der Internetzensur in Polizeistaaten), ist das Darknet nach und nach zu einem Schutzraum für unterschiedliche Arten von Internetkriminalität geworden. Drogen werden dort vor allem auf illegalen Handelsplattformen angeboten; „Silk Road" war eine der ersten und sicherlich die bekannteste dieser Art (von 2011 bis zu ihrer Schließung durch US-Strafverfolgungsbehörden im Jahr 2013). Seither wurden zahlreiche derartige Marktplätze eröffnet und teilweise wieder geschlossen. Seit etwa 2014 werden Drogen verstärkt auch in Darknet-Shops einzelner Händler angeboten. In den Shops sind Händlerangaben, Warenfotos und Preise ausgeschrieben. Der Kunde bestellt, zahlt mit Bitcoin und der Anbieter versendet die Ware. Daher wurde in diesem Zusammenhang auch schon von einem „eBay für Drogen" gesprochen (vgl. Barratt 2012; Aldridge und Décary-Hétu 2014). Während separate Shops für potenzielle Kunden schwer auffindbar sind und aufgrund der geforderten Vorabzahlung einen Vertrauensvorschuss für den Bestellvorgang brauchen, dienen Marktplätze dazu, vielen konkurrierenden Verkäufern eine Plattform zu bieten und diese mit verschiedenen Services für Händler und Kunden zu versehen. Hier zeigt sich ein gänzlich anderes Risikomanagement als auf dem traditionellen Drogenmarkt; teilweise wurde von einer Reduzierung der Risiken sowohl für Anbieter als auch für Kunden gesprochen (vgl. Buxton und Bingham 2015; van Hout und Bingham 2013a, 2013b), was unter anderem mit einer „paradoxen Transparenz" (Tzanetakis et al. 2016) erklärt wird. Zwar sind die Risiken generell die gleichen: Strafverfolgung und Betrug (Gewaltsituationen entfallen, diese äußern sich im Internet nur sprachlich in Form von Beschimpfungen und Bedrohungen). Der Umgang damit nimmt gänzlich andere Formen an, da erstens bestimmte technische Sicherheitsmaßnahmen zum Einsatz kommen und zweitens das nötige Vertrauen nicht durch persönliche Bekanntschaft generiert werden kann. Aus diesem Grund ist es für die Händler wichtig, von potenziellen Kunden für vertrauenswürdig gehalten zu werden. Hier greifen die Services der Marktplatzbetreiber: Ein Marktplatz bietet typischerweise ein Treuhandkonto, auf das die vereinbarte Summe eingezahlt und erst bei Erhalt der Ware freigegeben wird. Zusätzlich bieten die Marktplätze ein direktes Bewertungssystem, mit dem die Kunden ihre (Un-) Zufriedenheit mit einem Händler ausdrücken können. Aus der Vielzahl der Bewertungen ergibt sich ein durchschnittliches Rating, an dem sich weitere Kunden orientieren. Häufig gehört zu den Marktplätzen auch ein eigenes Forum, in dem offen diskutiert wird: Hier können Beschwerden und Lob noch etwas deutlicher und genauer geäußert werden als innerhalb des Bewertungssystems. Oftmals enthält ein solches Forum auch eine Rubrik für „safer use" und sonstige Tipps. Daraus können sich sogar echte Effekte der Schadensminimierung im sozialpädagogischen und medizinischen Sinne ergeben (vgl. Tzanetakis und von Laufenberg 2016). Auch einige unabhängige Foren haben sich etabliert, hier sind die Möglichkeiten der Selbsthilfe noch etwas stärker ausgeprägt. Gleichzeitig können in diesen Foren auch die Händler aktiv sein und auf Kritiken reagieren oder die neuesten Waren anpreisen. Eine gute Selbstdarstellung und freundliche Kommunikation mit den Kunden ist eine wichtige Voraussetzung für einen erfolgreichen Versandhandel. Dazu gehört zum Beispiel, dass ein Verkäufer meist etwas mehr Ware versendet („overweight") oder dass kleine Mengen kostenlos als Proben („tester") versendet werden, um dann vom Empfänger eine (möglichst positive) Qualitätsbewertung des Produktes zu erhalten (vgl. van Hout und Bingham 2014). Schließlich agieren die Marktplatzbetreiber auch als vermittelnde Streitschlichter: Wenn ein Deal schiefläuft und sich Anbieter und sein Kunde nicht auf einen Vergleich einigen können, werden die Administratoren mitunter zur Schlichtung angerufen. In der Regel kommt es zur Neuversendung der Ware oder zur (teilweisen) Rückzahlung der Bitcoins. Steht jedoch der Kunde im Verdacht, die Ware erhalten zu haben und den Händler fälschlicherweise zu beschuldigen, dann können die Schlichter auch zu Gunsten des Händlers entscheiden. Insgesamt entsteht auf diese Weise ein relativ stabiler Markt mit Ansätzen zur direkten Selbstregulation: Unseriöse Händler können identifiziert, schlechte Ware kann aus dem Angebot gedrängt werden.

Allerdings bergen die Marktplätze im Vergleich zum konventionellen Handel andere Arten von Risiken. Sie stehen aufgrund ihrer Größe und der besseren Sichtbarkeit im Fokus der Strafverfolgungsbehörden und der Hackergemeinde: Ermittlungserfolge der Strafverfolger, sei es gezielt oder durch Zufallstreffer, können an der Schnittstelle zwischen virtueller und realer Welt, namentlich dem Postversand der Ware oder dem Umtausch der Bitcoins in Hartgeld, auftreten. Es kann trotz der genannten Sicherheitsmaßnahmen jederzeit passieren, dass Verkäufer oder Käufer nicht ehrlich sind, was Versand bzw. Erhalt der Ware angeht. Für einen derartigen Betrug liegt die Hemmschwelle in der Anonymität des Netzes vermutlich niedriger als auf dem stärker von Vertrauen abhängigen realen Markt. Außerdem sind die Betreiber der Marktplätze selbst nicht unbedingt vertrauenswürdiger als die Händler: Es kommt regelmäßig vor, dass Treuhandkonten leergeräumt werden und die Betreiber samt Marktplatz von einem Tag auf den anderen verschwinden („exit scam"). Bei großen Marktplätzen liegen unter Umständen Summen im Millionenbereich auf dem Treuhandkonto. „Exit scams" wurden wiederholt auch von einzelnen Händlern auf den Marktplätzen durchgeführt; sie nutzen ihre zuvor gewonnene Beliebtheit, um mit den angesammelten hohen Vorauszahlungssummen ‚durchzubrennen'. Hier spielt das sogenannte „finalize early" (FE) eine besondere Rolle, denn bei diesem verzichtet der Kunde freiwillig auf die Nutzung des Treuhandkontos und überweist die Bitcoins direkt an den Verkäufer, meist gegen einen kleinen Preisnachlass. Aus diesem Grund schränken die Betreiber der Marktplätzen teilweise die Option des Verkäufers auf frühes Finalisieren ein, zumindest bis der Verkäufer einen gewissen Rang innerhalb des Bewertungssystems erreicht hat. Außerdem versuchen die Marktplatzbetreiber Vertrauen zu gewinnen, indem sie sichere Treuhandkonten anbieten, auf die sie allein keinen Zugriff mehr haben. Hier bedarf es zur Freigabe der Gelder der Zustimmung von mindestens zwei der drei beteiligten Parteien (Betreiber, Verkäufer, Käufer; sogenanntes „multisig"). Wegen verstärkter Probleme mit Treuhandkonten (und um die Gebühren der Marktplätze einzusparen) versuchen etablierte Händler seit einiger Zeit verstärkt, separate Shops zu betreiben und die Kundschaft, zu der bereits ein gewisses Vertrauensverhältnis aufgebaut wurde, außerhalb der Marktplätze zu binden. Insgesamt kam es seit der Schließung der drei größten Marktplätzen zu einer starken Diversifizierung des Angebots: Einige mittelgroße und viele kleine, teils national ausgerichtete Marktplätze füllen die Lücke ebenso wie einzelne Anbieter mit separaten Shops.

In Deutschland wurden zwei Händler über ein allgemeines „Kriminalitätsforum" und über separate Shops im Clearnet zuerst zu Großhändlern, um nach einiger Zeit spektakulär verhaftet zu werden (vgl. Heise online 2015, 2016). Vorher wurde allerdings bereits bezahlte Ware (in Verbindung mit einem fehlenden bzw. schlecht organisierten Treuhandkonto) häufig nicht versandt, das Kunden-Feedback war massiv manipuliert und es wurden gefälschte Laboranalysen präsentiert, um die Kunden über den Reinheitsgehalt zu täuschen. Zudem beleidigte man Kunden für falsches Verhalten bei der Bestellung bzw. für unerwünschte Kritik im Forum, während die eigene Rolle glorifiziert wurde. Durch diverse Maßnahmen der Großhändler entstand sukzessive ein Handelsmonopol innerhalb dieses Forums. Diese Situation, die mit der Zeit zunehmend eskalierte, hat schließlich dazu geführt, dass die Händler verhaftet wurden. Beim ersten Händler war es noch Zufall, hier wurde ein falsch frankiertes Paket ohne Absender auf einer Poststation geöffnet, was zum Ermittlungserfolg führte. Es handelte sich um einen 20-jährigen Leipziger, der noch bei seiner Mutter wohnte. Der nachfolgende Händler hat dessen Verkaufspraktik übernommen und ausgeweitet, um nach einigen Monaten ebenfalls verhaftet zu werden. Diesmal beruhte der Erfolg der Strafverfolgung jedoch auf konkreter und gezielter Ermittlungsarbeit, so dass eine ganze Gruppe von Mittätern ebenfalls aufflog, darunter ein ehemaliger Fußballprofi. Im Zuge dieser Ermittlungen wurde auch das „Kriminalitätsforum" geschlossen – nach wenigen Wochen jedoch wieder geöffnet, so dass seitdem mehrere Händler miteinander konkurrieren.

Aufgrund der Charakteristika und Spezialfälle muss der Drogenhandel im Internet bzw. im Darknet gänzlich anders bewertet werden als der traditionelle Handel. Die Vermittlertätigkeit der Marktplatzbetreiber ist ein neues Element, für das es nur im Darknet einen spezifischen Bedarf gibt, da hier die bekannten Risiken besondere Ausprägungen annehmen, die es zu überwinden gilt. Der größte Unterschied zum traditionellen Drogenhandel liegt wohl darin, dass der notwendige Nachweis der Vertrauenswürdigkeit bei den

Anbietern liegt, nicht bei den Kunden. Auffällig ist außerdem die Überlagerung mit anderen Schwarzmärkten: Gestohlene Kreditkartendaten („carding"), gefälschte Markenartikel, gehackte Internetaccounts und Hehlerware aller Art werden ebenfalls auf den meisten Marktplätzen gehandelt. Auf manchen Marktplätzen werden auch Waffen verkauft; seit solche jedoch für Amokläufe und Terroranschläge genutzt wurden, gibt es eine Tendenz, die entsprechenden Sektionen der Marktplätze und Foren zu schließen. Das liegt nicht zuletzt daran, dass bei Waffenhandel im Zusammenhang mit Terrorismus nicht nur die polizeiliche, sondern auch die geheimdienstliche Ermittlung droht. Auch die Vermischung des Großhandels mit dem Kleinhandel von Drogen ist bemerkenswert: Bei manchen Anbietern kann man eine einzelne Konsumeinheit ebenso wie mehrere Kilogramm zum Weiterverkauf bestellen. Andere Händler bieten Pressungen von Ecstasy-Tabletten mit eigenem Wunschmotiv an oder besorgen bestimmte Substanzen auf Nachfrage. Generell bieten die Verkäufer mehr Informationen über die gehandelten Produkte (Handelsnamen, Angaben über die Qualität, Wirkstoffmengen und Reinheitsgehalte). Dabei ist zwar unklar, inwiefern diese Angaben den Tatsachen entsprechen, aber dass derartige Angaben überhaupt existieren, unterscheidet den Online-Handel von der Mehrzahl der konventionellen Anbieter. Außerdem gibt es die zumindest sporadisch genutzte Möglichkeit, Drogen zu Drug-Checking-Programmen einzuschicken und die Ergebnisse anschließend im Forum des Marktplatzes zu veröffentlichen. Im Unterschied zum herkömmlichen Drogenhandel kommen Anbieter und Kunden in aller Regel nicht in direkten persönlichen Kontakt. Die moderne Kommunikationskultur des Internetzeitalters einerseits und die spezifischen Anforderungen an die Strafverfolgung andererseits sind mithin prägend für diese Art der Drogendistribution.

7 Zusammenfassung und Diskussion

Drogenerwerb ist nicht gleichzusetzen mit Drogenkauf. Oft handelt es sich um gemeinsamen Konsum auf Einladung oder um Schenkung kleinerer Mengen. Auch die Weitergabe von Drogen findet häufig ohne Profit, also in Form von Gefälligkeiten und Freundschaftsdiensten, statt, welche sicherlich zweckrational, teilweise auch wertrational begründet sind (Social Supply). Bei der Interaktion zwischen Geber und Nehmer handelt es sich daher um soziale und in gewissem Maße auch um kulturelle Bedarfsdeckung: Gegenseitige Großzügigkeit bei der Drogendistribution zählt zu einer Art ‚kulturellem Vorrat' in diesen Umfeldern, sie ist eine informelle Regel, die besser eingehalten wird. Für den Konsumenten handelt es sich häufig gar nicht um einen dezidierten Drogenkauf, und aus Sicht des Weitergebenden ist es oftmals keine Verkaufssituation im herkömmlichen Sinne, weshalb man in diesem Fall von sozial und kulturell geprägter Verteilung sprechen kann. Die Resultate bisheriger und aktueller Studien machen deutlich, dass ein wesentlicher Teil des Endverbrauchermarktes über eine derartige, gegenseitige und soziale Distribution bedient wird.

Der Einstieg in den ‚richtigen' Kleinhandel (mit Profiterzielung) kann verschiedene Gründe haben. Häufig handelt es sich um Personen, die als Konsumenten einen überdurchschnittlich hohen Eigenverbrauch an Drogen haben. So kommt oft kaum mehr Verdienst zusammen, als sie selbst für den Konsum benötigen. Händler dieser Art sind insofern mindestens ebenso sehr Konsumenten wie Dealer („minimally commercial supply", „Stash-Dealer", „User-Dealer"). Aufgrund der sozialen Struktur des Kleinhandels, die wiederum als unmittelbare Folge der Illegalität zu betrachten ist, ist es offenbar leichter, seinen Eigenkonsum durch Weiterverkauf zu finanzieren. Die Prohibition begünstigt mitunter ein intensives Konsummuster und verstärkt abweichende soziale Rollen, Identitäten und Beziehungen. Insbesondere bei einer Ausweitung der Handelstätigkeit und einer zunehmenden Übernahme abweichender Identitäten kann dies auch zu ‚echtem' kriminellen Verhaltens führen (Bedrohung, Raub, Betrug um Geld oder Ware etc.).

Auch in der sogenannten offenen Drogenszene gelten ähnliche Weitergabepraktiken, allerdings unter den erschwerenden Bedingungen einer Mangelwirtschaft im öffentlichen Raum. So können auch einfachste Dinge und Informationen zur Tausch- und Handelsware werden. Die speziellen Bedingungen sorgen auch dafür, dass profitlose Freundschaftsdienste seltener vorkommen als unter sozial integrierten Konsumenten; vielmehr sind Drogen das zentrale Handelsgut, von dem in irgendeiner Weise profitiert wird. Über professionelle Dealer auf der Straßenszene ist wenig bekannt. Ungeklärt ist hingegen, wie sich der Organisationsgrad dieser Dealergruppen gestaltet, etwa wie stark diese mit einheimischen Zwischenhändlern oder auch User-Dealern vernetzt sind.

Generell muss der Kunde beim Straßenhandel, etwa mit Cannabisprodukten, eher damit rechnen, dass er überteuerte Preise zahlen muss und/oder gefälschte Ware angeboten bekommt. Dementsprechend selten nutzen sozial integrierte Konsumenten diese Bezugsquelle.

Ein komplett neues Phänomen ist der Drogenhandel im Internet, insbesondere im sogenannten Darknet. Hier kommen Internetkultur und Drogenschwarzmarkt zusammen, ebenso wie Groß- und Kleinhandel und auch Schwarzmärkte gänzlich verschiedener Art. Es ist denkbar, dass sich durch den Online-Handel zukünftig die generellen Spezifika des illegalen Drogenmarktes, ebenso wie die der Strafverfolgung, ändern werden.

Insgesamt sind Erwerbssituationen von Drogen auf zwischenmenschlichem Vertrauen aufgebaut, was man hauptsächlich auf spezifische Risikoabwägungen zurückführen kann. Die beiden häufigsten Risiken sind die Entdeckungswahrscheinlichkeit sowie mögliche Betrugs- und ggf. auch Gewalterfahrungen. Beides sind letztlich Folgen des Drogenverbots. Dieses verhindert die letzte Stufe der Verteilung also nicht, sondern prägt und lenkt sie in spezifische Situationen, welche nach konkreten Risikoabwägungen definiert werden. Meist werden antizipierte Risiken durch bestehendes oder neu gewonnenes Vertrauen aufgewogen bzw. minimiert (allgemein dazu: Luhmann 1988). Ein Großteil der privaten Verkäufer illegaler Drogen minimiert diese Risiken durch die Beschränkung auf kleine, gut bekannte Kundenkreise, zu denen ein besonderes Vertrauensverhältnis besteht.

Gängigen Bilder und Klischees von Drogenhändlern bestätigen sich bei genauerer Betrachtung der Drogendistribution nicht (Coomber 2006).Der typische Drogenhändler ist ein Konsument, der auch Ware weitergibt. Ein eventueller Aufstieg in höhere Handelsebenen ist selten und kann viele Gründe haben. Generell scheint eine solche Entwicklung von innerer Motivation, äußeren Anreizen und faktischen Einkaufsmöglichkeiten abhängig zu sein. Je höher der Betreffende in der Handelskette aufsteigt, desto weiter entfernt er sich tendenziell von der sozial unauffälligen Lebenswelt der Konsumenten und versucht gleichzeitig, sich stärker abzuschotten. Zudem existieren neben den privaten Einzelhändlern auch Szenen von in der Öffentlichkeit handelnden Kleindealern sowie komplett konspirativ handelnden Großdealern. Die verfügbaren Forschungen deuten aber darauf hin, dass der Großteil des Endverbrauchermarktes von Privatdealern bzw. User-Dealern bestritten wird. Dennoch basieren auf den unhaltbaren Ansichten über den ‚typischen' Dealer einige bedeutsame Teile der Strafgesetze und der polizeilichen Ermittlungspraktiken. Dazu gehört auch die Anwendung rechtsstaatlich-fragwürdiger geheimpolizeilicher Methoden, wie der Einsatz verdeckter Ermittler und Szenespitzeln, die Belastungsmaterial aktiv selbst erzeugen. In der Drogenpolitik herrscht mit Blick auf den Handel, insbesondere den Kleinhandel, eine Diskrepanz zwischen Fakt und Fiktion, die sich in der Lebenswelt der Konsumenten als Abwägung zwischen persönlichem Vertrauen und Risikowahrnehmung manifestiert, aber nicht zu einer Unterlassung des Drogenkonsums und der dazugehörigen sozialen Bedarfsdeckung führt.

Literatur

Adler, P. A. (1985). *Wheeling and Dealing. An Ethnography of an Upper-Level Drug Dealing and Smuggling Community*. New York.
Adler, P. A., P. Adler. 1998. Großdealer und -schmuggler in Kalifornien. Karrieren zwischen Abweichung und Konformität. In *Ansichten eines verrufenen Gewerbes. Drogendealer*, hrsg. v. B. Paul, H. Schmidt-Semisch, 148–166. Freiburg/Breisgau.
Aldridge, J., D. Décary-Hétu. 2014. *Not an "Ebay For Drugs": The Cryptomarket "Silk Road" As A Paradigm Shifting Criminal Innovation*. DOI: http://dx.doi.org/10.2139/ssrn.2436643.
Barratt, M. J. 2012. Silk Road: eBay for Drugs. Letter to the editor. *Addiction* 107: 683-684.
Becker, H. S. 1981. *Außenseiter. Zur Soziologie abweichenden Verhaltens*. Frankfurt/M.
Belackova, V., C. A. Vaccaro. 2013. "A Friend With Weed is a Friend Indeed": Understanding the Relationship Between Friendship Identity and Market Relations Among Marijuana Users. *Journal of Drug Issues* 43(3): 289–313.
Benso, V. 2010. User-Dealer, those who have been forgotten by harm-reduction. *SuchtMagazin* 5/2010: 34–36.
Bernard, C. 2013. *Frauen in Drogenszenen. Drogenkonsum, Alltagswelt und Kontrollpolitik in Deutschland und den USA am Beispiel Frankfurt am Main und New York City*. Wiesbaden.
Bernard, C., B. Werse. 2013a. Die andere Seite des Drogendealens: Eigenbedarfshandel und „Social Supply". Zwischenergebnisse einer quantitativ-qualitativen Befragung von sozial unauffälligen Drogenkonsumierenden und Handelserfahrenen. *Monatsschrift für Kriminologie und Strafrechtsreform* 96 (6/13): 447–460.
Bernard, C., B. Werse. 2013b. *MoSyD Szenestudie 2012. Die offene Drogenszene in Frankfurt am Main*. Frankfurt/M.

Bernard, C. et al. 2013. MoSyD-Jahresbericht 2012. Frankfurt/M.: Goethe University, Centre for Drug Research. http://www.uni-frankfurt.de/51782964/MoSyD-Jahresbericht-2012.pdf. Zugegriffen: 30.November 2015).

Böllinger, L. 2002. Das (noch herrschende) Recht von Abstinenz und Prohibition I: Strafrecht und Betäubungsmittelrecht. In *Drogenpraxis, Drogenrecht, Drogenpolitik*, hrsg. v. L. Böllinger, H. Stöver, 451–528. Frankfurt/M.

Bucerius, S. 2007. "What Else Should I Do?" Cultural Influences on the Drug Trade of Migrants in Germany. *Journal of Drug Issues* 37: 673–698.

Bucerius, S. 2008. „Vor was soll ich denn Angst haben?" Der illegale Drogenhandel einer Gruppe von Migrantenjugendlichen in Frankfurt am Main – eine ethnographische Untersuchung. In *Drogenmärkte: Strukturen und Szenen des Kleinhandels*, hrsg. v. B. Werse, 211–252. Frankfurt/M, New York.

Bucerius, S. 2014. *Unwanted. Muslim Immigrants, Dignity and Drug Dealing*. New York.

Buxton, J., T. Bingham. 2015. *The rise and challenge of dark net drug markets. Policy Brief 7. Global Drug Policy Observatory*. Swansea. http://www.drugsandalcohol.ie/23274/. Zugegriffen: 01. Juni 2015.

Caulkins, J. P., R. L. Pacula. 2006. Marijuana Markets: Inferences From Reports by the Household Population. *Journal of Drug Issues* 36 (1): 173–200.

Christin, N. 2013. Traveling the Silk Road: A Measurement Analysis of a Large Anonymous Online Marketplace. In *Proceedings of the 22nd international conference on World Wide Web (WWW '13)*, 213–224. Rio de Janeiro.

Coomber, R. 2006. *Pusher Myths. Re-Assessing the Drug Dealer*. London.

Coomber, R., P. Turnbull. 2007. Arenas of Drug Transactions: Adolescent Cannabis Transactions in England – Social Supply. *Journal of Drug Issues* 37(4): 845–865.

Coomber, R., L. Moyle. 2014. Beyond drug dealing: developing and extending the concept of 'social supply' of illicit drugs to 'minimally commercial supply'. *Drugs: Education, Policy and Prevention* 21(2): 157–164.

Curtis, R., T. Wendel. 2000. Towards the Development of a Typology of Illegal Drug Markets. In *Illegal Drug Markets: From Research to Prevention Policy*, hrsg. v. M. Hough, M. Natarajan, 121–152. Monsey.

DeBeck, K. et al. 2014. Initiation into drug dealing among street-involved youth in a Canadian setting. *Drug and Alcohol Dependence* 140: 507-512

Dorn, N. et al. 1992. *Traffickers. Drug Markets and Law Enforcement*. London, New York.

Dörrlamm, M. 2008. Drogenhandel zwischen Mythos und Alltag in der Frankfurter Straßenszene. In *Drogenmärkte: Strukturen und Szenen des Kleinhandels*, hrsg. v. B. Werse, 253–274. Frankfurt/M, New York.

Duck, W. 2014. Becoming a Drug Dealer: Local Interaction Orders and Criminal Careers. *Critical Sociology*. doi:10.1177/0896920514552534.

Genterczewsky, C. 2008. Kokaindealer im bürgerlichen Milieu. In *Drogenmärkte: Strukturen und Szenen des Kleinhandels*, hrsg. v. B. Werse, 149–185. Frankfurt/M, New York.

Green, P. (Hrsg.). 1996. *Drug Couriers: A New Perspective*. London.

Hamilton, J. 2005. Receiving marijuana and cocaine as gifts and through sharing. *Substance Use & Misuse* 40(3): 361–368.

Harrison, L. D. et al. 2007. How much for a dime bag? An exploration of youth drug markets. *Drug and Alcohol Dependence* 90: 27–39.

Heise online (2015): Shiny Flakes: Internet-Drogenhandel bringt "Kinderzimmer-Dealer" lange Strafe (02. November 2015). https://www.heise.de/newsticker/meldung/Shiny-Flakes-Internet-Drogenhandel-bringt-Kinderzimmer-Dealer-lange-Strafe-2867741.html. Zugegriffen: 05. November 2017.

Heise online (2016): Drogenhandel: Hintermänner von „Chemical Love" angeklagt (11. Oktober 201). https://www.heise.de/newsticker/meldung/Drogenhandel-Hintermaenner-von-Chemical-Love-angeklagt-3346920.html. Zugegriffen: 05. November 2017.

Hess, H. 1989. Der illegale Drogenhandel, In *Drogen und Drogenpolitik. Ein Handbuch*, hrsg. v. S. Scheerer, I. Vogt, 447–485. Frankfurt/M.

Hess, H. 2008. Der illegale Drogenhandel – Ein Überblick. In *Drogenmärkte: Strukturen und Szenen des Kleinhandels*, hrsg. v. B. Werse, 17–54. Frankfurt/M, New York.

Hess, H., R. Behr. 2004. Kokain in Frankfurt. Konsummuster und Verteilerhandel im „bürgerlichen" Milieu. In *Kokain und Crack. Pharmakodynamiken, Verbreitung und Hilfeangebote*, hrsg. v. H. Stöver, M. Prinzleve, 141–158. Freiburg/Breisgau.

Jacinto, C. et al. 2008. I'm Not a Real Dealer: The Identity Process of Ecstasy Sellers. *Journal of Drug Issues* 38: 419–444.

Kamphausen, G. 2009. *Unwerter Genuss – Zur Dekulturation von Opiumkonsumenten*. Bielefeld.

Kemmesies, U. E. 1995. *Szenebefragung Frankfurt am Main 1995. Die ‚offene Drogenszene' und das Gesundheitsraumangebot in Ffm*. Münster.

Kemmesies, U. E. 2004. *Zwischen Rausch und Realität. Drogenkonsum im bürgerlichen Milieu*. Wiesbaden.

Kraus, L. et al. 2008. Cannabis und andere illegale Drogen: Prävalenz, Konsummuster und Trends. Ergebnisse des Epidemiologischen Suchtsurveys 2006. *SUCHT Sonderheft* 1: 16–25.

Kreuzer, A. et al. 1991. *Beschaffungskriminalität Drogenabhängiger*. Wiesbaden.

Luhmann, N. 1988. Familiarity, Confidence, Trust: Problems and Alternatives. In *Trust: Making and Breaking Cooperative Relations*, hrsg. v. D. Gambetta, 94–107. Oxford.

Massari, M. 2005. Ecstasy in the city: Synthetic drug markets in Europe. *Crime, Law & Social Change* 44: 1–18.

Miron, J. A. 2005. *Drug War Crimes – The Consequences of Prohibition*. Oakland.

Murphy, S. et al. 1990. Drifting into Dealing: Becoming a Cocaine Seller. *Qualitative Sociology* 13(4): 321–343.

Müller, O. 2008. Der Handel auf der „offenen Drogenszene" und seine Rahmenbedingen – Die Szenebefragung des „Monitoring-System Drogentrends". In *Drogenmärkte: Strukturen und Szenen des Kleinhandels*, hrsg. v. B. Werse, 275–298. Frankfurt/M, New York.

Paas, D. 2006. Tod eines Narcos. Mafiöse Strukturen im mexikanischen Drogenhandel. In *Kriminalitäts-Geschichten. Ein Lesebuch über Geschäftigkeiten am Rande der Gesellschaft*, hrsg. v. R. Behr et al., 95–108. Hamburg.

Pabst, A. et al. 2013. Substanzkonsum und substanzbezogene Störungen in Deutschland im Jahr 2012. *SUCHT* 59(6): 321–331.

Paoli, L. 2000. *Pilot Project to Describe and Analyse Local Drug Markets – First Phase Final Report: Illegal Drug Markets in Frankfurt and Milan*. Lissabon.

Paul, B., H. Schmidt-Semisch. 1998. *Drogendealer. Ansichten eines verrufenen Gewerbes*. Freiburg/Breisgau.

Pearson, G., D. Hobbs. 2001. *Middle Market Drug Distribution*. London.

Pfeiffer-Geschel, T. et al. 2014. *Bericht 2014 des nationalen REITOX-Knotenpunkts an die EBDD. Neue Entwicklungen und Trends. Drogensituation 2013/2014*. München.

Power, R. 1996. Promoting risk management among drug injectors. In *AIDS, Drugs, and Prevention: Perspectives on Individual and Community Action*, hrsg. v. T. Hartnoll, 149–160. London.

Sifaneck, S. J. et al. 2007. Retail marijuana purchases in designer and commercial markets in New York City: Sales units, weights, and prices per gram. *Drug and Alcohol Dependence* 90S: 40–51.

Stehr, J. 1998. Massenmediale Dealer-Bilder und ihr Gebrauch im Alltag. In *Drogendealer – Ansichten eines verrufenen Gewerbes* hrsg. v. B. Paul, H. Schmidt-Semisch, 94–108. Freiburg/Breisgau.

Taylor, M., G. R. Potter. 2013. From "social supply" to "real dealing": Drift, friendship, and trust in drug-dealing careers. *Journal of Drug Issues* 43: 392–406.

Thamm, B. G. 1986. *Andenschnee. Die lange Linie des Kokain*. Basel.

Thane, K. et al. 2009. *Abschlussbericht Szenebefragung in Deutschland 2008*. Hamburg.

Tzanetakis, M., R. von Laufenberg. 2016. Harm Reduction durch anonyme Drogenmärkte und Diskussionsforen im Internet? In *Alternativer Drogen- und Suchtbericht*, hrsg. v. akzept e.V., Deutsche AIDS-Hilfe, JES Bundesverband, 189–194. Pabst.

Tzanetakis, M. et al. 2016. The transparency paradox. Building trust, using violence and optimising logistics on conventional and online drugs markets. *International Journal of Drug Policy*. doi: 10.1016/j.drugpo.2015.12.010.

Van Hout, M. C., T. Bingham. 2013a. 'Silk Road', the virtual drug marketplace: A single case study of user experiences. *International Journal of Drug Policy* 24: 385–391.

Van Hout, M. C., T. Bingham. 2013b. 'Surfing the Silk Road': A study of users' experiences. *International Journal of Drug Policy* 24: 524–529.

Van Hout, M. C., T. Bingham. 2014. Responsible vendors, intelligent consumers: Silk Road, the online revolution in drug trading. *International Journal of Drug Policy* 25: 183–189.

Werb D. et al. 2013. The temporal relationship between drug supply indicators: an audit of international government surveillance systems. *British Medical Journal Open*. doi: 10.1136/bmjopen-2013-003077.

Werse, B. 2008a. Retail markets for cannabis – users, sharers, go-betweens and stash dealers. In *Cannabis in Europe. Dynamics in Perception, Policy and Markets*, hrsg. v. D. J. Korf. Lengerich.

Werse, B. 2008b. „Gib mir'n korrekten Dreißiger" – Erwerb und Kleinhandel von Cannabis und anderen illegalen Drogen. In *Drogenmärkte – Strukturen uns Szenen des Keinhandels*, hrsg. v. B. Werse, 91–129. Frankfurt/M, New York.

Werse, B., C. Bernard. (Hrsg.). 2016. *Friendly Business – International views on social supply, self-supply and small-scale drug dealing*. Wiesbaden.

Werse, B. et al. 2014. *MoSyD-Jahresbericht 2013*. Frankfurt/M.

Werse, B. et al. 2017. *MoSyD Szenestudie 2016 – Die offene Drogenszene in Frankfurt am Main. Centre for Drug Research*. Frankfurt/Main.

Werse, B., C. Bernard. 2016. The distribution of illicit drugs – General results. In *Friendly Business – International views on social supply, self-supply and small-scale drug dealing*, hrsg. v. B. Werse, C. Bernard, 71–91. Wiesbaden.

Werse, B., D. Müller. 2016. Drifting in and out of dealing. Results on career dynamics from the TDID project. In *Friendly Business – International views on social supply, self-supply and small-scale drug dealing*, hrsg. v. B. Werse, C. Bernard, 93–120. Wiesbaden.

Wilkins, C., P. Sweetsur. 2006. Exploring the structure of the illegal market for cannabis. *The Economist* 154(4): 547–562.

Winick, C. 1962. Maturing out of narcotic addiction. *Bulletin on Narcotics* 14(1): 1–7.

Winstock, A. 2015. The global drug survey 2015 findings. http://www.globaldrugsurvey.com/the-global-drug-survey-2015-findings/. Zugegriffen: 04. November 2017.

Vom „ehrbaren Kaufmann" zum „gewissenlosen Dealer"

Zum Wandel der moralischen Bewertung des Drogenhandels in der Geschichte des 19. und 20. Jahrhunderts

Holger Mach und Sebastian Scheerer

Zusammenfassung

Noch zu Beginn des 20. Jahrhunderts war der Handel mit den meisten Drogen in den allermeisten Staaten – einschließlich des Deutschen Reiches – weder strafbar noch moralisch verpönt. Mit Sanktionen hatten allenfalls Händler zu rechnen, die sich nicht „ehrbar" verhielten und ihre Kunden bewusst betrogen. Seit den 1970er Jahren allerdings hat sich das Bild des Dealers sukzessive verschlechtert. Der vorliegende Beitrag rekonstruiert den Prozess des Wandels der moralischen, politischen und rechtlichen Bewertung der Drogenhändler und des Drogenhandels am Beispiel von Opium und Kokain, wobei er sich als Leitfaden der Arbeit von Ethan Nadelmann zur Entstehung globaler Prohibitionsregimes bedient.

Schlüsselbegriffe: Drogenhändler, Drogenprohibition, Moralunternehmer, globales Verbot

Drogenhändler haben, jedenfalls wenn man unter diesem Begriff all jene Personen versteht, die mit Opiaten, Kokain, Cannabisprodukten und ähnlichem handeln, heutzutage einen sehr schlechten Ruf. Sie gelten nicht nur nach dem kodifizierten Recht als Straftäter – auch ihr Ansehen in der Bevölkerung scheint immer noch weiter zu sinken. Erst kürzlich ergab eine demoskopische Umfrage, dass nicht weniger als 86 % der Bevölkerung der Ansicht sind, „Rauschgifthändler" verdienten deutlich härtere Strafen (vgl. Institut für Demoskopie Allensbach 1996).

Dies war jedoch nicht immer so. Noch zu Beginn dieses Jahrhunderts war der Handel mit den genannten Substanzen in den allermeisten Staaten – einschließlich des Deutschen Reiches – weder strafbar noch moralisch verpönt. Mit Sanktionen hatten allenfalls Händler zu rechnen, die sich nicht „ehrbar" verhielten und ihre Kunden bewusst betrogen.

Im Folgenden wollen wir diesen Prozess des Wandels der moralischen, politischen und rechtlichen Bewertung der Drogenhändler und des Drogenhandels (am Beispiel von Opium und Kokain) rekonstruieren. Als Leitfaden dient uns dabei die Arbeit von Ethan Nadelmann (1990) über die Entstehung globaler Prohibitionsregimes. Nadelmann meint, dass globale Verbotsregelungen in aller Regel eine Art „natural history" durchlaufen, die sich in fünf Phasen unterteilen lässt: Während der ersten Phase ist die fragliche Aktivität – in unserem Fall der Handel mit Drogen – noch „vollkommen legitim", wenn auch nur „unter bestimmten Bedingungen und in Bezug auf gewisse gesellschaftliche Kreise" (Nadelmann 1990, S. 484). Während der zweiten Phase wird die Aktivität von einzelnen Gruppen und Individuen als moralisch fragwürdig und als lösungsbedürftiges Problem hingestellt. Die Regierungen mancher Staaten beginnen, sich zumindest in ihrer offiziellen Politik von dieser Aktivität zu distanzieren. In der dritten Phase beginnen die Akteure, stärker auf die internationale Unterdrückung der fraglichen Aktivität und ihre Kriminalisierung mittels völkerrechtlicher Konventionen zuzusteuern. Zu den Befürwortern der globalen Prohibition gehören jetzt neben transnational operierenden Moralunternehmern auch Regierungen, und zwar typischerweise solche, die in der Lage sind, auf ein bestimmtes Themengebiet „hegemonialen" Einfluss auszuüben (vgl. ebd., S. 485). In der vierten Phase wird die Aktivität in weiten Teilen der Welt zum Gegenstand polizeilicher Verfolgung und strafrechtlicher Verurteilung – bis hin zur Entstehung internationaler Konventionen und Verwaltungsabkommen, die eine Eindämmung der Aktivität in transnationalem Maßstab ermöglichen sollen. In manchen Fällen kommt es dann auch noch zu einer fünften Phase, in der die verbotene Aktivität deutlich vermindert wird (wie z.B. im Fall der Piraterie) oder fast völlig verschwindet (wie z.B. im Fall des Sklavenhandels).

Vielleicht sollte betont werden, dass Nadelmanns Phasenmodell ein heuristisches Konstrukt darstellt, ein mehr oder minder provisorisches Hilfsmittel, um historische Prozesse gedanklich zu rekonstruieren. Es gibt zum Beispiel keine Zwangsläufigkeit oder gar Unumkehrbarkeit. So ist durchaus denkbar, dass ein Ächtungsversuch schon relativ früh ins Stocken gerät und eine Tätigkeit, anstatt gesetzlich verboten zu werden, wieder „salonfähig" wird. Was Nadelmanns fünfte Phase angeht, so lässt sich vorstellen, dass das fragliche Verhalten nicht verschwindet, sondern sonst wie ideologisch „entschärft" wird, indem man es als „krankheitsbedingt" umdeutet oder gar als „jugendtypisches Rebellionsverhalten" gleichsam neutralisiert: Das Verhalten existiert dann zwar immer noch, wird aber aufgrund dieser veränderten Erklärung und Bewertung nicht mehr als Angriff auf moralische Grundüberzeugungen verstanden. Ein solcher Prozess deutet sich in Bezug auf die Bewertung von Opiat-Konsumenten (Krankheits-Paradigma) und auf die Bewertung von Cannabis-Konsumenten (Neutralisation) gegenwärtig an (vgl. Hess 1983, S. 15). Das Ende der Entwicklung ist jedenfalls offen. Eine einmal eingeführte globale Prohibition kann sich als erfolgreich erweisen oder auch nicht – und die Konsequenzen, die dann daraus gezogen werden, können ebenfalls wieder von einer Verschärfung der Repression bis hin zu einer erneuten moralischen Umbewertung der fraglichen Aktivitäten bzw. zu einer Aufhebung der Verbotsgesetze reichen.

1 Die Phase der Legitimität – der ehrbare Drogenhandel

Der Handel mit Drogen war Jahrtausende lang ein Gewerbe wie jedes andere auch – ein Gewerbe, das bestimmte Kenntnisse und Fähigkeiten verlangte, und denen, die es fachgerecht betrieben, neben finanziellem Gewinn auch durchaus soziale Anerkennung einbrachte. In gewisser Weise färbte dabei vor allem die erhebliche religiöse und medizinische Bedeutung der Substanzen auf diejenigen ab, die mit ihnen handelten.

Sowohl die stimulierende Wirkung des Kokablattes als auch die sedierende und schmerzstillende Wirkung des Schlafmohns waren der Menschheit spätestens seit dem 4. Jahrtausend v. u. Z. bekannt. In der Gegend des heutigen Peru stellten Kokablätter schon zur Zeit der Valdivia-Kultur ein beliebtes Tauschmittel dar. Als mit der spanischen Eroberung die Geldwirtschaft eingeführt wurde, wurden sie trotz eines vorübergehenden kirchlich motivierten Verbots (1551–1567) bald zum unumstrittenen *„Hauptgegenstand des Handels"* (Walger 1917, S. 18). Während der Zeit des Staatsmonopols (bis zum Ende des 18. Jahrhunderts) stand der Kirche sogar ein Zehntel der jährlichen Ernte als Abgabe zu. Es entwickelte sich eine regelrechte Koka-Industrie, die gegen Ende des 16. Jahrhunderts nicht weniger als 2000 Spanier beschäftigte und deren Gewinne sich mit denen aus den Edelmetallminen durchaus messen konnten (vgl. Scheffer 1989, S. 351). Zunächst änderte auch die Entdeckung des Hauptwirkstoffs der Koka-Blätter – des Kokains, 1860 durch Albert Niemann – nichts an der Legitimität von Produktion, Handel und Verbrauch. Peruanische Koka-Blätter wurden in großen Mengen nach Nordamerika (New York) und Europa (vor allem Hamburg) verschifft.[1] Über Hamburg als wichtigsten europäischen Importhafen bezog z. B. auch die Firma Merck aus Darmstadt die Rohstoffe für ihre industrielle Kokainproduktion. Nachdem Merck im Jahre 1862 weltweit als erstes Unternehmen in diesen Geschäftszweig eingestiegen war, folgten praktisch alle weiteren großen pharmazeutischen Unternehmen wie Boehringer, Hoffmann-LaRoche usw. Während die Vereinigten Staaten mehr Koka-Blätter importierten, verlagerte sich die deutsche Industrie wegen des geringeren Volumens und der besseren Haltbarkeit des Zwischenprodukts zunehmend auf die Einfuhr von „Rohkokain". Die Zahl der entsprechenden Fabriken in Peru, die vor allem für Deutschland als den wichtigsten Abnehmer dieses Produkts das Rohkokain produzierten, nahm allein von 1897 bis 1908 von zehn auf 25 zu (vgl. Walger 1917, S. 69ff.). Im letzten Drittel des 19. Jahrhunderts hatten sich breite weltweite Handelsströme mit den Rohstoffen (Kokablätter und Rohkokain von Südamerika in die nördliche Hemisphäre) und den industriell hergestellten Fertigprodukten (Medikamente insbesondere von Deutschland in alle Welt, Genussmittel innerhalb der USA und – z. B. in Form des Vin Marini – innerhalb Europas und nach Übersee) etabliert.

Der Opiumhandel verbreitete sich zunächst aus dem Zweistromland nach Ägypten, Persien und in die Gegend des heutigen Griechenland. Die Römer brachten nach der Eroberung Griechenlands das Opium weiter nach Westen, während der gesamte asiatische Raum mit der Substanz erst durch arabische Händler Bekanntschaft schloss. So gelangte

---

1 Weitere wichtige Herkunftsgebiete für Kokablätter waren Bolivien und Java.

das Opium nach China erst im 13. Jahrhundert (vgl. Selling 1989, S. 276), wo es übrigens bis zum Ende des 17. Jahrhunderts nicht etwa geraucht, sondern gegessen wurde (vgl. Wissler 1931, S. 3).

Mitteleuropa importierte sein Opium – meist in der Form von Rohopium, das dann in den jeweiligen Apotheken vor Ort weiterverarbeitet und z. B. mit Alkohol versetzt wurde – vor allem aus der Türkei und Ägypten. Im 19. Jahrhundert erlebte der Opiathandel einen weltweiten Aufschwung. Einerseits nahm der Opiumexport aus der britischen Kolonie Indien nach China sprunghaft zu. Andererseits entwickelte sich in Deutschland aufgrund der Isolierung des Morphins durch F. W. Sertürner (um 1803) und der industriellen Herstellung von Heroin durch die Farbenfabriken Elberfeld (Bayer) seit 1898 eine prosperierende Pharmaindustrie, die mit ihren Produkten den ganzen Weltmarkt belieferte. Zu Beginn des 20. Jahrhunderts war Deutschland das Land mit der ältesten Alkaloid- und der größten Pharmaindustrie.[2] Deutschland[3] und auch die anderen mitteleuropäischen Staaten, die Opium importierten, führten den Großteil der aus der Substanz hergestellten Endprodukte wieder aus. Der deutsche Heroin- und Morphinexport ging zu über 80 % nach Europa (vor allem in die Schweiz), das verbleibende Fünftel überwiegend nach Südamerika und Ostasien. Besonders begehrt war Opium während des Ersten Weltkriegs, da man für die Verwendung in Feldlazaretten (u. a. als Schmerzmittel nach Amputationen) größere Morphium-Vorräte anlegen musste.[4] Aus den ersten Kriegswochen stammt folgender Brief der Direktion der Firma Merck an einen Ministerialdirektor im Auswärtigen Amt, der hier in Auszügen dokumentiert wird, um einen Eindruck von der Seriosität der beteiligten Händler – und der bereits damals zu beklagenden Existenz schwarzer Schafe – zu vermitteln: Nicht einmal vier Wochen nach Ausbruch des Ersten Weltkriegs trat die Firma Ihmsen und Co., Konstantinopel, an das Auswärtige Amt heran und erklärte sich bereit, gegen Kommission ein größeres Opiumgeschäft mit dem Deutschen Reich zu vermitteln. Merck bezweifelte die Seriosität dieses Angebots, sowohl was den Wirkstoffgehalt als auch was den verlangten Preis der angebotenen Ware anging. Merck schrieb:

---

2   In den Vorkriegsjahren betrug die Morphinproduktion jährlich ca. 12.000 kg und die Codeinproduktion ca. 7.000 kg.

3   Die deutsche Opiumeinfuhr in den Jahren 1891–1913 unterlag diversen Schwankungen. 1891 wurden 27.000 kg Opium eingeführt; 1893 waren es nur noch 5.800 kg. Ab 1894 (8.200 kg) stieg die Opiumeinfuhr wieder stetig an bis 1902 (68.200 kg). Nach einem erneuten Einbruch des Opiumimports 1903 (39.500 kg) stieg die Einfuhr ab 1904 (67.600 kg) bis 1913 (162.500 kg) mit einigen geringfügigen Schwankungen wieder stark an. (vgl. Hartwich 1911). Wissler (1931, S. 263) schreibt diesbezüglich: „Die Opiumausfuhr betrug 1891 bis 1896 im Durchschnitt der Jahre nicht ganz 4000 kg, ab 1903 stieg sie bis zu 22.200 kg im Jahre 1906 und 27.400 kg im Jahre 1910; 1911 bis 1913 betrug sie zwischen 4.000–5.000 kg pro Jahr."

4   Morphium hatte schon während des amerikanischen Bürgerkrieges ebenso wie während des Deutsch-Französischen Krieges eine erhebliche Rolle als Betäubungsmittel in Feldlazaretten gespielt. Die Kriegsveteranen setzten den Konsum auch nach der Entlassung aus dem Lazarett fort.

„Diese Firma ist seit über 10 Jahren gar nicht mehr im Opiumhandel tätig. Sie hat früher in Opium und Rosenöl gearbeitet, seit 10 Jahren ist sie Teppichhändler. Also die richtige Adresse für eine derartige geschäftliche Operation ist diese Firma durchaus nicht. Das Opiumgeschäft ist überaus schwierig und erfordert langjährige Erfahrungen und Kenntnisse, diese besitzt aber die Firma Ihmsen u.Co. nicht mehr, und nur als Maklerfirma brauchen Sie sie nicht."

Der Unterschied zum heutigen Dealer-Diskurs könnte kaum größer sein. Das Geschäft selbst galt dem Merck-Chef als ausgesprochen ehrbares Gewerbe – nur sei es eben sehr anspruchsvoll und kein Tummelplatz für Amateure, die im Teppichhandel tätig sind. Dass der Opiumhandel als solcher eine honorige Angelegenheit war, geht aus diesem Dokument deutlich hervor, denn gleich darauf empfahl E. Merck dem Auswärtigen Amt eine ganze Reihe von seriösen Opiumhändlern:

„Ernsthafte und empfehlenswerte Opiumfirmen sind die nachverzeichneten, mit denen man ohne jede Vermittlung arbeiten kann: Fils de Jacob Scialom in Konstantinopel und Saloniki, Albert Scialom in Saloniki, Nissim Taranto in Konstantinopel, Barker Bros. in Konstantinopel und Smyrna, die hauptsächlich in England arbeiten. F. Fidao u. Co. in Smyrna, Hermann A. Holstein in Konstantinopel, und zwar wird von den Leuten Kasse gegen Konnossement oder 3 Monate Sichttratte gekauft."[5]

Auch in den USA war der Handel mit opiat- und kokainhaltigen Produkten – vor allem den sogenannten *patent medicines*, den Hausmitteln zur Bekämpfung aller möglichen Unwohlseinszustände,[6] Schmerzen und Krankheiten, aber auch entsprechenden Genussmitteln – bis zum Ende des 19. Jahrhunderts allgemein verbreitet. Die Patentmedizin verbuchte 1859

„in den USA einen Umsatz von 3,5 Mio. $. Im Jahre 1905 betrug er 75 Mio. $; 50.000 verschiedene Pharmaprodukte waren um diese Zeit im Handel, fast ein Drittel davon enthielt Morphin, Kokain, Opiumtinktur oder, nach 1898, Heroin[7] (Young 1967). Die Verbraucher dieser ungeheuren Drogenmengen waren damals ganz überwiegend die Mitglieder der weißen, ländlichen, angepaßten Mittelschicht der Südstaaten. Die weiblichen Konsumenten überwogen die Männer fast um ein Drittel. Ebenfalls dominierten die Altersgruppen jenseits der vierzig." (Selling 1989, S. 280)

---

5 Brief von. E. Merck, Darmstadt, Direktion K., An das Auswärtige Amt, z. Hd. des Herrn Ministerialdirektor Dr. Johannes, Darmstadt, den 28.8.1914; Bundesarchiv Potsdam, 2518.

6 So konnte man beispielsweise Babys mit „Mrs. Winslow's Soothing Syrup" beruhigen.

7 Heroin wurde von Bayer als Hustenmittel zusammen mit Aspirin, dem neuentwickelten Schmerzmittel, international vermarktet.

Die nordamerikanische Konsumgüterindustrie[8] richtete – mit einem ungeheuren Werbeaufwand – ihr Augenmerk insbesondere auf die Südstaaten. Kokain- und opiathaltige Produkte wurden in einer breiten Palette in Form von Tonika, Softdrinks, Nasensprays, Pulver, Zäpfchen, Pastillen, Wein und Zigaretten angeboten. (vgl. Gunkelmann 1989, S. 360). Auch als Zusatzstoffe für Genussmittel wurden Opium und Kokain verwandt: 1863 patentierte der korsische Chemiker Angelo Mariani eine Zubereitung aus Kokablätterextrakt und Wein (Vin Mariani), „die nicht nur zu einem beliebten Getränk, sondern auch zu einer beliebten Medizin wurde" (ebd., S. 359). Zu eben jener Zeit gewannen Koka und Kokain in den USA „als Heilmittel und Stimulanz" (ebd.) an Bedeutung und kokainhaltige Genussmittel erlangten fast einen Kultstatus. Der schon erwähnte Vin Mariani wurde von Medizinern zur Linderung allgemeiner Beschwerden empfohlen und viele zeitgenössische Prominente, wie Papst Leo XIII. oder Sarah Bernhardt, lobten seine stimulierende und erfrischende Wirkung. Aber der europäische Kokawein wurde alsbald von einem US-amerikanischen Erfrischungsgetränk überflügelt. Im US-Bundesstaat Georgia kreierte der Apotheker Pemberton im Jahr 1885 das Konkurrenzprodukt: „French Wine Cola", das allerdings nicht recht einschlug. Pemberton intensivierte seine Versuche und kam 1886 mit einem alkoholfreien Erfrischungsgetränk auf den Markt. Die Basis dieses Getränkes stellte ein Sirup dar, „der die Bestandteile Kokain, Koffein und Kolanuß enthielt" (Scheerer und Bartholdy 1993, S. 11). Er taufte seine Kreation: Coca-Cola. Der endgültige Durchbruch gelang 1888, als Pemberton seinen Sirup mit Sodawasser statt Wasser anbot. Einige Zeit später verkaufte Pemberton seine Rechte an dem Getränk. 1892 wurde die Coca-Cola-Company gegründet.

> „Das Produkt wurde als Mittel gegen Kopfschmerzen und für ältere Leute angepriesen, aber eben auch als allgemeines Erfrischungsgetränk konsumiert. Der Erfolg brachte zahllose Nachahmungsprodukte[9] auf den Markt und war sozusagen der Startschuß für die Ära der kokainhaltigen Hausmittel in den USA." (Scheerer und Bartholdy 1993, S. 11)

Dieser Boom war sicherlich auch darin begründet, dass noch vor der Alkoholprohibition in vielen US-amerikanischen Bundesstaaten der Vertrieb von Alkohol eingeschränkt oder verboten war. Kokainhaltige Erfrischungsgetränke boten daher eine angenehme Alternative.

In der zweiten Hälfte des 19. Jahrhunderts waren Handel, Vermarktung und Konsum von kokain- und opiathaltigen Produkten nicht nur legitim „unter bestimmten Bedingungen und in Bezug auf gewisse gesellschaftliche Kreise" (vgl. Nadelmann 1990, S. 1), sondern erfassten die Allgemeinheit. Aus diesem Grunde könnte man von einem bedingten

---

8   Erst mit der Zeit setzte sich eine eigenständige amerikanische Konsumgüterindustrie durch, noch lange nach der Unabhängigkeit der USA beherrschte die englische Opiatindustrie den amerikanischen Markt.

9   Z. B.: Dope-Cola, Care-Cola; in einigen war noch 1909 Kokain enthalten, während aus der Coca-Cola schon 1903 das Kokain als Bestandteil entfernt wurde.

moralischen Wandel innerhalb dieser Phase sprechen, da Handel, Konsum und Vermarktung ein bis dahin noch nicht gekanntes Ausmaß erreichten. Der Drogenhandel war zu diesem Zeitpunkt fest in das „der gesellschaftlichen Praxis zugrundeliegende, als verbindlich akzeptierte und eingehaltene ethnisch-sittliche Normensystem des Handelns"[10] eingebettet.

2 Die Phase der Moralunternehmer – Ansätze einer moralischen Umbewertung

Erste Ansätze zu einer Infragestellung der Legitimität des Konsums von und des Handels mit Kokain gab es in Mitteleuropa ab 1885 und in den USA um die Jahrhundertwende. So wurde z. B. die Anwendung des Kokains beim Morphinentzug von maßgeblichen Medizinern als ein Versuch kritisiert, den Teufel mit dem Beelzebub auszutreiben, und man warnte davor, das Suchtpotential dieser Substanz zu unterschätzen (vgl. Erlenmeyer 1886). Die „Sucht" wurde als Kokainismus beschrieben. Es kam auch zu Berichten, dass infolge der bedenkenlosen Anwendung in der medizinischen Praxis Vergiftungs- und Todesfälle aufgetreten seien (vgl. Gunkelmann 1989, S. 360). Die aufgeschreckte Ärzteschaft nahm Abstand von der kurz zuvor von Sigmund Freud noch detailliert beschriebenen und empfohlenen Substanz. Ein letzter Versuch Freuds (1887), Kokain gegen seine Kritiker zu verteidigen, fand keinen Anklang in der Öffentlichkeit, und Freud enthielt sich in der Folgezeit jeglicher öffentlicher Äußerungen zum Thema. Als Standardmittel wurde es jedoch weiter zu therapeutischen Zwecken – sogar gegen Heuschnupfen – verordnet.

In den USA kam die Wende zuungunsten des Konsums kokainhaltiger Produkte um die Jahrhundertwende. Zum einen sahen die Weißen den Kokainkonsum der Schwarzen als subversiv an, zum anderen etablierte sich eine Medizinerlobby, die gegen die Selbstmedikation antrat. Obwohl die Schwarzen für ihren Kokaingebrauch sicherlich ähnliche Gründe hatten wie die weiße Mittelschicht, und obwohl ihr Konsum auch nicht höher lag, verdichtete sich um das Thema „Schwarze und Kokain" ein „Syndrom rassistischer Ängste und Vorurteile" (Kaulitzki 1995, S. 138). Den Schwarzen, gerade erst der Sklaverei entronnen und dennoch depriviligiert und diskriminiert, wurde unterstellt, durch den Kokainkonsum empfänglicher für Kriminalität, Aufruhr und Widersetzlichkeiten zu sein. So entstand der Mythos vom „cocaine crazed negroe". Dies wiederum motivierte Südstaatenpolitiker, etwas gegen den Coca-Cola-Konsum der Schwarzen zu unternehmen (vgl. Kaulitzki 1995, S. 138). Außerdem nahm der Freizeitkonsum von Kokain in einer für viele Ärzte beunruhigenden Weise zu. 1902 ergab eine Untersuchung, „daß nur 3–8 % des in New York, Boston und anderen Großstädten verkauften Kokains in den medizinischen oder zahnmedizinischen Praxen der Ärzte verbraucht wurden, während der Rest als Hausmittel oder im Freizeitkonsum Verwendung fand" (Scheerer und Bartholdy 1993, S. 14). In Bezug auf die Rolle der Mediziner bei der Problematisierung der moralischen Bewertung

---

10 So wird in Meyer's großem Taschenlexikon „Moral" definiert.

von Kokain spricht Kaulitzki (1995, S. 138) von den Ärzten als Moralunternehmern, „die ihre fachliche Autorität in kulturelle Autorität umsetzten".

1906 folgte der „Pure Food and Drug Act", ein Steuergesetz, das die Kennzeichnung aller Arzneimittel verlangte, zu deren Wirkstoffen Alkohol, Kokain oder Opiate gehörten. Der Handel mit kokainhaltigen Erfrischungsgetränken wurde in den USA verboten und Zuwiderhandlungen unter Strafe gestellt. Obwohl bis zur Umsetzung dieser Verordnung noch einige Zeit verging, waren die Verkaufszahlen für kokainhaltige Hausmittel rückläufig. Über Kokain konnte nicht mehr frei verfügt werden, daher blühte der Schwarzmarkthandel mit einer Explosion der Preise.[11] Die Anzahl derjenigen, die sich deswegen in die Illegalität begeben wollten, war äußerst gering. Um 1910 war der Kokainboom endgültig vorbei.

In Bezug auf den Handel mit Opium gab es zwei Ansatzpunkte für eine moralische Ächtung, die direkt oder indirekt mit der Ideologie und den Interessen der USA verknüpft waren. Da war zum einen der unkontrollierte Verkauf opiathaltiger Hausmittel – der sogenannten *patent medicines* – der mit fortschreitender Professionalisierung der Ärzteschaft und zunehmendem Bedürfnis nach einem Schutz der Konsumenten vor Betrug und Quacksalberei in die Schusslinie von Sozialreformern und Massenmedien geriet. Zum anderen die öffentliche Beunruhigung weißer Kalifornier durch die ihnen unheimlich vorkommende Sitte der eingewanderten Chinesen, ihre Opiate nicht etwa – wie die weiße Mittelschicht – zusammen mit Alkohol zu trinken oder in Form von Hausmittel zu sich zu nehmen (Sirup, Pastillen etc.), sondern es in „Opiumhöhlen" zu rauchen. In San Francisco wurde 1878 ein Opiumverbot erlassen, das sich primär gegen die chinesischen Zuwanderer wandte und nicht gegen den bis zu diesem Zeitpunkt akzeptierten Drogenkonsum.

Diese Strafgesetze waren „gegen die zunehmend in das Kreuzfeuer ausländerfeindlicher Kritik geratene Minderheit eine gesetzliche Waffe" (Beke-Bramkamp 1992, S. 66), die den Immigranten das soziale Dasein erschweren sollte.

3 Die Phase des Regierungshandelns – die USA als Vorreiterin der Drogenprohibition

In der Opiumfrage spiegelten sich zwei wesentliche geopolitische Konfliktlinien des 19. Jahrhunderts: zum einen der Konflikt zwischen kapitalistischen und nichtkapitalistischen Weltgegenden, zum anderen der innerkapitalistische Konflikt zweier ökonomischen Strategien. Genaugenommen wurde aus dem Sachverhalt des englisch-chinesischen Opiumhandels überhaupt erst die Opiumfrage, als dieser Handel von den USA attackiert und zum internationalen Problem erklärt wurde (vgl. Scheerer 1993, S. 83).

China war der erste Protagonist eines strengen Verbots des Opiumhandels. Schon 1729 wurde in China ein Antiopiumedikt erlassen, „das den Ankauf von Opium und das Halten von Opiumdivans unter schwere Strafe stellte" (Wissler 1931, S. 7). Des Weiteren be-

---

11 „Z. B. New York: statt 10 Cents immerhin 5 Dollar" (Scheerer und Bartholdy 1993, S. 14).

inhaltete es ein offizielles Einfuhrverbot für Opium, die Möglichkeit der Beschlagnahmung von Schiffsladungen, die Opium enthielten, sowie weitere restriktive Maßnahmen gegen den Opiumvertrieb. Opium diente bis zu diesem Zeitpunkt als Tauschware – vornehmlich europäischer Händler – gegen Tee, Gewürze und Seide. Das von den Chinesen konsumierte Opium stammte zum größten Teil aus Indien und zu einem geringeren Teil aus China selbst. Das Edikt von 1729 war eine Reaktion auf diese von China nicht gewünschten Transaktionen. Die Maßnahme sollte sich in den folgenden Jahrzehnten jedoch als erfolglos erweisen, da England – insbesondere nach der Kolonisation des indischen Mogulreiches[12] – den bis dahin schon stark florierenden Opiumhandel in den folgenden hundert Jahren noch kräftig ausbauen sollte. Englands Interesse an einem lukrativen Ostasienhandel stand Chinas Desinteresse an europäischen Waren gegenüber. Um China dem Westhandel zu öffnen, setzte England in zunehmenden Maße auf den Opiumvertrieb und baute den Opiumschmuggel nach China so fest in das Verwaltungs- und Finanzierungssystem der indischen Kolonie ein, dass ein Verzicht darauf schon deshalb kaum vorstellbar war, weil man sonst nicht gewusst hätte, wie man die Kosten der britischen Verwaltung Indiens hätte refinanzieren sollen.

„So wurden die kaiserlichen Edikte zwar immer wieder erneuert, verschärft und erweitert – z. B. 1796, 1799, 1800, 1813 und 1815 – doch konnte dies weder die britischen Opiumauktionen in Bengalen (‚Calcutta Sales') noch die Schmuggelaktionen der europäischen Händler in das Reich der Mitte beeinflussen." (Selling 1989, S. 278)

England beachtete diese Verbote nicht und die Opiumeinfuhren nach China stiegen über die Jahrzehnte sprunghaft an.[13] Als China 1839 sämtliche ausländischen Opiumvorräte in Kanton vernichtete, hatte sich bereits Englands Handelsbilanz zuungunsten Chinas umgekehrt. Der Opiumvernichtung in Kanton war ein innerchinesischer Streit vorangegangen: Sollte der Opiumhandel legalisiert und die Einfuhren besteuert oder die Opiumprohibition beibehalten werden? Mit der Opiumvernichtung setzten sich die Prohibitionsbefürworter durch und gingen in die Offensive. Die europäischen Kaufleute wurden schriftlich aufgefordert, auf den Opiumhandel zu verzichten. Doch nur die amerikanischen Händler akzeptierten dieses Verbot. Die Engländer begannen stattdessen den ersten „Opiumkrieg" gegen China 1840–1842 (vgl. Wissler 1931). Als die Engländer nach dem gewonnenen Krieg die erwartete Legalisierung ihrer Opiumexporte nicht konzediert bekamen, führten sie einen weiteren, nicht minder blutigen zweiten „Opiumkrieg" (1856–1858). An dessen Ende stand die offizielle Legalisierung des Opiumhandels durch den Vertrag von Tientsin.

---

12 Durch die Schlacht bei Plassey 1757, in der die Engländer gegen eine große Übermacht des Mogulreiches siegten. Ziel dieser Schlacht war, nach dem langsamen Verfall des Mogulreiches, den Ostasienhandel politisch abzusichern.
13 Die jährliche Opiumeinfuhr nach China betrug 1729 14 Tonnen, sie verzehnfachte sich bis ca. 1780, verdoppelte sich bis 1790 erneut, um 1835 2.000 Tonnen zu erreichen. 1879 erreichte sie ihren Höhepunkt mit 6.000 Tonnen (vgl. Selling, 1989, S. 278; Wissler 1931, S. 7f.).

„Da der Verbreitung des Opiums nun keine Schranken mehr gesetzt waren, stiegen die chinesischen Einfuhren noch einmal sprunghaft an und erreichten auf ihrem absoluten Höhepunkt im Jahre 1879 immerhin 82.927 Kisten, was einer Menge von sechs Millionen Kilogramm (6000 Tonnen) entsprach." (Selling 1989, S. 279; vgl. auch Wissler 1931)

Die zweite geopolitische Konfliktlinie spiegelt der englisch-amerikanische Opiumkonflikt wider. Für die Amerikaner war die aus den Opiumkriegen resultierende wirtschaftliche und politische Vormachtstellung Englands in Ostasien eine Bedrohung. Zum einen ging es um eine mögliche Kolonialisierung Chinas durch europäische Mächte, das zu dieser Zeit ähnlich darniederlag wie das indische Mogulreich hundert Jahre zuvor, zum anderen um den potentiellen Ausschluss der USA vom profitablen Ostasiengeschäft.

„England vertrat den klassischen Kolonialimperialismus, der die Kolonien auspresste und die Gewinne im kapitalistischen Zentrum realisierte. Dazu paßte der Opiumhandel vorzüglich. Man glaubte sich berechtigt, alles notwendige unternehmen zu dürfen, einschließlich des Verkaufs schlimmster und gefährlichster Ware." (Scheerer 1993, S. 84)

England war nur daran interessiert, Waren aus China herauszuholen, während die USA Industriegüter in China absetzen und Kapital dort anlegen wollten. Aufgrund des US-amerikanischen Interesses am wirtschaftlichen Wohlergehen Chinas verschärften sich die Gegensätze zu England. Die USA betrachteten die Opiumfrage als international zu lösendes Problem. Allerdings war die innenpolitische (Bürgerkrieg) und außenpolitische (Sklaverei und deren Folgen) Ausgangslage der USA nicht die beste, um moralisch oder wirtschaftlich gegen England vorzugehen (vgl. Scheerer 1993, S. 85). 1844 sprachen sich die USA im Vertrag von Wanghia gegen den Opiumhandel aus, und 1880 wurde „im Vertrag mit China ausdrücklich jedem amerikanischen Bürger jeder Handel mit Opium nach China verboten" (Scheerer 1993, S. 85).

Die Möglichkeit, gegen die englische Opiumpolitik vorzugehen, ergab sich 1898, als die Amerikaner infolge des spanisch-amerikanischen Krieges die Philippinen besetzten. Die Amerikaner fanden einen verbreiteten Opiumkonsum vor; die Spanier besaßen bis zu diesem Zeitpunkt das Opiummonopol. 1904 wurde vom US-Kriegsministerium eine Philippinen-Opium-Kommission unter dem Vorsitz des Bischofs Brent eingesetzt, der die Einberufung einer internationalen Opiumkonferenz anregte, um die Opiumfrage global zu lösen. Diese Konferenz fand 1909 in Shanghai statt – unter dem Vorsitz von Brent – und zielte ausschließlich auf weltweite Aktionen gegen Opium und dessen Derivate ab (vgl. Scheerer 1993, S. 85f.).

4 Die Phase der globalen Repression – Weltkreuzzüge gegen den Drogenhandel

Nach Nadelmann wird die fragliche Aktivität in der vierten Phase der natural history zum Gegenstand strafrechtlicher Verurteilung und polizeilicher Verfolgung – bis hin zur Entstehung internationaler Konventionen und Verwaltungsabkommen, die eine Eindämmung der Aktivität in transnationalem Maßstab ermöglichen sollen. H. S. Becker spricht in diesem Kontext von „Regeldurchsetzern" die Mittel schaffen, in diesem Fall kodifizierte Normen und den dazugehörenden Behörden- und Beamtenapparat, um das Ziel – die globale Prohibition – zu erreichen.

4.1 Der erste Weltkreuzzug (Von Shanghai 1909 bis Genf 1925)

Zum Abschluss der Konferenz von Shanghai, die keine rechtlich verbindlichen Beschlüsse fasste und von vielen Teilnehmern und Beobachtern als Fehlschlag gewertet wurde, hatte der chinesische Delegierte in einer pathetischen Rede alle Völker dazu aufgerufen, sich dafür einzusetzen, dass das gerade beginnende Jahrhundert im Zeichen eines großen „Weltkreuzzugs" gegen das Opium stehen möge. Während die amerikanische Delegation sich sofort nach der Rückkehr in die Heimat daran machte, Einladungen zu einer Folgekonferenz zu formulieren, auf der verbindliche Abmachungen getroffen werden sollten, war die vorherrschende Prognose eher die, dass die Amerikaner ihre Vorstellungen eines Welt-Drogen-Rechts in absehbarer Zeit kaum würden realisieren können.

Dabei hatte man jedoch die Beharrlichkeit und die während des 20. Jahrhunderts zunehmenden Einflussmöglichkeiten der USA auf die globale Politik unterschätzt. Auf Druck der USA und einer auch innerhalb von Großbritannien stärker werdenden Opposition gegen den indisch-chinesischen Opiumhandel gelang es zunächst innerhalb weniger Jahre, den englischen Opiumhandel mit China in der Weltmeinung zu ächten und schließlich versiegen zu lassen. Das Ringen zwischen England und den USA sollte auf paradoxe Weise auch noch Deutschland und seine Kokainexporte in Mitleidenschaft ziehen. Mit Hilfe eines diplomatischen Manövers versuchte England das Deutsche Reich – einen wichtigen ökonomischen und politischen Konkurrenten – zu bewegen, entweder vor der Welt als Verhinderer der internationalen Opiumkonvention dazustehen oder aber zumindest ebenso empfindliche Einbußen im Kokain- und Opiatgeschäft hinzunehmen wie England im Opiumhandel. Dadurch trotzte die britische Regierung dem Deutschen Reich die Zusage ab, auch Kokain in das hierfür zunächst gar nicht gedachte Opiumabkommen aufzunehmen und den Handel damit ebenfalls zu einer „verbotenen" und „geächteten" Angelegenheit zu machen. Trotz zahlreicher Manöver, mit denen die deutsche Diplomatie letztlich jegliche rechtsverbindliche Verpflichtung vermeiden wollte, wurde das Deutsche Reich schließlich von den Siegermächten des Ersten Weltkrieges im Versailler Vertrag zur Ratifizierung des Opiumabkommens von 1912 verpflichtet. Da dieselbe Verpflichtung auch die anderen Zauderer – wie die Türkei und Bulgarien – traf, hatten die USA kurze

Zeit nach dem Ende des Ersten Weltkriegs ihr Ziel einer globalen Kontrolle – und Ächtung – des Drogenhandels erreicht (vgl. Scheerer 1993). In der Folgezeit wurden immer mehr Drogen in die globale Konvention aufgenommen. Zudem wurde der Bereich der verbotenen Handlungen ausgedehnt, und die Strafen für die Nichtbeachtung dieser Vorschriften erhöht.

Das Ende des ersten Weltkreuzzugs gegen den Drogenhandel war 1925 mit den beiden Genfer Abkommen gekommen, die auch die Aufnahme von Cannabis in den Katalog der verbotenen Drogen vorsah. Von nun an ging es vor allem um die bürokratische Durchsetzung und Konsolidierung der in den internationalen Konventionen getroffenen Abmachungen.

4.2 Die Einführung der internationalen Drogen-Planwirtschaft (1926–1980)

In Deutschland war die Umsetzung des Haager Abkommens zunächst durch die Verordnung über den Verkehr mit Opium und anderen Betäubungsmitteln vom 20.07.1920 erfolgt – eine Rechtsnorm, die als Höchststrafe für den illegalen Drogenhandel eine Freiheitsstrafe von sechs Monaten vorsah. Am 21.03.1924 wurde die Höchststrafe auf drei Jahre heraufgesetzt. (Danach dauerte es dann bis zum 22.12.1971, dass die Höchststrafe zunächst auf zehn Jahre und schließlich zum 31.07.1981 auf 15 Jahre erhöht wurde.) Zunächst einmal jedoch ging es auf internationaler Ebene darum, wie in den Abkommen festgelegt, den Bedarf zu schätzen und den Anbau der jeweils genehmigten Menge von Mohnpflanzen zu kontrollieren sowie das System der Herstellung des jeweils „berechtigten Bedarfs" der verschiedenen Länder in die Praxis umzusetzen. Dafür wurde zunächst beim Völkerbund (und später bei den Vereinten Nationen) eine eigene Bürokratie eingerichtet. Dieses „Ständige Opium-Zentralkomitee", hatte den Auftrag, „die Entwicklung des internationalen Handels auf Grund der von den Regierungen dem Übereinkommen gemäß gelieferten Angaben zu studieren". Sinn der Sache war natürlich kein zweckfreies Studium, sondern „das neue System einer Weltbuchführung" diente dem Zweck, eine „genaue Verrechnung der rechtmäßig eingeführten oder ausgeführten Rauschgiftfabrikate zu gewährleisten und ein Auftauchen dieser Waren im Schleichhandel auszuschließen" (Völkerbund 1934, S. 10). Dieses System existiert heute noch – ein riesiger Apparat weltweiter Bedarfsanmeldung, -genehmigung und Schmuggelverhinderung, das gedacht ist als „vollständiges System" einer „weltumfassenden", „wirksamen" Drogenverwaltung, die jeden nicht-medizinischen Gebrauch der Substanzen effektiv ausschließt. Kurz: die Idee eines „Weltplans", der „die lückenlose Regelung einer ganzen Industrie und eines Handels, der sich über die ganze Erde erstreckt, zum Ziele hat" (ebd., S. 12, 14). Die internationale Drogenkontroll-Bürokratie verwendet bewusst die Terminologie der sowjetischen Planwirtschaft, denn in der Tat ist dies trotz ihres US-amerikanischen Ursprungs ein historisch einzigartiges Beispiel für die Übernahme sozialistischer Planungsideale (und -illusionen) durch den Westen. Obwohl das System bis heute unverändert (schlecht) funktioniert, ist der Charakter der Drogenkontrollpolitik als einer Planwirtschaft nie wieder so unverblümt ausgesprochen worden wie zum Zeitpunkt ihrer Installierung. In einem Dokument des Völkerbundes heißt es unter der Überschrift „Ein Beispiel internationaler Planwirtschaft" ausdrücklich:

> „Wirtschaftlich gesehen, beschränkt das Abkommen international, auf direktem Wege, quantitativ und qualitativ die Herstellung und damit auch den Handel gewisser Industrieprodukte streng auf das Volumen einer berechtigten Nachfrage. Es verwirklicht also zwischenstaatlich für eine gegebene Industrie die wesentlichen Grundsätze des Systems, das man gewöhnlich ‚Planwirtschaft' nennt." (ebd., S. 14).

Das Problem dieser bis heute existierenden globalen Drogen-Planwirtschaft war freilich kein anderes als das, welches auch alle anderen planwirtschaftlichen Modelle zu plagen pflegt: Der bürokratisch berechnete „berechtigte Bedarf" wird meist geringer veranschlagt als der von den Konsumenten tatsächlich artikulierte Bedarf, deshalb entsteht neben der legalen Drogenwirtschaft eine „Schattenwirtschaft" oder ein „Schwarzmarkt", der zunächst vielleicht nur einen Teil des legalen Marktes ausmacht, dessen gesamte Umsätze aber mit steigender Repression nicht etwa zurückzugehen, sondern anzusteigen pflegen. Häufig übersteigt der Schwarzmarkt die Umsätze des bürokratisch kontrollierten Marktes um ein Vielfaches.

Die Unwirksamkeit der globalen Drogen-Planwirtschaft war – ebenso wie die der sowjetischen allgemeinen Planwirtschaft – für ideologisch unverblendete Beobachter von vornherein evident. Für ihre Befürworter freilich schien sie einen Heilsweg zu verkörpern, der ungeachtet aller Empirie auf schnellstem Wege aus allen Problemen herausführen sollte. Vor allem war sie ein ideologisches Kampfmittel, das die Ächtung der Gegner erlaubte. Denen hing fortan der Ruf an, einen dem Wohl der ganzen Menschheit dienenden Plan arglistig zu sabotieren. Drogenhändler, die sich nicht den Imperativen der Planwirtschaft unterwerfen wollten, waren Feinde nicht nur einzelner Menschen oder Nationen, sondern der Weltgesellschaft und ihrer neuen Drogen-Ordnungsbehörden.

Hatte es im 19. Jahrhundert noch kein Verlangen gegeben, eine Gruppe von Drogen oder Drogenhändlern negativ von anderen abzugrenzen, so kam dieses Bedürfnis mit der Entstehung der Opium-Kontroll-Bürokratie nunmehr auf. Ohne einen wichtigen Feind und eine große Gefahr ließ sich der enorme Aufwand an Datenerhebung und Kontrollmaßnahmen, einschließlich der Eingriffe in die nationalen Hoheitsrechte und kulturellen Eigenheiten, kaum rechtfertigen. So begann man nach einem Begriff zu suchen für die verschiedenen Drogen, die unter die neuen internationalen Kontrollen fielen. Es tauchten Termini wie „Rauschmittel", „Rauschgifte" und „Suchtgifte" auf, und wer mit ihnen unerlaubt Handel trieb, erhielt ein neues, verächtliches Image.

In Deutschland traf sich das Bedürfnis nach einer Ächtung der sogenannten Rauschgifte und Rauschgifthändler, mit der nationalsozialistischen Ideologie der „Volksgesundheit" und der Vorstellung, dass es das „jüdische Element" mit allen Mitteln „auszumerzen" gelte. Die NS-Propaganda sah im Gebrauch von Rauschmitteln ein Laster, das unter Umständen auf eine erbbiologisch bedingte „Minderwertigkeit" der Konsumenten schließen ließ. So schrieb ein Kriminalkommissar 1940 in einem Buch unter dem Titel *Rauschgift und Verbrechen in Frankreich* über den Zusammenhang von Französischer Revolution, Dekadenz und Rauschgiftkonsum; die „Rauschgiftseuche" sah der Autor als Beleg dafür an, dass Frankreich „längst nicht mehr die große Kulturnation" sei, „als die es vielleicht einst gelten konnte" (Seekel 1940, S. 39). Vorgeführt wird ein Komplex von Korruption in Polizei und Politik, verknüpft mit dunklen Machenschaften jüdischen Kapitals, wobei alle Fallbeispiele nach derselben Erzählstruktur aufgebaut sind, wie z. B. dieser

> „Fall eines Isaac Leifer, Oberrabbiner in Brooklyn, der 1939 von der 10. Pariser Strafkammer wegen Rauschgiftschmuggels zu einem Jahr Gefängnis verurteilt wurde. Zwei seiner Helfershelfer, auch Juden, erhielten gleichfalls Gefängnisstrafen. Die Festnahme des Kleeblatts erfolgte im Juli 1938 in Paris. Dem französischen Fachdezernat war vertraulich mitgeteilt worden, ein Ausländer, der sich ‚großer Verehrung in der jüdischen Kolonie von New York erfreue', befasse sich mit dem internationalen Heroinschmuggel zwischen Frankreich, Amerika und Palästina. Dieser Fremde, der einen prächtigen Bart habe (‚porteur d'une barbe magnifique en éventail') und einen Kaftan trage [...], müsse beobachtet werden. Nun, die Pariser Polizei befolgte diesen Rat und ertappte den Rabbiner dabei, wie er mit seinen beiden Komplicen in einem Taxi von Postamt zu Postamt fuhr und jedesmal umfangreiche Pakete aufgab. Bei der Öffnung fand man darin Talmudbücher, in dem einen Paket allein 150 Stück. In den Umschlägen dieser (wie die französische Presse schreibt) ‚frommen hebräischen Bücher' waren Säckchen verborgen, die jedes 100 Gramm Heroin enthielten. Die Sendungen sollten nach New York und Jerusalem gehen. Bei der Gerichtsverhandlung erklärte der Gauner, er sei das Opfer eines unbekannten Glaubensgenossen namens ‚Jakob' geworden, der ihn auf der Straße angesprochen und gebeten habe, diese Pakete für ihn aufzugeben. Er schwor bei dem Haupte seiner Frau und seiner Kinder, daß er bis zu seiner Verhaftung nicht gewußt habe, was Heroin sei [...]. Der Jude hatte erwiesenermaßen in einer Bank von New York allein ein Konto von 64 000 Dollar. Übrigens wurde seine Frau in den Vereinigten Staaten von Nordamerika wegen Verdachts der Mittäterschaft verhaftet" (Seekel 1940, S. 22f.).

Die Assoziation von Mitgliedern einer geächteten Minderheit – im NS-Staat insbesondere der Juden – mit dem ebenfalls geächteten Rauschgifthandel ergab einen Strudel, in dem jedes Element die negative Bewertung der anderen Elemente bestätigte und verstärkte. Dieses ‚Cluster' von negativen Merkmalen wiederum wurde verknüpft mit großflächigen moralischen Orientierungen (negative Bewertung demokratischer Ideale und französischer Kultur). Die Arbeit von Seekel (1940, S. 46f.) bietet auch hierfür Beispiele, verortet der Autor doch die wahren Ursachen solcher Fälle „im Zerfall der moralischen Substanz des Landes" – ausgelöst durch die „Revolution von 1789" und weiter wirkend als

> „Dekadenz im wahrsten Sinne. Hier zeigt sich die innere Haltlosigkeit eines Volkes, das offensichtlich nicht mehr weiß, wozu es in der Welt ist. Die jungen Völker aber, denen heute, morgen und in der Zukunft die kulturelle und politische Führung gehört, erkennen in Frankreich den Saboteur der zivilisatorischen Mission Europas".

In Deutschland war erst mit diesem (NS-)Diskurs die Ächtung des Drogenhandels und der Drogenhändler ideologisch abgeschlossen. Das Bild, das für die Öffentlichkeit vom moralischen Unwert der Drogenhändler gezeichnet werden sollte, war komplett. Von nun an sollten die Themen der Dekadenz, der Minderwertigkeit, der Profitgier sowie der Gefahr für die „Volksgesundheit" und die Gesellschaft als Ganzes ungeachtet aller politischen und sozialen Veränderungen weiterwirken – auf Tagungen des Bundeskriminalamts (vgl. Bundeskriminalamt 1956) und in den Schriften und Reden von hochrangigen Kriminalbeamten (vgl. Bauer 1975). Meinungsführer wie der Bremer LKA-Chef Herbert Schäfer wurden nicht müde, Kampagnen ins Leben zu rufen, die den Graben zwischen Dealern und der restlichen Gesellschaft vertiefen sollten. Der bekannteste Ausdruck dieser Kampagne war wahrscheinlich der weitverbreitete Autoaufkleber „Dealer sind Mörder", Erwähnung verdienen aber auch die zahllosen Fortbildungs- und „Aufklärungs"-Veranstaltungen, die von Schäfer selbst in Bremen, an der Polizeiführungsakademie in Hiltrup/Münster usw. durchgeführt wurden. Schäfer leitete 1980 in seinem Artikel *Sind Dealer Mörder?* die Mörder-Eigenschaft der Dealer streng aus dem Gesetz und dem rechtsdogmatischen Merkmal der „Habgier" als einem Tatbestandsmerkmal des § 211 StGB her. Dies geschieht ungeachtet denkbarer Einwände, die sich aus der unglückseligen Traditionslinie der Ächtungskampagnen einerseits und der negativen Folgen der ebenso repressiven wie unwirksamen Drogen-Planwirtschaft andererseits wie von selbst ergeben müssten. Auch die jeweiligen Bundesregierungen pflegten „das verbrecherische Treiben der Täter" als „verabscheuungs-würdige Angriffe gegen das Schutzgut ‚Volksgesundheit'" zu titulieren (Begründung der Bundesregierung für ihren Entwurf eines Gesetzes zur Neuordnung des Betäubungsmittelgesetzes vom 9.01.1980, Bundestags-Drucksache 8/3551, S. 37).

Die moralische Bewertung der Opiat- und Kokainhändler hat sich seit den 1930er-Jahren nicht grundsätzlich geändert, sondern – unter Aussparung expliziter Benennung von Juden als Tätern – in ihren wesentlichen Merkmalen nur verfestigt. Dabei sind zwei Besonderheiten festzuhalten. Zum einen das Auftauchen des Wortes „Dealer" als Bezeichnung für eine Person, die außerhalb der Planwirtschaft mit Drogen handelt; zum zweiten der merkwürdige ideologische Umschlag der Protestbewegung zu Beginn der 1970er-Jahre, die das negative Stereotyp der hegemonialen Ideologie auch innerhalb derjenigen Kreise akzeptabel machte, die sich ansonsten in ihrer kulturellen, sozialen und politischen Ablehnung des Status quo einig waren. Auch innerhalb der Linken wurden Dealer zu geächteten Figuren, in deren Ablehnung und Bekämpfung sich weniger die letzte Gemeinsamkeit zwischen kultureller Opposition und den Verteidigern der bestehenden Verhältnisse zeigte. Vielmehr offenbarte sich die erste Gemeinsamkeit einer ideologisch über diesen Topos vereinnahmten „Linken" mit der von ihr bekämpften Gesellschaft. Heute ist die Bevölkerung daran gewöhnt, Dealer als „Verbrecher", als „Mörder", als „profitgierig" und „gewissenlos" einzustufen, die – wie hoch auch immer die gesetzlich festgesetzten Strafen gerade sein mögen – eigentlich eine lebenslange Freiheitsstrafe oder gar die Todesstrafe verdient hätten. Und dies, obwohl dem Großteil der Bevölkerung keine Dealer persönlich bekannt sind. Trotzdem scheint nahezu jeder sie zu kennen. In Presse, Funk und TV werden die gängigen Klischees bedient durch Exklusivberichte, Krimis etc. Ein bestimmtes, bedrohliches Dealerstereotyp hat sich herauskristallisiert: Der Dealer ist profitgierig, zynisch, brutal und gewissenlos – ein Schwerverbrecher. Daher scheint es auch nicht verwunderlich, wenn bei einer Umfrage des SPIEGEL in Bezug auf Sorgen und Hoffnungen der Deutschen zu Beginn der 1990er-Jahre Deutsche in West und Ost gleichermaßen dem Schutz der Jugend vor Drogen oberste Priorität einräumten.

4.3 Der zweite Weltkreuzzug (ab 1981)

Die Ineffektivität der Drogen-Planwirtschaft zeitigt Drogenkriege. Je wirkungsloser die globale Bürokratie, desto verzweifelter die gigantischen Anstrengungen, mit Hilfe von Anti-Drogen-Kampagnen in Schulen und auf Sportplätzen, durch Zwangstherapien und den Einsatz von Drogen-Agenten, V-Leuten, Provokateuren, Nachrichtendiensten, Militärberatern, Entlaubungsmitteln und Geldwäsche-Gesetzen den Weltkreuzzug doch noch zum Erfolg zu führen. Eine vollständige Auflistung der bundesdeutschen „Sofort-" und „Aktionsprogramme", kommunaler, landesweiter und bundesweiter „Aufklärungskampagnen", Beratungs-, Behandlungs- und Bekämpfungsprogramme einschließlich des darin verbreiteten Dealer-Bildes steht noch aus. Dasselbe gilt für die Äquivalente (bzw. Vorbilder) in den USA und auf internationaler Ebene.

Handelt es sich bei diesen Maßnahmen um einen nicht abreißenden und im wesentlichen unveränderten Strom des „more of the same" oder lassen sich Einschnitte und qualitative Veränderungen feststellen? Angesichts der unbefriedigenden Forschungslage ist eine endgültige Antwort noch nicht zu finden. Es gibt aber zumindest drei Gründe für die Annahme, dass seit Beginn der 1980er-Jahre eine neue Ebene erreicht wurde.

(1) Die Strafen für Dealer sind die härtesten, seit Murad IV. im 17. Jahrhundert Kaffeetrinker und Tabakraucher köpfen und säcken ließ. Die Strafpraxis in den USA hat eine neue Qualität erreicht, und das Gefängnissystem in eine Art Gulag-System für Drogen-Dissidenten verwandelt: Wer außerhalb des „Weltplans" mit Drogen handelt, hat seine Freiheitsrechte verwirkt. In vielen Staaten Asiens werden Drogendealer – oder solche, denen man zutraut, dass sie es seien – mit dem Tode bestraft. In Südamerika übernehmen Todesschwadronen und unkontrolliert mordende Militärpolizisten die „dirty work" der Vernichtung von Dealer-Leben. Noch nie war man so nah daran, das Leben von „Rauschgifthändlern" gleichsam offiziell als wertlos zu definieren und zu „behandeln".

(2) Die Dealerverfolgung ist kein separater Teil der Strafverfolgung mehr, sondern liefert inzwischen die Blaupausen für den allgemeinen Trend in Strafgesetzgebung, Strafprozess-Veränderung und Strafvollzugspolitik. Kurz: Sie ist die Vorhut der allgemeinen Entwicklung sozialer Kontrolle. War sie früher wichtig – aber marginal – so ist sie heute von überragender, dominanter und zentraler Bedeutung. Sie durchdringt die Telekommunikation (Datenstaubsauger im Weltall, die jeden Fax-, Telefon- und Funkverkehr nach Schlüsselworten durchforsten) und die Finanzwelt (Geldwäsche-Gesetz, die potentielle Aufhebung des Bankgeheimnisses), sie spannt die Banken selbst in die Strafverfolgung

ein. Diese Überwölbung der gesamten Finanz- und Kommunikationssphäre mit einem Dach aus Dealer-Bekämpfungs-Maßnahmen ist historisch neu.

(3) Vor allem aber erreicht die Dealer-Verfolgung eine neue Qualität mit dem Zugriff auf Staatsgebilde. Die US-Regierung macht die Gewährung der Auslandshilfe, aber auch die Qualität und Quantität diplomatischer und wirtschaftlicher Kontakte davon abhängig, ob eine Regierung als „Verbündete im Kampf gegen das Rauschgift" klassifiziert werden kann oder nicht. Gegenwärtig durchleben die Beziehungen zu Mexiko deswegen eine turbulente Phase. Vorher waren es die zu Panama, zu Kolumbien, zu Brasilien...

Heute werden Staaten nicht mehr nach ihrer Nähe oder Ferne zum „Sozialismus", sondern nach ihrer angeblichen Nähe oder Ferne gegenüber den „Rauschgifthändlern" klassifiziert. Für den Weltkreuzzug gegen den Drogenhandel ist die Bekämpfung von Individuen nicht mehr genug – nun müssen es die Regierungen und die Bevölkerungen ganzer Staaten sein. Der Kampf gegen die Drogen wird auf eine Weise zum Gegenstand internationaler Politik, wie es sich wohl selbst Bischof Brent nicht hat träumen lassen. So wie der illegale Drogenhandel Vorreiter der Globalisierung von Waren- und Finanzströmen war, so ist heute die Drogen- und Händlerbekämpfung Vorreiterin der Überwachung, Repression und globalen Disziplinierung.

5 Die Phase der Bewährung – Expansion und Erosion des Verbots

Der heutige Dealer-Diskurs ist durch die Invarianz der negativen Bewertung des Drogenhandels, durch die Abwesenheit von Dissens und die Präsenz starker Kollektivgefühle gekennzeichnet, die eine immer stärkere „Bestrafung" der Dealer fordern. Zugleich ist die Stärke der Gefühle, die gegen die Dealer mobilisiert werden, wohl im Zusammenhang mit der Entsubjektivierung der Konsumenten von illegalen Drogen zu sehen. Deren Nachfrage nach psychoaktiven Substanzen gilt nicht als autonome Konsumentscheidung und ist deshalb aus offizieller Sicht „keine Nachfrage im gewöhnlichen wirtschaftlichen Sinne" (so schon: Völkerbund 1934, S. 5). Weil die Konsumenten in der Tendenz als „verführte" und/oder „süchtige", im Grunde „willenlose" Objekte (mehr denn als Subjekte) angesehen werden, ist ihnen gegenüber eine (entsubjektivierende, zur Zwangstherapie legitimierende) „Nachsicht" angebracht, die wiederum nicht mild, sondern entmündigend und zugleich Legitimation für umso größere Härte gegenüber dem Haupt-Feind, dem „Dealer" ist. „Härte gegen Händler", forderte denn auch der Oberstaatsanwalt Harald Körner unter der Überschrift *Hessens Justiz macht Front gegen Dealer* und mahnte zugleich zu „Nachsicht mit den Konsumenten" (Rheinische Post, 19.10.1991). Mit dieser Kriegsmetapher von der „Front" ist schon alles gesagt: Es geht um einen antagonistischen Widerspruch, der nur durch den „Sieg" der einen und die „Niederlage", die „Vertreibung" oder sonstige „Unschädlichmachung" der „Feinde" aufgelöst werden kann. Ähnlich wie im Krieg müssen andere Differenzen zurückstehen – die Angehörigen verschiedener politischer Lager und Parteien schließen sich im Kampf gegen die Dealer zusammen. Auch die BewohnerInnen der Hafenstraße warfen „Flaschen und Steine auf Drogenhändler", und die Hamburger

Morgenpost berichtete am 02.11.1993 stolz auf der ersten Seite: *Hafenstraße macht Jagd auf Dealer* – nicht ohne ein Foto abzubilden, auf dem ein handgemaltes Riesenschild zu sehen war mit der Aufschrift „Dealer verpisst euch!". Selbst in der „Kopenhagener Anarchistenrepublik", dem „Freistaat Christiania", ist seiner Freiheit nicht mehr sicher, wer von den angeblich so friedliebenden Bewohnern als Händler bestimmter Drogen ausgemacht wird, denn „wenn harte Drogen wie Heroin oder Kokain auftauchen, reagieren die Bewohner kompromisslos" (Die Zeit, 18.10.1991).

Zwischen SPD und CDU bestehen nur geringe Unterschiede. Als die SPD-Länder sich wegen der Lage in Kurdistan weigerten, die von der Bundesregierung beschlossene Abschiebung von kurdischen Asylbewerbern vorzunehmen, beeilte sich die Landesregierung von NRW zu versichern, dass die wegen der Gefahr von Folter und Tod beschlossene Aussetzung der Abschiebung „selbstverständlich nicht für Drogendealer" gelte.

So sprachen sich die „Hamburger Sozialdemokraten" denn auch „klar für die Beibehaltung der Abschiebung minderjähriger Dealer" aus (Hamburger Abendblatt, 13.11.1995). Ob minderjährig oder volljährig, ob Reise ins Herkunftsland oder in Haft und Tod – „Dealer müssen raus", die „Front gegen Dealer" darf nicht ins Wanken geraten.

Das Problem ist allerdings nicht leicht zu lösen. Denn ein guter Propaganda-Feind ist nur dann ein Feind, wenn er immer wieder, überall und unvermutet auftaucht. Die Polizei tut, was sie kann. Ein mobiles Einsatzkommando stürmt mit vorgehaltener Maschinenpistole ein kleines Hausboot im Hamburger Nikolaifleet – es wird eine Haschischparty vermutet. Tatsächlich findet ein Polizei-Froschmann den ins Wasser geworfenen „Rauschgift-Kanister" mit fast 100 Gramm Cannabis (Bild-Zeitung, 12.12.1996). Doch die Vertreibungsarbeit der Polizei führt nur dazu, dass sich die Dealer immer weiter über das Stadtgebiet verstreuen. Erst von St. Georg (draußen) nach St. Georg (drinnen) – Drogenhandel in der Beratungsstelle (Bild-Zeitung, 12.03.1997) – dann in den Schanzenpark, und von dort nach entsprechendem Auftreten der Polizeikräfte – Afrikaner klagen über Körperverletzungen, Beleidigungen, und es gibt Gerüchte über die Praxis von „Scheinhinrichtungen" – in die Wohnquartiere rund um den Schanzenpark. So fahren denn dealende und nicht-dealende, konsumierende und nicht-konsumierende deutsche, europäische und überseeische, weiße und farbige Menschen in der S- und U-Bahn, und es kommt, wie es kommen muss: „Immer mehr Dealer in S- und U-Bahn" (Hamburger Abendblatt, 12.03.1997), und schließlich dringen sogar „die Drogen-Dealer bis zu den Haustüren vor" (Hamburger Morgenpost, 19.04.1997, Titelseite).

Ist die Dealerflut wirklich nicht zu stoppen? Genügt es nicht, dass die Strafen von sechs Monaten auf 15 Jahre heraufgesetzt wurden? Genügt es nicht, das Grundgesetz geändert zu haben, um den Großen Lauschangriff gegen sie ins Werk setzen zu können? Genügt nicht die Aufrüstung der inneren Sicherheit, die Ausstattung der Polizei mit den neuesten Waffen und Geräten, die Einführung amerikanischer Methoden der Verbrechens-provokation und -beobachtung, von Provokateuren und Agenten? Immer mehr Menschen sind inzwischen wieder für die Todesstrafe – und kaum ein Thema, von Kinderschändung einmal abgesehen, beschäftigt die Bevölkerung so intensiv wie die vermeintlich ungenügende Bekämpfung der Dealer. Im Drogendiskurs der Gegenwart ist auch ein solcher Drogenverkäufer schon ein Mörder, der nur einer Konsumentin ihren Stoff verkauft. Und wenn dann der Vater „den Dealer seiner Tochter" tötet, dann fragt die Bild-Zeitung (30./31.03.1997, Titelseite) ganz im Sinne der herrschenden Politik: „Wie groß ist die Schuld dieses Mannes?" Hat er nicht getan, was sich unsere Abgeordneten, unsere Regierung und unsere Polizei nur nicht zu tun trauen – nämlich einfach jeden, der es wagt, anderen Menschen Drogen zu verkaufen, aus der Gesellschaft zu entfernen – radikal, unnachsichtig und effizient?

6   Epilog

Wir haben in diesem Artikel nachzuzeichnen versucht, wie sich die moralische Bewertung von Drogenhändlern innerhalb eines Jahrhunderts geändert hat, wie aus einer angesehenen Tätigkeit eine Tätigkeit wurde, die in den Augen einer breiten Öffentlichkeit überaus verachtungs- und verabscheuungswürdig ist. Wie wird es wohl in den nächsten Jahrzehnten weitergehen?

Eine Tendenz, die für eine mildere Bewertung des Dealens in der öffentlichen Meinung sorgen könnte, ist die zunehmende Kenntnis über den „Freizeitgebrauch" von illegalen Drogen durch weite Bevölkerungskreise. In der wissenschaftlichen Literatur sind die sogenannten „kontrollierten Konsumenten" von Heroin und anderen Drogen erst vor zwanzig Jahren „entdeckt" worden. Inzwischen bröckelt es angesichts von immer mehr Forschungen, die den Nachweis der Möglichkeit kontrollierten Heroin-, aber auch Crackkonsums erbringen, auch etwas an den alten Stereotypen. In dem Maße, in dem die illegalen „Suchtstoffe" gar nicht zwangsläufig zur Sucht führen und sich auch bezüglich des Zahlenverhältnisses von süchtigen zu nicht-süchtigen Konsumenten vielleicht dem Alkohol als ähnlich erweisen, wird sich auch die moralische Bewertung von Droge, Konsument und Dealer der Bewertung beim Alkohol angleichen. Dort wird in aller Regel der Weinhändler nicht als Dealer bezeichnet, und grundsätzlich gilt die Konsumentscheidung des Weintrinkers auch als seine autonome Wahl. Wenn die Schäden durch den Konsum illegaler Drogen nicht größer sind als die durch den Konsum legaler Drogen, dann reduziert das den Druck, der heute in moralischer und rechtlicher Hinsicht auf dem Dealer lastet. Gewiss: Allen Drogenverkäufern haftet auch ein wenig von der negativen Bewertung der Schäden an, die durch diese Genussmittel verursacht werden. (Die Tabakproduzenten und Zigarettenhändler, aber auch die Alkohol- und Pharma-Industrie bekommen das trotz ihrer im Vergleich zu Opiat- und Kokaindealern privilegierten gesellschaftlichen Position schon in Ansätzen zu spüren.) Würden die heutigen illegalen Drogen also eines Tages – wie es der Vision von Henning Schmidt-Semisch (1992) entspricht – als ganz normale Genussmittel rechtlich mit Alkohol, Tabak etc. gleichgestellt, dann könnten ebenso wie auf Zigarettenschachteln die entsprechenden Warnhinweise stehen. Statt einer dramatischen moralischen Ächtung der Händler könnte man sich auf das Eintreiben von Steuern sowie auf gelegentliche kritische Bemerkungen über die schädlichen sozialen Folgen dieses Gewerbezweigs verlegen. Ansonsten könnte man das Schwergewicht moralischer Steuerung von der negativen Sanktion gegenüber Dealern auf die positive „Heldenverehrung" in Bezug auf diejenigen Teile der Bevölkerung verlegen, die es schaffen, ein Leben ohne Zigaretten, Alkohol, Ecstasy, Opium, Kokain usw. zu leben.

Erste Tendenzen in diese Richtung lassen sich schon feststellen. Die Großstädte, in denen sich das Drogenproblem am nachhaltigsten bemerkbar macht, sind auffälligerweise auch diejenigen, in denen eine Liberalisierung des Betäubungsmittelrechts – bis hin zur staatlich kontrollierten Freigabe von Heroin (an Schwerstabhängige) – gefordert werden (z. B. Henning Voscherau in Hamburg).

Vielleicht werden es also eines Tages nicht mehr das BtMG und die Polizei sein, sondern der persönliche Geschmack und der Lebensstil jedes und jeder einzelnen, welche den Ausschlag dafür geben, wer überhaupt und, wenn ja, wie, wann und mit wem psychoaktive Substanzen zu sich nimmt.

Wann es soweit sein könnte, ist freilich schwer zu bestimmen. Schon in den 1940er-Jahren wurden in den USA die „Think Tanks" gegründet, Denkfabriken, um alle möglichen Trends möglichst früh zu erkennen. Die kalifornische Rand-Corporation tüftelte seinerzeit sogar zu diesem Zweck ein sogenanntes Delphi-Verfahren aus, mit dem man aus gesammeltem Expertenwissen Prognosen herausdestillieren konnte. Eine Prognose aus dem Jahr 1950 ist bis heute nicht eingetreten. Bis spätestens 1994, so ein Ergebnis des Delphi-Verfahrens, werde „der Genuss von Psychodrogen allgemein akzeptiert" (DER SPIEGEL Nr. 7 1997, S. 182) – doch was nicht ist, kann ja noch werden.

Literatur

Autorenkollektiv. 1977. *Der Opiumkrieg. Serie „Geschichte des modernen China".* Peking.
Bauer, G. 1975. Die Bekämpfung des Rauschgiftdealers. *Kriminalist* 3: 138–143.
Beke-Bramkamp, R. 1992. *Die Drogenpolitik der USA 1969-1990.* Baden-Baden.
Bundeskriminalamt. (Hrsg.). 1956. *Bekämpfung von Rauschgiftdelikten.* Wiesbaden.
Erlenmeyer, A. 1886. Über Cocainsucht. *Deutsche Med. Zeitung* 44: 483–485.
Freud, S. 1887. Bemerkungen über Cocainsucht und Cocainfurcht. *Wiener med. Wochenschrift* 28: 929–932.
Gunkelmann, M. 1989. Zur Geschichte des Kokains. In *Drogen und Drogenpolitik. Ein Handbuch*, hrsg. v. S. Scheerer, I. Vogt, 359–367. Frankfurt/Main, New York.
Hartwich, C. 1911. *Die menschlichen Genußmittel.* Leipzig.
Hess, H. 1983. Probleme der sozialen Kontrolle. *Festschrift für Leferenz zum 70. Geburtstag*: 3-27.
Institut für Demoskopie Allensbach. 1996. Drogen. Die Bevölkerung hat kein Verständnis für eine Verharmlosung des Problems. *Allensbacher Berichte*
Kaulitzki, R. 1995. Kokain-Krisen? Mythen, Moralunternehmer, symbolische Politik. *Kriminologisches Journal* 27(2): 134–158.
Nadelmann, E. 1990. Global Prohibition Regimes. The Evolution of Norms in International Society. *International Organization*, 44(4): 479–526.
Scheerer, S. 1993. Einige Anmerkungen zur Geschichte des Drogenproblems. *Soziale Probleme* 1: 79–98.
Scheerer, S., T. B. Bartholdy. 1993. *Das Kokainverbot.* Unveröff. Manuskript. Hamburg.

Scheffer, G. 1989. Coca: Geschichte, traditioneller Gebrauch und Wirkungsweise. In *Drogen und Drogenpolitik. Ein Handbuch*, hrsg. v. S. Scheerer, I. Vogt, 350–354. Frankfurt/Main, New York.

Schmidt-Semisch, H. 1992. *Drogen als Genußmittel. Ein Modell zur Freigabe illegaler Drogen.* München.

Seekel, F. 1940. *Rauschgift und Verbrechen in Frankreich.* Berlin.

Selling, P. 1989. *Die Karriere des Drogenproblems in den USA.* Pfaffenweiler.

Völkerbund und Rauschgiftbekämpfung. Informationsabteilung des Völkerbundes. 1934. *Die Tätigkeit des Völkerbundes, 10 (Oktober)*. Berlin, Genf.

Walger, T. 1917. *Die Coca. Ihre Geschichte, geographische Verbreitung und wirtschaftliche Bedeutung.* Berlin.

Wissler, A. (1931): *Die Opiumfrage.* Jena.

Digitalisierung von illegalen Märkten

Folgen, Grenzen und Perspektiven

Meropi Tzanetakis

Zusammenfassung

Der Beitrag untersucht sozioökonomische Veränderungen von Drogenmärkten durch die Verbreitung digitaler Technologien. Dabei steht vor allem das neuartige Phänomen der Kryptomärkte im Fokus. Durch die Verwendung von Anonymisierungssoftware können Handelnde auf Plattformen im Internet ihre Sichtbarkeit erhöhen, ohne dass gleichzeitig das Risiko der Strafverfolgung steigt. Hinzu kommt, dass auf Kryptomärkten anstelle des interpersonellen ein institutionenbasiertes Vertrauen hergestellt wird, etwa durch Feedback- oder Bezahlsysteme. Wie in modernen kapitalistischen Ökonomien tragen diese Entwicklungen sowie die orts- und zeitunabhängige Verfügbarkeit von illegalen Waren zu einer Ausweitung von Marktbeziehungen bei und fordern gleichzeitig globale Prohibitionsregime heraus.

Schlüsselbegriffe: Drogenhandel, Kryptomärkte, digitale Technologie, Drogenmärkte, Internet

Anders als die weitläufige mediale Berichterstattung zum Thema Drogenvertrieb und Internet zunächst vermuten lässt, stellt der Verkauf und Kauf von legalen und illegalen Drogen im Internet kein neues Phänomen dar, sondern findet sich bereits in den Anfängen des Netzes (vgl. Buxton und Bingham 2015; Martin 2014). Als jedoch im Februar 2011 die digitale Plattform *Silk Road* online ging, erreichte der Handel von psychoaktiven Substanzen eine neue Dimension. Die grenzenlose Verfügbarkeit sämtlicher psychoaktiver Substanzen, sowie der niederschwellige Zugang und die Anonymität der beteiligten Akteur_innen waren einige der wichtigsten Neuerungen. Der Aufbau und die anwenderfreundlichen Bedienungselemente von *Silk Road* erinnerten an bekannte E-Commerce-Plattformen wie *Amazon Marketplace* oder *Ebay*. Erstmals konnte im Gegensatz zum Drogenvertrieb im

Clearnet (dem über gängige Suchmaschinen erfassbaren Internet) auf dieser neuen Plattform der gesamte Verkauf abgewickelt werden. Das schloss sowohl die Kommunikation zwischen Drogenhändler_in und Kund_innen als auch die Zahlungsabwicklung ein. Allerdings war das Angebot auf *Silk Road* nicht auf psychoaktive Substanzen beschränkt und umfasste ein breites Spektrum an Waren und Dienstleistungen wie verschreibungspflichtige Arzneimittel, pornografisches Material, gefälschte Dokumente (etwa Führerscheine oder Personalausweise), Hacking-Anleitungen, Turnschuhe oder Sonnenbrillen.

Grundsätzlich kann der bzw. die Betreiber_in einer Plattform festlegen, welche Produkte und Services verkauft werden dürfen. Der_die Administrator_in von *Silk Road* hat entsprechende Einschränkungen in seinen Geschäftsbedingungen festgelegt: „Do not list anything who's (sic) purpose is to harm or defraud, such as stolen items or info, stolen credit cards, counterfeit currency, personal info, assassinations, and weapons of any kind. Do not list anything related to pedophilia" (*Silk Road*, zitiert nach Christin 2013, S. 3). Aus dem Beispiel wird ersichtlich, dass auf *Silk Road* kein kinderpornographisches Material vertrieben werden durfte – eine Norm, die sich seither weitgehend in der Kryptomarkt-Community gehalten hat (vgl. Martin 2014). Als *Silk Road* im Oktober 2013 vom FBI geschlossen wurde, eröffneten zahlreiche neue Plattformen, wovon einige im Laufe der Zeit von Strafermittlungsbehörden oder seitens der bzw. die Betreiber_in wieder geschlossen wurden (vgl. Tzanetakis und Stöver 2018). Aktuell sind etwa ein Dutzend Kryptomärkte online, die sich in Bezug auf Größe, Sprache, Bezahlsystem, Lebensdauer sowie Ausschluss oder Ermöglichung des Vertriebs von Waffen unterscheiden (vgl. Darknet Stats 2018).

Der vorliegende Beitrag[1] beschäftigt sich mit der Frage, welche sozialen und ökonomischen Folgen, Grenzen und Perspektiven die Verbreitung digitaler Technologien für illegale Drogenmärkte haben. Um diese Frage systematisch zu beantworten, wird zunächst der Begriff Kryptomärkte geklärt und anschließend ein Überblick über den sozialwissenschaftlichen Forschungsstand zu diesem neuartigen Phänomen gegeben. Im nächsten Schritt werden fünf grundlegende Veränderungsprozesse durch die Digitalisierung von Märkten für illegale Waren herausgearbeitet. Außerdem wird beleuchtet, welche Effekte diese auf materiellen Drogenmärkten nach sich ziehen. Abschließend wird ein Ausblick auf weitere Entwicklungsperspektiven gegeben, und es werden mögliche Regulierungsansätze diskutiert.

1 Kryptomärkte. Eine Definition

Als Kryptomärkte werden Plattformen im Internet bezeichnet, die zwei wesentliche Elemente miteinander kombinieren: Anonymisierungssoftware und virtuelle Währungen (vgl. Barratt et al. 2014; Martin 2014). Erstens verwenden Kryptomärkte eine Verschlüs-

---

1   Fußnote: Gefördert durch den Austrian Science Fund (FWF): Projektnummer J4095-G27.

selungssoftware (z.B. den TOR²-Browser), mit der sogenannte *hidden services* (versteckte Dienste) aufgerufen werden können und damit der Zugang zum *Darknet* (ein kleiner Teil des Internets, in dem Nutzer_innen nahezu komplett anonym kommunizieren können) ermöglicht wird. Durch die Anonymisierungssoftware werden der Datenverkehr in der Kommunikation zwischen den beteiligten Akteur_innen verschlüsselt und Identität sowie Standort der Benutzer_innen mittels technischer Lösungen verschleiert.

Die zweite Innovation von Kryptomärkten liegt in der Nutzung virtueller Währungen zur Zahlungsabwicklung (in erster Linie Bitcoin oder Monero). Während zuvor Drogen-Bestellungen über das Internet mit Western Union, PayPal oder Bargeld in Briefsendungen bezahlt wurden (vgl. Buxton und Bingham 2015), werden auf anonymen Plattformen im Darknet sogenannte Kryptowährungen wie Bitcoin genutzt, die den Nutzer_innen pseudonyme und dezentrale Transaktionen ermöglichen (vgl. Tzanetakis 2016b). Dezentral bedeutet, dass diese virtuellen Zahlungsmittel nicht von staatlichen Institutionen ausgegeben werden. Virtuelle Währungen erschweren die Rückverfolgbarkeit, weil keine unmittelbare Verbindung zwischen der Identität der Transaktionspartner_innen und den Bitcoins besteht. Allerdings wird bei Bitcoin die Historie sämtlicher Zahlungsabwicklungen in der sogenannten *Blockchain* gespeichert, die eventuell für strafrechtliche Ermittlungen verwendet werden kann. Entscheidend ist aber, wie konsequent die Verbindung zwischen der Identität und den Bitcoins verschleiert werden kann, etwa beim Tausch von Euro in Bitcoin. Die Kombination dieser beiden technologischen Innovationen ermöglichte einen systematischen Drogenhandel im Internet.

Weil der Begriff Darknet im öffentlichen Diskurs mit Kriminalität verknüpft ist, hat sich in der Forschungsgemeinschaft der neutralere Begriff Kryptomärkte durchgesetzt. Darknet bezeichnet lediglich die Art und Weise des Zugangs (über eine Anonymisierungssoftware) und sagt nichts über den rechtlichen Status der Inhalte aus (vgl. Tzanetakis 2018a). Im vorliegenden Kapitel werden die Begriffe Kryptomärkte, Darknet-Drogenmärkte und anonyme Drogenmarktplätze deshalb synonym verwendet.

2 Sozialwissenschaftlicher Forschungsstand zu Kryptomärkten

Seit dem erstmaligen Auftreten von Kryptomärkten im Jahre 2011 haben Sozialwissenschafler_innen zu dem neuartigen Phänomen geforscht. Bisherige Studien zum Forschungsfeld lassen sich in drei Stränge einteilen: a) Forschungsarbeiten zur allgemeinen Struktur der anonymen Drogenmarktplätze, b) Arbeiten zur Prävalenz des Drogenkonsums und zur Zahl der Nutzer_innen der Marktplätze und c) Forschungsarbeiten, die sich mit der Rolle einzelner Industriestaaten auf Kryptomärkten befassen und Implikationen für *Harm Reduction*-Ansätze (Schadensminimierung) diskutieren.

---

2   Anm.: TOR steht für *The Onion Router*. TOR basiert auf einem Netzwerk an weltweit rund 7000 Servern, wobei Anfragen verschlüsselt über drei zufällig gewählte Server geleitet werden und damit die Kommunikation innerhalb des Netzwerks kaum zurückverfolgt werden kann.

(a) Quantitative Erhebungen haben dazu beigetragen, die allgemeine Bedeutung und Struktur von Kryptomärkten einzuschätzen. Messungen materieller Drogenmärkte (physischer Austausch der Waren) bleiben aufgrund des Dunkelfeldcharakters ihres Forschungsfeldes auf Beschlagnahmungen, Satellitenaufnahmen und Zahlen der Substitutionspatienten beschränkt. Auch auf Online-Märkten besteht eine schwer schätzbare Dunkelziffer, allerdings können halb-öffentlich verfügbare Marktdaten auf anonymen Drogenmarktplätzen systematischer extrahiert werden. Damit lässt sich das Handelsgeschehen von Kryptomärkten nicht vollständig, aber zumindest verlässlicher abbilden (vgl. Tzanetakis 2018b). Umsätze können beispielsweise errechnet werden, indem das Feedback der User_innen mit dem Preis eines Drogenangebots multipliziert wird. Big Data, Web Scraping und Web Crawling sind die Methoden, mit denen in diesem Bereich Daten gesammelt werden.

In der ersten quantitativen Erhebung hat Christin (2013) das Umsatzvolumen im Jahre 2012 für den damaligen Monopolisten *Silk Road* auf rund 15 Millionen US-Dollar geschätzt. Der Umsatz ist laut einer weiteren Studie im Jahr 2013 auf mehr als 100 Millionen US-Dollar angestiegen (vgl. Soska und Christin 2015). Aldridge and Décary-Hétu (2014) kamen in ihrer quantitativen Erhebung zu dem Schluss, dass die Anzahl der Verkäufer_innen, die Zahl der Transaktionen und folglich auch die Umsätze im September 2013 – kurz vor der Schließung von *Silk Road* – nochmals angestiegen sind. Dennoch ist das Umsatzniveau von 2013, so das Ergebnis einer Langzeitstudie, auch zwischen 2015 und 2016 konstant geblieben (vgl. Tzanetakis 2018b). Der ehemalige Marktführer *AlphaBay* hat demnach zwischen September 2015 und August 2016 einen Umsatz von rund 94 Millionen US-Dollar erzielt, wobei diese Schätzung im Gegensatz zu anderen Erhebungen lediglich Drogenangebote umfasst. Die Zahlen verdeutlichen, dass es zu Beginn einen deutlichen Umsatzzuwachs auf den Kryptomärkten gab, die Umsätze seit 2013 allerdings ein relativ stabiles Niveau erreicht haben. Ebenso zeigt ein Vergleich mit dem materiellen Einzelhandelsmarkt für illegale Drogen in Europa, der auf rund 28 Milliarden US-Dollar geschätzt wird (vgl. EMCDDA 2016), dass Kryptomärkte momentan nur einen Bruchteil hiervon ausmachen.

(b) Ein zweiter Forschungsstrang beschäftigt sich mit den Nutzer_innen von Kryptomärkten und der Prävalenz des Drogenkonsums. Bisherige Forschungen konnten unabhängig vom Kryptomarkt und Forschungsdesign zeigen, dass Kund_innen und Händler_innen überwiegend männlich und zwischen 20 bis 40 Jahre alt sind, einer Erwerbstätigkeit nachgehen oder eine Hochschulausbildung absolvieren und technologisch gebildet sind (vgl. Bancroft und Reid 2016; Barratt et al. 2016a, 2016b; Buxton und Bingham 2015; Kruithof et al. 2016; Ormsby 2016; van Buskirk et al. 2016; van Hout und Bingham 2013a, 2013b). Die populärsten auf Kryptomärkten gehandelten Drogen sind Cannabis, Ecstasy und Kokain bzw. verwandte Substanzen (vgl. Aldridge und Décary-Hétu 2016; Barratt et al. 2014; 2016b; Demant et al. 2016; Soska und Christin 2015; Tzanetakis 2018b; van Buskirk et al. 2016; van Hout und Bingham 2013a, 2013b).

Die Mehrzahl der Kund_innen auf Kryptomärkten konsumieren die Substanzen in ihrer Freizeit, vorwiegend am Wochenende (vgl. Barratt et al. 2014; Ormsby 2016; van

Hout und Bingham 2013b). Der Global Drug Survey zufolge konsumiert 59,3% der Nutz_innen zumindest einmal monatlich auf Partys, wobei davon 21% zumindest einmal in der Woche psychoaktive Substanzen konsumieren (vgl. Barratt et al. 2016b). Damit verfügt das Hauptzielpublikum von anonymen Drogenmärkten im Internet über die nötigen finanziellen und technischen Ressourcen, hat die entsprechenden Kompetenzen und die Zeit, um online Drogen zu bestellen und auf die Lieferung per Postdienst zu warten. Impulsgesteuerte Konsumierende verfügen in der Regel über keine dieser Ressourcen und Fähigkeiten.

Die Mehrzahl der Verkäufer_innen (etwa 70%) wiederum konnte laut zweier Langzeitstudien Waren im Wert von weniger als 1000 US-Dollar verkaufen (vgl. Soska und Christin 2015; Tzanetakis 2018b). Nur etwa 5 Prozent der Händler_innen machen einen Umsatz von mehr als 200.000 US-Dollar. Ein Großteil der Händler_innen auf Kryptomärkten vertreibt also Drogen im kleinen Stil, während lediglich ein kleiner Anteil hohe Umsätze erzielt.

Aldridge und Décary-Hétu (2014, 2016) waren die ersten, die sich mit der Frage beschäftigten, in welchem Ausmaß die auf Kryptomärkten erworbenen Drogen auf materiellen Märkten wiederzufinden sind. Etwa ein Viertel der auf dem Marktplatz *Silk Road* erzielten Umsätze wird mit Transaktionen gemacht, die vermutlich zur Weitergabe bestimmt sind (vgl. Aldridge und Décary-Hétu 2016; Barratt et al. 2016b; Demant et al. 2016; Tzanetakis 2018b). Allerdings bleibt unklar, in welcher Form die Substanzen weitergegeben werden: Ob es sich um einen profitorientierten Weiterverkauf handelt, die Finanzierung des eigenen Konsums oder um eine unentgeltliche Weitergabe an Freunde oder Bekannte, bedarf weiterer Forschung (vgl. Coomber et al. 2016; Reuter 1983; Sandberg 2012; Taylor und Potter 2013; Werse und Bernard 2016).

(c) Ein dritter Forschungsstrang beschäftigt sich mit der Bedeutung von Kryptomärkten für die jeweiligen Industrienationen und der Relevanz des neuartigen Phänomens für *Harm Reduction*. Auf Kryptomärkten machen die Verkäufer_innen neben Angaben zur Substanz, Qualität, Menge und Preis für gewöhnlich auch Angaben zum Herkunftsland. Diese Information dient den Kund_innen zur Risikoeinschätzung bei der Lieferung. So ist z.B. die Wahrscheinlichkeit höher, dass eine Drogenlieferung per Postsendung aus England ankommt als eine aus Kolumbien. Diese Angaben konnten für Forschungszwecke verwendet und systematisch ausgewertet werden. Die fünf häufigsten Herkunftsländer sind die Vereinigten Staaten, gefolgt von Großbritannien, Australien, den Niederlanden und Deutschland (vgl. Aldridge und Décary-Hétu 2016; Christin 2013; Kruithof et al. 2016; Tzanetakis 2018b; van Buskirk et al. 2016). Damit zeigt sich die Relevanz von Kryptomärkten für westliche Industrienationen im Gegensatz zu den klassischen Anbau- und Produktionsstaaten wie Afghanistan, Bolivien, Kolumbien, Libanon oder Marokko, die keine bedeutende Distributionsrolle auf den anonymen Drogenmärkten im Internet spielen.

Zudem haben zahlreiche Autor_innen das Potential von Kryptomärkten zur Reduktion von schädlichen Folgen des Drogenkonsums diskutiert (vgl. Aldridge und Décary-Hétu 2014; Aldridge et al. 2017; Bancroft und Reid 2016; Barrett et al. 2016a, 2016b; Buxton und

Bingham 2015; Caudevilla et al. 2016; Martin 2014; Tzanetakis und von Laufenberg 2016; van Buskirk et al. 2016; van Hout und Bingham 2013a, 2013b). Kryptomärkte können dazu beitragen, Schaden zu minimieren: durch die Verfügbarkeit von qualitativ hochwertigen Drogen, durch das vergleichsweise geringe Risiko einer Verunreinigung, dadurch, dass es im Vergleich zum Erwerb auf offenen Straßenmärkten kaum Gewalterfahrungen gibt (siehe unten; Hough und Natarajan 2000) und durch die Möglichkeit für Nutzer_innen, untereinander Informationen über die Qualität und Wirksamkeit der Substanzen auszutauschen. Nicht zuletzt können auf den anonymen Marktplätzen und in anonymen Foren Nutzer_innen ihr Wissen und ihre Erfahrungen an Peers weitergeben, was von Tzanetakis und von Laufenberg (2016) als *peer harm reduction*-Ansatz bezeichnet wird. Dessen Relevanz ist besonders bei neuen psychoaktiven Substanzen evident, zu deren kurz- und langfristigen gesundheitlichen Effekten wenig bekannt ist (vgl. van Buskirk et al. 2016).

3 Paradoxe Kryptomärkte. Eine Analyse zentraler Veränderungsprozesse durch die Digitalisierung von Drogenmärkten

Die vorliegenden sozialwissenschaftlichen Erkenntnisse unterstreichen die Relevanz des Forschungsfelds der Kryptomärkte, indem sie zu einem Überblick über Angebot und Nachfrage auf diesen anonymen Märkten im Internet beitragen. Dieser Abschnitt befasst sich – unter Rückgriff darauf – mit zentralen Veränderungsprozessen, welche die Digitalisierung der Drogenmärkte mit sich bringt, sowie mit möglichen Wechselwirkungen zwischen diesen und materiellen Drogenmärkten. Unter Digitalisierung ist ein sozio-ökonomischer Wandel zu verstehen, der durch die Verbreitung digitaler Technologien sowie deren Nutzung und die dadurch bedingte Vernetzung in die Wege geleitet wurde.

3.1 Sicherheit versus Sichtbarkeit: Reduziertes Risiko?

Eine erste sozioökonomische Veränderung betrifft das Zusammenspiel von Risiko und Sichtbarkeit. Klassische wirtschaftswissenschaftliche Theorien erklären das traditionelle Handeln auf illegalen Drogenmärkten so, dass Händler_innen zwischen dem Risiko der Entdeckung (und Bestrafung) und einer Vergrößerung der Sichtbarkeit (mehr Transaktionen) abwägen müssen (vgl. Reuter 1983; Reuter und Kleinman 1986; Dorn et al. 2005). Eine gängige Unterscheidung auf der Einzelhandelsebene ist jene zwischen *offenen, semi-öffentlichen* und *geschlossenen* Drogenmärkten, in der das Abwägen zwischen Risiko und Sichtbarkeit zum Ausdruck kommt (vgl. Coomber 2015; Dorn et al. 1992; Hough und Natarajan 2000; May und Hough 2004; Sandberg 2012). Bei dieser Unterteilung kommt es nicht darauf an, mit welchen illegalen Drogen gehandelt wird, sondern wie sehr sich die Handelnden bei den Drogentransaktionen exponieren. Auf offenen Märkten sind die Händler_innen besonders sichtbar, sowohl für Kund_innen als auch für Strafverfolgungsbehörden. Mit der hohen Sichtbarkeit steigt das Risiko der Verhaftung und Beschlagnahmung der illegalen Waren. Der Verkauf auf offenen Märkten findet im öffentlichen Raum, in Parks oder auf der Straße statt, beispielsweise bei Heroin. Semi-öffentliche Märkte stellen eine Zwischenform dar: Obwohl der Verkauf in nicht-öffentlichen Räumen wie Clubs, Cafés oder Gaststätten stattfindet, setzt er keine persönlichen Kontakte voraus. Ein Beispiel ist der Verkauf von Ecstasy in einem Club. Geschlossene Märkte sind wiederum nur jenen Konsument_innen zugänglich, welche bereits eine Vertrauensbeziehung zu den Handelnden aufgebaut haben oder durch vertrauenswürdige Bekannte vermittelt werden. Auf geschlossenen Märkten findet die Drogenübergabe an einem relativ sicheren Übergabeort im Freien oder in einer privaten Wohnung statt. Für die Handelnden ist das Risiko im Vergleich zu offenen Märkten geringer, weil sie bei der Anbahnung und Drogenübergabe weniger exponiert sind. Auf geschlossenen Drogenmärkten spielt auch die Anwendung von unterschiedlichen Formen von Gewalt eine geringere Rolle. Doch was verändert sich hierbei, wenn digitaler Technologien ins Spiel kommen?

Auf Kryptomärkten bewerben Händler_innen ihre Produkte, indem sie nicht nur Produktinformationen wie Drogenart, Menge, Preis angeben, sondern darüber hinaus auch Lieferkonditionen, Lieferdauer, Rückerstattungspolitik, Bezahlsysteme etc. (vgl. Bakken et al. 2017). Der ökonomische Erklärungsansatz für materielle Drogenmärkte greift auf Kryptomärkten nur bedingt, denn eine vergrößerte Sichtbarkeit führt hier nicht automatisch zu einem erhöhten Risiko hinsichtlich der Strafverfolgung, da Identität und Standort der Handelnden durch den Einsatz von Anonymisierungssoftware verschleiert werden. Darin liegt ein Paradoxon der Kryptomärkte und ein wichtiger Unterschied zum materiellen Drogenvertrieb: Eine Vielzahl an Handelnden kann ihre illegalen Waren auf Drogenplattformen bewerben, ohne dafür zwangsläufig strafrechtlich verfolgt zu werden. Schließlich ermöglicht es der entsprechende Einsatz von Software, den Standort und die IP-Adresse (kurz für Internet Protokoll) der Akteur_innen zu verschleiern. Zudem sind auf Online-Märkten Produkte ohne sozialen Beziehungsaufbau verfügbar, ein paar Mausklicks genügen, um die gewünschte Drogenart und Menge zu bestellen. Kryptomärkte können folglich als semi-öffentliche Drogenmärkte beschrieben werden (vgl. Tzanetakis et al. 2016).

3.2 Hohe Verfügbarkeit und leichte Zugänglichkeit

Die zweite Veränderung, die in diesem Beitrag diskutiert wird, betrifft Reichweite und Verfügbarkeit. Wirtschaftswissenschaftliche und soziologische Ansätze erklären die Einschränkung der geographischen Reichweite auf materiellen Drogenmärkten wie folgt: Einzelne Handelnde bzw. Netzwerke im Einzelhandelsbereich vertreiben illegale Drogen zwangsläufig mit lokaler Beschränkung (vgl. Coomber et al. 2016; Desroches 2005; Reuter 1983; Reuter und Kleinman 1986; Werse und Bernard 2016): Zum einen ist die Kontrolle von weit entfernt agierenden Mitarbeiter_innen schwer zu bewerkstelligen, womit sich das Risiko der Entdeckung durch polizeiliche Ermittlungen erhöht. Zum anderen besteht beim Transport von illegalen Waren über längere Distanzen erneut ein erhöhtes Risiko der Entdeckung durch Strafverfolgungsbehörden. Außerdem bedingt eine Ausweitung der

Handelsradien die Zuständigkeit mehrerer Strafverfolgungsbehörden, vor allem wenn die Aktivitäten über mehrere Landesgrenzen gehen.

Analog zur Lokalität der Handelnden sind auch die Konsument_innen üblicherweise auf Händler_innen vor Ort beschränkt. Besonders bei geschlossenen Drogenmärkten haben Kund_innen eine_n Stammhändler_in oder mehrere Bezugsquellen in ihrer unmittelbaren Umgebung. Dennoch ist die Zugänglichkeit von Drogen je nach Markttypus unterschiedlich. Auch die Verfügbarkeit von psychoaktiven Substanzen variiert. Besonders auf geschlossenen Märkten kann es vorkommen, dass einzelne Drogenbestände aufgebraucht sind. In diesem Fall kann der Konsumierende entweder auf eine neue Lieferung warten oder, wenn Kontakt besteht, eine_n andere_n Händler_in aufsuchen bzw. die Ware über Freund_innen beziehen – hierbei können die Grenzen fließend sein.

Auf anonymen Drogenmärkten im Internet entfällt dagegen die geographische Beschränkung. Die technologischen Innovationen ermöglichen auf den Infrastrukturen der Plattformen weltweiten Handel mit Drogen aber auch anderen Produkten und Dienstleistungen (vgl. Tzanetakis 2018). Einschränkungen werden nur von den Händler_innen selbst vorgenommen. Der Grund für einen eingeschränkten Versand liegt in der Einschätzung des Risikos, dass internationale Postsendungen von Zollbehörden und bei Verdacht von der Polizei kontrolliert werden.

Der Zugang zu Kryptomärkten ist denkbar einfach (vgl. Tzanetakis 2017b). Neben einem Computer mit Internetanschluss ist lediglich die Aneignung des Wissens bezüglich der entsprechenden Software und der nötigen Sicherheitsvorkehrungen erforderlich. Die *Digital Natives* (Prensky 2001) sind die Hauptzielgruppen der anonymen Märkte im Internet, für sie ist die Aneignung dieser Fähigkeiten in der Regel einfacher als für Menschen, die erst im Erwachsenenalter den Umgang mit dem Internet und digitalen Technologien erlernt haben. Persönliche Kontakte – auf traditionellen Drogenmärkten durchaus üblich – sind hingegen nicht erforderlich. Auch beim Thema Verfügbarkeit heben sich die neuen von den traditionellen Drogenmärkten ab (vgl. Tzanetakis 2017a): Sämtliche psychoaktiven Substanzen sind auf Kryptomärkten in unterschiedlichen Mengen global verfügbar und unterliegen keiner Altersbeschränkung. Zudem sorgt der hohe Wettbewerb zwischen den Händler_innen dafür, dass Kund_innen bei Lieferproblemen bei einem bzw. einer anderen Händler_in bestellen können. Dass die Bezugsquelle unabhängig von der Örtlichkeit einfach gewechselt werden kann, ist ein Novum; wie bei sämtlichen Transaktionen im E-Commerce-Bereich genügt ein Mausklick.

3.3 Kundenfeedback als Währung

Eine dritte soziale Veränderung bezieht sich auf die Art und Weise, wie Vertrauen aufgebaut und Konflikte gelöst werden. Dies spielt gerade bei illegalen Märkten eine wesentliche Rolle, um das Entdeckungs- und Bestrafungsrisiko zu reduzieren. Während Transaktionen auf legalen Märkten durch den staatlich abgesicherten Schutz des Eigentumsrechts ermöglicht werden, besteht auf illegalen Märkten keine Möglichkeit für Handelspartner_ innen, Normen für Produktqualität oder etwa die Nichteinhaltung von Verträgen einzuklagen (vgl. Beckert und Wehinger 2013). Hinzu kommt das Risiko, für gesetzeswidriges Verhalten strafrechtlich belangt zu werden. Akteur_innen auf illegalen Märkten müssen einander also auf vielfältige Weise vertrauen, um Geschäftsaktivitäten abwickeln zu können und dabei das Risiko einer Verhaftung möglichst gering zu halten. Auf traditionellen Drogenmärkten wird Vertrauen durch interpersonelle Beziehungen meist in Form sozialer Netzwerke aufgebaut (vgl. Desroches 2005; Gambetta 2009; Paoli 2002; Reuter und Kleinman 1986; Tzanetakis et al. 2016; Werse und Bernard 2016; Zaitch 2005). Seitens des_der Käufers_in erfordert die Transaktion mit einer illegalen Ware Vertrauen und Vorsicht in Bezug auf das Verhältnis Preis/Qualität.

Auf Kryptomärkten tritt anstelle des interpersonellen ein institutionenbasiertes Vertrauen, da durch die Verwendung von Anonymisierungssoftware keine persönlichen Kontakte stattfinden. Das institutionenbasierte Vertrauen ist personenübergreifend (vgl. Zucker 1986) und basiert bei Darknet-Drogenmärkten auf dem Kundenfeedback-System und dem Bezahlsystem (vgl. Duxbury und Haynie 2018; Tzanetakis et al. 2016). Durch das Bewertungssystem können die Kund_innen ihre Einschätzung zur Produktqualität, zur vereinbarten Menge, zur Lieferdauer, zu verwendeten Verschleierungstechniken bei der Versandverpackung sowie zur Serviceorientierung des bzw. der Händlers_in zum Ausdruck bringen. Ein kurzer schriftlicher Text ist zusammen mit einem numerischen Rating für Interessierte online einsehbar und wird zusammen mit der Gesamtanzahl der Transaktionen zur Einschätzung des jeweiligen Handelnden herangezogen. Negative Bewertungen kommen äußerst selten vor, gegebenenfalls haben diese auf die Reputation etablierter Händler_innen einen geringeren Einfluss als auf Händler_innen, die z. B. weniger als ein Dutzend Bestellungen durchgeführt haben. Entscheidend ist hier die Relation der positiven zu den negativen Bewertungen.

Beim Bezahlsystem haben die Kund_innen die Wahl zwischen drei unterschiedlichen Varianten, wobei in jedem Fall mit Kryptowährungen bezahlt wird (vgl. Tzanetakis 2016a). *Centralised escrow* ist ein Treuhandverfahren, bei dem die virtuelle Währung erst dann für den bzw. die Händler_in freigegeben wird, wenn der bzw. die Kunde_in den Erhalt der Lieferung bestätigt hat. Das Treuhandverfahren bietet die Möglichkeit, dass der bzw. die Betreiber_in des Marktplatzes im Konfliktfall zwischen Kund_innen und Handelnden vermittelt. Während hierbei der Konsumierende vor einem möglichen Betrug abgesichert ist, kann der bzw. die Treuhänder_in den Geldbetrag unsachgemäß einbehalten. Demgegenüber wird bei *Finalized early* der Geldbetrag an den bzw. die Händler_in gesendet, bevor die Ware ausgeliefert wurde. Obwohl diese Variante häufig nur etablierten Händler_innen offensteht, birgt sie das Risiko, dass die Waren nach Zahlungseingang nicht versendet werden. Eine für alle Parteien gleichermaßen sichere Lösung ist *Multi-signature*, hier müssen zwei von drei Akteur_innen (Markt-Betreiber_in, Händler_in und Kund_in) die Zahlungsfreigabe signieren. Die Anwendung von *Multi-signature* ist allerdings technisch anspruchsvoller als die anderen beiden Varianten; entsprechend wird diese Bezahlvariante weniger genutzt.

Das Kundenfeedback-System und die Bezahlsysteme auf Kryptomärkten ermöglichen also, dass Personen einander vertrauen, ohne sich persönlich zu kennen. Das tatsächlich vorhandene Vertrauen in die beiden Institutionen zeigt sich an einem Beispiel: Nach einer großangelegten Operation von internationalen Strafverfolgungsbehörden, die zur Schließung zahlreicher Kryptomärkte geführt hatte, gingen die Umsätze zunächst zurück. Doch bereits nach einigen Wochen wurde die Hälfte des Umsatzniveaus (vor der Operation) auf anderen Märkten wieder erreicht (vgl. Soska und Christin 2015). Die Beobachtung der Umsatzentwicklung könnte ein Indiz dafür sein, dass das Vertrauen in die Institutionen Kundenfeedback und Bezahlsystem so groß ist, dass es jenes in einzelne Marktplätze überragt. Hierzu bedarf er allerdings weiterer Forschung.

3.4 Freier Wettbewerb?

Eine vierte ökonomische Veränderung von illegalen Drogenmärkten betrifft die Frage des Wettbewerbs. Obwohl die Organisationsfrage je nach Staat, Drogenart, Handelsebene und Offenheit bzw. Geschlossenheit des Markts anders zu bewerten ist, wird davon ausgegangen, dass auf materiellen Drogenmärkten die Illegalität die Herausbildung großer Netzwerke verhindert (vgl. Paoli 2004; Reuter 1983; Thompson 2003). Schließlich hat die Illegalität Konsequenzen für die Organisation des Marktes und für Geschäftsbeziehungen, für das Risiko verhaftet zu werden und für die Rechtssicherheit der Akteur_innen. Die Bedingungen der Illegalität führen dazu, dass fragmentierte Marktstrukturen entstehen, wobei der Wettbewerb durch persönliche Netzwerke von lokaler Ausdehnung gekennzeichnet ist. Folglich werden materielle Drogenmärke oft als soziale Netzwerke beschrieben, die informell organisiert und relativ kurzlebig sind sowie tendenziell flache Hierarchien aufweisen (vgl. Coomber 2015; Dorn et al. 1992; Moeller und Sandberg 2015; Paoli 2004; Reuter und Kleinman 1986). Geht man von der wirtschaftswissenschaftlichen Logik aus, dass die Markteffizienz durch Wettbewerb gesteigert werden kann, dann sind illegale Märkte strukturell ineffizient (vgl. Bakken et al. 2017; Beckert und Wehinger 2013). Außerdem gibt es auf traditionellen Drogenmärkten keine staatliche Eingriffsmöglichkeit bei Preisabsprachen, auf Beschränkungen bei der Bewerbung der Waren und einen Informationsmangel in Bezug auf die Produktqualität oder auf Preise und Service.

Kryptomärkte entwickeln hingegen effizientere Marktstrukturen im Vergleich zu traditionellen Drogenmärkten (vgl. Bakken et al. 2017): Zum einen sind Transaktionen durch den Einsatz von digitaler Technologie nicht mehr an persönliche Beziehungen gebunden. Zum anderen werden psychoaktive Substanzen auf den anonymen Märkten und Foren beworben – inklusive Aktionen, um Kund_innen anzuziehen. Händler_innen informieren auf ihren Profilseiten detailliert über Produktqualität, Preise, Service und Lieferbestimmungen. Diese Angaben werden, wie oben erwähnt, von den Kund_innen bewertet und ermöglichen eine gewisse Transparenz trotz gleichzeitiger Anonymität. Demnach sind Kryptomärkte einer Selbstregulierung – basierend auf informellen Normen und Regeln – unterworfen. Allerdings fehlt ein Mechanismus gegen Preisabsprachen; außerdem kann nicht ausgeschlossen werden, dass unterschiedliche Profilseiten und Pseudonyme der- bzw. demselben Händer_in gehören. Wettbewerb um die Gunst der Kund_innen gibt es auf Kryptomärkten auch zwischen den Händler_innen: Eine Langzeitstudie zu *AlphaBay*, dem ehemals größten Marktplatz hat gezeigt, dass auf diesem rund 2.200 Händler_innen etwa 12.000 unterschiedliche Drogenangebote platziert haben (vgl. Tzanetakis 2018b). Zudem gibt es auch Konkurrenz zwischen den gegenwärtig etwa ein Dutzend Kryptomärkten und Konkurrenz mit Händler_innen, die eigene Shops im Darknet betreiben.

3.5 Der Postbote als unwissender Drogenkurier

Die fünfte Veränderung durch die Digitalisierung von Drogenmärkten bezieht sich auf die Drogenübergabe: Wie bereits erläutert, findet der Verkauf von illegalen Drogen auf materiellen Märkten entweder öffentlich, semi-öffentlich oder geschlossen statt. Die beteiligten Akteur_innen müssen zwischen dem Grad der Sichtbarkeit bei der Drogenübergabe und dem Risiko der strafrechtlichen Verfolgung abwägen, wobei sich dieses Risiko durch vertrauensvolle Handelsbeziehungen reduzieren lässt

Auf Kryptomärkten, die zu den semi-öffentlichen Drogenmärkten zählen, entfällt jegliche persönliche Beziehung zwischen Händler_in und Kund_in vor, während und nach der Transaktion (vgl. Tzanetakis et al. 2016). Kund_innen haben Zugang zu einer breiten Palette an psychoaktiven Substanzen obwohl einer Transaktion keine interpersonelle Beziehung vorausgeht; das Risiko für den Handelnden wird dabei – im Gegensatz zu öffentlichen Märkten – nicht größer. Auf anonymen Drogenmarktplätzen findet zudem eine personelle, räumliche und zeitliche Trennung zwischen Verkauf und Übergabe statt. Während der Verkauf mittels virtueller Währungen online abgewickelt wird, übernimmt die Lieferung der traditionelle Post- bzw. Kurierdienst – wohlgemerkt ohne davon Kenntnis zu haben. Auf diese Art und Weise wird der Postbote zum unwissenden Drogenkurier. Einerseits entfällt damit für den bzw. die Drogenhändler_in ein Großteil des Risikos, andererseits erhöht es sich hinsichtlich der Wahl von Versandmethoden und Lieferdestinationen (vgl. Aldridge und Askew 2017; Décary-Hétu et al. 2016; Tzanetakis 2018b). Händler_innen informieren auf ihren Profilseiten darüber, welche Versandmethode (regulär, Expresszustellung, Sendungsverfolgung) sie anbieten und ob sie national, international oder gar weltweit versenden. Internationale oder weltweite Lieferungen erweitern den potentiellen Kund_innenstamm und erhöhen die Umsatzchancen; allerdings ist damit auch ein höheres Entdeckungsrisiko verbunden. Tzanetakis (2018) hat dokumentiert, dass etwa die Hälfte der Händler_innen ein höheres Risiko einzugehen bereit sind und weltweit Drogen versenden, während die andere Hälfte der Händler_innen den Versand innerhalb ihrer Region bevorzugt. Insofern gibt es bei Drogenübergabe eine Parallele zwischen Kryptomärkten und materiellen Drogenmärkten, da auf beiden die erhöhte Sichtbarkeit (und damit die Chance auf höhere Umsätze) mit einem erhöhten Entdeckungsrisiko einhergeht.

4 Perspektiven und Regulierungsansätze

In diesem Beitrag werden sozioökonomische Folgen und Grenzen der zunehmenden Verbreitung digitaler Technologien für illegale Drogenmärkte dargelegt. Basierend auf sozialwissenschaftlichen Forschungserkenntnissen konnten grundlegende Veränderungen durch die Digitalisierung von Märkten und der damit einhergehenden Herausbildung von Kryptomärkten herausgearbeitet werden. Durch die Verwendung von Anonymisierungssoftware können Handelnde auf anonymen Plattformen im Internet ihre Sichtbarkeit erhöhen, ohne dass gleichzeitig das Risiko der Strafverfolgung steigt. Ebenso sind anonyme Drogenmärkte ohne persönlichen Beziehungsaufbau, dafür nach Aneignung des technischen Wissens, global verfügbar und haben keine zeitliche Begrenzung und keine Altersbeschränkung. Hinzu kommt, dass auf Kryptomärkten anstelle des interpersonellen ein institutionenbasiertes Vertrauen hergestellt wird, etwa durch Feedback- oder Bezahlsysteme. Durch Wettbewerb zwischen Handelnden und Marktplätzen wird die Transparenz in Bezug auf die Qualität der angebotenen Drogen stellenweise erhöht. Außerdem wird auf Kryptomärkten die Drogenübergabe von traditionellen Post- bzw. Kurierdiensten übernommen, ohne dass diese davon Kenntnis haben.

Doch welche wirtschaftliche Relevanz hat das neue Phänomen des Drogenhandels über das Darknet? Der Anteil am gesamten Einzelhandelsmarkt für illegale Drogen ist klein, wobei für die Zukunft von einer steigenden Relevanz des Internets und digitaler Technologien für den Drogenvertrieb auszugehen ist. Bereits heute zeigt sich, dass Kryptomärkte im Gegensatz zu Straßenmärkten einerseits den Vertrieb qualitativ hochwertiger Inhaltsstoffe ermöglichen und andererseits die höhere Sichtbarkeit von Handelnden nicht zwangsläufig mit einem erhöhten Verhaftungsrisiko korreliert.

Im Einklang mit der Auflösung von Raum-Zeit-Handelsbeziehungen in modernen kapitalistischen Ökonomien (Giddens 1990) steht einer Expansion von Marktbeziehungen auch auf Kryptomärkten, nichts mehr im Wege. Während institutionenbasiertes Vertrauen auf materiellen, illegalen Märkten nur beschränkt möglich ist, erlauben die Fortschritte in der Kommunikationstechnologie die Herausbildung ebendieses Vertrauenstyps auf anonymen Plattformen zum Vertrieb illegaler Waren. Trotz der sich weltweit erstreckenden und in Konventionen gegossenen Drogenprohibition haben sich durch die Digitalisierung Kryptomärkte entwickelt, auf denen Praktiken einer institutionellen Selbstregulierung etabliert sind. Diese erlauben eine Ausweitung von Marktbeziehungen auf der Basis von effizienteren Marktstrukturen, obwohl Strafverfolgungsbehörden das Verbot umsetzen. Damit werden Kryptomärkte strukturell gesehen zu dynamischen Wachstumsmärkten.

Selbstregulierung bedeutet nach wirtschaftstheoretischem Verständnis idealtypischer Weise, dass Angebot auf Nachfrage trifft und Waren auf der Basis von Preisen getauscht werden, die den Nutzen aller an der Tauschbeziehung beteiligten Akteur_innen maximieren. Doch in der Praxis kommt es immer wieder zu Marktkonzentrationen. Zudem gibt es Überschneidungen von materiellen und virtuellen Drogenmärkten: Rund ein Viertel der Transaktionen sind aufgrund ihrer Größe nicht für den Eigenkonsum bestimmt und werden teilweise profitorientiert weiterverkauft. Kauft jemand für den Eigenkonsum auf

Kryptomärkten, kann die Person im Vergleich zum materiellen Einzelhandel qualitativ hochwertigere Substanzen, allerdings zu einem höheren Preis erwerben. Kauft allerdings ein_e Einzelhändler_in online mit der Intention, die Drogen weiterzuverkaufen, kann die Qualität ein kaufentscheidendes Kriterium sein – muss es aber nicht. Wahrscheinlicher ist hingegen, dass der Preis die Kaufentscheidung bestimmt. Die sich daraus ergebenden Gefahren für Konsumierende benötigen ebenso eine entsprechende Regulierung. Eine Besonderheit der Kryptomärkte liegt darin, dass sie bestehende und global geltende Anti-Drogenkonventionen systematisch umgehen und gleichzeitig eine Dimension von Tauschbeziehungen ermöglichen, die davor nicht denkbar war: der global vernetzte Handel mit illegalisierten Rauschmitteln.

Vor diesem Hintergrund wird ein Nachdenken über eine Regulierung und Entkriminalisierung von Drogen wichtiger denn je, denn diese entziehen dem neuen Phänomen den Nährboden. Dabei müssen Antworten auf mindestens drei Fragen gefunden werden: Wie kann es staatlichen Behörden gelingen, die Herausbildung von kartellartigen Handelsstrukturen zu verhindern und das Marktgeschehen on- wie offline zu regulieren? Mit welchen Maßnahmen in den Bereichen der Prävention, Beratung und Betreuung, können Drogenkonsumierende entkriminalisiert werden? Dies gilt für besonders problematisches Konsumverhalten, die Umsetzung einer entsprechenden Altersbeschränkung für virtuelle wie materielle Transaktionen sowie niedrigschwellige Drogenarbeit etwa durch die Kombination onlinebasierter und konventioneller Drogenberatungs- sowie analysegestützter Interventionen (z.B. Drug Checking-Angebote). Wie gestaltet sich eine angemessene (und vor allem auch angemessen finanzierte) sozialwissenschaftliche Begleitforschung, die in der Lage ist, die sozialen und kulturellen Dimensionen der eingesetzten Maßnahmen sowie unbeabsichtigte Folgen zu erheben und deren Wirksamkeit zu evaluieren?

Literatur

Aldridge, J., D. Décary-Hétu. 2014. Not an 'Ebay for Drugs': The Cryptomarket 'Silk Road' as a Paradigm Shifting Criminal Innovation. doi: http://dx.doi.org/10.2139/ssrn.2436643.

Aldridge, J., D. Décary-Hétu. 2016. Hidden wholesale: The drug diffusing capacity of online drug cryptomarkets. *International Journal of Drug Policy* 35: 7–15.

Aldridge, J., A. Stevens, M. J. Barratt. 2017. Will growth in cryptomarket drug buying increase the harms of illicit drugs? *Addiction*. doi: 10.1111/add.13899.

Bakken, S., K. Moeller, S. Sandberg. 2017. Coordination problems in cryptomarkets: Changes in cooperation, competition and valuation. *European Journal of Criminology*. doi: 10.1177/1477370817749177.

Bancroft, A., P. S. Reid. 2016. Concepts of illicit drug quality among darknet market users: Purity, embodied experience, craft and chemical knowledge. *International Journal of Drug Policy* 35: 42–49.

Barratt, M. J., J. A. Ferris, A. R. Winstock. 2014. Use of Silk Road, the online drug marketplace, in the UK, Australia and the USA. *Addiction* 109: 774–783.

Barratt, M. J., A. Maddox, S. Lenton, M. Allen. 2016a. What if you live on top of a bakery and you like cakes?—Exploring the drug use and harm trajectories before, during and after the emergence of Silk Road. *International Journal of Drug Policy* 35: 50–57.

Barratt, M. J., J. A. Ferris, A. R. Winstock. 2016b. Safer scoring? Cryptomarkets, social supply and drug market violence. *International Journal of Drug Policy* 35: 24–31.

Beckert, J., F. Wehinger. 2013. In the shadow: Illegal markets and economic sociology. *Socio-Economic Review* 11: 5–30.

Buxton, J., T. Bingham. 2015. The rise and challenge of dark net drug markets. Policy Brief 7. Global Drug Policy Observatory. Zugegriffen: 15. Januar 2018.

Caudevilla, F., M. Ventura, I. Fornís, M. J. Barratt, C. G. lladanosa, P. Quintana, A. Munoz, N. Calzada. 2016. Results of an international drug testing service for cryptomarket users. *International Journal of Drug Policy* 35: 38–41.

Christin, N. 2013. Traveling the Silk Road: A Measurement Analysis of a Large Anonymous Online Marketplace. In *Proceedings of the 22nd international conference on World Wide Web (WWW '13)* 213–224. Rio de Janeiro.

Coomber, R. 2015. A Tale of Two Cities Understanding Differences in Levels of Heroin/Crack Market-Related Violence—A Two City Comparison. *Criminal Justice Review* 40: 7–31.

Coomber, R., L. Moyle, N. South. 2016. Reflections on three decades of research on social supply in the UK. In *Friendly Business. International views on social supply, self-supply and small-scale drug dealing*, hrsg. v. B. Werse, C. Bernard, 13–28. Wiesbaden.

Darknet Stats. https://dnstats.net/ Zugegriffen: 26. Januar 2018.

Demant, J., R. Munksgaard, E. Houborg. 2016. Personal use, social supply or redistribution? Cryptomarket demand on Silk Road 2 and Agora. *Trends in Organized Crime*: 1–20.

Desroches, F. 2005. *The crime that pays: Drug trafficking and organized crime in Canada*. Toronto.

Dorn, N., K. Murji, N. South. 1992. *Traffickers: Drug Markets and Law Enforcement*. London.

Dorn, N., M. Levy, L. King. 2005. *Literature Review on Upper Level Drug Trafficking*. Home Office Online Report 22/5. London.

Dorn, N., K. Murji, N. South. 1992. *Traffickers: Drug Markets and Law Enforcement*. London.

Duxbury, S. W., D. L. Haynie. 2018. Building them up, breaking them down. Topology, vendor selection patterns, and a digital drug market's robustness to disruption. *Social Networks* 52: 238–250.

European Monitoring Centre for Drugs and Drug Addiction and Europol (EMCDDA). 2016. *EU Drug Markets Report. In-Depth Analysis*. EMCDDA–Europol Joint publications. Luxembourg.

Gambetta, D. 2009. *Codes of the Underworld: How Criminals Communicate*. Princeton, Oxford.

Giddens, A. 1990. *The Consequences of Modernity*. Stanford (CA).

Hough, M., M. Natarajan. 2000. Introduction: Illegal Drug Markets, Research and Policy. In *Illegal Drug Markets: From Research to Prevention Policy, Crime Prevention Studies*, hrsg. v. M. Natarajan, M. Hough, 1–17. Monsey (NY).

Kruithof, K., J. Aldridge, D. Décary-Hétu, M. Sim, E. Dujso, S. Hoorens. 2016. *Internet-facilitated drugs trade. An analysis of the size, scope and the role of the Netherlands*. Santa Monica (CA), Cambridge.

Martin, J. 2014. *Drugs on the Dark Net. How Cryptomarkets are Transforming the Global Trade in Illicit Drugs*. Basingstoke.

May, T., M. Hough. 2004. Drug markets and distribution systems. *Addiction Research & Theory* 12: 549–563.

Martin, J. 2014. *Drugs on the Dark Net. How Cryptomarkets are Transforming the Global Trade in Illicit Drugs*. Basingstoke.

Moeller, K., S. Sandberg. 2015. Credit and trust management of network ties in illicit drug distribution. *Journal of Research in Crime and Delinquency* 52: 691–716.

Ormsby, E. 2016. Silk Road: insights from interviews with users and vendors. In *EU Drug Markets Report. In-Depth Analysis*, hrsg. v. EMCDDA, 61–68. Luxembourg.
Paoli, L. 2002. Flexible Hierarchies and Dynamic Disorder: the Drug Distribution System in Frankfurt and Milan. *Drugs: Education, Prevention and Policy* 9: 143–151.
Paoli, L. 2004. „Die unsichtbare Hand des Marktes". Illegaler Drogenhandel in Deutschland, Italien und Russland. In *Soziologie der Kriminalität*, hrsg. v. D. Oberwittler, S. Karstedt, 356–383. Wiesbaden.
Prensky M. 2001. Digital natives, digital immigrants Part 1, *On the Horizon* 9: 1–6. doi: 10.1108/10748120110424816.
Reuter, P. 1983. *Disorganized crime: the economics of the visible hand*. Cambridge (MA).
Reuter, P., M. A. Kleiman. 1986. Risks and prices: an economic analysis of drug enforcement. *Crime and Justice* 7: 289–340.
Sandberg, S. 2012. The Importance of Culture for Cannabis Markets Towards an Economic Sociology of Illegal Drug Markets. *British Journal of Criminology* 52: 1133–1151.
Soska, K., N. Christin. 2015. Measuring the Longitudinal Evolution of the Online Anonymous Marketplace Ecosystem. In *Proceedings of the 24th USENIX Security Symposium*, August 12–14, 2015, 33–48. Washington, DC.
Taylor, M., G. R. Potter. 2013. From "Social Supply" to "Real Dealing": Drift, Friendship, and Trust in Drug Dealing Careers. *Journal of Drug Issues* 43: 392–406.
Thompson, G. 2003. *Between Hierarchies and Markets: The Logic and Limits of Network Forms of Organization*. Oxford.
Tzanetakis, M. 2016a. Online drug distribution: alternatives to physical violence in conflict resolution. In *Between street and screen. Traditions and innovations in the drugs field*, hrsg. v. M. Wouters, J. Fountain, 41–56. Lengerich.
Tzanetakis, M. 2016b. Von der visuellen Symbolik zum Vertrauen schaffenden System der virtuellen Währung Bitcoin. In *Der schöne Schein. Symbolik und Ästhetik von Banknoten*, hrsg. v. S. Hartmann, C. Thiel, 273–299. Regenstauf.
Tzanetakis, M. 2017a. Drogenhandel im Darknet. Gesellschaftliche Auswirkungen von Kryptomärkten. *Aus Politik und Zeitgeschichte* 67: 41–46.
Tzanetakis, M. 2017b. Zur globalen Ökonomie von digitalen Drogenmärkten. *Rausch – Wiener Zeitschrift für Suchttherapie* 6: 190–199.
Tzanetakis, M. 2018a. The darknet's anonymity dilemma. In *Encore 2017. The Annual Magazine on Internet and Society Research*, hrsg. v. Alexander von Humboldt Institute for Internet and Society, 118–125. Berlin.
Tzanetakis, M. 2018b. Comparing cryptomarkets for drugs. A characterisation of sellers and buyers over time, *International Journal of Drug Policy*, Special Issue 'Comparing Drug Policies'. doi: https://doi.org/10.1016/j.drugpo.2018.01.022.
Tzanetakis, M., G. Kamphausen, B. Werse , R. v. Laufenberg. 2016. The transparency paradox. Building trust, resolving disputes and optimising logistics on conventional and online drugs markets. *International Journal of Drug Policy* 35: 58–68.
Tzanetakis, M., H. Stöver. (Hrsg.). 2018. *Drogen, Darknet und Organisierte Kriminalität*. Baden-Baden (im Erscheinen).
Tzanetakis, M., R. v. Laufenberg. 2016. Harm Reduction durch anonyme Drogenmärkte und Diskussionsforen im Internet? In *3. Alternativer Drogen- und Suchtbericht*, hrsg. v. akzept e.V. Bundesverband für akzeptierende Drogenarbeit und humane Drogenpolitik, 189–194. Lengerich.
Van Buskirk, J., S. Naicker, A. Roxburgh, R. Bruno, L. Burns 2016. Who sells what? Country specific differences in substance availability on the Agora dark net marketplace. *International Journal of Drug Policy* 35: 16–23.

Van Hout, M. C., T. Bingham. 2013a. 'Silk Road', the virtual drug marketplace: A single case study of user experiences. *International Journal of Drug Policy* 24: 385–391.

Van Hout, M. C., T. Bingham. 2013b. 'Surfing the Silk Road': A study of users' experiences. *International Journal of Drug Policy* 24: 524–529.

Werse, B., C. Bernard. (Hrsg.). 2016a. *Friendly Business – International Views on Social Supply, Self-Supply, and small-scale Drug Dealing.* Wiesbaden.

Zaitch, D. 2005. The ambiguity of violence, secrecy, and trust among Colombian drug entrepreneurs. *Journal of Drug Issues* 35: 201–228.

Zucker, L. G. 1986. Production of Trust: Institutional Sources of Economic Structure, 1840–1920. *Research in Organizational Behavior* 8: 53–111.

Teil V
Ethnografische Streifzüge

Ethnographie des Dealens

Sandra Bucerius

> **Zusammenfassung**
>
> Der Beitrag beschreibt das Geschäftsmodell und die sozialen Praktiken von Jugendlichen und jungen Erwachsenen mit Migrationsgeschichte in Frankfurt am Main, die mit Drogen handeln. Der Text basiert auf einem fünfjährigen ethnographischen Forschungsprojekt und thematisiert Immigration, soziale Exklusion und Kriminalität. Im Zentrum stehen die Geschäftspraktiken der jungen Männer. Sichtbar wird das Alltagsgeschäft, zusammen mit Form und Praxis der Geschäftspartnerschaften und der Hierarchien des Drogenhandels. Weiterhin werden die Entscheidungen der jungen Männer im Hinblick auf den Kauf, das Schneiden, die Lagerung und den Verkauf der Drogen erörtert. Abschließend rücken die Verbindungen zwischen der formellen und informellen Wirtschaft ins Zentrum, und das wichtigste Mantra der jungen Männer wird beschrieben: Nicht übermütig werden, um im Drogenhandel Erfolge zu verbuchen und nicht erwischt zu werden.

Schlüsselbegriffe: Drogen, Dealer, Migrantenjugendliche, Drogenhandel, Ethnographie

1 Einführung

Im Sommer 2001 begann ich mein fünfjähriges ethnographisches Forschungsprojekt zum Thema Immigration, soziale Exklusion und Kriminalität. In diesem Rahmen lernte ich in einem Jugendhaus in Frankfurt 55 junge Männer der zweiten Migrantengeneration kennen. Ihre Eltern stammten vor allem aus der Türkei, Marokko und Albanien. Sie waren als Gastarbeiter eingewandert. Das Jugendhaus war zwar der Ausgangspunkt für meinen Kontakt zu den jungen Männern, doch schon bald fand meine Forschung auch außerhalb dessen statt. Ich begleitete sie in ihrem Alltag, besuchte Bars und Clubs, fuhr mit ihnen im Auto herum, hielt mich an Straßenecken und in Cafés auf und beobachtete unzählige Drogentransaktionen, Streits sowie humorvolle und tränenreiche Begegnungen (vgl. Bucerius 2014).

Nach ein paar schwierigen Monaten des Vertrauensaufbaus durfte ich bei Drogengeschäften zugegen sein (Bucerius 2013). Zunächst war diese Phase neu und aufregend, bald wurde mir aber klar, dass der Drogenhandel sich gar nicht so stark von anderen Berufsfeldern unterscheidet. Letztlich ist er nur ein Geschäft. Die Entscheidungen über Preise, die Wahl der Geschäftspartner und der Großhändler sowie die Risikobewertung weichen nicht besonders von ähnlichen Entscheidungen ab, die in legalen Wirtschaftszweigen getroffen werden.

Im vorliegenden Beitrag werde ich das Geschäftsmodell der jungen Männer beschreiben, insbesondere in Bezug auf Geschäftspartnerschaften und Hierarchien. Ziel ist ein genaueres Verständnis des Alltagsgeschäfts, zu dem etwa der Kauf, das Schneiden, die Lagerung und der Verkauf der Drogen gehören. Abschließend rücken die Verbindungen zwischen der formellen und informellen Wirtschaft ins Zentrum, gemeinsam mit dem wichtigsten Mantra der jungen Männer: nicht übermütig zu werden.

2 Das Geschäftsmodell

Oft unterscheidet die Forschung zwischen offenen Märkten, bei denen anonymen Marktteilnehmern Drogen auf der Straße verkauft werden, und geschlossenen Märkten, die sich durch die engen Verbindungen zwischen Käufern und Verkäufern auszeichnen (vgl. Sampson 2001). In Frankfurt finden sich beide Markttypen, und die jungen Männer waren auf mehreren offenen und geschlossenen Märkten tätig. Sie hatten hauptsächlich Stammkunden, aber wenn sie neu im Geschäft, knapp bei Kasse oder mit dem Wiedereintritt in die Drogenszene beschäftigt waren, verkauften sie auch an Fremde auf dem Campus oder im Park ihres Stadtteils.

In ihrem Stadtteil gab es mehrere öffentliche Orte, an denen Händler und Kunden die Drogen austauschen konnten. Dazu gehörten ein großer Park und der öffentliche Raum am Eingang zum Universitätscampus. In diesem Bereich, der weithin als Drogenumschlagspunkt bekannt ist, gibt es mehrere Cafés, zwei U-Bahn-Eingänge, einige Buchläden und einen kleinen Wochenmarkt. Die meisten der jungen Männer führten an diesen öffentlichen Orten keine Drogengeschäfte durch. Wenn jedoch einer von ihnen erst anfing oder nach längerer Abwesenheit (z. B. nach einer Haftstrafe) erneut einstieg, dann hielt er sich unter Umständen in der Nähe des Parks oder des Campus auf; in der Hoffnung, dort von potenziellen Kunden angesprochen zu werden (das aktive Ansprechen potenzieller Käufer wurde als No-go betrachtet). Sobald er sich (erneut) eine Kundschaft aufgebaut hatte, zog er sich von diesen öffentlichen Orten zurück, es sei denn, er brauchte mehr Geld.

Die Organisation der jungen Männer lässt sich am besten als *sozial verbundenes Unternehmen* beschreiben, in dem das Verhältnis der Drogenverkäufer untereinander sowohl auf dem Wunsch, Geld zu verdienen, sowie auf ihren Bindungen aufgrund von Verwandtschaft, ethnischer Zugehörigkeit und Nachbarschaft beruhte (Curtis und Wendel 2000). Die jungen Männer hatten mehr miteinander gemeinsam als nur ihre Tätigkeit als Drogenhändler. Auch wenn nicht alle von ihnen unbedingt an den gleichen Geschäften beteiligt waren, unterstützten sie sich bei Bedarf gegenseitig, wie Akin[1] erläuterte:

Ja, also zum Beispiel wenn jetzt jemand mir von 'nem guten Geschäft erzählt, aber ich hab' jetzt selbst dafür keine Zeit oder kein Bock oder was weiß ich, dann überleg' ich so, ob ich das jetzt machen will, und wenn ich dann so klar weiß, dass das nichts ist für mich, dann sag' ich nicht: „Nee, lass mal" oder so, sondern dann geh' ich halt zu den Jungs und frag' da rum, ob einer Interesse hat. Also weil vielleicht kann dann einer so von meiner connection profitieren, verstehst du?

Akin war oft der erste, der von ‚guten Geschäften' erfuhr und gab diese Informationen sehr großzügig an andere weiter, wenn er oder seine direkten Geschäftspartner nicht daran interessiert waren. Die Mehrheit der jungen Männer konzentrierte sich jeweils auf einen Geschäftspartner, mit dem sie eng zusammenarbeiteten (vgl. Adler 1993). Sie wickelten in der Regel die Haupttransaktion eines Geschäfts gemeinsam ab (Beförderung der Drogen vom Großhändler zum Lagerort), während andere Aufgaben aufgeteilt wurden (z. B. übernahm einer von beiden die anfänglichen Verhandlungen mit dem Großhändler, der andere organisierte einen geeigneten Lagerort). Ümit beschrieb diese Art von Geschäftsbeziehung wie folgt:

Das macht man zusammen, du und dein Partner, weil ... nicht weil du nicht trauen kannst, er ist ja dein Partner, da kannst du schon trauen, nein, dann ist es auch ein kleineres Risiko für beide. Also bei hundert Gramm Koks kriegt halt jeder nur fünfzig aufgeschrieben, wenn die Bullen dich erwischen.

Die erste Wahl als Partner war oft der beste Freund oder ein Verwandter. Die meisten der jungen Männer hatten drei oder vier weitere Partner, mit denen sie, je nach Umständen, potenziell eine solche Geschäftsbeziehung eingehen konnten (vgl. Coomber und Maher 2006). Natürlich mussten die Geschäftspartner einen gewissen Grad an Vertrauen und Sympathie füreinander empfinden. Obwohl die jungen Männer sich gegenüber Außenstehenden (z. B. gegenüber der Polizei, Sozialarbeitern oder mir als neu hinzugekommener Forscherin) als geschlossene Einheit gaben, bestanden bezüglich der Freundschaften und Sympathien zwischen den einzelnen Männern große Unterschiede. Dementsprechend verfügten sie nur über eine sehr kleine Auswahl an Personen, mit denen sie potenziell eine Geschäftspartnerschaft eingehen würden.

Zusammenschlüsse von drei oder mehr Personen wurden nur selten längere Zeit aufrechterhalten. Die jungen Männer erzählten mir von ihrer Befürchtung, einer aus der

---

[1] Alle Namen geändert.

Gruppe könne sie verraten, ohne dass herauszufinden wäre, wer von den drei oder vier Personen zur Polizei gegangen sei. Die Zusammenarbeit mit nur einem Geschäftspartner gab ihnen einen gewissen Grad an Sicherheit. Letztendlich war die Loyalität und das Vertrauen innerhalb der Gruppe in Wirklichkeit nicht so stark, wie dies im Allgemeinen behauptet wurde.[2]

Die Arbeit ganz ohne Partner war selten, unter anderem deshalb, weil gemeinsame Käufe die Preise verbesserten. Aissa wies darauf hin, dass das Dealen sich durch die gemeinsame Arbeit normalisieren lässt:

Du denkst jetzt, ich bin total beknackt, aber es ist irgendwie auch ein anderes Gefühl, wenn man die Geschäfte mit jemandem teilt. Also die einzigen Male, dass ich dachte, dass das irgendwie nicht richtig ist, was ich da mache, war, als ich so ganz alleine was gemacht habe. Also fühlt man sich dann auf einmal plötzlich schuldig.

Auch in anderer Hinsicht sind sich die Männer loyal verbunden. Zum Beispiel hielt eines Nachts die Polizei ein Auto mit fünf der jungen Männer an und fand eine sehr geringe Menge Marihuana (10 Gramm), das dem Fahrer Mesut gehörte. Die Mitfahrer gaben jedoch an, das Marihuana sei ihr gemeinsames Eigentum und gehöre zum Zweck des Eigenkonsums allen Mitfahrern. Somit wurde jeder der vier für 2,5 Gramm zur Verantwortung gezogen, während Mesut selbst unbehelligt davonkam.

Das ist natürlich voll der Kopffick mit den Bullen, weil die wissen wollen, wem die Scheiße gehört und so. Aber die können auch nichts machen, als halt sagen, zwei Gramm der, zwei Gramm der und so und dann müssen sie dich halt wieder gehen lassen. Da passiert ja nichts. Also so was ist ganz normal. Da würde keiner sagen: ‚Das gehört aber dem Mesut oder so. Das bringt ja auch nix – so kriegt ja niemand Strafe oder so, aber wenn's alles auf einen geht, dann ist's halt vielleicht schon 'ne Arbeitsstunde oder so.

Saadettin wies weiter darauf hin, dass der Führerschein entzogen werde, wenn beim Fahrer Drogen gefunden werden. Nicht viele der jungen Männer hatten einen Führerschein, und es war entscheidend für das Geschäft, dass die Männer mit Führerschein diesen auch behielten. Das gesamte Netzwerk der jungen Männer hing von ihren Fahrern ab: Diese vereinfachten nicht nur die Fortbewegung an den Abenden, sondern auch und vor allem den Kauf der Drogen beim Großhändler, die anschließende Beförderung und die Lieferung an Stammkunden.

---

2 Es hieß stets, alle seien „Brüder", die „immer füreinander da sein würden". Allerdings war ihre „Bruderschaft" in vielerlei Hinsicht von der körperlichen Anwesenheit der jeweiligen Person abhängig: Sobald jemand beispielsweise inhaftiert wurde oder im Krankenhaus lag, besuchten ihn die früheren „Brüder" kaum.

Außerdem profitierten die jungen Männer davon, ihr Wissen miteinander zu teilen. Denn auch wenn nicht alle als Geschäftspartner zusammenarbeiteten oder mit den gleichen Drogen handelten, interessierten sich alle für den Drogenhandel im Allgemeinen. Sie verfügten über relevantes Wissen in Bezug auf Drogen, die Polizei, Großhändler und Kunden. Die Preisgabe dieser Kenntnisse in ihrem Netzwerk war üblich. Wenn zudem einer der jungen Männer knapp bei Kasse war, sprangen die anderen ein und liehen ihm Geld, damit er ins Geschäft zurückkehren konnte. Darüber hinaus diente das Netzwerk als Absicherung: Da die jungen Männer einander kannten, gemeinsam aufgewachsen und miteinander befreundet waren (wenn auch unterschiedlich eng), wussten sie, dass sie bei Bedarf mit Unterstützung rechnen und insgesamt darauf vertrauen konnten, dass die Polizei keine Informationen erhalten würde (auch wenn es sehr seltene Fälle von Verrat gab). Im Netzwerk selbst gab es keine starke Fluktuation, die Jüngeren knüpften engere Kontakte, während die Älteren das Netzwerk eines Tages verließen. Die Mitgliedschaft gründete darauf, im gleichen Stadtteil aufgewachsen zu sein, Außenstehende wurden nur dann aufgenommen, wenn sie mit einem der jungen Männer verwandt oder seit langer Zeit befreundet waren.

3 Hierarchien

Die weitverbreitete Ansicht, dass auf Drogenmärkten gewöhnlich eine sehr strenge hierarchische Struktur und Organisation herrscht, wird von der Forschung durchgängig widerlegt (vgl. Bucerius 2007; Hess 2008; Murji 2007; Zaitch 2002). Auf den ersten Blick erschien der Drogenmarkt der jungen Männer sehr unorganisiert. Es machte den Eindruck, als es gäbe überhaupt keine hierarchischen Strukturen – insbesondere deshalb, weil die jungen Männer zu verschiedenen Zeiten mit verschiedenen Drogen handelten und sich dabei wenig Konstanten zeigten. Sie selbst behaupteten ebenfalls, dass in ihrer Gruppe im Hinblick auf den Drogenhandel völlige Gleichberechtigung herrsche. Und in der Tat zeigten sie aktive Abwehr gegenüber einer ‚Hackordnung' und versuchten, das Geschäft anders zu führen als frühere Generationen.

Wie tätigten die jungen Männer nun ihre Geschäfte, und nutzten sie irgendeine Art von Struktur, in der manche von ihnen mehr Entscheidungsmacht hatten als andere? Sehr bald erfuhr ich, dass unter ihnen tatsächlich eine soziale Struktur herrschte, die sowohl im Jugendhaus als auch ganz allgemein zwischen ihnen galt. Zu Beginn meiner Forschung, als ich bei meinen Aufenthalten im Jugendhaus das Vertrauen der jungen Männer gewinnen wollte, musste ich diese soziale Struktur verstehen und lernen, mich darin zu bewegen. Es gab Leute, die ein höheres soziales Ansehen genossen, insbesondere diejenigen, die den Kern der Gruppe bildeten. Dieser bestand aus vierzehn Personen, welche die alltäglichen Interaktionen im Jugendhaus bestimmten. Sie hielten sich ständig in der Nähe des Gebäudes auf und waren im Drogenhandel stark aktiv. Wegen ihrer ständigen Anwesenheit erhielten sie auch die meiste Aufmerksamkeit von Seiten der Sozialarbeiter und versuchten laufend, neue Regeln für sich auszuhandeln (z. B. Drängen auf längere Öffnungszeiten oder auf Nutzung des Jugendhauses außerhalb der normalen Zeiten). Die Mitglieder des Gruppenkerns wurden von allen, die ich kennenlernte, wegen ihrer Tätigkeit als Drogenhändler, ihrer körperlichen Stärke bei Prügeleien, ihren Netzwerken aus Freunden und Familie sowie aufgrund ihrer Ansichten stark respektiert. Daher wurden sie bei strittigen Themen oft von anderen zu Rate gezogen (z. B. bei der Frage, ob es Kaner erlaubt sein sollte, seine Drogen im Jugendhaus zu lagern, oder ob dies die Gefahr von zu starker polizeilicher Aufmerksamkeit mit sich brächte).

Obwohl die Mitglieder des Gruppenkerns stärkeren Einfluss hatten als die anderen, handelte es sich nicht um eine eindeutige Führung von oben nach unten. Ein Beispiel: Als eine Gruppe eines Nachts in eine bestimmte Bar gehen wollte, Akin aber eine andere Bar vorzog, setzte die Mehrheit dennoch ihren Wunsch durch (obwohl das bedeutete, dass Akin nicht mitging). Neben dem Gruppenkern bestanden verschiedene Untergruppen, die dem unterschiedlichen Grad der Freundschaften zwischen den jungen Männern entsprachen. Manche bildeten sich aufgrund des Alters, während andere das Ergebnis gemeinsamer Interessen waren (z. B. trainierten vier der älteren im gleichen Fitnesscenter).

Außerdem waren alle im Drogenhandel tätig. Besonders die jungen Männer mit höherem Status hatten in der Regel mehr Verbindungen und somit mehr Möglichkeiten (anders ausgedrückt verfügte jemand, der stärker geschätzt und respektiert wurde, über ein höheres soziales Kapital innerhalb des Drogengeschäfts). Dennoch hielten größere Drogenhändler wie Akin die anderen nicht aktiv davon ab, mehr zu dealen. Die soziale Hierarchie zwischen den jungen Männern spiegelte nicht unbedingt den Grad der Aktivität im Drogengeschäft wider. Die jungen Männer erklärten übereinstimmend, dass es eine soziale Hierarchie zwischen ihnen gebe, widersprachen jedoch der Vermutung, sie seien hinsichtlich ihrer Geschäfte hierarchisch strukturiert.

Der Ruf einer Person hing stark davon ab, ein erfolgreicher Drogendealer zu sein. Dies wiederum bemaß sich an der Fähigkeit, über einen langen Zeitraum mit Drogen zu handeln, ohne mit den Ordnungskräften in Konflikt zu geraten. Man musste jedoch nicht der größte Dealer aller Zeiten sein – ganz im Gegenteil, es wurde als klug angesehen, sich eine Weile aus dem Geschäft zurückzuziehen, wenn dies Konflikte mit der Polizei vermied. Diejenigen mit besserem Ruf schienen ihre Position nicht dafür zu nutzen, jüngere Drogenhändler herumzukommandieren oder von ihnen die Erfüllung von riskanten Diensten zu verlangen (wie die Auslieferung von Drogen). Im Gegenteil: Die jungen Männer wollten möglichst wenig Personen an ihrem Geschäft beteiligen. Daher führte die meisten jeden Schritt eines Geschäfts selbst aus (beziehungsweise mit ihrem Geschäftspartner) und vermieden es, die jüngeren Gruppenmitglieder einzubeziehen. Jawad erklärte, warum er keine jüngeren Mitglieder an seinen Geschäften beteiligte:

Kleine da reinzuziehen ist erstens scheiße und zweitens weiß ich doch nicht, ob der echt das Maul hält, wenn die Bullen den da fertig machen. Ich meine, die Bullen machen da alles, die drohen und schlagen und was weiß ich. Das ist ja Realität und nicht Fernsehen. So ein Kleiner wie der Jeton, der kriegt dann Schiss und dann hab' ich gelitten.

4   Alltagsgeschäft

Gehandelt wurden hauptsächlich drei Drogen: Cannabis, Kokain und Heroin. Nur wenige aus der Gruppe beschränkten sich auf den Verkauf einer einzigen Droge, und die meisten zeigten sich in dieser Hinsicht sehr flexibel. Cannabis-Produkte wurden mit Abstand am häufigsten gehandelten, 51 der 55 jungen Männer verkauften in irgendeiner Form Cannabis. Über die Hälfte (28) verkauften auch andere Drogen, vor allem Kokain. Weitere sechs, die meisten mit albanischer Abstammung, handelten auch mit Heroin. Es schien geschäftlich sinnvoll, zwischen verschiedenen Drogen zu wechseln, wie Nermin erläuterte:

Es ist halt immer so 'ne Sache. Wenn du 'ne Zeitlang gute Kohle machst, jetzt meinetwegen mit Koks, dann gucken die Bullen schon mal genauer nach dir und gucken, wo du hingehst, was du machst und so. Wenn du dann halt mal kurz nix machst oder halt auf Shit machst oder so, dann denken die: ‚Mmh, der geht gar nicht mehr seine alten Wege, der hat aufgehört.' Und dann lassen sie dich in Ruhe. Manchmal geht aber auch einfach eine connection kaputt, weil der aufhört oder verhaftet wird oder was weiß ich, und dann ist es entweder zu heiß oder du hast nicht gleich was anderes und dann sagt ein Freund: ‚Hier, ich hab' 'ne gute Grasconnection' und dann machst du halt das weiter, weil du willst ja auch weiter deine Kohle haben. Oder manchmal, wenn du so Kunden hast, wie Jimmi, der dann nachts um drei vor deiner Haustür steht und unbedingt eine Nase braucht und bettelt, dass es jeder mitkriegt, dann hat man keinen Bock mehr. Dann wechselst du Nummer und sagst: ‚Nix mehr' und wenn sich das Ganze ein bisschen beruhigt hat, dann machst du weiter.

Im Allgemeinen neigten die jungen Männer dazu, alle „sehr guten Geschäfte" anzunehmen, die schnelles einfaches Geld versprachen, auch wenn sie davor hauptsächlich oder ausschließlich mit einer anderen Droge gehandelt hatten. Diese Flexibilität ist ein weiterer Hinweis darauf, dass sich das Drogengeschäft nicht besonders stark von anderen Geschäften unterscheidet: Viele der Überlegungen, die einer Transaktion vorausgehen, umfassen eine Kosten-Nutzen-Analyse (vgl. Bucerius 2014).

Auch Risikobewertungen gehörten zur Rechnung der jungen Männer (vgl. Fleetwood 2014). Manche verzichteten etwa wegen der möglichen rechtlichen Folgen auf den Verkauf harter Drogen: „Mit Koks oder H [Heroin] steht halt viel mehr auf dem Spiel." Ganz allgemein zogen sie den Verkauf größerer Mengen vor, einerseits weil dieser Ansatz weniger Transaktionen und damit ein geringeres Risiko mit sich brachte, und andererseits, weil sie so die mühsame Arbeit des Umpackens der Drogen in kleinere Einheiten vermieden. Das Abwiegen kleinerer Beutel war eine lästige Aufgabe, musste aber sehr sorgfältig erfolgen. Manche Kunden wogen die Droge zu Hause ab, und wenn sie betrogen worden waren, suchten sie nach einem anderen Dealer. Die Menge, die ein junger Mann täglich handelte, war zudem stark von seiner Polizeiakte und von seiner unmittelbaren finanziellen Situation abhängig. Männer, die gerade mit der Polizei zu tun hatten, neigten dazu, ihre Marktteilnahme zu beschränken, außer wenn sie dringend Geld brauchten.

5 Die Beschaffung der Drogen

Diejenigen, die kleinere Mengen Drogen verkauften (d. h. weniger als 100 Gramm Cannabis oder 20 Gramm Kokain bzw. Heroin pro Woche), neigten dazu, von anderen Mitgliedern der Gruppe zu kaufen (vgl. Adler 1993). Weil sie eine gemeinsame Identität als Zugehörige ihres Stadtteils teilten und ähnliche Erfahrungen wie andere marginalisierte Immigranten in Deutschland gemacht hatten, fühlten sie sich oft dazu verpflichtet, einander zu helfen. Ausnahmen gab es, wenn Dealer aus anderen Vierteln bedeutend niedrigere Preise anboten oder wenn größere Dealer aus der Gruppe es ablehnten, ihren Stoff an kleinere Dealer zu verkaufen. Wie die zitierte Aussage von Aissa zeigt, kam es manchmal zu dieser Art von Verweigerung, wenn die Person, die die Drogen kaufen wollte, ein jüngerer Bruder oder Cousin eines engen Freundes war, dem es aus Sicht des größeren Dealers nicht erlaubt werden sollte, in das Geschäft einzusteigen (vgl. Tertilt 1996). Zwischenmenschliche Konflikte mit anderen Gruppenmitgliedern und der Wunsch, den Erfolg eines anderen zu verhindern, waren weitere Gründe für die Weigerung, Drogen weiterzuverkaufen. Beispielsweise weigerte Aissa sich sehr lange, eine besonders gute ‚Connection' für Marihuana mit Erol zu teilen. Zu dieser Zeit handelten beide in großem Stil mit Marihuana und waren als Großhändler für viele andere junge Männer im Netzwerk tätig. Aissa und Erol waren nicht nur Konkurrenten, sondern hatten auch persönliche Differenzen. Aissa genoss es, Erol einen Schritt voraus zu sein: *„Ich mag ihn einfach nicht. Ich helf' ihm nicht, außer er fängt an zu betteln."*

Größere Drogenmengen wurden im Allgemeinen bei Ulun, Akin, Aissa oder Erol und bei Großhändlern außerhalb der Gruppe eingekauft, welche die Käufer in der Regel bei Partys, in Bars oder in Clubs trafen. Viele dieser Verbindungen entstanden zufällig und über Mundpropaganda. Interessanterweise hielten die jungen Männer diese Verbindungen zu Fremden nicht für besonders riskant. Im Grunde beruhte der Drogenmarkt auf einem System von Empfehlungen, ähnlich wie es in der formellen Wirtschaft oder in der Wissenschaft zu finden ist, allerdings ohne formale Empfehlungsschreiben. Dieses Vorgehen fanden die jungen Männer ganz normal:

> *Ümit: Was heißt gefährlich? Das ist ja immer über Leute, die man kennt. Von 'nem Freund der Freund oder Cousin oder jemand kennt dich und labert dich an. Man kennt sich ja untereinander.*
>
> *Aissa: Das Risiko ist viel höher, wenn man jetzt auf eigene Faust nach Holland fährt und da jemand sucht oder wenn man jetzt mit irgendeinem total Fremden anfängt Geschäfte zu machen. Aber wenn man einen vorgestellt bekommt, dann weiß man ja, dass der andere mit dem auch schon Geschäfte gemacht hat oder noch macht. Das ist dann was anderes.*[3]

---

3   Wie Aissa anmerkte, war es unter den jungen Männern unüblich, in den Niederlanden Drogen (vor allem Cannabis-Produkte) zu kaufen. Während der fünf Jahre meines Forschungsprojekts fuhren die jungen Männer nur wenige Male in die Niederlande.

Die meisten der jungen Männer kannten mehr als einen Großhändler und führten ihre Geschäfte mit demjenigen durch, der das beste Preis-Leistungs-Verhältnis bot. (Sie maßen der Reinheit und Gesamtqualität der Substanzen stets große Bedeutung zu und zahlten für ein besseres Produkt lieber einen etwas höheren Preis.) Diese Vorgehensweise stand im Gegensatz zu der dauerhaften Verbindung zwischen Großhändlern und Kunden, die den Markt früher geprägt hatte. Ibor widersprach der Ansicht, die Händler würden sich beim Einkauf auf einen einzigen Großhändler beschränken: *„Ach Quatsch. So war das früher, aber heute ... Geschäft ist Geschäft und Kunde ist König. Es gibt's so viele ... so viele, das wissen alle, da kann keener sauer sein. Das ist heute alles nicht mehr so. Man kann kaufen, wo man will."*

Der Drogenmarkt war sehr flexibel, und zwar im Groß- und im Kleinhandel. Die Verbindungen zu den Großhändlern hielten nur selten für eine längere Zeit. Das war auf Festnahmen, Abschiebungen, Ein- und Austritte in den und aus dem illegalen Markt sowie eine Vielzahl weiterer Faktoren zurückzuführen. Die wissenschaftlichen Erkenntnisse widersprechen durchgängig der weitverbreiteten Ansicht, die illegalen Drogenmärkte würden durch das Organisierte Verbrechen dominiert (vgl. Hess 2008; Jansen 2002; Reuter 2004; Zaitch 2002).

Die Treffen mit Großhändlern wurden in der Regel auf Autobahnraststätten außerhalb von Frankfurt anberaumt. Die jungen Männer waren der Auffassung, Verabredungen in der Stadt würden die Aufmerksamkeit der Polizei erregen. Autobahnraststätten hingegen wurden als sicher angesehen, und die jungen Männer hatten ein ausgeprägtes Gespür dafür, ob sie verfolgt wurden: Ich saß mit Akin und Erol im Auto, als sie eine größere Menge Kokain abholen wollten und einen Anruf des Großhändlers annahmen, um Zeit und Ort des Treffens abzustimmen. Als wir mit Akin am Steuer auf der Autobahn fuhren, sagte er, seiner Meinung nach würden wir verfolgt. Erol und Akin beschlossen, an der nächsten Tankstelle zu halten, um festzustellen, ob das andere Auto auch abfahren würde. Das geschah, und das Auto verließ die Tankstelle kurz nach uns. Akin sagte: *„Ich kenne diesen Bastard. Es ist das gleiche Auto von der Panama-Bar – weißt du noch, Bullock, ich hab' dir doch gesagt, dass der undercover draußen stand?"* Ich überlegte, was ich tun sollte, falls die jungen Männer die Transaktion durchführen wollten, doch Akin und Erol entschieden sehr schnell, umzukehren. Um ganz sicher zu gehen, sagte Akin die Transaktion ab. Letztlich wurde der Abend zu einer vierstündigen Autofahrt auf verschiedenen Autobahnen in und um Frankfurt. Erol und Akin schienen regelrecht berauscht von der Tatsache, dass die Polizei ihre Zeit damit verschwendete, uns so lange zu verfolgen. *„Die sind doch bekloppt. Die können doch nicht echt glauben, dass hier was geht. So beknackt."* Wir fuhren die halbe Nacht im Kreis herum, wurden aber nie von der Polizei angehalten.

6 Der Verkauf der Drogen

Mobiltelefone waren für den Verkauf der Drogen unverzichtbar. Jeder der jungen Männer hatte mehrere Telefone und Nummern und wechselte diese häufig. Es ist nicht klar, ob das wirklich notwendig war, aber die jungen Männer waren fest davon überzeugt, dass diese Vorsichtsmaßnahmen geboten waren, um Überwachungsmaßnahmen zu erschweren. Wenn die jungen Männer im Voraus eine Transaktion per Mobiltelefon planten, nahmen sie stets nur die benötigte Menge Drogen mit. Sie waren überzeugt, dass diese Strategie sicherer war. Möglicherweise hatten sie damit recht, denn die meisten hatten Stammkunden und verkauften nicht an Unbekannte auf der Straße. Diejenigen, die im öffentlichen Raum Drogen an Unbekannte verkauften (in der Regel Neueinsteiger oder Dealer, die sich wieder ein Kundennetzwerk aufbauen wollten), verwahrten die Drogen oft an einem Ort in der Nähe. So lagerten die jungen Männer, die im Park dealten, ihre Drogen unter einem Busch und entnahmen diese nur, wenn sie einen Verkauf tätigten. Ümit beispielsweise kannte seine Grenzen: *„Ich würde heute nie mehr mit zwanzig Gramm rumlaufen. Die meisten bunkern und holen es dann raus. Guck' doch der Jo ... der hat alles im Jugendhaus und holt es, wenn er was braucht. Das ist das Schlauste. Wenn du mit mehr erwischt wirst, dann kannst du denen nix von Eigenbedarf erzählen."*

Es war klar, dass die jungen Männer es vorzogen, an bestehende Kunden zu verkaufen. Diese Vorgehensweise brachte ihnen enorme Vorteile in Bezug auf die Sicherheit. Becker (1955, S. 215) beobachtete, dass regelmäßige Kunden zwangsläufig zu einem wesentlichen Bestandteil der Drogenhandelsszene werden und somit einen gewissen Grad an Sicherheit bieten: „Wer als Mitglied angesehen wird, gilt auch als Person, bei der man sich sicher darauf verlassen kann, dass sie Drogen kauft, ohne andere in Gefahr zu bringen."

Die jungen Männer wickelten ihre Geschäfte an keinem festen Ort ab. Die Drogen wurden an Orten gehandelt, die beim ersten Treffen mit einem Kunden vereinbart wurden – in der Regel eine Straßenecke, ein besonderer Platz oder ein Café, nie jedoch die Wohnung des Dealers –, und diese Orte änderten sich selten. Die Entscheidung darüber, wo das Geschäft ausgeführt werden sollte, hing von der Risikoeinschätzung ab. Aber die jungen Männer bewerteten die entsprechenden Orte unterschiedlich. Manche empfanden öffentliche Orte wie Bars und Cafés als geeignet, weil dort niemand Drogengeschäfte vermuten würde. Andere fanden Geschäfte genau dort zu riskant, weil sich Polizeibeamte in Zivil leicht unter die anderen Kunden mischen könnten.

Eine andere Strategie war die Lieferung von Drogen direkt an die Kunden. Diese Technik wurde vor allem von Dealern angewendet, die größere Mengen an Stammkunden verkauften, die nicht in zwielichtige Geschäfte auf der Straße verwickelt werden wollten. Diese Kunden waren vor allem Geschäftsleute und manchmal Studenten oder Sexarbeiterinnen, deren Drogen (insbesondere Kokain) in der Regel in großen Mengen ausgeliefert wurden. Die Sexarbeiterinnen waren in Bordellen, ihren Wohnungen oder Massagesalons tätig. Sie kauften nicht nur häufig größere Mengen (zum Weiterverkauf an ihre eigenen Kunden), sondern erbrachten oft auch sexuelle Dienstleistungen im Austausch für eine Linie Kokain. Ümit bewertete diese Möglichkeit wie folgt: *„Da gibst du denen eine Nase* *aus und kannst halt umsonst ficken. Das ist ganz gut, weil da sind auch gute Mädels dabei."*

Die Preise änderten sich im Lauf der Untersuchung kaum. Wenn doch, war dies auf die Verfügbarkeit, die Qualität (also auf die Reinheit von Kokain und Heroin) und auf die Risikobewertung zurückzuführen. Manchmal schien es, dass die gesetzlichen Vorschriften von Seiten der Polizei stärker durchgesetzt wurden. Während dieser Zeiten (die nie länger dauerten als ein paar Wochen) setzten manche jungen Männer mit dem Dealen aus. Diejenigen, die während dieser Zeiten im Geschäft blieben, hatten mehr Gelegenheiten für den Verkauf und erhöhten als Reaktion auf das gestiegene Risiko manchmal ihre Preise. Manche Preise waren aber fest – zum Beispiel änderte sich der für ein Tütchen Marihuana nie, obwohl die Qualität sehr wohl unterschiedlich sein konnte. Ferdi äußerte sich wie folgt:

Das macht anders gar keinen Sinn. Jeder weiß, dass es zehn Euro sind. Dann haben die zehn Euro einstecken und es gibt keine Politik, weißt du. Stell dir vor, es wären jetzt plötzlich elf siebzig oder so. Ja, willst du dann anfangen, da Cents zu wechseln oder was? Das macht doch gar keinen Sinn, so weiß der, was er zahlt, und ich, was ich krieg', verstehst du?

In der Regel führten die jungen Männer keine Preisverhandlungen mit den Kunden, vor allem nicht bei Marihuana und Haschisch. Akin erklärte: *„Wenn der's billiger will, dann muss er halt woanders hingehen. Aber wenn du verhandelst, dann spricht sich das rum und dann verhandeln alle mit dir. Du musst immer der Chef bleiben. Wenn alle billiger sind, dann kannst du auch billiger beim nächsten Kunden machen."* Der Preis für Haschisch war generell etwas niedriger als für Marihuana. Oft wurde ‚Fake'-Haschisch verkauft, besonders an Studenten, die, wie Akin sagte, *„absolut keinen Plan haben"*. Die jungen Männer nutzten die Küche im Jugendhaus oft, um falsches Haschisch zu ‚backen'. Dazu benutzten sie Henna (eine natürliche Haarfarbe) und andere Substanzen. Im Laufe der Jahre vertrauten die jungen Männer mir all ihre Tricks und Tipps an, mit denen man falsches von echtem Haschisch unterscheiden kann. Ich war oft bei Drogenverkäufen anwesend und immer wieder überrascht, wie viele Kunden den Unterschied nicht kannten. Viele Kunden vertrauten dem Wort des Dealers bzw. schienen nicht zu wissen, wie man die Qualität von Substanzen testen kann.

Auf dem Kokainmarkt hing der Preis nicht nur von der Reinheit der Droge, sondern auch von den Kenntnissen ab, die ein bestimmter Kunde hatte. Wie Erol sagte: Manche Leute *„haben einfach keine Ahnung"*. Laut ihm kannten sich *„die Anzugstypen, die Schiss haben, erwischt zu werden"*, am wenigsten aus. Genau wie bei den Preisen legten die jungen Männer auch beim Verschneiden (Strecken mit Milchzuckerprodukten oder Laktose) des Kokains unterschiedliche Kriterien an, je nachdem, wie gut sich der jeweilige Kunde auskannte. In der Regel verschnitten sie Kokain nicht so stark wie Heroin, wie Nermin erklärte:

H ist einfach was ganz anderes, auch andere Kunden und so und du kannst dann halt auch mehr strecken. Aber bei Koks ist es halt so, dass es auch auf die Kunden ankommt. Manche kennen sich halt echt gut aus und die zahlen dir dann halt auch nicht mehr, wenn es zu viel gestreckt ist.

Heroin wurde im Allgemeinen stärker gestreckt, weil die Kunden schwächer und bedürftiger waren. Man nutzte sehr geschäftsorientierte Strategien, um diese Kunden zu gewinnen und zu halten. Georgio beschrieb seinen Ansatz folgendermaßen:

Am Anfang gibst du immer gut, also so eins zu eins, da merkt der Junkie: ‚Ah, der hat gutes H.' Dann wartest du, bis er anfängt, nur bei dir zu kaufen, und vielleicht noch ein bisschen rumspricht und so. Dann gibst du ihm eins zu zwei, das merkt er nicht, dann eins zu drei und dann irgendwann eins zu vier. Manche verkaufen sogar eins zu fünf, dann motzen zwar die Junkies, aber dann gibst du halt mal wieder besser und dann ist er glücklich und dann wieder schlechter. Wenn du ihn loswerden willst, dann kriegt er halt immer nur Scheißmischung oder Farbe pur.

7 Verbindungen zur formellen Wirtschaft

Es wird oft davon ausgegangen, dass die informelle Wirtschaft vollständig von der formellen Wirtschaft getrennt sei. Allerdings konnte ich klare Verbindungen zwischen beiden Sphären beobachten. Alle jungen Männer bauten sich ein aktives Netzwerk aus Partnerschaften mit Menschen aus der formellen Wirtschaft auf, die ihre Aktivitäten im Drogenhandel auf die eine oder andere Weise unterstützten. Wie bereits erwähnt, gab es in der Umgebung viele Cafés und Bars, in welche die jungen Männer gelegentlich gingen. Zwar freuten sich nicht alle Inhaber über diese Besuche, aber manche von ihnen unterhielten eine enge Beziehung zu den jungen Männern oder unterstützten sie sogar beim Drogenhandel. Diese Inhaber der Cafés und Bars profitierten stark von den jungen Männern, die stets viel Geld ausgaben, wenn sie ausgingen, und hohe Trinkgelder gaben. Viele Inhaber gaben den jungen Männern auch Zeichen, wenn die Polizei in der Nähe war:

„Also jetzt der Besitzer von der Kneipe da, der gibt uns immer so Zeichen, wenn die Bullen draußen rumlaufen oder so ..., dann wissen wir schon: Achtung.
Sandra: Was für Zeichen?
Fadil: Offene Fenster.
Sandra: Machen das noch andere?
Fadil: Ja, die Frau von dem Kiosk da, die hängt ihre Eisfahne raus, wenn die Bullen im Café sitzen. Und wir kaufen dafür alle Kippen bei ihr."

Eine weitere wichtige Gruppe aus der formellen Wirtschaft, die mit den jungen Männern kooperierte, waren Ärzte. Manche der jungen Männer aus dem Kosovo hielten sich illegal in Deutschland auf. Daher mussten sie zu Ärzten gehen, die ihren Status nicht den Behörden melden würden. Obwohl die anderen jungen Männer legal in Deutschland waren, brauchten auch sie manchmal Ärzte, die sich unter der Hand bezahlen ließen, wenn sie

Wunden aufgrund von körperlicher Gewalt behandelten. In Deutschland sind die Ärzte rechtlich verpflichtet, Opfer von Gewalt zu melden. Daher vermieden es die jungen Männer, ins Krankenhaus zu gehen.

Eine dritte wichtige Gruppe waren Taxifahrer, welche die Drogen oft zu den Kunden transportierten. Einige dieser Taxifahrer waren ein Teil der früheren Generation von Drogenhändlern. Sie hatten zwar den aktiven Drogenhandel beendet, wollten aber weiterhin ein „Stück vom Kuchen" abbekommen. Die Kunden zahlten für die Beförderung, und die Taxifahrer erhielten oft 15 Prozent der Gesamtkosten eines Geschäfts. Die jungen Männer hielten dies für eine der sichersten Geschäftsmethoden, weil Taxifahrer in der Regel nicht von Streifen oder bei zufälligen Polizeikontrollen überprüft wurden. Die Zusammenarbeit mit Taxifahrern war auch die bevorzugte Methode, wenn Drogen von Großhändlern gekauft und zum Lagerort gebracht wurden. Bei diesem Ansatz gab es keinen direkten Kontakt zwischen den jungen Männern und den Großhändlern, was die Aufmerksamkeit der Polizei minimierte. Yakut bestätigte die Sicherheit dieses Systems: *„Also jetzt lass mich echt mal überlegen – nee, mir fällt kein einziges Mal ein, dass irgendein Taxi hochgenommen wurde ... nee, das ist echt noch nie passiert, in all den Jahren nicht."*

Man könnte sogar behaupten, dass auch die Polizei den Drogenhandel erleichterte. Sie beobachtete das Jugendhaus regelmäßig. Sie musste von den dort stattfindenden Aktivitäten wissen, und definitiv kannte sie die Klientel, die das Jugendhaus besuchte. Ich bin davon überzeugt, dass die Polizei diese Aktivitäten aus Gründen der sozialen Kontrolle absichtlich ignorierte. Da die jungen Männer sich immer an einem Ort aufhielten, lungerten sie nicht im Viertel herum, was zu Beschwerden durch Ladenbesitzer oder Nachbarn hätte führen können. Gleichzeitig wusste die Polizei, wo sie die jungen Männer bei Bedarf finden konnte.

8 „Nicht übermütig werden"

Die jungen Männer nutzten verschiedene Strategien der Risikovermeidung. So zogen sie Stammkunden unregelmäßigen Kunden vor, führten lieber große Transaktionen aus und trugen keine Drogen bei sich. Im Allgemeinen sahen sie das Risiko beim Handeln mit Drogen als recht gering an und hielten die deutsche Polizei für ineffizient. Sie glaubten, solange sie nicht „*übermütig*" würden, hätten sie nichts zu befürchten. Außerdem erschien ihnen der finanzielle Nutzen des Drogenhandels als wesentlich besser als der Verdienst, auf den sie in der formellen Wirtschaft hoffen könnten. Sie betrachteten die informelle Wirtschaft als Chance für Gewinne und Selbstachtung, nicht jedoch als Gefahr.

Rationalität und Risikovermeidung ließen sich nicht nur daran ablesen, wie die jungen Männer ihre Geschäfte führten, sondern auch daran, dass sie versuchten, ihre Konflikte möglichst ohne Gewalt zu lösen (vgl. auch Desroches 2007, S. 751), um die Aufmerksamkeit der Polizei zu vermeiden. Die Gewaltakte, deren Zeugin ich war oder von denen mir erzählt wurde, hatten fast nie mit Konflikten aufgrund von Geld oder mit Revierstreitigkeiten zu tun. Sie standen meist mit Ehre und dem Verlust der Ehre in Verbindung.

Die meisten griffen nur dann zu Gewalt, wenn jemand im Drogenhandel eine schwere Verfehlung begangen hatte. Der Ausfall kleinerer Geldsummen wurde in der Regel nicht als ausreichender Grund für eine solche Vergeltung angesehen. Die jungen Männer unterschieden sich allerdings in ihren Ansichten darüber, was kleine Summen wären.

> *Also wenn's ein paar hundert Euro sind, scheiß drauf, das passiert halt. Da mach' ich nicht groß rum deswegen. Es ärgert mich zwar, klar, aber das ist nicht viel Geld. Da würde ich keinen deswegen abstechen oder so. Halt nur so Druck machen, und wenn nichts kommt, dann gelitten. Berufsrisiko. Mit dem macht dann halt hier keiner mehr Geschäfte, das spricht sich rum.*

Wenn jemand Geld schuldig blieb, hatte er es also schwer, zurück ins Geschäft zu kommen. Für die jungen Männer reichte es als Strafe, jemanden aus dem Geschäft zu drängen. Das wurde als Wiederherstellung der eigenen Ehre betrachtet. Sie waren sich generell darin einig, dass sie sich für Probleme im Drogengeschäft nicht rächen würden, und sie hielten sich für klug, weil sie so keine Aufmerksamkeit erregten.

Während der Beobachtungszeit wurden fünf der 55 jungen Männer inhaftiert (vier wegen Drogenhandels und einer wegen seines illegalen Aufenthaltsstatus). Drei weitere waren zu dem Zeitpunkt, als ich mein Forschungsprojekt begann, inhaftiert und kamen während des ersten Jahres frei. In keinem Fall wurde durch einen Lehrer, Nachbarn, Sozialarbeiter oder Kunden, der die Geschäfte des jeweiligen jungen Mannes beobachtet oder sich als Opfer gefühlt hätte, Anzeige erstattet, sondern alle Anzeigen waren nach langen Ermittlungen von Seiten der Staatsanwaltschaft erhoben worden.

Nach Einschätzung der jungen Männer bestand die größte Gefahr darin, *„übermütig zu werden"*, indem sie sich auf *„verrückte Geschäfte"* einließen. Sie mussten nur die Regeln einhalten, die sich für die Risikoverringerung bewährt hatten, und nicht mit der Aussicht auf das große Geld durchdrehen. Immer, wenn sich während meines Forschungsprojekts einer der jungen Männer einer schweren Anzeige gegenübersah (z. B. als Jo, Reza und Inanc Drogen an einen verdeckten Ermittler verkauften), hatten sie ihre üblichen Sicherheitsregeln außer Acht gelassen.

9 Fazit

Während es in Deutschland keine weiteren Forschungen zur Ethnographie des Dealens gibt, decken sich meine Forschungsergebnisse in vielerlei Hinsicht mit denen anderer Ethnografen in den USA (vgl. Bourgois 1995; Contreras 2013). Neu sind allerdings die engen Beziehungen zu Akteuren in der formellen Wirtschaft, die so bisher noch nicht beschrieben wurden (vgl. Bucerius 2014). Der Drogenhandel bietet für die jungen Männer eine exzellente Einkommensquelle, die sie selbst mit wenig Risiko verbinden. Gleichzeitig half ihnen ihre Tätigkeit, die notwendige soziale Identität aufzubauen: Auf der Straße waren sie jemand. Das brachte auch Akin zum Ausdruck: *„Sandra, die würden dich hochneh-*

men, sobald du was Richtiges versuchen würdest. Das ist mein Bereich, hier bin ich der King [lacht]." Somit ermöglicht der Drogenhandel es den jungen Männern nicht nur, ihre finanziellen Bedürfnisse leichter als in der formellen Wirtschaft zu decken, sondern auch, ein positives Selbstgefühl zu entwickeln, indem sie Meister ihres Berufs werden (Bucerius 2014). Diese Chance blieb ihnen aufgrund vielschichtiger sozialer Exklusion (z. B. im Schulsystem und auf dem Arbeitsmarkt) in der formellen Wirtschaft systematisch verwehrt (Bucerius 2014).

Die Ergebnisse der Studie sind nicht nur im Hinblick des Drogenhandels interessant, sondern auch angesichts der aktuellen Flüchtlingslage in Deutschland. Obwohl Deutschlands Integrationspolitik seit Jahren von Migrationswissenschaftlerinnen und -wissenschaftlern kritisiert wird, gestaltet sich die Integration von ausländischen Kindern in das deutsche Schulsystem nach wie vor ebenso als schwierig wie auch die politische Inklusion (in Bezug auf Wahlrecht und Staatsbürgerschaft). Wenn die Integration von ausländischen Kindern langfristig gelingen soll, hat Deutschland gerade in Bezug auf das restriktive Staatsbürgerschaftsgesetz und in Bezug auf das Schulsystem dringend Nachholbedarf. Beide Faktoren könnten die wichtige identitätsstiftende Wirkung haben, die sich die jungen Männer in meiner Studie im Drogenhandel suchen.

Literatur

Adler, P. 1993. *Wheeling and Dealing. Ethnography of an Upper-Level Drug Dealing and Smuggling Community.* New York.
Becker, H. [1955] 1993. Marijuana Use and Social Control. In *Social Deviance. Readings in Theory and Research*, edited by H.N. Pontell. Englewood Cliffs.
Bourgois, P. 1995. *In Search of Respect: Selling Crack in El Barrio.* Cambridge.
Bucerius, S. 2007. "What else should I do?" – Cultural Influences on the Drug Trade of Migrants in Germany. *Journal of Drug Issues* 37(3): 673–698.
Bucerius, S. 2013. Becoming a „trusted outsider" – gender, ethnicity, and inequality in ethnographic research. *Journal of Contemporary Ethnography* 42 (6): 690–721.
Bucerius, S. 2014. *Unwanted – Muslim Immigrants, Dignitiy, and Drug Dealing.* New York.
Coomber, R., L. Maher. 2006. "Street level drug market activity at two of Australia's primary dealing areas: consideration of organization, cutting practices and violence. *Journal of Drug Issues* 36(3): 719–753.
Contreras, R. 2013. *Stick-up Kids – Race, drugs and violence, and the American Dream.* Berkley.
Curtis, R., T. Wendel. 2000. Toward the Development of a Typology of Illegal Drug Markets. In *Illegal Drug Markets: From Research to Prevention Policy,* edited by M. Hough, M. Natarajan, 121–152. Monsey.
Desroches, F. 2007. Research on Upper Level Drug Markets. *Journal of Drug Issues* 37 (4): 827–844.
Dorn, N., T. Bucke, C. Goulden. 2003. Trafficking, Transit and Transaction. *Howard Journal of Criminal Justice* 42: 348–365.
Fleetwood, J. 2014. Keeping out of trouble: Female crack cocaine dealers in England. *European Journal of Criminology* 11(1): 91–109.

Hess, H. 2008. Der illegale Drogenhandel—ein Überblick. In *Drogenmärkte: Strukturen und Szenen des Kleinhandels*, hrsg. v. B. Werse, 10–36. Frankfurt/Main.
Jansen A. 2002. *The economics of cannabis cultivation in Europe*. Paper presented at the European Conference on Drug Trafficking.
Murji, K. 2007. Hierarchies, Markets and Networks: Ethnicity/Race and Drug Dsitribution. *Journal of Drug Issues* 37 (4): 781–801.
Reuter, P. 2004. *The organization of illegal markets—An economic analysis*. Honolulu, HI.
Sampson, R. 2001. *Drug dealing in privately owned apartment complexes*. Washington, DC.
Tertilt, H. 1996. *Turkish Power Boys. Ethnographie einer Jugendbande*. Frankfurt/Main.
Zaitch, D. 2002. *Trafficking cocaine: Columbian drug entrepreneurs in the Netherlands*. Den Haag.

Freizeitgebrauch von LSD und Psilocybin-Pilzen

Eine qualitative Studie

Susanna Prepeliczay

Zusammenfassung

Der Beitrag thematisiert den Freizeitgebrauch von LSD und Psilocybin-Pilzen um die Jahrtausendwende. Entsprechende Konsummuster sind bislang – und vor allem im deutschsprachigen Raum – kaum Gegenstand sozialwissenschaftlicher Forschung gewesen. Es wird eine explorative, qualitative Studie vorgestellt, in deren Kontext 32 Personen mittels narrativer Interviews zu ihrem Konsumverhalten befragt wurden. Als Voraussetzung zur Teilnahme galt dabei eine Lebenszeitprävalenz von mindestens fünf Erfahrungen mit LSD bzw. halluzinogenen Pilzen, von denen die letzte maximal zwölf Monate zurückliegen sollte. Als ein zentraler Befund der vorliegenden Studie kann angeführt werden, dass das Wie des Psychedelika-Konsums (also das Gebrauchsverhalten und favorisierte Settings) durch das Warum (also die Motivationen der Berauschung) determiniert wird. Dabei sind die Motivationen beim Konsumeinstieg von denen zur Fortsetzung des Gebrauchs zu unterscheiden.

Schlüsselbegriffe: LSD, Psilocybin-Pilze, Halluzinogene, Psychedelika, Gebrauchsmotivationen, Konsumverhalten

1 Einleitung

Seit der Entdeckung von LSD im Jahr 1943 (vgl. Hofmann 1979) wurde dieses halbsynthetische Halluzinogen zunächst intensiv in der experimentellen Psychiatrie als potenzielles Medikament beforscht. Während der 1960er Jahre etablierte sich sein (ab 1966 verbotener) Freizeitgebrauch im Kontext des ‚Psychedelic Movement' in den USA und später auch in Westeuropa und Deutschland. In den späten 1980er- und 1990er-Jahren wurden LSD und Psilocybin während des sog. Partydrogen-Trends und der Ecstasy-Welle wieder populär und werden seither vor allem von jungen Erwachsenen in Party-Settings konsumiert. Nachfolgend werden die Ergebnisse einer qualitativen empirischen Studie zu Motivationen und Morphologie des rekreativen Psychedelika-Konsums vorgestellt.

Halluzinogene, also Stoffe, die Halluzinationen bzw. Trugwahrnehmungen erzeugen, bzw. Psychedelika – Substanzen, die die Seele bzw. den Geist offenbaren (nach Osmond 1957) – sind eine eigene Substanzklasse, für die in der Fachliteratur diverse Bezeichnungen kursieren[1] welche sich jeweils auf ihre psychopharmakologischen Rauschwirkungen beziehen. Beide Begriffe werden nachfolgend synonym verwendet.

Die gängige Klassifizierung (Leuner 1981) unterscheidet Halluzinogene erster Ordnung (mit voll ausgeprägten Rauschwirkungen) von Halluzinogenen zweiter Ordnung, die weniger stark bewusstseinsverändernd wirken und zu denen z.B. Ayahuasca (Wolff in diesem Band), manche Nachtschattendrogen (z.B. Datura, Tollkirsche) und MDMA (Ecstasy) gehören (vgl. Leuner 1981, S. 33f.). Halluzinogene erster Ordnung umfassen das in südamerikanischen Kaktusarten enthaltene Meskalin, das in dortigen und europäischen Pilzarten (z.B. Psilocybe, Stropharia) enthaltene Psilocybin bzw. Psilocin, DMT sowie das halbsynthetische Mutterkornderivat LSD (Lysergsäure-Diethylamid). Anhand ihrer chemischen Molekülstruktur werden sie in Indolderivate (Lysergsäure-Amide, Tryptamine) und Phenethylamine (Meskalin, MDMA) unterteilt (Passie et al 2002, 2008). Die psychoaktive Wirkung „klassischer" Psychedelika beruht auf ihrer Ähnlichkeit mit den gehirneigenen (endogenen) Neurotransmittern Serotonin (5-HT), Acetylcholin, Noradrenalin und Dopamin und wird über 5HT-2A-Rezeptoren vermittelt (vgl. Julien 1997; Nichols 2004; Hasler et al. 2009; Halberstadt und Geyer 2011).

Qualitativen Befunden aus Humanversuchen zufolge ist die Phänomenologie psychedelischer Rauschzustände äußerst vielfältig und unvorhersehbar, da hinsichtlich der subjektiven Rauschwirkungen von LSD, Psilocybin und Meskalin eine hochgradige inter- und intraindividuelle Variabilität besteht (vgl. Beringer 1927; Stoll 1947; Leuner 1962; Masters und Houston 1966; Cohen 1970; Grof 1975). Es kann eine Vielzahl von Bewusstseinsveränderungen in unterschiedlichen Erfahrungs- und Erlebnisbereichen auftreten, also in Bezug auf Sinneswahrnehmung (Exterozeption), Körpergefühl (Interozeption), Informationsverarbeitung, Emotionalität, Ichgefühl bzw. Selbstempfinden, Raum- und Zeitsinn, Denkprozesse (Kognition), Gedächtnis, im Vor- und Unbewussten sowie in Verhalten und Motorik (vgl. hierzu auch Tart 2001; Prepeliczay 2016). Bei mittlerer Dosis dauert der Rausch zwischen ca. fünf Stunden (Psilocybin) und zwölf Stunden (LSD, Meskalin). Die angeführten Studien belegen differente Verlaufsstadien und Intensitätsgrade subjektiver Rauscherlebnisse sowie Wechselwirkungen zwischen unterschiedlichen Reaktionstendenzen und verschiedenartigen Erscheinungsformen des Rauschs, da bei Introversion (ge-

---

1 Nämlich: Phantastica (Lewin 1924); Oneirogene (Moreau de Tours 1845); Eidetica (Hellpach 1941); Psychotomimetika bzw. Psychotica (z.B. Beringer 1922; Hollister 1968); Psycholytika (Sandison 1954); Entheogene (Wasson 1970); Mysticomimetika (Leuner 1981); Psychoheuristica (Szara 1994).

schlossene Augen, passive Ruheposition) andere Phänomene auftreten als bei Extraversion und Ausrichtung auf äußere Stimuli.

Trotz dieser phänomenalen Variabilität ermittelte ein Vergleich von Rauschzuständen mit verschiedenen Halluzinogenen und anderen Verfahren zur Induktion von veränderten Wachbewusstseinszuständen (VWB) strukturelle Gemeinsamkeiten, die in variierendem Ausmaß durchgängig auftreten (vgl. Dittrich et al. 1994; Dittrich 1996). Diese betreffen die Umstrukturierung der Sinneswahrnehmung (VUS), positiv erlebte ozeanische Selbst-Entgrenzung (OSE) sowie ihr Gegenteil, die angstvolle Ich-Auflösung (AIA). Da jedoch das Auftreten und die Art subjektiver Phänomene entscheidend durch außerpharmakologische Faktoren (Set und Setting, s. u.) determiniert werden, sind diese als ein Spektrum potenzieller Rauschwirkungen aufzufassen, die unter bestimmten Rahmenbedingungen möglicherweise auftreten können (vgl. Tart 1971, 2001).

2 Verbreitung des rekreativen Halluzinogen-Konsums

In den 1960er-Jahren entstand in den USA eine Psychedelische Bewegung als Gegenkultur der amerikanischen Jugend, welche – ähnlich wie in Europa als '68er Studentenrevolte – mit subkulturell orientiertem Gebrauch von Cannabis und Halluzinogenen einherging. Allerdings wurde dessen Umfang damals nicht systematisch erhoben (vgl. Keup 1988). Nach aktuellen Daten aus bundesweiten epidemiologischen Repräsentativerhebungen liegt die Lebenszeitprävalenz (LZP) von LSD in der Allgemeinbevölkerung zwischen 1,5% und 2,5% und jene von Psilocybin-Pilzen bei bis zu 2,8% (vgl. Kraus et al 1998, 2001, 2005, 2008, 2010, 2014). Am höchsten sind die LZP-Werte in der Altersgruppe der 18- bis 29-jährigen, in der sie für LSD zwischen 3,6% und 4,5% variieren und für Psilocybin-Pilze zwischen 5% und 7,5% betragen. Trotz eines seit der Jahrtausendwende beobachteten Anstiegs erscheinen diese Prävalenzwerte relativ niedrig im Vergleich zu denen für z.B. Kokain und Ecstasy (MDMA).

Qualitative Befragungen von urbanen PartygängerInnen ermittelten hingegen eine weitaus höhere Verbreitung von LSD und Psilocybin-Pilzen (vgl. Schroers 1998; Calafat et al. 1999, 2001; Eul et al. 2004; McCambridge 2007; Piontek und Hannemann 2015). Im Kontext der Techno-Szene erhoben sie unter jungen Erwachsenen mit Ecstasy-Konsum (Altersdurchschnitt 23 bis 25 Jahre) LZP-Werte für Halluzinogene von 37% (vgl. Tossmann und Heckmann 1997) bzw. gar 84% (vgl. Thomasius 2000). Bei KonsumentInnen illegaler Drogen in anderen urbanen Ausgehszenen beträgt die LZP von LSD 51,8% und die von halluzinogenen Pilzen fast 62% (vgl. Eul et al. 2004) oder 66% für LSD respektive 70% für Psilocybin-Pilze (vgl. Kemmesies 2004). Im Jahr 2014 erhob der Global Drug Survey (GDS) für Deutschland LZP-Werte von 18% (LSD) und 25% (Pilze).[2] In den Party-Settings der Techno- und Electronic Dance Music (EDM)-Sze-

---

2 Zum GDS (Winstock 2011–2017) vgl. www.globaldrugsurvey.com, für deutsche Daten vgl. Zeit Online (2015).

ne liegt der Aktualkonsum von LSD bei 21,8% (Frauen) bzw. 29,5% (Männer) und der von halluzinogenen Pilzen bei 14,6% bzw. 24,2% (vgl. Piontek und Hannemann 2015). Aufgrund dieser Befunde ist die Aussagekraft repräsentativer Surveys zu relativieren: Vor allem bei jungen Erwachsenen und Ausgehpublikum scheint eine weitaus höhere Verbreitung des rekreativen Halluzinogenkonsums wahrscheinlich. Deshalb sind damit assoziierte Motivationen, Erlebnisse, Gebrauchsmuster, Kontexte und Konsequenzen ein relevantes Forschungsthema, das abgesehen von wenigen Ausnahmen (vgl. Reynaud-Maurupt et al. 2006; Hillebrand et al. 2006; Riley und Blackman 2008; Tsalavoutas 2015) bisher zu wenig Beachtung erfahren hat.

3 Drug, Set und Setting: die Bedeutung außerpharmakologischer Determinanten

Die hochvariablen (potenziellen) Rauschwirkungen halluzinogener Drogen sind nicht nur durch ihre pharmakologischen Eigenschaften (*Drug*) bedingt, sondern werden ganz entscheidend von den Kontextbedingungen der Berauschung (*Setting*) sowie der Persönlichkeit und aktuellen Befindlichkeit der Konsumierenden (*Set*) geprägt (vgl. Tart 1975, 2001). Dieses in der sozialwissenschaftlichen Drogenforschung etablierte Konzept von *Drug, Set und Setting* (vgl. etwa Schmidt-Semisch und Dollinger 2017) ist durch Studien über Konsumerfahrungen mit Psychedelika (Leary et al. 1963; Zinberg 1984) sowie anderen Drogen (z.B. Hößelbarth 2014; Korte 2007) empirisch fundiert und hat weitreichende Implikationen. Extrinsische Faktoren im *Setting* des Drogengebrauchs umfassen neben der konkreten Gebrauchssituation auch dessen gesellschaftlichen, soziokulturellen Kontext. Der Einfluss unmittelbarer Umgebungsvariablen auf psychedelische Rauschwirkungen betrifft ebenfalls institutionelle, standardisierte Forschungs-Settings, da sterile Klinikräume und distanzierte Versuchsleiter eine bedrohliche Atmosphäre erzeugen und so das Auftreten negativer, angstdominierter Rauschverläufe begünstigen können (vgl. Masters und Houston 1966, S.136f.; Cohen 1970, S. 71; Tart 1971, S.16ff.; Johnson et al. 2008). Empirische Studien fanden phänomenologische Unterschiede zwischen LSD-Erfahrungen im Rahmen psychotherapeutischer Behandlung, spiritueller Kontexte oder rekreativer *Settings* (vgl. Blum et al. 1964). Als geeignete Rahmenbedingungen für positive Rauscherlebnisse gelten komfortable, ästhetisch ansprechende (private) Räume und Orte mit angenehmer, geschützter Atmosphäre. Da auch das soziale Umfeld der Berauschung und Interaktionen der Beteiligten (*Peer Groups*) große Bedeutung haben, ist die sorgfältige Auswahl geeigneter Gefährten ratsam (vgl. Zinberg 1984, S. 79f.; Leary et. al 1993, S. 84) – das setzt vorherige Planung voraus. Informelle Settings des Freizeitkonsums sind äußerst variabel, und unkontrollierbare Rahmenbedingungen (z.B. öffentliche Konsumorte) bergen unabsehbare Risiken im Hinblick auf das Auftreten unerwünschter Effekte.

Als soziokulturelles Makro-Setting beeinflussen Gesellschaft und Kultur sowohl das Gebrauchsverhalten wie auch die Rezeption subjektiver Rauschwirkungen, deren Bewertung und Funktion kulturell und historisch erheblich differieren (vgl. Gelpke 1966; Blätter

1990, 1995, 2007; Legnaro 1981; Korte 2007). Während die Verwendung von Halluzinogenen in indigenen Kulturen – z.B. in religiösen Ritualen, Schamanismus und Volksheilkunde – traditionell positiv konnotiert ist, sind Halluzinogene in Europa als kulturfremde Drogen tendenziell negativ besetzt und gesetzlich verboten. Neben den mit ihrer Illegalität assoziierten Risiken ist für das Image der besonderen Gefährlichkeit von Halluzinogenen vor allem die Weitergabe kulturell geprägter Wissensbestände relevant (z.b. in Massenmedien und Literatur sowie durch alternative Subkulturen und soziale *Peer Groups*). Dabei konkurrieren verschiedene Deutungsmuster, in denen der LSD-Rausch entweder als pathologischen Zustand der Psychose (bzw. Schizophrenie) oder als positiv bewertete Ekstase bzw. Bewusstseinserweiterung gilt (vgl. Becker 1967, 1983; Watts 1971). In (sub) kulturellen Kontexten werden dem Drogengebrauch verschiedene Funktionen zugewiesen (z.B. Entspannung, Vergnügen, Leistungssteigerung, Spiritualität, soziale Zugehörigkeit, Kompensation) sowie entsprechende Konsummuster und Erwartungen an Rauscherlebnisse vermittelt (vgl. Blätter 1990, 2007; Korte 2007). Kulturell geprägtes Wissen über Psychedelika determiniert konsumrelevante Motivationen und Erwartungen im subjektiven Set.

Zudem sind als intrinsische Determinanten (Set) auch diverse psychologische Variablen relevant, etwa die aktuelle psychische Verfassung, Stimmung und Gefühlslage zum Zeitpunkt der Drogeneinnahme sowie habituelle, relativ konstante psychische Strukturen und Dispositionen der Persönlichkeit (vgl. Barr und Langs 1972; Tart 1975; Fischer 1975; Naditch 1974, 1975; Dittrich und Lamparter 1994). Individuelle Dispositionen und Persönlichkeitsmerkmale determinieren unterschiedliche Reaktionstendenzen, und damit differente phänomenale Formen des Rauscherlebens. Studien zufolge werden positiv erlebte Rauschverläufe durch innere Bereitschaft, Hingabe, Offenheit und Vertrauen gegenüber der rauschhaften Bewusstseinsveränderung begünstigt, während innere Widerstände, Kontrollverlangen, Zweifel und Ängste tendenziell negative Erlebnisse hervorrufen (vgl. Leary et al. 1993, S. 86f.; Cohen 1970, S. 81f.; Grof 1991, S. 49.f; Masters und Houston 1966, S. 153). Bei erfolgreicher Realitätsbewältigung, Lebenskompetenz und Selbstakzeptanz sind psychedelische *Peak Experiences* mit OSE häufiger, während Rigidität und emotionale Labilität als Prädiktoren für negative, von AIA geprägte Verläufe gelten (vgl. Dittrich und Lamparter 1994, S. 81f.). Als aktualpsychische Faktoren sind körperliches Wohlbefinden, psychische Verfassung und emotionale Stimmung zum Zeitpunkt der Berauschung relevant, da eine positive Befindlichkeit und entspannte innere Haltung mit dem Erleben positiver Rauschverläufe korreliert. Hingegen fördern eine depressive Grundstimmung oder starke innere Anspannung negative Erlebnisse (vgl. Tart 2001, S. 148ff.). Zur Disposition im aktuellen *Set* gehören subjektive Erwartungen an die Rauschwirkung in Verbindung mit persönlichen Motivationen des Konsums. Als bedeutsame intrinsische Einflussgröße wird die Erwartungshaltung meist durch das tatsächliche Rauscherleben bestätigt (vgl. Lamparter und Dittrich 1994, S. 66). Hierin zeigt sich eine rekursive Dynamik, im Sinne einer sich selbsterfüllenden Prophezeiung (vgl. Merton 1948; Watzlawick 1981).

Wie die erläuterten Befunde zeigen, sind (subjektive) Motivationen des Freizeitgebrauchs von Psychedelika und entsprechende Funktionen der Berauschung als Produkt der wechselseitigen Bedingtheit von *Set* und *Setting* verstehbar. Da sie als „Derivat sozialer Konstituierungsprozesse" (Brüsemeister 2008) sowohl intrinsische als auch extrinsische Determinanten umfassen und zugleich persönliche und intersubjektive, gesellschaftliche Wissensbestände und Wertesysteme reflektieren, kommt den Motivationen besondere Bedeutung zu. Indem sie als kognitiver Bezugsrahmen zur Reflektion und Rationalisierung des Umgangs mit Psychedelika dienen sowie in die Interpretation rezipierter Rauschwirkungen eingehen, beeinflussen die Motivationen die Definition erwünschter Rauschmerkmale und -phänomene sowie dafür jeweils geeigneter bzw. favorisierter Settings und Gebrauchsweisen..

4 Qualitative Studie zu Motivationen und Formen des Freizeitgebrauchs von Psychedelika

Nachfolgend werden zentrale Befunde einer empirischen Untersuchung zum rekreativen Psychedelika-Konsum (Prepeliczay 2016) dargestellt, in deren Rahmen 32 Personen durch narrative Interviews befragt wurden. Als Voraussetzung zur Teilnahme galt eine Lebenszeitprävalenz von mindestens fünf Erfahrungen mit LSD bzw. halluzinogenen Pilzen, von denen die letzte maximal zwölf Monate zurückliegen sollte (Aktualkonsum). Es wurde auf eine möglichst breite Altersgruppenverteilung sowie ein ausgewogenes Geschlechterverhältnis geachtet, um eine größtmögliche Variationsbreite zu erfassen. Der Feldzugang erfolgte durch Aufrufe zur anonymen Teilnahme (Handzettel, Presse, Internet). Darauf aufbauend wurden im Schneeballverfahren weitere Personen aus den Bekanntenkreisen der Interviewten ermittelt.

4.1 Stichprobenbeschreibung: Soziodemographische Merkmale der Befragten

Die Stichprobe dieser Studie umfasst 32 Personen, jeweils 16 Männer und Frauen. Zum Erhebungszeitpunkt variierte ihr Alter zwischen 19 und 53 Jahren mit einem Altersdurchschnitt von 29,8 Jahren. Es sind verschiedene Geburtsjahrgänge und mehrheitlich in den 1960er- und 1970er-Jahren geborene Personen (elf bzw. 16 Befragte) vertreten.

Die 32 Befragten leben zum Interviewzeitpunkt in verschiedenen Städten und ländlichen Regionen von vier Bundesländern (Bremen, Niedersachsen, Hamburg, Berlin). In Bezug auf Schul- und Berufsausbildung geben 75% der Stichprobe gehobene Bildungsniveaus an: 24 Personen (je zwölf Frauen und Männer) haben die Hochschulreife erlangt und ein Studium begonnen bzw. abgeschlossen (sieben Befragte). Vier Männer nennen Lehrberufe, und vier Frauen besuchen die Schule. Bei den akademischen Ausbildungen überwiegen geistes- und sozialwissenschaftliche Fachrichtungen, wie etwa Psychologie (acht Befragte). Zehn Befragte sind in verschiedenen Branchen dauerhaft (als Angestellte oder Selbständige) erwerbstätig. Zwei Männer sind arbeitslos.

In Bezug auf Familienstand und Beziehungsstatus werden meist langfristige Paarbeziehungen (72%) und von sieben Befragten (im Alter 30+) eigene Elternschaft berichtet. Die verbleibenden neun Personen sind alleinstehend (28%). Aus den Angaben der meisten Befragten zur beruflichen Situation und Ausbildung sowie ihren sozialen Kontexten und Verantwortlichkeiten ist eine hochgradige soziale Integration ersichtlich.

4.2 Qualitative Erhebungs- und Auswertungsmethode

Als Erhebungsverfahren wurden narrative Interviews (nach Schütze 1977; vgl. Küsters 2009) verwendet, um durch eine erzählende, nicht-invasive Gesprächsform und die weitgehend selbstbestimmten Schilderungen der Befragten detaillierte Beschreibungen ihrer Erlebnisse mit Psychedelika zu generieren. Die Interviews wurden im Zeitraum von Oktober 1999 bis April 2003 durchgeführt, fanden meist im privaten Rahmen statt und dauerten zwischen 60 Minuten und vier Stunden. Sie wurden vollständig aufgezeichnet und weitere Beobachtungen in Feldnotizen protokolliert. Die Audioaufnahmen der 32 Interviews wurden vollständig transkribiert und mittels qualitativer Inhaltsanalyse durch inhaltliche Strukturierung (vgl. Schreier 2012; Mayring 2015) sowie einer darauf basierenden, empirisch fundierten Typenbildung (vgl. Kelle und Kluge 2010) ausgewertet.

4.3 Ergebnisse

Ein zentraler Befund der vorliegenden Studie ist, dass das *Wie* des Psychedelika-Konsums (also das Gebrauchsverhalten und favorisierte Settings) durch das *Warum* (also die Motivationen der Berauschung) determiniert wird. Dabei sind die Motivationen beim Konsumeinstieg von denen zur Fortsetzung des Gebrauchs zu unterscheiden.

Motivationsentwicklung, Gebrauchsbereitschaft und Konsumeinstieg
In den Selbstauskünften über am Konsumeinstieg beteiligte Motivationen sind zwei konträre Tendenzen erkennbar. So schildern die Befragten entweder a) einen spontanen und zufälligen oder aber b) einen geplanten, intendierter Erstgebrauch von LSD bzw. Psilocybin-Pilzen.

a) Die erste Gruppe thematisiert dabei eine generelle Neugier und Probierbereitschaft bezüglich illegaler Drogen, vorherige Erfahrungen mit Cannabis und Ecstasy sowie Drogengebrauch im Freundeskreis. Im Vorfeld der Konsumaufnahme sind solche *Peer Groups* relevant, da sie neben der mündlichen Weitergabe entsprechender Wissensbestände auch den Zugang zu Drogen gewährleisten. Retrospektiv bewerten diese Befragten ihr Vorwissen über Halluzinogene als mangelhaft oder unzureichend und sprechen von jugendlicher Naivität und Uninformiertheit, die auch mit geringer Reflektion sowie fehlendem Risikobewusstsein einhergeht. Typischerweise schildern sie einen spontanen Erstkonsum von LSD oder Pilzen aufgrund situativer Verfügbarkeit, der oft in recht jungem Einstiegsalter, ab dem 14. und bis zum 18. Lebensjahr erfolgt. Viele von ihnen nehmen LSD-Angebote von halluzinogenerfahrenen Bekannten an. Dabei findet eine derartig motivierte Konsumaufnahme in diversen Settings bzw. Situationen im Beisein unterschiedlicher Beteiligter statt. Aufgrund solcher Verhaltensmuster ist dieser Personenkreis als Risikogruppe und der Gebrauch als riskant einzuschätzen.

b) Im Gegensatz hierzu ist der Konsumeinstieg der zweiten Gruppe durch ein spezifisches Interesse an LSD bzw. Psilocybin-Pilzen motiviert, das auf theoretischem Vorwissen über Halluzinogene beruht, welches die Befragten aus (Fach)Literatur oder Medien zum Teil gezielt erwerben und ausbauen. Einhergehend mit einer informierten Reflexion möglicher Risiken entwickeln sie – teilweise über Jahre hinweg – spezifische Probierwünsche, die sie erst in relativ spätem Einstiegsalter (20+ Jahre) verwirklichen. Ihr Erstkonsum beruht als intentionaler Akt auf eingehender Planung und wird durch vorherigen Drogenerwerb sowie im Hinblick auf geeignete Settings, Zeitpunkte, Begleiter und Vorsichtsmaßnahmen vorbereitet.

Fortsetzung des Psychedelika-Gebrauchs: Heuristische Motive

Für ein knappes Drittel der Befragten sind zur Fortsetzung des Halluzinogenkonsums heuristische Motivationen relevant, die sich der Kategorie Selbstexploration und Erkenntnisgewinn (S/E) zuordnen lassen. Als deren typische Varianten werden Psychotherapie, Spiritualität und Bewusstseinserweiterung thematisiert und als ‚innere Arbeit' vom bloß ‚hedonistischen Vergnügen' explizit abgegrenzt. Im Dienste der Persönlichkeitsentwicklung und Identitätsfindung erhalten Psychedelika als psychoaktive Substanzen bzw. Hilfsmittel die Funktion, geistige Veränderungen des Bewusstseins, in der Psyche und im Selbsterleben durch kognitive und psychodynamische Phänomene zu vermitteln. In Verbindung mit heuristischen Motiven bestehen folgende typische Korrelationen in Bezug auf Settings, Gebrauchsmuster und Erlebnisformen: Zur ungestörten Innenschau favorisieren S/E-motivierte Personen die geschützten Rahmenbedingungen der häuslichen Privatsphäre als Setting mit selektiver bzw. reduzierter Reizzufuhr (z.B. Musikauswahl) sowie die Anwesenheit von ein bis zwei GefährtInnen bzw. nüchterner Begleiter, und treffen entsprechende Vorbereitungen und Vorsichtsmaßnahmen. Der für diese Gruppe typischen Tendenz zur Introversion und Rezeptivität (Hingabe) wird häufig durch eine passive, immobile Ruheposition bei geschlossenen Augen entsprochen, was bestimmte phänomenale Erscheinungsformen des Rauscherlebens begünstigt. Unter diesen Kontextbedingungen sind für die subjektiven Rauscherlebnisse vor allem psychedelische Phänomene der inneren eidetischen Bilderwelt (Visionen), Körperlosigkeit, positive Selbst-Transzendenz (OSE) und alternative Kognitionsmodi sowie tiefe Erkenntnisse charakteristisch. Da zur psychedelischen Innenschau die Aktivierung des Unbewussten gehört, treten zwar mitunter auch emotional schwierige (schmerzhafte, angstvolle, konflikthafte) Erlebnisse auf. Solche ‚Horrortrips' werden von heuristisch motivierten Befragten jedoch als besonders lehrreiche und wertvolle Erfahrungen für ihre persönlichen Entwicklungsprozesse interpretiert und langfristig positiv bewertet. Auf psychedelische Rauscherfahrungen folgt meist eine längere Phase der Reflektion, Interpretation und Integration, die durch (Fach)Lektüre und (therapeutische) Gespräche vertieft wird. Typisch für heuristisch motivierte Gebrauchsmuster ist ein sporadischer bis moderater Langzeitkonsum, indem die Einnahme von Halluzinogenen zwei- bis viermal jährlich über längere Zeiträume (fünf bis 20 Jahre) erfolgt. Charakteristisch für die *S/E*-Motivierten ist ihre eindeutige Präferenz für Psychedelika gegenüber anderen Substanzarten und eine explizite Ablehnung von Sedativa/Narkotika (Alkohol, Kokain, Opiate) sowie von Betäubung, da es ihnen um die Öffnung oder Erweiterung des Bewusstseins geht.

In den Kognitionen dieser Befragten dominieren positive Konsequenzen des heuristisch motivierten Halluzinogenkonsums sowie psychedelischer Erlebnisse für ihre persönliche und berufliche Entwicklung. Diese thematisieren sie als ein dadurch vermitteltes oder vertieftes Interesse an ASC und alternativen VWB-Verfahren (z.B. Meditation, Isolationstank), an Spiritualität (z.B. Buddhismus, Schamanismus) und an modernen Konzepten der Psychologie und Philosophie sowie damit assoziierter positiver Auswirkungen auf ihre Weltanschauung, ihre Lebensphilosophie und Wertesysteme, sowie ihre Persönlichkeitsentwicklung.

Fortsetzung des Psychedelika-Gebrauchs: Hedonistische Motive

Ein weiteres Drittel der Befragten setzt den Gebrauch von LSD bzw. Psilocybin-Pilzen mit Motivationen fort, die der Kategorie Hedonismus und Lustgewinn (*H/L*) entsprechen. Für diese Gruppe ist die Suche nach Vergnügen zentral, das sie als sinnlich-ästhetischen Genuss, Unterhaltungswert (Partykonsum), Abenteuerlust (*Sensation Seeking*, vgl. Zuckerman 2007) und Kompensation bzw. Eskapismus definieren. Entsprechend funktionalisieren sie Halluzinogene als Rauschdrogen, um Veränderungen der Sinneswahrnehmung, Halluzinationen sowie gesteigerte oder maximale Erlebnisintensitäten (Kicks, Thrills) hervorzurufen und durch diverse Stimuli/Außenreize zu verstärken oder als Trip bzw. Reise in eine rauschhafte Parallelwelt. In Verbindung mit hedonistischen Motiven sind die folgenden typischen Korrelationen mit Auskünften zu Konsumverhalten, -settings, -mustern etc. festzustellen:

H/L-motivierte Personen favorisieren öffentliche Settings und nehmen LSD bzw. Psilocybin-Pilze bevorzugt bei (semi-)öffentlichen Rave-Events, Techno-Veranstaltungen, Goa-Partys, in Tanzclubs der EDM-Sparte oder Lokalen des Nachtlebens, aber auch bei anderen öffentlichen Festivitäten (Schützenfest, Silvester, Jahrmarkt, Karneval etc.) in unterschiedlichen Konsumgemeinschaften. Dabei sind Außenorientierung, multiple Stimulation (z.B. Musik, Lichtshows) und Aktivitäten (z.B. Tanzen) von Bedeutung, um den Erlebnisgehalt zu maximieren und erwünschte Formen des Rauscherlebens zu fördern. Diese Tendenz zur Extraversion soll in Verbindung mit der präferierten Reizzufuhr zugleich auch das Auftreten unerwünschter Phänomene (Angst, Innenschau, Kontrollverlust) verhindern und den Rauschverlauf durch äußere Ablenkung kontrollierbar machen. Unter diesen Kontextbedingungen sind hedonistisch motivierte Rauscherlebnisse typischerweise durch halluzinatorische Phänomene und Wahrnehmungsveränderungen (VUS), Euphorie und extreme Heiterkeit sowie sinnliche (Körper-)Erfahrungen charakterisiert. Allerdings können dabei auch ‚Horrortrips' auftreten, die durch extreme Panik und Kontrollverlust charakterisiert sind und massive, bisweilen nachhaltige seelische Erschütterungen bewirken.

Im Hinblick auf präferierte Gebrauchssituationen, Inszenierungen und Konsummuster (Dosierung, Frequenz) sind für H/L-motivierte Männer dieser Gruppe sogar mutwillige Risikolust und Gefahrensuche attraktiv. Typisch für hedonistisch motivierte Gebrauchsmuster ist ein hochfrequenter Intensivkonsum (>50 Konsumzeitpunkte), mit bis zu 200 LSD-Trips oder bis zu 400maliger Einnahme von Psilocybin-Pilzen über mehrere Jahre hinweg. Während H/L-motivierte Männer tendenziell zur Hochdosierung und zum Mischkonsum neigen (z.B. Kombination von LSD mit Kokain, Ecstasy, großen Mengen Cannabis und Alkohol), bevorzugen die Frauen dieser Gruppe geringe Dosierungen (¼ bis ½ Konsumeinheit), um die Intensität der Rauschwirkungen (auf sensorische Phänomene) zu begrenzen und kontrollierbar zu machen.

Die von vielen dieser Befragten geäußerten Kognitionen über Konsequenzen ihres hedonistischen Halluzinogengebrauchs betreffen eine abnehmende Attraktivität dieser Drogen, weil ihre Rauscherlebnisse immer unspektakulärer werden. Irgendwann trete eine Sättigung ein, die dann zur Beendigung des Konsums führe. Zudem thematisieren zehn hedonistisch motivierte Personen aus der *H/L*- und Mix-Gruppe (s.u.) nachhaltige psychische Probleme und Beeinträchtigungen, die im Anschluss nach Horrortrips eintraten und in zwei Fällen eine psychiatrische Behandlung erforderlich machten.

Fortsetzung des Psychedelika-Gebrauchs: Multiple Motivationen (Mix-Typus)

Für das letzte Drittel der Befragten sind bei der Fortsetzung des Psychedelika-Konsums multiple bzw. heterogene Motive relevant, die Kombinationen von heuristischen und hedonistischen Motivationen darstellen. Dazu gehört erstens die gelegenheitsspezifische Abwechslung von *S/E*- und *H/L*-Motiven zu unterschiedlichen Anlässen und Situationen der Berauschung. Zweitens werden häufig hedonistische und heuristische Motive bei der Suche nach Kollektivität, Naturerlebnissen und sogenannten ‚Peak Experiences' (Maslow 1968) miteinander verbunden. Drittens werden Entwicklungsprozesse von zuvor dominierenden *H/L*-Motiven hin zur inzwischen vorrangigen Orientierung auf *S/E*-Motive im Rahmen autotherapeutischer Selbstheilungsintentionen thematisiert.

Im Zusammenhang mit multiplen Motiven sind folgende typische Korrelationen festzustellen: Multi-motivierte Befragte konsumieren LSD bzw. Psilocybin-Pilze je nach Anlass und jeweiliger Motivation in variablen Settings, welche etwa öffentliche Partys, Konzerte und Festivals (*H/L*) oder auch verschiedene Formen von Privatsphäre (*S/E*) umfassen. Außerdem wird in besonderen Situationen (wie Urlaube im Ausland, selbstorganisierte Rituale oder New-Age-Festivals) sowie in wechselnden sozialen Umfeldern und mit wechselnden Gefährten konsumiert. Zugleich ist für diese Gruppe eine deutliche Präferenz für Natur-Settings typisch, wie z.B. Aufenthalte im Wald, am Meer oder in den Bergen. Neben der flexiblen Variation von Intro- und Extraversion äußern sie eine Tendenz zur Interaktivität und Steuerung, um entsprechend multipler Motive das Auftreten erwünschter Rauschphänomene zu fördern. Unter den genannten Bedingungen sind für multi-motivierte Rauscherlebnisse vor allem hyperästhetische und interaktive Wahrnehmungsphänomene, zwischenmenschliche Empathie und Gipfelerlebnisse ekstatischer Verschmelzung (sogenannte *Unio Mystica*) charakteristisch. Gleichfalls können die bereits erläuterten subjektiven Phänomene der hedonistischen und heuristischen Erlebnisformen sowie angstdominierte ‚Horrortrips' auftreten, die M-motivierte Befragte als Konfrontation mit dem Unbewussten interpretieren.

Für diese Gruppe sind diskontinuierliche Gebrauchsmuster und -verläufe typisch, in denen längere Perioden des moderaten Konsums von kurzen hochfrequenten Phasen unterbrochen werden, die aber auch Konsumpausen und zum Teil längerfristige Abstinenzphasen (oftmals im Anschluss an Horrortrips) umfassen. Letztere dienen in den geäußerten Kognitionen über Konsequenzen des Halluzinogengebrauchs als Erklärung für eine Veränderung ehemals hedonistischer Motivationen hin zur S/E-motivierten Intention der Selbstheilung mit Psychedelika. Zudem beschreiben M-motivierte Personen eine Vielzahl bewährter Strategien zur effektiven Risikominderung.

4.4 Diskussion ausgewählter Aspekte

In diesem Abschnitt werden aus der Vielzahl der Befunde der vorgelegten Studie (Prepeliczay 2016) vier spezifische Aspekte herausgegriffen und diskutiert, nämlich (1) die determinierende Kraft von Gebrauchsmotiven, (2) die Prävalenz und Determinanten von sogenannten ‚Horrortrips', (3) erfahrungsbasierte Strategien der Risikominderung sowie (4) das psychotherapeutische und kognitive Potenzial von Halluzinogenen.

(1) Die hier vorgelegten Befunde illustrieren und belegen Interaktionen zwischen Drug, Set und Setting (vgl. Leary et al. 1963; Zinberg 1984) und betonen damit die Bedeutung außerpharmakologischer Determinanten für das Konsumverhalten und das subjektive Rauscherleben mit Psychedelika. Dabei zeigt sich, dass die durch das soziokulturelle Setting geprägten Motive der Befragten ihren Umgang mit Psychedelika determinieren. Damit kann zugleich die Rezeption sehr heterogener (subjektiver) Rauscherlebnisse dadurch erklärt werden, dass die Befragten aufgrund jeweils unterschiedlicher Motivationen und Funktionalisierungen der Berauschung diejenigen Konsum-Settings nutzen, die die erwünschten Rauschmerkmale begünstigen. In den Unterschieden zwischen *S/E-*, *H/L-* und Mix-motivierten Rauscherlebnissen wird deutlich, dass persönliche Motive im Sinne einer selbsterfüllenden Prophezeiung verwirklicht werden. Nach diesem sozialpsychologischen Prinzip (vgl. Merton 1948; Watzlawick 1996) bestätigen sich die an den Rausch geknüpften Erwartungen, Vorstellungen und Intentionen tendenziell, wie es auch Studien über intrinsische Set-Variablen (Erwartung) als Prädiktoren von VWB zeigen (vgl. Dittrich 1994). Somit vermittelt das Rauscherleben heuristisch motivierten Personen die angestrebten intellektuellen, philosophischen oder psychologischen Einsichten, weil sie hierfür günstige Voraussetzungen schaffen, dagegen verschafft es hedonistisch Motivierten meist das gewünschte Vergnügen.

(2) Eine Ausnahme hiervon ist das unintendierte Auftreten angstdominierter Rauschverläufe, welche die Befragten als *Horrortrips* bezeichnen und als zutiefst negative und höchst gefährliche Rauschvariante mit Panik und Kontrollverlust (*H/L*) oder als bedrohliche Konfrontation mit dem Unbewussten (*S/E*; Mix) rezipieren. Im Wissen um dieses Risikopotenzial sind sie bestrebt, Horrortrips durch diverse Vorsichtsmaßnahmen und Verhaltensweisen zu vermeiden (s.u). Dennoch ist die (Lebenszeit-)Prävalenz von Horrortrips mit LSD bzw. Psilocybin-Pilzen in dieser Stichprobe mit 50% recht hoch, da 16 Befragte aus allen drei Gruppen von derartigen Erfahrungen berichten. Zugleich besteht eine recht geringe Inzidenz bei einzelnen Personen im Verhältnis zur Anzahl ihrer Rauscherfahrungen gerade bei langjährigen Konsumbiographien. Nur von 25% (acht Befragten) werden mehrere Horrortrips geschildert; für die anderen blieben sie einmalig. Anderen Studien zufolge beträgt die LZP von Horrortrips 55% bei FreizeitkonsumentInnen (vgl. Rubinow und Cancro 1976) und 31% in experimentellen Studien (vgl. Griffiths et al. 2006).

In den Interviews erläutern Betroffene die Entstehungsbedingungen und Determinanten (Begleitumstände) von ‚Horrortrips' in Bezug auf Drug, Set und Setting. Dies umfasst folgende potenzielle Risikofaktoren und ihr wechselseitiges Zusammenspiel:

Drug (Gebrauchsmuster): hochfrequenter Intensivgebrauch, riskante bzw. exzessive Konsumpraxis durch Hochdosierung (>1 Konsumeinheit) und ‚Nachlegen' sowie Mischkonsum, d.h. die Kombination von Halluzinogenen mit diversen anderen Drogen und Alkohol.

Set: fehlende Information und Sachkenntnis über Halluzinogene; mangelnde Reflektion und Vorsicht (Naivität); kein Risikobewusstsein; unklare, diffus hedonistische Motive; labile seelische Befindlichkeit, Ängste sowie psychische Vorbelastungen (Traumata etc.).

Setting (situative Rahmenbedingungen): öffentliche Orte und Veranstaltungen mit unkontrollierbaren Außenreizen und Ereignissen; multiple Stimulation (Musik, Rhythmus, Lichtshows etc); Alleingänge (solitäre Berauschung); Mangel an sozialer Unterstützung und Kontakt; problematische Interaktionen und Konflikte.

Im Hinblick auf das Konsumverhalten sind zwei Risikogruppen identifizierbar. Erstens lassen sich die meisten minderjährigen ErstkonsumentInnen aufgrund ihrer Naivität, ihres Unwissens, Unvorsichtigkeit und Spontanität beim situativ-zufällig bedingten Probiergebrauch als besonders gefährdete Gruppe einstufen. Zudem ist ein nicht geringer Anteil hedonistisch motivierter, meist männlicher Personen aufgrund exzessiver Konsumpraktiken und expliziter Risikolust (Gefahrensuche bzw. Sensation Seeking) in unkontrollierbaren Konsum-Settings durch viele der o.g. Risikofaktoren gefährdet. Bei zehn Befragten traten nach traumatisierenden Horrortrips problematische Langzeiteffekte auf, die monate- oder jahrelang andauerten und gravierende psychische Beeinträchtigungen umfassten. Ähnliches berichten auch andere Studien (vgl. Abruzzi 1977; Bron 1979). Obwohl dies ein Risiko für die mentale Gesundheit rekreativer Psychedelika-User darstellt, waren trotz Anfragen bei psychiatrischen Behandlungseinrichtungen keine Behandlungsdaten zu den entsprechenden Diagnosen des DSM IV und ICD 10[3] erhältlich, die Aussagen zu deren Inzidenz und Prävalenz erlauben.

---

3   Post-halluzinogene Psychose bzw. Angststörungen (DSM: 292.11/12 u. 292.84;89; ICD: F16.50-56 und F16.8).

(3) Die Interviews enthalten ein umfangreiches Erfahrungswissen zur Vermeidung von ‚Horrortrips' und Förderung positiver Rauschverläufe, das für Strategien effektiver Risikominderung genutzt werden kann. Befragte aller drei Motiv-Gruppen thematisieren bewährte Vorsichtsmaßnahmen und risikomindernde Verhaltensweisen, die auf theoretischem oder praktischem Wissen durch die Reflektion negativer Erlebnisse basieren. Dazu gehören etwa die Auswahl geeigneter Settings (Orte, soziales Umfeld) sowie die Berücksichtigung eigener Befindlichkeiten und Erwartungen. Dabei lassen sich aus dem Material z.B. die folgenden Konsumregeln und Safer Use-Praktiken ableiten:

Drug (Gebrauchsmuster): moderate Konsumfrequenz, Pausen von mindestens drei Monaten, Monokonsum, geringe (Teil-)Dosierungen zur Begrenzung der Rauschintensität und Testen unbekannter Marktformen, Einnahme ganzer Konsumeinheiten nur bei Vorsichtsmaßnahmen.

Set: Sachkundigkeit und Wissen über Psychedelika, Reflektion eigener Motivationen und Erwartungen, Risikobewusstsein, Fähigkeit zur Selbstbeobachtung und -steuerung durch Meta-Ich-Funktionen (Willenskraft, Kontrolle), stabile angstfreie Gemütsverfassung (keine akute Krise), stabile Persönlichkeit (Ich-Stärke), mentale Flexibilität und Offenheit.

Setting: vorherige Planung geeigneter Konsumzeitpunkte und -orte, geschützte Rahmenbedingungen (Privatsphäre), Selektion/Reduktion der äußeren Reizzufuhr, ruhige immobile Körperhaltung (Introversion), Ritualisierung bzw. Strukturierung im Ablauf, Aufenthalt in naturbelassenen Umgebungen, Variation äußerer Bedingungen bei Bedarf (z.B. Ortswechsel, Ablenkungsmanöver), Alleingang in unterstützender nüchterner Begleitung oder Anwesenheit von eins bis drei vertrauten Gefährten, soziale Unterstützung bei Bedarf.

(4) Den Interviews zufolge verlaufen die allermeisten Rauscherlebnisse rekreativer Psychedelika-User nicht nur unproblematisch, sondern ausgesprochen positiv. Viele der Befragten bewerten sie als psychotherapeutisch oder spirituell lehrreiche Erfahrungen mit bleibendem Wert und Nutzen für ihre persönliche Entwicklung. Mit dem psychotherapeutischen Potenzial von LSD und Psilocybin befasst sich die Halluzinogenforschung seit 60 Jahren (z.B. Sandison et al. 1954; Savage et al. 1964; Grof 1975). Neueren Studien zufolge sind Psychedelika als Hilfsmittel professioneller Psychotherapie geeignet, um die Symptomatiken von Neurosen, affektiven und posttraumatischen Störungen, Depressionen, Palliativpatienten und Suchterkrankungen zu lindern (z. B. Jungaberle et al. 2008; Gasser et al. 2014; Carhart-Harris et al. 2016).[4] Derzeit werden in Europa und USA[5] pharmakologische Machbarkeitsstudien durchgeführt, um, eine gesetzliche Reklassifizierung

---

4   Zur aktuellen, insbesondere auch neurowissenschaftlichen (Grundlagen-)Forschung mit Psychedelika vgl. auch die Beiträge zur Interdisciplinary Conference on Psychedelics Research, Amsterdam 2016 (www.icpr2016.nl), zum Global Psychedelics Forum „Beyond Psychedelics", Prag 2016 (www.beyondpsychedelics.cz) und zur Psychedelic Science 2017, Oakland CA (www.psychedelicscience.org).

5   Z.B. in Forschungsprogrammen der britischen Beckley Foundation (www.beckleyfoundation.org) und der Multidisciplinary Association for Psychedelic Studies in USA (www.maps.org).

von Halluzinogenen als verschreibungsfähige Medikamente zu erreichen und das kurative Potenzial für Patienten mit entsprechenden Indikationen nutzbar zu machen.

Zudem ist das mögliche Auftreten mystischer Transzendenzerlebnisse mit Psychedelika bekannt und vielfach belegt (vgl. Pahnke 1967; Savage et al. 1962; Cohen 1972; Griffiths et al. 2006, 2008, 2011; Majic et al. 2015). Die angeführten Studien verweisen auf positive Langzeiteffekte intensiver spiritueller oder psychedelischer Gipfelerlebnisse für das Persönlichkeitswachstum, die Lebens- und Realitätsbewältigung sowie die Entwicklung tendenziell altruistischer Werte. Darüber hinaus gibt es Indizien für den oftmals angestrebten Erkenntnisgewinn durch psychedelische Erfahrungen, den auch der umstrittene Begriff der Bewusstseinserweiterung impliziert und der für viele heuristisch motivierte Befragte konsumrelevant ist. Entsprechende Beobachtungen werden als durch Psychedelika vermitteltes *Cognitive Enhancement* gedeutet (z.B. Roberts 2013; Fadiman 2010); sie sind durch rezente neurowissenschaftliche Befunde belegt und werden als Entropie im Gehirn erklärt (vgl. Carhart-Harris et al. 2014; Tagliazucchi et al. 2014; Lebedev et al. 2016). Demnach flexibilisiert LSD die Informationsverarbeitung im Gehirn, indem es habituelle kognitive Routinen aufhebt und zugleich neue bzw. alternative Kognitionsmodi (neuronale Verknüpfungen) ermöglicht.

5 Ausblick

Obgleich diese und andere aktuelle Studien zum Erkenntnisstand über Psychedelika beitragen, besteht weiterer Forschungsbedarf aus human-, sozial- und gesundheitswissenschaftlicher Perspektive. Dieser betrifft neben den potenziellen psychotherapeutischen Einsatzmöglichkeiten für diverse Indikationen auch epidemiologische Daten zur Verbreitung des rekreativen Psychedelika-Konsums unter jungen Erwachsenen in festiven Settings. Zudem fehlen Erhebungen zur Prävalenz von Horrortrips, zu den darauf unter Umständen folgenden psychischen Problemen und Beeinträchtigungen (z.B. post-halluzinogene Psychosen) sowie zu geeigneten Behandlungsansätzen.

Wie die hier vorgelegten Befunde zu Prävalenz, Determinanten und möglichen negativen Langzeitfolgen von Horrortrips nahelegen, sind zielgruppenspezifische Interventionen als Präventionsmaßnahmen zur Risikominderung gerade in öffentlichen Party- und Ausgeh-Settings wichtig. Beispielsweise sind hedonistisch motivierte Risikogruppen durch *Harm Reduction* in den von ihnen bevorzugt frequentierten Party-Settings (Tanzclubs, Festivals, EDM-Veranstaltungen) erreichbar. Hierfür geeignet sind Angebote von sog. (Peer-)Party-Projekten,[6] die Informationsstände und *Safer Use*-Beratung vor Ort sowie psychedelische Krisenintervention bei Horrortrips umfassen (vgl. Moro 2013). Dennoch fehlen neben solchen sporadischen, meist ehrenamtlichen Aktivitäten und Projekten flächendeckende und kontinuierliche Angebote für KonsumentInnen im urbanen Nachtleben.

---

6 Z.B. Eve & Rave e.V. (Münster), Mindzone (München), Odyssee (Kiel), Drugscouts (Erfurt), Eclipse e.V. (Berlin), Alice e.V. (Frankfurt/Main).

Literatur

Abruzzi, W. 1977. Drug-Induced Psychosis. *The International Journal of the Addictions* 12(1): 183–193.
Barr, H. L., R. Langs. 1972. *LSD: Personality and Experience*. New York.
Becker, H. S. 1967. History, culture, and subjective experience: An exploration of the social bases of drug-induced experiences. *Journal of Health and Social Behavior* 8: 163–176.
Becker, H. S. 1983. Die soziale Definition des Drogenkonsums und der drogenbewirkten Erfahrungen. In *Drogenabhängigkeit. Ursachen und Verlaufsformen*, hrsg. v. D. J. Lettieri, R. Welz, 196–202. Weinheim.
Beringer, K. 1927. *Der Meskalinrausch. Seine Geschichte und Erscheinungsweise. Monographien der Neurologie und Psychiatrie*. Berlin.
Berger, P. L., T. Luckmann. 1997. *Die gesellschaftliche Konstruktion der Wirklichkeit. Eine Theorie der Wissenssoziologie*. Frankfurt/Main.
Blätter, A. 1990. *Kulturelle Ausprägungen und die Funktionen des Drogengebrauchs: Ein ethnologischer Beitrag zur Drogenforschung*. Hamburg.
Blätter, A. 1995. Die Funktionen des Drogengebrauchs und ihre kulturspezifische Nutzung. *Curare* 18(2): 279–291.
Blätter, A. 2007. Soziokulturelle Determinanten der Drogenwirkung. In *Sozialwissenschaftliche Suchtforschung*, hrsg. v. B. Dollinger, H. Schmidt-Semisch, 83–96. Wiesbaden.
Blum, R. H., M. L. Funkhouser, J. J. Downing, T. Leary, R. Alpert, R. Metzner. (Hrsg.). 1964. *Utopiates: The Use and Users of LSD 25*. New York.
Blum, R., E. Blum, M. L. Funkhouser. 1964. The Natural History of LSD use. In *Utopiates: The Use and Users of LSD 25*, hrsg. v. R. Blum et al., 22–68. New York.
Bron, B. 1979. Psychopathologisches Erscheinungsbild und klinische Bedeutung des Horror-Trips. *Suchtgefahren* 79(4): 167–176
Brüsemeister, T. 2008. *Qualitative Forschung: Ein Überblick*. Wiesbaden.
Calafat, A., P. Hakkarainen, C. Fernandez, M. Juan, K. Bohrn, M. Kilfoyle-Carrington, A. Kokkevi, N. Maalste, F. Mendes, I. Siamou, J. Simon, P. Stocco, P. Zavatti. 2001. *Risk and control in the recreational drug culture. SONAR Project*. Palma de Mallorca.
Calafat, A., P. Stocco, F. Mendes, J. Simon, G. van de Wijngaart, P. Sureda, A. Palmer, N. Maalste, P. Zavatti. 1998. *Characteristics and social representation of ecstasy in Europe*. Palma de Mallorca.
Carhart-Harris, R. L., R. Leech, P. J. Hellyer, M. Shanahan, A. Feilding, E. Tagliazucchi, D. R. Chialvo, D. Nutt. 2014. The entropic brain: a theory of conscious states informed by neuroimaging research with psychedelic drugs. *Front Human Neuroscience* 8: 1–22.
Carhart-Harris, R., M. Bolstridge, J. Rucker, C. M. J. Day, D. Erritzoe, M. Kaelen, M. Bloomfield, J. A. Rickard, B. Forbes, A. Feilding, D. Taylor, S. Pilling, V. H. Curran, D. J. Nutt. 2016. Psilocybin with psychological support for treatment-resistant depression: an open-label feasibility study. *Lancet Psychiatry* 3(7): 619–627.
Cohen, S. 1970. *Drugs of Hallucination. The LSD Story*. London.
Cohen, S. 1972. Künstliche Psychose oder Instant Zen? In *Drogenabhängigkeit. Psychologie und Therapie*, hrsg. v. V. Scheidt, 144–165. München.
Dittrich, A. 1996. *Ätiologie-unabhängige Strukturen veränderter Wachbewußtseinszustände. Ergebnisse empirischer Untersuchungen über Halluzinogene I. und II. Ordnung, sensorische Deprivation, hypnagoge Zustände, hypnotische Verfahren sowie Reizüberflutung*. Berlin.
Dittrich, A., A. Hofmann, H. Leuner. (Hrsg.). 1994. *Welten des Bewusstseins, Bd. 3: experimentelle Psychologie, Neurobiologie und Chemie*. Berlin.

Dittrich, A., D. Lamparter. 1994. Differentielle Psychologie außergewöhnlicher Bewußtseinszustände: Ergebnisse experimenteller Untersuchungen mit sensorischer Deprivation, N,N-Dimethyltryptamin und Stickoxidul. In *Welten des Bewußtseins*, hrsg. v. ECBS, 71–86. Berlin.

Dittrich, A. 1994. Psychological aspects of altered states of consciousness of the LSD type: measurement of their basic dimensions and prediction of individual differences. In *50 Years of LSD. Current Status and Perspectives of Hallucinogens*, hrsg. v. A. Pletscher, D. Ladewig, 101–118. London, New York.

Eul, J., G. Barsch, T. Harrach. 2004. Prävalenzen und Konsumbewertungen – Drogenmischkonsum anders verstehen. *Wiener Zeitschrift für Suchtforschung* 27(4): 49–60.

Fadiman, J. 2011. *The psychedelic Explorer's Guide. Safe, Therapeutic and Sacred Journeys*. Rochester.

Gasser P., D. Holstein, Y. Michel, R. Doblin, B. Yazar-Klosinski, T. Passie, R. Brenneisen. 2014. Safety and efficacy of lysergic acid diethylamide-assisted psychotherapy for anxiety associated with life-threatening diseases. *J Nerv Ment Dis* 202: 513–520.

Gelpke, R. [1966] 1995. *Vom Rausch in Orient und Okzident*. Stuttgart.

Griffiths, R. R., W. A. Richards, U. McCann, R. Jesse. 2006. Psilocybin can occasion mystical-type experiences having substantial and sustained personal meaning and spiritual significance. *Psychopharmacology* 187: 268–283.

Griffiths, R. R., W. A. Richards, M. W. Johnson, U. D. McCann, R. Jesse. 2008. Mystical-type experiences occasioned by psilocybin mediate the attribution of personal meaning and spiritual significance 14 months later. *Journal of Psychopharmacology* 22(6): 621–632.

Griffiths R. R., M. W. Johnson, W. A. Richards, B. D. Richards, U. McCann, R. Jesse. 2011. Psilocybin occasioned mystical-type experiences: immediate and persisting dose-related effects. *Psychopharmecology* 218(4): 649–665.

Grof, S. 1975. *Realms of the Human Unconscious*. Deutsche Ausgabe: *Topographie des Unbewussten. LSD im Dienst der tiefenpsychologischen Forschung*. Stuttgart.

Halberstadt, A. L., A. Geyer, A. Mark. 2011. Multiple receptors contribute to the behavioral effects of indoleamine hallucinogens. *Neuropharmacology* 61: 364–381.

Hasler F., B. B. Quednow, V. Treyer, P. A. Schubinger, A. Buck, F. X. Vollenweider. 2009. Role of prefrontal serotonin-2A receptors in self-experience during psilocybin-induced altered states. *Neuropsychobiology* 59: 2.

Hillebrand, J., D. Olszewski, R. Sedefov. 2006. *Hallucinogenic mushrooms: An emerging trend case study*. EMCDDA Thematic Papers. Lissabon.

Hofmann, A. 1979. *LSD – mein Sorgenkind*. Stuttgart.

Hößelbarth, S. 2014. *Crack, Freebase, Stein. Konsumverhalten und Kontrollstrategien von KonsumentInnen rauchbaren Kokains*. Wiesbaden.

Julien, R. M. 1997. *Drogen und Psychopharmaka*. Heidelberg.

Jungaberle, H., P. Gasser, J. Weinhold, R. Verres. (Hrsg.). 2008. *Therapie mit psychoaktiven Substanzen. Praxis und Kritik der Psychotherapie mit LSD, Psilocybin und MDMA*. Bern.

Johnson M., W. Richards, R. Griffiths. 2008. Human hallucinogen research: Guidelines for safety. *J Psychopharmacol* 22: 603–620.

Kelle, U., S. Kluge. 2010. *Vom Einzelfall zum Typus: Fallvergleich und Fallkontrastierung in der Qualitativen Sozialforschung*. Wiesbaden.

Kemmesies, U. E. 2004. *Zwischen Rausch und Realität. Drogenkonsum im bürgerlichen Milieu*. Wiesbaden.

Keup, W. 1988. Drogenstatistik 1986. In *DHS Jahrbuch 1988 zur Frage der Suchtgefahren*, hrsg. v. Deutsche Hauptstelle gegen die Suchtgefahren, 53–84. Hamm.

Korte, S. 2007. *Rauschkonstruktionen. Eine qualitative Interviewstudie zur Konstruktion von Drogenrauschwirklichkeit*. Wiesbaden.

Küsters, I. 2009. *Narrative Interviews. Grundlagen und Anwendungen*. Wiesbaden.
Kraus, L., R. Bauernfeind. 1998. Repräsentativerhebung zum Gebrauch psychoaktiver Substanzen bei Erwachsenen in Deutschland 1997. *Sucht* 44, Sonderheft 1:
Kraus, L., R. Augustin. 2001. Repräsentativerhebung zum Gebrauch psychoaktiver Substanzen bei Erwachsenen in Deutschland 2000. *Sucht* 47(7): 3–85.
Kraus, L., R. Augustin. 2005. Repräsentativerhebung zum Gebrauch und Missbrauch psychoaktiver Substanzen bei Erwachsenen in Deutschland. Epidemiologischer Suchtsurvey 2003. *Sucht* 51, Sonderheft 1:
Kraus, L., T. Pfeiffer-Gerschel, A. Pabst. 2008. Epidemiologischer Suchtsurvey 2006. Repräsentativerhebung zum Gebrauch und Missbrauch psychoaktiver Substanzen bei Erwachsenen in Deutschland. *Sucht* 54, Sonderheft 1:
Kraus, L., A. Pabst, D. Piontek, S. Müller. 2010. *Kurzbericht Epidemiologischer Suchtsurvey 2009. Tabellenband: Prävalenz des Konsums illegaler Drogen, multipler Drogenerfahrung und drogenbezogener Störungen nach Geschlecht und Alter im Jahr 2009*. München.
Kraus, L., A. Pabst, E. Gomes de Matos, D. Piontek. 2014. *Kurzbericht Epidemiologischer Suchtsurvey 2012. Tabellenband: Prävalenz des Konsums illegaler Drogen, multipler Drogenerfahrung und drogenbezogener Störungen nach Geschlecht und Alter im Jahr 2012*. München.
Lamparter, D., A. Dittrich. 1994. Differentielle Psychologie außergewöhnlicher Bewußtseinszustände – Literaturübersicht und methodische Probleme. In *Welten des Bewußtseins* Bd. 3, hrsg. v. A. Dittrich et al., 59–69. Berlin.
Leary, T., G. H. Litwin, R. Metzner. 1963. Reactions to psilocybin administered in a supportive environment. *Journal of Nervous and Mental Disease* 137: 561–573.
Leary, T., R. Metzner, R. Alpert. 1983. Psychedelische Erfahrungen. Ein Handbuch nach Weisungen des Tibetanischen Totenbuchs. Markt Erlbach.
Lebedev, A. V., M. Kaelen, M. Lövden, J. Nilsson, A. Feilding, D. J. Nutt, R. L. Carhart-Harris. 2016. LSD-Induced Entropic Brain Activity Predicts Subsequent Personality Change. *Human Brain Mapping* 37(9): 3203-3213.
Legnaro, A. 1981. Ansätze zu einer Soziologie des Rausches – zur Sozialgeschichte von Rausch und Ekstase in Europa. In *Rausch und Realität – Drogen im Kulturvergleich*, hrsg. v. G. Völger, K. v. Welck, 52–63. Köln.
Leuner, H. 1962. *Die experimentelle Psychose. Ihre Psychopharmakologie, Phänomenologie und Dynamik in Beziehung zur Person*. Berlin.
Leuner, H. 1981. *Halluzinogene. Psychische Grenzzustände in Therapie und Forschung*. Bern.
Majic T., T. T. Schmidt, J. Gallinat. 2015. Peak experiences and the afterglow phenomenon: when and how do therapeutic effects of hallucinogens depend on psychedelic experiences? *J Psychopharmacol* 29(3): 241–253. doi: 10.1177/0269881114568040.
Maslow, A. 1968. *Psychologie des Seins. Ein Entwurf*. Frankfurt/Main.
Masters, R. E. L., J. Houston. 1967. *The Varieties of Psychedelic Experience*. London.
Mayring, P. 2015. *Qualitative Inhaltsanalyse. Grundlagen und Techniken*. Weinheim, Basel.
McCambridge, J., A. Winstock, N. Hunt, L. Mitcheson. 2007. 5-year trends in use of hallucinogens and other adjunct drugs among UK dance drug users. *European Addiction Research* 13: 57–64.
Merton, R. K. 1948. The self-fulfilling prophecy. *The Antioch Review* 8(2): 193–210.
Moro, L. 2013. PSY HELP MANUAL. A Practical Guide to Harm Reduction at Parties and Festivals. Daath Magyar Pszichedelikus Közösség Honlapja. http://www.daath.hu/dat2/psy-help/. Zugegriffen: 06. Juni 2016.
Naditch, M. P. 1974. Acute adverse reactions to psychoactive drugs, drug usage, and psychopathology. *Journal of Abnormal Psychology* 83: 394–403.
Naditch, M. P. 1975. The relation of motives for drug use and psychopathology in the development of acute adverse reactions to psychoactive drugs. *Journal of Abnormal Psychology* 84: 374–385.

Nichols, D. E. 2004. Hallucinogens. *Pharmacology & Therapeutics* 101: 131–181.
Pahnke, W. N. 1967. LSD and religious experience. In *LSD, man & society*, hrsg. v. E. DeBold, C. Richard, R.C. Leaf, 60–84. Middletown.
Passie, T., J. Seifert, U. Schneider, H. M. Emrich. 2002. The pharmacology of psilocybin. *Addict Biology* 7(4): 357–364.
Passie T., J. H. Halpern, D. O. Stichtenoth, H. M. Emrich, H. Hintzen. 2008. The pharmacology of lysergic acid diethylamide: A review. *CNS Neuroscience & Therapeutics* 14(4): 295–314.
Piontek, D., T.-V. Hannemann. 2015. Substanzkonsum in der jungen Ausgehszene. München.
Prepeliczay, S. 2016. Motivationen und Morphologie des Freizeitgebrauchs von Psychedelika (LSD, Psilocybin-Pilze). Eine qualitative Interview-Studie. Dissertation Universität Bremen. https://nbnresolving.de/urn:nbn:de:gbv:46-00105749-11. Zugegriffen: 07. November 2017.
Reynaud-Maurupt, C. 2006. *Usages Contemporaines de Plantes et Champignons hallucinogènes. Une enquète qualitative exploratoire conduite en France*. Paris.
Riley S. C., G. Blackman. 2008. Between prohibitions: patterns and meanings of magic mushroom use in the UK. *Substance Use & Misuse* 43(1): 55–71.
Roberts, T. B. 2013.*The psychedelic future of the mind. How Entheogens are enhancing cognition, boosting intelligence, and raising Values*. Rochester, Vermont.
Rubinow, D., R. Cancro. 1977. The bad trip: An epidemiological survey of youthful hallucinogen use. *Journal of Youth and Adolescence* 6(1): 1–9.
Sandison, R. A. 1954. Psychological aspects of the LSD treatment of the Neuroses. *Journal of Mental Science* 100: 508–518.
Savage, C., J. Terrill, D. D. Jackson. 1962. LSD, Transcendence and the New Beginning. *Journal of Nervous and Mental Disease* 135: 425–439.
Savage, C., E. Savage, J. Fadiman, W. Harman. 1964. LSD: Therapeutic effects of the psychedelic experience. *Psychological Reports* 14: 111–120.
Schmidt-Semisch, H., B. Dollinger. 2017. Sozialwissenschaftliche Perspektiven auf Drogen und Sucht. In *Handbuch Psychoaktive Substanzen*, hrsg. v. M. von Heyden, H. Jungaberle, T. Tomislav, 1–11. Wiesbaden
Schreier, M. 2012. *Qualitative Content Analysis in Practice*. London, New York.
Schroers, A., W. Schneider. 1998. *Drogengebrauch und Prävention im Party-Setting. Eine sozial-ökonomisch orientierte Evaluationsstudie. Studien zur qualitativen Drogenforschung und akzeptierenden Drogenarbeit Band 20*. Berlin.
Schütze, F. 1977. *Die Technik des narrativen Interviews in Interaktionsfeldstudien – dargestellt an einem Projekt zur Erforschung von kommunalen Machtstrukturen*. Bielefeld.
Stoll, W. A. 1947. Lysergsäure-Diäthylamid, ein Phantasticum aus der Mutterkorngruppe. *Archiv für Neurologie und Psychiatrie* 60: 279–323.
Tagliazucchi E., R. Carhart-Harris, R. Leech, D. Nutt, D.R. Chialvo. 2014. Enhanced repertoire of brain dynamical states during the psychedelic experience. *Human Brain Mapping* 35(11): 5442–5456.
Tart, C. T. [1975] 2001. *States of consciousness*. New York.
Tart, C. T. 1971. *On being stoned. A psychological Study of Marijuana intoxication*. Lincoln.
Thomasius, R. (Hrsg.). 2000. *Ecstasy. Eine Studie zu gesundheitlichen und psychosozialen Folgen des Missbrauchs*. Stuttgart.
Tossmann, H. P., W. Heckmann. 1997. *Drogenkonsum Jugendlicher in der Techno-Party-Szene. Eine empirisch-explorative Untersuchung zur Notwendigkeit und den Möglichkeiten einer zielgruppenbezogenen Drogenprävention*. Köln.
Tsalavoutas, S. 2015. A Psychological Exploration of Long-Term LSD users. University of East London.
Watts, W. D. 1971. *The Psychedelic Experience. A sociological study*. Beverly Hills.

Watzlawick, P. 1981. Selbsterfüllende Prophezeiungen. In *Die erfundene Wirklichkeit. Wie wissen wir, was wir zu wissen glauben? Beiträge zum Konstruktivismus*, hrsg. v. P. Watzlawick, 91–110. München

Zeit Online (Hrsg.). 2014. Global Drug Survey – Die Ergebnisse des ZEIT-ONLINE-Drogenberichts. http://www.zeit.de/wissen/gesundheit/2014-04/global-drug-survey-ergebnisse-deutschland. Zugegriffen: 15. Juni 2014.

Zinberg, N. 1984. *Drug, Set and Setting. The basis for controlled intoxicant use*. London.

Alltagsorganisation und Nutzung offener Drogenarbeit

Rebekka Streck

Zusammenfassung

Der Artikel zeigt, wie Drogenkonsument_innen alltägliche Herausforderungen der Beschaffung von illegalen Substanzen und den dazu nötigen finanziellen Mitteln mit Angeboten der offenen Drogenarbeit verknüpfen. Hierzu werden Ergebnisse aus einer ethnografischen Forschung zu Nutzung und Aneignung von Kontaktläden und mobilen, aufsuchenden Angeboten der Drogenhilfe präsentiert. Die Soziale Arbeit bietet materielle, soziale sowie räumliche und zeitliche Ressourcen, auf die die Nutzer_innen entsprechend ihrer subjektiven Relevanzen der Alltagsorganisation zurückgreifen.

Schlüsselbegriffe: Drogenarbeit, Beschaffung, ethnographische Forschung, Drogenhilfe, soziale Arbeit

Menschen, die häufig illegale Substanzen konsumieren, stehen vor der Aufgabe, die gewünschte Substanz zu erwerben und ausreichend finanzielle Mittel dafür bereitzuhalten. Diese Aufgabe sowie der Konsum illegaler Substanzen werden zur Herausforderung, wenn sie über geringe finanzielle Mittel und/oder keinen verlässlichen Wohnraum verfügen. Alltagsorganisation findet dann mit Bezügen zum öffentlichen Raum, zu prekären oder illegalen Beschaffungsstrategien von Geld sowie zu spezifischen sozialen Milieus statt. Einrichtungen offener Drogenarbeit sollen bei solchen alltäglichen Herausforderungen unterstützen, lebensweltliche Hilfe anbieten und die Gefahren eines auf illegalen Drogenkonsum fokussierten Lebens minimieren. Der vorliegende Artikel geht der Frage nach, wie Drogenkonsument_innen Angebote offener Drogenarbeit in ihren Alltag integrieren. Wie nutzen sie Angebote der Sozialen Arbeit zur Organisation eines „gelingenderen Alltags" (Thiersch 2012)?

Die folgenden Überlegungen basieren auf einer ethnografischen Studie, in der ich Nutzung und Aneignung[1] offener Drogenarbeit untersucht und konzeptionell gefasst habe (vgl. Streck 2016). Hierzu nahm ich jeweils drei Monate am Geschehen in einem Kontaktladen für Drogenkonsument_innen und Substituierte sowie an Bussen mobiler Drogenarbeit teil. Aufbauend auf meinen Beobachtungen führte ich elf Interviews mit Nutzer_innen dieser Angebote. Im Zentrum des Artikels stehen zwei Aspekte, welche die Nutzung offener Drogenarbeit auf besondere Art und Weise auszeichnen und die mit den Herausforderungen eines spezifischen Alltags – der Konsum illegaler Substanzen unter den Bedingungen knapper Ressourcen – verwoben sind: der individuelle Umgang mit Zeit und das Verfügen über einen Ort.

Im ersten Teil werde ich anhand von eigenem Datenmaterial alltägliche Herausforderungen eines Lebens mit illegalem Drogenkonsum unter der Bedingung geringer Ressourcen benennen. Im zweiten Teil stelle ich kurz die Spezifika offener Drogenarbeit dar. Und im dritten Teil arbeite ich Aspekte heraus, die die Nutzung offener Drogenarbeit insbesondere in Bezug auf die Alltagsorganisation prägen. Schließlich fasse ich die Ergebnisse mit dem Bezug auf die Begriffe *Arbeit* und *Aneignung* in einem Fazit zusammen.

1 Zwischen zu viel und zu wenig Zeit: Herausforderungen der Alltagsorganisation

Bevor ich einen Einblick in die komplexe Verflechtung von alltagsorganisatorischen Aufgaben mit dem Ort und dem Angebot offener Drogenarbeit gebe, weise ich zunächst auf alltägliche Herausforderungen hin, die sowohl in der Literatur zu Drogenkonsum als auch in den Interviews meiner Studie benannt wurden. Wenn ich im Folgenden der Forderung von Paul (2011, S. 131) nach der Kontextualisierung des Konsums durch Drogenforschung nachkomme, dann sei vorab betont, dass ich es in meiner Studie mit einer heterogenen und dennoch spezifischen Gruppe von Drogenkonsument_innen zu tun hatte. Ich beobachtete und sprach mit Menschen, die aktuell und in der Vergangenheit illegale Substanzen wie Heroin, Kokain oder Benzodiazepine intravenös konsumieren oder konsumierten. Um diesen Konsum zu finanzieren, verfügten sie über geringe finanzielle Mittel und waren zudem aktuell oder in der Vergangenheit wohnungslos. Es geht im Folgenden also nicht um homogenisierende Darstellungen eines Lebens mit Drogenkonsum, sondern um Herausforderungen der Alltagsorganisation unter besonders prekären Bedingungen in einer Gesellschaft, die diesen Drogenkonsum problematisiert und kriminalisiert. In Schilderungen der Strukturierung des Alltags stellen Nutzer_innen offener Drogenarbeit einen

---

[1] Mit dem Fokus auf die Erforschung von Nutzungsstrategien ordnet sich die Studie der sozialpädagogischen Nutzer_innenforschung zu, die maßgeblich von Schaarschuch und Oelerich (2005) konzeptionell begründet wurde. Zugleich bezieht sie sich mit dem Begriff der Aneignung v.a. auf die Arbeit von Leontjew (1973). Vgl. zum Konzept der Aneignung Streck 2016, S. 337ff.

deutlichen Bezug her zwischen notwendigen Erledigungen und zur Verfügung stehenden Ressourcen.

Roland besucht täglich die Busse offener Drogenarbeit. Er hat keinen festen Wohnsitz und verdient sein Geld durch den Verkauf von Straßenzeitungen in der S-Bahn. Er gibt im Interview einen Einblick in seinen Tagesablauf.

> **Ro:** Na, um acht werden wir rausgeschmissen beim E-Wohnheim. Ich hau meistens um halb acht ab. //ja// Dann schnell nen Druck setzen, dann fahr ich E-Platz meine Filter auskochen; das ist so nen Ritual, warum weiß ich nicht. //mhm// Ja und dann fang ich so um neune halb zehn an Zeitungen zu machen bis abends um neun mit Pausen und
> **Re:** und Sachen die du erledigen musst.
> **Ro:** Ja. so ist mein ganzer Tagesablauf, dann komm ich abends um zehne elfe wieder zurück zum E-Wohnheim.
> **Re:** Dann isst du da gar nicht das Abendbrot oder gibt es das dann noch?
> **Ro:** Ja, es gibt dann noch Abendbrot, dann isst man halt da das Essen was se da haben, //mhm// dann wird noch schnell ne Zigarette geraucht, nen bisschen rumgeklönt. Und dann nachts um eins ist schlafen. //ja// Um eins ist Nachtruhe da und dann fängt dit halt wieder von vorne an. Das ist mein ganzer Lebensablauf (2) (Roland, Nutzer der Busse, Z. 1371–1389).

Roland beschreibt seinen Tagesablauf als Arbeitstag, der um halb zehn beginnt. Sein Feierabend besteht dann darin, eine Zigarette zu rauchen und sich mit anderen zu unterhalten. Hinzu kommen ritualisierte Tätigkeiten des Drogenkonsums bzw. seiner Vorbereitung. Seine Tätigkeit als Zeitungsverkäufer gibt Roland in seiner Tagesorganisation einen gewissen Grad an finanzieller Sicherheit und Planbarkeit. Er evaluiert den Bericht mit dem Satz, dass das sein „ganzer Lebensablauf" sei. Hier setzt er Alltag mit „Leben" gleich. So deutet er an, dass er sein Leben zurzeit auf diese regelmäßigen, ritualisierten Erledigungen und den Wechsel zwischen Geld verdienen, Drogen kaufen und Drogen konsumieren begrenzt sieht.

Auch Petra berichtet von einer Alltagsstruktur, die durch die Akquise von Geld für den Drogenkonsum geprägt ist. Sie hat zum Zeitpunkt des Interviews keinen festen Wohnsitz und finanziert ihren Drogenkonsum mit Diebstählen. Ihr Tagesablauf ist dadurch strukturiert, dass sie sich Läden sucht, in denen sie möglichst risikoarm Dinge klauen kann, die sie an anderen Orten verkauft. Im Gegensatz zu Roland sind ihre Schilderungen durch einen erheblichen Grad an Unsicherheit und eine geringe Verlässlichkeit der Einnahmequelle geprägt.

> Ja. und so geh ich dann halt klauen. (3) Irgendwo irgendwie irgendwas. //mhm// Is mir scheißegal alles::: (.). Bloß geldmachbar ist mach ich zu Geld dann. //mhm// Is mir wurscht wat. (2) Na ja und so geht dat dann den ganzen Tag sobald man nen Zehner oder nen Zwanziger zusammen hat, (2) besorgt man sich Stoff, konsumiert und dann gehts weiter. //ja// Dat geht dann bis nachts ein zwei Uhr, (.) und dann kannst dich mal echt zuhause hinsetzen. Mal in Ruhe wat konsumieren ehj, (2) mal abschalten (Petra, Nutzerin der Busse, Z. 393–401).

Die Beschreibung ihres Tagesablaufs ähnelt der Beschreibung Rolands, nur dass sie eine andere Tätigkeit in den Vordergrund stellt und ihren ‚Feierabend' später ansetzt. Allerdings unterscheidet sich ihre emotionale Haltung gegenüber ihren alltäglichen Aufgaben deutlich von der Rolands, welcher mit seiner Arbeit als Verkäufer einer Obdachlosenzeitung im öffentlichen Nahverkehr deutlich selbstsicherer umgeht. In Bezug auf ihre alltäglichen Erledigungen verdeutlicht Petra, dass sie diese als sehr anstrengend empfindet. Ihr gelinge es kaum, ausreichend Geld zur Finanzierung ihres relativ hohen Drogenkonsums zu beschaffen. Zudem ist es ihr nicht möglich, ihre Einnahmen im Voraus zu planen. Die mangelnde Planungssicherheit führt dazu, dass sie sich kaum Zeit für Gespräche oder andere organisatorische Aufgaben nehmen kann. Im Interviewausschnitt wird ein Gefühl des Getriebenseins deutlich, bis sie schließlich am Abend zur Ruhe kommt.

Während Roland und Petra wohnungslos sind und im Wohnheim oder bei Bekannten schlafen, hat Jasmin eine Wohnung sowie einen Partner, der ihr bei den notwendigen Besorgungen behilflich ist. Auf meine Frage, wie ihr Tag ablaufe, antwortet sie Folgendes.

> Genau ja. Ja momentan ist es jeden Tag fast dasselbe. Früh zur Arbeit um acht muss ich da sein, wenn ich da fertig bin, dann schnell nach Hause eh, entweder hat Manu dann schon alles erledigt, heute hat er verschlafen, hat aber zum Glück, sag ich mal so noch Geld gehabt, hat er gesagt, ja Jasmin. Bin ich jetzt schnell los, denn holt man das, dann fährt man hierhin [zum Kontaktladen], dann noch schnell Lebensmittel einkaufen und dann nach Hause. Und dann is man froh, wenn man zu Hause is und seine Ruhe hat @(.)@ (Jasmin, Nutzerin des Kontaktladens, Z. 315–322).

Jasmin leistet zum Zeitpunkt des Interviews Strafstunden durch Arbeit ab, wodurch ihr Tag klar strukturiert ist, zudem erhält sie (im Gegensatz zu Roland und Petra) ALG II. Aber auch in ihren Schilderungen sind der Kauf von Drogen und das Holen sauberer Spritzen („„dann fährt man hierhin") zusätzliche Anstrengungen, die erledigt werden müssen, bevor sie zu Hause ihre „Ruhe hat".

Im Gegensatz zu den bis hierher genannten Schilderungen beschreibt Bernhard seinen Tagesablauf keinesfalls als zeitlich angespannt.

> Nen Tag bei mir abläuft? (3) So um neune zehne elfe rum steh ich meistens auf. Ehm (2) geh dann los mir irgendwo Zeug kaufen. Konsumier das dann meistens unterwegs. Manchmal zu hause. (2) Dann chill ich noch ne halbe dreiviertelstunde Stunde //mhm// noch nen bisschen Fernsehen nen paar Trickfilme, ehm (2) dann geh ick los. (.) Dann schnorr ich mir nen Zehner und dann hol ich mir noch eene ganze Kugel, dass es mir gemütlich geht, ja und dann spazier ich so durch die Gegend und quatsch so mit Leuten wie ihnen //mhm// mit dir. //@(.)@// So ja. Schnorr halt dann so aus Langeweile (Bernhard, Nutzer der Busse, Z. 781–772).

Bernhard hat seinen Drogenkonsum in den letzten Jahren reduziert und wohnt in einer eigenen Wohnung. Diese Bedingungen entspannen seine Tagesstruktur. Er steht später auf als diejenigen, deren Berichte bisher wiedergegeben wurden. Er hat Zeit, in Ruhe zu konsumieren. Letztlich bedeutet für ihn Geldakquise auch Zeitvertreib, denn er schnorrt auch „aus Langeweile".

In diesen vier Beschreibungen eines typischen Tagesablaufs zeigt sich deren Varianz und Bedingtheit zum einen durch das Verfügen über Ressourcen (Wohnraum, ALG II) und zum anderen durch die unterschiedliche Höhe der benötigten finanziellen Mittel. In allen Berichten spielt Zeit beziehungsweise deren Mangel eine große Rolle. Während Bernhard Zeit zum „Chillen" hat und Roland aufgrund der Verlässlichkeit seines Gelderwerbs Pausen in seinen Tagesablauf einplant, weisen Petra und Jasmin in ihren Schilderungen eher auf Zeitprobleme hin bzw. auf die Herausforderungen, die notwendigen Dinge in der zur Verfügung stehenden Zeit zu erledigen.

Ähnlich wie die hier zitierten Aussagen von Nutzer_innen offener Drogenarbeit verdeutlichen auch die Interviewaussagen in der Studie von Bernard, Werse und Müller (2010, S. 132), dass es sich bei den drogenbezogenen Aktivitäten „weniger um eine unkontrollierte tagtägliche und nächtliche Jagd nach Drogen und Geld handelt, sondern vielmehr um ein alltägliches ‚taking care of business', welches in vielen Fällen ein aktives, zielgerichtetes und kompetentes Handeln voraussetzt". Umso weniger Ressourcen zur Verfügung stehen, desto komplizierter und herausfordernder wird das „Alltagsmanagement" (Zurhold 2005, S. 164).[2]

In das alltägliche *taking care of business* wird der Rückgriff auf Angebote offener Drogenarbeit integriert. Offene Drogenarbeit wird ein Teil der täglichen Erledigungen, sie wird einer der Orte, die ihren festen Platz in der Tagesstruktur haben.

2 Offene Drogenarbeit als flexibel nutzbare Infrastruktur

Kontaktläden und andere Formen akzeptierender Drogenarbeit sind in direkter Auseinandersetzung mit kriminalisierenden und stigmatisierenden Alltagserfahrungen von Drogenkonsument_innen entstanden. Ein Angebot, das den Drogenkonsum akzeptiert, leicht zugänglich und flexibel nutzbar ist, sollte die gesundheitlichen sowie kriminalisierenden Risiken eines Alltags mit Drogenkonsum abschwächen.

Akzeptanz[3] ist die grundlegende Haltung der in einem Kontaktladen arbeitenden Sozialarbeiter_innen gegenüber den Adressat_innen; mit *niedrigschwellig* ist die methodische Ebnung der Zugangsbarrieren gemeint. Die Zielsetzung von Kontaktläden ist *Lebensweltunterstützung*, denn das Angebot lehnt sich an die Lebenswelt der Adressat_innen an und bietet alltagsnahe Hilfen, ohne Lebensbereiche zu ersetzen. Dementsprechend zielen akzeptierende, niedrigschwellige Angebote der Drogenhilfe weniger auf grundsätzliche Verhaltensänderungen als auf die „Befriedigung von Grundbedürfnissen" (Groenemeyer 1994, S. 44). Kontaktladenarbeit umfasst folgende Angebotsbereiche: Lebenspraktische

---

2 Der Forschungsstand in Bezug auf (mögliche) alltägliche Belastungen von Konsument_innen von Heroin, Kokain, Beruhigungsmitteln und Methadon spiegelt die hier benannten Herausforderungen wieder (vgl. u.a. Zurhold 2005; Themann 2008; Thane et al. 2011; Bernard et al. 2010).

3 Zum Deutungsmuster ‚Akzeptanz' in der Drogenarbeit vgl. Unterkofler 2009.

Hilfen und Versorgungsangebote (wie Wäschewaschen, Duschen, Essen, Kleiden), Beratungsangebote (zu Drogen, Safer Use und Safer Sex, Umgang mit Justiz und Arbeitsamt, Wohnungssicherung, rechtlichen Fragen), Gesundheitsschutz (Spritzentausch, Wundversorgung), psycho-soziale Hilfen (wie Krisenintervention), Vermittlungen zu anderen Einrichtungen (bspw. der Drogenhilfe und Wohnungslosenhilfe), Freizeitangebote sowie das Angebot eines Aufenthaltsraums. Groenemeyer (1994, S. 103) betont diesbezüglich die Bereitstellung von Ressourcen, „mit denen die Betroffenen für sich tragfähige Lösungen entwickeln können": Gesundheitsförderung, die Sicherung des Überlebens ohne irreversible Schädigungen sowie die Verhinderung sozialer Desintegration (vgl. u.a. Groenemeyer 1994, S. 50).

Bis hierher wurden Niedrigschwelligkeit, Akzeptanz und Lebensweltunterstützung als zentrale Elemente zur Beschreibung dieses Handlungsfeldes der Sozialen Arbeit herangezogen. Auf der Suche nach *einem* Begriff, der insbesondere die Merkmale von Kontaktläden umschreibt, entschied ich mich in Anlehnung an die offene Kinder- und Jugendarbeit (vgl. Sturzenhecker 2004, S. 444ff.) dafür, von *offener Drogenarbeit* zu sprechen. Mit dem Adjektiv *offen* stelle ich insbesondere die institutionelle Anordnung der Hilfen in den Vordergrund der Klassifikation, offene Arbeit beschreibt die Struktur des Handlungsfeldes. In diesem Sinne ist der Begriff sowohl erheblich präziser als auch umfassender als die Bezeichnung niedrigschwellig. Denn letztere bezeichnet ein methodisches Element eines Angebots und ist rein relational zu hochschwelligen Angeboten verständlich. Offenheit ist erstens in Bezug auf das räumliche Arrangement und die freie und freiwillige Zugänglichkeit innerhalb fester Öffnungszeiten ein Strukturmerkmal der Kontaktladenarbeit. Diese Bezeichnung stellt zweitens die inhaltliche Vielfalt der in den Kontaktläden bearbeiteten Aufgaben und verfolgten Zielen heraus. Drittens besteht auch eine hohe Offenheit bezüglich der Arbeitsweisen. In Räumen offener Drogenarbeit wird unter anderem beraten, versorgt, gespielt, gequatscht und begleitet. Und viertens gibt es in offenen Settings weniger formale Machtmittel für die Sozialarbeiter_innen, ihre Ziele durchzusetzen (Sturzenhecker 2004, S. 445f.). Einzig der Ausschluss der Besucher_innen durch ein Hausverbot ist möglich.[4]

Die institutionelle Ordnung offener Drogenarbeit kennzeichnet sich in ihrer räumlichen, thematischen und zeitlichen (An)Ordnung durch eine hohe Varianz an Nutzungsmöglichkeiten. Es gibt verschiedene Räume, die sich in ihrem Grad an funktionaler Fokussierung und Formalisierung sowie in ihrer Nähe zu Sozialarbeiter_innen unterscheiden. Die ständige Verfügbarkeit der Angebote und der Sozialarbeiter_innen innerhalb eines festen zeitlichen Rahmens ermöglicht eine Nutzung entsprechend den situativen und

---

4   Der Begriff der „Machtarmut", den Sturzenhecker (2004, S. 445) wählt, ist jedoch wenig präzise, da er sich nur im Vergleich zu anderen institutionellen Arrangements erklärt und zugleich machtvolles Handeln von Pädagog_innen im offenen Setting verschleiert. Die Sozialarbeiter_innen verfügen durchaus über die Macht, Gesprächsinhalte zu lenken, Hausverbote auszusprechen, Handeln zu bewerten, Angebote zu unterbreiten, an bestimmten Punkten zu intervenieren. Hier gilt es genau zu fassen, worin diese Macht besteht und wie sie zu charakterisieren ist.

zeitlichen Relevanzen der Besucher_innen. Diese Charakteristika rechtfertigen es, von offener Drogenarbeit als flexibel nutzbarer Infrastruktur zu sprechen. Das professionelle Handeln besteht maßgeblich im Zur-Verfügung-Stellen von Raum, Zeit, Materialien und Aufmerksamkeit. Die Nutzer_innen sind diejenigen, die entsprechend ihrer Bedürfnisse entscheiden, was sie wie lange benötigen oder tun möchten.

3 Die Integration der sozialen Dienstleistung in den Alltag

Soziale Dienstleistungen werden von Drogenkonsument_innen nur dann in Anspruch genommen, wenn es ihnen gelingt, die jeweiligen Angebote sinnhaft in ihren Alltag zu integrieren und einen Nutzen aus den Besuchen zu ziehen. Das heißt, ein Besuch muss sich lohnen. In den Interviews zeigt sich deutlich, dass Drogenkonsument_innen die Inanspruchnahme Sozialer Arbeit abwägen: Der Aufwand darf nicht höher sein als der Nutzen.[5]

Wie hoch oder gering der Aufwand ist, hängt sowohl von der Struktur der Dienstleistung als auch von individuellen Vorstellungen und Praxen eines gelingenden Alltags ab und vor allem davon, wie das eine mit dem anderen verbunden werden kann.

Im Folgenden stelle ich diesbezüglich bestimmte Tätigkeiten dar, mit denen es den Nutzer_innen offener Drogenarbeit gelingt, eine Verbindung zwischen der Sozialen Arbeit (inklusive ihrer als gegeben gedeuteten Ordnung) und den eigenen Bedarfen und Interessen herzustellen. Zunächst geht es um die Koordination und Synchronisierung von notwendigen Erledigungen und Bedürfnissen mit den zeitlichen Strukturen der offenen Drogenarbeit. Alltags- und Nutzungsroutinen greifen hier ineinander. Im zweiten Teil gehe ich darauf ein, wie Nutzer_innen den Raum offener Drogenarbeit prägen, indem sie alltägliche Themen in diesen hineintragen. Sie dringen mit ihrer Lebenswelt in die Einrichtung ein und konstituieren so performativ ihre spezifische Ordnung.

3.1 Synchronisieren und Koordinieren

Zur Nutzung offener Drogenarbeit bedarf es der fortwährenden *Synchronisierung* von eigener und institutioneller Zeit. Die Nutzer_innen müssen eigene zeitliche Ressourcen und Rhythmen mit denen der Institution in Einklang bringen. Wie zuvor schon beschrieben, ist der Tagesablauf der Besucher_innen durch zeitliche Überlegungen geprägt. Wie viel Zeit plane ich für welche Tätigkeiten ein? Wie viel Zeit muss ausgefüllt werden oder was muss in welcher Zeit erledigt werden? Die Nutzer_innen stehen vor der Herausfor-

---

5 Jenseits einer solchen Kosten-Nutzen-Aufstellung zeigen sich auch andere Aspekte, die für die Nutzung offener Drogenarbeit ausgesprochen relevant sind, hier aber nicht dargestellt werden: das Ins-Verhältnis-Setzen zu Erfahrungen mit sozialer Ausschließung und das Positionieren gegenüber der Sozialen Arbeit (vgl. Streck 2016, S 267ff.).

derung, mit dem zur Verfügung stehenden Zeitbudget die ihnen wichtigen Dinge zu erledigen. Hierbei können sie nur auf soziale Dienstleistungen zurückgreifen, wenn es ihre zeitliche Planung zulässt. Das Abwägen der zeitlichen Investition in einen Besuch hängt beispielsweise maßgeblich von den Fahrtzeiten ab und der Frage, ob sich ein Besuch mit den täglichen Wegen verbinden lässt.

Damit alltägliche Erledigungen beispielsweise mit den Öffnungszeiten offener Drogenarbeit in Einklang gebracht werden können, bedarf es der Koordination von Besuchen und sonstigen Erledigungen. Zur Koordination gehört es auch, Aufgaben entsprechend ihrer Wichtigkeit und Dringlichkeit einzuschätzen.

Die folgende Interaktionssequenz zeigt die beschriebenen Operationen der Synchronisierung und der Koordinierung.

> Roland kommt wieder zurück. Er guckt durchs Spritzentauschfenster und schaut Tobi [S] an. „Ich hab vergessen zu fragen, ob ihr nachschauen könnt, wann die von der sozialen Wohnhilfe im T-Viertel morgen auf haben." Tobi [S] schaut in einem Ordner nach und sagt, dass die immer von 14 bis 18 Uhr aufhaben. Roland sagt, dass er dann überlegen muss, wie er das morgen macht. „Dann kann ich gar nicht hierher kommen." Tobi [S]: „Oder du bist direkt um 14 Uhr dort und kommst dann danach vorbei." Roland: „Oder ich komme um 14 Uhr hierher und mach mich gesund." Tobi [S]: „Dann solltest du aber spätestens 14:45 wieder los." Roland: „Besser schon um 14:30." Tobi [S]: „Aber dann musst du auch zusehen, dass de hier wieder losgehst. Nicht dass du dann hier sitzt und die Zeit vergisst. Bekommst du das hin?" Roland: „Ja, ich versuchs." Tobi [S]: „Du kannst auch nem Mitarbeiter sagen, dass er dich losschicken soll." Roland: „Ja, dann kickt ihr mich 14:30 hier raus." Tobi [S] sagt Klaus [S] und Julia [S] Bescheid, die morgen auch da sein werden. Klaus [S] macht sich einen Termin in seinem Handy. Roland: „Ja, dann kickt ihr mich hier raus. Ihr tretet mir in den Arsch." Er bedankt sich und geht (Busse, Protokoll 17, Z. 372–392).

Roland kennt die Angebote an den Bussen und weiß, dass es möglich ist, die Sozialarbeiter_innen mit einer Recherche zu beauftragen (die Öffnungszeiten der sozialen Wohnhilfe). Nachdem er die Information erhalten hat, überlegt er gemeinsam mit dem Sozialarbeiter, wie er den folgenden Tag gestaltet. Die Schwierigkeit besteht darin, dass die Busse erst um 14 Uhr den S-Bahnhof anfahren. Schließlich plant Roland, sich direkt um 14 Uhr im Konsumbus[6] Heroin und Kokain zu injizieren („und mach mich gesund") und anschließend zur sozialen Wohnhilfe zu fahren. Zur reibungslosen zeitlichen Abstimmung des Besuches der Busse und des Drogenkonsums mit der Erledigung der organisatorischen Aufgabe schlägt der Sozialarbeiter Tobi schließlich vor, dass die Mitarbeiter_innen ein Auge darauf haben, dass Roland den Bus rechtzeitig wieder verlässt. Roland gelingt es, sein Vorhaben und dessen zeitliche Notwendigkeiten mit seinem Nutzungshandeln zu koordinieren.

---

6   Neben dem sogenannten Präventionsbus wird dieser Ort auch von einem Konsumbus angefahren, in dem Drogenkonsument_innen unter hygienischen und ruhigen Bedingungen selbst mitgebrachte Substanzen intravenös konsumieren können.

Synchronisierung und Koordination sind nicht nur dann notwendig, wenn Zeit ein rares Gut ist. Bernhard beschreibt im Gegensatz zu Roland, Petra und Jasmin seinen Tagesablauf keinesfalls als zeitlich angespannt. Er lässt ihm Freizeit zum „Chillen", Fernsehen und Spazierengehen. Die zeitliche Flexibilität seines Tagesablaufs zeigt sich auch in seinem Handeln. Er besucht die Busse unregelmäßig, zudem variiert sein Nutzungshandeln. So setzt er sich manchmal einige Minuten in den Bus (vgl. Busse, Protokoll 28, Z. 89–124). Ein anderes Mal verlässt er den Ort sofort, nachdem er im Konsumbus war (vgl. Busse, Protokoll 22, Z. 76–82). Bernhard ist mir aufgefallen, als er sich in den Präventionsbus setzte, dort länger als eine Stunde sitzen blieb und ein Buch las. An diesem Tag verließ er die Busse erst, als die Mitarbeiter_innen begannen, die Stühle zusammenzustellen (vgl. Busse, Protokoll 25, Z. 168–173). Er gestaltet seine Besuche also entsprechend seiner Vorhaben an einem Tag. Die Herstellung einer zeitlichen Passung ist hier in Abhängigkeit von aktuellen situativen Bedürfnissen möglich.

Die Flexibilität der Ordnung offener Drogenarbeit ermöglicht es sowohl Roland als auch Bernhard, entsprechend ihren eigenen zeitlichen und thematischen Bestimmungen auf den Raum sowie die Arbeitskraft der Sozialarbeiter_innen zurückzugreifen.

Neben solchen situativen Entscheidungen sowie planerischen Herausforderungen wird in den Interviews sowie bei den Beobachtungen des Geschehens vor Ort auch die performative Routinisierung des Nutzungshandelns deutlich. Wenn die Nutzer_innen immer wieder dasselbe tun, tritt der alltägliche Koordinierungsaufwand zugunsten eines „und-so-weiter" (Schütz/Luckmann [1979/1984] 2003, S. 34) in den Hintergrund. Im Interview beschreibt Jasmin wie sie begonnen hat, Spritzen zu sammeln und gegen neue zu tauschen.

> Und vorher hat ich immer am Automaten gekauft und ja weil ich auch immer zu faul war, die zu sammeln und ehm irgendwann hat ich dann aber mit angefangen und hab so gemerkt, es ist doch positiv dass man halt (.) ja so sich dit immer holen kann und so hat sich das dann so eingependelt. Ja, dass ich immer abgegeben habe und neue mitgenommen habe. //mhm// Ja (Jasmin, Nutzerin des Kontaktladens, Z. 35–42).

Jasmin erzählt, dass es sich so „eingependelt" habe, dass sie Spritzen tauscht. Während sie zu Beginn noch skeptisch war, erkennt sie im Laufe der Zeit den praktischen Nutzen und das Tauschen wird für sie zu einer routinierten Tätigkeit. An einer anderen Stelle im Interview wird deutlich, dass diese regelmäßigen Besuche des Kontaktladens nur deshalb fest in ihren Alltag eingeplant sind, weil dieser unkompliziert und mit geringen Fahrtwegen zu erreichen ist (Streck 2016, S. 295ff.).

Nutzungsroutinen zeigen sich auf vielfältige Weise in den Beobachtungsprotokollen. Viele Nutzer_innen besuchen offene Drogenarbeit mit einer bestimmten regelmäßigen Frequenz, täglich oder einmal wöchentlich. Zudem führen sie dort immer wieder dieselben Handlungen durch: Tauschen immer dieselbe Menge an Spritzen, sitzen am selben Platz und gehen immer derselben Tätigkeit nach (bspw. Zeitunglesen, quatschen, recherchieren am Computer oder Mittagessen). Die Aufenthalte folgen dann einem ritualisierten Bewegungsplan. Durch die verlässliche und flexibel nutzbare Infrastruktur der Angebote können die Besucher_innen ihre individuellen Bewegungsroutinen ausbilden und eigene Abfolgen entwickeln.

In den hier aufgezeigten Beispielen wird deutlich, dass die Herstellung einer Passung zwischen sozialer Dienstleistung und Alltag nicht ausschließlich eine Leistung der Nutzer_innen ist. Genauso müssen die Ordnung der Dienstleistung und die Handlungen der Sozialarbeiter_innen flexibel und anpassungsfähig sein. Der Sozialarbeiter Tobi unterstützt Roland dabei, die Aufgaben am Folgetag und den Besuch der Busse miteinander zu koordinieren. Und Bernhard und Jasmin können eine zeitliche sowie thematische Übereinkunft mit der Ordnung des Kontaktladens nur deshalb herstellen, weil diese es ihnen eröffnet, sowohl Zeitpunkt als auch Dauer des Aufenthaltes zu bestimmen.

3.2 Fortführen und Mitbringen alltäglicher Themen

Bisher ging es um das notwendige Abstimmen von Aufgaben der alltäglichen Lebensführung mit den Angeboten der offenen Drogenarbeit. Nun stehen Handlungen im Vordergrund, durch die der Alltag der Besucher_innen Einzug in die Einrichtungen offener Drogenarbeit hält. Die Besucher_innen des Kontaktladens sowie der Busse führen an diesen Orten alltägliche Handlungen fort und bringen sie – bildlich gesprochen – mit. Eine Passung zwischen Lebensführung und sozialer Dienstleistung wird also nicht nur durch planerische koordinierende Tätigkeiten vollzogen, sondern maßgeblich auch durch den Vollzug alltäglicher Interaktionen und Erledigungen an den Orten der Drogenhilfe. Themen, Bekanntschaften sowie menschliche Bedürfnisse wie essen, trinken, Toiletten aufsuchen, ausruhen, anderen Leuten begegnen, durchdringen und bestimmen den Raum offener Drogenarbeit.

So kennzeichnet sich die räumliche (An)Ordnung offener Drogenarbeit beispielsweise dadurch, dass es keine eindeutigen Grenzen zwischen Draußen und Drinnen gibt, die den Nutzer_innen verdeutlichen, dass sie bestimmte Verhaltensweisen und Themen ‚draußen lassen' sollten. Im Gegenteil ihre alltäglichen Themen, Beziehungen und Handlungsformen erhalten mit dem Aufenthaltsraum einen Platz. Dementsprechend gibt es keinen expliziten Unterschied zwischen dem Handeln außerhalb und dem Handeln innerhalb der sozialen Einrichtung: Die eigene Lebenswelt wird mitgebracht und fortgeführt. Sie konstituiert dadurch den Raum offener Drogenarbeit maßgeblich mit.

Mitbringen ist zunächst wörtlich zu verstehen. Besucher_innen nehmen ihre Bekanntschaften und Besitztümer mit. Sie nehmen ihre Hunde mit in den Kontaktladen (Protokoll 14, Z. 112–115), ordnen ihre Papiere (Kontaktladen, Protokoll 18, Z. 26–33), hören über Kopfhörer ihre Musik (Busse, Protokoll 19, Z. 268–270), zeigen den Anwesenden gerade entwickelte Fotos (Kontaktladen, Protokoll 12, Z. 55–73), bringen eine Freundin zum Frühstücken mit (Kontaktladen, Protokoll 11, Z. 135–140) oder probieren ihre neuen Schuhe an (Busse, Protokoll 6, Z. 322–328). Ebenso konnte ich beobachten, wie Besucher_innen den Tisch zwischen den Bussen nutzten, um ihre Taschen zu leeren, zu säubern und aufzuräumen (vgl. bspw. Busse, Protokoll 16, Z. 9–38). Ein Mann, der gerade seinen Rucksack aufräumte, kommentierte seine Tätigkeit mir gegenüber damit, „dass das sein Büro sei" (Busse, Protokoll 1, Z. 367). Während meiner Beobachtungen fiel mir Clemens auf, weil er häufig Dinge mit in den Kontaktladen brachte. Er stellte ein Bügelbrett an der Wand ab (Protokoll 2, Z. 139–140), trug einen Computer in den Laden (Protokoll 4, Z. 95), brachte eine Sackkarre mit (Protokoll 5, Z. 82), hängte ein Hemd von sich auf (Protokoll 7, Z. 86), legte zwei alte Jalousien auf das Sofa (Protokoll 9, Z. 130), bat darum, eine Tüte hinter der Theke hinterlegen zu dürfen (Protokoll 14, Z. 13–14), legte ein Zelt ab (Protokoll 15, Z. 106) und lagerte seinen Laptop im Büro (Protokoll 18, Z. 34–37). Mich wunderte sein Verhalten, zumal ich wusste, dass er in der Nähe des Kontaktladens wohnte. Auch im Interview erhielt ich keine Hinweise auf die subjektive Sinnhaftigkeit des Mitbringens und Lagerns dieser Gegenstände. In Bezug auf die Frage nach konkretem Aneignungshandeln kam ich schließlich zu dem Schluss, dass das Mitbringen eigener Gegenstände in den Raum Einflussnahme und Gestaltung bedeuten. Clemens machte den Kontaktladen zu einem Teil seiner Wohnung. Aneignung fand hier statt, indem durch das Ablegen eigener Gegenstände Raum eingenommen wurde.

Besonders deutlich wird das Fortführen, Mitbringen und Eindringen alltäglicher Themen in Orte Sozialer Arbeit, wenn diese zum Treffpunkt von Personen werden, die sich aufgrund ihrer Vertrautheit mit der Drogenszene kennen.[7] Besucher_innen verabreden sich an Orten offener Drogenarbeit, um von dort aus gemeinsam weiterzuziehen. Im folgenden Protokollausschnitt sitzen Patrick, Peter und ich gemeinsam am Tisch zwischen den Bussen.

> Bei Patrick klingelt das Telefon. Er steht auf und redet kurz. Dann kommt er wieder und sagt, dass er mal kurz weg müsse. Peter: „Dann komm ich mit." Patrick: „Nein, ich hab die Möglichkeit, Geld zu machen." Er macht ein Handzeichen: flache Hand auf die Faust schlagen. Das soll anscheinend Sex bedeuten. „Ich hol danach noch was. Warte hier auf mich. Bin in ner halben Stunde wieder da." Peter: „Ok. Ich warte hier. Und bring mir bitte ne Kugel mit. Bitte, bitte komm wieder." Er ruft ihm noch öfters nach, dass er ihm was mitbringen soll und er hier auf ihn warte. Dann sagt er mir, dass er Patrick eben auch was abgegeben habe. Er habe ihm sozusagen ne Kugel ausgelegt (Busse, Protokoll 5, Z. 335–345).

Die Besucher Patrick und Peter treffen am Tisch zwischen den Bussen die Vereinbarung, sich in einer halben Stunde dort wiederzutreffen und das von Patrick dann erworbene Heroin zu konsumieren. Solche Verabredungen zwischen zwei Personen, die mit dem Geld, das sie verdienen, gemeinsam Drogen kaufen, gehören für viele Besucher_innen der Busse zu ihrem Alltag. Eben dieser Alltag des Verabredens, Geld Beschaffens, Drogen Kaufens, Wiedertreffens und Drogen Konsumierens erhält mit den Besucher_innen Einzug in die

---

7 Das Mitbringen eigener Themen wird hier anhand von Themen gezeigt, die an anderen Orten nicht mit der gleichen Offenheit thematisiert werden. Prinzipiell bringen die Nutzer_innen aber auch andere Themen, die sie beschäftigen, ein: bspw. die täglichen Schlagzeilen der Tageszeitungen (bspw. Kontaktladen, Protokoll 6, Z. 7–19), das gestern Erlebte und für morgen Geplante (bspw. Protokoll 8, Kontaktladen, Z. 105–110), Freundschaften und Feindschaften (bspw. Busse, Protokoll 23, Z. 102–132).

Orte offener Drogenarbeit. Zudem bekommen diese Aktivitäten einen verlässlichen Ort, der ihnen einen gewissen Grad an Sicherheit und Komfort gewährleistet.

> Sascha packt seine Sachen und sagt, dass er heute noch ein bisschen Geld machen muss. Linus fragt ihn: Bei Lidl? Oder Kaiser's? Sascha sagt, dass er immer zu Lidl gehe, er aber keinen Alkohol nehme. Sie unterhalten sich kurz über Klaustrategien (Busse, Protokoll 12, Z. 108–112).

Die Besucher_innen wissen, dass alltagsrelevante Themen, wie Sexarbeit und Beschaffungskriminalität an diesen Orten besprochen werden können. Sie gehen nicht davon aus, dass das Gespräch über „Klaustrategien" einen negativen Einfluss auf ihre zukünftige Nutzung der sozialen Dienstleistungen haben werde. Ein ähnlich selbstverständlicher jedoch erheblich prekärerer Umgang zeigt sich auch am Thema des Drogenerhalts.

> Peter zu Lennart: „Bist du immer noch aggro?" (Er spielt auf die gestrige Szene an, als Lennart Peter angemotzt hat.) Lennart: „Nein, willste was?" Peter: „Ein kleines bisschen." Lennart: „OK." Peter: „Ich geb dir nen Briefchen." Lennart: „Nicht hier." Peter: „Dann gehen wir um die Ecke." Lennart: „Warte, ich mach mir erst nen Knaller." Peter fragt in die Runde, ob jemand ein Papier hätte. Alle verneinen. Dann steht er auf und schaut durchs Druckmobilfenster. Er fragt wahrscheinlich, ob er ein Papier bekomme. Tom [PK] gibt ihm eins raus. Er setzt sich wieder an den Tisch und bastelt ein kleines Briefchen. Dann schiebt er es Lennart zu (Busse, Protokoll 15, Z. 27–37).

Peter und Lennart vereinbaren hier, dass Peter etwas von Lennarts Drogen bekommt. Zunächst verläuft die Unterhaltung ohne nähere Betrachtung des Ortes ab. Erst als Lennart Peter darauf hinweist, dass er ihm „nicht hier" die illegale Substanz rüberschieben wird, wird deutlich, dass sie sich an einem besonders gerahmten Ort befinden. Einerseits kann zwar über Drogenkonsum geredet werden, der Vorgang des Teilens selbst darf aber nicht dort stattfinden. Dennoch verfolgt Peter im Weiteren offen und unter Einbezug der Anwesenden sein Projekt, in dem er sich ein Papier besorgt, das er so faltet, dass Lennart ihm die Substanz hineinlegen kann. In dieser Szene zeigt sich die Verschmelzung zwischen alltäglichen Interaktionen und offener Drogenarbeit. Alltägliche Themen werden mitgebracht und unter minimaler Modifikation weiterverfolgt. Letztlich kann von einer Normalisierung dieser Themen gesprochen werden, die im Beisein nicht-konsumierender Personen an anderen sozialen Orten problematisch wären. Eine solche Normalisierung des Drogenkonsums und der Tätigkeiten, die mit diesem einhergehen, zeigt sich auch in der folgenden Interaktionssequenz im Kontaktladen.

> Als ich reinkomme, sitzen Franz und Clemens auf dem Sofa im Caféraum. Alle anderen sind gegangen. Clemens pennt immer wieder weg und fällt langsam mit dem Kopf in seine Kaffeetasse. Franz lächelt mich und die Tresenkraft Holger an. Heide kommt rein, sie sagt „Hallöchen" und setzt sich zu Franz. Sie beginnt sofort, wie ein Wasserfall zu reden. Simon war draußen. Auf dem Weg ins Büro fasst er Clemens an der Schulter: „Du fällst gleich in den

Kaffee." Clemens sagt: „Danke." Clemens klinkt sich kurz in das Gespräch von Heide und Franz ein, nickt dann aber wieder weg. Heide guckt ihn immer wieder belustigt an. Clemens versucht in mehreren Anläufen, sich eine Zigarette zu drehen. Alles dauert sehr lange, da er immer wieder zwischendurch in sich zusammenfällt. Heide sagt zu Clemens: „Du putzt mit deiner Stirn den Tisch." Clemens sagt, er hätte ja zuvor mit der Hand sauber gemacht. Heide lacht und sagt, „mit der Stirn putzen und mit den Haaren blank polieren". Heide bestellt sich einen Pfefferminztee (Kontaktladen, Protokoll 17, Z. 237–263).

In dieser Szene wird dem auffälligen Verhalten des Einschlafens beim Kaffeetrinken und Zigarettedrehen mit Selbstverständlichkeit begegnet. Heide und Franz lachen zwar über Clemens Verhalten und sprechen ihn darauf an, allerdings ohne dieses Verhalten abzuwerten oder es zwanghaft zu ignorieren. Das durch den Drogenkonsum beeinflusste Verhalten von Clemens wird hier normalisiert. Dass bestimmte drogenspezifische Handlungen derart alltäglich verhandelt werden – was innerhalb eines anderen institutionellen Rahmens keinesfalls passieren würde –, verweist auf die Integration lebensweltlicher Normalitäten in den Alltag offener Drogenarbeit.

Durch die im Handeln performativ hergestellte Verschmelzung von Alltag und offener Drogenarbeit eignen sich die Drogenkonsument_innen die Räume der offenen Drogenarbeit an. Alltägliche Interaktionen werden im Kontaktladen und an den Bussen verortet. Und so gehören sie zu den Praxen offener Drogenarbeit genauso wie der Spritzentausch oder das Beratungsgespräch. Die Nutzer_innen konstituieren den Raum durch das Einbringen der für ihre alltägliche Lebensführung wichtigen Themen, Personen und Gegenstände.

4 Arbeit am gelingenderen Alltag und Aneignung offener Drogenarbeit

Offene Drogenarbeit bietet materielle, soziale sowie räumliche und zeitliche Ressourcen, auf die die Nutzer_innen entsprechend subjektiver Relevanzen zurückgreifen. Hier steht vor allem die Frage im Vordergrund, inwiefern sie ihre täglichen Besorgungen und Bedürfnisse mit dem Angebot in Einklang bringen können. Sie stimmen ihre Besuche situativ auf ihre Bemühungen, Gelder und Drogen zu akquirieren, und auf die Öffnungszeiten der Kontaktläden ab. Zugleich entwickeln sie routinierte Abläufe, in die sie Aufenthalte und Besorgungen (bspw. Spritzentausch) an Orten offener Drogenarbeit integrieren. Indem sie ihre Themen mitbringen, sie dort verhandeln und bearbeiten, prägen sie die Räume der Sozialen Arbeit. Diese Aneignung von Angeboten – das Verweben von Eigenem mit Gegebenem – ist notwendige Tätigkeit, um einen Nutzen der und einen Bezug zur Sozialen Arbeit herzustellen. Es ist die anstrengende Arbeit an einem gelingenderen Alltag. Forschung und Praxis sollten dies als Bewältigungsleistungen von Konsument_innen illegaler Substanzen verdeutlichen, verstehen und anerkennen.

Für Cremer-Schäfer (2005, S. 163) setzt Lebensbewältigung eine Infrastruktur voraus, „die Ressourcen so bereitstellt, dass sie in ‚eigene' Strategien der Situationsbewältigung eingebaut werden können, die (wieder) zu einem einigermaßen gelingenden Alltag auf einer möglichst hohen Ebene der Partizipation führen". Bis zu einem gewissen Grad[8] wird offene Drogenarbeit diesen Vorstellungen gerecht: Auf infrastrukturelle Angebote können die Besucher_innen entsprechend ihrer Alltagsorganisation zurückgreifen. Das Nutzungshandeln entspricht der Funktion offener Drogenarbeit, die Hentschel (1994, S. 16) programmatisch als „Reproduktionsangebot" bezeichnet. Orte offener Drogenarbeit schaffen damit „Orte verlässlicher Begegnung" (Kunstreich 2012, S. 93). Diese Orte bleiben für die Nutzer_innen jedoch Inseln der Akzeptanz, die für die Bewältigung ihres Alltags bedeutsam sind – sie weisen kaum über ihre Grenzen hinaus. Schmidt-Semisch und Wehrheim (2005) sprechen daher von „exkludierender Toleranz". Die Nutzer_innen werden darin unterstützt, ihr Leben unter den gesellschaftlichen Bedingungen, denen sie unterworfen sind, zu bewerkstelligen. Die Bedingungen an sich bleiben aber gleich.

Literatur

Bernard, C., B. Werse, O. Müller. 2010. Zur Lebenswelt der offenen Drogenszene im Frankfurter Bahnhofsviertel. In *Das Frankfurter Bahnhofsviertel. Devianz im öffentlichen Raum*, hrsg. v. T. Benkel, 125–154. Wiesbaden.
Cremer-Schäfer, H. 2005. Lehren aus der (Nicht-)Nutzung wohlfahrtsstaatlicher Dienste. Empirisch fundierte Überlegungen zu einer Infrastruktur mit Gebrauchswert. In *Soziale Dienstleistungen aus Nutzersicht. Zum Gebrauchswert Sozialer Arbeit*, hrsg. v. G. Oelerich, A. Schaarschuch, 163–177. München, Basel.
Groenemeyer, A. 1994. Drogenberatung und alltagsorientierte Sozialarbeit – Möglichkeiten und Folgen niedrigschwelliger Drogenarbeit am Beispiel der Drogenberatung Bielefeld. In *Reader zur niedrigschwelligen Drogenarbeit in NRW. Erfahrungen, Konzepte, Forschungen*, hrsg. v. INDRO e.V., 39–143. Berlin.
Hentschel, U. 1994. Kurzbericht zum Modellvorhaben „Niedrigschwellige Angebote in der Drogenhilfe" in Nordrhein-Westfalen. In *Reader zur niedrigschwelligen Drogenarbeit in NRW. Erfahrungen, Konzepte, Forschungen*, hrsg. v. INDRO e.V., 9–20. Berlin.
Kunstreich, T. 2012. Sozialer Raum als "Ort verlässlicher Begegnung". Ein Essay über Verbindlichkeit und Verlässlichkeit. *Widersprüche* 32(3): 87–92.
Leontjew, A. N. 1973. *Probleme der Entwicklung des Psychischen*. Frankfurt/Main.
Paul, B. 2011. Berauschende Erkenntnis? Über Sinn und Unsinn ätiologisch kriminologischer Drogenforschung. In *Langweiliges Verbrechen: Warum KriminologInnen den Umgang mit Kriminalität interessanter finden als Kriminalität*, hrsg. v. M. Dellwing, H. Peters, 131–148. Wiesbaden.
Schaarschuch, A., G. Oelerich. 2005. Theoretische Grundlagen und Perspektiven sozialpädagogischer Nutzerforschung. In *Soziale Dienstleistungen aus Nutzersicht. Zum Gebrauchswert Sozialer Arbeit*, hrsg. v. G. Oelerich, A. Schaarschuch, 9–25. München.
Schmidt-Semisch, H., J. Wehrheim. 2005. Exkludierende Toleranz. Ordnung und Kontrolle im Kontext akzeptierender Drogenarbeit. In *Sucht als Prozess. Sozialwissenschaftliche Perspektiven für Forschung und Praxis*, hrsg. v. B. Dollinger, W. Schneider, 221–237. Berlin.
Schütz, A., T. Luckmann. [1979/1984] 2003. *Strukturen der Lebenswelt*. Frankfurt/M.

---

8 Vgl. zu Begrenzungen der Nutzung Streck 2016: 398ff.

Streck, R. 2016. *Nutzung als situatives Ereignis. Eine ethnografische Studie zu Nutzungsstrategien und Aneignung offener Drogenarbeit.* Weinheim, Basel.

Sturzenhecker, B. 2004. Strukturbedingungen von Jugendarbeit und ihre Funktionalität für Bildung. *Neue Praxis* 34(5): 444–454.

Thane, K., C. Wickert, U. Verthein. 2011. Konsummuster, Risikoverhalten und Hilfebedarfe von KonsumentInnen in den offenen Drogenszenen Deutschlands. *Suchttherapie* 57(2): 141–149.

Themann, D. 2008. *Sucht-"Karrieren". Gegen Drogenmythen und Suchtklischees. Konsumenten berichten.* Marburg.

Thiersch, H. 2012. Gutes Leben im Konzept des gelingenderen Alltags. *Neue Praxis* Sonderheft 11: 90–94.

Unterkofler, U. 2009. *„Akzeptanz" als Deutungsmuster in der Drogenarbeit. Eine qualitative Untersuchung über die Entstehung und Verwendung von Expertenwissen.* Berlin.

Zurhold, H. 2005. *Entwicklungsverläufe von Mädchen und jungen Frauen in der Drogenprostitution. Eine explorative Studie.* Berlin.

Jugend und Alkoholkonsum

Sibylle Walter, John Litau und Gabriele Stumpp

Zusammenfassung

In diesem Artikel werden die Ergebnisse eines längeren Forschungsprojekts zum Thema jugendkultureller Alkoholkonsum (Stumpp et al. 2009; Litau et al. 2015) gebündelt. Dem Artikel liegen Erkenntnisse aus themenzentrierten Interviews mit 29 rauscherfahrenen Jugendlichen aus den Jahren 2008 bis 2009 sowie aus narrativen Folgeinterviews zugrunde, die in den Jahren 2011 bis 2014 mit einem Teil dieser Jugendlichen im Rahmen einer DFG-Langzeitstudie geführt wurden. Dabei zeigte sich, wie Jugendliche im Kontext von Alkoholkonsum in mannigfacher Weise Handlungsfähigkeit inszenieren. Diese Inszenierungsformen sind für Forscher_innen wie auch Praktiker_innen aufschlussreich, weil sie Hinweise darauf geben, wie junge Menschen sich über (riskante) Praktiken mit den Anforderungen des Aufwachsens in der Spätmoderne auseinandersetzen. Deutlich wird dabei die enge Verflechtung des Alkoholkonsums mit den vielfältigen Themen von biografischen Übergängen.

Schlüsselbegriffe: Jugend, Alkohol, biographische Übergänge

1 Einleitung

Jugendliche werden in öffentlichen, politischen und pädagogischen Diskursen regelmäßig in Verbindung mit vielfältigen Risiken, Gefährdungen und auffälligem Verhalten in der Öffentlichkeit gebracht. Dass über Jugend debattiert wird, ist quasi eines ihrer Grundmerkmale (Griese und Mansel 2003). Dabei dominieren Problemanzeigen, die sich auf all das beziehen, was aus der Perspektive von Erwachsenen provoziert und stört. Dieser „Jugendproblemdiskurs" kann als Delegationsmechanismus verstanden werden, eben weil vor allem gesamtgesellschaftliche Themen und Problemstellungen verhandelt werden, welche die Erwachsenengeneration betreffen (Mansel et al. 2003). Besonders anschaulich zeigt sich dies im Hinblick auf Alkohol als am meisten verbreitete Gesellschaftsdroge. Seit einigen Jahren gibt es einen medial stark aufgeheizten Diskurs um das exzessive, öffentliche Trinken Jugendlicher. Dabei wird jugendlicher Alkoholkonsum meist als „Komasaufen" bezeichnet, womit unterstellt wird, Jugendliche konsumierten Alkohol, um sich (absichtlich) in einen für sie selbst unkontrollierbaren Zustand mit all seinen negativen Folgen zu versetzen. Junge Menschen erscheinen in solchen Darstellungen nicht nur als Selbstgefährder, sondern oft auch als Störenfriede im öffentlichen Raum oder gar als Bedrohung der öffentlichen Ordnung.

Aus einer sozialisationstheoretischen Perspektive ist eine solche begrenzte Sichtweise auf jugendliches Trinkverhalten nicht haltbar. Vielmehr kann als Entwicklungsaufgabe im Jugendalter bezeichnet werden, den Umgang mit Alkohol in der „Alkoholkultur" unserer Gesellschaft zu erlernen (Hurrelmann und Settertobulte 2008; Stumpp et al. 2009). Heranwachsende müssen sich diesen Umgang in einer Gesellschaft erschließen, die Alkoholkonsum stark normalisiert; dies passiert zumeist eigenständig im Kontext der Peers (Wißmann und Stauber 2016; Litau et al. 2015; Demant und Landolt 2014; Measham et al. 2011; Davoren 2013). In den Trinkpraktiken, darauf verweisen zahlreiche Studien, erleben sich Jugendliche als Gestalter_innen ihrer Freizeit, ihrer Peerkontakte und ihrer sozialräumlichen Bezüge (Sting 2004; Sting 2013; Demant und Landolt 2014). Hier machen sie wichtige Erfahrungen auf der Körperebene: Rausch, Enthemmung, Grenzüberschreitung, Schock, Regulierungsmöglichkeiten (Niekrenz 2011). Im Peerkontext sind Dinge wie Solidarität, Fürsorge, Zuordnung und Abgrenzung, Auseinandersetzung mit Normen, Regeln und Rollen, Umgang mit Konformitätsdruck wichtig (MacLean 2016), und im Kontext erster Liebesbeziehungen spielen Erfahrungen wie die Erleichterung von Kontaktaufnahme, körperliche Nähe oder das Aushandeln von Relevanzen eine gewichtige Rolle (Wißmann und Stauber 2016).

Hier deutet sich schon an, dass sich über den Alkoholkonsum wichtige Erkenntnisse zur Gestaltung von Übergängen ins Erwachsensein gewinnen lassen (Stauber und Walther 2013). Alkoholkonsum steht mit vielen anderen Aspekten des Erwachsenwerdens in Verbindung, mit Übergängen in Bildung und Beruf genauso wie mit Übergängen in Familien- und Liebesbeziehungen, am direktesten jedoch mit Übergängen in Peerkulturen.

2 Studie und Forschungsdesign

In einer sieben Jahre dauernden Forschung konnten wir anhand einer qualitativen Studie mit insgesamt drei Erhebungswellen sowohl kollektive Orientierungen von Jugendlichen in ihrer Veränderung als auch individuelle Wege von rauscherfahrenen Mädchen und Jungen rekonstruieren. Ausgewertet haben wir das Material mit der Dokumentarischen Methode der Interpretation (Nohl 2006).

Begonnen hat unser Forschungszusammenhang im Rahmen einer 2008 am Institut für Erziehungswissenschaft der Universität Tübingen durchgeführten Studie (Stumpp et al. 2009). Wir sind dabei zunächst von einem eher phänomenologischen Zugang ausgegangen, d. h. von der Frage, in welchen Praktiken sich das Phänomen des jugendkulturellen Alkoholkonsums zeigt. Von hier aus sind wir zur eher übergangstheoretischen Frage gelangt, welche Relevanz Alkoholkonsum als Erfahrungsfeld im Kontext biografischer Übergänge haben kann und in welchen beispielhaften Verläufen sich das ausdrückt (Litau et al. 2015). Dazu wurden qualitative Interviews mit Jugendlichen zu drei Erhebungszeitpunkten durchgeführt, um deren kollektive Orientierungen in ihrer Veränderung nachzeichnen und mit einem biografieanalytischen Blick individuelle Wege rauscherfahrener Mädchen und Jungen rekonstruieren zu können. Auf diese Weise konnten neue, bislang nicht im Kontext von Alkoholkonsum diskutierte Aspekte zur biografischen wie auch peerbezogenen Einbettung jugendkulturellen (exzessiven) Alkoholkonsums erforscht werden. Im Folgenden werden einige Ergebnisse aus diesen Forschungen vorgestellt.

3 Biografische Verläufe und Umgang mit Alkohol: Kontinuität und Wandel

(Kollektive) Konsumerfahrungen von Jugendlichen sind vor allem als Prozesserfahrungen zu begreifen, die jugendkulturell-episodischen Charakter haben. Dies zeigt sich in Form der Aneignung von öffentlichen Räumen, in denen konsumiert wird, am kollektiven Inszenieren des Konsums oder auch an der Lust zur Erregung öffentlichen Aufsehens. Grob formuliert kann sich der Konsum dabei einerseits als Entwicklung zeigen, die mit einer zunehmenden Distanzierung vom Alkohol und oftmals auch von den konsumierenden Peers einhergeht, oder aber als eine eher kontinuierliche, längerfristige Veränderung der Peerbezüge und/oder eines Übergangs in „erwachsene" (Trink-)Kontexte. Bei den von uns untersuchten Jugendlichen kristallisieren sich zwei Prozesstypen heraus, nach denen sich der Konsum biografisch entwickelt: Ein Typus, bei dem Alkoholkonsum mit Wandel verbunden ist und einer, bei dem das Trinken mit Kontinuität zusammenfällt.

Während sich für Jugendliche des ersten Typus der Konsum biografisch verändert, präsentiert er sich beim zweiten Herstellen von Kontinuität als eine Weiterführung des jugendkulturellen Konsums im jungen Erwachsenenalter und ist verbunden mit der Akzentuierung von Kompetenzdarstellungen. Der Alkohol kann dann eine sozial-integrative Funktion übernehmen, das Einfinden in neue Peerkontexte erleichtern und Zugehörigkeit schaffen. Auf diese Weise kann Kontinuität beim Konsum einen schrittweisen Übergang in erwachsene Trinkkulturen unterstützen. Jugendliche, die sich eher dem Typus „Herstellen von Wandel" zuordnen lassen, beschreiben hingegen ihre Konsumerfahrungen als Prozesse der Veränderung, mit Phasen der Reduktion, Abstinenz oder temporären Modifikationen und zeigen dabei gleichzeitig auf, wie diese Veränderungen jeweils mit sich verändernden Peerbezügen einhergehen.

Aussagen von Jugendlichen zum Alkoholkonsum dienen somit der Legitimierung von Kontinuität und Wandel, in biografischen Entwicklungen ebenso wie in Gruppenbezügen. In ihren Aussagen hierzu beziehen sich die jungen Frauen und Männer auf gruppen- bzw. peerbezogene Distinktionen („wir" versus „die Anderen"), auf Geschlechterstereotype sowie auf bildungsbezogene bzw. auf die Lebensplanung bezogene Orientierungen.

Bezüge auf Peerkontexte im Zusammenhang mit dem Konsum von Alkohol finden sich einerseits dahingehend, dass Peers als verlässlicher, selbst gestalteter Kontext für den Konsum beschrieben werden und dadurch Kontinuität hergestellt wird. Andererseits wird die Gruppe auch als Distinktionsfolie genutzt, um den eigenen Konsumentwicklungsprozess hiervon abzugrenzen sowie persönliche Wandlungsprozesse zu beschreiben und zu legitimieren. Prozesse der Hin- und Abwendung von Peergroups gehen fast immer einher mit Veränderungen des eigenen Konsumverhaltens. So kann der Konsum genutzt werden für eine sukzessive Ausweitung sozialer Einbindungen in neuen Settings, etwa beim Beginn des Studiums.

Geschlechterstereotype liefern Begründungsmuster sowohl für den Wandel als auch für die Kontinuität der Konsumorientierung: Um sich über den Konsum einen Status als starkes Mädchen oder starker Junge innerhalb der Peergroup zu sichern, betonen die Jugendlichen kontinuierliche, homosoziale Zusammenhänge beim gemeinsamen Trinken oder entwickeln geschlechterbezogene Zuschreibungen, die durch den Konsum von Alkohol verstärkt werden. Auch können Genderaspekte als Argumentationsfolie dienen, um einen anerkannten Status innerhalb der Peergroup zu erlangen. Gleichzeitig kann ein solches Begründungsmuster auch genutzt werden, um den Wandlungsprozess der Konsumorientierung zu rahmen, z.B. wenn sich herausbildende Weiblichkeitsvorstellungen immer weniger zu den etablierten Konsumgewohnheiten passen.

4 Handlungspraktiken

Grundsätzlich zeigt sich die Thematisierung von Alkoholkonsum als fruchtbarer kommunikativer Zugang zu den Lebenswelten von Jugendlichen. Darüber können biografisch relevante Themenfelder von jungen Menschen rekonstruiert werden, die zwar im Zusammenhang mit ihrem Konsum sichtbar werden, jedoch weit über das Trinken im engeren Sinne hinausweisen. Über die differenzierten Trinkpraktiken lassen sich implizite Orientierungen von Jugendlichen rekonstruieren und zwar durch Aussagen zu den informellen Gruppenprozessen, zur Organisation und Strukturierung von Freizeit, zur familialen Kommunikation sowie zur Gestaltung von Freundschaftsbeziehungen. Folgende Ebenen sind dabei zu unterscheiden:

(1) *Körperbezogene Regulierungspraktiken:* Alkoholkonsum wird von Jugendlichen nicht zwingend als gesundheitsrelevantes Thema in einem pathogenetischen Sinn verstanden. Vielmehr zeigt sich über die körperlichen Reaktionen beim Konsum bzw. in den Regulierungspraktiken ein salutogenetisches Verständnis von Gesundheit, das vor allem durch die Herstellung von subjektiver Kohärenz im Zusammenhang mit körperbasierten

Identitätsfindungsprozessen steht. Der Körper zeigt sich dabei als zentrales Medium des Konsums mit unterschiedlichen und teilweise widersprüchlichen Funktionen: Toleranzentwicklung ist eine (körperliche) Anpassung an immer höhere Mengen von Alkohol; sozial akzeptiertes Trinken wiederum setzt voraus, dass der Körper als Warn- und Kontrollinstanz vor exzessivem Konsum und als Seismograph für eine gute (Rausch-)Regulierung funktioniert. Das damit verbundene Set an diversifizierten (Konsum-)Praktiken bewegt sich dabei stets in der Spannung zwischen einem individuellen Körpererleben, den sozial-diskursiven Rahmungen im jugendkulturellen (Gruppen-) Kontext und der Auseinandersetzung mit gesellschaftlichen Bildern zur Enkulturation in den Umgang mit der gesellschaftlichen Droge Alkohol.

(2) Bildungsbiografische Schritte: Alkoholkonsum, insbesondere wenn er exzessiv ist, wird als potentielle Gefährdung der Berufs- und Bildungskarrieren wahrgenommen. Dem versuchen Jugendliche mit Reglementierungen oder zeitlichen Verlagerungen des Konsums entgegenzuwirken. Berufsbildungskontexte können durchaus mit der Entwicklung von neuen Modi des Konsums verbunden werden, in denen sich andere Konsumorientierungen in Bezug auf Menge, Konsumpräferenzen und grundsätzliche soziale Rahmung des Trinkens widerspiegeln. Das impliziert auch die generelle Bedeutung von Alkohol im Übergang zwischen bildungsbiografischen Schritten. Gelingende Bildungs- und Berufswege sind für junge Menschen hochrelevant, und gleichbleibend hohe Konsumorientierungen erlauben grundsätzlich zwei Lesarten: Sie können als Anzeiger dafür genommen werden, dass Jugendliche (noch) keine negativen Auswirkungen auf Bildungs- und Berufswege sehen und die Praxis des Konsums sich mit ihren Bildungsaspirationen vereinbaren lässt. Sie können jedoch auch Hinweise auf wenig zufriedenstellende und subjektiv kaum tragfähige bildungsbezogene Projekte sein.

(3) Familiärer Kontext: Der Alkoholkonsum selbst dient als Aushandlungsgegenstand, als Handlungsfeld zum Austarieren von Autonomiespielräumen, zur Übernahme oder Abgrenzung von elterlichen Verhaltensmustern sowie als Möglichkeit zur Neujustierung der Beziehung zu den Eltern im Sinne einer Abgrenzung oder neuerlichen Hinwendung. Dabei scheint präventive Kommunikation im familiären Rahmen, die auf gegenseitigem Vertrauen basiert, den Konsum stärker zu beeinflussen als restriktive, also eher sanktionierende Kommunikation. Kontroll- und Bestrafungsmaßnahmen von Eltern erscheinen vor diesem Hintergrund relativ wirkungslos und haben höchstens latent eine Bedeutung, wenn Jugendliche etwa Strategien entwickeln, ihren Konsum (teilweise) zu verheimlichen. Dies wiederum erfordert einen bewussteren und verantwortungsvolleren Konsum, der das begleitende Risiko minimiert. Die Familie bildet zudem nicht selten den engsten Rahmen, in dem in eine Alkoholkultur sozialisiert wird, sei es durch Beobachtung oder gemeinsamen Konsum. Dabei unterscheidet sich der Konsum in der Familie, wenn in bestimmten Situationen zusammen mit der Familie Alkohol getrunken wird, klar von dem in der Peergroup – ersterer ist in der Regel gemäßigter. Negative Erfahrungen mit alkoholkonsumierenden Eltern beeinflussen die Sichtweise von Jugendlichen in Hinblick auf den Konsum.

(4) Sexual- und Liebesbeziehungen: Alkoholkonsum hat in dieser Hinsicht unterschiedliche Funktionen. Zunächst erleichtert er die Kontaktaufnahme und ermöglicht sich mit

weniger Hemmungen näher zu kommen. Aber gerade in länger dauernden Beziehungen wird Alkoholkonsum auch zum Verhandlungsgegenstand zwischen Partner_innen. So scheinen Jugendliche die Verbindlichkeit in und die Relevanz von Liebesbeziehungen daran zu bemessen, inwieweit sie – dem Partner oder der Partnerin zuliebe – an Trinkpraktiken teilnehmen oder sich von diesen distanzieren, vor allem aber, ob sie Vereinbarungen, etwa über eine Reduktion der Konsummenge, einhalten.

(5) Gestaltung von sozialen Gesellungsformen: Wie oben schon erwähnt, findet Alkoholkonsum im Jugendalter hauptsächlich in Gruppen statt und Jugendliche nutzen den Umgang mit Alkohol, um ihre Freizeit zu gestalten. In kollektiven Rauscherlebnissen finden sie dabei viele Vorstellungen von einer gelingenden Freizeit erfüllt. Wofür steht diese Form der gelingenden Freizeit bzw. was bedeutet dies für Jugendliche konkret? Und mit welchen Praktiken ist diese Freizeitgestaltung verbunden? Zwar zeigen Jugendliche in ihren Peergroups häufig ein kohärentes Verhalten, aber im Hinblick auf die Dynamiken in der Peergroup kann nicht per se von offenem Konformitätsdruck oder gar Konsumzwang gesprochen werden. Vielmehr scheint Konformitätsdruck vor allem in subtiler Form aufzutreten. Der gemeinsame Konsum von Alkohol in der Peergroup bietet ein vertrautes Aktionsfeld, und er ist mithin ein Terrain, auf dem Handlungssicherheit erfahren werden kann. Diese stellt für die Bewältigung von Übergängen im Jugendalter insgesamt eine Ressource dar. Gleichzeitig ist dies ein Feld für Kompetenzerweiterungen im Zusammenhang mit sozialen Rollen und den Zuschreibungen in Bezug auf den Umgang mit Alkohol. Insofern erwerben Jugendliche auch durch Auseinandersetzungen den Zugang zu einem erweiterten Rollenrepertoire.

(6) Normalitätsvorstellungen: (Implizite) Bezüge auf die Normalität von (expliziten) Konsumerfahrungen stehen für eine diskursive Praktik, in der sich Abgrenzungen, Zuordnungen, Relativierungen und (Ent-)Dramatisierungen widerspiegeln. Sich verändernde soziale Bezugsrahmen, aber auch biografische Entwicklungen haben Einfluss darauf, was als „normaler" Konsum handlungsleitend wirksam wird oder als Abgrenzungsfolie dient. Mit dieser individuellen Positionierung gehen stetige Aneignungs- und Vergewisserungsprozesse einher: Veränderte Vorstellungen über das Was und Wann von „normal" müssen an die sozialen Bezugsrahmen rückgebunden und argumentativ ausgehandelt werden. In der Konstruktion von Normalitäten des Konsums kommt offenbar ein zentrales Bedürfnis nach Identifikation und Handlungssicherheit zum Ausdruck.

(7) Handlungsfähigkeit: Beim Konsum inszenieren sich Jugendliche in unterschiedlichen Konstellationen und damit verbundenen Konsumorientierungen als aktiv handelnde Akteur_innen. Sei dies in der direkten Intervention bei Trinkpraktiken, im aktiven Herstellen von Trinksituationen, im Erfinden eigener Rituale oder im Aneignen und Umwidmen bereits existierender Trinkgelegenheiten. Auch in dezidierten Neupositionierungen (z.B. gegenüber Gruppenpraktiken), in Betonungen von Authentizität oder von Lernprozessen (als Folie für Abgrenzung vom Mainstream oder vom Rest der Gruppe) kann ein Akteur_innenstatus deutlich gemacht werden. Biografische Übergänge werden durch Trinkpraktiken gestaltet und bewältigt und derartige Praktiken werden dauerhaft verändert oder situativ angepasst, um auf diese Weise die Vereinbarkeit mit unterschiedlichen

Anforderungen in den biografischen Übergängen zu gewährleisten. Implizit wird dabei die gesellschaftlich zugemutete Selbstverantwortlichkeit für diese Übergänge angenommen.

(8) Wendepunkte im Umgang mit Alkohol: Wendepunkte in der Konsumpraxis sind meist verknüpft mit anderen wichtigen Übergängen, etwa dem Beginn einer Berufsausbildung, einer ernsthaften Liebesbeziehung oder der Selbstverständigung als junge Frau oder als junger Mann. An Wendepunkten zeigt sich, dass Veränderungen des Konsums sowohl durch Druck von außen angestoßen werden oder sich durch eigene Einsicht bzw. durch unbemerkte Veränderung der Konsumpraxis vollziehen können. Indem Jugendliche explizit über Wendepunkte im Umgang mit Alkohol kommunizieren, legitimieren sie ihre aktuell ausgeübte Trinkpraxis, und gleichzeitig arbeiten sie sich damit an gesellschaftlichen Normen und Vorstellungen des Umgangs mit Alkohol ab. Sie geben Hinweise darauf, welches Verhalten als akzeptabler und welches als problematischer Konsum eingestuft wird. Insofern markieren Wendepunkte auch eine neue Stufe der biografischen Reflexivität im Umgang mit Alkohol.

5 Fazit

Als übergreifendes Ergebnis kann der jugendkulturell-episodische Charakter des Rauschtrinkens festgehalten werden: In allen untersuchten Fällen gab es Entwicklungsdynamiken im Hinblick auf den Alkoholkonsum, die den Dynamiken der jugendkulturellen Einbindung folgten. Dies heißt nicht, dass dies in allen Fällen mit einer Reduzierung der Konsummengen im Sinne eines „maturing out" einherging. Die jugendkulturelle Einbettung erweist sich vielmehr als hochgradig ambivalent: Einerseits ist sie Teil des Problems, insofern sie die Jugendlichen durchaus zu schwierigen und anstrengenden Auseinandersetzungen zwingt. Andererseits ist sie Teil der Lösung bzw. ein Bewältigungsmodus, insofern eine Einbettung in Peerkontexte den Jugendlichen Gelegenheit bietet, mit den biografisch entstehenden Vereinbarkeitskonflikten aktiv umzugehen. In dieser Janusköpfigkeit unterscheidet sich der jugendkulturelle Alkoholkonsum zunächst nicht von anderen Übergangsthemen und -bereichen.

Wie gezeigt wurde, erschließen sich bei genauerer Analyse Zusammenhänge im Hinblick auf weitere Übergangsthemen und -praktiken. Es wird deutlich, dass es vielfach gar nicht so sehr um (exzessiven) Alkoholkonsum im engeren Sinne als letztlich um den Erwerb von Kompetenzen speziell im Umgang mit Alkohol wie auch generell biografisch geht. Obwohl unsere Analyse bei alkoholbezogenen Handlungsorientierungen ansetzte, gibt sie nicht nur in diesem thematischen Kontext Einblick in die lebensweltlichen Zusammenhänge und die entsprechenden Bewältigungsstrategien Jugendlicher. Vielmehr verweisen die Ergebnisse zugleich auch auf andere lebensweltliche Praktiken Jugendlicher und damit auf generalisierbare Handlungsorientierungen, die der allgemeinen Bewältigung von Entwicklungsaufgaben und Übergängen im Jugendalter dienen können.

Literatur

Davoren, M. P., M. Cronin, I. J. Perry, J. J. Demant. 2015. A typology of alcohol consumption among young people – A narrative synthesis. *Addiction Research and Theory* 24(4): 361–273.

Demant, J., S. Landolt. 2014. Youth drinking in public places: the production of drinking spaces in and outside Nightlife areas. *Urban Studies* 51(1): 170–184.

Griese, H., J. Mansel. 2003. *Sozialwissenschaftliche Jugendforschung. Jugend, Jugendforschung und Jugenddiskurse. Ein Problemaufriss.* Leverkusen.

Hurrelmann, K., W. Settertobulte. 2008. Alkohol im Spannungsfeld von kultureller Prägung und Problemverhalten. *Aus Politik und Zeitgeschichte* 28: 9–14.

Litau, J., B. Stauber, G. Stumpp, S. Walter, C. Wißmann. 2015. *Jugendkultureller Alkoholkonsum.* Wiesbaden.

Lynch, A. D., R. L. Coley, J. Sims, C. McPherran Lombardi, J. R. Mahalik. 2015. Direct and interactice effects of parents, friend and schoolmate drinking on alcohol use trajectories. *Psychology & Health* 30(10): 1183–1205.

MacLean, S. 2016. „If I wanna get really drunk I would drink vodka": drink choices associated with acute intoxication for young Australians. *Drugs: Education Prevention and Policy* 23(5): 1–7.

Mansel, J., H. M. Griese, A. Scherr. 2003. *Theoriedefizite der Jugendforschung. Standortbestimmung und Perspektiven.* Weinheim, München.

Measham, F., L. Williams, J. Aldridge. 2011. Marriage, mortgage, motherhood: What longitudinal studies can tell us about gender, drug 'careers' and the normalisation of adult 'recreational' drug use. *International Journal of Drug Policy* 22(6): 420–427.

Niekrenz, Y. 2011. Rausch als körperbezogene Praxis. Leibliche Grenzerfahrungen im Jugendalter. In *Jugend und Körper. Leibliche Erfahrungswelten*, hrsg. v. Y. Niekrenz, M. D. Witte, 208–222. Weinheim, München.

Nohl, A.-M. 2006. *Interview und dokumentarische Methode. Anleitungen für die Forschungspraxis.* Wiesbaden.

Stauber, B., A. Walther. 2013. Junge Erwachsene – Eine Lebenslage des Übergangs? In *Handbuch Übergänge*, hrsg. v. W. Schröer, B. Stauber, A. Walther, L. Böhnisch, K. Lenz, 270–290. Weinheim.

Sting, S. 2004. Aneignungsprozesse im Kontext von Peer-Group-Geselligkeit. Vier Thesen im Zusammenhang von Aneignung und sozialer Bildung. In *Aneignung als Bildungskonzept der Sozialpädagogik. Beiträge zur Pädagogik des Kindes- und Jugendalters in Zeiten entgrenzter Lernorte*, hrsg. v. U. Deinet, C. Reutlinger, 139–147. Wiesbaden.

Sting, S. 2013. Rituale und Ritualisierungen in Übergängen des Jugendalters. In *Handbuch Übergänge*, hrsg. v. W. Schröer, B. Stauber, A. Walther, L. Böhnisch, K. Lenz, 471–485. Weinheim.

Stumpp, G., B. Stauber, H. Reinl. 2009. JuR. E*influssfaktoren, Motivation und Anreize zum Rauschtrinken bei Jugendlichen. Endbericht April 2009.* Berlin.

Wißmann, C., B. Stauber. 2016. Substanzkonsum in Peerkontexten am Beispiel jugendkulturellen Rauschtrinkens. In *Handbuch Peerforschung*, hrsg. v. S.-M. Köhler, H.-H. Krüger, N. Pfaff, 383–398. Opladen.

Ayahuasca-Tourismus in Südamerika

Tom John Wolff

Zusammenfassung

In Südamerika entwickelt sich seit mehr als zwei Jahrzehnten eine Form des Tourismus, bei der westliche Reisende den halluzinogenen Trank Ayahuasca einnehmen. Ayahuasca hat einen zentralen Platz im Selbstverständnis nativer Gruppen. „Meisterpflanzen" des Regenwaldes werden von Mestizen und Ureinwohnern zur Wahrsagerei, Hexerei und zu Heilzwecken eingesetzt. Ayahuasca ist ein Sud, der Erbrechen, starke visuelle Effekte, intensivierte Denkprozesse und starke Emotionen auslöst. Die Motivation westlicher Touristen ist häufig durch Wünsche nach persönlicher Einsicht, Selbstaktualisierung und spiritueller Erfahrung geprägt, wobei auch Hoffnung auf körperliche Heilung eine Rolle spielen kann. Der Ayahuasca-Tourismus in Südamerika kann mit einigen Einschränkungen als Sonderform psychedelischer Psychotherapie angesehen werden.

Schlüsselbegriffe: Ayahuasca, Tourismus, Südamerika, psychedelisch, Schamanismus

In Südamerika entwickelt sich seit den 1990er-Jahren zunehmend ein psychedelischer Ethnotourismus. Vornehmlich Menschen aus Nordamerika und Europa reisen nach Südamerika in den Regenwald des Amazonasbeckens, um dort meist in sogenannten Heilungszentren oder auf eigene Faust den stark halluzinogenen Trank Ayahuasca einzunehmen. Diese Popularisierung wurde unter anderem auch durch prominente Persönlichkeiten befördert, die öffentlich über ihren Ayahuasca-Konsum berichteten. So nutzt beispielsweise der bekannte Sänger Sting in seiner Autobiographie eine Ayahuasca-Erfahrung als Rahmenhandlung, um über sein Leben zu reflektieren. Zugleich breitet sich das Trinken des Ayahuasca-Tees auch in Europa und Nordamerika aus und nimmt allmählich einen Platz in den Heilungsangeboten der alternativen Psychotherapie- und Esoterikszene ein.

Die meist versprochenen visuellen, introspektiven und spirituellen Qualitäten dieser traditionellen Therapie haben jedoch neben Ethnotouristen auch Wissenschaftler angezogen, welche die Pharmakologie, die Wirkungen und die Sicherheit von Ayahuasca seit Mitte der 1990er-Jahre mit moderner Methodik erforschen. Mögliche Anwendungen liegen in der Suchtentwöhnung bei Alkohol und Opiatabhängigkeit, der Depressionstherapie, der Verarbeitung von Lebens- und Selbstaktualisierungskrisen wie auch in der Therapie von Psychotraumata.

Im Folgenden wird zunächst kurz die Pharmakologie und Wirkung des Ayahuasca (1) und sein Ursprung (2) skizziert, um im Anschluss ausführlicher auf den traditionellen Gebrauch (3) und schließlich auf die Gebrauchsformen im Kontext des modernen Ayahuasca-Tourismus (4) einzugehen.

1 Zusammensetzung, Pharmakologie und Wirkung von Ayahuasca

Ayahuasca ist die Quechua-Bezeichnung für die Amazonaspflanze *Banisteriopsis caapi* und der heutzutage bekannteste Name für den stark halluzinogenen Trank, der aus dieser Liane (aber immer in Kombination mit weiteren Pflanzen) gewonnen wird. Andere bekanntere Bezeichnungen sind je nach Region Yagé, Daime, Huasca, la purga, la medicina. Meist wird die verholzte Liane zerschlagen und mit den Blättern von *Psychotria viridis* (Quechua: chacruna oder chacrona) oder *Diplopterys cabrerana* (Quechua: chaliponga oder chagropanga) über mehrere Tage eingekocht, bis ein mehr oder weniger dickflüssiger, übelschmeckender, bräunlicher Sud entsteht. Dabei ist der visionäre oder halluzinogene Hauptwirkstoff N,N-Dimethyltryptamin (DMT) in den Blättern der Pflanzen *Psychotria viridis* und *Diplopterys cabrerana* enthalten. Das N,N-DMT-Molekül hat strukturelle Ähnlichkeit mit dem Neurotransmitter Serotonin und bindet sich reversibel an die HT2A-Rezeptoren des zentralen Nervensystems. Bei oraler Aufnahme wird ein reversibler Monoaminooxidase-Hemmer benötigt, damit das DMT nicht schon im Magen-Darm-Trakt abgebaut wird, bevor es das Gehirn erreicht. Genau diesen Monoaminooxidase-Hemmer stellt *Banisteriopsis caapi* in Form von Harmala-Alkaloiden zur Verfügung (vgl. Airaksinen et al. 1980; Smith et al. 1998; Halberstadt 2016).

Ein Ayahuasca-Rausch dauert in der Regel vier bis sechs Stunden. Ayahuasca erzeugt neben gewissen physischen Begleitsymptomen starke Imaginationen und Pseudohalluzinationen, aber auch Veränderungen der Denkprozesse und eine Verstärkung des Gefühlserlebens, was zu intensiven introspektiven Erkenntnisprozessen führen kann (vgl. Grob et al. 1996; Riba et al. 2001; de Araujo et al. 2011). Die physischen Risiken scheinen für gesunde Personen gering zu sein (vgl. Domínguez-Clavé et al. 2016). Psychiatrische Risiken werden ähnlich wie bei anderen Halluzinogenen eingeschätzt (Gable 2006; National Institute of Mental Health der USA 2016); das Suchtrisiko gilt als gering (vgl. Halpern et al. 2008; Bouso et al. 2012).

Ethnografisch wurden auch andere Rezepturen und Beimischungen zur Liane dokumentiert, etwa Tabak (*Nicotiana tabacum* und *N. rustica*: Luna und Amaringo 1991), Guayusa (*Ilex guayusa*: Schultes und Raffauf 1990), Chiriguayusa oder chiric-sananho (*Brunfelsia grandiflora*, B. *grandiflora subs* und *Schultesii*: Schultes und Raffauf 1992), Engelstrompete (*Brugmansia*: Reichel-Dolmatoff 1975; Schultes und Raffauf 1992) und andere. Obwohl der traditionelle Gebrauch der Beimischungen etabliert und bekannt ist, sind die pharmakologischen Eigenschaften dieser diversen Kombinationen bisher weitgehend unerforscht (vgl. Callaway et al. 1999, S. 244).

2   Der Ursprung von Ayahuasca

Die Entstehung von Ayahuasca wird durch verschiedene indigene Mythen mit dem Ursprung der nativen Völker verbunden (vgl. Reichel-Dolmatoff 1972). Doch bis heute gibt es kein erhaltenes botanisches Material oder andere ikonographische Indizien, die eindeutig die weit verbreitete Hypothese der Jahrtausende alten prähistorischen Wurzeln der heutigen oralen Ayahuasca-Praxis belegen. Viele andere archäologische Funde aus der jüngeren Inka-Zeit und den älteren Prä-Inka-Hochkulturen sind vorwiegend auf die Anden oder angrenzende Gebiete der westlichen Küstenwüsten beschränkt, da sich organische Materialien dort besser erhalten haben. Sie gehören jedoch nicht zum feucht-warmen Amazonasbecken und damit auch nicht zum engeren Verbreitungsgebiet der Ayahuasca-Liane und der weiteren Bestandteile des Trunks.

Dabei gilt es als Geheimnis der Geschichte, wie es den Bewohnern des Amazonas-Regenwaldes möglich war, aus der schieren Masse möglicher pflanzlicher Kandidaten genau diejenige Pflanzenkombination herauszufiltern, die zum einen den halluzinogenen Hauptwirkstoff enthält (der bei isolierter Einnahme jedoch keine halluzinogene Wirkung zeigt) und die zum anderen noch seine Verfügbarkeit im Gehirn ermöglicht. Auch verwunderte es anfangs, dass der Trank ausgerechnet nach dem Inhaltsstoff benannt ist, der selbst gar kein DMT enthält, sondern lediglich die pharmakologische Hilfsfunktion erfüllt, den Hauptwirkstoff vor der schnellen enzymatischen Zersetzung im Magen-Darm-Trakt zu schützen. Verschiedentlich wurde in diesem Zusammenhang die Hypothese geäußert, dass die Ayahuasca-Liane, auch ohne selbst halluzinogene Wirkungen zu besitzen, eine wichtige Rolle in der historischen Medizin des Amazonasgebiets gehabt habe. Alle möglichen anderen Pflanzen, die teilweise selbst schon als Heilpflanzen galten, seien in Kombination mit Ayahuasca getestet worden, um den „Geist" dieser Substanzen kennen zu lernen. Ein Amazonasschamane galt und gilt als besonders mächtig, wenn er im Stande ist, viele spirituelle Helfer – meist Pflanzengeister – zu rufen. Vielleicht stieß man so auf diese machtvolle Kombination.

Der ritualisierte Gebrauch bewusstseinsverändernder Pflanzen in Südamerika scheint in der Zeit zwischen 2000–1500 v. Chr. in weiten Regionen der Pazifikküste und der Anden vom heutigen Ecuador bis Chile schon etabliert gewesen zu sein; jedoch handelte es sich nach gegenwärtigem Erkenntnisstand dabei nicht um die heutige Form des Ayahuascatrunks (vgl. Torres et al. 1991; McKenna 1999; Rodd 2002; Beyer 2012a). Die ersten europäischen Chronisten erwähnten Ayahuasca nicht. Autoren aus dem 16. und 17. Jahrhundert n. Chr. schrieben stattdessen über das Schnupfen von psychoaktivem Anadenanthera und Tabak. Die ersten schriftlichen Zeugnisse über das Trinken des psychoaktiven Ayahuascasuds durch Indigene in Westamazonien stammen vom Jesuiten Pablo Maroni aus dem Jahr 1737 und vom Deutschen Franz Xavier Veigl aus dem Jahr 1798 (vgl. Brabec de Mori 2011, S. 32).

Ungeachtet aller Argumente für einen frühen oder späten Ursprung haben die Eingeborenenstämme des westlichen Amazonasbeckens Ayahuasca bereits für Zwecke der Heilung, Zauberei und Wahrsagerei gebraucht, als westliche Entdecker und Gelehrte Mitte des 19. Jahrhunderts begannen, sich für die lokalen Gebräuche zu interessieren und dabei auf Ayahuasca aufmerksam wurden (vgl. Dobkin de Rios 1972). Die herausragende Bedeutung des Ayahuasca-Schamanismus innerhalb der traditionellen Amazonasmedizin wurde in der jüngeren Geschichte auch von Schultes (1983) betont, als er feststellte, dass in der ganzen Region Arzneimittel häufig Halluzinogene sind, die oft nicht dem Patienten verabreicht, sondern für gewöhnlich vom Medizinmann eingenommen werden (vgl. ebd., S. 140).

3 Traditioneller Gebrauch von Ayahuasca heute

Der zeitgenössische Ayahuasca-Gebrauch kann nach verschiedenen Settings unterschieden werden, wobei auch Mischformen existieren: dem indigenen, dem mestizischen und dem kirchlichen Gebrauch (vorwiegend in Brasilien).

Indigener Gebrauch: Generell wurde über unterschiedliche traditionelle Kulturen hinweg die Verwendung natürlicher psychoaktiver Substanzen als Strategie zur Hervorrufung veränderter Bewusstseinszustände dokumentiert (vgl. Dittrich und Scharfetter 1987). In einer frühen Untersuchung hatten 90% von 488 beobachteten Ethnien veränderte Bewusstseinszustände institutionell in ihre Gesellschaftsform integriert (vgl. Bourguignon 1973). Auch innerhalb des breiten Amazonasgebietes ist die Verwendung von halluzinogenen Pflanzen ein integraler Bestandteil der traditionellen Medizin, Religion und Psychotherapie (vgl. McKenna 2007). Etliche indigene Menschen betrachten Ayahuasca als heilig. Sie sehen in ihr die wichtigste Medizin, die von der Natur zur Verfügung gestellt wird (vgl. Presser-Velder 2012). Ayahuasca wird deshalb auch als die „große Medizin" bezeichnet (Schultes und Hofmann 1992). Sie stellt die Kernerfahrung dar, auf der das kollektive Stammesbewusstsein und Selbstverständnis beruht (vgl. Grob und Dobkin de Rios 1992). Die Grenzen zwischen Medizin, Psychotherapie und Religion, wie sie sich in Europa seit der Renaissance entwickelt haben, sind hier häufig fließend oder nicht existent: „Die ‚Medizinen' mit psychischen Eigenschaften, die es dem Medizinmann leicht ermöglichen, durch Halluzinationen bösartige Geister, von denen alle Krankheiten und Tod kommen, zu sehen oder sich mit ihnen zu unterhalten, sind in den nativen Kulturen meist viel wichtiger als jene Medikamente mit rein physischen Eigenschaften." (Schultes

1983, S. 140f.). Die Verwendung des Gebräus ist meist rituell organisiert. Die verschiedenen Rezepte und Rituale unterschiedlicher Gruppen verändern sich über die Zeit (vgl. Luna 2006). Innerhalb indigener schamanischer Glaubenssysteme wird mittels Ayahuasca die Zukunft vorausgesagt, Botschaften an andere Gruppen geschickt, entfernte Verwandte kontaktiert, Pläne der Feinde offenbart, Zauberer identifiziert, Liebesmagie ausgeübt und Untreue festgestellt (vgl. Luna 2004, S. 378ff.). Ebenso geht es dabei darum, unsichtbare oder unbekannte Welten zu betreten, um mit Geistern zu kommunizieren, um Hexerei und Zauberei gegen andere zu richten, selbst Schutz zu erlangen oder Krankheiten zu heilen (vgl. de Rios 1972; Luna 2010, S. 2). Ayahuasca wird dabei oft als eine Persönlichkeit erlebt, die gegenüber dem Schamanen aktiv als Pflanzenlehrerin auftritt (vgl. Luna 1986a, S. 60).

Für das westliche Amazonasgebiet des Napo-Flusses ist vermutet worden, dass der Ayahuasca-Schamanismus dort schon weit entwickelt war, bevor die halluzinogenen DMT-Beimischungen eingeführt wurden. Häufig wurden andere Pflanzen mit dem Ziel kombiniert, sie zu verstehen und mit ihnen zu kommunizieren. Die Ayahuasca-Liane hat dabei traditionell eine unterstützende Rolle für andere pflanzliche Arzneimittel (vgl. Highpine 2012).

Anders als die populären Formen der kollektiven ritualisierten Einnahme war es bei einigen Stämmen üblich, dass nur der Schamane das Ayahuasca-Gebräu trank, weil der Konsum als unangenehm galt und deshalb dem professionellen Heiler überlassen wurde (vgl. Schultes 1983, S. 140). Andere Gruppen haben den Banisteriopsis-Gebrauch auch in Kombination mit Tänzen ritualisiert (kolumbianische Tucanoans) oder verwenden Banisteriopsis zur Verbesserung der Jagdfertigkeiten (Waorani) wie Miller-Weisberger (2000) in Highpine (2012) zitiert wird.

Für die traditionellen „indianschen" Gesellschaften der von Schultes besuchten Amazonasgebiete wurde dokumentiert, dass der Medizinmann oft nicht viel über Pflanzen im Allgemeinen gewusst habe. Er habe sich vielmehr auf *den rituellen oder magischen Gebrauch* seiner heiligen Pflanzen konzentriert, die im 20. Jahrhundert, zur Zeit Schultes, schon meist psychoaktiv oder halluzinogen waren. Für die phytotherapeutische (also pflanzenheilkundliche) Medizin hatten die meisten Stämme einen zusätzlichen Experten. Dieser entsprach am ehesten unserer Vorstellung eines Arztes oder Heilpraktikers, er hatte ein größeres Wissen über die Heilpflanzen im Allgemeinen und benutze sie gewöhnlich weniger magisch oder schamanisch. Die „Botaniker der Gesellschaft", wie Schultes sie nannte, arbeiteten gewöhnlich mit den Payés oder Medizinmännern zusammen, wobei sie scheinbar einen niedrigeren Rang innehatten (Schulte, 1983, S. 146f.).

Für das heutige Mittelamerika wurden Unterschiede in den pathopsychologischen Systemen städtischer und ländlicher Heiler erfasst, die sich hinsichtlich der Patientenbedürfnisse unterscheiden. Es zeigten sich Anpassungen an neue Umgebungen (vgl. Zacharias 2005). Dieser Befund mag exemplarisch dafür stehen, dass Heilpraktiken, Krankheits- und Gesundungstheorien gesellschaftlichen Veränderungen unterworfen sind – unabhängig davon, wie sehr ihre meist konservativ eingestellten Protagonisten – Heilkunstausübende wie Klienten – davon überzeugt sein mögen, einem uralten, relativ unveränderten

Wissen zu folgen. Dies mag umso mehr gelten, je weniger institutionalisiert das Heilungssystem ist und je weniger ein tradierter schriftlicher Kanon dieser Heilkunde existiert.

Im Gegensatz zu den zeitgenössischen, westlich-akademischen Heilungstheorien existiert für Indigene und Mestizen kaum eine Trennung zwischen spiritueller bzw. religiöser Praxis auf der einen und medizinisch-therapeutischer Praxis auf der anderen Seite. Alles scheint Teil einer ganzheitlichen heiligen Kosmologie zu sein, in der Magie, Religion und Heilung eins sind und persönliche Beziehungen zu Pflanzen, Tieren, Naturelementen und der Landschaft eine entscheide Rolle spielen. Gerade diese Kombination scheint für einen Großteil westlicher Ayahuasca-Sucher eine wesentliche Attraktion zu sein, besonders, wenn man sie hinsichtlich des so genannten Neo-Schamanismus und des modernen Trends zur fluiden Religiösität analysiert.

Kirchlicher Gebrauch: Eine große Gruppe von Ayahuasca-Nutzern sind die Mitglieder christlich-synkretistischer Ayahuasca-Religionen in Brasilien. Die älteste ist die *Santo Daime Kirche*, die in den 1930er-Jahren im Bundesstaat Acre entstand. Daneben gibt es die *União do Vegetal* (UDV), gegründet im Jahre 1961, und die *Barquinha* (Brasilianisch: kleines Boot), die 1945 als Santo Daime Ableger entstand. Verschiedene Zweige dieser Ayahuasca-Religionen haben sich über Südamerika verbreitet und auch teilweise schon erfolgreich in Nordamerika, Europa und Asien fußgefasst (vgl. Balzer 2003; Labate und MacRae 2010; Labate und Jungaberle 2011). Ayahuasca gilt dort als ein Sakrament, das dazu dient, mystische Selbst- und Gotteserfahrungen zu machen. Barbosa et al. (2005) führten eine psychologische Mixed-Method-Untersuchung an 28 erstmaligen Ayahuasca-Trinkern in einem städtischen Setting der Santo Daime und Unidão do Vegetal in Brasilien durch. 64,3% der Untersuchten glaubten an Reinkarnation, 57,1% an übernatürliche Wesen, parallele Dimensionen, kosmische Energie, östliche esoterische oder spirituelle Konzepte wie Chakren, Yoga und Meditationspraxis und 3,6% beschrieben sich als Agnostiker. 42,9% aller Studienteilnehmer waren durch ihren Wunsch nach Selbsterkenntnis motiviert, 28,6% durch die Verheißung, verborgene spirituelle Potentiale zu aktivieren. Neugier wurde von 25% erwähnt und die Heilungserwartung bezüglich psychosozialer Probleme wurde von 21,4% angegeben. 17,9% waren auf der Suche nach innerer Ausgeglichenheit und Wohlbefinden und strebten eine Veränderung von Verhaltensgewohnheiten an (vgl. Barbosa et al. 2005). Obwohl die Stichprobengröße für statistische Aussagen zu gering war, schlossen die Autoren aus den soziodemografischen Daten, dass die religiöse Verwendung in den großen Metropolen des brasilianischen Südostens überwiegend die gebildete Mittelklasse anspricht – trotz der Ursprünge von Santo Daime und UDV in der Arbeiterklasse des Amazonasgebiets (ebd., S. 197). Aufgrund der Verteilung der motivationalen Aspekte – vor allem der geringe Anteil an Neugierigen (25%) – scheinen die Ayahuasca-Kirchen Teilen des brasilianischen Mittelstandes bei seiner Suche nach neuen Lebensweisen sowie spirituellen Alternativen zu materialistischen und utilitaristischen Werten zu helfen. Ayahuasca-Kirchen sind in Brasilien ein etablierter und politisch gewollter Teil der Gesellschaft.

Mestizischer Gebrauch: Der mestizische Gebrauch ist jenes Feld, in das der westliche Tourismus vorwiegend eindringt. Das spanische Wort *mestizos* bezieht sich auf die Nachkommen von (vor allem) weißen und indigenen Vorfahren, vorwiegend der peruanischen Landbevölkerung. In wohl allen Anrainerstaaten des Amazonasbeckens gibt es *mestizo curanderos* (Spanisch: Mestizen-Heiler). Besonders ausgeprägt ist diese Form der traditionellen Heilkunde in Peru, Ecuador und im Süden Kolumbiens. Die Ayahuasca-Schamanen scheinen unter den Heilern in der Regel das höchste Prestige zu genießen: Sie kennen sich mit höheren Wirklichkeiten aus, kommunizieren mit Geistern, wehren Hexerei ab und haben meist eine leidvolle, von Verzicht geprägte Ausbildung durchlaufen, die entbehrungsreiches Fasten, Isolation und die Einnahme von gefährlichen Pflanzen beinhaltet. Trotzdem ist im ländlichen Raum der Beruf des *curandero* mit sozioökonomischer Armut assoziiert, sofern er nicht den Anschluss an die globalisierte Welt des Ayahuasca-Tourismus sucht. Die traditionelle Heilkunde des Amazonas kann pyramidenförmig veranschaulicht werden, wobei die breiteste Stufe unten das alltägliche gesundheitsbezogen Laienwissen darstellt, wie es etwa auch in Europa und Nordamerika für kleinere Verletzungen oder Krankheiten genutzt wird. Diese Stufe ist in Südamerika häufig mit verschiedenen magischen Praktiken vermischt, die jedoch nicht bewusstseinsverändernd-schamanisch ausgerichtet sind, sondern eher eine animistisch-christliche Mischung darstellen. Die mittlere Stufe sind die eigentlichen Pflanzenspezialisten, die sogenannten *vegetalistas*. Sie bieten Phytotherapie mit Heilpflanzen des Regenwaldes an. Die Spitze der Pyramide bilden die *ayahuasqueros*, die substanzeinnehmenden „psychedelischen" Schamanen. Auch in diesem Pyramidenmodell gibt es zahlreiche Überlappungen und Sonderfälle. So existieren auch Schamanen, die sich weitgehend auf das Heilen durch Tabak konzentrieren, der ebenfalls als mächtige Meisterpflanze angesehen wird. Sie werden entsprechend *tabaqueros* genannt. Ebenso gibt es *vegetalistas*, die auch Ayahuasca einnehmen und diagnostisch nutzen.

Die Heilpraktiken der *ayahuasqueros* und *vegetalistas* werden von ihren Befürwortern gemeinhin als Fortsetzung des Schamanismus indigener nativer Gruppen dargestellt: Heiler vertreten oft den Anspruch, ihr Wissen direkt von den Geistern und Pflanzen empfangen zu haben; sie sind fest überzeugt, mit etlichen der Geister zusammenzuarbeiten. Manchmal werden diese spirituellen Helfer in Peru *doctores* oder liebevoll *doctorsitos* (Spanisch: Doktorchen) genannt, da sie es sind, die in der Ayahuasca-Zeremonie die Klienten behandeln. Andere Techniken, wie das Aussaugen der Krankheit oder das Entfernen von magischen Gegenständen wie Haken und Pfeilen aus den Körpern der Kranken, kommen je nach Können und Ausrichtung des Schamanen vor. *Ayahuasqueros* benutzen meist spezielle gesungene oder gepfiffene Lieder (*icaros*) in den Zeremonien. Diese wurden während ihrer Ausbildung von den entsprechenden Geistern empfangen. Sie können dazu dienen, diese zu rufen oder die Erfahrungen ihrer Klienten im veränderten Bewusstseinszustand zu beeinflussen. Vermutlich geschieht letzteres über synästhetische Mechanismen während der Rauscherfahrung. Eine einfache salzlose Diät, die auf Gewürze, Kaffee, Drogen, fermentierte und Milchprodukte, rotes Fleisch, Sex und Medienkonsum verzichtet, gilt meist als wichtiger Teil der Heilung und als Voraussetzung für das Wirken der Geister der Meisterpflanzen. Christliche Elemente und Heilige sind in den Mestizen-Schamanismus mehr oder weniger eingewoben (vgl. Luna 2003, S. 20ff.; Luna 1986b, S. 14f., 16, 31f., 141; Kamppinen 1989, S. 114; Fotiou 2012, S. 16f.).

In der nördlichen Küstenregion Perus, die nicht zum Amazonasgebiet zählt, ist eher die Einnahme des Meskalin-Kaktus San Pedro verbreitet, die von magischen Ritualhandlungen des Heilers mittels seines sogenannten *mesa* (Altar mit magischen Gegenständen) begleitet ist. Die dortige schamanisch-synkretistische Praxis unterscheidet sich in einigen Punkten vom Ayahuasca-Schamanismus des Regenwaldes, wobei viele Mischformen existieren. Der Vollständigkeit halber seien noch Zauberer und Hexer erwähnt, die ihre Dienste ebenfalls für Geld anbieten. Sie werden beispielsweise für Liebes- und Schadenszauber in Anspruch genommen. Immer wieder kann es bei Ayahuasca-Zeremonien vorkommen, dass vermeintliche Angriffe von feindlichen schwarzen Magiern vom *ayahuasquero* abgewehrt werden müssen, um die Zeremonie vor deren „negativen Energien" zu schützen. Verschiedentlich wird von lokalen Informanten geäußert, dass der historische Ayahuasca-Schamanismus ein ständiger Kampf verfeindeter Schamanen gewesen sei und dementsprechend verstärkt auf die Heilung von Verhexungen oder magischen Projektilen im Körper der Patienten und entsprechenden Gegenangriffen ausgerichtet gewesen sei. Derartige spirituelle Kämpfe spielen aber im zeitgenössischen westlichen Ayahuasca-Tourismus meist keine Rolle bzw. werden dort nicht betont. Insgesamt scheinen die traditionellen Krankheitskonzepte wie beispielsweise *dañado* (Verletzung, z.B. durch magische Projektile), *susto* (Seelenverlust durch Erschrecken) und *mal ojo* (böser Blick) eher soziale Ursachen für körperliche oder seelische Probleme und Krankheiten zu beinhalten: Der neidvolle Blick des Nachbarn, der die Ehefrau begehrt; der Konkurrent, der lukrative Geschäftsabschlüsse mit Hilfe eines bezahlten Hexers verhindert; die Oma, die vor lauter Liebe nach dem Umzug der Familie den Enkel nicht loslassen kann und ihm deshalb ungewollt magisch den Bauch zerdrückt. Meist wirken dabei soziale Motive der Alltagswelt vermittelt über die spirituelle Welt wiederum auf die Alltagswelt ein und verursachen so die Symptome (siehe Beyer 2012b, S. 3).

Das während der langen Ausbildung meist experimentell erworbene Gesundheitswissen der Ayahuasca-Schamanen wird für eine Reihe von gesundheitsbezogenen, spirituellen, sozialen und psychischen Problemen und Krisen angeboten. In der Regel empfangen sie einen Ausgleich für ihre Dienste, etwa in Form von Arbeitsleistung, Naturalien oder Geld. Häufig wohnen die Klienten beim *curandero* für die Dauer der Behandlung. Heiler gewinnen ihre Reputation im ländlichen Raum vorwiegend durch lokale Mundpropaganda. Die Verwendung der Ayahuasca-Ritualtherapie hängt stark von der Region und dem ökonomischen und Bildungsniveau innerhalb der westamazonischen Gesellschaften ab. Sie gilt als ein integrierter und akzeptierter Teil der indigenen und mestizischen Heilpraxis (vgl. Incayawar 2007). Das bedeutet, dass sie damit zum sozioökonomisch niedrigen Teil der Gesellschaft gehört, obwohl sie auch zunehmend für Mitglieder der städtischen Oberschichten interessant wird, die sich für Psychotherapie, kreative Selbsterfahrung oder Esoterik interessieren. Für die einfache Bevölkerung stehen Ideologie und Praxis der Volksheiler kaum in Widerspruch zur wissenschaftlich fundierten Arztbehandlung. Die aufgeheizten westlichen Grabenkämpfe zwischen Anhängern der wissenschaftlichen Medizin und Anhängern der Alternativmedizin sowie zwischen christlichen Religionen und konkurrierenden Heilsesoterikern sind den Lebenswelten vieler Menschen im Amazonasgebiet fremd oder von geringer Relevanz. Die Ayahuasca-Thematik erscheint in Südamerika insgesamt gesellschaftsfähiger, d. h. öffentlich sagbar. In Peru, Brasilien und Kolumbien ist das Thema Ayahuasca kaum durch die heftigen Drogen- oder Verfolgungsängste tabuisiert, die die Diskussion in Europa immer noch prägen bzw. verhindern. Entweder wird der Ayahuasca-Schamanismus in Südamerika mit einem gewissen distanzierten Unverständnis als primitiver Aberglaube der *indios* (südamerikanisches Schimpfwort für ungebildete, unkultivierte, arme oder dreckige Menschen) zur Kenntnis genommen oder mit der heiligen und ehrenwerten Verbindung zur *pacha mama* (Quechua: Mutter Natur) und mit der verlorenen oder zu bewahrenden Weisheit der Ahnen assoziiert. Dieser vorläufige Befund entstammt zahlreichen Informantengesprächen über einen Zeitraum von nunmehr zwei Jahren, insbesondere mit Taxifahrern in Peru und Kolumbien (die als Angehörige unterer sozioökonomischer Schichten eine ergiebige Quelle für „des Volkes Meinung" bieten), aber auch mit Gesprächspartnern der Mittel- und Oberschicht. Die Grenzen zwischen lokalen traditionellen Ayahuasca-Praktiken des Regenwaldes und anderen Einflüssen (wie Elementen des Opfer-Animismus der Anden-Bewohner, westlichen oder asiatischen Philosophien, Religionen, Entspannungspraktiken, aber auch individualistisch-spirituellen oder psychologisierenden Selbstoptimierungsversuchen) verschwimmen zunehmend. Westliche Ayahuasca-Touristen treffen heutzutage häufig auf diese vermischten mestizischen Formen des Ayahuasca-Kultes.

4   Ayahuasca-Tourismus

Seit 1980 verbreitet sich Ayahuasca zunehmend in den Städten und wird auch international von einem größeren Publikum wahrgenommen (vgl. Barbosa et al. 2012). Den größten Anteil am Ayahuasca-Tourismus von allen Anrainern des Amazonas hat Peru: Hier ist der traditionelle Ayahuasca-Konsum legal und sogar als kulturelles Erbe geschützt. Gegenwärtige Hotspots sind Iquitos (vgl. Fotiou, 2010, S. 121), Pucalpa und Tarapoto, die alle im peruanischen Amazonasregenwald liegen. Weitere Gebiete, die historisch aber wohl nichts mit der Ayahuasca-Praxis zu tun hatten, haben das touristische Potential ebenfalls entdeckt, was sich in zahlreichen entsprechenden Angeboten niederschlägt. Beispiele sind die bekannte Andenstadt Cusco und touristisch geprägte Dörfer im nahegelegenen sogenannten „heiligen Tal", an dessen Ende auch die Inka-Stätte Machu Picchu liegt.

Heilungszentren bieten oft mehrtägige bis mehrmonatige Ayahuasca-Seminare oder auch Schamanenausbildungen auf professionell gestalteten englischsprachigen Internetseiten an. Meist handelt es sich um Urwaldlodges mit Vollpension im traditionalisierten Look. Viele davon gehören westlichen Ausländern, die den lokalen Mestizen-Schamanen ein Honorar zahlen oder diese anstellen. Oft wird eine Kombination von Ayahuasca-Schamanismus und anderen Aktivitäten angeboten, wie ethnotouristische Dorfbesuche, Vorträge und Ausflüge (vgl. Znamenski 2007, S. 155ff.; Holman 2011, S. 68). Auch Yoga, Reiki, Meditation, Schwitzhütten, gruppentherapeutische Gespräche oder Seminare nur für Frauen gehören zur flankierenden Angebotspalette. Allen gemeinsam ist dabei, dass sie vornehmlich die offensichtliche Sehnsucht westlicher Klienten nach ethnospirituell gefärbten, visuellen, psychedelischen Erfahrungen bedienen – dies völlig unabhängig davon, ob diese nun krank sind oder nicht. Gleichzeitig entsteht mit der voranschreitenden „Verwestlichung" eine Standardisierung der rituellen Abläufe (vgl. Losonczy und Mesturini 2010). Das Interesse westlicher Besucher hebt seit dem Beginn des psychedelischen Ethnotourismus nahezu ausschließlich auf den psychedelischen Teil der traditionellen Amazonasmedizin ab, womit der Amazonasschamanismus in der westlichen Rezeption häufig auf den psychedelischen Ayahuasca-Konsum reduziert wird. Dem zum psychedelischen DMT-Trank vereinheitlichten Ayahuasca wird dabei von Szeneaktivisten nicht selten eine übergeneralisierte Heilungs- und Erlösungsfunktion zugeschrieben. Manche dieser Aussagen in entsprechenden Internetforen erinnern an ein ent-christianisiertes Christentum.

Trotz der mittlerweile vielfältigen touristischen Angebote, ist der traditionelle Medizin-Gesundheitsmarkt in Peru hinsichtlich der Qualitätsstandards weitgehend unreguliert. Zugleich unterscheiden sich die Preise westlicher *gringo centros* (saloppe spanische Bezeichnung für Heilungszentren, deren Klientel vorwiegend aus ausländischen Touristen besteht) erheblich von denen für lokale Klienten. In Iquitos und anderswo wird Ayahuasca auf Märkten in Plastikflaschen verkauft und westlichen Rucksacktouristen werden an den Hotspots auf der Straße Ayahuasca-Zeremonien zweifelhafter Natur angeboten. Bei der Masse der Ayahuasca-Konsumenten und den teilweise unprofessionellen Angebotsformen verwundert es, wie wenig Fälle toter Ausländer jedes Jahr durch die Presse gehen. Diese sterben vermutlich eher aufgrund fehlender Eingangsdiagnostik oder übersehener Kontraindikationen, leichtsinniger unvorbereiteter Teilnahme bei interagierender Medikamenteinnahme, Komplikationen bei flankierenden Maßnahmen (z.B. Nikotinvergiftung bei Tabaksafteinnahme), fehlenden Notfallprogrammen oder nicht rechtzeitigem Eingeständnis des Veranstalters, dass es sich um einen medizinischen Notfall handelt.

Aber was genau sind nun die Intentionen und Motive der westlichen Touristen? Zufriedenstellende, statistisch umfassende Analysen liegen dazu bisher nicht vor. So muss das vorläufige Bild aus einer Reihe kleinerer, heuristischer Studien zusammengesetzt werden. Eine Fragebogenstudie mit zehn nordamerikanischen Touristen (vgl. Kristensen 1998) ergab vier vorläufige Hauptgründe für das Interesse an Ayahuasca: (1) Selbst-Erforschung und spirituelles Wachstum, (2) Neugier, (3) körperliche und emotionale Heilung und (4) der Wunsch nach einem exotischen Urlaub. Das Alter der Befragten lag zwischen 31 und 60 Jahren. Alle waren weiße Amerikaner mit mindestens Mittelschichteinkommen. Die Mehrheit hatte Vorerfahrungen in psycho-spirituellen Selbstoptimierungs- und Selbsthilfeangeboten und auch mit anderen halluzinogenen Substanzen. Kristensen resümiert seine Felderfahrungen dahingehend, dass europäische und nordamerikanische Teilnehmer oft mit der Motivation eines persönlichen Wachstums oder spiritueller Fragen nach Südamerika reisen. Der Schamane habe sich mit solchen Erwartungen allerdings schwer getan, da er eher daran gewöhnt sei, Antworten auf mehr alltagspraktische Fragen etwa nach Krankheit, Geld- und Beziehungsproblemen zu geben (vgl. Kristensen 1998, S. 16). Im Rahmen einer anderen Studie wurden elf Personen interviewt, wobei das Alter hier zwischen 27 und 71 Jahren lag und vor allem transpersonale Anliegen, Selbsterkenntnis und Selbstentwicklung als Hauptmotivationen identifiziert wurden. Die Hypothese einer allgemeinen hedonistischen Drogen-Tourismus-Motivation konnte in dieser Stichprobe ebenfalls nicht bestätigt werden (vgl. Winkelmann 2005).

In einer deutschen qualitativen Studie mit 15 Europäern über ihre Selbstbehandlung mit Ayahuasca in Europa (vgl. Schmid 2010) wird deren Motivation als „transhedonistisch" (im Gegensatz zur hedonistischen Motivation des rekreationalen Drogengebrauchs) bezeichnet, weil sie neben genussvollen, auch anspruchsvolle und unangenehme Erfahrungen erwarteten. Die meisten Teilnehmer verstanden die ritualisierten psychedelischen Erfahrungen als „innere Arbeit" an persönlichen Problemen und innere Reinigung. Die Prävalenz des Drogenkonsums lag höher als beim deutschen Durchschnitt. Oft wurde angegeben, dass sich der Konsum anderer Drogen durch die Ayahuasca-Erfahrungen gesenkt habe. Ayahuasca wurde als unspezifische Behandlung für ein weites Spektrum von Krankheiten verwendet und auch als Diagnostikum, um die vermeintlich wahren Ursachen von Beschwerden zu identifizieren. Die subjektiven funktionalen Theorien waren meist psychosomatisch oder psychologisch orientiert und mit mystischen und magischen Elementen durchsetzt. Subjektive Wirkungen waren unspezifisch positiv. Die Verwendung von Ayahuasca im untersuchten ritualisierten Kontext hat weder zu einem unkontrollierten Missbrauch psychoaktiver Drogen geführt noch verschlechterten sich subjektive Gesundheitszustände oder das Gesundheitsverhalten (vgl. Schmid 2010).

Innerhalb der niederländischen Santo-Daime-Bewegung wurde in einer Untersuchung an 21 Ayahuasca-Nutzern zwischen 2003 und 2012 festgestellt, dass religiöse Motive sowie Selbsterfahrung im Vordergrund standen. Hedonistische Motive, Leistungssteigerung oder Motive, die auf Pathologien oder Störungen beruhen, waren kaum vertreten (vgl. Fiedler et al. 2011). Dieses Fazit deckt sich auch mit früheren Befunden einer anonymen Befragung von Kjellgren et al. (2009).

Zwei Studien haben bisher Typologien erarbeitet. So schlug z.B. Holman (2010) vor, Ayahuascatouristen in Südamerika vorwiegend anhand ihres *Konsumverhaltens* in drei Kategorien einzuteilen:

1. Touristen mit der ausschließlichen Motivation, Ayahuasca zu konsumieren. Weitere touristische Dinge wie Kultur, Natur oder Menschen sind unerheblich. Sie geben größere Geldbeträge für ihre Ayahuasca-Erlebnisse aus, haben den Trip im Voraus geplant und bleiben die gesamte Zeit im Heilungszentrum.
2. Touristen, die nicht mit der ausschließlichen Motivation zum Ayahuascakonsum anreisen. Sie wollen in der Regel umherreisen und an verschiedenen Aktivitäten teilnehmen, von denen Ayahuasca nur eine neben anderen ist. Dieser Typus interessiert sich eher für die experimentellen Qualitäten als explizit für schamanische Heilung.
3. Touristen, die der Gelegenheit zum Ayahuascakonsum individuell auf der Straße begegnen. Sie sind nicht Teil eines organisierten Ayahuasca-Seminars, sondern nehmen an Ayahuasca-Angeboten von verschiedenen Schamanen teil.

Diese Einteilung erscheint insofern relevant, weil Studien dazu tendierten, ihre Stichproben ausschließlich aus jeweils einer der angegebenen Kategorien zu rekrutieren (z.B. Heilungszentren: vorwiegend Typ 1) und somit Gefahr laufen, nur einen Teil der touristischen Gesamtmotivation in Südamerika abzubilden. Beispielsweise würden die auffallend niedrigen hedonistischen und „sensation-seeking"-Anteile wohl generell höher ausfallen, wenn die Probanden auch außerhalb von Heilungszentren rekrutiert werden würden und dementsprechend die Typen 2 und 3 in den Stichproben stärker vertreten wären. Die tatsächliche prozentuale Verteilung derartiger Verhaltenstypen innerhalb der psychedelisch-touristischen Grundgesamtheit ist bisher noch nicht untersucht worden.

Eine differenziertere Einteilung bietet Schmid (2014), die *Motivationstypen* bei europäischen Ayahuasca-Nutzern unterscheiden kann:

1. Der „Event-Typus", der nur lose mit einem Ayahuasca-Netzwerk oder einer Kirche verbunden ist. Er besucht nur unregelmäßig ein paar Rituale oder einen Workshop pro Jahr oder nimmt an nur einer Reise in ein Heilungszentrum teil.
2. Der „Therapie-Typus" sucht entweder nach einer alternativen Heilungsmöglichkeit für eine spezifische medizinische Erkrankung (als Ergänzung zur wissenschaftlichen medizinischen Behandlung) oder eine „psycholytische Therapie" (als Ergänzung zur klassischen Psychotherapie). Ayahuasca gilt ihm als therapeutisches Heilmittel für alle Arten von Krankheiten. Wenn die beabsichtigten heilenden Wirkungen nicht auftreten, verändert sich der Therapie-Typus oft in einen spirituellen oder religiösen Typus. Bemerkenswert daran ist, dass Menschen, die spiritueller werden, sich gemeinhin auch als gesünder einschätzen.
3. Der „Sucher-Typus" ist eine Person, die nach einer Lebensphilosophie, Identität oder einer Möglichkeit sucht, ihre Lebenswirklichkeit anzunehmen. Ihre häufig ungelöste Suche ist nicht auf Halluzinogene beschränkt, sondern kann auch Meditation, Yoga, Buddhismus und viele andere Denkschulen beinhalten. Oft ist der Sucher-Typ ein postmoderner Rationalist.
4. Der „Heiler-Typus" sieht sich selbst häufig als eine „heilerisch begabte" Person an, deren Mission es ist, anderen zu helfen (z.B. durch das Angebot eigener Ayahuasca-Sessions). Dies geschieht normalerweise, nachdem sie selbst eine heilende Erfahrung mit Ayahuasca oder eine ‚Offenbarung' über sich selbst als Heiler hatte.
5. Der „spirituelle Typus" ist auf der Suche nach individuellen transpersonalen oder spirituellen Erfahrungen. Ein eher religiöse Typ unterscheidet sich von dem spirituellen dadurch, dass er Ayahuasca in einer stabilen engagierten Gemeinschaft von Ayahuasca-Nutzern wie beispielsweise einer Kirche nutzt und daher öfter dazu bereit ist, gemeinschaftliche dogmatische Weltanschauungen zu akzeptieren.
6. Der „Substanzenbenutzer-Typus" hat oft Erfahrung mit einer großen Anzahl von Drogen. Er nutzt Ayahuasca in derselben Weise, wie er auch andere psychoaktive Substanzen nutzt (beispielsweise LSD, „Zauberpilze", DMT, Ketamin, Canabisöl, usw.). Er kann durch rekreationale Motive oder schiere Neugier und Lust am Experiment getrieben werden.

7. Der „alternative Typus" zeigt, dass er anders und individueller ist, als die breite Masse. Oftmals ist er ökologisch orientiert und manchmal mit nichtkonformistischen Persönlichkeiten assoziiert. Oft engagiert er sich für altruistische Projekte wie das Retten des Regenwaldes oder für die Rechte indigener Völker.

Einige dieser Typen gelten in ähnlicher Form sicher auch für Seminarteilnehmer anderer esoterischer und alternativpsychologischer Angebote in Europa und Nordamerika.

In Zeremonien für westliche Klienten tragen peruanische Heiler häufig traditionalisierte Kleidung: mit indigenen Shipibo-Konibo-Mustern bedruckte lange Gewänder, manchmal auch Federkronen oder folkloristische Kleidungsstücke der Andenbewohner. Christliche Symbole, die eigentlich Teil der üblichen lokalen Heilungspraxis sind, fehlen, da diese vermutlich nicht in das Erwartungsbild westlicher Klienten passen. So wird ein Anschein besonderer indigener Authentizität und Reinheit erweckt (vgl. Peluso und Alexiades 2006, S. 73; Fotiou 2010, S. 137f.; Holman 2011, 69f.), der von Klienten kaum hinterfragt wird; vermutlich nicht nur wegen der Sprachbarriere. Die Inszenierung von Authentizität ist ein seit langem bekanntes Phänomen aus der Tourismusforschung (vgl. Goffmann 1959; MacCannell 1973). Viele psychedelische Touristen erleben ihre Erfahrungen, die sie im traditionalisierten Setting der Heilungszentren machen, als zutiefst authentisch, „indianisch" und innerlich prägend. Das liegt sicher auch an der Entschlossenheit vieler dieser Personen, hier eine tiefe persönliche und selbsterhlliche Erfahrung machen zu wollen. Außerdem glauben viele, tatsächlich an etwas Ursprünglichem und damit Heiligem teilzuhaben, das im Amazonasurwald entgegen aller kulturellen Überformung durch die Moderne oder vermeintlichen zivilisatorischen Verunreinigung offenbar wird (vgl. Herbert 2010, S. 1f.). Für einen Teil der Ayahuasca-Touristen könnten damit Kriterien der klassischen Pilgerreise zutreffen, die in der jüngsten Zeit ebenfalls wieder modern wurde. Nicht zuletzt deshalb wird die Bezeichnung der Klienten als „Touristen" von dementsprechenden Anbietern meist nicht gern gesehen. Yancey et al. (1976) und Cohen (1988) weisen unter den Begriffen „emergent ethnicity" bzw. „emergent authenticity" darauf hin, dass sowohl kulturelle Neuerungen als auch artifizielle Produkte in einem graduierten Prozess durchaus Authentizität gewinnen können.[1]

Ayahuasca-Angebote für westliche Ausländer in Südamerika weisen häufig Charakteristika auf, die anderswo als Kennzeichen des Neoschamanismus gelten. Neoschamanische Praktiken westlicher Protagonisten sind meist eine inhomogene Mischung aus verschiedenen esoterischen Traditionen und Praktiken. Sie spiegeln weniger das stringente Gedankengebäude einer kulturellen Heilungstradition wieder, als vielmehr die biografisch geprägten Interessen des jeweiligen Anbieters auf der Suche nach Sinn und Bedeutung

---

[1] Posttouristische Positionen versuchen weder ein authentisches Erbe, ein natürliches Setting oder ein exotisches Leben zu vermitteln, noch dieses zu entdecken oder zu rekonstruieren. Sie gehen spielerisch mit der touristischen Präsentation und dem Konsum von Geschichte und kulturellem Erbe um (vgl. Urry 1990; Feifer 1985). Dies dürfte allerdings nur auf einen Teil der Ayahuasca-Touristen und Anbieter zutreffen.

– über verschiedene Kulturen, Philosophien und Heilslehren hinweg. Dabei folgt die innere Logik häufig der Annahme, dass letztlich alle schamanischen Techniken über unterschiedliche Kulturen und Zeiträume hinweg immer auf dieselben Grundwahrheiten abzielen würden. Somit gäbe es eine Art Kernschamanismus, eine gemeinsame universelle spirituelle Weisheit, in die alle schamanische Praxis münde. Die Erfahrungen westlicher Anwender dieser Praktiken würden sich nicht von denen prähistorischer oder traditioneller Schamanen anderer kultureller Prägung unterscheiden. Lademann-Priemer (2000) konnte fünf Elemente dieser neoschamanischen Praktiken identifizieren:

a) Selbstheilung durch die schamanische Erfahrung: Letztlich geht es darum zu entdecken, dass jeder sein persönlicher Schamane ist, dass Heilung von innen kommt und dass äußere Heilungspraktiken nur Hilfestellungen sind, um die Selbstheilung zu ermöglichen.
b) Ökologische Kritik gegen die moderne westliche Gesellschaft: Eine moderne Lebensweise, Industrialisierung, Umweltverschmutzung und Vergiftung durch Chemie und Strahlung sind Ursachen für Krankheiten und Unglück der Menschen. Man muss sich aus dem modernen Leben, wenigstens zeitweilig, zurückziehen, um sich mit der Natur wieder zu verbinden, zu seiner Natürlichkeit (zurück) zu kommen und dadurch Heilung zu finden. Heilung wird dabei in erster Linie als individualistische Selbstoptimierung bzw. individuelle Rückkehr in die eigene natürliche Mitte verstanden.
c) Persönliche spirituelle Erfahrungen: Die selbst erlebte Erfahrung gilt als entscheidend für den persönlichen Fortschritt und als einziger Garant für echtes Wissen. Dies stellt häufig einen Hauptkritikpunkt gegenüber den institutionellen Religionen dar, die demnach nicht in der Lage sind, authentische spirituelle Ersthanderfahrungen zu bieten, sondern auf die Unterwerfung unter ihr Glaubensdogma pochen, ohne echte Erfahrungsbeweise liefern zu können.
d) Verwendung von Techniken der Ekstase (oder anderer bewusstseinsverändernder Methoden): Neoschamanen nehmen Anleihen bei unterschiedlichen Völkern um deren bewusstseinsverändernde Ritualtechniken zu adaptieren. Beispielsweise wird in Seminaren schamanisch getrommelt, rhythmisch geatmet (Hyperventilationstechnik), ekstatisch getanzt, in der Natur gefastet (Visionssuche), werden angeleitete (hypnotherapeutische) Phantasiereisen und Rückführungen als auch gruppentherapeutische Schwitzzeltrituale durchgeführt.
e) Selbstermächtigung: Hier geht es darum, sein eigenes Heilungspotential zu aktivieren, beispielsweise durch innere Reinigung und Verbindung mit seinen brachliegenden oder unterdrückten Potentialen, die es zu befreien gilt, um seinen Weg zu gehen.

Die erwartete Anbieterdramaturgie der Figur des Schamanen scheint dabei dem romantischen Muster des edlen Wilden zu folgen. Der Schamane soll einerseits ausreichend exotisch sein, um die Symbolik phantasierter indigener Kultur, an der der Ethnotourist teilhaben will, möglichst in unverfälschter Reinform zu repräsentieren. Andererseits soll er die universelle pankulturelle Weisheit und globalisierte Brüderlichkeit vertreten (vgl.

Znamenski 2007, S. 161), die der spirituelle Ethnotourist auch in anderen Kulturen, Philosophien, Religionen, Filmen oder Büchern zu finden meint und die vielfach Kern seiner eigenen spirituellen Philosophie ist. Der Schamane soll gleichzeitig die Attribute des christlichen Heilsbringers, des asketischen Yogi, des mächtigen Priesters, des Menschheitserziehers oder des gütigen Vaters in sich vereinigen. Einige *curanderos* haben das erkannt und sind auf den neoschamanischen Zug der globalisierten Patchworkspiritualität aufgesprungen – aus Kalkül oder aus tiefer Überzeugung. Manche reden beispielsweise über Chakras, geben Reiki, bieten zusätzlich Yoga an, stellen sich für Fragestunden im Internet zur Verfügung und touren als Heilseminaranbieter durch Europa und Nordamerika. Darf für Seelenheil und Erlösung überhaupt Geld verlangt werden? Sind die Absichten eines Heilers rein, wenn er Geld für seine Dienste verlangt? Diese typisch westlichen Fragen schwingen mit in der Beziehungsgestaltung von Patienten zu Psychotherapeuten, kirchlichen Seelsorgern und Ärzten und aktualisieren sich insbesondere an der Gestalt des Schamanen. Lokaler Amazonas-Curanderismus als zweckorientierte profane Dienstleistung für Geld passt nicht in ein assoziativ aufgeladenes Bild und sorgt immer wieder für kognitive Dissonanz und ideologische Diskussionen innerhalb neoschamanisch orientierter Internet-Gemeinden. Hier wird in geschlossenen Facebook-Gruppen mit hunderten bis tausenden von Mitgliedern über Ayahuasca und Schamanismus diskutiert.

Die Kritik an der Ausbeutung und Vermarktung der Natur sowie wehrloser Kulturen, an Konkurrenzverhalten, Entfremdung und verantwortungslosem Individualismus sind meist Teil des Selbstverständnisses westlicher alternativ-spiritueller Szenen, wie auch nicht zuletzt der Neoschamanismus- und Ayahuasca-Szene. Von Seiten der Anbieter von Ayahuasca-Seminaren in Europa, Nordamerika, Australien und Südamerika geht es heutzutage – wie bei allen gesundheitsbezogenen Dienstleistungen – jedoch auch darum, Geld zu verdienen. Gerade das, was als neu entdeckter, uralter Erlösungsweg den Einzelnen aus der entfremdeten, alles vermarktenden und krankmachenden Lebensweise befreien soll, wird hier professionell vermarktet und als Dienstleistung gehandelt. Es geht dabei meist nicht ernsthaft um die Umsetzung eines alternativen Gesellschaftsentwurfs. Gedanken der spirituellen Gesellschaftsökologie erscheinen dann eher als sehnsuchtsvolle Oberfläche. Die Intention der westlichen Ayahuasca-Szene beinhaltet vorrangig Wünsche nach introspektiver Selbstschau in Kombination mit direkten spirituellen Erfahrungen. Zugleich spielen Neugierde, Entdeckerlust und Sensationssuche eine Rolle, die jedoch von Protagonisten der Szene ebenso als untergeordnet angegeben werden wie die Hoffnung auf die Heilung körperlicher Gebrechen. Der dargestellte Widerspruch zwischen einer Befreiung des Einzelnen von den Folgen einer westlichen Vermarktungskultur und der gleichzeitigen Vermarktung neoschamanistischer Angebote erscheint für den Bereich des westlichen Ayahuasca-Schamanismus nur auflösbar, wenn die häufig monokausale Kritik an der Moderne relativiert und der überhöhte Erlösungsanspruch an Ayahuasca persönlich hinterfragt wird.

5 Fazit

Wie deutlich geworden ist, unterscheiden sich westliche Ayahuasca-Klienten von den lokalen Mestizen und Schamanen in ihren mentalen Konzepten und der Art und Weise, wie Krankheit und der Weg zur Gesundheit wahrgenommen werden. Die ätiologischen und nosologischen Konzepte westlicher Touristen basieren oft auf der alternativen Medizin, der Populärpsychologie und den Elementen des Neoschamanismus. Sie bringen ihre eigenen Annahmen und Erwartungen über das Heilpotential und die Heilungsmechanismen von Ayahuasca mit, und suchen häufig im Fremden spirituelle Bestätigung und persönliche Richtungsweisung. Für die Bewohner des oberen Amazonasgebiets sind individuelle Krankheiten nicht primär Ausdruck einer individuellen Pathologie, sondern vorrangig ein Beziehungs- und damit ein soziales Problem. Dementsprechend wird Ayahuasca traditionell weniger das Potential zur Heilung an sich zugeschrieben, sondern als Möglichkeit gesehen, um Informationen, Erkenntnisse und Einsichten für die passende Medizin oder den passenden Heilungsweg des ursächlichen meist sozialen Problems zu gewinnen (vgl. Beyer 2009). Westliche Ayahuasca-Touristen suchen und attribuieren Ursachen von Krankheitssymptomen dagegen eher innerlich (vgl. Fotiou 2012, S. 7f.). Die Leitthemen des westlichen Ayahuasca-Tourismus sind Heilung von emotionalen Wunden, Reinigung und das Leben verändernde transformative Prozesse des Einzelnen, die durch die Ayahuasca-Erfahrung angestoßen werden. Dementsprechend werben Heilungszentren mit spiritueller wie körperlicher Reinigung und transformativer therapeutischer Arbeit – dementsprechend sind die Touristen vorbereitet, wenn sie nach Südamerika reisen (vgl. Fotiou 2010, S. 239ff., 259; Beyer 2009, S. 353; Beyer 2012b, S. 3). Der westliche Tourismus hat seine eigenen Projektionen und Wünsche in die traditionelle Amazonasmedizin hineingetragen. Dadurch kommt es meist zu einer Reduktion der Amazonasmedizin auf die psychedelischen Qualitäten des Ayahuasca-Tranks und es entwickelt sich ein eigener reduzierter Tourismus-Schamanismus.

Ayahuasca ist jedoch trotz der gegenwärtigen Neugierde und des Interesses der alternativen Heilungsszene für den massenhaften rekreationalen Konsum ungeeignet, nicht zuletzt aufgrund seiner oft herausfordernden physiologischen Begleiterscheinungen. Aus diesem Grund und auch wegen seines fehlenden Suchtpotentials bleibt Ayahuasca mit hoher Wahrscheinlichkeit für das illegale Drogengeschäft uninteressant.

Sinnvolle Grundforderungen von Vertretern der psycholytischen und psychedelischen Psychotherapie nach Einbettung in eine längerfristige psychotherapeutische Begleitung werden meist nicht erfüllt. Aus der westlichen Psychotherapie ist bekannt, dass aufdeckende erlebnisaktivierende Interventionen schnell ihr therapeutisches Potential verlieren können, wenn sie anschließend nicht aktiv in einen Sinnzusammenhang gebracht werden, der ihre Bedeutsamkeit im Leben plausibel macht und im Alltag durchgearbeitet werden kann. Dazu wäre eine therapeutische Begleitung oder strukturierte Nachbearbeitung hilfreich, die jedoch von den südamerikanischen Heilungszentren meist nicht angeboten werden kann.

Unabhängig von der Diskussion um den tatsächlichen Realitätsgehalt der erlebten Visionen bietet der Schamanismus in Südamerika einen starken symbolischen Rahmen für die psychedelische Erfahrung der Teilnehmer der Ayahuasca-Zeremonien: Das traditionelle schamanische Glaubenssystem hat eine strukturierende Wirkung, wenn sich im Ayahuasca-Rausch unter Umständen die Tür zum „Fegefeuer des Unbewussten" öffnet. Sinnstrukturen im psychotischen Zustand zu erkennen und in Bekanntes einordnen zu können, wirkt entängstigend: Wenn beispielsweise im Ayahuasca-induzierten veränderten Zustand ein „ekelhaftes schwarzes Wesen" erbrochen wird, dessen Realitätscharakter starke Verunsicherung auslöst, macht es weniger Angst, wenn der Erfahrende sich dabei schon einigermaßen sicher sein kann, dass es sich um eine tiefgreifende Reinigungserfahrung oder eine Art Exorzismus seiner „inneren Dämonen" handelt. Daran zu glauben hilft, um sich der vermeintlichen Reinigung hinzugeben und „mit der Erfahrung mitzugehen". Es mag schon reichen, wenn sich der Klient sicher sein kann, dass der *curandero* daran glaubt. Im Augenblick der akuten psychotischen Not wird er sich an diesem strukturierenden Strohhalm festhalten, um sich danach befreit und entlastet zu fühlen. Erst dieses Deutungsmuster markiert eine solche Erfahrung für den Erlebenden als heilsam, anstatt ihn wohlmöglich zu traumatisieren. Eine eher kognitiv-argumentativ ausgerichtete Psychotherapie wäre wohl kaum im Stande, derart tiefgreifende subjektive Befreiungserfahrungen mit verbalen Mitteln in nur einer einzigen Sitzung zu erreichen. Das drastische Einzelbeispiel soll verdeutlichen, dass es sich bei Ayahuasca um therapeutisch lohnende, jedoch häufig herausfordernde Grenzerfahrungen handeln kann, die meist Begleitung erfordern und nicht auf Partys oder Musikkonzerte gehören. Derartige individuelle Prozesse können nie vorgeplant und nur in begrenztem Umfang moderiert werden. Es bleibt Aufgabe des verantwortungsvollen Therapeuten und des mündigen, aufgeklärten Klienten, für einen geeigneten äußeren und inneren Rahmen zu sorgen, die Erfahrung vor- und nachzubearbeiten und letztlich dem hilfreichen Wirken des psychedelischen Prozesses oder „Madre Ayahuasca" zu vertrauen.

Es wäre es eine Reduktion, die therapeutische Wirkung von Ayahuasca unabhängig von den kulturellen Kontexten, individuellen Erwartungen und Settings zu erforschen, in denen die jeweilige Erfahrung stattfindet. Weil der Ayahuasca-Rausch teilweise sehr realistisch anmutende Visionen hervorrufen kann, würde es auch zu kurz greifen, Ayahuasca neben LSD und MDMA lediglich als austauschbare Substanz der Psychedelischen Psychotherapie anzusehen. Es macht möglicherweise einen therapeutischen Unterschied, ob ein Klient beispielsweise im Rahmen einer MDMA-gestützten Gesprächstherapie liebevolle Gefühle und intensive Gedanken an seinen verstorbenen Großvater erfährt, oder ob er in einer Ayahuasca-Zeremonie im Regenwald diesem Ahnen tatsächlich begegnet und das wichtige Gespräch führt, dass in der Realität vielleicht nicht mehr möglich war.

Deshalb kann der Ayahuasca-Tourismus für einen erheblichen Teil der westlichen Klientel als ethnologisch gefärbte Sonderform psychedelischer Psychotherapie angesehen werden. In seiner Hauptausprägung in Form von traditionalisierten Heilungszentren im Amazonas-Regenwald bietet er ausländischen Besuchern die Möglichkeit, psychosomatische und spirituelle Potentiale dieser Urwaldmedizin zu erfahren, bleibt aber auch gleichzeitig meist hinter einigen Erkenntnissen der modernen integrativen Psychotherapie zurück.

Literatur

Airaksinen, M. M., A. Lecklin, V. Saano, L. Tuomisto, J. Gynther. 1987. Tremorigenic effect and inhibition of tryptamine and serotonin receptor binding by beta-carbolines. *Pharmacol Toxicol* 60(1): 5–8.

Balzer, C. 2003. Wege zum Heil: Die Barquinha. Eine ethnologische Studie zu Transformation und Heilung in den Ayahuasca-Ritualen einer brasilianischen Religion. Mettingen.

Barbosa, P., J. Giglio, P. Dalgalarrondo. 2005. Altered States of Consciousness and Short-Therm Psychological After-Effects Induced by the First Time Ritual Use of Ayahuasca in an Urban Context in Brazil. *Journal of Psychoactive Drugs* 37(2): 193–210.

Barbosa, P., S. Mizumoto, M. Bogenschutz, R. Strassmann. 2012. Health status of ayahuasca users. drug testing and analysis. doi: 10.1002/dta.1383.

Beyer, S. V. 2009. *Singing to the Plants: A Guide to Mestizo Shamanism in the Upper Amazon*. Albuquerque.

Beyer, S. V. 2012a. On the Origins of Ayahuasca. http://www.singingtotheplants.com/2012/04/on-origins-of-ayahuasca/. Zugegriffen: 17. Mai 2016.

Beyer, S. V. 2012b. Special Ayahuasca Issue Introduction: Toward a Multidisciplinary Approach to Ayahuasca Studies. *Anthropology of Consciousness* 23(1): 1–5.

Bourguignon, E. 1973. Religion Altered States of Consciousness and Social Change. Ohio.

Bouso, J. C., D. González, S. Fondevila, M. Cutchet, X. Fernández, P. C. Ribeiro Barbosa, M. Á. Alcázar-Córcoles, W. S. Araújo, M. J. Barbanoj, J. M. Fábregas, J. Riba. 2012. Personality, psychopathology, life attitudes, and neuropsychological performance among ritual users of ayahuasca: a longitudinal study. PLoS ONE 7(8): e42421. doi: 10.1371/journal.pone.0042421. http://journals.plos.org/plosone/article?id=10.1371/journal.pone.0042421. Zugegriffen: 03. August 2016.

Brabec de Mori, B. 2013. Die Psychologisierung der Funktionen von Musik und Drogen in westlichen Interpretationen indianischer Magie. In *Musik und Religion, psychologische Zugänge*, hrsg. v. J. A. v. Belzen, 97–124. Wiesbaden.

Callaway, J. C., D. J. McKenna, C. S. Grob, G. S. Brito, L. P. Raymon, R. E. Poland, E. N. Andrade, E. O. Andrade, D. C. Mash. 1999. Pharmacokinetics of Hoasca alkaloids in healthy humans. *Journal of Ethnopharmacology* 65: 243–256.

Cohen, E. 1988. Authenticity and Commoditization in Tourism. *Anals of Tourism Research* 15(3): 371–386.

De Araujo, D. B., S. Ribeiro, G. A. Cecchi, F. M. Carvalho, T. A. Sanchez, J. P. Pinto, B. S. de Martinis, J. A. Crippa, J. E. Hallak, A. C. Santos. 2011. Seeing with the eyes shut: Neural basis of enhanced imagery following ayahuasca ingestion. *Human Brain Mapping*. doi: 10.1002/hbm.21381.

Dobkin de Rios, M. 1972. *Visionary vine: Hallucinogenic healing in the Peruvian Amazon*. San Francisco.

Dobkin de Rios, M., C. S. Grob. 1994. Hallucinogens, suggestibility, and adolescence in cross- cultural perspective. *Yearbook of Ethnomedicine and the Study of Consciousness* 3: 113–132.

Domínguez-Clavé, E., J. Soler, M. Elices, J. C. Pascual, M. Álvarez, M. De la Fuente Revenga, P. Friedlander, A. Feilding, J. Riba. 2016. Ayahuasca: pharmacology, neuroscience and therapeutic potential. *Brain Research Bulletin*. http://dx.doi.org/10.1016/j.brainresbull.2016.03.002.

Feifer, M. 1985. Going Places. London. Zitiert in Vester, H.-G. (1993). Authentizität. In *Tourismuspsychologie und Tourismussoziologie. Ein Handbuch zur Tourismuswissenschaft*, hrsg. v. H. Hahn, H.-J. Kagelmann, 122–124. München.

Fotiou, E. 2010. From Medicine Men to Day Trippers: Shamanic Tourism in Iquitos, Peru. Dissertation. Department of Anthropology, University of Wisconsin-Madison.

Fotiou, E. 2012. Working with "La Medicina": Elements of Healing in Contemporary Ayahuasca Rituals. *Anthropology of Consciousness* 23(1): 6–27.

Gable, R. S. 2006. Risk assessment of ritual use of oral dimethyltryptamine (DMT) and harmala alkaloids. *Addiction*. doi: 10.1111/j.1360-0443.2006.01652.x.

Grob, C. S., D. J. McKenna, J. C. Callaway, G. S. Brito, E. S. Neves, G. Overlaender, O. L. Salde, E. Lablgalini, C. Tacia, C. T. Miranda, R. J. Strassman, K. B. Boone. 1996. Human psychopharmacology of Hoasca: A plant hallucinogen used in ritual context in Brazil. *The Journal of Nervous and Mental Disease*. doi: 10.1097/00005053-199602000-00004.

Groffman, E. 1959. *The Presentation of Self in Everyday Life*. University of Edinburgh Social Sciences Research Centre. New York.

Dittrich, A., C. Scharfetter. (Hrsg.) 1987. Ethnopsychotherapie. Psychotherapie mittels außergewöhnlicher Bewußtseinszustände in westlichen und indigenen Kulturen. Stuttgart.

Fiedler, L., H. Jungaberle, R. Verres. 2011. Motive für den Konsum psychoaktiver Substanzen am Beispiel des Ayahuasca-Gebrauchs in der Santo-Daime-Gemeinschaft. *Zeitschrift für Medizinische Psychologie*, 20(3): 137–144.

Halberstadt, A. L. 2016. Behavioral and pharmacokinetic interactions between monoamine oxidase inhibitors and the hallucinogen 5-methoxy-N,N-dimethyltryptamine. *Pharmacol Biochem Behav*. doi: 10.1016/j.pbb.2016.01.005.

Halpern, J. H., A. R. Sherwood, T. Passie, K. C. Blackwell, A. J. Ruttenber. 2008. Evidence of health and safety in American members of a religion who use a hallucinogenic sacrament. *Medical Science* Monitor 14(8): 15–22.

Herbert, A. 2010. Female Ayahuasca Healers Among the Shipibo-Konibo (Ucayali- Peru) in the Context of Spiritual Tourism. Núcleo de Estudos Interdisciplinares, NEIP. http://neip.info/novo/wp-content/uploads/2015/04/herbert_female_ayahuasca_healers_shipibo_spiritual_tourism.pdf. Zugegriffen: 19. August 2016.

Highpine, G. 2012. Unreveling the mystery of the orign of ayahuasca. NEIP http://neip.info/novo/wp-content/uploads/2015/04/highpine_origin-of-ayahuasca_neip_2012.pdf Zugegriffen: 20. April 2016.

Holman, C. L. 2010. Spirituality for Sale. An Analysis of Ayahuasca Tourism. Dissertation. Arizona State University.

Holman, C. L. 2011. Surfing for a Shaman. Analyzing an Ayahuasca Website. *Annals of Tourism Research* 38: 90–109.

Kamppinen, M. 1989. Cognitive Systems and Cultural Models of Illness. A Study of Two Mestizo Peasant Communities of the Peruvian Amazon. Dissertation. Helsinki.

Kjellgren A., A. Eriksson, T. Norlander. 2009. Experiences of Encounters with Ayahuasca – "The Vine of the Soul". *Journal of psychoactive drugs* 41(4): 309–315.

Kristensen, K. 1998. The Ayahuasca Phenomenon: Jungle Pilgrims: North Americans Participating in Amazon Ayahuasca Ceremonies. http://www.maps.org/articles/5408-the-ayahuasca-phenomenon.

Labate, B. C., E. MacRae. 2010. *Ayahuasca, ritual, and religion in Brasil*. London, England.

Labate, B. C., H. Jungaberle. (Hrsg.). 2011. *The internationalizitation of ayahuasca*. Zurich.

Lademann-Priemer, G. 2000. Schamanismus. http://www.glaube-und-irrglaube.de/index2.htm. Zugegriffen: 07. November 2016.

Losonczy, A.-M., S. Mesturini. 2010. La Selva Viajera: Rutas del chamanismo ayahuasquero entre Europa y América. *Religião & Sociedade*. https://dx.doi.org/10.1590/S0100-85872010000200009. Zugegriffen: 12. Novemeber 2017.

Luna, L. E. 1986a. Apéndices. *América Indígena* 46(1): 241–251.

Luna, L. E. 1986b. *Vegetalismo: Shamanism among the Mestizo Population of the Peruvian Amazonas*. Sto.

Luna, L. E. 2003. Ayahuasca: Shamanism Shared Across Cultures. *Cultural Survival Quarterly* 27(2): 20–23.

Luna, L. E. 2004. Ayahuasca Ritual Use. In *Shamanism: An Encyclopedia of World Beliefs, Practices and Cultures*, hrsg. v. E. J. Neumann Fridman, M. N. Walters, 378–382. Santa Barbara, Denver, Oxford.

Luna, L. E. 2006. Traditional and syncretic Ayahuasca rituals. In *Rituale erneuern*, hrsg. v. H. Jungaberle, R. Verres, F. DuBois, 319–337. Giessen.

Luna, L. E. 2010. Ayahuasca and the Concept of Reality. Ethnographic, Theoretical, and Experimental Considerations. http://www.wasiwaska.org/research/wasi-research/article-1. Zugegriffen: 03. November 2017.

MacCannell, D. 1973. Staged Authenticity: Arrangements of Social Space in Tourist Settings. *American Journal of Sociology* 79(3): 589–603.

McKenna, D. J. 1999. Ayahuasca: An Ethnopharmacologic History. In *Ayahuasca: Human Consciousness and the Spirits of Nature*, hrsg. v. R. Metzner, 187–213. New York.

McKenna, D. J. 2007. The healing vine: Ayahuasca as medicine in the 21st century. In *Psychedelic medicine: New evidence for hallucinogenic substances as treatments*, hrsg. v. M. J. Winkelman, T. B. Roberts, 21–44. Westport.

Miller-Weisberger, J. S. 2000. A Huaorani myth of the first Miiyabu. In *Ayahuasca reader: Encounters with the Amazon's sacred vine*, hrsg. v. L. E. Luna, S. White, 41–45. Santa Fe.

National Institute of Mental Health 2016. Schizophrenia. http://www.nimh.nih.gov/health/statistics/prevalence/schizophrenia.shtml. Zugriffen: 20. März 2016.

Peluso, D. M., M. N. Alexiades. 2006. For Export Only: Ayahuasca Tourism and Hyper-Traditionalism. Traditional Dwellings and Settlements Review. Hypertraditions. *Journal of the International Association for the study of Traditional Environments* XVIII(1): 73–74.

Presser-Velder, A. 2012. *Treating substance dependencies with psychoactives: A theoretical and qualitative empirical study on the therapeutic use of ayahuasca*. Dissertation. Heidelberg.

Reichel-Dolmatoff, G. 1972. The cultural context of an aboriginal hallucinogen: Banisteriopsis Caapi. In *Flesh of the Gods – The Ritual Use of Hallucinogens*, hrsg. von P. Furst. 84–113. New York.

Reichel-Dolmatoff, G. 1975. *The Shaman and the Jaguar: A Study of Narcotic Drugs among the Indians of Colombia*. Philadelphia.

Riba, J., A. Rodriguez-Fornells, G. Urbano, A. Morte, R. Antonijoan, M. Montero, J. C. Callaway, M. J. Barbanoj. 2001. Subjective effects and tolerability of the south american psychoactive beverage ayahuasca in healthy volunteers. *Psychopharmacology* (Berl) 154(1): 85–95.

Rodd, R. 2002. Snuff synergy: Preparation, use and pharmacology of yopo and Banisteriopsis caapi among the Piaroa of southern Venezuela. *Journal of Psychoactive Drugs* 34(3): 273–279.

Schmid, J. T. 2010. *Selbst-Behandlungsversuche mit der psychoaktiven Substanz Ayahuasca: Eine qualitative Studie über subjektive Theorien zu Krankheit, Gesundheit und Heilung*. Dissertation. Saarbrücken.

Schmid, J. T. 2014. Healing with Ayahuasca: Notes on Therapeutic Rituals and Effects in European Patients Treating Their Diseases. In *The Therapeutic Use of Ayahuasca*, hrsg. v. B. Labate, C. Cavnar, 77–93. Berlin.

Schultes, R. E. 1983. Richard Spruce: An early ethnobotanist and explorer of the northwest amazon and northern andes. *Journal of Ethnobiology*. 3(2): 139–147. https://ethnobiology.org/sites/default/files/pdfs/JoE/3-2/Schultes1983.pdf. Zugegriffen: 14. November 2017.

Schultes R. E., A. Hofmann. 1992. *Plants of the gods. Their sacred, healing and hallucinogenic powers*. Rochester.

Schultes, R. E., R. F. Raffauf. 1990. *The Healing Forrest: Medicinal and Toxic Plants of the Northwest Amazonia. Historical, Ethno-& Economic Botany (Volume 2)*. Portland.

Schultes, R. E., R. F. Raffauf. 1992. *Vine of the Soul: Medicine Men, their Plants and Rituals in the Colombian Amazon*. Oracle.

Smith, R. L., H. Canton, R. J. Barrett, E. Sanders-Bush. 1998. Agonist properties of N,N-dimethyl- tryptamine at serotonin 5-HT2A and 5-HT2C receptors. *Pharmacology, Biochemistry, and Behavior* 61: 323–330.

Torres, C. M., D. B. Repke, K. Chan, D. McKenna, A. Llagostera, R. E. Schultes. 1991. Snuff powders from pre-Hispanic San Pedro de Atacama: Chemical and contextual analysis. *Current Anthropology* 32(5): 640–649.

Urry, J. 1990. The Tourist Gaze: Leisure and Travel in Contemporary Societies. London: Sage. Zitiert nach Vester H.-G. (1993). Authentizität. In Tourismuspsychologie und Tourismussoziologie. Ein Handbuch zur Tourismuswissenschaft, hrsg. v. H. Hahn, H.-J. Kagelmann, 122–124. München.

Winkelmann, M. 2005. Drug Tourism or spiritual Healing? Ayahuasca Seekers in Amazonia. *Journal of Psychoactive Drugs* 37(2): 209–218.

Yancey, W. L., P. Erickson, R. N. Juliani. 1976. Emergent Ethnicity: A Review and Reformulation. *American Sociological Review* 41(3): 391–403.

Zacharias, S. 2005. *Das psychotherapeutische Wissen und die Behandlung psychischer Erkrankungen innerhalb des mexikanischen Curanderismus – eine qualitative einzelfallorientierte Studie.* Dissertation. Leipzig.

Znamenski, A. A. 2007. *The Beauty of the Primitive: Shamanism and the Western Imagination.* Oxford.

Crackdealer in East Harlem

Widerstand und Selbstzerstörung
unter amerikanischer Apartheid[1]

Philippe Bourgois

Ich kam nicht schnell genug aus der Tür des *Video Arcade Crackhouse* heraus, um dem Geräusch zu entkommen, das der Baseballschläger des Türstehers Cäsar machte, als er auf den Kopf des Kunden prallte. Ich hatte die harschen Worte Cäsars während des Disputs mit einem vollgedröhnten Kunden falsch eingeschätzt. Meinem Gefühl nach war ihr Streit ein aggressives, aber auch spielerisches Aufplustern gewesen, welches für männliche Interaktionen auf der Straße charakteristisch ist. Während ich mir nun vor dem *Crackhouse* eine Pause gönnte, versuchte ich anhand des Geräuschpegels zu entscheiden, ob ich einen Krankenwagen rufen sollte oder nicht. Als ich den verprügelten jungen Mann dann sah, erübrigte sich meine Entscheidung. Unter Tritten und höhnischem Gelächter schleppte er sich aus dem Gebäude. Ich ging daraufhin zwei Straßen weiter zu meiner Wohnung.

---

1 Ich danke meinen Nachbarn, den Crackdealern und ihren Familien, die mich in ihre Wohnung und ihr Leben in East Harlem eingeladen haben. Ich habe alle Namen und Straßennamen geändert, um ihre Privatsphäre zu schützen. Dieser Artikel wurde mit der Unterstützung des *National Institute on Drug Abuse* (Grant # R01-DA10164) geschrieben. Ebenso möchte ich den folgenden Institutionen für ihre großzügige finanzielle Unterstützung danken, die ich während meiner Forschungsarbeit erfahren habe: die *Harry Frank Guggenheim Foundation*, die *Russell Sage Foundation*, die *Social Science Research Concil*, die *Ford Foundation*, die *Werner-Gren-Foundation for Anthropological Research*, die *United States Bureau of the Cencus*, und meiner Heimatinstitution, der *San Francisco State University* mit besonderem Dank an das *College of Behavioral and Social Science*, das *San Francisco Urban Institute*. Dean Nancy McDermid, vom *College of Humanities*, war so nett, mir ein Büro ihres wunderschönen neuen Gebäudes auf dem Campus für die Zeit zu überlassen, an der ich an diesem Artikel schrieb. Ich danke zudem Harold Otto für das Transkribieren der Tonbandaufzeichnungen, sowie Joelle Morrow für die redaktionelle Bearbeitung. Dieser Artikel wurde aus dem Amerikanischen übersetzt von Bettina Paul. Dieser Text erschien zuerst in Paul, B., H. Schmidt-Semisch. (Hrsg.). 1998. *Drogendealer. Ansichten eines verrufenen Gewerbes*. Freiburg.

Die Nachbarschaft in East Harlem, New York, wo ich zu der Zeit lebte, war überwiegend puertoricanisch. Meine Handlungsunfähigkeit angesichts der Gewalttätigkeit meiner Crackdealer-Freunde ließ mich meine Feldstudien an diesen Tag etwas früher beenden, da ich völlig durcheinander war. Ich half meiner Frau, unseren neugeborenen Sohn in den Schlaf zu wiegen, und hoffte mich auf diesem Wege von meinem Zorn und dem angestiegenen Adrenalinpegel zu erholen. Das dankbare Giggeln meines Babys schaffte es jedoch nicht, das Geräusch von Cäsars Baseballschläger aus meinem Gedächtnis zu löschen.

Am nächsten Abend musste ich mich dazu zwingen, wieder zu dem *Crackhouse* zurückzukehren, in dem ich so viel Zeit verbracht hatte, um über die Armut der Innenstädte und soziale Benachteiligung zu forschen. Ich wies Cäsar wegen seiner „Überreaktion" in der vergangenen Nacht zurecht. Cäsar konnte es gar nicht erwarten, mich in eine Diskussion zu verwickeln. Mitten in unserem verbalen Wettkampf zog er das Aufnahmegerät aus meiner Hemdtasche, schaltete es ein und sprach direkt in das Mikrofon. Er wollte sichergehen, dass ich eine Aufnahme seines abschließenden Statements hätte, um dieses in meinem Buch über *Street Culture* und illegale Ökonomie, an dem ich damals gerade schrieb, als Zitat zu verwenden:

> „Nein Felipe, Du verstehst das nicht. Es ist manchmal nicht gut, zu nett zu den Leuten zu sein, Mann, sie nutzen Dich sonst bloß aus. Dieser Typ hat schon seit 'ner ganzen Zeit nur Mist geredet. Darüber, wie schwach wir seien, dass er den ganzen Block unter Kontrolle hätte und dass er alles tun und lassen könne, was er wolle. Ich meine, wir haben echt versucht, ruhig zu bleiben, bis er anfing zu erzählen, er würde uns an die Polizei verpfeifen und so. Da griff ich dann nach dem Baseballschläger. Erst fiel mein Blick auf die Axt, die wir hinter dem *Pac Man* stehen haben, aber dann sagte ich zu mir: ‚Nein, ich will etwas, das kurz und kompakt ist. Ich habe nur einen kurzen Abstand, um ihm eins überzuziehen.' (Nun brüllte er über den ganzen Flur der *Video Arcade*, damit es jeder mitbekam.) Du kontrollierst gar nichts, weil wir Dir in den Arsch getreten haben. Ha! Ha! (Er drehte sich wieder zu mir um.) Das war gerade, als Du weggerannt bist, Felipe. Du hast es verpasst. Ich bin wild geworden. Siehst Du Felipe, Du kannst den Leuten in dieser Gegend nicht erlauben, Dich rumzuschubsen, sonst kriegst Du den Ruf, dass Du ein ‚Weichei' bist."

Primo, der *Crackhouse* Manager, bestätigte Cäsars Story. Er betonte die Glaubwürdigkeit seines gewalttätigen Angestellten, indem er kichernd davon berichtete, wie er Cäsar nach dem zweiten Treffer mit dem Baseballschläger nur schwerlich davon hatte abbringen können, den am Boden liegenden, halb bewusstlosen Kunden totzuschlagen.

1   Die Logik der Gewalt innerhalb der Street Culture

Die meisten Leser werden Cäsars Verhalten, genau wie sein Herumbrüllen in der Öffentlichkeit, als Handlungen eines „Verrückten" einstufen. Im Kontext der illegalen Ökonomie ist Cäsars prahlerische Vergötterung von Gewalt jedoch eine gute Public-Relation-Maßnahme, denn eine Zurschaustellung des Aggressionspotentials in kleinen Abständen ist überaus wichtig für seine professionelle Glaubwürdigkeit und sorgt für langfristige Sicherheit im Beruf. Als Cäsar die Story über seinen gewalttätigen Einsatz durch das Gebäude brüllte, so dass es jeder in der Umgebung mithören konnte, war dieses Prahlen nicht etwa überflüssig oder gefährlich. Im Gegenteil, er machte auf diesem Wege Werbung für seine Kompetenz als Türsteher und zeigte allen, dass er an seiner Arbeitsstätte für Ordnung sorgte. Zudem kommt Cäsar in den Genuss eines weiteren Nebeneffekts seiner Unfähigkeit, seine Wutausbrüche unter Kontrolle halten zu können: Er erhält auf Lebenszeit einen monatlichen Scheck der Sozialversicherung für eine – wie er es nennt – amtliche Bescheinigung, „ein Verrückter" zu sein. Er bestätigt diese emotionale Gestörtheit immer wieder mit Suizidversuchen.

Kurz gesagt, im Alter von 19 Jahren sorgte Cäsars Brutalität dafür, dass sich ihm alle Türen für eine effektive Karriere als *Crackhouse*-Rausschmeißer öffneten. Neben dem, was er als ein anständiges Einkommen einstuft, bietet ihm dieser Job auch die Möglichkeit, seine Verletzlichkeit, die ihm beim Aufwachsen in East Harlem immer wieder zusetzte, auf einer persönlichen und emotionalen Ebene zu bewältigen. Seine Mutter war bei seiner Geburt 16 Jahre alt und heroinabhängig, daher wurde er von seiner Großmutter aufgezogen, die ihn regelmäßig schlug und die er dennoch innig liebte. Nachdem er einen Lehrer mit einem Stuhl geschlagen hatte, wurde er auf eine Sonderschule *(reform school)* geschickt:

„Ich habe jeden Tag geweint, war eine richtige Heulsuse. Ich habe über Selbstmord nachgedacht und meine Mütter so vermisst. Ich meine ‚buela', meine Großmutter – Du kennst sie. Außerdem war ich damals ein kleiner Junge – um die zwölf oder 13 – und die anderen Kids haben mich zusammengeschlagen und so'n Zeug. Mir wurde ständig der Arsch versohlt. Ich wurde andauernd verletzt. Es war eine ätzende Sonderschule. Ich hab' gesehen, wie die Therapeuten die Kids draußen nackt in den Schnee gehalten haben."

Cäsar war allerdings schlau und frühreif genug, um die institutionalisierte Gewalt seiner Schule zu übernehmen und jene Fähigkeiten zu entwickeln, die es ihm später ermöglichen sollten, sich in der illegalen Ökonomie auszuzeichnen:

„Ich habe dann einfach daraus gelernt. Ich wurde so wild beim Prügeln, dass die anderen mich immer eine Weile in Ruhe ließen. Ich bin richtig ausgeflippt. Richtig weggeklinkt bei jeder Rauferei. Ich nahm z.B. einen Stuhl oder einen Stift oder so etwas und führte ihnen damit vor, was es heißt, auszuflippen. Sie dachten dann, ich wäre total wild und verrückt. Ich meine, ich geriet ständig in Prügeleien. Auch wenn ich mal verlor, fing ich trotzdem immer wieder Streit an. Irgendwie relaxte mich das, weil ich wusste, jetzt fängt erst mal keiner was mit mir an."

2 Der „ethnographische" Zugang zur Armut der Innenstädte

Cäsar und sein direkter Vorgesetzter, Primo, waren nur zwei von 25 puertoricanischen Crackverkäufern, mit denen ich mich während meiner Forschungen in East Harlem anfreundete. Ich lebte und arbeitete dort über vier Jahre, und zwar während jener Zeit, die von der Politik und den Medien als „Crack-Epidemie" bezeichnet wurde und die sich von 1985 bis 1991 erstreckte. Da ich ein Kulturanthropologe bin, der sich methodisch der „teilnehmenden Beobachtung" oder auch der „Ethnographie" bedient, bringt diese Feldarbeit unweigerlich einen Bruch mit der traditionellen, positivistischen Forschung mit sich, da ich nur „authentisches" Material zusammentrage und auswerte. Dies erfordert es, eine persönliche Beziehung zu den Personen herzustellen, über die wir forschen. Dabei sollten wir nach einer Beziehung streben, die langfristig bestehen kann, die lebendig ist und auf beiderseitiger Sympathie beruht, und versuchen, unsere Werturteile außer Acht zu lassen, um uns in die Sinnwelt der Personen zu begeben, mit denen wir leben. Unser Ziel muss es sein, die Welt soweit wie nur möglich mit den Augen der Personen zu ergründen, über die wir schreiben.

Bevor ich mein Forschungsvorhaben auch nur formell zu Wege bringen konnte, wurde ich mit der überwältigenden Realität der Rassen- und Klassen-Segregation im urbanen Amerika konfrontiert. Zu Beginn hatte ich das Gefühl, dass meine weiße Haut das letzte Stadium einer ansteckenden Krankheit signalisierte, die überall, wo ich auftauchte, Verwüstung nach sich zieht. Straßenecken, die eben noch bevölkert waren, veröden unter einem Pfeifkonzert in dem Augenblick, in dem ich sie betrat. Die nervösen Drogendealer schwärmten auseinander, da sie sich sicher waren, dass ich ein ziviler Drogenfahnder sei. Die Polizei wiederum gab mir unmissverständlich zu verstehen, dass ich gegen unausgesprochene Apartheid-Gesetze verstieß. Sie stießen mich immer wieder mit gespreizten Beinen und Armen an Hauswände und durchsuchten mich nach Waffen und Drogen. Aus ihrer Sicht gab es für einen „weißen Jungen" nur einen Grund, sich nachts in dieser Gegend aufzuhalten, nämlich Drogen zu kaufen. Tatsächlich versuchte ich beim ersten Mal, als die Polizei mich anhielt, völlig naiv und in einem freundlichen Ton zu erklären, dass ich ein Anthropologe sei, der über soziale Benachteiligung forsche. Die Polizisten waren natürlich davon überzeugt, dass ich mich über sie lustig machte, schrien und fluchten, und brachten mich dann zur nächsten Bushaltestelle, wo sie mich aufforderten, die Gegend zu verlassen.

Nur durch meine andauernde Präsenz aufgrund meines Wohnsitzes in der Nachbarschaft sowie meiner freundlichen Beharrlichkeit auf der Straße war es mir möglich, die Rassen- und Schichtbarrieren zu überwinden und das Vertrauen der Dealer, die dort beschäftigt waren, zu gewinnen. Dazu trug auch bei, dass sie mitbekamen, wie ich heiratete und mein Kind geboren wurde. Als mein Sohn alt genug war, um getauft zu werden, war ich bereits so eng mit einigen Dealern befreundet, dass ich sie zur anschließenden Feier in der Innenstadtwohnung meiner Mutter einlud. Im Gegensatz dazu gelang es mir nie, einen Dialog mit der Polizei zu etablieren. Ich lernte jedoch, dass es ratsam war, immer einen Ausweis mit Bild und aktueller Adresse dabei zu haben. Wenn ich von ihnen angehalten wurde, zwang ich mich, den Kopf gesenkt zu halten, den Blick auf den Boden zu richten und ein überschwängliches „Jawohl, Sir" in einem Akzent der weißen Arbeiterschicht vor mich hin zu murmeln. Im Gegensatz zu den meisten Crackdealern, mit denen ich meine Zeit verbrachte, wurde ich allerdings niemals verprügelt oder festgenommen.

Ich bin davon überzeugt, dass ich nur durch den mühseligen Bruch mit der urbanen Apartheid in der Lage war, interessantes Material über innerstädtische Armut zusammenzutragen. Methodisch gesehen ist es nur durch langfristige Beziehungen, die auf gegenseitigem Respekt beruhen, möglich, provokante persönliche Fragen zu stellen und ernsthafte Auseinandersetzungen über die Erfahrungen extremer sozialer Benachteiligung in den USA zu führen. Vielleicht werden daher Armut und soziale Benachteiligung so selten verstanden. Die traditionellen, quantitativ orientierten Untersuchungsmethoden der Soziologen und Kriminologen mit Ober- und Mittelschichtsherkunft tendieren dazu, wirklichkeitsfremde Konstruktionen zu erstellen. Nur wenige Menschen, die am Rande der Gesellschaft stehen, vertrauen Außenstehenden, die eindringliche persönliche Fragen stellen, besonders solche, die Geld, Drogen und Alkohol betreffen. Tatsächlich mag niemand – ob reich oder arm – derartige Fragen gerne beantworten.

Der Zustand der Armutsforschung fungiert in jedem Land als ein Lackmustest für die Haltung gegenüber Ungerechtigkeit und Sozialfürsorge *(social welfare)*. Dies trifft vor allem für die Vereinigten Staaten zu. Dort wird Armut immer im Zusammenhang mit moralischen Werturteilen diskutiert, was häufig in stereotype rassistische Zuschreibungen mündet. Zu guter Letzt glauben die meisten Amerikaner, egal ob arm oder reich, an den Mythos, dass jeder vom Tellerwäscher zum Millionär aufsteigen kann. Sie sind zudem sehr moralisch, was Themen wie Reichtum betrifft. Dies ist vielleicht auf ihre puritanisch-calvinistische Herkunft zurückzuführen. Selbst progressive Akademiker in den Vereinigten Staaten sind sich nicht sicher, ob die Armen ihr Schicksal vielleicht nicht doch verdient haben. Deshalb fühlen sie sich oft berufen, die Innenstädte in einer künstlich positiven Art und Weise zu beschreiben, die nicht nur unrealistisch ist, sondern auch theoretisch und analytisch fehlerhaft.

Dieser ideologische Kontext der US-amerikanischen Armutsforschung wird wahrscheinlich am besten durch die in den 1960er-Jahren grandios verkauften Bücher des Anthropologen Oscar Lewis verkörpert. Er trug mehrere tausend Interview-Seiten über die Lebensgeschichte einer puertoricanischen Familie zusammen, die nach East Harlem und South Bronx einwanderten, um dort Arbeit zu finden. Dreißig Jahre später steht seine Theorie über eine „Kultur der Armut" im Zentrum gegenwärtiger Politik rund um die Innenstädte der USA. Obwohl er eine demokratische und auch soziale Gesinnung hatte und sich für die Ausweitung von staatlichen Armutsprogrammen aussprach, bot seine theoretische Analyse eine psychologische Erklärung für die generationsübergreifend anhaltende Armut, eine Erklärung, die tendenziell die Opfer zu Schuldigen erklärte. Auf einigen Ebenen läutete dies das Sterben des großen Gesellschaftstraumes der Johnson-Regierung ein und trug dazu bei, sich vom Traum der frühen 1960er-Jahre, die Armut in den USA könne ausgerottet werden, zu verabschieden. Seine Theorie steht mehr denn je im Einklang mit den Kampagnen für individuelle Verantwortlichkeit und Familienwerte, die in den Wahlkämpfen der 1990er-Jahre hochgejubelt wurden. Lewis schrieb 1966:

„Wenn Slum-Kinder sechs oder sieben Jahre alt sind, haben sie normalerweise die Grundhaltungen und Werte ihrer Subkultur verinnerlicht. Danach sind sie psychologisch nicht mehr fähig, sich auf veränderte Bedingungen einzustellen, oder Möglichkeiten, die sich in ihren Leben anbieten, zu ergreifen. [...] Es ist viel schwieriger, die Kultur der Armut zu durchbrechen, als die Armut selbst abzuschaffen."

Lewis' auf der Familienideologie beruhender und freudianisch beeinflusster Blick auf verarmte puertoricanische Immigranten bestätigte die Vorurteile der konservativen Amerikaner. Liberale Sozialwissenschaftler machten aufgrund ihrer Wut und Frustration über Lewis den Fehler, die Armen zu glorifizieren und jeden empirischen Beleg von deren Selbstzerstörung zu leugnen. Als ich in die gleiche Innenstadt-Gegend zog, in der Lewis vor dreißig Jahren puertoricanische Familien interviewte, war ich fest entschlossen, seinen Fehler nicht zu wiederholen. Ich wollte die strukturellen Ungerechtigkeiten untersuchen und gleichzeitig beschreiben, wie die Unterdrückung auf schmerzliche Weise im täglichen Leben der dauerhaft Armen verinnerlicht wird. Mein Anliegen war es, eine politisch-ökonomische Perspektive zu entwickeln und die Kultur- und Geschlechterverhältnisse ebenso wie die Verbindung zwischen individuellen Handlungen und sozial-strukturellen Bedingungen ernst zu nehmen. Dabei konzentrierte ich mich auf die Art und Weise, in der eine „Gegen- und Widerstandskultur der Straße", die der Ausbeutung und sozialen Benachteiligung ausgesetzt ist, sich ihren Mitgliedern gegenüber selbstzerstörerisch verhält. Tatsächlich werden aus den Straßendealern, Abhängigen und Kriminellen die lokalen Vermittler, welche die Zerstörung ihres Viertels einleiten.

3 Dollars und das Gespür für Drogen

Forscher, deren Untersuchungsgegenstand die Innenstädte sind, müssen sich dem Drogenmissbrauch und der Rolle, die Drogen in einer illegalen Ökonomie spielen, widmen, da dies von außerordentlicher wirtschaftlicher Wichtigkeit ist und einen tragischen Einfluss auf die Zerstörung des Lebens dieser Menschen hat. Die einfachste Dimension des Drogenverkaufs in Bezug auf das Verständnis der Außenstehenden ist die ökonomische Logik, die ihm innewohnt. Auf einer weltweiten Skala sind illegale Drogen mittlerweile zu einem Milliarden-Dollar-Geschäft geworden.

In den USA der 1980er- und 1990er-Jahre waren die Crack/Kokain- und die Heroin-Industrie die einzigen dynamisch expandierenden Arbeitsmöglichkeiten für Männer aus den Innenstädten. Die Straße vor meiner Wohnung ist nicht untypisch, und ich konnte – und kann noch immer – innerhalb eines Radius von zwei Straßenblöcken alles kaufen: Heroin, Crack, Pulver-Kokain, sterile Nadeln, Methadon, Valium, Angel Dust (ein extremes Beruhigungsmittel), Marihuana, Meskalin, illegalen Alkohol und Tabak. Im Umkreis von hundert Yards um meine Haustür gab es drei konkurrierende Crackhäuser, die für zwei, drei und fünf Dollar das Stück Glasröhrchen *(vials)* verkauften. Darüber hinaus gab es zwei weitere Verkaufsstätten, die Pulver-Kokain in plastikverschweißten und mit sorgfältig geschnitztem Stempel versehenen Päckchen zu je zehn und zwanzig Dollar vertrieben. Direkt über dem als Videogeschäft getarnten *Crackhouse*, in dem ich einen großen Teil meiner Zeit verbrachte, verwalteten zwei niedergelassene Ärzte eine „Pillen-Fabrik." Sie schrieben täglich einige Dutzend Rezepte für Opiate, Stimulantien und Sedative. Da kamen jährlich Drogen im Wert von mehreren Millionen Dollar zusammen. In einer der gegenüberliegenden Wohnungen verhaftete die New Yorker *Housing Authority* Polizei eine 55 Jahre alte Mutter und ihre 22-jährige Tochter. Die beiden waren beim Abpacken von 21 pounds (1 pound = 453g) Kokain im Straßenwert von ungefähr einer Million Dollar überrascht worden. Das verunreinigte Kokain füllten sie in Viertel-Gramm-Glasröhrchen für zehn Dollar das Stück. Die Polizei fand in ihrer Wohnung zudem 25.000 Dollar in kleinen Scheinen.

Anders ausgedrückt finden Geschäfte im Umfang vieler Millionen Dollars in der direkten Umgebung der Jugendlichen statt, die in East Harlems Sozialwohnungen leben. Der Drogenhandel bietet den Jugendlichen eine Karriere mit realen Aufstiegschancen. Wie die meisten Menschen in den Vereinigten Staaten bemühen sich auch Drogendealer nur, „ihr Stück vom Kuchen" abzubekommen, und das möglichst schnell. Tatsächlich ahmen sie das klassische Yankeemodell vom Aufstieg nach: mit Unternehmungsgeist aus eigenen Kräften zum Erfolg. Sie sind die ultimativen rauen Individualisten, die einer unkalkulierbaren Grenze trotzen, bei der Glück, Ruhm und Zerstörung nahe beieinander liegen und wo Konkurrenten rastlos gejagt und niedergestreckt werden.

Trotz der offensichtlichen ökonomischen Reize meiden die meisten Bewohner East Harlems Drogen und arbeiten in einem legalen Achtstunden-Job oder auch noch darüber hinaus. Das Problem ist jedoch, dass diese gesetzestreue Mehrheit die Kontrolle über den öffentlichen Raum verloren hat. In die Defensive gedrängt, leben sie in Angst vor und sogar Verachtung gegenüber ihrer eigenen Nachbarschaft. Besorgte Mütter und Väter sind gezwungen, ihre Kinder hinter mehrfach verriegelten Türen zu halten, wenn sie gewillt sind, die „Kultur der Straße" aus ihrer Wohnung fernzuhalten. Ihr vordringlichstes Ziel ist es, genügend Geld anzusparen, um in ein sicheres Arbeiterviertel zu ziehen.

Die Drogendealer, die ich in meinem Buch *In Search of Respect* beschrieb, stellen daher nur einen kleinen Ausschnitt der Bevölkerung East Harlems dar. Aber diese wenigen haben es erreicht, in ihrer Nachbarschaft den Ton anzugeben. Sie zwingen Anwohner, vor allem Frauen und ältere Menschen, in der Angst zu leben, überfallen oder beraubt zu werden. In erster Linie aber leben die Straßen-Dealer den Jugendlichen, die um sie herum aufwachsen, einen verführerischen alternativen Lebensstil vor, den ich die „Kultur der Straße" nenne, auch wenn er Gewalt und Selbstzerstörung mit sich bringt. Die Drogenökonomie ist die materielle Basis dieser Straßenkultur, und ihre Millionen-Dollar-Expansion lässt sie attraktiv und trendy erscheinen.

Auf einer subtileren Ebene beinhaltet die „Kultur der Straße" wesentlich mehr als ökonomische Verzweiflung oder Habgier. Sie birgt auch die Suche nach Würde und eine Auflehnung gegen die soziale Benachteiligung, welche die Main-Stream-Gesellschaft der Jugend auferlegt, die in den Innenstädten heranwächst. Sie kann als eine „Kultur des Widerstands" aufgefasst werden, zumindest jedoch als eine „Kultur der Opposition" gegenüber der ökonomischen Ausbeutung und des kulturellen Verfalls. Konkret zeigt sich dies in der Ablehnung von Jobs mit geringen Löhnen und schlechten Arbeitsbedingungen sowie im Zelebrieren der sozialen Benachteiligung als eines Kennzeichens von Stolz, auch wenn dies in Selbstzerstörung mündet.

Erneut veranschaulicht ein Gespräch mit Cäsar diese Dynamik. In der betreffenden Situation reagierte Cäsar auf einen legal arbeitenden Mexikaner, der kürzlich ohne Papiere eingewandert war, sich in der Nähe des *Crackhouse* aufhielt und sich über die Faulheit der Puertoricaner aufregte:

> „Das stimmt, Junge! Wir, die Drogen verkaufen, sind nur Ungeziefer und Spinner. Wir wollen kein Teil dieser Gesellschaft sein. Wofür also sollten wir arbeiten gehen? Puertoricaner können Arbeit nicht ausstehen. Okay – vielleicht nicht alle von uns, weil es noch eine Menge Leute der alten Schule gibt, die noch arbeiten. Aber das gilt nicht für die neue Generation. Wir haben vor nichts Achtung. Die neue Generation hat keine Achtung vor der Öffentlichkeit. Wir wollen schnelles Geld machen, das ist alles. Wir gehen das locker an, wollen nicht hart arbeiten. Das ist die neue Generation für uns. Die alte Schule galt für die Zeit, als wir noch jünger waren. Wir haben uns den Arsch aufgerissen. Ich hatte jeden denkbaren blöden Job: Metall-Schrott sortieren, die Arbeit in einer Trocken-Wäscherei und bei Werbeagenturen. Aber jetzt nicht mehr. (Er legt dabei seinen Arme um Primo.) Heute sind wir in einer rebellischen Phase. Wir umgehen lieber die Steuer, machen schnelles Geld und versuchen zu überleben. Aber wir sind damit auch nicht zufrieden, ha!"

4 Geschichte und politische Ökonomie

Cäsars Worte müssen in ihrem historischen und strukturellen Kontext gesehen werden, da sie sonst nur dazu dienen, rassistische Stereotype zu bestätigen und alles auf eine psychologische Erklärung für Gewalt, Drogenmissbrauch und endlich für Armut zu reduzieren. Tatsächlich ist dies eine Schwachstelle vieler ethnographischer Studien. Sie sinken oftmals auf die Ebene der voyeuristischen Konstruktion eines entmenschlichten Gegenübers, das im politischen und ökonomischen Vakuum steht. Bei näherer Betrachtung muss man erkennen, dass Cäsars Loblied der Arbeitslosigkeit, des Verbrechens und Drogenmissbrauchs mit den Dynamiken des Arbeitsmarktes, den historischen Entwicklungen und sogar internationalen politischen Konfrontationen zusammenhängt, die alle fernab seiner Kontrolle liegen.

Dazu zählt etwa die strategisch unglückliche geopolitische Lage der Karibikinsel Puerto Rico, die sie seit jeher zum militärischen Spielball der Supermächte machte und zu einer fatalen ökonomischen und politischen Entwicklung führte. Dies war schon so zur Zeit der spanischen Kolonisation und gilt auch für die derzeitige politische Kontrolle durch die USA. Puerto Rico besitzt noch heute den zweideutigen Status des *Free Associated Commonwealth*. Puertoricanern, die in ihrer Heimat bleiben, ist es untersagt, bei Bundeswahlen ihre Stimme abzugeben, obwohl sie von den US-Militär-Wahlbehörden erfasst werden. Schon kurz nachdem die US-Marine die Insel 1898 besetzte, wurde die

Wirtschaft von US-Agrarexportfirmen übernommen und Puerto Rico zum Ort einer der rasantesten wirtschaftlichen Umbrüche, denen je eine Nation der Dritten Welt in jüngerer Zeit unterzogen wurde. In den Jahrzehnten nach dem zweiten Weltkrieg betitelten die USA die Entwicklungsstrategie für Puerto Rico als *Operation Bootstrap* und erklärten sie zu einem der großen Erfolge der freien Marktwirtschaft. Dieser Versuch, dem kubanischen sozialistischen Experiment den Rang abzulaufen, bedeutete für Puerto Rico eine ganze Reihe von Nachteilen und auch Demütigungen. Den besten Beweis für das Versagen des US-amerikanischen Entwicklungsmodells in Puerto Rico bietet die Tatsache, dass seit den späten 1940er-Jahren ein Drittel, vielleicht sogar die Hälfte der Bevölkerung gezwungen war, die Insel zu verlassen, um Arbeit und Existenzsicherung anderswo zu suchen. Es leben mehr Puertoricaner außerhalb als innerhalb Puerto Ricos. Wie alle neuen Immigranten in der Geschichte der USA wurden Puertoricaner mit Rassismus und kultureller Erniedrigung konfrontiert, sobald sie in den USA ankamen. Dies umso mehr, als sie im Gegensatz zu den Iren, den Juden und den Italienern, die vor ihnen nach New York kamen, keine weiße Haut haben.

Die Puertoricaner, die in New York geboren wurden, sind Nachfahren entwurzelter Menschen, die innerhalb kürzester Zeit ganze Epochen der Wirtschaftsgeschichte durchlaufen haben. Während der vergangenen zwei oder drei Generationen verwandelten sich ihre Eltern und Großeltern von Subsistenzbauern, die sich halbwegs ihren Lebensunterhalt verdienen konnten und die auf privaten Landstücken oder örtlichen Haziendas lebten, über Landwirte, die auf Plantagen arbeiteten, die Fremden gehörten, kapitalintensiv waren und deren Ertrag hauptsächlich für den Export genutzt wurde, zu Arbeitern in Fabriken, die für den Export produzierten, schließlich zu Arbeitern, die Knochenarbeit verrichteten und in New Yorker Ghetto-Behausungen wohnten, und endlich zu Angestellten im Dienstleistungssektor, die in den Wohnungsprojekten der Innenstädte leben. Über die Hälfte derer, die auf der Insel blieben, sind heute derart verarmt, dass sie auf Unterstützung durch Lebensmittelmarken angewiesen sind. Jene, die es bis nach New York City geschafft haben, erleiden die höchste Rate an Familienarmut aller ethnischen Gruppierungen in den USA, abgesehen von den *Native Americans*.

5 Von der Fabrikarbeit zur Dienstleistung und der Crack-Alternative

Diese puertoricanischen Erfahrungen in New York City wurden abermals verschlimmert durch die Tatsache, dass die meisten Puertoricaner genau in dem historischen Moment in den USA ankamen, als die Fabriken, in denen sie Jobs suchten, die amerikanischen Städte verließen und in Länder umsiedelten, deren Lohn- und Produktionskosten geringer waren. Anhand der aufgezeichneten Lebensgeschichten der Crackdealer wurde deutlich, dass die strukturellen Veränderungen der New Yorker Wirtschaft für die Jungen eine Zerrüttung der persönlichen Verhältnisse mit sich brachten. Fast alle Crackdealer und Abhängigen – vor allem die älteren –, die ich im Laufe der Jahre interviewt habe, haben in ihrer frühen Kindheit in einem oder mehreren legalen Jobs gearbeitet, wobei die meisten in den Arbeitsmarkt zu einem früheren Zeitpunkt eintraten, als es für den typischen Mittelschichts-Amerikaner üblich ist. Dies traf auch auf Primo zu, den Manager des *Video Arcade Crackhouse:*

> „Ich war so um die 14 oder 15, habe damals die Schule geschwänzt und Kleider gemangelt oder was auch immer mit dieser Maschine gemacht wurde. Das waren ganz billige Klamotten. Eigentlich hat ja erst die Schwester meiner Mutter da gearbeitet und dann ihr Sohn, mein Cousin Hektor, das ist der, der jetzt im Knast sitzt. Ihn haben sie zuerst angestellt, weil seine Mutter einverstanden war: ‚Wenn Du schon nicht zur Schule gehen willst, dann musst Du wenigstens arbeiten.' Ich fing dann an, mit ihm rumzuhängen. Dabei hatte ich nicht vor, in der Fabrik zu arbeiten. Ich sollte eigentlich in der Schule sein, aber irgendwie passierte es dann einfach."

Die Fabrik, in der Primo arbeitete, verlegte ihren Standort noch im ersten Jahr seiner Beschäftigung weg von East Harlem. Er war nun einer der halben Million Fabrikarbeiter in New York City, die fast ihren Lebensunterhalt verloren, während zwischen 1963 und 1983 die Fabrikarbeitsplätze um die Hälfte reduziert wurden. Natürlich erinnert sich Primo gerne und sogar stolz daran, wie er für den Abbau der Fabrikmaschinen etwas Extra-Geld bekam, anstelle sich als Opfer struktureller Veränderungen wahrzunehmen:

> „Die Leute hatten ein Geld! Wir haben ihnen geholfen, hier wegzuziehen. Wir brauchten dafür ganze zwei Tage, nur ich und mein Cousin Hektor. Wow! Das war eine Arbeit. Wir haben jeder 70 Dollar bekommen."

Cäsar, der *Crackhouse*-Türsteher, hatte ganz ähnliche Erfahrungen gemacht, während er statt die Schule abzuschließen, in einer Schmuck-Fabrik arbeitete. Während dieser Lebensphase hätten sich die Teenager-Träume von Cäsar und Primo erfüllen können, wenn sie nicht durch ihre wiederholten Jobverluste bereits auf den schwächsten Arbeitsmarkt festgelegt worden wären. In Zeiten, in denen die meisten Einstiegsjobs aus Fabrikarbeit bestanden, erregten die Gegensätze zwischen der oppositionellen Straßenkultur und der traditionellen Arbeiterschaft nur wenig Anstoß, vor allem wenn hinter ihnen noch eine Gewerkschaft stand. Hart zu sein und ein gewalttätiges Macho-Image zu wahren, gehörte in der Fabrik zum akzeptierten Verhalten. Ein gewisser Grad an Opposition gegenüber dem Management wurde dort erwartet und als männlich eingestuft.

6 Die Missachtung bei der Arbeit

In New York wurden die Fabrikjobs zum großen Teil durch Arbeitsplätze im Dienstleistungsbereich ersetzt. Auf der Einstiegsebene ist der am schnellsten wachsende Bereich für Schulabgänger oder auch für Collageabsolventen die Büroarbeit in den Verwaltungsabteilungen der großen Firmen, die ihre Fabriken umgesiedelt haben. Das Problem besteht jedoch darin, dass eine oppositionelle Straßenidentität, die in der wachsenden illegalen Ökonomie so attraktiv ist, eine unterwürfige Haltung, wie sie die Vorgesetzten in diesen Büros verlangen, nicht gestattet. Der Dienstleistungssektor hat eine qualitative Veränderung in der Art der sozialen Interaktion erfahren. Personen, die in einer Postausgabestelle oder hinter einem Kopierer arbeiten, können ihre kulturelle Autonomie am Arbeitsplatz nicht offen zeigen. Ganz offensichtlich steht hinter ihnen keine Gewerkschaft, und es gibt auch nur wenige Kollegen, die ihnen das Gefühl einer kulturell begründeten Schicht-Solidarität vermitteln. Stattdessen sind sie von Aufpassern und Chefs umgeben, deren Kultur ihnen fremd, feindlich gesinnt und offensichtlich dominierend ist. Wenn diese Manager sich nicht von ihrer Straßenkultur einschüchtern lassen, verhöhnen sie diese.

Die Unterordnung unter die Normen der mächtigen „Büro-Korridor-Kultur" wird aus der Perspektive der „Kultur der Straße" als außerordentlich erniedrigend empfunden, insbesondere von den Männern. Auf der Straße wird das Trauma der Bedrohung der eigenen Würde kurz mit der allgemein gebräuchlichen Phrase „*to diss*" bezeichnet, was die Kurzform für „jemanden missachten" ist. Man braucht nicht lange zu suchen, um Geschichten der schmerzlichen Erniedrigung und des Verlustes von persönlicher und kultureller Autonomie zu finden, die von den Dealern in früheren Beschäftigungsverhältnissen im Dienstleistungs-sektor erlebt wurden. So für Primo, der als Nachrichtenüberbringer für ein Wirtschaftsmagazin gearbeitet hatte:

> „Wenn meine Chefin mit den Leuten im Büro redete, sagte sie immer: ‚Er ist ein Analphabet', so als ob ich zu blöd wäre zu verstehen, was sie gerade sagte, obwohl ich direkt neben ihr stand. Also schaute ich eines Tages einfach im Wörterbuch nach, was ‚Analphabet' bedeutete, und ich stellte fest, dass sie den anderen erzählte, ich sei dumm oder so etwas. Ich bin dumm! Weißt Du wieso? (zeigt auf sich selbst) ‚Er hat von nichts eine Ahnung.' Na gut, ich bin so oder so ein Analphabet."

Obwohl Primo es hasste, ein Analphabet genannt zu werden, bestand die eigentliche Erniedrigung in der Tatsache, dass er gezwungen wurde, das Wort, mit dem er beleidigt wurde, im Wörterbuch nachschlagen zu müssen. Im Gegensatz dazu braucht er in der illegalen Ökonomie eine derartige Bedrohung seines Selbstwertes nicht zu fürchten:

> „Mein Chef Papo, Besitzer des Crackhouse, würde mich niemals in dieser Art missachten. Er würde nie so etwas zu mir sagen, weil er ja auch ein Analphabet ist."

Als Primo etwas Initiative zeigen wollte und das Telefon abnahm, als seine Vorgesetzten nicht da waren, wurde er später dafür gescholten, dass er die Kunden mit seinem puertoricanischen Akzent vergraule. Ein anderer Crackdealer, Leroy, der einen selbständigen Verkaufsplatz in der Gegend betreibt, berichtete ebenfalls von gravierenden Erniedrigungen während seiner Arbeit als Bote. Er fuhr damals mit dem Fahrstuhl und stieg auf derselben Etage mit einer weißen Frau aus, um dort seiner Arbeit nachzugehen. Die Frau lief sofort brüllend vor ihm den Gang entlang. Er hatte zuvorkommend sein wollen und die Frau als erste aus dem Fahrstuhl steigen lassen. Ich vermute, dass er sich etwas unwohl gefühlt hat, in einem derart kleinen Raum mit einer weißen Frau allein zu sein, was eigentlich einem Tabubruch gleichkommt.

> „Sie ist als erstes in den Fahrstuhl eingestiegen, aber dann wartet sie, dass ich meine Etage drücke, um zu sehen, wohin ich fahren werde. Sie macht so, als ob sie nicht weiß, zu welcher Etage sie fahren will, nur weil sie darauf wartet, welchen Knopf ich drücken werde. Und ich stehe da und vergesse ganz, den Knopf zu drücken. Ich denke dann an was anderes und weiß gar nicht, was mit mir los ist. Und sie denkt bestimmt: ‚Er drückt keinen Knopf, das heißt er will mich verfolgen.'"

Leroy fällt es schwer zu verstehen, welche Ängste in weißen Büroangestellten allein durch seine dunkle Haut aufkommen. Er vertraute mir dies schon sehr früh in unserer Freundschaft an, und mir fiel auf, dass es ihm wie vielen Amerikanern sehr unangenehm war, über schichtspezifische und ethnische Grenzen hinweg über Rassenkonflikte zu sprechen:

> „Das passierte schon öfter. Ich meine, nach einer Weile gewöhnt man sich daran, wird immun dagegen. Na ja, wenn es das erste Mal passiert, dann ärgert es dich noch: ‚Das ist völlig daneben, wie sie dich diskriminieren.' Aber ich versteh schon, was in denen vorgeht. Wie soll ich das beschreiben? Eine Menge weißer Menschen ... (Er schaut mich nervös an.) ... ich meine Kaukasier ... (Aufgeregt legt er den Arm sorgsam über meine Schulter.) ... wenn ich weiß sage, sei nicht verletzt, Felipe. Aber die anderen Weißen haben noch nie Puertoricaner oder Schwarze erlebt. Deswegen denken sie immer, irgendetwas stimmt nicht mit dir. Oder sie denken, dass du sie überfallen willst oder so. Das ärgert mich. Weißt Du, da rastet bei mir was aus. Am liebsten würde ich einen Rap-Song darüber schreiben. Ich schreib das immer auf."

Als Crackdealer braucht sich Leroy diesen Situationen schichtspezifischer und rassistischer Erniedrigung nicht mehr auszusetzen.

7 Polaritäten rund um die Geschlechterverhältnisse

Über die offensichtlichen Rassenkonflikte hinaus beinhaltet der Dienstleistungssektor auch angespannte Gender-Dynamiken. Die meisten Vorgesetzten auf den unteren Ebenen dieser Branche sind Frauen, und die „Kultur der Straße" verbietet es den Männern, sich öffentlich dem anderen Geschlecht unterzuordnen. In den wütenden Erinnerungen an die Missachtung, die sie bei der Arbeit erfuhren, sprechen viele der männlichen Crackdealer in sexistischer Weise über ihre damaligen weiblichen Vorgesetzten. Meistens äußern sie sich beleidigend über deren Körperlichkeit und verfluchen sie mit sexistischen Sprüchen im Straßenslang. Sie beschreiben sich und die anderen Männer in dieser Arbeit als verweichlicht. So z.B. Cäsar:

„Ich hab' es in der Postausgabe bei dieser Werbeagentur, die mit Pharmazeutika handelte, ganze acht Monate ausgehalten. Die haben mir vertraut. Aber meine Chefin war voreingenommen. Sie war eine Hure. Sie war weiß. Ich musste mir so viel Mist von dieser fetten, hässlichen Hure anhören und alles ertragen. Ich mochte es zwar nicht, aber ich hab' weiter gemacht, weil, na ja, du willst die Beziehung nicht versauen. Deswegen lässt du dich zum Narren halten. Meine Güte, hab' ich die Hauptvorgesetzte gehasst. Die Hure war wirklich das Letzte. Es turnte sie an, die Leute rauszuschmeißen. Du konntest ihr das ansehen, Mann. Sie hat den einen Typ, der mit mir gearbeitet hat, zum Heulen gebracht und ihn um seinen Job betteln lassen."

Diese Konfrontation am Arbeitsplatz, in der junge Unterschichtsmänner den aufstrebenden jungen Frauen der Mittelschicht gegenüberstehen, zeigt eine weitere wichtige Veränderung der traditionellen Geschlechter- und Machtverhältnisse, die in den armen Arbeiter-Immigranten-Familien stattfindet. Der Verlust der Fabrikarbeitsplätze mit einem einigermaßen ausreichenden Einkommen und Zusatzleistungen wie Kranken- und Rentenversicherungen führt dazu, dass es für die Männer zunehmend unmöglich wird, die alten patriarchalen Träume des omnipotenten Ernährers von Frau und Familie auszufüllen. Gleichzeitig haben die ökonomischen Bedingungen, die puertoricanische Frauen dazu zwingen, die Familie miternähren zu müssen, sowie die kulturelle Neudefinition der Rechte und Autonomie für Frauen, die auf allen Ebenen der US-Gesellschaft seit den 1960er-Jahren stattgefunden haben, die traditionellen Familienmodelle des zweigeschlechtlichen, männlich dominierten Haushaltes in eine Krise gestürzt.

Die Männer akzeptieren die neuen Rechte und Rollen nicht, die sich die Frauen in den letzten Jahren erkämpft haben. Stattdessen versuchen sie, die verlorengegangene Herrschaft ihrer Großväter über die Familie und über den öffentlichen Raum auf eine gewaltsame Weise wieder zurückzugewinnen. Im Falle der Puertoricaner in East Harlem wird dieser Zustand noch einmal dadurch verschlimmert, dass sich die Erinnerung an den männlich dominierten Landarbeiter-Haushalt, der mit zahlreichen Kindern „gesegnet" ist, beharrlich am Leben erhält. Männer, die nicht mehr die „Herren im Hause" sind, empfinden die rapiden strukturellen Veränderungen ihrer Generation als einen dramatischen Anschlag auf ihre männliche Würde. Wenn sie im Dienstleistungssektor zu ökonomischen Versagern werden, beginnen sie im schlimmsten Fall damit, ihre Frauen und Kinder zu verprügeln, die sie nunmehr weder wirtschaftlich noch ideologisch kontrollieren können. Konkret bedeutet dies Schläge im Haushalt und *Gang Rape* in den Crackhäusern.

8   Auf der Suche nach Lösungen

Die Krise, die die komplizierten historischen Veränderungen der Geschlechter-/Machtverhältnisse der vergangenen Jahrzehnte begleitete, wird von Politikern in oberflächliche Sprüche gepackt und als „Krise der Familienwerte" bezeichnet. Diese Art der Reduktion auf individual-psychologische Erklärungen und eine dem Selbstverschuldungsprinzip anhängende Moral ist in den USA eine klassische Reaktion auf die meisten strukturellen

Ungerechtigkeiten und unangenehmen sozialen Themen, die Hautfarbe, Schicht und Geschlecht betreffen. Politiker und Medien erwarten schnelle, einfache Lösungen hinsichtlich der anhaltenden Verarmung. Der Öffentlichkeit fehlt der politische Wille zu einer übergreifenden Solidarität, die reale Veränderungen herbeiführen könnten. Traurigerweise klingt der Schlusssatz von Oscar Lewis' dreißig Jahre altem Artikel wieder so überzeugend, wie damals, als er zuerst erschien:

> „[...] müssen wir grundlegende strukturelle Veränderungen in unserer Gesellschaft durch eine Umverteilung des Reichtums vornehmen, die Armen organisieren und ihnen ein Gefühl von Zugehörigkeit sowie der Kraft und der Führung geben" (Lewis 1966: 21).

Es überrascht nicht, dass dieser Schlusssatz so gut wie nie von seinen Feinden oder von seinen Anhängern zitiert oder auch nur erinnert wird. Sein Idealismus steht heute noch weiter vom politischen Mainstream entfernt als in den 1960er-Jahren.

Die Amerikaner sind dazu verdammt, das historische Erbe der strukturellen ethnischen Ungerechtigkeiten zu tragen. Die aktuellste Form findet sich in der enormen Expansion des US-Strafsystems. 1994 waren die USA (neben Russland) die Nation mit den, bezogen auf die Bevölkerungszahl, meisten Inhaftierten; keine andere Industrienation (außer Südafrika) hat eine derart hohe Anzahl von Menschen, die unterhalb der Armutsgrenze leben. Die Innenstädte verkörpern die größte hausgemachte Schmach, die wie ein Damokles-Schwert über der Gesellschaft hängt. Und diese lässt sich nur deshalb (noch) ertragen, weil die Drogendealer, die Abhängigen und die Straßenkriminellen ihre Wut und Verzweiflung internalisieren und so ihre Brutalität gegen sich selbst und ihre direkte Umgebung richten – anstatt gegen ihre strukturelle Unterdrückung.

In einer vergleichenden internationalen Perspektive und in einem historischen Kontext besehen, erscheint die schmerzvolle und weitergehende Selbstzerstörung von Menschen wie Primo, Cäsar, ihren Familien und Angehörigen als grausam und unnötig. Aber politische und ökonomische Verhältnisse, in denen die Armen nicht bestraft, erniedrigt und in die illegale Ökonomie gedrängt werden, müssen in den USA erst hergestellt werden. Der gesamte Dienstleistungsbereich – von den Schulen über die Müllabfuhr und das Gesundheitswesen bis hin zur Polizei – muss den Afroamerikanern ebenso zugänglich werden, wie den lateinamerikanischen Stadtvierteln oder den weißen bürgerlichen Gemeindeteilen. Es gibt keine einfachen, technokratischen Lösungen, um diese Veränderungen herbeizuführen. Weder nützen längere Gefängnisstrafen und wahrscheinlich hilft auch nicht eine Aufstockung der Sozialhilfe. Das Problem ist grundsätzlicher Art: Die Amerikaner müssen damit aufhören, ständig die politische Phrase der „individuellen Verantwortlichkeit" zu wiederholen, und sich stattdessen den systematischen Fehlern der Wirtschaftspolitik der reichsten Nation der Welt stellen. Denn dies spiegelt letzten Endes wider, wie es um die grundlegenden menschlichen Werte ihrer Gesellschaft steht.

Literatur

Lewis, O. 1966. The Culture of Poverty. In *Scientific American*, 4, S. 21-25

Konsumverhalten und Kontrollstrategien von Crackkonsument_innen

Susann Hößelbarth

Zusammenfassung

Der Konsum von Crack als Form rauchbaren Kokains ist in Deutschland vor allem in den offenen Drogenszenen von Frankfurt am Main, Hamburg und Hannover verbreitet. Er wird in Gesellschaft und Fachöffentlichkeit in hohem Maße mit Kontrollverlust und zahlreichen negativen Folgen assoziiert. So lag der Fokus der Forschung zum Crackkonsum lange Zeit ausschließlich auf diesen Phänomenen. Nur wenige Studien zeichnen ein differenzierteres Bild. Der Beitrag stellt eine qualitative Befragung zum Konsumverhalten von 20 Crackkonsument_innen aus den drei Drogenszenen vor. Es zeigen sich vielfältige Konsummuster und konsumregulierende Verhaltensweisen der Gebraucher_innen.

Schlüsselbegriffe: Crack, Kokain, kontrollierter Drogengebrauch, Kontrollstrategien, Drogenszene

Seit den 1980er-Jahren hat der Konsum von rauchbar gemachten Kokainhydrochlorid unter den Namen ‚Crack' und ‚Freebase' zunächst in den USA, ab den 1990er-Jahren auch in Deutschland unter dem Szenebegriff ‚Stein' eine größere mediale und gesellschaftliche Aufmerksamkeit erfahren. Dabei handelt es sich um eine Substanz, deren Wirkung sehr schnell eintritt, aber nach sehr kurzer Rauschwirkung ebenso rasch wieder abfällt. Dieser schnelle Wechsel begünstigt nachfolgend ein starkes Konsumverlangen (vgl. Haasen 2004). Daraus resultieren Konsumdynamiken mit zahlreichen aufeinanderfolgenden Konsumvorgängen (sog. Bingingkonsum), die mit hohen gesundheitlichen und sozialen Problemen einhergehen können. Crack wurde daher schnell als „Todesdroge" bezeichnet und Kritiker_innen betonten stets das außergewöhnlich hohe Suchtpotential, den quasi zwingend eintretenden Kontrollverlust und eine sofortige Abhängigkeit mit der Folge einer massiven gesundheitlichen und sozialen Verelendung sowie hoher Beschaffungskriminalität (vgl. Kaulitzki 1996; Reinarman und Levine 2004).

In Deutschland erfährt der Gebrauch von Crack besondere Aufmerksamkeit in den offenen Drogenszenen von Frankfurt am Main, Hamburg und Hannover (vgl. Kemmesies 2004a; Werse et al. 2017; Dörrlamm 2014). Schätzungen gingen in den 2000er-Jahren davon aus, dass 80 bis 90% der Szenemitglieder Crack konsumierten (vgl. Möller und Prinzleve 2004; Müller et al. 2007a; Langer et al. 2004). Ähnliche Zahlen werden bis heute genannt (vgl. Werse et al. 2017). In der Allgemeinbevölkerung scheint Crack dagegen eher wenig Verbreitung gefunden zu haben (vgl. Kemmesies 2004a; Prinzleve et al. 2005; Werse et al. 2017). Genaue bundesweite Zahlen sind schwer zu erhalten. Unter den 18- bis 64-jährigen Befragten des Epidemiologischen Suchtsurveys 2015 gaben 0,6% an, in den letzten zwölf Monaten mindestens einmal Kokain und/oder Crack konsumiert zu haben. Bei etwa 0,2% ist von einem problematischen Konsum auszugehen. Eine Differenzierung in Crack und Kokainhydrochlorid erfolgt in der Erhebung jedoch nicht (vgl. Gomes de Matos et al. 2016, S. 275ff.).

Der Fokus der Forschung zum Crackkonsum lag lange Zeit ausschließlich auf den negativen Auswirkungen des Gebrauchs. Ein kontrollierter, also nicht-abhängiger, flexibler Konsum, wie er für den Konsum von Kokainhydrochlorid in zahlreichen Studien in der Allgemeinbevölkerung belegt ist (z.B. Erickson et al. 1994; Waldorf et al. 1991; Mugford 1994; Cohen und Sas 1994; Decorte 2000), ist kaum untersucht. Lediglich einige wenige Studien betonen, dass sie auch sozial integrierte Konsument_innen rauchbaren Kokains ohne problematische Folgen in ihren Studien erreichten (vgl. Cohen und Sas 1994; Waldorf et al. 1991; Decorte 2000). Auch ein differenzierter Blick auf Kontrollstrategien von Menschen in Drogenszenen ist selten. Der folgende Beitrag stellt Ergebnisse einer Studie vor, die das Konsumverhalten von Konsument_innen rauchbaren Kokains[1] gerade unter dieser Perspektive untersucht hat (vgl. Hößelbarth 2014).

1 Die Studie zum Konsumverhalten von Konsumenten rauchbaren Kokains

Ziel der Studie war es, Konsummuster rauchbaren Kokains zu untersuchen, wobei der Fokus auf konsumregulierenden Verhaltensweisen lag. Die beiden übergeordneten Forschungsfragen waren folgende: Findet eine Kontrolle oder Regulierung des Crackgebrauchs durch die Gebraucher_innen statt und wenn ja, wie? Geht eine Verwurzelung in der Drogenszene stets mit einem kompulsiven Gebrauch einher oder zeigen sich auch andere Konsummuster? Die Zielgruppe waren Konsumierende von Crack und/oder Free-

---

1 Da Crack, Freebase und Stein sowohl in der Literatur als auch in der Drogenszene häufig synonym verwendet werden und sich auch in den vorliegenden Interviews eine hohe Unsicherheit in der richtigen Zuordnung zeigte, werden auch in den folgenden Ausführungen Crack, Freebase und rauchbares Kokain synonym verwendet.

base, die die Substanz mindestens zehnmal in ihrem Leben konsumiert haben und deren letzter Gebrauch nicht länger als zwölf Monate zurücklag. Die Untersuchung bestand zum einen aus einer Online-Erhebung mittels teilstandardisiertem Fragebogen, über die 60 überwiegend sozial integrierte Konsument_innen erreicht werden konnten. Der zweite Untersuchungsarm war eine qualitative Erhebung mit leitfadengestützten Tiefeninterviews, orientiert an den Prinzipien des Fokussierten Interviews nach Merton und Kendal (vgl. Merton und Kendall 1979; Flick 2006; Lamnek 2005). In diesem Erhebungsarm wurden 20 Besucher_innen niedrigschwelliger Drogenhilfeeinrichtungen in Frankfurt am Main (n=10), Hamburg (n=5) und Hannover (n=5) sowie fünf außerhalb der Drogenszene erreichte Konsument_innen interviewt. Die Auswertung der Interviews erfolgte mittels Methoden der Grounded Theory (vgl. Kuckartz 2007; Glaser und Strauss 1998) und der qualitativen Inhaltsanalyse nach Mayring (2007) unter Verwendung der Software MAX-QDA (vgl. Kuckartz 2007).[2]

Die folgenden Ausführungen stellen die wichtigsten Ergebnisse der 20 qualitativen Tiefeninterviews mit den Szenegänger_innen vor. Sie bieten einen Einblick in das Konsumverhalten und -erleben Crackgebrauchender vor dem Hintergrund der Drogenszene.

2 Ergebnisse der Tiefeninterviews in der Drogenszene

2.1 Soziodemographische Daten

Bei den Interviewpartner_innen handelte es sich um sechs Frauen (30%) und 14 Männer (70%) in einem durchschnittlichen Alter von 35,2 Jahren (min. 21 J., max. 55 J.). Dies spiegelt das Durchschnittsalter der Teilnehmenden in Frankfurter Szenebefragungen in den Erhebungsjahren wider (vgl. Müller et al. 2007a). Heute liegt das Durchschnittsalter mit 41 Jahren deutlich höher (vgl. Werse et al. 2017).

85% der Befragten sind deutscher Nationalität, 15% besitzen eine andere europäische Staatsangehörigkeit. Alle Befragten haben einen Schulabschluss, davon zwölf (60%) einen Hauptschulabschluss, zwei (10%) einen Sonderschulabschluss und jeweils drei (15%) einen Realschulabschluss bzw. Abitur. Zwölf Befragte (60%) haben eine abgeschlossene Berufsausbildung. Zum Befragungszeitpunkt waren alle Interviewpartner_innen bis auf eine Frau, die ihren Unterhalt hauptsächlich über Prostitution finanzierte, arbeitslos und lebten von staatlichen Unterstützungsleistungen. Vier der 20 Konsument_innen verdienten sich über Arbeitsgelegenheiten, sog. 1,50€-Jobs, etwas hinzu. Nur etwas mehr als ein Drittel (35%) der Interviewpartner_innen lebte in einer eigenen Wohnung, die Hälfte in einer Einrichtung der Drogen- oder Obdachlosenhilfe und 15% bei Freunden oder Bekannten.

16 Befragte waren ledig, wobei sechs von ihnen in einer Partnerschaft lebten. Vier Befragte waren geschieden oder getrennt lebend verheiratet, acht hatten ein oder mehr

---

2   Eine ausführliche Beschreibung des methodischen Vorgehens sowie alle Ergebnisse, die hier an dieser Stelle nur verkürzt dargestellt werden können, finden sich in Hößelbarth (2014).

Kinder. Allerdings lebte nur ein Befragter zum Erhebungszeitpunkt mit seinem Kind zusammen.

2.2 Der Konsum von Crack und anderen Drogen

Betrachtet man den Konsum rauchbaren Kokains unter den Befragten wird zunächst deutlich, dass eine große Unsicherheit darüber besteht, um welche Substanz es sich genau handelt. In allen drei Szenen war zum Erhebungszeitpunkt der gängige Name für das rauchbare Kokain ‚Stein', seltener ‚Crack'. Zum Teil basiert diese Zuordnung auf der als sehr schlecht empfundenen Substanzqualität. Mit den Begriffen ‚Crack' und ‚Freebase' verbanden die Gebrauchenden eine überwältigende, positive Wirkung, was eher Berichten aus den USA entsprang, denn aus den eigenen Erfahrungen. Auch im Hinblick auf die Herstellung der Steine in Deutschland zeigte sich Unsicherheit. Zwar hatten fast alle eine vage Vermutung,[3] jedoch spiegeln sich auch Mythen, wie die Verwendung von Backpulver oder die Beimischung von Heroin oder Amphetaminen wider. Die Unsicherheiten resultierten u.a. aus dem üblichen Erwerb der bereits gebrauchsfertigen Substanz durch die meisten Befragten.

Deutlich zeigte sich, dass der Crackkonsum in der Regel Teil eines polyvalenten Drogengebrauchs ist. Szenetypische Substanzen wie Heroin oder Opioidsubstitute sowie Benzodiazepine dominierten. So hatten alle Befragten Erfahrungen mit Heroin, wobei der Erstkonsum bei allen vor dem Einstieg in den Konsum rauchbaren Kokains lag. In den dem Interview vorausgehenden zwölf Monaten konsumierten 17 Personen (85%) Heroin, jedoch nur acht von ihnen täglich; fünf weniger als einmal im Monat. 11 Befragte waren zum Erhebungszeitpunkt in einer Substitutionsbehandlung. Eine Konsumentin nutzte täglich auf dem Schwarzmarkt erworbenes Methadon. 75% der Interviewpartner_innen verfügten über Erfahrungen mit Benzodiazepinen; über die Hälfte auch in den letzten zwölf Monaten. Acht von ihnen konsumierten täglich. Alle Befragten hatten ebenfalls Konsumerfahrungen mit Kokainhydrochlorid, wobei nur die Befragten aus Hannover dieses aktuell konsumierten, was mit der unterschiedlichen Verfügbarkeit der Substanz in den jeweiligen Drogenszenen zusammenhing. Weniger als die Hälfte (40%) nutzte im aktuellen Gebrauch Cannabisprodukte. Diese Konsumierenden gehörten überwiegend zu jenen, die das rauchbare Kokain nur selten oder gelegentlich konsumierten. Anders als im Umgang mit den anderen Substanzen wurde der Cannabisgebrauch eher als Genusskonsum ohne Kontrollverlust und Abhängigkeitsentwicklung betrachtet.

---

3   Das rauchbare Kokain wird in Deutschland üblicherweise aus Kokainhydrochlorid (Pulverkokain) unter Beimischung von Wasser und einem Bikarbonat (Natriumhydrogencarbonat/ Natron oder Ammoniumhydrogencarbonat) hergestellt (vgl. Haasen 2004; Langer et al. 2004).

2.3 Konsumeinstieg

Das durchschnittliche Einstiegsalter der Interviewpartner_innen in den Crackgebrauch lag bei 24,4 Jahren.[4] Alle Befragten hatten vor ihren ersten Konsumerfahrungen mit rauchbarem Kokain bereits andere Drogen konsumiert. Die meisten hielten sich bereits in der Drogenszene oder anderen drogennahen Kreisen auf. Dort tauchte das rauchbare Kokain in den 1990er-Jahren auf, verbunden mit dem Mythos einer besonders intensiven Wirkung, und wurde wie Heroin, Pulverkokain und Benzodiazepine eine szenetypische Substanz (vgl. Crack-Street-Projekt 1998). Für viele Konsumierende lag es damit nahe, als Angehörige dieser Szene, ebenfalls Crack zu probieren.

> **Doris:** Das weiß ich gar nicht mehr, wie ich dazu kam. Das, da fingen auf einmal alle hier an zu rauchen. Ich weiß gar nicht mehr, wie ich dazu kam. Auf einmal hatten alle so ne Pfeife und ‚Hier probier mal Doris, das ist, brauchste nicht mehr drücken und so.' Ja, und so fing ich dann an zu rauchen, ne. Das Crack. [301f., 42–3]

Die ersten Konsumerfahrungen fanden in der Regel aus Neugier und/oder infolge von Konsumangeboten zusammen mit ebenfalls Drogen konsumierenden Freund_innen oder Bekannten statt. Zum Teil suchten die Befragten selbst aktiv nach der Substanz, um ihre Neugier zu befriedigen. Weitere für den Erstkonsum benannte Motive waren der Umstieg vom riskanteren intravenösen Kokainkonsum auf den Rauchgebrauch sowie die kleineren Abgabemengen und damit ein erschwinglicher Preis pro Konsumeinheit.

Entgegen der eigentlichen Erwartung erlebte lediglich die Hälfte der Gebrauchenden die erste Wirkung als positiv, variierend zwischen einer nicht sonderlich beeindruckenden bis hin zu einer überwältigenden Rauscherfahrung.[5] Zwei Befragte berichteten, überhaupt keine Wirkung erlebt zu haben. Sieben weitere machten eine unerwartet negative Erfahrung mit Symptomen wie Erbrechen oder einer unangenehmen Nervosität. Trotzdem konsumierten diese Gebraucher_innen, motiviert und unterstützt durch Mitkonsumierende, das rauchbare Kokain so lange weiter, bis sie die erwartete positive Wirkung verspürten.

> **Interv.:** Kannst du dich an das erste Mal noch erinnern? Wie hast du die Wirkung empfunden?
> **Beatrice:** Gar nicht. Ich hab gedacht: ‚Was, Leute nicht ganz dicht, dass sie zahlen solche Geld für sowas?' Dann merkst du nur eine Minute und… gar nix mehr.
> **Interv.:** Und warum hast du's dann wieder konsumiert?
> **Beatrice:** Wieder Neugier: ‚Warum machen die Anderen?' Wieder später: ‚Warum machen die Anderen?' Andere Leute haben mir nachgeholfen, ja. Haben mir immer gegeben, ge-

---

[4] n = 18, SD 6,47, Min 16/Max 37; es zeigten sich z.T. durchaus Schwierigkeiten in der Einschätzung, wie lange der erste Konsum zurückliegt.

[5] n = 19, zehn Konsument_innen verspürten eine positive Wirkung, neun eher eine negative Wirkung.

geben und dann irgendwie bin ich immer gesprächiger geworden und dass sie, irgendwie bisschen freizügiger geworden. [288, 1–8]

Moritz: Und hab n paar Kollegen bei mir pennen lassen, und die haben immer gezogen und gezogen. Und ich hab auch vorher schon mal probiert, aber hab da keinen Gefallen dran gemacht. Und dann haben die mal n richtigen Fetten drauf gelegt, und der Körper; der, der Kopf muss immer erstmal wissen, was da ankommt. Der erste, war bei allen Sachen bei mir, bei Schore, Koka, bei Hasch, der Erste, den ich genommen habe jemals, hab ich immer nicht gemerkt. Weil, der Kopf muss wohl erstmal kennenlernen, was kommt da überhaupt. So, und die haben mir so n Dreißiger gemacht. Das ganze Ding voll. Und dann hab ich das erste Mal den richtigen Kick gehabt und seitdem bin ich auf Koks. Seitdem bin ich auf Kokasteinen. [219, 10–18]

Mit der Zeit veränderte sich das Wirkungserleben. Das positive Rauscherleben musste erst erlernt werden, wobei Wirkungserwartungen und die Anleitung der anderen Konsumierenden eine wichtige Rolle spielten. Solche Prozesse wurden in Studien zu Substanzen wie Cannabis (vgl. Becker 1981) oder Pulverkokain und auch Crack belegt (vgl. Hess und Behr 2004; Waldorf et al. 1991; Reinarman et al. 1997; Langer et al. 2004; Sterk-Elifson und Elifson 1993).

Die Zeit nach dem Erstkonsum gestaltete sich bei den Interviewteilnehmenden ganz unterschiedlich. Teilweise dauerte es Monate bis Jahre nach den ersten Erfahrungen bis ein erneuter Konsum praktiziert wurde und sich ein regelmäßiges Konsummuster anschloss. Bei fünf Befragten (25%) stieg der Crackkonsum langsam an. Acht (40%) der 20 Befragten gingen nach dem Erstkonsum direkt in einen hohen Crackkonsum über. Sieben Befragte (35%) konsumierten erst nach mehreren Monaten oder Jahren erneut das rauchbare Kokain oder nutzten es zunächst einige wenige Male, bevor sie den Konsum wieder für mehrere Jahre einstellten. Dabei stellte nur ein Nutzer seinen Gebrauch aus Mangel an Gelegenheit ein. Alle anderen hätten durchaus weiter konsumieren können, entschieden sich jedoch aufgrund der Wirkungserfahrungen, Ängsten vor negativen Folgen oder der Priorisierung beruflicher Verpflichtungen zunächst dagegen. Das durchschnittliche Einstiegsalter in den regelmäßigen Konsum lag bei 26,7 Jahren (SD 8,2) und somit durchschnittlich 7,5 Jahren (SD 5,2) zurück.[6]

2.4 Der aktuelle Crackgebrauch

Die Interviews machten deutlich, dass auch Konsument_innen, die in Drogenszenen verkehren, nicht in jedem Fall ein exzessives Gebrauchsmuster haben müssen. Legt man die Einteilung von Müller, Kalke und Prinzleve (2007b) zugrunde,[7] nutzten drei Befragte

---

6 n = 19, Grundlage bildet das Alter beim Einstieg in den regelmäßigen Konsum des rauchbaren Kokains.

7 Die Autoren nutzen folgende Einteilung: 1. Seltene Konsumierende (weniger als einmal pro Woche), 2. Gelegentliche Konsumierende (ein- bis mehrmals pro Woche) und 3. Intensive

(15%) im aktuellen Konsumverhalten das rauchbare Kokain selten, acht (40,0%) gelegentlich. Somit konsumierten weniger als die Hälfte (9/45%) der befragten Szenegänger_innen das rauchbare Kokain nahezu täglich. Der Konsum verläuft jedoch nicht immer in einem geradlinigen Muster. So steigt er etwa am Monatsanfang oder an anderen Geldauszahlungstagen. Außerdem können innerhalb eines gelegentlichen Konsums auch Tage liegen, an denen die Substanz stärker konsumiert wird. Die befragten Gebrauchenden kehrten dann jedoch wieder in ihr moderates Konsummuster zurück. Verbreitet ist insbesondere der Rauchgebrauch: 14 Teilnehmende (70%) rauchten die Kokainbase ausschließlich, drei (15%) injizierten sie (z.B. aus Mangel an Pulverkokain) und drei weitere (15%) nutzten beide Gebrauchsarten.

Die acht Konsumierenden mit einem gelegentlichen, also ein- bis mehrmaligen Gebrauch pro Woche konsumierten in der Regel geringe Mengen. Gängig waren ein bis vier Steine pro Konsumtag, was einem Preis zwischen 10 und 20€ entspricht. Es zeigten sich aber auch exzessive Konsummuster. Fünf der neun intensiv – also nahezu täglich – Konsumierenden hatten pro Konsumtag acht oder mehr Konsumvorgänge. Bei vier Gebrauchenden lag der tägliche Konsum unter acht Konsumeinheiten. Zwei von ihnen konsumierten sogar nur ein bis drei Mal täglich. Trotz ihres regelmäßigen Gebrauchs zeigten sie keinen Bingingkonsum. Dagegen kam es bei zwei der selten Gebrauchenden bei zeitweisen Konsumgelegenheiten zum Konsum einer relativ großen Menge über einen Tag und eine Nacht hinweg, bevor sie den Konsum wieder für eine längere Zeit einstellten. Motive für den Konsum des rauchbaren Kokains sind vor allem das angenehme Wirkungserleben und/oder der Wunsch, sich etwas damit zu gönnen. Die Befragten berichteten außerdem sowohl von Gewöhnungseffekten als auch von einem starken Konsumverlangen, das insbesondere nach den ersten Konsumvorgängen auftritt. Problembewältigung wurde ebenfalls als Motiv genannt, spielte aber eine eher untergeordnete Rolle.

Alle Befragten kannten unkontrollierte Konsumphasen hinsichtlich der konsumierten Menge und der Dauer des Konsums. Lediglich zwei Gebrauchende berichteten, nie bzw. nur sehr selten exzessive Erfahrungen mit rauchbarem Kokain gehabt zu haben. Gerade das stark erlebte Verlangen nach Fortsetzung des Crackkonsums kann zu tagelangen Kreisläufen aus Geldbeschaffung und Konsum führen. Durch die stimulierende Substanzwirkung kann dieser Bingingkonsum mit langen Wachphasen einhergehen, die über einige Tage andauern und nur von kurzem Erschöpfungsschlaf unterbrochen sind. Neben dem Schlafbedürfnis werden dann häufig auch die Ernährung und Hygieneregeln vernachlässigt, so dass exzessive Bingingkonsummuster unter den Befragten nicht selten Gewichtsverlust, Verwahrlosung und anderen Risiken nach sich zogen.

Konsumierende (täglich oder annähernd täglich) (vgl. Müller et al. 2007b, S. 147). Die Befragten mit einer Konsumhäufigkeitsangabe von mehr als drei Mal in der Woche wurden in der vorliegenden Untersuchung zu den intensiven Konsument_innen gezählt. Weiterhin wurden zwei Konsumierende zu den gelegentlich Gebrauchenden gezählt, die häufig länger als eine Woche am Stück kein rauchbares Kokain konsumieren, dann aber wieder mehrere Tage hintereinander.

> **Stefan:** Also viele hier machen.... bis zu sechs, sieben Tage durch, bis se anfangen zu phantasieren oder... Das hab ich selber schon gehabt. Mein längstes war wirklich 13 Nächte, 14 Tage hab ich durchgezogen. Da hab ich schon... ich hätte mich in eine Ecke setzen können und da stundenlang sitzen bleiben können, bis man... Ja, ich weiß nicht, wie ich das sagen soll. Ich hab wirklich schon phantasiert.
> **Interv.:** Und du hast dich dann immer mit Steinen wach gehalten?
> **Stefan:** Ja.
> **Interv.:** Weil eigentlich hat der Körper irgendwann den Drang, zu schlafen, oder?
> **Stefan:** Ja, das ist dann nur noch der Stein. Obwohl, ich hab glaub ich auch schon geschlafen, ohne, dass ich es merke. Auch im Gehen schon. Ich hab mir auch schon etliche Verletzungen zugezogen, dass ich gestürzt bin oder so. Ich bin auch schon die U-Bahn einfach runtergelaufen, in die Gleise reingefallen, weil ich das gar nich mehr mitgekriegt hab. Ich bin einfach eingeschlafen im Gehen oder so. Ich weiß es nicht. [207f., 39–8]

Auch bei den Konsumierenden ohne aktuellen Bingingkonsum dominierte ein Konsummuster, bei dem das zur Verfügung stehende Crack in kurz aufeinander folgenden Konsumvorgängen genutzt wird. Allerdings trat das andauernde Bingingphänomen im aktuellen Konsumverhalten der Befragten vergleichsweise wenig auf. Lediglich acht der 20 befragten Szenegänger_innen berichteten von einem aktuell stattfindenden bingingähnlichen Gebrauch des rauchbaren Kokains. Dies zeigt deutlich, dass ein Bingingebrauchsmuster nicht immer auftreten muss und verändert werden kann. So kann sich ein solches Muster auch mit moderateren Konsumphasen abwechseln. Genauso wie ein ansonsten gemäßigter und verhältnismäßig geringer Konsum gelegentlich durch einen intensiveren Konsumtag unterbrochen sein kann.

Die meisten Befragten konsumierten das rauchbare Kokain im Umfeld der Drogenszene, die für sie in der Regel auch das hauptsächliche Lebensumfeld darstellte. Ein Teil der Konsumierenden mit einer eigenen Wohnung konsumierten ganz bewusst in der Drogenszene, um den Konsum auf dieses Setting zu begrenzen und ihn von der Wohnung fernzuhalten. Nur zwei der Gebrauchenden mit eigener Wohnung konsumierten das rauchbare Kokain auch zu Hause.

2.5 Strategien der Konsumkontrolle

Trotz der zum Teil sehr intensiven Konsummuster verfügte jede_r der Befragten über individuelle Strategien der Konsumbegrenzung oder Schadensminimierung. Insbesondere die seltenen und gelegentlichen Gebraucher_innen zeigten Kompetenzen in der Konsumkontrolle: In ihrem Konsummuster sind tage- bis monatelange Pausen üblich. Der zeitweise Konsumverzicht gehörte aber auch bei den intensiven, also nahezu täglich Konsumierenden dazu. Ihre Pausen dauern in der Regel ein bis drei Tage und dienen insbesondere der körperlich-gesundheitlichen Regeneration, z.B. nach besonders exzessiven Konsumphasen oder zur Verhinderung einer stetigen Konsumzunahme. Wird auf den Crackgebrauch verzichtet, so gaben weniger als die Hälfte der Befragten an, Entzugserscheinungen zu verspüren. Zu diesen gehörten in erster Linie eine gedrückte, depressive Stimmung und ein starkes Verlangen, den Konsum fortzusetzen. Weiterhin wurden aggressives Verhalten, Konzentrationsschwierigkeiten, eine erhöhte Nervosität und Unruhe sowie körperliche Abgeschlagenheit oder Schweißausbrüche benannt.

Neben Konsumpausen wurden auch eine Reihe weiterer begrenzender Regeln und Kontrollstrategien im Umgang mit dem rauchbaren Kokain deutlich. Diese entwickelten sich aus den Konsumerfahrungen der Gebrauchenden und unter Berücksichtigung ihrer jeweiligen persönlichen Lebensumstände. Ziele sind vorrangig das Erreichen eines optimalen Wirkungserlebens, die Verhinderung oder Minimierung von Risiken und negativen Folgen sowie die Begrenzung des Substanzkonsums. Die Vielzahl an Regeln und Kontrollstrategien beziehen sich auf

1. die Vermeidung negativer Auswirkungen auf alltägliche Verpflichtungen oder soziale Beziehungen durch eine zeitliche Anpassung des Konsums;
2. eine Anpassung der gebrauchten Substanzmenge an die persönlichen Vorstellungen und Erwartungen;
3. die Beschränkung des Konsums auf bestimmte Orte und Settings;
4. die Vermeidung zusätzlicher gesundheitlicher Risiken ('harm reduction') über 'safer use'-Regeln;
5. die Vermeidung einer strafrechtlichen Auffälligkeit durch den Verzicht auf illegale Beschaffungsweisen der notwendigen finanziellen Mittel oder die Beschränkung auf Beschaffungswege, die das geringste Risiko einer Entdeckung in sich bergen.

Um diese selbst auferlegten Konsumregeln einzuhalten, haben sich die Konsumierenden verschiedene Strategien angeeignet. Für viele Befragte stellte die Drogenszene das primäre Konsumumfeld dar. Einige von ihnen achteten dennoch auf eine angenehme Atmosphäre, indem sie sich z.B. mit den in ihren Augen passenden Gleichgesinnten umgeben, um darüber ihren eigenen Konsum positiv zu beeinflussen. Besteht aber das Ziel, auf das rauchbare Kokain zu verzichten, geht dies oftmals mit dem Fernbleiben von der Drogenszene einher. Orte und Situationen zu meiden, die Konsumverlangen erzeugen, stellte die wichtigste und am häufigsten genannte Strategie der Konsumbegrenzung dar. Ohne die Konfrontation mit der Substanz oder anderen Konsumierenden fällt der Verzicht deutlich leichter. Ein wichtiger Rückzugsort ist z.B. das eigene Zuhause. Konsumierende ohne eigene Wohnung haben es deutlich schwerer, aber bereits der Rückzug in das eigene Zimmer in der Drogenhilfeeinrichtung kann einen Konsumverzicht unterstützen.

Marianne: Ich versuche zu vermeiden, es überhaupt einzunehmen. Was mir nicht gelingt. Ab und an mal... Oftmals lass ich mich krankschreiben und bin gar net krank. Aber ich weiß, dass ich da oben meine Ruhe hab. Und ich zieh mich halt sehr, sehr viel zurück auch. Wenn es mir denn gelingt, weil, es ist ja normal net möglich hier. [...] ich will mir das einfach net antun, Tag für Tag. Du wirst echt verfolgt, überall, wo du bist. „Hast du mal ne Pfeife, hast du mal 'nen Kratzer?" All so Dinge, ne: „Hier haste 'nen Zehner, hol mir mal 'nen Stein.

Ich geb dir auch was." So Sachen laufen da ab. Also, du kannst da nirgendswohin flüchten. Die finden dich überall. Und die nerven dich überall. Und manchmal geht's mir halt auch besser ohne das Zeug. Ich fühl mich einfach wohl, wenn ich oben in meinem Zimmer lieg, kann auf meinem Bett liegen, kann Fernsehn gucken und keiner ist irgendwo da, der mich dauernd nervt mit dem Zeug. [74f., 35–1]

Einige Konsumierende haben sich angewöhnt, die Szene zeitweise zu verlassen, indem sie drogenfreie Freunde oder die Herkunftsfamilie besuchen, um dort zur Ruhe zu kommen und Abstand vom Szeneleben zu bekommen.

Interv.: Und fehlt's dir dann, wenn du dort bist und nichts mehr hast?
Martina: Nee, ich weiß nicht, ich muss sagen irgendwie im Kopf da stell ich mich schon drauf ein. Ich schlaf soundso die meiste Zeit. Fehlen in dem Moment nicht. Aber sobald ich dann da wieder die Tür rausgehe... boah, brauch Stein. (lacht) Komisch. [122, 3–6]
Interv.: Wie oft fährst du ungefähr zu deiner Oma?
Martina: So momentan alle zwei Wochen. [125, 6–7]

In der szenefernen Umgebung gelingt der Verzicht deutlich leichter. Das nutzen auch Konsumierende, wenn sie ganz gezielt einen Bingingkonsum vermeiden wollen und nach den ersten Konsumvorgängen die Szene verlassen oder, wie im Fall von zwei Befragten, gleich außerhalb der Szene konsumieren, um ihren Konsum zu begrenzen. Gelingt der Verzicht auf das rauchbare Kokain nicht mehr allein, oder sollen besonders exzessive Konsumphasen unterbrochen werden, werden stationäre Entzugsbehandlungen aufgesucht. Dort besteht die Möglichkeit, zur Ruhe zu kommen, dem Körper eine Pause zu gönnen und auch über das eigene Konsumverhalten nachzudenken.

Besonders stützend zeigten sich Aufgaben und Verpflichtungen jenseits von Konsum und Szene (etwa über Arbeitsprojekte, drogenfreie Freund- und Partnerschaften oder Familie). Gerade die vier Befragten, die in Arbeitsgelegenheiten beschäftigt waren, begrenzten ihren Konsum deutlich. Sie berichteten, während der Arbeitszeit gar nicht zu konsumieren und den Konsum auch im Vorfeld der Arbeit zu vermeiden. So wird der Konsum etwa nur freitags praktiziert, um zur Arbeit am Montag wieder fit zu sein.

Interv.: Gibt es irgendwelche Nebenwirkungen des Konsums?
Lisa: Ja, dass man anschließend n paar Tage k.o. ist.
Interv.: Auch wenn du nur an einem Abend konsumiert hast?
Lisa: Ja, deshalb halt immer Freitagabend. Ich muss ja dann erst montags wieder arbeiten. (lacht) (atmet tief ein) Also je älter man wird, desto mehr schlaucht das den Körper ja auch. Bin ja auch keine 20 mehr. [29f., 43–3]

Neben der zeitlichen Einschränkung bietet die Integration in einen Arbeitskontext insbesondere Aufgaben und Anerkennung außerhalb des Drogenkonsums. Zum Teil wird die Beschäftigung ganz bewusst aufgesucht, um sich von einem Konsumverlangen abzulenken und Bezüge außerhalb von Konsum und Beschaffung zu haben. Andere benannte Strategien der Ablenkung bei bereits bestehendem Konsumverlangen waren z.B. Fernsehen, Basteln, Beschäftigung mit dem Kind oder mit Haustieren. Auch hier haben es diejenigen mit szenefernen Wohnsituationen deutlich leichter, aber auch ein Teil der anderen hat sich entsprechende Strategien angeeignet.

Weitere regulierende Strategien betrafen die Einteilung der Substanz und des Geldes. Manche kauften bewusst nur kleinere Mengen (zu teils schlechteren Preisen). Sieben der Befragten richteten ihren Konsum an den ihnen monatlich oder wöchentlich zur Verfügung stehenden Geldmitteln aus. Sie teilen sich ihr Geld ein, finanzieren zunächst für sich prioritäre Dinge wie z.B. Lebensmittel, Tabak, Miete und Strom, bevor sie das restliche Geld für das rauchbare Kokain einsetzen. Zum Teil wird Geld auch bei vertrauenswürdigen Personen hinterlegt, so dass es nicht mehr so einfach für den Substanzkonsum ausgegeben werden kann.

> **Ralf:** Dann versuch ich so, wie ich es eben schon gesagt hab, äh, dass ich nicht alles platt mach, damit ich noch Essen und Trinken kaufen kann, äh, und Zigaretten und des alles. Damit ich über die ganze Woche komm, weil ich ja jede Woche Geld krieg. [51, 33–35]
>
> **Marianne**: Es gelingt mir an und ab, auch wenn ich Geld hab, zu gehen. Aber manchmal, oft gelingt's mir net. Deswegen schütz ich mich halt selbst, indem ich halt mein Geld irgendwo deponiere, beim Sozialarbeiter, bei meinem Onkel oder sonst wo, jemandem, dem ich halt vertraue. Sag: „100 € in der Woche und mehr nich." Oder 70 €, ich verdien ja auch noch Geld dazu. Jede Woche bekomm ich ja ne Auszahlung, und…äh…ja, so überleb ich halt… [73, 37–41]

Zwei Befragte, die sich nur für Kauf und Konsum in der Drogenszene aufhielten, gaben an, ganz bewusst nur eine bestimmte Geldmenge mit zur Szene zu nehmen. In der Regel gelingt es ihnen, diese zuvor festgesetzte maximale Menge einzuhalten und kein weiteres Geld zu holen.

Im regulierten Umgang mit dem rauchbaren Kokain spielt auch der gezielte Einsatz anderer Substanzen eine Rolle. Dabei setzten die Gebrauchenden vorrangig sedierende Substanzen ein. Neun der befragten Konsumierenden nutzten dazu Heroin, fünf von ihnen zusätzlich Benzodiazepine, drei weitere ausschließlich letzteres. Diese Substanzen werden unter anderem dann eingesetzt, wenn ein Bingingkonsum des rauchbaren Kokains unterbrochen, das Konsumverlangen vermindert und einem anhaltenden Kontrollverlust vorgebeugt werden soll.

> **Franz:** Also bevor ich dann, wo ich dann merk, jetzt werd ich gierig, jetzt will ich mehr rauchen, dann kauf ich mir Tabletten und die wirken relativ schnell, und dann ist die Gier auch weg. Das ist dann der Rettungsanker. […] am besten gleich ne Valium schmeißen, wenn man nicht mehr rauchen kann und man kein Geld hat, weil sonst, du verfällst wahrscheinlich in schlechte Lage, keine Ahnung. Du bist wie ferngesteuert. Du willst nur noch diesen Zug haben. [254, 7–10; 255f., 45–3]

Neben der beschriebenen Gier werden auch andere unangenehme Begleiterscheinungen wie depressive Verstimmungen sowie starke Unruhe und Ängste durch den Konsum anderer Substanzen beeinflusst. Ziel ist es, einen möglichst angenehmen Rausch zu erhalten oder den aktivierenden Rauschzustand zu beenden, um z.B. schlafen zu können.

Neben den konsumbegrenzenden Kontrollstrategien benannten alle Befragten – egal ob sie gelegentlich, selten oder intensiv Crack konsumierten – risikominimierende Gebrauchsregeln, die im Sinne einer harm reduction zusätzlichen Schaden abwenden bzw. minimieren sollen. Dazu gehörten insbesondere safer use-Strategien zur Vermeidung einer Infektion mit HIV und Hepatitis B oder C. Die meisten verwendeten ausschließlich sterile Konsumutensilien zum intravenösen Gebrauch und teilen diese nicht mit anderen. Einige verzichteten ganz auf einen intravenösen Konsum. Beim Rauchen dagegen sind die gemeinsame Verwendung und das Weitergeben von Pfeifen üblich. Nur sehr wenige sahen darin eine Gefahr. Deutlich wurde zudem, dass das Risikobewusstsein gegenüber der möglichen Übertragung von Infektionskrankheiten bei sexuellen Kontakten deutlich geringer ist und safer sex weitaus weniger konsequent praktiziert wird. Als weitere gesundheitsfördernde Verhaltensweisen nannten einige regelmäßigen Schlaf, gesunde Ernährung oder regelmäßige Arztbesuche. Zudem achteten viele Konsumierende auf die Qualität der Substanzen, was aufgrund der Illegalität und dem damit verbundenen Erwerb auf dem Schwarzmarkt nur sehr begrenzt möglich ist. In der Regel wurden vorrangig bekannte Dealer aufgesucht, mit denen gute Erfahrungen gemacht wurden. Zum Teil versuchten die Gebrauchenden auch, eine soziale und/oder strafrechtliche Auffälligkeit zu vermeiden, indem sie z.B. keinen intravenösen Konsum mehr praktizierten (zur Vermeidung von auffälligen Einstichstellen), unauffällige Konsumorte aufsuchten oder auf illegale Geldbeschaffung verzichteten.

2.6 Die Überwindung exzessiver Konsummuster

Wie beschrieben haben alle Befragten exzessive Konsumphasen in ihrer Vergangenheit durchlebt. Elf der Befragten nutzten das rauchbare Kokain inzwischen nur noch selten oder gelegentlich. Unterstützend in der Konsumreduktion wirkten Substitutionsbehandlungen, da durch sie ein Heroinkonsum zur Verhinderung von Entzugserscheinungen nicht mehr nötig ist. Darüber war es für die Gebraucher_innen auch leichter, auf das rauchbare Kokain zu verzichten. Der Wunsch nach einer Reduktion des Crackgebrauchs und dessen Umsetzung unterlag verschiedenen Faktoren und die Veränderung vollzog sich zumeist nicht von heute auf morgen, sondern war Ergebnis eines längeren Prozesses. Verschiedene Ziele und Regeln hatten mit der Zeit an Bedeutung gewonnen und ließen den Crackgebrauch mehr und mehr in den Hintergrund treten.

Besonders deutlich zeigten sich Einflüsse aus der gesundheitlichen Situation sowie dem zunehmenden Alter und einem damit einhergehenden Wunsch nach einer Veränderung der Lebenssituation. Gesundheitliche Folgeerscheinungen wie Gewichtsverlust, starke Unruhe und Anspannung, Husten, Kopfschmerzen, Herzrasen u.v.m. traten nicht bei allen

Gebrauchenden immer auf, sondern nahmen besonders in starken Konsumphasen zu. Diese Phänomene trugen bei einigen zum Umdenken bei.

> **Markus:** Ich hör dann auf meistens, nach dem ersten Mal.
> **Interv.:** Und wie gelingt dir das?
> **Markus:** Ich muss einfach, ich muss einfach. Wenn ich dran denke, wie ich letztes Jahr Sommer aussah. 60 Kilo nur gehabt. Du musst dir vorstellen, 21 Kilo weniger als jetzt. Und da sag ich mir: ‚Junge, das machst du jetzt nicht noch mal.' [147, 34–38]

Sechs Befragte nannten ihr zunehmendes Alter als bedeutenden Aspekt. Bis auf einen waren alle von ihnen über 40 Jahre alt. Deutlich zeigte sich, dass mit dem Alter neben zunehmenden gesundheitlichen Beschwerden ein größeres Bedürfnis nach Ruhe einhergeht – weg von dem ständigen Kreislauf zwischen Geldbeschaffung und Konsum und dem Leben auf der Straße mit all seinen Schwierigkeiten.

> **Ralf:** … ich hab keine Lust mehr, jetzt da in die Stadt zu gehen, da müsst ich ja klaue gehen oder irgendwas, damit ich mir das Gefühl weiter geben kann. Wenn ich jünger wär, ok. Dann würd ich das vielleicht noch mal machen, aber jetzt. […] ich die Leute hier sehe, mit dem jeden Tag….uah… Es geht auch net, vielleicht bin ich auch dafür zu alt. Ich hab gemerkt, wenn ich das jeden Tag mach, mir geht das sowas von beschissen und so, Migräne und das und das und, äh, irgendwie. Weil du isst ja auch dann nix, wenn du jeden Tag Steine rauchst. Du musst ja mit Gewalt das Essen hinter… weil das geht net mehr rein. Also, du merkst richtig, du machst dich körperlich von Tach für Tach immer mehr kaputt. Das ist dir vollkommen bewusst. Aber der Stein, der bremst dich net, du machst das, dir ist das egal. Du siehst ja wie die hier abnehmen und so, wie brutal. [43, 40–43; 47, 8–15]

Mit der Zeit standen der Aufwand und die gesundheitlichen Problemlagen nicht mehr in einem erträglichen Verhältnis zu den positiven Seiten des Konsums, so dass die Konsumierenden ihren Konsum verändern wollten und es letztlich auch konnten. Mit dem Alter gehen zudem Wünsche danach einher, noch etwas aus dem eigenen Leben zu machen.

> **Interv.:** Aber so ne ambulante Therapie hast du noch nie gemacht?
> **Lisa:** Nee, aber mit dem Gedanken spiel ich. Die Ärztin wollte mir das neulich nahe legen bzw. die Psychologin. Die hat mich da zu nem Termin verdonnert, aber irgendwie war ich bisher nicht bereit dazu.
> **Interv.:** Das heißt, du willst eigentlich schon was verändern?
> **Lisa:** Ja. Das hier kann's irgendwie nicht sein, bis ich den Löffel abgeb. […] Ich kann's mir zwar nicht vorstellen, so völlig ohne, aber… wär ja n Versuch wert. […] Also irgendwie möchte ich schon wieder mal normaler werden.
> **Interv.:** Wie würdest du dir das vorstellen?
> **Lisa:** Dass ich wieder ne Wohnung hab und wenigstens halbtags arbeiten gehen kann. [34, 39–47; 31, 25–27]

Auch jüngere Befragte setzen sich mit ihrer Lebenssituation auseinander: Viele benannten, aus dem Szeneleben aussteigen zu wollen und wünschen sich eine ‚normales' Leben. Der exzessive Konsum wird als ein Phänomen des Jugend- und jungen Erwachsenenalters gesehen, aus dem sich die Gebraucher_innen entwachsen fühlen, was für einige Konsumierende ebenfalls ein Grund war, den Crackgebrauch einzuschränken. Wünsche nach einem normalen Leben, mit eigener Wohnung, Arbeit und einer drogenfreien Freizeitgestaltung traten wieder in den Vordergrund.

> **Sascha:** Ich hab mit den Jahren so n bisschen mehr den Abstand gekriegt. Und auch nich so, dass ich eigentlich nicht das Bedürfnis hab, hier die ganze Nacht herumzulungern. Weil, wie gesagt, ich konsumier ja nichts zu Hause. Und dadurch ist das dann, dass ich hier.... rumeier. Und drei Tage hier, kannst du dir ja vorstellen, das ist auch nicht so angenehm. Das geht natürlich auch ganz schön auf die Physis, ne. Ja, und mit den Jahren hab ich immer weniger das Verlangen... danach gehabt.
> **Interv.:** Woran liegt das? ... Warum entwickelt sich das so? Oder, warum hat sich das bei dir so entwickelt?
> **Sascha:** Na, ich glaub das ist, weil man, weil ich auch nicht zufrieden bin, wenn ich eben halt konsumiert hab. Danach... also... fühl ich mich noch schlechter wie vorher. Ja, und so mit den Jahren ist das wohl auch gekommen, dass man alles mit anderen Augen sieht als früher. Dann hab ich mein Kind. Früher war ich alleine, da war das alles egal, da war ich nur für mich selber verantwortlich. Ja, und jetzt hat sich einiges geändert halt.
> **Interv.:** Also du bist auch reifer geworden?
> **Sascha:** Ja. Und es ist ja das Ding. Ich hab mit 13 ja schon angefangen, Hasch zu rauchen. Nach zwei Jahren war das schon so bei mir, dass wenn ich kein Hasch hatte, dass mit mir nichts anzufangen war. Von daher bin ich mehr als mein halbes Leben drauf auf irgendwelchen Drogen, ne. [320, 28–45]
>
> **Theo:** Man vermisst doch schon wieder das Leben, was man vorher hatte. Das geregelte Arbeiten, äh, Familie mehr Kontakt, Fortzugehen, mit Freunden unterwegs zu sein oder, oder mal was anderes machen an Aktivitäten. Kino. Weiß der Teufel. Schwimmen gehen. Egal. Einfach was anderes mal wieder. [138, 28–35]

Den älteren Befragten gelang die deutliche Verringerung ihres Gebrauchs von Crack und anderen Drogen aber offensichtlich etwas leichter als den jüngeren. Von wesentlicher Bedeutung zeigte sich zudem die Einbindung in soziale Bezüge außerhalb der Szene- und Konsumzusammenhänge. So gehörten die selten Konsumierenden zu jenen mit der geringsten Integration in die Drogenszene. Ihr (wiedergewonnenes) außerszenisches Leben wollten sie nicht erneut durch einen exzessiven Konsum aufs Spiel setzen. Und auch die gelegentlich Konsumierenden hatten drogenferne Bezüge. Ein Teil lebte außerhalb der Drogenszene. Der andere Teil lebte zwar in einer szenenahen Drogenhilfeeinrichtung, hatte sich aber ebenfalls Aufgaben und Lebenszusammenhänge geschaffen – etwa über Arbeitsprojekte –, die es wert waren, den Drogengebrauch dafür zu verringern.

Von großer Bedeutung sind zudem Partnerschaften zu Nicht-Drogenkonsumierenden sowie stützende Kontakte zur Herkunftsfamilie, was für viele langjährige Drogenkonsument_innen nicht selbstverständlich ist. Dennoch berichtete die Hälfte der Interviewpartner_innen von regelmäßigen Kontakten zu ihren Eltern oder Geschwistern, die sie sich über die Jahre des Drogenkonsums bewahrt oder nach Kontaktabbrüchen wieder aufgenommen hatten. Die Angehörigen können z.B. zu einer Behandlung motivieren, bieten aber vor allem einen wichtigen Ausgleich und Rückzugsort. Zudem können sie eine wichtige soziale Kontrollinstanz darstellen, wenn die Gebrauchenden sich den Angehörigen zuliebe im eigenen Konsum zurücknehmen oder den Konsum vor ihnen verbergen wollen.

Das Risikobewusstsein war bei Konsumierenden mit einem verringerten Konsum deutlich gestiegen. Dies folgte aus den negativen Erfahrungen mit dem Drogenkonsum und dem Leben in der Drogenszene, oft verbunden mit einschneidenden Erlebnissen. Häufig führten besonders intensive Konsumphasen mit der Zeit zu einem Umdenken. Im Rückblick waren viele Konsumierende erschrocken über diese Konsumphasen und wollten ein solch exzessives Gebrauchsverhalten nicht erneut aufnehmen. Schlüsselereignisse, die eine Veränderung anstießen, waren Überdosierungserfahrungen (eigene oder beobachtete), der Verlust von anderen Menschen, die an den Folgen ihres Drogenkonsums oder Begleiterkrankungen starben, Inhaftierungen sowie Entzugs- oder Substitutionsbehandlungen, während derer die Konsumierenden ihr Konsumverhalten überdachten.

> **Interv.:** Und nach dem Programm hast du aufgehört, intravenös zu konsumieren, egal, welche Substanz?
> **Marianne:** Das lag aber nicht am Heroinprogramm, sondern einfach am Tod meines Freundes. Der ist gestorben und da hab ich mir gesagt: ‚Jetzt hörste mal langsam auf.' Ist bis jetzt so geblieben. Mein Konsum ist also opiatmäßig ganz weg, crackmäßig oder freebasemäßig also sehr wenig im Gegensatz zu vorher. Sehr, sehr wenig. [...] Seit mein Freund tot ist, ist mein Konsum, ich würde mal sagen, mehr als 90% gesunken.
> **Interv.:** Warum hat gerade der Tod deines Freundes eine so einschneidende Veränderung gebracht? Eigentlich hätte es ja auch das ganze Gegenteil bewirken können.
> **Marianne:** Naja, ich hab ja gesehen, wie er sich zugrunde gerichtet hat. [...] Da hab ich mir halt gedacht, dass ich so nicht enden will. Und das ist halt so, dass wenn man ganz tief unten ist, dass man wirklich so Leck-mich-am-Arsch-Gefühle bekommt. Und da legt man auch nicht mehr so viel Wert drauf, ob die Pfeife schon mal einer geraucht hat, der vielleicht lungenkrank ist oder ob der Filter vielleicht einem Positiven gehört. Das sind viele Leute, denen ist das einfach egal. [75; 34–36; 75f.; 48–3]

Externe Faktoren wie fehlende Finanzmittel oder ein fehlendes Substanzangebot wurden zwar ebenfalls angeführt, spielten jedoch nur eine untergeordnete Rolle. Wenn sich zudem jemand ganz bewusst dazu entscheidet, lediglich die zur Verfügung stehenden legalen Geldmittel einzusetzen und keine illegalen Beschaffungswege zu verfolgen, bedeutet dies eine wichtige Regulierungskompetenz.

Deutlich zeigte sich in der Veränderung des Konsums die Bedeutung von Zukunftsperspektiven außerhalb des Drogengebrauchs und der Drogenszene. Konsumierende, die im Hinblick auf ihre Zukunft resignieren – also nicht die Möglichkeit sehen, sich ein Leben außerhalb der Drogenszene aufbauen zu können –, haben große Schwierigkeiten, ihren Crack- und allgemeinen Drogengebrauch dauerhaft zu reduzieren oder einzustellen.

Tom: Immer wieder, dass ich ganz aufhöre. Und immer wieder kam dann auch die, die Erkenntnis, gerade wenn man dann clean ist, äh, ja, der Planlosigkeit, der Hoffnungslosigkeit, der Ziellosigkeit. So, das war meistens wieder der Auslö…ja, oder das waren die Gründe, irgendwie, warum ich wieder angefangen habe. Manchmal sofort nach der Entgiftung. Jetzt, mittlerweile bin ich schlauer. Jetzt, äh, jetzt hab ich mehr Ziele und lass mir einfach helfen. [280, 26–31]

Nur wenn es Perspektiven gibt, die es wert sind, den Gebrauch des rauchbaren Kokains daran anzupassen, die Orientierung bieten und neue Ziele bereithalten, sind die Gebraucher_innen anhaltend in der Lage, kontrollierte Konsummuster zu zeigen. So wurde bei vielen selten oder gelegentlich Konsumierenden deutlich, dass sie sich eben diese Perspektiven geschaffen und langfristige Ziele gesetzt haben.

3 Schlussfolgerungen

Die Ergebnisse der Untersuchung zeigen, dass ein Crackgebrauch nicht automatisch mit einem dauerhaften Kontrollverlust einhergehen muss. Crack wird nicht nur exzessiv gebraucht, sondern kann auch moderat genutzt werden und zwar auch von Konsumierenden der offenen Drogenszene. Weiterhin ist es möglich, dass Konsumierende ihren Gebrauch nach Zeiten eines exzessiven Konsumverhaltens verringern. Auch jene Konsumierende, die hohe Mengen konsumieren, zeigen Möglichkeiten der Einflussnahme, besonders in Form von Gebrauchsregeln zur Vermeidung von Infektionserkrankungen und weiteren Folgeerscheinungen. Auf der Basis der Ergebnisse der Erhebung erscheint also das von den Medien geprägte Bild – rauchbares Kokains als „Todesdroge", die die Konsumierenden vollständig und dauerhaft vereinnahmt – überbewertet. Das rauchbare Kokain ist andererseits sicher keine Substanz, die bedenkenlos konsumiert werden kann. Das in der Literatur häufig beschriebene Potential zu einem unkontrollierten Umgang scheint sich in der Erhebung zunächst zu bestätigen: Alle Konsumierenden berichteten von zum Teil jahrelang andauernden Phasen des unkontrollierten, häufig exzessiven Crackkonsums mit zahlreichen Folgen. Fraglich ist jedoch, ob dies auch eine Folge von Zuschreibungen und Erwartungseffekten aufgrund der negativen Substanzattribuierung sein kann und welchen Einfluss das soziale Milieu hat. Denn oftmals konnten die Befragten ihre eigenen Regulierungskompetenzen gar nicht als solche erkennen, sondern benannten weiterhin, dass das rauchbare Kokain eine übermäßig gefährliche Substanz sei und ein Crackgebrauch nicht kontrolliert werden könne. Es ist davon auszugehen, dass die Verinnerlichung einer solchen Haltung zwar auf der einen Seite zu einer Abschreckung und einem achtsameren Substanzgebrauch beitragen, aber auf der anderen Seite auch im Sinne einer sich selbst erfüllenden Prophezeiung gerade zu Kontrollverlusten und verminderter Selbstwirksamkeitserwartung führen kann. Für viele Autor_innen spielen solche Phänomene auch beim Konsum anderer als besonders gefährlich eingestufter Substanzen, wie z.B. Heroin, eine Rolle (vgl. Weber und Schneider 1997; Kemmesies 2004b). Je stärker sich die Konsumierenden dagegen über die Möglichkeit eines kontrollierten Umgangs mit der Substanz bewusst sind und je stärker die Substanz für sie an Bedeutung verliert, desto leichter fällt es ihnen, die eigenen Konsumregeln anzuwenden und den Gebrauch in einem moderaten, nicht schädigenden Maße durchzuführen. Für Prävention und Drogenhilfe heißt dies, dass nicht Abschreckung durch besonders drastische Beschreibungen der möglichen Konsumfolgen das oberste Ziel sein sollte, sondern eine sachliche Aufklärung über Wirkungsweisen, Risiken und Selbstkontrollmöglichkeiten (vgl. Franzkowiak 1999). Weiterhin sollte die aktive Förderung von Selbstkontrollregeln (etwa über Selbstkontroll- und Konsumreduktionsprogramme, vgl. Körkel 2012) und harm reduction-Strategien der Konsumierenden im Fokus stehen. Zudem zeigte sich einmal mehr, wie wichtig die Unterstützung der Konsument_innen im Aufbau außerszenischer Lebenszusammenhänge, sozialer Integration und damit verbundener Zukunftsperspektiven ist.

Literatur

Becker, H. S. 1981. *Außenseiter. Zur Soziologie abweichenden Verhaltens*. Frankfurt/Main.
Cohen, P., A. Sas. 1994. Cocaine use in Amsterdam in non deviant subcultures. *Addiction Research* 2(1): 71–94.
Crack-Street-Projekt. 1998. *Erfahrungsbericht über aufsuchende Sozialarbeit in Frankfurt am Main. Ein Kooperationsmodell von Drogenhilfe, Jugendhilfe und Medizin*. Frankfurt/Main.
Decorte, T. 2000. *The taming of cocaine. Cocaine use in European and American cities*. Brussels. Belgium.
Dörrlamm, M. 2014. B 4-3 Die Sache mit dem Crack. In *Alternativer Drogen- und Suchtbericht 2014*, hrsg. v. akzept e.V. Bundesverband, Deutsche AIDS-Hilfe und JES Bundesverband, 27–30. Lengerich.
Erickson, P. G., E. M. Adlaf, R. G. Smart, G. F. Murray. 1994. *The steel drug. Cocaine and crack in perspective*. New York.
Flick, U. 2006. *Qualitative Sozialforschung. Eine Einführung*. Reinbek/Hamburg.
Franzkowiak, P. 1999. Risikokompetenz und „Regeln für Räusche": Was hat die Suchtprävention von der akzeptierenden Drogenarbeit gelernt? In *Akzeptierende Drogenarbeit. Eine Zwischenbilanz*, hrsg. v. H. Stöver, 57–73. Freiburg.
Glaser, B. G., A. L. Strauss. 1998. *Grounded Theory. Strategien qualitativer Forschung*. Bern.
Gomes de Matos, E., J. Atzendorf, L. Kraus, D. Piontek. 2016. Substanzkonsum in der Allgemeinbevölkerung in Deutschland. *Sucht* 62(5): 271–281.
Haasen, C. 2004. Die Wirkung von Crack. In *Kokain und Crack. Pharmakodynamiken, Verbreitung und Hilfeangebote*, hrsg. v. H. Stöver, M. Prinzleve, 15–21. Freiburg.
Hess, H., R. Behr. 2004. Kokain in Frankfurt. Konsummuster und Verteilerhandel im „bürgerlichen" Milieu. In *Kokain und Crack. Pharmakodynamiken, Verbreitung und Hilfeangebote*, hrsg. v. H. Stöver, M. Prinzleve, 141–158. Freiburg.
Hößelbarth, S. 2014. *Crack, Freebase, Stein. Konsumverhalten und Kontrollstrategien von KonsumentInnen rauchbaren Kokains*. Wiesbaden.
Kaulitzki, R. 1996. Kokain- und Crackmythen. In *Wider besseres Wissen. Die Scheinheiligkeit der Drogenpolitik*, hrsg. v. F. Nolte, S. Quensel, A. Schultze, 79–91. Bremen.

Kemmesies, U. E. 2004a. Das Ende vom Boom?!? – Crack in Frankfurt am Main. In *Kokain und Crack. Pharmakodynamiken, Verbreitung und Hilfeangebote*, hrsg. v. H. Stöver, M. Prinzleve, 189–200. Freiburg.

Kemmesies, U. E. 2004b. *Zwischen Rausch und Realität. Drogenkonsum im bürgerlichen Milieu.* Wiesbaden.

Körkel, J. 2012. „Motivational Interviewing meets Behavioral Self-Control Training": Konsumreduktionsprogramme in der Praxis. *Suchttherapie* 13(03): 126–131.

Kuckartz, U. 2007. *Einführung in die computergestützte Analyse qualitativer Daten.* Wiesbaden.

Lamnek, S. 2005. *Qualitative Sozialforschung.* Weinheim.

Langer, A., R. Behr, H. Hess. 2004. Was dir der Stein gibt, kann dir keine Nase geben. *Forschung Frankfurt* 22(01): 28–32.

Mayring, P. 2007. *Qualitative Inhaltsanalyse. Grundlagen und Techniken.* Weinheim.

Merton, R. K., P. L. Kendall. 1979. Das fokussierte Interview. In *Qualitative Sozialforschung*, hrsg. v. C. Hopf, E. Weingarten, 171–204. Stuttgart.

Möller, P., M. Prinzleve. 2004. Der Mythos von Crackmonstern und hilflosen Helfern. In *Kokain und Crack. Pharmakodynamiken, Verbreitung und Hilfeangebote*, hrsg. v. H. Stöver, M. Prinzleve, 203–215. Freiburg.

Müller, O., C. Bernard, B. Werse. 2007a. *MoSyD – Szenestudie. Die offene Drogenszene in Frankfurt am Main 2006.* Frankfurt/Main.

Müller, O., J. Kalke, M. Prinzleve. 2007b. Modul 2: Szenebefragung. In *Kokainkonsum zwischen Hedonismus und Verelendung*, hrsg. v. H. Zurhold, O. Müller, 137–172. Freiburg.

Mugford, S. K. 1994. Recreational cocaine use in three Australian cities. *Addiction Research* 2(1): 95–108.

Prinzleve, M., C. Haasen, „CocaineEU"-Studiengruppe. 2005. Kokainhydrochlorid und Crack: Ein Vergleich zwischen Kokainkonsumgruppen ohne intravenösen Kokainkonsum und ohne Opioidkonsum. *Sucht* 51(4): 209–216.

Reinarman, C., H. G. Levine. 2004. Crack in the rearview mirror: Deconstructing drug war mythology. *Social Justice* 31(1–2): 183–199.

Reinarman, C., D. Waldorf, S. B. Murphy, G. Levine. 1997. The contingent call of the pipe: Bingeing and addiction among heavy cocaine smokers. In *Crack in America. Demon drugs and social justice*, hrsg. v. C. Reinarman, H. G. Levine, 77–97. Berkeley.

Sterk-Elifson, C., K. W. Elifson. 1993. The sociol organisation of crack cocaine use: The cycle in one type of base house. *Journal of Drug Issues* 23(3): 429–441.

Waldorf, D., C. Reinarman, S. Murphy. 1991. *Cocaine changes. The Experience of Using and Quitting.* Philadelphia.

Weber, G., W. Schneider. 1997. *Herauswachsen aus der Sucht illegaler Drogen. Selbstausstieg, kontrollierter Gebrauch und therapiegestützter Ausstieg.* Berlin.

Werse, B., D. Egger, L. Sarvari, G. Kamphausen, N. Feilberg. 2017. *MoSyD – Jahresbericht 2016. Drogentrends in Frankfurt am Main.* Frankfurt/Main.

Frauen in Drogenszenen

Spezifika ihrer Lebenssituation

Christiane Bernard

Zusammenfassung

Basierend auf qualitativen und quantitativen Interviews mit Drogenkonsumentinnen, deren Lebensmittelpunkt die Straßen-Drogenszene im Frankfurter Bahnhofsviertel bildet, gibt der Beitrag subjektbezogene Einblicke in die Spezifika dieses Milieus. Davon ausgehend, dass der Konsum von illegalisierten Substanzen und die damit verbundenen Lebenslagen durch das soziale Geschlecht geprägt sind und Straßen-Drogenszenen als ein durch männliche Normen definierter Sozialraum zu verstehen sind, richtet sich ein besonderes Augenmerk auf den Einfluss der Geschlechtszugehörigkeit auf die Kontextbedingungen, die Gestaltung und Bewältigung des Szenealltags und die damit einhergehenden spezifischen Belastungen von Frauen. Die empirischen Befunde zeigen, dass insbesondere die patriarchalen Szenestrukturen, wie sie sich unter den Bedingungen der Prohibition herausbilden, die gesundheitlichen und psychosozialen Belastungen des Szenelebens für Frauen verschärfen.

Schlüsselbegriffe: Frauen, offene Drogenszene, Drogenkonsum, Frankfurt

Die Forschung der letzten Jahre hat eine Fülle von Erkenntnissen hervorgebracht, die deutliche Geschlechterunterschiede im Umgang mit psychoaktiven Substanzen belegen. Neben Konsummustern, Ursachen, Motiven, Einstiegswegen, Verläufen und Ausstiegswegen betrifft dies auch die psychosozialen und gesundheitlichen Risiken und Folgen des Substanzkonsums. Dabei beeinflussen neben biologischen Faktoren insbesondere die durch das soziale Geschlecht (Gender) – durch Geschlechterrollen, Rollenerwartungen, Geschlechterstereotype und die geschlechtliche Identität – geprägten Erfahrungen und Lebenssituationen den Konsum psychoaktiver Substanzen und dessen Folgen. Unmittelbar damit verknüpft ist die geschlechterdifferente Bewertung des Drogenkonsums. Frauen, die illegale Drogen konsumieren, sind stärker von moralischen Verurteilungen und gesellschaftlichen Stigmatisierungen betroffen als Männer, weil sie gleich in zweifacher Hinsicht gegen herrschende Normen verstoßen: gegen strafrechtliche Normen und gegen die soziokulturellen Normen von Weiblichkeit. Verschiedene Autorinnen sprechen deshalb von einer doppelten Devianz bzw. Stigmatisierung von Drogengebraucherinnen (vgl. Broom und Stevens 1991; Zurhold 1998). Der Drogenkonsum stellt insofern ein deutlich durch das Geschlecht geprägtes Phänomen dar. Diese geschlechtsbezogene Prägung trifft auch auf die Lebenssituation in der Straßen-Drogenszene zu.

Öffentliche illegale Drogenszenen sind durch den sichtbaren Handel und Konsum von Drogen, häufig in Verbindung mit Beschaffungskriminalität und Prostitution, charakterisiert. Wenngleich sie nur einen sehr spezifischen und kleinen Ausschnitt des Drogengebrauchsphänomens repräsentieren, so ist es gerade dieser Ausschnitt, der die gesellschaftliche Vorstellung und Wahrnehmung ‚des Drogenproblems' maßgeblich prägt. Drogenkonsumierende, deren Lebensmittelpunkt die Straßenszene ist, sind zum Inbegriff einer drogenzentrierten Lebensweise, sozialer Desintegration und gesundheitlicher Verelendung geworden.

Es wird geschätzt, dass die Frankfurter Straßenszene für wenige hundert Personen den Lebensmittelpunkt darstellt (vgl. Werse und Egger 2015). Frauen sind hier in der deutlichen Minderheit.[1] Die Lebensbedingungen in Straßen-Drogenszenen sind durch die Prohibition geprägt: Für viele Konsumierende bedeutet das Leben in der Szene die Organisation des täglichen Konsums und der Beschaffung von Drogen, verbunden mit einem hohen Beschaffungsstress, (psycho-)sozialen und gesundheitlichen Beeinträchtigungen sowie sozialen Desintegrations- und Marginalisierungserfahrungen. Dies führt zu einem hohen Kriminalisierungsrisiko. In der Illegalität erhalten Gewalthandeln und das ‚Recht des Stärkeren' einen entscheidenden Stellenwert (vgl. Noller 1989; Paul 1998; Braun et al. 2001; Bourgois 2003). Verschiedene Forschungsarbeiten belegen zudem, dass es unter den Bedingungen der Illegalität zur Ausbildung patriarchaler Strukturen und überzeichneter traditioneller Geschlechterstereotype kommt, in deren Folge Männer bevorteilt und Frauen diskriminiert werden (vgl. Rosenbaum 1981; Maher 1997; Vogt 1998; Zurhold 1998). Straßen-Drogenszenen stellen insofern einen durch männliche Normen definierten Sozialraum dar.

Mit den nachfolgenden Ausführungen werden Merkmale und Besonderheiten der Situation von Frauen in diesem Milieu betrachtet. Im Fokus stehen dabei strukturelle und soziale Aspekte sowie die Frage danach, wie sich unter diesen Bedingungen der Szenealltag für Frauen gestaltet und welchen spezifischen Belastungen sie ausgesetzt sind. Die Ausführungen basieren auf den Ergebnissen einer ethnografisch orientierten Forschungsarbeit in Frankfurt am Main, die Einblicke in die Spezifika dieses Milieus aus Sicht von drogenkonsumierenden Frauen liefert (Bernard 2013). Methodisch basiert die Studie auf einer

---

1   Ältere Studien (Kemmesies 2002; Schmid und Vogt 2005) schätzen den Anteil auf ein Fünftel bis maximal ein Viertel. Neuere Studien weisen auf einen weiteren Rückgang dieses Anteils auf knapp ein Sechstel hin (Förster und Stöver 2014, 2015).

Kombination aus qualitativen und quantitativen Interviews. Mittels qualitativer Leitfadeninterviews wurden detaillierte und subjektnahe Einblicke in die Alltagswelt von Drogenkonsumentinnen gewonnen; die Frauen kamen dabei als Expertinnen ihrer Lebenswelt zu Wort. Ergänzend dazu lieferte eine Fragebogenerhebung eine breitere Datenbasis zu soziodemographischen Informationen, zu Konsummustern, Dauer und Intensität des Szeneaufenthalts, Gewalterfahrungen und gesundheitlichen Beschwerden. Die nachfolgend dargestellten Ergebnisse stützen sich auf 50 Fragebögen sowie 16 qualitative Interviews mit kompulsiven Drogenkonsumentinnen. Alle Studienteilnehmerinnen wurden im unmittelbaren Umfeld der Frankfurter Straßen-Drogenszene rekrutiert – über Einrichtungen und Angebote der niedrigschwelligen Drogenhilfe oder direkt auf der Straße. Der analytische Zugang zum erhobenen Material stellte sich als Verbindung zwischen interpretativen und statistischen Methoden dar. Die Leitfadeninterviews wurden mit der qualitativen Inhaltsanalyse nach Mayring (1983) ausgewertet, die quantitative Fragebogenerhebung wurde computergestützt (SPSS) mittels statistischer Verfahren analysiert. Qualitative und quantitative Daten wurden integriert und miteinander in Bezug gesetzt, sodass sie sich gegenseitig informierten.

1 Die befragten Frauen

Das Durchschnittsalter der befragten Frauen beträgt 34 Jahre. Zwei Drittel sind ledig, gut ein Fünftel ist geschieden, nur jede Zehnte ist verheiratet. Drei von fünf Frauen haben eigene Kinder, jedoch lebt keine der Mütter zum Zeitpunkt der Befragung mit ihren Kindern zusammen. Das (Aus-)Bildungsniveau der Untersuchungsgruppe ist niedrig: Ein Viertel hat keinen Schulabschluss, rund zwei Fünftel haben einen Hauptschulabschluss und etwas mehr als ein Viertel einen Realschulabschluss (Abitur: 4 %). Lediglich ein Drittel hat eine Berufsausbildung absolviert. 70 % der befragten Frauen sind arbeitslos[2] – dies im Durchschnitt seit fast sechs Jahren. Entsprechend hoch ist mit drei Vierteln auch der Anteil derer, die staatliche Transferleistungen (ALG II, Sozialhilfe) beziehen. Nahezu die Hälfte der befragten Frauen lebt zudem in äußerst prekären Wohnverhältnissen: Fast jede Fünfte ist obdachlos und etwas mehr als jede Vierte ist in einer Notunterkunft untergebracht. Ebenfalls gut ein Viertel lebt alleine in einer eigenen Wohnung, jede Achte lebt gemeinsam mit einem Partner zusammen, der fast immer auch Drogenkonsument ist.

Was den Drogengebrauch der Frauen betrifft, so zeigen sich besonders intensive Konsummuster für Heroin und Crack. Beide Substanzen werden von mehr als 60 % täglich konsumiert: Heroin durchschnittlich fünfmal, Crack sogar im Schnitt zehnmal am Tag. Darüber hinaus konsumiert die Hälfte der Frauen täglich Benzodiazepine, ein Drittel trinkt täglich Alkohol. Weniger Frauen konsumieren täglich Cannabis (20 %) und Kokain (12 %), wenngleich beide Substanzen von rund der Hälfte der Frauen innerhalb des

---

2   Weitere 14 % sind als arbeitsunfähig gemeldet oder beziehen Frührente, ebenfalls 14 % arbeiten in Arbeitsbeschaffungsmaßnahmen, lediglich 2 % haben einen Teilzeitjob.

zurückliegenden Monats konsumiert wurden. Mit nahezu drei Vierteln konsumiert das Gros der Befragten Drogen intravenös: Besonders häufig trifft dies für Heroin (85 %) zu, aber auch für Crack (73 %) und Benzodiazepine (54 %) zeigen sich hohe Anteile für einen intravenösen Gebrauch. Im Schnitt konsumieren die Frauen bereits seit mehr als 15 Jahren Heroin und seit über acht Jahren Crack. Daneben weisen sie eine langjährige und intensive Bindung an die Frankfurter Straßen-Drogenszene auf: Im Schnitt verbringen sie seit 12 Jahren hier mindestens einmal pro Woche ihre Zeit. Wenngleich sich diesbezüglich eine große Spanne von sechs Monaten bis zu 37 Jahren zeigt, so lässt sich dennoch für jede Zweite feststellen, dass sie bereits seit mindestens zehn Jahren regelmäßig (d. h. mindestens einmal pro Woche) die Szene aufsucht.

2 Geschlechterhierarchie in der Drogenszene

Die Drogenszene ist eine ‚Männerwelt', in der männliche Drogenkonsumierende nicht nur in der Überzahl sind, sondern auch die höheren Statuspositionen einnehmen (vgl. Maher und Curtis 1992; Maher und Hudson 2007; Spreyermann 1990; Miller 1995; Zurhold 1998; Epele 2002). Die Geschlechterordnung, die durch das Alltagshandeln beständig reproduziert und gefestigt wird, hat dabei weitreichende Konsequenzen für die Alltagsbewältigung und die Selbstwahrnehmung von Frauen.

Prägnant spiegelt sich die Geschlechterhierarchie in den Strategien zur Drogenfinanzierung – hier besonders im Bereich des Drogenhandels und der Prostitution – und dem hiermit verknüpften Status in der Szene wider. Im geschlechtlich segregierten informellen ‚Arbeitsmarkt' der Drogenszene genießt der von Männern dominierte Drogenhandel Prestige.

> „Die Dealer sind halt immer, sag' ich jetzt mal, die werden halt immer groß angesehen, weil die ham' halt alles, und, die ham' halt auch das Geld und so, und ja (...) also die stehen ja im Endeffekt nur da und kriegen ihr Geld, also müssen jetzt auch wenig machen." (Trixi[3], 28 Jahre)

Zahlreiche Studien heben hervor, dass sich Frauen im Drogenhandel nur schwer in eigenständigen Positionen etablieren können; sie entweder nur periphere Rollen auf den untersten Handelsebenen besetzen oder ihre Partizipation am Distributionsgeschehen an einen männlichen Beziehungspartner geknüpft ist (vgl. Adler 1985; Fagan 1994; Miller 1995; Maher 1997; Maher und Hudson 2007; Paul 1998). Auch die vorliegende Studie bestätigt dies: Zwar geben fast 40 % der befragten Frauen an, sich teilweise über Aktivitäten im Drogenhandel zu finanzieren, häufig handelt es sich hier jedoch um Tätigkeiten auf den

---

[3] Bei den Namen der Interviewpartnerinnen handelt es sich um Codenamen.

untersten und wenig prestigeträchtigen Ebenen wie ‚Vermitteln‘⁴ oder den Verkauf von Kleinstmengen.

> „Also verkaufen tun eigentlich mehr die Männer und so vermittlungsmäßig mehr die Frauen." (Nele, 23 Jahre)

Frauen haben es also schwer, sich als Dealerinnen zu etablieren und akzeptiert zu werden. Das ist zum einen dadurch bedingt, dass physische Stärke und Gewalthandeln für den Drogenverkauf einen hohen Stellenwert haben. Zum anderen – und dies scheint das größere Hindernis – ist der Drogenhandel stark mit klassisch maskulinen Attributen wie Dominanz, Durchsetzungsvermögen, Risikobereitschaft und Aggressivität assoziiert, während traditionell weiblich konnotierte Eigenschaften wie Einfühlungsvermögen, Gutmütigkeit und Hilfsbereitschaft als damit unvereinbar gelten. Die in der Drogenszene herrschenden traditionellen Rollenzuschreibungen, der „institutionalized sexism in the underworld" (Steffensmeier 1983, S. 1010), führen dazu, dass Frauen die Fähigkeit zum Dealen abgesprochen wird. Während Männer einen Vertrauensvorschuss genießen, müssen Frauen sich gegen zahlreiche Vorurteile behaupten und mehr leisten, wenn sie (regelmäßig) Drogen verkaufen wollen: „Female dealers work in a gendered economy that puts them at a huge disadvantage" (Grundetjern und Sandberg 2012, S. 622). Auch die Interviews illustrieren dies eindrücklich.

> „Als Frau hast du viel schlechtere Karten, du wirst schneller gerippt, bedroht. Du musst dich also wirklich doppelt so sehr durchsetzen wie ein Mann." (Pia, 48 Jahre)

So berichten jene Interviewpartnerinnen, die sich über das Dealen finanzieren (oder finanziert haben), dass in der Regel hierfür die Zusammenarbeit mit einem Mann notwendig ist, der einen gewissen Schutz bietet.

> „Da ist immer noch dieses, ja, dass die Leute einem das wegnehmen, oder so, dass man halt doch irgendjemanden haben muss, der dabei ist, irgendwie halt 'n bisschen stärker ist oder so, weil, was soll ich denn als Frau machen, wenn mir jemand das Geld wegnimmt oder das Zeug wegnimmt." (Dodo, 31 Jahre)

> „Ich wirke auf viele sehr couragiert, aber die wussten auch, dass ich nie alleine stehe, letztendlich. Also ich hatte immer 'nen Schutz. Ich hatte immer noch jemanden, der nach mir geguckt hat. Wenn ich ganz alleine gewesen wäre, das wäre schon anders gewesen." (Marie, 43 Jahre)

---

4 ‚Vermitteln‘ bezeichnet das Arrangieren von Drogengeschäften zwischen Dealer_innen und Kund_innen, für das eine Vermittlungsprovision – meist in Form von Drogen – bezahlt wird, über die ein Teil des Eigenkonsums gedeckt wird.

Ob Frauen, die überhaupt regelmäßig Drogen verkaufen, tatsächlich Anerkennung entgegengebracht und ein Statusgewinn zuteil wird, bleibt fraglich. Wahrscheinlicher ist, dass sie aufgrund ihres Geschlechts in dieser Männerdomäne erneut ausgegrenzt und abgewertet werden.

Während sich der Drogenhandel – für Männer – mit Ansehen in der Drogenszene verbindet, wird die Sexarbeit als ‚frauentypisches' Finanzierungsmuster diskreditiert. In der vorliegenden Untersuchung finanzieren sich hierüber 42 % der Befragten.

„Also das ist schon so, dass die Prostituierten wenig Ansehen hier haben. Und dann geht's schon so: Du Schlampe! Also manchmal ist das schon ganz schön erniedrigend." (Marie, 43 Jahre)

„Die Männer, die reden schon und zeigen auf die Frauen: Guck dir die an, die ist so drauf, die ist so abgejunkt, die geht mit jedem ekelhaftesten Freier mit, wie ekelhaft. Man hat schon ein anderes Ansehen hier auf der Szene, wenn man anschaffen geht." (Anna, 26 Jahre)

Abwertung erfahren Frauen, die der Sexarbeit nachgehen, nicht nur durch männliche Drogenkonsumierende, sondern auch durch Drogenkonsumentinnen, die nicht anschaffen gehen. Sie setzen die Beschaffungsprostitution mit Selbsterniedrigung und dem Verlust persönlicher Grenzen gleich – etwas, das für sie undenkbar wäre.

„Dass die sich halt für sehr wenig Geld wirklich an die widerlichsten Männer hier verkaufen und für die Drogen wirklich alles machen. Also, ich könnte es nicht und ich wollte es nicht." (Anna, 26 Jahre)

Unter diesen Bedingungen kämpfen die sich prostituierenden Frauen darum, ihre eigene Tätigkeit aufzuwerten und ihr Selbstwertgefühl zu bewahren.

„Im Grunde die, die anschaffen gehen, ham' das meiste Geld und vielleicht nur deswegen werden sie so beschimpft. Aber das ist einfach nur Neid." (Carla, 32 Jahre)

Die in der Drogenszene herrschenden geschlechtsbezogenen Rollenzuweisungen und Abwertungen werden jedoch nicht erst im Rahmen der Szeneökonomie beständig reproduziert, vielmehr prägen die patriarchal-hierarchischen Geschlechterverhältnisse den gesamten Szenealltag.

„Frauen sind mehr Gewalt ausgesetzt, so den blöden Anmachen und plumpen, irgendwelchen blöden Sprüchen oder Dissereien oder Mobbing. Die Männer nutzen ganz gerne mal so ihre Machoseite aus, so nach dem Motto: Ich bin ein Mann! Was willst du überhaupt?" (Zille, 26 Jahre)

Frauen werden nicht erst im Zusammenhang mit der Sexarbeit abgewertet, sondern alleine aufgrund ihres Geschlechts degradiert.

„Also du hast eigentlich gleich schon 'nen Stempel: Schlampe! Auch wenn du nicht anschaffen gehst. Das ist so generell, jede Frau, die hier in dem Viertel ist, ist 'ne Schlampe."
(Blume, 35 Jahre)

Die Szenehierarchie ist somit durch die Geschlechterdifferenz festgelegt: Frauen werden auf die unteren Positionen verwiesen. Die in der Drogenszene herrschenden Geschlechterstereotype und patriarchalen Strukturen verhindern für Frauen die Möglichkeit von Statusgewinn und Anerkennung. Abhängig von den Beschaffungsmustern scheinen jedoch Nuancierungen zu bestehen, sodass insbesondere Drogenkonsumentinnen, die der Sexarbeit nachgehen, eine starke Abwertung erfahren.

3 Soziale Beziehungen in der Drogenszene

Anknüpfend an die Ausführungen zur Geschlechterhierarchie richtet sich der Blick darauf, wie sich unter diesen Bedingungen die sozialen Beziehungen der Frauen im Szenekontext gestalten. Bereits anhand der soziodemographischen Daten wird das hohe Maß an sozialer Desintegration unter den Befragten deutlich. Die Drogenszene stellt ihren Lebensmittelpunkt dar. Im Durchschnitt halten sich die Frauen sechs Tage pro Woche und dann über einen Zeitraum von gut neun Stunden auf der Szene auf – mehr als zwei Drittel sind täglich hier. Angesichts dieser Angaben ist davon auszugehen, dass die Frauen kaum über soziale Bezüge außerhalb der Straßenszene verfügen. Die soziale Bedeutung, die der Drogenszene zukommt, wird auch anhand der Motive für den Szeneaufenthalt, die mit dem Fragebogen erfasst wurden, deutlich: Mehr als drei Viertel geben an, sich unter anderem auf der Szene aufzuhalten, ‚um Leute zu treffen'[5], mehr als die Hälfte nennt ‚Langeweile/keine andere Beschäftigung' als Grund.

Die Interviews illustrieren jedoch, dass die sozialen Beziehungen in der Szene von den Frauen vor allem durch fehlende Solidarität, gegenseitiges Misstrauen und Abwertung charakterisiert werden. Freundschaftliche Beziehungen scheinen unter den Bedingungen der Illegalität, der drogenzentrierten Lebensweise und den patriarchalen Szenestrukturen kaum möglich.

„Freunde gibt's hier nicht, das auf keinen Fall. Da guckt jeder, dass er irgendwie durchkommt. Ist halt Bahnhof, ist halt Szene." (Anja, 31 Jahre)

---

[5] Nach dem Aufenthaltsmotiv ‚Drogen kaufen', das von 94 % angegeben wird, ist der Szeneaufenthalt aufgrund der dortigen Sozialkontakte damit das am zweithäufigsten genannte Motiv.

Während die szenetypischen Verhaltensweisen als unsolidarisch und ichbezogen dargestellt und diese Eigenschaften ‚allen anderen' zugeschrieben werden, grenzen sich die Interviewpartnerinnen selbst jeweils sehr deutlich hiervon ab.

> „Im Endeffekt ist es dann halt auch immer so gewesen, dass es den anderen Leuten irgendwie immer nur um das Material [Drogen, C. B.] ging, und wenn ich nix mehr hatte, dann war ich auch uninteressant. Und irgendwie lern' ich das trotzdem nicht so richtig, weil ich denke, es können nicht alle so sein, ich bin doch auch nicht so." (Dodo, 31 Jahre)

> „Also, ich hab' so vielen Leuten schon geholfen und wenn du dann mal selber Hilfe brauchst, hilft dir keiner. Wirklich jeder guckt nur nach sich selber, dass er selber über die Runden kommt." (Blume, 35 Jahre)

Sich selbst als ‚ein bisschen weniger Junkie' darzustellen, lässt sich als Strategie der Frauen begreifen, Etikettierungs- und Stigmatisierungsprozesse abzumildern und das eigene Selbstwertgefühl und Selbstbild aufzuwerten. Vor allem die Abwertung anderer ‚Szenefrauen' ist für diese Form der Identitätsarbeit bedeutsam. Die Frauen haben die gesellschaftliche Stigmatisierung und Sanktionierung des weiblichen Drogenkonsums ebenso wie die Degradierung, die sie in der Straßenszene erfahren, internalisiert. Dies prägt wiederum ihre Einstellung gegenüber anderen weiblichen Szenemitgliedern und führt zur gegenseitigen Diskreditierung. Diese Abwertung der anderen Frauen verbindet sich dabei mit der Aufwertung der eigenen Person (vgl. Zurhold 1993). Entsprechend wird in den Interviews meist eine negativere Einstellung gegenüber weiblichen als gegenüber männlichen Drogenkonsumierenden deutlich.

> „Ich komm' hier mit den Frauen nicht so klar. (...) Die meisten, die gehen ja auch zum Anschaffen und so, und ja, die denken halt auch schon irgendwie ganz anders. Also, ich weiß nicht, mit den meisten kann ich mich auch gar nicht normal unterhalten, weil das Hauptthema ist Drogen. Und die Männer, sag' ich mal, waren, in Anführungsstrichen, noch ziemlich normal, so die, wo ich kennengelernt hab'." (Trixi, 28 Jahre)

Die Interviewpartnerinnen nutzen die Abgrenzung gegenüber anderen Drogenkonsumentinnen, um ihre eigenen Werte und Prinzipien zu verdeutlichen und ihre Selbstachtung zu bewahren, während anderen Frauen solche Handlungsprinzipien abgesprochen werden.

> „Ach, die Frauen hier, die schleimen nur rum, die wollen nur ihren Stein [Crack, C. B.] und mehr wollen die nicht. Zum Beispiel, ich geh' anschaffen, ich schick' meinem Mann auch jeden Monat zwohundert Euro in 'n Knast, und meine Schwiegereltern, wenn ich 'n Freier hab', wo sehr gut zahlt, so fünfhundert Euro zum Beispiel für die ganze Nacht zahlt, dreihundert gehen zu denen, hundert mein Mann, hundert ich. Ja, ich denk' an meine Familie noch, und die meisten hier denken ja gar nicht mehr an ihre Familie." (Tess, 33 Jahre)

Auch partnerschaftliche Beziehungen werden von den Interviewpartnerinnen negativ bewertet und in erster Linie mit Nachteilen und einer Verschärfung ihrer Probleme assoziiert. Die Frauen haben oftmals die Erfahrung gemacht, dass Drogenkonsum und ein partnerschaftliches Vertrauensverhältnis nicht miteinander vereinbar sind. Die Beziehung mit einem Drogenkonsumenten wird von ihnen vor allem als Ausbeutungsverhältnis wahrgenommen, innerhalb dessen sie selbst in die Rolle der Versorgerin geraten.

> *„Wenn man selber drauf ist, Junkie, was willst du denn dann für 'n Freund haben? Der auch drauf ist? Und du gehst anschaffen und versorgst euch beide? Nee, danke!" (Mara, 25 Jahre)*

> *„Bei Paaren seh' ich das unheimlich oft, dass die Männer da so den Macker raushängen lassen, aber eigentlich die Frauen meistens diejenigen sind, die das Geld ranschaffen und sich auch so d'rum kümmern, dass auch alles ein bisschen läuft." (Zille, 26 Jahre)*

Fast alle Interviewpartnerinnen bewältigen daher als ausgesprochene Einzelgängerinnen den Szenealltag. Einerseits können sie so Konflikten mit anderen Drogenkonsumierenden teilweise aus dem Weg gehen und relativ unabhängig ihren Alltag gestalten.

> *„Es geht immer nach hinten los, wenn du dich mit jemandem zusammentust. Das ist meine Erfahrung. Mach alleine dein Ding, dann kommst du am weitesten. Jeder muss hier seinen Kampf kämpfen!" (Frau XY, 46 Jahre)*

Andererseits fehlen ihnen damit unterstützende Sozialkontakte, woraus psychisch belastende Gefühle der Vereinsamung resultieren.

> *„Also ich hab' das lange versucht hier irgendwie 'ne Freundin oder 'nen Freund, also einfach so, zu finden, weil man ist hier alleine und alleine sein, ist scheiße." (Dodo, 31 Jahre)*

Darüber hinaus ist das Fehlen von Sozialkontakten auch angesichts der Gewaltstrukturen, die in der Szene herrschen, problematisch, da die Frauen in Konfliktsituationen kaum Hilfe von anderen erwarten können.

4 Gewalterfahrungen im Szenekontext

Von den befragten Frauen geben knapp 40 % an, in den letzten vier Wochen psychische Gewalt (Bedrohungen, massive Beschimpfungen, Demütigungen, Erniedrigungen) erfahren zu haben. Jede Siebte hat im selben Zeitraum physische Gewalt erlebt und drei Frauen berichten über sexuelle Gewalt. Wie zu erwarten, sind die Gewalterfahrungen der Frauen – mit Ausnahme sexueller Gewalterlebnisse – vor allem mit dem Szenemilieu und anderen Drogenkonsumierenden assoziiert. Körperliche Gewalt erfahren die Frauen insbesondere durch männliche Drogenkonsumierende, die ihre physische Überlegenheit und die szeneinhärente Hierarchie auch dazu nutzen, sich Geld oder Drogen von den Frauen gewaltsam anzueignen.

> *„Es gibt einige Typen, die halt der Meinung sind: Ach Frau, die hat schnell Kohle gemacht, ich bin ein Mann, stärker, größer, wie auch immer, das Geld ist mir! Und wenn du Pech hast und an so jemanden gerätst, ist dein Geld halt weg." (Frau XY, 46 Jahre)*

In den Interviews werden verschiedene Strategien der Frauen deutlich, mit denen sie versuchen, sich vor Übergriffen durch andere Drogenkonsumenten zu schützen. Unter Umständen bedeutet dies, sich nicht zur Wehr zu setzen, um massivere Formen der Gewalt zu vermeiden.

> *„Weil, wer weiß, was der Typ sonst noch alles macht. Also tu' ich's dann lieber akzeptieren, dass er mir's weggenommen hat. Aber er weiß dann halt auch, er kann's immer wieder mit mir machen." (Nele, 23 Jahre)*

Wie hier deutlich wird, birgt ein solches Verhalten jedoch auch die Gefahr, als leichtes Opfer gesehen zu werden und damit zukünftig verstärkt Übergriffen ausgesetzt zu sein. Für andere ist deshalb ein selbstsicheres Auftreten wichtig, um nicht in die weibliche Opferrolle zu geraten.

> *„Es kommt ja auch immer darauf an, was für ein Mann steht dir da gegenüber? Und was will der von dir? Und auch: Was strahlst du aus? Weil manche Menschen, die kommen schon so als Opfer rüber und wenn du schon als Opfer gesehen wirst, was du als Frau ja ganz schnell wirst, das geht ruckzuck, dass du als Opfer gesehen wirst." (Zille, 26 Jahre)*

Sich zur Wehr zu setzen, bedeutet, sich gegen das szenetypische Bild der schwachen Frau zu wehren. Indem manche Interviewpartnerinnen für sich selbst diese Zuschreibungen und damit auch die Zugehörigkeit zur Gruppe ‚der Frauen' in der Szene negieren, können sie zwar ihr Selbstwertgefühl stärken, jedoch stößt ein solches Verhalten auch auf Ablehnung und Verurteilung.

> *„Die Frauen müssen auf alle Fälle kuschen. Also ich bin ziemlich unbeliebt, weil ich mein Maul halt aufmache." (Carla, 32 Jahre)*

> *„Ich mein', viele reden auch schlecht über mich, weil ich mich halt eben wehr'. (...) [Das dann auch mit Gewalt?] Ja, wenn's sein muss, auf der Straße, ja klar. Das geht nicht anders. (...) Ich mein', was so 'n Typ kann, das kann ich doch auch. Es gibt aber nur wenige Frauen, die das machen. Und die anderen, brauchst nur aus'm Fenster zu gucken, die sind grad' mal seit zwei, drei Jahren dabei, seh'n aus wie 'ne laufende Leiche und werden nur hin und her geschickt: Mach' mal das, mach' mal das, kriegst auch 'n Zug dafür. Also, wenn die so*

weitermachen wie bisher, glaub' ich nicht, dass sie's schaffen. Weil sie irgendwann mal in irgend'nem Graben liegen." (Mara, 25 Jahre)

Als eine der wenigen berichtet diese Interviewpartnerin explizit davon, sich auch mittels physischer Gewalt im Szenekontext zu behaupten. Mit der Übernahme von Gewalthandeln als typisch männliche Verhaltensweise verstößt sie in besonderer Weise gegen das traditionelle weibliche Rollenbild. Gewalt ist dabei für sie nicht nur ein Mittel, um sich Respekt zu verschaffen, sondern auch Voraussetzung, um in der Szene überleben zu können.

Mit der Abgrenzung gegenüber anderen Drogenkonsumentinnen geht für die Frauen zwar ein Zugewinn an Selbstachtung einher. Gleichzeitig verhindert dies jedoch ein gemeinsames und solidarisches Handeln gegenüber der Gewalt von Männern. Dadurch sind die Frauen im Szenekontext erheblich angreifbarer. So fällt bei der Betrachtung ihrer Schutzstrategien auf, dass es sich hierbei ausschließlich um individuelle Handlungsweisen handelt. Über kollektive Strategien im Sinne einer gegenseitigen Hilfe und Unterstützung berichtet keine der Interviewpartnerinnen.

Während die Beziehungen zwischen den Frauen vor allem durch Konkurrenz und gegenseitige Herabwürdigung geprägt scheinen, werden die Beziehungen zwischen Männern positiver beschrieben.

„Also ich komme mit ganz wenigen Frauen hier eigentlich aus. Also unter Frauen, das ist sehr rivalisch, es gönnt wirklich keine der anderen was, das ist irgendwie schwieriger wie bei Männern. Männer unter sich gehen ganz anders miteinander um, das ist mehr so kameradschaftlich." (Marie, 43 Jahre)

Vermutlich tragen auch die genderspezifischen Beschaffungsmuster zu einem unterschiedlichen Grad an Konkurrenz und sozialer Isolation bei. Während es beispielsweise für das Dealen hilfreich ist, über Kontakte sowie einen gewissen Bekanntheitsgrad in der Szene zu verfügen und mit anderen zusammenzuarbeiten, wird die Sexarbeit abseits des Sozialraums der Drogenszene einzeln und in starker Konkurrenz zueinander ausgeführt. Finanzierungsstrategien, die häufiger von Männern ausgeübt werden, stärken insofern eher die sozialen Kontakte, während frauentypische Finanzierungsmuster diese unterminieren.

5 Psychische und gesundheitliche Folgen des Szenelebens

Aktivitäten zur Drogenbeschaffung machen einen wesentlichen Teil des Szenelebens aus. Vor allem jene Frauen, die Crack konsumieren, der Beschaffungsprostitution nachgehen und keine eigene Wohnung haben, beschreiben einen Alltag, der fast ausschließlich aus dem Wechsel zwischen Finanzierung, Erwerb und Konsum von Drogen besteht. Ruhephasen werden selten eingeplant, sodass die Frauen, ohne zu schlafen, mehrere Tage und Nächte auf der Straße unterwegs sind. Erst wenn es ihre körperliche Verfassung nicht mehr anders zulässt, wird eine kurze Zwangspause eingelegt. Bei anderen wird der Kreislauf aus Drogenbeschaffung und -konsum zumindest in der Nacht unterbrochen.

> *„Ich steh' morgens auf, mach' mir meinen ersten Druck, mach' mich fertig, fahr' dann meistens so gegen neun in die Stadt, dreh' 'ne kurze Runde bis ich halt mein Methadon hole und dann, ja, arbeiten, anschaffen, den ganzen Tag. Und abends geh' ich dann nach Hause."*
> *(Blume, 35 Jahre)*

Es ist anzunehmen, dass eine feste Unterkunft und die Substitutionsbehandlung dazu beitragen, dass die zitierte Interviewpartnerin trotz Beschaffungsprostitution und Crackkonsum über einen Alltagsrhythmus verfügt, in dem regelmäßige Schlafzeiten existieren. Eine andere Interviewpartnerin beschreibt einen Tagesablauf, in dem nicht ausschließlich drogenbezogene Tagesaktivitäten Platz finden:

> *„Dann steh' ich morgens auf, verkauf' bis abends, geh' natürlich auch mal zwischendurch was essen oder Kaffee trinken. Und abends dann noch was einkaufen für die Nacht, ja und dann geh' ich halt schlafen." (Anna, 26 Jahre)*

Offenbar haben die unterschiedlichen Wege der Drogenfinanzierung sowie die teils damit zusammenhängenden Konsummuster einen Einfluss auf den Alltagsrhythmus. Während das Dealen womöglich eher einen strukturierteren Tagesablauf gestattet, scheinen die Bedingungen der Beschaffungsprostitution eine solche Alltagsgestaltung zu erschweren. Dies ist auch durch das Wechselverhältnis zwischen Prostitution und Drogenkonsum bedingt: Zwar gehen die Frauen in erster Linie der Sexarbeit nach, um Drogen zu finanzieren, gleichzeitig helfen ihnen Drogen aber auch dabei, mit der Prostitutionstätigkeit umgehen zu können (vgl. auch Guggenbühl und Berger 2001).

> *„Und die machen sich dann einfach wieder zu, der Nächste wieder drüber. Mir sind auch Sachen passiert, das hätte ich keinem normalen Menschen erzählen können. Was hab' ich gemacht? Ich hab' mich zugemacht und weitergemacht, weil ich brauchte ja das Geld."*
> *(Pia, 48 Jahre)*

Das Szeneleben geht für die befragten Frauen mit hohen psychischen und gesundheitlichen Belastungen einher. So schätzen in der Fragebogenerhebung zwei Drittel ihr gesundheitliches Befinden als schlecht oder weniger gut ein. Drei Viertel der Frauen sind mit Hepatitis C infiziert und sechs Frauen sind HIV-positiv. Ihre hohe psychische Belastung zeigt sich daran, dass mehr als die Hälfte angibt, unter depressiven Verstimmungen/Depressionen[6] zu leiden. Nähere Einblicke in die gesundheitliche und psychische Verfassung der Frauen lassen sich durch die qualitativen Interviews gewinnen. Bei einem Teil der

---

6   Hierbei handelt es sich i.d.R. nicht um eine diagnostizierte Depression.

Interviewpartnerinnen führt ihr intensiver Drogenkonsum und der damit einhergehende Beschaffungsstress dazu, dass sie körperliche Grundbedürfnisse stark vernachlässigen.

„Ich ernähr' mich halt auch total beschissen. Ich ess' halt fast gar nichts, und wenn, dann nur irgendwelche Süßigkeiten oder halt irgendwas, ne, und, ja überhaupt, wie ich mit mir umgehe, mit dem wenig Schlafen, und, ich weiß nicht. Teilweise lass' ich mich halt auch total hängen." (Dodo, 31 Jahre)

In den Interviews wird ebenfalls deutlich, dass einige Frauen, als Folge massiver Traumata, ein extrem distanziertes Verhältnis zu ihrem eigenen Körper haben.

„[Wie wichtig ist dir dein Körper oder dein körperliches Befinden?] Überhaupt nicht wichtig im Moment. Das ist nur Instrument zum Anschaffen." (Carla, 32 Jahre)

Eine Verschlechterung des Allgemeinbefindens verbinden die Frauen vor allem mit dem Konsum von Crack. Das typische Konsummuster (intensive Konsumphasen, die über mehrere Tage dauern können) und die spezifischen Wirkungsweisen der Substanz (u. a. hohe Rastlosigkeit, Unterdrückung von Schlaf und Hunger) gehen mit hohen Belastungen einher, die zur körperlichen Auszehrung führen. Zusätzliche körperliche Belastungen entstehen durch die polizeiliche Kontrollpolitik, die sich gegen die Bildung von Szeneansammlungen richtet und sich für die Frauen vor allem als Vertreibungspolitik darstellt.

„Das ist einfach von der Polizei, weil die einen halt von einem Fleck auf des and're jagen. Du darfst ja nie hier unten stehen, nicht mal 'ne Minute, dann kommen die und zack, musst du weg." (Tess, 33 Jahre)

Die Frauen sind dadurch nicht nur konstant dem Verfolgungsdruck ausgesetzt, sondern das Vorgehen der Polizei zwingt sie auch dazu, sich ständig in Bewegung zu halten, wodurch sich ihr körperlicher Erschöpfungszustand weiter verstärkt. Gesundheitliche Beeinträchtigungen scheinen jedoch häufig auch den Charakter einer ‚Normalität' im Szenealltag zu haben und nicht zwingend mit dem Krankheitsbegriff assoziiert zu werden, sodass sich Frauen, trotz teilweise chronischer Erkrankungen, durchaus als gesund bezeichnen.

„Obwohl ich gesund bin. Meine Leberwerte sind soweit in Ordnung. Also, ich hab' die Hepatitis C, aber meine Werte sind wirklich okay, meine Leber ist verfettet, aber die ist ruhig." (Lela, 32 Jahre)

„Ich hab' keine Krankheiten und bin gottfroh d'rüber. Also gut, meine Nieren sind im Arsch, ja, aber sonst. Ich war Alkoholikerin und so, aber, wie gesagt, ich hab' keine Krankheiten, bis heute nicht." (Tess, 33 Jahre)

Hierbei mag auch eine Rolle spielen, dass die Interviewpartnerinnen Krankheit vor allen Dingen mit dem Vorliegen akuter Schmerzen verbinden, insbesondere die analgetische Wirkung von Heroin (bzw. auch von anderen Opioiden/Substitutionsmitteln) aber dazu führt, dass körperliche Beschwerden überdeckt und über einen längeren Zeitraum ignoriert werden.

Insgesamt schwerwiegender als die körperlichen Belastungen scheinen jedoch die psychischen Folgen des Szenelebens zu sein. Passend zu den quantitativen Daten, nach denen die Mehrheit der befragten Frauen unter depressiven Verstimmungen/Depressionen leidet, wird auch in den qualitativen Interviews ein hohes Maß an Pessimismus und Verbitterung über die eigene Lebenssituation deutlich.

„Ich hab' hier inzwischen gar nichts mehr verloren. Mir hat das Leben bis vor ein paar Jahren richtig Spaß gemacht. (...) Ich hab' jetzt auch wirklich keine Lust mehr hier, weil ich bin jetzt zehn Jahre hier und ich hab' die ganzen Jahre verschenkt. Und es ist wirklich ganz schlimm geworden. Ich mach' mich kaputt damit. Die Relationen stimmen einfach nicht mehr." (Lela, 32 Jahre)

In diesem Zusammenhang äußert ein Teil der Interviewpartnerinnen Suizidgedanken oder berichtet darüber, sich in suizidaler Absicht mit Drogen überdosiert zu haben.

6   Diskussion der Ergebnisse

Bei den in die Studie einbezogenen Frauen handelt es sich um eine marginalisierte und stark belastete Gruppe mit intensiven Drogengebrauchsmustern, einer starken Einbindung in die Straßen-Drogenszene und einer insgesamt prekären Wohn-, Gesundheits- und psychosozialen Situation. Während derart prekäre Verhältnisse auch für männliche Drogenkonsumierende der Straßenszene festzustellen sind, existieren dennoch stark geschlechtsbezogene bzw. geschlechtsgeprägte Faktoren und Bedingungen im Szenekontext, die die besondere Situation von Frauen in diesem Milieu begründen. Aufgrund der Szenestrukturen sind sie mit anderen Herausforderungen konfrontiert als Männer. Wesentliche Einflussfaktoren hierfür sind die patriarchalen Strukturen der Drogenszene, wie sie sich unter den Bedingungen der Illegalität ausbilden und verfestigen – sie machen traditionelle Geschlechterverhältnisse wie unter einem Brennglas sichtbar. Es sind diese Strukturen, die das Recht des Stärkeren und Gewalthandeln betonen, die Frauen diskriminieren und degradieren und ihre soziale Isolation fördern, weil internalisierte Abwertungsprozesse durch die Abgrenzung gegenüber und die Degradierung anderer Frauen in der Drogenszene abgemildert werden können. Zudem werden psychisch und physisch riskante und stark belastende ‚weibliche' Beschaffungsmuster (Prostitution) begünstigt, indem Frauen der Zugang zu weniger belastenden bzw. prestigeträchtigeren ‚männlichen' Beschaffungsmustern (Dealen) erschwert ist. Das bedingt wiederum intensivere Konsummuster und verstärkt den Beschaffungsstress. Beides trägt zu einer weiteren Vernachlässigung körperlicher Grundbedürfnisse bei und verschlechtert die soziale und gesundheitliche Situation der Frauen. Gleichzeitig zeigen die Narrative der Frauen aber, dass sie nicht ausschließlich passive Opfer dieser männerdominierten Strukturen sind, sondern als handelnde Akteurinnen spezifische Copingstrategien in Bezug auf ihre Position im Szenemilieu entwickeln, wenngleich diese Strategien dysfunktional – da risikoreich, problemverschärfend und/oder selbstschädigend – sein können.

Das Wissen um geschlechtsbezogene Bedingungen, Auswirkungen und Besonderheiten des Szenelebens ist auch für Drogenpolitik und Drogenhilfe – für die Konzipierung, Implementierung und Weiterentwicklungen von Maßnahmen – von essentieller Bedeutung. So lässt sich beispielsweise nach wie vor feststellen, dass das traditionelle geschlechtsneutrale Hilfesystem Frauen nur ungenügend erreicht. Geschlechtersensibel und lebensweltnah ausgerichtete Angebote zeigen hingegen nicht nur eine bessere Erreichbarkeit, sondern auch höhere Akzeptanz und Wirksamkeit bei den Zielgruppen. Die Narrative betroffener Frauen sind dabei ein wichtiger Ansatz, um ihre Lebenslagen, Handlungsmuster, -kompetenzen, Bewältigungsstrategien und Sinnstrukturen, ebenso wie ihre bestehenden Defizite, Problemlagen und Bedarfe angemessen und zielgruppensensibel zu erfassen. Damit können auch die Kompetenzen von Betroffenen in die Planung und Implementierung von drogenpolitischen und hilfepraktischen Maßnahmen einbezogen und adäquat berücksichtigt werden.

Literatur

Adler, P. 1985. *Wheeling and Dealing. An ethnography of an upper-level dealing and smuggling community*. New York.
Bernard, Ch. 2013. *Frauen in Drogenszenen. Drogenkonsum, Alltagswelt und Kontrollpolitik in Deutschland und den USA am Beispiel Frankfurt am Main und New York City*. Wiesbaden.
Bourgois, Ph. 2003. *In Search of Respect. Selling Crack in El Barrio*. New York.
Braun, N., B. Nydegger Lory, R. Berger, C. Zahner. 2001. *Illegale Märkte für Heroin und Kokain*. Bern, Stuttgart, Wien.
Broom, D., A. Stevens. 1991. Doubly Deviant. Women Using Alcohol and Other Drugs. *International Journal of Drug Policy* 2 (4): 25–27.
Epele, M. E.. 2002. Gender, Violence and HIV: Women's Survival in the Streets. *Culture, Medicine and Psychiatry* 26 (1): 33–54.
Fagan, J. 1994. Women and drugs revisited. Female participation in the cocaine economy. *Journal of Drug Issues* 24 (1/2): 179–225.
Förster, St., H. Stöver. 2014. *Auswertung der Frankfurter Konsumraumdokumentation 2013. Dokumentationszeitraum 01.01.-31.12.2013*. Frankfurt/Main.
Förster, St., H. Stöver. 2015. *Auswertung der Frankfurter Konsumraumdokumentation 2014. Dokumentationszeitraum 01.01.-31.12.2014*. Frankfurt/Main.
Grundetjern, H., S. Sandberg. 2012. Dealing with a gendered economy: Female drug dealers and street capital. *European Journal of Criminology* 9 (6): 621–635.
Guggenbühl, L., Ch. Berger. 2001. *Subjektive Risikowahrnehmung und Schutzstrategien sich prostituierender Drogenkonsumentinnen. Eine qualitative Studie unter besonderer Berücksichtigung HIV-relevanten Risiko- und Schutzverhaltens*. Zürich.

Kemmesies, U. E. 2002. *MoSyD Szenestudie. Die offene Drogenszene in Frankfurt am Main 2002.* Frankfurt/Main.

Maher, L. 1997. *Sexed work. Gender, race and resistance in a Brooklyn drug market.* New York.

Maher, L., S. L. Hudson. 2007. Women in the Drug Economy. A Metasynthesis of the Qualitative Literature. *Journal of Drug Issues* 37 (4): 805–826.

Maher, L., R. Curtis. 1992. Women on the edge of crime: Cocaine and the changing contexts of street level sex work in New York City. *Crime, Law and Social Changes* 18: 221–258.

Mayring, Ph. 1983. *Qualitative Inhaltsanalyse. Grundlagen und Techniken.* Weinheim, Basel.

Miller, J. 1995. Gender and Power on the Streets. Street Prostitution in the Era of Crack Cocaine. *Journal of Contemporary Ethnography* 23 (4): 427–452.

Noller, P. 1989. *Junkie-Maschinen. Rebellion und Knechtschaft im Alltag von Heroinabhängigen.* Wiesbaden.

Paul, B. 1998. Dealen Frauen anders? Zur Situation von Frauen im Drogenhandel. In *Drogendealer. Ansichten eines verrufenen Gewerbes*, hrsg. v. Bettina Paul, Henning Schmidt-Semisch, 183–192. Freiburg/Breisgau.

Rosenbaum, M. 1981. *Women on Heroin.* New Brunswick.

Schmid, M., I. Vogt. 2005. Die Nutzung von Konsumräumen in Frankfurt/Main unter besonderer Berücksichtigung des Konsums von Crack. *Sucht* 51: 233–239.

Steffensmeier, D. J. 1983. Organization properties and sex-segregation in the underworld: Building a sociological theory of sex differences in crime. *Social Forces* 61 (4): 1010–1032.

Vogt, I. 1998. Frauen, illegale Drogen und Armut – Wiederholungszwänge im Elend. *Sucht und Armut. Alkohol, Tabak, illegale Drogen*, hrsg. v. Dieter Henkel, 191–208. Opladen.

Werse, B., D. Egger. 2015. *MoSyD Szenestudie 2014. Die offene Drogenszene in Frankfurt am Main.* Frankfurt/Main.

Witzel, A. 1985. Das problemzentrierte Interview. In *Qualitative Forschung in der Psychologie. Grundfragen, Verfahrensweisen, Anwendungsfelder*, hrsg. v. Gerd Jüttemann, 227–256. Weinheim, Basel.

Zurhold, H. 1993. *Drogenkarrieren von Frauen im Spiegel ihrer Lebensgeschichten. Eine qualitative Vergleichsstudie differenter Entwicklungsverläufe opiatgebrauchender Frauen.* Berlin.

Zurhold, H. 1998. *Kriminalität und Kriminalisierung drogengebrauchender Frauen: Kritische Analyse der justitiellen Sanktionspraxis und Möglichkeiten der Depönalisierung.* Berlin.

Teil VI
Klassische Beiträge zur Drogenforschung

Wie man Marihuana-Benutzer wird

Howard Becker

Eine unbekannte, aber wahrscheinlich ziemlich große Zahl von Menschen in den Vereinigten Staaten benutzen Marihuana. Sie tun dies trotz der Tatsache, dass es ungesetzlich ist und auch nicht gebilligt wird.

Das Phänomen des Marihuana-Gebrauchs hat viel Aufmerksamkeit auf sich gezogen, vor allem von Psychiatern und von Beamten der Strafverfolgung. Die bisher geleistete Forschung befaßt sich – wie oft im Fall von Untersuchungen über Verhalten, das als abweichend angesehen wird – hauptsächlich mit der Frage nach dem Warum dieses Verhaltens. Erklärungsversuche zur Frage des Marihuana-Gebrauchs gehen vorwiegend von der Prämisse aus, dass das Vorhandensein jeglicher bestimmten Verhaltensweise bei einem Individuum am besten als Resultat einer Eigenschaft erklärt werden kann, die zur Übernahme dieses Verhaltens prädisponiert oder motiviert. Im Fall des Marihuana-Gebrauchs spricht man gewöhnlich von einer psychischen Eigenschaft, von einem Bedürfnis nach Phantasie und Flucht vor psychischen Problemen, die das Individuum nicht ertragen kann.[1]

Ich glaube nicht, dass solche Theorien den Marihuana-Gebrauch angemessen erklären können. Tatsächlich ist Marihuana-Gebrauch ein interessanter Fall für Theorien über abweichendes Verhalten, weil er die Art und Weise illustriert, wie abweichende Motive sich erst im Verlauf der Erfahrung mit dieser abweichenden Aktivität entwickeln. Um ein komplexes Argument in wenige Worte zu fassen: Nicht abweichende Motive führen zu abweichendem Verhalten, sondern genau umgekehrt: das abweichende Verhalten erzeugt mit der Zeit die abweichende Motivation. Vage Impulse und Wünsche – in den meisten Fällen wahrscheinlich Neugier auf die vom Rauschmittel hervorgerufene Art der Erfahrung – werden mittels sozialer Interpretation einer in sich mehrdeutigen körperlichen Erfahrung in endgültige Verhaltensmuster umgewandelt. Marihuana-Gebrauch ist eine Funktion der

---

[1] Beispiele für derartige Erklärungsversuche sind Marcovitz und Meyers (1944), Gaskill (1945) sowie Charen und Perelman (1946).

jeweils individuellen Vorstellung von Marihuana und der möglichen Verwendungsweisen des Marihuanas. Die Vorstellung von Marihuana durchläuft mit zunehmender Rauschgift-Erfahrung des Individuums eine Entwicklung.[2]

Die Untersuchung, über die in diesem Kapitel berichtet wird, beschäftigt sich mit der Karriere des Marihuana-Benutzers. Im vorliegenden Kapitel betrachten wir die Entwicklung der unmittelbar physischen Erfahrung des Individuums beim Gebrauch von Marihuana. ir wollen zunächst die Abfolge von Einstellungs- und Erfahrungsänderungen zu verstehen suchen, die den Gebrauch von Marihuana zum Vergnügen zur Folge haben. Diese Formulierung des Problems bedarf einer Erklärung. Marihuana erzeugt keine Sucht, jedenfalls nicht in dem Sinne, wie das bei Alkohol und Opiaten geschieht. Der Benutzer verspürt keine Entzugserscheinungen und zeigt kein süchtiges Verlangen nach dem Rauschmittel (vgl. Adams 1942). Die häufigste Form des Gebrauchs kann als „Freizeitgebrauch" bezeichnet werden. Das Rauschmittel wird nur gelegentlich um des Vergnügenswillen genommen, das der Konsument dabei empfindet – mithin eine relativ zwanglose Verhaltensweise im Vergleich zum Gebrauch von süchtigmachenden Rauschmitteln und den damit verbundenen Folgen. Der Bericht des vom New Yorker Bürgermeister eingesetzten Ausschusses zur Untersuchung des Marihuana-Gebrauchs hebt diesen Punkt besonders hervor:

> Ein Mensch kann über einen längeren Zeitraum regelmäßiger Benutzer sein und auf die Droge freiwillig verzichten, ohne ein süchtiges Verlangen danach zu spüren oder Entzugserscheinungen zu zeigen. Er könnte zu einem späteren Zeitpunkt zu ihrem Gebrauch zurückkehren. Andere können unregelmäßige Verwender der Substanz sein, nehmen wöchentlich eine oder zwei oder nur dann, wenn der „soziale Rahmen" eine Beteiligung erfordert. Von Zeit zu Zeit nahm einer unserer Untersuchungsbeamten mit einem Marihuana-Benutzer Kontakt auf. Der Beamte brachte das Thema der Marihuanabenutzung ins Gespräch. Dies führte ausnahmslos zu dem Vorschlag, einige Joints zu beschaffen. Sie suchten eine „Teestube" auf, und wenn sie geschlossen hatte, nahmen der Benutzer und unser Beamter ruhig ihre vorherige Beschäftigung wieder auf, etwa die Diskussion über das Leben im Allgemeinen oder das Billardspielen. Der Benutzer zeigte keinerlei Anzeichen von Frustration, wenn es ihm nicht gelungen war, seinen Wunsch nach der Droge zu stillen. Wir halten diesen Punkt für höchst bemerkenswert, da er in einem solchen Gegensatz zur Erfahrung von Benutzern anderer Narkotika steht. Bei einem Menschen, der nach Morphium, Kokain oder Heroin süchtig ist, würde eine ähnliche Situation zu dem zwanghaften Wunsch führen, sich die Droge zu verschaffen. Wenn ihm dies nicht gelänge, würden sich offensichtliche physische und psychische Ausdrucksweisen von Frustration einstellen. Dies kann als Indizienbeweis dafür angesehen werden, dass mit dem Genuß von Marihuana keine echte Sucht im medizinischen Sinne verbunden ist. (New York City Mayor's Committee on Marihuana 1944: 12-13)

Mit der Formulierung „Gebrauch zum Vergnügen" möchte ich den nichtzwanghaften und gelegentlichen Charakter des Verhaltens hervorheben. (Außerdem wollte ich aus der Erörterung die wenigen Fälle ausschließen, in denen Marihuana lediglich wegen seines

---

2   Dieser theoretische Standpunkt stammt von Mead (1934: 277-280).

Prestigewertes genommen wird, als Zeichen dafür, dass jemand sich einer bestimmten Art von Menschen zurechnet, und in denen der Gebrauch keinerlei Vergnügen bereitet.)

Die Untersuchung, von der ich berichten möchte, war nicht als Prüfstein für Theorien angelegt, die den Marihuana-Gebrauch zu psychischen Eigenschaften des Benutzers in Beziehung setzen. Doch die Untersuchung zeigt, dass psychologische Erklärungen als solche für den Gebrauch von Marihuana nicht ausreichen, dass sie vielleicht nicht einmal notwendig sind. Forscher, die versuchen solche psychologischen Theorien zu erhärten, stoßen auf zwei große, niemals zufriedenstellend gelöste Schwierigkeiten, welche die hier dargestellte Theorie vermeidet. In erster Linie haben Theorien, die auf der Existenz einer prädisponierenden psychischen Eigenschaft basieren, Schwierigkeiten damit, die zahlenmäßig erhebliche Gruppe von Benutzern zu berücksichtigen, die in jeder Studie in großer Zahl auftauchen (vgl. Kolb 1938: 22-25, und Bromberg 1939: 11), welche die Eigenschaft oder die Eigenschaften nicht besitzen, die als ursächlich für das Verhalten angesehen werden. Zweitens haben psychologische Theorien Schwierigkeiten bei der Berücksichtigung der großen Variabilität im Verhalten des Individuums gegenüber dem Rauschmittel, die im Laufe der Zeit zu beobachten ist. Derselbe Mensch, in diesem Augenblick unfähig, die Droge zum Vergnügen zu benutzen, kann in einem späteren Stadium dazu durchaus in der Lage und bereit sein, zu einem noch späteren Stadium aber wieder unfähig sein, das Rauschmittel zu diesem Zweck zu benutzen. Diese Wandlungen, schwierig zu erklären mit einer Theorie, die auf dem Bedürfnis des Benutzers nach „Flucht" beruht, sind als Konsequenzen von Änderungen in der inneren Einstellung zur Droge durchaus zu verstehen. Wenn wir den Marihuana-Benutzer als jemand ansehen, der gelernt hat, Marihuana als etwas zu betrachten, das ihm Vergnügen bereiten kann, haben wir keine Schwierigkeit, die Existenz von psychisch „normalen" Benutzern zu begreifen.

Bei der Untersuchung habe ich die Methode der analytischen Induktion angewandt. Ich suchte eine allgemeine Aussage über die Abfolge von Änderungen in der individuellen Haltung und Erfahrung zu erzielen, eine Abfolge, die sich immer zeigt, wenn das Individuum bereit und fähig ist, Marihuana zum Vergnügen zu benutzen, und die sich niemals zeigt oder jedenfalls nicht durchgängig, wenn der Mensch nicht bereit ist, Marihuana des Vergnügens wegen zu nehmen. Die Methode erfordert, dass jeder von der Untersuchung erfaßte Fall die Hypothese bestätigt. Wenn dem Forscher ein Fall begegnet, der die Hypothese nicht bestätigt, muss er die Hypothese ändern, um den Fall einordnen zu können, der nachgewiesen hat, dass sein ursprünglicher Gedanke falsch ist.[3]

Um meine Hypothese über die Entstehung des Marihuana-Gebrauchs zum Vergnügen entwickeln und prüfen zu können, habe ich fünfzig Interviews mit Marihuana-Benutzern geführt. Ich war zu der Zeit, als ich diese Untersuchung durchführte, professioneller Livemusiker, und die ersten Interviews habe ich mit Leuten geführt, die ich in der Musikindustrie getroffen habe. Ich bat sie, mich mit anderen Benutzern in Kontakt zu bringen, die bereit wären, mit mir über ihre Erfahrungen zu sprechen. Kollegen, die an einer Unter-

---

3   Diese Methode ist bei Lindesmith (1947) beschrieben. In der Literatur ist die Methode ausführlich diskutiert worden. Siehe vor allem Turner (1953) und die bei ihm zitierte Literatur.

suchung über Benutzer von Opiaten arbeiteten, machten mir einige Interviews zugänglich, die außer Material über opiumhaltige Drogen noch genügend Material über den Gebrauch von Marihuana enthielten, um meine Hypothese auf ihre Richtigkeit hin prüfen zu können.[4] Zwar ist die Hälfte der Interviews mit Musikern geführt worden, doch die andere Hälfte bezieht eine große Auswahl von anderen Menschen ein, darunter Arbeiter, Ingenieure und Leute aus akademischen Berufen. Natürlich handelt es sich bei der Auswahl nicht um eine „zufällige" Stichprobe in irgendeinem Sinne; es wäre nicht möglich, eine zufällige Stichprobe zu erheben, da niemand die Gesamtheit kennt, aus der sie erhoben werden könnte.

Während des Interviews mit Benutzern konzentrierte ich mich auf die Geschichte ihrer Erfahrung mit Marihuana, forschte nach wichtigen Änderungen in ihrer Einstellung zu Marihuana sowie in ihrem tatsächlichen Gebrauch und suchte die Gründe für solche Änderungen. Wo ich es für möglich und angebracht hielt, bediente ich mich des Jargons des Benutzers.

Die Theorie fängt mit dem Menschen dort an, wo er den Punkt erreicht hat, Marihuana zu versuchen. Der Betreffende weiß, dass andere Marihuana benutzen, um high zu werden, doch er weiß nicht, was das konkret bedeutet. Er ist neugierig auf die Erfahrung, weiß nicht, was dabei herauskommen wird, und befürchtet, es könne mehr sein, als er erwartet hat. Wenn er alle im folgenden beschriebenen Schritte unternimmt und die dabei entwickelten Einstellungen beibehält, wird er bereit und in der Lage sein, die Droge zum Vergnügen zu nehmen, sobald sich eine Gelegenheit bietet.

Das Erlernen der Technik
Der Neuling wird gewöhnlich nicht high, wenn er zum erstenmal Marihuana raucht. In der Regel sind mehrere Versuche notwendig, um in diesen Zustand zu gelangen. Eine Erklärung dafür könnte darin liegen, dass er das Rauschmittel nicht „richtig" raucht, d. h. in einer Weise, die eine ausreichende Dosierung sicherstellt und so wirkliche Symptome der Intoxikation hervorruft. Die meisten Benutzer sind sich einig, dass Marihuana nicht wie Tabak geraucht werden darf, wenn man in einen Rauschzustand geraten will:

> Zieh' eine Menge Luft ein, weißt du, und ... ich weiß nicht, wie ich es beschreiben soll, rauche es jedenfalls nicht wie eine Zigarette, zieh' eine Menge Luft ein, zieh' sie tief in dein Atemsystem und halte sie dort. Halte sie an, so lange du kannst.

Ohne die Anwendung einer solchen Technik[5] ruft die Droge keine Wirkungen hervor, und der Benutzer kann nicht high werden.

---

4   Im möchte Solomon Kobrin und Harold Finestone dafür danken, dass sie mir diese Interviews zugänglich gemacht haben.
5   Ein Pharmakologe hat festgestellt, dass dieses Ritual die Droge in äußerst wirksamer Weise in den Blutstrom gelangen lässt; siehe Walton (1938:48).

> „Das Problem mit solchen Leuten (die nicht high werden können) ist, dass sie einfach nicht richtig rauchen, das ist alles. Entweder halten sie es nicht lange genug an, oder sie bekommen zuviel Luft und nicht genug Rauch oder andersrum oder irgend so etwas. Eine Menge Leute rauchen es einfach nicht richtig, und so passiert natürlich nichts."

Wenn nichts geschieht, ist es offenbar für den Benutzer unmöglich, eine Vorstellung von der Droge als einem Objekt zu entwickeln, das zum Vergnügen genommen werden kann, und er wird den Gebrauch daher nicht fortsetzen. Der erste Schritt in der Folge von Ereignissen, die eintreten müssen, wenn der Mensch Drogenbenutzer werden will, besteht darin, dass er lernen muss, die richtige Rauchtechnik anzuwenden, damit sein Gebrauch der Droge Wirkungen hervorruft, damit seine Vorstellung von der Droge sich ändern kann.

Solch eine Änderung ist, wie man erwarten kann, die Folge der Teilnahme des Individuums an Gruppen, in denen Marihuana benutzt wird. In ihnen lernt das Individuum die richtige Art und Weise, die Droge zu rauchen. Das kann durch direktes Lehren geschehen:

> „Ich rauchte, als wenn ich eine normale Zigarette rauchte. Er sagte: ‚Nein, nicht so.' Er sagte: ‚Sauge daran, verstehst du, zieh' es ein und behalte es in deinen Lungen, bis du ... eine Zeitlang.'
> Ich sagte: ‚gibt es eine bestimmte Dauer, wie lang es eingehalten werden soll?'
> Er sagte: ‚Nein, bis du das Gefühl hast, es rauslassen zu wollen, und dann laß' es raus.' Das machte ich drei- oder viermal."

Viele neue Benutzer schämen sich, ihre Unwissenheit einzugestehen und müssen, da sie vorgeben, bereits alles zu wissen, durch die indirekteren Mittel der Beobachtung und Nachahmung lernen:

> „Ich habe so getan, als wenn ich schon viele Male geraucht hätte. Ich wollte doch vor dem Kerl nicht wie ein Anfänger dastehen. Ich habe von nichts eine Ahnung gehabt – wie man es raucht oder was passiert oder so. Ich paßte auf wie ein Luchs – keine Sekunde habe ich ihn aus den Augen gelassen, weil ich alles so tun wollte, wie er es tat. Ich beobachtete, wie er sie hielt, sie rauchte und alles. Als er sie mir dann gab, habe ich auf cool gemacht, als wenn ich genau Bescheid wüßte, was da gespielt wird. Ich habe sie gehalten wie er und einen Zug genommen wie er."

Keiner der von mir Interviewten hätte den Marihuana-Gebrauch zum Vergnügen fortgesetzt, wenn er nicht eine Technik gelernt hätte, die für eine ausreichende Dosierung und das Erscheinen von Drogenwirkungen sorgte. Erst nachdem er dies gelernt hatte, konnte er eine Vorstellung von der Droge als einem Objekt entwickeln, das zum Vergnügen genommen werden kann. Ohne eine solche Vorstellung wurde Marihuana-Gebrauch als sinnlos angesehen und nicht beibehalten.

Lernen, die Wirkungen wahrzunehmen

Selbst nachdem der Anfänger die richtige Technik des Rauchens gelernt hat, braucht er noch nicht high zu werden, und er kann demzufolge keine Vorstellung von der Droge als einem Stoff bilden, der Vergnügen hervorzurufen vermag. Die Bemerkung eines Benutzers lässt den Grund für diese Schwierigkeit, high zu werden, erahnen und verweist auf den nächsten notwendigen Schritt auf dem Wege zum Gebrauch:

> „Ich habe tatsächlich habe mal einen Typ gesehen, der war high bis zum geht nicht mehr und wußte es nicht.
> (Wie kann das sein, Mann?)
> Nun, das ist ziemlich seltsam, gebe ich zu, aber ich habe es gesehen. Dieser Typ behauptete, er sei noch nie high geworden, einer von diesen Typen, und wurde völlig stoned. Und er blieb dabei, dass er nicht high war. So musste ich ihm erst das Gegenteil beweisen."

Was bedeutet das? Es lässt vermuten, dass der Zustand des High-Seins auf zwei Elementen beruht: dem Vorhandensein von Symptomen, die durch den Marihuana-Gebrauch verursacht werden, und dem Anerkennen dieser Symptome und ihrer Verbindung mit dem Drogengebrauch durch den Benutzer selbst. Es reicht nicht aus, dass die Wirkungen vorhanden sind; sie allein sorgen nicht automatisch für die Erfahrung des High-Seins. Der Benutzer muss in der Lage sein, sie sich selbst klarzumachen und sie bewusst mit dem Benutzen von Marihuana in Verbindung bringen, ehe er diese Erfahrung machen kann. Anderenfalls ist er, unabhängig von den tatsächlich hervorgerufenen Wirkungen, der Meinung, das Rauschmittel habe keine Wirkung auf ihn: „Ich glaubte, entweder hat es keine Wirkung auf mich oder andere Leute übertreiben die Wirkung auf sie selbst, verstehst du. Ich dachte, es sei wahrscheinlich psychisch." Solche Menschen halten die ganze Sache für eine Illusion und glauben, der Wunsch high zu sein, bringe die Benutzer dazu, sich selbst zu täuschen und zu meinen, dass etwas geschehen sei, auch wenn dies tatsächlich nicht der Fall ist. Sie setzen den Marihuana-Gebrauch nicht fort, weil sie das Gefühl haben, ihnen „bringt es nichts". Bezeichnenderweise vertraut der Neuling jedoch darauf (aufgrund seiner Beobachtung anderer Benutzer, die high werden), dass die Droge eine neue Erfahrung verursacht und probiert sie weiter, bis es geschieht. Sein Unvermögen high zu werden ärgert ihn, und er wird wahrscheinlich erfahrenere Benutzer fragen oder sie zu Stellungnahmen bewegen. In solchen Unterhaltungen wird er auf spezifische Einzelheiten seiner Erfahrung aufmerksam gemacht, die er nicht bemerkt hat oder aber bemerkt hat, ohne sie als Symptome des High-Seins zu identifizieren:

> „Beim ersten Mal wurde ich nicht high ... Ich denke, ich habe es nicht lange genug angehalten. Wahrscheinlich ließ ich es raus, denn man ist ja ein bisschen ängstlich. Beim zweiten Mal war ich nicht sicher, und er (der Mitraucher) sagte mir, als ich ihn nach einigen Symptomen oder so fragte, wie ich es wissen könne ... Er sagte mir also, ich solle mich auf einen Stuhl setzen. Ich tat es – ich glaube, ich saß auf einem Barhocker – und er sagte: ‚Laß' deine Füße hängen', und als ich runterstieg, waren meine Füße richtig kalt. Und ich begann es zu

fühlen. Das war das erste Mal. Und dann rund eine Woche später, ziemlich kurz darauf, war ich es wirklich. Das war das erste Mal, dass ich einen großen Lachanfall kriegte. Da wußte ich wirklich, dass ich drauf war."

Ein Symptom für das High-Sein ist ein intensives Hungergefühl. Im nächsten Fall wird sich der Neuling dessen bewusst und wird zum ersten Mal high:

„Sie haben sich einfach kaputtgelacht über mich, weil ich soviel gegessen habe. Ich habe einfach soviel gegessen, und sie lachten über mich. Manchmal schaute ich zu ihnen hin und fragte mich, warum sie so lachten, verstehst du, weil ich nicht wußte nicht, was ich tat. (Nun, haben sie dir irgendwann gesagt, warum sie so lachen?) Ja, ja, dazu komme ich jetzt. ‚Hey, Mann, was ist los?', hab ich so gefragt,. ‚Was ist los?' und ganz plötzlich wurde mir unheimlich, verstehst du. ‚Mann, du bist voll drauf. Du bist bekifft' Ich frage: ‚Nein, wirklich?' Weil ich ja nicht wußte, was da vor sich geht."

Das Lernen kann auch in einer indirekteren Art vonstatten gehen:

„Ich habe einige Bemerkungen von anderen Leuten gehört. Jemand sagte: ‚Meine Beine sind gummiweich', ich kann mich nicht an alle Bemerkungen erinnern, die fielen, denn ich hörte sehr aufmerksam auf alle diese Tips, wie ich mich fühlen sollte."

Der Neuling, begierig auf dieses Gefühl, übernimmt dann von anderen Benutzern einige konkrete Hinweise auf den Begriff high und wendet diese Bemerkungen auf seine eigene Erfahrung an. Die neue Vorstellung ermöglicht es ihm, die Symptome unter seinen eigenen Empfindungen zu lokalisieren und sich selbst über „etwas anderes" in seiner Erfahrung klarzuwerden, was er dann mit dem Drogengebrauch in Beziehung setzt. Nur wenn er dies kann, ist er high. Im nächsten Fall verdeutlicht der Kontrast zwischen zwei aufeinanderfolgenden Erfahrungen eines Benutzers die entscheidende Bedeutung des Bewusstseins der Symptome beim High-Sein und beleuchtet noch einmal die wichtige Rolle der Interaktion mit anderen Benutzern für die Ausbildung von Vorstellungen, die dieses Bewusstsein erst möglich machen:

(Bist du gleich beim ersten Mal high geworden?) „Ja, sicher. Obwohl, wenn ich nochmal drüber nachdenke, glaube ich, dass ich es nicht wirklich gewesen bin. Ich meine, beim erstenmal war es mehr oder weniger so etwas wie eine leichte Betrunkenheit. Ich war glücklich, glaube ich, wenn du verstehst, was ich meine. Doch ich wußte nicht, ob ich wirklich high war. Erst nach dem zweiten Mal, als ich wieder high war, wurde mir klar, dass ich auch beim ersten Mal high gewesen war. Da wußte ich, dass etwas anderes passiert war.
(Woher wusstest du das?) Woher ich das wusste? Wenn dir passiert wäre, was mir an diesem Abend passierte, wüßtest du es, glaub' mir. Wir spielten das erste Stück fast zwei Stunden lang – das eine Stück! Stell dir das vor, Mann! Wir stellten uns hin und spielten dieses eine Stück, wir begannen um neun Uhr. Als wir zu Ende waren, schaute ich auf meine Uhr, es war viertel vor elf. Fast zwei Stunden für ein Stück. Und es kam mir vor wie nichts.

Ich meine, verstehst du, es wirkt auf einen so. Es ist, als ob du viel mehr Zeit hättest oder so. Jedenfalls, als ich das sah, Mann, das war zuviel. Ich wußte, ich musste wirklich high sein oder so, wenn so etwas passieren konnte. Siehste, und dann erklärten sie mir, dass einem das passiert, du hast ein anderes Gefühl für Zeit und alles andere. Da war mir klar, dass es das war. Da wußte ich es. Auch beim ersten Mal habe ich es wahrscheinlich so gefühlt, verstehst du, aber ich wußte nicht, was da passierte."

Nur wenn der Neuling fähig wird, in diesem Sinne high zu werden, setzt er den Marihuana-Gebrauch zum Vergnügen fort. In jedem Fall, in dem der Gebrauch fortgesetzt wurde, hat der Benutzer die notwendigen Konzepte erworben, mit deren Hilfe er sich selbst gegenüber die Tatsache zum Ausdruck bringen konnte, dass er aufgrund der Droge neue Empfindung erfahren hatte. Das bedeutet, dass es zur Fortsetzung des Drogengebrauchs notwendig ist, nicht nur das Rauschmittel so zu benutzen, dass es Wirkungen hervorruft, sondern auch zu lernen, diese Wirkungen wahrzunehmen, wenn sie eintreten. Auf diese Weise erhält Marihuana für den Benutzer die Bedeutung eines Objekts, das er zum Vergnügen benutzen kann.

Mit zunehmender Erfahrung lernt der Benutzer, die Wirkungen des Rauschmittels höher zu schätzen; er lernt ständig weiter, high zu werden. Geglückte Erfahrungen prüft er genau, hält nach neuen Wirkungen Ausschau und vergewissert sich, dass die alten Erfahrungen noch vorhanden sind. Daraus entsteht ein fester Katalog von Kategorien für Erfahrungen den Wirkungen dieser Droge, deren Vorhandensein den Benutzer in den Stand versetzt, mit Leichtigkeit high zu werden.

Aus Benutzern werden Kenner, sobald sie sich diesen Kategorienkatalog zulegen. Wie Experten für guten Wein können sie genau angeben, wo eine Pflanze gewachsen ist und in welcher Jahreszeit sie geerntet wurde. Obwohl es gewöhnlich nicht möglich ist, die Richtigkeit solcher Angaben zu prüfen, entspricht es den Tatsachen, dass Benutzer zwischen Marihuana-Sorten nicht nur nach ihrem Ursprung unterscheiden können, sondern auch hinsichtlich der von ihnen hervorgerufenen unterschiedlichen Wirkungen.

Zur Fortsetzung des Drogengebrauchs muss die Fähigkeit zur Wahrnehmung der Wirkungen erhalten bleiben; wenn sie verlorengeht, wird der Marihuana-Gebrauch eingestellt. Zwei Arten von Beweisen stützen diese Aussage. Erstens rauchen starke Konsumenten von Alkohol, Schlafmitteln und Opiaten nicht weiter Marihuana, vor allem weil sie die Fähigkeit verlieren, zwischen seinen Wirkungen und denen der anderen Rauschmittel zu unterscheiden.[6] Sie wissen nicht mehr, ob das Marihuana sie in einen Rauschzustand versetzt. Zweitens hat jemand in den wenigen Fällen, in denen er so große Mengen konsumiert, dass es ständig high ist, wahrscheinlich das Gefühl, dass die Droge keine Wirkung mehr hervorruft, da das wesentliche Element eines spürbaren Unterschiedes zwischen

---

6 »Marihuanabenutzer haben wiederholt erklärt, dass der Genuß von Whisky während des Rauchens die Wirkung der Droge aufhebt. Es fällt ihnen sehr schwer, high zu werden, während sie Whisky trinken, und aus diesem Grunde trinken Benutzer nicht, während sie weed nutzen." (New York City Mayor's Committee on Marihuana, op. cit., S. II.)

dem High- und dem Normalgefühl verlorengegangen ist. In einer solchen Situation wird der Marihuana-Gebrauch wahrscheinlich völlig aufgegeben, zumindest zeitweise, damit der Benutzer wieder die Fähigkeit erwirbt, den Unterschied wahrzunehmen.

Lernen, die Wirkungen zu genießen
Ein weiterer Schritt ist notwendig, wenn der Benutzer, der inzwischen gelernt hat, high zu werden, mit dem Gebrauch fortfahren soll. Er muss die Wirkungen genießen lernen, die er gerade zu erfahren gelernt hat. Von Marihuana hervorgerufene Empfindungen sind nicht automatisch oder unbedingt angenehm. Der Geschmack für solche Erfahrungen wird sozial erworben, nicht anders als der für Austern oder trockene Martinis erworbene Geschmack. Der Benutzer fühlt sich schwindlig, durstig; seine Kopfhaut kitzelt; er verschätzt Zeit und Entfernung. Ist das vergnüglich? Er ist sich nicht sicher. Wenn er den Marihuana-Gebrauch fortsetzen will, muss er sich dafür entscheiden, dass es vergnüglich ist. Sonst wird das High-Sein für ihn eine zwar durchaus reale, aber unerfreuliche Erfahrung sein, die er lieber vermeiden möchte. Die Wirkungen des Rauschmittels, zum ersten Mal erlebt, können physisch unangenehm oder zumindest zwiespältig sein:

> „Es fing an zu wirken, und ich wußte nicht, was passierte, was es war, und mir war sehr übel. Ich ging im Zimmer herum, ging herum, um es loszuwerden. Es erschreckte mich zuerst einfach, ne. Ich war an diese Art von Gefühl nicht gewöhnt."

Außerdem kann die naive Interpretation dessen, was mit ihm geschieht, den Neuling noch mehr verwirren und ängstigen, vor allem wenn er, wie viele, zu dem Schluß kommt, er werde wahnsinnig:

> „Ich hatte das Gefühl, verrückt zu sein, verstehst du. Alles, was man mir angetan hatte, ließ mich durchdrehen. Ich konnte kein Gespräch aufrechterhalten, mein Verstand wollte sich davonmachen, und ich dachte immer, oh, ich weiß nicht, unheimliche Dinge, wie Musik anders hören... Ich habe das Gefühl, ich kann mit niemandem sprechen. Ich werde völlig verrückt."

Nach diesen typischen, erschreckenden und unangenehmen Erfahrungen wird der Anfänger den Gebrauch nicht fortsetzen, solange er nicht gelernt hat, die Empfindungen in vergnügliche umzudeuten:

> „Es wurde mir angeboten, und ich versuchte es. Ich sage dir eins. Ich habe es überhaupt nicht genossen. Ich meine, es war einfach nichts, was ich genießen konnte. (Nun, bist du high geworden, als du geraucht hast?) Oh, ja, ich habe eindeutige Gefühle davon bekommen. Doch ich genoß sie nicht. Ich meine, ich hatte eine ganze Menge Reaktionen, doch es waren meistens Angstreaktionen. (Hattest du Angst?) Ja. Ich genoß es nicht. Ich konnte anscheinend dabei nicht entspannen, verstehst du. Wenn du dich bei einer Sache nicht entspannen kannst, kannst du sie auch nicht genießen, finde ich."

In anderen Fällen waren die ersten Erfahrungen auch so eindeutig unangenehm, doch der Betreffende wurde trotzdem ein Marihuana-Benutzer. Dies konnte jedoch erst geschehen, nachdem eine spätere Erfahrung ihn in die Lage versetzt hatte, die Empfindungen als erfreulich umzudeuten:

> (Die erste Erfahrung dieses Mannes war äußerst unangenehm. Sie war verbunden mit verzerrter Wahrnehmung räumlicher Verhältnisse und von Klängen, mit heftigem Durst und Panikgefühlen, die von diesen Symptomen erzeugt wurden.) „Nach dem ersten Mal habe ich ungefähr zehn Monate bis ein Jahr nicht mehr geraucht. Es war keine moralische Angelegenheit. Sondern weil das so high sein mir Angst gemacht hatte. Und ich wollte das nicht noch einmal erleben, ich meine, meine Reaktion war, ‚Nun, wenn es dies ist, was sie high nennen, dann mag ich es nicht …' So habe ich fast ein Jahr nicht mehr geraucht, deswegen …
> Nun, meine Freunde fingen an, und folglich fing ich auch wieder an. Aber ich hatte sie nicht mehr, diese gleiche anfängliche Reaktion, nachdem ich wieder geraucht hatte."
> (In der Interaktion mit seinen Freunden erlangte er die Fähigkeit, an den Wirkungen der Droge Vergnügen zu finden, und wurde schließlich ein Gewohnheitsbenutzer.)

In keinem Fall wird der Drogengebrauch ohne Umdeutung der Wirkungen in eine erfreuliche beibehalten.

Zu dieser Umdeutung kommt es in typischen Fällen während der Interaktion mit erfahreneren Benutzern, die dem Anfänger in mannigfaltiger Weise beibringen, an dieser beim ersten Mal so bestürzenden Erfahrung Vergnügen zu finden (Charen und Perelman, op. cit., S. 679). Sie versichern ihm, dass die unangenehmen Empfindungen vorübergehender Natur seien, bagatellisieren deren Gefährlichkeit und machen ihn zugleich auf die erfreulicheren Aspekte des Drogengebrauchs aufmerksam. Ein erfahrener Benutzer beschreibt, wie er mit Neulingen umgeht:

> „Nun, sie werden manchmal ziemlich high. Der Durchschnittsmensch ist nicht darauf vorbereitet, und es ist für sie manchmal ein bißchen erschreckend. Ich meine, sie sind schon high durch Alkohol gewesen, doch auf diese Weise werden sie higher als jemals zuvor, und sie wissen nicht, was mit ihnen geschieht. Weil sie denken, es geht immer höher, höher, höher, bis sie ihren Verstand verlieren oder unheimliche Dinge tun oder so. Du musst sie beruhigen, ihnen erklären, dass sie nicht wirklich ausflippen oder so etwas, dass ihnen nichts geschieht. Du musst sie aus dem Angstgefühl herausreden. Immer zu ihnen sprechen, sie beruhigen, ihnen sagen, dass alles in Ordnung ist. Und deine eigene Geschichte erzählen, verstehst du: ‚Das gleiche ist mir passiert. Nach einer Weile wirst du es mögen.' Mach' so weiter, und ziemlich bald redest du sie aus dem Angstgefühl heraus. Und außerdem sehen sie, wie du es tust und dir nichts Schreckliches passiert. Das gibt ihnen mehr Vertrauen."

Der erfahrenere Benutzer kann dem Neuling auch beibringen, die Menge sorgfältiger zu regulieren, um alle ernstlich unangenehmen Symptome zu vermeiden und die angenehmen zu erhalten. Schließlich lehrt er den neuen Benutzer, dass er sich nach einer Weile daran gewöhnen wird". Er lehrt ihn, jene früher als unangenehm gedeuteten zwiespältigen Erfahrungen als erfreuliche zu betrachten. Im folgenden Fall hat sich bei dem älteren

Benutzer der Geschmack in der beschriebenen Weise geändert. Seine Bemerkungen sind geeignet, anderen dabei zu helfen, eine ähnliche Umdeutung vorzunehmen:

> Eine neue Benutzerin hatte ihre ersten Erfahrungen mit den Wirkungen von Marihuana und wurde ängstlich und hysterisch. Sie „fühlte sich, als sei sie halb im und halb außerhalb des Raumes" und hatte eine Menge alarmierender physischer Symptome. Einer der anwesenden erfahreneren Benutzer erklärte: „Sie ist so durcheinander, weil sie so high ist. Ich würde alles geben, selbst so high zu werden. Ich bin schon seit Jahren nicht mehr so high gewesen."

Mit einem Wort, was vorher erschreckend und abstoßend war, wird nach entsprechender Änderung des Geschmacks angenehm, erwünscht und erstrebt. Erst eine Definition der Erfahrung, die ihrerseits von anderen erworben wird, verhilft dazu, diese als Vergnügen zu empfinden. Wo diese fehlt, wird der Gebrauch nicht fortgesetzt, denn in diesem Fall ist Marihuana für den Benutzer kein Objekt, das er zum Vergnügen benutzen kann.

Dieser Schritt ist nicht nur notwendig, um ein Drogenbenutzer zu werden, sondern stellt auch eine wichtige Bedingung für den fortgesetzten Gebrauch dar. Es kommt unter erfahrenen Benutzern öfter vor, dass sie plötzlich eine unangenehme oder erschreckende Erfahrung zu machen, die sie nicht als vergnüglich bewerten können, weil sie entweder eine größere Menge Marihuana als üblich genommen haben oder weil sich herausstellt, dass das benutzte Marihuana von höherer Qualität ist, als sie erwartet haben. In diesem Fall hat der Benutzer Empfindungen, die über seine Vorstellung vom High-Sein hinausgehen, und er ist demzufolge in einer ganz ähnlichen Lage wie der Neuling und fühlt sich unangenehm berührt und erschrocken. Vielleicht gibt er einer Überdosis Marihuana die Schuld und ist in der Zukunft einfach vorsichtiger. Doch er kann dieses Erlebnis auch zum Anlaß nehmen, seine Haltung gegenüber der Droge zu überdenken, und für sich entscheiden, dass die Droge ihm nicht länger Vergnügen bereitet. Wenn dies geschieht und der Benutzer anschließend die Droge nicht wieder als geeignet zur Erzeugung von Vergnügen bewertet, stellt er den Gebrauch ein.

Die Wahrscheinlichkeit, dass es zu einer solchen Umdeutung kommt, hängt davon ab, in welchem Maße das Individuum mit anderen Benutzern verkehrt. Bei intensivem Kontakt wird dem Individuum der Widerwillen gegen den Marihunana-Gebrauch schnell ausgeredet. Im folgenden Fall war die Erfahrung jedoch sehr beunruhigend, und aufgrund der Nachwirkungen des Zwischenfalls kam der Verkehr des Betreffenden mit den anderen Benutzern fast völlig zum Erliegen. Der Gebrauch wurde für drei Jahre eingestellt und begann erst wieder, als ein Zusammentreten von Umständen, zu denen als wichtig die Wiederaufnahme von Bindungen zu anderen Benutzern gehörte, eine Neubewertung der Natur des Rauschmittels ermöglichte:

> „Es war zuviel, dabei hatte ich nur ungefähr vier Züge genommen und bekam sie nicht einmal aus dem Mund, so high war ich, und ich drehte richtig durch. Ich konnte einfach nicht mehr in diesem Keller bleiben. Mein Herz schlug sehr schnell, und ich verlor allmählich den Verstand. Ich dachte, ich verliere meinen Verstand völlig. Da bin ich aus dem Keller gestürzt,

und der andere Typ, er ist verrückt geworden, erklärte mir: ‚Lass mich nicht allein, tu's nicht, Mann. Bleib' hier.' Doch ich konnte nicht.

Ich ging nach draußen, und es war zwanzig Grad unter Null, und ich dachte, ich sterbe. Ich hatte meine Jacke offen, schwitzte und schwitzte. Mein ganzes Inneres war ... und ich bin zwei Häuserblocks weitergegangen, und hinter einem Busch bin ich ohnmächtig geworden. Ich weiß nicht, wie lange ich dort gelegen habe. Ich wachte auf, und ich fühlte mich so elend, dass ich es überhaupt nicht beschreiben kann. So schleppte ich mich zu einer Bowlingbahn, Mann, und versuchte, mich normal zu verhalten. Ich versuchte, Billard zu spielen und normal zu reagieren, und ich konnte nicht liegen und nicht stehen und konnte nicht sitzen. Dann bin ich raufgegangen, wo einige Typen lagen, die Kegel aufstellten, und legte mich auch hin, doch das half nicht, und ich ging dann in eine Arztpraxis. Ich wollte reingehen und den Arzt bitten, mich aus dem Elend herauszuholen ... weil mein Herz so raste, verstehst du ... Am ganzen Wochenende drehte ich durch, sah überall Dinge und ging durch die Hölle, alle Arten von abnormalen Dingen ... Ich hörte dann für eine lange Zeit mit dem Rauchen auf. (Er ging zu einem Arzt, der seine Symptome für ihn als die eines Nervenzusammenbruchs diagnostizierte, der von den ‚Nerven' und ‚Sorgen' verursacht worden sei. Obgleich er nicht länger Marihuana benutzte, kam es zur Wiederkehr der Symptome, und das veranlasste ihn, zu vermuten, dass es alles die Nerven waren.) Dann hörte ich auf, mich zu sorgen, verstehst du. Ungefähr sechsunddreißig Monate später fing ich wieder an zu rauchen. Ich nahm nur einige Züge, verstehst du." (Er nahm den Gebrauch zunächst in Gesellschaft desselben Freundes wieder auf, in dessen Gegenwart er den ersten Zwischenfall erlebt hatte.)

Ein Mensch kann also nicht anfangen, Marihuana zum Vergnügen zu nehmen oder den Gebrauch zum Vergnügen fortzusetzen, ehe er nicht gelernt hat, diese Wirkungen als angenehm zu empfinden, ehe Marihuana nicht ein Objekt wird und bleibt, das nach seiner Auffassung Vergnügen bereiten kann.

Um es zusammenzufassen: Ein Mensch ist nur dann in der Lage, Marihuana zum Vergnügen zu nehmen, wenn er einen Lernprozess durchläuft, an dessen Ende er das Rauschmittel als ein Objekt begreift, das in dieser Weise benutzt werden kann. Niemand wird Drogenbenutzer, ohne zu lernen, die Drogen in einer Weise zu rauchen, die tatsächliche Wirkungen hervorruft, ohne 2. zu lernen, die Effekte zu erkennen und mit dem Drogengebrauch in Verbindung zu bringen (in anderen Worten zu lernen, high zu werden), und ohne 3. zu lernen, die wahrgenommenen Empfindungen zu genießen. Im Verlauf dieses Prozesses entwickelt der Mensch eine Disposition oder Motivation für den Marihuana-Gebrauch, die nicht vorhanden war und nicht vorhanden sein konnte, als er mit dem Drogengebrauch begann, denn diese Motivation umschließt und hängt ab von Vorstellungen über das Rauschmittel, die nur aus einer oben beschriebenen Art tatsächlicher Erfahrung erwachsen können. Nach Durchlaufen dieses Prozesses ist das Individuum bereit und fähig, Marihuana zum Vergnügen zu benutzen.

Der Drogenbenutzer hat mit einem Wort gelernt, auf die Frage „Macht es Spaß?" mit „Ja" zu antworten. Die Richtung, die sein weiterer Gebrauch nimmt, hängt davon ab, ob er auch weiterhin in der Lage sein wird, auf diese Frage mit „Ja" zu antworten, und ob er außerdem in der Lage sein wird, auf andere Fragen mit „Ja" zu antworten, auf Fragen, die sich ergeben, wenn ihm die Implikationen der Tatsache klarwerden, dass die Gesellschaft die Drogenpraxis mißbilligt, auf Fragen wie „Gehört sich das?" oder „Ist das moralisch?".

Wenn er einmal die Fähigkeit erworben hat, Spaß aus dem Drogengebrauch zu gewinnen, ist der Gebrauch für ihn auch weiterhin möglich. Durch die Reaktionen der Gesellschaft hervorgerufene Erwägungen über Moral und Anstand können den Gebrauch stören oder behindern, doch aufgrund seiner Auffassung von der Droge bleibt ihr Gebrauch auch weiterhin eine Möglichkeit. Die Handlung wird erst dann unmöglich, wenn die Fähigkeit verlorengeht, die Erfahrungen des High-Seins zu genießen, verlorengeht durch einen Wandel in der Auffassung des Benutzers von der Droge, der durch bestimmte Erfahrungen mit der Droge verursacht wird.

Pharmakos: Der Sündenbock

Die Entdeckung der Drogensucht[1]

Thomas S. Szasz

Seitdem Pharmakologie und Psychiatrie als moderne Zweige der Medizin anerkannt sind – das heißt, etwa seit dem letzten Viertel des 19. Jahrhunderts –, haben Chemiker und Ärzte, Psychologen und Psychiater, Politiker und Arzneimittelhersteller nach nicht suchterzeugenden Drogen gesucht, um Schmerzen zu stillen und Schlaf oder Wachheit herbeizuführen – natürlich vergeblich. Diese Suche basiert auf zwei Annahmen: dass Sucht ein von Drogen hervorgerufener Zustand sei und dass manche Drogen mehr und andere weniger „suchterzeugend" seien. Diese Auffassung ist kennzeichnend für die Verwirrung, die hinsichtlich der pharmakologischen Wirkung von Drogen und ihres praktischen Gebrauchs herrscht.

Wenn eine Droge Schmerz stillt, einschläfert oder Wachheit stimuliert, und wenn diese Tatsache allgemein bekannt ist, dann werden manche Menschen – ihren persönlichen und sozialen Umständen und Wünschen entsprechend – daran interessiert sein, diese Drogen zu benutzen. Warum viele Leute gewohnheitsmäßig solche Drogen und zahllose andere Substanzen zu sich nehmen, braucht uns im Augenblick hier nicht zu interessieren. Es genügt, festzustellen, dass der Grund nicht in irgendwelchen „suchterzeugenden" Qualitäten dieser Drogen zu sehen ist. Vielmehr ist es umgekehrt: Wir bezeichnen bestimmte Drogen als „suchterzeugend", weil sie gerne genommen werden – so wie wir Äther und Benzin als leicht brennbar bezeichnen, weil sie sich rasch entzünden. Es ist daher genauso absurd, nach nicht suchterzeugenden Drogen zu suchen, die Euphorie hervorrufen, wie es unsinnig wäre, nicht brennbare Flüssigkeiten entwickeln zu wollen, die sich rasch entzünden.

Unsere gegenwärtige Verwirrung in Bezug auf Drogenmissbrauch und Drogensucht ist ein integraler Teil unserer Verwirrung in Bezug auf die Religion. Jede Idee oder Handlung, die den Männern und Frauen ein Gefühl vermittelt, wozu oder wofür sie leben – die

---

1 Zuerst erschienen in Szasz, T. S. 1978. *Das Ritual der Drogen*, 19–37. Wien.

mit anderen Worten ihrer Existenz Sinn und Zweck verleiht –, ist im eigentlichen Sinne religiös zu nennen. Wissenschaft, Medizin und speziell Gesundheit und Therapie sind daher in bewundernswerter Weise geeignet, als quasi-religiöse Ideen, Werte und Anliegen zu fungieren. Es ist deshalb notwendig, zwischen Wissenschaft als Wissenschaft und Wissenschaft als Religion (manchmal auch als „Szientismus" bezeichnet) zu unterscheiden.

Da der Konsum oder Nichtkonsum bestimmter Substanzen mit Vorschriften und Verboten, mit erlaubten bzw. legalen und unerlaubten bzw. illegalen Dingen zu tun hat, weist das sogenannte „Problem" des Drogenmissbrauchs bzw. der Drogensucht zwei Aspekte auf: den religiösen (rechtlichen) und den wissenschaftlichen (medizinischen). Da die faktischen oder wissenschaftlichen Aspekte dieses Themas jedoch nicht ins Gewicht fallen, stellt sich das Problem praktisch fast ausschließlich als ein religiöses oder moralisches dar.[2] Ich will diesen Unterschied und die Verwirrung, von der ich gesprochen habe, anhand eines einfachen Beispiels verdeutlichen.

Wie manche Menschen Alkohol, Tabak, Heroin oder Marihuana zu sich nehmen bzw. meiden, so benutzen bzw. meiden andere koscheren Wein und Weihwasser. Der Unterschied zwischen koscherem und nicht koscherem Wein und zwischen geweihtem und gewöhnlichem Wasser liegt in deren ritueller Bedeutung, nicht in der chemischen Zusammensetzung. Obwohl es idiotisch wäre, im Wein nach dem Element des Koscheren zu suchen und im Wasser nach dem Element des Geweihten, bedeutet das nicht, dass es so etwas wie koscheren Wein oder Weihwasser nicht gibt. Koscherer Wein ist Wein, der nach den rituellen Gesetzen der Juden als rein gilt, Weihwasser ist Wasser, das von einem katholischen Priester gesegnet wurde. Dadurch entsteht eine gewisse Nachfrage seitens der Gläubigen nach solchem Wein und Wasser, während diese Dinge von all jenen abgelehnt werden, die nicht an ihre religiöse Bedeutung glauben.

Ähnlich liegen auch die wesentlichen Unterschiede zwischen Heroin und Alkohol, oder Marihuana und Tabak – was den „Drogenmissbrauch" betrifft – nicht in ihren chemischen Eigenschaften, sondern im rituellen Bereich. Mit anderen Worten, Heroin und Marihuana werden nicht deshalb benützt oder gemieden, weil sie „suchterzeugender" oder „gefährlicher" als Alkohol und Tabak sind, sondern weil sie – je nach persönlicher Auffassung – „heiliger" oder „unheiliger" sind.

Um das Problem des Drogenkonsums bzw. der Drogenabstinenz in den Griff zu bekommen, ist die Frage von zentraler Bedeutung meines Erachtens die der medizinischen Sicht moralischen Verhaltens. Wie ich an anderer Stelle[3] dargelegt habe, wurde die psychiatrische Behauptung, dass das Verhalten eines Menschen nicht von dessen Willen abhänge, sondern reflexiven Charakter habe – kurz, dass Menschen nicht Subjekte, sondern Objekte, nicht Personen, sondern Organismen seien – erstmals in Zusammenhang mit

---

2   Siehe Szasz, T. S. 1972a. The ethics of addiction. *Harper's Magazin* (April): 74–79 und Szasz, T. S. 1972b. Bad habits are not diseases. *Lancet* 2 (8. Juli): 83–84.

3   Siehe insbesondere Szasz T. S. 1961. The *Myth of Mental Illness*, und Szasz, T. S. 1970. *Ideology and Insanity*.

Handlungen aufgestellt, die gesellschaftlich störend wirkten und die man konventionell als „wahnsinnig" oder „geisteskrank" bezeichnet.

Die Pioniere auf diesem Gebiet, die *„alienists"* (Irrenärzte) des 18. Jahrhunderts, leiteten die ersten Fabriken zur Erzeugung von Geisteskranken und lancierten die ersten Reklamefeldzüge für den Verkauf von „Irrsinn", indem sie das Böse *(badness)* in Wahnsinn *(madness)* umbenannten und sich dann erbötig machten, es aus der Welt zu schaffen. Die berühmten „Neuropsychiater" des 19. Jahrhunderts machten entscheidende Fortschritte sowohl in der Produktion wie auch in der Förderung des Wahnsinns. Auf folgende Weise gelang es ihnen, den modernen Begriff der „Geisteskrankheit" als etwas „Reales" zu etablieren: Zunächst begannen sie, unerwünschtes Betragen und verbotene Wünsche metaphorisch als Krankheit zu bezeichnen – und schufen auf diese Weise immer mehr Geisteskrankheiten; sodann begannen sie, diese medizinische Metapher wörtlich zu nehmen – sie insistierten, unerwünschtes Verhalten sei nicht bloß wie eine Krankheit, es sei eine Krankheit –, wobei sie für die Öffentlichkeit, und vielleicht auch für sich selbst, die Unterschiede zwischen körperlicher und verhaltensmäßiger „Abnormität" verwischten.

Als das 20. Jahrhundert anbrach, sprengte der Wahnsinn – vor allem dank dem Werke Freuds und der modernen „Psychologen" – die Mauern der Irrenanstalten und wurde in Kliniken und Arztpraxen, in der Literatur und Kunst und in der „Psychopathologie des Alltagslebens" entdeckt. Seit dem Ersten Weltkrieg haben die Gegner dieser Psychiatrisierung des Menschen – insbesondere die Religion und der gesunde Menschenverstand – die Nerven verloren; heute versuchen sie nicht einmal mehr, sich den opportunistischen Theorien und repressiven Technologien der modernen „Verhaltensforschung" zu widersetzen.

Als die zeitgenössischen amerikanischen Drogensuchtideologen, Gesetzgeber und Psychiater die Szene betraten, waren die Kontaktlinsen, die abweichendes Verhalten als Krankheit erscheinen lassen, bereits so tief in die Hornhäute der Amerikaner eingebettet, dass sie nur unter größten Mühen entfernt werden könnten; und sowohl das Laienpublikum als auch Leute vom Fach würden von dieser Operation eine so schmerzhafte Verwundung und zeitweilige Erblindung davontragen, dass sie einen solchen Eingriff in ihr Sehvermögen kaum dulden werden, geschweige denn, dass sie sich eine so peinigende Selbsterleuchtung zufügen würden.

Die Folge war, dass als über das Amerika nach der Zeit der Prohibition und nach dem Zweiten Weltkrieg, in der Ära des Besser-Lebens-durch-Chemie, das Drogenproblem hereinbrach, es nur durch die Optik dieser nicht entfernbaren Kontaktlinsen wahrgenommen werden konnte: Die Drogenkonsumenten können sich nicht selbst helfen. Da sie die Opfer ihrer unwiderstehlichen Impulse sind, brauchen sie andere, die sie vor diesen Impulsen schützen. Diese Auffassung ließ es Politikern und Psychiatern logisch und vernünftig erscheinen, für „Drogengesetze" einzutreten. Und da sich keines bewährt hat – Wie sollte es auch? –, konnte man die Schuld an allem wenigstens denen zuschieben, die verbotene Drogen verkaufen: Man nannte sie „Pusher" und verfolgte sie in der abscheuerregenden Art, in der Menschen, die im Bewusstsein ihrer eigenen Tugendhaftigkeit schwelgten, stets diejenigen verfolgt haben, an deren Verworfenheit sie nicht zweifeln konnten.

Vermutlich hat es immer Menschen gegeben, die bestimmte Drogen „missbraucht" haben – Alkohol seit Jahrtausenden, Opiate seit Jahrhunderten. Erst im 20. Jahrhundert sind jedoch gewisse Formen des Drogenkonsums als „Sucht" bezeichnet worden. Im herkömmlichen Gebrauch bedeutete der Begriff „addiction" (Sucht, wörtlich: Ergebenheit) nichts weiter als einen starken Hang zu bestimmten Verhaltensweisen, und hatte keinen oder einen nur geringen abwertenden Beigeschmack. So führt das *Oxford English Dictionary* solche zwar früheren Jahrhunderten entstammende Beispiele an, wie die „Sucht nach politischer Betätigung", „nach nützlicher Lektüre", bringt sie auch mit „schlechten Sitten" in Verbindung, aber die Sucht nach Rauschgift fehlt darunter.

Bis vor kürzester Zeit verstand man unter „addiction" eine – gute oder schlechte – Gewohnheit; häufiger das erstere. Dies bewahrte die Menschen vor der Verwirrung, die die gegenweärtige Bedeutung des Begriffes zwangsläufig nach sich zog.

Obwohl mit dem Wort „Sucht" immer noch häufig Gewohnheiten, meist negativer Art, bezeichnet werden, wurde dessen Bedeutung so ausgeweitet und verändert, dass man heute darunter fast jede Form verbotenen, unmoralischen oder nicht wünschenswerten Kontakts mit bestimmten Drogen versteht. So kann beispielsweise jemand, der nur eine einzige Marihuana-Zigarette geraucht hat, oder gar jemand, der überhaupt keine gewohnheitsbildende oder verbotene Droge benützt hat, als Rauschgiftkonsument oder Rauschgiftsüchtiger bezeichnet werden: Dies ist der Fall, wenn eine Person, in deren Besitz verbotene Drogen festgestellt wurden, von den strafrechtlichen und medizinischen Instanzen, die „untersuchen", beschuldigt wird, diese Substanzen zu benutzen (und nicht bloß zu verkaufen oder mit sich zu führen) und von einem Gericht wegen „Drogenmissbrauch" oder „Drogensucht" verurteilt wird.

Kurz, im Lauf der vergangenen fünfzig Jahre und speziell der letzten Jahrzehnte hat das Substantiv „Süchtiger" seine deskriptive Bedeutung zur Charakterisierung von Personen, die bestimmten „Gewohnheiten" verhaftet sind, verloren, und sich zu einem stigmatisierenden Etikett gewandelt, mit dem bestimmte Personen in ausschließlich pejorativer Absicht belegt werden. Der Terminus „Süchtiger" wurde also in unser Lexikon stigmatisierender Etiketten aufgenommen, das bereits Begriffe wie „Jude" enthält – was sowohl Anhänger einer bestimmten Religion als auch „Christusmörder" bedeuten kann, der als solcher selbst getötet werden sollte; oder „Neger", womit sowohl ein Mensch schwarzer Hautfarbe als auch ein Wilder gemeint sein kann, der in wirklicher oder sozialer Versklavung zu halten ist. Insbesondere ist der Begriff des „Süchtigen", „Suchtkranken" oder neuerdings des „Drogenabhängigen" unserem psychiatrischen Vokabular stigmatisierender Diagnosen einverleibt worden, wo er einen Platz neben Bezeichnungen wie „geisteskrank", „psychotisch", „schizophren" usw. einnimmt.

Diese begriffliche, kulturelle und semantische Wandlung des Gebrauchs und der Bedeutung des Begriffes „Sucht" findet ihren Ausdruck auch darin, dass er in den von den Psychiatern als maßgebend und offiziell angesehenen Verzeichnissen der Geisteskrankheiten oder psychiatrischen Diagnosen bemerkenswert spät auftauchte. In der ersten, 1883 erschienenen Ausgabe von Kraepelins klassischem Lehrbuch scheinen weder Drogenrausch noch Rauschgiftsucht im Katalog der Geisteskrankheiten auf.⁴ Die zweite Ausgabe von 1887 erwähnt „chronische Rauschzustände" und führt „Alkoholismus" und „Morphinismus" an, spricht jedoch immer noch nicht von Sucht. Vier Jahre später, in der vierten Ausgabe, wird die Liste der Rauschzustände um den „Kokainismus" erweitert, der Begriff der Sucht fehlt hingegen nach wie vor. (Dagegen ist nunmehr „Homosexualität" hinzugekommen.) In der sechsten, 1899 publizierten Ausgabe wird unter Bezugnahme auf die drei obengenannten Drogen zwischen „akuten" und „chronischen" Rauschzuständen unterschieden; die gleichen Diagnosen sind in der zwischen 1909 und 1915 erschienenen achten Ausgabe enthalten, in welcher der Begriff der Sucht auffallenderweise immer noch fehlt.

In Bleulers berühmtem *Lehrbuch der Psychiatrie*, das 1916 zum ersten Mal aufgelegt wurde, sind „toxische Psychosen" unter den Diagnosen angeführt, Sucht hingegen nicht. In den Vereinigten Staaten wurde in der Irrenanstalt von Hartford, Connecticut, 1888 ein Klassifizierungsschema benutzt, das „Masturbationswahnsinn" und „Alkoholwahnsinn", nicht aber Rauschzustände oder Süchtigkeit einschloss. Die Diagnose „Drogensucht" wurde in den USA erst 1934 offiziell anerkannt, als sie erstmals in der vom Amerikanischen Psychiatrieverband autorisierten *Standard Classified Nomenclatura of Diseases* unter den Geisteskrankheiten aufgelistet wurde.⁵

Das angesehenste Lehrbuch der Geschichte der Psychiatrie, das heute in Amerika am häufigsten an den medizinischen Fakultäten und in der fachärztlichen Ausbildung für Psychiater verwendet wird, ist *A History of Psychiatry* von Gregory Zilboorg. Das Sachregister dieses 1941 erstmals publizierten Werkes enthält keine Stichworte „Sucht" oder „Drogensucht".⁶

Rituelle und feierliche Veranstaltungen – wie die Heilige Kommunion, das Yom-Kippur-Fest oder der Flaggengruß – bringen bestimmte, von der Gemeinschaft geteilte Wertvorstellungen zum Ausdruck. Durch Teilnahme an dem Zeremoniell bekräftigt das Individuum seine Zugehörigkeit zur Gruppe; durch Verweigerung der Teilnahme demonstriert es seine Ablehnung der Gruppe bzw. seinen Rückzug daraus.

Um zu verstehen, was mit ritueller Chemie gemeint ist, müssen wir daher zwischen den chemischen oder medizinischen Wirkungen von Drogen und den rituellen oder moralischen Aspekten des Drogenkonsums unterscheiden. Auf den ersten Blick erscheint diese Unterscheidung durchaus leicht zu treffen. Wenn sie sich dennoch dem Zugriff entzieht, so deshalb, weil es sich – wie wir noch feststellen werden können – dabei um eine Unterscheidung handelt, durch die wir heute oft die uns so wertvolle Zugehörigkeit zu unserer Familie, unserem Berufsstand oder einer anderen Gruppe aufs Spiel setzen, von der unsere Selbstachtung, wenn nicht unsere ganze Existenz abhängt.

Pharmakologische Lehrbücher befassen sich mit den chemischen Wirkungen verschiedener Drogen auf den Organismus, insbesondere des Menschen; im engeren Sinn mit der Anwendung von Drogen zur Behandlung von Krankheiten. Dieser scheinbar rein medizi-

---

4 Siehe Menninger, K. 1983. *The Vital Balance*, S. 419–489.
5 Ebd., S. 474.
6 Zilboorg, G. 1941. *A History of Medical Psychology*, S. 591–606.

nischen Betrachtungsweise liegt natürlich eine ethische Prämisse zugrunde, aber diese ist uns so selbstverständlich, dass wir es gewöhnlich für überflüssig halten sie zu artikulieren: nämlich, dass wir bestimmte Drogen für „heilkräftig" halten und uns bemühen, diese zu entwickeln; dass sie dem Menschen (Patienten) nützen, der sie anwendet – und nicht etwa den pathogenen Mikroorganismen, die ihn infizierten, oder den Krebszellen, die in seinem Körper wuchern. Ein pharmakologisches Lehrbuch zu Nutz und Frommen der Pneumokokken oder Spirochäten müßte anders beschaffen sein als ein für den Menschen verfasstes. Die grundlegende und dennoch unausgesprochene moralische Prämisse auf die ich hier verweise, besagt, dass die Pharmakologie eine angewandte wissenschaftliche Disziplin ist – angewandt auf das Wohl des Patienten, so wie es von diesem im Allgemeinen verstanden und angestrebt wird.

Dessen ungeachtet enthalten alle neueren Lehrbücher der Pharmakologie Material, das völlig unvereinbar mit diesem Ziel und dieser Prämisse ist und in scharfem Konflikt mit der vorgeblichen intellektuellen Aufgabe des Forschers oder Praktikers der Pharmakologie steht. Ich spreche von der Tatsache, dass alle diese Lehrbücher Kapitel über Drogensucht und Drogenmissbrauch enthalten.

In der vierten Ausgabe von *The Pharmacological Basis of Therapeutics*, herausgegeben von Goodman und Gilman, definiert der Psychiater Jerome H. Jaffe „Drogenmissbrauch" als „Gebrauch von Drogen, gewöhnlich selbst verabreicht, in einer Art und Weise, die von den anerkannten medizinischen oder gesellschaftlichen Normen innerhalb einer bestimmten Kultur abweicht".[7]

Implizit wird der Drogenmissbrauch damit von Jaffe, Goodman und Gilman – wie heute fast überall und von fast allen – als Krankheit betrachtet, deren Diagnose und Behandlung zu den legitimen Aufgaben des Arztes zählen. Aber halten wir sorgfältig fest, worin der Drogenmissbrauch nun eigentlich bestehen soll. Jaffe selbst definiert ihn als Abweichung von den „anerkannten medizinischen oder gesellschaftlichen Normen" des Drogenkonsums. Damit befinden wir uns mitten in den tiefsten Tiefen der Mythologie geistig-seelischer Erkrankungen: Denn genauso wie gesellschaftlich missbilligtes pharmakologisches Verhalten „Drogenmissbrauch" darstellt und von der Medizin, die eine konzessionierte Agentur des Staates ist, offiziell als Krankheit anerkannt wird, so wird gesellschaftlich missbilligtes Sexualverhalten zur „Perversion" gestempelt und ebenfalls als Krankheit anerkannt; und so gilt, allgemeiner gesprochen, gesellschaftlich missbilligtes persönliches Verhalten jedweder Art als „Geisteskrankheit" und wird gleichfalls als Krankheit – „wie jede andere" – anerkannt. Was an allen diesen „Krankheiten" besonders interessant und bedeutsam ist – nämlich am Drogenmissbrauch, abnormen Sexualverhalten und den Geisteskrankheiten allgemein – ist das Faktum, dass sich nur wenige, falls überhaupt welche, der daran leidenden „Patienten" als krank empfinden; und dass, viel-

---

7   Jaffe, J. H. 1941. Drug Addiction and Drug Abuse. In *The Pharmacological Basis of Therapeutics*, hrsg. v. L. Goodman, A. Gilman, S. 276.

leicht aus diesem Grund, viele dieser „Patienten" gegen ihren Willen „behandelt" werden dürfen und auch oft behandelt werden.[8]

Wie ich es sehe und wie auch Jaffes Definition einräumt, ist Drogenmissbrauch eine Frage der Konvention; das heißt, es ist ein Thema, das in die Kompetenz der Anthropologie und Soziologie, der Religion und Jurisprudenz, der Ethik und der Kriminologie fällt – aber sicher nicht in die der Pharmakologie.

Dazu kommt: Soweit es sich beim Drogenmissbrauch um missbilligte oder verbotene Formen des Drogenkonsums handelt, ist er nicht mit der therapeutischen Verwendung von Drogen zur Heilung von Kranken zu vergleichen, sondern vielmehr mit der toxischen Verwendung von Drogen, die man Gesunden gibt, um sie zu vergiften. Manche Formen von „Drogenmissbrauch" könnten mithin als Akte der Selbstvergiftung angesehen werden, die zu kriminellen Akten der Vergiftung im selben logischen Verhältnis stehen wie Selbstmord zu Mord. Wenn dies jedoch zutrifft, weshalb enthalten die pharmakologischen Lehrbücher dann nicht auch Kapitel über die Behandlung von Personen, die Drogen „missbrauchen", nicht um sich selbst, sondern um andere zu vergiften? Ein solcher Vorschlag erscheint absurd. Warum? Weil Menschen, die *andere Menschen vergiften*, Verbrecher sind. Was wir mit ihnen machen, ist kein Problem, das die Wissenschaft oder die Pharmakologie zu lösen hat, sondern eine Entscheidung, die vom Gesetzgeber und den Gerichten getroffen werden muss. Aber ist es weniger absurd, die Frage, was mit Personen geschehen soll, die sich *selbst vergiften* (oder die nicht einmal sich selbst schaden, sondern die lediglich gegen bestimmte soziale Normen oder gesetzliche Bestimmungen verstoßen) in den Kompetenzbereich der Medizin bzw. der Pharmakologie zu verweisen?

Es ist natürlich klar, dass es außer dieser normativen oder rechtlichen Dimension des Drogenproblems eine biologische gibt, mit der sich die Pharmakologie in der Tat zu Recht befasst. Gleichgültig, wie eine chemische Substanz in den Körper eines Menschen gelangt – ob durch Vermittlung eines Arztes wie in der üblichen medizinischen Behandlung; oder durch Selbstverabreichung, wie dies im Falle des Drogenmissbrauchs und der Drogensucht typisch ist; oder durch die Intervention eines Übeltäters, wie in kriminellen Fällen von Vergiftung –, die Substanz hat bestimmte Wirkungen, die wir besser begreifen und erfolgreicher bekämpfen können, wenn wir uns pharmakologischer Erkenntnisse und Methoden bedienen. All dies versteht sich von selbst. Weniger offenkundig ist vielleicht der Umstand, dass wir durch unsere Konzentration auf die chemischen Aspekte der Drogen die einfache Tatsache verschleiern (sie vielleicht verschleiern wollen), dass wir es in manchen Fällen mit Menschen zu tun haben, die sich für krank halten und unter ärztlicher Kontrolle behandelt werden wollen, während wir es in anderen Fällen mit Personen zu tun haben, die sich nicht für krank halten, aber sich unter eigener Kontrolle behandeln möchten. Die toxikologischen Folgen von Drogen gehören somit in den Zusammenhang einer Erörterung ihrer übrigen biologischen Auswirkungen, ebenso wie die pharmakologischen und sonstigen Maßnahmen zur Bekämpfung ihrer Giftigkeit; für die gesellschaftlichen

---

8 Im Zusammenhang damit siehe Szasz, T. S. 1963. *Law, Liberty, and Psychiatry* und Szasz, T. S. 1965. *Psychiatric Justice*.

und gesetzgeberischen Maßnahmen gegen Personen, die als „Drogensüchtige" oder „Drogenabhängige" bezeichnet werden, sind hingegen pharmakologische Lehrbücher nicht der richtige Platz.

Die Pharmakologie, vergessen wir nicht, ist die Arzneimittelkunde, deren Aufgabe es ist, die heilende (therapeutische) und schädliche (toxische) Wirkung der Drogen zu erforschen. Wenn Lehrbücher der Pharmakologie Abschnitte über Drogenmissbrauch und Drogensucht enthalten, ohne dass dagegen Einspruch erhoben wird, dann könnten mit ebenso viel Berechtigung Lehrbücher der Gynäkologie und Urologie ein Kapitel der Prostitution widmen, könnten sich Lehrbücher der Physiologie mit Perversionen befassen, Lehrbücher der Genetik mit der rassischen Minderwertigkeit von Juden und Negern; Lehrbücher der Mathematik mit Spielhöllensyndikaten; und Lehrbücher der Astronomie natürlich mit Sonnenanbetung.

Die Mythologie der Psychiatrie hat nicht nur unseren gesunden Hausverstand und unsere Gesetze korrumpiert, sondern auch unsere Sprache und die Pharmakologie. Wie alle derartigen Korruptionen und Konfusionen wurde uns freilich auch diese nicht von konspirativen und ränkeschmiedenden Psychiatern aufgezwungen; sie ist lediglich eine weitere Manifestation des tief verwurzelten menschlichen Bedürfnisses nach Magie und Religion, nach Zeremoniell und Ritual, und des verborgenen (unbewussten) Ausdrucks dieses Bedürfnisses in dem, was wir kraft Selbsttäuschung für die „Wissenschaft" der Pharmakologie halten.

Erst wenn wir klarer als heute zwischen den chemischen und rituellen Anwendungen und Wirkungen von Drogen unterscheiden, werden wir imstande sein, an eine sinnvolle Beschreibung und eine vernünftige Diskussion der sogenannten Probleme des Drogenmissbrauchs und der Drogensucht heranzutreten.

Es ist heute weithin anerkannt und akzeptiert, dass die Sprache unsere Erfahrung sowohl reflektiert als auch gestaltet. Diese Erkenntnis ist jedoch ohne merkbare Auswirkung auf unsere heutigen Einstellungen und unsere Vorgangsweise gegenüber sozialen Problemen geblieben, die größtenteils oder sogar zur Gänze erst durch ihre verbale Darstellung zu einem „Problem" werden. Wir scheinen wenig oder nichts aus der Tatsache gelernt zu haben, dass wir kein Problem mit Drogen hatten, ehe wir uns buchstäblich in eines hineinredeten: Wir erklärten zuerst diese und dann jene Droge für „schlecht" und „gefährlich", belegten sie mit hässlichen Namen wie „Rauschgift" und „Suchtgift" und verabschiedeten Gesetze, die ihren Konsum untersagten. Das Ergebnis: unsere gegenwärtigen „Probleme des Drogenmissbrauchs und der Drogensucht".

Die nackten historischen Tatsachen sind, dass es vor 1914 kein „Drogenproblem" in den Vereinigten Staaten gab; es existierte auch kein Name dafür. Heute gibt es ein immenses Drogenproblem in diesem Land und zahllose Bezeichnungen dafür. Was kam zuerst: „das Problem des Drogenmissbrauchs" oder sein Name? Es ist dasselbe wie die Frage, was zuerst kam, das Huhn oder das Ei. Das einzige, dessen wir heute sicher sein können, ist, je mehr Hühner, desto mehr Eier und umgekehrt; und ebenso, je mehr Probleme, desto mehr Namen dafür und vice versa. Ich will damit ganz einfach sagen, dass unsere Drogenmissbrauchsexperten, unsere Gesetzgeber, Psychiater und andere professionelle Hüter unserer medizinischen Moral Hühnerbrutstätten betrieben haben: Sie fahren fort – zum Teil durch den charakteristischen taktischen Missbrauch unserer Sprache – das „Drogenproblem" zu produzieren und aufrechtzuerhalten, das sie angeblich zu lösen versuchen. Die folgenden Auszüge aus der Tages- und Fachpresse – und meine Kommentare dazu – illustrieren und stützen diese Behauptung.

Aus einem Artikel in *Science*, betitelt *Tod durch Heroin*:
Drogenmissbrauch, früher vor allem eine Krankheit Harlems, ist inzwischen eine Pest, die sich auf die Stadtrandgebiete ausdehnt. Der Drogenkonsum ist glorifiziert worden, während Beschreibungen der schrecklichen Folgen unterblieben [...]. Zwei relativ neue Methoden scheinen Erfolg zu versprechen. Die eine ist die Einnahme von Methadon. Der zweite Ansatz ist psychiatrischer Natur, wobei der Veränderung innerer Einstellungen besondere Bedeutung zugemessen wird und ehemalige Drogensüchtige zur emotionalen Unterstützung der Entwöhnungswilligen herangezogen werden [...]. Unser Land sollte die nötigen finanziellen Mittel aufbringen, um entschlossen gegen eine sich ausbreitende Geißel der Menschheit vorzugehen.[9]

Verluste von Menschenleben, die durch das Verbot von Heroin und insbesondere durch die diesem auf dem schwarzen Markt beigefügten Giftstoffe verursacht wurden, werden hier fälschlich dem Heroin selbst zugeschrieben; der Gebrauch von Heroin wird als „Krankheit" bezeichnet und sein Übergreifen von den Schwarzen auf die Weißen eine „Pest" *(plague)* genannt; die Verwendung von Methadon wird als völlig legitime Form ärztlicher Behandlung des gewohnheitsmäßigen Heroinkonsums hingestellt, ohne die Tatsache zu erwähnen, dass Heroin ursprünglich als Mittel zur Behandlung des gewohnheitsmäßigen Gebrauchs von Morphium galt. Schließlich werden psychiatrische Maßnahmen gegenüber Personen, die als „Rauschgiftsüchtige" und „Drogenabhängige" stigmatisiert wurden, fälschlich als „Hilfe" für „Patienten" hingestellt, die diese wünschen, um von verbotenen Drogen loszukommen; in Wirklichkeit handelt es sich aber um Eingriffe, die ihnen von jenen, die sie von ihrer Gewohnheit kurieren wollen, aufgrund der bestehenden Gesetze aufgezwungen werden. Und die Politik der psychiatrischen Belästigung von Personen, die verbotene Drogen zu sich nehmen, und der Verwendung von Steuergeldern, um sie mit erlaubten Drogen (wie Methadon) zu versorgen, werden nicht in Frage gestellt, sondern unkritisch als medizinisch indiziert und moralisch gerechtfertigt hingestellt.

Aus einem Bericht des *Syracuse Herald-Journal*, betitelt *Neue Droge bietet Hoffnung: könnte Heroinsüchtige immunisieren*:
Die aus den Labors von Garden City, New York, stammende Droge heißt EN-1639 A. Vertreter der Industrie bestätigen, dass die Firma in Kürze mit den klinischen Tests beginnen wird, der letzten Phase, bevor das neue Heilmittel zum Verkauf freigegeben wird [...]. EN-1639 A ist im staatlichen Drogensucht- und Rehabilitationszentrum in Lexington,

---

9   Abelson, P. H. 1970. Death form Heroin. *Science* 168: 1289.

Kentucky, bereits an einigen Menschen getestet worden. Vertreter der Behörden sind der Ansicht, dass die neue Droge mit der Rauschgiftsucht ebenso aufräumen könnte wie die Impfstoffe mit den Pocken aufgeräumt haben.[10]

Dies ist ein Beispiel dafür, welche Folgen es hat, wenn man die Metapher mit der metaphorisierten Sache verwechselt. Sucht gleicht nicht mehr einer Pest; sie ist eine Pest. Eine Droge, die man Süchtigen zwangsweise verabreicht, gleicht nicht einem Impfstoff; sie ist ein Impfstoff.

Aus einem Bericht, der in der *New York Times* unter der Überschrift *Arzt gibt Prominenten Amphetamine zum Aufputschen* erschien:

Seit vielen Jahren hat Dr. Max Jacobson, ein 72jähriger praktischer Arzt in New York, Amphetamin – das mächtige Stimulans, das in der Drogenkultur als „Speed" bekannt ist – Dutzenden der berühmtesten Künstler, Schriftsteller, Politiker und Jetsetter des Landes intravenös gespritzt [...]. Dr. Jacobson ist der bekannteste eines kleinen Kreises von New Yorker Ärzten, die sich auf die Verschreibung und Verabreichung von Amphetaminen nicht zur Behandlung von Krankheiten, sondern zur Hebung der Stimmung gesunder Patienten spezialisiert haben. Weit entfernt von dem typischen Bild abgerissener Jugendlicher, die sich mit illegal beschafftem Rauschgift vollpumpen, handelt es sich bei der Geschichte von Dr. Jacobson und seinen Patienten um reiche und berühmte Erwachsene, die sich ihre Injektionen völlig legal bei einem Arzt holen [...]. Die prominentesten Patienten des Arztes waren Präsident Kennedy und seine Frau [...]. So begleitete er beispielsweise 1961 den Präsidenten zum Gipfeltreffen mit Chruschtschow in Wien und gab ihm dort Injektionen, wie Dr. Jacobson in einem Interview sagte [...]. Bei der Bostoner Premiere von [Alan Jay) Lerners Musical *On a Clear Day* wandte sich Dr. Jacobson an Mrs. Burton Lane, die Frau des Komponisten, und rühmte sich, was er nach Aussage vieler Leute häufig tut. Wie sich Mrs. Lane erinnert, zeigte er auf seine Krawattennadel, ein PT-109-Emblem, und sagte: „Wissen Sie, wo ich die herhabe? Ich habe bei den Kennedys gearbeitet. Ich bin mit den Kennedys gereist. Ich habe die Kennedys behandelt. Jack Kennedy. Jacqueline Kennedy. Die hätten es ohne mich nie geschafft. Zum Zeichen der Dankbarkeit haben sie mir das gegeben..." Jacqueline Kennedy-Onassis bestätigte durch einen Sprecher, dass sie von Dr. Jacobson behandelt worden war, lehnte es jedoch ab, auf Einzelheiten einzugehen.[11]

Die Medizinisierung der Sprache ist hier bereits so weit fortgeschritten, dass wir es nicht nur mit „kranken Patienten", sondern auch mit „gesunden Patienten" zu tun haben; und dass von „Behandlungen" die Rede ist, die nicht nur Kranke heilen, sondern Gesunde in Schwung bringen sollen. Freilich gelten diese Unterschiede nur für die Mächtigen und die Reichen: Wenn sie Psychodrogen nehmen, bleiben sie dennoch geachtete Politiker, die in

---

10   Stout, J. 1971. New drug offers hope: May immunize heroin addicts. *Syracuse Herald-Journal.*
11   Rensenberger, B. 1972. Amphitamines used by a physician to lift moods of famous patients. *The New York Times* (4. Dezember).

ihrer freien Zeit Krieg gegen den Drogenmissbrauch führen; wenn die Armen und Machtlosen dieselben Drogen nehmen, sind sie „Junkys", die die Nation zugrunde richten. Das alte lateinische Sprichwort *Quod licet Jovi, non licet bovi* („Was Jupiter erlaubt ist, ist dem Rindvieh nicht erlaubt."), ist vielleicht relevanter für unser Verhältnis zu erlaubten und unerlaubten Drogen als all die chemischen Fakten und Phantasien über Rauschgiftmissbrauch, die man in den Lehrbüchern der Pharmakologie und Psychiatrie findet.

In einer Rede auf dem jährlichen Bankett der Handelskammer des Staates New York erklärte Gouverneur Nelson Rockefeller: „Wir, die Bürger, sind die Gefangenen von Rauschgifthändlern. Ich möchte die Rauschgifthändler einsperren, damit wir wieder frei werden, meine Damen und Herren."[12]

Glester Hinds, der Leiter der *People's Civic and Welfare Association* in Harlem, kommentierte Gouverneur Rockefellers Forderung nach obligaten lebenslangen Haftstrafen für Rauschgifthändler ohne Möglichkeit des Straferlasses folgendermaßen: „Ich glaube nicht, dass der Gouverneur weit genug gegangen ist. Seine Gesetzesvorlage sollte die Todesstrafe vorsehen, denn diese Mörder müssen wir restlos loswerden."[13]

Dr. George W. McMurray, Pastor der *Mother African Methodist Episcopal Zion*-Kirche, lobte Rockefeller wegen seiner „offenen Stellungnahme gegen Drogensucht" und bezeichnete letztere als „subtile Form der Ausrottung eines Volkes".[14]

William F. Buckley schreibt in einem Artikel über die Vorschläge Gouverneur Rockefellers für die Bestrafung von Heroinhändlern: „Man schreckt vor der mittelalterlichen Suche nach Todesarten, die dem Verbrechen des Missetäters besonders angemessen sind, zurück [...]. Aber es erscheint mir nicht unangebracht, als gebührendes Mittel zur Befreiung der Welt von gerichtlich verurteilten Heroinhändlern die Verabreichung einer Überdosis vorzuschlagen. Es ist dies ein humaner Tod, wenn man relativ schmerzlos als human bezeichnet. Und natürlich verschafft einem die Vorstellung, dass der Pusher die Welt unter den gleichen Umständen verlässt, unter denen andere sie durch seine Schuld verlassen haben, eine alttestamentarische Genugtuung [...]."[15]

Hier wird uns von verschiedenen maßgeblichen Persönlichkeiten weisgemacht, die Bürger seien Gefangene von Drogenhändlern, während die Sicherheit der Bevölkerung in Wirklichkeit von Parlamenten und Politikern gefährdet wird, die durch das Verbot des Verkaufs und Gebrauchs von Heroin die mit dem Schwarzmarkt verbundenen Verbrechen verursachen; Dealer seien „Mörder", die hingerichtet werden sollten, während sie in Wirklichkeit keinen Schaden anrichten, ganz zu schweigen von Mord, und im Staat New York nicht einmal auf vorsätzlichen Mord die Todesstrafe steht; Sucht sei eine „subtile Form der Ausrottung eines Volkes", während sie in Wirklichkeit ein Ausdruck der Selbstbestimmung ist; und Heroinhändler seien Mörder, die durch Überdosen von Heroin umgebracht werden sollten, womit wiederum die Todesstrafe für Mörder gefordert wird, die nur in

---

12 Hamilton, J. A. 1973. Hooked on histrionics, a. a. O.
13 Black leaders demand stiff drug penalties. *Human Events* (17. Februar 1973).
14 Ebd.
15 Buckley W. F. Jr. 1973. Rockefeller's proposal. *Syracuse Post-Standard* (15. Februar).

einem metaphorischen Sinn Mörder sind, obwohl es keine derartige Strafe für Mörder im buchstäblichen Sinn gibt.

Aus einer Rede des Kongressmitgliedes James M. Hanley (Demokrat, Staat New York) vor der Handelskammer von Baldwinsville, N.Y.:

Der Abgeordnete Hanley bezeichnete die 60 000 offiziell bekannten Drogenabhängigen in den Vereinigten Staaten als „Spitze des Eisbergs" und gab seiner Sorge über die nicht bekannten gegenwärtigen und künftigen Suchtkranken Ausdruck, wobei er die Frage aufwarf, „wieviel Ungeziefer unsere Schulen und Universitäten verseucht" und unsere unvorsichtige Jugend mit diesem Gift verdirbt.[16]

Der Abgeordnete Hanley verteufelt hier Personen, die illegale Drogen gebrauchen oder verkaufen, mit derselben Metapher, deren sich die Nazis bedienten, um die Ermordung von Juden mit Giftgas zu rechtfertigen – nämlich dass es sich bei den verfolgten Personen nicht um Menschen, sondern um „Ungeziefern" handle.

Aus einem Leserbrief von Dr. Steven Jonas, ordentlicher Professor für Sozial-Medizin an der Universität des Bundesstaates New York, Stony Brook, Long Island, an die *New York Times*:

Gouverneur Rockefellers neuer Vorschlag zur Bekämpfung des Drogenproblems durch scharfes Vorgehen gegen die Händler (durch obligatorische Verurteilung der Verkäufer „gefährlicher Drogen" zu lebenslangen Haftstrafen) wird durch die epidemiologischen Erkenntnisse nachhaltig gestützt. Insbesondere die Heroinsucht hat große Ähnlichkeit mit einer ansteckenden Krankheit, obwohl die Infektion nicht durch Krankheitserreger übertragen wird. Es gibt einen Wirt, den Menschen, ein Agens, das Heroin, und identifizierbare Umweltfaktoren, genau wie bei Infektionskrankheiten. Außerdem ist da ein Überträger oder Vermittler, der Pusher (und Händler), der selbst infiziert sein mag oder auch nicht. Die Heroinsucht gleicht somit in vieler Hinsicht Krankheiten wie der Malaria mit ihrem identifizierbaren Überträger, der Stechmücke.[17]

Ein Arzt und Medizinprofessor vergleicht hier Heroinsucht mit Malaria, setzt Heroin mit einem Parasiten gleich und den Heroinverkäufer mit einer Stechmücke. Die vom Gesundheitsministerium Nazideutschlands begonnene Herabwürdigung des Menschen zum Ungeziefer wird somit durch den Kampf Amerikas gegen den „Drogenmissbrauch" fortgesetzt – ohne dass die Öffentlichkeit davon Notiz nimmt.
Der Unterschied zwischen dem früheren und dem heutigen – dem herkömmlichen moralischen und dem modernen medizinischen – Gebrauch des Begriffes „Süchtiger" könnte gar nicht größer sein. Im ersten Fall handelt es sich um eine *Beschreibung (description)*

---

16 Adams, T. 1968. Hanley urges stiffer penalties for drug abusers. *Syracuse Herald-Journal* (23. März).
17 Jonas, S. 1973. Dealing with drugs. *The New York Times* (12. Januar).

– einen *Namen* –, sicher nicht ganz wertfrei, aber doch in erster Linie die Bezeichnung einer bestimmten Gewohnheit des Betroffenen. Im zweiten Fall handelt es sich um eine *Zuschreibung (ascription)* – ein *Epitheton* –, sicher nicht ganz tatsachenfern (falls es nicht irrtümlich oder lügnerisch verwendet wird), aber doch in erster Linie Ausdruck eines bestimmten *Urteils* seitens desjenigen, der diese Bezeichnung verwendet. Im beschreibenden Sinn sagt der Terminus „Sucht" etwas darüber aus, was der „Süchtige" *sich selbst* antut; im zuschreibenden Sinn sagt er etwas darüber aus, was der so Urteilende *ihm* antun möchte.

Ich habe diese Unterscheidung – zwischen Tatsachenfeststellung und Werturteil, Beschreibung und Zuschreibung, Selbstbestimmung und Fremdbestimmung – in mehreren meiner früheren Werke getroffen. Insbesondere habe ich zu zeigen versucht, dass es nicht nur zwei verschiedene Schulen der Psychiatrie gibt – eine auf Freiwilligkeit und eine auf Unfreiwilligkeit basierende –, sondern, dass diese in einem antagonistischen Verhältnis zueinander stehen; und ich habe aufzuzeigen versucht, dass die Verwechslung und Vermischung dieser beiden Schulen die Psychiater verwirren und die sogenannten Patienten unglücklich machen muss.[18] Nirgendwo tritt dieser Unterschied deutlicher zutage als auf dem Gebiet des sogenannten Drogenmissbrauchs und der Drogensucht: denn die Fakten sind hier ganz einfach die, dass bestimmte Leute bestimmte Drogen nehmen wollen, während bestimmte andere Leute sie daran hindern möchte. Die Drogenkonsumenten – von den Behörden als „Drogensüchtige" oder „Drogenabhängige" bezeichnet – betrachten ihre Drogen als ihre Verbündeten und diejenigen, die sie ihrer Drogen berauben wollen, als ihre Gegner; während die Politiker, Psychiater und Exsüchtigen – die sich als „Fachleute für Drogenmissbrauch und Drogensucht" bezeichnen – die verbotenen Drogen als ihre Feinde, die Drogenkonsumenten als ihre „Patienten" und ihre eigene Einmischung, ihre Zwangsmaßnahmen als „Behandlung" ansehen.

Ich habe den Eindruck, dass ein Großteil dessen, was heute über Sucht gedacht und geschrieben wird, durch die hartnäckige Weigerung oder das Unvermögen, die oben dargestellte Unterscheidung zu treffen, entwertet, das heißt sinnlos, irreführend und schädlich wird. Behauptungen und Gegenbehauptungen werden aufgestellt, und das Thema wird hitzig erörtert, ohne dass man sich die Mühe machte, sich über die Bedeutung der Termini „Sucht" und „Süchtiger" zu einigen. Ein Grund liegt wohl darin, dass es viel leichter ist, die chemische Wirkung einer Droge zu untersuchen, die ein Mensch nimmt, als die gesellschaftliche Wirkung eines Rituals, das er vollzieht.

Es bedarf der Intelligenz, um die chemische Wirkung von Drogen zu erforschen, aber es bedarf des Mutes, um das Ritual zu verstehen, das der Drogenkonsument zelebriert; und während man nur intelligent sein muss, um den chemischen Aspekt einer Droge zu begreifen, die andere nehmen, muss man sowohl mutig als auch tolerant sein, um das Ritual zu verstehen, das sie vollziehen. Weder Intelligenz noch Mut noch Toleranz sind im Überfluss vorhanden, sie nehmen in der genannten Reihenfolge ab. Solange dies die Conditio

---

18 Siehe Szasz, T. S. *Ideology and Insanity*, besonders S. 218–245, und Szasz, T. S. 1973. *The Age of Madness*.

humana ist, werden die sogenannten Humanwissenschaften weit hinter den Naturwissenschaften zurückbleiben.

Um Weihwasser zu verstehen, müssen wir natürlich die Priester und die Gläubigen untersuchen, nicht das Wasser; und um missbrauchte und suchtbildende Drogen zu verstehen, müssen wir uns die Ärzte und die Süchtigen, die Politiker und die Bevölkerung näher ansehen, nicht die Drogen. Freilich sind bestimmte Situationen günstiger für ein solches Unternehmen als andere. Im mittelalterlichen Italien oder Spanien konnte man wohl kaum das Weihwasser studieren, speziell wenn man ein guter Katholik war und dies auch zu bleiben hoffte. Und ebenso wenig kann man in den USA oder in der Sowjetunion Opium und Heroin oder Marihuana und Methadon erforschen, speziell wenn man ein loyaler Arzt ist und es zu bleiben hofft, dessen Pflicht es ist, sich am Kampf gegen „die Geißel des Drogenmissbrauchs und der Drogensucht" zu beteiligen.

Gesellschaftliche Rituale dienen dazu, einzelne zu Gruppen zu vereinen. Sie erfüllen diese Funktion oft sehr gut, wenn auch auf Kosten bestimmter Individuen in dem jeweiligen System oder zu Lasten bestimmter, von der Gruppe hochgehaltener Werte. Da die Analyse von Ritualen gewöhnlich deren Kraft als Bindemittel schwächt, wird sie von der Gruppe als Bedrohung angesehen. Das setzt der Möglichkeit, magische oder medizinische Rituale zu analysieren und damit zu beeinflussen, prinzipielle Grenzen.

Literatur

Abelson, P. H. 1970. Death form Heroin. *Science* 168: 1289.
Adams, T. 1968. Hanley urges stiffer penalties for drug abusers. *Syracuse Herald-Journal* (23. März).
Black leaders demand stiff drug penalties. *Human Events* (17. Februar 1973).
Buckley W. F. Jr. 1973. Rockefeller's proposal. *Syracuse Post-Standard* (15. Februar).
Hamilton, J. A. 1973. Hooked on histrionics, a. a. O.
Jaffe, J. H. 1941. Drug Addiction and Drug Abuse. In *The Pharmacological Basis of Therapeutics*, hrsg. v. L. Goodman, A. Gilman, New York.
Jonas, S. 1973. Dealing with drugs. *The New York Times* (12. Januar).
Menninger, K. 1963. *The Vital Balance: The Life Process in Mental Health and Illness*. New York.
Rensenberger, B. 1972. Amphitamines used by a physician to lift moods of famous patients. *The New York Times* (4. Dezember).
Szasz, T. S. 1961. *The Myth of Mental Illness: Foundation of a Theory of Personal Conduct*. New York.
Szasz, T. S. 1963. *Law, Liberty, and Psychiatry: An Inquiry into the Social Uses of Mental Health Practices*. Syracuse, New York.
Szasz, T. S. 1965. *Psychiatric Justice*. Syracuse, New York.
Szasz, T. S. 1970. *Ideology and Insanity: Essays on the Psychiatric Dehumanization of Man*. Syracuse, New York.
Szasz, T. S. 1972a. The ethics of addiction. *Harper's Magazin* (April): 74–79.
Szasz, T. S. 1972b. Bad habits are not diseases. *Lancet* 2 (8. Juli): 83–84.
Szasz, T. S. 1973. *The Age of Madness: A History of Involuntary Mental Hospitalization Presented in Selected Texts*. London.

Szasz, T. S. 1978. *Das Ritual der Drogen*. Wien, München, Zürich.
Stout, J. 1971. New drug offers hope: May immunize heroin addicts. *Syracuse Herald-Journal*.
Zilboorg, G. 1941. *A History of Medical Psychology*. New York.

Die Rhetorik der Droge[1]

Jacques Derrida

Sie sind zwar kein Experte auf dem Gebiet der Drogensucht, wir sind aber dennoch der Ansicht – und das ist ein wenig das Apriori dieser Ausgabe –, dass Sie als Philosoph etwas zu sagen haben, das den eigenen, spezifischen Bereich der Drogensucht betrifft. Und sei dies nur aufgrund gemeinsamer Begriffe wie Abhängigkeit, Freiheit, Lust, Genuss.

Einverstanden, gehen wir also vom Standpunkt des Nicht-Experten aus, der ich ja in der Tat bin. Sie werden aber darüber hinaus mit mir darin übereinstimmen, dass es sich hier um etwas anderes handelt als um ein abgrenzbares Gebiet. Die Kompetenzkriterien, insbesondere die der professionellen Kompetenz, sind hier sehr problematisch. Im Grunde genommen werden wir von diesen Kriterien direkt oder indirekt auf unser Gespräch gelenkt. Indem Sie mir die Position des Philosophen zuwiesen, der kein Experte auf dem Gebiet der sogenannten „Drogensucht" ist, nannten Sie mir eine Anzahl gehaltvoller philosophischer Begriffe, und zwar Begriffe, die der Philosoph privilegieren sollte: „Freiheit", „Abhängigkeit", „Lust" oder „Genuss" und so weiter. Nun gut. Ich schlage Ihnen aber vor, ganz einfach mit „Begriff" zu beginnen, mit dem Begriff des Begriffs. „Droge" ist ein Wort und auch ein Begriff, und zwar schon bevor man es in Anführungszeichen setzt, um anzuzeigen, dass man sie eher erwähnt als verwendet, dass man die „Sachen selbst" nicht kauft, verkauft oder konsumiert.

Eine derartige Bemerkung ist nicht neutral, auf unschuldige Weise philosophisch, logisch oder spekulativ. Und aus anderen Gründen und mit anderem Anspruch würde man, ebenso gerechtfertigt, daran erinnern, dass jene Pflanze, jene Wurzel oder jene Substanz für uns ebenfalls einen Begriff, eine „Sache" darstellt, die wir mit dem Namen eines Be-

---

1 Erschienen in *Autrement*, Serie „*Mutations*" 106, „*L'esprit des drogues?*", hrsg. v. J.-M. Hervieu, Paris, April 1989. Auf Deutsch zuerst abgedruckt in J. Derrida, J. 1998. *Auslassungspunkte. Gespräche*, hrsg. v. P. Engelmann, 214–266. Wien.

griffs und dem Dispositiv einer Interpretation erfassen. Nein, im Fall der „Droge" gehört der Begriff einer anderen Ordnung an: Es gibt keine Drogen „in der Natur". Es kann dort „natürliche" Giftstoffe geben und sogar von Natur aus tödliche Giftstoffe, sie sind dies aber nicht als Drogen. Wie der Begriff der Drogensucht setzt auch der Begriff der Droge eine instituierte, eine institutionelle Definition voraus: Hierzu bedarf es einer Geschichte und einer Kultur, Konventionen, Bewertungen, Normen, eines ganzen Netzwerks ineinander verschlungener Diskurse und einer expliziten oder elliptischen Rhetorik. Wir werden sicherlich noch auf diese rhetorische Dimension zurückkommen. Es gibt keine objektive, wissenschaftliche, physikalische (physikalistische), „naturalistische" Definition für Drogen (oder doch; diese Definition kann „naturalistisch" sein, wenn man darunter den Versuch versteht, das zu naturalisieren, was sich jeglicher Definition von Natur und naturhafter Wirklichkeit entzieht). Man kann vorgeben, die *Natur* eines Giftstoffes zu definieren, aber nicht alle Giftstoffe sind eben Drogen und werden im Übrigen auch nicht als solche angesehen. Daraus muss man bereits folgern, dass es sich beim Begriff der Droge um einen nicht-wissenschaftlichen Begriff handelt, der von moralischen oder politischen Bewertungen instituiert wird: Er trägt die Norm oder das Verbot in sich. Er enthält keine Möglichkeit zur Beschreibung oder Konstatierung, es handelt sich um ein Losungswort. Ein Losungswort ist in den meisten Fällen prohibitiver Natur. Manchmal jedoch hebt es sich zur Hymne oder zur Lobpreisung empor. Verwünschung und Segnung benötigen und implizieren einander immer gegenseitig. Sobald man das Wort „Droge" ausspricht, noch vor jeglicher Abhängigkeit (*addiction*), ist bereits eine präskriptive oder normative „Diktion" und etwas „Performatives" am Werk, ob man will oder nicht. Dieser „Begriff" wird nie rein theoretisch oder theoretisierbar sein. Und wenn es niemals ein Theorem über Drogen gibt, so kann es auch keine als solche nachweisbare wissenschaftliche Kompetenz geben, welche nicht wesentlich von ethisch-politischen Normen überdeterminiert ist. Das ist also der Grund, warum ich gleich zu Beginn einige Vorbehalte gegenüber der Aufteilung „Experte/Nicht-Experte" äußerte. Diese Abgrenzung wird sich zweifellos noch aus anderen Gründen als schwierig erweisen.

Aus diesen Prämissen lassen sich unterschiedliche, ja sogar widersprüchliche ethisch-politische Schlüsse ziehen. Eine der möglichen Folgerungen wäre gewissermaßen *naturalistisch* und würde folgendermaßen lauten: „Da es sich bei ‚Droge' und ‚Drogensucht' um normative Begriffe, um Bewertungen oder Vorschriften institutioneller Art handelt, müssen wir diese Lüge eingrenzen. Kehren wir zur wahren, natürlichen Freiheit zurück! Das Naturrecht schreibt vor, jedem die Freiheit zu gewähren, über seine Wünsche, seine Seele und seinen Körper ebenso frei zu verfügen wie über jene Sache, die den Beinamen ‚Droge' trägt. Lasst uns endlich dieses Gesetz aufheben, das durch die Geschichte der Konventionen und ethischen Normen so tief in den Begriff der ‚Droge' eingeschrieben wurde. Lasst uns diese Unterdrückung oder Verdrängung aufheben und kehren wir zurück zur Natur!"

Diesem naturalistischen, liberalen, sogar laxen Losungswort konnte man, von den gleichen Prämissen ausgehend, eine zwanghafte Politik und eine bewusst repressive Stellungnahme entgegensetzen, die gelegentlich, wie im Übrigen auch die andere, therapeutische und präventionistische, wenn ich sagen darf, sogar persuasionistische und pädagogische Züge annehmen kann. Man würde also sagen: „Wir geben zu, dass der Drogenbegriff eine instituierte Norm ist. Diese Norm, die in ihrem Ursprung und in ihrer Geschichte unklar ist, lässt sich von keinem wissenschaftlichen Begriff der natürlichen Toxizität analytisch ableiten. Dies wird trotz aller Bemühungen, die in diese Richtung unternommen werden können, niemals möglich sein.

Da wir jedoch die Logik dieser präskriptiven und repressiven Konvention vollkommen akzeptieren, sind wir der Meinung, dass *unsere* Gesellschaft, *unsere* Kultur und *unsere* Konventionen nach diesem Verbot verlangen. Lasst es uns konsequent entfalten. Es geht um Gesundheit, Sicherheit, Produktivität und um das reibungslose Funktionieren der Institutionen selbst. Durch dieses supplementäre und fundamentale Gesetz, das durch das Verbot der Drogen die Integrität und Verantwortung der Subjekte des Gesetzes, der Staatsbürger und so weiter garantiert, schützen jene Institutionen die grundsätzliche Möglichkeit des Gesetzes. Denn ohne ein bewusstes, wachsames und normales Subjekt, das seine Ziele und Wünsche beherrscht, gibt es kein Gesetz. Folglich ist dieses Verbot, dieses Gesetz kein Artefakt unter anderen, sondern stellt für unsere Gesellschaft die Bedingung der Möglichkeit einer Respektierung des Gesetzes im Allgemeinen dar. Ein Verbot ist nicht automatisch schlecht, es muss nicht unbedingt brutale Formen annehmen; seine Mittel und Wege können durchtrieben und symbolisch überdeterminiert sein, es ist aber nicht zu leugnen, dass das Fortbestehen unserer Kultur dieses Verbot ursprünglich impliziert. Es gehört seinem Begriff an und so weiter."

Von dem Moment an, da man den instituierten Charakter eines bestimmten Begriffs von Droge, Drogensucht, Rauschgift und Giftstoff anerkennt, stehen offenbar zwei ethisch-politische Axiomatiken einander gegenüber. Um mich kurz zu fassen, sage ich, dass ich mir nicht sicher bin, ob dieser Widerspruch mehr als eine reine Äußerlichkeit ist. Ich bin mir nicht sicher, ob sich jede dieser beiden Logiken in aller Konsequenz vertreten lässt. Und ich bin mir nicht einmal sicher, ob sie einander so radikal ausschließen. Vergessen wir nicht, dass ihnen die gleichen Prämissen eigen sind, nämlich die Opposition von Natur und Institution. Und nicht einfach die Opposition von Natur und Gesetz, sondern bereits die von zwei Gesetzen, von zwei Losungsworten. Der Naturalismus ist nicht natürlicher als der Konventionalismus.

Das Wort Drogensucht ist ungefähr gegen Ende des vorigen Jahrhunderts[2] *aufgetaucht. Zuvor waren die Verhaltensweisen, die man heute als Drogensucht bezeichnen würde, nicht als Objekt medizinischer Nosologie erkannt worden. In England war der alte Ausdruck* addiction *in Gebrauch, der den Akzent auf die Abhängigkeit eines Subjekts von einem Produkt legte, es war dabei aber nicht von Drogensucht die Rede. Die Drogensucht ist ein Kind der Moderne, der modernen Wissenschaft. Der* Flash *ist ein durch die Photographie eingeführter Ausdruck, der seltsamerweise von den Drogensüchtigen aufgegriffen wurde. Und von einem bestimmten Moment an wurde dann jemand, der bestimmte Stoffe übermäßig konsumierte, als Drogensüchtiger bezeichnet.*

---

2 Gemeint ist Ende des 19. Jahrhunderts.

Tatsächlich gehört die Abhängigkeit von Giftstoffen oder gar von schädlichen Medikamenten nicht als solche in den Bereich der Drogensucht, nicht in den Augen des Gesetzes. Versuchen wir jedoch, für einen Moment bei jener Moderne zu verweilen. Wie immer, so ist auch hier die Droge das Ergebnis einer Interpretation. Drogen sind „schlecht", aber das Schlechte an ihnen ist nicht einfach ihre „Schädlichkeit". Niemand leugnet mehr die Schädlichkeit von Alkohol und Tabak, die als Konsumgüter genauso künstliche Objekte sind. Man kann das Trinken verbieten (den Alkoholkonsum, besonders am Steuer – eine entscheidende Frage in Bezug auf das Problem von *Öffentlichkeit* und *Privatleben*) oder das Rauchen (von Tabak, besonders in *öffentlichen* Räumen), wie es die Ärzteschaft und ein Teil der sozialen Körperschaft tun. Nie jedoch werden Alkohol oder Tabak als Betäubungsmittel verurteilt, nie wird ihnen moralische Bösartigkeit unterstellt, auch wenn man sie als „schlecht" für die Gesundheit und die Verkehrssicherheit betrachtet. Der Bezug zur „sozialen Sicherheit" ist also ein anderer.

Behauptet man, Tabak und Alkohol seien „Drogen", so impliziert dies eine gewisse Ironie, so als ob man damit eine Art rhetorische Verschiebung herauskehren wollte. Tabak und Alkohol, so denkt man sich unbesorgt, sind keine wirklichen Drogen. Ihre Schädlichkeit kann sicherlich Gegenstand diverser Abschreckungskampagnen und einer ganzen quasi-moralischen Pädagogik werden, jedoch ist der Konsum dieser Produkte nicht *als solcher* Gegenstand moralischer Missbilligung und vor allem nicht strafrechtlicher Verfolgungen. Man kann einen Betrunkenen verfolgen, weil er *auch* ein gefährlicher Fahrer ist, jedoch nicht, weil Alkohol als „Betäubungsmittel" „eingestuft" würde (um die Termini aus den Gesetzesparagraphen über den *Kampf gegen die Drogensucht* aufzugreifen). Die (laizistische) Prohibition von Alkohol wird wohl, wenn ich mich nicht irre, eine einmalige und kurze Episode in der Menschheitsgeschichte bleiben; und in Frankreich ist sie aus wohlbekannten Gründen noch schwerer vorstellbar als andernorts. Das erinnert uns daran, dass der Drogenmarkt in Frankreich, im Gegensatz zum Weinmarkt, im Allgemeinen durch *ausländische* Erzeugnisse versorgt wird. Und das gilt für viele westliche Länder. Dies alles reicht jedoch zweifellos nicht aus, um die moderne Gesetzgebung, vor allem die Gesetze von 1970, zu erklären.

Worin liegt nun also die Modernität – wenn es so etwas gibt – des Phänomens Drogensucht und seiner Definition, die, wie wir eben sagten, immer eine normative und präskriptive Interpretation darstellt? Dies ist eine sehr schwierige Frage, tatsächlich sogar eine ganze Schar unklarer Fragen. Eine dieser Fragen führt zu der schrecklich verworrenen Geschichte der Teilung zwischen Öffentlichkeit und Privatleben. Ich wage nicht, mich an dieser Stelle darauf einzulassen. Es sei hier nur bemerkt, dass die Gesetze von 1970 auch den *Genuss* von Drogen, öffentlich *oder privat*, und nicht nur den Handel mit ihnen unter Strafe stellen, was in Paragraph 626 als „Produktion, Transport, Einfuhr, Ausfuhr, Besitz, Angebot, Verkauf, Erwerb" bezeichnet wird. Man konnte annehmen, dass dies ausreichte, um jeden zu verfolgen, der Betäubungsmittel einnimmt, da man es ja nicht einnehmen kann, ohne es nicht auch irgendwie „erworben" zu haben. In diesem Fall wäre dann jenes Prinzip, das das Respektieren des Privatlebens und der freien Verfügung über sich selbst vorschreibt, zumindest formell und dem Schein nach respektiert. Dem ist aber nicht so, denn das Gesetz präzisiert außerdem, dass die „Verwendung" mit Geldbuße und Gefängnis bestraft wird. Das Wort „Verwendung" schließt die Liste der Vorgänge ab, die ich eben aufzählte?³

Und zu Beginn von Abschnitt VI des Gesetzes über den *Kampf gegen die Drogensucht* ist auch vom einfachen *Genuss* die Rede: „Jede Person, die unerlaubt als Betäubungsmittel eingestufte Substanzen oder Pflanzen einnimmt, wird unter gesundheitspolizeiliche Aufsicht gestellt." Der zulässige Genuss derart „eingestufter" Substanzen ist also der medizinische und kontrollierte, die andere Version desselben *Pharmakons* (ein gewaltiges Problem, das aktueller ist als je zuvor).

Eine andere Frage bindet sich an die der Technik, an die Frage dieser oder jener technologischen Veränderung. Wie Sie bemerken, impliziert die Definition der Drogensucht die *Abhängigkeit*, das heißt die häufige Wiederholung der Einnahme von Drogen und nicht nur deren einfache Beschaffung (häufige technisch-ökonomische Veränderungen des Marktes, des Transports, der internationalen Kommunikation und so weiter), sondern die technische Möglichkeit des Individuums, die Handlung zuweilen alleine zu wiederholen (die Frage der Nadel zum Beispiel, auf die wir noch zurückkommen sollten).

Dieses Überschreiten der quantitativen Schwelle erlaubt es, vom modernen Phänomen der Drogensucht zu sprechen: die Anzahl jener Individuen, denen es auf einfache Art möglich ist, die Handlung zu wiederholen, ob alleine oder nicht, privat oder öffentlich oder in allen Bereichen, wo diese Unterscheidung ihre Gültigkeit und Wirksamkeit verliert. Ich glaube, dass es heutzutage nicht mehr möglich ist, diese drogenabhängige „Modernität" von dem zu trennen, was der Menschheit als eines der einschneidendsten, das heißt eines der aufschlussreichsten oder – was auf das gleiche hinausläuft – in höchstem Maße „apolkalyptischen" Ereignisse ihrer wesentlichsten und „innersten" Geschichte widerfahrt, nämlich dem, was man als Aids bezeichnet. Aber darauf werden wir sicherlich noch zurückkommen müssen ...

Bringen Sie diese Modernität mit der Serienproduktion und der Wiederholung in Verbindung? Stoßen wir hier erneut auf die Problematik der Schrift und des Pharmakon?

Tatsächlich habe ich versucht, die Problematik des *Pharmakon* an die so verwirrende „Logik" jener Sache anzubinden, die man in aller Ruhe als „Wiederholung" bezeichnet. Im *Phaidros* wird die Schrift vor dem König, der politischen Machtinstanz und dem Gesetz als ein segenbringendes Pharmakon präsentiert, da sie, wie Theuth versichert, die Wiederholung ermögliche, und damit also die Erinnerung. Sie sei eine gute Wiederholung, im

---

3 Paragraph 626: „Zu einer Haftstrafe von mindestens zwei Monaten bis zu zwei Jahren und einer Geldbuße von 2.000 FF bis 10.000 FF oder nur zu einer der beiden Strafen wird verurteilt, wer durch Produktion, Transport, Einfuhr, Ausfuhr, Besitz, Angebot, Verkauf, Erwerb und *Verwendung* (Hervorhebung von mir, J. D.) von Substanzen oder Pflanzen oder der Zucht von durch gesetzlichen Beschluss als giftig eingestufte Pflanzen gegen die Verfügungen öffentlicher Hand verstößt *oder eine mit diesen Vorgängen in Zusammenhang stehende Handlung begeht* (Hervorhebung nochmals von mir, J. D.)." (A. d. A.).

Dienste der Anamnesis. Der König aber würdigt diese Wiederholung herab. Sie sei nicht die *gute* Wiederholung. „Also nicht ein Heilmittel für das Gedächtnis (*mneme*), sondern eines für das Wiedererinnern (*hypomnesis*) hast du erfunden."[4] Das *Pharmakon* „Schrift" dient also nicht dem guten Gedächtnis, dem authentischen Gedächtnis. Es ist das mnemotechnische Werkzeug eines schlechten Gedächtnisses. Es besitzt eine größere Affinität zum Vergessen, zum Simulakrum, zur *schlechten* Wiederholung als zur Anamnesis und zur Wahrheit. Dieses *Pharmakon* macht den Geist schwerfällig, schwächt das Gedächtnis, statt ihm zu dienen. Die Macht verdächtigt diese schlechte Droge namens Schrift also im Namen des authentischen und lebendigen Gedächtnisses und der Wahrheit, und zwar als etwas, das nicht nur zum Vergessen, sondern auch zur Verantwortungslosigkeit führt. Die Schrift ist die Verantwortungslosigkeit selbst – die Waise eines streunenden und verspielten Zeichens. Die Schrift ist nicht nur Droge, sie ist ein Spiel, *paidia*, und sie ist ein schlechtes Spiel, wenn sie nicht mehr von der Sorge um philosophische Wahrheit gelenkt wird. In der Rhetorik einer Familienszene konnte kein Vater da noch die Verantwortung tragen, kein lebendiges, rein lebendiges Wort konnte ihm dabei zu Hilfe kommen. Das schlechte *Pharmakon* kann stets das gute *Pharmakon* befallen, das schlechte Gedächtnis kann immer das gute befallen (*pamsiter*). Dieser Befall durch Parasiten ist zugleich zufällig und wesentlich. Wie alle richtigen Parasiten ist er sowohl drinnen als auch draußen. Das Äußere *ernährt* sich vom Innen. Und mit dieser Nahrungskette befinden wir uns ganz in der Nähe dessen, was man üblicherweise als Droge bezeichnet und die meistens „konsumiert" wird. Die „Dekonstruktion" bringt dieser unverwüstlichen Logik des Parasitären stets eine große Aufmerksamkeit entgegen. Als Diskurs ist sie stets ein Diskurs über den Parasiten, sie selbst ist ein parasitäres Dispositiv über den Parasiten, ein „über-parasitärer" Diskurs.

Die Umwandlung dieser Problematik (aus Zeitmangel vereinfache ich stark) in die Form der von Ihnen so bezeichneten „modernen Drogensucht" und ihre theoretische und praktische Interpretation mahnt also, auch wenn sie sehr verlockend und lehrreich ist, zu größter Vorsicht, wie Sie sich leicht vorstellen können ...

Einige Drogenabhängige geben uns unbewusst zu verstehen, dass sie durch das Schreiben versuchen, von ihrer Sucht loszukommen. Wenn ihnen dann ein solches Projekt gelingt, erleben wir oft eine Verstärkung ihrer Ängste und ihrer Sucht. Manche Psychoanalytiker bestehen jedoch auf der Funktion des Schreibens bei der Linderung der Symptome. Hört die Drogensucht durch das Schreiben auf?

Man kann sich auf die Opposition von Symptom und Ursache oder von Verdrängung und Aufhebung ebenso wenig verlassen wie auf die einfache Opposition von Gedächtnis und Vergessen, und zwar vor allem aufgrund der Paradoxien der Wiederholung und der Beziehung zum Anderen. Die „gute" Wiederholung wird stets von der schlechten heimgesucht oder angesteckt, ob zu ihrem Guten oder zu ihrem Schlechten. Man wird das *Pharmakon*

---

4   Platon, Phaidros, 275 a–b.

immer als Heilmittel *und* Gift auffassen. Ich erinnere daran, was Sie eben sagten: Der Drogensüchtige kann gleichzeitig das Vergessen und die Arbeit einer anamnesischen Analyse anstreben, gleichzeitig die Verdrängung und die Aufhebung der Verdrängung (was erahnen lässt, dass es sich hier um keine brauchbare Grenze handelt und dass eine solche Grenze andere, verzwicktere Formen besitzt …). Dafür verwendet er eine „Technik", ein technisches Supplement, das er in gleicher Weise als ein „natürliches" interpretiert … Ein anderer Faden führt uns zu dem so verbreiteten Misstrauen gegenüber der Technik im Allgemeinen und der Instrumentalisierung des Gedächtnisses, das heißt gegenüber dem *Pharmakon* in seiner Rolle *sowohl* als Heilmittel *als auch* als Gift, mit jener zusätzlichen Beunruhigung, die davon ausgeht, was unentscheidbar zwischen beidem verbleiben kann …

Man kann hier ebenfalls das Ergebnis der platonischen Mimesis *hinzuziehen, das als Produkt einer Technik zugleich an das Originalmodell erinnert und sich ihm entgegenstellt.*

Das ist eine Frage der Mimesis oder, wenn ich mir diese Verkürzung erlauben darf: die Frage der Droge als Frage – die große Frage – der Wahrheit. Nicht mehr und nicht weniger. Was wirft man dem Drogensüchtigen vor? Etwas, das man nie beziehungsweise nie im gleichen Maße dem Alkoholiker oder dem Raucher vorwirft, nämlich, sich weit von der Realität, von der objektiven Realität, vom realen Rechtsstaat und von der tatsächlichen Gemeinschaft zu entfernen und sich in die Welt der Simulakren und der Fiktion zu flüchten. Man wirft ihm seinen Geschmack für so etwas wie Halluzination vor. Sicherlich müsste man zwischen den sogenannten Halluzinogenen und anderen Drogen unterscheiden. Dieser Unterschied verwischt sich jedoch in der Rhetorik des Phantasmas, durch die das Verbot gestützt wird, nämlich dass man durch die Droge den Sinn für die wahre Realität verlöre. Ich habe den Eindruck, dass das Verbot in letzter Instanz immer im Namen dieser wahren Realität ausgesprochen wird. Man wirft dem Süchtigen nicht den Genuss selbst vor, sondern seine Lust an einer Erfahrung ohne Wahrheit. Die Lust und das Spiel (immer noch wie bei Platon) werden nicht um ihrer selbst wegen verurteilt, sondern nur, insofern sie unauthentisch sind und insofern es ihnen an Wahrheit mangelt. Dieses System müsste man einmal aus nächster Nähe analysieren und mit der politischen Frage der Fiktion und der Literatur in Verbindung bringen. Der Mensch des Simulakrums wird von Platon aus dem Staat vertrieben (und so weiter), falls er nicht wenigstens seine Dichtung der Philosophie und der Politik des Philosophen unterstellt. Wenn man in der „Moderne" stets von einer Affinität zwischen der Erfahrung der Fiktion einerseits (literarischer Art oder nicht, von Seiten der „Produzenten", Vermittler oder Konsumenten) und der Welt der Drogenabhängigen andererseits ausgeht, selbst wenn die Dichter nicht die „künstlichen Paradiese" aufsuchen, so wird der Schriftsteller dabei nur insofern akzeptiert, als er sich erneut institutionalisieren lässt. Er kehrt zur normalen Ordnung verständlicher Produktion zurück. Er produziert, und seine Produktion erzeugt Wert. Diese Legitimierung hängt mit dem Setzen einer Produktivität zusammen, die zumindest als Wahrheitsquelle interpretiert wird, selbst wenn diese Wahrheit durch Fiktion zustande kommt. Man denkt, dass der

Drogensüchtige als solcher nichts produziert, nichts Wahres oder Reales. Nur in manchen Fällen wird er heimlich und uneingestandenerweise von bestimmten Teilen der Gesellschaft legitimiert, insofern er zumindest indirekt an der Produktion und dem Konsum von Gütern teilhat ...

> *Bei manchen Schriftstellern, denen des „Grand jeu", werden Drogen in einem entscheidenden politischen Kampf eingesetzt. So ist es heute bei Burroughs, so war es bei Artaud, während jener Zeit, als er mit den Surrealisten in Verbindung stand, beispielsweise in seinem „Brief an die Gesetzgeber". Bei Burroughs ist die Droge eine „Waffe" im Dienste eines abschließenden Kampfes, als letztes „Geschäft der Welt". Und dies ist nicht ohne aktuellen Bezug.*

Ja, für Artaud ging es jedenfalls auch darum, ein System von Normen und Verboten zu beseitigen, auf dem die europäische Kultur und vor allem die europäische Religion gründen. Von der mexikanischen Droge erwartete er sich außerdem die Fähigkeit, das Subjekt zu emanzipieren, das Subjekt von all dem zu befreien, durch das es gewissermaßen bei seiner Geburt enteignet wurde, insbesondere vom eigentlichen Begriff des Subjekts. Von Geburt an hatte ihm Gott seinen Körper und seinen Namen geraubt. Schluss mit dem Gottesurteil, auch darum ging es in dieser Erfahrung. Da man beim Improvisieren jedoch stark vereinfacht, ziehe ich es vor, auf Artauds Texte zu verweisen – auf jene, die nicht einfach „unter Drogen", unter Drogeneinfluss geschrieben worden sind, sondern auch im Ringen innerhalb der Sprache selbst eine Infragestellung der Systeme der Drogeninterpretation darstellen. Und schließlich müsste man behutsam zwischen den – literarischen oder nicht-literarischen – Diskursen, Praktiken und Erfahrungen der Schrift unterscheiden, die das implizieren oder rechtfertigen, was als Droge bezeichnet wird. Da liegen oft Welten dazwischen. Es gibt nicht nur *eine* Welt der Droge. Der Text Artauds ist nicht der von Michaux oder von Benjamin (ich denke insbesondere an *Haschisch in Marseille*),[5] der wiederum nicht der von Baudelaire ist, dessen Text seinerseits nicht der von Coleridge oder von De Quincey war. Wirklich verblüffend (*stupéfiant*)[6] wäre es, würde man diese Unterschiede zu einer homogenen Reihe verschmelzen. Kann man aber jemals etwas verbieten oder verurteilen, ohne die Dinge miteinander zu vermischen?

> *In der Literatur kann man den Zeitpunkt für das Auftauchen des Begriffs der Drogensucht, in der modernen Bedeutung des Ausdrucks, an der Veröffentlichung der* Bekenntnisse eines englischen Opiumessers *von De Quincey*[7] *festmachen. So wie der Alkoholismus in der französischen Literatur mit Zola auftauchte.*

---

5   Benjamin, W. 1972. *Gesammelte Schriften, Band IV. 1.* Frankfurt/Main, S. 409f.
6   *Stupéfiant* bedeutet sowohl „verblüffend", als auch „betäubend" und ist als Substantiv die entsprechende Bezeichnung für „Betäubungsmittel", „Rauschgift" (A. d. Ü.).
7   De Quincey, T. 1985. *Bekenntnisse eines englischen Opiumessers*. München.

Diese Spur verdient es, weiter verfolgt zu werden. Unter Vorbehalt einer genauen Überprüfung des Sachverhalts könnte man hier vielleicht eine Hypothese wagen. Betrachten wir einmal die Literatur in einem relativ strengen Sinne, der sie als europäische Literatur von der Poesie oder den *Belles-Lettres* abgrenzen und sie zu einem modernen Phänomen (des 17. oder 18. Jahrhunderts) machen würde. Fiele sie dann nicht zeitlich mit einer bestimmten europäischen Drogensucht zusammen, und zwar mit einer geduldeten Drogensucht? Sie erwähnten De Quincey, darüber hinaus gibt es noch Coleridge. Nehmen wir jetzt einmal noch den Kaffee oder den Tabak hinzu: ganze Doktorarbeiten und sogar ganze Institute für (Allgemeine oder Vergleichende) Literaturwissenschaft müsste man dem Kaffee oder Tabak in unseren Literaturen widmen. Denken Sie einmal an Balzac oder Valéry, zwei im Übrigen sehr unterschiedliche Fälle, doch es erübrigt sich, darauf hinzuweisen. Hätte man nicht einige Schwierigkeiten, etwas Gleichartiges vor der literarischen Moderne ausfindig zu machen, von Homer bis Dante? Wir werden später noch auf Homer zurückkommen. Denken Sie jedoch zuerst einmal an die Figuren des Diktats, in der asymmetrischen Erfahrung des Anderen (das Dem-Anderen-ausgeliefert-Sein, das Beute-Sein, die Quasi-Possession), der eine bestimmte, vielleicht sogar jegliche Schreibweise, sogar die beherrschteste befiehlt (Götter, Dämonen, Musen, Inspiration und so weiter). Sind diese Formen ursprünglicher Entfremdung – in der positivsten, produktivsten und irreduziblesten Bedeutung des Ausdrucks –, sind diese Figuren des *Diktats* nicht Teil einer Geschichte, in der die Droge eines Tages, bei der „Flucht der Götter", auftauchen würde, um einen frei gewordenen Platz zu besetzen oder um die Rolle eines ermatteten Phantoms zu spielen? Es würde sich hierbei eher um eine methodische Provokation, um eine Technik zur Anrufung des Phantoms handeln; zur Anrufung des Geistes (*ghost, esprit*), der Inspiration und des Diktats. Oder genauer gesagt, und das macht die Sache noch verzwickter, ginge es um eine Methodologie des Gegen-Phantoms. Was ist ein Gegen-Phantom? Ein Phantom, das man gegen ein anderes ausspielt, aber auch das Phantom des Phantoms, das Alibi-Phantom, das andere Phantom. Hätte man also nur die Wahl zwischen Phantomen und Phantomsimulakren?

Tun wir jedoch nicht so, als wüssten wir, was ein Phantom oder ein Phantasma *ist* und als ob es genügte, die Folgen eines solchen Wissens darzulegen. Solange man nicht über die Opposition von Anwesenheit/Abwesenheit, Realem/Imaginärem und über eine rein ontologische Fragestellung hinaus das ganze Ausmaß dieses Rätsels erkannt hat („Was ist ein Phantom?" oder „Was ist ein Phantasma?", „Was ist die Flucht der Götter?"), bleiben die philosophischen, politischen, ideologischen „Antworten" auf das sogenannte „Drogenproblem" untaugliche Notlösungen einer radikalen Selbstrechtfertigung. Wir stoßen hier erneut auf das Problem der Kompetenzkriterien und auf die Unmöglichkeit des Theorems, von denen wir ausgegangen sind. Die Verantwortung, die in einer solchen Notsituation von wem auch immer (allen voran von den „Entscheidungsträgern" – Gesetzgebern, Erziehern, Bürgern im Allgemeinen und so weiter) übernommen werden muss, ist nur noch gravierender, schwieriger und unvermeidlicher. Je nach Situation (die makroskopisch oder mikroskopisch in unermüdlicher Weise analysiert wird) kann sich der Diskurs des „Verbots" *genauso gut oder schlecht* rechtfertigen wie der liberale Diskurs. Die repressive Praxis (mit all ihren brutalen oder spitzfindigen, strafenden oder resozialisierenden Varianten) kann sich genauso gut oder schlecht rechtfertigen wie die laxistische Praxis (in ihrer ganzen Durchtriebenheit). Da es unmöglich ist, einer von beiden absolut recht zu geben, kann weder die eine noch die andere absolut verurteilt werden. Im Notfall kann das nur zu gemischten Antworten, zu Verhandlungen und labilen Kompromissen führen. In der gegebenen, sich weiterentwickelnden Situation müssten diese von einer sowohl möglichst breiten, als auch feinen sozio-politischen Analyse und von einer Beachtung der Singularität jeglicher individueller Erfahrung geleitet werden. Meine Antwort ist nicht zweideutig, ebenso wenig, wie ich für Relativismus oder Opportunismus plädiere. Ich beschreibe jenen Zustand, in dem die Entscheidungen getroffen werden müssen, während die letzten Bereiche des Problems noch gar nicht analysiert oder durchdacht worden sind.

Genau dieser „Zustand", diese Vermischung von Diskursen, die nicht in der Lage ist, sich radikal zu rechtfertigen, lässt sich sowohl in den Diskursen als auch in den Praktiken beobachten, die unsere heutige Gesellschaft dominieren. Die einzige Haltung (die einzige – gerichtliche, medizinische, pädagogische und so weiter – Politik), die mir *vollkommen* verurteilenswert erscheint, wäre jene, die direkt oder indirekt die Möglichkeit eines wesenhaft unendlichen Hinterfragens, eines wirksamen und folglich verändernden Hinterfragens verwirft.

Unter einem wirksamen und verändernden Hinterfragen verstehe ich gewiss auch die analytische Arbeit (in alle Richtungen, von der Psychoanalyse bis zur sozio-ökonomisch-politischen Studie der Bedingungen der Drogensucht: die Arbeitslosigkeit, die Geopolitik der Märkte, der „reale" Zustand dessen, was wir Demokratie nennen, die Polizei, der Zustand der Strafgesetzgebung und der medizinischen Einrichtungen und so weiter), aber ebenso die durchdachte Reflexion über die Axiome dieser Problematik und sämtlicher Diskurse, die diese mit Informationen versorgen. Wir sprachen gerade über das Phantom und die Ontologie und davor ging es um das Simulakrum, die Wahrheit und die Wiederholung. Es geht hier also auch um die Genealogie einer großen Anzahl begrifflicher Oppositionen wie Natur/Kultur oder Natur/Konvention, Natur/Technik, Emanzipation/Entfremdung, Öffentlichkeit/Privatleben und so weiter.

Müssen wir nicht, um das, was wir eben über die inspirierende Trance sagten, in dem weiterzuverfolgen, was man für gewöhnlich als Schrift bezeichnet, versuchen, eine Art Geschichte des Diktats und, genauer ausgedrückt, dessen, was man *Inspiration* nennt, aufzustellen: buchstäblich, wenn möglich, das heißt „physisch" (durch Inhalieren zum Beispiel) oder im übertragenen Sinne? Was wird noch „inspiriert", *was* „inspiriert", *wer* „inspiriert" im eigentlichen oder übertragenen Sinn in der Drogenerfahrung? Wo verlauft hier die Grenze zwischen Poesie und Prosa, zwischen Poesie und Roman oder zwischen verschiedenen Romantypen und Fiktionalitätsstrukturen und so weiter?

Manch einer würde sagen, und nicht ohne „gesunden Menschenverstand": Wenn sich der Himmel der Transzendenzen nicht bloß von den Göttern, sondern von jeglichem anderen entvölkert, dann tritt eine Art fataler Rhetorik an diese Leerstelle, und das ist der Fetischismus der Drogensucht. Nicht die Religion als Opium für's Volk, sondern die Droge als Religion für atheistische Dichter – und für einige andere, die mehr oder weniger Atheisten, mehr oder weniger Poeten sind ...

Wir haben hier weder die Zeit noch den Platz dazu, aber wenn man diesen Faden weiterverfolgte, stieße man vielleicht auf die eingangs angeschnittenen Fragen zur Natur und zur Produktion. Auch diese beiden Begriffe gehören einer Reihe von Oppositionen an und verweisen auf ihre „Geschichte". Lassen wir das vorläufig beiseite, hierbei kann man nicht improvisieren (Kurzabhandlung nebenbei über die Frage: Droge und Improvisation in der Kunst und andernorts). Man stellt sich vor, der drogensüchtige Schriftsteller versuche, eine Art anmutiger Inspiration zu finden, eine Passivität, die alles aufnähme, was Verdrängung oder Repression gehemmt hätten: „Dank der technischen oder künstlichen und stets *verinnerlichenden* Gewalt einer Injektion, Inhalation oder Einnahme, indem ich in mich, in mich hinein, einen Fremdkörper oder sogar Nahrung aufnehme, werde ich einen Zustand produktiver Rezeptivität hervorrufen: Ich werde das in einer Art kreativer Spontaneität oder transzendentaler Imagination empfangene und zugleich veräußerte Wort passieren lassen, und die Gewalt wird so die Gewalt beendet haben. Die Wiederaneignung würde durch den Fremdkörper hervorgerufen. Die Produktion geschähe ohne Anstrengung, und so weiter." Dieser transzendental-imaginäre Diskurs (imaginär in den Augen dessen, der ihn führen würde oder derer, die meinen, ihn aufzudecken) wird also von der Leistungsgesellschaft, von einer Gesellschaft des selbstverantwortlichen Subjekts verurteilt. Ein Gedicht muss das Resultat *wirklicher* Arbeit sein, auch wenn die Spuren der Arbeit hierbei verwischt werden. Immer ist es die Nicht-Arbeit, die verurteilt wird. Das authentische Werk muss, wie sein Name anzudeuten scheint, das Resultat von Arbeit (mit Verdienst und Belohnung), von verantwortungsvoller Arbeit sein, und zwar bis an jene Grenze, an der sich die Arbeit auslöscht, ihre Spuren verwischt oder angesichts dessen, was ihr gegeben wurde, verschwindet. Und selbst wenn das Werk das Resultat einer Arbeit ohne Arbeit ist, einer dem Diktat des Anderen unterworfenen Arbeit, muss dieses Anderssein immer noch authentisch und nicht nachgebildet sein, darf es nicht durch künstliche Projektionen simuliert oder stimuliert sein. Gerade im Namen dieser Authentizität wird die Drogensucht verurteilt und verklagt. Diese Authentizität kann unmittelbar (in der Verwirrung) oder allmählich (in der Verneinung) den Werten der natürlichen oder symbolischen Normalität, der Wahrheit, dem wirklichen Bezug zur wahren Realität, der freien und verantwortlichen Subjektivität und Produktivität und so weiter *angepasst* werden (*être appropriée à*). Die Authentizität *passt* sich umso mehr derart unterschiedlichen Werten an (*s'approprie à*), als sie auf eben den Werten Eigentum (*propriété*), Aneignung oder Wiederaneignung des Selbst gründet. Sie ist das Ereignis (*propriation*) des Eigentlichen selbst, insofern sich dieses der Heterogenität des Un-Eigentlichen und allen Arten der Fremdheit oder Entfremdung entgegenstellt, die man in der Zuflucht zur Droge zu erkennen glaubt. Dieser Wert kann sowohl den Diskurs einer rechten als auch einer linken Politik unterstützen und das sowohl im Osten als auch im Westen ...

Diese Spekularität wird niemanden überraschen. Sie ist unerschöpflich. Eine bestimmte Form der Drogenabhängigkeit kann übrigens ebenfalls das gleiche Phantasma der Wiederaneignung reflektieren. Sie kann dies auf naive oder sehr „kultivierte" Weise tun; sie kann von der Emanzipation und der Wiederherstellung eines „Ich" oder eines eigentlichen Körpers träumen, ja sogar von einem Subjekt, das endlich den verfremdenden Machten, der Unterdrückung und der Verdrängung oder jenem Gesetz entzogen wäre, das in der Religion, der Metaphysik, der Politik oder in der Familie und so weiter spricht.

So paradox oder verzwickt diese „Logik" der Wiederaneignung auch immer sein mag – vor allem wenn sich das Simulakrum einmischt –, man entgeht ihr niemals völlig. In bestimmten Texten von Artaud ist sie beispielsweise ganz sicher nicht abwesend. Sie geht mit einem Denken oder einer Erfahrung des Eigentlichen einher, das sie sicherlich über sich selbst hinaus führt, das sich auf andere Weise ereifert und enteignet. Die Grenzen verlaufen hier nicht zwischen zwei entgegengesetzten Lagern oder zwischen zwei Metaphysiken, deren Gemeinsamkeit wir zur Genüge kennen. Sie verlaufen nicht zwischen „Verdrängung" und „Aufhebung der Verdrängung", zwischen Repression und Nicht-Repression, sondern zwischen einer unendlichen Anzahl von *Erfahrungen*, auch wenn sie bis zu einem gewissen Grad für mehr oder weniger fein ausgearbeitete Typologien geeignet sein können oder müssen.

Ich finde kein besseres Wort als *Erfahrung*; nämlich im Sinne einer Reise, die die Grenze passiert. Eine Erfahrung *zwischen* zwei Erfahrungen: *einerseits* die Überfahrt, die Odyssee mit oder ohne *Nostalgie* – Sie kennen vielleicht den Text von Adorno und Horkheimer, der von den Lotophagen und dem homerischen *Nostos* handelt[8] –, eine Irrfahrt,

---

8   „Eines der ersten Abenteuer des eigentlichen Nostos ... greift freilich weit dahinter zurück, weit selbst hinters barbarische Zeitalter von Dämonenfratzen und Zaubergöttern. Es handelt sich um die Erzählung von den Lotophagen, den Lotusessern. Wer von ihrer Speise genießt, ist verfallen wie der den Sirenen Lauschende oder der vom Stab der Kirke Berührte. Aber dem Erliegenden soll nichts Übles bereitet sein: ‚Doch von den Lotophagen geschah nichts Leides den Männern / Unserer Schar.' Nur Vergessen soll ihm drohen und das Aufgeben des Willens. Der Fluch verdammt zu nichts anderem als zum Urstand ohne Arbeit und Kampf in der ‚fruchtbaren Flur': ‚Wer des Lotos Gewächs nun kostete, süßer als Honig, / Nicht an Verkündung weiter gedachte der, noch an Zurückkunft; / Sondern sie trachteten dort in der Lotophagen Gesellschaft, / Lotos pflückend zu bleiben und abzusagen der Heimat.'‚ Die Zerstörung des Willens, die Unproduktivität (Sammlergesellschaft), Nicht-Arbeit, Vergessen als Vergessen der Heimat. ADORNO und HORKHEIMER verknüpfen zurecht all diese Motive eng und durch Gegenüberstellung miteinander und bringen sie mit der Geschichte der Wahrheit und dem abendländischen Rationalismus in Verbindung. Sie bieten außerdem eine moderne, politische Lektüre an: „Solche Idylle, die doch ans Glück der Rauschgifte mahnt, mit deren Hilfe in verhärteten Gesellschaftsordnungen unterworfene Schichten Unerträgliches zu ertragen fähig gemacht wurden, kann die selbsterhaltende Vernunft bei den Ihren nicht zugeben. Jene ist in der Tat der bloße Schein von Glück, dumpfes Hinvegetieren, dürftig wie das Dasein der Tiere. Im besten Falle wäre es die Absenz des Bewusstseins von Unglück. Glück aber enthält Wahrheit in sich. Es ist wesentlich ein Resultat. Es entfaltet sich am aufgehobenen Leid. So ist der Dulder im Recht, den es bei den Lotophagen nicht duldet. Gegen diese vertritt er ihre eigene Sache, die Verwirklichung der Utopie, durch geschichtliche Arbeit ...", in Horkheimer, M., T. W. Adorno. 1969. *Dialektik der Aufklärung*. Frankfurt/Main, S. 58. Eine solche Interpretation scheint mir überzeugend, zumindest aus der allgemeinen Perspektive des Buches heraus, die allerdings noch anderen Fragen verlangen würde, auf die ich hier nicht eingehen kann (A. d. A.).

von der man nicht mehr zurückkehren kann, so viele in einer bestimmten Etymologie verhüllten Möglichkeiten des Wortes „Erfahrung", das man manchmal, wie auch den „Trip", mit der Erfahrung der „Droge" verbindet, die Beziehung zum Anderen und die Öffnung gegenüber der Welt im Allgemeinen; und *andererseits* das organisierte Experiment, das *Experimentelle* als „organisierte Reise". Was bedeutet dieses *zwischen*? Das *Zwischen* bedeutet vielleicht, dass die Erfahrung, auf die ich mich beziehe, das Denken dieser Erfahrung oder diese Erfahrung als Denken, sich noch nicht durch die herkömmlichen Oppositionen wie beispielsweise Natur/Technik, Natur/Artefakt, Nicht-Arbeit/Arbeit, natürliche Erfahrung/künstliches Experiment und so weiter bestimmen lässt. Ich spreche also nicht nur von der Erfahrung mit Drogen oder der Erfahrung mit Nicht-Drogen (die in der Natur ebenso wenig vorkommen wie Drogen, oder?), sondern von Erfahrungen, die qualitativ sehr differenziert sind – manchmal sogar für ein und dasselbe „Individuum" –, und die man nicht beschreiben kann, ohne die Qualifikationen und Standpunkte zu vervielfachen. Alle Namen und Begriffe, die man zur Definition dieser Kriterien, Qualifikationen und Standpunkte verwenden kann, sind von stark einengenden, diskursiven Sequenzen besetzt. Sie alle entsprechen einem stark verfestigten und äußerst schwer aufzulösenden Programm. Es handelt sich um eine metaphysische Last und um eine Geschichte, die immer wieder hinterfragt werden muss. Dabei geht es um nichts weniger als um das Ich, das Bewusstsein, die Vernunft, die Freiheit, das verantwortliche Subjekt, die Entfremdung, den eigenen Körper und den Fremdkörper, die sexuelle Differenz, das Unbewusste, die Unterdrückung oder Verdrängung, die verschiedenen „Partien" des Körpers, die Injektion; die Introjektion und die (orale oder nicht-orale) Einverleibung, die Beziehung zum Tod (die Trauer und Verinnerlichung), die Idealisierung, die Sublimierung, das Reale und das Gesetz, gut, ich höre auf ...

Die Drogensüchtigen berichten alle von einem verlorenen Körper, einem Körper, der wiedergefunden werden muss, einem idealen, perfekten Körper?

Hier ist die Opposition zwischen *dominanten* und *kanonischen* Diskursen wieder einmal nicht radikal. Sie erscheint als zweitrangig, betrachtet man die Axiomatik, die von der Mehrheit derer geteilt wird, die *gegen* die Drogensucht sprechen oder handeln, *und* von der Mehrheit derer, die *für* sie sprechen oder handeln, oder zumindest von denen, die den Versuch unternehmen, das Verbot in liberalere, sanftere (freier Verkauf von „weichen" Drogen zum Beispiel) oder intelligentere Formen, Kompromisse, Vermittlungen und Verhandlungen umzuwandeln (denn diejenigen, die öffentlich die Drogensucht als solche empfehlen, sind in unserer Gesellschaft eher selten). Auf der Seite der verbietenden Instanz beabsichtigt man, die Gesellschaft vor all dem zu schützen, was mit der Drogensucht in Verbindung gebracht wird: Verantwortungslosigkeit, Nicht-Arbeit, Irrationalität, Unproduktivität, sexuelle oder nicht-sexuelle Kriminalität, Krankheit und Sozialausgaben, die sie nach sich ziehen, und ganz allgemein die Zerstörung der *sozialen Bande* selbst. Dieser Schutz der sozialen Bande und damit der Schutz einer bestimmten Symbolhaftigkeit, selbst der Rationalität im Allgemeinen, stellt sich jedoch fast immer als Schutz einer

„natürlichen" Normalität des Körpers dar, des sozialen Körpers oder des individuellen Körpers als Mitglied einer Gemeinschaft.

Gerade im Namen dieser organischen und ursprünglichen Naturhaftigkeit des Körpers spricht und kämpft man gegen die Drogensucht, gegen diese fremden, künstlichen und pathogenen Aggressionen. Hier versucht man auch zu rekonstituieren, was Sie als „idealen Körper" oder „perfekten Körper" bezeichneten. Sie erwähnten aber zudem, dass die als gefährlich eingestuften und unnatürlichen „Stoffe" auf der anderen Seite, wenn man so sagen kann (aber wie Sie sehen, bleibt diese Opposition problematisch), oft als geeignetes Mittel betrachtet werden, den „idealen" oder „perfekten Körper" vom sozialen Druck, von der Unterdrückung, Verdrängung oder reaktiver Gewalt zu befreien, die die Kräfte und das Ur-/Begehren oder sogar die „Primarfunktionen" einschränken. Und hier handelt es sich um die gleiche naturalistische Metaphysik, die zuweilen in unterschiedlichen Kodes (etwa im Stil Nietzsches, Freuds, Artauds, Marcuses und so weiter) in Erscheinung tritt, um einen „früheren" – man konnte fast sagen, dem Sündenfall vorangegangenen – Körper wiederherzustellen.

Ich sprach von *kanonischen* oder *dominanten* Diskursen, wobei ich diese falsche Opposition schematisiert und überzeichnet habe. Bei einer Analyse der gemeinsamen Bereiche dieser Diskurse, wie ich sie hier vorschlage, muss man sich ebenfalls die Frage stellen, wie und warum diese Diskurse denn „kanonisch und dominant" wurden. Woher rührt ihre Kraft und ihre Autorität? Welcher Vertrag bindet sie aneinander? Was schließen sie gemeinsam aus und so weiter? Welche Widersprüche oder Spannungen sind im Innern des Kanonischen am Werk? Das sind in meinen Augen die Fragen, oder zugleich auch die „philosophisch-politischen" Ansätze, die am wenigsten umgangen werden können. Ihre Notwendigkeit lässt sich im Übrigen an sämtlichen „Krisen" oder „Krisensymptomen", wie man sagt, festmachen, die unsere Gesellschaften zur Zeit durchziehen.

Keiner der beiden gegnerischen „Kanons" berücksichtigt das, was man als *technologische Voraussetzung* (*la condition technologique*) bezeichnen könnte. Es gibt keinen natürlichen oder ursprünglichen Körper, und die Technik fügt sich auch nicht als Fremdkörper von außen und nachträglich an. Zumindest ist dieses fremde oder gefährliche Supplement schon „ursprünglich" in der vorgeblich idealen Innerlichkeit von „Körper und Seele" enthalten und am Werk. Es ist im Herzen des Herzens.

Um es schnell zu machen, würde ich sagen, dass das, was heute besondere und makroskopische Formen annimmt, ohne dabei absolut neu zu sein, das Paradox einer „Krise" ist, wie man oberflächlich sagt, einer Krise der Naturhaftigkeit. Diese angebliche „Krise" manifestiert sich beispielsweise auch in allen biotechnologischen Problemen, allen neuen, sogenannten „künstlichen" Möglichkeiten des Umgangs mit dem Leben von der Geburt bis zum Tod, so als ob ein Naturzustand jemals existiert hatte und sich die Grenze zwischen der Natur und ihrem Anderen objektivieren ließe. Am Rande sei bemerkt, dass eine gewisse Zuflucht zu riskantem Experimentieren mit dem, was man Drogen nennt, unter bestimmten, immer singulären Bedingungen von dem Wunsch gelenkt sein kann, beide Seiten dieser angeblichen Grenze zusammen zu denken und diese Grenze somit als solche zu denken, sich ihrer Herausbildung oder Simulation, dem sich herausbildenden Simulakrum jedenfalls anzunähern (da diese Grenze nicht existiert, niemals *gegenwärtig* ist und keine Substanz hat). Diese Erfahrung (der sich manchmal auch „Künstler" oder „Denker" hingeben, die aber keineswegs nur für jene bestimmt ist, die sich diesen Status verleihen oder ihn zugesprochen bekommen) lässt sich mit oder ohne dem, was „Droge" genannt wird, oder zumindest ohne die vom Gesetz als Drogen „eingestuften" „Betäubungsmittel" wagen. Es wird immer nicht klassifizierte, nicht klassifizierbare Supplemente der Droge oder der Betäubungsmittel geben. Letztlich besitzt jeder seine eigenen, und ich spreche hier nicht unbedingt von Stoffen, die man injizieren, einatmen oder einnehmen kann. Die Introjektion oder Einverleibung des Anderen besitzt, wie Sie wissen, so viele andere Ressourcen, Artefakte und Umwege … Sie kann so viele Öffnungen ersinnen, über jene hinaus, über die man von Natur aus zu verfügen glaubt, wie zum Beispiel den Mund. Im Übrigen öffnet sich die Mündlichkeit nicht nur, um zu empfangen, sie kann aussenden, wie man sagt, und man müsste sich fragen, ob die Drogensucht allein und im Wesentlichen darin besteht, zu empfangen, eher in sich aufzunehmen als vielmehr sich nach außen hin „auszudrücken", beispielsweise in einer gewissen Weise zu sprechen oder zu singen, wobei man das trinkt, was man „ausspuckt", oder auch nicht. Es gibt sicherlich, zumindest für die Mündlichkeit, für das Gehör und das Sich-Sprechen-Hören, Erfahrungsbereiche, wo Empfangen und Geben, Einatmen und Ausatmen, Eindruck und Ausdruck, Passivität und Aktivität sich nur schwer einander gegenüberstellen oder gar voneinander unterscheiden lassen; und schließlich endet der orale Konsum – unter der Annahme, dass sich dieser abgrenzen lässt – ebenso wenig bei einem bestimmten als Betäubungsmittel eingestuften Stoff wie bei einem bestimmten, nicht als Betäubungsmittel eingestuften Objekt zwanghafter Einnahme, wie Schokolade oder Marzipan, Alkohol, Kaffee oder Tabak.

Da ich gerade Kaffee und Tabak erwähnte, rufen Sie sich doch bitte folgendes ins Gedächtnis: Jener – eigentlich sehr „französische" und „cartesianische" – Schriftsteller, der zudem ein Philosoph der Wachsamkeit und Freiheit, des Willens, des Selbstbewusstseins und der Selbstbeherrschung im Denken und Schreiben war, ich spreche von Valéry, veranstaltete täglich im Morgengrauen in einem laizistischen, dem Kult der Zigarette und des Kaffees geweihten Tempel seine Trance der Verstandesschärfe und des Schreibens. Ein anderer – eigentlich sehr „französischer" und „cartesianischer" – Schriftsteller, der ebenfalls ein Philosoph der Wachsamkeit und Freiheit, des Willens, des Selbstbewusstseins und so weiter war, ich spreche von Sartre, soll zu einem bestimmten Zeitpunkt, so sagt man, ein großer Verbraucher pharmazeutischer, nicht als „giftig eingestufter" Drogen und so weiter gewesen sein und soll sie beim Schreiben „übermäßig verwendet" haben … Gut, lassen wir das, Sie sehen jedoch, dass diese *coincidentia oppositorum* immer auf die Frage des Bewusstseins, der Vernunft und der Arbeit, der Wahrheit, des guten Gedächtnisses und der Anamnesis des angeblich primären oder natürlichen Prozesses zurückführt. Langfristig, sehr langfristig (aber es wird hier *per definitionem* keine absolute Frist geben) würden ein Denken und eine Politik der sogenannten „Droge" die *gleichzeitige* Verschiebung dieser beiden gegnerischen „Ideologien" in ihrer gemeinsamen Metaphysik betreffen.

Fragen Sie mich nicht, ob ich in diesem speziellen Punkt für oder gegen eine dieser beiden Ideologien bin. Heute, hier, jetzt, in meinem privat-öffentlichen Leben und in der bestimmten Situation „unserer" Gesellschaft, fühle ich mich eher zu einem *Ethos* hingezogen, das, sagen wir, von den vorherrschenden Kodes als *eher* repressiv und untersagend aufgefasst würde, zumindest hinsichtlich der als „giftig eingestuften" Drogen. (Wie ich eben vorschlug, kann man den Begriff und die Erfahrung der Droge weit über seine rechtsmedizinische Definition hinaus ausdehnen und verschiedenste Praktiken, Genüsse oder Leiden in einem zugleich öffentlichen wie auch idiosynkratischen Raum veranstalten, bei denen strenggenommen niemand beweisen kann, dass sie keinerlei Analogie zur Drogensucht haben. Die Möglichkeiten sind hier ungezählt und gleichsam idiomatisch. Jede phantasmatische Organisation, sei sie individuell oder kollektiv, ist die Erfindung einer Droge oder einer aphrodisischen oder nicht-aphrodisischen Rhetorik der Droge; mit Produktion, Konsum, Halb-Verborgenheit und halb-privatem Markt ...). Um jedoch zu versuchen, dieses *Ethos*, das mich zu einer offensichtlich „repressiven" Haltung (hinsichtlich der „eingestuften" Drogen) führen würde, zu rechtfertigen, dürfte ich in letzter Analyse auf keinen der Diskurse und keine der Axiomatiken zurückgreifen, die ich gerade in groben Zügen analysierte. Dies wäre strenggenommen notwendig, aber derart schwierig! Ich kann dieser Rechtfertigung daher im Verlauf eines improvisierten Interviews beziehungsweise auf wenigen Seiten nicht gerecht werden, wenn man so sagen kann. Dennoch ist für mich ihre Notwendigkeit – oder ihre Schwierigkeit –, wie Sie schon erraten können, am wichtigsten, und sie leitet mich bei allem, was ich „öffentlich" oder „privat" sage oder tue, auch dann, wenn von Drogen als solchen scheinbar nicht die Rede ist. Wenn Sie noch hinzunehmen, dass ich weder an die unfehlbare Richtigkeit der Unterscheidung von Öffentlichkeit und Privatleben glaube (die von der Sprachstruktur selbst, und sogar noch vor der Sprache von der Iterabilität jeglicher Markierung bedroht wird), noch an das einfache Wesen des Aphrodisischen (die Ökonomie der Lust ist so verzwickt ...), dann werden Sie meine reservierte Haltung besser verstehen ...

Die Logik der *technologischen Supplementarität* wird von keiner der beiden Seiten geduldet, von keinem der beiden „Kanons", so sagten wir. Das „Neue" (das neue Denken, die neue Praxis, die neue Politik) setzt hier eine ziemlich starke Formalisierung voraus, damit *beide Kanons gleichzeitig* einbezogen werden können, während man die ihnen gemeinsam verbleibende Axiomatik verschiebt. Hinsichtlich dieser Neuheit kann man zwei widersprüchliche Gefühle haben. *Einerseits* ist, wie man sagt, „noch nicht aller Tage Abend". Eine solche Formalisierung wäre nie vollkommen zugänglich. Das stimmt, gehört aber dieses „vollkommen zugänglich", die Vollkommenheit und der absolute Zugang nicht noch immer zur Sprache beider „Kanons", zum gemeinsamen Verlangen des Drogensüchtigen und des Drogengegners? *Andererseits*, und das ist nicht weniger einleuchtend, sind diese Formalisierung und diese Verschiebung *praktisch* im Gange, und zwar in mühsamer, turbulenter und offensichtlich chaotischer Weise; das ist genau die Erfahrung der aktuellen „Krise". Der Grund, weshalb sich heute derart viele Probleme sozialer, ethischer und politischer Art in der Drogenfrage kreuzen und verdichten, liegt nicht nur in der modernen Technologie, die wir vorhin erwähnten. Immer stärker tritt die

Untrennbarkeit all dieser Dringlichkeiten, die Unmöglichkeit einer isolierten Betrachtung des „Drogenproblems" zutage und dabei die Notwendigkeit der Erarbeitung einer „allgemeinen Logik" der Diskurse zum Thema Droge *und* gleichzeitig zum Thema künstliche Befruchtung, zur Spermienbank *und* zum Geschäft mit den Leihmüttern *und* zum Problem der Organtransplantation, der Euthanasie und der Geschlechtsumwandlung *und* zum Doping im Sport *und vor allem, vor allem* zum Thema Aids, über das wir endlich sprechen müssen. Stellt Aids nicht von nun an einen privilegierten und unvermeidbaren Zugang zu all diesen Fragen dar?

> *Es liegt viel Ironie darin, dass diejenigen Sportler, die unserer Jugend als Vorbild präsentiert werden, durch das Doping unmittelbar mit dem Drogenproblem in Kontakt stehen. Ein Radsportler erzählt, dass er sich dopt, um als erster den Pass zu erreichen. Sagen aber die Rauschgiftsüchtigen nicht auch, dass sie, wenn schon nicht als erste, so doch auf jeden Fall jenen Pass erreichen wollen, der das Leben darstellt?*

Ja. In dem Maße, wie wir mit der Untersuchung vorankommen, erscheint uns die Drogenfrage im Grunde genommen nicht nur untrennbar mit jenen immensen Fragen verbunden, die als „Begriff", „Vernunft", „Wahrheit", „Gedächtnis", „Arbeit" und so weiter bezeichnet werden, sondern auch als untrennbar von jenen Brennpunkten der Not, in denen sich alles in symptomatischer Weise zu vereinen scheint; so zum Beispiel: Was macht die Gesellschaft mit der Literatur? Mit der Geburt und dem Tod, mit Aids, und auch, Sie haben recht, mit dem Sport und so weiter? Alles, was sich heute auf die Politik des Sportes bezieht (Diskurse, Vermarktung, Veranstaltungen und so weiter), eröffnet der Analyse der sozialen Bande neue wichtige Wege. Und dabei wird man niemals um das Problem des Dopings herumkommen. Wo fängt das Doping an? Wie stuft man die Substanzen ein und wie ortet man sie? In wessen Namen verurteilt man das Doping, diesen oder jenen chemischen Ersatzstoff oder die Praxis jener Sportlerinnen, die bewusst schwanger werden, weil die endokrinen Effekte der Schwangerschaft „dopend" wirken und die dann nach dem Wettbewerb abtreiben? Jedenfalls setzt man bei der Beurteilung immer noch voraus, dass der Sportheld seinen Körper auf *natürliche* Weise behandeln muss. Er lässt seinen Körper als solchen innerhalb einer Produktion arbeiten, die nicht ausschließlich individuell ist. Durch die Sozialisierung des Sports, sei diese nun professionell oder nicht, bezieht diese sogenannte uneigennützige Arbeit alles mit ein, was zur Erziehung gehört, und vor allem, was der Erziehung des Willens zur Selbstübertreffung dient. In diesem Sinn muss der Sport nicht nur der Droge entkommen, er ist die Anti-Droge selbst, das Gegengift der Droge, das *Pharmakon des Pharmakons*, genau das, was vor der Droge geschützt gehalten werden muss, weit weg von jeder möglichen Kontamination. Es handelt sich somit hier um jenen Bereich – und nichts war besser vorauszusehen –, der dem Bösen am nächsten steht, der dem von ihm ausgeschlossenen Bereich am „ähnlichsten" sieht, ihm am stärksten ausgeliefert ist. Und das liegt nicht nur daran, dass der Sport genaugenommen, in seiner Praxis und seinen Veranstaltungen, selbst berauschend und entpolitisierend sein kann (Ort einer gewissen Berauschtheit, wenn Ihnen das lieber ist) – und als solcher ist er auch von politischen Mächten manipulierbar –, sondern der Grund liegt auch darin, dass der Wettbewerb gerade durch das Doping versucht, die sogenannten „natürlichen" Leistungsgrenzen des Körpers auszuweiten (und das gilt auch für die Seele: kein Sport ohne Seele! Ich wette, irgendjemand wird eines Tages im Sport das Eigentliche des Menschen erkennen. Vergessen wir nicht, dass der Mensch, dieses rationale Tier, dieses politische Tier, dem außerdem noch die Sprache, das Lachen, die Todeserfahrung und andere „dem Menschen eigene" Erfahrungen – darunter auch die Droge – vorbehalten sind, auch ein sportliches Tier ist).

Beim Versuch, die Grenzen seiner „natürlichen" Kräfte auszuweiten, denkt man ganz natürlich, ich meine, ganz unvermeidlich daran, auf künstlich natürliche Mittel zurückzugreifen, um den Menschen zum Helden, zum Übermenschen und zu anderen Gestalten zu machen, die menschlicher sind, menschlicher als der Mensch ... Das Sportdoping wird verurteilt, weil es die Natur, aber auch einen bestimmten Gerechtigkeitssinn (Gleichheit aller Konkurrenten im Wettkampf) verletzt. Es gilt nicht nur, die Integrität des natürlichen Körpers aufrechtzuerhalten, sondern auch die der positiven Gesinnung, des Bewusstseins und des Geistes, die den Körper bei seiner sportlichen Leistung, bei jener unentgeltlichen Arbeit und jenem politisch gesunden Spiel steuern, das der sportliche Wettkampf von Platon bis zum heutigen Tage darstellt.

Jene aber, die bestimmte Dopingformen unter vorgeschriebenen Bedingungen verteidigen, berufen sich darauf, dass dies keineswegs den individuellen Willen untergrabe: Es handelt sich somit also nicht um eine Drogensucht. Zumal das Anabolikum keinen Genuss als solchen erweckt, keinen individuellen oder desozialisierenden Genuss. Im Übrigen haben wir, wie ich glaube, bereits gesagt, dass die Droge im Allgemeinen nicht deshalb verurteilt wird, weil sie Lust erzeugt, sondern weil das von ihr dargestellte Aphrodisiakum nicht das Gute ist: Es führt zu Schmerz und Selbstzerstörung, es desozialisiert. Es gehört jenem diabolischen Paar von Lust und Schmerz an, das von allen Anklagen gegen die Droge verurteilt wird. Die Hierarchie der Lüste geht mit jener Metaphysik der Arbeit und der (praktischen oder theoretischen, daher manchmal kontemplativen) Tätigkeit einher, die mit der Geschichte der abendländischen Vernunft verschmilzt. Adorno und Horkheimer wiesen auch hier ganz richtig darauf hin, dass die Kultur der Droge immer mit dem Anderen des Abendlandes, mit den orientalischen Ethiken und Religionen assoziiert wurde.[9]

Man kann also nicht behaupten, dass der Drogengenuss als solcher verboten ist. Man verbietet einen Genuss deshalb, weil er einsam und desozialisierend ist und zugleich ansteckend auf den *socius* wirkt. Man gibt vor, zu glauben, dass selbst der bedrohlichste Drogengenuss dann erlaubt wäre, wenn er rein privat bliebe, wenn also der Drogensüchtige das heilige Eigentumsrecht über seinen Körper und seine Seele ausübte. Diese Hypothese ist jedoch *a priori* ausgeschlossen: Der Konsument ist Käufer, er nimmt also am Handel, am Markt und damit am öffentlichen Diskurs teil. Im Übrigen kann man von der Drogensucht sagen, sie sei wie eine Sprache strukturiert. Daher konnte sie nie völlig privat sein. Sie würde nämlich sofort die sozialen Bande bedrohen. Immer wieder stoßen wir dabei

---

9 Ebenda, S. 59 (*A. d. A.*).

auf die heikle Problematik der Grenze zwischen Öffentlichkeit und Privatleben, diesmal genau in jenem Moment, da sie auf eher obskure und dogmatische Weise übertreten wird. Die Aufklärung, die sich über die Dimension der Öffentlichkeit, über den öffentlichen Charakter aller Vernunftakte definiert, ist von sich aus eine Kriegserklärung an die Droge.

Die Grenze zwischen öffentlich und privat würde sich bei der sogenannten sexuellen Perversion scheinbar auf andere Art darstellen. Tatsächlich ist auch hier die Sachlage sehr verzwickt. Da Sie mich jedoch vorhin auf eine gewisse Modernität des Problems ansprachen, beschränken wir uns in jedem Fall auf eine Gegebenheit, die meiner Meinung nach vollkommen singulär für unsere Zeit ist und die man aus ihr nicht wegdenken kann: das Auftauchen von Aids. Es handelt sich dabei um ein Ereignis, das die Menschheit nicht nur uneingeschränkt, das heißt auf dem ganzen Globus, sondern auch in der Erfahrung der sozialen Bande betrifft. Die Modi, Raum und Zeit, dieser tödlichen Seuche berauben uns von nun an all dessen, was die Beziehung zum Anderen und vor allem das Begehren ersinnen konnten, um so etwas wie das Subjekt in seiner Integrität und somit seiner unveräußerlichen Identität zu schützen: natürlich in seinem „Körper", aber auch in seiner gesamten symbolischen Organisation, dem Ich und dem Unbewussten, dem *Subjekt* in seiner Teilung und seinem absoluten Geheimnis. Das Virus (das weder dem Leben noch dem Tod angehört) kann *immer schon* irgendeine „intersubjektive" Bahn eröffnet haben. In Anbetracht von Zeit und Raum, der Struktur der Schaltstellen und der Verzögerungen ist kein menschliches Wesen vor Aids sicher. Diese Möglichkeit steht folglich als Intersubjektivität im Zentrum der sozialen Bande. Es schreibt die tödliche und unzerstörbare Spur des Dritten in das Zentrum dessen, was sich als duale Intersubjektivität bewahren möchte. Das Dritte erscheint hier nicht als Bedingung des Symbolischen und des Gesetzes, sondern als destrukturierende Strukturierung des sozialen Bandes, als soziale Abbindung und sogar als Abbindung der Unterbrechung, der „Nicht-Beziehung", auf der die Beziehung zum Anderen in ihrer vermeintlichen Normalität gründen konnte. Das Dritte ist selbst kein Drittes mehr, und die Geschichte dieser Normalität kehrt nun deutlicher ihre Simulakren heraus, so als ob Aids auf einer Leinwand das Abbild seines entblößten Innern gäbe. Sie werden sagen, dass dies schon immer so gewesen sei, und ich glaube das ebenfalls. Aids verschafft jedoch all jenen Dingen eine massive, effektive und alltägliche *Lesbarkeit* – auf einer Leinwand eben oder auf einem riesigen Bildschirm –, die von den oben erwähnten kanonischen Diskursen verleugnet werden mussten, die von ihnen in Wahrheit von vornherein verleugnet wurden, da sie auf dieser Verleugnung gründeten. Wenn ich eben vom Ereignis und der Unzerstörbarkeit sprach, so deshalb, weil wir schon seit Anbeginn von dieser so neuen und so alten Sache wissen und weil das Trauma, selbst wenn die Menschheit in Zukunft Aids kontrollieren sollte (wozu mindestens eine Generation nötig sein wird), bereits auf unwiderrufliche Weise und bis in die unbewusstesten symbolischen Bereiche hinein die Erfahrung des Begehrens und der, von uns unbesorgt so bezeichneten, Intersubjektivität und die Beziehung zum *Alter ego* und so weiter befallen hat.

Gut, ich unterbreche diese Abschweifung, denn Sie könnten mir sagen, dass dies nicht zu unserem Thema (*sujet*) gehöre. Wenn sich für die Droge kein Theorem finden lässt, so gerade deshalb, weil es hier kein genau identifizierbares und abgrenzbares *Subjekt (su-*

jet) mehr gibt. Halten wir zumindest folgendes fest: Das moderne Drogenproblem wurde bereits bei seiner Entstehung und somit bei seiner Behandlung als untrennbar von der Kriminalität im Allgemeinen (und nicht nur von der *als* Drogensucht eingestuften Kriminalität) angesehen. Es ist in Zukunft untrennbar mit dem Aids-Problem verbunden und diesem untergeordnet. Wenn man bedenkt, dass das Phänomen Aids nicht, wie manch einer gehofft oder geglaubt hatte, allein in den Randbereichen der Gesellschaft (Kriminalität, Homosexualität, Drogensucht) zurückgehalten werden konnte, so haben wir hier innerhalb der sozialen Bande etwas, das man immer noch gerne als entstrukturierende und entpolitisierende Poly-Perversion betrachten möchte; einen Knotenpunkt oder eine gewisse einzigartige historische (geschichtliche!) Auflösung. In solchen Situationen sind die (restrukturierenden und angeblich repolitisierenden) Reaktionen größtenteils nicht vorhersehbar und können zu den schlimmsten politischen Gewaltaktionen führen.

Wenn wir jedenfalls das Unmögliche versuchen, wenn wir versuchen, unser Gespräch auf die Droge zu beschränken, so wissen Sie, dass man nunmehr eine Hierarchie für die gemeinsame und – wie es sich gehört – geordnete Bearbeitung all dieser Probleme erstellen und kleinere Übel in Kauf nehmen kann, um Schlimmeres zu vermeiden. Man kann etwa den Verkauf von Spritzen freigeben, um gegen die Verbreitung von Aids anzukämpfen, und die Sexualerziehung wie nie zuvor liberalisieren, indem man den Bereich sozialer Sichtbarkeit *präservativiert*, angefangen bei der Schule und den Medien. Zu einem Zeitpunkt, da die Regierungen glaubten, sie könnten sich gegen einen identifizierbaren Feind, gegen den internationalen Staatsfeind Droge organisieren, ist Aids dabei, die politischen Fronten, die Grenzen der Politik, die Strukturen der bürgerlichen Gesellschaft und des Staates zu verschieben. Diese Situation hängt, wie ich es kürzlich in *Libération* las, nicht ausschließlich, aber insbesondere mit einer Tatsache zusammen: „Aids klammert sich an die Süchtigen".

> *In Lateinamerika sieht man beispielsweise, dass sich die Drogenhändler wie ein Staat im Staat organisieren. Man hört, wie die Bürgermeister großer amerikanischer Städte von „Toleranz" sprechen, um sich gegen die Kriminalität zu wehren. All das, und wir kommen noch darauf zurück, wird mit Kriegsvokabular ausgedrückt, die großen Drogendealer sind ja bekanntlich dem Rechtsextremismus verpflichtet. In Bezug auf die Drogensüchtigen, die als Randgänger hingestellt werden, stellt dies ein sonderbares Paradox dar. Den Verkauf von Koks freigeben? Ein Dealer-Staat?*

Eine ganz kurze Bemerkung. Es wird wenig darüber gesprochen, aber die Opposition zwischen den verschiedenen Regierungsformen und Gesellschaftstypen wird hier paradoxer denn je. In den sogenannten sozialistischen Gesellschaften, die auf der Philosophie der Arbeit und dem Ideal ihrer Wiederaneignung durch den Arbeiter gegründet sind, muss man gewisse Formen von Arbeitslosigkeit und Unproduktivität verdecken und auch das Drogenphänomen verheimlichen. Ein in der Tschechoslowakei verfasstes Buch enthüllte vor kurzem das Ausmaß, das die Drogensucht im Osten trotz strenger Gesetze und Strafverfolgungen angenommen hat (als man in Prag bei meiner Rückkehr von einem verbotenen Seminar meinen Koffer durchwühlte und so tat, als hatte man Rauschgift entdeckt, erfuhr ich nach der Verurteilung im Gefängnis, dass man selbst beim *geringsten Kontakt mit der Drogenwelt nie unter zweijähren Inhaftierung wegkommt*). Aids kennt keinerlei Grenzen, und was werden diese Regierungen tun, wenn sie, wie im Westen, gezwungen sein werden, sich auf der einen Seite liberaler zu zeigen, um sich auf der anderen besser verteidigen zu können, indem sie zum Beispiel den Verkauf von Spritzen freigeben? Und wann werden sie durch dieses doppelte Spiel gezwungen sein, mit der internationalen Polizei zusammenzuarbeiten? Wenn man jetzt das Aids-Virus mit dem Computer-Virus zusammenbringt,[10] so können Sie sich vorstellen, was morgen auf den Bildschirmen der

---

10 Als Bezeichnung für den allgemeinen und mehr als allgemeinen Raum, in welchem diese Dinge behandelt wurden, schlage ich die Ausdrücke *Telerhetroik* oder *Meta-Telerhetorik* vor. Entspricht beispielsweise der Gebrauch des Wortes „Virus" in der EDV einer einfachen Metapher? Dieselbe Frage kann man in Bezug auf den Gebrauch des Wortes „Parasit" (*parasite*) stellen. Die *Vorarbeiten* zu einer solchen Fragestellung müssten die Rhetorik als parasitäre oder virale Struktur selbst betreffen: bezüglich des Ursprungs und allgemein. Hat nicht alles, was das Eigentliche oder Buchstäbliche angreift, aus der Nähe oder Ferne betrachtet, die Form eines Parasiten oder eines Virus (weder lebendig noch tot, weder menschlich noch vom „Eigentlichen des Menschen" wiederanzueignen oder allgemein subjektivierbar)? Gehorcht die Rhetorik nicht immer einer parasitären Logik? Oder vielmehr: Stört der Parasit nicht in logischer und normaler Weise die Logik? Wenn die Rhetorik viral oder parasitär ist (ohne das Aids der Sprache zu sein, bietet sie doch zumindest die Möglichkeit zu einem solchen Leiden), wie soll man sich dann über das rhetorische Abdriften der Worte „Virus" und „Parasit" und so weiter befragen? Besonders, da das elektronische Virus, wie auch das andere, auf telefonischem Weg ebenfalls so etwas wie den „genetischen Kode" des Computers befällt (Gruhier, F. 1998. Votre ordinateur a la vérole (Ihr Computer hat die Syphilis). *Le Nouvel Observateur*, 18.–24. November). Der Autor erinnert daran, dass die elektronischen Viren „ansteckend" sind und „in elektronischer Geschwindigkeit durch die Telefonleitungen rasen ... Es genügt, an ein Tele-Informationsnetz angeschlossen zu sein, um sich von Computern aus Amerika, Asien anstecken zu lassen ... oder aus Levallois-Perret"). Es wird bereits „Impf-Software" hergestellt. Erneut die Frage des *Pharmakon* als Familienszene und die Frage nach dem Vater: Ein Student der Cornell-Universität, Sohn eines wichtigen Verantwortlichen für Datensicherheit, hat das „schuldige" Virus dieser „Infektion" entwickelt (setzen wir jetzt alles in Anführungszeichen, jenen Präservativen des *speech act*, um unsere Sprache vor Ansteckung zu schützen?). Die besagte Computerinfektion, die auf Aids übertragen wird, welches selbst auf der Droge sitzt, ist mehr als nur eine weltumspannende, moderne Form der Pest; wir wissen, dass sie heute alle amerikanischen Sicherheitsdienste, das FBI inbegriffen, umfasst. Und auch das DST (französische „Direktion der Landesüberwachung", A. d. Ü.) und das DGSE („Allgemeine Direktion der Staatssicherheit" in Frankreich, A. d. Ü.) ... Damit geben wir unserem anfänglichen Gedankenaustausch über die Festlegung der Kompetenzen neuen Anstoß. Wer würde die Richtigkeit dieser Fragen festlegen? In wessen Namen? Nach welchen Kriterien? Diese Fragen müssten im Gegenzug all das beeinflussen, was wir bisher über Drogensucht gesagt haben. Ich erlaube mir, auf die vielen Stellen zu verweisen, an denen ich versucht habe, die *Unlogik* des Parasiten zu behandeln (zum Beispiel Derrida, J. 1974. *Grammatologie*, aus dem Französischen von H.-J. Rheinberger und H. Zischler. Frankfurt/Main; Derrida, J. 1995. Platons Pharmazie. In Ders., *Dissemination*, aus dem Französischen von H.-D. Gondek. Wien; Derrida, J. 1998. Signatur, Ereignis, Kontext. In Ders., *Randgange der Philosophie*, aus dem Französischen von G. Ahrens et al. Wien; Derrida, J. 1990. Limitied Inc abc. In Ders., *Limitied Inc*. Paris, (A. d. A.).

Interpol und im Unbewussten der Geopolitik passieren kann. Welche Aufgabe wird die Diplomatie haben? Und die Spionagedienste? Ganz zu schweigen von den Soldaten, denn schon heute kann man den Soldaten nicht besser vom Zivilisten unterscheiden als das Privatleben von der Öffentlichkeit.

Ein kleiner und nunmehr nebensächlicher Widerspruch: Die Drogenherstellung und der Drogenhandel werden zwar vor allem von rechtsgerichteten Regimes oder Kräften und von einer bestimmten Form des Kapitalismus organisiert. In Westeuropa allerdings verbindet sich der Drogenkonsum und ein gewisser Drogenkult oft mit einer verworren rebellischen, ja sogar linksgerichteten Protestideologie, während die Brutalität der Politik der Strafverfolgung im Allgemeinen rechtsgerichtete, ja sogar rechtsextreme Züge trägt. Prinzipiell kann man all diese Phänomene berücksichtigen. Sie wirken nur auf den ersten Blick irreführend. Der Kode dieser Paradoxa ist in seinen Gegebenheiten und Grenzen für ein Beben prädestiniert. In Wahrheit ist er ihm bereits unterworfen. Aber durch Registrieren, Übersetzen und Transkribieren eines derartigen Bebens kann man natürlich bloß versuchen, die Bedrohung zu schwächen und begrenzen, sie einzusparen. Sie einzusparen ist immer möglich, es funktioniert immer: in gewissem Maße. So irruptiv dieses Ereignis auch auf uns zukam, kündigte es sich doch schon an, noch bevor wir von Geschichte und Gedächtnis sprechen konnten. Das Virus hat kein Alter.

Talking About the Flow

Drugs, Borders, and the Discourse of Drug Control[1]

Paul Gootenberg

Abstract

This essay explores the relationships between illicit drug flows (my current area of historical research) and state borders. The larger theme, for objects-in-motion, is how statist languages of "control" underlie their construction and maintenance as *illicit* and criminalized flows. Students of drug trafficking can make public discourses about drugs a usefully explicit object of study. But in doing so they should also beware of the possible intellectual and political pitfalls of "talking like a state"—that is, of adopting the categories or characterizations of the illicit deployed by policing and regulatory agencies—for thinking well about such flows. Among other problems, it is hard for territorial states to supersede their stationary view of shifting, furtive, border-less activities, a dilemma of note in the recent "war on terrorism" as well. The essay winds its way to these ideas by addressing three topics: first, the relation of drugs to commodity studies writ large (how drugs were differentiated from other goods during the historic rise of commercial and industrial capitalism); second, the relation of drugs to the building of borders and states; and third, the role of bureaucratic-control language in marking and naturalizing the thin line between "controlled substances" and freer commodities.

---

[1] First published in: Neilson, B., M. Bamyeh. (Hrsg.). 2009. Drugs in Motion: Mind- and Body-Altering Substances in the World's Cultural Economy. *Cultural Critique* 71. Acknowledgments: This essay was originally composed for the 2002 Vancouver workshop of the former SSRC Collaborative Research Network "Beyond Borders: (Il)licit Flows of Peoples, Objects and Ideas." I especially thank Itty Abraham and Willem van Schendel for their insights. An earlier version appeared in their volume *Illicit Flows and Criminal Things: States, Border, and the Other Side of Globalization* (2005).

A critical definition: "drugs"—which are actually tricky to define—are psycho-active substances and commodities which for a variety of reasons since 1900 have been construed as health or societal dangers by modern states, medical authorities, and regulatory cultures and are now globally prohibited in production, use, and sale.[2] In commonsense and legal terms we know exactly what they are—heroin, cocaine, marijuana, ecstasy, quaaludes, methamphetamine, LSD etc.—but they are often difficult to disentangle from other legal and popular mind-altering commodities (such as coffee, tea, alcohol, tobacco, kola-nut) or valorized traditional ones (such as magic mushrooms, yage, kava, qat, coca-leaf, peyote cactus) or legal and commercial scientific-medicinal drugs (ether, morphine, Demerol, steroids, Prozac or Viagra). There is no hard-and-fast alkaloidal or natural distinction between illicit drugs and other drug-like goods. Indeed, the "set and setting" of commodities in general (for example, the associations generated by advertising or by money-power itself) may well induce mind-altering effects or addictive attractions in their consumers. Hence the need to secure legal and discursive borders between illicit drugs and analogous commodities, pleasures, and medicines and the need for now-huge international bureaucracies (from the DEA to Interpol) devoted to the day-to-day dirty work of policing and fighting drug flows. The global trade in illicit drugs—worth about $300-500 billion in "street sales" annually—is among the world's largest commodity trades, everywhere in tandem with other flows and institutions, despite these massive efforts at control.

Drugs are/are not Like Other Global Commodities

> "The economic forces driving cocaine's production and generating hostility towards it are no different today from what they were three centuries ago when the rising commerce in tea, coffee, sugar and tobacco linked Western Europe to its tropical colonies and revolutionized world consumption."
>
> Sidney W. Mintz, "The Forefathers of Crack," *NACLA Report on the Americas*, March 1989

> "Heroin is emerging as the ideal product for a global [narcotics] industry that is streamlining for the post 9/11 age—slashing payrolls, flattening hierarchies, marketing aggressively and keeping a low profile."
>
> M. Brzezinski, "Re-engineering the Drug Business," *New York Times Magazine,* June 2002

A useful starting point is to simply consider drugs as just like "other commodities," and thus susceptible to the same approaches customarily used in interdisciplinary commodity studies. This is a good start because economic or structural perspectives help to cool down some of the passionate rhetoric (or state talk) that distorts much of the inner workings of modern drug flows.

---

2   For commonsense or political conundrums of defining drugs, see IDCP 1997: Introduction; Goode 1984, pt. 14–18; Weil and Rosen 1994, Chapter 2: What is a Drug?

Thus, to take some working examples: the again booming world heroin trade can be seen as comprised of shifting patterns of supply and demand, profit-seeking and risk-taking entrepreneurs, rationalized labor and flexible-production schedules, extensive networks of middlemen and retailers, transport and outsourcing dilemmas, product-testing and product-substitution, all under crunching global competition. In this, drugs are the consummate free-market activity—in fact, attracting businessmen as voracious or heroic as any multinational CEO, with tens of thousands of employees and dynamic spin-off effects (Brezezinki 2002; Kenney 2007). Or: the Andean-U.S. cocaine flow can be approached as a "political-economy" problem, where rival states and rent-seeking interest groups (entrenched lobbies, syndicates, political factions, bureaucracies) struggle over the profits and perils of the trade, frustrating along the way the dominant state strategies of control (Clawson and Lee 1996; Thoumi 1994; Franco and Godoy 1992; IDCP 1997, pt. 4). Drugs are also essential flows in globalization theory: now clearly a "global habit," illicit drugs were among the first global goods to supersede borders and regulatory states in the quest for profit, for example, by forging new markets in the decadent consumerism of East European post-communist regimes, or flexible production sites and trans-shipment routes across neo-liberal Latin America and fourth-world sub-Saharan Africa—ahead of statist international cops and drug repression (Stares 1996; Grimal 2000; Naím 2005). The tensions and inequalities of globalization make a mockery of hardline ideas of drug-war "victory." Drug trades are both the underside and product of trade liberalization: pressures for enhanced commerce and for shrinking states collide with the dictates of tighter control over unwanted trades. Nowhere is this tension clearer than with NAFTA and intensified smuggling and militarization along the U.S.-Mexico border during the 1990s (Andreas 1999). Another example: the location, typology, and layering of drug flows (street dealing, wholesale king-pin distribution rings) can be modeled by economic geographers. The crack dealers of East Harlem are ripe for class and ethnographic analysis, in how displaced Caribbean peasants and ex-factory workers find occupational "respect," mirroring the coca-growing peasants of eastern Peru and Bolivia thousands of kilometers away (Rengert 1996; Bourgois 1995; Morales 1989). Example: from trade theory, drug prohibition/interdiction act as protective tariff walls. The early 1970s U.S. crackdown on imported Mexican marijuana traffic in turn gave a huge boost to the domestic homegrown grass industry, which attaining striking strides in productivity has emerged as rural America's number one cash-crop. Or: the World-Systems model of "commodity chains" is suggestive for taking us beyond the bifurcated idea of drugs as supply and demand-driven. Such sociological ideas highlight the linkages between power-laden geographies of consumption and production (Gereffi and Korzeniewitz 1994; Bellone 1996; Gootenberg 1999, 2006). This approach might may help explain how lucrative world drug economies, in which the value of drug-commodities multiplies hundreds of times from producers to consumers, involves such desperate actors—dirt-poor poppy farmers in Myanmar or homeless L.A. Mexican street-gangs—at its extremes. All of these are useful and legitimate commodity approaches to drug-flows.

Seeing drugs as commodities is also *historically* deeper; it helps interrogate how illicit drugs were "made" during the dual process of forming early modern world capitalism and modern national states. Historians of commodities know that key stimulants—exotic spices, coffee, tobacco, chocolate—played defining roles in consumption and class-styles in the construction of European capitalism. The proliferating eighteenth-century London coffeehouse, following the rich interpretation of historian Wolfgang Schivelbusch (1992), brought with it a new mentality, and novel institutions for bourgeois politics and enterprise, including the insurance empire of Lloyds. Starting in the late-sixteenth century, European colonialism jump-started on the networks and revenue windfalls made possible by new staples such as American tobacco, arguably the first modern "world commodity." Habit-forming captivating "drug-foods" fostered taxable "cultures of dependence," like those of tobacco, rum, and tea in Anglo North America (Goodman 1993, 1995; Matthe 1995). Subsequent British imperialism conquered much of Asia using the weapons of tea plantations and smoking-opium commerce, forced upon India and China during the nineteenth-century colonialist opium wars.[3] The rise of the world sugar industry, captured in the holistic anthropological optic of Sidney Mintz (1985, 1989) connects the expulsion and enslavement of millions of Africans to Brazil and the Caribbean to the transformation of sucrose from a Mediterranean medicinal luxury into the defining article of the modern English industrial working-class lifestyles. The sugar plantation was a precursor to the factory industrial revolution, and as a quick non-nutritional fix, sugar even anticipates the post-industrial American urban "crack" boom of the 1980s.

One prominent historian of drugs dubs these broad cultural shifts as capitalism's "Psychoactive Revolution." Not all of these new substances gained an easy acceptance in the west, although these early modern transformations (often in the uses, forms and cultures of stimulants) occurred before the post-1900 emergence of the global movement for drug prohibitions. The central question raised by this burgeoning historical literature, made explicit in David Courtwright's recent *Forces of Habit: Drugs and the Making of the Modern World* (2001) is how and why certain tradable drugs become legitimate commodities of European taste, while others become downgraded by the late nineteenth century into undesired pariah substances (cf. Topik and Pomeranz 1999, ch. 3; Wolf 1983; or Mintz 1989). The classical dilemma of early states was how to tax the flush revenues afforded by drug-foods like tobacco, sugar, tea, alcohol, opium, which contributed to a weighty early state and colonialist interest in their fiscal demarcation and to their control of labor and peoples (Jankowiak and Bradburd 2003). In a sense, drug fiscality was part of the broad transition of the early modern state from shifting piracy or unstable extortionist fiscal activist, as defined by sociologist Charles Tilly (1975), to world-scale permanence. These legitimated drug commodities helped anchor territorial national states.

There were, however, other world drug commodity groups: indigenous drug substances and plant knowledge that was not readily or culturally exportable, in the native American drug cornucopia alone, early Andean coca-leaf, Amazonian yage, Mexican peyo-

---

3   A sharp historical revision of opium war narratives is Dikötter et al. 2004.

te, Oaxacan mushrooms, Aztec morning-glories, Colombian daturas, Paraguayan mate (Evans-Schultes and Hoffman 1992). Only today can these be sampled as goods in the global village of Queens, N.Y., shaman-guide services included. Another set of powerful drug-commodities emerged as derived alkaloids of late nineteenth-century modern chemistry and medicine, such as cocaine, purified caffeine, and heroin, heroic new drug-commodities (hence the Bayer brand-name "Heroin") that precipitously rose and fell in medical and social prestige. In the mid-twentieth century, certain synthetics, most famously, LSD in the 1960s, actually escaped from secret government labs (involving CIA experiments in "mind-control") and became swiftly and purposefully transformed into mass-media commodities to fulfill the mind-expanding "psychedelic" crusades of its proponents (Stevens 1998; Lee and Shlain 1985; Black 1998; cf. Ecstasy dynamics in Eisner 1994). In the 1990s, this cycle of medical promotion-recreational disrepute assumed a post-modern velocity, with new corporate synthetic painkillers like Oxycontin, in the unlikely global settings like rural Appalachia.

In sum, commodity perspectives can be used to produce a clearer and more relational portrait of the economic interests and structures behind global drug flows, one that is more objective than the mobilizing anti-drug *mis*-information and forced interpretations of governments and of allied "drug-control" professionals (such as medical addiction specialists). They are historically richer too: prior to the last century, drugs were not generally divided into illicit and licit classes, and as border-crossing commodities, they actually played vanguard economic and cultural roles in the construction of the modern world. For some economists—odd bedfellows as Milton Friedman and Lester Thurow—this artificial divide of good and bad drugs generates a radical critique of the perverse price theory behind drug prohibitions policy. The field of "commodity studies," itself in a renaissance, is rich with implications for understanding drugs, often informed by the anthropological insights and global constructivism of Arjun Appadurai's "social life of things"(1986, optics globalized and "post"-modernized in Appadurai 1998). But where commodity and structural perspectives fall short is in deciphering the mysteries of how certain substances became classed as "good" and "bad" ones in the first place (for our bodies, minds, and societies) and the often wildly irrational rhetoric (racial or gender panics) that accompanied the establishment and maintenance of anti-drug prohibitions. Why do mind or culture-altering drugs stir up such intensely ambivalent passions, what the pioneer drug researcher Sigmund Freud, in the last of his famous 1880s cocaine papers, dubbed a "craving for and dread" of drugs? (1887, in Byck 1974). Not to mention the gross irrationalities that keep this dysfunctional global prohibitionist system going after more than a century of failures.

Drugs on the Borders of the State

> "What crosses the blood-brain barrier is now open to the same surveillance as what crosses international borders. There is a customs in the cranium, a Checkpoint Consciousness"

David Lenson, *On Drugs*, 191

Before moving beyond borders, we need to look at the junction of drugs with the border and "the state." Why do illicit drugs exhibit such a pronounced propensity for border-crossings and what are their larger intersections with statist regulatory spaces? How does "talking like a state" help stake out these official (or artificial) licit and illicit drug spaces? These are questions rife with paradox.

A short answer to question of drugs-across-borders is that ecological conditions and local knowledge govern the distance that drugs travel, one necessarily crossing many borders. Most alkaloidal plants, the original natural plant-drugs like tea, opiates, kola, cannabis, and coca, were semi-tropical ones; whereas most modern consumers of stimulant plants emerged in northern industrial countries, these historically poor in drug resources or of drug cultures drowned out by centuries of European alcohol use (Rudgley 1994; Camporesi 1989; Schivelbusch 1992; Courtwright 2001). Thus, border-crossing was initially an economic question of natural or comparative advantage, especially given the low production cost of raw materials like poppy in central Asia. This argument served well into the late-nineteenth century, and was even adopted by colonial authorities (British, Dutch, German, French) who experimented in imperial Botanical Gardens with new psycho-tropic plants and command labor as colonial staples. Oftentimes, going back, local peasant communities were the only ones who harbored the technical agrarian lore for these drug plants, as well as of their medicinal or spiritual-sensory qualities, just as today multinational pharmaceutical firms seek controversial botanic patenting pacts among rainforest tribes. An ancient opium trail existed, run by Greek, Armenian, and Jewish merchants, across the middle-eastern Golden Crescent. Regional hashish circuits flowed before nineteenth-century colonialism divvied up South Asia and North Africa into separate spheres, perking the interest of both concerned colonial officials and intrigued anti-establishment Parisian intellectuals and bohemians. A three-century inter-regional Spanish colonial coca-leaf trail traversed what is now Peru, Bolivia, Chile, and northern Argentina, largely for mine-workers and other hard laborers under the Spanish regime, with even longer indigenous roots and routes. It long predated the creation of a global taste and market for coca, which only started with French luxury commodity drink *Vin Mariani* in 1863, and later industrialized during the German medicinal *kocain* boom of 1884-87 (Gootenberg 1999; Rivera 2002, questioning duality of "traditional/modern" coca usage).

Drug trades may also arise out of long-standing legal long-distance or related contraband trades. Colombia's drug lords of the 1970s began with a prime intermediary location and the experience of smuggling cigarettes in the 1950s and marijuana in "the 60s." They also exploited a new trail of undocumented Colombian emigre workers in Miami and New York. Amphetamine or "speed" is obvious in following trucking routes almost everywhere. Drugs are specially suited to long-distant trade, for beginning life as luxuries, they are extraordinary high-value to weight items, which more than pay for their freight costs. Only precious stones like diamonds or emeralds historically travel with such universal ease.

From this perspective, the original drug flow was born autonomously, with "borders" an obstacle later superimposed with the rise of modern states after 1700. Borders later evolved into an obstacle course, as drugs became categorized, outlawed, and tracked by expanding western power during the twentieth century. This was the same post-1900 era that saw the general consolidation of better defined and less permeable borders. Given the notoriously high price elasticity of demand for habit-forming products, once illegal to sell, drugs easily take care of the added "risk premium" demanded by new smuggling operations. Moreover, highly concentrated refined modern drugs (like cocaine or heroin) are physically simple to conceal, unlike say bulky silks or cigarettes of previous contraband trades. Artificial illicit-ness premiums compensate the risk that a portion of shipments (some 10-30 percent in official guesses) that are bound to be seized. Once this illicitness cycle accelerated under chase-em-down drug-wars, first with post-war Middle Eastern heroin, then with 1970s Andean cocaine, the quantity of such illicit drugs produced skyrocketed and their prices plummeted, making them dramatically available for the masses (as in the infamous downward price cycle of cocaine-crack of the mid-1980s). As a related rule, "harder" drugs become more profitable to market than softer drugs. Only the DEA acts oblivious to this perverse downward price cycle, by premising drug wars on the pipedream that cross-border interdiction drives up drug prices to discourage their use (Bertram, Blachman, Sharpe, Andreas 1996). The amounts seized to actually achieve this goal would need to be unrealistically high, above 80-percent of the drugs produced. Historical experience shows the opposite: an initial bump up of prices with the birth of black markets is followed by secularly falling prices for illegal drugs.

With recent technological revolutions and galloping global integration, strict geographic factors no longer prevail. Even earlier, colonialism swept indigenous coca to East Asia (Dutch Java) for a spectacular commercial boomlet of the 1920s-30s; Paraguayan yerba-mate became a useful habit of itinerant Syrian workers moving from Buenos Aires; airborne Andean drugs now cross through African cities with little prior expertise in the global logistics of drugs. In the mid-1990s, pressurized illiterate Colombian peasants fast learned the age-old secrets of quality opiate cultivation and processing (reputedly tutored by imported Asian experts), becoming in less than a decade North America's high-end heroin supplier (Kenney 2007). Fast-expanding synthetics, "ATSs," Ecstasy (MDMA) and the ultimate yuppie "designer" drugs (sometimes specially tailored to temporally evade chemically-defined UN bans) can all be profitably produced at home, but still drift across borders for safe-haven. For example, much of the global Ecstasy trade now slips into the United States from the Netherlands, by way of Israeli know-how and the Internet. A strong possibility—more likely after expanded 9-11 militarized border surveillance—is the genetic engineering of high-alkaloid hybrid drug plants, for example, an Iowa corn stalk that could actually produce perfectly good cocaine. We previewed this border substitution with marijuana since the 1960s. Once imported and branded from Colombia, Panama, Jamaica, and Mexico (Colombian "Gold," "Oaxaqueño"), marijuana is now basically a domestic cottage industry in the United States, grown hydroponically an indoor "sea of green," and fueling the blighted rural economies of Georgia, Tennessee, and northern California (Preston 2002; Pollan 2001, ch. 3; Kaihla 2002). This substitution is mainly thanks to Richard Nixon's early 1970s Operation Intercept (bulky grass was easy to smell out and catch at borders), especially the toxic spraying of Mexican weed, and thanks to an army of home-grown geneticists (some going Dutch), who planted the seeds of this new American industry. Buying American has also meant that the old-fashioned "nickel-bag" of low-quality import weed or hash has been shunted aside by pricey high-THC dope, Sinsemilla hybrids with scary names like "White Avalanche," that many veterans of the 1960s can barely tolerate. With high-tech frontiers, the older comparative advantage of drugs are no longer a given.

The second level of explanation for drugs-across-borders is forced dispersion. Once certain drugs became restricted or banned, starting with a string of international opiates conventions since 1912, they fast escaped to scattered zones where production could be safely concealed and pursued. Commerce became smuggling and the newly-defined crime of narcotics-peddling became tainted in the west as an arch-evil crime. Yet until the 1950s, with the exception of tightly-governed colonies, most of the globe was not effectively enveloped under this paper prohibitions system, which was not consolidated until today's still-hegemonic 1961 UN Single Convention on Narcotic Drugs. This treaty enshrined the American ideal, articulated since 1912, of tracking drugs to their original "source" and progressively eradicating their raw materials where they are grown, abroad (Taylor 1969). So, after 1960, no legal cross-border safe-havens for global drugs remained, though weak enforcement capacities or incentives (or a degree of cultural tolerance) remains a factor in uneven drug regulatory spaces. Moreover, drug cops were historically slow to cross borders and share information and tactics, as the internationalization of drug agents (from the United States, UN or Interpol) proved a gradual affair, not achieved on any significant scale until the 1970s (McAllister 2000; Nadelmann 1993, chs. 4-5; Andreas and Nadelmann 2006). Since then, a familiar pattern prevails: a greater policing squeeze at borders, or across them to chase down couriers, refiners, or drug-growing peasants, leads to a wider dispersion of illicit activities into even more inaccessible and intractable drug territories—deserts, jungles, mountains. Drug suppression sharply elevates illicit profits, and the learning curve of traffickers, but combines with geo-political factors in shaping where drugs end up flowing.

Thus the typical global hot zone of drug production, whether remote from or close to their final markets, is a zone of refuge, with a displaced, alienated, or ethnically segregated peasantry (for working drug plantations), and an especially weak state or ill-defined borders. A history of disintegrating warfare helps, or so it seems. The "Golden Triangle"; the "Golden Crescent"; the uncharted danger-ridden Afghani-Pakistani mountain border regions. The Andean sub-tropical Huallaga valley or Santa Cruz Amazonian frontiers. The northern Mexican Sierra Madre badlands of Sinaloa and Chihuahua. Devastated peasant Guatemala; Lebanon's Beka Valley; southern Colombia's war-torn Putumayo and Caqueta forests. Most of these areas host flourishing "borderlands" cultures, often antagonistic to national political centers, where multiple borders converge. They are weakly policed, in part because so easily broached by smugglers, and areas where drugs production finds not only security but a committed material or even ideological base among destitute, refugee, or colonizing peasants and regional middlemen (McCoy 1992; Smith et al. 1992, Steinberg et al. 2004). The armed "hill tribes" of the Golden Triangle are a classic example. (A similar illicit geography of drug entrepôt cities—say Rotterdam, Tijuana, Marseille, Shanghai—would make a great book.) I am stressing these social-spatial geographies over other commonly-embraced conceptions that essentialize the illicit commodities themselves, such as World-Banker Paul Collier's popularized notion of "conflict"-inspiring or "grievance" goods, in which drugs figure highly. And if global political and policing institutions push drug-making into such forbidding zones, they have been exiled to the proverbial "briar patch"—perfect sites for thriving drug cultures.

Another factor is the particular nature of the state. Economist Francisco Thoumi (1992) has rigorously surveyed competing theories of Colombia's true advantage in the drugs trade, and highlights its "weak state," one that was easily infiltrated or bypassed by rapidly enriched drug lords of the 1970s and 80s. Peru's Huallaga valley became an irresistible illicit coca haven in the early 1970s when the strong-state leftist experiment of the Velasco era collapsed, leaving thousands of colonized farmers there bereft of public services, direction, and social control (Morales 1989). Attempts to artificially prop up illegitimate or low-institutionalized drug-producing states, such as militarizing American aid to Peru and Bolivia during the 1990s, has usually led to intensified violence and repression on the ground and even if successful (since many local authorities and generals work with drug traders), leads to the "exit" of the industry to even wilder territories. This process worked its way out in the dramatic concentration in the late 1990s of coca and cocaine, now vertically-integrated in guerrilla-run, stateless, borderlands southern Colombia. "Narco"-states, Banzer's Bolivia of the 1970s or Noriega's Panama of the 1980s, or now post-Taliban Afghanistan, were and are debilitated or non-institutional ones. Paradoxically, late-twentieth century neoliberalism has meant a proliferation of such sites, by accelerating third-world state-collapse, something that also now worries anti-terrorist specialists. Today's drug platforms quickly shift locales, jumping across borders with the greatest of ease, a diversification of risk commonly dubbed from the enforcement perspective the "ballooning effect." In current memory, the sheer tonnage of illicit drugs placed on world markets never "rachets *down*," but it does constantly shift provenance and product mix.

There are some cardinal paradoxes of drugs-across-borders—beyond the central one that exporting and upping drug repression usually spawn the conditions and incentives that worsen the illicit production problem (Nadelmann 1988; Malamud-Gotti 1992). A major related fallacy in this state-border dynamic is seeing borders as static given "things" (something like a wall), rather than liquid—fluid spatial relationships under constant ebb and flow. Borders were historically constructed from fuzzy or contested frontiers, over most of the last century. The border controls that exist today (information-gathering, physical barriers, surveillance, intricate fiscal and legal operations) were barely in place seventy-five years ago, and before that, not even the individual passport was common. One wonders what drugs trades themselves (along with stigmatization and control of undocumented migrants) has meant for the hardening of borders, for example on the southern rim of the United States from Florida through Texas. Across the globe in Chinese history, scholars now talk of "opium regimes": a suggestive approach that sees drugs, rather than undermining states, as quietly and progressively adding to their novel capacities and controls during the nineteenth century (Brook and Tadashi Wakabayashi 2000; for Mexico border, Sadler, 2000). Borders are never sealed to drugs. It is 9/11 public knowledge that under 2 percent of all freight into North America is physically inspected in any fashion, high or low-tech, no matter how motivated the state is. Borders will remain permeable and now exist metaphysically in every airport, pleasure boat, computer, and banking terminal.

A second related paradox is how border traffic of drugs into the United States and Europe are rarely seen as a two-way street. Certain items in the exchange are lost from view, like most of the laundered cash profits (often via legitimate businesses or respectable barter goods like upscale cars), the current of small arms, or chemical inputs into drug territories. Borders, for political reasons, also seem to mask the end of any visibility of murky trafficking organizations. We rarely will see how the border-lander Arrellano-Félix or García-Abrego gangs operated on "the other side" of the Mexican-U.S. divide, even when the profits are astronomical in domestic distribution. Authorities and the media tend to exaggerate instead the vigor and vertical organization of "cartels" on the third-world side of borders. (This was a compelling detail of the simulacra Hollywood blockbuster *Traffic*, originally a British docudrama about the flow of opiates and other dangers from war-torn Afghanistan: it reveled in these border imbrications, if still coloring its Mexican landscapes in ominous sepia tones.) The frequent complaint of Latin American elites about drug discourse is just this: the trade is North-American "demand"-driven, yet the drugs trail mysteriously stops at the border, where they are apparently dumped, with no-one of note ever implicated in the domestic political economy. Needless to say the drug-intensified border region also becomes a hot zone of heightened risk opportunity, services, and interchange, and a mart for coveted information about the flows themselves.

States erect the borders, circling themselves protectively; so it is worth pondering the basic relations of states and illicit drugs—bearing in mind the world of differing state styles (at its stark simplest, American, European and third-world) and governing discourses. The relationship looks more symbiotic than the zero-sum *oficialista* idea that governments ban and fight bad drugs and that sinister narcotics dealers subvert states and rules. Much is written on this theme, since drug literatures are characteristically "state-centric." Most of this analysis centers on the U.S. state, the trend-setting and dominate state, historically, in world patterns and norms of drug control (Friman and Andreas 1999; Andreas and Nadelmann 2006).

To begin, the relation of states to drugs is structurally ambivalent—analogous to the love-hate relationship of drugs (as remedy and scourge) that Dr. David Musto has long diagnosed as "the American Disease" (1973/1987) a deep almost Freudian tension of fascination and dread behind the original move to drug prohibitions from 1900-1920. Denial continues to rule drug policies, starting with political denial that a there is an end-game in zero-sum warring on substances. The core dynamic functions under an institutional denial: that the harder we ban them, the harder we press against existing drug trades, the more lucrative they become, resulting in ever more extended and socially injurious drug booms. This equation is sometimes critically analyzed as a variety of permanent unquestionable "drug-war politics," analogous to the permanent "national security" state and military-industrial complex that dominated the United States during cold war (e.g., Gray 1998; Duke and Gross 1994; cf. Massing 1998). If unreal as policy, politicians win "symbolic capital" just for opposing drugs. Ideological and symbolic obfuscation, or a general suspension of public belief, loom central to state-declared drug wars.

So other interpretations naturally arise, of hidden purposes behind the stated objectives and speech of governmental and international anti-drug forces. Some are frankly conspiratorial and usually have their grains of truth. For instance, that intelligence services and their motley allies profit from drug trades is well-documented. They sometimes have, since the covert wars the CIA launched throughout the cold war, and now beyond, were fought out in many of the same border-less third-world zones of refuge, which offer underground contacts, channels, expertise, and invisible funding. (As businessmen, most drug-traders have been dedicated anti-communists, especially once Marxist states proved to be the only ones effective at stamping out drugs). The anti-communist mafia of southern Europe, protagonists of the "French connection" of the 1950s-60s, were no strangers to Allied spies and political covert-ops, some financed by untraceable drug profits. Alfred McCoy (1972) long ago richly exposed the roles assumed by drug-running CIA surrogate armies in cold-war Southeast Asia, dating to the Kuomintang, even as U.S. troops and returning Vietnam vets became hooked on their Asian heroin. Similar intrigues, charges, and official denials surfaced with Reagan's Central American "Iran-Contra" pirates of the 1980s (recently revived in controversial urban legends that ascribe the mid-1980s spread of crack in African-American communities to CIA plots) and will no doubt rise again in the current Al-Queda wars, since our friends and peasants in Afghanistan have begun quickly sowing the poppies strictly scorned by the Taliban In this view, secret political alliances, covered up by the intelligence Establishment, preclude a good and real war against international drugs (e.g. McCoy 1972/1992; Scott and Marshall 1991; Bucchi 1994; Valentine 2001 etc.). A slightly different populist theory attributes drug policy to even vaster conspiracies: powerful pharmaceutical capitalists out to bury hemp's promise of universal medical, economic, ecological, spiritual salvation. A big problem with these popular theories from the left is that they mostly share the reflexive anti-drug moralism of the right: rather than evil Cartels, evil CIA drugs lie behind American moral decay. But such imperial political alliances and entanglements can, at best, only partially explain the vitality of drug flows. However complicated themselves, these theories ignore complex structural questions about drug prohibitions itself and drugs as a global business.

Others propose, with equal seriousness, the idea that swelling drug bureaucracies serve ulterior purposes—concrete ones, as in Jay Epstein's classic *Agency of Fear: Opiates and Political Power in America* (1977/1990) which portrayed the birth of the DEA in 1972 as linchpin of Richard Nixon's larger project of a repressive central state in the U.S.A., the one that stumbled into Watergate. For sure, the DEA (and drug law enforcement generally) work to the detriment of civil liberties, especially of poor people of color, who since the 1980s have made the United States disgracefully the world's leading country in terms of its ratio of citizens incarcerated, most of whom can no longer vote. Politicians routinely cultivate drug menaces as classic sociological "moral panics" to divert attention from root causes in urban social distress. The Reagan-Bush cocaine drug war of the 1980s, with its racially-encoded hysteria about "crack babies," was embedded in sharply worsening social inequality in the United States and the bi-partisan abandonment of the urban underclass. It hardly mattered that crack babies were another urban legend; this institutionalized "blame the victim" and linked our festering slums to the threat of faraway dark-hued Bolivian peasants to boot (Currie 1993; Bourgois 1995; Reinarman and Levine 1997). Still, official motives of political control and structural racism also make partial accounts of a state interest in drug wars.

Other scholars offer less sinister "bureaucratic" models. Government agencies are just not very good at fighting elusive non-state networks, learning from the past, or at grasping wide-spreading Mertonian "unintended consequences of social action." Or that in political cycles, and in top-heavy organizations, the long-run is difficult to conceive, allowing the political dominance of contradictory short-term solutions such as jacked-up drug repression. Elected politicians, or aggressive "moral entrepreneurs," like those who ran the U.S. Federal Bureau of Narcotics for the decades after 1930, and now our royal "drug czars," have a vested interest in looking "tough" on drugs (Bertram et al.1996, or historical terms Walker 1992; McAllister 1999). Interestingly, some state agencies, such as the CIA, appear less invested than others in the drug war and thus continue to produce unheeded intelligence reports that warn of its futile or dire consequences abroad. Some suggest ingrained bureaucratic blinders: capitalist states find it hard to see drug traffickers as good "businessmen," whose organization, learning, and flexibility only grow stronger with the challenges laid down by intensified interception (Kenney 2003, 2007; Bigwood 2004). Some point to material vested interests created by drug warring—larger, sky-rocketing "war" budgets in a war without end. Local U.S. police forces, for example, suffering diminishing federal aid, can live off the proceeds of confiscated dealers property, with scant concern with constitutional due process of the policy's victims. In the brief 1990s interlude between the cold war and the global war on terrorism, some analysts saw a growing military interest in drug wars as a kind of mission-enhancing budgetary politics. In policing politics (including strategies to capture "king-pins"), the typical pyramidal cell structure of drug trading networks ensures that higher-ups garner far more protection and immunity than the exposed and indigent foot-soldiers or users on the street, who institutionally swell U.S. prison facilities and state budgets. Mediating financial institutions, such as Anglo banks in Miami or Houston, remain relatively immune from prosecution. All of these ideas suggest that drug traders and anti-drug warriors are actually in institutionalized collusion. They "need one other" to survive and prosper.

"Narco-Diplomacy," Richard Friman's term (1996) for state-to-state drug relations, has long pitted a focused monomaniacal American state interest (exporting drug prohibitions, "winning" the drug battle abroad) against far more variegated overseas politics, agendas, or states. On the ground—say in the U.S.-sponsored UMOPAR anti-coca strike force and eradication program in Bolivia's eastern Chapare—these bureaucratic relations fuel a number of self-defeating paradoxes that sustain rather than curtail illicit production over the long run (Malamud-Gotti 1992). The flow of foreign aid depends on the flow of drugs, as Peruvian generals also learned during the 1980s with the spigot of the Huallaga valley. Given such dynamics, some drug-making states have spawned rent-seeking states-within-states, replete with services and mini-monopolies of protective violence, local armies, or social movements labeled with the 1980s Reaganite misnomer of "narco-terrorism." Some leftist guerrilla groups too, like Peru's *Sendero Luminoso* and now the Colombian FARC have in fact taken advantage of drug money and the unpopularity of repressive drug policies among peasants to sustain themselves. During the cold war and beyond, U.S. narcotics officials routine equated drug peddling with "Communism," blocking out all opposite reality, in order to impress budget-making lawmakers. The United States still vents its frustration at such complicated overseas drug-war allies, who now must pass through the annual congressional ritual of certifying entire governments as dirty or clean (*International Narcotics Control Strategy Report* 2000).

"Corruption" is the keyword in these relationships—of drugs to states, and the United States to allies across borders. The corruption of individuality by drug addiction is matched by the systematic corruption of whole addicted economies. Corruption is often a phrase that blinds us to the violence and graft-opportunity that exported policies have wrought on neighboring states and peoples, for example, the Colombians who suffered the brunt of terror sparked by the 1980s U.S. campaign for the forced extradition of national drug figures (Guillermoprieto1994, chs.1, 5). In a straight political-science sense, systemic corruption seems to undermine the very state institutions and legitimacy needed to combat illicit activities in the long-run, such as an enhanced "rule of law."[4] But bribery and like practices also serve as adaptive responses to bad laws or to the perceived gap between imperatives and realities, as in the colonial Spanish-American bureaucratic adage, apparently still alive, of "we listen but do not obey" (Lomnitz 2000, esp. Astorgas; Baily and Godson 2000). Corruption may be the best avenue available for weak states to surreptitiously tax, as it were, the illicit economies of drugs: to appease low-paid disgruntled bureaucrats, float a floundering national currency, or even to buy off the IMF. Drug wealth in the third-world sometimes (though not always) has re-distributive justice effects, symbolically at least taking from L.A. yuppies, and giving to the *comunero* slum-dwellers of Medellín, where the poor instinctively appreciated the economic populism and public services (like lighted neighborhood soccer fields) of drug-lords like Escobar (Roldán 1999; Escobar Gaviria 2000). The unavoidable fact are underpaid civil servants and officers in most of the world who have every incentive to work with local drugs trades rather than fulfill external agendas—or better yet, to work for both. The mobilizing force of easy export dollars is legendary. For example, the Mexican state, with graft and secrecy oiled by six decades of PRI one-party rule, entered a final stage of "kleptocracy" in the 1990s, fueled by the proximity of the American drugs mart and the U.S. squeeze on the Miami cocaine corridor of the 1980s. Mexican transhipment soared to fill the void and blurred the thin line separating criminal and state activities: the neo-liberal President's entrepre-

---

4   On drugs corruption, see formal essay by the distinguished economist Amartya Sen 1997.

neurial brother looted the state, in cahoots with invisible empires, as was a faction of his increasingly fratricidal political party. The Ministry of Transport and Communications built faster cocaine routes to the north; the modernizing drug czar (General Guttiérez Rebollo), a U.S. intelligence partner, embarrassingly turned out to be on the payroll of northern drug-lords (also dramatized in the movie *Traffic*); popular singers heralded new folk *desperados* in gun-toting drug runners (Wald 2001). Corruption, fanned by American drug and trade policies, became so institutional in Mexico as to preclude any genuine U.S. efforts to use the imploding Mexican state to fight drugs.

Yet, systemic graft can sometimes prove functional too. The long reign of Fujimori-Montesinos in Peru (1990-2001), though a more "corrupt" regime than anyone imagined (outside of its CIA handlers and video-tapers), was also an effective one for dealing with the narrow U.S. foreign-policy objective of halting terrorist-inspired state disintegration and the Huallaga cocaine trades. Both crises were reversed by a strong mix of Fujimori insider deals and repression, even if they also dealt on the side arms to the FARC or drugs to Escobar (Cotler1999). So it is hard to say a priori whom "corruption" serves: freer markets, a dysfunctional state, drug-lords, the people, or the DEA. But from the look of things, the licit states system and illicit global drug flows look anything but mutually exclusive.

Languages of Control

> "The significance of drugs is distended with veiled social meanings; it is their status as Other that permits this overloading,"—Marek Kohn, *Narcomania: On Heroin* (London, 1987), 167.

By training and inclination, I'm not one to slip into the discursive or linguistic "turn"—the wildly popular idea among 1990s academics (under the influence of cross-border flows of French theory) that social realities are wholly constructed by the language, categories, or representations used to depict them, and hence that everything, somehow, is intrinsically functional to social or state control.[5] But the subject of drugs, as with other illicit flows, is particularly tempting for discourse analysis, because of their social invisibility (which generates much myth-making) and because of the cloud of passionate official rhetoric swirling around them. With their power on imagination, drugs invite a slew of gender and racial fascinations, notions of the domesticated and the alien, of good/bad substances, and elaborate fantasies about human loss of "control"—or inversely, fantasies about the state's possible control of the psychoactive and illicit realms.

States have a special purpose promoting such discourses of control, which we might call (after James Scott 1998) "thinking like a state" or at least *talking* like one—though clearly mass anxieties about drugs and media sensationalism enable this kind of drug talk to flourish. States must actively mystify illicit drugs in order to fight them. For as seen, the

---

5   For a good "po-mo" manifesto for drug studies, see Manderson 1995; Lens 1995. Goode (1997) now argues that drug debates are inherently or irresolveably discursive; criticism of "constructionism" (in Hacking 1999).

border between licit commodity drugs (cigarettes, Valium) and illicit ones (coke, grass) is a tenuous one, undermined daily by the borderline involvements of governments in their illicit spheres. States are also often targeting a substantial part of their own citizenry who enjoy or make illicit substances (example: a quarter of European adults smoke cannabis), who must themselves be convinced of this drastic cure. The paradox is not that crusading states talk a lot, but rather that they fall victim to their own speech acts, coming to believe in their chimera of control. By definition, such objects-in-motion are difficult to capture, even in words. The Weberian western state may have begun with rationalizing regulatory discourses about the illicit, but in the course of carving out their monopoly on licit social activities, states enter into a byzantine maze of political and discursive irrationality.

Discourses of control are hard to categorize or catalogue, in part, because there are so many of them. Some relate peculiarly to drugs or to particular drugs while others are more general to modern governance of borders or the construction of modern disciplined subjects—to adopt the non-statist bodily concern of discursive theorists (on discursive state-building, see Hansen and Stepputat 2001). Representations of "drugs" (the bad kind) are rife with essentialism, puritanical morality, and individualized languages of self-control. Historically, medical debates have long raged about drugs and their effects on body, mind and society, and there were even early attempts to ban or regulate some (for example, tobacco in sixteenth-century Europe). But only in the late nineteenth century did such anti-drug discourses emerge systematically, representing the anxiety-prone Victorian moment of the modernization of everyday life. The professionalization of the modern medical and pharmacy trades contributed to these new languages of control, as advancing scientific allopathic medicine set, in league with the nascent modern regulatory state, stricter boundaries for legitimate cures and for national public health. In the urbanizing United States and Europe, relatively harmless or at least familiar users or "habitués" of drugs like opiates or cocaine became transformed, in this process of medicalization, into wild and violent drug "fiends." Paradoxically, these same men and women would end up inverted, by later medical representation, into pathetic and passive victims of an uncontrollable yet well-defined pathology of "addiction." By the 1920s, drug addiction was diagnosed as a real disease, epidemically infectious with specific etiology and vectors (restless young male populations, and parasitic, invasive, or ethnic traffickers). A fine historical literature traces the evolution of this western "addiction paradigm" (Kohn 1987, ch. 4; Harding 1988; Fingarette 1989 etc., upgraded in Hickman 2000 and 2007). Long contested by some physicians, addiction remains of doubtful objectivity or therapeutic value today, even with 12-step mantras or MRI scans of cocaine-addled brains routinely passed off as "addiction science." Of late, such addiction talk (and its weaker form, dependency and even "co"-dependency talk) has promiscuously spilled over from alcohol and drugs to everything from work and sex to Krispy-Kreme doughnuts, thus undermining its own scientific specificity. Addiction ideology always held an uneasy yet reinforcing alliance with police-driven criminalizing or punitive models of drug-control.

Addiction and drug-control discourses that go with it have two main sources. One is scientific reductionism: the idea that "drugs" are the thing—brain-altering alkaloids to be exact—that work overpowering effects on people. In this influential trope, the drugs themselves take over and control the mind; users, lacking all will-power, then crave them obsessively, which leads down the familiar path of abandoned self-control and rationality. Addicts are sickened victims of external chemical forces. "This is your mind on drugs" was only the latest, widely televised version of this twentieth-century notion. Such bio-reductionism helps draw the needed separation between drugs and other freely-available pleasure commodities. Since drug ab/use amounts to personal enslavement, drugs can no longer belong to the legitimate realm of free and desirable consumer choices, which capitalist society universally, enthusiastically promotes. As dangerous drugs became thus defined and categorized early in the century, they emerged as undifferentiated "narcotics"—the word exudes a deadening menace—a label that misrepresents both the bodily effects and specific perils of most illicit substances. Like the related medical addiction paradigm, this "pharmaco-centric fallacy" or "cult of pharmacology" (DeGrandepre 2006) has drawn sharp rebuttals (Weil 1972; Waldorf et al. 1991; Reinarmen and Levine 1997), even from informed pharmacologists. This notion abstracts from the relational social context and actual plasticity of drug effects, so-called drug "set and setting" (Zinberg 1984), and dehumanizes the agency of actually quite diverse drug user populations and cultures.

The second source of drug discourse are obsessions with "control" and the transgression of behavioral or social boundaries. There are historical roots to the personal boundary-marking that resounded in Nancy Reagan's corny late-1980s "Just say No!" anti-drug campaign. A person "on drugs" is assumed to be out-of-control—which may or may not be true—a notion that taps into deep-seated social anxieties about self-control, which were particularly acute in the Victorian societies where these anti-drug ideas first blossomed in the 1890s. Like the medically-defined sexual "nympho-maniac" (or the era's notoriously self-destructive masturbator) the new-fangled "narco-maniac" or "dope-fiend" was a visibly uncontrolled person, who was swiftly descending into the lower orders or already privy to the repugnant urban underclass and its criminal milieu. In an era of great social flux, and of potent new industrialized drugs like morphine and cocaine, these fantasies rang true, as brilliantly depicted in Marek Kohn's *Dope Girls* (1992) for early twentieth-century London. Drugs attracted spiraling social and cultural anxieties about proper gender, sexual, racial, and class boundaries, since drug users and their incipient subcultures seemed to promiscuously cross borders of respectability, and became major signifiers of unstable identities and unrepressed social spaces. Like coeval American alcohol prohibition, drugs sparked a powerful "symbolic crusade" (Gusfield 1996) against social chaos, one that drew richly upon the liberationist vocabulary of anti-slavery (i.e. addiction as modern enslavement).

Such control and otherness discourses swiftly became part of the basic vocabulary of even the most respectable of drug reformers. Drug prohibitionists whipped up "moral panics" with racial overtones: blaming uppity "Negroes" and prostitutes for spreading cocaine pleasures in the Jim-Crow south; targeting Chinese immigrants for opium dens that "enslaved" others (mainly white women) in Britain, the United States, Australia, or across Latin America; Mexicans and black jazz-musicians for the "killer-weed" marijuana during the American depression. Uncouth and rootless Jews and greasy Italian mobsters became the ideal sinister archetypes for early drug-dealers and controlling "combinations," long before the fearsome Dominicans "gangs," Jamaican "posses," Chinese triads, or Colombian cartels of our times. It is tempting to read these episodes—which surely helped consolidate drug-control regimes with an international WASP civilizing class of turn-of-century anti-drug missionaries like Colonel Hobson, Hamilton Wright, and Bishop Brent—as antecedents to the media-orchestrated "crack-head" "crack-whore" frenzies of the late 1980s (Kohn 1992; Musto 1973/1987, ch. 2; Reinarman and Levine 1997, chs.1, 16) Yet, despite the racial exaggerations (white folks historically consume drugs at socially-representative rates) there was also some reality to the marginal and deviant ethnic composition of nascent drug-cultures and smuggling networks. Early depictions of narcotics, in for example pervasive editorial cartooning of the teens and 1920s, reveled in the deathly imagery of "foreign-dope" infestations, plagues, or as frequently, in strangling oriental predators such as vipers and snakes (e.g., Courtwright 2001, 172). Vulnerable youth and young women–i.e., the hope of civilization's future–were the obvious visual victims of their Eastern venom.

The thrust of racialized drug archetypes was and is to locate the epicenter of drugs on the "outside." Drugs were/are an alien pollutant to the European body—a mortal danger to its purity, to pose it in symbolic-anthropological terms (Douglas 1966). Mind-altering drugs transgress symbolic boundaries, such as race, along with real borders, an understandable conflation during this the height of European colonialism. Certain states of consciousness themselves became criminalized, declared outside of the nation and its white body politic. No longer obsessed with the Turk or Chinaman, the notion has now transposed into the violent and invasive Colombian. The particularly strong American ideal of hermetically sealing out these undesirable substances—closing them off at the borders, or crossing borders to hunt them down at their menacing barbarian haunts, has in fact been a long-standing policy and political fantasy of early U.S. drug reformers and diplomats, who unlike Europeans did not have to deal with many of these messy or profitable eastern colonies themselves (Taylor 1969). It originates by the teens with the Shanghai Convention, though American zeal in this crusade only won full international favor a half-century later with the UN Single Convention of 1961. Along with this "alterity" of illicit drugs, came their formal bureaucratic categorization: according to the fascinating federal classificatory system "Schedule I" drugs—like marijuana–are the most dangerous because they possess no state-sanctioned medical usage. Along with these advancing externalist vocabularies and institutions of global "drug control," came a systematic cultural denial about drug history. The British buried and forgot their long-standing domestic cultures of opium usage and pretended as if someone else had introduced the drug wholesale to China (Berridge and Edwards 1987). Or to invoke a longer historical example, in 1900, nothing seemed more "all-American" than imported Andean coca-leaf—the active ingredient in the burgeoning national beverage *Coca-Cola* and a hugely popular herbal cure for neurasthenia or "American nervousness"; thirty years later, coca-leaf was deemed a nasty base addiction of remote Andean Indians and no-one remembered its domesticated phase; by the 1980s, coca-leaf, transmogrified into illicit cocaine, was depicted by the Reagan-Bush regimes as an aggressive and organized external security threat to the United States, with its crack smoking phase a kind of African-primitivist invasion of once civilized American cities (Pendergrast 1993; Gootenberg 2004).

Initial rationalizing FDA-type drug regulation and medicalized drug control thus escalated, at least in the U.S.A., into a profound demonization of users, of foreign substances and peoples, into a grand-scale demonology and plot which by the mid-twentieth century infused the global crusade against drugs (Hickman 2007, Marez 2004 for discursive studies). It was an "orientalism" on drugs. Most European states, if moving through similar stages of anti-drug discourse, have somehow managed after World War II to kept the original hygienic medical mood and model alive, despite pressures to conform, thus avoiding some of the extremes of punitive American drug talk, and eventually allowing some of the de-escalation experiments of the current Dutch, British, or Swiss governments. These differing possibilities have to do with the relative weight of immigrant or minority populations (which helps orient the racial demonization of drugs), the historical tolerance of profitable colonial drug trades in Asia, as well as the more vigorous social democratic regulatory regimes and relative social health of urban cores in Europe. In the United States proper, mushrooming fears of drugs were blatantly manipulated by Harry J. Anslinger, the famously dedicated "drug-czar" of the long middle era 1930-62 (or infamous for his "reefer-madness" campaign to defeat marijuana in the 1930s), who raised anti-drug discourse to the shrill tone of Dr. Strangelove's fictionalized anti-communist phobia of "bodily fluids." Although its genealogy has not been rigorously researched, the contemporary metaphoric idea of a "war on drugs" followed: a universal progressive reformist version before World War II; a socially-rooted, hard-nosed cold-war ideology version of the 1950s through 1970s (akin to containment); melding into the Reaganesque total victory "Starwars" drug war fantasy of the 1980s and beyond. Whichever style of discourse, the promise of U.S. drug policy is overwhelmingly exterminationist. Drugs evils will be "wiped out" or at least fundamentally contained; we must, we can, we will achieve a "drug-free" America, starting with all those allegedly drug-free schoolyards. American extremism in recent years has spawned a small but purposeful peace camp, groups and now a few countries raising the white flag of "harm reduction," or at least revitalized medicalization (as in surprisingly successful state-level medical marijuana campaigns).

I belabor this obvious point about the "essentialist" and "externalist" mooring of anti-drug discourse because, by whatever means, these ideas enjoy great historical stamina, a powerful and power-laden genealogy, periodically invigorated by novel drug scares and refurbished imagery of social panic and disgust. This charged vocabulary goes a long way to discursively explain the survival and legitimacy of this hopeless U.S. war on drugs, now about to hit the 100-year mark. In a speculative vein, these wild anti-drug passions, besides politically-driven on the surface, are the psychological inversion of popular cravings for drugs—as exotic, libidinal, enchanting, and ultimately forbidden fruit. The more they are prohibited, the greater their symbolic worth, to both users and their would-be controllers. In this sense, illicit drugs are clearly not banal and everyday commodities like apples or micro-chips.

Once etched into state policy and mass culture, control discourses around drugs merge with "governance-speak" that spans the whole range of criminalized modern commerce. This is to telescope a possibly much broader discussion on the reifications (to use a big word) and silences (to use a hip word) that inform official cosmologies of the illicit. There are plenty of official silences: on the connections and complicity of mainstream institutions and home markets to illicit drug flows, on the chicken-and-egg problem of prohibition and reactions to it. There are curiously centralizing demonologies: concentrated "cartels" and venal "narco-states" are easier shooting targets than invisible and impersonal market signals, or looser human networks involving thousands of desperately anonymous peasants and dollar-loving street entrepreneurs. Mimicking the early-nineteenth-century anti-slavery movements that legitimized emerging market individualism and free wages, anti-drug discourse of the global age has adopted and refined a dramatically atavistic vocabulary of "feudal" barbarism (Foner 1970; Davis 1975). Drugs are cast as the antithesis of liberal border-less free-trade capitalism: as a warring, medieval black and white spectacle of distant "drug bazaars," evil "drug-lords" and crusading "drug-czars." If today's drug discourse were made into Hollywood movie, which it often refracts, it would play more like a splice of *Mad Max* and *Lord of the Rings* than the cool realist footage of *Traffic*.[6]

In many producing areas, NGOs and international aid agencies have introduced instead a neutralist or technical vocabulary of "alternative development," which offers few uncoerced alternatives to commodity-hungry growers who are usually pursuing the sole existing local developmental option left after the neoliberal anti-developmental 1980s and 1990s. Paradoxically, plant drugs often offer the best in grassroots alternative development, something grasped by smart market liberals like Hernando de Soto in Peru. NGO talk serves as the velvet-fisted side of exterminationist state drug "eradication" policies, with all of its scorched-earth and dislocating regional violence. To these modern-day reformists and missionaries, peasants can be relocated, converted, re-educated, or civilized in good market behavior. The subtitle of James Scott's seminal critique of coercive state modernism (*Seeing Like a State* 1998)—"How Certain Schemes to Improve the Human Race Have Failed"—has no better twentieth-century case study than global drug control. Meanwhile, generalized smokescreens of "drug-related" violence obscure exactly where those bloody relationships lie: in institutional, economic, and judicial violence against minority populations at home, or invisible violence displaced and scattered across distant borders. "Drug-related" (as in "crime") systematically blurs whether all this mayhem is prompted by drugs or drug laws themselves. Once all this rhetoric begins its ascent, the question of which causes greater harm, laws or drugs, legal or illicit drugs, becomes moot.

---

6   I am indebted to coffee-man Steven Topik for this insight about the "feudal" discourse of drug markets; an analogy can be made to the anti-"white slavery" campaigns of the same late-Victorian era. Nadelmann (1993) explores some roots in anti-slavery internationalism.

What can researchers do about the pervasive discourses of control around illicit drugs? They can try. But there is no pat formula to reconcile approaches that cut through the fog of controlling words—objectifying or commodity lenses—and approaches that grapple head-on with the irrational representations and discourses that help constitute drugs in motion (for media, Reeves and Campbell 1994). One must take both seriously. There is also a tricky practical dilemma of biased or faulty research sources: drug-agency, policing, and criminal records are usually the only available spot-light or data on illicit trades, past and present, infused with the work-a-day and suspicion-laden languages and categories of control. Drug policing statistics are notoriously contaminated, pumped up, or fabricated to suit political ends. The secrecy and invisibility of drug flows leaves few alternative artifacts and subjectivities for outside researchers to build upon (as yet there are, for example, few drug studies from the users or dealers' "authentic" point-of-view), hence to some the seeming safe ground of a rationalist commodities approach. Some scholars try to address these dilemmas of talking like a state. There is the ironic "deconstructionist" (resi-)stance to drug discourses, as in literary-critical works like Avital Ronell's *Crack Wars* (1992) and David Lensons' *On Drugs* (1995). Other works focus on the genealogy of drug representation, over the story of the flow itself, something cultural writer Marek Kohn achieves with *Narcomania* (1992)—a narrative of control-laden British fear and loathing of heroin, a social fear larger than the drug itself. Mexican drugs sociologist Luis Astorga (1995, 1996) combines the heroic and demonizing regional "mythology" of northern *narcotraficantes* with insider research on their real working networks and tie-ins with the Mexican state. Cocaine historian Joseph Spillane (2000) compares the construction of the early American "cocaine fiend" to the actual social profile of the era's drug users and follows how this representational gap affected drug-control crusades. What many new scholars suggest, at the least, is that critical or semiotic techniques may go beyond economistic models (long assimilated by the realists in drug agencies) in demystifying drug control. Academic drug-control rhetoric, whether the poli-sci "wonking" school, the populist drug-conspiracy kind, or of dedicated drug-policy reformists (e.g., Walker 1981 to Naím 2005), accepts at its peril the binary categories and contours of the problem: foreign cartels, local addicts, illicit and licit drugs, supply and demand strategies, dangerous and softer drugs that are all in fact conceptual weapons of this unjust, futile, and harmful war.[7] Critical approaches begin by working to free us from these demons of control.

Guns and Money & Lawyers?
Because of their concentrated mind-power, drugs epitomize other stateless flowing objects, including undocumented workers, subversive persons and refugees, hot laundered money, kiddie porn, nuclear know-how, blood diamonds, guns of every caliber, hazmats and endangered species (both "drug-related" in Amazonia) and other junked, stolen, contraband, or coveted goods. Indeed drug flows, which may well constitute 8 percent of all

---

7 Some signs of thaw are evident here: Baily and Godson 2000, for political scientists grappling with problems of "representation" of the illicit, or Mares 2006, for "commodity" views.

current international trade, elicit and underwrite a number of allied spheres of informal activities, including underground wars and violence, and all the mundane above-ground rice and beans to feed the illicit flow passing the other way (Labrousse 1993; Naím 2005; Abraham and van Schendel 2005; IDCP 1994, 124). Risking a terrible pun, illicit drug flows are a "gateway drug" to other risky mobile businesses.

What lessons are there for other out-of-control objects, other interstitial sites? The three-pronged analysis attempted here–a studied look at historical differentiation during modern commodity-making processes, its relation to state-building and border-making, and the discourses that accompany, naturalize, and blur these constructions—could presumably apply to other flows. Study of illicit flows calls for a mix of structural and discursive approaches, ones that illuminate the cool hidden realities of moving objects along with their overt over-heated representations. One can assume that other objects-in-motions and their discourses of control will vary according to cultural and national origins, the nature and force of the flow, and the conjuncture of its emergence, and that no iron law governs their grammatical code, vocabulary, or semiotic message. But what may ultimately distinguish critical scholarship on global flows, besides a wide-angled and moving optic, is the effort to develop a language of analysis that goes beyond existing borders, and blinders, of authority. I.e., that stops talking like a state.

Bibliograph

Abraham, I., W. van Schendel. (Hrsg.). 2005. *Illicit Flows and Criminal Things: States, Borders, and the Other Side of Globalization*. Bloomington.

Andreas, P. 1999. When Policies Collide: Market Reform, Market Prohibition, and the Narcotization of the Mexican Economy. In *Illicit Global Economy and State Power*, hrsg. v. H. R. Friman, P. Andreas, 125–142. Lanham.

Andreas, P., E. Nadelmann. 2006. *Policing the Globe: Criminalization and Crime Control in International Relations*. New York.

Appadurai, A. (Hrsg.). 1986. *The Social Life of Things: Commodities in Cultural Perspective*. Cambridge.

Appadurai, A. 1998. *Modernity at Large: Cultural Dimensions of Globalization*. Minneapolis.

Astorga, L. A. 1995. *Mitología del "Narcotraficante" en México*. Mexico.

Astorga, L. A. 1996. *El siglo de las drogas: usos, percepciones y personalidades*. Mexico.

Astorga, L. A. 2000. Traficantes de drogas, políticas y policías en el siglo xx mexicano. In *Vicios públicos, virtudes privadas: La corrupción en México*, hrsg. v. C. Lomnitz, 167–193. Mexico.

Baily, J., R. Godson. (Hrsg.). 2000. *Organized Crime and Democratic Governability: Mexico and the U.S.-Mexican Borderlands*. Pittsburgh.

Bellone, A. 1996. The Cocaine Commodity Chain and Development Paths in Peru and Bolivia. In *Latin America in the World-Economy*, hrsg. v. P. Korzeniewicz, W. Smith, 33–52. Westport.

Bertram, E., M. Blachman, K. Sharpe, P. Andreas. 1996. *Drug War Politics: The Price of Denial*. Berkeley.

Bigwood, J. 2004. Plan Colombia's Potential Impact on the Andean Cocaine Trade: An Examination of Two Scenarios, *usfumigation.org* 1/5.

Black, D. 1998. *A New Secret History of LSD*. London.

Bourgois, P. 1995. *In Search of Respect: Selling Crack in 'El Barrio'*. New York.
Brzezinki, M. 2002. Re-engineering the Drug Business. *New York Times Magazine, 23. Juni 2002*
Brook, T., B. T. Wakabayashi. 2000. *Opium Regimes: China, Britain, and Japan, 1839–1952*. Berkeley.
Bucchi, K. C. 1994. *Cocaine in America? A Veteran of the C.I.A. Drug Wars Tell All*. New York.
Camporesi, P. 1989. *Bread of Dreams: Food and Fantasy in Early Modern Europe*. Chicago.
Clawson, P., R. W. Lee III. 1996. *The Andean Cocaine Industry*. New York.
Cotler, J. 1999. *Drogas y política en el Perú*. Lima.
Courtwright, D. T. 2001. *Forces of Habit: Drugs and the Making of the Modern World*. Cambridge.
Currie, E. 1993. *Reckoning: Drugs, the Cities, and the American Future*. New York.
Davis, D. B. 1975. *The Problem of Slavery in the Age of Revolution*. Ithaca.
DeGrandpre, R. 2006. *The Cult of Pharmacology: How America Became the World's Most Troubled Drug Culture*. Durham.
Dikötter, F., L. Laamann, Z. Xun. 2004. *Narcotic Culture: A History of Drugs in China*. Chicago.
Douglas, M. 1966. *Purity and Danger: An Analysis of the Concepts of Pollution and Taboo*. London.
Duke, S., A. Gross. 1994. *America's Longest War: Rethinking Our Tragic Crusade against Drugs*. New York.
Escobar Gaviria, R. 2000. *Mi hermano Pablo*. Bogotá.
Eisner, B. 1994. *Ecstacy: The MDMA Story*. Berkeley.
Epstein, E. J. 1977/1990. *Agency of Fear: Opiates and Political Power in America*. London.
Evans-Schultes, R., A. Hoffman, C. Rätsch. 1992. *Plants of the Gods: Their Sacred, Healing and Hallucinogenic Powers*. Rochester (VT).
Fingarette, H. 1989. *Heavy Drinking: The Myth of Alcoholism as a Disease*. Berkeley.
Foner, E. 1970. *Free Soil, Free Labor, Free Men*. New York.
Franco, M. de, R. Godoy. 1992. The Economic Consequences of Cocaine in Bolivia: Historical, Local and Macro-Economic Consequences. *Journal of Latin American Studies* 24(2): 375–406.
Freud, S. 1887. Craving for and Fear of Cocaine. In *Cocaine Papers/Sigmund Freud*, hrsg. v. R. Byck, New. York.
Friman, H. R. 1996. *Narco-Diplomacy: Exporting the U.S. War on Drugs*. Ithaca.
Friman, R., P. Andreas. 1999. *The Illicit Global Economy and State Power*. Lanham.
Gereffi, G., M. Korzeniewitz. (Hrsg.). 1994. *Commodity Chains and Global Capitalism*. Westport.
Goode, E. 1972/1984. *Drugs in American Society*. New York.
Goode, E. 1997. *Between Politics and Reason: The Drug Legalization Debate*. New York.
Goodman, J. 1993. *Tobacco in History: The Cultures of Dependence*. London.
Goodman, J. 1995. Excitantia: or, How Enlightenment Europe Took to Soft Drugs. In *Consuming Habits: Drugs in History and Anthropology*, hrsg. v. J. Goodman, P. Lovejoy, A. Sherratt, 126–148. London.
Gootenberg, P. (Hrsg.). 1999. *Cocaine: Global Histories*. London.
Gootenberg, P. 2003. Between Coca and Cocaine: A Century or More of U.S.-Peruvian Drug Paradoxes, 1860–1980. *Hispanic American Historical Review* 83(1): 123–53.
Gootenberg, P. 2004. Secret Ingredients: The Politics of Coca in U.S.-Peruvian Relations,1915–65. *Journal of Latin American Studies* 36(2): 233–65.
Gootenberg, P. 2006. Cocaine in Chains: The Rise and Demise of Global Commodity, 1860–1950. In *From Silver to Cocaine: Latin America Commodity Chains and the Building of the World Economy, 1500–2000*, hrsg. v. S. Topik, C. Marichal, Z. Frank, 321–351. Durham.
Gray, M. 1998. *Drug Crazy: How We Got into this Mess & How We Can Get Out*. New York.
Grimal, J.-C. 2000. *Drogue: l'autre mondialisation*. Paris.
Guillermoprieto, A. 1994. *The Heart that Bleeds: Latin America Now*. New York.

Gusfield, J. R. 1996. *Contested Meanings: The Construction of Alcohol Problems*. Madison.
Hacking, I. 1999. *The Social Construction of What?* Cambridge.
Hansen, T. B., F. Stepputtat. (Hrag.). 2001. *States of Imagination: Ethnographic Explorations of the Postcolonial State*. Durham.
Harding, J. 1988. *Opiate Addiction, Morality and Medicine: From Moral Illness to Pathological Disease*. London.
Hickman, T. A. 2000. Drugs and Race in American Culture: Orientalism in the Turn-of-the-Century Discourse of Narcotic Addiction. *American Studies* 41(19): 71–91.
Hickman, T. A. 2007. *The Secret Leprosy of Modern Days: Narcotic Addiction and Cultural Crisis in the United States, 1870–1920*. Amherst.
International Narcotics Control Strategy Report. 2000. Washington D.C.
Jankowiak, W., D. Bradburd. (Hrsg.). 2003. *Drugs, Labor and Colonial Expansion*. Tucson.
Kaihla, P. 2002. The Technological Secrets of Cocaine Inc. *Business.2.0*.
Kenney, M. 2003. From Pablo to Osama: Counter-Terrorism Lessons from the War on Drugs. *Survival* 45(3): 197–206.
Kenney, M. 2007. *From Pablo to Osama: Trafficking and Terrorist Networks, Government Bureaucracies, and Competitive Adaptation*. University Park.
Kohn, M. 1987. *Narcomania: On Heroin*. London.
Kohn, M. 1992. *Dope Girls: The Birth of the British Drugs Underground*. London.
Labrousse, A. 1993/1991. *La droga, el dinero y las armas*. Mexico.
Lee, M., B. Shlain. 1985. *Acid Dreams: The CIA, LSD and the Sixties Rebellion*. New York.
Lenson, D. 1995. *On Drugs*. Minneapolis.
Lomnitz, C. (Hrsg.). 2000. *Vicios públicos, virtudes privadas: La corrupción en México*. Mexico.
McAllister, W. B. 2000. *Drug Diplomacy in the Twentieth Century: An International History*. London.
McCoy, A. W. 1972/1992. *The Politics of Heroin: CIA Complicity in the Global Drug Trade*. New York.
McCoy, A. W. 1992. "Heroin as a Global Commodity: A History of Southeast Asia's Opium Trade." In *War on Drugs: Studies in the Failure of U.S. Narcotics Policy*, hrsg. v. A. W. McCoy, A. A. Block, 237–255. Boulder.
Malamud-Gotti, J. 1992. *Smoke and Mirrors: The Paradox of the Drug Wars*. Boulder.
Manderson, D. 1995. Metamorphosis: Clashing symbols in the social construction of drugs. *Journal of Drug Issues* 23(4): 799–816.
Mares, D. R. 2006. *Drug Wars and Coffeehouses: The Political Economy of the International Drug Trade*. Washington D.C.
Marez, C. 2004. *Drug Wars: The Political Economy of Narcotics*. Minneapolis.
Massing, M. 1998. *The Fix*. New York.
Matthe, R. 1995. Exotic substances: the introduction and global spread of tobacco, coffee, cacao, tea, and distilled liquor, 16th–18th centuries. In *Drugs and Narcotics in History*, hrsg. v. R. Porter, M. Teich, 24–51. Cambridge.
Mintz, S. 1985. *Sweetness and Power: The Place of Sugar in Modern History*. New York.
Mintz, S. 1989. The Forefathers of Crack. *NACLA Report on the Americas* 22(6): 31–32.
Morales, E. 1989. *Cocaine: White Gold Rush in Peru*. Tucson.
Musto, D. C. 1973/1987. *The American Disease: Origins of Narcotic Control*. New York.
Nadelmann, E. 1988. U.S. Drug Policy: A Bad Export. *Foreign Policy* 70: 97–108.
Nadelmann, E. 1993. *Cops Across Borders: The Internationalization of U.S. Criminal Law Enforcement*. University Park.
Naím, M. 2005. *Illicit: How Smugglers, Traffickers, and Copycats are Hijacking the Global Economy*. New York.

Pendergrast, M. 1993. *For God, Country and Coca-Cola: The Unauthorized History of the Great American Soft-Drink and the Company that Makes It.* New York.
Pomeranz, K., S. Topik. 1999. *The World that Trade Made.* Armomk.
Pollan, M. 2001. *The Botany of Desire: A Plant's-Eye View of the World.* New York.
Preston, B. 2002. *Pot Planet: Adventures in Global Marijuana Culture.* New York.
Reeves, J., R. Campbell. 1994. *Cracked Coverage: Television News, the Anti-Cocaine Crusade, and the Reagan Legacy.* Durham.
Reinarman, C., H. G. Levine. (Hrsg.). 1997. *Crack in America: Demon Drugs and Social Justice.* Berkeley.
Rengert, G. 1996. *The Geography of Illegal Drugs.* Boulder.
Rivera Cusicanqui, S. 2002. "Las Fronteras de la Coca/Coca Borderlands" (video). La Paz: ADEP-COCA.
Roldán, M. 1999. Colombia: cocaine and the "miracle" of modernity in Medellín. In *Cocaine: Global Histories,* hrsg. v. P. Gootenberg, 165–182. London.
Ronnel, A. 1992. *Crack Wars: Literature, Addiction, Mania.* Lincoln.
Rudgles, R. 1994. *Essential Substances: A Cultural History of Intoxicants in Society.* New York.
Sadler, L. R. 2000. The Historical Dynamics of Smuggling on the U.S.-Mexican Border Region, 1550–1998: Reflections on Markets, Cultures and Bureaucracies. In *Organized Crime and Democratic Governability: Mexico and the U.S.-Mexican Borderlands,* hrsg. v. J. Baily, R. Godson, 161–176. Pittsburgh.
Scott, J. C. 1998. *Seeing Like a State: How Certain Schemes to Improve the Human Race Have Failed.* New Haven.
Scott, P. D., J. Marshall. 1991. *Cocaine Politics: Drugs, Armies and the CIA in Central America.* Berkeley.
Schivelbusch, W. 1992. *Tastes of Paradise: A Social History of Spices, Stimulants and Intoxicants.* New York.
Sen, A. 1997. On Corruption and Organized Crime. In *World Drug Report,* hrsg. v. UN IDCP, 150-153.
Smith, M. L., C. N. Thongtham, N. sadeque, A. M. Bravo, R. Rumrill, A. Davila. 1992. *Why People Grow Drugs: Narcotics and Development in the Third World.* London.
Spillane, J. F. 2000. *Cocaine: From Medical Marvel to Modern Menace in the United States, 1884–1920.* Baltimore.
Stares, P. B. 1996. *Global Habit: The Drug Problem in a Borderless World.* Washington D.C.
Steinberg, M., J. Hobbs, K. Mathewson. (Hrsg.). 2004. *Dangerous Harvest: Drug Plants and the Transformation of Indigenous Landscapes.* New York.
Stevens, J. 1998. *Storming Heaven: LSD and the American Dream.* New York.
Taylor, A. H. 1969. *American Diplomacy and the Narcotics Trade, 1900–1939.* Durham.
Thoumi, F. E. 1992. Why the Illegal Psycho-Active Drugs Industry Grew in Colombia. *Journal of InterAmerican Studies and World Affairs* 34(3): 37–63.
Thoumi, F. E. 1994. *Economía política y narcotráfico.* Bogotá.
Tilly, C. (Hrsg.). 1975. *The Formation of National States in Western Europe.* Princeton.
Valentine, D. 2004. *The Strength of the Wolf: The Secret History of America's War on Drugs.* London.
Wald, E. 2001. *NarcoCorrido: A Journey into the Music of Drugs, Guns, and Guerrillas.* New York.
Waldorf, D., C. Reimann, S. Murphy. 1991. *Cocaine Changes: The Experience of Using and Quitting.* Philadelphia.
Walker III, W. 1981/1989. *Drug Control in the Americas.* Albuquerque.

Walker III, W. 1992. *Drug Control Policy: Essays in Historical & Comparative Perspective.* University Park.
Weil, A. 1972. *The Natural Mind: An Investigation of Drugs and the Higher Consciousness.* Boston.
Weil, A. MD, W. Rosen. 1994. *From Chocolate to Morphine.* Boston.
Wolf, E. R. 1983. *Europe and the People without History.* Berkeley.
Zinberg, N. 1984. *Drug, Set and Setting.* New Haven.

Weise Pharma-Greise[1]

Paul Parin

An einem Freitag irgendwann zu Beginn der fünfziger Jahre erhielt ich in meiner Praxis in Zürich den Anruf der bekannten Chemikerin Mrs. S. aus Washington D.C. Sie sei mit ihrem Vater auf der Durchreise in Zürich; er erwarte mich morgen, Samstag, im Hotel Waldhaus (das längst verschwunden und durch einen Betonbau ersetzt worden ist) zum schwarzen Kaffee. Der Vater, das war Professor Otto Loewi, der im Jahre 1936 zusammen mit Sir Henry Dale den Nobelpreis für Medizin erhalten hatte, in Würdigung ihrer Forschungen über die physiologische Wirkung des Acetylcholins. In Graz war ich Hörer seiner Pharmakologievorlesung gewesen, die um zwei Uhr nach dem Mittagessen stattfand. Der Professor pflegte die Vorlesung mehrmals in jedem Semester mit einem Lob der pharmakologischen Vorzüge des Koffeins einzuleiten. Allein der Genuss von zwei Tassen starkem Kaffee gestatte es ihm, zu dieser Tageszeit, die gewöhnlich seiner Siesta, dem Mittagsschlaf, geweiht sei, eine Vorlesung zu halten. Das war einige Jahre vor dem „Anschluß" 1938. Nach dem Einmarsch Hitlers in Österreich wurden der Professor und seine Familie als Juden verhaftet. Der Frau des Professors gelang es, zuerst ihn, dann ihre Kinder unter Hingabe des Nobelpreisgeldes, das im Ausland versteckt gewesen war, loszukaufen und nach den Vereinigten Staaten zu befördern, wohin sie – bereits nach Ausbruch des Krieges – über Moskau und Wladiwostok folgte. Sie starb bald nach dem Wiedersehen mit ihrer Familie in Princeton, wo Otto Loewi bereits als research professor tätig war. Da ich mit Viktor, einem der Söhne, der Medizin studierte wie ich, befreundet war, hatte ich in Graz im Haus der Loewis verkehrt; das verschaffte mir die Ehre der Einladung in das Hotel Waldhaus. Der Professor war damals 92, ein höchst lebendiger alter Herr. Wie er aussah? Nun, etwa so wie andere geistig hervorragende jüdische Emigranten aus der Zeit des Tausendjährigen Reiches, die wir heute noch auf dem Bildschirm sehen,

---

[1] Zuerst erschienen in: Kursbuch 128 (Berlin), 142–149.

den Literaturkritiker Marcel Reich-Ranicki oder den bekannten Germanisten Hans Mayer. Doch schien er mir damals beweglicher, jugendlicher als diese beiden.

Der Professor empfing mich sehr herzlich und bestellte sogleich zwei Espresso. Es war zwei Uhr nachmittags. Der Sohn Viktor habe kürzlich eine Stelle in Buenos Aires angetreten, konnte ihn deshalb nicht begleiten. Weil die Kinder ihn nicht allein reisen lassen wollten, habe seine Tochter Urlaub genommen. „Es ist das erste Mal, dass ich wieder nach Wien komme", begann er, „und ich freue mich darauf wie ein Kind. Man hat mich zu dem Internationalen Physiologen-Kongress eingeladen als Ehrenpräsident. Ich habe unter der Bedingung zugesagt, dass ich den Eröffnungsvortrag halten darf. Das wurde angenommen. Man war überrascht. Ich werde über ‚Die Verifizierung physiologischer Hypothesen mittels nicht-statistischer Methoden' sprechen. Sie wissen aus der Vorlesung: Ich habe immer gerne Experimente ausgedacht. In Princeton ist mein Labor größer und viel besser ausgestattet als das in Graz. Ich kann zeigen, dass ein vorläufiges Ergebnis verifiziert – oder natürlich falsifiziert – werden kann, indem man es immer wieder anderen experimentellen Tests unterzieht. Damit erübrigt sich die idiotische Rechnerei, von der Physiologen nichts verstehen und die nur Mathematiker freut."

Der Professor borgte sich meinen Kugelschreiber und skizzierte auf einer Papierserviette einige seiner neuesten Versuchsanordnungen, fragte nach jeder, ob es mir einleuchte, und ging dann zur nächsten über. „Ich spreche natürlich frei und habe verlangt, dass eine schwarze Tafel da ist. Es ist an sich ein Experiment, wieder deutsch zu sprechen. Man wollte mir mit der Sprache entgegenkommen; aber ich habe auf Deutsch bestanden. So alt bin ich noch nicht, dass ich meine Muttersprache vergessen hätte."

Ich konnte nicht umhin, ihm meine Bewunderung auszudrücken. In seinem Alter die Strapazen der Reise auf sich zu nehmen; und gar dieses Gedächtnis, dieser Reichtum an neuen Ideen. Das sei ein unerhörtes, seltenes Phänomen. „Vergessen Sie nicht, lieber Parin", er legte mir die Hand aufs Knie und bestellte zwei weitere Espresso, „vergessen Sie nicht, daß ich Pharmakologe bin. Seit ich keine Vorlesung mehr gebe, darf ich mich nur noch selber bedienen. Das ist ganz einfach, weil ich die Wirkung jeder Droge unmittelbar spüre und so die richtige Dosierung finde." Und er erklärte mir sein System: ein reiches Repertoire fein abgestimmter Mittel und Mittelchen, die ihn für den Arbeitstag fit hielten. Andere Mittel waren für eine zureichende Nachtruhe und den Mittagsschlaf vorgesehen und wieder andere für die Zeit der Entspannung und Unterhaltung. Da wollte er bei Laune sein. Man darf nicht erwarten, dass ich das Rezept des Nobelpreisträgers weitergebe. In erster Linie, weil es gar kein Rezept gibt und für den Zweck eines geistig wachen und glücklichen Alters keines geben kann.

Da hilft nur die sorgfältige Abstimmung auf den eigenen Körper einschließlich seiner fortwährenden Veränderungen und neu auftretenden Beschwerden und Störungen. Der Tag beginnt mit einer Dosis Speed (Weckamin), um ganz wach zu werden, und dem Glas Wasser mit einer großen Dosis Vitamin C, zusätzlich etwa ein Aluminiumhydroxid, sofern der Magen wegen Überlastung drücken sollte, und ein schleimlösendes Mittel, um die Bronchien freizukriegen. Dazu eine Tablette mit Verdauungsenzym zur Anregung des Darmes. Das genügt, um nach dem Frühstück das Labor zu besuchen. Die Lektüre der Post und der eingetroffenen Publikationen mag verstimmen. Bevor sich depressive Gedanken einstellen, eine genügende Dosis Morphium oder Heroin, zusätzlich ein Anabolikum, das den Appetit für das Mittagessen erfreulich anregt. Der Espresso begleitet die Unterhaltung mit Besuchern. Danach benötigt der Professor meist ein Glas Rotwein, das der Schläfrigkeit für die Siesta zum Durchbruch verhilft. Beim Erwachen um halb fünf allerdings ist am besten eine Dosis Kokain – gegen Abend kein Speed! –, damit die nun folgende geistige Arbeit bald in Gang kommt. Das sind die kreativsten Stunden. Ist die Arbeit gut vorangekommen, braucht es für den Abend keine weitere Hilfe. Will sich das zur Entspannung nötige Wohlbefinden nicht einstellen, hilft am besten wieder ein Opiat. Dann Gäste, Kino, Theater oder Lektüre, bis es Zeit ist, mit einem rasch wirkenden, gut ausscheidbaren Barbiturat die Nachtruhe einzuleiten, nicht ohne die tägliche Dosis von Acidum salicylicum zur Vermeidung von Blutgerinnseln in den Gefäßen und einer Dosis Magnesium gegen das Auftreten nächtlicher Wadenkrämpfe. „Dies alles wirkt nur, wenn ich Dosierung und Wahl der Mittel immer wieder meinem Zustand anpasse. Voraussetzung ist, dass ich es nie zu Kopfweh, Rücken- oder Gelenkschmerzen kommen lasse. Seitdem ich als Student an Zahnschmerzen gelitten habe, war es mir immer möglich, Schmerzen gar nicht erst aufkommen zu lassen. Wenn es zu einem schmerzbedingten Stress kommt, ist die Wirkung aller Mittel unsicher." Der alte Herr bediente sich, neben den üblichen Vitaminen, Schmerz- und Schlafmitteln, gerade jener Drogen, die heute als die schlimmsten Suchtmittel in Verruf geraten sind: Morphine, Kokain, Speed (Weckamine) und Barbiturate.

Ein anderer Nobelpreisträger, der Chemiker Linus Pauling, der nach einem Alter in voller Frische und Leistungsfähigkeit im 96. Lebensjahr plötzlich gestorben ist, hat wiederholt über die eigene Pharmatherapie gesprochen, wobei allerdings die tägliche große Dosis Vitamin C von seiner Frau und nicht von ihm selber verschrieben worden sei. Ich selber halte mich seit Jahren an das Rezept von Frau Professor Pauling.

Der Schriftsteller Julien Green hat soeben in seinem 94. Lebensjahr einen Roman, sein 64. Buch, veröffentlicht. Ich weiß nicht, ob er sich einer pharmakologischen Stütze bedient. Im Kulturteil einer Tageszeitung ist kürzlich eine Notiz über ihn erschienen, mit der Überschrift „Altersglück".

Es wäre traurig, wenn sich nur die prominenten Vertreter abendländischer Geistigkeit kraft ihrer geordneten und von Wohlhabenheit getragenen Verhältnisse ein solches Altersglück leisten könnten. Das Bedürfnis, den Beschwerden der hinschwindenden körperlichen Integrität pharmakologisch entgegenzuwirken, muss doch überall bestehen, wo es alte und uralte Menschen gibt, auch dort, wo weder eine Pharmaindustrie noch ausreichende Geldmittel vorhanden sind. Viele Dörfer der Dogon in der Malirepublik sind hoch in die zerklüfteten Felsen gebaut, so dass alte Menschen ihr Dorf nie mehr verlassen können. Die steilen Pfade und schmalen schwankenden Brücken über tiefe Schluchten können nur von Menschen begangen werden, die über Körperkräfte und wache Sinne verfügen. Kinder sind die anstelligsten und werden gerne zu Botengängen in andere Dörfer ausgeschickt. Doch hat der Respekt, den die Dogon ihren Alten zollen, zur Folge, dass diese bestens gepflegt und ernährt werden. Täglich sieht man die Ältesten geruhsam unter dem Schattendach des dörflichen Rats, der Toguna, sitzen, den Rücken an einen Pfeiler gelehnt, bis sich zu ihren Füßen wieder der Rat der Männer versammelt, der auf ihre Stimme hört. Nun ist das Land der Dogon, das an Lebensweisheit und uralt mythischer Kultur so reich ist, sehr arm an Nahrung, die sich für alte Menschen eignet. Je mehr das Alter, der Verlust der Zähne, die allgemeine Hinfälligkeit sich bemerkbar machen, desto mehr wird die übliche Nahrung durch den Genuss von Hirsebier ersetzt, das reich an Nährstoffen, Vitaminen und Spurenelementen ist. Für viele Alte ist dieses Bier die einzige Nahrung, hält sie lebendig, verleiht ihnen Spannkraft und versetzt sie vor allem in beste Stimmung. Das ist wichtig. Denn was die Ältesten im Rat des Dorfes äußern, zu praktischen oder spirituellen Problemen, zu Konflikten oder gar zu Streitigkeiten, von denen die Harmonie des Zusammenlebens bedroht wäre, das hat großes Gewicht. Man muss dafür sorgen, dass sie nur frisch gebrautes gehaltvolles Bier erhalten. Täglich ist eine kleine Schar junger Mädchen an einem Schattenplatz nahe der luftigen Ratsveranda mit Töpfen und Kesseln beim lustigen Geschäft des Bierbrauens. Von Zeit zu Zeit nähert sich eine von ihnen mit einer kleinen Kürbisschale Bier den Alten, damit sie mit Nicken oder Kopfschütteln kundgeben, ob der Saft den erwünschten Grad der Reife erreicht hat. Die alten Genießer sind ständig in einem sanften Rausch befangen. Das hält sie bei Laune und löst ihre Zunge. Das, was sie äußern allerdings, trifft nicht nur auf ehrerbietig lauschende Ohren. Oft ist es schwer zu verstehen, ein Stammeln mehr als ein Reden. Doch hat sich aus anderen, jüngeren, aber bereits zu Vernunft und Klarheit gereiften Männern eine Gruppe gebildet. Diese nehmen auf und interpretieren, was Wille und Meinung des selig stammelnden Alten ist. Niemand zweifelt daran, dass die Weisheit des Alten desto tiefer und reiner ist, je wirrer die Rede aus seinem zahnlosen Munde strömt. Die strahlende Laune des Alten teilt sich den Interpreten mit. So können sie nicht fehlgehen, aus dem Gestammel eine fröhliche Lebensweisheit zu destillieren.

> „Vor allem kommt es darauf an, dass unsere verehrten Alten sich trotz der Beschwernisse des Alters wohl fühlen", sagen die klugen Dogon. „Ein Dorf, in dem der nährende Trank sie bei Laune hält, ist ein glückliches Dorf." Abends verdichtet sich der Nebel der Geister zu einem tiefen Schlaf. Es ist nicht schwer, einen trunkenen Alten auf seine Matte zu tragen; das Hirsebier nährt, macht jedoch gar nicht fett und schwer.

Gegen den Tod kann der Mensch nichts; gegen die Leiden des Alters haben nicht nur unsere Wissenschaftler und die klugen Dogon in ihren Felsendörfern das richtige gefunden. Mein gelehrter, längst verstorbener Freund Wolfgang Benndorf hat ein altes chinesisches Gedicht, „Der Wein von Yünan", nachgedichtet:

> „Es ward mir einst gesagt in Stadt und Land,
> in Yünan wird aus Reis ein Wein bereitet,
> wer davon nur ein Glas getrunken hat,
> fühlt, dass sein Geist in holdem Wahn entgleitet.

Mich soll ein Schiff – leicht ward mir der Entschluss –
die Fluten des Yangtse hinuntertragen.
Ob ich wohl sehr viel Becher trinken muss,
um meinen trüben Kummer zu verjagen?

Den braven Leuten, die voll Fertigkeit
die Segel setzen und die Ruder rühren,
ich hab die Münzen schon bereit,
die ihnen als gerechter Lohn gebühren,

und werde bald, ja bald ist es soweit,
den Wein von Yünan an die Lippen führen."

Ich habe von exotisch fernen und von den durch Ruhm randständigen weisen Greisen erzählt. Warum? Das ist leicht zu erraten. Ich spreche in eigener Sache. Wo immer ich dem Brauch drogengenießender Greise begegne, bin ich kein Außenseiter mehr, kann ich mich mit der Schlauheit – nicht gerade Weisheit! – des Alters einer real existierenden Gemeinschaft zugesellen, mich in eine Schar fröhlicher Alter hineinphantasieren.

Das Problem der Überalterung der Bevölkerung, das unsere Politiker und Prognostiker umtreibt, ist jedoch ungleich wichtiger, als es meine persönlichen Wünsche und Phantasien sind. Mit guten Gründen nimmt man an, dass das durchschnittliche Lebensalter in der westlichen Gesellschaft stetig ansteigt und weiter ansteigen wird. Wenn ein Land so weit ist, steuert es unaufhaltsam einem Triumph und gleichzeitig einer Katastrophe zu. Es gilt als Idealzustand, wenn in einem wohlorganisierten Gesellschaftsgefüge die Säuglingssterblichkeit abnimmt und der Tod die Greise in immer späteren Jahren heimsucht – noch später die Greisinnen. Doch ziehen damit am Zeithorizont die dunklen Wolken unerträglicher Lasten für das Gemeinwesen herauf: die Kosten einer zureichenden Altersvorsorge, die Aussicht, dass immer weniger Menschen im arbeitsfähigen Alter mit Produktion und Dienstleistungen für immer mehr unproduktive Alte oder Senioren – wie man sie im Sinne der political correctness nennt – sorgen, eigentlich sich abrackern werden. Dass die unproduktiven Senioren gänzlich nutzlos sind, dass man sie deshalb ganz abschaffen sollte, das wagt niemand zu denken, geschweige denn zu sagen, am wenigsten die Senioren selber. Politiker jeder Couleur scheinen sich einig zu sein, dass ein Kulturvolk auf die Präsenz seiner Senioren und Seniorinnen nicht verzichten will und nicht verzichten kann. Ja, man tut einiges, damit sich die geschätzten Alten, auch entgegen ihrer Neigung, am sozialen und politischen Prozess möglichst intensiv beteiligen, nicht nur am Konsum, wozu man sie durch entsprechende Lastenübernahme in Stand setzen muss. Dafür nehmen sie zweifach teil an unserer Kultur: als Zeugen für den Erfolg zivilisatorischer Bemühungen und als Träger moralischer Werte sowie als geistige Vorbilder.

Was aber, wenn es sich herausstellt, dass diese Alten – pardon: Senioren – gewiss nicht alle, aber doch in recht hoher Zahl sich von eben den Drogen abhängig gemacht haben, die man als das schlimmste Übel unserer Zeit ansieht? Die Drogenabhängigkeit, die unsere

Jungen und Jüngsten vorzeitig zu dahinsiechenden Greisen zu machen droht! Sind die Drogen der schlimme Feind, oder sind sie Spender von Zufriedenheit und Glück, wie für jene Alten?

Bevor ich mich dem Problem der Drogen zuwende, stelle ich mir die Frage, ob die Alten – nun nicht Senioren zu nennen – auch nur körperlich die gleichen sind wie ehedem: der Großvater, der seine Knochen auf der Ofenbank wärmt oder im Lehnstuhl, Filzpantoffeln an den Füßen; oder das seit dem antiken Orakel gleichgebliebene Bild, das Wesen auf drei Beinen, Greis und Greisin am Krückstock. Oder dann das Antlitz greiser Menschen, wie es jene ersten naturgetreuen Künstler der Neuzeit, etwa Rembrandt oder Frans Hals, gemalt haben: gefurchte Stirn, hohle runzlige Wangen, triefende spitze oder gerötete Nasen, blicklose Augen mit entzündeten Lidern, zahnlose Kiefer. Nein: Unsere Senioren sind nicht nur nach Jahren andere, sie sind körperlich nicht mehr die gleichen. Die Runzeln sind kosmetisch geglättet, der Leib ist sichtlich repariert. Der graue Star ist gestochen, der Blick scharf durch die eingesetzte Linse aus Kunststoff, das künstliche Gebiss ist tadellos, der Rücken gerade, operativ aufgerichtet, mit einem Knochenspahn fixiert. Der Krückstock fällt weg, unsere Senioren schreiten, spazieren oder joggen sogar; ihre morschen Hüften sind längst durch stählerne Scharniere ersetzt, die Hüftgelenkprothesen von tüchtigen Chirurgen einmontiert. Unsere Senioren sind zum guten Teil repariert, allein schon leiblich nicht mehr die Alten von anno dazumal. Haben sie allein darum das Recht, sich im Pakt mit dem Teufel Wohlbefinden zu erkaufen? (Mit dem Teufel sind die Drogen gemeint.)

Kürzlich im Swissair-Flug von New York nach Zürich saß neben mir der berühmte Dirk McCaughley. Am Ende unseres langen Gesprächs, der Flug senkte sich auf Kloten, überreichte er mir seine Karte. Unter dem Namen war Colonel Airborn Rangers durchgestrichen. Dem sympathischen sensiblen Mann merkte man seine militärische Vergangenheit nicht an. Er erzählte, dass er seine aussichtsreiche Karriere in der Armee aus freien Stücken aufgegeben habe. Als der Kalte Krieg zu Ende ging, wollte er seinem Amerika weiter dienen, als Soldat gegen die gefährlichsten Feinde. Das sind, so erklärte er mir, eindeutig die Drogen, Heroin, Koks, Crack, Speed, Kiff und die anderen teuflischen Dinge. Die neuen Feinde sind ebenso gefährlich, aber noch heimtückischer als die nuklearen Sprengköpfe der weiland Sowjets. Im Kampf gegen die neuen Feinde hatte er es zu einem der höchsten Posten gebracht: Koordinator der Weltmacht mit ihren europäischen Verbündeten im Kampf gegen den gemeinsamen Feind.

Ich hatte Einwände. Seien es nicht die Dealer und Produzenten der Drogen, die man bekämpfen müsse? Er hatte sich seine Meinung gebildet, bevor er die Armee verließ, um sich in die Reihen der Kämpfer gegen die Drogengefahr einzureihen: „Gewiss. Kriminelle Naturen gibt es überall. Doch wo blieben die ohne das Grundübel, die Droge!" Ich gab zu bedenken, dass alle diese chemischen und natürlichen Wirkstoffe den Medizinern längst als gute, wohltuende, ja rettende Medikamente bekannt waren, bevor weltweit der Missbrauch einsetzte. Mister McCaughley blieb hart: „Das weiß ich. Ich habe die einschlägige Literatur studiert", er zog eine fotokopierte Liste, über vierzig Seiten medizinische Bibliographie, heraus, die er mir überreichte. „Doch was ist an den Folgen gemessen der Gebrauch von Drogen gegen den Missbrauch! Jeder Gebrauch von Drogen ist Missbrauch. Gewollt oder ungewollt ein Pakt mit dem Feind, dem Feind unserer Nation und der Menschheit." Ich versuchte das Thema zu wechseln. Mein Nachbar blieb, was er gewesen war: ein Soldat und brav. Ich wollte mit dem sympathischen Mann nicht weiterdiskutieren. Es war einfach nicht fair. Er ahnte nichts davon, aber mir war es allzu bewusst. Er setzt sich für die Menschheit ein, ich aber streite egoistisch, wie alte Leute, besonders alte Männer bekanntlich sind, in eigener Sache. Ganz allein für mich wohl nicht; wenn ich auch nicht das profunde pharmakologische Wissen eines Otto Loewi habe. Manche Kollegen und Kolleginnen versuchen, wie ich es tue, Greisen und Greisinnen mit Hilfe wohldosierter Tropfen, Pulver und Spritzen zufriedene oder sogar glückliche alte Tage zu bescheren; bis dass der Tod auch sie …

Andere, anscheinend die Mehrzahl, kämpfen weiterhin als Ärzte und Ärztinnen bei ihren Patienten als Einzelkämpfer gegen den bösen Feind. Nur wenige haben so umfassende Kenntnisse und eine so tiefe Überzeugung wie Mr. McCaughley. Sie stecken tief in der Überlieferung unserer puritanischen Kultur: Leiden ist besser als lässliche Duldung oder gar unerlaubter Genuss. Immer wieder gelingt es einem Kollegen (Kolleginnen nicht ausgenommen), einen 80-, 85-,90- und Mehrjährigen aus der Gefahrenzone einer Drogenabhängigkeit herauszuhalten, sei es auch, dass Schmerzen, ja unerträgliche agonische Vernichtungsgefühle in Kauf zu nehmen sind. Für diese Ärzte zählt Tugend mehr als Wohlbefinden.

Solche Ärzte schätze ich nicht. Obwohl ich sie als Gegner ansehe, habe ich keinen Grund, sie zu hassen. Die verehrten Leser und Leserinnen wissen es längst: Ich selber gehöre zu jenen Pharma-Greisen, die sich mittels Zufuhr erhaltender und fördernder Mittel und Mittelchen ein angenehmes Alter gestatten und bewahren. Wer es nicht glaubt, der frage bei meiner Apothekerin nach; ihre Monatsrechnungen sind erheblich.

Printed by Printforce, the Netherlands